普鲁斯特传 / 上

Marcel Proust *Biographie* I

[法] 让-伊夫·塔迪耶 著
Jean-Yves Tadié

李鸿飞 译

著作权合同登记号 图字：01-2020-0437

图书在版编目（CIP）数据

普鲁斯特传：上、下 /（法）让 – 伊夫 · 塔迪耶著；李鸿飞译 . —北京：北京大学出版社，2022.10

ISBN 978-7-301-33341-9

Ⅰ . ①普… Ⅱ . ①让… ②李… Ⅲ . ①普鲁斯特 (Proust，Marcel 1871–1922) – 传记 Ⅳ . ① K835.655.6

中国版本图书馆 CIP 数据核字 (2022) 第 170092 号

书　　名　普鲁斯特传（上、下）
　　　　　PULUSITE ZHUAN (SHANG、XIA)
著作责任者　[法] 让 – 伊夫 · 塔迪耶（Jean-Yves Tadié） 著　李鸿飞　译
责任编辑　翁雯婧　方哲君
标准书号　ISBN 978-7-301-33341-9
出版发行　北京大学出版社
地　　址　北京市海淀区成府路 205 号　100871
网　　址　http://www.pup.cn　新浪微博：@ 北京大学出版社
电子邮箱　编辑部 dj@pup.cn　总编室 zpup@pup.cn
电　　话　邮购部 010-62752015　发行部 010-62750672　编辑部 010-62756694
印 刷 者　北京中科印刷有限公司
经 销 者　新华书店
　　　　　720 毫米 ×1020 毫米　16 开本　77.5 印张　1050 千字
　　　　　2022 年 10 月第 1 版　2023 年 11 月第 2 次印刷
定　　价　268.00 元（上、下）

Pour Arlette,
pour Alexis, Benoît et Jérome.

献给阿尔莱特，
献给阿莱克斯、伯努瓦和热罗姆

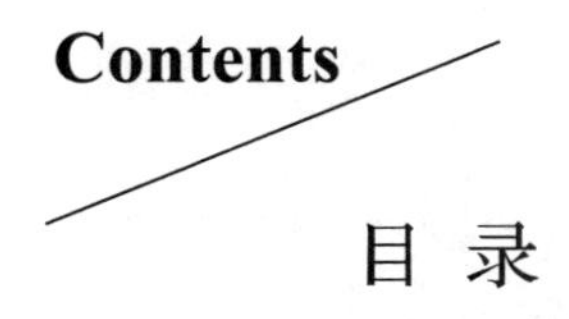
Contents
目 录

IV　长假（1889—1891）　*133*

V　从《会饮》到《白色评论》　*183*

VI　《欢乐与时日》的写作　*247*

VII　让·桑特伊的欢乐　*319*

VIII 从《让·桑特伊》到德雷福斯事件 *385*

IX 《亚眠的圣经》 *489*

中文版序言

《普鲁斯特传》中文版问世，我深感荣幸。衷心感谢给予我这份殊荣的北京大学出版社，感谢熟谙法国语言文化、对翻译精益求精的译者李鸿飞先生。

倘若在法国的长篇小说中选出“四大名著”，可列举如下四部：克雷蒂安·德·特洛亚的《朗斯洛》和“圆桌骑士系列”、拉伯雷的《巨人传》、德·拉法耶特夫人的《克莱芙王妃》和马塞尔·普鲁斯特的《追忆似水年华》——假如没有体裁限制，恐怕还要加上蒙田、帕斯卡尔甚至夏多布里昂的作品。

对中国读者来说，普鲁斯特的小说读起来很困难吗？我想不会比法国读者读中国小说更困难。实际上，中国的四大名著或“第一奇书”与《追忆似水年华》确有某些相似之处，它们都是对某个已逝社会的风习的描绘，从这个意义上说，盖尔芒特家族和我们之间的距离，与《金瓶梅》所写的朝代和我们的距离同样遥远。总之，我们读这样的书，既是为了寻找异代的陌生感，也是为了认识自己的所在。复活一个逝去的世界，就是普鲁斯特和曹雪芹的愿望。《追忆似水年华》的故事涉及三代人，比如主人公的外祖父母、父母和主人公本人，还有斯万夫妇、希尔贝特、圣卢小姐。所以，在法国人看来，这完全可与曹雪芹的《红楼梦》或老舍的《四世同堂》等量齐观。

的确，两次世界大战，加之时间的流逝、经济社会的变迁，彻底毁掉了盖尔芒特家族的世界。像斯万那样凭年金生活并供养情妇的时代，已经一去不复返了。维尔迪兰夫妇或圣德费尔特夫人经营的文学、社交、音乐沙龙，连同交际花们，也都烟消云散。而我们的兴趣所在，并非已经完全死去的社会本身，而是从中承继而来的社会结构、模式、法则，它们至今仍在我们所处的社会、阶层、群体中发挥作用，我们身边仍有维尔迪兰沙龙中的“领导”和萨尼埃特式的出气筒。读者应邀开启一趟时间之旅，这同时也是一趟——为什么不呢？——空间之旅。普鲁斯特本人就是这样做的，他在自己的时代，重新发现了圣西门公爵在《回忆录》中描写的路易十四时期宫廷园林景观，他特别钟爱公爵的人物描写与文笔风格。

普鲁斯特复制了类似的景观。他还发现，圣西门的《回忆录》汇集了他尤为津津乐道的轶闻掌故，而他自己——指出这一点是我作为传记作者的任务——也把19世纪末各大沙龙里流传的奇闻逸事和机智谈吐汇成一集。中国文学中也有同样的例子。

另一个中国读者可能特别敏感的方面，是普鲁斯特把性活动置于整个生活的核心。《追忆似水年华》中的性描写，在数量上虽远逊于《金瓶梅》，但分量也很重，比如奥黛特与斯万在马车上的暧昧、《索多姆和戈摩尔》开头夏吕斯与絮比安的邂逅、叙事者与阿尔贝蒂娜之间的亲昵，等等。这些场面之所以重要，原因在于，正如《索多姆和戈摩尔》是整部小说和故事的核心，普鲁斯特认为性是人的核心。夏吕斯男爵是小说的主要人物；同样，《红楼梦》中也有同性恋的描写。中国有一部《海上花列传》，普鲁斯特写的就是巴黎交际花拉谢尔和奥黛特的传记。

不论是中国古典名著还是《追忆似水年华》，小说的背后都隐含着哲学。佛陀、孔子、笛卡尔、康德、柏格森，名字并不重要，也无关信仰或信念，重要的是对世界隐秘意义的诘问。集哲学、历史和诗于一身，正是长篇小说体裁的力量所在。一部佳作，足以向我们揭示表象之下的某种深层意义。

我们对《追忆》手稿的收藏和研究，堪比中国学者对《红楼梦》抄本的搜求。这两部小说还有一个共同点：《红楼梦》有多种抄本流传，《追忆》留下大量不断重写的手稿，而且它们都处于未完成状态。中国的几部小说名著系从民间故事逐步完善而来，普鲁斯特的小说也是把记事本、练习簿上所写的片段拼接连缀而成。区别在于，普鲁斯特本人不断地重写自己的手稿。1907年所写、2021年重新发现并出版的《七十五页手稿》，原本就是为了更大规模地扩充小说而准备的。我写的这部传记，对上述创作过程给予了特别关注，这位作家凭一己之力再现了民间文学漫长的成书过程：从自己讲故事开始，逐步形成文字，再进行补充、扩展，最终组织成类似《水浒传》的长篇巨制。普鲁斯特的巨著划分为七大卷，这与某些中国名著也有相似之处。

既然如此，传记作者何为？传记作者面临的问题、所受的诱惑在于，他要讲“讲故事的人”的故事。我们一直疑惑《红楼梦》的真正作者是谁，他是通过发掘自己的生活而讲述众多人物生活的作家，那么我们要如何讲述他的生平呢？我们想深入了解曹雪芹的生平而不可得，面对普鲁斯特，我们则幸福得多，所以尽管有一些疑问悬而未决，我们仍希望这是一部内容连贯且完整的传记。

我们既展示了普鲁斯特的文学起点，包括环境、人物、家庭、朋友、爱情等要素，也重建了文字草稿扩充演变的过程，从而努力揭示从生活和社会出发开始写作直至小说面世这一转化蜕变的真正奥秘。许多传记的写作都源于某种遗憾、某种伤感：遗憾自己不是传记要研究的作家，遗憾自己没有生活在传记所讲述的时代，遗憾自己没有写出作为传记核心内容的名作。所以我们想通过营造时间的流逝感来复活一个时代，把一个人和整个世界联系起来，把普鲁斯特与我们联系起来。

这种伤感也是许多小说的源泉：作家以及传记作者，往往对已经逝去的往昔无法释怀，或者意欲通过写作达到释怀的目的。曹雪芹如此，普鲁斯特亦然，两个人都在怀恋青春年代的如花少女。而传记作者的伤感在于，他未能成为作为传主的作家，没有生活在那个时代。因此，他的工作就是重建和复现。过去的收藏家们都随身带着便携箱，装载缩小了尺寸的瓷器藏品；那么，我们这部传记就是一只便携箱，里面装着这位大作家及其巨著的微缩版。

让–伊夫・塔迪耶

2021年8月22日

前　言

为什么要写一部新的普鲁斯特传记？这无异于问一位画家，为什么要画新的静物，新的肖像。我们感到，运用新发现的材料，将既有研究成果去伪存真、加以综合，正当其时。尤为重要的是，编辑普氏作品这一难得的机缘，使我们熟悉其手稿的演变，熟悉作品的写作过程。而一部真正的作家传记、艺术家传记，就应该是其作品的传记。也唯有这样的传记，方能不以作家或艺术家生命的消逝而终结。普鲁斯特在谈到罗斯金时曾说："他一生中的大事都属于思想领域，而一生中的重要日子，就是他每破解新的艺术形式之时。"

本书的另一特点是力求言必有据，所以书中有大量的注释说明材料来源，但这并不要求读者每条必读。同时也仍有些问题悬而未决，原因是一些重要资料，或者已彻底湮灭，如普鲁斯特与阿戈斯蒂耐利的通信，普鲁斯特写给父亲的大部分信件和写给母亲的一部分信件；或者暂时无从得见，如雷纳尔多·哈恩的日记，虽得以保存却秘不示人。而且，普鲁斯特收到的书信很少保留下来，藏书也大部散失。批评家的任务是把一座图书馆装到一本书里，而传记作者的任务是把一个人装到一本书里。常见的情形是，当魔术师打开箱子时，里面的人或者那本书，已经不见了。小说家尚无法洞察其笔下人物灵魂的每个角落，传记作家更做不到，对此我们无能为力。

我将告诉读者普鲁斯特早年作为普通人的方方面面：他出生于市民家庭，相继在孔多塞中学和政治学院就读；他是哮喘病患者，是热衷写信的“文学青年”，也是洗海水浴的病人。十九世纪九十年代的作家、同性恋者、病人或是医生究竟是什么样子呢？我们屡屡切入历史与时代文化的深处寻找答案，力图避开太过个人化的轶闻掌故的烦扰。而后终于有一天，这位大作家不再是普通人，他从此特立独行，摆脱了时代与社会环境的桎梏。

恰恰因为阐释比讲述更困难，因为阐释必须做一些假设，所以，也可以将本书视作一个证明过程。我从1959年开始发表有关普鲁斯特的研究成果，对此后的研究工作亦有抛砖引玉之用。从某种意义上说，我们正在收获自己的劳动成果。这一点尤其在1987年的“七星文库”版《追忆似水年华》及其导言中得以体现，而本书关于创作过程的研究也运用了其中的素材。我们不过是忠于自己而已。《普鲁斯特和小说》一书探讨了他的写作技巧，《阅读普鲁斯特》一书概述了对他的评论，另外我还与一个团队合作辑印了小说创作过程中的主要手稿和数量庞大的异文。此后，对我来讲，也许只剩下这么一个棘手的问题：能否讲一讲他的生平呢？如果可行的话，又该怎么讲、为什么这样讲呢？我们常常批评冗长、烦琐、“美国式”的传记和写作这种传记的教授们，但在这本篇幅不小的传记中，将没有一件无意义的轶闻，也很少涉及与写作无关的琐事。也就是说，我们尽最大可能，厘清某一主题（thème）、某一形象、某一人物在何时被纳入《追忆似水年华》这部他平生唯一一部长篇小说。普鲁斯特在写作中把自己的全部生活、全部思想都进行了再利用。而我们对他的艺术叹为观止，甚至自认为懂得了他的所知、所思、所感，并力图把我们的理解传达给遍布全球——包括美洲、中国和日本——喜爱其书其人的读者。对一些仍未解决的问题，我们也必须说明：一个人的生平就像一部乐谱，有多种演奏方式，既不能滥用“散板”，也不能如小说主人公外婆所说那样太过“生硬”。传记作家本人的话语，有的在申辩回护，有的在粉饰美化，还有的充满浮夸，而凡此种种，终究会过时。一个人的生平犹如一首奏鸣曲，或是一出戏剧，最好能像拉贝玛一样，演绎得通明剔透、不落痕迹。但这并不是说要搁笔不写：知取舍乃成风格。

本书力图反映我们所能知道的普氏生平，以及有助于理解其人其书的全部要素，但不包括任何没有意义的细节。对我们来说，最重要的东西并不是佩因特以及步其后尘的迪斯巴克所展示的当时的沙龙和社交界。佩因特在写作时，所有关于普氏生平、时代、沙龙、回忆的文字应读尽读。如果说任何轶事都没有漏网，也许有人不同意；应该说，在书中辗转传抄、已不再能博得我们一丝微笑的奇闻轶事一个也没有漏掉。轮到他的后继者，又把这些掌故抄了一遍，而根本不考虑它们是否已经有些褪色，或者过于烂熟。佩因特无所不读，但他只相信文字资料，却没有访问过任何一位当时仍健在的见证人。然而，有些人是不动笔的，动笔的人也并不将其所知悉数诉诸笔端，于是这一切都无可挽回地消失了。这是安德烈·莫洛亚所熟知的世界。他那部持论公允的普鲁斯特传已经被人遗忘，因为他没有卖弄廉价的弗洛伊德理论，他当时还不知道《让·桑特伊》和《驳圣伯夫》两部作品的存在，而且在它们被发现之后，也没有对原作进行修改。在他的《追寻普鲁斯特》中，一些章节堪称不刊之论，比如关于让娜·普鲁斯特的犹太出身，关于她儿子的疾病、性倒错等棘手问题的内容。与之相反，有些作者在这些问题上显得轻率粗疏，毫无根据地遽下断语，令人诧异。我们也并不否认爱情——或径直说——性的重要性，但我们令其回归本质，它造成了某些不幸，也因此成就了《索多姆和戈摩尔》的伟大。

普鲁斯特的整个人生变成了小说，小说成了他的整个人生，因此，把本书视为某种文学批评论著也就不足为奇了。它尽力再现普鲁斯特的思想世界，阐明这个世界的形成得益于哪些书籍、哪些画作、哪些音乐。思想的谱系比家族的谱系更为重要，我们所解读的是一个人的思想历程，是思想发育成长又转而进行创造的历程。同时，在更广泛的领域里，逐步成型的还有他的欲望和梦想世界，他喜爱的树木、景色，他往来交游的圈子、形形色色的男男女女。然后是他的痛苦、焦虑、嫉妒、疾病。这是一位长期默默无闻、屡次碰壁的作家的孤独，也是一个同性恋者的孤独，一个犹太金融家和乡村杂货商的后代的孤独，一个隐没在药草熏烟中的哮喘病人的孤独。最后，还有他的勇气和渴望。他不信基督教，却把福音书中的"只要有光明，就要劳作不息！"当作座右铭。本书就是关于他的劳作、他的光明的故事。

但即使我们能知晓普鲁斯特生平的全部事实，知晓关于他生平的全部证据，仍然有一个如何阐释的问题。在这一点上，传记作家与小说家有些相似，因为都要深入表象之下发掘意义，要在众多假设中做出选择。小说家可以允许自己同时拿出五种解释，普鲁斯特对此更是行家里手，但传记作者只有在万不得已时才肯这样做：他必须有所选择，而且往往是在对真相一无所知的情况下随意、武断地做出选择。"传记作家的秘诀恰恰在于选择。他根本不用考虑是否真实，而应该在人类纷繁复杂的表现中进行创造……耐心的造物主已经为传记作家准备好了无数的思想观念、行为举止和是是非非，它们就寓于报刊专栏、回忆录、通信集和各种注释之中。在这个包罗万象的大杂烩里，传记作者挑选出几件，拼成一个与众不同的人即可大功告成。"[①]

一个人的内心世界会在通信中有所流露，但普鲁斯特

① M. Schwob, *Vies imaginaires*, Gallimard, 1957, p. 22.

不是这样。他不表露自己的心迹，或者说，他从中学毕业之后就不再这样了。我们没有见到他的任何情书。他写给阿戈斯蒂耐利的信是否具有情书的性质，我们不得而知，因为这些信全部被烧掉了，只有一封退回的信保留下来。这封信虽然动人心魄，却只有友谊，不是爱情。写给吕西安·都德的信件，要等到以后我们才能全部得到。写给雷纳尔多·哈恩的信往往妒火中烧，但其中有好几年的中断。哈恩的日记要等四十年后才能得见，余下的就是一场狂热友情的种种痕迹。在这个离奇故事的背后是什么呢？在我们的好奇心背后是什么呢？这是一个方法问题：传记作家依赖于种种回忆和记录，然而一个人的心路历程呢？也有人一封信一封信地搜寻，而他的通信集有二十一卷之多。但，复述这些信件，连同其中的省略、谎言以及外人难以理解的玩笑，却不足以构建普鲁斯特的一生。由此产生的诱惑让佩因特一头扎到小说里寻找材料，以此解释或理解普氏生平。于是，在佩因特笔下，小说叙事者的情感就成了普鲁斯特的情感，阿尔贝蒂娜也曾确有其人。此外，他还知道这个人物的原型都有哪些，而得知这些人都是女性，又更令人信服。这样一来，我们就读到一部被注入了小说内容的传记，小说被整页整页地搬了过来，只有文笔风格除外。巴特曾指出，佩因特的成功，在很大程度上得益于这种感觉：读者仿佛在读一部关于普氏生平和作品的小说，而又不像读《追忆似水年华》那样吃力。只可惜，小说之于传记，恰似历史小说之于历史。比如说，佩因特怎么会鬼使神差地认为普鲁斯特在1905年至1908年间写作了一部小说，后来又丢失了呢？年表出现了空白，他就一定要不惜代价地补上。

还有人更是漫不经心，他们只关注生活中和社交界中的传主，即“其他人心目中的普鲁斯特”。只管将其他人的印象、看法收集起来，就万事大吉了。问题在于，如此始终停留在外部，始终是他人的想法，对理解作家的思想和感情无所帮助。这些传记中展现的，除了他热衷社交的攀龙附凤之态，就是缠绵病榻的离群索居之景，仅此而已。其中缺少的，恰是一个艺术家及其作品的身世来历。迪斯巴克说：“我并不想为《追忆似水年华》漫长而曲折多变的写作过程列出年表。”[①]这个过程也许不是最有趣的故事，却是最应该了解的重要内容。这是一个伟大作家的传记，不是一个社交人物的传记，也不是一个同性恋者的传记，更不是一个病人的传记。传主应该是这样一个人：他的伟大源于他的写作，因为他为此奉献了一切，包括他的缺点。诚然，他的缺点也不可忽视，但它的出现正是为了被克服。在一本由后人出版的笔记中，作家马塞尔·茹昂多提到普鲁斯特与浴场侍者的纠葛，但他最好还是思考一下《索多姆和戈摩尔》中的故事，或者阐明普鲁斯特如何从前者过渡到后者，中间经过了何种点铁成金的蜕变。那么，到底是什么事件构成这样一个人生呢？我们无法讲述（raconter）一个人的生平而不把构成这个生平的事件联系（relier）起来，这正是relations[②]一词的双重含

① G. de Diesbach.（见书后《参考书目》。）

② relation 兼有“叙述”和“关系两意。——译者注

义。然而人生是在含混不清和变化无常当中日复一日地度过的，普鲁斯特本人也长期担心无法实现自己的抱负——直到1908年，他此时已经三十七岁了。不过他写道："在艺术家的生活中，一切都是按照内心嬗变的法则环环相扣的。"[①]他还写道："对我来说，机遇的确很重要。但在机遇中，运气只占一成，我自己的努力占九成。"[②]这部传记要解读的正是"比运气更强大的内在努力，以及遵循某种法则的心路历程"。他生平中的事件、交游和爱情本身，并不比他的某位前辈，如让·拉辛生平中的事件更有分量。但如果我们不讲作品的写作过程，不讲写作中的作家，那么在作家的生平中，有多少年、多少天、多少小时要被忽略掉呢？假如他不把这些时间用来写作，也许他的生活会更有趣，更值得讲给人听。甚者或许他就不会一直待在屋子里（奇怪，不是嘛？但他总得有个地方写作吧），也许他就不会像巴尔扎克那样，年仅五十一岁就去世了罢。

当我们着手为普鲁斯特作传时，肯定会有反对的意见指出，他本人在《驳圣伯夫》中，在为雅克-埃米尔·布朗什《从大卫到德加》一书所写的序言中，在塑造维尔巴里西斯夫人这一人物时，曾对传记这一文学体裁提出强烈批评。但生活仍在继续：普鲁斯特无法阻止任何人为他作传，他本人也一直对喜爱的作家和艺术家的生平充满好奇。对哈代等仍健在的作家，他向别人打听他们的生平；对巴尔扎克、罗斯金乃至缪塞、圣伯夫等作家，他读他们的传记或书信。1921年，在一篇关于波德莱尔的

① *CSB*, p. 556, 论雷纳尔多·哈恩的文章。（关于注释中所用的缩略语，见书后《缩略语表》。）
② Ibid., p. 674.

文章中[①]，他为诗人勾勒了一份小传。他还顺便提到，维克多・雨果“自比为波阿斯”[②]，并以自己的人格使这首诗生动感人：“他试图说服女人，假如她们品味高雅，就该爱上这位耄耋老者而无视年轻的浪子。”维尼以参孙自比[③]，并且妒忌玛丽・多尔瓦有众多女友[④]。为什么波德莱尔对女同性恋者那么感兴趣呢？“若是能知道波德莱尔为何选择（做索多姆和戈摩尔之间的联络者）这一角色，他又是如何扮演了这个角色，那该多有意思啊！”在这里，普鲁斯特阐明了传记的功能，即揭示“为什么”以及“怎么样”，而不能满足于“是什么”。问题已不再是描述，而是内心体验，即最终将要转化为文字和人物形象的内心体验。这部传记无意讲述“一本已经预制完成的小说雏形”[⑤]，而是发掘小说的源泉，也就是找到使小说成为可能的各种要素。它使混沌者具有形式，使杂乱者达成统一，给表象赋予意义。它再现业已消失的声音，激活死者间的对话——这也是死者与生者的对话。

① *CSB*, pp. 618−639．——译者注

② 波阿斯（Booz），圣经人物，路得的丈夫、大卫王的祖父。雨果诗集《世纪传说》（*La Légende des Siècles*）有一首诗《沉睡的波阿斯》，描写善良高尚的老年波阿斯在劳作后入睡、路得来到他身边的情景。——译者注

③ 参孙，圣经人物，以力大著称，但放纵肉欲。——译者注

④ 玛丽・多尔瓦，法国十九世纪著名女演员，维尼的情妇。——译者注

⑤ J. Risset, *Le Monde*, 1993 年 3 月 5 日。

I

家世

奥特伊

故事要从两个村镇讲起。这两个村镇，一个属于父亲，一个属于母亲。前一个叫伊利耶，是被人遗忘的法国乡村；后一个叫奥特伊，是乡村里的城市，也是城市里的乡村，在这里生活的不是我们的农民前辈，而是从事自由职业、金融业的城市市民，是后人的文学回忆中布瓦洛、拉辛和拉封丹等人生活的地方。伊利耶是普鲁斯特童年度假之地，这些假日已在《贡布雷》的故事里获得永生；奥特伊虽长期默默无闻，却是他的出生之地，也是睡前索吻故事发生处。这两个村镇在《让·桑特伊》里各自独立，尔后在《在斯万家那边》中合二为一。普鲁斯特成年之后，从未回到这两个地方。在伊利耶，他的哮喘会复发；而在奥特伊，他的家只存在于他的心里。

如果想体验一下马塞尔·普鲁斯特的奥特伊，我们现在仍然可以漫步在布瓦洛村、布兰维利耶村、蒙莫朗西别墅和依维特街[1]。这些位于城市中的花园、独栋住宅、府邸，既简朴又舒适，既可独处又能排遣孤独，更给人一种身处乡村的感觉。一切都不是真的，但也一样都不假。布洛涅不是真正的森林，但不失为一片树林，还有它的湖，它的岛，它的“岛上小屋”——叙事者[2]和阿尔贝蒂娜常来这里，遥想着布列塔尼和德·斯代马里亚夫人。

在这个镇子的泉水街96号，马塞尔·普鲁斯特的外叔公路易·韦伊置下了一份1500平方米的地产[3]。他是从主演过《茶花女》的女演员欧仁妮·多什手里买下的，所以房子有些旧了，还弥漫着半上流社会的交际花、女演员以及路易外叔公喜欢的“粉黛”们的气息。两幢不大的厢房夹着入口处的栅栏门，花园里有一个水塘和一片橘园。正房是一幢四层楼房，占地110平方米，据地籍记载，房子是用石块砌成的。普鲁斯特一家住在栅栏门旁边的一幢厢房里（四个房间加一间阁楼）。对于这个住处，普鲁斯特1919年为他在奥特伊的邻居雅克–埃米尔·布朗什的著作作序时写道，“要多没品位就多没品位”[4]。不过必须注意，普鲁斯特一贯贬低自己身边的事物，而对他人的东西赞赏有加，假使不是出于谦逊，至少是出于贵族的礼貌。他自己也曾提到这个住处给他的巨大快乐：他喜欢自己的房间，里面挂着蓝缎大窗帘，摆着梳妆台和带镜子的五斗橱；还有正房底层，那儿的小客厅“幽僻生凉”，储物间里冷藏着乡下饮料苹果酒，晦暗的餐厅里水晶制成的餐刀架闪着亮光[5]。房中的家具被他的一位表妹描

① 本书中，avenue、boulevard、rue 分别译作大街、大道和街。——译者注

② 本书中用“叙事者”指代《追忆似水年华》的主人公，即小说中的“我”。

③ 关于普鲁斯特的奥特伊，参见 Denise Mayer 的文章“Le jardin de Marcel Proust”，收入 *Études proustiennes*, t. V, Gallimard, 1984, pp. 9–51。吉斯兰·德·迪斯巴克所说的地产面积并不可靠。

④ 雅克–埃米尔·布朗什，《画家漫谈：从大卫到德加》，Émile-paul，1919。马塞尔·普鲁斯特作序，序言收入 *CSB*, pp. 570–586。

⑤ Ibid., p. 573.

述为“阴森恶俗，傻大黑粗”[1]，实际上是路易–菲利普和拿破仑三世时代流行的桃花心木和黑漆木家具，是路易·韦伊从欧仁妮·多什手里买下的。普鲁斯特在1919年写道，这个童年和青年时代的奥特伊，“已经转移到不可见的世界”，“隐蔽在不复存在的绿荫里”。但奥特伊依然存在，“化为记忆的”只是位于泉水街96号的那所房子。路易·韦伊和他的哥哥相继去世后，房子被他们的继承人让娜·普鲁斯特和乔治·韦伊于1897年卖掉，后来被拆除建了其他房舍，这些新房子在打通莫扎特大街时又被拆除。现在，房子的原址上是一家银行。仿佛银行专门跟普鲁斯特过不去似的，他后来被迫从奥斯曼大道102号迁出（大概就在他写作那篇关于奥特伊的序言时），也是因为那儿的房子被卖给了瓦兰–贝尼耶银行。

普鲁斯特告诉我们，奥特伊众多的花园对他的恩赐只有“干草热”[2]。他外叔公的花园里有一片水塘，据说普鲁斯特曾掉在里面，跟瓦莱里掉进公园里的水塘相仿。在《让·桑特伊》当中，他给水塘的四周加上了山楂树[3]，这是他最早在奥特伊认识的那种乔木，在伊利耶看到灌木山楂是后来的事。美丽动人的山楂树是与春天时令病的发生和痊愈联系在一起的。在小说的一份草稿中，童年的主人公对山楂树说：“春天使我生病。”[4]山楂树答道：“是吗？那么，我们给你治疗吧。你想一想我们是什么时候来到你屋里的？”——“当然记得。

① Valentine Thomson,« My Cousin Marcel Proust », *Harpers Magazine*, vol. 164, mai 1932, pp. 710–720. 转引自 G. Painter, P. 423。

② *CSB*, p. 570.

③ *JS*, p. 280. 确切数字是六十棵山楂树。

④ *RTP*, t. I, Esq. LXII, p. 857: “我不记得是不是在……路上第一次见到山楂树。”贡布雷–伊利耶的道路是一个回忆的布景，遮掩了奥特伊。在花园里，马塞尔坐的是一张柳条椅（ibid., Esq. III, p. 651）。

就是从那天起，你们成了我的最爱！”[1]泪水使年轻人沉浸在“最深邃的往昔之中”，那就是被埋藏在伊利耶之下的奥特伊[2]。

再远处是《让·桑特伊》中提到的栗树：“更远处是一些高大的栗树，枝条垂得很低，跟小树一样高。这种高大的树木正值生长期，擎起茂密的树叶和高耸的花枝，如高塔一般既雄伟又精巧。”[3]树荫下，一家人围坐在房前的一张“铁桌”周围。童年的栗树，普鲁斯特先后在《欢乐与时日》[4]和《在斯万家那边》当中提及，被放在巴黎的街道、广场和布洛涅树林里，春绿秋黄，是这两个季节的标志。夏天的树激不起普鲁斯特的兴趣，在他心目中，丁香与栗树是分不开的，丁香花无形而又持久的芬芳挥之不去，因此他专门跑到凡尔赛去看丁香。

一天晚上，基督山伯爵离开香榭丽舍大街上的府邸，要到远郊“跑一趟”，二十分钟后，他来到了位于奥特伊“小镇尽头”、泉水街28号的乡下别墅[5]。位于巴黎西部的奥特伊镇，直到1859年才并入巴黎，但普鲁斯特全家人仍然把两者区分得很清楚。马塞尔把信的落款地点写作奥特伊，把乘公共马车、火车（奥特伊站）、马车或船（当乘火车太热的时候）进城说成是去巴黎。一本1855年出版的导游手册[6]这样描写奥特伊：“一个喜歌剧氛围的小镇。此处的房子是三层的方形小楼，百叶窗漆成绿色……每年有六个月的时间，奥特伊简直与庞贝或赫库兰尼姆古城不相上下：街上空空荡荡，门窗紧闭，屋内空无一人。

① Ibid., p. 863. Cf. p. 858. 英国山楂花的样貌与苹果花很像：“看到苹果树，我心中一阵狂喜，情不自禁地大声尖叫。因此，我们有一天见到比普罗大夫时，他说：‘这孩子需要冷静冷静。’”（p. 820）

② Ibid., p. 852.

③ *JS*, p. 310. 如 D. Mayer（*op. cit.*, p. 21）所说，栗树是城里的树种，在伊利耶是没有的。

④《栗树》，*P et J*, p. 142。

⑤ Alexandre Dumas，*le Comte de Monte-Cristo,* éd. Garnier, 1962, t. I, p. 642, chap. XLIV, « La maison d'Auteuil ».（中译本有［法］大仲马著，周克希译，《基督山伯爵》，上海：华东师范大学出版社，2012年，613页。——译者注）

⑥ *Les Environs de Paris*, P. Boizard éd., Paris, 1855, p. 362. 转引自 D. Mayer, *op. cit.*, pp. 9–10。

奥特伊的居民此时都在巴黎过冬。他们是退休的公证人、前诉讼代理人和退出业界的银行家们。天气转暖，他们又带着成群结队的马倌、车夫、厨子、仆人回到这里。”马塞尔·普鲁斯特的外公和外叔公就属于这伙人。他们在此地度过夏天，但马塞尔的外公每天在这儿吃过晚饭，都要返回巴黎过夜。他活到了八十五岁，没有一天离开过巴黎[①]。普鲁斯特教授和夫人在“春季和夏初”住在这里[②]。这段短暂的时间足以让人换个环境，得到休息，也留下回忆。这儿离火车站很近，与开往圣拉萨尔车站的火车以及铁路桥朝夕相处，因此普鲁斯特喜欢上了火车时刻表，喜欢躺在床上神游万里，像福雷在《幻想的天际》中所唱的那样，想象着“无法实现的远行”。

“奥特伊”的本意是小高地，最高处海拔41米（而夏优高地的高程是70米）。正是在这个地方，也就是现今米拉波桥附近，恺撒的部下拉比努斯于公元前52年渡过塞纳河，向格勒奈尔平原上卡穆洛热纳率领的卢泰斯的高卢人军队发起进攻。在高卢–罗马时期，这里是一片森林（布洛涅树林就是它众多的遗迹之一；雅克·伊莱雷指出，在布瓦洛村曾发现德洛伊教祭坛的遗迹）。奥特伊原先属于诺曼底的勒贝克–埃卢安修道院，这个修道院于1109年与巴黎的圣–热纳维耶芙修道院合并。直到大革命前，奥特伊一直是修士们的财产。奥特伊原来与帕西镇以塞纳街（现伯顿街）为界，南端与“布龙涅”村相接。教士们把奥特伊作为避暑的地方，房舍在大革命时期被没收。画家

① *CSB*, p. 575：“晚上回巴黎时，他从铁路旱桥前路过，每每看到成列的车厢载着众多精神失常之人，探求‘黎明小区’或‘布洛涅’之外的未知之境，都让他在自己乘坐的马车里发出强烈的‘无名众生’之叹。他看着列车，带着惊讶、怜悯和恐惧的情绪尖声叫道：‘居然有这么多人喜欢旅行！’”

② Ibid., p. 572.

弗朗索瓦·热拉尔以及普鲁斯特的朋友、后来成为院士的费尔南·格雷格都在这个地方（弗朗索瓦·热拉尔街与雷穆萨特街拐角处）生活过。

奥特伊被莫里斯·德·苏利主教（建造巴黎圣母院的决定就是他做的）设立为堂区。十六世纪至十八世纪，它是一个围绕着教堂与城堡、有四条街道（现凡尔赛大街、奥特伊街、布瓦洛街和泉水街）的小村庄。在路易十四时代的最后二十多年里，这个村子变得时髦起来，莫里哀、拉辛、布瓦洛（他的房子后来属于于贝尔·罗贝尔）、尚梅斯莱、达盖索大法官等名流都在此处建有乡间别墅。另外，还有十八世纪的德·韦里埃尔姐妹、拉图尔、爱尔维修夫人，十九世纪的安培、卡巴尼、M.-J. 谢尼埃、瓦尔耐、夏多布里昂、雷卡米耶夫人、基佐、J. 雅南、卡尔博、伽瓦尼、雨果和龚古尔兄弟。1800年时，村子里甚至有十几条街道。这个时期，人们开始建造乡间别墅，巴黎人都来这里避暑。1810年有居民1000人，1851年有4185人。1844年梯也尔建的巴黎城防工事将奥特伊也包括在内。

根据1859年6月16日法令，奥特伊从1860年1月1日起并入巴黎。1895年，居民达到22500人，当时公寓的房价与巴黎相差无几。这里没有任何工业，只有几处采石场和几处名为“奥特伊泉”的矿泉水源。其中位于居尔街的一处泉水于1914年第一次世界大战中消失，位于普桑街的另一处泉水在1900年前后干涸。从圣拉萨尔车站至奥特伊的铁路建于1853年，火车站竣工于1854年。奥斯曼沿着铁路线修建了蒙莫朗西大道和艾格泽尔曼大道，并开始修建莫扎特大街（1897年完成）。1840年出现的布瓦洛村建在布瓦洛故居原址周围，1854年由佩雷尔建造的蒙莫朗西别墅也建在蒙莫朗西公爵夫人故居原址上，奥特伊铁路桥竣工于1866年。奥特伊的第一座教堂（1319年始建）就建在现今教堂的位置上，十七世纪时在它的中殿（建于1320年）旁又增建了两个礼拜堂。老教堂又旧又小，巴黎公社时期又遭炮火毁坏，于是在1887—1892年间建造了现在这座罗曼–拜占廷风格的教堂，彻底取代了老教堂。

龚古尔兄弟的故居仍矗立在蒙莫朗西大道上。埃德蒙·德·龚古尔在《艺术家的府邸》中对它有详细的描述，普鲁斯特在《重现的时光》当中对此有戏仿。龚古尔在日记中记载了1870年战争和普军包围巴黎（这正是普鲁斯特夫人怀孕的时期）的痛苦经历："倒霉的奥特伊！它与巴黎其他街区失去了联系，遭到国民别动队抢掠，断粮挨饿，遭遇轰炸。更糟的是，它还要被普鲁士军队占领！"[①]巴黎公社时期，奥特伊再次受到凡尔赛军队的攻击，但没有受到公社武装的侵扰。埃德蒙·德·龚古尔在1871年5月24日的日记中写道："从蒙莫朗西大道开始便是一片废墟，有的房子只剩下黑黢黢的四壁，有的房子已经完全倾颓在地。我的家还立在那里，二楼上有一个大洞，它经受了多少个弹片的蹂躏呀！"[②]5月25日，他在"奥特伊仿佛被龙卷风摧残和破坏的废墟上"走过。奥

① *Journal, 1870–1871*, 1er mars 1871, éd. Charpentier, p. 222.

② Ibid., p. 317.

特伊街的入口处只剩一堆“冒着烟的瓦砾”，从莫特马尔的小丘上望去，整个巴黎像被大火洗劫过一样。马塞尔·普鲁斯特就是在这两场劫难之后，在一片废墟之中诞生的。

对于奥特伊，普鲁斯特的记忆中还保留着佩尔尚街、涌泉街以及供环城火车行驶的铁路桥（第二次世界大战后拆除）。他在《贡布雷》最初的草稿中写道：“有时，我们一直走到铁路桥。桥的跨拱从车站就开始了，每当看到它，就不由得让我紧张，仿佛过了桥就是未开化的野蛮世界。每年从巴黎来这儿的时候，他们都要反复叮嘱不要坐过了站，快到贡布雷的时候要特别小心，必须提前做好准备，不然火车五分钟后就会开走，驶上铁路桥。我做过的最可怕的梦就是没有听到贡布雷的报站声，火车开走了，我正在全速驶过铁路桥，驶向基督教国度以外的世界，而贡布雷就是这个世界的边境。”[①]另外，普鲁斯特还在《让·桑特伊》里记起蒙莫朗西别墅“含铁的水”，他经常和女佣一道用一只带链子的锡桶汲水来喝。这块“此水含铁”（*l'eau ferrugineuse*）的提示牌，难道不是一个无关要紧的细节吗？然而，它肯定使童年的普鲁斯特印象深刻，以至于这个音节响亮的生僻词与冰冷的水一道被原封不动地搬到小说里，变成贡布雷的门铃，与斯万、与小说开头和结尾的章节联系在一起。而与斯万联系在一起，也就和每晚上床入睡的情节联系在一起，且这个情节就发生在奥特伊。由来自奥特伊泉水的这一“冷冰冰、袅袅不绝

① *RTP*, t. I, Esq. LXIV, p. 871, et « Combray », p.113. 另参见［法］普鲁斯特著，李恒基、徐继曾、桂裕芳等十五人译，《追忆似水年华》（一），南京：译林出版社，1989年，116页；周克希译，《追寻逝去的时光》（一），《周克希译文集》，上海：华东师范大学出版社，2012年，116页。（本书有关各中译本的注释，均系译者所加，后文不再特别说明。——译者注）在伊利耶也有一座旱桥，在这两处的散步完全有可能不分彼此。关于伊利耶的旱桥，见 P.-L. « Larcher, La ferme des Aigneaux », *BAMP*, nº 16, 1966, p. 407。

的铁铃声”和“尖厉、清脆、叮叮咚咚而连绵不绝的铁铃声”作开头和结尾，小说便额外具有一个完整的结构，形成一种新的循环，像涌泉一样生生不息[①]。

① *RTP*, t. I, p. 14; t. IV, p. 623，参见十五人译本（一）14页、（七）349页，周译本（一）13页。*JS*, p. 868。

伊利耶

“像伊利耶、布鲁这样地处博斯平原和佩尔什丘陵前沿交界处的村镇，已经具有了混合地形的特点。可用作房屋梁檩的高大树木、房前屋后的果园、田野里越来越稠密的苹果树，这一切都在清清楚楚地告诉我们，博斯平原的特征已经消失殆尽。卢瓦河及其派生的支流蜿蜒流淌在芳草萋萋的河道里，缓慢而深邃。”[②]这些文字并非普鲁斯特所写，而是出于一位大地理学家之手，但它道出了我们这位小说家对地理的敏锐感受。贡布雷及周围环境的许多特点都证明，他的观察来自伊利耶。为了以既艺术又科学的方式加大时空的纵深感，普鲁斯特在伊利耶–贡布雷埋下了千年历史，再故作惊喜地把它发掘出来，比如那座墨洛温王朝时期的教堂地下墓室[③]。读奥古斯丁·梯叶里的著作，丰富了他的知识，也培养了他的想象力。贡布雷教堂的建筑理念就来源于梯叶里的《墨洛温王朝年代记》。至于贡布雷这个地名的来历，应是与利雪以北、往彭勒维克方向七公里处的贡布雷城堡有关。这一说法比康布尔（Combourg）、康布雷（Cambrai）以及伊利耶附近的贡布尔（Combres）

② P. Vidal de La Blache, *Tableau de la géographie de la France*, 1903, rééd. Tallandier, 1979, p. 146.

③ Voir *RTP*, t. I, Esq. XXIII, XXV.

等说法更为可信[①]。普鲁斯特所用的很多地名都取自下诺曼底大区，从1907年起，也就是在写作《在斯万家那边》和《在少女们身旁》期间，那里正是普鲁斯特度假的地方[②]。

伊利耶[③]是厄尔–卢瓦省一个区治所所在地，距沙特尔25公里，距巴黎114公里，是盛产谷物的博斯平原与以畜牧业为主的佩尔什丘陵交界处的贸易重镇。法兰西岛[④]（法国的大部分作家都出生于这个地区）周围有很多市镇，供养着巴黎的有产阶级，伊利耶便是其中之一，迟早要有一位普鲁斯特从这里走出，前往巴黎。十五年间，父亲的老家是他度过部分复活节（以及暑天）假期的地方。也就是在这里，普鲁斯特无意之间熟悉了村庄、市镇及周围农村的环境和生活，这种知识是从一个本地人而不是外来观光客的角度获得的。同巴黎一样，伊利耶本镇以及周围的大小村落和乡间景物，是构成他“思想园地的一份丰厚宝藏”。1903年在伊利耶颁奖典礼上发表的演说，是普鲁斯特教授生前最后几次演说之一，他当时这样描述再度受到热捧的家乡平原景观：“今天，风景画家们对平淡无奇的大平原情有独钟，一望无际的麦田波光明灭，风激浪涌，如大海一般变幻无穷，他们努力在这里追寻更隐秘、更深刻的情感冲动。”[⑤]

教堂是一切活动的中心，这个发现被普鲁斯特应用到对伊利耶以及后来对贡布雷的全部描写中。《让·桑特伊》中写道：“实际上，这座城市处在教堂的俯视之下。

① 在这一问题上，佩因特后来改正了第一版中的说法（p.514）。

② 巴尔贝克（Balbec，来自Bolbec）最早的两个名字凯尔克维尔（Querqueville）和布里克贝克（Bricquebec）都是这种情况。

③ 关于伊利耶，请参阅以下两书：Chanoine Marquis, *Illiers*, archives historiques du diocèse de Chartres, 1904, 2ᵉ éd. 1907; A. Ferré, *Géographie de Marcel Proust*, Sagittaire, 1939。

④ 普鲁斯特对法兰西岛的热爱，雅克·特吕埃勒在《斯万》出版之后曾有过亲身体验。据他记载，普鲁斯特对他说：“不过，我去的次数越多，就越喜欢乡下，而且最终只喜欢乡下。谁知道有一天我会不会最终回到希尔贝特的国度，那么这将是真正的‘重现的时光’。”特吕埃勒补充道：“这种兴趣把他……带到博斯平原或法兰西岛的一隅，他对这些地方的偏爱随时随地都会表现出来。关于某些人，他说：‘我之所以喜爱他们，就是因为他们具有深深的法兰西岛烙印。’他还说：‘从来没有哪一本书像奈瓦尔的《西尔薇》那样让我感动。’”（《向普鲁斯特致敬》）

⑤ *Textes retrouvés*, pp. 178–179. 这里所写的也许是雷诺阿画中的麦田。

这里走过游街队伍，那里竖起临时祭坛。这儿住着神父，那儿住着修女。教堂的钟声响彻全城。做大弥撒的日子，前往教堂的人群络绎不绝，为午餐烤制的蛋糕随后发出诱人的香气，整个城市生气盎然。”在这部书里，伊利耶大部分时间是以真名出现的[1]。这座教堂名为圣雅克，建于十四世纪；还有另外一座名为圣伊莱尔的教堂（贡布雷的教堂用了这个名字）在大革命时期被毁。圣伊莱尔这个名称与伊利耶出自同一词源[2]。而在1908年的最初草稿中，“贡布雷不过是概括和代表一座城市的教堂；远远看去，它是城市的象征与标志”[3]。1912年9月3日，普鲁斯特在《费加罗报》上发表了与《在斯万家那边》风格十分接近的《乡村教堂》[4]一文，但他没有点明所讲的是真实的教堂还是虚构的教堂，从而使这篇文章带有一定的自传色彩。

伊利耶的教堂具有与贡布雷的教堂相同的结构和功能，但贡布雷的教堂带有许多借自其他教堂或文学作品的内容。笔者的意图，并不是要在《追忆似水年华》中寻找传记资料，把“贡布雷”还原为伊利耶，或是使读者能够直接了解小说的定稿，也不是为了写一部“童年故事”，而是为了展示《斯万》之前的伊利耶。就这座教堂来说，它的吸引力显然是被另一座更著名的建筑所强化。实际上，普鲁斯特一家在从巴黎前往伊利耶的路上，要在沙特尔换车。有时他们也停下来，欣赏沙特尔主教堂高耸的钟楼[5]：一边是宏伟的主教堂，另一边是它渺小的同类，乡

① *JS*, p. 281；其他地名包括 Éteuilles, Étheuilles, Sargeau。见 *JS*, p. 277, n. 2。其中 Éteuilles 可能借自 Auteuil（奥特伊）。

② *RTP*, t. I, p. 103 et n. 3 (Hilarius). 参见十五人译本（一）107页，周译本（一）106—107页。词源资料借自 J. Quicherat, *De la formation française des anciens noms de lieu*, Paris, 1867, pp. 65–66。

③ *RTP*, t. I, Esq. XV, p. 702. Cf. Esq. XVI, pp. 703–704, XVII, pp. 712–714, XXIV, p. 730 *sq.*, XXV, p. 734, XXVI, pp. 734–736, XXVIII, pp. 738–743.

④ Repris dans *Chroniques*, pp. 114–122.

⑤ *RTP*, t. I, Esq. XXVII, p. 737.

村教堂。介于这两者之间的众多教堂，比如普鲁斯特实地参观过、在照片上见过、在罗斯金或埃米尔·马勒的书中读到过的其他教堂，都使童年的他深深迷恋。宗教仪式是普鲁斯特童年时期最大的乐事，1904年，他非常担心这类仪式会被取消："我童年里最愉快的记忆就是圣体瞻礼节的大巡游。"[①]贡布雷的教堂正是在众多的宗教仪式中活了起来。

圣灵街的起点是教堂广场，普鲁斯特先后把桑特伊[②]和莱奥妮姨妈的家放在了这条街的5号，因为他的姑姑、普鲁斯特教授的姐姐伊丽莎白·阿米奥就住在这儿。圣灵街尽头再往前是鸟儿街（后来改名为加罗班医生街），往西是圣伊莱尔街。火车站恰好也是一座旱桥的起点。就像卢瓦河变成小说中的维沃纳河一样，这里的林荫道、城堡遗迹后来都被小说家借用，但两座小镇的布局并不一样[③]。普鲁斯特–托尔舍杂货店位于教堂对面的集市广场上，由马塞尔的祖母经营。相距不远是伊丽莎白·普鲁斯特的丈夫、马塞尔·普鲁斯特的姑父儒勒·阿米奥的呢绒店。

伊利耶附近的地名有很多（但不是全部）被用在贡布雷及周围地区。伊利耶以西四公里的梅雷格里兹，位于"山地佩尔什"一边，原封不动地出现在普鲁斯特为译作罗斯金的《芝麻与百合》所写的译序里。往南是唐松维尔和它的小城堡（普鲁斯特给它接上了阿米奥姑父的花园"普雷–加特朗"[④]和它外围的"山楂树小径"）。再往南两公里处是蒙舒凡磨坊，五公里处是维埃维克。往西北

① *Corr.*, t. V, p. 27, 1905 年 1 月 6 日。还有下面这段话，预示着《斯万》的出现："我毫不怀疑，过不了多久，我就只能在内心当中听到教堂的钟声了，曾经感动过我们而如今已不复存在的钟声，还在心中震颤。"

② *JS*, p. 281.

③ 这是费雷的看法，见 A. Ferré, *Géographie de Marcel Proust*, *op. cit.*, p. 93。

④ *RTP*, t. I, Esq. LVIII à LX, pp. 842–851; déjà dans *JS*, pp. 284–286, 295–297, 305–309, 322–325. 在这个花园里，马塞尔与阿米奥家的表兄弟在一起；在《让·桑特伊》中曾提到这些亲戚。

是米鲁格兰小村。马丹维尔是一个没有钟楼的小村落，但在卡尔瓦多斯也有一个马丹维尔，普鲁斯特对这个同名村落中几个钟楼的描写，大概是受卡昂[1]城里几座钟楼的启发。还有一些伊利耶附近的地名被普鲁斯特转移到了法国的其他地区，比如拉什普利埃[2]变成了拉斯普利埃，马古维尔和艾尔默依维尔被搬到了通往巴尔贝克的铁路线上。小说家把真的、假的和半真半假的一股脑混在一起，并且乐此不疲，谁让他拥有想象的权利呢？他在乡下、在外省的生活经历使他有能力创造出这样的生活。童年的风景既属于那位地理学家，也属于这位大作家。至于传记作者，他必须指出是哪些元素点燃了小说家的记忆，构成了创作的条件。无论从历史的角度还是从传记的角度看，这座最具法国特色的法国村庄，都已经成为众多文学村庄里最具文学意义的一个。

《让·桑特伊》对阿米奥姑父家的描写，只限于一个孤僻、馋嘴的孩子最喜爱的活动范围：卧室、餐厅和厨房。卧室里，有花纸、木床、桃花心木的书桌、浸在盆里的水罐和附属的卫生间，魔灯将图像投射到光秃秃的墙面上，有一扇门通向妈妈的卧室[3]。餐厅里，有椅子、桃花心木的餐桌，餐具摆放停当时，餐巾都叠成“白帽子”，长颈瓶里盛着葡萄酒，墙上“星斗般地挂满了刻着铭文的盘子”和一本日历[4]；还有取暖的壁炉和一只大挂钟[5]。厨房是埃内斯蒂娜·加鲁的领地，她是弗朗索瓦丝最早的原型，热心、能干，但对帮厨的女仆和各种动物心狠手辣[6]。她的卧室就在厨房旁边。下人里还包括一名园丁。

① 《乘汽车行路印象记》，*CSB*, pp. 63–69。

② 据 Marquis, *op. cit.*，拉什普利埃派生自阿拉施贝（Arrachepel）。Cf. *RTP*, t. III, pp. 204–253，参见十五人译本（四）207—258 页。

③ *JS*, p. 314.《芝麻与百合》的译者序对这个房间有更完整的描写：铜床挂着幔帐，床上叠放着压脚被、棉被和细麻布枕套，镂花毛皮长披肩搭在椅子上；室内的摆设有贝壳、带玻璃罩的座钟，一只橱柜上有两只花盆，铺着凸纹花边的桌布，摆着一幅基督像和祝圣的圣枝，旁边是祈祷用的跪凳；窗上挂着三层窗帘，所以窗户开启时非常吃力且显得可笑；墙上挂着欧仁亲王的版画（*CSB*, pp. 164–167）。此处写到的厨娘是费利西·费托（ibid., p. 161）。

④ Ibid.

⑤ *JS*, p. 304.

⑥ Ibid., pp. 281, 320.

房前有个小花园，里面只有一条小径，砖和彩陶垒成的花坛里盛开着蝴蝶花[①]。除此之外，阿米奥姑父还拥有普雷–加特朗花园，“一个宽阔的大花园，从卢瓦河岸伸展开来，再缓缓地上升，这里是一道漫坡，那里是通往人工石洞的几级石阶，一直达到与博斯平原等高的几块台地，有一个栅栏门通往那个方向”[②]。花园的最高处，有一片最适合读书的绿荫，一畦芦笋，一方池塘，一辆从水渠里汲水的马拉水车，散步、垂钓、划船、读书似乎是他孩提和少年时代的主要消遣。他更愿意和成年人打交道，而不愿和阿米奥姑父的三个孩子一起玩，甚至躲着他们。需要强调的是，与大多数独自（或者与弟弟一起）待在乡下的孩子们不同，普鲁斯特无论是在书信中还是在作品中，都从未表示过在伊利耶因孤独而苦恼。他唯一的伤心事儿是与妈妈分离，每次他都要送妈妈到沙特尔，那里的钟楼遂成为分别的标志。乡村生活的每一分钟，在伊利耶度过的每时每刻都浸透着欢乐，所以，普鲁斯特在《让·桑特伊》和《贡布雷》中为它们留下了诗一般的文字。从地形的细节到植物的生长，从厨房里的规矩到没完没了的闲逛，这里的一切都让他着迷。他不仅观察这一切，而且像海绵一样把它们吸收起来，保存起来，直到成年掌握了文学工具之后，才把孩童时代的所见所感，把“所有这些充满好奇、温情和人性的欲望和愉悦”[③]诉诸笔端。他把这段时光称为“在伊利耶的美好岁月”[④]，这样的表达融汇了历史和地理、时间和空间。这些美好岁月

① *CSB*, p. 161.

② *JS*, p. 322. Cf. *CSB*, p. 168.

③ *JS*, p. 286.

④ Ibid., p. 293. 在前面引用过的“la ferme des Aigneaux”一文中，P.-L. Larcher考证出他们星期六散步所去的农庄就是这个叫“le Galerne”的地方（*JS*, p. 349），即小说里普雷维尔太太和Laudet太太招待他们喝苹果酒的农庄。

与奥特伊合为一体，体现在房舍、花园和家庭生活当中，体现在两家祖辈、姑舅叔伯、父母特别是母亲的呵护当中，他向往着“与他们幸福地生活在一起”[1]。如果说在巴黎的生活堪称奢华的话，那么在乡村，就是平常日子的诗情画意。1905年，普鲁斯特在写给卡拉曼–希迈亲王夫人的信中说：“出于美学的需要……，我把我的童年贬了一格，何况它本来也没有什么高贵优雅的东西。”[2]奥特伊属母亲一系，伊利耶是父亲一脉，两者在回忆中珠联璧合，已经没必要再去区分同一棵树上的两条树枝了。

但其中也有文字资料的帮助。在回忆伊利耶并依据它构思贡布雷的过程中，普鲁斯特参考了伊利耶本堂神甫、名誉议事司铎J. 马基教士所著《伊利耶》[3]一书。《索多姆和戈摩尔》当中，德·康布尔梅夫人有一段谈话暗指此事：“他跟我们住邻居的时候，乐此不疲地东跑西颠，把那些古老的契据、证书查了个遍，后来还真写了一本别出心裁的小册子，考证这一带地名的来龙去脉。再说，他对这事儿还真是着迷，似乎他把最后几年的工夫全都用在写作上，一心想写出一部有关贡布雷和毗邻地区的巨著……那可真是个苦差事。”[4]马塞尔在小说中对教士们颇为不恭[5]，却借这个段落把马基神甫写入小说，以此向他致意，感谢他“教自己拉丁文和植物名称”；更重要的是，感谢他的《伊利耶》一书提供了众多地名、人名和它们的来龙去脉。在写作《贡布雷》和描写巴尔贝克时，他都借用过这部专题著作。普鲁斯特在刚刚完成《在斯万家

① Ibid., p. 300.

② *Corr.*, t. XXI, p. 605.

③ *Op. cit.*

④ *RTP,* t. III, p. 204，参见十五人译本（四）202—203页。

⑤ 见“外婆之死”以及“絮比安的妓院”等情节。

那边》之后，曾在信中写道："那天，我翻看一本关于故乡小镇的书，镇上有一条街以父亲的名字命名，还有一条街以姑父的名字命名，那儿的公园就是我姑父的花园。我还看到从前叫马塞尔·普鲁斯特的都是一些地位低微的人物：十四世纪至十七世纪的什么法院书记员啦、本堂神甫啦、大法官啦。我想着这些远古的先人们，心中不无温情……"[①]普鲁斯特教授最后几次出席正式活动，包括1903年7月27日在伊利耶颁奖典礼上发表演说（讲稿大概是由马塞尔捉刀[②]），与教堂钟楼一样代表小城的本堂神甫碍于《费里法案》没有受邀出席典礼，对此他的儿子深感不平。"我又想起了这个小镇，它俯身面向贫瘠的土地、吝啬的母亲；那里的天空，不管是浓云密布，还是碧蓝万里，也不管在博斯平原的落日余晖里变幻成何种色彩，总能见到教堂美丽的钟楼高耸着直指苍穹……我觉得，没有邀请老神甫出席颁奖典礼真是不合适。虽然与药剂师、退休烟草师、眼镜商所代表的社会功能相比，他在村里所代表的东西更加难以界定，但他毕竟是值得人们尊敬的。别的尚且不论，就说充满灵性的教堂钟楼吧，它满怀依恋地指向落日，与玫瑰色的云朵融为一体；更何况，对一个初次来到本地的外乡人来说，第一眼看上去，钟楼要比那些新建筑更亲切、更高贵、更无私、更聪慧，而且正如我们祈愿的那样，更充满爱意，尽管那些新建筑是依照新法令投票之后才建成的。"[③]伊利耶，就是一座教堂，也是一个人，代表着某种精神意义，承载着漫长的历

① *Corr.*, t. XII, 1913, pp. 208–209. 正是由于这个原因，当马克斯·戴罗在卡堡问他出生在哪个省份时，马塞尔回答："厄尔–卢瓦省。""我唯一要解释的是，这个小镇既有一部分属于博斯平原，又有一部分属于佩尔什丘陵，在法国它可能是独一份儿。"奥黛特在被问及盖尔芒特一家出生在哪个省份时，以同样的方式答道："埃纳省。"*RTP*, t. I, p. 510 et n. 2，参见十五人译本（二）84页，周译本（二）86页。

② *Textes retrouvés*, pp. 173–180.

③ *Corr.*, t. III, 29 juillet 1903, p. 383. Cf. « L'église de village », *Le Figaro*, 3 septembre 1912, *Chroniques*, pp. 114–122. 马基教士此时已经七十多岁了。

史、名字的来历、语言的起源。

韦伊一家

阿德里安·普鲁斯特是信奉天主教的外省小市民飞黄腾达的范例，韦伊一家则是犹太人社会地位提高的典型代表。一个杂货商之家出了一位名医；另一个有着陶瓷厂厂主、金融经纪人和法官的家庭，出了一位有高度教养的家庭妇女。两个不同寻常的家庭，也代表了两种历史命运。

1791年9月28日，国民议会投票通过了一项法案，11月13日经路易十六批准成为法律，它使所有在法国的犹太人拥有全部公民权①。但犹太人在恐怖时期仍遭到了迫害。在连续不断的革命战争影响下，居住在德国的犹太人从法兰克福（如罗斯柴尔德家族）、特里尔、美因茨和沃尔姆斯涌入法国。1810年，这批人在巴黎的犹太人中占百分之五十八②。拿破仑军队撤出德国后，那里的犹太人又回到了大革命前的悲惨境遇。

韦伊一家原来是生活在符腾堡的陶瓷制造商。巴鲁赫·韦伊曾在尼德维勒陶瓷厂工作，这个厂原来属于古斯廷伯爵，后来被收归国有。之后他离开阿尔萨斯来到巴黎。帝国初期，他在巴黎第十区拥有一座陶瓷厂，生产巴黎瓷。他的妻子萨拉·纳坦在1814年4月19日生第二个儿子纳特·韦伊的这天去世，之后他续娶了前妻的妹妹，又有了两个孩子拉萨尔（被称作路易，普鲁斯特最喜欢的外叔公）和阿代勒。这家人一贯拥护共和。普鲁斯特夫人的

① Ph. Bourdrel, *Histoire des juifs de France*, Albin Michel, 1974, p. 138 et 562.

② Ibid., p. 143.

外姨祖阿道尔夫·克雷米厄1848年担任司法部长时，取消了政治犯的死刑，废除了殖民地的奴隶制度。1870年，他再次担任司法部长。1877年5月16日，他在反对麦克–马洪总统的宣言上签名。奇怪的是，《追忆似水年华》并没有提到他。

1872年，法国3900万居民中只有8.6万名犹太人（而英国有18万，德国有60万，奥匈帝国有200万，俄罗斯有500万，荷兰有10万）。也就是说，他们是一个非常小的族群，其中大小商人和手工业者的子弟很快选择了脑力劳动职业并融入了中产阶级，如普鲁斯特的朋友、孔多塞中学的同学莱昂·布鲁姆和勒内·布鲁姆两兄弟，他们的父亲是圣德尼街243号的饰带商，母亲出身于多菲纳广场一家装饰品店。除马塞尔的表妹夫亨利·柏格森之外，普鲁斯特一家中还有十个成员各有著作行世。

第二帝国时期，巴黎大约有2.5万名犹太人，他们当中，除了参加婚礼外，经常前往犹太教堂做礼拜的人已越来越少，当然，也只有犹太人之间联姻的婚礼才在犹太教堂举行；葬礼仍在犹太墓地举行[①]。韦伊一家无疑也属于这一类型，但音乐家、歌剧《犹太女》的作者，犹太教会议会成员弗罗芒塔尔·阿莱维就不是这样。阿道尔夫·克雷米厄由于自己的子女背着他接受了洗礼而辞去了在犹太教会议会主席团的职务。而工业家巴鲁赫·韦伊和他两个经商的儿子纳特和路易属于极少数的幸运儿，因为在犹太人当中，“工人、手工业者和自由职业者的比例一直低于

① 此处及以下的资料出自D. Cohen, *La Promotion des Juifs en France à l'époque du second Empire (1852-1870)*, Publ. Univ. de Provence, 1980, pp. 56–599。但此书中所说的犹太人不包括所谓的“半犹太人，即只有一方为犹太人的夫妇所生的子女”，马塞尔·普鲁斯特就属于这种情况。另见J. Ruffié, *De la biologie à la culture*, Flammarion, 1976, p. 454：“直至目前所做的全部研究均表明，不存在任何生理特征使我们能把犹太人和半犹太人区分开来。”

整个法国人口的平均数，而小商小贩的比例一直高于平均数”[①]。不过，法国的犹太人口中有百分之十依靠领取年金或拥有房地产，百分之十五为自由职业者，但农业人口甚少（韦伊家在乡下有房舍，不过是在奥特伊）。法官当中有很多犹太人，比如让娜·普鲁斯特的哥哥乔治·韦伊，阿道尔夫·克雷米厄的表亲、1877年担任最高法院庭长的居斯塔夫·贝达里德。在军队中，犹太军官的比例属于正常。要提上一笔的是，军医米歇尔·莱维将军写了一本大名鼎鼎的《卫生学》，书中不仅论述了个人卫生（“身心疾病的致病因”）——甚至涉及（法国1831年赴希腊远征军中的）“思乡病”（这种病“一旦发作，就只有回家才能治愈”），以及气候、食品、衣物、睡眠乃至体育锻炼的作用——而且论及公共卫生，如人口、生育、“大气”、城市卫生、性行为、犯罪等，总之涵盖群体生存的方方面面。不难猜想这部著作对普鲁斯特医生以及可能通过他对他儿子产生的影响：米歇尔·莱维与巴尔扎克一样，认为巴黎“在金碧辉煌的外表下，是乌烟瘴气和水深火热”[②]。

在第二帝国时期，不同宗教信众之间的混合婚姻尚属少数（在波尔多，犹太教和天主教结合的混合婚姻约占百分之六），但在经济境遇颇佳的少数犹太市民中已相当常见[③]，韦伊一家就属于这一类。他们已不大信奉自己的宗教，加之让娜本人希望能摆脱金融界的狭小世界，进入自由职业的圈子，这就使得他们很容易接受让娜与一位天主

① D. Cohen, *op. cit.*, p. 332. 也有记录表明，1871年，比如在下莱茵省，贫困的犹太人数量是信仰其他宗教人群中贫困人数的两倍。

② Ibid., pp. 429–431.

③ Ibid., p. 796: “基督教家庭寻求与富有的犹太家庭联姻吗？”

教徒联姻。在普鲁斯特一方，混合婚姻的问题由于韦伊小姐承诺让她的孩子接受洗礼而得到解决，而她自己却拒绝改宗[①]。1870年9月3日签署的结婚证书上，证婚人一栏中列有阿道尔夫·克雷米厄，“新娘母亲的姨父”[②]。我们由此得以结识法国历史上最德高望重的犹太人物之一，第二共和国临时政府部长和第三共和国的部长。他反对帝制的立场并没有妨碍他在拿破仑三世面前进言，并成功地为罗马尼亚的犹太人争得权益。他从1863年起担任世界犹太人联盟主席，同时还是共济会苏格兰分会最高会议的大总管[③]。第三共和国时期（1875）成为终身参议员，去世时（1880）享受国葬待遇。他的妻子阿梅莉主持着一个自由派沙龙，来往其间的有拉马丁、雨果、缪塞、梅里美、大仲马等作家，罗西尼、梅耶贝尔、奥贝尔、阿莱维等音乐家，还有一些政治家。普鲁斯特的外祖母从这位姨妈的沙龙里吸取了浪漫主义、自由主义的营养和社会知识，又传给了自己的女儿。在《追忆似水年华》中，年轻的德·维尔巴里西斯夫人沙龙里的很多来宾，都曾是阿梅莉·克雷米厄夫人的座上客。

① D. Mayer的未刊回忆录以及与笔者的谈话。

② 他的妻子阿梅莉·西尔维与纳坦纳埃尔·伯恩卡斯特尔的妻子罗丝·西尔维是姐妹，罗丝的女儿阿黛尔是纳特·韦伊（1814—1896）之妻，让娜·普鲁斯特之母。因此，阿梅莉是新娘的姨外婆。

③ C. Francis et F. Gontier, *Marcel Proust et les siens*, suivi de *Souvenirs de S. Mante-Proust,* Plon, 1981, p. 35.

纳特·韦伊

普鲁斯特的外祖父纳特生于1814年，他的父亲是陶瓷厂厂主巴鲁赫·韦伊。他生产的这种“巴黎瓷”在社会上享有很高的声誉，足以和塞乎尔瓷相媲美。1827年，巴鲁赫·韦伊在一篇文章中呼吁创立一个展览馆，“专门用做工业展览”[1]，这里面不难看出圣西门思想的影响。他身兼艺术家和实业家，代表了他的子孙后来发展的两个方向。巴鲁赫于1828年去世[2]。纳特在事业上无甚建树。1865年至1890年间，他是位于蒙马特大道18号的一家经纪人公司的匿名合伙人，这家公司原名为拉梅尔，后来更名为布兰[3]。与此同时，他大概还暗中做过场外经纪人[4]，也就是说，他一面在公开市场上做经纪人，一面是幕后掮客。从三十一岁结婚之后，他在官方文件上的头衔是“食利者”，这是十九世纪的一个中坚阶层。纳特·韦伊对股市投机的爱好出人意料地遗传给了外孙马塞尔，而马塞尔也对他推心置腹，连最见不得人的事儿都不瞒他。韦伊一家住在鱼市街乙40号的院子最深处左手边的一幢漂亮楼房里，占据三层（夹层之上）的一套六室的单元。这个街区是股票商、生意人集中的地方，而且离他们全家人热爱的歌剧院和剧场很近。在《追忆》中，“乙40号”（“40 *bis*”）是阿道夫外叔公在马勒泽布大道住处的门牌号。韦伊一家一直讲法语，有时为了开玩笑或避免仆人听懂，偶尔夹杂几个像*mechore*（仆人）之类的意第绪语词句。这一家人都酷爱戏剧和歌剧；至于宗教礼俗，他们只过最重要的节日，对教规不甚在意，既不遵守食物上的禁忌，也不守安息日[5]。

每当马塞尔想要一件礼物，或要订阅《蓝色评论》（1886年9月），甚至是需要钱打发妓女的时候，他都

① Ibid., p. 17.

② 在拉雪兹神父公墓的家族墓地上有如下碑文：“巴鲁赫·韦伊，1828年逝世／学校委员会委员／圣殿管委会主任／巴黎以色列委员会副主席。” A. Fournier, « Du côté de chez Proust », *Europe*, août-septembre 1970, p.247。巴鲁赫·韦伊先后在圣殿街55号和布舍拉街（现蒂雷纳街）23号居住。

③ R. Soupault, *Marcel Proust, du côté de la médecine*, Plon, 1967, p. 34.

④ D. Mayer, « Nathé Weil et Léon Levot », souvenirs inédits. 关于这个职业，见E. Feydeau, *Mémoires d'un coulissier*, Calmann-Lévy, 1882。小说叙事者在《失踪的阿尔贝蒂娜》中暗写了他自己的场外经纪人（指的无疑是利奥内尔·奥塞尔）。

⑤ 据D. Mayer透露的内情。

是向外祖父伸手。从少年时代起，他就用顽皮打趣又满含温情的口吻跟外祖父说话[①]，称他为“我亲爱的小外公”“我的宝贝儿”，甚至连粗话也不避讳：“人这一辈子不会有两次因为过度慌乱而没法做爱。”他郑重其事地宣布中学毕业会考第一阶段成绩（1887年8月3日）的对象仍然是外祖父：“我向你宣布，我已经通过考试，成绩为‘良好’，而且主考官还对我说：‘普鲁斯特先生，我们很高兴最后一个考生是您，您的考试成绩将给我和我的同事们留下美好的回忆。向您表示热烈的祝贺。’”[②]此外，对普鲁斯特来说，感情与钱的问题总是联系在一起的，纳特就是他的银行，每月给他固定的零花钱还经常预支给他[③]。他们还讨论政治问题（1889年9月的选举），两个人都希望“共和派（而不是布朗日派）获胜”[④]。

① *Corr.*, t. XXI, lettre 393, 395, 400.

② Ibid.,p. 555.——译者注

③ Ibid., lettre 402, p. 556. 1889年1月30日，普鲁斯特在信中跟他要10法郎，以便还债，还要找“一个轻浮的小乐子”。

④ Ibid., p. 559.

路易·韦伊

纳特的弟弟路易是个生意人[⑤]。他生产纽扣和服装用品，属于格勒内塔街29号的韦伊、特雷龙和朗格卢瓦–索耶商号（1843），后来属于贝尔希–圣安东尼街11号的特雷龙、韦冬和韦伊商号：“出产各种花色纽扣、制服、各类丝绸、取代了‘珍珠瓷’的玛瑙瓷、供出口的宗教铭章；零售纽扣、手套和英国绦子；B. 桑德斯父子纽扣公司正宗产品在法国的独家代理商；英国B. 亨茨曼公司正宗钢产品独家零售商。”你没觉得是在读一本巴尔扎克的

⑤ A. Fournier, *op. cit.*; *Bottin*, 1830–1851; *Corr.*, t. II, p. 62, 告知路易逝世的信。莫里斯·迪普莱曾讲到过“这位单身、富有的韦伊外叔公，是多位交际花的好友，也是劳拉·海曼的保护人。他戴着一顶呢绒无边圆帽，脸色阴郁，举止令人捉摸不透”，他“更像一位炼金术士，倒不像个小老头儿”（*Mon ami Marcel Proust*, Gallimard, 1972, p. 18）。

小说，或者《失踪的阿尔贝蒂娜》当中的结婚喜帖吗？1851年，这位正直的生意人住在高城街35号。1844年6月29日与银行家的女儿艾米莉·奥本海默结婚，从此更加富有。1870年妻子去世，他没有子女，也没有续娶（这就是小说里单身外叔公的来历），住在蓝街29号（离哥哥很近），并拥有奥斯曼大道102号和泉水街96号的房产[1]。在马塞尔·普鲁斯特的出生证上，路易·韦伊的头衔是食利者。他的闲暇时间都花在了家庭上，花在玛丽·范桑特[2]等女演员或女歌手身上，花在劳拉·海曼之类半上流社会交际花身上，他收藏这些人的照片。很多女歌手、女演员的照片就这样保留下来，比如喜歌剧院的歌手朱丽叶·比尔博–沃什莱（照片上写着："韦伊先生：深情的留念，1879"）和出演《茶花女》的玛丽·埃尔布龙（照片上写着："我亲爱的朋友韦伊先生，深厚的友谊，献给最可爱的男士留念。"），以及女演员让娜·格拉尼耶、路易丝·泰奥。路易丝·泰奥还送给马塞尔一张照片，上面写着："送给我亲爱的朋友韦伊先生之侄外孙马塞尔·普鲁斯特先生，谨表诚挚的友情，1888年11月。"[3]

可以想见这样一位外叔公在侄外孙的眼里是多么风光！马塞尔自己也是食利者，也收藏照片，后来也花钱换取爱情。同样的祖侄关系还反映在阿道夫外叔公和叙事者之间、夏吕斯和圣卢之间。这个主题引起不同寻常

① 普鲁斯特是否知道，这幢房子原属于洛蒂的密友、小说《阿齐亚德》（*Aziyadé*）主人公 Plumkett 的姐（妹）呢？洛蒂、小仲马以及大仲马（因为《基督山伯爵》）的影子就在奥特伊这一角挥之不去。

② 雅克马尔–安德烈博物馆（Musée Jacquemart-André）1971年展览目录，32号展品：玛丽·范桑特致路易·韦伊亲笔信。

③ 国家图书馆1965年展览目录，137号展品。在《追忆》中，莫雷尔把原属于阿道夫外叔公的照片还给叙事者。我们可能会想，是不是路易丝·泰奥的照片惹怒了马塞尔的父母。

的反思："做某个人物的外甥、侄子可不总是白做的！某种遗传性的习惯往往以叔侄或舅甥关系为媒介承继下去。借用德国喜剧《舅父与外甥》[1]的剧名，可以塑造出一系列人物群像。"在《贡布雷》中，阿道夫外叔公"当过兵，退役时是少校军衔"[2]，这实际上是暗中向另一位韦伊家人亚伯拉罕·阿尔丰斯（1822—1886）表示敬意。路易1896年去世时，讣告上写明他是一位制造业主，海关价值委员会荣誉委员，国民贴现银行委员，荣誉军团第五级勋位获得者，学术勋位获得者[3]。从他身上，普鲁斯特为自己的小说获得了一个富有的人物；为他自己获得了一份财产、一套房子、赌博的爱好、"粉衣女郎"模特，还有对一座坟墓的回忆："再也没有任何人——包括我自己在内，因为我无法起床——沿着安息路去探望那座小小的犹太墓地。过去，我的外公每年都要来一次，按照连他自己都不明就里的习俗，往他父母的坟上摆放一颗石子。"[4]需要强调一点，普鲁斯特并不认为自己是犹太人[5]。

路易·韦伊有过不少艳遇。他曾是劳拉·海曼的情人，并出钱供养她。这位著名的交际花1851年出生于安第斯山中的一座庄园，父亲是一位带有克里奥尔血统的英国工程师[6]。她美貌出众，受到奥尔良公爵、希腊国王的青睐，成为画家（马德拉佐、蒂索、斯特瓦特、德里昂）和作家（拉夫当、布尔热）笔下的模特。布尔热以她为原型写了中篇小说《葛拉荻丝·哈维》（后收入《彩画集》，1888年）。1899年前后，马塞尔·普鲁斯特问起莫里

① *RTP*, t. III, pp. 91 et 94. 参见十五人译本（四）88、91页。席勒的喜剧《被认作舅父的外甥》1892年以《舅父与外甥》为题译成法文。在《追忆》中，"oncle"一词（与父母同辈以及高一辈的男性亲属均可称为oncle——译者注）出现的频率是同时代作品的六倍。

② *RTP*, t. I. p. 71，参见十五人译本（一）74页，周译本（一）72页。A. Fournier, *op. cit.*, p. 249。

③ *Corr.*, t. II, p. 62.

④ 据普鲁斯特研究专家安托万·贡巴尼翁（Antoine Compagnon）考证，这段话出自普鲁斯特1908年写给达尼埃尔·阿莱维的吊唁信。*Bulletin d'Informations proustiennes*, n°50, mai 2020. ——译者注

⑤ *Corr.*, t. V, p. 180："《自由言论报》曾说，某些年轻犹太人，包括马塞尔·普鲁斯特先生等人，羞辱了巴雷斯。为了澄清，我必须说我既不是犹太人，也不愿意当犹太人。"（1905年5月29日）

⑥ A. de Fouquières, *Mon Paris et ses Parisiens*, P. Horay, 1953, pp. 139–141. 佩因特正是从这本书中获得的资料。Cf. R. Dreyfus, *Souvenirs sur Marcel Proust*, pp. 44–48 (Grasset, 1926, pp. 129–130)。正如奥黛特登门拜访戈达尔，劳拉·海曼也拜访过阿德里安·普鲁斯特。

斯·迪普莱是否读过《彩画集》，并告诉他说，那里面的最后一个故事就发生在香榭丽舍大街上洛朗餐馆的一个单间里，故事的女主角是“名声显赫的尤物”劳拉·海曼，曾跟他外叔公路易·韦伊“要好之极”。“我有一个非常离奇的想法，一个怪怪的念头……如果我的身体不是很糟又无事可做的话，我想找一个下午，在客人最少的时候，到洛朗餐馆去一趟。劳拉·海曼肯定去过那里。在那儿的一个单间里，她至少跟我外叔公吃过一次饭。我想找到这个单间，单独在里面待上一会儿。”马塞尔给餐馆的伙计付了好多小费，缠着他们问这问那，终于使主人打开了一个单间，他后来说：“我觉得他们是在骗我，好把我打发走。”[①]在这个侄外孙竭力追寻外叔公记忆的故事里，我们会觉得普鲁斯特是在构思阿道夫外叔公与粉衣女郎相会的情景。

最令人惊讶的是，在阿德里安·普鲁斯特去世后，人们发现他与劳拉·海曼也有朋友关系。也许正是这个缘故，在戈达尔医生去世后，人们发觉他曾是奥黛特的情人[②]。阿德里安·普鲁斯特不仅在谈到风度、青春和美貌之时，而且在谈到聪慧、品味、善良、得体、细腻和情感之时，都要拿劳拉·海曼作范例。每当马塞尔与劳拉·海曼有来往，海曼都会告诉他父亲，父亲又反过来对他说：“别人看见你了”，“似乎……”。马塞尔在给劳拉的信中说：“我当时马上就猜到，那天您来看过他。虽然近几年来，这已经是不可能的了，但他还是像过去那样常

① M. Duplay, *op. cit.*, pp. 10–11.

② *RTP*, t. IV, Esq. LXIX, p. 976.

提起您。”[①]马塞尔还对劳拉说：“他们让我疏远您。”就像在小说里，年轻的叙事者也被禁止与交际花往来。劳拉·海曼还是一位雕刻家，1906年，她向马塞尔提出为他父亲在拉雪兹神甫公墓的墓上雕一尊半身像，马塞尔在信中说，这是“从多年友谊的鲜明记忆中直接生发出来的形象”[②]。

再回到路易外叔公。他喜欢在饭桌上谈论绘画，拿普鲁斯特夫人的一位堂姐妹打趣，因为她不喜欢安格尔（但大方慷慨的路易给了她一笔钱，还给她女儿置办了嫁妆[③]）。他的性情大体上验证了韦伊全家人喜揶揄、爱调侃的性格。普鲁斯特回忆他的行状，不仅是为了塑造奥黛特的情人阿道夫外叔公这个人物，也是为了引出几位姨祖母喜用暗示手法表示感谢的习惯：“一个星期以来，他不停地在饭桌上发表对杜邦珠宝行的看法，其实是说给奥克塔夫听的：‘这在巴黎是第一家，不是吗，纳特？’”[④]纳特在《让·桑特伊》中以桑德雷的面目出现，是一个性格“既暴躁又温柔的人”，只关心自己女儿的幸福、女婿的前程和外孙的健康[⑤]。“老年人之间没有什么爱可言，他们爱自己的孩子。”这也是让娜·普鲁斯特从母亲那儿继承下来的主要特点，母女俩共同的崇拜对象是塞维尼夫人，让娜在给马塞尔的信中引用她的话：“‘我了解另一类母亲，她们不怎么在乎自己，而把整个身心全部奉献给了孩子们。’你的外婆不正是这样吗？”[⑥]纳特·韦伊把家庭事务以及两个孩子的教育都交给了妻子阿代勒·伯恩

① *Corr.*, t. III, p. 455.

② Ibid., t. VI, p. 206, 1906 年 9 月。她提出这个建议时，马塞尔刚刚失去母亲和舅舅。他不同意把半身像放在墓上，而是放在其他地方。我们不知道这尊半身像是否做成了。

③ Ibid., t. I, pp. 100–101.（普鲁斯特的《通信集》第一卷有 1970 年和 1976 年两个印次，正文部分的页码相差 2。本书法文原版大量引用《通信集》第一卷内容，但注释时交替使用不同印次的图书，造成引文页码混乱。中译主要参考 1976 年版《通信集》，特此说明。——译者注）

④ Ibid., p. 152.（据该通信集，此处所说的奥克塔夫，是路易外叔公家的佣人。——译者注）

⑤ *JS*, pp. 243, 245.

⑥ *Corr.*, t. I, p. 138. Cf. ibid., cit. du *Roman d'un enfant* de Loti.

卡斯特尔。乔治和让娜接受的是现代教育，不仅学到了文化，还养成了旅行的爱好，对新出版物的阅读兴趣，而且没有任何宗教偏见。尽管纳特还过几个重要的犹太节日，在赎罪日前往教堂，但这家人并不恪守教规。他们的仆人包括一个厨娘、一个男仆和一个女仆，都是天主教徒[1]。这个中产阶级家庭从未寻求进入佩雷尔、富尔德和罗斯柴尔德三大家族所代表的犹太上层社会，而这些人是法国上层贵族争相联姻的对象。韦伊一家和罗斯柴尔德家族之间的鸿沟，与布洛克和鲁弗斯·以色列之间的鸿沟相仿佛。韦伊的后人中，马塞尔·普鲁斯特是第一个与罗斯柴尔德家族（亨利、罗伯特）和富尔德家族（莱昂·富尔德太太和她的儿子欧仁）有密切关系的人——但这无疑是因为他并不自认为是犹太人，而且他一心想深入了解上等社会的各个阶层。

①D. Mayer的未刊回忆录。

乔治·韦伊

现存马塞尔给母亲的最早的书信中，有一封信就讲到他和舅舅乔治（比妹妹让娜大两岁，在让娜去世后不久亦死于同一种疾病，就像纳特在路易死后不久去世一样）在布洛涅森林的刺槐小道会面，讲起他和舅舅在一起聊得多么高兴，结果当法官的舅舅错过了前往法院上班的有轨车。我们由此看到，这个家庭的凝聚力不仅体现在他们在奥特伊的共同生活中，而且体现在他们的交谈之中，难怪德·蒙邦西埃小姐把交谈称作“生活中最愉快的事情”。很久以后的1903年，马塞尔向费尔南·格雷格透露说：“我有个舅舅患胃病好多年了，而且极度神经衰弱。”[1]在伯尔尼开诊所的迪布瓦医生对他说：“你没有什么病，我没法为你做什么。”乔治·韦伊相信了他，病情也逐渐好转[2]。《盖尔芒特家那边》当中的迪·布尔邦医生对叙事者的外婆也使用了此种疗法。但乔治·韦伊和外婆一样，都死于尿毒症。于是，由研究原始社会和东方社会的人类学专家们所揭示的舅舅的作用，在这里得到了证实。

① *Corr.*, t. III, p. 356. 格雷格1900年前往迪布瓦医生在伯尔尼的诊所住了六个星期。1903年，马塞尔给格雷格寄了一本迪布瓦的书 *De l'influence de l'esprit sur le corps*（Berne, 1901）。

② Ibid., p. 438.

阿代勒·伯恩卡斯特尔

马塞尔的外祖母阿代勒·伯恩卡斯特尔，1824年2月5日生于巴黎，1845年12月6日与纳特·韦伊结婚。她有很高的教养，弹得一手好钢琴，喜欢塞维尼夫人，从她外孙的一些信件可以看出，她与《贡布雷》中的外婆十分相像。小马塞尔在节日的时候祝愿她“不再有妈妈的打趣，不再有外公的暴躁，不再跟舅舅谈论厨艺，也不再跟爸爸谈论医学（卫生学）话题”[3]。因为她的好脾气和善解人意，她始终是全家人的出气筒，只有她的外孙自始至终理解她，是她的知心人。所以，如果在《追忆似水年华》的外婆身上只看到让娜·普鲁斯特的影子，那是不准确的，其中还有让娜母亲的影子，是她因为丈夫喝白兰地而担惊受怕，是她以热忱的责任感做出榜样，教导外孙“残酷无

③ Ibid., t. XXI, p. 542. Cf. ibid., 祝愿她“进行有益健康的长途散步”。马塞尔在同一封信中把外婆比喻为希腊：“这是我所能给出的最高赞美。”

情在人世间最可怕、最常见的表现就是造成别人的痛苦却无动于衷”。十五岁的马塞尔因为外祖母不喜爱《弗拉卡斯上尉》而责备她，但口气明显缓和：“你订阅《两世界评论》，你吃起杏和煮樱桃就没完没了，像你这样的人，读到下面这样优美的文字，怎么会感觉不到整个胃都兴奋起来了呢：‘我只有汤、火腿和鳕鱼。’——‘那就来汤、火腿和鳕鱼。’饥饿的人们异口同声地喊道。”[①]接下来还是温情占了上风，马塞尔将莫里哀的台词改头换面，用德语式的法语说道：“亲爱的太太”，“我亲爱的侯爵夫人，我愿为你而死”。

① Ibid., p. 545.

同时，马塞尔也永远记住了外祖母和母亲之间的关系，并使之成为《贡布雷》《在少女们身旁》和《盖尔芒特家那边》的一个主要主题。外祖母仿佛孤寂的老女皇、乡村花园里的李尔王，不同的是，她的独生女深爱着她。没有欲望，没有妒嫉，清心寡欲的她，在人们的缅怀中永生。

让娜·普鲁斯特

关于马塞尔·普鲁斯特的母亲，我们都了解什么呢？随着时间的推移，她的形象已经在众多的传记作品中一成不变，既捉摸不定，又刻板僵化。她是恪守妇道的女性，忠贞的妻子，也是一位出色但过于溺爱子女的母亲。她是十九世纪市民妇女的典型代表，但不同寻常的是，她有非常深厚的文化修养。要对此有更深的了解，我们必须阅读她留下的文字，也就是书信。遗憾的是，我们读不到她的日记，尽管在韦伊太太去世时马塞尔曾提到过母亲的日记。她的译作，将和普鲁斯特的译作一起讨论。

在让娜·普鲁斯特的书信中，最令人惊讶的是她的诙谐和幽默感。不难想象这种幽默感会弥漫在家人的餐桌上，贯穿在母亲和两个儿子的谈话中，贯穿在她与父母以及哥哥乔治的交谈中[①]。实际上，幽默是一种在家庭和社会环境中习得的行为，因此，不论在高等师范学校还是在大不列颠——对错暂且不论——幽默感都颇被看重。且看普鲁斯特夫人如何描写1889年在萨利–德贝阿恩与她同住一家旅馆的人们："我们又遇到了（无巧不成书嘛！）去年那位比利时颓废派，他一直还在颓废，只有约瑟芬·佩拉当能让他重新振作。还有一个巴西人，从早上八点到半夜一直在钢琴上胡弹乱奏，中间只停下一次，把钢琴让给了一位来自利布尔纳的小姑娘唱练声曲。这个可怜的小家伙使出嗓子的全部速度和能量唱：'啊……绝望……斩断了……我的生命！'她母亲用夹鼻眼镜打拍子，接着，为了表示出强烈的节奏感，她的下巴一直低下去，低下去，都撞到胸脯上了。可怜的小姑娘，只好强令那段抒情的24个十六分音符跟上这个节拍。随后，母亲抑制着自己胜利的喜悦，站起身来收拾乐谱。"[②]各类艺术爱好者，比如在卢浮宫里参观的英国人，尤其是她讥笑的对象（"英国

① *Corr. avec sa mère*, p. 14, 1889年9月12日（*Corr.*, t. I, p. 133）："你的乔治舅舅写了一封非常有趣的信。"

② *Corr. avec sa mère*, 1889年9月7日（*Corr.*, t. I, p. 129）。

国王的画像！我们自家有许多。”[1]）。这不已经是巴尔贝克旅馆里的住客，或是维尔迪兰沙龙的座上宾了吗？母子俩具备同样敏锐的观察力，都善于制造滑稽场景或在平淡无奇的现实中发现可笑之处。韦伊一家人都喜欢音乐。直到1918年，马塞尔还回忆起童年时的某些夜晚，在“家中”听表姨路易丝·克雷米厄演唱莫扎特作品的情形[2]。

我们还发现，让娜竟然捉弄儿子罗贝尔，给他起绰号“浪荡子费尔迪南”[3]和普鲁斯托维奇（“招人喜欢——假如不发脾气的话”），故意让他混淆卡齐米尔·德拉维涅和拉马丁的作品（如同维尔迪兰沙龙里的钢琴家混淆梅耶贝尔和德彪西）。罗贝尔对这类举动“极少”能以笑相迎，他看起来不具备哥哥那种幽默感，而且在十七岁的时候表现得“令人不能忍受”。她嘲笑“傻大兵”马塞尔：“你的‘解甲归田’可根本没有《浮士德》里合唱队的派头。”[4]她同样嘲笑父亲纳特和叔叔路易的谈话。路易叔叔大谈特谈卖给他项链的珠宝商如何如何，她评论道：“我们简直要相信，假称卖给玛丽·安托瓦奈特的那条丢失的‘王后项链’，就是他卖出去的。”[5]她甚至对法语中古老的粗活也毫不避讳，而马塞尔后来对此也颇为偏爱（有他的管家阿尔巴莱夫妇为证）。她在信中写道：“要照顾好先生的肠子，以免那里发生第9万次‘崩溃’。”[6]1900年在埃维昂时，她写道：“你爸爸的全部心思都用在研究他尿液的清浊明暗上了。”[7]阿尔丰斯·都德夫人闺名朱丽娅·阿拉尔，当她去路尔德朝圣

① Ibid, p. 39.（*Corr.*, t. I, p. 424.——译者注）

② *Corr.*, t. XVII, p. 349. 路易丝·克雷米厄出演过班维尔的《内丽娜的诡计》。在《追忆》中，莱娅在特罗卡德罗也出演过这出戏。*RTP*, t. III, p. 651，参见十五人译本（五）139—140 页，周译本（五）142 页。

③ *Corr.*, t . I, p. 421, 1895 年 8 月 20 日。据菲利浦·科尔布，《浪荡子费尔迪南》是冈迪约写的一部喜剧，在 Déjazet 剧场成功上演。

④ *Corr. avec sa mère*, p. 139 (*Corr.*, t. I, p. 156).

⑤ Ibid. p. 35, 1890 年 8 月 14 日（*Corr.*, t. I, p. 153）。

⑥ 1892 年 8 月 17 日（*Corr.*, t. I, p. 181）。暗指左拉风靡一时的小说《崩溃》，家里人正在读这部小说。

⑦ 1900 年 8 月 17 日（*Corr.*, t. II, p. 406）。

时，让娜就给她取了个“圣心朱利娅”的绰号，并在信中说，“朝圣归来，我们必须粗衣素食，从此隐退”[1]。马塞尔，无疑还有普鲁斯特教授，都像她一样不信教。她喜欢用玩笑诙谐的方式引用文学作品，马塞尔也学会了这一手，“你没觉得罗贝尔（在照片上）把我摆布得像那位眼看五层楼、自诩‘我喜欢高于我的东西’的歌德吗？他让我眼往高处瞧——于是就成了这副高瞻远瞩的模样”[2]。

引经据典是文化修养的一部分，而文化修养本身是在家庭中获得并传承的。像当时的姑娘们一样，让娜·韦伊没有读过中学，也许她接受的全部教育都来自家里。她能讲德语和英语，能阅读这两种语言的书籍，还能翻译英文著作。她能弹钢琴[3]，总是孜孜不倦地读书，不仅把家里的藏书读了个遍，还像她母亲一样，从一间图书室借书（普鲁斯特去世前不久，曾被问起某些图书室的情况，这是其中之一）。对书籍的明征暗引在她的信中随处可见，后来的马塞尔也是如此。母子二人沉浸在同一个文学世界里，有共同的阅读爱好，以修辞炼句、咬文嚼字为乐[4]。纳特·韦伊夫人去世后，让娜在信中说：“我还时常在塞维尼夫人的作品中发现我喜欢的思想与文字。她说：‘我了解另一类母亲，她们不怎么在乎自己，而把整个身心全部奉献给了孩子们。’你的外婆不正是这样吗？……还不仅如此，在谈到自己不敢明言的种种担忧时，她说：‘亲爱的孩子，我对你隐藏起来的全部情感，将会变为另一种伟大的情谊。’”[5]《追忆》中外婆这个人物除了喜

① 1904 年 9 月 26 日（*Corr.*, t. IV, p. 301）。

② 1890 年 8 月 18 日（*Corr.*, t. I, p. 153）。

③ 1883 年，马塞尔祝愿纳特·韦伊夫人“能尽情地弹很长时间钢琴（时间要足够长！）”（*Corr.*, t. XXI, p. 542）。

④ “我认识的一个人曾对儿子说：‘你将来的妻子知不知道罗斯金是谁，我不会在乎，但她把 tramway 读成 tramvay，我可受不了。’”（*Sésame et les lys*, p. 89, n. 2）

⑤ *Corr.*, t. I, pp. 138–139.

欢博泽让夫人的回忆录之外，也同样喜欢塞维尼夫人。普鲁斯特夫人读德·雷米萨夫人和迪·德方夫人的作品，她不仅像叙事者一样引用拉辛[①]，还引用巴尔扎克以及普鲁斯特早年崇拜的几个作家，“洛蒂、塞维尼和缪塞……洛蒂之后是《莫普拉特》”[②]。她读法盖、法朗士和德雅尔丹在报纸上的连载作品，她哥哥借给她戈蒂耶的《俄罗斯之旅》，而在普鲁斯特的藏书中，她除了《交际花盛衰记》，还读了《威廉·迈斯特》[③]（普鲁斯特对此书作过评论）。她对历史也不陌生，因为她读过拉维斯写的腓特烈大帝，以及米什莱的著作[④]（马塞尔1908年有对他的仿作）。她母亲去世时，马塞尔建议她读洛蒂，给了她某种安慰，她1890年4月23日在信中写道：“下面的文字使我百读不厌：‘当这个神圣人物在这部回忆中首次出现的时候，我本想，如果可能的话，要用别出心裁的文字，用专门为他写的文字，来向他致敬；由于这样的文字并不存在，所以我要用另外一些文字，它们仅凭本身就足以使人热泪长流，就足以给人无限温馨的安慰。’”[⑤]她的生活，乃至梦境，就这样全部笼罩在文学之中：“在我的梦里，你显得有些忧伤。”[⑥]不仅是生，还有死：“她临终的时候，还在背诵莫里哀和拉比什的作品。女护士出去了一会儿，屋里只剩下我们两个，她便说：‘他离开的时机再合适不过了’[⑦]，‘小宝贝不要害怕，妈妈是不会离开他的。我人在埃当普，我的活字典在阿巴雄，这怎么能行呢……’[⑧]。然后，她就连话都说不出来了。只有一次，

① Ibid., p. 141：“啊，时间如此漫长，我已迫不及待！”（《以斯帖》第二幕第一场）

② Ibid., p. 147, 1890 年 8 月 1 日。参见马塞尔青少年时期填写的问卷。

③ 1896 年。

④ *Corr.*, t. I. pp. 140–141, 1890 年。

⑤ Ibid., p. 138.

⑥ *Corr. avec sa mère*, 1803 年 8 月 12 日（*Corr.*, t. III, p. 393）。出自拉封丹的寓言《两个朋友》（*Fables*, VIII, 11）。

⑦ 台词“他离开……合适不过了”，出自莫里哀喜剧《恨世者》第三幕第五场，字词有小异。——译者注

⑧ 台词“我人在……”出自拉比什与若利合著的喜剧 *La Grammaire*。剧中主人公住在埃当普，每次当众发表讲话都要靠女儿给他写稿；这是他在得知女儿可能嫁到三十公里外的阿巴雄时所说的话。——译者注

当看到我强忍着没有哭出来，她皱了皱眉，嘴角嚅动着，露出一丝微笑，我勉强从她含混不清的语声里分辨出她说的是，‘虽然您不是罗马人，但请您不要比罗马人逊色’[①]。”[②]这是一个终生酷爱文学的人用最后一口气留下的遗言，对她来说，书似乎是对生与死的全部诠释。

在这种生活的另一面，她是个精明能干的当家人。丈夫难得在家，一个儿子专注于学业，另一个儿子不屑于家庭琐事，家务事儿全部留给了她。从鲁瓦街到库塞尔街45号，在越来越宽敞豪华的房子里，要保持一个医学院教授的生活水准，要指挥一帮仆人，普鲁斯特夫人处处显示出精打细算的本事。她从迪耶普都市旅馆寄出的信里说：“我整夜都点着灯，也就是说，照明费已经包含在房费里了。”[③]当她不在巴黎的时候，每月的第一天都会寄支票给马塞尔[④]，并且监督他的花费，她总是嫌儿子大手大脚。总而言之，她想方设法把她自己的本事传授给儿子：“所以，亲爱的，你要多一点点条理性，别像现在这样老是惹麻烦。条理性对你比对其他任何人都更为重要，因为这样能使你避免过于劳累！……按规矩管好你自己，和你的胃。”[⑤]后来很多回忆录中都提到，普鲁斯特在衣着上漫不经心，她对此大伤脑筋，所以尽力在穿衣以及各个方面培养儿子的独立生活能力（如果注意到马塞尔直到三十四岁仍和母亲生活在一起，这就不值得大惊小怪了）。“亲爱的，能把你过日子的情况都告诉我吗？从头（不包括头）到脚（包括脚）的一切一切都怎

① 台词出自高乃依悲剧《贺拉斯》第二幕第三场。

② 这段文字没有在《盖尔芒特家那边》“外婆之死”的情节中出现。（整段母亲临终的场景引自法鲁瓦编《驳圣伯夫》，Folio 丛书，伽利玛出版社，1987 年，115 页。参见中译本：［法］马赛尔·普鲁斯特著，王道乾译，《驳圣伯夫》，南昌：百花洲文艺出版社，1992 年，54 页；［法］马塞尔·普鲁斯特著，沈志明译，《驳圣伯夫：一天上午的回忆》，天津：百花文艺出版社，2013 年，51 页。——译者注）

③ *Corr. avec sa mère*, p. 254 (*Corr.*, t. IV, p. 277).

④ Ibid., pp. 228–229 (*Corr.*, t. III, p. 414).

⑤ Ibid., p. 100, 1896 年 10 月 23 日（*Corr.*, t. II, p. 150）。

么样？有什么要洗的，要涮的，要补的，要换的，要查的，要看的，等等，等等……多用点心把各方面都打理得整齐一些（我知道即使没有人给你做出榜样，你也一样能做好）。”[①]1902年至1903年，母子二人闹得很僵，儿子抱怨屋子的供暖中断，害得来访的朋友不得不一直穿着外套。此事可以看出，普鲁斯特夫人强迫他改变作息习惯的努力适得其反。

普鲁斯特夫人非常在意生活的条理、规矩和整洁，使得她（也许还有她的丈夫）在书信里不遗巨细地对儿子的健康状况进行检查督促，像真正的调查问卷一样，连最小的细节都不放过，仿佛在这个家庭里，除了病人，就是医生。这类问询教给他一些知识，告诉他如何照顾自己，但更重要的是令他身心放松，一旦他在信中讲明了症状，就把病痛放到了书信里，交给了母亲，母亲则竭尽全力使他免于“再次与药物为伍”[②]。母亲对于健康生活的概念与儿子不同，她的信件记录了她的爱好，她不仅与普鲁斯特医生“常年坚持散步”，从奥特伊走到帕西，还喜欢下雨和刮着刺脸寒风这种对她有益的“剧烈天气”[③]。外婆在贡布雷的这种爱好就是从她身上借来的。普鲁斯特夫人是一位具有良好生活和卫生习惯的女性，所以她和丈夫一样对儿子的生活和交往忧心忡忡。我们没有见到她在这方面盘问儿子的信件，但儿子给她的回答是明白无误的：“我并不隐瞒，戈泰医生看起来非常喜欢我。他冬天住在巴黎吗？我说他喜欢我，当然是从好的意思来说的（我加上这

① Ibid., pp. 220–221, 1903 年 8 月 18 日（*Corr.*, t. III, p. 399）。Cf. p. 271, 1904 年 9 月 25 日（*Corr.*, t. IV, p. 299）：“让人好好检查你的穿着。如果白天要穿得很正式，一定要保证你的套装无可挑剔。但最要紧的是，不要留着法兰克国王式的发型，在我想你的时候，你的头发遮住了我的视线。”这是普鲁斯特夫人保留下来的最后一封完整的信。

② Ibid., p. 112 (*Corr.*, t. II, p. 311).

③ Ibid., p. 74, 1896 年 9 月（*Corr.*, t. II, p. 122）。

个愚蠢的注解，无非是因为妈妈胡思乱想），千万不要往歪处想，我的老天！！！！！！！”[①]所以，在谈起与年轻瓦工皮埃尔·普波吉埃尔[②]的交往时，他是当成一件怜贫行善的事情来说的，以便向母亲要钱。普鲁斯特夫人不管是真正了解到什么，或是猜到了什么，总之不停地监视他、限制他、指责他。于是，马塞尔不得不半遮半掩地说些实情，或者做出莫名其妙的检举揭发，以免说得更多："你一定还记得我曾说起韦斯韦勒这个名字，并说他不宜交往。至于这个事实，我也是后来才知道的，我不可能有先见之明。我所说的，都是洛什告诉我的……再往这方面联想什么，那就太无聊了！"[③]在后来的小说里，斯万和叙事者穷根究底式盘问的癖好，奥黛特和阿尔贝蒂娜的闪烁其词和公然说谎，都是从此生发而来，它们首先出现在马塞尔和母亲的对话中。母亲的盘问不停地压迫着儿子，他反过来也对朋友们如法炮制，他还与雷纳尔多·哈恩以及安托万·比贝斯科达成奇怪的约定：相互之间任何事情都不能隐瞒。

我们没有描写普鲁斯特夫人的相貌，还是不要跟巴尔扎克比高低，与摄影（和绘画）争短长吧。但马塞尔的相貌和母亲（特别是鲜为人知的童年让娜[④]）惊人地相似：眼睛、鼻子、嘴、椭圆的脸型、下颌以及微笑的神情，一定有很多人很多次向马塞尔指出这一点！正是由于这个缘故，他在熟人当中特别注意寻找母子相貌相近的例子，后来也应用在小说人物的塑造中，如德·絮希夫人和儿子，

① Ibid., p. 140, 1899 年 9 月 22 日（*Corr.*, t. II, pp. 340–341）。从中可以看出，普鲁斯特夫人担心儿子与男性交往。

② *Corr.*, t. II, pp. 312, 324, 325, 327, 332, 333, 336, 341.

③ *Corr.*, t. IV, p. 410, 1904 年？普鲁斯特于 1899 年与同样患哮喘的韦斯韦勒在埃维昂相识。

④ C. Francis et F. Gontier, *op. cit.*, 插页 96—97 页。

以及性别相反的例子，如凡德伊先生和女儿。母亲去世后，他念念不忘的是，只有他一个人能将母亲的特征传承下去，然而这种继承却是不幸的。他的性倒错、与母亲性别不同以及为社会所不容的生活习性，打破了血脉相承的美好幻想。“儿子们并不总是与父亲相像，即使他们不是性倒错而且追逐女人，他们仍然在容貌上亵渎了母亲。”[1]

关于普鲁斯特夫人与另一个儿子罗贝尔的关系，我们几乎没有什么资料。她写给两个儿子的书信中，浸透了同样的母爱。比如在罗贝尔三十岁生日时，她在信中对他说：“亲爱的孩子，在你三十岁的时候，我给你们两人[2]同样的爱。正像你舅舅对我说的那样：‘亲亲你的两个孩子！’[3]”罗贝尔同样是她的“亲爱的孩子”，同样接受“一千个亲吻”。没有任何证据表明他失去宠爱，或者得到的爱要少一些。让娜·韦伊从父母那里得到的家庭传统是，对子女要在各个方面都平等相待，不论是书籍还是情感，要做到真正的思想与感情的交融。在她的言行举止中，没有任何一项能引起一个儿子对另一个儿子的嫉妒。而在两个儿子身上，也从未表露出这种嫉妒。这种嫉妒只在普鲁斯特的传记作者那里存在，只在普鲁斯特身后的精神分析家（他们不一定是专业的精神分析家）那里存在，他们以为在普鲁斯特身上发现了由弗洛伊德赋予歌德的对自己兄弟的仇视。此外，普鲁斯特夫人对儿子的关怀，还惠及马塞尔的朋友们，她说：“谁喜欢我这个可怜的小家伙，我就喜欢谁。”[4]

① *RTP*, t. III, p. 300 et n. 1, p. 1514. 普鲁斯特还写道：“但这需要另写一章：被亵渎的母亲。这里暂且按下不表。”参见十五人译本（四）301 页。

② 此处说的是罗贝尔和妻子玛尔特。

③ 1903 年 5 月 24 日的信，C. Francis et F. Gontier, *op. cit.*, p. 227。

④ *Corr.*, t. V, p. 354.

阿德里安·普鲁斯特

他是一位杰出的医生，不到四十岁即取得教师资格；他来自一个全然不同的社会背景，但进入了一个只论才智、不论出身的领域。他长得仪表堂堂，也有一双漂亮的大眼睛（不过是蓝色的），修成方形的络腮胡子（当年的时尚），年轻时体形也不像老年之后那样丰满[1]。他不是风流雅士，既不像孟德斯鸠，也不像萨冈，他是一位美男子。他的身上，具有普鲁斯特笔下从迪厄拉富瓦到诺布瓦这些名医和高官的全部优点，以及十九世纪名人们所展现的全部优点。他在小修院就读，是沙特尔中学拿奖学金的优等生。他是共和派，但警察局的记录表明，在巴黎被围和“起义”期间，他没有任何不良行为[2]。传记作者们把他说成天主教徒，错了。他不信基督教，就像他的妻子不信犹太教一样。有一个奇特的小插曲即可说明问题：1882年，普鲁斯特医生不愿在一个案件中出庭作证，原因是法庭里有一幅耶稣受难像[3]。这是为了刻意申明自己倾向政府和共和派的立场吗？还是由于他是共济会成员呢[4]？又或是为了忠诚于戈达尔所代表的，这个时代的医生所秉持的实证主义传统呢？第二帝国时期的医学院，克雷孟梭就读的医学院，是共和派的，也是无神论的。

他是怎样与后来的妻子相识的呢？这样两个家庭之间本不大可能的联姻是如何成就的呢？普鲁斯特一家的朋友罗贝尔·苏波医生提出的假设最有说服力：新郎的证婚人是居斯塔夫·康巴奈拉斯和夏尔·康巴奈拉斯兄弟俩，他

① 我们有一幅他读博士时的照片和一幅入选医学科学院时的照片，一幅由他的亲戚勒孔特·迪·努依画的他穿法袍的肖像，一幅在库塞尔街住所的阳台上与罗贝尔（而不是马塞尔）的合影。

② 据巴黎市警察局的档案。

③ Ibid. 阿德里安·普鲁斯特资料。

④ 没有找到能证明阿德里安·普鲁斯特是共济会成员的确凿证据。

们住在莫伽道尔街5号，阿德里安·普鲁斯特住在近旁的儒贝街35号。居斯塔夫·康帕奈拉斯是医学博士，夏尔是外汇交易所的合伙人。医学界和金融界就是这样相遇的[①]。

① R. Soupault, *op. cit.*, p. 44.

这个来自外省或径直说来自乡下的小市民，与巴黎的犹太上层社会，真是不大可能相遇吗？我们应该把他的家世再往上追溯一番。其实早在十六世纪，普鲁斯特就是伊利耶的名门望族。1621年，吉尔·普鲁斯特是大法官；1633年，罗贝尔·普鲁斯特是税务官；1673年，米歇尔·普鲁斯特是伊利耶的大法官。马塞尔的祖父路易·弗朗索瓦·瓦伦丁（1801—1853）1827年娶弗吉尼·托尔舍（生于1808年）为妻，他拥有教堂对面的杂货店[②]。弗吉尼四十五岁丧偶，1889年以八十一岁高龄去世（马塞尔当时已经十八岁，但他在通信和作品里均未提到过祖母）。她的大女儿伊丽莎白（生于1828年）嫁给了儒勒·阿米奥，他们就住在附近。普鲁斯特夫人没有参加儿子的婚礼，但这并不是由于她反对这桩婚姻，毕竟普鲁斯特一家后来每年都到伊利耶度假。她大概是将巴黎之行视为畏途吧——因为我们不敢想象她之所以未参加婚礼，是由于家人对照片上不那么漂亮的新娘感到难为情，也不敢想象弗吉尼·普鲁斯特会反对儿子与犹太姑娘结亲，或者说是反对世俗婚礼。

② R. Le Masle, *Le Professeur Adrien Proust*, Lipschutz, 1935.

阿德里安·普鲁斯特生于1834年3月18日。他在伊利耶读完小学，在沙特尔中学继续上学并享受奖学金。获得文学暨科学业士学位之后，赴巴黎攻读医学，从而再现了巴尔扎克和左拉笔下常见的典型历程：一个来自外省、家境一般的年轻人（就像来自桑塞尔，住在拉丁区破烂的小寄宿旅馆的德普兰或奥拉斯·比昂雄一样），想要征服巴黎。攻读医学比上一般的大学专业更容易攀登到社会的高层。拉布尔贝纳医生或萨缪尔·波齐教授的经历就是出色的例证："医学具有平民的色彩。没有名气，没有家庭背景，没有奖学金，甚至几乎没有什么钱，只要有勇气，就可以一步步攀登上去。贵族出身的人学医的不多，他们很少来冒这个险，而且成绩平平……总之，医学院，如同法学院一样，是一个紧紧跟随国家步伐、反映社会政策的观测站。"①给人治病、看护、授课即可维持生计，直至首批固定的病人带来收入。

一次次考试和选拔使阿德里安·普鲁斯特脱颖而出，造就了他堪称典范的职业生涯，并令他创纪录地在短时间内就被提拔到医院、大学和政府的顶级岗位②。十九世纪中期，在孔德、勒南、利特雷、克劳德·贝尔纳创造的意识形态框架下，科学的潮流以及随之而来的科学主义潮流席卷法国，也成就了阿德里安·普鲁斯特。正如皮内尔指出，在医学领域，尽管还没有找到正确的治疗手段，但医生们已经开始按照严格的方法对疾病进行描述和分类。比沙开创了组织学，布勒托诺描述了白喉和伤寒，克律韦利埃于1849年发表了病理解剖学著作③。阿德里安·普鲁斯特曾师从居维叶，以及特鲁瑟、韦尔波、内拉东。给他上课的教授还有夏古和波坦。1862年，他以论文《论无穿孔

① Cl. Vanderpooten, *Samuel Pozzi*, In Fine, V & O éditions, 1992, p. 31.

② 1863年，巴黎有1600名医生，1893年有1962名，1903年有3342名。巴黎第八区一直独占鳌头（每1万居民中有医生57人，医生与居民人数之比为1∶175，当时巴黎的平均比例为1∶850）。阿德里安·普鲁斯特当上教授的时候（1900年前后年薪1.5万法郎），全校只有19个教授职位。见 P. Dermon, *La Vie quotidienne du médecin parisien en 1900*, Hachette, 1987。

③ R. Le Masle, *op. cit.*, pp. 33–34. 有几个标志性的日子：普腊瓦（Pravaz）1853年推出皮下注射器；巴斯德1857年发表对乳酸发酵现象的观察结果；李斯特（Lister）1867年使用石炭酸消毒法（波齐续用此法）；科赫（Koch）1882年发现结核杆菌；1884年，破伤风、霍乱和白喉的病原体被分离出来。

的特发性气胸》获得医学博士学位，1863年被任命为临床主任，1867年三十三岁时完成《脑软化的不同形式》而获得教师资格。这部著作主要依据的是他的朋友戈塔尔的研究成果[1]，这个名字（与小说中的戈达尔只差一个字母）不能不引人注目。1870年8月，获得荣誉军团骑士勋章。作为仁爱医院的医务主任，他在巴黎公社期间坚守岗位。1873年，他重新开始卫生学研究，并为卫生学研究贡献了后半生，著有《论国际卫生学及其在防治鼠疫、黄热病和亚洲霍乱中的应用》。也是在这个时期，他前往波斯研究霍乱的传播途径，并将霍乱的起源定位在印度。随后，他要求英国对这一地区进行卫生监控，并认为"埃及[2]是抵御霍乱的屏障"（《防止霍乱传入欧洲》，1893年）：通往印度之路，反过来，恰是霍乱传播之路。此后举行了八次国际会议，才真正迫使英国和奥斯曼帝国进行卫生监控。最后一次国际会议是1905年举行的，法国代表团团长是阿德里安的朋友、诺布瓦的原型之一卡米耶·巴雷尔大使。由于这些经历，普鲁斯特教授在政界和外交界收获了经验和朋友，《在少女们身旁》中叙事者父亲一角的塑造也得益于此。1877年起，阿德里安担任拉里布瓦西埃医院的医务主任，还在巴黎"上帝之家"医院担任同一职务，直至1900年。

他于1879年入选医学科学院，1884年被任命为卫生部门总监，1885年五十一岁时达到职业生涯的顶峰，成为巴黎医学院卫生学教授。罗贝尔·普鲁斯特的传记作者勒马

① Ibid., p. 35.

② 普鲁斯特教授留下了多张与他人在卢克索愉快合影的照片。

乐医生称赞他为“传染病的地理学家，绘制了传染病的地图”，是我们“海洋卫生学”的保护神，但同时也是一位绛帐授业的教授，一位从未脱离临床的医生。他拥有众多的患者[1]，给他带来了可观的财富，这从他的生活排场即可见一斑：宽敞的房子，众多的仆人，在豪华的饭店里度假。对于勒孔特·迪·努伊为他画的那幅身着教授长袍的肖像，普鲁斯特在《盖尔芒特家那边》当中评论道：“一位教授，穿着银鼠皮里的红缎长袍，就是在公爵府里深居简出的威尼斯总督（也就是公爵）所穿的那种。”[2]他借这个机会概括总结了教授这个群体的特征：他们囿于偏见，这是廉洁奉公、尊崇最高尚道德理念所付出的代价，而这些高尚的道德理念，“在更加宽容、更加自由、更易蜕变放荡的环境中，也就随波逐流了”。因此可以说，教授“和另一个公爵，即卓越而可怕的德·圣西门先生一样，有着高尚的品德，恪守崇高的原则，也像他那样铁面无情，不容异类”[3]。

在阿德里安·普鲁斯特的职业生涯里，有二十多部著作和大量的论文行世，都是非文学性的医学著述。值得一提的有《卫生学》（1902年第三版），关于神经学的著作（《论唇–舌–咽瘫痪》《论失语症》[4]），以及收入由他主编的马松（Masson）出版社“诊疗卫生学文库”的《神经衰弱患者的保健》（与希尔贝·巴莱合著）[5]。此外，他还为《两世界评论》写稿（《大规模传染病的新传播路线》，1893年；《麦加朝觐》，1895年）。1903年7月27

① R. Le Masle, *op. cit.*, pp. 43–44.

② *RTP*, t. II, p. 750. 参见十五人译本（三）450页。

③ Ibid.

④ 普鲁斯特去世前曾担心会患上此症。

⑤ 同一文库还收有布里索教授著《哮喘病人的保健》一书，1896年。M. Miguet, « La neurasthénie entre science et fiction », *BAMP*, n° 40, 1990。

日在伊利耶高级小学颁奖仪式上发表的演说，因为他不久后去世而成为他的“遗嘱”，他在演说中概括了自己的卫生学思想。面对古老的城镇，他呼吁，应以卫生学理念为原则彻底改变城市面貌，并且要不惜以房屋、街道的美观为代价，以美的享受为代价，违者应一律以死罪论处。他设想的居室与马塞尔的居室截然不同：“新的房屋，要有流通的空气和充沛的阳光，这是目前所知的两种最有效的强身剂和杀菌剂。”因此，在“法国最美丽河流之一”的卢瓦河畔，卫生学教授对遍地的水草深感惋惜，连马塞尔最喜爱的睡莲也无法给他安慰：“对我们可爱的河流进行整治之时，要毁掉多么美丽的天然地毯啊！”卫生学意味着一整套行为规则和至理名言，从而构成教育的一个重要分支。它主张干净整洁，向酗酒宣战，消除“携带传染病病菌的灰尘可能导致的危险”。在这个时代，左拉的时代，人们相信遗传（普鲁斯特后来对此有详尽的分析）的力量，而教育和医疗卫生可以减弱这种力量，消除遗传的影响。今天，连最低微的手艺人所享有的舒适，也要胜于“当年的国王，因为在他头戴的假发里，脚下的高筒靴里，无不充满着散发恶臭的尘土；他金碧辉煌的宫殿里，难保不飘出令人作呕的气味”①。

马塞尔不仅读过这些著作，而且，家里有这样一位勤于笔耕、著作等身的父亲，给他树立了榜样，激励他效法模仿，有时甚至促使他与父亲一道写作。1903年6月，由他代笔为父亲写了在沙特尔的演讲稿，其中写到了那里

① *Textes retrouvés*, pp. 175–179. Voir J. Léonard, *Archives du corps. La santé au XIXe siècle*, chap. II, « L'air respiré »; chap. V, 4 : « Alcool ». « L'obsession de la poussière allait devenir la ligne de force des tâches ménagères » (p. 58).

的主教堂："在沙特尔门上，你们会看到一个叫马古斯的人物，他是一位魔法师，是炼丹术和隐修的象征。他战胜了恶，把它踩在脚下。"[①]父亲1903年7月27日在伊利耶高级小学颁奖仪式上的讲演稿，也有马塞尔的贡献："有一种东西，被青春拒之门外，或者说，只有在有所预感之时，青春才向它敞开大门：那就是诗，那就是回忆所产生的悲伤。"[②]这位终生写作的父亲，这位在去世的当年就开始被回忆的父亲，马塞尔已经与他融为一体。父亲曾想成为道德与政治科学学院院士（如小说中叙事者的父亲或法芬海姆亲王），儿子想进入法兰西学院[③]（父亲曾经说过，"马塞尔会成为法兰西学院院士"）。普鲁斯特医生的书信，我们一封也没有得到[④]。马塞尔曾多次通过书信求医问药，还给别人开过药方。他父亲的朋友们让他增长了不少医学知识，有拉布尔贝纳医生；双关语专家，泌尿科专家，罗贝尔·普鲁斯特的导师居永教授；以及迪厄拉富瓦（1839—1913），他是普鲁斯特医生在"上帝之家"医院的同事，在《盖尔芒特家那边》当中，是他在外婆弥留之际前来探视；迪普莱教授[⑤]，无疑还有波齐教授，普鲁斯特教授曾带着15岁和13岁的儿子们到他家里吃过一次饭；布鲁阿代尔医生，也是一位卫生学家、医学院院长，曾同阿德里安一道出席威尼斯和德累斯顿的会议，他夫人还曾为普鲁斯特医生画过一幅肖像[⑥]。其实，在家里大宴宾客是身为名医应尽的义务。"在医学的声誉如日中天的世纪晚期，医生们尤其受到各府上女主人的欢迎。将教授

① *Textes retrouvés*, p. 171. 阿德里安·普鲁斯特1903年6月7日在沙特尔的巴斯德纪念碑揭幕典礼上的讲话。埃米尔·马勒的科学（中世纪图像学——译者注）是由儿子传给父亲的。

② 厄尔–卢瓦省的共和派报纸《进步报》（*Le Progrès*），1903年8月4日。

③ 本书中，Institut de France、Académie française、Collège de France 分别译作法兰西研究院、法兰西学院和法兰西公学。——译者注

④ 勒马乐医生提到过两封信，都是"谈天"性质的，他也明确地说阿德里安·普鲁斯特很少写信。

⑤ M. Duplay, *op. cit.*, p. 15："马塞尔对所有的东西都好奇，问我父亲医学方面的问题。"迪普莱的名字也出现在描写戈达尔和奥黛特的手稿纸卷上（*RTP*, t. IV）。

⑥ 1965年曾在国家图书馆展出；另见 *Corr.*, t. I, p. 239。

奉为上宾是很有面子的事儿，成为教授的座上客也同样风光。”①阿德里安·普鲁斯特不像波齐或罗班（罗班是丽阿娜·德·普吉的情人，在蒙舒凡发生的故事可能灵感就来自她）那样喜欢抛头露面，但也不得不顺从社会的风气，尤其是应酬马塞尔在家里举行的晚宴。

不过，他的私生活并非无懈可击。作为喜歌剧院的医生，他曾珍藏女演员玛丽·范桑特1881年10月23日题赠的一幅女扮男装的照片②。这位女演员与路易·韦伊也过从甚密。马塞尔是这幅照片的继承人，受此启发构思了埃尔斯蒂尔所作的奥黛特扮成塞克里本特小姐的画像③。面对漂亮的女患者施展的诱惑，难道他从未被征服过吗？勒马乐医生受罗贝尔·普鲁斯特（罗贝尔自己也……）鼓动为阿德里安写作传记，在他塑造的模范家庭里，女的要比男的更加模范。罗贝尔·苏波在下面略显矛盾的说法里，显出作为同行的宽容：“有人说他与一些水性杨花的女子勾勾搭搭，还说有一天在跟一位同事开玩笑时，他怒道：‘她们越来越可怕，用不了多久，就会要我们付钱了。’还有人说他与好几位交际花颇有交情，这话八九不离十，但从未听说他们夫妻间有什么不和。普鲁斯特夫人是一位很明事理的妻子，居然丝毫没有察觉，要么就是故意没有察觉。很久以后，马塞尔私下说：‘妈妈什么都不知道。’但他完全明白这是怎么一回事。”④

更让人惊讶的是，当罗贝尔·普鲁斯特到了三十岁想要结婚时，父亲不顾普鲁斯特夫人的反对，命他娶了自己

① C. Vanderpooten, *op. cit.*, p. 123. 罗贝尔·普鲁斯特后来成为波齐医生的助手。

② 玛丽·范桑特（1861—1920），喜歌剧院歌剧演员，1883年主演歌剧《拉克美》，在《让·桑特伊》中出现过（p. 686）。——*Corr.*, t. I, p. 47。还有一张照片是女歌剧演员 Juliette Bilbault-Vauchelet 于1881年3月10日亲笔题赠的，她也是路易·韦伊的好友。见国家图书馆1965年展览目录，318号展品。

③ Ibid., 319号展品；*Corr.*, t. VII, p. 242, n. 14。他有可能还受到第二帝国末期上演的喜歌剧《塞克里本特》的启发。

④ R. Soupault, *op. cit.*, pp. 122–123.

一位女友的女儿（罗贝尔跟父亲一样，有一位长期往来的情人富尔尼耶夫人，据说他把她安置在离工作地点不远的一所小房子里，让马塞尔——特别是在战争期间——为他们传递消息）。在原拟插入《重现的时光》正文的手写稿上，讲述了戈达尔的妻子在他死后发现了他的婚外情的故事：从他的往来信件看出，她的丈夫长期以来一直与奥黛特保持联系，并每隔一段时间就幽会一次（如前文所述阿德里安·普鲁斯特与劳拉·海曼一样），叙事者则想办法安慰她："在与别人来往的时候，他处心积虑地瞒着您，这是因为他害怕让您难过，说明他尊敬您，说明他爱您胜过爱其他人……在天堂里，他只想与您重逢。"[①]

① *RTP,* t. IV, Esq. LXIX du *Temps retrouvé*, p. 978.

然而，普鲁斯特教授的形象并非在所有人的眼中都那么光彩照人。里昂信贷银行行长的儿子安德烈·热尔曼（曾与阿尔丰斯·都德的女儿有过短暂的婚姻），是一位心存偏见、胸怀怨毒、时而又令人发笑的旁观者，他在一段鲜为人知的文字中，这样描写马塞尔与父亲的关系："他的父亲，与他迥然不同——一位很平常的老好人，马塞尔假如更加虚荣势利的话，准会为父亲脸红——但仍然深爱着他。"在热尔曼府的宴席上，阿德里安是个"非常沉闷且无足轻重的人物"。一次晚宴上——那是在罗贝尔遭遇一起车祸，但因爱运动、体质好而很快复原之后——阿德里安叫道："而我的另一个儿子，可怜的马塞尔，他的身体总是让人揪心。""在一个父亲口中听到'我可怜的马塞尔'，那语气里真是充满了怜爱和绝望。"[②]阿

② A. Germain, *Les Clés de Proust*, Sun, 1953, p. 146. Cf. *JS,* p. 866："桑特伊先生认为儿子的性格很有可能导致生活的不幸，因为他体质差，性情忧郁，花钱大手大脚，懒散，心不在焉，把聪明劲儿浪费在不值当的事情上。"

德里安对儿子常常关怀备至，令人感动，比如早上给他拿来信件，并郑重其事地宣布有德·诺阿耶夫人的来信[①]。他自豪地告诉孟德斯鸠说："马塞尔正在写他的大教堂。"孟德斯鸠反过来对马塞尔说道："在他眼中，中世纪……之所以存在，仅仅是因为你的缘故。"[②]这位温情的父亲想尽办法改掉马塞尔的"不良习惯"，甚至打发他去妓院。他还乐于和儿子讨论医学问题：一种由于心理原因而造成生理症状的疾病，在马塞尔推荐的土郎中那儿二十分钟就治好了，而父亲正统的药物疗法至少要花两个月[③]。这就表明儿子更接近于迪·布尔邦，而父亲更接近于戈达尔，他也正是戈达尔的原型之一。他与戈达尔一样，信奉科学的实在论，对疾病、症状以及诊疗方法的客观性深信不疑。小说里戈达尔诊治外祖母的方法，就是阿德里安·普鲁斯特的方法。也正是由于这个原因，他未能治好儿子的病[④]——可时至今日，又有谁能治好哮喘呢？

因此，马塞尔对父亲的感情既复杂又多变[⑤]，只有将他再现在小说里，才能最终摆脱他的形象。在《让·桑特伊》当中，桑特伊先生是外交部的司长，他有时会暴露出"农民式的粗野"，长期的高尚生活都未能使他彻底改变"[⑥]。青年时代，"出人头地的愿望，自以为是的成见，盲目而超绝的实证主义，曾是他人生中坚定而骄傲的追求"[⑦]。追名逐利和职业生涯耗去了他的一生，到晚年的时候，他体会到了温情，归依了"虔诚的实用主义者因现实幻灭而产生的感伤的理想主义"[⑧]。他曾享受到爱

① *Corr.*, t. IV, p. 31, 1904 年 1 月 8 日。

② Ibid., t. VII, p. 235.

③ *Corr. avec G. Gallimard*, p. 70, 1916 年 11 月 6 日，致加斯东·伽利玛。

④ *JS*, p. 732，说到名医 M："他知道，一个人要写出好书，就会不睡觉，认为自己生了病，会患上没有人能够治好的哮喘……"

⑤ 也包括温情："今天我只写给你这封短信，以此证明我一直都满怀温情地'想着你'。明天见，我亲爱的小爸爸……"（*Corr.*, t. I, p. 159, 1890 年 9 月 23 日）。

⑥ *JS*, p. 859，让"常在书房桌子上敲出快速进行曲的节奏，以发泄心中想要暴打父亲的欲望，但此时他没办法这么做"。此处对不经意的小动作所作的分析非常精彩。

⑦ Ibid., pp. 865, 212. 桑特伊先生担任了好几个职务，这些职务之间是无法兼容的。除此之外，他与总统还很有交情，这是影射福尔总统与普鲁斯特一家的友谊。

⑧ Ibid., p. 866.

情吗？小说《让·桑特伊》表明，在他们所处的社会环境里（不过，从玛格丽特·德·纳瓦尔到奥诺雷·德·巴尔扎克，莫不如是），两情相悦的婚姻，也就是因相爱而结成婚姻，会被视为品行不端。但小说又补充道，对妻子来说，“爱情是在婚姻中产生的，而且至死不渝”。“我不能离开这对夫妇，他们的结合没有其他缘由，完全是出于对中产阶级自身境况的考虑，出于中产阶级对名声的看重，但这段婚姻一直维系到死。”[1]虽然桑特伊夫人比丈夫聪明得多，虽然她的文化修养、行事的圆通和机敏几乎都是他所不具备的，但她仍然坚信，“这些品德都无足轻重，因为像她丈夫那样高贵的人都不具备这些才能”[2]。

《追忆似水年华》当中的父亲形象，要比《让·桑特伊》中父亲的形象好得多。作为某部的司长（无疑仍是外交部，但已不再从事法律工作），他始终受到政府上层人士的青睐，但尽管为人正直，声誉颇佳，最终仍未能入选道德与政治科学学院[3]。叙事者从他身上继承了沉默寡言和尖酸刻薄，这使他“内心持续不断却秘而不宣的波澜”和“喜怒无常”的性格深藏不露，甚至他对气象学的爱好也不为人知[4]。由于一次出人意表的“回心转意”，父亲准许叙事者的母亲来卧室看儿子，“从此以后，每个夜晚，我都要在祷告中向他表达当晚没说出口的感激”[5]。不过，对于父母，叙事者怀有一种十分偏执的情感——“我有一种由来已久的反抗欲，就是抗击我臆想中父母针对我而策划的阴谋，他们总以为我最终不得不服

① Ibid., p. 877.

② Ibid., p. 213.

③ *Corr.*, t. III, p. 443, notice nécrologique d'Adrien Proust par le docteur Maurice de Fleury, lui-même auteur d'une *Introduction à la médecine de l'esprit* (1897), des *Grands Symptômes neurasthéniques* (1901), d'un *Manuel pour l'étude des maladies du système nerveux* (1904).

④ *RTP*, t. III, pp. 586, 598, 616–617。参见十五人译本（五）73、86、105 页，周译本（五）74、86—87、104—105 页。

⑤ Ibid., t. I, Esq. XII, p. 692. Cf. p. 673.

从”[①]。我们并不想从小说中汲取素材来重现真实的生活，而是为了说明小说家对父亲这个人物的态度。《追忆》中的父亲去掉了桑特伊先生的一些缺点，而在另外一个人物戈达尔医生身上，则再现了普鲁斯特医生的某些特征。但这些特征既不是戈达尔的诙谐，也不是他对社交的热衷，而是对妻子的不忠和过劳死（亦与贝戈特之死相类似；从发病地点看，又与外祖母在盥洗池突然发病相类似），特别是，他们二人秉持相同的医学观念[②]，与迪·布尔邦的“身心医学”（psychosomatique）观念截然对立。对临床诊断的信心是与对心理学理论的蔑视联系在一起的。对迪·布尔邦来说，一切疾病都是神经性的；而在戈达尔看来，没有任何疾病是神经性的。这两种倾向一直延续到当今的医学。还有散见于小说各处的许多暗示，令人想到阿德里安·普鲁斯特，比如下面的情节就暗指普鲁斯特医生（包括普鲁斯特夫人）知道儿子的坏习惯：“世上之人，不管他的品德有多么高尚，恐怕都要在纷繁复杂的世事驱使下，最终对他一向深恶痛绝的恶习安之若素。”[③]所以，马塞尔的父亲在小说中无处不在，仿佛作家马塞尔有意或无意地继续与父母之间的对话，直到去世。与父亲一样，马塞尔在工作中也表现出坚韧不拔的毅力，工作最终成为生存的唯一目的。甚至一生在情感波折、勤于写作（阿德里安有21部著作行世）、爱好旅行（一个是身体力行，一个是神游四方）等方面，父亲的影响都贯穿始终。另外，在《追忆》中，医学不仅仅表现在

① *RTP*, t. IV, p. 230，参见十五人译本（六）231页。Cf. *JS*, p. 857：“童年的他就像一个囚徒，除了自己的奴隶地位，他对家庭没有其他认识。”

② Ibid., t. I, pp. 488–490; t. II, pp. 594–600; 618. 参见十五人译本（二）59—61页，周译本（二）64—66页；十五人译本（三）294—300页。

③ Ibid., t. I, p. 146（这段话说的是凡德伊和他的女儿）. 参见十五人译本（一）149页，周译本（一）149页。Cf. *JS*, p. 872：“即使最坏的人，当我们接近他们时，也都能从他们身上发现人性的一面。而对他们人性一面的同情，就会使我们容忍他们的坏。”

人物身上，而且表现在各种疾病里。普鲁斯特以医学的眼光看待世界、人生以及人的爱恨情仇，所有这一切都是疾病，都是疾病的各种表征，于是，所有的描写都变成了诊断。此种情形在爱情中尤甚。

父亲的研究工作对儿子大有裨益：父子俩研究的都是某种病症；对儿子来说，爱恨情仇皆是病。阿德里安是霍乱和鼠疫专家，也许正是由于这个缘故吧，当马塞尔研究爱情这种由极微小的原因引起的疾病时，就把爱情与霍乱相提并论，因为引起霍乱的弧菌小得肉眼看不见。同样，既然如医生所说鼠疫是老鼠传播的（加缪的小说《鼠疫》开头描写老鼠大批出现，就是受阿德里安·普鲁斯特的著作《论欧洲的鼠疫防治》的影响①），那么可以想象，普鲁斯特医生在家里闲谈时，甚至在饭桌上，会经常在孩子面前提起这种动物：由于文化修养的局限，他不会经常谈论本职以外的话题。一位采访阿德里安·普鲁斯特的记者见证了他的忧虑："'我一再强调，远离老鼠，消灭老鼠，是预防鼠疫的首要原则……顺便说一句，你想不想看看我的这些房客？'摆着的一排大瓶子，就是一个白鼠大家族，它们都长着粉红色的小嘴。"②在马塞尔的生平和著作③里，我们经常会看到有老鼠出没。儿子把自己的焦虑、纠缠不已的心病、反抗和破坏的欲望，统统集中在、投射在这些属于父亲的动物身上。他的父母跟所有的父母一样，既能唤起爱，也能引起恨；既能促使孩子模仿，也能导致孩子厌恶；既能让孩子钦羡，也能使孩子产生破坏

① A. Camus, *Théâtre, récits, nouvelles*, Bibl. de la Pléiade, pp. 1934–1935.

② 1901年3月28日，《晨报》就鼠疫再次流行对普鲁斯特教授的采访。

③ 父母变成白鼠的梦境出现在东锡埃尔。参见十五人译本（三）79页。

的欲望。《让·桑特伊》反映了这种无言的敌视，在《追忆》中，敌视演变为一种负罪感。自拉伊俄斯开始，所有的父母生下的都是罪人，而这些罪人本是无辜的。

罗歇·迪谢纳把阿德里安·普鲁斯特的遗嘱公之于世[①]。他留下了165万金法郎[②]，大约相当于1990年的2700万法郎[③]，这是一笔相当可观的财产。其原因是，普鲁斯特教授具备医生职业的顶尖水平，并且有自己固定的病人。据估计，1898年，在巴黎的医生当中，有5人至6人年收入20万至30万法郎，10人至15人年收入10万至15万法郎，约100人能达到4万至5万法郎。1901年的一项调查显示，40位巴黎医生一年能挣20万至30万法郎，50位医生一年能挣10万至20万法郎[④]。要知道，这些数字要乘以17才相当于1990年的价值，而且当时的税收既不涉及资产，也不涉及收入。普鲁斯特教授去世时的遗愿只有两句话："我指定妻子让娜·韦伊女士为遗产的概括继承人。该项遗产除按法律规定扣除的相应部分外，须最大限度地包括法律所规定的财产及其收益之全部。"鉴于财产的绝大部分都由普鲁斯特夫人继承，马塞尔（和他弟弟）当时只得到25万法郎的遗产，相当于1990年的425万法郎。他母亲没有让他拥有这笔财产，而是，用他在信中对朋友的说法，只给了他"一小笔年金"。

① *Op. cit.*, p. 464.

② 根据同一资料来源，财产转移税和公证费分别为21238法郎和16000法郎，这表明当时遗产税很低，加之不对收入征税，因此加速了财富的增长，加剧了财富的不平等。

③ 根据跨大西洋银行1991年4月公布的换算表计算。

④ P. Darmon, *op. cit.*, p. 146.

II ／ 童年

假如没有《让·桑特伊》《在斯万家那边》以及《在少女们身旁》等书提供的素材，我们对马塞尔·普鲁斯特的童年便几乎一无所知。的确，我们既没有他所喜爱的《吾友之书》《童年故事》和《小东西》（其中虚构的成分也不可低估）之类的自传，也没有掌握任何家庭档案。整整数年时间就这样过去，直至书信出现，填补这个空白。马塞尔1871年7月10日出生于奥特伊。同年8月5日接受洗礼，他的教父是欧仁·缪齐奥，住在高城街66号；教母是埃莱娜–路易丝·韦特，家住马勒泽布大道39号。1916年7月一个孤寂的夜晚，普鲁斯特来到之前从未涉足的一间小客厅，打开一个个抽屉，从父亲的各种勋章、名帖、葬礼送花人名单之中，找出了自己在圣路易·德·昂坦教堂受洗和初领圣体的证书[①]。

在马塞尔两岁的时候，发生了一个重要事件：1873年5月24日，他的弟弟罗贝尔（罗贝尔·西吉斯蒙·莱昂）

① *Corr.*, t. XV, p. 241, 致吕西安·都德。

在奥特伊出生。这一事件具有不可估量的重要影响，后来也确实被赋予种种不尽相同的评价。

有的人毫无根据地凭空猜测[①]，认定罗贝尔的出生对他哥哥是一个重大打击，引起了哥哥的妒嫉，由于这种妒嫉完全是无意识的（如果是有意识的，那么就会找到证据），所以更具危险性。然而，对他们兄弟二人的抚养方式是全然相同的。在依时风留下的一系列家庭照片中，我们可以看到，他们总是穿同样的衣服站在母亲两侧（约1896）：长袍（1876）、苏格兰裙、大礼服外加大花领结，还系着绑腿。兄弟俩相貌极为相似，特别是小的时候，他们有着同样讨人喜欢的眼睛，同样的额头，同样的鼻子（马塞尔的鼻子上留有伤疤），只是罗贝尔的脸庞稍丰满宽阔一点。从少年时代起，相貌上的差别开始愈发明显：一个结实健壮，喜爱运动，另一个体格单薄，一副弱不禁风的样子。马塞尔·普鲁斯特在文字中两次提到弟弟，一次是在关于一场音乐会的报道中（《一个星期天》），另一次是1908年，在写作《驳圣伯夫》之前的一部小说草稿中："他的头发被弄成发卷，就像门房的孩子们照相时常见的那副打扮。于是，他丰满的脸蛋就围上了一个浓密的黑发头盔，上面打着发结，活像委拉斯开兹所绘的公主画像上的大蝴蝶结。我面带微笑地看着他，眼里满是哥哥对弟弟的疼爱，那微笑里，分不清到底是欣赏，还是居高临下的嘲讽，或是脉脉温情。"[②]当时的罗贝尔还穿着长袍，所

① 尤其是 L. Jones, *BAMP*, nº 12, 1962; M. L. Miller, *Psychanalyse de Proust*, Fayard, 1977, 以及佩因特的传记。不过，罗贝尔·苏波（*op. cit.*, pp. 161–169）对此有很精彩的论述。罗贝尔·苏波与皮埃尔·莫里亚克医生、吉罗杜医生、威廉·詹姆斯医生一样，都有一个当作家的兄弟，这说明作家与医生这种兄弟组合是相当常见的，兄弟二人分别窥透了身体与灵魂的奥秘。

② *CSB*, éd. de Fallois, p. 347. 参见王道乾译本 212 页，沈志明译本 212 页。在《1908 年记事本》中，普鲁斯特把这个段落命名为"罗贝尔与小山羊"。

以肯定还不到七岁，其实是“五岁半的年龄”[1]。与马塞尔一样，他忍受不了分别的痛楚（这里所写的是他与小山羊的分别），但他的表现多是外在的暴躁，像所有的孩子一样，有时温顺听话，有时大发脾气，有时小气嫉妒：“马塞尔的巧克力上的奶油比我的多！”[2]人们始终记得，马塞尔看待弟弟的目光虽有兄长的优越感，但也同样包含欣赏与柔情。童年时代，兄弟二人读同样的书[3]。少年时的罗贝尔跟母亲一样喜欢读马塞尔的信[4]，母亲则把弟弟的种种行状和在学校里的表现，事无巨细地写信告诉正在服兵役的马塞尔[5]。

夏天的一个星期日，在奥特伊，普鲁斯特一家邀请朋友迪普莱医生一家吃晚饭。罗贝尔到青蛙塘划船去了，没有按时回家，母亲一边十分担心，一边对儿子这样不懂事极为不满。饭桌上，普鲁斯特教授若无其事，一直面带微笑。马塞尔则相反，既为弟弟的缺席而不安，更为母亲的担忧而焦虑。直到晚餐结束时罗贝尔才回来，母亲拒绝亲吻他。马塞尔谎称不舒服，示意弟弟与他一起离开。母亲跟着他们，想弄清楚到底是怎么回事。十分钟后，母亲带着罗贝尔回来了。哥哥巧妙地制造了一个小事端，使母亲和弟弟迅速和好[6]。这件事情表明马塞尔生性温厚，他不但没有利用弟弟的小过失，而且丝毫不能容许家里有任何的不和[7]。

另外，1887年，他们的外祖母也证实兄弟俩相处得“非常融洽”。哥哥在给母亲的信中夸奖弟弟：“狄克在

① Ibid., p. 349. 参见王道乾译本214页，沈志明译本213页。

② Ibid., p. 352. 参见王道乾译本215—216页，沈志明译本215页。

③ *Corr.*, t. I, p. 96，罗贝尔·普鲁斯特1883年1月2日的信，谈他刚刚收到的Lucien Biart所著*Les Voyages involontaires*第三卷。

④ Ibid., p. 113, 1888年9月6日。罗贝尔在学骑马。

⑤ Ibid., pp. 143, 146, 148.

⑥ M. Duplay, *op. cit.*, pp. 18–19.

⑦ 对罗贝尔·普鲁斯特的全面介绍，请见R. Soupault, « Robert Proust, frère de Marcel », *BAMP*, nº 17, 1967, pp. 553–568。

德智体各个方面都出类拔萃。”[1]这就不难理解，马塞尔在把《欢乐与时日》送给罗贝尔时，为什么要引用高乃依的诗句[2]：“哦，亲爱的兄弟，你比阳光还要珍贵。”罗贝尔一心扑在学业上，并在医学上获得了优异的成绩；加之他爱好运动（骑自行车、划船、驾驶汽车），兴趣与哥哥不同（母亲曾责备他，在兰斯服兵役期间，居然没有参观过那里的大教堂[3]），使他的生活与马塞尔的迥然相异，但这并没有使兄弟俩关系紧张、感情疏远或产生龃龉。兄弟俩都认为德雷福斯是清白的；在第一次世界大战期间，两人表现出同样的爱国情感；为了获得荣誉军团勋位，马塞尔求助的对象正是罗贝尔；1921年，马塞尔仍然是请求罗贝尔为他佩戴荣誉军团十字勋章；在他去世时，还是罗贝尔守护在他身边。因此，在《新法兰西评论》1923年1月《向马塞尔·普鲁斯特致敬》专号上，罗贝尔·普鲁斯特的这段话是内心情感的真实流露[4]：“每当我溯回忆之流而上，回想起孩提时代、记忆刚刚开始形成时的那段懵懵懂懂的日子，脑海里总是浮现出哥哥满怀温情的形象，他像母亲一样对我呵护备至……对我而言，他永远都是亲切和蔼、给我关怀的兄长。但我还感觉到，在他身上，有我们已经逝去的亲人的遗存，直到他辞世，他一直是这一精神遗产的守护者。他就是我的全部过去，我的整个青春时代都与他牢牢地联系在一起。”这里面没有任何攻讦，没有任何怨恨，也没有任何报复，只有弟弟对兄长的爱戴之情。他们在一生中各个阶段并肩而立的合

① *Corr.*, t. II, p. 450, 1901年9月8日。

② *Corr.*, t. IV, p. 422, 1896年6月12日。高乃依诗句见*Rodogune*（V, 4, v. 1653），用字稍有不同，以显得更加温柔。

③ *Corr.*, t. I, p. 421, 1895年8月20日。Cf. p. 423 (1895年8月23日)：“我不理解他那儿的那种生活。”罗贝尔·普鲁斯特此前写信向母亲要钱，母亲回信跟他开玩笑：“我的‘保价信’里只包着不满。”（“保价信”里面装的通常是钞票。）

④ « *Hommage à M. Proust* », p. 24.

影，正是马塞尔和罗贝尔在精神和情感上亲密无间的写照。马塞尔去世后，罗贝尔负责哥哥著作的出版事宜，还动笔亲手修改了某些文稿，特别是《失踪的阿尔贝蒂娜》[①]一书，仿佛那就是他自己的作品。

有人特别看重无意识的作用，但是，如果没有任何踪迹可循，还称其为无意识吗？于是，我们只好进行或然性的推理："他不可能不如何如何……"有的人甚至走得更远，居然把马塞尔九岁时第一次哮喘发作的原因，归结为弟弟已经长到七岁，不再穿小孩子的长袍，摇身一变从"小姑娘"变成了男孩子，"也就是变成了可怕的竞争者，会与他争夺母爱"[②]。其实，这种小孩子穿的长袍在当时极为寻常，根本不会使穿着者被认作女孩，正如苏格兰方格裙不会被当成女性装束一样。

还有一种论据，显得比上述说法要严谨一些：如果马塞尔对弟弟没有任何怨恨的话，就不会将他排除在自己的作品之外。我们的回答是，在小说《追忆》中，叙事者的弟弟是唯一一个没有必要存在的人物。叙事者的父母从《斯万夫人周围》开始就已不再现身，而在《女囚》中因为太碍事而被打发去远方旅行；有他们在场的场景都是小说的主要情节——即主人公投身文学事业——展开之前。与叙事者同时出现但既非艺术家又非社交人物的弟弟，在故事情节中将没有任何用武之地。我们已经发现，《让·桑特伊》当中描写医院里住院实习医生休息室的一大段是如何游离于主题之外的[③]。《让·桑特伊》之所

① 他的曾外孙女 Nathalie Mauriac 在这一点上激烈地指责他。但正是由于罗贝尔原封不动地出版了《失踪的阿尔贝蒂娜》完整版副本，才使我们得以领略它的深刻与美，而在一个腰斩的版本里，这些东西都不复存在。同样，他还主持了《女囚》（1923）、《重现的时光》（1927）以及《通信总集》（1930 年起）的出版工作。

② T. Volckmann-Delabusse, « Première crise d'asthme: 1880. Pourquoi? », *BAMP*, n° 17, 1967, p. 551.

③ *JS*, pp. 693–699.

以未能完成，正是由于其中充斥着太多杂乱无章的自传元素，这个教训足以使普鲁斯特记取。此外，罗贝尔·普鲁斯特一旦被写入书中，必然成为一个难以隐藏的“线索”。而且，让他在《贡布雷》的草稿中消失，也可以使叙事者夜晚的孤独更具戏剧性。

头发卷

另一个情节大概是普鲁斯特早期的记忆之一——甚至就是他最早的记忆：当时他年龄很小，还留着发梢卷曲的头型。这个情节在《贡布雷》中一笔带过[1]，迄今尚未有人留意。在《贡布雷》的草稿中，担心被人揪住发卷而无法逃脱的“可怕”经历连续出现数次，足见当时担惊受怕的程度，如：“本堂神甫蹑手蹑脚地从身后走近，揪住我的发卷，这是我童年时期最可怕的折磨，令我深深恐惧。”虽然本堂神甫时而被换成某个舅舅，时而又被换成某个外叔公，但发卷被揪住的感觉延续了下来，直到“产生这个感觉的器官不复存在为止”[2]。普鲁斯特在此处用的字眼颇能说明问题，因为“器官”一词具有多重含义。这一情节在草稿中反复出现，并且细节愈来愈丰富，显然含有某种残暴可怕的成分，而且比其他许多已知的生平要素具有更重的分量：“我惊恐地感到耳边的发卷就要被人揪住了，想逃跑，但又跑不掉；他终于揪住了我，倒不像我原来想象的那么难以忍受，不过仍然很疼，而且这种事后来还发生过好多次。”这个情节中，他害怕的并不是疼

① *RTP*, t. I, p. 4. 参见十五人译本（一）4页，周译本（一）4页。

② Ibid., Esq. II 及异文，pp. 640,641, 642。Esq. III, p. 645，此处，剪掉发卷被比作“柯洛诺斯被推翻、普罗米修斯盗火和耶稣诞生”。

痛，而是失去某个器官，而且，只有当这个器官最终消失了，他才能彻底获得平静。然而，发卷被剪掉之后，焦虑仍然不断地产生。这种焦虑，被普鲁斯特转移到参孙的头发之上[1]，如果不是被阉割的焦虑，又是什么呢？它是其他种种焦虑的根源，是“古老的法则”统治的世界：“说真的，它也许已经被别的痛苦、别的担忧取而代之，但世界的轴心也已经改变了位置。”[2]真的被取而代之了吗？没有！因为睡梦还会把它召回，因为他讲的故事还在复述他的经历，在梦魇里，在回忆里，在话语中，恐惧时时刻刻都在伺机而动。

①普鲁斯特稍后援引歌剧《参孙与大利拉》。

② *RTP*, t. I, Esq. III, p. 645.

在十九世纪的教育方式下，他孩提时代的敏感、脆弱，甚至他对父母、外祖父母的温情，难道不要经受严峻的考验吗？这从他1879年4月2日写给外祖父的信中可见一斑：“亲爱的外公：请原谅我的罪过，因为我吃饭比平时吃得少。我大哭了一刻钟还抽泣了老半天。请你原谅我。原谅我，父亲，你应该得到所有人的爱戴和尊敬。”[3]由于父亲经常不在身边，很有可能由外祖父和外叔公代行父亲的权威，从而使晚辈们的负罪感进一步加深。

③ *Corr.*, t. XXI, p. 539. 马塞尔当时七岁半，原信中的拼写错误予以保留（中文没有体现出来——译者注）。

睡前的亲吻

上床睡觉的场面在《贡布雷》里占有重要篇幅，父母的让步、叙事者意志力薄弱都从这一情节生发而来，但没有任何书信或其他资料曾提到在生活中有过类似的场景。不过，这一情节在小说草稿中反复出现，促使我们回过头来审视自传成分颇多的《让·桑特伊》一书。这里并不是想借用虚构作品来填补史料的空白，更不是跟在普鲁斯特后面鹦鹉学舌似地复述一个尽人皆知的场景。但一个主题的反复出现使我们相信，在这种种迹象背后一定存在某种我们不应忽视的心理因素，尽管我们拿不到切实的证据。

这一场景发生在让·桑特伊七岁的时候[①]。然而，这个情节只发生过一次吗？小说作者一定是把某个经常出现的事件加以提炼，加以戏剧化，而发生的地点，可能包括伊利耶，但奥特伊则是确定无疑的[②]（下此判断的根据是《让·桑特伊》当中的描写，而《贡布雷》中所写的正是奥特伊的那所已经不复存在的房子）。“每天晚上上床睡觉之时，对让来说，都是名符其实的悲剧时刻，这种莫名其妙的恐惧显得格外残忍。”这种焦虑是让每个晚上都要经历的，“无以名状的残酷折磨渐渐增长扩大，与孤独、寂静、夜晚融为一体，将他吞没”。母亲用亲吻解除他的痛苦，只要一吻，“惊惧和失眠立即烟消云散”。当家里有客人——此时还不是斯万，而是叙尔朗德医生——母亲不能上楼亲吻儿子时，故事便发生了。儿子打发仆人奥古斯丁（后来是弗朗索瓦丝）找妈妈未果，于是在窗口大声呼唤母亲。母亲上楼来了，儿子却受到负罪感和欲望的双重折磨，情绪失控，“因为悔恨而陷入深深的自责”。在母亲看来，这是前些年神经紧张的“故态复萌”（从而证明这个场景在过去经常出现）。出乎人们的意料，对这种折磨特别看重之人并非医生，而是让·桑特伊

① *JS*, pp. 202–211.

② 普鲁斯特后来写给母亲的一封信可以为证。

本人，母亲的话（“他有神经质的毛病”）影响了他的一生。这是因为，这种焦虑被郑重其事地归结为“一种不由自主的神经质状态”，而不是被归结为需要忍受的意志力缺陷；它不是需要克服的缺点，而是需要治疗的疾病；不是出于故意，而是出于无意识。《让·桑特伊》里的种种意象所暗示的，也正是“无意识”这一无时不在的怪兽、无所不包的容器。“童年时期，他无可救药地在痛苦的深井中挣扎，既无法从中逃脱，也没有产生要厘清痛苦之源的念头。此外，关于他痛苦的根由，后来他也只是弄清了一些次要的原因，因为首要的原因似乎与他自己密不可分，只有消灭了自己才能消灭这种痛苦。”[1]于是，一个孩子在七岁时（其实此前就是）就饱受“神经质疾病”的折磨，后来又患上了哮喘，而且终生未能摆脱被遗弃的焦虑感或神经紧张。他借助家人、仆人、朋友或秘书、管家，与之搏斗了一生：马塞尔是一个孤独的人，却又无法一个人独自生活。小说中这个重要的情节，源自于他生活中反复出现的一种无奈的常态，而远非小说中所表现的特例。

①*JS*, p. 211.

普鲁斯特夫人去世后，马塞尔在1906年1月写给巴雷斯的一封信证实了这一点：“我们整个一生就是一个训练过程，她一直在教我在她离开以后该如何生活，教我学会摆脱对她的依赖，而这种训练从我童年时就开始了：当她十数次拒绝在赴晚会之前来向我道晚安的时候；当我眼巴巴地看着火车把她带走，把我一个人留在乡下的时候；当我后来在枫丹白露[1]以及今年夏天她在圣克鲁期间，我找种种借口，每一个小时都要与她通电话的时候。在过去，这种紧张焦虑，只要是电话里的几句话，或是她来一次巴黎，更或者只是一个吻，就能够得到平息，而今天我却因它们饱受煎熬，因为我明白，已经没有任何东西能使它们平息下去。”[2]这封信表明，小说中的场景曾出现在不同的时间和地点：离家出发之时，回家的请求得到同意或拒绝之时，得到一个亲吻或是“几句话”之时。令人遗憾的是，这次痛彻肺腑的剖白所托非人，收到此信的作家对普鲁斯特几无友情和同情可言。另外，夜里读书的场景也是发生在奥特伊。1901年，在去看望新寡的波利尼亚克亲王夫人之后，他写信给母亲：“她告诉我曾与丈夫在凌晨三点的时候还谈论马克·吐温。这使我回忆起在奥特伊的时候，可怜的妈妈给我讲书时所受的辛劳。”[3]

① 《让·桑特伊》中曾提及在枫丹白露的逗留（*Corr.*, t. II, pp. 134–151）。

② *Corr.*, t. VI, p. 28.

③ Ibid., t. II, p. 444, 1901 年 8 月 31 日。

在香榭丽舍

当时，包括今天，住在巴黎市第八区的人家都把孩子打发到蒙梭公园或香榭丽舍去玩耍，不过，当时的孩子们是由保姆陪着的。马塞尔·普鲁斯特玩耍的地点是香榭丽舍。1880年5月1日，他在那儿跌了一跤，摔断了鼻梁骨，费尔南·格雷格告诉我们：“他颇为潇洒地对鼻梁中间一处微小的隆起表示懊恼。”[4]（跌跤事故有可能引起了呼吸困难，并加重了同一时间出现的哮喘。）此次受伤，照

④ *L'Âge d'or. Souvenirs d'enfance et de jeunesse*, Grasset, 1947, p. 156.

片上没有留下明显的痕迹，在他的文字里没有任何记载。在使节剧场和夏季阿尔卡扎[①]旁边，有一座铜铸的美女喷泉，还有一大片草地和旋转木马。夏季里，马塞尔每天来这儿玩捉人游戏，或者跟一群孩子说话，这群孩子都喜欢听他说话，他这会儿已经“能当众背诵诗歌”[②]。当时跟他一起玩的一个小男孩后来告诉我们，当他感觉到马塞尔抓住他的手，并跟他说自己“需要像暴君一样完全占有他”[③]的时候，他简直惊呆了。我们在普鲁斯特后来与雷纳尔多·哈恩以及安托万·比贝斯科的交往中，还会看到类似的友情契约。在这个时期，他还对女孩子感兴趣，自以为会爱上她们，尽管他跟她们所谈的不过是文学。罗贝尔·德雷福斯还记得，有“一对来自外国、出身高贵的姐妹，优雅大方，高挑漂亮，尤其是其中的姐姐让马塞尔特别着迷”，但德雷福斯并没有认出她们就是希尔贝特·斯万的原型。《让·桑特伊》[④]中也提到了这姐妹俩，“一位俄罗斯姑娘，长着一头浓密的黑发，一双明亮的大眼睛，满是瞧不起人的神情，粉红色的脸蛋，浑身散发着让·桑特伊所不具备的健康、活力和快乐的气息”，她每天与保姆和妹妹一起出现。在第一部小说中，姐妹俩还保留着真实的家庭住址——夏优街，和真实的名字玛丽与奈莉，但她们的姓氏贝纳达吉被改成了科西舍夫。她们的父亲尼古拉·德·贝纳达吉1838年生于圣彼得堡，曾任俄国宫廷典礼官，娶玛丽·德·勒布罗克为妻，育有两女。长女玛丽后来嫁给米歇尔·拉齐维乌亲王，次女奈莉嫁给

① “使节”和“夏季阿尔卡扎”（即现在的 Espace Cardin 和 Pavillon Gabriel。——译者注）在当时是两处歌舞厅，常有乐声断断续续地飘出来，“马塞尔对我说，比我早十多年，他就凭借这嘈杂的乐声和转瞬即逝的场景，已经在想象中构拟了理想的歌舞厅里的音乐杂耍演出”（M. Duplay, *op. cit.*, p. 8）。他对音乐歌舞演出的爱好也许就是那时开始的。

② R. Dreyfus, « M. Proust aux Champs-Élysées », *Hommage à M. Proust*, pp. 27–30. *JS*, p. 218.

③ J.-É. Blanche, *Mes modèles*, Stock, 1928, rééd. 1984, p. 100.

④ *JS*, p. 216.

孔塔德子爵。尼古拉·德·贝纳达吉住在夏优街65号，后来著有多部幽默讽刺类作品（1895年《发现俄罗斯》，1896年《科扎马科夫大公》，1898年《家庭剧场》。均由卡朗·德·阿什绘制插图）。他收藏中国瓷器、塞孚尔瓷器和萨克斯瓷器、银器，以及旧家具、地毯、烟具和细密画，在他家里，肯定能发现与斯万家相同的收藏品。他没有参加骑师俱乐部，而是汽车和马球俱乐部成员[1]。在《让·桑特伊》中，尼古拉·德·贝纳达吉夫人拥有“巨大财富，过着寻欢作乐的生活”，她是维拉·德·塔列朗伯爵夫人和尼扎尔大使夫人的娘家嫂子，在社交场合非常引人注目，特别是在赛努奇公馆的一次化装舞会上，她午夜时分以“女武神”的装扮现身，轰动一时，纳达尔还为她拍过一张如此装束的照片[2]。

在十六岁时写给安托瓦奈特·福尔小姐的信中，普鲁斯特写到当时在香榭丽舍一同玩耍的玛丽·德·贝纳达吉（十三岁），“很漂亮，身材日见丰满”[3]，这也说明在当时，青少年的发育要比现在迟缓。次年，马塞尔有了新的意中人，但他多年以后仍然写道，玛丽是他“少年时代的迷醉和失落”[4]。玛丽和马塞尔的父母结束了他们的情感，但至少马塞尔的父母后来会感到后悔。马塞尔几乎每天都要到香榭丽舍去，后来担任法国总统的菲利克斯·福尔的两个女儿安托瓦奈特和吕西，也是马塞尔在那儿玩耍的女伴[5]。吕西成了作家（1900年《纽曼》，1902年《但丁作品中的女性》），嫁给了后来成为法兰西学院院士

① *Qui êtes-vous?*, 1909, p. 38.《让·桑特伊》中（p. 123）说科西舍夫夫人“生性轻浮”；同样，在《追忆》最原始的草稿中，奥黛特·斯万被形容为长得像一个肥胖的俄国女人。

② A. de Fouquières, *Mon Paris et ses Parisiens, op. cit.*, p. 113. 关于尼扎尔大使，即诺布瓦可能的原型之一，ibid., p. 60; 关于维拉·德·塔列朗伯爵夫人，ibid., pp. 81–82。

③ *Corr.*, t. I, p. 99, 1887 年 7 月 15 日。参见 *Chroniques*, p. 100（此文最初发表于 1912 年的《费加罗报》）：“我十二岁的时候，经常与一个我喜欢的女孩在香榭丽舍玩耍，她后来结了婚，现在已经当了母亲，那天我在《费加罗报》的订户名单上看见了她的名字。” Cf. *Corr.*, t. XVIII, p. 288, 向罗贝尔·德雷福斯赠送《少女》时的题词。

④ 1918 年致苏策亲王夫人的信，*Corr.*, t. XVII, p. 175。

⑤ *Corr.*, t. I, p. 99. Cf. 国家图书馆 1965 年展览目录，59 号至 65 号展品。

的历史学家乔治·戈约。女伴当中还有加布里埃尔·施瓦茨，和后来成为加斯东·德·卡雅维夫人的让娜·普凯。

凭借罗贝尔·德雷福斯的记载，我们今天还能看到童年至少年时期在香榭丽舍玩耍的马塞尔是一副什么模样："他是个与众不同的人，一个特别的、畸形早熟的孩子，他的魅力慑服了许多比他粗野的伙伴，也使他们有些诧异。而最感到诧异的还是那些上了年纪的人，他们无一例外地对他细致周全的礼貌、从容优雅的举止和无微不至的奉承赞叹不已。是的，他的模样仍然宛在眼前，清秀，腼腆，裹着厚厚的羊毛外套，不论见到年迈的太太还是年轻的小姐，他都趋向前去，俯身行礼，嘴里总有打动人心的漂亮话。"[①]马塞尔极力向德雷福斯推荐拉辛、雨果、缪塞、拉马丁、波德莱尔和勒贡特·德·利尔等作家和诗人，以及穆奈–叙利和萨拉·贝尔纳的艺术。香榭丽舍的这群伙伴，代表了第三共和国时期的中产阶级上层子弟，他们后来成为学者、企业家、医生、工程师和外交家，但还是从事写作的人居多，他们在当时已经形成了一个真正的文学小团体。在孔多塞中学时期也是一样，其中有让·德·蒂南，他二十四岁就去世了；路易·德·拉萨勒一直是普鲁斯特的朋友，后来死于战争；还有德雷福斯本人。这个时期，他们常在一起闲聊，早慧的普鲁斯特口若悬河，说个不停，以至于有一天，在公共马车上，他母亲的一位密友卡杜斯夫人责备他说："你是不是打算一直这

① R. Dreyfus, *Hommage à M. Proust*, pp. 22–23, et *op. cit.*, pp. 14–18.

样说下去？”三十年后，他对此还记忆犹新[1]。

少年时期的兴趣爱好，马塞尔·普鲁斯特在安托瓦奈特·福尔的问卷册中填写得很详细。这类问卷在当时非常时兴，人们纷纷拿来让朋友们填写[2]，如今被发掘出来的一部分，为研究某个个人、某个阶层、某个时代的流行风尚提供了珍贵的资料。不少人认为，他填写这份问卷的时间应该是在十三岁至十五岁之间，但其中两次提到奥古斯丁·梯叶里[3]，实际上马塞尔读他的书是在1886年秋天。安托瓦奈特·福尔的问卷册以《自白书》为题，副题为“思想、情感实录”。问卷的意图是让填写者在不知不觉中画一幅自画像，因此，包括了优点、缺点、兴趣、消遣、嗜好、人际关系乃至人生的意义等内容。在马塞尔提供的答案中，他说了什么以及刻意回避了什么，同样意味深长。比如，他以智力品质（聪明）和心理态度（温情、理想主义）取代道德品质（活力、品德、勤劳）。少年马塞尔最喜爱的是：读书、遐想、诗歌、历史、戏剧。对戏剧的爱好，当马塞尔在马勒泽布大道对着莫里斯柱出神的时候就已经形成了，柱子上贴的海报是法兰西喜剧院[4]上演的剧目，要么是小仲马的《半上流社会》（1882），要么是《菲德尔》[5]和《任性的玛丽安娜》（1884）。关于什么是“不幸”，他的回答“和妈妈分开”，这几乎是发自内心的呐喊，暴露了他内心的焦虑、永恒的担忧和长不大的孩童心态。而在关于什么是幸福的答案里，他表示需要与家人、朋友在一起：“与我爱的人在一起，有大自

① *Corr.*, t. XV, p. 75.

② A. Ferré, *Les Années de collège de Marcel Proust*, Gallimard, 1959, pp. 66–67. Texte dans *CSB*, pp. 336–338.

③ *Corr.,* t. I, p.112, n. 6.

④ *RTP*, t. I, notice de *JF*, p. 1320.

⑤ 拉贝玛主演《菲德尔》的情节取材自萨拉·贝尔纳1892年5月19日在歌剧院大型晚会上演出《菲德尔》，特别是1893年11月19日起在复兴剧场进行的系列演出（*RTP*, t. I, p. 992, n. 1 et p. 1320）。

然的美景，大量的书籍和乐谱，住在法兰西剧院附近。”这正是伊利耶、奥特伊和巴黎第八区的世界，是《让·桑特伊》和《贡布雷》中所再现的世界。奇怪的是，普鲁斯特从未提及山楂花是他最喜欢的花。他喜爱的作家里，乔治·桑和奥古斯丁·梯叶里（他读得如醉如痴，并在《贡布雷》中有引用）反映了外祖母的爱好，缪塞则反映了他少年时的多愁善感。其实他喜欢的是比这几位更难懂或更重要的作家，但他提到的几位，都是让他深有体会和感触的，而且他也没有刻意要显出一副博览群书的样子。他关于妇女的看法反映了一种理想化的愿望，后来证明，这种理想化对他有害无益。他心目中的理想女性，是“过着普通妇女生活的天才”。此时此刻，他要么想到了母亲，要么就是根本找不到这样一个名字。同样，文学作品中的理想女性，应该是“超越了女性而又保持了自身性别的女主人公”。女人味，就是“各色人群中全部的温柔、诗意、纯洁和美”。普鲁斯特一生中欣赏女人——施特劳斯夫人，格雷菲勒伯爵夫人，舍维涅伯爵夫人，苏策亲王夫人——却从未染指；同时，他还从年轻的男性身上发掘女性之美。另一方面，人们颇不理解他为何“希望成为小普林尼”[①]，是因为小普林尼是四年级[②]（或二年级）作业的题目呢，还是因为他与普鲁斯特-韦伊家族一样不知疲倦地热衷写信呢？是出于对小普林尼与图拉真、塔西佗等人之间男性友情的崇拜（它无疑会在年轻多变的少年心中引起反响）吗？还是因为他是一个受舅舅庇佑的完美外甥

①在《追忆似水年华》中，这位拉丁作家只是在谈及盖尔芒特家族（以格拉蒙家族或格雷菲勒家族为原型）的书信时提及一次，并以诙谐的方式把他与西米阿纳夫人相提并论。*RTP*, t. II, p. 737，参见十五人译本（三）438页。

②法国中学学制六年，从低到高分别是五年级、四年级、三年级、二年级、一年级，外加“毕业班”，其中一年级也叫作“修辞班”，毕业班又称“哲学班”。——译者注

形象呢？对于“你最能宽容的缺点”这一问题，他的回答尽人皆知：天才的私生活。这六个字，既概括了整部《驳圣伯夫》，也是一个预感，一份自白，一条纲领，一种美学。

自慰

普特斯特少年时期的另一个癖好，作为这位未来“天才”私生活的瑕疵，是在《让·桑特伊》的部分章节和《追忆》的草稿中以一种既小心翼翼又十分惹眼的方式披露的：“有好几次，在一只停在水面的小船上，能看到一个中学生和一个姑娘。他刚刚在自己身上发现了一种像丁香或暗色鸢尾花那样新颖、那样迷人、那样与世间普遍的快乐颜色迥异的欢愉，温暖的阳光仍然散发着这种欢愉，它似乎也赋予生命一种迄今为止尚未享受过的永恒甜蜜。”[1]这里我们看到，姑娘虽然是欢愉的因由，却不是它实现的途径，男孩没有体验到任何罪恶感，而且，如同在《贡布雷》中一样，这种自身的欢愉是与丁香和鸢尾花联系在一起的。在《追忆》一书中，这两种花与少年最初的性觉醒如影随形，故而自始至终散发着特别的魅力。这种“在尚不知爱情为何物之时，只能从自己身上找到的快感”，普鲁斯特把它放在十五岁的年龄上，并且认为它的起源与女性无关。直到后来，普鲁斯特才把它与女性联系起来，认为女性是快感之源：“他希望自己不是孤身一

① *JS*, p. 326.

人，而是躺在她的怀抱里，他不是在为自己寻求这种自我满足。”[1]在另一处草稿中，这种清纯已经不见了：在一间放着鸢尾花籽项链，丁香花枝伸进窗户的房间里，“十二岁”的主人公在自己的身体上摸索，“去追寻[2]一种从未品尝过的快感”。但他感到既激动又惶恐，仿佛是为自己动了手术一般，“我觉得自己随时都会死去”。同时，他感到快感激发时的思绪比整个宇宙“更广阔、更强大”：“终于，乳白色的液体一股一股地喷射而出，那情形，就像于贝尔·罗贝尔所画的圣克鲁公园喷泉间续喷涌一样。”白色的弧线既代表“自然生活”的反面，也代表魔鬼[3]。我们由此看到，一种强烈的罪恶感与快感相伴而生，但其中没有任何女性的形象。

多种迹象或记载使我们认为，直到去世，自慰一直是他主要的性活动方式。蒂索医生的著作《论手淫》1760年出版后，手淫损害健康的观念逐渐成为大众的集体想象。他认为“频繁的排精使人倦怠、消瘦、虚弱，并导致一系列其他病症”[4]。十九世纪的医学著作认为手淫与神经衰弱甚至同性恋有关，将其视为危险的习惯，因而强化了少年普鲁斯特所说的“惶恐”感。同时，宗教作家们把手淫视为致命的罪愆，也增加了其中的罪恶感——作家纪德同样深受罪恶感的折磨，并在《日记》中大吐苦水。写作《贡布雷》时，普鲁斯特出于忌讳，只是在“有鸢尾花香的房间”中将这种“享乐”[5]一笔带过。丁香的气味一直保存在记忆中，“无影无形而又挥之不去”，是自慰（可

① *RTP*, t. I, Esq. II, 3, p. 643.

② “A la recherche”是“追忆似水年华”这一著名标题的前半部分，这是它首次出现。

③ *RTP*, t. I, Esq. III, p. 646. 于贝尔的《喷泉》是在别处出现的，与这种性活动的背景无关。*RTP*, t. I, p. 40，参见十五人译本(一) 42页，周译本(一) 39页；t. III, pp. 56, 58，参见十五人译本（四）53、56页。

④ Tissot, rééd. Le Sycomore, 1980, p. 31. Note de M. Delon, Louvet, *Faublas*, Folio classique. 参见希尔贝·巴莱与阿德里安·普鲁斯特合著的《神经衰弱患者的保健》，*op. cit.*, p. 154：“在青春期，因受遗传缺陷影响而注定要产生各种病态冲动的青少年应受到特别关注。本能与性欲的觉醒会强烈地干扰青春期少年神经系统的平衡。大部分青少年会无节制地手淫，我们在关于神经衰弱病因的研究中已经看到，这往往正是导致患者神经疲劳的重要因素。”

⑤ *RTP*, t. I, p. 12，参见十五人译本(一)13页，周译本(一)12页。

能在春天更为频繁）的见证，同时也与哮喘的发作联系在一起。尽管做了鼻腔烧灼术，但当家人把马塞尔带到“丁香初放”的巴黎时，他的哮喘依旧发作，“手和脚紫得像溺水的人”[①]。

① *Corr.*, t. XX, p. 403, 1921 年 7 月。

为了让儿子戒掉手淫的习惯，普鲁斯特教授把马塞尔打发到妓院。于是，1888年的某一天，马塞尔紧急求助外公给他送13法郎，“原因如下：为了戒掉手淫恶习，我急需找个女人，爸爸就给了我10法郎让我去窑子。可是，第一，由于太激动，我打碎了一只夜壶，需要3法郎；第二，还是因为太激动，我没有办成事。因此，我在这里坐等10个法郎让我发泄出去，还需要3法郎的夜壶钱。但我不敢这么快再向爸爸要钱，希望您在此情况下出手相救，您知道，这不仅是个特殊情况，而且我保证下不为例”[②]。这种疗法看来是无效的，而马塞尔不止一次把手淫作为要挟父母的手段。另有一次，就在他母亲禁止他与雅克・比才来往的时候，他父亲请求他“至少停止手淫四天时间”[③]。达尼埃尔・阿莱维写道：“可怜的普鲁斯特！才华超众，却放纵无度。他交媾，手淫，可能还鸡奸。”既然自慰是唯一一种小说叙事者有明确交代的性行为方式，人们可能会问，对于深陷孤独难以自拔的普鲁斯特，这会不会也是他唯一体验过的性行为方式呢？毕竟去妓院也并没有使他更为满足。

② Ibid., t. XXI, pp. 550–551, 1888 年 5 月 17 日，致纳特・韦伊。

③ 马塞尔・普鲁斯特写给比才的信，被达尼埃尔・阿莱维抄在 1888 年 6 月 14 日的日记中；*Corr. avec D. Halévy*, p. 43。

游泳池–地狱

写作具有保存、封禁、释放三重功效。一个人的童年，只能在一个个短暂的闪回中得以重现，这样的闪回十分稀有，令人备感苦涩。普鲁斯特在《让·桑特伊》以及二十年之后在《失踪的阿尔贝蒂娜》当中所描述的童年时刻，有他在德里尼浴场的经历。此处，真实的世界被转移到想象的世界里。这是一个奇幻的地方，不见阳光的幽暗水体仿佛“与深不见底，水面上漂满了泳装人体的泳池”[1]相通，对普鲁斯特来说，它就像一个入口，通往地狱，通往冰冷的大海。因此，这个地方让他产生“厌恶和恐惧”。在《让·桑特伊》当中，这个骇人的画面由于身着泳装的母亲如同维纳斯诞生一样出现而得到补偿，但在《失踪的阿尔贝蒂娜》当中却没有，因为母亲这时已经去世了。维纳斯的诞生表现的是一个人从深水中回转出来，而这个人正是他的母亲：桑特伊看着母亲在泳池中嬉戏，向他送出飞吻，当她身姿曼妙地从水中上岸时，小巧的橡胶泳帽仍然滴水不止，假如这时有人说他是女神之子他都会深信不疑[2]。不过，母亲去世后，马塞尔只能独自一人面对关于泳池的可怕记忆，在《失踪的阿尔贝蒂娜》里，它变成了威尼斯修造军舰的船坞，但这时母亲已经不在了。然而，在桑特伊夫人如同维纳斯诞生一样从水中出现，又像女妖一样在水中嬉戏的形象背后，是否还有更多的东西，使得普鲁斯特在这个场景的第二个版本中由于忌讳而把它剔除呢？关于作品的传记要比关于生平的传记发

①这段文字前后共有四稿：*JS*, pp. 305–306; *RTP*, t. IV, p. 232（参见十五人译本［六］233页）及异文 *b*, p. 1128; t. IV, p. 738：“所以军舰修造厂船坞（……）让我充满了厌恶与恐惧相混杂的情绪，小时候陪着妈妈在德里尼浴场时，我第一次有了这种感受。”父亲游泳的泳池是“方形的，很神秘”（*JS*, p. 307）；这个泳池后来变成了“极地里自由奔流的大海”（p. 738），这个说法“把孩子吓着了”。

② *JS*, p. 306.

掘得更深。实际上，《失踪的阿尔贝蒂娜》当中有一节写道，维纳斯不过是“朱庇特的欲望对象”[①]。近距离目睹几乎裸体的母亲—爱神形象，这与闯入“原始场景”相差无几，只不过她是独自一人，除了年少的旁观者之外没有伴侣，所以会引起他的欲望。可怕的大海在刹那间激起他的冲动，随即把他吞没；关于游泳池的记忆，只剩下通向地狱、通向百转千折的河流的入口这一骇人的形象，在此幽冥世界的历险，曾在《奥德修纪》第十一章、《埃涅阿斯纪》第六章和《农事诗》第四卷中反复出现，也可能反映到普鲁斯特的梦境里。虽然不擅运动的普鲁斯特从未有过游泳的经历，但泳池的水像一个罪恶的符号，始终纠缠着他；而这种罪恶仅仅是他的欲望，一种永远带有负罪感、永远受到惩罚、永远生生不息的欲望。颇有意味的是，父亲进入泳池则全然不同，没有引起丝毫的遐想，在普鲁斯特笔下仅有一行文字轻轻带过[②]。

① *RTP*, t. IV, p. 127，参见十五人译本（六）126页。

② *JS*, p. 307.

哮喘首次发作

在香榭丽舍玩耍的孩子，健康状况不应该太差。然而，从九岁起，普鲁斯特就患上了哮喘，这种尽人皆知而又难以诊疗的疾病，即使不是他英年早逝的主因，至少加速了他的死亡。据罗贝尔·普鲁斯特记载，1881年的一天，大概是春季（当时普鲁斯特不满十岁，他是7月份出生的），与父母和医学教授迪普莱一家（他的儿子莫里斯一直是马塞尔的好友）在布洛涅树林长距离散步之后，“马塞尔突然严重窒息，几乎要了他的命，把跟前的父亲吓坏了”[1]。马塞尔似乎是“干草热”急性发作；所谓干草热也就是花粉过敏，对春季花期特别敏感。即便在奥特伊表现并不明显，但一到乡下就容易发病（而在1886年，少年马塞尔还是回了一次乡下，当时父母前去料理阿米奥姑妈的遗产；这是他最后一次回到故乡）。病情的发作——而非病人的性格——反复无常，但同样的原因并不总是导致同样的结果。

① « Marcel Proust intime », *Hommage à M. Proust*, p. 24.

此病的特点是呼吸困难，其部分病因是免疫系统缺陷。正是在病因问题上，各种解释众说纷纭。过去一直流行的看法是心理原因（就普鲁斯特来说，是他对弟弟罗贝尔的嫉妒，以及渴望妈妈的爱，想把她留在身边）。现在，随着对过敏反应研究的进展，病因重新被归结到器质性病变或先天性功能不全。治疗上也不再求助于心理分析，而是使用可的松。从某种客观和生理学的角度看，患者由于对疾病的担忧以及发病时的极度痛苦（有时甚至可能致命），会表现出一系列心理反应：焦虑、烦躁、渴望关爱、惧怕孤独。患者也可能由于与他人发生争执，或者为了惹人怜爱而故意引起病情发作。但这种心理反应是果，而不是因。马塞尔本人是不愿意生病的，他只是被动地承受而已。只有从未体验过哮喘之苦的人才会认为，发病得到的好处超过了坏处。在他的文学作品里，普鲁斯特只有一部中篇小说《冷漠的人》提到过一次发病的情形。

这篇小说发表在杂志上，但没有收入《欢乐与时日》。“一个从出生之后从未关注过自己呼吸的孩子，不会知道他每天不知不觉中轻轻吸入胸膛的空气，对生命是多么重要。若是一旦在发烧时，在惊厥抽搐时，他感到窒息了呢？他使出全身力气绝望地挣扎，就是为了保住自己的性命，因为只有吸进空气，才能恢复往日的平静。他不曾知道，生命与空气是须臾不可分离的。”[1]1921年，马塞尔提到，因为哮喘，他做了一百一十次鼻腔烧灼术，以清除鼻腔中的勃起组织，从而起到阻断花粉的作用[2]。

从五年级开始，在每学年第三学期，普鲁斯特缺课的时间都要多于其他学期，因为此时正是过敏高发的春季。但在上一年级和哲学班时，已不再是这种情形。有些疾病随着青春期的到来会不治而愈，他的家人和他本人肯定对此寄予希望。1886年至1895年，病情暂时平静。这对普鲁斯特来说是一大幸事，因为他在父亲书房里看到的资料（雅库主编的一部医学辞典，有四十卷，其中有热尔曼·塞撰写的哮喘条目[3]）没有给他留下任何有效治疗的希望。曾给普鲁斯特看病的哮喘病专家布里索教授（公认的迪·布尔邦医生的主要原型之一）写道：“在很多方面，患者本人更清楚怎样好、怎样不好。他自己的经验至少不比我们的差，对此，我们最好有自知之明。”[4]于是，在看过所有的知名专家之后，在尝试了所有已知的疗法之后，普鲁斯特最终选择了自行治疗：他生活在密封的房间里以防接触花粉和灰尘，禁止移动地毯，喜欢住在海边。在昂布

① « L'indifférent », *La Vie contemporaine*, mars 1896 et, en volume, Gallimard, 1978, pp. 42–43.

② *Corr.*, t. XX, lettre 227.

③ Cité par R. Soupault, *op. cit.*, p. 222.

④ Ibid., p. 283. Cf. Ed. Brissaud, *op. cit.*

瓦兹的都德城堡，他只能停留一个晚上；住在格利索莱的克莱蒙–托内尔府上时，也只能在夜间，借助阿戈斯蒂耐利的汽车灯观赏那儿的玫瑰。为了完成《在斯万家那边》卷末奥黛特散步一段，他坐在密闭的车子里重返布洛涅树林。当他前往香榭丽舍大街上的洛朗餐馆，探访劳拉·海曼与外叔公路易·韦伊的踪迹时，要裹上丝绸围巾以掩住鼻子[1]。

① M. Duplay, *op. cit.*, p. 10.

童年的阅读

传记作者们往往忘记了，在一个未来作家的生平中，读什么书比遇到什么人更为重要；他们对一位偶遇的女宾刻画得详之又详，对拉辛和巴尔扎克却不着一字。的确，普鲁斯特极少提及童年时代所读的书，即使有所涉及也散见在书信或小说的个别段落里。比如，写到斯万夫人温室花园的一段，叙事者提到“P.-J. 斯塔尔（出版商黑泽尔的笔名）的新年礼品书”[2]和作品中的女主人公莉莉小姐。莉莉小姐收到的新年礼物是一株盆栽，这个情景令小读者马塞尔欣喜万分，仿佛自己也拥有了这株盆栽，甚至到了老年，他都在想，“在那幸福的童年里，冬天是不是最美丽的季节”[3]。与希尔贝特一样，莉莉小姐也玩捉迷藏，和女伴们分食糖果。普鲁斯特从未提到过风行一时的塞居尔伯爵夫人的作品。《索多姆和戈摩尔》描写“一个孩子在阅读儒勒·凡尔纳时专注和热切的眼神”[4]（书中说的是正在等待小费的埃梅），他本人应该读过《奇

② *RTP*, t. I, p. 582 et n. 2 et 3，参见十五人译本（二）142 页，周译本（二）156 页。

③ Ibid., p. 583，参见十五人译本(二)142 页，周译本(二)156 页。

④ Ibid., t. III, p. 413，参见十五人译本（四）416 页。

妙的旅行》，因为他曾和弟弟一起读过它的仿作《想象的旅行》，而且从《环球行纪：新旅行日记》画刊（1860—1894年出版）中“得到极大的乐趣”[①]。说到儒勒·凡尔纳的前辈埃德加·爱伦·坡，普鲁斯特写道：“在我悲凉的人生境遇里，他的书，即便像阿瑟·戈登·皮姆这样不起眼的历险故事，都一直保留在记忆当中，给我安慰。”[②]

八岁时，普鲁斯特读到了一本终生难忘的书，阿尔弗雷德·德·缪塞的《白乌鸦的故事》。“童年时我最喜爱的书是阿尔弗雷德·德·缪塞的《白乌鸦的故事》，其中描写玫瑰和金龟子的句子，我上八年级的时候每天都挂在嘴边，不很懂但喜欢得不得了。”[③]应该是故事中弥漫的被遗弃的焦虑，让他产生了共鸣。实际上，这个故事写的是一只与众不同的乌鸦的悲惨命运，它受到父亲的虐待，逃离了巢穴，撰写过回忆录，最终放弃文学，到乡下隐居。

在1905年发表在《拉丁复兴》杂志上的《论阅读》一文中，普鲁斯特提到戈蒂耶的小说《弗拉卡斯上尉》。其实在十年前，在未刊小说《让·桑特伊》中，他已讲到从此书中汲取的营养[④]，以及书中他不再喜欢的东西。对书籍的喜爱，就像爱情，虽然承载着同一种欲望，照样有一次次的喜新厌旧。我们惊讶地看到，在戈蒂耶的作品中，如同后来他对法朗士的喜好一样，少年普鲁斯特喜欢的并不是冒险故事，而是他所遇到的最漂亮的句子，“也许今

① *Corr.*, t. XIX, p. 609.

② Ibid., t. XX, p. 92, 1921 年 1 月 29 日。儒勒·凡尔纳为《阿瑟·戈登·皮姆历险记》（*Aventures d'Arthur Gordon Pym*）写了续篇《南极的斯芬克斯》（*Le Sphinx des glaces*）。

③ Ibid., t. XII, p. 142, 1913, à Henry Bordeaux. Sur Musset et Proust, J. Pommier, *BAMP*, nº 2, pp. 59–77; G. de Lauris, *À un ami*, Amiot-Dumont, 1948, p. 253; *Lettres à R. Hahn*, p. 176; A. Plantevignes, *Avec Marcel Proust*, Nizet, 1966, p. 47 (Proust se compare à Fantasio), p. 56 (citations de vers de Musset). *JS*, pp. 230 et 762.

④ *JS*, pp. 313–315. Cf. *CSB*, p. 259, contre Faguet, qui n'aime que le premier volume du *Capitaine Fracasse*; *Sésame et les lys*, préface, pp. 20–31. 普鲁斯特十五岁时在萨利德贝阿恩读《弗拉卡斯上尉》，并在给外婆的信中引用了一大段（*Corr.*, t. XXI, lettre 388, 1886 年 8 月）。

天读起来，那些句子完全平淡无奇”，但在当时，他从中发现了与自己内心感受相呼应的美感。同时，书籍通过它引发的思考成为一种神谕，“人们做任何事情都愿意向它请教”。儿时读书所受的感染，要比我们后来读书时的感受强烈得多，而且它不依赖于对情节、人物、活动的完全理解，关于这些要素，我们的理解完全可能出现偏差。而句子，无论长短，永远是美感享受的最小单位。

大约在同一时期，普鲁斯特在喜欢德鲁莱德诗歌的同时，喜欢上了一部今天已被遗忘的小说——克萨维埃·森蒂纳的《比乔拉》[1]，喜欢的程度不亚于对戈蒂耶、英国山楂树和德鲁莱德诗歌的喜欢。与《高龙巴》相比，他从这本书中更能体会到“形象的朦胧诗意”，因为在《高龙巴》里，一句玩笑话便破坏了月光之美[2]。《比乔拉》讲的是一个囚犯对一朵花以及一位少女——“植物比乔拉和少女比乔拉”——的爱恋。这个主题，吸引了喜爱英国山楂树和爱慕如花少女的普鲁斯特。

普鲁斯特对《一千零一夜》的喜爱也应追溯到少年时期，他读过加朗的法译本[3]，观赏过克雷伊瓷盘上的故事画，他很久以后还提到：“那个用旧油灯交换新油灯的人物，在少年时代让我备感神奇。”[4]在《追忆》当中，我们会遇到阿拉丁、阿里巴巴、辛巴达、“被唤醒的沉睡者”以及“美女佐贝德”。特别是在《重现的时光》中，我们见证了叙事者想写出新时代《一千零一夜》的强烈欲望。

① 森蒂纳（1795—1865）。1843年，森蒂纳把一本《比乔拉》赠给关押在阿姆（Ham）的路易－拿破仑·波拿巴，对方回信说：“您的书让我回想起祖母的好心，让我回想起人世间很多变化无常的东西，以及各种制度下存在的各自的不幸。您的书给我安慰的地方在于，它向我证明，在哲人的心中隐藏着珍宝，如果他有意愿，这些珍宝就会让他品尝到幸福的滋味。”（1872年重版序言，p. xviii）普鲁斯特多次引用这部小说：*JS*, pp. 307–308, 332；*RTP*, t. I, p. 144 et Esq. LV, p. 832，参见十五人译本（一）147页，周译本（一）148页。此书是与月亮、枯萎的花朵和“反映了他自己印象的稚拙肤浅的作品”联系在一起的。

② *RTP*, t. I, p. 832.

③关于加朗和马德吕斯，见 *RTP*, t. III, pp. 230–231，参见十五人译本（四）228页。

④ *Corr.*, t. IV, p. 113.

III

中学时代

中等生

普鲁斯特曾在“帕普–卡尔庞捷”学校就读，与他同校的有雅克·比才，作曲家比才与热纳维耶芙·阿莱维的儿子。1882年10月2日，普鲁斯特升入孔多塞中学[①]，被编在五年级D班。他当时十一岁。在此之前，他的教育应该是在家中进行的，由外婆或母亲，当然还有家庭教师，给他上课，这是当时富裕家庭的普遍做法。九岁时，他已懂得一点拉丁语和德语[②]（应该是外婆纳特·韦伊夫人教他的），1881年2月，他用德语给外婆写过一封信。他的早期信件披露了对读书的爱好，1880年9月5日给表姐波莉娜·诺伊伯格的信中说：“我明天出发去迪耶普。能开心地看书，我真是太高兴了。”[③]在少年普鲁斯特心目中，海滩永远是看书的好去处，当然还要躲在更衣室的阴影里。他后来还提及自己衣袋里塞满史蒂文森的作品走向海滩的情景[④]。

① 这所中学是1803年在一座嘉布遣会修道院（由Brongniart建立于1790年）成立的，曾使用过波拿巴、布尔邦等校名，1870年改名为孔多塞中学，1874年至1883年间曾更名为丰塔纳中学。

② Bibl. J. Guérin, Catalogue Ader-Tajan, 20 mai 1992, nº 54, *Corr.*, t. XXI, p. 540.

③ Ibid., t. I, p. 95.

④ *JS*, p. 367：“看到我们总是带着史蒂文森的书走向海滩，我们的妈妈露出了微笑。”他们既没有铲子，也没有球，更没有船，就像更小时候到公园去一样。“其实我们更小的时候，每当去公园，也总是在腋下夹着一本书，在那儿看得入迷。”

在罗贝尔·德雷福斯的记载中，1880年代的孔多塞中学是个令人向往的地方：“孔多塞中学从来都不是一所牢狱。在当时，它倒像一个吸引力十足的俱乐部。好多学生，比如马塞尔·普鲁斯特和我的其他朋友，经常设法比规定的时间提前到校：我们迫不及待地在勒阿弗尔庭院稀疏的树荫下相聚，一边聊天一边等待上课的鼓声，这鼓声不是强迫而是建议我们走进课堂。学校纪律并不严苛，在我们家人看来甚至有点过于松弛。”[①]如此说来，这里的氛围要比拉丁区学究式的中学宽松自由。不过，在比普鲁斯特年长十岁的雅克–埃米尔·布朗什的回忆中，孔多塞中学五年级的课程水平[②]是我们今天无法想象的。他的辅导老师已经让他读左拉在《文学理想国》杂志上发表的《小酒店》，这份杂志也刊登莫泊桑和本校教师马拉美的作品。他本人则自称被强行灌输政治学和近代历史。所有的学生都对文学感兴趣，哪怕是糟糕的文学：“我有很多‘严肃认真’的同学都染上了学究气和恶俗的文学品位。”[③]学校让他们学习亨利·德·伯尔尼耶剧作《罗兰的女儿》中的大段台词，此剧在法兰西喜剧院大获成功。学生们经常到剧场观看古典戏剧的日场演出，参加剧场举办的讲座。学生们的社会背景则“是巴黎社会的缩影”[④]，或者更确切地说，他们集中在巴黎第八区和蒙梭平原，代表着未来的领导阶层。他们接受高品质的教育，但主要是以古典人文和哲学为基础的文科教育，也不排斥当代文学。他们在学校所受的训练，目的是培养写作、出

① R. Dreyfus, *op. cit.*, pp. 19–20.

② « La classe de cinquième au lycée Condorcet », *La Pêche aux souvenirs*, pp. 114–117.

③ Ibid., p. 115.

④ Ibid., p. 117.

版、向公众讲话等技能。到了高年级，学生们像老师一样编印杂志、向报章投稿。未来，他们的名字将在哲学、史学、政治科学、文学以及银行业大放光彩。可能正是这个原因，孔多塞中学赢得了“爱好者之校”[1]（collège d’amateurs）的名声，这种定性后来让普鲁斯特大受牵连，特别是遭到巴雷斯的白眼。纪德在为新法兰西评论出版社审读《在斯万家那边》书稿时，也瞧不起普鲁斯特，因为纪德本人出身于塞纳河左岸的一所名校。

普鲁斯特从来不是差等生，但也不是班里的尖子生。在他不缺课的时候，除了个别的理科科目，成绩都相当不错。但他并不经常到校上课。他的大量阅读、与家人的交谈以及接受的特别辅导，使他不用费很大力气即可达到学校的要求。总之，上学不过是他有条不紊的个人生活中偶一为之的小插曲。这一点，《在斯万家那边》和《在少女们身旁》都有所反映，读者对其中没有学校生活的描写并不感到诧异。特别是普鲁斯特体弱多病，像纪德和萨特等病弱的孩童一样，在学校里必定是粗鲁的同学嘲笑和捉弄的对象，他本人也提起过诸如把他的姓氏去掉一个辅音[2]之类的玩笑。一条比较冷僻和猎奇的史料记载说，在学校里他经常上厕所[3]，这与我们前面所说的恶习也许没有太大关系，主要原因恐怕还是紧张不安和渴望独处。

在五年级，普鲁斯特获得了法语课的第五名，希腊语翻译（法译希）课的第四名和自然课的第二名[4]。十二岁上四年级（1883—1884）时，由于长期缺课，他只在自

① V. Chauvin, *Histoire des lycées et des collèges de Paris*, Hachette, 1866; cité par A. Ferré, *op. cit.*, p. 55. 孔多塞中学的著名校友有：邦维尔（Banville）、拉比什、龚古尔兄弟、叙利·普吕多姆、萨迪·卡尔诺（Sadi Carnot）、卡西米尔－佩里耶（Casimir-Perier）、出版家奥伦道夫、小安培（物理学家安培之子）、贝克莱尔（Becquerel）、夏尔·里歇（Ch. Richet）、柏格森、圣伯夫。1834年，该校学生创办了杂志《校园新闻》（*La Presse des écoles*）。

② 据本书英译本（Euan Cameron, Penguin Books, 2000），“Proust”去掉一个辅音s就成了“Prout”，这个字在法文中形容放屁声。——译者注

③ C. Rim, *Mémoires d’une vieille vague*, Ramsay, 1990.

④ A. Ferré, *op. cit.*, p. 90. 马塞尔·普鲁斯特在学校中得到的评语，都出自这本珍贵的著作。

然课上获得了第三名。自然课的老师叫哥伦布，他以克里斯托夫为笔名出版了《弗努亚尔一家》《工兵卡芒贝尔》以及《学者科尼努斯的顽固观念》等不朽作品。哥伦布后来到索邦大学给加斯东·博尼耶（普鲁斯特曾读过他的名著《植物志》）当助手时，博尼耶抱怨说，哥伦布在关于“描述植物学”的实地考察课上“不停地说俏皮话”[①]，转移了学生的注意力。与这位老师一样，普鲁斯特也养成了“不停地说俏皮话”的习惯。在中学时，他还不停地给同学们写纸条。自然课取得的好成绩也更加表明，这位未来的作家很早就对生物学有了浓厚的兴趣（比如他读的小说当中，以一朵花为主人公的《比乔拉》是他的最爱），这个领域为他提供了极有感染力的诸多形象，比如从英国山楂树到如花少女，从盖尔芒特—鸟的形象到作为索多姆形象的兰花的繁殖，等等。

在四年级时，普鲁斯特的法语、拉丁语、希腊语和历史课成绩都非常好，不过德语（他对当代语言的掌握一向较差！）、地理和数学课的老师格外严厉，对他的评语是“一般”或“中等”。学籍上记载，他第二学期“缺课三个星期”，第三学期“从五月份起缺课”。在经后人整理发表的中学时期作文集当中，第一篇是五年级和四年级常见的记叙文[②]，没有任何批改的痕迹。这篇现实主义风格的短文，模仿莫泊桑的写作手法，写的是一个泥瓦匠为搭救同伴而牺牲自己生命的故事，但它并不是一个简单的情感

① Ibid., p. 92.

② *CSB*, pp. 315–318.

故事。叙事者以一种嘲讽的方式现身介入，他刻意突出自己行文中的公式化语言，同时大量援引高乃依、塔西佗等古典作家。故事的开篇就提到了丁香和英国山楂树，这是《贡布雷》作者最喜爱的植物。最后的结论具有双重意味：在肯定主人公的英雄行为之后，马塞尔强调，主人公没有得到任何感激和报偿，“这令人伤心，但事实如此”。这是心理的戏剧性转变首次出现在这位年轻作者笔下，将来，我们在希尔贝特和凡德伊小姐身上还会看到同样的现象。另一篇作文是《皮索被控告到罗马元老院》[①]。日耳曼尼库斯的遗孀阿格里皮娜控告皮索杀死了她的丈夫，随即接连展开皮索之死、皮索以及提贝里乌斯的罪行、皮索之子自杀等一系列戏剧性的情节。这是一篇模仿练习，风格很接近在上篇作文中引用过的塔西佗，文笔的雅致和雄健则来自塔西佗的法译者让–路易·比尔努夫，这也显露了普鲁斯特的仿写才能。首先是模仿，然后才是创造，这正是古典教育的功用，也是“古人”的信条。在这些年中，随着阅读福楼拜的《萨朗波》、法朗士的《黛依丝》和路易斯的《阿芙罗狄特》等，古希腊–拉丁文化的训练延伸到了文学领域。四年级期间，1884年12月1日的作文《垂死的角斗士》[②]有一份有大量涂改的草稿被留下了，抄清稿则交给了老师吉耶莫先生。马塞尔先拟定了提纲（他一直沿用这种方法），然后逐步展开正文。此文中，堕落民众的残忍暴戾与垂死之人充满怀旧感伤、渴望得到家人谅解的种种思绪构成了强烈对比，“这些回忆对

① Ibid., pp. 318–321.

② Ibid., pp. 321–322 et n. 1, p. 871.

他是残酷的惩罚”。同时，角斗士也表达了一个狠毒的愿望——《重现的时光》中叙事者也有类似的愿望，不过是以自己为对象——“让这些人全都妻离子散，在悔恨中悲惨地死去，在最后一刻还遭人唾骂！”无情的诅咒之后，紧接着是惯常的宽恕，不过在这篇中学作文中，已经出现了堕落（这个词就出现在文章里）、罪恶感、自我惩罚的欲望等深刻的主题。文笔的一些特征显示了福楼拜和法朗士的影响（“往日生活中温馨而残酷的画面”）。尽管普鲁斯特小小年纪就描写死亡，但在《追忆似水年华》当中，他只有两次写到死亡，一次是外婆，一次是贝戈特，其他人物之死都是间接提及的。

还有一篇古典课习作，以圣伯夫根据普鲁塔克作品提炼的梗概为基础，写罗马人洗劫科林斯期间的一段故事[1]。罗马人命令希腊的孩子们在书板上写出自己的愿望。“一个大约十三岁、面容俊朗、体形优美的男孩[2]，眼中闪着自豪和刚毅的光芒”，写下了两行荷马的诗句。普鲁斯特在梗概要求的内容之外增写了一段结束语，论述生命、死亡与文学的关系：“修习文学使我们蔑视死亡，给我们精神的滋养，从而使我们超脱于凡俗之上，它净化了我们的全部情感。这种深思熟虑、近乎智哲的勇气，比肉体的勇猛和感官上的无畏更美，因为它实际上正是精神之勇。”普鲁斯特的信念在十三岁时即已形成，而且终其一生都没有改变：诗“上升到生命和生命的悲惨境遇之上”，并从自身赢得报偿。那个美少年已经做出了证明。这种观念有其深刻的情感渊源，但它不再将人引向上帝。

① Ibid., pp. 322–325.

② 这正是马塞尔的年龄和相貌。

马塞尔中学时期的实物资料是芒特–普鲁斯特夫人提供的，现藏于国家图书馆手稿部[1]，其中还有一些古罗马题材的作文，《西庇阿·埃米利安努在迦太基》没有什么出奇之处，但《卡优斯·塔拉尼乌斯之死》又回到父母与子女的关系，特别是儿子对父爱的背叛这一主题。卡优斯·塔拉尼乌斯是罗马时代的凡德伊：塔拉尼乌斯有一个他十分宠爱的儿子，他的所有情感、忧虑和希望都集中在儿子身上。除了爱子，他在生活中别无所求。然而儿子找到执政官，告发了父亲的隐身之处；别人则告诉父亲，他的儿子“是个卑鄙的人，他对你没有丝毫感情……而你却一直蒙在鼓里，你这可怜的父亲”。父亲得知真相之后，甘愿受死。作曲家凡德伊也是由于女儿不孝而伤心至死。可见，一个作家笔下的主题在少年时代已有所储备。同样，在一篇关于夏多布里昂和拉马丁对故乡之爱的作文草稿中，普鲁斯特阐述了“思想与情感的结合”如何能够唤起珍贵的回忆。

西塞罗致阿提库斯的一封信描述了行省执政官命人修复阿基米德墓的情形。在长期奴役之下，“一步步堕落的希腊人已经完全忘记了所有宗教中最神圣的信仰——对祖国的信仰”，他们彻底抛弃了阿基米德墓。对死亡和历史的沉思揭示出，“正是在深入发掘决定人类本性的诸种法则的过程中，我们不再为生命、为生命的艰辛、为生命的缺陷而痛苦”。拉丁文作业也说明了他对塔西佗十分熟悉：“提贝里乌斯患了严重的神经官能症，表现为性格古

[1] BN, n.a.fr. 16611.

怪、情绪波动、阴郁、矜持、迷信、多疑、残忍。”[1]夏吕斯与他一脉相承。

三年级，普鲁斯特在法语课上先后取得优和良的成绩。在文学课上他得到了同样的成绩，希腊语课稍差。但各科老师的评语中都指出他在第二学期经常缺课，第三学期由于哮喘在春天加重而根本没有上学。学年末他没有获得任何奖项，一位老师在评语中说："他只要恢复健康就能获得好成绩。"最好的评语是在历史课上获得的（前两个学期都得了优）。历史课教师是雅利菲耶先生（即《让·桑特伊》中的雅科尼耶），马塞尔经常找他进行单独辅导[2]，马塞尔的父母也可能款待过他[3]。与他的长期接触培养了马塞尔对历史的兴趣，这种趣味在《让·桑特伊》中已有表现，在《追忆》当中往往深藏不露，但更加深刻[4]。不过，对历史的兴趣，假如不是在孩童时代即已成型，便无法通过学习养成，更无法表现得如此自然。作为历史学者的德雷福斯写道："我还记得，那天在香榭丽舍，有人把路过的奥马尔公爵指给我们看，我们首次体味到来自历史深处的感慨……还有一次，我们见到正在同夫人一道散步的麦克–马洪元帅。"[5]

普鲁斯特在二年级复读了一年。1885年至1886年，他几乎没有上学（历史老师的记载是"一直缺课"）。1886年3月，他写了一篇关于克里斯托夫·哥伦布的记叙文《月食》[6]，以夏多布里昂的笔调描绘了一个宏大而极富象征性的场面，使"野蛮人"与文明人形成强烈对比。同

① Ibid., f° 29. Cf. f° 31, corrigé de version latine, « Incendie du Capitole par les soldats de Vitellius » (Tacite, *Histoires*, III, chap. LXX). 注意其中使用了"神经官能症"一词。

② *JS*, p. 224, 225(每天"从2点至4点").

③ A. Ferré, *op. cit.*, p. 111. *Corr.*, t. I, pp. 107, 109, 148. R. Dreyfus, *op. cit.*, p. 24. Cf. J. Schlumberger, *Éveils*, Gallimard, 1950, p. 92："历史学家雅利菲耶的课堂上充满火一样的热情。"

④ *RTP*, t. IV, p. 254："这位缪斯拾起一切被艺术和哲学等更高级的缪斯们摈弃的东西，一切并不确实有根据的东西，一切仅仅是偶然的但却能揭示另一些规律的东西——这位缪斯就是历史。"参见十五人译本（六）254页。Cf. *Études proustiennes*, t. I, pp. 306–308。

⑤ R. Dreyfus, *op. cit.*, p. 135.

⑥ *CSB*, pp. 325–327.

年一篇以“云”[1]为题的作文则显露出他从波德莱尔那儿学来的摹景状物的本领，文中有他与大自然的对话：“有多少次，我内心怀着甜蜜的感动，向树叶、向鸟儿倾诉我的痛苦。我深信，当我向这些鲜活的生命敞开心扉时，他们能理解我；但同时，我也向更高级、更神圣的生命坦露心迹，他们能给予我诗的慰藉。”与大自然的对话，在《贡布雷》中通过英国山楂树达到高潮。苦闷、忧郁、放逐、慰藉，既是易于感伤的青春期年龄的标志，也是焦虑、梦想、泛神主义等浪漫派主题在当时年轻一代象征派身上留下的残迹。

秋天，在重读二年级之前，马塞尔重返伊利耶，因为阿米奥姑妈去世，他的父母要去料理后事。在伊利耶，无论是重温童年的景致，还是缅怀莱奥妮姨妈的原型，都没有像奥古斯丁·梯叶里的《征服英格兰史》那样让他激动万分。这本书使他获益良多，以至于两年以后，他把这个时期称为“奥古斯丁·梯叶里之年”[2]。在那些不期然重逢的书中，年轻的马塞尔试图重新找回童年回忆中飘忽不定的影像，找回中世纪早期君王们以及教堂里各色人物奇怪而粗俗的姓名。在《贡布雷》中，他嵌入了一段《墨洛温王朝年代记》的文字和它的部分主题[3]。不仅如此，这一曲唱给历史的失败者、受欺凌的少数派、死于非命的野心家的长篇挽歌，以及出现在戴着镣铐的夏吕斯男爵的中世纪想象中的酷刑场面，肯定都触动了马塞尔敏感至极的同情心。的确，早期的阅读使人产生寻奇探胜的冲动，而

① Ibid., pp. 327–329.

② *Corr.*, t. I, p. 110 et n. 6. 在马塞尔所填写的安托瓦奈特·福尔问卷中，这位历史学家的名字被提及两次，菲利浦·科尔布将问卷与这封信系于同一年。Cf. *JS*, p. 329. *RTP*, t. I, p. 152（参见十五人译本［一］155 页，周译本［一］155 页）et Esq. XXV, t. I, p. 734。（梯叶里的名字在小说中出现过一次，t. III, p. 230，参见十五人译本［四]229 页。——译者注）

③ Ibid., t. I. p. 61，参见十五人译本（一）64 页，周译本（一）61 页。

晚些时候，它们还会复活，为文学创作赋予灵感。奥古斯丁·梯叶里就是夏吕斯封建地狱的源泉。

在他留级重读的这一年，随着时间的推移，数学教师布里歇先生对他的评语越来越严厉："差""不用功"。的确，"在别人改正习题错误的时候"，马塞尔却给达尼埃尔·阿莱维写文学课的纸条[①]。教物理课的塞尼埃特先生（小说中布里肖和萨尼埃特这两个名字正是来自布里歇和塞尼埃特，这是普鲁斯特独享的私人玩笑之一）要宽容得多，说他"专心，有进步"。他的历史老师伽佐先生是一个可爱、聪明、严谨、出类拔萃且深受学生爱戴的人物，一份审查报告称其"对新近的出版物十分稔熟"。他给了马塞尔历史课第二名的好成绩，并派他参加全国竞赛。

这一年，马塞尔在香榭丽舍结识了玛丽·德·贝纳达吉；通过选拔考试后[②]，7月13日和22日他参加了历史和希腊语翻译的全国竞赛；他还是法语竞赛的替补选手，但最终没有参加。孔多塞中学于8月2日举行颁奖仪式，马塞尔在全国竞赛中没有取得名次，但在本校获得了历史和地理的第二名，以及拉丁语、法语的优秀奖。当时，学期结束的日期要比现在晚得多，新学期开学是在10月初，中间有两个月的假期。当年7月14日国庆节阅兵式上，马塞尔看到布朗日将军[③]"率队走过奥特伊空前热闹的街道"。他曾向人谈起自己杂糅了多种成分的政治观点。如果说让娜·普鲁斯特夫人属于"奥尔良—共和派"的话（也就是说，她虽然是共和派，但不赞成陆军部长布朗日把王公们

① A. Ferré, *op. cit.*, p. 148.

② *Corr.*, t. I, p. 99："各科目在所有高中生中排名前二。"

③ 布朗日的名字在《让·桑特伊》和《追忆似水年华》中均未出现，巴雷斯则专门为此人写了一本书《向士兵的召唤》（*L'Appel au soldat*）。

从军队中清除，并于1897年5月驳回奥尔良家族的请求等种种做法），马塞尔最初隐隐约约地被布朗日将军和他掀起的热情所吸引，“在索然无味、一成不变的生活里，它是多么出人意表，多么像小说啊！它激活了人们心中所有原始的成分、被压抑的成分、好战的成分”。不过，任何“向士兵的召唤”都会表现为这种原始的激情，对此，普鲁斯特向未来总统菲利克斯·福尔的女儿坦承道，布朗日“不过是个普通人，一个敲大鼓的鼓手而已”[①]。此后，无论是布朗日、民族主义还是民众的盲目狂热（这是一切专制的根基），都无法对他形成诱惑。1884年2月大选期间，马塞尔问外祖父：“共和派能像人们希望的那样获得多数票吗？”[②]此后忆及他经历过的历次政治危机时，再没有提到布朗日的名字。除了德雷福斯事件和第一次世界大战期间，他的政治观点始终是温和的。

① *Corr.*, t. I, p. 97, 1887 年 7 月 15 日。

② Musée d’Illiers. Catalogue Ader-Tajan, n° 63.

奇怪的是，从伊利耶时期一直到中学毕业，关于马塞尔如何度过每个假期，除了奥特伊的情况之外，我们所知甚少。1880年，他跟家人去了迪耶普。1888年9月，他回忆起曾在勒特雷堡小住，在那里“愉快地呼吸，感受，活动四肢”[③]。1891年，他回忆“那几年在海边度假时”（应该是在卡堡），“我和外婆顶着风，边走边说话”[④]。这几个地方由于离巴黎和伦敦较近的缘故，是法国最早的海滨度假地。后来，至少对上流社会而言，它们先后逐渐被特鲁维尔、改造后的卡堡以及多维尔取而代之。1887年，在迪耶普，格雷菲勒伯爵夫人从公公手中获

③ *Corr.*, t. I, p. 110.

④ Ibid., p. 59.

赠豪华的拉卡兹别墅[1]。雅克–埃米尔·布朗什曾描绘迪耶普城中一日："赌场的露台上，夫人们围绕乐台而坐……聊天，做绒绣……'无所事事'。人们在《玫瑰通讯》上找外国人的名单和剧场本周上演的剧目。我们到著名的拉弗斯点心店品尝华夫饼或热的'芦笛卷'。家里的女人们去做礼拜，我被放在床上睡觉，大人们出去吃晚饭。"孩子们在帐篷或更衣室前玩耍，要么蹚着水踩石头，要么捕虾捉螃蟹[2]。此处接待过萨里斯伯里爵士，他在这儿拥有一幢别墅。1867年，威尔士亲王在加利费侯爵夫人[3]的陪伴下在迪耶普小住。奥芬巴赫和埃尔韦的曲目在这里上演，乐迷们是不会感到寂寞的。

1887年夏，在海边拍摄的一幅照片反映了当时的着装时尚，照片里有波利尼亚克亲王、萨冈亲王、格雷菲勒子爵夫人、罗贝尔·德·孟德斯鸠、加布里埃尔·福雷、格雷菲勒子爵、雅克–埃米尔·布朗什[4]。他们属于另一代人，另一种社会背景，但不久以后，他们本人或他们的作品，将在《让·桑特伊》和《追忆似水年华》当中相遇。

1886年，马塞尔陪母亲到萨利–德贝阿恩疗养，住在和平饭店。马塞尔颇不开心。他"没有达达兰所说的'强健体魄'，无法冒着寒冷在邻近的乡村寻找生活所必需的诗的种子；而在每天消磨时间的露台上，只有喋喋不休的饶舌和大口大口的烟雾，不见诗的影子"[5]。这个地方只给他留下伤心和厌倦。不过，他和同伴们

① A. de Cossé-Brissac, *La Comtesse Greffulhe*, Perrin, 1991, p. 77 et photographie, p. 152.

② J.-É. Blanche, *La Pêche aux souvenirs*, *op. cit.*, chap. II, Dieppe, pp. 50–56.

③加利费侯爵夫人，娘家姓Laffitte，是贝涅尔夫人的表姐。据普鲁斯特的说法（*RTP*, t. II, p. 695; t. III, p. 389. 参见十五人译本［三］394页、［四］392页），她是"帝国美女"之一，普鲁斯特1894年在特鲁维尔曾提到她（她住在自己的罗什庄园，或朋友萨冈亲王夫人府上，见G. Painter, p. 202）。萨冈亲王喜欢对加利费将军就他们二人同被夫人背叛的话题开将军的玩笑（A. de Fouquières, *Mon Paris et ses Parisiens, op. cit.*, p. 44）。

④ A. de Cossé-Brissac, *op. cit.*, p. 152.

⑤ *Corr.*, t. I, pp. 97–98, 致纳特·韦伊夫人。

一起玩槌球。这座温泉小镇距波城和巴约纳各五十公里，普鲁斯特夫人数次来此地疗养。1888年是带罗贝尔一起来的（没有带马塞尔是因为他在这儿很烦躁[①]），就在这一年，疗养院毁于一场火灾。在这小住期间，马塞尔趁机为一位将在他生活中扮演重要角色的人物描绘了一幅肖像。她是母亲的密友卡图斯夫人，他最初是被她“甜美纯净且非常美妙的戏剧嗓音”所吸引，她演唱的马斯奈和古诺的歌曲让他深受感动，而且普鲁斯特常在书信里提到这两位作曲家。“她美丽动人，眼睛温柔清澈，皮肤细腻白皙，一头秀丽的黑发：画家梦想中毫无瑕疵的美貌就是这副模样。”[②]马塞尔引用他当时喜爱的诗人勒贡特·德·利尔和缪塞的辞藻来描绘她的相貌，虽然这还不是《追忆似水年华》，但已经是《欢乐与时日》中的艺术手法。他向外祖母表示非常欣赏《弗拉卡斯上尉》，还告诉她自己“胃口大开”，除了读完《欧也妮·葛朗台》（“很美，很悲”），还读了66页的雨果，以及250行《埃涅阿斯纪》（他做了翻译）和一些希腊文[③]。

1887年6月25日，在巴黎，马塞尔·普鲁斯特填写了一份印成小本子的问卷，这个很不起眼的小薄本有个标题“我的心里话”，装饰着“粉色文库”的图案和一男一女两个头像。这个直到最近[④]才被发现的小本子，是未来大作家普鲁斯特填写的第一份印刷问卷。他填写的下一份问卷就是早已尽人皆知的“普鲁斯特问卷”，按照艾芙

① Ibid., p. 113.《社交年鉴》（*Bottin mondain*, 1903, p. 791）上说：“此处的水有益于……浑身无力或有瘰疬病患的成人以及患佝偻病的儿童……旺季来此处疗养的人较多，费用较高，但由于病人占多数故而并不热闹……向高等贵族推荐法英大饭店。”

② *Corr.*, t. I, pp. 97–98, à Madame Nathé Weil.

③ *Corr.*, t. XXI, lettre 392.

④ 自此以下的五个自然段是作者2021年为中译本增补的。

琳·布洛克–达诺的说法，这份为安托瓦奈特·福尔填写的问卷，是1887年9月4日（星期天）在勒阿弗尔填写的。我们不知道第一份问卷是为谁填写的，普鲁斯特当时在巴黎，是二年级学生（重读）。还要再过几天，他才满十六岁。

这种问卷可在文具店里买到，有英文版，也有此处所说的法文版。仿佛是记者、医生或警察在问询，所以问卷上的问题都直截了当。是谁用这种方式来考验马塞尔呢？是个男孩（对答问对象的称呼是男性），但还没有亲密到以“你”相称的程度。是他的同班同学？或者香榭丽舍的玩伴？罗贝尔·德雷福斯那本珍贵的回忆录列出了很多名字：路易·德·拉萨勒、让·德·蒂南、莱昂·布伦施维格、保罗·贝纳塞、莫里斯·埃尔贝特，他们是未来的作家、外交官、政治家。

十五岁的马塞尔·普鲁斯特刻意回避说出心里话。从他的回答来看，他只能是一个处在初恋当中的人。他那时喜欢一个十三岁左右的女孩，两人几乎每天都在香榭丽舍见面。她就是俄罗斯宫廷前礼宾官尼古拉·德·贝纳达吉的女儿玛丽，“长着一头浓密的黑发，一双明亮的大眼睛，满是瞧不起人的神情，脸蛋红嘟嘟的”。因此，普鲁斯特在答问中说“俄国人”是最可亲的民族，“爱”是他最喜欢的营生。

实际上，普鲁斯特能和女孩子做什么呢？除了给她们背诗，而且是爱情诗：“爱情！这个疯狂世界的祸端”

（缪塞）或者“除了爱与被爱，世上再无美好”（阿韦尔）。只有勒贡特·德·利尔的诗句“虚幻外表的无尽漩涡”避开了情感而直奔哲学。罗贝尔·德雷福斯书中记载，普鲁斯特当着所有同学的面背诵诗歌。我们还看到脸颊对普鲁斯特有着特别的吸引力：《斯万》的开头就写到枕头上的面颊“饱满而清新，是我们童年的脸庞”，这句话令人想起母亲的面颊，也预示着阿尔贝蒂娜的面颊。

这个少年相信爱情，却不相信友情。尽管他身边从来不缺朋友，但他终其一生都不相信友情。我们还看到，他在感情（他自我定义为过于看重感情）、梦想和智力之间无所适从。他鄙视“精神的狭隘”，并希望能“尽我所能理解一切事物、一切存在”。

修辞班

1887年秋天，16岁的马塞尔结束二年级而进入修辞班之际，他的生活中出现了一个重要的变化。他不仅遇到了一位酷爱文学的老师，还结识了一群同龄的伙伴，后来还与他们一道创办了好几份杂志。从1887年到1888年，这位常与玛丽·德·贝纳达吉在香榭丽舍玩耍，又在激烈的课间游戏中寻求慰藉的少年，已经变成一个被同性伙伴、被其他男孩吸引的青年。在这个学年，他的文学理想和性取向同时形成。学校仿佛变成一座天堂（正如两年后在奥尔良的军营里一样），既让他领略华章美卷，也让他结交翩翩少年。

拉丁语教师屈什瓦尔先生被普鲁斯特写入《埃德蒙·德·波利尼亚克亲王夫人的沙龙》（1903）：在一次招待会上，门房向主人问道："有一位先生，自称屈什瓦尔，还要通报进去吗?"[①]由此看来，这位不幸的拉丁学者对普鲁斯特写下"性情乖张、反复无常"等评语，还抱怨他"经常不交作业"，也就毫不奇怪了。马塞尔则说他"俗得激情四射、彻头彻尾，是一个凶狠的教师，粗野、蛮横……活像个白痴，对文辞和形式之美毫无解会"[②]。更值得一提的是马克西姆·戈谢先生，"一个思想开明、充满魅力的人"[③]，一个为《文学评论》和《蓝色评论》写稿的文人。他的上司评价他"有文学才能，是一位深受尊敬和喜爱的作家"。总学监欧仁·马努埃尔认为他"没有教条，思想有时近乎文学怀疑主义，过早地鼓励学生们解放思想"[④]。的确，他不囿成见，对马塞尔"极力宣扬"的作家亦不反感[⑤]。那时，普鲁斯特心仪的诗人应该是勒贡特·德·利尔。直至去世前不久，普鲁斯特在一篇关于波德莱尔的文章里，还提及勒贡特·德·利尔宏亮诗句里华丽的色彩和亲切的音调。他还用这些诗句形容贝戈特的风格特征，且布洛克的言谈话语中也有它们的影子。有些作品、人物、地点，普鲁斯特已不再爱了，但作为作家，他仍然继续让它们物尽其用。

① *CSB*, p. 466.

② *Corr.*, t. I, p. 106, 1888 年 8 月 28 日，致罗贝尔·德雷福斯。

③ Ibid., p. 107. 戈谢先生可能是《让·桑特伊》中吕斯坦洛尔的原型。

④ Cité par A. Ferré, *op. cit.*, p. 181.

⑤ *Corr.*, t. I, p. 107.

安德烈·费雷编辑出版了马塞尔在修辞班时的部分笔记和作业提纲[①]。在“十八世纪次要剧作家”课程里，有关于法瓦《精神的女探索者》的内容，后来被他用在《索多姆和戈摩尔》[②]当中；此外还有一份关于拉辛悲剧中男女角色的作业提纲，普鲁斯特指出，“他的极度敏锐，使他在与女性的关系中成为最疯狂的恋人”，虽然这种“女性的敏锐感反而更多地削弱了他对男性力量的刻画”。这是普鲁斯特首次表明对拉辛的喜爱，他觉得拉辛是他的同道、兄弟，这种喜爱也体现在另一篇常见题材的作文提纲“高乃依刻画人物……”（费雷的书没有收入）之中，马塞尔在文中注意到“近代文学对拉辛的积极影响”，以及拉辛由此“展现出的爱情的巨大力量”[③]。

拉辛的名字和作品体现在《追忆似水年华》中的人物身上，如贝戈特、拉贝玛、阿尔贝蒂娜和巴尔贝克的姑娘们，也贯穿在普鲁斯特从翻译罗斯金到评论波德莱尔的批评著作中。另有一份关于狄德罗某一思想的提纲，已经挑明了普鲁斯特美学的一个原则：“纯粹的、没有经过智力处理的感性也许会激发我们的情绪，但不会唤起我们的敬仰，也不会像真正的艺术作品那样带给我们智力上的高度愉悦，因为真正的艺术作品会向我们揭示通常隐藏在生活当中的秩序、意义和完美逻辑。”还有一篇作文谈论高乃依和拉辛以及人们对他们的喜爱，经莫洛亚发表

① A. Ferré, *op. cit.*, pp. 182–188.

② *RTP*, t. III, pp. 324–327，参见十五人译本（四）326—329页。戈谢及其同事所从事的这种教育，证实了孔多塞中学另一位校友让·施伦贝格尔的看法：“这一时期，中学的各大名校都致力于培养精英人才。教师们的注意力都放在班里的尖子生身上，他们授课完全是为了这些人，他们称呼我们时，很少省略我们名字前面的‘先生’称谓，表明他们感觉到自己说话的对象就是国家未来的栋梁。”（*op. cit.*, pp. 89–90）

③ BN, n.a.fr., 16611 .

后已广为人知[①]，它展示了普鲁斯特在追寻“天才轴心”及其“发展法则”过程中超常的分析才能和批评想象力。文章形容之切当，枚举之准确，思路之聪颖明晰，已分明让人感觉到他文笔高超。“酷爱拉辛，就是在众多充满魅力和备受折磨的生命当中，爱那个最深邃、最温柔、最痛苦、最真诚的直觉。”[②]与福楼拜、阿拉贡和萨特等从童年时期就构思长篇的作家们截然不同，马塞尔在创作小说、虚构故事之前，首先构建了自己的美学，而且他更看重方法手段而非内容。我们不难猜测他在学校的情形，那时罗贝尔·德雷福斯正准备进入修辞班，马塞尔告诉他：“连续好几个月，我在班上朗读我的法语作文。他们向我起哄，为我鼓掌。要是没有戈谢，我就会被忽视。”[③]两个月过后，马塞尔已经有了十几个追随者，常“在班上挑起战争”，在某些人眼中，他成了一个“装腔作势的家伙”。

不幸的是，戈谢一病不起，被迪普雷先生接替。“他很烦人。倒是知道迪耶克斯和勒贡特·德·利尔（的作品）”，但这远远不够，因为“他太保守”[④]。反映在学籍簿上的就是，他给马塞尔的评语要比前任克制得多：“乖僻，但有点天赋。”不过，普鲁斯特对所有的老师都一视同仁，他把德雷福斯引荐给迪普雷，和雅利菲耶谈起达尼埃尔·阿莱维时说了整整一个小时，他对每位老师的评判，比校长和学监们做得还要细腻[⑤]。中学生普鲁斯特似乎已经意识到灵感的来临和对文学的向往：“我完全明

① *À la recherche de Marcel Proust*, p. 33–49. *CSB*, pp. 329–332.

② *CSB*, p. 332.

③ *Corr.*, t. I, p. 107. 参见皮埃尔·拉瓦莱的记载：马塞尔“高声朗读自己的作文，那位杰出的、招人喜爱的戈谢先生进行解说，有称赞也有批评，忽然又对他大胆的文风取笑一番，实际上这种文风让戈谢先生开心不已”（*Corr. gén.*, t. IV, p. 3）。

④ *Corr.*, t. I, p. 106, 1888年8月28日，致罗贝尔·德雷福斯。

⑤ Ibid., pp. 105–108.

白不应该写得这样急迫，但我感到有那么多的话要说，就像水流一样往外涌。”[①]这就是未来大作家和非作家的区别，一个有“很多话要说”的青年与不以文学为终身事业的人的区别。学年末，马塞尔的法语作文获得“新生”第一名[②]，毕业会考第一部分成绩为“良”[③]。

这个学年中，他并没有把全部精力都放在功课上，他同时给中学生自办的期刊写稿。这样的期刊，德雷福斯列出了好几种[④]。《星期一》是一种“文学与艺术评论”类杂志，以魏尔伦的名言“关于美，折衷主义战无不胜”作为题铭。另有一种《第二评论》，它把《星期一》杂志包含在内（某些期上保留有“星期一”的刊名，其他期则没有），在1887年11月21日至1888年3月1日期间出版了十三期，由达尼埃尔·阿莱维主编，三、二年级和修辞班学生编辑。16岁的普鲁斯特仿照圣伯夫和儒勒·勒迈特（勒迈特当时正在《蓝色评论》上写文学专栏，每星期一为《争鸣报》撰写戏剧艺术专栏）的风格，在这份杂志上开设了文学批评专栏。在第二期的“戏剧艺术谈话”中，普鲁斯特评论正在演出的《贺拉斯》[⑤]，他认为这部以罗马为背景的戏剧弥漫着地方色彩，并从中看到了高乃依的灵魂，“既崇高又细腻，包含了英雄主义和理性的力量，是爱国战士和坚忍的辩护士的灵魂”。应该指出，尽管普鲁斯特坚决反对通过作者生平解释作品，但他从不拒绝通过作品解读作者的创造性人格。第二篇“谈话”评论布吕内蒂埃眼中的戈蒂耶，并对他一向喜爱的《弗拉卡斯上

① Ibid., p. 108. 马塞尔在1902年致比贝斯科的信、1908年致洛里斯的信中谈到重新获得灵感时，使用了类似的词语。

② 拉乌尔·韦尔西尼（我们在后文还有谈到）获得了“老生”第一名。马塞尔得到的奖品是拉布吕埃尔的作品集，Hachette出版社1882年出版（1965年国家图书馆展览目录，69号展品）。

③ *Corr.*, t. XXI, lettre 400, 1888年8月3日，致纳特·韦伊。

④ R. Dreyfus, *op. cit.*, pp. 68–72. *Écrits de jeunesse*, pp. 91–109. 这两本书除了关于《星期一》杂志的重要信息外，还收有普鲁斯特的三篇批评文字（pp. 101–107）。我们查阅的五期《星期一》杂志属于私人藏品。杂志撰稿人中包括达尼埃尔·阿莱维和阿贝尔·德雅尔丹（保罗·德雅尔丹的弟弟）。有关资料和引文均出于此。

⑤ 1887年12月5日出刊，涉及1887年10月在奥德翁剧场演出的古典剧目《贺拉斯》和《吝啬鬼》以及F. Sarcey的讲座。普鲁斯特不仅借鉴了勒迈特的评论，还利用了Saint-Marc Girardin的《文学教程》（*Cours de littérature*，普鲁斯特1907年写作《一个弑母者的亲子之情》时将再次利用这部教程）。

尉》[1]中再现往昔和刻画人物的技巧给予好评。布吕内蒂埃追随法盖，认为戈蒂耶缺乏思想，普鲁斯特的看法恰恰相反，他在戈蒂耶身上发现了与法朗士[2]相近的现代颓废派的先声。“假如有一天我能建立柏拉图式的理想国，我将把它建立在颓废之上，那里摒除了一切思想，公民们仰望天空，随意畅想。”[3]普鲁斯特依时风自认为是颓废派，但不久之后，他对本人的自认家门进行了重新审视。

年轻的学子们还考虑办另两份杂志《绿色评论》和《丁香评论》[4]，其中一部分将于1888年开学时面世，那时，普鲁斯特进入哲学班，他的伙伴达尼埃尔·阿莱维、罗贝尔·德雷福斯和雅克·比才则进入修辞班。我们先介绍一下他的朋友们吧。达尼埃尔·阿莱维，生于1872年，普鲁斯特在孔多塞校园里与他相识的时候，他还不满15岁，正准备上三年级。与普鲁斯特一样，他的祖辈也是来自德国的犹太人[5]。他出身于巴黎的自由市民家庭，父亲路德维克·阿莱维是作家[6]，1884年入选法兰西学院；母亲的文化修养与让娜·普鲁斯特不相上下；他本人是个大方、聪明、非常英俊[7]（这可没有逃过马塞尔的眼睛）的男孩。在二十世纪上半叶，他处在各种思想流派的中心，他关于佩吉、米什莱和尼采的论著均是相关领域的奠基之作。他为格拉塞出版社主编的“绿色笔记本”丛书，几乎囊括了两次世界大战之间从马尔罗到莫里亚克所有大作家的作品（但不包括此时已转到伽利玛出版社的普鲁斯特）。他的思想与普鲁斯特相距甚远，从对佩吉的喜爱到

①*JS*, pp. 313–316; *CSB*, p. 175（《芝麻与百合》译者序《论阅读》）.

② 这是普鲁斯特第一次在文字中提及阿纳托尔·法朗士：“（戈蒂耶）并不比法朗士有更丰富的思想，而是像他一样，只有优美。”

③ *Écrits de jeunesse*, p. 106.

④当时的风气是以杂志封面的颜色为杂志命名，比如《绿色评论》以及后来的《白色评论》。

⑤ J.-P. Halévy, Introduction à *Corr. avec D. Halévy*.

⑥ Ibid., p. 14：“马塞尔·普鲁斯特被路德维克·阿莱维迷住了。”（1888 年、1907 年、1908 年、1910 年、1921 年的信）马塞尔援引过路德维克的作品 *La Belle Hélène* 和 *L'Abbé Constantin*，他在《盖尔芒特家那边》当中谈到的梅拉克与阿莱维的风趣，也来自路德维克。

⑦ 见 *Écrits de jeunesse* 当中的照片（还有罗贝尔·德雷福斯、雅克·比才的照片）。

第一次世界大战后的民族主义，他们的看法都完全相反，但使他们接近彼此的是“性情的契合”，而非思想的内容。

罗贝尔·德雷福斯与马塞尔的友情是在香榭丽舍一同玩耍时建立起来的。1888年夏天，德雷福斯写信给普鲁斯特，了解修辞班教师的情况，当时马塞尔十七岁，罗贝尔十五岁。德雷福斯后来成为评论家和历史学家，创作了关于戈比诺的第一部重要论著（他献给了普鲁斯特），1926年出版《回忆马塞尔·普鲁斯特》一书，收入“绿色笔记本”丛书，书中生动鲜活、饱含感情的回忆，为我们了解少年普鲁斯特提供了第一手资料。在普鲁斯特试图亲近达尼埃尔·阿莱维和雅克·比才但均终告失败的过程中，他一直是普鲁斯特倾吐隐情的心腹密友。

雅克·比才是普鲁斯特在“帕普–卡尔庞捷”学校上学时认识的。比才生于1872年7月10日，正好比马塞尔小一岁。他是作曲家乔治·比才与热纳维耶芙·阿莱维的儿子[①]，与达尼埃尔·阿莱维是表兄弟。父亲对他十分关心和疼爱；他的母亲——我们在后文还将多次遇到——是一位非常聪慧，患有严重神经衰弱的女性。他们一家人经常不在一起。1875年6月2日，即歌剧《卡门》演出失败三个月过后，乔治因突发心脏病去世，此时雅克只有三岁。之后热纳维耶芙·比才自己照料儿子，从1880年起，她在杜埃街寓所重开沙龙，接待访客[②]。从雅克保留下来的书信中看出，他和马塞尔一样，对母亲十分眷恋，也深受与母亲分离之苦[③]。这个天资聪颖、品貌出众、敏感

① 乔治·比才与妻子的通信没有留下来，所以关于他们夫妻之间关系以及雅克童年的情况，资料都不多。见 C. Bischoff, *Geneviève Straus (1849–1926)*, Balland, 1992, pp. 87–90。

② Ibid., pp. 96–105.

③ Ibid., pp. 101–104.

而富有的孩子，不出数年就变成了瘾君子。他于1922年11月7日自杀，比普鲁斯特早十二天离开人世。曾与雅克有过短暂婚姻的阿丽斯·萨克斯夫人有一个孙子，名叫莫里斯·萨克斯，对雅克·比才推崇备至，在回忆录《安息日》中还提到过他。当然，在这位长相酷似《卡门》作曲者的美少年身上，大概除了父亲早逝，从母亲那儿遗传了神经衰弱之外，没有任何其他迹象能让人预知他的悲惨结局[①]。在一段很短的时期里，马塞尔觉得自己和雅克具有相同的性格特点。

实际上，1888年春季[②]，在上一年似乎还被少女吸引的马塞尔，爱上了雅克·比才。这段短暂的情感经历反映在三封书信里。在第一封信中，马塞尔诉苦说，父母发出威胁，要把他送到外省去寄宿。这种威胁，要么出自马塞尔的杜撰；要么是因为父母不满意他的学习成绩，像所有家长一样，威胁要送他去住校；要么是父母一心想让他改掉“不良习惯”。这种伤心不安的状态，后来被他写进《让·桑特伊》[③]。他坦言：“在我特别伤心的时候，唯一的安慰是爱与被爱。真的只有你对此作了回应，那个在冬天来临之际如此烦恼的你，那个曾给过我甜美书信的你。”[④]

1888年6月14日，达尼埃尔在日记里写道“可怜的普鲁斯特彻底疯了”，紧接着全文抄录了大概是上个月普鲁斯特写给雅克·比才的第二封信（“我一生之中写得最艰难的一封信”），信的抬头把比才称为“宝贝”。因为普

① 安德烈·德·富基埃尔对雅克·比才曾有精彩的肖像描写，见 *Mon Paris et ses Parisiens, op. cit.*, t. II, *Le Quartier Monceau*, pp. 120–121。雅克的照片见 *Écrits de jeunesse* 当中的6号照片。

② 假如编者为这些信件推测的日期准确无误的话。

③ *JS*, pp. 234–236.

④ *Écrits de jeunesse*, p. 41. 最后一句话是直截了当的告白：“我用整个的心拥抱你、爱你。”

鲁斯特夫人禁止比才登门，也禁止马塞尔到比才家去，马塞尔在信中历数其中的缘由："感情有些过于亲密，不是吗，还有可能发展成……肉体的情感。"两人的性格缺点极其相似，"放纵，暴躁，没有条理，大概还包括自慰的恶习"。与某些研究者的说法相反，从信的内容并不能推测出曾有人撞见这两个男孩在一起时的情形，最多只是普鲁斯特夫人听他们的亲朋好友（罗贝尔·普鲁斯特，或他们的同学雅克·贝涅尔，或比才的一位舅舅）说了雅克的坏话，或批评了马塞尔用情过度。母亲发出禁令之后，马塞尔和家人"吵架，闹情绪，威胁，生病……但都不起作用"，甚至还用自慰要挟父亲。于是马塞尔提出，他要证明雅克是如何的"讨人喜欢"，让家人重新同意他到家里来，若做不到的话，就在外边和他会面。他还天真而动情地补充道，"我要把某个咖啡馆变成我们俩的家"。不过，似乎马塞尔用情的程度要大于雅克，他信里接着说："但请你原谅。我跟你说话，是把你当成至高无上的朋友，我几乎不了解你，你肯定会觉得我太缠人了。"[①]对这些套近乎的话，比才都没有理睬，于是马塞尔又一次写信说[②]，"你的冷静让我既佩服又感到遗憾"，同时重申，这除了心的原因之外还有"肉体的原因"。"也许你是对的，但我总是因为采不到那朵甜美的花儿而伤心。很快我们就再也不可能采到它了，它将长成果实——一只禁果。"普鲁斯特似乎想说，短暂相会的"机缘"并不意味着永久的肉体结合，这种关系在某个年龄是允许的，而且

① Ibid., p. 51–52. 52—53 页上有阿莱维的评语："这段话写下后再没有任何修改。这个疯子真是有才，我从未见过任何东西比这两页纸写得更加美妙，更让人伤心悲切。" Cf. *JS*, p. 253。

② *Corr.*, t. I, pp. 103–104. 菲利浦·科尔布把此信日期标注为"1888 年春季（？）"。阿莱维应该通过比才收到过普鲁斯特的一封信，根据阿莱维日记上的日期，这封信似应写于 1888 年 6 月。

不涉及未来。马塞尔对雅克长期保持着深厚的友情，没有与他断绝往来，炽烈的情感直到一年以后才逐渐降温[①]。

还是在这个燥热的5月，他向阿莱维解释他所说的肉体结合是何种含义："我知道……有些年轻人（如果你感兴趣的话[……]，我可以给你一些很有意思的东西，这些东西是别人给我的），有些年轻人，喜欢上了别人，就希望总能见到他们（就像我对比才那样），会因为远离他们而伤心流泪，唯一的欲望是把他们拥在怀里或坐在他们膝上。为了肉体而爱他们，深情地注视他们，真心诚意地把他们称作宝贝或者天使，给他们写饱含感情的信，但无论如何都不会与他们发生肉体结合。不过一般情况下，爱情终究要征服他们，于是他们在一起自慰[②]……总之他们是恋人。而我不明白，为什么他们的爱情就比惯常的爱情肮脏。"大概就在写了这些信之后，阿莱维和比才有一个月的时间没有跟普鲁斯特说话，普鲁斯特写信向达尼埃尔道歉："那天我发现你不再和我讲话，我就想是那封信把你弄烦了。我写那封信的确是够傻的，可你为了它而生气，特别是还表现出生气的样子，也够傻的……如果是我让你不高兴，我请求你的原谅，那是无意的。"

阿莱维作出这种反应还另有一层原因：在追求雅克·比才的同时，马塞尔也没有放过比才的这位表弟。同时爱上两个人，想方设法让其中一个认为他爱的是另一个，还把他们都当成分享秘密的知心朋友，这种手法，这种奇特的三角关系，我们在普鲁斯特本人的生平和作品中

① *Écrits de jeunesse*, p. 70："我说对雅克没有那么爱了，这话有点夸大其词，其实我现在仍然很爱他。我这么说完全没有说他傻的意思，而是说，正是因为爱少了，我先前心目中的他的理想形象也有点破灭。"

② 最后几个字似能揭示普鲁斯特性活动的真相，其中似乎排除了性交行为，因此他才肯定地说"无论如何都不会与他们发生肉体结合"。

将不止一次遇到：叙事者、阿尔贝蒂娜和安德蕾是一组，奥黛特、斯万和夏吕斯是另一组。到了1888年8月底，马塞尔把个中秘密吐露给德雷福斯，三重唱又变成了四重奏："为什么，他[1]先前对我那么好，现在却完完全全把我抛在一边，还让我明明白白地感觉到？为什么，在整整一个月都没有和我说话之后，他又来跟我打招呼？还有他的表哥比才，为什么一边说把我当朋友，一边又把我抛弃得那么彻底？他们到底要把我怎么样呢？想摆脱我，纠缠我，愚弄我，还是别的什么？我过去居然觉得他们那么好！"[2]让我们推测一下当时的情形。马塞尔正处于少年发育期，觉得自己在家中和在学校里都不被理解。孤独，又受到强烈情感欲望的折磨，他要寻找可以完全依赖的朋友，而朋友们很快就发现他"太缠人"："噢，缠人，这是我一生中最大的梦魇。"[3]朋友们还指责他有鸡奸的倾向，对此，他时而半吞半吐地坦白，时而坚决回避，他不想在他人心目中留下一成不变的形象。当德雷福斯回答马塞尔的疑问时，马塞尔重申："我不认为特点就是性格。我认为，我们自以为推测出的某种性格不过是把不同的观点组合起来的结果。我声明，这完全是我个人的看法，我的理论可能完全是错误的。"[4]自身的经验，结合阅读阿纳托尔·法朗士的作品，使马塞尔建立了一种心理理论，且终其一生少有改变，即每个人都是由"多种不同的人"组成的，单纯从某一特点出发构建一个人的性格是错误的。

① 指达尼埃尔·阿莱维。

② *Corr.*, t. I. p. 107. Cf. R. Dreyfus, *op. cit.*, pp. 33–43, 52.

③ *Corr.*, t. I, p. 108.

④ Ibid., pp. 114–115, 1888 年 9 月 7 日。接着有很长一段评论阿莱维的态度的文字。

上述朋友之外，还应该加上阿贝尔·德雅尔丹[1]，他是罗贝尔·普鲁斯特未来的同学和同行。直到1919年，阿贝尔写信向他祝贺新著出版，马塞尔还记得他："我过去是那么爱你，现在也依然那么爱你，谢谢你对我的褒奖。你今天仍然给予我深情厚谊，这让我激动不已。我们无法天天在一起享受这种友谊，又是多么不幸！"[2]他记得，还是在儿童时代，"阿贝尔·德雅尔丹以一张照片相赠，背面题字是'给我最好的朋友'。那是我忧伤年代里一道快乐的光芒"。离开奥斯曼大道之际，准备烧掉一批手稿和照片时，他突然怔住，"眼前是一个小男孩，小巧的鼻子，高高在上的眼神，戴着一顶三角帽，正在大喊：'啊，不要烧！'"……"我没有烧掉它，因为它还活着。"[3]

马塞尔是在奥特伊度过假期的（除了9月有段时间前往同班同学茹瓦扬在里勒–亚当的家里，并在尚蒂伊小住）[4]，妈妈则离开奥特伊到萨利–德贝阿恩疗养。令人惊奇的是，在学校里如此出色、热衷给杂志撰稿、与朋友交往时那么有主见的少年，此时重新变回一个因为被妈妈抛弃而痛苦不堪的小孩子，还惹来外叔公路易·韦伊的一番唠叨。"外公只是说我是个傻瓜，外婆一边笑一边直摇头，还说这根本证明不了我爱'我的妈妈'。"[5]在饭桌上，他两眼通红，不停地揉眼睛。但阅读《洛蒂的婚姻》[6]让他着迷，他重新找回先前在伊利耶时读书的乐趣，在《芝麻与百合》的译序里，他再次提到了这一经

① 他于1908年结婚。1909年任医学院临床主任。

② *Corr.*, t. XVIII, p. 324.

③ Ibid., p. 338, 1919年7月。

④ Ibid., t. I, p. 119.

⑤ Ibid., pp. 110–111.

⑥ 普鲁斯特在朋友雷纳尔多·哈恩的歌剧《梦幻岛》当中将再次与此书相遇。

历。到了1893年，普鲁斯特在《白色评论》发表《布瓦尔和贝居榭的社交生活》之时，就不再喜欢洛蒂了，认为他"永远是同一种腔调"，"他的小说都是用同一种调子写成的，因为他的琴只有一根弦"[1]。在《洛蒂的婚姻》中，普鲁斯特到底喜欢什么呢？背井离乡的苦闷，小说中的自传特征，诗一样的叙述？抑或他在这位独特、前卫的新锐作家的作品中，重新找到了他崇拜的勒贡特·德·利尔的那种异国情调？那又是什么原因不再喜欢洛蒂了呢？在1907年至1908年评论奈瓦尔时，普鲁斯特赞赏《西尔薇》当中以最精确的现实为基础的诗的形象，并以它为武器批评"过于主观的洛蒂"[2]。如此一来，普鲁斯特就抛弃了自己的某些方面，即急欲通过一本本书来进行自我剖白，同时也弃绝了缺乏丰富变化的"单调"的文体风格。我们看到，与此相反，1888年的普鲁斯特是多么地醉心于剖白自己。

他写给"四朋友小团体"[3]中的第三个成员罗贝尔·德雷福斯的一封信，正是一幅超乎寻常的自画像[4]。在信中，他以"无法遏制的巨大冲动"和"激情"，用他特有的"形容词"刻画自己：这是个"喜欢表白的人"，"借口会像父亲一样爱他的同伴，却把同伴当成女性"，找机会与他说话、约会，写"火热的情书"，对同伴说"您的双眸充满神性，您的双唇充满诱惑"，凡此种种，同时又极其反复无常。"他到底是个婊……，还是个疯子？是个滑头，还是个傻瓜？""还有，他手里掌握着

① *P et J*, p. 58 ; voir n. 1. 普鲁斯特送给洛蒂一本《欢乐与时日》，洛蒂都没有裁开包装（L. de Robert, *De Loti à Proust*, Flammarion, 1928, p. 152）。普鲁斯特二十岁时，洛蒂与法朗士，仍然是他最喜欢的作家（Questionnaire, *CSB*, p. 337）。我们在前文中已经看到，1890年，普鲁斯特夫人在母亲去世后"沉浸在洛蒂的作品中"（*Corr.*, t. I, p. 138），当时《新评论》杂志正在连载洛蒂的《童年故事》。

② *CSB*, p. 240.

③ *JS*, pp. 258–259："这是由班上三个最聪明的男孩组成的小团体。"

④ *Corr.*, t. I, p. 118, 此信在*Écrits de jeunesse*中补充完整，pp. 65–66。

很多很多小小说的线索。”没有任何同伴能比他自己更完整、更无情地描绘十七岁的马塞尔·普鲁斯特：始终清醒且喜欢自嘲和自虐，他意识到自己内心深处的冲动，在短暂的放任中将它展示出来；他在半真半假的表白中，暴露自己喜欢自我剖白的怪癖；他用了“很多小小说”的手法，俨然就是一位小说家了。德雷福斯对这封信非常生气，马塞尔像针对阿莱维一样立即作出回应：“这是个误会，而且你用这种生气的口吻说话，让我非常难过。”[①]

他还在书信中透露了自己对“最著名的交际花怀有柏拉图式的激情”[②]，她住在刺槐大街，刺槐因此成为“1888年巴黎的美丽之花”。对路易外叔公的女友劳拉·海曼的这份肖像特写，是描写布洛涅树林中奥黛特的第一份草稿，而且，其中既有与波提切利（此时指他画的圣母）的对比，也提到“紫袍上做工精巧的褶皱”[③]具有现代的、波德莱尔式的美。他只把她当作一件艺术品欣赏，所以他的“激情”只能是柏拉图式的。当他通过同伴的母亲，如洛尔·贝涅尔夫人和施特劳斯夫人，初涉社交界时，对施特劳斯夫人的情感也同样是柏拉图式的。洛尔·贝涅尔夫人（闺名洛尔·布瓦莱）主持的沙龙，像维尔迪兰夫人府上的沙龙一样，也演奏音乐。她的妯娌阿尔蒂尔·贝涅尔夫人（闺名夏洛特·德·福尔莫维尔）及丈夫都是阿尔丰斯·都德的密友，马塞尔就是在他们家里与都德结识的。他们的儿子保罗画素描和油画，收藏着一件弗美尔的复制品。

① Ibid., p. 120, 1888 年 9 月 25 日。

② Ibid.. p. 117.

③ Ibid., p. 118.

施特劳斯夫人

家族，疾病，聪慧，幽默，沙龙，别墅，两任丈夫，众多声名显赫的追求者——不过没有任何作品行世——这些都与形容热纳维耶芙·阿莱维有关，这位曾经的乔治·比才夫人，如今的埃米尔·施特劳斯夫人[①]。我们不知道马塞尔与她初次见面是在什么时候，可能是离开“帕普-卡尔庞捷”学校之际，或者是后来在孔多塞中学修辞班里，他喜欢上她的儿子比才之时——对儿子的情感逐渐转移到母亲身上，就像小说中叙事者把爱慕之情从希尔贝特转向奥黛特·斯万一样[②]。少年们通过同伴的母亲重新发现自己母亲更加光辉的形象，而且没有任何风险和惧怕。

热纳维耶芙的父亲是作曲家弗罗芒塔尔·阿莱维，他的歌剧《犹太女》（1835）当时仍很流行，普鲁斯特曾提到这部作品；她的母亲莱奥妮·罗德里格斯是银行家的女儿。这两个家庭里有多个成员曾因精神疾患在布朗什医生的诊所里住院疗养。热纳维耶芙的童年很不幸。她十三岁时，父亲去世；十五岁时，已经与路德维克·阿莱维订婚的姐姐去世。而母亲则被关进了精神病院。1868年十九岁时，她在日记中写道：“我所爱的人逐个离我而去，年复一年的时间堆积都未能掩埋关于这些残酷时刻的可怕记忆。”[③]但那一年，她仍然与父亲的得意门生[④]、比她大十一岁的乔治·比才（生于1838年）订了婚。次年结婚之后，夫妇俩在杜埃街22号安顿下来，和阿莱维全家住在同一幢房子里。这个小家庭，在岳母的独断专横，热纳维耶

① C. Bischoff, *op. cit.* 大多数关于1900年代的回忆录都有对她的描写，当然，所有关于普鲁斯特的回忆录也都少不了她。特别是达尼埃尔·阿莱维的作品：« Deux portraits de Mme Straus », *Corr. avec D. Halévy*, pp. 173–180. R. Dreyfus, *op. cit.*, pp. 53–55。

② 普鲁斯特推崇的小说家哈代有一部小说《意中人》与此恰恰相反，主人公先后爱上一家三代女性外祖母、母亲和女儿。长相相似与亲缘关系具有同样的诱惑力，感情逐渐加深而不是变浅。

③ C. Bischoff, *op. cit.*, p. 39.

④ 比才完成了老师的歌剧*Noé*。普鲁斯特曾谈到，阅读圣伯夫时，圣伯夫向他揭示了弗罗蒙塔尔·阿莱维的全部精神世界（*Corr.*, t. VIII, p. 116）。

芙的神经衰弱和乔治繁忙的工作中左支右绌，尽管雅克于1872年出生，终究难有幸福可言。1875年，以热纳维耶芙[①]为原型之一，由加利–马利耶（据说她与乔治非常亲密）主唱的歌剧《卡门》演出失败，对夫妇二人是个致命的打击。乔治·比才死于心脏病突发，年仅三十七岁。1876年，画家德劳耐为热纳维耶芙作了一幅传世的肖像[②]，比她任何一张照片都要漂亮。一袭黑色衣裙，迷人的大眼睛，性感的双唇"仿佛对任何人都不肯献上一吻"，她是忧郁的女神。仍在孀居中的热纳维耶芙重开沙龙之后，身边聚集了一批殷勤的仰慕者，有梅拉克、堂兄路德维克·阿莱维、波尔托–里什、莫泊桑、布尔热、埃尔维厄、约瑟夫·雷纳克。但出乎很多人的意料，她最终于1886年嫁给了律师埃米尔·施特劳斯。她后来说："这是能摆脱他的唯一方式。"[③]他是个有影响的人物，可能与他有一半的罗斯柴尔德家族的血缘关系有关。他对热纳维耶芙穷追不舍，除了普鲁斯特与他要好之外，没有什么人缘，普鲁斯特后来写给他的信件都是很有分量的，其他人则在与他妻子的通信中开他的玩笑[④]。龚古尔1886年至1895年的日记大量记录了这对夫妇，他认为埃米尔"聪明，善于观察，讨人喜欢"，有律师的口才，"一副梅菲斯特式的可怕神情"[⑤]。在龚古尔敏锐的目光里，这一家变成了拉辛笔下的人物，若把性别颠倒过来，就成了普鲁斯特的人物，这也进一步说明了普鲁斯特与他们长期保持交往的兴趣所在。"看起来，在他们结婚之前，比才夫人就是施特劳斯的情妇，但这种占有对他来讲远远不够。在

① 普鲁斯特1907年致信施特劳斯夫人："还有快乐的卡门，就是您吗？在您身上，难道没有一点珀迪塔、伊摩琴的成分吗？"（珀迪塔、伊摩琴分别是莎士比亚剧作《冬天的故事》和《辛白林》中的人物。——译者注）

② 现藏巴黎奥赛博物馆。

③ D. Halévy, *Corr. avec D. Halévy*, p. 179.

④ C. Bischoff, *op. cit.*, p. 115–117.

⑤ *Journal,* 12 août 1886, Laffont, coll. Bouquins, t. II, p. 1262.

他们的关系中，女方具有男子的性格，她不愿意被拴住；男方则具有女子的性格，希望他爱的女人完全属于他，永远属于他。”[1]龚古尔认为，年轻的热纳维耶芙“合成并延续了父系阿莱维家族和母亲所属的另一个家族的精神病史”[2]，使她“黑丝绒般的温柔眼眸热切地左右顾盼”，又“病恹恹地拿腔作势”[3]，卖弄风情。她曾向埃德蒙·德·龚古尔谈起对爱情的看法，其悲观足以和《斯万》的作者相比[4]，这也是后来她与普鲁斯特谈话的一大主题。龚古尔以其特有的辨别力，一眼看出莫泊桑的小说《我们的心》的女主人公，“一位巴黎女名流”，“一个毫无心肝、没有柔情、不讲道理的卖弄风情的女人”[5]，原型就是施特劳斯夫人，她在朋友圈中就一直扮演着这样的角色。热纳维耶芙本人似乎对这本书里如此刻画非常满意，后来对《盖尔芒特家那边》也是如此。龚古尔第一个指出，她是“一个真正的讽刺艺术家”，像“记者一样伶牙俐齿”[6]。当古诺说《玛农》的一个片段是“八角形”时，她马上回答说：“我正要这么说呢。”[7]

施特劳斯夫人吸引了众多的艺术家和作家，连他们当中最粗犷的人都受到了启发与感化，写出了最细腻的小说。她本人就是小说里的人物，所以，在《欢乐与时日》《仿作与杂写》以及《盖尔芒特家那边》等作品中与她相遇，是很自然的事情，盖尔芒特公爵夫人的语言就来自施特劳斯夫人。普鲁斯特写信给她说，“这里面凡是有才情的东西都属于您”[8]，因为她的“遣词造句”和言谈举止

① Ibid., t. III, p. 6, 1887 年 1 月 17 日。

② Ibid., p. 417, 1890 年 4 月 21 日。这里说的就是罗德里格斯家族。

③ Ibid., p. 25, 1887 年 3 月 28 日。

④ Ibid.:“情侣之间，双方感情的付出罕有完全平等的，这种不平等就像一套左右不平衡的马车，无法平稳地行驶……甚至有的时候，她庆幸自己在生活中享有独处的幸福，这完全暴露了她的内心。”

⑤ Ibid., p. 443, 1890 年 7 月 5 日。

⑥ Ibid., p. 1094, 1895 年 2 月 18 日。龚古尔在日记中用施特劳斯夫人的谈话反衬贝涅尔夫人，展现出贝涅尔夫人的谈吐中十八世纪女性的魅力。

⑦ Ibid., 1886 年 2 月 21 日。*Journal*, éd. Charpentier, t. VII, 1894, p. 103。普鲁斯特应该是在这个版本中看到这句话，后来在模仿圣西门的那篇仿作当中，把这句话用在了对施特劳斯夫人的肖像描写上（*CSB*, p. 53），并加了一句“她精彩的机锋留在每个人的记忆里”。他最早在《会饮》杂志的一篇文章中写过施特劳斯夫人，此文后来收入《欢乐与时日》（*Banquet*, avril 1892; *P et J*, p. 38）。

⑧ 1920 年 10 月 18 日，*Corr.*, t. XIX, p. 530。

都已经是文学的了。我们看到，盖尔芒特和斯万身上带有梅拉克和阿莱维的风趣，这个特点不仅来自路德维克（他为奥芬巴赫和比才写歌剧剧本，也写小说），而且来自热纳维耶芙。盖尔芒特的性格就是阿莱维的性格，这是普鲁斯特从少年时代起就耳濡目染的。奥丽阿娜的某些特征也来自施特劳斯夫人：多愁善感，慵懒厌世，喜怒无常，一时对人满腔柔情（“我的小夏尔”），又转脸就不认人，痴迷沙龙，还有一个为她的机智言辞而骄傲的丈夫（但与盖尔芒特公爵不同的是，尽管有过短暂的家庭危机，施特劳斯先生却深爱妻子）。

达尼埃尔·阿莱维为姑母作过两幅精彩的“肖像”[1]，对施特劳斯夫人两处沙龙的描写也比其他人更加全面。这两处沙龙，一处位于杜埃街22号，阿尔丰斯·德·罗斯柴尔德男爵夫人、波托卡伯爵夫人（《我们的心》的另一个原型）、黎塞留公爵夫人、舍维涅伯爵夫人都是其中常客；另一处在奥斯曼大道134号，“这里有第二帝国的遗老、我的父亲、梅拉克、德加、卡维，还有两位冈德拉。这里有不少后起之秀，倒不是阿纳托尔·法朗士（阿尔芒夫人把他拴得紧紧的），但儒勒·勒迈特经常光顾，还有布尔热、埃尔维厄以及福兰，演员则有吕西安·吉特里、雷雅纳、爱玛·卡尔维。我见过高傲的前朝遗老玛蒂尔德公主，还有些外国人，如德·格雷女士、利顿爵士、雅克·布朗什带来的乔治·莫尔，此外还有令人难忘的帅小伙普鲁斯特”。在这些显赫的名字（最后一个

① *Corr. avec D. Halévy*, pp. 173–180.

除外）当中，没有任何大作家：既没有魏尔伦、左拉，也没有马拉美、布鲁瓦。的确，没有人邀请他们，“美好年代”的沙龙是虚荣势利的，它们的眼里只有院士。

普鲁斯特很早就邀请施特劳斯夫人母子去剧院，并给她送鲜花[①]，向她献殷勤。终其一生，他都假装成她的爱慕者。这既是因为她期待所有的仰慕者都有这样的举动，也是因为她拥有他所爱戴的女性的优点，机智、美貌、风韵、温情、母性，同时又不会令他产生欲望，对朋友的母亲没有欲求是完全可以理解的。普鲁斯特式的性格秉性，往往使他与年长的女性（热纳维耶芙比他年长二十二岁）建立深厚的友谊。还有一个他当时还意识不到的原因：这位未来的小说家已经被他的人物原型所吸引，如同下笔描摹海景之前就被海景深深吸引一样。自传作者专注于讲述自己的生活经历，而小说家生活的目的则是为读者讲故事。

这就是“1888年的少年”，没有谁能比保罗·德雅尔丹刻画得更为生动：“这位年轻的波斯王子长着一双温柔的大眼睛，眼皮耷拉，表情恭敬柔和，时而又有起伏，显露不安；他寻求乐趣，在他眼中没有任何东西是乏味的；他因为大自然妨碍了人——特别是像他这样羸弱的人——的欲求而愤怒；他努力把被动——这似乎是他的命运——化为主动；他总是力求更多、永不满足，对自己的好心善良也是如此。这个浪漫的少年，在我的记忆中呼之欲出。”[②]

① *Corr.*, t. I, p. 163，邀请他们观看雷雅纳饰演的热米尼；p. 164，送上“这几枝丁香”；p. 166，马塞尔此处描绘的施特劳斯夫人“肖像”令人联想起龚古尔所说的“卖弄风情”：“我随后相信您是爱这些人的，但我看出您瞧不上他们。我认为您只爱一种生活，它突出您的才智多过突出您的聪慧，突出您的得体多过突出您的才智，突出您的装扮多过突出您的得体。您是喜欢这种生活的人，您倾倒众生。”（1891年3月）

② *Hommage à M. Proust*, p. 146. 普鲁斯特曾与德雅尔丹一同在他家研习赫拉克利特、卢克莱修等哲学家—诗人（ibid., p. 150）。

哲学班

1888年10月1日，马塞尔升入哲学班，他遇到了一位伟大的老师阿尔丰斯·达吕。达吕生于1849年，1871年在哲学教师资格考试中获得第一名，1885年起在孔多塞中学任教，职业生涯的顶峰是担任国家公共教育总监（1900年），1919年退休，1921年去世。1893年，他创办了《形而上学与道德评论》杂志[①]，偶尔以“一个哲学家对当代问题的思考”为总标题刊登讲座稿[②]和读书札记[③]。在新生共和国的中学里，这一类型的哲学教师还是新事物，他们当中有拉舍里耶、拉纽、埃米尔·沙尔捷（又名阿兰），后来还有米歇尔·亚历山大。这批人更热衷于教书育人而不是著书立说，更愿意在中学任教而不愿到大学工作：课堂就是他们的作品，在孔多塞中学谈起达吕[④]，就仿佛在亨利四世中学谈起阿兰。拉舍里耶1889年2月来校视察后作出了公允的评价：“我常常被学生们的热情，被他们的知识面，被他们的敏锐度，被他们的哲学精神深深触动。达吕先生是一位自己勤于思考也促使学生们思考的老师，一位热爱哲学也使学生们热爱哲学的老师。他的成功，得益于孔多塞中学良好的思想环境……”[⑤]

巴雷斯的小说《失去根的人们》（1897）再现了哲学班的情景，说的是布岱耶先生执掌教鞭的南希中学哲学班（1879—1880），实际上巴雷斯所熟悉的是比尔多和拉纽相继任教时期的南希中学哲学班。他在小说里揭示“大学如何成为培养大脑的强大国家机器……在中学里，

① A. Ferré, *op. cit.*, pp. 215–252. H. Bonnet, *Alphonse Darlu, maître de M. Proust*, Nizet, 1961.

② « La morale chrétienne et la conscience contemporaine », 1900.

③ « Après une visite au Vatican de M. Brunetière », 1895. Et, sous la rubrique « Questions pratiques », « Après le procès ».

④ 皮埃尔·格雷格在 *L'Âge d'or*（p. 142）一书引用了如下诗句：“抱歉，先生，他令人满意吗？／请看这诗之花／它刚刚开放／在孔多塞的校园……／这是达吕的课堂。”格雷格还历数从这个班走出的思想家：Élie Halévy, Xavier Léon, 莱昂·布伦施维格。

⑤ A. Ferré, *op. cit.*, p. 240. 拉舍里耶有著作 *Fondement de l'induction*（《归纳法原理》）行世，柏格森《论意识的直接材料》（1888）一书就是献给他的，他当时是公共教育总监。继比尔多之后，拉纽在南希中学当过巴雷斯的老师（1880）。拉纽去世后，有人整理出版了他的 *Célèbres Leçons et Fragments*（《著名课程与选段》）。

人们都是共和派”。布岱耶先生“面对满脸钦羡神情的孩子们，一心想提升他们的思想和情感，使之超越同侪，达到理性和人道的高度”。无限的天地在他们面前展开，课堂上警句迭出，“仿佛强有力的音乐主题，使他们更敏锐地认识事物的法则”。布岱耶与达吕以及那一整代哲学家一样，在知识和道德领域都是康德的信徒，“世界就是一块蜡，我们的思想将如印章一样在上面留下烙印”[①]；每个人的操行都可能被树立为普遍准则。巴雷斯对这种教育提出批评，指责它把国家的权威置于人的精神之上，无视每个个体和他的“根”。在这一点上，巴雷斯与布尔热一脉相承，布尔热小说《门徒》（1889）已经阐明了阿德里安·希克斯特的实证主义教育所产生的恶果。普鲁斯特在小说《让·桑特伊》中描写伯里耶先生的课程时，延续了前两位作家的精心刻画，但在思想意识上却反其道而行之。与他们相比，普鲁斯特的态度要温和得多，共和意识要强烈得多，对他们所抨击的教育，普鲁斯特予以赞扬，他以幽默的笔调刻画老师，但没有巴雷斯式的尖酸讽刺。伯里耶先生与达吕十分相像，说话都带有波尔多口音，都长着一张“红润生动”的脸。他在课堂上讲授善、真、确定性和科学。他对学生们不修边幅和颓废的风气毫不留情[②]。结果，让·桑特伊对他大失所望。因为本来，参照勒南和巴雷斯优美的句子，让以为伯里耶应是个浑身散发着“平实的优雅”的人，他的思想，由于爱好艺术和持怀疑论的缘故，也应像勒贡特·德·利尔那样悲观——也就

① M. Barrès, *Les Déracinés*, éd. de J. Borie, Folio, 1988, « Le lycée de Nancy », pp. 69–101.

② *JS*, pp. 259–264. 马塞尔对“颓废”以及颓废艺术家和诗人的反感可能由此而来，而在当时的青年一代以及马塞尔的某些朋友当中，颓废之风正在盛行。

是说，《追忆》中叙事者面对贝戈特时的感受，让此时已经体会到了。普鲁斯特以细腻和幽默的笔调，通过这个人物再现了具有文学天赋的学生们对哲学的感受：他们根据自己的文学经验，对哲学的想象多是一些音调优美、词彩灿烂的叙述，因此他们被哲学教师普遍缺乏文采的抽象推理震惊了。不过，达吕逐渐成为普鲁斯特长期不可或缺的中介人物之一："在老师播下只言片语的地方，他满怀爱意地耕耘，不久即收获了思想的硕果。"[1]

有一篇作文既反映了拉舍里耶和达吕的理念，也反映了普鲁斯特的思想[2]，留下了上述思想硕果的痕迹。其中论及的主题、勾勒的关系、坚定的判断和缜密的推理，也反映在《追忆》里哲学意涵浓厚的章节当中。作文的题目"论灵魂的灵性"，也颇能说明哲学老师唯灵论的思想特征。但这种唯灵论不是宗教性的，在当时，思想和政治领域与天主教决裂未久，还没有完全弃绝灵魂，也没有完全抛弃泛泛的神性原则。勒南是新生共和国的重要人物之一，也是普鲁斯特府上家宴的座上宾[3]。马塞尔的作文当中，开篇便是关于灵魂与肉体之间关系的思考："大脑损伤将永久打破思想的平衡。"这种恐惧一直延续到《重现的时光》末尾。捕捉到这些现象，也就提出了时间以及自我的统一性问题。"我们对完整的、同一的自我的直觉把握，并不优于我们对物质存在的直觉把握。我们所理解的，不多不少，正是我们的认识所能把握的东西。也就是说，是时间中的东西，是转瞬即逝的、个别的东西。"思

① *JS*, p. 267. 我们将看到，伯里耶先生使让·桑特伊发现了《人类圣经》一书，在《女囚》当中，普鲁斯特把此书置于十九世纪最伟大的集大成著作之列。

② A. Ferré, *op. cit.*, pp. 224–229.

③ 1889年1月16日（*Corr.*, t. I, p. 54）。第二天，马塞尔得到了勒南题赠的几本书。希尔贝特在贡布雷的下流动作，是普鲁斯特在龚古尔《日记》里读到的（*Journal*, Bouquins, t. III, p.666），日记引用了勒南对一位布列塔尼小女人的描写，另外普鲁斯特笔下关于玛蒂尔德公主、关于她与尼古拉一世之间的关系以及她对"家里的军人"的说辞，都得益于龚古尔的日记。

想使自我达成统一；思想是在个别之中达成自我实现的某种普遍。“何以如此？这无疑正是道德的人的深层奥秘，而哲学永远都无法完全揭示它。”不过，思想能使我们按照普遍的目的规范我们最个人的行为，此处不难看出《实践理性批判》的影子。达吕确实是一个康德式的道德家（同时他并不轻视法国的道德家，伯里耶先生就向让·桑特伊揭示了儒贝著作中的意义、精神和道德力量，同时也向他指出，不需要在物质上占有书籍，因为其精神内容已经足够，这才是本质的东西[①]。与很多哮喘病人截然不同，普鲁斯特从不热衷于藏书和收藏）；普鲁斯特从未丢掉普遍观念，也从未丢掉道德观念，在他的小说中，无论是外婆等品德最为高尚的人物，还是凡德伊小姐及其女友那样的伤风败俗之人，都是具有道德感的。达吕的道德观不属于基督教，他的思想更近于托尔斯泰[②]。除了对真理的崇拜，他没有任何其他信仰[③]。不过，在丹纳的实证主义和科学主义仍然大行其道的时代，以拉韦松、勒努维耶、富耶、布特鲁（普鲁斯特在索邦大学的老师）为代表的法国哲学一派，仍然忠实于亚里士多德，尤其是忠实于康德，从而捍卫了形而上学、唯心主义和唯灵论。在感觉和智力特别开放且渴求信仰和观念的年纪，普鲁斯特正是通过达吕接受了这种思想。他对达吕终生难忘，尽管他后来曾写道：“没有任何人对我产生过影响（除了达吕，而我承认这种影响很糟糕）。”[④]他接受这种思想还有一个原因，他跟着达吕“吃小灶”，或者在放学后仍然缠着老

① *JS*, 269. 写作《驳圣伯夫》期间，普鲁斯特再次论及儒贝关于一个人的内在才能与社会存在之间关系的思想（*CSB*, pp. 650–651）。普鲁斯特的课堂笔记还有涉及拉罗什富科的内容（A. Ferré, *op. cit.*, p. 243）。

② 达吕 1900 年在《基督教道德与当代意识》一文中援引过托尔斯泰，并断言“爱真正回答了一大部分道德问题”。从《欢乐与时日》中的短篇小说看，托尔斯泰的影响显而易见。

③ A. Ferré, *op. cit.*, p. 234. 此外，普鲁斯特还把拉比耶的《哲学教程》（Hachette, 1888）当作教材（曾属于普鲁斯特的一本《哲学教程》现藏于国家图书馆）。

④ *Le Carnet de 1908*, f° 40 v°, p. 101. 我们注意到 Anne Henry（*Marcel Proust, Théories pour une esthétique*, Klincksieck, 1981, pp. 76–79）不认为达吕对普鲁斯特具有真正的影响，理由是他们交往的时间很短，并且达吕的思想与同代人并无差别。产生这种想法，是因为作者忘记了这对师生之间的私人关系。另外，普鲁斯特在《欢乐与时日》（1896）的前言中说：“他生动的话语一定会比文字流传得更久。”因为这些话语曾对他本人“以及为数众多的人们有过思想上的启迪”。

师不停地提问，甚至一直陪他走到家门口。普鲁斯特由此成为达吕一家打趣的话题[1]，成为一个传奇人物。

开学第二天（1888年10月2日），普鲁斯特就给这位新老师写了一封信[2]，把自己“十四五岁以来”的心路历程向一个陌生人和盘托出，这种做法令人诧异，连他自己都感觉到，这种方式过于亲密了。确实，在这个时期，他已经开始反省自己，探究自己的内心世界。到了十六岁，这种探究分析就已变成了折磨，变成了难以忍受的生理性压迫。他想利用身体状况好转的间隙振作起来，战胜由这种持续的双重状态引起的疲惫和绝望。这样一来，他的痛苦就理智化了，这对他的“至上快乐”和文学生涯具有重要影响。“比如，当我重读一首勒贡特的诗，正在体味曾有过的无限快乐之际，另一个自我在审视着我，以审视我快乐的缘由为乐，发觉我快乐的缘由在于我与作品的某种关系之中，由此使我对作品本身之美产生怀疑，并且立即想象出与之相对立的美的条件，最终把我的快乐绞杀殆尽。”与瓦莱里一样，普鲁斯特的痛苦之源正是自我意识，即“紧紧盯着他内心世界的目光”。这种畸形发育的目光最初几乎是病态的，到后来将转化为创造意识。正如年轻的命运女神与她“隐秘的姐妹”最终分裂一样，叙事者的两个“我”，即审视自己生平的那个“我”（je）与经历现实生活的“自我”（moi），也产生了分裂，整部《追忆》就是围绕这一分裂展开的。此时的普鲁斯特正在经历类似瓦莱里的“热那亚之夜”的精神危机，但解决危

① 据达吕的外孙 Louis Weulerse, 见 A. Ferré, *op. cit.*, p. 249。

② *Corr.*, t. I. pp. 121–123. 1904 年，普鲁斯特向达吕奉上《亚眠的圣经》：“达吕先生，我衷心钦佩、无人可与比肩的第一人，谨表诚挚的感激与敬重之情。”

机的办法，并不是他在1888年10月2日信中确信的要消弭自我意识——他自己也认为这太可怕了——而是要从事文学创作。如同读书的“我”审视生活中的“我”，写作的“我”也在分析生活中的“我”。作者和作品之间的关系，将与作品和读者之间的关系完全对称。

在哲学班这一年，普鲁斯特仍然毫不掩饰地向他人剖白自己。此后，他有所克制收敛，但仍不时向人倾诉，倾诉的对象都是女性：劳拉·海曼、施特劳斯夫人、路易莎·德·莫尔南、德·舍维涅夫人、苏策亲王夫人。出于谨慎，他不允许自己直白地坦露心迹，而向女性倾诉，既满足了内心的需求，又不致受人责难。1888—1889年，是他毫无顾忌地大谈自己的思想、心绪、身体和欲望的最后一年，大胆露骨的程度与照片上羸弱少年的形象大相径庭。

从上一年起，达尼埃尔·阿莱维就是马塞尔的知心好友。秋天，他收到马塞尔的十四行诗《变童》：“温柔的皮埃尔、费尔曼或雅克／我愿与他们共枕、相爱或生活。”[①]阿莱维因此指责他“麻木、无赖”。马塞尔反驳说，“大错特错”，还激烈地郑重声明：“虽然你是个可人儿，虽然你明亮的眼睛真切地反映了你的精神给予我的恩赐，让我感到假如不去亲吻你的眼睛就不足以说明我全身心地爱你，虽然你的身形和眼眸完全像你的思想一样细腻优美，令我感到坐在你的膝上才能与你心心相通[②]，虽然你本人的魅力——这个你，我无法将你敏锐的精神和轻盈的形体分离开来——会提升‘爱的甜蜜欢

① *Corr. avec D. Halévy*, p. 49.

②叙事者也将把阿尔贝蒂娜放在自己的膝上——也许仅此而已。

愉'，使其更加美妙，但是，这其中没有任何东西能让我当得起你轻蔑的言辞，这些言辞本该去指责一个对女性麻木而通过鸡奸寻求另类享乐之人。"[1]普鲁斯特在此处运用了特别的论据：一些人在青春期伊始与男伴交往，但后来都转向了女性。苏格拉底和蒙田都"认为，年轻时，这种既包括肉体又包括思想的友情，远胜于和愚蠢糜烂的女人鬼混"[2]。总之，在道德上，普鲁斯特试图保持"纯洁"，请求朋友不要把他当作"娈童"者。

如我们前文所说，直到这年的年底，普鲁斯特才彻底放弃对雅克·比才的追求。1888年10月，他把一篇题为《为丁香杂志作》的文章献给比才，再次表达难以割舍的情感："哦，我亲爱的小友，难道我不能坐在你的膝上，把头靠向你的脖颈，难道你不爱我了吗？"[3]而这一位，按照罗贝尔·德雷福斯的说法，的确只对女性感兴趣。1889年1月，雅克·比才（小心翼翼地）回赠一张照片，题词是"赠予我（以及达尼埃尔·阿莱维）最亲密的朋友"[4]。同一时期，马塞尔出人意料地向同班的另一位同学拉乌尔·韦尔希尼表明心迹，和他成了朋友，经常给他写信，在普鲁斯特夫妇外出旅行时还住在他家里；而韦尔希尼则努力劝说他回归正轨。大概就在韦尔希尼的某次说教之后，马塞尔向他透露了一件事，但此事的真实性很值得怀疑[5]。他说自己"一时糊涂"，在猝不及防的情形下答应了一个男孩提出的"龌龊要求"，那个男孩比他强壮，他不得不顺从，"是我同意在先，仅此而已"。"一

① *Corr. avec D. Halévy*, pp. 50–51; *Corr.*, t. I, pp. 123–124.

② 在《索多姆和戈摩尔》当中，普鲁斯特将驳斥对同性恋的"苏格拉底式"辩护，并且不再提及蒙田。在这封信里，他又补充道："我认为这些昔日的大师都错了，我会向你解释为什么。"

③ *Écrits de jeunesse*, p. 123.

④ Catalogue de l'exposition. Jacquemart-André 1971, nº 58.

⑤ 1988年6月，这些信在德鲁奥拍卖行进行拍卖，Boisgirard目录nº 56。信上都有手写的"1888年10月26日"字样。拉乌尔·韦尔希尼上了巴黎高等师范学校，后来在公共教育行政部门任职，1940年去世（此处的资料均由拉乌尔的孙子，索邦大学教授洛朗·韦尔希尼提供）。拉乌尔·韦尔希尼把自己年轻时收到的信都毁了。上述信件也已不在他们家人手中。

个小时之后”，他还将此事告诉了他们的同学阿贝尔·德雅尔丹，随后又告诉了父亲。父亲因为知道他的癖好，没有责备他，认为他的“这个过错只是一次意外”。这个“过错”，马塞尔至少告诉了三个人，包括他的父亲（这就完全回答了父母对他的性取向是否知情这一问题）。他越过“无伤大雅的调笑”（纪德《帕吕德》中语）的界限，真的仅此一次吗？在此次遭遇半强奸的震惊和伤害之下，他是否通过向朋友们（不过不是与他过从甚密的比才、阿莱维、德雷福斯等人）告解——不是向神父告解，因为他不是天主教徒——从而纾解自己道德上的痛苦和罪恶感呢？总之，他似乎受到某种驱使，一定要将自己的事情告知他人。他仿佛与卢梭是一路人，难以抑制倾诉的冲动，后来《欢乐与时日》中的故事既是他宣泄的渠道，也为他打了掩护。这种带有自虐性质的剖白，既有快乐也有懊恼，既有炫耀的成分也有屈辱的意味，既一成不变也因时而异，暴露出少年马塞尔身上的矛盾：他想以此吸引别人，同时也明白这样会使人更加疏远。他的自我剖白，是为了求得自身的平静，是为了求得谅解，可能也是为了继续得到爱[①]。

就在同时，马塞尔迷上了劳拉·海曼[②]，并以十分奇特的方式向她表白。在他一生中的各个时期、各个阶段，他总是把对某位女性的柏拉图式情感（她们都是颇有名气的女士，即使还达不到“著名”的程度；马塞尔1888年9月在向德雷福斯提及海曼时，用的正是“著名”一词）

① 在短篇小说《一个少女的忏悔》（*P et J*, p. 90, n. 5, pp. 948–949）的最初几稿中，有一段叙述与马塞尔写给韦尔希尼的信非常相像：“几个年轻人过来看我。其中一个出其不意地引诱我做坏事。当欲望再次猛烈袭来时，我没有抵抗的意志。打这以后，就自然形成了习惯，不去抵抗快感的诱惑。世上从来不缺品性恶劣的年轻人。一开始，我后悔得要命，我向人坦白，但没人理解。”行间写道：“有一天，他利用我的某种癖好（我妈妈知道我有这种癖好），出其不意地引诱我做坏事……只有一个人是个大无赖。他所用的方式既温柔又大胆。我爱上的正是这个人。这些事我的父母都知道，他们没有任何表示。”利用、悔恨、坦白以及知情的父母，所有的要素都有了。参见《夜晚来临之前》，*JS*, pp. 167–171。

② Voir A. de Fouquières, *Mon Paris et ses Parisiens*, *op. cit.*, pp. 138–141. 1893年，普鲁斯特把在《白色评论》上发表的一篇习作“献给了葛拉荻丝·哈维”（*JS*, p. 112 et n. 4）。

与他对青年男子的暧昧关系搅和在一起。一边是施特劳斯夫人、德·舍维涅夫人、路易丝·德莫朗、格雷菲勒伯爵夫人、苏策亲王夫人，另一边是哈恩、吕西安·都德、费纳龙、莫朗、阿戈斯蒂耐利。他1921年向纪德描述和概括的情景此时已初露端倪，纪德在日记里记载："他说平生只在精神上爱慕女性，只与男性体验过爱情。"[①]重要的是，精神之爱与肉体之爱，两者同时存在（纪德也是如此，他对妻子的精神之爱伴随着他对男孩们的欲望，对马克·阿莱格雷的迷恋）。劳拉·海曼是一位交际花；同时，从她的生活排场、衣着打扮、美貌举止，以及来自各国王室贵族、文学艺术界名流的追捧来看，她俨然也是一件艺术品。马塞尔正是把她当作艺术品，仰慕她，假装爱上她，甘愿被她拥有，像她所称呼的那样成为她"心上的小萨克森瓷器"。海曼的确有收藏萨克森瓷器的爱好；在前文中我们说过，她的仰慕者之一保罗·布尔热（在普鲁斯特把她变成奥黛特之前）曾借葛拉荻丝·哈维[②]这个人物描绘过她的相貌，并给她写信说："您心上的萨克森瓷器，就是您所说的小马塞尔，真是可爱极了。"如同叙事者通过奥黛特的介绍结识贝戈特一样，马塞尔通过这个中介向布尔热表示仰慕，布尔热则回应说很高兴将与这个年轻人见面。但孔多塞中学的同学们感到这个情景很可笑，他们得知劳拉·海曼对马塞尔简直迷疯了（这样她就让侄外孙代替了外叔公），"到哪儿都带着他"；他也经常到她府上，认识了"公爵、文人和未来的院士

① A. Gide, *Journal*, 14 mai 1921, Bibl. de la Pléiade, p. 692.

② 1888年2月，后来收入《彩画集》："对她最为嫉妒的几个对手也都承认，她若是打扮起来，那种风度无人可比……她的眼睛里时而惊异时而悲伤，时而狡黠时而梦幻，这种表情再加上她快速翕动的鼻翼和轻声的微笑，使她的面容活泼生动，能让人感觉到她是个耽于幻想和情感热烈的女人。"（转引自 R. Dreyfus, *op. cit.*, pp. 45–46）布尔热的信写于1888年12月（*Corr. avec D. Halévy*, pp. 63–64）。

们”[1]。他们二人年龄相差二十岁，就像（《费加罗的婚礼》中的）伯爵夫人和凯鲁比诺。她送了他一本《葛拉荻丝·哈维》，用她一件衬裙的绸布做包装，题词是“赠给马塞尔·普鲁斯特：不要爱上葛拉荻丝·哈维这样的人”[2]。这就说明，她对这位仰慕者的感情是认真的，这样倒显得他受之有愧。他送她鲜花，后来也送她萨克森瓷，为她写诗。诗句里自然少不了丁香、“阳光般的秀发”、含蓄隐晦的香艳词句（“您的脖颈像摩尔式壁柱一样纤长／玫瑰装点着您白皙的胸膛”）以及下意识的倾诉；女人是神，也是杀手：“我的魂灵享有天福却再也见不到黎明／天神已派你下凡，哦杀手，我多么爱你。”[3]

① R. Dreyfus, *op. cit*., p. 46. 参见达尼埃尔·阿莱维1888年12月5日日记：“我和普鲁斯特、雅克一起散步，从劳拉·海曼的公馆前走过。普鲁斯特当然抵挡不住想要进去的欲望。他在里面待了一刻钟……”（*Corr. avec D. Halévy*, p. 63）

② Catalogue de l’exposition, BN, n° 119.

③ 这是达尼埃尔·阿莱维在日记中抄写的普鲁斯特“写给劳拉·海曼的诗句”（*Écrits de jeunesse*, p. 152）。

杂志

如他向达吕所说，他的健康状况确实有了明显好转，不知疲倦的马塞尔便像之前或之后的许多中学生一样，办起杂志来。此类杂志刊登一些短文，以学校里谈论的话题为主，大多是手抄，流传范围很小。直到去世，普鲁斯特一直对这种出版方式情有独钟。第一份杂志是1888年10月创刊的《绿色评论》（刊名来自二年级学生所用纸张的颜色，这是一位老师为保护学生视力而给他们指定的专用纸），由于只誊写一份在订户之间流传，所以这份杂志没有留存下来。保留至今的资料当中，有一封来自杂志“秘书”马塞尔·普鲁斯特的复信，答复了达尼埃尔·阿莱维关于将杂志保存在自己私人档案中的请求。马塞尔指出，杂志的宗旨“仅仅是消遣”，“此类游戏文章不过是想象力在无拘无束的自娱过程中留下的片段”[①]。保存下来的还有雅克·比才写的一篇小小说《乔治·罗耶》，马塞尔就此评论道：“失意者的故事是世上最令人伤感的主题之一，但它也是最具有人性、最难以理解、最神秘莫测的主题之一。”比才太年轻，还不能对此进行“哲学的”思考，但人物“莫名的无助感”有其缘由，它“把令人无奈而又不可撼动的法则摆在我们面前”[②]。撇开比才本人不谈，马塞尔的评论仿佛表明，他很早就已经预感到自己未来小说的题材将是一个失意者的故事——或者说是两个失意者，一个是斯万，另一个是叙事者——这还不算《让·桑特伊》，因为它根本就没有写完。这个主题对他产生了深刻的影响；他同时也确信，奥秘总能找到谜底，人的心理也遵循一定的法则——这正是《重现的时光》将向我们揭示的。

《绿色评论》仅出了一期，接着是1888年11月创办的《丁香评论》。之所以取这个刊名，“是因为我们出刊选用的笔记本是淡紫色的封面，这种笔记本很薄，在勒阿弗尔胡同的小文具店里花两三个苏就能买到”[③]。普鲁斯特有三篇文字被罗贝尔·德雷福斯保存下来[④]。其中第一篇是用仿古笔法——这是福楼拜、法朗士和路易斯喜用的笔法，普鲁斯特后来便不大用了——写的人物肖像，刻画“迷人的格罗科斯”，一个“孤独的、几乎一丝不挂的”

① Ibid., pp. 112–113. 这本杂志仅发行一份，我们未能看到原件，即便这本杂志确曾以草案以外的方式存在过。留存下来的有一份编辑部名单、杂志的地址（即雅克·比才的地址，也就是施特劳斯在奥斯曼大道134号的住址）、一份会议记录（ibid., p. 114）。

② Ibid., p. 118.

③ R. Dreyfus, *op. cit.*, p. 56.

④ 全文见 *Écrits de jeunesse*, pp. 121–127.

的年轻人。格罗科斯把收到的“朋友来信”拿出来炫耀，“信的抬头都是这样写的：‘我亲爱的小格罗科斯、格罗科斯我的宝贝、哦我最亲爱的朋友，要么就是我的小心肝儿、我的小宝贝儿。’”“他极度渴望像他爱别人那样得到某个人一往情深的爱恋，所有这些梦想”[①]其实都是马塞尔的梦想。接下来这段话与其说是现实不如说是祈望：“今天，他的心绪平静下来。但他有很多朋友，其中有几位朋友是深爱着他的……时常，他坐在某个朋友健硕的双腿上，耳鬓厮磨，肢躯交叠，和他谈论亚里士多德的哲学和欧里庇得斯的诗歌，两个人一边亲吻爱抚，一边高谈阔论。”在普鲁斯特性意识的发展过程中，此时正值他耽于苏格拉底式的男性性爱幻想的时期，满脑子都是希腊的裸体、爱抚（仅此而已）、智慧，而格罗科斯正是他幻想中的自己。第二篇是“为丁香杂志作，不得长期保留，致亲爱的朋友雅克·比才”，故事的主人公夜晚独自一人躺在床上，“身边的小桌上放着装帧精美的小书，还有朋友和情人的来信”。他声称，“凡世间习见之物，比如大自然，既然我无法征服，我便将其奉若神祇。我用自己的灵魂、用我内心的想象、用最华丽的图景来装点它们。我是万物的中心”[②]。这不正是《贡布雷》开篇在睡梦中浮想联翩的那个人吗？最后一篇是《剧场印象》[③]，其中提到了儒勒·勒迈特，马塞尔在《争鸣报》上读过他的剧评；还提到了几位演员，包括“神奇的”穆奈–叙利、“坏家

① 下文紧接着写道：“这些梦想他都一一实现了。但友情一旦得到餍足，随即另有所属。”此处所说的见异思迁实际上是夫子自道。Ibid., p. 120，德雷福斯认为此文写作时间为“1888年10月15日前”，这就与他所说的杂志存续时间有些不吻合。

② Ibid., p. 124.

③ Ibid., pp. 126–127, 1888年10月29日之后不久。

伙”阿尔贝·朗贝尔和“非凡的”韦伯小姐。文中还提及不少剧目：《阿达利》、活报剧《今年的笑料》（王宫剧场上演）、《迷娘》、《灰姑娘》（夏特莱剧场的幻梦剧）、《羊蹄》（圣马丁门剧场的幻梦剧）以及《咪咪》（在新剧剧场上演的滑稽歌舞剧）。假如马塞尔在1888年10月的确已经看过这些剧目的话，就说明他与《在斯万家那边》和《在少女们身旁》的叙事者一样酷爱戏剧。不过，与十九世纪的法国小说大家巴尔扎克、左拉、龚古尔兄弟等人不同，普鲁斯特从未写过剧本；他虽然在作品中屡屡提及演员，表明对戏剧的喜爱，大量引用拉辛，但他过于专注寻求对话背后的东西，这一点使他无法满足于舞台上的对话本身。

初试批评锋芒的普鲁斯特接着将矛头指向他的同学，倒霉蛋达尼埃尔·阿莱维，给他上了一堂严厉的文体课。在阿莱维的诗歌《爱》（同题两首）的页边上，普鲁斯特批注道：“愚蠢的想法、语言和韵律”“令人作呕的陈词滥调”“幼稚”“废话太多”“粗鄙”“不像法语”。概括起来，就是指责他没有忠实、完整地表达自己的思想。马塞尔已经懂得，必须绝对忠实、完整地表达自己的真实想法，这也是他热衷于自我剖白的一个原因。凡是“拙劣的比喻”，凡是“自然主义的因而也是愚蠢的东西”，凡是“颓废的”、来自达尼埃尔·阿莱维崇拜和模仿的颓废派的东西，他一概拒绝。普鲁斯特虽在修辞班时期一度受到颓废派的诱惑，但随即将其抛弃，这也使他终生免受时髦的先锋派艺术风格的影响。他向朋友推荐的作家充分反映了他的古典修养和趣味："请多读一读荷马、柏拉图、卢克莱修、维吉尔、塔西佗、莎士比亚、雪莱、爱默生、歌德、拉封丹、拉辛、维庸、特奥菲勒、博絮埃、拉布吕埃尔、笛卡儿、孟德斯鸠、卢梭、狄德罗、福楼拜、圣伯夫、波德莱尔、勒南、法朗士。"[①]这些作家中，当时只有最后两位仍然健在。

哲学班结业时，他获得了法语作文一等奖，同时获得中学毕业证书。这一年的学习，对普鲁斯特形成唯心主义和理性主义的思想体系具有重要作用，由此形成的对理念、规律以及康德的认识方式的信仰他终生未变。他最早的议论文已经显露出批评家的自信，热衷于办杂志也预示了他的文学志向。另外，既然他看起来总是被年轻的同性所吸引，他的性取向便难以掩盖，即使他总是在承认之后再加以否认。中学毕业之际，他的许多人格特征已经定型，他作品中的许多主题也已经在不知不觉中形成，等待有朝一日被重新唤醒。

不过，在他的作品里，中学时代的朋友似乎没有给他留下特别愉快的回忆。《让·桑特伊》里没有出现学校日常生活的场景，只有有限的几页提到了中学的同学，《追忆似水年华》里则根本没有他们的影子。班级、老师、同学都不见了，比才、德雷福斯、阿莱维、拉萨勒也都消失了。写作《欢乐与时日》的年轻人，已经把学校生活完全抛在脑后。数年中学时光留给他的东西，有文学和哲学素

① 马塞尔最后说"还有无与伦比的路德维克·阿莱维"，以此向朋友达尼埃尔·阿莱维的父亲致敬（ibid., pp. 157–167）。

养，这是他经常要用到的，有初恋的体验，有同性恋倾向的自我发现，以及由此而来的种种许诺、苦恼和拒绝。与同学合办的杂志为《欢乐与时日》提供了最早的篇章，或者它们的初稿；除此之外，对一个病弱的少年来说，缺课是常有的事，只有在家里他才是快乐的。他的学习成绩还不错，虽然不太稳定，也并不是特别出色，但这也再次证明，学习成绩与文学成就不能混为一谈。最美丽的诗篇并非出自班级前几名之手，而是出自离经叛道者之手，出于那些既不写《小东西》，也不写《吾友之书》以及《童年故事》之类作品的作家之手。对他这样的作家而言，学校的经历很快就忘记了。

IV

长假
（1889—1891）

有的人可以同时有属于不同年龄段的表现。1889年7月底，马塞尔通过了中学毕业会考，获得了几个奖项，但他仍然像一个长不大的孩子，再次陷入痛苦之中。母亲带着罗贝尔去萨利–德贝阿恩疗养，一开始并没有想到大儿子“心理上的孤独”，后来在信里发现他“心里七上八下”，不免担心起来（但她在回信时仍没忘记要幽他一默：“而且你是在被‘扒下’的时候写的这封信”，等等），在信中说“你的脉搏和文笔都跳得太快”[1]。他永远是个孩子，“与妈妈分离”是他最大的痛苦。

① *Corr.*, t. I, p. 131, 1889 年 9 月。

奥斯坦德·费纳利一家

不过，马塞尔并不是一个人独处。他此时住在费纳利家，地点是欧洲最时髦的疗养地之一、比利时的奥斯坦德。每年夏天，比利时国王都要亲自为这里的疗养季揭幕，当地的娱乐场拥有一支一百五十人的乐队，每天都要演出好几场。这里有细沙海滩、精致的公园和各种节庆活动，让度假者尽情娱乐[1]。奥拉斯·费纳利是马塞尔在孔多塞的同班同学。费尔南·格雷格曾提到，他们一家人都是“莎士比亚戏剧里的人物”。奥拉斯“成年后执掌巴黎–荷兰银行，并一度把持法国金融界。当时的奥拉斯是个结实强壮的小个子，喜欢形而上学，性格忧郁懦弱，像极了哈姆雷特，若有一剑在手就更像了”[2]。他不仅是普鲁斯特笔下布洛克的原型，也是吉罗杜小说《贝拉》（1926）中摩西的原型[3]。他的父亲雨果·费纳利，“长着一双短腿，又矮又胖，留着奥地利式的小胡子，是波洛涅斯的绝佳扮演者”[4]。他在巴黎–荷兰银行担任要职，他所代表的金融界上层人物，包括罗贝尔·德·比利的岳父、富尔德家族以及罗斯柴尔德家族，是马塞尔经常往来的对象，他们往来的频密程度远远超出我们的想象。在他的小说中，他们被化作鲁弗斯·以色列以及纳西姆·贝尔纳等人物形象。费纳利夫人是一位“出色的女性”，主持着一家文艺沙龙，波尔托–里什是座上常客；她与马塞尔一直保持来往，后来马塞尔想在佛罗伦萨找一套别墅的时候还找她帮忙。她还有一个女儿，名叫玛丽，苍白的脸上嵌着一双海蓝色的眼睛。马塞尔1893年写给罗贝尔·德·比利的信中说：“费纳利一家真是亲切迷人，他们既聪明又漂亮！玛丽小姐就像是但丁·罗塞蒂画笔下的人物，罗塞蒂就这样来到皮埃尔–沙隆街，遇到了奥

① *Bottin mondain*, 1903, p. 768.

② F. Gregh, *L'Àge d'or*, *op. cit.*, p. 164；奥拉斯·费纳利（1871—1945）。

③ Voir la notice de Brett Dawson, J. Giraudoux, *Œuvres romanesques*, Bibl. de la Pléiade, t. I, p. 1794 ; il renvoie à D. Desanti (*La Banquière des années folles*, Folio, 1980), H. Coston, E. Beau de Loménie pour connaître la biographie de Finaly ; tous se sont inspirés de R. Mennevée, « Notices biographiques, personnelles et familiales », *Les Documents politiques, diplomatiques et financiers*, septembre 1937, pp. 401–419. 对摩西这个人物，吉罗杜赋予了费纳利丑陋的相貌和肥胖的身材，赋予了他的政治与社交关系以及“对政治和金融的幕后影响”；普鲁斯特在小说创作中将更多地利用这些素材，而对费纳利本人的着墨并不多。布洛克，就是费纳利减去摩西。

④ 格雷格不知不觉中以一种非常普鲁斯特的方式补充道：“我们简直想象得出，他的儿子哈姆雷特–奥拉斯身着击剑服，一边喊着‘老鼠，老鼠！’，一边透过地毯把它一剑刺穿。”（*op. cit.*, p. 164）

拉斯无可争议的创造者莎士比亚。”[①]奥拉斯痴迷古典，据说能诵读荷马的原作。他的一些特点体现在布洛克这个人物身上，还有一些特点体现在奥克塔夫身上，整个家庭成为布洛克一家的原型[②]。雨果·费纳利夫人的叔叔、“前辈伟人”[③]奥拉斯·德·朗多住在佛罗伦萨，格雷格给他起了个绰号“里拉之王”，因为他是罗斯柴尔德家族在意大利的代表，在那里发家致富。他的文化修养、机智风趣和丰富的藏书广为人知。他后来买下特鲁维尔的弗雷蒙别墅送给侄女以“打趣”她，卖主阿尔蒂尔·贝涅尔惊呼道：“真是‘杰出的打趣王’！”[④]普鲁斯特借奥丽阿娜·德·盖尔芒特之口说出这个字眼，用来形容把城堡送给妹妹德·马桑特夫人的夏吕斯[⑤]。马塞尔写信给德·朗多先生，说自己“希望再次沉浸在（他）红灰色大胡子、湛蓝色眼睛和淡蓝色领结的波涛之中”[⑥]。可见，与他们一家人的往来，对这位未来的作家大有裨益。

在《让·桑特伊》中，奥斯坦德通过回忆得到重现。对任何事物，普鲁斯特都（至少）要经历两次：一次是真实的、日常的经历，另一次则是它在记忆中复活。他的写作和思考，并不是在他身处这片比利时海滨之际，而是在十年之后。“离那儿不远就是他小时候曾经去过的奥斯坦德……当他感到往昔以这样一种不同的方式与现在联系起来，当他想到沿着广阔的灰色海洋的灰色岸边前行……就能到达奥斯坦德……那片孤立于世界之外的海滩，一种非常奇特的感觉油然而生。”[⑦]于是，在回忆起“北海、波

① *Corr.*, t. I, p. 197. 在马塞尔1892年住在特鲁维尔的费纳利家中时，我们将再次谈到他们一家人。

② 让娜·德·卡雅维（闺名普凯）如此形容住在特鲁维尔的费纳利一家：“所有的人都躲着他们，因为这家人爱出风头，粗门大嗓，平庸无奇。”（M. Maurois, *Les Cendres brûlantes*, Flammarion, 1986, p. 477）

③ F. Gregh, *op.cit.* 就这方面而言，他是纳西姆·贝尔纳的原型。

④ 这是个双关语。动词taquiner是“打趣”的意思，名词taquin是“爱打趣的人”；罗马王政时代第七任君主卢基乌斯·塔奎尼乌斯·苏培布斯的名字在法语中写作Tarquin le Superbe，其谐音taquin le superbe, 意思是“杰出的打趣者”。——译者注

⑤ *RTP*, t. II, pp. 756–758. 参见十五人译本（三）456—458页。

⑥ *Corr.*, t. I, p. 295, 1894年5月24日。这也是纳西姆·贝尔纳的相貌。

⑦ *JS*, p. 392.

罗的海、迪耶普外海”的时候，让·桑特伊发现，一旦大自然“使我们感觉到曾经感觉过的东西，就会径直把我们带到由回忆构成的奇妙世界中的某个所在。其实，这个由回忆构成的世界已经变成了真实的世界”[1]。

在奥斯坦德停留期间，马塞尔暴露出性格中的脆弱敏感，费纳利夫人为母亲的健康担心，也让他十分难过。普鲁斯特夫人在给他的信中不无讥讽地写道：“我知道，这位可怜的费纳利夫人伤心难过也让你不好受，但你要想一想，她的母亲该有多大年纪！”[2]同时，他的生活似乎非常躁动不安，母亲再次给他写信：“我要求你绝对地安静，生活要有规律，每天老老实实地待上几个小时，别到外面乱跑。”波涛汹涌的北海让年轻人心潮澎湃，海浪、狂风、暴雨召唤着他[3]。这种在普鲁斯特夫人看来“过于强烈”的兴奋不仅涉及身心，而且还有艺术的意味，它使马塞尔认识到从《欢乐与时日》开始便反复申说的一个主题：“那些还未尝到愁苦的滋味便厌倦生活，沉湎于神秘，似乎预感到现实难以使之满足的人们，大海总会让他们心醉神迷。那些还没有精疲力尽便需要休息的人们，大海会在不知不觉中给他们安慰，令他们振奋。”[4]这个波德莱尔式的主题与另一个关于夜晚的焦虑、母亲缺席的主题互为补充：“大海的魅力在于，它在夜晚也从不停歇，让我们忘却生活的烦恼，进入梦乡，并向我们允诺，并非一切都将化为乌有。就像幼童房间里彻夜不熄的烛火，只要它还亮着，孩子就不会感到特别孤独。”[5]读者由此看

① Ibid., p. 397.

② *Corr.*, t. I, p. 129.

③ *JS*, p. 396.

④ « La mer », *P et J*, pp. 142–143, 作于1892年9月，1892年11月刊于《会饮》杂志。

⑤ Ibid., p. 143.

到，早年的所思所虑寄寓在新的语言里，奥斯坦德正是特鲁维尔的先声。

阿尔芒·德·卡雅维夫人

这年夏天，马塞尔被引荐到巴黎一家有名的文艺沙龙。在马塞尔·普鲁斯特和朋友格雷格眼中，阿尔芒·德·卡雅维夫人[①]是富有、沙龙和激情的代名词。这位夫人闺名莱昂蒂娜·李普曼，生于1844年，与阿纳托尔·法朗士同岁。她的父亲是原籍德国的银行家。她受过良好的教育，聪明，喜欢艺术，能讲四种语言，珍视友情，此时风韵犹存，碧眼黑发，脸上总是带着生动而又讥诮的微笑。她对文学的爱好，依时风都倾注在文艺沙龙上。早先，她经常造访奥贝侬夫人的沙龙，应该就是在那儿，她于1883年结识了阿纳托尔·法朗士。嫁给阿尔芒·阿尔贝（他的母亲姓卡雅维）之后，复姓外加一个“德”字，使她像很多人那样得了一个贵族的虚衔。夫妇二人都算不上忠诚，但也没有离婚。位于奥什大街12号的一处宅邸供她开门延客，举办沙龙。客厅里，阿尔芒夫人坐在壁炉右边的安乐椅上，法朗士站在壁炉前面[②]，每当阿尔芒先生喋喋不休地奚落法朗士时，夫人便道：“住口，阿尔贝，你净说些蠢话。”德·卡雅维先生对文学的贡献，除了作为丈夫的殷勤随和之外，还体现在以笔名吉普·陶普赛尔为《费加罗报》撰写游艇专栏上。法朗士曾

① Voir M.-C. Bancquart, *Anatole France, un excentrique passionné*, Calmann-Lévy, 1984, pp. 143–154, 164–166, 179–193, 202–206, 214, 283–323; F. Gregh, *L'Âge d'or,* p. 173–183. A. France et Mme de Caillavet, *Lettres intimes*, Nizet, 1984; M. Maurois, *op. cit.*, pp. 51–64 et *passim*.

② 如同马拉美在罗马街的自家沙龙里站在火炉跟前，火炉前也是瓦莱里喜欢的位置——在他与女主人上床之前。

为他的一篇文章润色，结果增写的部分没有被报纸采纳。“哈哈！大作家，大院士！我们妙笔生花的地方，他们认为都是废话！”法朗士只淡淡地回应道：“阿尔芒先生，深得写作之道……”[1]

① F. Gregh, *op. cit.*, p. 180.

每个星期，都有成批的作家、议员、律师、剧场演员和画家造访这个沙龙——但没有音乐家，法朗士和阿尔芒夫人都不喜欢音乐；来宾当中有普安卡雷、巴尔图、饶勒斯、克雷孟梭、普鲁斯特与吕西安·都德的朋友普里莫利伯爵、画家蒙卡奇（普鲁斯特后来还会提到他）、马塞尔·施沃布、尚未当选院士的巴雷斯以及莫拉斯等人。星期日举行的招待会，常有一百多位来宾出席。星期三的晚宴上，都有“特定的”话题，让人联想起维尔迪兰夫人[2]，出席者包括：小仲马，希腊学家、索邦大学教授、《希腊怀疑派哲学家》作者、阿尔芒夫人在法朗士之前的情人布罗沙尔（布里肖的原型），热衷社交、最终被自己的一位患者谋杀的著名医生波齐大夫，勒贡特·德·利尔，埃雷迪亚，勒南。另外，还有法朗士……在1888年，他与阿尔芒夫人是一对备受嫉妒折磨的情人，爱恨交织、分分合合，法朗士的嫉妒之深炽，与斯万或盖尔芒特亲王夫人不相上下。其实，假如普鲁斯特能猜出人物背后原型的话，《红百合》一书就已经向他透露了这场恋爱的秘密。他当时只看到表面现象，这本来就足以供他日后构思贝戈特的私生活了；但卡雅维夫人去世后，阿尔芒之子加斯东的朋友罗贝尔·德·弗莱尔曝出真相，才终于让普鲁

② M.-C. Bancquart, *op. cit.*, p. 145.

斯特看清了在自己身边上演的这出戏。贝戈特的私生活也由此成为人们指摘的对象，受到谴责。不过，贝戈特身边并没有文艺女神给他灵感，而人们普遍认为，卡雅维夫人对法朗士的思想和创作具有重要影响。卡雅维夫人去世后，法朗士写出了名作《诸神渴了》；继《天使的反抗》之后，法朗士重返难以忘怀的童年，写出了《小皮埃尔》（1919）、《花样年华》（1922）等书。法朗士早于普鲁斯特出生，又晚于普鲁斯特离世，但在普鲁斯特的作品里，他永远活着，至于在现实中，时髦也好、过气也罢，执文坛牛耳也好、被他人取代也罢，都已无关紧要。

普鲁斯特与法朗士

阿纳托尔·法朗士1886年3月21日开始为《时报》撰写文章。普鲁斯特从十五岁起就阅读他的作品："每个星期六都是我的节日，《时报》带给我最纯粹的快乐。四年来，我把您的大作读了又读，直到背诵下来。而且，这四年来，我全身心地爱您，相信自己是多少能够理解您的。"他还把这些信件读给孔多塞中学的同学和老师（向他们"灌输"）。"大思想家"达吕"从内心深处喜爱"法朗士的作品，而法朗士在评论集《文艺生活》中也多处引用他与哲学家达吕的谈话。达吕属于唯心派，但不是怀疑论者。法朗士对普鲁斯特来说将是一个中介，依照多年以后《重现的时光》中的美学理论，艺术家就是要在各类书籍、各种思想和各色人物当中发现一种“人们从前无法享有的美”。只是，法朗士的“外表”是普鲁斯特想象不出来的[1]。此人在普鲁斯特眼中是何等形象，读者既可在贝戈特身上看到，也能在费尔南·格雷格的回忆录里看到，而且更加准确。

格雷格由马塞尔·普鲁斯特引荐到阿尔芒·德·卡雅维夫人的沙龙，她是《会饮》杂志最早的订户之一。格雷格记下了两个年轻人眼中的法朗士：一张绝顶聪明的脸，带着思考留下的皱纹，殷勤地俯下身来向人致意，给人的第一印象就是平易近人。德·卡雅维夫人“使他认识到自己的价值，让他下定决心写出不朽之作”[2]。在沙龙里，法朗士面带微笑（“不过，不知从何时起，谈起政治的时候，他会由于激动而板起面孔”），时而长篇大套地发表一番宏论，尽管更多的是阐述观点而不是讲故事；偶尔犹犹豫豫、含含混混地讲一段掌故，也只是为了佐证自己的观点。他的头发剃得很短，下巴留着尖尖的山羊胡，两撇唇髭捻起来翘向两边，“俨然波拿巴手下的骑兵上校”，但这副雄赳赳的武夫之相被他的微笑冲淡了。后来，他又留起了白色的络腮胡，“总之，他是个可爱的老人，与布德尔所做的雕像一模一样。在沉思者略带忧伤的严峻表情背后，隐藏着一丝怀疑主义哲学家的微笑”。他有一双令人钦羡的黑眼睛，“闪烁着光芒”，不经意间已将一切尽收眼底。

他在谈话中流露出广博的学识。普鲁斯特有一天问

① *Corr.*, t. I, pp. 125–126, 1889 年 5 月 15 日，信末署名“一个哲学班学生”。

② F. Gregh, *op. cit.*, p. 174 *sq.*

他："法朗士先生，您怎么会知道这么多东西呢？""这很简单。我像您这么大的时候，没有您这么漂亮，不太讨人喜欢，也不和别人来往。我就待在家里看书，不停地看书。"[①]他的谈吐，"既尖刻又温厚，既风趣又优雅，既质朴又渊博，既天马行空又通情达理，令听众着迷"[②]。他在《时报》的专栏文章，结集为《文艺生活》，同样在轻巧之中，不时穿插着一个受伤灵魂的心声。

1889年10月或11月，普鲁斯特被引荐给阿尔芒·德·卡雅维夫人和阿纳托尔·法朗士，同时也结识了加斯东·德·卡雅维。1922年[③]，他在给加斯东遗孀的信中说："不，我在中学时不认识加斯东。他有可能和我在同一所中学（孔多塞中学）上学，但我在学校里并不认识他。我不记得是谁把我介绍到他母亲的沙龙，我记得的是，当时我正准备去服兵役，那会儿我还很年轻，因为那是所谓的志愿兵役的最后一年……他结束兵役的时候我正准备开始当兵，只是在短暂的'休假期间'，我在他母亲那儿碰到了他。他真是可爱极了，我们马上就成了好朋友。"

服兵役

1889年11月11日，马塞尔·普鲁斯特开始服志愿兵役。按照1872年7月27日的法律[④]，此类志愿兵役为期一年。其实，不久前于1889年7月18日颁布的新法已经修改

① Ibid., p. 173.

② Ibid., p. 182.

③ *Corr.*, t. XXI, p. 137, 1922年4月19日。这封信还讲到了加斯东对马塞尔的友情以及马塞尔对加斯东的感情，这种感情使马塞尔免受"因对普凯小姐的痴情而产生的巨大痛苦"（p. 138）。

④ 这一法律是当时梯也尔与议会妥协的结果：梯也尔主张通过抽签建立一支职业军队，议会则希望像德国一样通过短期普遍义务兵役制建立一支国民军。该法律规定，二十岁至四十岁的每个法国人都可能被征召入伍，在部队正式服役期为五年。军队中每个单位通过抽签决定，有一半人须服役满五年，另一半服役一年。如果某人受过一定教育并有能力自行支付装备费用，则可比同批适龄应征者提前一年入伍，并签订一年期的"有条件参军"合同，而后须通过考试晋升为预备役士官，然后通过第二次考试晋升为预备役军官（Voir J. Chastenet, *Histoire de la Troisième République*, t. I, Hachette, 1955, p. 133）。

了兵役制度，将服役期定为三年[1]，取消了抽签制度和志愿兵役，但一年期的志愿兵役在当年仍予保留，普鲁斯特因此避开了新增的两年服役期。此时，军队已开始成为知识界的批判对象。阿贝尔·埃尔芒的小说《骑士米泽雷》被阿纳托尔·法朗士痛斥为“反爱国主义”的作品，并被军官们在军营的院子里烧毁。但利奥泰为这部小说辩护，他本人也于1891年写了一篇不合时宜的长文《论普遍兵役制中军官之社会角色》。吕西安·德卡夫1889年因写作《士官》一书，受到法庭审判，不过最终无罪释放。达里安、佐·达克萨[2]、古尔蒙、佩拉当、保罗·亚当等人，都发表了很多反军国主义的作品。左拉的小说《崩溃》也没有从正面描写军队。与普鲁斯特同一时期服志愿兵役的保罗·瓦莱里愤怒地吼道：“我已经当了整整一个月的奴隶了，这是为祖国作出痛苦牺牲的一个月。这一个月已足以使我认识到德卡夫书中所写的残酷现实……脚下烤着火、手上擎着酒杯的人，谈谈什么自我牺牲，那还不容易！对那些无所用心的人们来说，找几个词对颓废的士兵抨击一番，也就是抨击那些在腰带的桎梏下仍然愿意思考的人们，同样也不难！依我看，祖国并不在某一面飘扬的旗帜之下，也不是一块界限分明的土地。”[3]

不过，直到德雷福斯事件之前，在大多数人的心目中，由战时最高统帅索西埃将军和参谋长米利贝尔将军[4]领导的军队仍然享有很高的威望。普鲁斯特与当时的大多数法国青年一样，毫不犹豫地服从征兵要求，没有考虑

① 某些具有学士学位的人、未来神职人员、家庭赡养者除外，这些人只服役一年（ibid., t. II, p. 248）。

② *La Revue blanche*, avril 1896.

③ P. Valéry, *Lettres à quelques-uns*, Gallimard, 1952, p. 11, décembre 1889.

④ 这两个人的名字均在《追忆似水年华》出现过。*RTP*, t. II, pp. 404, 531；参见十五人译本（三）97、228 页。

以健康原因免服兵役（这与他在大战期间的表现截然不同）。他于11月15日抵达奥尔良，作为二等兵编入第76步兵团①。他的“军人功业”由此开始，马塞尔后来在回答一份问卷时表示，这是他“最为景仰的”②事业。关于他当兵情况的直接记载非常稀少，他服役期间写的信我们只见过一封。因此，笔者只能根据一些间接的记载、小说中的对应情节和回忆中提及的相关内容拟构他的这段经历。

普鲁斯特开始进行击剑、各种体能练习和步兵部队的军事训练。由于哮喘发作时会影响他人休息，上尉要求他申请住在城里③。于是，他借住在奥尔良城里巴尼耶城郊街92号朗伏瓦泽夫人家中④。体能练习很难讨他喜欢，《盖尔芒特家那边》的叙事者就提起过，在团里的“独木桥练习”中，他还没有完成一半就掉了下去⑤。穿上军装，“过长的斗篷和沉重的高筒帽”让他活像滑稽电影里的人物⑥。罗贝尔·德·比利1890年2月在卢瓦莱省省长波涅先生的晚宴上与他相识，多年以后仍然记得，“他的斗篷过于宽大，言谈举止不像个标准的军人”⑦。第一个月过后，步兵普鲁斯特绝不会像他日后自称的那样快乐，因为他母亲还得像往常一样安慰他：“总之，亲爱的，已经过了一个月，这只蛋糕只剩下十一块了，其中还有一到两小片会在休假中消耗掉。”她爱子心切且童心未泯，又想出一个与美食有关的主意：“我想到一招，可以帮你把时间过得快一些。拿十一块你特别爱吃的巧克力，只在月

① 该团一营二连（*Corr.*, t. I, p. 136, n. 4）。来自塞纳省的新兵被分别派往布鲁瓦（Blois）、奥尔良和蒙塔尔吉（Montargis），其中八十名“志愿兵”来到位于奥尔良巴尼耶城郊街131号的科利尼（Coligny）军营，遵照弗莱西耐（Freycinet）部长的命令，“有条件参军者”与其他新兵混编在一起。关于上述问题，请见Clovis Duveau的精彩文章“Proust à Orléans”及插图照片，*BAMP*, nº 33, 1983, pp. 9–68。

② *CSB*, p. 337.

③ *Corr.*, t. XVIII, p. 412, 1919年10月，致比内－瓦尔梅。

④ Ibid., t. I, p. 56. Cf. *JS*, p. 569：“他们沿着巴尼耶城郊街，来到租住的那所小房子。他们推开大门，取了信件，上楼来到他们的房间。幸好天气很热，让请朗伏瓦泽夫人端上来潘趣酒，给其他几个人喝。”朗伏瓦泽一家主要经营房屋出租并供应餐食，租出去六个房间，房子距离军营有五分钟的路程。马塞尔曾与母亲说起“像朗伏瓦泽家那样的亲密气氛”（*Corr.*, t. II, p. 138）。

⑤ *RTP*, t. II, p. 623. 参见十五人译本（三）321页。

⑥ *JS*, p. 568, et G. Cattaui, *M. Proust. Documents iconographiques*, Genève, P. Cailler, 1956, nº 30, sans shako, 31, 32, 33 (un livre ouvert à la main).

⑦ R. de Billy, *Marcel Proust. Lettres et conversations*, Les Portiques, 1930, p. 22. 比利还写道：“我们常常借用福楼拜描写布瓦尔和贝居榭偶然相遇时所用的语言，愉快地回忆起那个夜晚。”

末那一天吃掉一块，你会惊讶地发现时间过得飞快——你的流亡生活也会随之而去。”[①]普鲁斯特后来写信给一个正在当兵的朋友，告诫他要“快乐也就是要勇敢地”面对厌倦、面对流亡[②]。直到多年以后，当全部伤感、无聊和恐惧的记忆都已抹去，只留下快乐的回忆之时，他才会偶尔提及当兵的经历，所以，看待马塞尔·普鲁斯特所称的“军营天堂”[③]时，必须有所保留。他本人也曾对父亲谈起，“伤感无处不在，这一年的分别即使不是个中原因，至少也是借口，也是理由”；还告诉父亲，自己“根本无法集中精力，无法看书，记忆力减退”，这都是轻微抑郁的表现[④]。

由于受到种种优待，他的日常生活不会十分繁重，但马塞尔似乎常常与战友们同甘共苦。《贡布雷》最早的草稿中写道：“军营里微露曙光，我们就急忙赶往食堂。喝了滚热的牛奶咖啡，马上整队出发，军乐团在前面开路。此时天刚刚亮，城市还在酣睡。”[⑤]他甚至还打过枪，枪的后坐力弄疼了“肩胛骨”[⑥]，让他终生难忘。

这种既无大悲也无大喜的生活能给人留下愉快的回忆，这恰是《欢乐与时日》中《回忆的风俗画》一文的主题。在这篇短文里，如同在《让·桑特伊》和《盖尔芒特家那边》一样，他当兵的城市是以一系列荷兰风格“风俗画”的形式出现的：“我的军营生活充满了这样的场景，平平常常，既没有强烈的快乐，也没有沉重的悲伤，如今

① 1889年12月14日信（*Corr.*, t. I, p. 136），当时的情形是，马塞尔刚刚被取消了一次休假，奥拉斯·费纳利来过奥尔良。12月16日，马塞尔被调入教导排。

② 1893年12月28日致皮埃尔·拉瓦莱，拉瓦莱当时正在沙特尔服兵役（*BAMP*, n° 11, p. 339）。

③ P. Robert, « Le paradis militaire de Marcel Proust », *BAMP*, n° 33, 1983. 普鲁斯特1905年5月在给迪普莱的信中说（*Corr.*, t. V, p. 183）：“真是奇怪……我们对军营的感觉大不一样，你认为是牢狱，我认为是天堂。”

④ Ibid., t. I, p. 161.

⑤ *RTP*, t. I, p. 634. Cf. p. 634 et p. 635 et p. 638. 清晨起床喝咖啡的回忆被移植到《盖尔芒特家那边》中，同时还有对下午在军营寝室里午睡的回忆（最早出现在《让·桑特伊》当中），另外还有很多细节，我们无从得知来源。*JS*, p. 551. *RTP*, t. II, p. 393，参见十五人译本（三）85页。

⑥ *RTP*, t. IV, p. 387.（参见十五人译本［七］119页。小说原文中有“76”字样，中译本译作“七六式”；“七星文库”版有一个注释，说不存在“七六式”步枪这一型号，可能是枪体上有“1876年制造”字样云云。上述译文和注释均不确，“76”其实是普鲁斯特服兵役时所在团的番号，见前文。——译者注）

回忆起来还充满温情。那些地方带有田野的风味，一些农民出身的战友非常淳朴，与我此前及此后交往的年轻人相比，他们身体更为健美，气质更为独特，心性更为憨厚，性格更为简单。生活也特别平静，与其他日子相比，那时候做事更有规律，想象力也不受束缚。”[1]这篇出自本人之手的自传性文字清楚地告诉我们，究竟是哪些东西减轻了流亡生活的痛苦。普鲁斯特生活在同伴中间，重新发现了中学里的诱惑、快乐和幸福。不同社会背景的人们混杂在一起，令他的欲望带有陌生感，他日后还会回想起来。另外，在当时，出身中产家庭的年轻人在部队里不像今天那样被孤立，因为如今的各种豁免条件、“优越岗位”和“国际合作”已经导致了两种服役模式，也导致了社会分化。看起来，家庭条件比他差的战友们也没有给他任何刁难。普鲁斯特一家交际很广，使他有机会成为上级军官的座上宾（这在今天是不大可能的）。在《一个教士的青年时代》[2]一书中，朱利安·本达回顾了同一时期在部队里同样受到特殊照顾的日子。他与农民和工人子弟同居一室，同伴们并没有因为他出身富有而忌恨他，反而因为他“教育程度高”而对他“另眼相看”，“能够理解（他）干不了粗活……对（他）在这些方面的低能给予深切的同情”。同时，他遵守纪律和上下级关系，服从军官的命令，懂得如何“在必要时暂时放下精神生活，过一种纯动物的日子，甚至从中发现乐趣……也许，在每一个知识人的内心深处，都沉睡着一个原始人”。两个年轻人具有惊

① *JS*, pp. 130–131.

② Gallimard, 1937; éd. de 1989, pp. 99–107.

人的相似之处。没有人怀疑，军队纪律、严格作息和普鲁斯特医生强调的生活卫生[①]给他带来了内心的平静。部队以一种严厉而权威的父教，取代了往往有害的家庭温情。你不再需要意志，因为有人代替你表达意志，而缺乏意志正是马塞尔经常受到父母责备的缺点。每天户外活动、上床睡觉都有了固定的时间。此外，马塞尔生性擅长社交，对来自不同阶层和背景的任何人都能应对自如，这无疑使他很快就被同伴们接受，也得到长官们的认可。他后来写给当时的中尉皮埃尔·德·奥尔良（一份军事报告中说，他是个方方面面都很糟糕的军官，"而且"品行可疑）的信便是例证："您问我是否忘记了当时的长官当中有一位华勒夫斯基，一位纳维尔，我当然没有忘记。对他们二位我至今仍心存尊敬和感激，而且，我敬重的远不止他们二位，我还经常想起阿韦尔上校、阿佩尔少校。各位长官的特别关照让我心存感激，对他们个人的情感推而广之，使我对军队也怀有同样的情感。随着时间的推移，我的想法逐渐变化，我感到军队生活是我最心仪的生活方式。"[②]

长官当中，有一位少校军医科普夫，他照料马塞尔的健康，曾到普鲁斯特府上做客（马塞尔1894年写道，自己"很喜欢他"，"离开他之后很闹心"）；还有肖莱中尉和华勒夫斯基上尉。肖莱伯爵，名阿尔芒–皮埃尔，是骑师俱乐部、王家街俱乐部和马术协会的成员，他送给马塞尔的照片上写着："赠予志愿兵马塞尔·普鲁斯特留念/您的刽子手之一，1890年于奥尔良。"

① Voir M. Miguet, « La neurasthénie entre science et fiction », *BAMP*, n° 40, 1990, pp. 28–42. L'auteur compare *L'Hygiène des neurasthéniques, op. cit.*, de G. Ballet et A. Proust, avec les solutions esquissées dans *RTP*.

② *Corr.*, t. XIV, p. 336, 1899年11月30日致皮埃尔·德·奥尔良（Pierre d'Orléans）。普鲁斯特写信给原来连队的一位长官，细心地用精确的词汇谈到自己支持德雷福斯案重审的立场。1916年致信夏尔·德·阿尔顿（*Corr.*, t. XV, p. 53）谈到了他记忆中的几位军官，就包括德·奥尔良以及德·肖莱先生。关于科普夫少校，见 *Corr.*, t. I, p. 138, 147, 239, 293, 448。

在《让·桑特伊》当中，肖莱中尉变成了居伊·德·布吕库尔[①]，“是团里一名聪明出众的军官”。在让的眼中，“他的军衔、特殊的社会地位、发号施令时的英姿以及对他本人的悉心关照，都赋予了他高大的形象”。在第一部长篇小说中，普鲁斯特为他写了一个场景：中尉一本正经地向主人公回军礼，仿佛主人公是他并不认识的一个军人，仿佛他“并没有看出对方想让他停下脚步的意思”。《盖尔芒特家那边》当中，罗贝尔·德·圣卢就是这样对待叙事者的。普通人马塞尔所受的伤害，不论多么微不足道，小说家普鲁斯特都牢牢记着，一个不忘。离开部队后，普鲁斯特仍努力维系这份友情，1892年，他撰文评介肖莱伯爵的游记《东方事物》。但他们的关系没有进一步发展[②]。

在结识玛蒂尔德公主和路易·德·阿尔布费拉之前，马塞尔就通过华勒夫斯基上尉结识了帝国时期的贵族，并让他以同一个名字——鲍罗季诺——在《让·桑特伊》和《盖尔芒特家那边》中相继出现[③]。夏尔·华勒夫斯基（1848—1914）的父亲亚历山大·华勒夫斯基伯爵（1810—1868），是拿破仑一世与玛丽·华勒夫斯卡的私生子，在拿破仑三世时期曾先后担任外交大臣、国务大臣与美术大臣[④]。有传言说，他的妻子安娜·德·里奇（又名玛丽安娜）是皇帝的情妇，所以《盖尔芒特家那边》有一句话：“当他斥责一个下士时，语气中带有第一个皇帝常有的冲动；当他吐出一口烟时，神情中带有第二个皇帝

① *JS*, pp. 576–578.

② Ibid., p. 578：“但有一次在社交场合，让向德·布吕库尔先生自我介绍，对方心不在焉地说了一句‘久仰’，随即闪身而过。”

③ 在普鲁斯特非常喜欢的《战争与和平》一书中，鲍罗季诺（距离莫斯科一百二十五公里的一个村庄）战役是莫斯科战役（1812年俄军抵抗拿破仑“大军”的战役）的别称。其实拿破仑并未把莫斯科亲王的称号封予华勒夫斯基，而是给了奈伊元帅。

④ M. Proust, *Alla ricerca del tempo perduto*, Mondadori, 1986, t. II, p. 153.

那样若有所思的忧郁。”[1]吸引普鲁斯特的正是这种血缘关系，它是往昔、历史与荣光活生生的再现。与其他贵族不同，帝国的贵族与其鼎盛时期、与拿破仑的战场相去未远。鲍罗季诺，也就是华勒夫斯基，有幸成为不止一位而是两位皇帝的直系后代，这也是小说家的幸运。现实中的人物被原封不动地搬到两部小说里，因为他只是小说中的次要人物，而小说里的主要人物总是有不止一个原型。总之，《让·桑特伊》中的肖莱与鲍罗季诺，《追忆》中的圣卢与鲍罗季诺，在小城东锡埃尔（《让·桑特伊》中清楚地表明，它是奥尔良、普罗万和枫丹白露的综合体），代表了法国的两种贵族。

《让·桑特伊》中再现当兵生活的部分，还有另一个特点应该引起注意，因为它与马塞尔的性格和思想方法有关。他总是不停地提问，这一点与其他独白式的作家如马拉美、瓦莱里和马尔罗完全不同。“让对军队里所有的事情都感到好奇，觉得这些事情非常有意思……他急不可耐地想深入了解军人的所思所想，不停地向军官们问东问西，想知道在他们的心目中，本团和整个军队里最出色的长官是哪一位。”[2]由此形成的知识基础和培育的军事素养，在《欢乐与时日》《让·桑特伊》以及《盖尔芒特家那边》的写作中得到应用。“什么东西是有用的？要写些什么？”——这正是一位未来作家向自己提出的问题。这些问题的答案已经在他的“储蓄账户”里酝酿，以供随时兑现。

① *RTP*, t. II, p. 429，参见十五人译本（三）123 页。

② *JS*, p. 543. Cf. *RTP*, t. II, pp.406, 426–427, 参见十五人译本（三）99、120—121 页。在此处，这个主题再次出现并得到进一步展开。

加斯东与让娜

奥尔良生活的单调不时被击剑、游泳和骑马等活动打断，这些东西马塞尔都没有用心去学。更重要的调剂是休息日[①]，他每周都要返回巴黎，回到父母身边，还要到奥什大街12号德·卡雅维夫人的沙龙里去。我们前文讲到，在她的儿子加斯东·阿尔芒[②]·德·卡雅维即将结束在凡尔赛的兵役时，马塞尔就认识他了。加斯东生于1869年，是个面颊丰满、幽默风趣、天资聪颖、生性快乐的小伙子，后来也是一位出色的作家。二人之间深厚的友情对普鲁斯特创作的影响，直到多年以后才显现出来：希尔贝特·斯万与罗贝尔·德·圣卢这一对人物，就是以让娜·普凯与加斯东·阿尔芒之间同样脆弱并有裂痕的夫妻关系为蓝本的。他们的女儿西蒙娜出生后，普鲁斯特有幸结识了这一家的三代人：阿尔芒夫人，她的儿子、儿媳，以及孙女（如同奥黛特、希尔贝特、圣卢小姐）。圣卢与加斯东一样，很早就去世了。在此凄凉而悲惨的结局到来之前，马塞尔假装爱上了朋友的未婚妻（他们是秘密订婚的，普凯先生并不知情）。让娜当时十五岁，有一双漂亮的眼睛，梳一条长辫子，这就是希尔贝特长辫子的由来。马塞尔认为从前在香榭丽舍和玛丽·德·贝纳达吉一道玩耍时就认识她。她人虽漂亮，性格却不随和，她写给未婚夫的信，由西蒙娜·德·卡雅维的继女米歇尔·莫洛亚整理出版[③]，从中可以看出，她很快就对马塞尔百般挖苦，继而直言不讳地说讨厌他。但让娜1926年出版的《阿

① 比如普鲁斯特夫人在1890年6月26日的信中说：“一旦确定了休假日期，就发两份电报到巴黎和奥特伊。”（*Corr.*, t. I, p. 145）1890年8月10日：“因为你根本没有提到星期天，所以我很高兴你会回来。”普鲁斯特夫人也来过几次奥尔良（ibid., p. 149）。母子之间原则上每天都通信（我们由此可以推算出丢失的信有多少封），所以母亲会说“今天没有收到你任何来信”，“我求你去买十本厚厚的方格信纸（这样就有了六十页双面纸）和两叠与信纸配套的白信封（总共五十个信封），你留着这些东西专门给我写六十封信，这对我来说是一大乐事”（1890年8月28日，ibid., p. 159）。关于击剑，马塞尔1890年9月23日写信给父亲：“我又开始练剑了。”父亲不建议他练习骑马和游泳（4月23日信，ibid., p. 162）。部队给马塞尔的最终评语中有备注“不会游泳”。

② 他最早在书信中出现的名字就是加斯东·阿尔芒。我们知道他名字中的“德”字是借来的。

③ *L'Encre dans le sang*, Flammarion, 1982. 这些信件还从侧面反映了马塞尔与德·肖莱中尉的友好关系。（西蒙娜是传记作家安德烈·莫洛亚的第二任妻子；米歇尔·莫洛亚是安德烈与第一任妻子所生的女儿，她以上两代人的通信为素材，编著有三部曲《血中墨痕》［*L'Encre dans le sang*］，《滚烫的灰烬》［*Les cendres brûlantes*］和《请您撕掉这封信》［*Déchirez cette lettre*］。——译者注）

尔芒·德·卡雅维夫人的沙龙》一书则全然不同，她极力美化与普鲁斯特的关系，描绘了一段传奇般的美丽故事。这些相继出现又截然相反的系列“快照”，让我们看到另一个年轻时的马塞尔。他本人悄悄地对同伴说，害怕自己表现得“太黏人”；那一对恋人一起玩的时候，他总要参与进去，没完没了地客套，低三下四地奉承，还不会看别人眼色。在加斯东编剧、让娜出演的一出活报剧里，普鲁斯特的任务是提词。据说，他看戏看得太专心，“大声叫好鼓掌，忘了提词的事儿，让剧组大为光火”[1]。在比诺大道的网球场上[2]，马塞尔张罗下午茶，他不打球，在场边看着让娜的“金色辫子”飞来飞去。他前往米洛梅尼尔街拜访让娜和她母亲时，适逢二人外出，他就坐在洗衣房里闲聊，就像叙事者在斯万家里一样。他甚至曾在奥尔良附近租了一座城堡[3]，以便接待她们母女俩，可能还有加斯东；他也在驻防的城市招待过她们。普鲁斯特有个习惯，与自己亲近的人，无论男女，他都想得到一张照片，事情就出在他向让娜索要照片的时候，加斯东对此怒不可遏[4]。普鲁斯特对这一败绩始终耿耿于怀，他后来在给西蒙娜·德·卡雅维的信里说：“在我爱慕令堂的时候，为了得到一张她的照片，做了很多匪夷所思之事，但毫无用处。到现在，我还能收到从佩里戈尔寄来的新年贺卡，而当时我结交这些人的唯一目的就是得到令堂的照片。”[5]马塞尔倒是比加斯东大度，把自己的一张照片送给了他：“赠予唯一的加斯东／你的马塞尔。”

① Ibid., p. 76.

② 我们能看到一张这些人的合影。

③ J. Pouquet, *Quelques lettres de Marcel Proust*, Hachette, 1928. 让娜把马塞尔的大部分信件都毁掉了。

④ *Corr.*, t. XIV, p. 29.

⑤ Ibid., t. X, p. 40, 1910 年 1 月致西蒙娜·德·卡雅维的信，向她索要照片。普凯一家在佩里戈尔有一座房子。Cf. *RTP*, t. I, p. 494，参见十五人译本（二）64 页，周译本（二）72 页（在此处，1910 年所作的说明在 1917 年被补入小说草稿，见 var. *b* et n. 4, p. 1365）。另外，马塞尔向普凯家的仆人们坦承：“对母女二人（玛丽和让娜），我不知道更爱谁。”如同他在奥黛特与希尔贝特之间难做取舍。

时隔不久，这个羞答答的追求者就变成了“神经病普鲁斯特”和“小傻瓜普鲁斯特”[1]，被用来转移让娜父亲的视线。在奥尔良，普鲁斯特在让娜和她母亲面前“恭恭敬敬，眼含哀怨，一副情场失意的可怜相……又东拉西扯地聊了几分钟，他起身告辞，满口都是漂亮的恭维话，我觉得，在那些话语中，他一面拜倒在母亲脚下，一面在女儿面前扭捏作态。他是个讨人喜欢的小神经病”[2]。然而让娜蓦然醒悟到，马塞尔掺和他们的亲密关系和地下恋情，是在观察、审视这一对拿他作掩护的情侣。她写信给加斯东说：“他的确是个奇怪的男孩，他关于我们俩的想法真让我害怕。假如他所说的都是他真实的想法，那么我们未来两年都没有什么话好和他说的了。我希望他所说的一切对他来说不过是一些假设，他一本正经地说出来，就是想看看我怎么赌气！……星期一那天，突然间有人喊你的名字，他便悄悄地转过头来，以非常奇怪的神情死死地盯住我，我只好移开视线，因为我感觉不舒服……他认定你就是我将来的丈夫，所以离开的时候对我说：‘我恐怕待得太久了……不要告诉加斯东。’”[3]没有人怀疑马塞尔早就知道加斯东与让娜之间是真爱，而不是他与让娜。那么，为什么要假装爱上她了呢？是想显示自己在追求一个姑娘从而转移周围人的视线呢？[4]还是与让娜分享对加斯东的感情从而更好地接近他呢？接近让娜，也是为了学会认识女性这个神秘的群体，任何小说家都必须具备一定的经验才能很好地描写她们。由于无法身体力行，那么获

① 让娜·普凯写给加斯东·卡雅维的信。见 M. Maurois, *op. cit.*, p. 153。

② Ibid., pp. 179–180.

③ Ibid., pp. 223–224.

④ 比如他曾自称，在胜利（Victoire）街的佩林（Perrin）舞蹈班上课时，与一位俊俏的维也纳姑娘有过一段“全情投入的亲密关系”（*Corr.*, t. I, p. 53）。达尼埃尔·阿莱维曾对他夸奖一位乳品店女店主：“真是漂亮！……漂亮得像萨朗波……你觉得我们能跟她睡觉吗？”于是马塞尔由阿莱维陪着，给她送去一束花，结果连花带人被她打发出门（*Pays parisiens*, Grasset, 1932, et *Corr. avec D. Halévy*, pp. 170–171）。

得这种经验的最佳方式难道不就是假装？这种办法颇有收获。让娜·普凯1947年对女儿坦承："在马塞尔对希尔贝特的爱情故事里，如果把'香榭丽舍'换成'比诺大道网球场'，我几乎可以一字不差地重温他对我说过的情话，他在给我的信里又不断地放大此记忆，可惜这些信都被我毫无道理地毁掉了。"[1]

马塞尔与让娜、加斯东的三角关系，是他一生中多段类似关系的最初原型，此后，还有与路易莎·德·莫尔南和路易·德·阿尔布费拉、安托万·比贝斯科和贝特朗·德·费纳龙、苏策亲王夫人和保罗·莫朗的三角恋。在这种缪塞式的离奇剧情里，追求者以知心朋友的面目出现，而他爱的对象并不是外人认为的那个人。这样就解决了一个难题。如何表面上爱一个女人而实际上去爱一个男人呢？那就要与他爱的男人争夺那个女人。不管怎样，加斯东上当了——也许就像1917年保罗·莫朗的情形——他对马塞尔非常气愤，两个人的关系虽然没有破裂，但也一直没有和好如初。加斯东去世后，记忆中和现实中的马塞尔又来到让娜身边，就像叙事者来到希尔贝特·德·圣卢的身边[2]，这既是友情的体现，也是失去共同爱侣的同病相怜。

① Cité par M. Maurois, *op. cit.*, p. 225.

② 1910年阿尔芒夫人去世时，普鲁斯特也来到加斯东身边："我的小加斯东，在奔涌的热泪中，全部的往昔，我们深厚友情的开端——那时你在当兵，尔后我也去当兵——一齐涌上心头。"（*Corr.*, t. X, p. 24）在另一封信里，他还讲到，当时加斯东每个星期天都要把他送上开往奥尔良的火车。据让娜·普凯记载，加斯东把普鲁斯特从"没完没了的道别、法朗士的长篇大论和各色小点心当中"强行拉走，钻进一辆马车，沿途万分焦急地看着每个能见到的大钟，最后一路狂奔着冲上站台，后面还跟着大喊大叫的车夫。

外祖母逝世

马塞尔当兵时期的单调生活里，除了因所谓恋爱自寻烦恼之外，还发生了一件性质完全不同的大事。他的外祖母于1890年1月3日逝世，5日下葬，享年68岁。她在上一年的12月14日发病，患的是尿毒症，后来她的女儿让娜和儿子乔治也死于同一疾病。马塞尔的祖母维吉尼·普鲁斯特于1889年3月19日去世，没有受到任何关注；马塞尔与祖母非常疏远，从未提及祖母之死。然而外祖母的逝世对他是沉重的打击。在阿代勒·韦伊身上，体现了人们期待中祖辈所应具备的全部品质：慈祥温婉、与众不同、具有深厚的文化修养，是孙辈的贴心人。马塞尔因为看到母亲的悲痛而自己加倍悲痛，他竭力安慰母亲，像很多读书人一样，他的办法是给母亲找书看：皮埃尔·洛蒂1月15日至4月1日在《新评论》杂志上连载的《童年故事》。普鲁斯特夫人对此书百读不厌："亲爱的，你给我找了这本书，真是太好了。"[①]自少年时代在奥特伊初遇《洛蒂的婚姻》之后，洛蒂就是普鲁斯特最喜爱的作家之一，在洛蒂的作品里，他找到了一个母性的形象、一种极其强烈敏锐的情感和一种兄弟般的情怀，这种离经叛道的兄弟情怀使洛蒂漂泊海上，使马塞尔离群索居；使洛蒂追逐水手，使马塞尔追逐酒店服务生。《童年故事》虽不起眼，但它的力量在于使每个人，包括让娜·普鲁斯特，重新认识自己的母亲。让娜做到了，她重新阅读韦伊夫人喜爱的作家塞维尼夫人。而马塞尔则在母亲去世后，发现了她在韦伊夫人去世时记录自己悲伤心情的笔记本，阅读之下，他非常震撼，因为从中发现了自己的感受。就在1890年，马塞

① *Corr.*, t. I, p. 138, 1890 年 4 月 23 日。

尔似乎已经体会到多年之后《心的间歇》中描写的叙事者在外婆去世后迟来的悲伤。实际上，普鲁斯特夫人在6月份写信给儿子说："为什么不告诉我，'因为你一直在哭所以我很伤心'？亲爱的孩子，如果你那会儿给我写信，我就不会如此伤心了。你的信本来就能反映你的感受，我也会因此而感到欣慰。而且，我从来不会因为想到你思念外婆而悲伤，正相反，这对我来说是非常温馨的。"[①]所以说，在《索多姆和戈摩尔》的那个著名章节里，叙事者外婆的原型是马塞尔的外祖母，而不是他的母亲，他母亲去世时，他立即被巨大的痛苦所淹没。

① *Corr.*, t. I, p. 144, 1890年6月26日（或7月17日）。

退伍

8月，马塞尔到卡堡度假，可能是住在德尔巴纳家里。作为维尔迪兰夫人的原型之一（其他原型包括勒迈尔、汤普森、梅纳尔-多里安），普鲁斯特在手稿练习簿31当中提到过德尔巴纳夫人，并在1908年写给罗贝尔·德·比利的信中提到她的儿子雅克[②]。身着军服的马塞尔很讨女人喜欢，他写信给父亲说："你想象一下，卡堡的女仆们远远看到我是个当兵的，就送给我成百上千个飞吻，惹恼了德尔巴纳一家。这是奥尔良的女仆们在报复我，因为我不理睬她们。"[③]部队也在报复他，8月底，这个"当兵的"在64个军人当中排名第63位。他后来曾言之凿凿地说，自己其实也想延长服役的时间——这样说也

② Voir Ph. Kolb, « M. Proust et les dames Lemaire », *BAMP*, n° 14, 1964, p. 116.

③ *Corr.*, t. I, p. 161. 马塞尔在信中补充道："而我的确受到了惩罚，因为——假如卡扎利（Cazalis）先生允许我引用他最美诗作中的诗句——'我蔑视了她们裸胸上的花朵'。"诗人卡扎利（以笔名Jean Lahor发表作品）是马拉美和阿德里安·普鲁斯特的朋友，写过一本《莎乐美》，他也是一位医生。

许有些夸张，因为他一时的想法或欲望会被回忆放大，在回忆里即便不是有意撒谎，也至少想象力丰富且幽默感十足。在军营里，他建立了一个封闭的窝、一个防护的巢，可以让他推迟选择大学学业，继而推迟就业。他一如既往地善于交际，已经编织了一个伙伴的网络，虽然还谈不上是朋友的网络（他的通信中很少留有军人朋友的痕迹）。更为重要的是，他已经熟悉了奥尔良的环境。这座安静的城市有六万人口，距巴黎两个小时的车程，生活以军营为中心展开，既不远离巴黎又有新鲜感。巴尼耶城郊街、好孩子街出现在《让·桑特伊》当中，华勒夫斯基居住的共和国广场在《追忆》中变成了鲍罗季诺在东锡埃尔住处的林荫大道。圣特拉伊街与拉布勒托纳利街则被放到了贡布雷。《斯万》中的一位侯爵夫人借用了奥尔良最早的主教之一、主教堂的建造者圣德费尔特的名字。奥尔良的圣让德布莱附近有一个街区叫圣卢。夏吕斯认为奥尔良的主教堂是"法国最丑陋的主教堂"，但他非常欣赏卡布公馆，称之为"普瓦杰的戴安娜之家"[1]。承载着历史的真实地名将与虚构的地名混在一起，代价是换了地点，但这也是想象的过程，其中充满乐趣。在服兵役的这一年里，他没有写任何故事、任何诗歌或任何日记。马塞尔其实没有那么忙碌，但乐于找个借口：写作的事儿，以后再说罢。

不过，刚一回到巴黎，他就在政治科学自由学院和法学院注册。同时学习两门专业，这是当时常见的做法。他

① C. Duveau, *op. cit.*, pp. 40–43.

大概并不情愿学习法学，但顺从了父亲的意愿。面对三年的艰苦学业，文学或者哲学只好日后再考虑，因为在家人眼中，文学和哲学都算不上正经职业。的确，在当时，法学被视为一门专属于无所事事的富家子弟的轻松学业，是他们对职业志向迷惘之际的一种出路。我们惊异地看到，保罗·瓦莱里也在同样的情况下，同样不情愿地走上了同样的道路。政治科学让马塞尔受益颇多，国际关系史为《追忆》提供了丰富的养料：德·诺布瓦和法芬海姆等外交使节、国务活动家、军人，经常就欧洲的战争与和平侃侃而谈，世纪变局、“亲德派与亲法派”的关系也是叙事者本人高谈阔论的话题。在旺达尔、索莱尔和勒鲁瓦–博里厄讲授的课程里，普鲁斯特学到了什么呢？

退伍之际，马塞尔作何打算呢？他本人已经相信，或者父母早就让他相信，自己患上了特奥迪勒·里博所说的那种“意志缺乏症”。他11月22日刚回巴黎时写给施特劳斯夫人的信透出些许消息：“在我实在缺乏意志，无法集中精神的时候，我必须写点或做点什么。”[①]《让·桑特伊》为我们了解他这段时间的经历提供了珍贵的资料，且看马塞尔的尴尬处境[②]：“桑特伊先生请一位著名的法学教授对儿子的学业提点建议，他回答说：‘如果他有文学天赋，那就学他的法学吧。’但他们所说的文学天赋大概完全是另一回事，因为让不喜欢法学，第一次考试就没有及格。”[③]儿子只喜爱文学，想以文学为生，而父母一心希望他学有所成，保证找到职业谋生，他们的分歧明

① *Corr.*, t. I, p. 163.

② *JS*, pp. 272–276, « L'École des sciences politiques ».

③ Ibid., pp. 272–273.

明白白地摆在那里。“他不敢再说自己喜爱文学，因为他们已经给他举出很多具有‘文学’才能的法官和医生的例子。”[①]但法学使他厌倦，他不明白如何将自己的艺术天分运用到法学当中。他没有任何从事法律工作的朋友。《追忆》的人物当中，有在巴尔贝克出现的瑟堡“律师公会会长”、卡昂法院首席院长、勒芒的一位著名公证人[②]、巴黎的一位大律师，但没出现过任何法学教授。与巴尔扎克相比，普鲁斯特笔下这类人物委实太少。同样的法学学习经历，巴尔扎克予以充分运用，普鲁斯特则在记忆和想象中将其彻底抹去，在生活中也完全置之脑后：既没有意识到不该放弃奥斯曼大道102号自己名下的部分房产，也没有留下遗嘱。对于支配社会的种种法则，他并没有漠然视之，但他更希望作为一个社会学家（他上过塔尔德的课，这个时期曾与罗贝尔·德·比利谈起过）自行提炼梳理，而不愿做一个律师由他人逐条灌输。在小说里，除德雷福斯事件之外，诉讼案件都是间接描写的，往往是叙事者阅读案件审理的报道。再说，在小说中插入真实人物可能会惹上官司，而叙事者与阿尔贝蒂娜的关系本身即被当作一场诉讼，他是法官而阿尔贝蒂娜是嫌犯[③]。法律转化为隐喻[④]，与“家法”相差无几，从而施行到最小的社会细胞。经典名著当中，他从未提及《论法的精神》。

① Ibid., p. 273.

② *RTP*, t. II, p. 35 *sq.* 参见十五人译本（二）220 页起，周译本（二）237 页起。普鲁斯特熟悉司法界人士的调动情况，比如他说起，“卡昂法院首席院长已经有好几次收到要他到最高法院任职的邀请”。小说的草稿（t. II, p. 914）谈到律师公会会长法布尔（Fabre）：法院的律师儒勒·法布尔在卡尔瓦多斯的蒂利叙尔瑟勒（Tilly-sur-Seulles) 有一处城堡（*Bottin mondain*, 1903）；参见 t. III, p. 201 et n. 1，参见十五人译本（四）199 页：“他属于这类人，职业上是行家里手，以致对自己的职业都有些瞧不起，比如他们会说：‘我知道我辩护得很好，可正因为如此，我觉得辩护再也无趣。’”

③ Ibid., t. I, p. 439; II, p. 525 ; III, p. 73 et 566. 参见十五人译本（二）15 页、（三）221 页、（四）70—71 页、（五）52 页，周译本（二）18 页、（五）53 页。

④ Ibid., t. I, p. 15，参见十五人译本（一）16 页，周译本（一）15 页。

政治科学自由学院

政治科学自由学院是1870年普法战争后，由埃米尔·布特米按照丹纳的理念建立的，那时学生还不多，只有三百名左右。学校的宗旨是培养政治和外交人才，为国家机构输送干部。实际上，在普法战争中失利使法国人认识到，要想与德国抗衡，必须进行更充分的准备。尽管第三共和国的政治领导人并非出自该校，但它的确为国家"输送了一批行政精英，外交部、审计法院、行政法院以及财政监察部门的高素质人才都得益于该校的培养"[①]。学校不仅要教授一般的政治学知识，还要培养学生的实际工作能力，教师就是按照这个标准招聘的。学校设在圣吉约姆街27号的莫特马尔公馆（这个曾拥有此座建筑的大家族，在圣西门和普鲁斯特笔下流芳百世），普鲁斯特就读于阿尔贝·索莱尔执掌的外交专业。在为期两年的课程中，索莱尔一年讲授1815年至1878年的对外政策[②]，另一年讲授大革命和帝国时期的外交。阿尔贝·索莱尔生于1842年，职业经历不同凡响[③]。曾师从基佐，任外交部随员，写过长篇小说，为《两世界评论》撰稿，1870年随国防政府迁往图尔，还在那里结识了丹纳。1875年出版《法德战争的外交史》，1876年辞去公职专事历史研究，1878年发表《十八世纪的东方问题》。1881年，甘必大请他到外交部主管政策或出任驻柏林大使，被他拒绝。他的主要著作是八卷本的《欧洲与法国大革命》（1885年至1904年间出版）。写作过程中，他首先以档案为基础准备授课讲

① A. Siegfried, in *Hommage à Émile Boutmy et Albert Sorel,* Fondation nationale des Sciences politiques, 1956, p. 17.

② 我们能见到马塞尔·普鲁斯特在索莱尔课堂上的一些笔记（BN, n. a. fr. 16611, f°s 74–85：关于大革命战争；f°s 99–126：关于二十世纪的欧洲）。另见 f°s 129–130：关于使节的职能。还有一些笔记涉及阿尔贝·旺达尔关于东方问题的课程（f°s 86–98）或者有关宪法学的课程（很有可能是埃米尔·布特米讲授的，见 f°s 131–150）。

③ Voir J. Chastenet et A. Siegfried, *op. cit.* ; J. Bariéty, « A. Sorel: L'Europe et la Révolution française », in *1889: Centenaire de la Révolution française*, Berne, Lang, 1992 ; P. Favre, *Naissances de la science politique en France*, Fayard, 1989.

义，然后写成文章，最终完成各卷。

1889年，索莱尔入选道德与政治科学学院（如同《让·桑特伊》中的拉尔夫·萨维①）。他写过研究孟德斯鸠的论文，崇拜托克维尔，而且与他们一样，索莱尔也试图探索历史事件背后的规律。他的著作中有一条重要的论断：大革命时期的对外政策与王政时期一脉相承；其中有历史的逻辑，也有集体和传承力量的推动。也许正是在学校里，马塞尔对历史哲学产生了浓厚兴趣，最终反映在《盖尔芒特家那边》和《重现的时光》当中。也是在学校里，他亲耳聆听到德·诺布瓦先生的教诲，而不仅仅是通过父亲的朋友卡米耶·巴雷尔等人在自己家的谈话。索莱尔的学生安德烈·西格弗里德（生于1875年）也注意到索莱尔与德·诺布瓦的共同点②："面对台下的青年才俊，讲台上的索莱尔亲切随和。就像一位蔼然长者，语重心长地把自己的独得之秘向年轻后生倾囊相授，使学生们受宠若惊。大变动时代相去未远，因此，这种亲切随和的气度，不乏庄严肃穆之感。在他引人入胜的授课方式中，甚至有某种尽人皆知的德·诺布瓦风度的影子。"同一时期的另一个学生圣奥莱尔伯爵归纳了他的几种见解："所谓最崇高的原则、最高尚的情感，无非是最自私的利益的面具"；"面对国际问题，没有任何因素是孤立的，每个因素都必须放在它与整体的关系中仔细加以研究"；"法国再次与沙皇结盟，就等于从世上最古老王族传承而来的共和国下嫁一个暴发户。不过，她对待沙皇的态度，仿佛

① *JS*, p. 273.

② A. Siegfried, *op. cit.*, p. 23.

屈尊接受他的亿万资财是给他天大的面子”。在普鲁斯特的作品中，甚至可以看到薛西斯命人鞭笞达达尼尔海水的意象[①]。如若寻找德·诺布瓦的原型，线索应该首先在此处，而不是在巴雷尔或弗朗西斯·沙尔姆等人身上。其实更为重要的，是探索普鲁斯特的思想、知识和思维方式如何形成，我们看到，他从索莱尔的课程中汲取了重要的经验。恐怕当时没有人想到普鲁斯特会走上文学创作之路，而翻开《让·桑特伊》，我们首先遇到他的老师们，特别是这一位：“在我们看来，他是一位能令人神魂颠倒的天才，一位吸引人的癔病患者；甚至每天回家时我们仍然陶醉未醒，几乎忘记自己上的到底是索邦大学还是硝石库学校[②]。正在此时，他突然谈起昨天晚上看过的歌剧：‘成功了，成功了，我只能这么说，乐队演奏棒极了，都是能工巧匠。’”[③]上述情形后来再次出现在《在斯万家那边》中维尔迪兰的沙龙里[④]。

马塞尔同时上阿尔贝·旺达尔关于东方问题的课[⑤]。此君上课时把单片和双片眼镜不停地换来换去，“在讲授纷繁复杂的东方事务时，常有别出心裁的见解，喜用活泼生动的珠玑妙语，为的是让学生们牢牢记住库楚克-凯纳吉和约或伊普希朗蒂斯的征战历程”[⑥]。他刚刚出版了一本写俄罗斯伊丽莎白女沙皇的书，以及关于拿破仑与亚历山大的三卷本专著的第一部[⑦]，讲课时颇有拉布吕埃尔的古典风范。至于阿纳托尔·勒鲁瓦-博里厄——他在《两世界评论》上发表游记（故而

① Comte de Saint-Aulaire, *Confession d'un vieux diplomate*, Flammarion, 1953, pp. 8–9. 参见十五人译本（五）41 页，周译本（五）42—43 页。

②硝石库学校是 1882—1891 年间将催眠术疗法推向“黄金时代”的两所学校之一。——译者注

③ *JS*, pp. 275. Cependant, l'auteur de *L'Histoire de l'unité allemande*, attribuée à un certain Boisset (p. 274), pourrait désigner aussi Lucien Lévy-Bruhl, qui faisait un cours sur ce sujet.

④ *RTP*, t. I, pp. 250–251，参见十五人译本（一）254 页，周译本（一）261 页，出自画家之口。

⑤ 佩因特提及柏格森和保罗·德雅尔丹开设的课程，但我们在当时的教师名单里没有见到这两个人的名字。

⑥ R. de Billy, *op. cit.*, p. 24. 马塞尔写的一首四行诗多次被人引用，不过写着这首诗的练习簿我们没有见到：“可爱的旺达尔，挥洒着他的俏皮 / 但加布里埃尔，罗贝尔，让，甚至马塞尔 / 都不拿它当回事儿 / 其实往常里，那是个很严肃的人。”

⑦ P. Rain, *L'École libre des sciences politiques (1871–1945)*, FNSP, 1963, p. 42. Notes de cours de Proust.

《让·桑特伊》拿“在乍得湖畔感知无限”和“在巴尔干半岛对更美好生活的向往”进行调侃，《在少女们身旁》对“在维多利亚-尼昂萨湖畔感知大自然”和“保加利亚军队的连珠枪”予以暗讽[①]）——他的课程则探讨欧洲列强最近二十年的历史。阿纳托尔·勒鲁瓦-博里厄[②]是权威之作《沙皇帝国》的作者。他是一位自由派，在亚美尼亚人大屠杀事件中采取反对阿卜杜勒-哈米德二世的立场，支持波兰人独立。德雷福斯事件之后，他猛烈抨击三种“主义”，即反犹主义、反教会主义和反新教主义。1905年，在教会与国家分离之际，普鲁斯特还提到自己偏爱勒鲁瓦-博里厄的思想[③]。他后来还接替布特米担任政治科学自由学院院长一职。

由此不难看出有关东欧和俄罗斯的话题在教学中得到重视，这一情形在《追忆》中得以重现。第一次世界大战之前的中欧各国，在小说中是通过一系列人物体现的：保加利亚国王斐迪南一世、沙皇尼古拉二世、到巴黎正式访问的东方某国君主狄奥多西二世（虚构人物，以尼古拉二世为原型）、德国首相法芬海姆亲王、德国大使冯·拉多林亲王。小说里关于中欧政治关系的描写给人一种印象，即1914年的战争是经过精心准备的：战争中，外交通过其他方式继续进行。《重现的时光》所写的战争，是诺布瓦外交活动的继续，也是在东锡埃尔和盖尔芒特沙龙的谈话的继续。美国，英国，则几乎没有涉及。普鲁斯特偏爱的政治学是对外政策，这是他青年时代的喜好。他出身于政

① *JS*, p. 274；*RTP*, t. I, p. 445，参见十五人译本（二）20—21页，周译本（二）23页。

② P. Rain, *op. cit.*

③ *Corr.*, t. V, p. 284, n. 15. 《盖尔芒特家那边》提到的保罗·勒鲁瓦-博里厄（参见十五人译本［三］143页）是经济学家。Cf. ibid., t. I, p. 172, n. 2。

治学院的外交专业[①]，偏偏不愿以外交为业[②]，但他写出了夏多布里昂、斯丹达尔、戈比诺、吉罗杜、莫朗等身为外交官的小说家没有写出来的外交小说，德·诺布瓦先生也因此成为圣吉约姆街的幽灵。

这一年当中，马塞尔向施特劳斯夫人大献殷勤。时而，他献上一束华丽的菊花，用这种刚引入法国不久的“忧郁”花朵替代书信——他的这些信件我们不得而知。马塞尔还把菊花献给罗贝尔·德·比利的父母和劳拉·海曼，告诉海曼“这些花像您一样骄傲和忧伤”[③]。菊花连同卡特莱兰，将成为奥黛特·斯万的最爱，因为菊花“最大的优点就是不像真花，倒像是用丝绸、用缎子做的”[④]。时而，他又发誓在星期天再也不到施特劳斯夫人府上，以免被同伴们丝毫不留情面地指责为“太黏人”，似乎这样全身心、近乎迷恋的依赖不再是他洞悉世人的秘诀：每当受到女性的吸引，他都要目不转睛地观察，直到看穿她的秘密。他在1891年3月间所写的《施特劳斯夫人的真面目》一文，是被拒之门外的爱慕者与自信满满的分析家两者合作的结晶，只作为分析家，他永远无法更深地走进未来的奥丽阿娜·德·盖尔芒特这个人物的内心世界。在他看来，她实际上只爱“某一种生活方式”，即自己的梳妆打扮、精神气质、聪明才智。如同很多神经衰弱患者一样，她只爱自己，她是她本人的艺术品。但这并不妨碍马塞尔于3月21日同她一道，加上雅克·比才、雅克·贝涅尔，前往奥德翁剧场观看重新上演的《热米

① 当时学院有两个专业：外交专业和行政专业。

② 不过，他在1892年通过了三次口试：索莱尔的课程“1818年至1875年的外交史”，得分4.75/6，评语是“非常聪明”；旺达尔的课程“东方事务”，得分5/6，“总体好评”；勒鲁瓦－博里厄的课程“当代欧洲概述”，得分4.15/6。Archives de l’Institut d’Études politiques, et *Corr.*, t. I, pp. 62 et 172。

③ *Corr.*, t. I, p. 195, 1892年11月。

④ *RTP*, t. I, p. 218，参见十五人译本（一）221页，周译本（一）227页。

尼·拉塞尔多》。这出戏是埃德蒙·德·龚古尔1888年根据他们兄弟俩共同创作的小说改编的，讲的是一个女仆的不幸遭遇。这个人物更接近福楼拜乃至左拉和米尔博笔下的女仆，而不是《追忆》当中从《贡布雷》直到《女逃亡者》一直作为叙事者保护神的弗朗索瓦丝。

剧中的主演雷雅纳表现极佳，是她撑起了整出戏。埃德蒙·德·龚古尔惊呼："哦，雷雅纳，她总是那么精彩！她的表演又是多么简洁！"①1891年此剧重新上演之际，他认为雷雅纳与拉谢尔的演技不相上下。普鲁斯特直至生命的最后时期还记得这场演出："当年，在观看雷雅纳扮演萨福和热米尼·拉塞尔多的时候，我就患上了回归性的伤心症，如今多少年过去了，这种病症仍然不时地间歇发作。"②他写给雷雅纳的儿子雅克·波雷尔的信中说："雷雅纳夫人的艺术充实了我的内心。热米尼·拉塞尔多的遭遇是我生平所感受过的最大痛楚，现在我仍然为此伤心；想起她令人心碎的嗓音，我常常好几个小时难以平静。"③在拉贝玛这个人物身上，一切使戏剧艺术贴近真实生活的因素都来自雷雅纳。在十九世纪末煽情、浮夸的舞台上，雷雅纳的表演，用普鲁斯特的话说，是"一场革命"④，一场让他流泪的革命："雷雅纳起了多大作用，我无从知晓；但散戏的时候我的眼睛哭得通红，好心的观众都过来看，还以为我被人打了。"⑤

马塞尔不久后就在阿尔丰斯·都德夫人的沙龙以及玛蒂尔德公主的沙龙结识了埃德蒙·德·龚古尔，多年后还

① *Journal*, t. III, p. 194，1888年12月此剧上演之际。批评界对此剧大加挞伐，但青年一代似乎很喜欢，当时的巴黎高师学生罗曼·罗兰致信埃德蒙·德·龚古尔："您的剧抓住了我们的心，给我们震撼和鼓舞。"（ibid., p. 203）Cf., t. III, p. 565，1891年3月21日。

② *Comœdia*, 1920年1月20日；*CSB*, p. 600。

③ *Corr.*, t. XVII, p. 120, 1918年2月19日。

④ 马塞尔向雷雅纳赠送《在少女们身旁》时的赠言，*Corr.*, t. XVIII, p. 271, 1919年6月。雷雅纳赠给普鲁斯特一幅自己扮成萨冈亲王的照片，签名是"龚古尔作品的演绎者雷雅纳"（1919年12月10日）；参见普鲁斯特1920年在一封信中所说"属于热米尼的那些残酷到崇高的夜晚"（ibid., t. XIX, p. 312）。

⑤ *CSB*, p. 643, *Le Gaulois*, 1922年5月27日马塞尔在观看都德《阿莱城的姑娘》一剧时哭得更凶。

记得这位“高傲、腼腆的老者”英俊的相貌，堪与都德媲美的高贵风度：“对我来说，这两个不同寻常的形象的消逝宣告了巨人时代的终结。”[1]但是，尽管埃德蒙以“忠于真实”自诩，但他对“真实”一词的理解既不够深，也不够广。他没有创造出十分生动的人物，因为他不使用记忆中的速写本，而是偏爱直接的观察、笔记、日记等材料，“这种方法不是大艺术家、创作家所为”[2]。普鲁斯特认为，他的最大成就是作为艺术批评家、“真正的印象派小说家”、记录“最高价值”的历史学家，但不是戏剧家，热米尼其实是雷雅纳的作品，而不属于龚古尔（他与自然主义一样，属于“十五年前的文学”，属于“世纪末之前”的文学[3]）。此外，在这一时期，酷爱戏剧的马塞尔不放过任何演出，甚至看过斯坦尼斯拉斯·勒采夫斯基编剧、雅内·阿丹主演的《福斯蒂娜皇后》[4]。

① Ibid. p. 642.

② Ibid.

③ *Le Mensuel,* février 1891.

④ *Corr.*, t. I, p.165, 3 月 27 日。

《月刊》

刚刚离开军队到政治科学自由学院注册上学，普鲁斯特就忙着写作和发表作品。特鲁莱先生发现的资料表明[5]，1890年11月至1891年9月，马塞尔热心参与一份正式印刷（在孔多塞中学时期办的杂志均为手抄）的杂志《月刊》的编务。这份杂志创刊于1890年10月，奥托·布文斯·范德尔·鲍伊金任主编，由维尔弗朗什–德–鲁埃格的印刷商儒勒·巴尔杜代理发行，编辑部设在奥托在巴黎

⑤ *Écrits de jeunesse,* p. 171.

第八区里斯本街45号的住所里。奥托是著名建筑师之子，与父母住在一起，想必是在政治学院与马塞尔认识的。这本杂志涉及好几位政治学院的学生，包括格鲁内鲍姆–巴兰、加布里埃尔·特拉里厄、后来成为伊斯兰艺术史专家的雷蒙·克什兰[①]（曾出现在《重现的时光》草稿中），他们要么是杂志的撰稿人，要么如同阿尔贝·旺达尔一样成为文章题献的对象。杂志每期都有一部分时政内容，对上个月发生的重要事件作分析性的概述，随后有“社交生活”、“剧场专栏”、“首演剧目”清单、当月的文学或历史纪念日等栏目。杂志在圣奥古斯丁小区的四家书店里出售。创刊号起首是一份自谦意味十足的办刊声明：“《月刊》杂志今天面世，殷切期待得到读者诸君的宽宥，办刊宗旨兹略陈如下：本刊志趣无它，唯每月大事之撮要尔，简略扼要自是题中应有之意。此一事业，恐有不自量力之嫌，故本刊由衷感谢各订户之支持，并恳请诸君延请亲友加入订户行列。——编辑部”这份发刊辞里满是歉意，且表明刊物本身没有宏大的志向。事实上，奥托·布文斯当年只有十八岁，他只以自己名字的首字母作为署名。在迄今为止的普鲁斯特传记中，他像一颗流星转瞬即逝，职业生涯也湮没无闻。学业结束后，他于1894年来到阿瑟纳尔图书馆，成为不拿报酬的工作人员（也许正是他建议马塞尔参加图书馆的录用考试），同时创作剧本和音乐作品。他在世纪初结婚，婚后继续投身作曲事业。1914年版的《巴黎名流》称他为奥托“男爵”，“阿瑟纳

①《月刊》作者之一，在《重现的时光》草稿中以“德·雷蒙先生”的名字出现过（t. IV, p. 878; cf. var. *a*, p. 877），让我们知道了这个人物的来历：普鲁斯特想在此处描写“一个留着金色胡须的利未人”，标注有“不要忘记克什兰”字样。雷蒙·克什兰生于1860年，著名艺术爱好者和艺术史家，1913年任卢浮宫之友协会秘书长。1891年7月他在《月刊》上发表文章，评论的是埃德蒙·德·龚古尔的《喜多川歌麿》。

尔图书馆荣誉馆员，作曲家，索邦大学音乐协会主席”。在普鲁斯特的通信中，“奥托”这个名字只出现过一次，是在写给雷纳尔多·哈恩的一封信里谈到一本音乐书的校样时顺便提及的[1]。此人就这样奇怪地销声匿迹了，也许是因为马塞尔与他发生了龃龉，从此不再往来。不过，马塞尔的文字最早正是通过此人发表的，因此，可以说，他对马塞尔走上文学道路发挥了重要作用。

① *Corr.*, t. I, p. 409, 1895.

直到读完《月刊》的最后数期，读者才会发现普鲁斯特曾为它撰稿：M. P. 字样的署名首次出现是在第五期，完整的署名在第十二期（也是最后一期）才出现。不过，从第二期开始，与时装专栏合并在一起的“社交生活”栏目即有文章署名“流星”，对照研究《在斯万家那边》的某些细节，我们可以断定，这是马塞尔的笔名（与斯丹达尔一样，马塞尔青年时期有多个笔名，这也是当年的时尚）。在12月出刊的第三期中，有一篇关于在乔治·珀蒂画廊举办的“国际画展”的报道，署名“德·布拉邦”，也出自马塞尔之手。奥托亲自主笔戏剧专栏，在新上演剧目清单一栏里报道了冈迪约编剧的四幕喜剧《浪荡子费尔迪南》，阿尔丰斯·都德编剧、雷纳尔多·哈恩（他先认识都德，后认识普鲁斯特）作曲的喜剧《障碍》。“社交生活”专栏在2月份报道了让娜·雨果与莱昂·都德的婚事，3月份报道了加斯东·阿尔芒·德·卡雅维与保罗·格鲁内鲍姆创作的活报剧《如此说来》（在普凯夫人家里上演）。4月，应该是普鲁斯特以“Y”为笔名推介他的同学加布里埃尔·特拉里厄的新诗集《悔罪集》；5月，以“炭笔”为笔名发表《画展印象》，其中有对皮维·德·沙瓦纳、惠斯勒、加莱等画家的评论。在1891年6月的一期里有一篇关于马塞尔·普雷沃的小说《一个情人的忏悔》的评论，署名R. D.，这是罗贝尔·德雷福斯姓名的首字母。7月份有一篇关于咖啡馆歌舞演出的专栏文章，兴致勃勃地多次引用“本刊撰稿人M. P.”云云，署名“鲍伯”，无疑出自马塞尔之手。9月份出刊的最后一期，除了署名“马塞尔·普鲁斯特”的《诺曼底纪事》之外，还有一篇署名“皮埃尔·德·图什”的重要文字，题目是《回忆》，风格十分接近后来发表在《白色评论》上的《夜晚来临之前》，这篇文字其实是普鲁斯特的手笔，其中的女主人公已经取名为“奥黛特”。此外，随着时间的推移，“社交生活”专栏越来越多地提及名门贵族，这表明马塞尔在社交圈的地位有所上升，对音乐沙龙的兴趣愈发浓厚。专栏里报道了6月22日在萨冈亲王夫人府邸举行的化装舞会，以及玛德莱娜·勒迈尔6月25日在布洛涅森林“岛上小屋”举行的舞会（维尔迪兰夫人也在同一地点招待客人）。

这份杂志，几乎只有普鲁斯特一个人协助奥托·布文斯处理编务，其中我们尤需关注音乐歌舞演出专栏、艺术与时装评论、诺曼底“风光”，以及以《回忆》为题的唯一一篇虚构作品。刚刚二十岁的马塞尔，已经在尝试各种体裁。居于首位的是文学评论：他在中学时代针对比才和阿莱维等同学的严厉批评，如今应用到朋友特拉里厄身上。我们由此看到，他猛烈抨击引经据典、矫揉造作、沾染上过时的“波德莱尔式呆板习气”的诗歌，反对盲目模仿“已经死去的诗人”，反对泛神论哲学。他期待特拉里厄真切地传达“内心深处的声音”，在自己的诗歌里再现魏尔伦和拉福格的心理和才情，“他们二人是拉辛和缪塞的嫡传。此外，如果有人坚持，那就再加上阿米耶尔和叙利·普吕多姆”。特拉里厄最美丽的诗句都浸透着忧伤：“他肯定认真思索过发自心底的痛苦。”感情、忧伤、真诚，这正是未来《欢乐与时日》的作者所要捍卫的价值观，同时他也没有忘记斯拉夫式的“怜悯”。作家作为思想感情的传达者所应承担的任务，他在《重现的时光》里还将进行阐述。

在关于当代绘画展览的评论中，马塞尔揣拟了“一个年轻人走进现代艺术展厅时的感受”：“他准会问自己，古典教育、谋篇布局的技巧、追随老师成年累月地苦读，到底有什么用呢？只要一点点直觉，一点点兴趣（今天谁还没有一点兴趣呢？），几本日本画册，再加上大量的照片，不就足以炮制出光彩夺目的粗制滥造之作，吸引公众的目光，为自己暴得大名吗？……然而在文学中，如果哪位作家古典修养不足，如果他在青年时代忽略了前辈称之为‘人文科学’的东西，读者一眼就看得出来。同样，在绘画中，我们很容易分辨出那些功夫不到家、只凭即兴灵感进行创作的画家。一位真正的现代派大师，尽管他本人不以为然，但他手下的功夫、扎实的素描技巧以及精准无误的眼光无不提醒我们，他曾经荣膺罗马奖。”[1]普鲁斯特始终认为，风格和思想的巨大变革必须以深厚的古典文化修养为基础，在他看来，“成年累月地苦读”是必经之路，这也是他本人的自我写照。

谈及1891年春季在战神广场举行的全国美术协会展览，马塞尔十分欣赏皮维·德·沙瓦纳，在他“梦幻的、深沉宁静的世界”，“在朦胧而又毫无压迫感的氛围里，人们过着空灵而又真实的生活……欢乐美丽的夏日”。在德劳耐、博纳、卡罗吕斯–迪朗、沙普兰、博尔迪尼、布朗什、史蒂文斯等人为数众多的肖像画中间，有一幅惠斯勒画的肖像，他还展出了“一幅精妙的海景”[2]。这是马塞尔与埃尔斯蒂尔的原型人物首次相遇。这些“个人印象”的最后部分谈到一位艺术家，普鲁斯特把他写进了《在少女们身旁》：“玻璃艺术家加莱也许是最具天分的诗人。猫头鹰的翅膀、雪中的鸟儿、色彩或明或暗的蜻蜓，都是他作品的主题，都使我们浑身战栗。”总之，这里所说的是，艺术家要在读者身上“唤醒某种曾经体验过的艺术感觉”。这位年轻的批评家怯于以真面目示人，遂以“炭笔”作为署名。

在涉及文学批评和自身的体验时，普鲁斯特显得更有底气和信心。《封斋期间》[3]一文评述了关于伊薇特·吉尔贝[4]的五次讲座。此文表明他非常喜爱音乐厅的歌舞演出，这一爱好他从未放弃，还促使他写了《坏音乐赞》一

① « Galerie Georges Petit. Exposition internationale de peinture », *Le Mensuel*, n° 3, décembre 1890, pp. 4–6.

② 指的是《瓦尔帕莱索》（*Valparaiso*），1905年在惠斯勒画展上普鲁斯特特意向母亲指出此画（Catalogue Orsay 1995, n° 44）。

③ *Le Mensuel*, n° 5, février 1891, pp. 4–5.

④ 在《让·桑特伊》当中，吉尔贝是普瓦捷（Poitiers，即雷纳尔多·哈恩）的模仿对象（*Jean Santeuil*, p. 566）；参见 p. 504–505，雷韦永伯爵夫人每天“与这位甜美可爱的小歌星”切磋歌曲，邀请她住在城堡，歌手则在《高卢人报》上写下她对伯爵夫人的印象。1891年，即《月刊》出刊期间，吉尔贝正在“日本宫”（Divan japonais）夜总会演唱黑猫夜总会的保留曲目（Y. Guilbert, *La Chanson de ma vie*, Grasset, 1927, pp. 90–97）。

文（收入《欢乐与时日》），并把马约勒和保吕斯写进了《追忆》。在萨拉·贝尔纳和雷雅纳之前，他先以伊薇特·吉尔贝为模特刻画艺术家肖像，并坚定地认为吉尔贝不具备任何“世纪末”的成分：“多么奇特、健康、活力四射的一位女士，她的演唱中，加入了朱迪克夫人[①]那般丰富的善意、真诚、优美和高雅风范，而少有别出心裁和自然主义[②]。那么，她与谢雷特和维莱特等人花哨的招贴里那些撩人、病态、柔弱的‘堕落之花’（fleurs de vice）之间，有什么关联呢？她身着一件简洁的白袍，令长长的黑手套愈加显眼，扑了白粉的脸上，鲜红的嘴唇活像一道伤口。吉尔贝更像一幅线条粗犷的素描，像拉法埃利画作中常见的充满生命张力的人物。这样的形体，加上她的演唱，使人想到自然主义，已经过时的——总之与今天的艺术大异其趣的——自然主义。”这篇文章里，十九岁的马塞尔向绘画发起挑战，用文字描绘了一幅完全可以与图卢兹-罗特列克作品相媲美的肖像，同时也表明，他已经通过画面、通过引用文学和绘画作品展开自己的想象：伊薇特·吉尔贝引出了拉法埃利，奥黛特则将引出波提切利。这篇文章还透露出马塞尔对当代文学的看法：他从未喜爱过自然主义，在他看来，自然主义已经“过时”，而此时《卢贡-马卡尔家族》系列小说尚未全部出版。最后，文中还十分自信地阐述了有关文学批评和美学的规律问题。我们在前文中讲到，儒勒·勒迈特[③]在《争鸣报》（1885—1896）上发表的剧评一度吸引了马塞尔；但在涉

① 伊薇特·吉尔贝把她称作“长着黑绒般眼睛的歌星”（ibid., p. 172）。

② 伊薇特·吉尔贝在回忆录中讲述一次晚会时，确认了这种解释。那天在沙尔庞捷府上，她为左拉、米尔博、埃尔维厄、洛蒂、龚古尔和都德等人演唱：“我首先是想吸引左拉的注意，在我看来，他倡导艺术中现实主义和表达上的真实性，而我毫不弄虚作假的本性正与‘他的行事方式’相呼应。我与他一样，也是接近大地的。”（ibid., p. 150）当晚在场的作家都把自己的印象写在一个本子上，吉贝尔的朋友——将来也是普鲁斯特的朋友——路易·德·罗贝尔后来把这个本子作为礼物赠给了她（ibid., pp. 154–158）。

③ *Écrits de jeunesse*, p. 127：“第一次见到儒勒·勒迈特先生。小公牛似的漂亮脑袋，如沉思的牧神的脸庞，一双纯蓝色的眼睛，蓝得像是映照在清澈泉水中的长春花。”（1888年秋）

及名著时，勒迈特则失去了判断力。不过，对于音乐厅的歌舞演出，“他仍然试图创立一套‘老调子’的理论，对咖啡馆里上演的滑稽小调进行一番科学总结”。在这里，我们须注意马塞尔对规律的偏爱，这种偏爱来自他的哲学训练，也是他全部创作的理论支撑：“由于它遵从某种规律，所以能够从中归纳出几条程式。一言以蔽之，在我们的行为中作为科学对象的东西，恰恰是最具体、最物质的种种表现，而艺术，就其最高级的创造成果而言，由于其近乎神性的本质，则彻底摆脱了作为科学探索对象的可能。”为真正伟大的艺术建章立则，儒勒·勒迈特无能为力，这一任务将留给普鲁斯特；但勒迈特能够解释人们为什么会笑，普鲁斯特则对批评家的行为表现尤为关注，因为批评正是他的艺术起点。在从事文学创作之前，让我们先学会评论文学——先驳勒迈特，再驳圣伯夫。

1891年7月，马塞尔以鲍伯为笔名撰写音乐厅歌舞演出专栏[①]，涉及“大钟、阿尔卡扎、使节、贝尔热游乐场、新马戏场、跑马场、夏季马戏场等音乐厅”，从中不难看出他晚上出门看演出次数之多，范围之广，但他的通信集对此没有留下任何痕迹。文中讲到了小丑克罗维，在阿尔卡扎上演的独角戏里扮演一个演员，把海军上尉皮埃尔·洛蒂（lieutenant de vaisseau Pierre Loti）的一出戏说成是“膀胱上尉皮埃尔·乐透”（M. Pierre Loto, lieutenant de vessie）的作品。普鲁斯特对另一位著名戏剧批评家弗

① *Le Mensuel*, n° 10, pp. 7–9.

朗西斯克·萨尔塞大加鞭挞，还表明自己更喜欢男性艺术家，其中包括“我们出类拔萃的、已进入经典行列的保吕斯”[①]。专栏的结尾，马塞尔一反常态地把此文的题献对象、“共用骨盆”的连体姐妹“罗莎–约瑟法小姐”搬了出来：“你们是咖啡馆的健康美神、观赏植物，但愿你们留在更衣室的衣服不要过多，你们不值得我们像分析男人一样分析你们的魅力。”观看此类不登大雅之堂的演出，有助于普鲁斯特描写流行歌曲，甚至帮助他阅读：“只要一接触某位作家的作品，我很快就能分辨出隐藏在词语背后的旋律。”[②]他还喜欢看音乐剧，日后他说，发生在蒙舒凡别墅的重要一幕与此非常相像。对于一个沉迷其中的爱好者，任何东西都是既有益又有害的，无论是歌舞厅还是法兰西喜剧院，无论是伊薇特·吉尔贝、保吕斯还是萨拉·贝尔纳、穆奈–叙利，概莫能外。阿尔卡扎、跑马场这类场所，弥漫着纷繁杂乱的感观刺激和雪茄烟雾，让人发笑，让人毫无顾忌地放声大笑，这种笑，与《月刊》“社会生活”专栏所描绘的沙龙格格不入。

正如马拉美曾经凭一己之力办起《最新时装》（1874）杂志，时装也是马塞尔写作的兴趣所在。他以“流星”为笔名于1890年11月首次在《月刊》刊文，正是以雷雅纳在综艺剧场佩戴的玳瑁压发梳作为引子。普鲁斯特对任何素材都舍不得丢掉，所以小说的叙事者也送给阿尔贝蒂娜一把“玳瑁压发梳”，她把它卡在头发

① 1906年，幽居在凡尔赛的普鲁斯特对《费加罗报》呼吁听众出席保吕斯告别演出的报道非常愤慨，称其中居高临下的语气“残忍、偏狭、无耻”，此时的保吕斯已陷入困境，但“他尽管嗓子不行了，毕竟曾经是、而且将永远是大艺术家”。哈恩与普鲁斯特一样崇拜保吕斯，曾考虑二人一道合写一封抗议信（*Corr.*, t. VI, p. 311, 1906年12月8日）。Cf. R. Hahn, *L'Oreille au guet,* Gallimard, 1937, pp. 231–234。哈恩多次论及法国声乐这一主题，涵盖了从歌曲到歌剧的各个方面。因此，他们二人对那些“懂得如何唱歌，懂得如何发音，懂得如何将文字最深层的东西发掘出来，懂得如何掌握火候分寸因而能达到理想‘效果’，懂得如何利用讽喻或制造讽喻……的人”另眼相看，“因为这些人技艺纯熟，才华横溢！”（ibid., p. 246）

② *CSB*, p. 303.

上；《在少女们身旁》当中，也写到了“丑陋的撑裙腰垫”[1]。马塞尔在专栏里精确地记载了长裙、紧身衣、饰物、帽子等在新的一年里所发生的细微变化，“大毡帽，加上硕大高耸的羽饰，挡住了别人的视线，在剧场里让邻座极不自在”，或者“给朴素的帽子点缀上一个小巧简洁、色彩柔和、最好是天蓝色的甘蓝形缎饰，这样一来，就像在大段沉闷的说教中间突然闪现出明快的思想，令人耳目一新：这就是帽子的流行式样”，此处所运用的意象和陡然幽默俏皮的语气口吻，已经具备了鲜明的普鲁斯特特征。1891年3月，“流星”还评论过路易十五世式的男礼服、亨利二世式的女披风、美第奇式的领子。他花了整整十行的篇幅描写一款“格调完美的灰色装束”。把戏剧专栏让给好友奥托，马塞尔心有不甘，所以，在时装专栏的结尾处，他引用了小仲马《女人的苦难》中的一句话：“也许罢！”仿佛在嘲笑一个不太值得在此引用的句子。这些习作锻炼了写作技巧，为他日后精确细腻地刻画奥黛特·斯万夫人、盖尔芒特公爵夫人的衣着打扮及其变化做了扎实的铺垫。正是通过时尚的变迁，年轻的普鲁斯特发现了时光的流逝。

马塞尔擅长各种体裁的文字，他的笔下还有文学色彩更浓的作品。1891年2月，他以“M. P.”为笔名发表了第一篇诗作，标题就是《诗歌》，献给他在政治科学学院的同学、奥丽阿娜的原型舍维涅伯爵夫人的外甥居斯塔夫·洛朗斯·德·瓦鲁[2]。这首情诗完全是波德莱尔的风

① *RTP*, t. I, p. 607 et n. 1, p. 608，参见十五人译本（二）164页，周译本（二）181页。“腰垫”是穿裙子时放在后背下半部的填充物。

② 关于居斯塔夫·洛朗斯·德·瓦鲁（1871—1941），见*Écrits de jeunesse*, pp. 193–194。普鲁斯特在通信中多次提到他（*Corr.*, t. I, pp. 202, 210; t. II, p. 313）。Cf. *RTP*, t. II, p. 379，参见十五人译本（三）71页；*Pet J.*, pp. 42–43（此处说的是某位伊波莉塔的外甥）。他有个哥哥叫雅克。Cf. *Corr.*, t. XII, p. 118（普鲁斯特把他对德·舍维涅夫人的爱恋与她的外甥瓦鲁联系在一起）：在外甥（侄儿）身上发现了姨妈（姑妈）的相貌特征是多么大的幸运，这对圣卢——他是奥丽阿娜的侄儿，也是夏里斯男爵的外甥——这一人物的来历又是多么大的启示！如果叙事者没有爱上奥丽阿娜，他就有可能爱上圣卢——假如他与普鲁斯特有相同习性的话。

格，但，假如诗中所写是题献对象瓦鲁的眼睛，那么爱的对象就不是女性：

> 黑夜！大海！世上仅有的两大魔力！
> 我紧裹着她华丽柔软的大衣，
> 我在她的双眸里迷失自己，
> 这双眸子，冷漠、慵懒又神秘。

这年夏秋之际，马塞尔两次前往诺曼底海滨，第一次是9月份到卡堡，第二次是10月份到特鲁维尔，住在贝涅尔家在弗雷蒙的漂亮的海滨别墅。1860以来的各种指南无不断言，别墅建筑是特鲁维尔的一大特色（特别是若阿纳指南《特鲁维尔以及卡尔瓦多斯的海水浴场》，1870年出版后不断再版，普鲁斯特的《诺曼底纪事》曾经引作题记），在这些大宅、公馆和小城堡当中，有蒙蒂贝娄伯爵夫人的路易十三风格的别墅，有德·加斯蒂纳先生1859年建成、1876年卖给萨冈亲王夫人的波斯别墅，有1864年为奥贝侬夫人建的古尔-布吕雷庄园，以及加利费侯爵夫人（贝涅尔夫人的表姐）的罗什庄园。

早在七月王朝时期，建筑风格便以模仿路易十三风格为肇端开始发生转变，到第二帝国治下，杂糅各种形式的折衷主义占了上风，之后再逐渐转向照搬诺曼底或盎格鲁-诺曼底模式[①]。弗雷蒙别墅正是这种情形。1861年，

① Voir l’ouvrage de l’Institut français d’architecture, *Trouville*, Mardaga, 1989, pp. 86–87.

阿尔蒂尔·贝涅尔的岳父[1]（曾追随莱塞普）买下一块土地，阿尔蒂尔1869年在此建造了弗雷蒙别墅。整个建筑平面呈L形，正是在这里，马塞尔领略了“拉斯普利埃盖世无双的景观：城堡坐落在山顶，一大间设有两座壁炉的宽敞客厅，有整整一排玻璃窗，透过参差掩映的枝叶间隙，望着花园尽处的大海，极目远眺，连巴尔贝克海滩也能尽收眼底，而对面的一排玻璃窗则朝着山谷方向”[2]。在这间宽敞的客厅里（或者，日后在施特劳斯夫人桑树庄园的客厅里），马塞尔观赏到“当天从野外采来的一束束禾草、虞美人和野花”[3]。透过树木构成的多处“景观”，正是花园的魅力所在。费纳利一家1892年向贝涅尔租用弗雷蒙别墅，之后买了下来，所以小说里有维尔迪兰夫妇向康布尔梅一家租用拉斯普利埃城堡的情节。

马塞尔在《月刊》最后一期（1891年10月）发表的两篇文章都涉及此次诺曼底之行。《诺曼底纪事》是一篇描摹风景之作，而每个艺术家都会在青少年时代发现他特别钟爱、令他魂牵梦绕的风景，随着在生活中重新发现这样的风景，他会通过语言，在一次又一次的描摹中对它进行塑造和细化。马塞尔把诺曼底风光采入《月刊》以及《欢乐与时日》；在布列塔尼的贝格–梅伊，他领略到同样的风光，并连同埃维昂的风景一道写入《让·桑特伊》。在《驳圣伯夫》《在少女们身旁》以及《索多姆和戈摩尔（二）》当中，无论是叙述的文字还是埃尔斯蒂尔的画

① Ibid., p. 158.

② *RTP*, t. III, p. 204，参见十五人译本（四）202页。

③ Ibid., p. 296，参见十五人译本（四）297页。

作，都为这幅风景画确定了最终的构图、色彩和光影，形成小说的镜像重叠效果。其中一贯的主题是高出海面的田野，“比如说特鲁维尔的高地”：“一处露台，金色的茶水在桌子上升腾着热气，从那儿望去，但见‘洒在海面上的阳光’，正在驶近的点点船帆，‘踌躇满志、准备远航的人们忙忙碌碌的身影’。”此处居高临下，所发现的风景之美要归功于波德莱尔，马塞尔引用了他的《秋歌》和《巴黎的忧郁》中的《海港》[①]。田野的平静要么应和着大海的平静，要么与海上的暴风雨形成对比。阳光下的海景继之以月光下的海景，由此产生另一种重叠：入夜，“从花园望去……海与天已浑然一体，无从分辨”。月光下的田野像“一泓湖水”。在乡下，首先获得满足的是孩童最本初的口腹之欲；而夜晚则有海一般的神秘：“在这片法兰西最富庶的乡村，遍地是农舍、奶牛，有取之不尽的奶制品、酿酒用的苹果树和厚实的草场，它无非是让你吃啊、睡啊；而当夜幕降临，它裹上了神秘的面纱，它带给你的忧伤不亚于广袤无垠的大海。”[②]在写作风格上，《诺曼底纪事》杂糅了夏多布里昂和阿纳托尔·法朗士的特点，在这篇作品里，诺曼底的房屋建筑受到作者推崇，它们是维尔迪兰夫妇拉斯普利埃城堡的蓝图和原型：这些房屋“实际上半是诺曼底风格，半是英格兰风格，大量使用的尖脊装饰增加了建筑的观赏性，也使其整体轮廓变化多姿，宽阔的窗户既敞亮温馨，又保证了私密性，每扇窗

① 《青年时期作品》（*Écrits de jeunesse*）的注释指出，《秋歌》的诗句出现在 *RTP*, t. II, pp. 34 et 67 et Esq. XXXIV, p. 906，参见十五人译本（二）219、255 页，周译本（二）236、270 页；亦出现在马塞尔从卡堡写给谢科维奇夫人的信里（*Corr.*, t. XI, p. 210, 1912 年 9 月 7 日）。《海港》的诗句出现在 *RTP*, t. II, p. 34，参见十五人译本（二）219 页，周译本（二）236 页。

②《在少女们身旁》当中，埃尔斯蒂尔在卡尔克迪伊港重拾这一主题，并将这一隐喻推向极致，使陆地与大海浑然一体，两者可以相互转换。

户之下都安装着花盆架，墙面上花雨缤纷”[1]。于是，从最初印成铅字的篇章开始，贝涅尔的弗雷蒙别墅贯穿了马塞尔作品的始终，直到在《索多姆和戈摩尔》当中变成拉斯普利埃城堡，居高临下，“一面俯视山谷，另一面朝向大海”。以此为背景发生了一连串的故事，包括《欢乐与时日》中的小插曲，《少女》中的爱情，叙事者与阿尔贝蒂娜的爱情，夏吕斯与莫雷尔的爱情。

从《月刊》开始，普鲁斯特已经懂得必须使风景活起来。在刊登《诺曼底纪事》的同一期上，他还以皮埃尔·德·图什为笔名（使用笔名是为了避免造成独自包揽整期刊物的印象）发表了第一篇短篇小说（短到只有两页）《回忆》。这篇小说不为人知，已经被作者遗忘甚至舍弃，而且没有署作者真名，但它特别重要、特别感人的地方在于，其中首次出现的情节，是马塞尔·普鲁斯特始终坚持的一个程式化的框架，而且这个奇幻故事最终演绎成《女囚》和《重现的时光》，此外从文学史角度看，它还令人联想起巴尔扎克的《金眼姑娘》。一个男子来到一座居高临海的房子里，看望他过去认识并爱过的一个姑娘奥黛特。她年老、驼背的父亲已经认不出他。由于“身患重病”，奥黛特只能躺在窗边的长椅上，读书、看海、回忆往事。没有人愿意照顾她：母亲死了，父亲太老，哥哥“由于一个女人狠心的背叛而痛苦不堪”（这是小说中反复出现的另一个程式，普鲁斯特式的爱情莫不如此），妹妹太小（就像罗贝尔·普鲁斯特：弟弟的悲剧在于他们永

① 这些引文均出自《月刊》第12期《诺曼底纪事》一文。同期刊物上还有《回忆》一文，故事发生在一幢“带有两座红砖小塔楼”的房子里，女主人公从那里眺望大海、海浪和沙滩。参见：《夜晚来临之前》（《白色评论》1893年12月号；*P et J*, p. 167），主人公透过苹果树瞥见大海；《月光》（ibid., pp. 116–118）、《在树下》（ibid., p. 141, 1895年作于迪耶普）、《大海》（ibid., p. 142）、《海景》（p. 144），这些篇章重新使用了《月刊》中的意象，这说明普鲁斯特没有简单地重复最初的文字，而是将它打散、展开、转化。在贝格–梅伊也是如此，苹果园俯视着大海（*JS*, pp. 362, 381）；参见 *RTP*, t. III: « la mer rurale », pp. 180 ; La Raspelière, pp. 289–290, 297, 387–388，十五人译本（四）178、290—291、297—298、390—391页。

远都太年轻幼稚）。叙事者最终向奥黛特告辞：“我真想把她揽在怀里，我真想对她说我爱她……我哽咽得说不出话来。我穿过长长的过厅，走过精美的花园，唉，甬路上的石子再也不会在我脚下咯咯作响了。”

这位终身受命运惩罚的姑娘、无药可医的绝症、她与叙事者之间的距离、这种时间能摧毁一切的感觉，这些究竟意味着什么呢？是马塞尔一场难以如愿的爱情的心理投射吗？如果把这个故事与他1893年发表在《白色评论》上的《夜晚来临之前》做个比较，我们会看到同样的场所、同样的情境，即“一个少女”——《月刊》里的奥黛特或《夜晚来临之前》的弗朗索瓦丝——向她“最好的朋友”的“忏悔”[①]。

疾病隐藏着一个秘密，病因是一颗无法取出的子弹，这是她自杀未遂的结果。弗朗索瓦丝（如同在《让·桑特伊》当中）承认，她这样做是因为本人是同性恋。在此文中，女主人公导致了自己的死亡。在《欢乐与时日》里，她导致了母亲之死。《在斯万家那边》当中，导致了父亲凡德伊先生之死。在《女逃亡者》里，女主人公再次导致自己的死亡，而到了《重现的时光》中，则是叙事者认为自己要为外婆和阿尔贝蒂娜之死受到谴责。所以说，在短篇小说《回忆》当中，各种故事要素已经齐备：绝症、罪恶感、男女之间不可能的爱情（其原因是同性恋，在此处没有言明，两年后在《夜晚来临之前》才予以揭示）、“忏悔”[②]、作者在保持叙事者角色的同时变身为女性。

① 这是特鲁莱先生提出的观点，他认为，只要把《夜晚来临之前》嵌入《回忆》当中，就能得到一篇完整的小说。

② *P et J.*, p. 168.

这些要素在《女囚》中得到了解释，此时，1890年代托尔斯泰式的怜悯已经被陀思妥耶夫斯基的罪与罚所取代[①]。普鲁斯特在去世那年写道："陀思妥耶夫斯基的全部小说均可名之为《罪与罚》……但有可能他是把现实中的一个人分解为两个人物。在他的生活中肯定有罪有罚（这种罚可能与他的罪没有任何关系），但他更愿意写成两个人，需要时将惩罚留给自己（《死屋手记》），把罪分配给别人。"[②]在阅读陀思妥耶夫斯基之前，但更是在读了陀思妥耶夫斯基之后，普鲁斯特创作出了同样的罪与罚结构。诺曼底海滨乡村充满诗情画意的背景下发生的一场悲剧，已是成熟阶段中伟大作品和伟大爱情的先声。

在弗雷蒙，1891年10月1日，雅克–埃米尔·布朗什为马塞尔画了一幅铅笔素描[③]。普鲁斯特大约是在服兵役期间与这位比他年长十岁的画家结识的，地点要么是在施特劳斯夫人府上，要么是贝涅尔夫人在巴黎的家中，或者是在玛蒂尔德公主府上[④]，但绝不是在奥特伊，尽管他们在奥特伊比邻而居。布朗什写道，马塞尔"身着敞怀的军用斗篷，戴步兵长筒帽。他的发型、一张酷似亚述人的标准椭圆脸[⑤]，外加一套如假包换的军服，真是奇怪的组合"[⑥]。素描表现的正是普鲁斯特的"标准椭圆脸"和发型，还有目光专注但毫无表情的大眼睛、细细的唇髭、下唇厚实的小嘴巴。用餐时换上的衣服耸得过高，显得头陷在肩膀里。母亲不在身边的时候，马塞尔仍然风度翩翩，但不修边幅。这张素描并非如他人所说，是后文中那幅油

① *RTP*, t. III, p. 881，参见十五人译本（五）374—375页，周译本（五）394—395页。

② *CSB*, pp. 644–645.

③ G. Cattaui, *op. cit.* 这幅素描送给了哈恩，最后留给了诺德林格。

④ *CSB*, p 571.

⑤ 这类有关东方式脸庞、温柔的眼睛的老套说辞，同样出现在德雅尔丹笔下。（见本书第三章。——译者注）

⑥ J.-É. Blanche, *Mes modèles*, *op. cit.*, p. 116.

画肖像的底稿。其实，布朗什的才华不足以完美再现普鲁斯特的英俊风采，他的相貌要比二十岁的真实年龄成熟得多。普鲁斯特年轻时的照片大都为摄影师奥托所摄，也同样给人以不合年龄的成熟印象，青春常驻的形象亦就此定格，至死未变。普鲁斯特对此十分珍爱，甚至在获得龚古尔奖时，他也从未把其他照片交给别人。

V

从《会饮》到《白色评论》

二十岁的马塞尔·普鲁斯特看上去无所事事，实际上他与夏多布里昂一样，同时经营着四项事业。第一是大学学业，1891年11月，他在法学院和政治学院继续注册学习；第二是社交活动；第三是文学写作；第四是情感乃至爱情事业。随着时间的推移，他相继抛弃了头两项，而另外两项事业，他则经营了一生。

情圣马塞尔的命运是悲惨的。实际上，许多吸引他的年轻人并不是同性恋。每当他奉献的友情——这种友情掩饰着一种更深切或者另类的欲望——显得过于逾越常理、过于强烈之际，他们就会离他而去。在他的朋友关系中，我们也无法准确说出马塞尔出于什么原因，对什么人产生了爱恋之情。这其中包括奥托·布文斯吗？包括与他一道度假的雅克·贝涅尔吗？11月，马塞尔把自己的朋友爱德华·卡查德引荐到施特劳斯夫人的沙龙；爱德华的父亲是一位美国律师，母亲是法国人。但爱德华很快就表现得“十分冷淡”[1]，逃避了马塞尔的友情。普鲁斯特此后还结识了其他讲英语的朋友，有威利·希思、希德尼·希夫、沃尔特·贝里等，但尽管有巴尔扎克、布尔热等先例在前，尽管（或者恰恰由于）这是当时的风尚，他在《追忆》中却没有安排其中任何人出场，只有夏尔·斯万的朋友威尔士亲王的影子在贵族沙龙里盘旋，挥之不去。

① Ibid., t. I, pp. 166 et 199.

王尔德

他的确还有其他朋友，但不包括奥斯卡·王尔德。1891年12月19日的《巴黎回声报》宣称，王尔德重返巴黎是众多文艺沙龙的“重大事件”[2]。马塞尔·施沃布带着他结识巴黎的文学圈，见了让·洛兰、皮埃尔·路易斯、莱昂·都德、儒勒·勒纳尔、勒米·德·古尔蒙、安德烈·纪德（据儒勒·勒纳尔《日记》的说法，纪德爱上了王尔德）、魏尔伦，以及马拉美（夹在惠斯勒与王尔德两位死对头之间）。1891年3月马拉美收到《道林·格雷的画像》，曾致信王尔德：“在如此畸形的美学氛围中，您通过对智力和人性空前的提炼而重新达到催人泪下的效果，因而集写作艺术之大成，创造了奇迹！”[3]王尔德此时重返巴黎，是为了与《希罗狄亚德》的作者马拉美争个高低，他以于斯曼在《逆流》中提及的居斯塔夫·莫罗的两幅画为基础，用法语创作了剧本《莎乐美》[4]。在巴黎，他出演的是本色行当，使出浑身解数令人惊艳、

② 关于王尔德的巴黎之行，见 R. Ellmann, *Oscar Wilde*, Alfred A. Knopf, New York, 1988, chap. XIII, 关于他与普鲁斯特的关系，见 p. 347（与普鲁斯特的其他传记一样，这一资料的唯一来源是贝涅尔夫人孙辈诸人的说法，参见 Ph. Jullian, *Oscar Wilde*. Perrin, 1967, p. 246）。

③ R. Ellmann, *op. cit.*, p. 338.

④ 这里面还有个很有趣的故事。王尔德的这部剧作（它为里查德·施特劳斯的同名歌剧提供了蓝本），是在 Scribe 街上的“大咖啡馆”里借助一支吉普赛乐队的音乐完成的，这支乐队的首席小提琴手就是 Jancsi Rigó，此君 1896 年拐走了比利时卡拉曼－希迈亲王（Prince Caraman-Chimay）的王妃（闺名 Clara Ward），夏吕斯在谈话中暗中提及这位王妃。普鲁斯特引用的不是王尔德的话剧，而是施特劳斯作曲的歌剧《莎乐美》。

惊异、惊诧。像夏吕斯一样，他原本模糊的美貌如今丰满起来，他的小说和机智谈吐风靡整个巴黎。他写给埃德蒙·德·古尔蒙的信表明，他的法语无可挑剔："我生为爱尔兰人，在情感上是法国人，英国人偏偏强迫我说莎士比亚的语言……总的说来，英国公众虚伪、假正经、粗鄙不堪，不懂得在艺术作品中领略艺术，而是在其中寻找人物。他们总是把作者和他创作的人物混为一谈，所以他们认为，要写出哈姆雷特，就必须抑郁寡欢，要写出李尔王，就非得彻底疯掉不可。"[①]

雅克–埃米尔·布朗什似乎是在阿尔蒂尔·贝涅尔夫人府上把普鲁斯特介绍给王尔德。据说，马塞尔曾邀请王尔德到家里共进晚餐，可当王尔德来到马勒泽布大道，走进马塞尔家的客厅时，当着他父母的面说了一句"贵府真是丑陋！"，旋即扬长而去。这种话，亦完全可能出自孟德斯鸠之口，它被原封不动地写进《女囚》，放在夏吕斯名下，语气里"夹杂着风趣、傲慢和厌恶"[②]。上述传闻属实与否暂且不论，但事实是，普鲁斯特确实没有更多地谈及王尔德。不过，王尔德仍然两度出现在他的作品里。《驳圣伯夫》把他视为唯美派和巴尔扎克的信徒："奥斯卡·王尔德在创作初期（也就是他声称'直到湖畔派诗人出现之后，泰晤士河上才有雾'的时期）曾说：'我平生最大的悲痛，便是《交际花盛衰记》中吕西安·德·吕邦普雷之死。'唉，生活终有一天会让他明白，还有远比书中所写更加令人心碎的痛苦。"[③]王尔德尚不知道，他本

① 1891年12月17日。R.Ellmann, op. cit., p. 351。这里体现的美学思想已经非常接近《驳圣伯夫》。Léon Daudet peint de Wilde un portrait double, Jekyll et Hyde, dans *L'Entre-deux-guerres*, in *Souvenirs*, Laffont, coll. Bouquins, pp. 278–279。

② *RTP*, t. III, p. 888，参见十五人译本（五）382页，周译本（五）403页。

③ *CSB*, p. 273. 阿尔芒·德·卡雅维夫人给让娜·普凯的信中说："我遇到一件非常丢脸的事儿，纯属推测但事出有由。两年来，我去拜访经营素描画的普鲁提先生时，经常遇到马塞尔。他告诉我要去艺术街，他正在住在那儿的一个人家里写一部小说，这位朋友没有什么名气，但只有这位朋友知道如何把他的脚暖起来。要知道艺术街正是奥斯卡·王尔德以化名死去的地方。"（M. Maurois, *Les Cendres brûlantes, op. cit.*, p. 110）这种解释虽然靠不住，但不乏诗意……

人将成为下一个吕西安。他作为同性恋者的遭际，反映在《索多姆和戈摩尔》当中："朝不保夕的境遇，就像伦敦的那位诗人，头天晚上还备受各家沙龙追捧，博得各大剧院的掌声，第二天便被赶出寓所，甚至找不到一床一枕可供栖身。"[1]即使缺乏感情共鸣，也并不妨碍普鲁斯特思考他的典范意义、美学理论和独特命运。

① *RTP*, t. III, p. 17，参见十五人译本（四）15 页。

玛蒂尔德公主

在马塞尔新近结识的朋友当中，还有一位介乎历史、社会和文学之间的人物，就是玛蒂尔德公主。他是在施特劳斯夫人的沙龙里经人介绍认识公主的，实际上，她是弗罗芒塔尔·阿莱维和乔治·比才的朋友；后来她与比才的妻子热纳维耶芙也非常要好，两人之间有大量的通信[2]。玛蒂尔德是热罗姆·波拿巴的女儿，拿破仑三世的堂妹，她在贝里街20号或者圣格拉蒂安的卡蒂纳城堡举办沙龙。埃德蒙·德·龚古尔是她沙龙里的常客，在《日记》里关于公主的记述连篇累牍，但大都琐屑无聊，缺乏机趣。莱昂·都德笔下则对公主不留情面[3]，甚至讽刺挖苦（"人人都说——我不理解何以至此——公主气度不凡，但其实公主本人是个又老又笨的妇人，她的表情是蛮横而非皇家气象，她真不该穿袒胸露肩的衣服。"）：在她"惨遭犹太男女荼毒"的"魔鬼之家"，他只感受到"无聊"和冷漠。在马塞尔·普鲁斯特眼中，玛蒂尔德

② 国家图书馆藏手稿。见 C. Bischoff, *op. cit.*, pp. 128–131；L. Daudet, *Fantômes et vivants*, in *Souvenirs, op. cit.*, pp. 115–126。

③ 这种语气也出现在吉斯兰·德·迪斯巴克所写的普鲁斯特传记里，pp. 115–120。

的沙龙则完全是另一番景象。他先在《费加罗报》[1]上发表文章《一家历史性的沙龙——玛蒂尔德公主殿下沙龙纪实》，而后又把沙龙的场景写入《在少女们身旁》[2]。这些篇章为我们保留了马塞尔初识帝国公主殿下的喜悦，她不仅背负着法兰西最光荣的历史，而且颇有文名；她出身高贵，因而她的简单率真足以令人称道，更何况关于她高贵品行的奇闻轶事已广为流传。与沙皇尼古拉一世之侄、粗暴的德米多夫亲王的婚姻破裂后，她的私生活颇为失意，而后她的侍从骑士又背叛了她，与她的伴妇发生私情。但她一直与梅里美、圣伯夫、丹纳（但在丹纳发表关于拿破仑一世的文章后，她就与他断绝了来往）、福楼拜保持友谊。福楼拜1867年写给她的信中说："您来信问我：'谁还会想着我呢？'公主殿下，凡是认识您的人都想着您，而且不止于此。文人的职业就是观察和感受，他们可一点都不傻！据我看，我的密友龚古尔兄弟、泰奥菲尔、圣伯夫老爹以及我自己，都绝不是您身边最不忠实的人。"[3]公主与福楼拜是否彼此相爱，我们不得而知。普里莫利伯爵记载了发生在圣格拉蒂安的一幕：看到福楼拜带着火热的目光走到近前，公主说道，他无论说什么她都会洗耳恭听，结果福楼拜语无伦次地答了几句，随即逃开[4]。按照普鲁斯特的看法，就福楼拜而言，公主更喜欢其本人而不是他的作品。在写下面这番话时，普鲁斯特心中一定想到了自己的朋友们："有多少生前默默无闻的作家，他们获得珍贵友情的资本仅仅是他们待人和善、擅长

① 1903 年 2 月 25 日；玛蒂尔德公主于 1904 年逝世。

② *RTP*, t. I, pp. 532–534，参见十五人译本（二）98—100 页，周译本（二）107—109 页；cf. t. II, pp. 754–760，参见十五人译本（三）454—460 页。

③ Flaubert, *Correspondance*, Bibl. de la Pléiade, t. III, pp. 691–692.

④ Ibid., p. 523 et n. 7.

交际，而我们事后回顾才会发现，其实他们的才华丝毫无愧于这种珍贵的友情。”[1]

① « Le salon de la princesse Mathilde », *CSB*, p. 450.

在马塞尔频繁出入于公主的沙龙之际，她的作家朋友中最杰出的几位，除了埃德蒙·德·龚古尔，都已经去世。龚古尔记述的人物有：小仲马、埃雷迪亚、勒南、波尔托–里什，几位历史学家（包括居斯塔夫·施伦贝格尔）和杂志主编，如《美术通讯》社社长夏尔·埃弗吕西（斯万的原型之一）、《巴黎评论》社社长冈德拉、《大不列颠评论》杂志社主任皮绍。外交官中，有法国驻柏林大使贝内代蒂伯爵。贝里街的常客自然包括帝国贵族艾斯林亲王、缪拉元帅、奈伊元帅的后人，以及格拉蒙公爵和夫人、普塔莱斯、博尔热兹亲王。奥马尔公爵与玛蒂尔德公主重归于好，使得马塞尔1903年在《费加罗报》的文章里写道：“他们有四十多年没有见面了。当年他们年轻又漂亮，如今他们仍然漂亮，但已经不再年轻。出于心下戚然又爱面子的缘故，他们一开始都躲在阴暗处，彼此离得远远的，谁都不肯让对方看出自己的变化有多大。”[2]这不正是《重现的时光》所用的字眼吗？

② Ibid., p. 452.

普鲁斯特浓缩了《费加罗报》上的文章，把这个半史实、半虚构的场景搬进了《在少女们身旁》：“斯万对我说：‘这位是玛蒂尔德公主。您知道，她是福楼拜、圣伯夫、大仲马、小仲马的朋友。您想啊，她是拿破仑一世的侄女！拿破仑三世和俄国皇帝都向她求过婚。’”公主仍然保持第二帝国时期的穿着打扮，似乎“有意满足一些人想通过她缅怀旧时代的愿望”[1]。与公主相识时，普鲁斯特二十岁，公主已是七十高龄，她是（除那不勒斯王后之外）唯一一个被普鲁斯特写入小说的真实的皇家公主。如此看来，除了在引述《一桩神秘案件》时提到拿破仑之外，拿破仑的身影还延伸到鲍罗季诺亲王（即华勒夫斯基）和玛蒂尔德公主身上。这其中没有任何攀附的成分：“艺术家只应服务于真理，不应对身份地位另眼相看。他只需在刻画人物时把他的身份地位，如同国籍、种族、环境等区别因素交代清楚即可。任何社会背景都自有其本身的意义，艺术家会怀着同样的兴致描绘王后的生活排场或呈现缝衣女工的日常习惯。”[2]

① *RTP*, t. I, pp. 532–533, 参见十五人译本(二)98—99页，周译本（二）107—108页。

② *CSB*, p. 451.

柏格森

1892年1月7日，普鲁斯特的人生轨迹与一位经常和他相提并论的人物发生交叉，这个人便是哲学家亨利·柏格森。那天，马塞尔作为男傧相出席表妹路易丝·诺伊伯格与柏格森的婚礼。柏格森1859年生于巴黎，父亲是来自波兰东部的斯拉夫音乐家，母亲是英国人[3]。他是孔多塞中学拿奖学金的尖子生，在优等生全国竞赛中先后拿过哲学和数学的第一名，1878年被高等师范学校录取[4]；与普鲁斯特相比，柏格森较少受到布特鲁和拉舍里耶的影响，他不属于新康德主义派。取得哲学教师资格后，柏格森到昂热中学任教，他上课不备教案[5]，使用布特鲁的教

③ J. Guitton, *La Vocation de Bergson*, Gallimard, 1960.

④ 他的同届同学包括饶勒斯、迪尔凯姆、德雅尔丹。普鲁斯特的文字涉及的有饶勒斯和德雅尔丹。

⑤ 柏格森对 J. Guitton 说道：“你们不应该花太多精力在课程上……尽量留出时间用于自己的内心生活，用于读书和思考。从你们身上散发出来的东西，将使你们的学生受益，而不用你们多费口舌。”（ibid., p. 67）

材。1885年，他转到克莱蒙–费朗中学任教，在那里待了五年，主要精力用来撰写博士论文《论构成意识的直接材料》[1]。他写作时信马由缰，随灵感而作，暂不考虑各部分之间的衔接照应，待定稿后反复斟酌才最终确定标题。1889年通过博士论文答辩，先后到巴黎的罗林中学和亨利四世中学任教，1894年争取索邦大学教职失利，1900年获任法兰西公学教授。普鲁斯特与他的亲戚关系并没有使两人亲密起来。不难想象，他们之间如果谈起回忆、时间、习惯、笑、睡眠[2]、梦、道德、宗教、心理规律，会出现多么不同寻常的结果，可惜这类谈话没有发生。亲戚关系、相似的背景和出身本该使两个人、两种思想相互吸引，那么导致他们彼此疏远的原因有哪些呢？首先是年龄，一个三十二岁，另一个二十岁，在这个年龄区间，相差十二岁是相当大的年龄差距；其次是，马塞尔一般对堂表亲属都不甚在意，对教师——只有达吕例外，不过马塞尔也从未宴请过他——常报以讥讽的目光，而至于某方面的专家，他可以趋前请教，但不会成为朋友。更大的可能，也许恰恰是因为两人相似之处太多而使他们保持距离。“柏格森既不愿步人后尘，亦不喜受人盘诘，甚至不愿与他人有稍稍亲密的接触和往来。他的著作中关于引文出处的注释很少，有时列出注释的目的也是为了申明自己不依傍他人，以免漫不经心的读者误以为他的思想有其他来源。”[3]同样，普鲁斯特在读了《物质与记忆》之后，特意标举出自己的不同点[4]；就《斯万》接受采访时，普

① 他所作的补充论文（按惯例要使用拉丁文）题目是：*Quid Aristoteles de loco senserit*（Alcan, 1889）。

② 只有一次例外，我们在后文将看到，即第一次世界大战后，他们在担任布吕芒塔尔奖评委期间谈过睡眠的话题。

③ J. Guitton, *op. cit.*, p. 122.

④ 1910年春，见《1908年记事本》113页。

鲁斯特拒绝将《斯万》称为“柏格森式的小说”[1]。他们在政治上也有分歧。德雷福斯事件期间，普鲁斯特四处奔走征集签名，声援左拉或皮卡尔，他肯定遭到了这位表妹夫的拒绝，因为柏格森的名字没有出现在任何请愿书上。柏格森对吉尔贝·梅尔解释道：“在很长时间里，我一直相信我的新教教友德雷福斯有罪。而亨利作伪证一事被揭发，使我倾向于认为他是清白的，并且支持重审案件。但我一直强烈反对为争取案件重审所采取的激烈言行。依我看，案件本可以在司法范围内解决，而这些过激言行却使法国陷入了激烈的内斗。我从来没有像重审派那样热血沸腾：在德雷福斯事件中，我认为所有的人都有错。您完全可以想到，这种态度使我成为两大阵营的公敌。”[2]从外表上看，柏格森性格冷淡，尽管他其实也很敏感，但普鲁斯特正相反，热情而且感情外露。柏格森的极度内向与普鲁斯特喜欢剖白自己的外向型性格合不来。看起来，伟大的灵魂注定是孤独的，至少，在他沉潜于自己的内心深处投入创作时，他没有同行，也没有亲属。再到后来，柏格森谈起普鲁斯特，只是为了讲下面这个小故事：柏格森抱怨噪音太大而不得清静，普鲁斯特便向他大力推荐耳塞棉球，还给他送去了一整盒，结果柏格森一个都没有用过。在这位哲学家的心目中，《追忆》的作者不过是那个给他送了一盒耳塞棉球的家伙[3]。

所以不难理解，普鲁斯特翻译的罗斯金出版后，柏格森只写了一篇小短文作为回应；普鲁斯特荣获龚古尔奖时，柏格森仅以寥寥数行文字表示祝贺：“您知道我对

① *CSB*, p. 558, 1913.

② G. Maire, *Bergson mon maître*, Grasset, 1935, p. 157. 斯万在事件初期也持同样的态度。

③ 耳塞棉球的故事来自 Jacques Chevalier, *Entretiens avec Bergson*, Plon, 1954, p. 109。

《在斯万家那边》的看法[①]；新出版的《在少女们身旁》是它当之无愧的续篇，其中对内省的挖掘达到了罕见的程度，它是对内心世界直接和连续的呈现。”[②]柏格森用三言两语打发了可怕的竞争对手，对方则声称，贯穿整部小说的主线是自主回忆与非自主回忆的区别，这一区别不仅是柏格森的哲学所没有的，而且恰恰与其背道而驰[③]。柏格森没有受到普鲁斯特的影响，普鲁斯特也没有依傍柏格森，这两个事实都不值得大惊小怪。

《会饮》杂志

1892年年初，以孔多塞中学校友为主的一帮朋友创办了《会饮》杂志，刊名借自柏拉图的著作[④]。雅克·比才拉着马塞尔参加了第一次聚会，参加者还有费尔南·格雷格、罗贝尔·德雷福斯、路易·德·拉萨勒、达尼埃尔·阿莱维、奥拉斯·费纳利。此后，他们又找来加布里埃尔·特拉里厄（《月刊》撰稿人）、罗贝尔·德·弗莱尔、亨利·拉博、加斯东·德·卡雅维、莱昂·布鲁姆、亨利·巴比塞。办刊费用由成员分摊，每人每月须缴纳十法郎；每期印四百份[⑤]，需花费一百法郎，全年订阅价为十法郎。《会饮》由《时报》印刷厂承印。编者们经常在舒瓦塞尔胡同71号的鲁凯特书店开会，书店的名字就印在杂志的封面上。办刊事宜一开始并不顺利：经过几个小时的讨论，他们才初步选定“混沌”一词作为刊名，下一次

① 真可惜我们并不知道，呜呼！

② *Corr.*, t. XIX, 1920 年 9 月 30 日, p. 492。在这句话之后，柏格森谈到雅克·里维埃 (J. Guitton, *op. cit.*, pp. 40–41 提供的此信文本要比菲利浦·科尔布所编的更为完整)。Cf. *La Pensée et le Mouvant,* p. 20, 柏格森指出，在他出版第一本书的时候，“还没有哪一位小说家胆敢系统性地去‘追忆似水年华’”。从柏格森下面的话中可推测出他惧怕同性恋：“此外，普鲁期特给我出了一个比纪德更难以理解的难题。”（J. Chevalier, *op. cit.*）

③ *CSB*, p. 558.

④ 关于创办《会饮》杂志的具体情形，见 F. Gregh, *L'Âge d'or, op. cit.*, p. 148 *sq.*, et R. Dreyfus, *op. cit.*, pp. 67, 78, 163。

⑤ 第二期只印了二百份。

开会又提出十五六个刊名方案。这帮年轻人在一起甚是热闹，相互间不停地插科打诨，并没有那么一本正经。他们组成了一个审稿委员会，成员有达尼埃尔·阿莱维、罗贝尔·德雷福斯和马塞尔·普鲁斯特[1]。从第二期开始，费尔南·格雷格即承担了主编职责。

创刊号开篇的“致读者”并没有提出非常明确的办刊方针，文中声称将采取“最具颠覆性的无政府主义”立场，不过是出于虚张声势或是为了调侃。这群“非常严肃认真的年轻人”深知自己反对什么、追随什么。他们反对的是象征派、“托尔斯泰主义”，追随的是折衷主义；他们写作的目的是“倾诉”，为了将自己的文字公之于世——同时也是为了揭示法国以及“外国艺术中最有意义的作品”。创刊号上的第一篇作品，就是达尼埃尔·阿莱维翻译的易卜生剧本《皇帝与加利利人》中的一幕。当他们谈起无政府主义或者“精神训练”时，与巴雷斯的立场相距不远。这本杂志刊登短篇小说、诗歌作品、文学或戏剧评论，介绍尼采[2]、丁尼生、罗塞蒂、雪莱、斯温伯尔尼等外国作家、艺术家。费尔南·格雷格使用三个笔名发表作品，他明确表示，他与审稿委员会的三名成员都强烈反对“开始在文坛肆虐的晦涩之风”。因此，这本小刊物与著名的《法兰西信使》杂志甚至《白色评论》（虽然经常引用其中的内容）迥然有别，大胆地与流行风尚保持距离。其实，逃避一种影响就是接受另一种影响，因此他们的诗歌接近雨果、缪塞、魏尔伦、叙利·普吕多

① Procès-verbal de J. Bizet, cité par R. Dreyfus, *op. cit.*, p. 81.

② 而不是叔本华，第五期上的《与叔本华的谈话》（*Entretiens avec Schopenhauer*）不足为凭（F. Gregh, *op. cit.*, p. 151）。

姆。在他们的散文作品中，如格雷格署名弗·米泽尔的《悲观主义》和莱昂·布鲁姆的《对一位朋友自杀的沉思》[①]，可以发现各种世纪末的主题。按照创刊者之一罗贝尔·德雷福斯的说法，这本刊物还体现了传统的影响："《会饮》是着眼于反对象征派而创办的，它试图通过古典主义与浪漫主义的完美结合，传承纯粹、丰富的法国传统。"[②]然而，德雷福斯在第五期（1892年7月）发表《文学现状》一文之后，普鲁斯特写信给他加以讥讽。德雷福斯在文中一面推崇巴雷斯和尼采，一面对他们的学派大加挞伐[③]，最后以颂扬伏尔泰作结。普鲁斯特则在信中阐明自己对文学流派的认识，他的观点直到《重现的时光》都没有改变。他说，认为文学流派如同政府和社交时尚那样可以前后更替，是一种"唯物质的"文学观；艺术作品之间不能像物品或政治人物那样相互取代。"对伏尔泰的颂扬仿佛是传授一种秘诀：欣赏过时的东西要比追逐时尚更为高雅，不过这种做法也将很快成为时尚。于是，当人们开始欣赏瓦格纳时，前先瓦格纳的爱好者转而追捧贝多芬，然后是巴赫，再然后是亨德尔。"[④]

正如赛马起跑阶段根本看不出哪匹马将最终取胜一样，这本杂志的惑人之处在于，其中的大作家还湮没在众人之中，尚未展露才华。虽然普鲁斯特的文学批评已经表明他在思想上很有主见，但他的"习作"或"草稿"与同卷中其他人的文字相比，并无过人之处。他的最初四篇习作发表在1892年4月的第二期上，放在达尼埃尔·阿莱维

① 普鲁斯特写信给格雷格批评此文有"所有色彩里最令人厌恶的世界末色彩"，并说"这篇文章应该出自巴雷斯的走狗之手"（*Corr.*, t. I, p. 170, 1892年6月）。

② R. Dreyfus, *op. cit.*, p. 108.

③ "自然主义已经破产，象征主义已经破产，附庸风雅（le dilettantisme）正在破产。"

④ *Corr.*, t. I, p. 174, 1892年7月1日。Cf. *RTP*, t. II, p. 762, 参见十五人译本（三）463页，关于德·盖尔芒特夫人文学趣味的转变。

与费尔南·格雷格的文章《弗里德里希·尼采》和摘译的《善与恶的彼岸》两个片段（分别是“两种道德”和“基督教的社会作用”，他们二人是最早译介尼采这部著作的）之后，排在第三位。其中《法布里斯的情妇们》一文结尾处暗指施特劳斯夫人，聪明、优雅、神秘，有一双深邃的眼睛，但与前两位“情妇”不同，她并不爱主人公。《西达利兹》是作者从玛蒂尔德公主沙龙归来之后写的，那天晚上，德·莱斯克夫人（当时是玛利–奈勒夫人）身着一袭红衣，与波尔托–里什交谈[1]。除了描写神态和衣着之外，马塞尔还一五一十地道出他何以倾慕这一类来自往昔、性情忧郁的女性：她属于被废黜的家族，如今流落他乡，“一位来自遥远往昔的公主，愁眉不展，眼中总是含着淡淡的哀怨”，与莫罗以及拉斐尔前派的画作相像，与希罗狄亚德、梅特林克的人物相仿。第三篇人物特写《米尔托伯爵夫人的女友们》模仿拉布吕埃尔，但故意以一种难以索解的矫揉造作的手法描写社交场上的人际关系。第四篇习作中出现了交际花埃尔德蒙娜，可能是以劳拉·海曼为原型。

在1892年5月的第三期中，普鲁斯特发表了五篇习作[2]。其中头两篇反映女性如何追逐时尚，附庸风雅。第三篇《×[3]夫人肖像草稿》，是马塞尔为德·舍维涅夫人描绘的第一幅肖像，盖尔芒特夫人的容貌即以此为原型：“一副鹰钩鼻，一双锐利又温和的眼睛，戴着白手套的胳膊支在剧场包厢的前缘。”“她的儿子、外甥都像她一

① *Corr.*, t. VII, p. 239, 1907 年 8 月 1 日。在这封信中，普鲁斯特用了很长的篇幅向哈恩描写德·莱斯克夫人出场时他的所见所感：俨然亚瑟王传说中的湖上夫人出世，她的面容仿佛出自伯恩–琼斯或莫罗的画作，与格雷菲勒夫人不相上下（也就是与盖尔芒特公爵夫人、盖尔芒特亲王夫人都不相上下），“梦的产物……真正的康沃尔美人”；“她的双眼和面容具有某种神秘感，她本人都未必知道，但这并不妨碍这种神秘感成为诗人应该努力体会和表达的东西”。

② 收入《欢乐与时日》时，这五篇文字的顺序发生了变化。头两篇以《攀附者》为题（pp. 43–44），第三篇以《失蜡法铸像》为题（pp. 41–42 及异文），第四篇无题（p. 41），第五篇的标题是《感情不专的人》（pp. 40–41）。

③ 在《欢乐与时日》中，此人名为“伊波莉塔”，*P et J*, p. 42。

样，长着鹰钩鼻、薄嘴唇、锐利的眼睛、细腻极了的皮肤，我每次见到他们都会感到惊讶：这个家族应该是某位女神与鸟结合的后代罢。”这个形象直到《盖尔芒特家那边》都不曾改变。第四篇肖像[1]写的是一个非常神秘的人物，此文的意义，假如不联想到马塞尔本人便无从解释：“有这样一些人，他们的天性、才智和情感迥异于常人，既能做不轨不义之事，但又不公然作恶，且让别人抓不到把柄，他们的生活异常轻松和美妙。他们身上有某种柔韧灵活又秘而不宣的东西。并且，这种堕落会给最平凡清白的行事举止增添刺激和乐趣，比如深夜里到花园中散步。”善良伴随着作恶的可能，伴随着秘密和堕落，这种组合正是凡德伊小姐吸引马塞尔的地方，因为这也是他在自己身上发现的。第五篇写的是“感情不专的人”法布里斯，他的爱情只能持续六个月，并且试图在爱情结束之后继续保持友情；但是他错了，因为他没有考虑到遗忘的因素[2]。从《斯万之恋》到《失踪的阿尔贝蒂娜》，遗忘（它与回忆同样是非自主的）是普鲁斯特的另一个重要主题。第五期（1892年7月）上发表了三篇习作。第一篇阐述了现实生活与梦想之间的巨大鸿沟，结尾是一个有力的疑问句：“在我们与死神的婚姻中，谁知道会不会诞生出我们刻意追求的不朽呢？”第二篇以布尔热的早期笔法论述女性，称她们把所有的东西都混为一谈，“像享受一个好天气或一只橙子那样品味一本书或生活本身”[3]。作为怀疑论者和附庸风雅之人，她们没有道德感。第三篇是他

① Ibid., p. 41.

② “未来某一天他居然可以在生活中不再见到她，这种想法，与他的激情永恒的幻想是不相容的。”

③ *P et J*, pp. 110-111.

对眼睛、对眼神的思索，眼神是神性或爱的镜子，“也是背信弃义的叛徒，它把心灵不予承认的爱轻许他人”[①]。马塞尔已经发现，在施特劳斯夫人或舍维涅伯爵夫人的眼神里允诺了许多根本无法兑现的东西。在普鲁斯特看来，从希尔贝特到夏吕斯，他们的目光充满了神性。这也是普鲁斯特探讨的重大主题之一。

第六期（1892年11月）上，马塞尔仍然作为第三位作者出场，两篇习作《大海》和《×夫人肖像》都是献给路易·德·拉萨勒的[②]。第一篇借用波德莱尔的一个主题，描绘《在少女们身旁》的作者情有独钟的海滨景色。大海是母性之水，是纯粹、贞洁、世界起源和奥秘的化身。尤其是作者在此文中建立了一对十分重要的对应关系：“大海的魅力在于，它在夜晚也从不停歇，让我们忘却生活的烦恼，进入梦乡，并向我们允诺，并非一切都将化为乌有。就像幼童房间里彻夜不熄的烛火，只要它还亮着，孩子就不会感到特别孤独。”[③]对睡眠的恐惧等同于对死亡的恐惧；如同贡布雷（奥特伊）夜晚的一吻，诺曼底的大海能让他安然入睡。普鲁斯特还像波德莱尔那样将大海和音乐联系起来，因为音乐“模仿我们灵魂的悸动”。《×夫人肖像》写的不是德·舍维涅夫人[④]，而是吉约姆·贝尔夫人。贝尔夫人闺名埃莱娜·戈德施密特–弗朗切蒂[⑤]，这个名字足以说明她何以“集北方女性的神秘与意大利人的优雅于一身”。她是勒贡特·德·利尔的缪斯，《卢孚仙纳的玫瑰》（她在卢孚仙纳有一所宅子，普鲁斯特曾经

① Ibid., p. 125.

②《大海》, ibid., p. 142;《×夫人肖像》1896年未收入《欢乐与时日》, ibid., p. 166。

③ *Le Banquet*, Slatkine reprints, p. 171, et *P et J*, p. 143.

④ 这是罗贝尔·德雷福斯的看法, R. Dreyfus, *op. cit.*, p. 96。

⑤ 这个人物的身份是菲利浦·科尔布考证出来的（*Textes retrouvés*, Gallimard, 1971, p. 92）。见 G. de Diesbach, pp. 133–134, 他认为这幅肖像与模特本人不像。

造访）一诗让她声名远播，后来她以让·多尔尼为笔名从事写作，因此，她能让马塞尔产生“艺术的愉悦”，就毫不奇怪了。普鲁斯特在《会饮》发表的“习作”以此篇告终，不过在这本杂志上，他还发表了第一篇真正意义上的短篇小说《维奥朗特或社交生活》，并把它献给阿纳托尔·法朗士。在小说的女主人公身上，能看出许多自传的特征[①]：维奥朗特因“缺乏意志”曾让母亲忧心忡忡，父母去世后，她彻底自由，一个十六岁的男孩“教会她曾经懵然无知的出格之事”，“她从中体验到甜美的愉悦，但很快又感到羞耻”。男孩远航海上，她则“开始了永无止境的内心旅程”，经历了痛苦之后，她才理解了爱情，懂得了痛苦“是人们认识爱情的唯一途径”（这是普鲁斯特终生不渝的信念）。维奥朗特沉湎于交际场（但她拒绝了一个女子的诱惑，因为此人对同性显得过于殷勤），似乎预示着斯万、盖尔芒特、夏吕斯等人物的出场，在他们身上，想象、创造、按自己的意愿独自生活等深层欲望终于被习惯压垮和征服——“征服”正是这篇小说的最后一个词。《追忆》中的社交生活，《盖尔芒特家那边》叙事者的各种遭遇，此时已初露端倪。

在《会饮》中，还有另一个更有主见、更为自信的马塞尔，即批评家普鲁斯特。在第一期，他评论了未来的《巴黎评论》主编（1897）路易·冈德拉的《圣诞故事》，马塞尔在此文中确立了关于时间、希望和未来的概念，这一概念自始至终没有改变。“终有一天我们会懂

① 见“七星文库”版编者Y. Sandre所作注释（*P et J*, p. 916）。

得，明天不会与昨天迥然不同，因为明天是由昨天形成的。”[①]在冈德拉的故事里，“被抛弃的女人”与情人重归于好。普鲁斯特从中发现了一个主题，它是结集为《欢乐与时日》的多篇小说的重要主题之一，后来被他引入《在斯万家那边》的《贡布雷》一章，并体现在此后对斯万、夏吕斯以及叙事者本人的描写上，这个主题就是“被抛弃的男人”。在他最早的叙述文字里，担心被人抛弃的焦虑感就处于作品的核心，它来自巴尔扎克，更来自马塞尔·普鲁斯特本人。另外，他还明确指出，一个被“重新置于”其自身“世界”的人物将会揭示出，某个时代或阶级的兴趣品味如何既与普遍的情感真实相符合，又与个别的虚构故事相呼应。我们看到，一位对他影响最大并在《追忆》中无数次引用的作家此时已出现在我们面前：“拉辛，当他想在快乐与罪恶交织的剧情里表现悲惨命运的最终降临时，更喜欢通过呼唤公主与王子的幽灵来实现，如此做法，难道某种程度上不是为宫廷里因激情而受到甜蜜折磨的女性观众们着想吗？”[②]

① *CSB*, p. 343. « Un conte de Noël. Les Petits Souliers par M. Louis Ganderax » (*La Revue des Deux Mondes*, 1er janvier 1892). *Le Banquet,* n° 1, mars 1892.

② Ibid., p. 17. *CSB*, p. 345.

在一张印有《会饮》笺头的稿纸上，普鲁斯特写了一篇论美的文字[③]。实际上，这是他关于读书的思考，因为我们正是在一本接一本的书中寻找真正的美。我们自认为在福楼拜或勒贡特·德·利尔的作品中找到了真正的美，但疑问随之而来。美不能是幽禁在他人作品之中的外在的、物质的东西；美如同灵魂一样是内在的，存在于我们的思想之中。因此，艺术家甘愿冒着被视为疯子的风险，

③ 1954 年才发表（*CSB*, p. 342）。

再次踏上追寻[1]美的“旅程”。同一时期，在1892年4月出刊的第二期中，普鲁斯特发表《一本扼杀优雅的书》一文，批评了爱德华·德莱塞尔的著作。在此文中，普鲁斯特显示了对时尚史的稔熟，他旁征博引，甚至上溯至忒奥克里托斯以及阿里斯托芬的《利西翠妲》，为女性的梳妆打扮辩护，因为女性梳妆之美正受到新生共和国的威胁。在他看来，新生共和国“俨然是一位不苟言笑的老妪，只要穿得厚实暖和便心满意足，还以尊崇劳动和简朴为由，愚蠢粗暴地将香水瓶和化妆盒统统打烂”[2]。这个以慈母自居的共和国似乎从反面证明，真正的优雅，比如说盖尔芒特一家的优雅风度，是源自于贵族的。

从《月刊》开始，普鲁斯特就显示出涉猎各种论题的超凡才华，直到今天，研究者和评论家都难以真正了解他的广博学识所从何来。他在年轻时就刻意自我历练，比如在5月份刊出的《会饮》第三期上，有一篇署名“洛朗斯”的文章讨论了“国家的非宗教化”，罗贝尔·德雷福斯确认此文出自普鲁斯特之手[3]。虽然身为学习政治科学的学生，但他对这种“无神论式”教育持批判态度，指责“国家的非宗教化”取代了国家宗教，随之而来的“盲目崇拜、不宽容和迫害”其实与宗教毫无二致。当权的激进主义信奉一种唯物主义哲学，然而，“法国最纯粹的杰作应属于因基督教而实现自我超越的人们”。年轻的论辩家普鲁斯特站在了“伟大的唯心主义哲学”一边，而且从未改变自己的立场。同样，在1904年，他站出来反对把各个

① 这种表述（原文是à la recherche de，即“追忆似水年华”书名的前半部分——译者注）将被重新使用……因为美就在重现的时光当中。

② *Le Banquet*, p. 59. *CSB*, p. 347.

③ R. Dreyfus, *op. cit.*, pp. 95–96. L’article s’ouvre par une référence au *Disciple*. *CSB*, pp. 348–349.

主教座堂改建为博物馆或改作其他用途[1]。

同月，马塞尔在《文学与批评》杂志上发表《东方事物》一文，评介肖莱伯爵所著《亚洲土耳其之旅》；肖莱是马塞尔在奥尔良当兵时的中尉。此文题献给普鲁斯特新结识的一位朋友亨利·德·罗斯柴尔德，他曾主动为《会饮》提供帮助，并促成鲁凯特书店作为《会饮》的出版方；他后来成为医生、大旅行家，并以安德烈·帕斯卡尔为笔名发表剧作[2]。对我们而言，此文的意义并不在于对奥斯曼帝国的刻画——此处我们仍能感到旺达尔先生有关中东问题的课程对马塞尔的影响（在《追忆》中，土耳其仅仅通过大使夫人这个喜剧人物有所体现）——而在于其中表达的关于旅行的哲学。文中大幅摘引的波德莱尔《旅行》一诗，反映的是上一代人的感觉，他们尤其对事物中没有实际用途的辉煌，即终将走向颓废的辉煌，甚为敏感。继之而起的新一代，“首先关心的则是要为生命赋予目的和意义，要让人们感觉到某种程度上命运是他们自己创造的。旅行的道德意义在这一代人身上得以回归”[3]。旅行不是一种无谓的逃避，它是意志努力的结果，并能产生某种“道德的进一步完善”。此处我们发现了普鲁斯特关于旅行的思想的源头。让我们想想吧，马塞尔踏上前往比利时、荷兰、意大利、勃艮第、诺曼底的征程，无不需要意志的巨大挣扎，其目的也正是为了增长关于教堂、绘画和古城的知识。每次动身之际，马塞尔必须克服出发上路带来的焦虑；而每一次旅行的所观所感，他都应用在写

① *CSB*, p. 141.

② André Pascal (Henri de Rothschild), *Croisière autour de mes souvenirs*, préface de Colette, Émile-Paul, 1933. 他是费尔南·格雷格和雅克·比才的朋友（p. 109），应该是通过他们认识了普鲁斯特。

③ *CSB*, p. 351.

作之中。针对颓废的、巴雷斯式的旅行，普鲁斯特主张，旅行应“反映出最高超的智慧和最令人敬佩的活力”[①]。这一思想的源头是保罗·德雅尔丹的《当下的责任》（1892）[②]，他反对闲适，推崇责任、道德法则和付诸行动。正如那篇论述国家非宗教化的文章，普鲁斯特敏锐地捕捉到布尔热（因此他提到了布尔热的《门徒》）、沃居埃以及居约等人的思想中有一种崭新的意识，即作家的责任感[③]。德雅尔丹于1892年成立了道德行动联盟并出版该联盟的《通讯》。普鲁斯特读他在《时报》上发表的文章，在与罗贝尔·德雷福斯的论战中为他辩护，并断言，“与巴雷斯的怀疑主义相比，德雅尔丹的信仰是一道理性之光”[④]。

普鲁斯特青年时期的著述，充斥着稚气盎然的自传成分。比如，在评介亨利·德·雷尼耶的诗集《所思》[⑤]时，他重新提起自己在职业选择上面临的家庭压力，“对诗懵然无知的人，绝不止法官、医生、行政官员、社交界人士”[⑥]。在这篇书评里，普鲁斯特阐明了自己的美学思想中业已最终确立的某些原则：在智力之上，还存在着某种更高级的理性，比如感觉，它既浑然一体，又无涯无际，既是哲学家沉思的对象，也是他沉思的工具。诗，正是这种对事物神秘而深邃的感觉的产物。普鲁斯特与雷尼耶保持通信直到生命的最后，专门为他写过一篇仿作，并且至少在公开场合表示过对他一厢情愿的仰慕。这些文章，除了对雷尼耶的赞扬之外，更为重要的是让我们看

① Ibid.

② Ibid.

③ P. Citti, *Contre la Décadence*, PUF, 1987, pp. 81–82.

④ *Corr.*, t. I, p. 174, 1892年7月。

⑤ *Le Banquet*, n° 6, novembre 1892.

⑥ *CSB*, p. 354.

到，他的美学思想在付诸实践之前已经产生并逐渐成形。某些早期主题反复出现，令读者感觉到它们的分量。

《塞尔邦特街的议会》[1]一文说的是，在巴黎学习法律和政治科学的大学生，包括普鲁斯特，仿照在牛津和剑桥早已习见的练习方式，组成模拟议会，模仿下院议员们的现场辩论，以此训练未来从政的能力，尽管这种做法有可能使政治生活看起来像是一出影子戏。就这一场景，马塞尔以幽默的笔调写了一篇报道[2]，对雄辩滔滔的各位同学不吝溢美之辞，结果《会饮》的编辑认为此文言过其实，特意附上编者按语予以纠偏，也颇有指责马塞尔以华丽言辞赚取友情之意。孔多塞中学和《会饮》杂志的朋友们都在窃窃私语，说他太讨人喜欢、太殷勤体贴、太善于交际；与这一群现在已被完全遗忘（也许这也不太公平）的作者相比，普鲁斯特当年反倒显得不像个作家。他没有为《会饮》的最后一期写稿。钱用光后，存续了一年时间、出版了八期的杂志随之停刊。在这份杂志上，他尝试了多篇"习作"，发表了第一篇短篇小说，抛出了一些思想理念；他的同伴们把尼采译介给读者，寻求有别于象征主义、颓废派以及巴雷斯无政府主义的创作道路。他们将在《白色评论》继续这一探索。

① *Le Banquet*, n° 7, février 1893.

② *CSB*, p. 355–357, et R. Dreyfus, *op. cit.*, pp. 97–103.

友情

1892年的春天，普鲁斯特有两拨朋友，一拨在《会饮》杂志，一拨在政治学院。加布里埃尔·特拉里厄同时属于这两拨人，也是普鲁斯特乐于提及的一位朋友。他自诩为革新派诗人，总是缠着普鲁斯特读他新创作的诗歌[①]，也是沙龙里的“帅小伙”[②]，后来他与马塞尔、布瓦索纳在同一时期延请私人教师学习法律[③]。让·布瓦索纳后来成为外交官，当时，他热衷于“招蜂惹蝶”[④]，普鲁斯特曾为他写下这样的诗句：“金秋在你的秀发上再次降临／……但神秘的春天／……同样在你身上复活／那是你眼中的苍白、金黄和翠绿。”[⑤]普鲁斯特与罗贝尔·德·比利同往卢浮宫，他对普桑不感兴趣，而是努力寻找波德莱尔在《灯塔》一诗中提到的各位画家。“同是金光弥漫的黄昏景色，在克洛德·洛兰笔下以明媚见长，在克伊普手中以温馨取胜，都深深地吸引了他。在《乘船前往基西拉岛》画幅前，他谈起魏尔伦的《华宴集》，谈到诗人已来日无多；此时的魏尔伦生命垂危，不过又挣扎了五年之久……然后，他在凡戴克的《里士满公爵》[⑥]画前停留良久，我告诉他，这么美好的年轻生命……葬送在克伦威尔的铁骑军之手。我们还就‘骑士们’以及他们的国王查理之死深入探讨了一番，其中的想法反映在他写的诗里，雷纳尔多·哈恩为这些迷人的诗歌谱写了伴奏曲。”[⑦]马塞尔令人惊异的地方在于，他一心想在绘画与诗歌之间、在图画与语言之间建立一种关联：他谈论绘画，就是首先在谈话当中实现他的意图，而后再付诸文字。比利还与他一道参观了克吕尼博物馆，这是他首次接触中世纪艺术。

① *Corr.*, t. I, p. 202.

② Ibid., p. 236.

③ Ibid., p. 210.——译者注

④ Ibid. Voir R. de Billy, *op. cit.*, p. 25.

⑤ *BAMP*, n° 27, 1977, p. 375, remarqué par G. de Diesbach, p. 136.

⑥ 实际上，正如普鲁斯特后来认识到的（*Corr.*, t. V, p. 311, 1905年7月），卢浮宫把这幅画的题目定为《穿紧身上衣的男子——里士满公爵肖像》是错误的：凡戴克死于1641年，而里士满生于1672年。

⑦ R. de Billy, *op. cit.*,pp. 24–30.

仍然是通过比利居中介绍，马塞尔结识了一个日内瓦的年轻人埃德加·奥贝尔，他们还一道把马塞尔引荐到巴黎的各个沙龙。通过奥贝尔，马塞尔开始了解日内瓦上层社会的构成，如同他此前通过罗贝尔·德·比利认识法国的新教群体，他还打趣说这个群体的特点是“以银行为后盾的博爱”。日内瓦、阿尔萨斯和塞文山区是这个复杂群体的三个大本营。奥贝尔以他“迷人的忧伤，每做一事都犹犹豫豫乃至忧心忡忡”的性格，使普鲁斯特“立即为之倾倒”[1]（他们二人同病相怜）。1892年8月，奥贝尔被普鲁斯特称为“我的小埃德加”[2]；9月18日，他不幸因阑尾炎去世。普鲁斯特有一张他的照片，“照片背面写着几句译成法语的英国诗，具体词句已经忘却，但依稀记得有些忧伤的味道”[3]。奥贝尔加入了普鲁斯特的亡友行列，普鲁斯特把他们的特点集中起来，用在罗贝尔·德·圣卢——也许还包括阿尔贝蒂娜——的形象塑造上。至于新教教徒，作为少数派，他们在《追忆》中总是与犹太人和同性恋者难分彼此（例如斯万的祖母就是一位嫁给了犹太人的新教徒[4]）；不过他们的出场总是非常低调。

转年春季，马塞尔与罗贝尔·德·弗莱尔成为密友，弗莱尔随即为《会饮》杂志写稿[5]。1893年1月，马塞尔给罗贝尔·德·比利写信说：“我的情感生活，除了结识一位新朋友，没有什么太大变化……他就是年轻、迷人、聪颖、体贴、温柔的罗贝尔·德·弗莱尔[6]。”友谊在春天生发，自然在秋天里成熟。罗贝尔·佩尔维·德·拉莫

① *Corr.*, t. I, pp. 187–188.

② Ibid., p. 186.

③ Ibid., p. 188.

④ *RTP*, t. III, p. 68，参见十五人译本（四）66页。关于“那位虔诚的女亲戚”, cf. t. III, p. 299, 参见十五人译本（四）300页。

⑤ À partir du n° 6, novembre 1892: « À Phyllis », long poème sur le souvenir d'amour, « Aube », et vers le dernier numéro, « La comtesse de Tripoli », « Légende », dédiée à Marcel Proust, et qui se termine sur un « à suivre » –comme la revue, dont c'est le dernier numéro.

⑥ *Corr.*, t. I, p. 199.

特–安热，才华出众[1]，品貌俱佳，他是未来的弗莱尔侯爵、大使、《费加罗报》的文学主编，与加斯东·德·卡雅维（他与卡雅维以及他后来追求的让娜·普凯的相识，都是通过马塞尔）共同创作了多部出色的轻喜剧。圣卢这个人物（其原型还包括加斯东·德·卡雅维，因此可以看出各种动机之间隐秘而微妙的博弈）的名字罗贝尔，是否就借自弗莱尔（同时还有德雷福斯以及比利）呢？有这样一张照片：普鲁斯特得意洋洋地坐在椅子上，弗莱尔与吕西安·都德围在他身后。这张照片让普鲁斯特夫人大为光火。弗莱尔是孔多塞中学的校友，1892年恰好二十岁，他在大学里读法律，同时也在攻读文学学位。最后，两人要好到普鲁斯特每天都与他在马勒泽布大道见面。1903年，普鲁斯特前往观看由弗莱尔与卡雅维共同创作、克洛德·泰拉斯作曲的滑稽歌剧《维尔吉的大老爷》时，因为鼓掌太过用力，有三次差点打到邻座保罗·埃尔维厄的脸[2]。

① 杜米克 1921 年在欢迎德·弗莱尔入选法兰西学院时说："您从小仲马变成特里斯当·贝尔纳（Tristan Bernard），从邦维尔变成您自己。您是一位全才，既自然天成又充满激情，既别出心裁又独具威望，无所不通，无所不精。"（转引自 M. Maurois, *Les Cendres brûlantes, op. cit.*, p. 35）

② *Corr.*, t. VI, p. 312.

一幅肖像画

这年春天，诞生了一幅珍贵的绘画作品，普鲁斯特的形象将借此经受岁月的考验，流传后世。雅克–埃米尔·布朗什提出为普鲁斯特画一幅肖像，为此，每个星期六，普鲁斯特从父母在奥特伊的别墅出来，前往布朗什的住所，他家的几所房屋"散落在丰蒂街（现为布朗什医生街）19号的漂亮花园里”。安托万·布朗什（1828—1893）继承了父亲埃斯普里·布朗什（1796—1852，曾为奈瓦尔治病）的医生事业，继续在原属于朗巴勒亲王夫人的精致公馆（现安卡拉大道上的土耳其使馆）里开设疗养院，收治精神病患者，特别是艺术家和作家（莫泊桑就是在那里去世的）。三十年后，普鲁斯特如此生动地描写安托万·布朗什医生：“出于职业习惯，他时不时地要求我保持镇静，控制情绪。”“每当我发表的见解遭到雅克强烈反对时，好心而又惯于与疯子打交道的医生便会严厉地指责儿子：‘行啦，雅克，别再烦他、折磨他了。’——‘振作起来，孩子，保持镇静，他说那些话都是无心的；来喝点冷水吧，小口喝，边喝边数数，一直数到一百。’”①

雅克–埃米尔·布朗什早期受到马奈和德加（他给德加作过一幅肖像）的指点，后来师从热尔韦，很快就因为社交界以及知识分子、艺术界名流创作肖像而在伦敦和巴黎赢得名声。他是惠斯勒、比亚兹莱、西克特、亨利·詹姆斯、乔治·莫尔的朋友。他生活的时代，以萨金特、博尔迪尼和拉兹罗为代表的追求“逼真”的写实主义肖像画正在经历最后的辉煌，这种肖像画今天只在英国尚有余绪。此时他已经画了一幅巴雷斯②，还为马拉美（1889）、纪德、科克托、斯特拉文斯基、乔伊斯、马克斯·雅各布、柏格森、布德尔、吉罗杜、瓦莱里以及六人小组等画过肖像；他收藏的印象派作品相当可观③。

① *CSB*, préface à J.-É. Blanche, *De David à Degas, op. cit.*, p. 572.

② 巴雷斯当时二十岁。布朗什写道：“稀疏的头发趴在头皮上，脸色黄绿，消瘦，穿一件灰色上衣，胸前的扣眼里插着一支康乃馨。”Blanche, *Mes modèles, op. cit.*, p. 11（布朗什引用了巴雷斯对他的感谢）。

③ S. Monneret, *L'Impressionnisme et son époque*, Laffont, Bouquins, 1987, t. I. pp. 56–57. 布朗什把自己的百来幅作品赠给了鲁昂博物馆，他的日记大部分未披露。他既是艺术评论家，也写长篇小说（*Aymeris*），还是个出色的回忆录作家（*La Pêche aux souvenirs, op. cit.*）。纪德的肖像是与普鲁斯特的肖像同时完成的，见 A. Gide et P. Valéry, *Correspondance*（*1890–1942*）, Gallimard, 1955, p. 165, cité par Ph. Kolb, *Corr.*, t. I, p. 176。

至于画家本人，在莱昂·都德的回忆录和纪德的《日记》里都被刻画成一个尖酸刻薄，年纪轻轻即满腹怨怒、爱嚼舌头搬弄是非的家伙，莱昂·都德对他丝毫不留情面（“他属于讨人嫌的长舌妇之流”[①]）；纪德笔下虽宽容有加，但也不无气恼。1893年至1914年的二十一年间，马塞尔与他中断了往来。而后马塞尔谈到，在他人眼里“如此恶毒”[②]的布朗什其实谈吐周到细致，因此完全有可能把自己的生命消磨在社交场中；他的“恶毒”不过是上天为他创造的“保护性的神经官能症”，使他与社交界龃龉不断，只好留在画室里专心作画。大家都怀疑，布朗什能否完全体会到马塞尔以此安慰他的一番苦心。同样，尽管普鲁斯特称赞他富有远见，但那是就他所选的模特们而言，并不是说他的艺术如何高妙：“只要检视一遍雅克·布朗什这一时期所作的肖像（我的除外）就足可看出，在文学领域，他发现和遴选的同样是未来之星；只有他，在文人们尚未成名之际便揄扬他们的才华。”

正是这位画家，为我们留下了唯一一幅有确切作者的普鲁斯特油画肖像[③]。而其实，就连这幅肖像也差一点半途而废。人们普遍忽略了布朗什1923年1月发表在《新法西评论》《向马塞尔·普鲁斯特致敬》专号上的这段回忆：“我为他画的那幅可恨的习作与本人非常相像，我把它撕了。普鲁斯特找回了画着脸的那一半，但没有了双手和下肢，这部分内容今天大概会使很多人感兴趣。因为撕画的事儿，我们相互写了很多信[④]，费了许多口舌。”布

① *Salons et journaux*, in *Souvenirs, op. cit.*, p. 476. 阿波利奈尔也说起过“布朗什先生生硬专横的性格”，并说他对英国的崇媚“无论在绘画上还是在语言上都同样令人遗憾”。“不过，他的画作非常适合用来了解我们这个时代的审美趣味。这对2000年的波士顿学者来说是多么好的论文题目啊！”（« Jacques Blanche et la littérature élégante de son temps », 1910, *Œuvres en prose*, Bibl. de la Pléiade, t. II., pp. 177–178）费尔南·格雷格也觉得马塞尔的肖像“有些生硬”（*L'Age d'or, op. cit.*, p. 556）。

② *CSB*, p. 571.

③ 下文中还会提及一幅归于吕西安·都德名下的普鲁斯特肖像。

④ 虽说布朗什不至于无中生有，但这样的信我们一封也没有看到。

朗什还忆及当模特的“普鲁斯特身着礼服，衬衣的胸部凸凹不平，头发有些凌乱，呼吸不匀，一双漂亮的眼睛由于睡眠不足而围着黑眼圈”[1]；他拿不准能否准确再现马塞尔的眼神。奇怪的是，马塞尔的脸僵硬呆板，毫无表情，仿佛因摆姿势太久而瘫痪了似的。面部特征一应俱全，但我们对一位颇具才学的画家所期待的东西——真正的生命——却付诸阙如。

不过，马塞尔对这幅肖像十分喜爱，它曾在1893年与另外十一幅肖像一道在战神广场公开展出过。他不仅每次搬家都把它挂在新居里，而且还让它出现在《让·桑特伊》之中。通过很快就已得心应手的移植之法，他把让·桑特伊的肖像归在另一位出色的名人肖像画家拉冈达拉（1862—1917）名下。这位画家是热罗姆的弟子，亦受到马奈的影响，曾为格雷菲勒伯爵夫人和孟德斯鸠画过肖像。他与布朗什、埃勒、孟德斯鸠、德加、惠斯勒往来密切，这伙人由于醉心远东艺术，被时人称为“日本佬”[2]。接着，普鲁斯特使让·桑特伊中学时的相貌与肖像上光彩照人的青年形象形成强烈对比：前者不修边幅，焦躁，沮丧，喜欢独处，羞于见人，一双眼睛外套着黑眼圈，但随着闪烁其中的光芒和苦恼，透出“思考的神情”；后者则“是个光彩照人的小伙儿，摆出的姿态仿佛仍在面对整个巴黎社交圈，不卑不亢，一双新鲜杏仁般又白又扁的漂亮眼睛盯着巴黎名流们，眼睛里似乎没有任何思想，更像一座能够容纳思想的深而空的水池，丰满的

① *Hommage à M. Proust*, p. 57.

② Voir S. Monneret, *op. cit.*, p. 410.

脸颊呈淡粉色，但双耳却是通红”。“如春日黎明一样明媚清新的脸庞”流露出一种并非“思考”而更似“沉思”的美丽，透出“他生活的精致和幸福”[①]。这段文字揭示了普鲁斯特喜爱这幅画的原因。这是道林·格雷的画像，沉浸在童贞的纯洁之中，远离一切疾病，远离一切缺憾，远离一切焦虑，甚至连思想的焦虑都不复存在。时光会流逝，噩运会降临，哮喘会发作，穿礼服佩兰花的场合会越来越少，指责他频繁外出的父母也会离他而去，但只要看一眼布朗什的作品，普鲁斯特就会重获青春。

① *JS*, p. 675.

7月底，马塞尔给布朗什送去一份礼物（可能是一只长颈大肚瓶），并告诉他，为了参加法学考试，自己将在巴黎一直待到8月5日。他已经在6月末通过了政治科学学院的课程考试[②]。他写信给格雷格说，“迫在眉睫的法学考试”使他整天发抖，夜间由于“哮喘剧烈发作”而无法睡觉，因此，一到晚上，他就任何事情都做不了。哮喘还使他无法回到奥特伊的家里。8月5日，他以“优异的成绩”通过了考试的前半部分，但后半部分考试没有通过。他写给罗贝尔·德·比利的信中说：“法学考试的后半部分我没能通过，家里面一片愁云惨雾。我可能在星期天动身前往特鲁维尔。”[③]这种满不在乎的态度完全是由于马塞尔根本没有把这项学业放在心上。家人的忧虑并没有阻止轻浮少年出门游玩，他没有一丝懊悔，也没有带上一本法学书籍。

② *Corr.*, t. I, p. 62；见前文“政治科学自由学院”一节。8月7日，在圣格拉蒂安的玛蒂尔德公主府上，普鲁斯特遇到了1870年的驻柏林大使贝内代蒂伯爵，从而有机会把索莱尔教授的课程与现实进行对照。

③ Ibid., p. 178.

1892年暑假

这年夏天，马塞尔是在特鲁维尔的弗雷蒙别墅度过的。经他介绍，费纳利一家从贝涅尔手里把别墅租了下来。保罗·贝涅尔[1]在速写簿上为马塞尔留下了一幅素描（作于8月29日）：他坐在一张摇椅上，目光空洞迷离，头上留着他为之骄傲的中分发型，左手托腮，小拇指弯下来抵住上嘴唇，这是他最习惯的姿势；他穿着宽条纹上衣（就是他描写让·桑特伊外貌时提到的那件绿色啥味呢上衣吗？），脚上是高帮皮鞋和鞋罩。领带被手臂挡住了，那种五颜六色、非常扎眼的浅底花绸领带，他置办了许多条[2]。这是一个在海滨度假的年轻风流雅士（dandy）——或者说他努力成为一个风流雅士,因为人们总是有些嘲笑他的穿着，普鲁斯特夫人也总是为他随随便便的穿着操心——在当时，住在别墅里的人们与住在饭店里或在海滩度假的人们几乎不相来往。别墅总是建在高处，这里的生活与蒙梭街区甚至圣日耳曼区的没什么不同，与他们来往的也还是那些人[3]。

1892年夏天，这“一小帮”朋友相聚在特鲁维尔海滨的美好日子，以费尔南·格雷格的记述最为完整。马塞尔和路易·德·拉萨勒住在弗雷蒙别墅，罗贝尔·德·比利在此逗留的时间很短，他“高尚的品德”给人留下了极深的印象[4]。施特劳斯一家向奥贝侬夫人租下古尔–布吕雷庄园，格雷格与雅克·比才就住在这里；施特劳斯夫人在此款待阿伦贝格亲王、奥松维尔伯爵，她双手捧着鲜花走进

① 保罗·贝涅尔作为画家成名之后，在独立画家画展和秋季画展上多次受到阿波利奈尔的褒奖（*Œuvres en prose, op. cit.*, t. II, pp. 83, 150, 227, 375, 412, 482, 613）。1893年1月，他另画了一幅普鲁斯特肖像，但我们无从见到（*Corr.*, t. I, p. 198, 1893年1月10日）。

② *Corr.*, t. I, p. 185.

③ 那时大部分贵族都在自己的城堡里度假。但在特鲁维尔，我们仍能见到从罗什庄园、波斯别墅或弗雷蒙城堡过来的蒙蒂贝娄一家、加利费侯爵夫人、萨冈亲王夫人，这后两位“都是帝国的美人，其妆容举止之优雅，今天已难以述诸笔端”（*CSB*, p. 572; *Corr.*, t. XVIII, pp. 69–70）。1919年，路易丝·贝涅尔担心自己父母的名字将出现在普鲁斯特为《从大卫到德加》一书所作的序言里，普鲁斯特则提醒她说：“（令尊）的文字罕有人知。恕我直言，有幸领略令尊精彩谈吐之人，本来就为数不多，目前更将消失殆尽……令堂大人之沙龙有文坛巨擘、社会名流往来其间……此中乐趣，令堂屡屡言之，其诚可鉴，其理亦足以服人。”（ibid., p.71.——译者注）

④ *Corr.*, t. I, p. 183, 1892年8月19日。

客厅，“茨岗女性漂亮的脸上洋溢着亲切和快乐，双眼放射出热情的光芒，而眼角的抽搐人们也已经习以为常……多么美妙的女人”[1]，充满机智、幽默和奇思妙想；她还带着马塞尔去赌马，结果他输掉了。这一小帮人的中心是奥拉斯的妹妹玛丽·费纳利，她长着一双绿眼睛，时而爱说爱笑，时而严肃端庄，非常讨人喜欢。当马塞尔用“略带酸楚的嗓音”，哼唱福雷为波德莱尔的诗句谱写的旋律“我喜欢你眼中绿莹莹的光芒”时[2]，心中想的就是她吗？假如由此谈起马塞尔与她之间的“幼稚爱情”，或者把她认作阿尔贝蒂娜的一个原型[3]，跨度未免太大；更大的可能性是马塞尔故意使出障眼法，以免引起男性朋友们的反感。他与一帮男性朋友一道，在俯视着特鲁维尔的田野间散步。果园里，苹果树的枝头挂着红彤彤的果实，走在果园间坑坑洼洼的小路上，透过栅栏不时能瞥见大海的波光。这一地区最美的散步场所是翁弗勒尔大道，他和朋友们游览了埃纳凯尔长满常春藤[4]的教堂、克里克勃夫同样长满常春藤的教堂[5]以及波尔托–里什居住的维勒维尔山谷[6]。他们一道欣赏勒阿弗尔海湾的夜景，享受田野小道上牛奶与海风的芬芳，品味月亮洒在地面上的片片清辉，而描摹月色的典范，是普鲁斯特后来在于贝尔·罗贝尔的《喷泉》一画中发现的。他们还往克勒尼耶方向散步，这个地点出现在《少女》当中。在格拉斯海滨，还住着其他作家，包括亨利·德·雷尼耶和吕西·德拉吕–马德吕斯。在俯视翁弗勒尔的高地上，有一条很长的路，路

① F. Gregh, *L'Âge d'or, op. cit.*, p. 168.

② Ibid., p. 167. 玛丽·费纳利后来嫁给 Thomas de Barbarin，生了三个孩子，她在第一次世界大战结束后死于西班牙流感。

③ 费尔南·格雷格（*L'Âge d'airain, 1905–1925*, Grasset, p. 256）和乔治·佩因特（p. 156）均这样认为。与佩因特的说法不同，《在月光下》（*P et J*, p. 116）的写作时间并非 1892 年，按雷纳尔多 1894 年 9 月 16 日所说，此文应作于 1894 年。

④ 如同卡尔克维尔（Carqueville）的教堂，*RTP*, t. II, p. 75，参见十五人译本（二）256 页，周译本（二）270 页。

⑤ *Corr.*, t. V, p. 301：“完全裹缠在常春藤之下。”

⑥ 马塞尔后来去看他写的剧本并与他通信。他死后被葬在 Varengeville 的墓地里，墓上的铭文写着：“也许我将在心灵史上留名，也许……”

的两侧长着松树，叫作玛格丽特小道[1]，它为《欢乐与时日》的写作提供了素材。马塞尔为《会饮》杂志写了《大海》《×夫人肖像》《维奥朗特或社交生活》以及对亨利·德·雷尼耶诗集《所思》的书评。他用一种粉红色的信纸不停地写信，华勒夫斯基上尉觉得这种颜色“很迷人”，罗贝尔·德·比利则觉得很可怕，比利因此出乎意料地被马塞尔称为“可恶的小混蛋”[2]。马塞尔十分在乎别人对他的态度，即使不被人喜爱，至少要有人围绕在他身边，他写信告诉比利，皮埃尔·德·塞贡扎克总是给他写来长达十页纸的信。他终于“找到了梦想中的朋友，温柔体贴，又喜欢写信”，尽管他不得不为此付超重的邮费，“但因为爱着，又有什么不能做呢？”[3]马塞尔于是把通信当成“结交”的手段，他使出浑身解数讨人喜欢，当格雷格把他与“布尔热小说中的那不勒斯王子”相提并论时，他殷勤地报以一笑。“他非常享受周围人的眼神中对少年人的宠爱，有一点青年人的自鸣得意，还带一点他‘对恶的感悟’，这种感悟他十八岁时即已获得，并且成为他的灵感之源。他时常把这种宠爱夸张放大成风趣机智的撒娇献媚，也会时而把他的亲切殷勤夸张放大为聪明伶俐的溜须拍马；在我们中间甚至还发明了一个动词——普鲁斯特化，表示某种刻意奉迎、花言巧语、‘扭捏作态’的做派。”[4]

大概也是在这个夏天，马塞尔为《会饮》写了一篇出色的文章[5]，论述法国讽刺史，但此文直到1954年才面

① 这些景色先后出现在《欢乐与时日》（*Les Plaisirs et les Jours*, p. 118）和《让·桑特伊》（*Jean Santeuil*, p. 507）当中，普鲁斯特1905年在写给路易莎·德·莫尔南的信中再次提起这些风景（*Corr.*, t. V, p. 300）。

② *Corr.*, t. I, p. 185, 1892年8月29日，以及*RTP*, t. II, p. 126，参见十五人译本（二）321页，周译本（二）339页，夏吕斯把叙事者称作“小滑头”（petite fripouille）。普鲁斯特喜欢用canaille（恶棍、顽童）一词，《追忆》当中一共用了十七次。

③ *Corr.*, t. I, p. 186.

④ F. Gregh, *L'Âge d'or, op. cit.*, p. 161.

⑤ 写作日期系菲利浦·科尔布考订，见*Corr.*, t. I, p. 63，其依据是普鲁斯特批评G. Larroumet的文章发表在1892年7月1日的《两世界评论》上。*CSB*, pp. 338–341。

世。不过，他在文中把当代作家撇在一边，理由很奇特但也很有说服力：我们对他们太过熟悉，而且“在颓废的年代里我们难以做出选择”。今天——1892年——的文学已被“拜占庭化”，或者借用对马塞尔颇有影响的儒勒·勒迈特的话说，它出自“矫揉造作的野蛮人”之手。普鲁斯特始终站在“反颓废派”的立场。然而颓废派并非一无是处；相反，由于处在历史的终点，“极端纯熟的写作技巧已十分普遍，使人们对诗人产生了错觉。的确，即使是最不起眼的巴纳斯派甚或象征派诗人，在技巧上都要高于伟大的高乃依。另外，大量习得的、重复的甚至抄袭的思想意识层出不穷，加之‘经过人为训练的写作’大量泛滥，使我们几乎不可能做出正确的抉择”。因此，我们的时代受历史遗产以及技术力量的压迫而不堪重负。普鲁斯特用来形容中世纪文人的字眼，已经流露出《盖尔芒特家那边》的气息：“在诗人的游历中，社会的方方面面都吸引着他。当他为了娱乐大人老爷而活灵活现地嘲笑老百姓时，他也在满怀好奇地观察并且暗中嘲笑大人老爷和他们的家人。总有一天……会轮到低贱者嘲笑高贵者。”回到当代文坛，普鲁斯特指出，由于作家们过于疏离现实，所以无力抨击社会的弊病和堕落：“连指出其可笑之处都勉为其难。”法兰西古老的戏谑传统如今只见于通俗喜剧、《巴黎生活》杂志和“革命传单”之中。在后来对反德雷福斯案重审派、民族主义、反犹主义以及索多姆的描写中，普鲁斯特不仅继承了法兰西风趣诙谐的传统，而且是其古老的讽刺传统的继承人。

同样是在这个9月，费尔南·格雷格为马塞尔写了一篇人物特写，给主人公取名法布里斯；此文原打算在《会饮》上刊出，但一直没有发表。法布里斯一再表达自己需要别人的爱，即使受人嘲笑也不在乎。他是个帅小伙，特别是当他说话时，两眼放光，神采飞扬；他有十分吸引人的魅力，表面上看是被动的，实际上非常主动："他看起来是给予，实际上是索取。"至于他与朋友的关系，格雷格总结出他一贯的特点："他认识的每一个人，他都会轮流与他们做朋友。但是，由于他通过朋友爱自己甚于他对朋友的爱，所以最终他会毫不迟疑地离他们而去，不管先前花了多少心思才与他们结交。"法布里斯此时肯在雨中等上一个小时的朋友，半个月后可能不再来往，一年以后就会忘得一干二净。他是个非常风趣和聪明的人，"这一点比他最漂亮的奉承话还要使他可爱一千倍"[1]。恰在此时，仿佛为了证实此文中关于他赢得大人物友谊的说法，阿纳托尔·法朗士将中篇小说《德·吕齐夫人》题献给了马塞尔，这篇小说收入小说集《珍珠盒》[2]，于9月28日出版。9月底，他们在弗雷蒙的逗留以别墅易手而宣告结束[3]。奥拉斯·德·朗多以15.2万法郎的价格从阿尔蒂尔·贝涅尔夫妇手中买下别墅，赠给侄女和侄女婿雨果·费纳利夫妇。马塞尔是这桩交易的中间人；作为第三者掺和与己无关的事务，不管是爱情还是买卖，已

① F. Gregh, *L'Âge d'or*, *op. cit.*, Appendice A, pp. 326–327.

② 普鲁斯特随即把1893年2月《会饮》上刊载的短篇小说《维奥朗特或社交生活》献给法朗士。

③ 如前文所见，贝涅尔起初是向费纳利租用此别墅，这大概就是康布尔梅向维尔迪兰出租拉斯普利埃城堡这一情节的蓝本。

经成为他不可遏止的习惯。交易告成，马塞尔功不可没，德·朗多先生赠给他一支漂亮的手杖。

勒南

10月2日，埃内斯特·勒南逝世，马塞尔曾对他十分推崇，但此时已经开始摆脱他的影响。马塞尔不大提及他得益于勒南之处，倒常常对他有所指摘①，这是他一贯的做法，但他对勒南的模仿表明，他对勒南从思想到语言的每个细枝末节都有很深刻的体认。对于1871年出生的年轻人来说，勒南和丹纳是了不起的人物，他们占据着当时思想界的全部领域，如同萨特与加缪之于1935年出生的那一代人；而且可能还不止于此，因为勒南与丹纳的公民意识和哲学思想体系渗透到了世俗共和国的方方面面。在《基督教的起源》一书中，马塞尔发现了他喜欢的两门学问，历史与哲学，但勒南在文字上摒除了专业腔，以一种感性甚至伤感同时又富有乐感和抒情的风格处理历史和哲学论题，堪称真正的作家，假如还够不上革新派作家的话。句子中朦胧的音乐性更接近古诺而不是瓦格纳；这种音乐性与法朗士相结合，最终成为贝戈特的特点②。小说中的布里肖是勒南和马斯佩罗在学院的同事③，与勒南一样喜欢旧时的东西和“基督教中的《美丽的海伦》”④。虽然普鲁斯特在《追忆》中很少提及《耶稣传》的作者，但在《追忆》之前乃至与《追忆》同期

① 在涉及仁爱的问题上，普鲁斯特谈到勒南的唯美主义（他引用了勒南的《马克·奥勒留传》，1881年）以及法朗士（《黛依丝》）和巴雷斯（《贝雷尼斯的花园》）的唯美主义并予以批判。

② *RTP*, t. I, p. 93，参见十五人译本(一)96页，周译本(一)95页。

③ 勒南和马斯佩罗都是铭文与美文学院的院士，勒南还是法兰西学院的院士。——译者注

④ “基督教中的《美丽的海伦》”指勒南所著《耶稣传》，语见普鲁斯特1920年为保罗·莫朗小说集《温柔的存储》所作序言，《美丽的海伦》是奥芬巴赫谱曲的三幕喜歌剧，脚本系亨利·梅拉克和路德维克·阿莱维所作，1864年首演。该剧取材于希腊神话，影射了当时巴黎上流社会庸俗、颓废、放荡的生活。——译者注

的文字中，如他翻译的罗斯金、撰写的《驳圣伯夫》、就风格问题为《温柔的存储》所写的序言，情况则全然不同。特别是在1908年，他为勒南贡献了一篇最长的仿作。对他的看法，对他的模仿，都带有一定的幽默和批评的成分。必须把它们颠倒过来，才能真正理解马塞尔对这位大师最初的、真实的感情，才能真正理解马塞尔青年时期对他的崇拜和博览——从《基督教的起源》到《哲学剧》以及《童年与青年的回忆》——留下了何种积淀。勒南具有三种独立于上述著作具体内容之外的特质，至关重要且影响深远。其一是富有音乐性的句子，勒南的句子通常是长句[1]，而且他擅用形象，特别是与回忆有关的形象；其二是勒南作为哲学家、语文学家和历史学家的批评方法，他反对教条，摈弃成见，深入到表象之下探求规律，探求深层的、隐蔽的原因；其三是再现往昔的手法：普鲁斯特通过盖尔芒特一家或弗朗索瓦丝生动地再现了中世纪生活，与勒南把耶稣塑造成“年轻的犹太民主派”“乡下人”[2]、十九世纪同代人的手法如出一辙，而地处佩尔什丘陵边缘的贡布雷，正是勒南的布列塔尼。

① *P et M*, pp. 31–38. 如36页上，普鲁斯特模仿勒南的句子长达九行。

② *CSB*, p. 608.

柏拉图式的爱情

回到巴黎，马塞尔一边忙着法学学业（8月份失败的考试在11月重考并获得通过）和文学事业，一边培育着柏拉图式的爱情。这朵时代之花，与他11月2日送给劳拉·海曼的十五枝“花茎奇长”的菊花一样不可思议：“这些菊花像您一样既骄傲又悲伤，它们因自己的美丽而骄傲，因无处不在的愚蠢而悲伤。”马塞尔仔细观察莫泊桑小说《我们的心》所写的那种聚在名女人周围的小圈子，日后用来刻画奥丽阿娜·德·盖尔芒特身边的各色人物：“当一位女性如同艺术作品，向我们揭示出魅之至精、雅之至妙、美之至圣、智之至乐，那么，对她共同的敬仰就会让我们聚在一起，结为兄弟。我们都是信仰劳拉·海曼的教友。”[1]“忠实信徒们”之间相亲相爱，新晋入教者也能彼此相知：这个堕落的贵族圈子，就是将来的维尔迪兰夫人“小集团”。我们会看到，马塞尔之所以加入倾慕者的行列，是因为那位女性是艺术品。于是他的所作所为便不难理解，他从中得到了双重收获：人们是不会与艺术品同床共枕的，但既然它是现成的艺术品，就可以把它移植到写作当中，为作家塑造人物形象服务。

至于施特劳斯夫人，马塞尔在《会饮》杂志上为她作了好几篇人物特写[2]，因为他没把握她是否能够看得出来，所以他在年底时提醒了她；他还通过书信，逼真地上演了一出表现嫉妒的戏码。每次与她见面，她的身边都围着二十来个人，而“这个年轻人总是站得最远的”。偶尔有机会与她单独相见，她也只有五分钟时间，而且心不在焉。“但这都不算什么。每当与您谈起读书，您都觉得太书呆子气；每当与您谈起别人，要么您觉得不合适（假

① *Corr.*, t. I, pp. 190–191.

② 《会饮》第二期（1892年4月），《法布里斯的情妇们》；第三期（1892年5月），习作之一，《一个女人并不掩饰自己对舞会、赛马甚至赌博的喜好》；第五期（1892年7月），习作之三，《阴郁、忧伤的大眼睛》。

如是单纯讲故事），要么您觉得太冒失（假如是盘问个没完）；每当与您谈起您自己，您都会觉得好笑。”但是，不经意间，他又会“得到一点小小的回报”，然后重新振作。施特劳斯夫人的过错在于，她“没有充分认识到……对柏拉图式的爱情应该给予更多回应这一真理”。因此，马塞尔恳求她，对他“最强烈的柏拉图式的爱情给予些许眷顾”①。这种情感，这种激情，到底是什么呢？马塞尔对舍维涅夫人产生这种情感时，罗贝尔·德·比利作为他倾诉秘密的知心人，将这种情感比作中世纪知识分子对女性的情感，她既具体又抽象，“要么是‘逻辑女神’，要么是‘神学女神’，除非她按照他们的意愿，变成‘迎客来’（Bel Accueil）或‘青春花’（Fleur de Jouvence）”②。

舍维涅伯爵夫人，闺名劳拉·德·萨德，住在米洛梅尼尔街36号院深处的一幢独栋别墅里③。她身材小巧匀称，金头发、鹰钩鼻、哑嗓子，既不很漂亮也不很富有，但在社交场上的地位颇不一般。她与俄罗斯的符拉季米尔大公和玛丽娅·帕夫罗夫娜女大公、威尔士亲王、布勒德伊侯爵、缪拉家族、罗斯柴尔德家族、拉特雷穆瓦耶公爵夫人都是朋友；每天上午，她都要戴上饰有矢车菊的帽子④，到香榭丽舍散步。于是，在施特劳斯夫人的沙龙里被引荐给舍维涅夫人之后，马塞尔每天都来到马利尼大街⑤，看她从那里经过。这种日复一日的殷勤，终于让她失去了耐心。她是一位骄傲的夫人，“微笑里带着蔑视”⑥，马塞尔对她的感情，与彼特拉克对伯爵夫人的祖先

① *Corr.*, t. I, pp. 195–196. 早在1888年，马塞尔就曾谈到“对一位著名交际花的柏拉图式激情”，说的便是劳拉·海曼（*Corr.*, t. I, p. 119）。

② R. de Billy, *op. cit.*, p. 79.（“迎客来”和“青春花”是中世纪长篇寓意叙事诗《玫瑰传奇》中的人物。——译者注）

③ A. de Fouquières, *Mon Paris et ses Parisiens, op. cit.*, t. II, pp. 244–245, en a laissé le meilleur portrait. Cf. A. Germain, *Les Clés de Proust, op. cit.*, pp. 30–32.

④ *Corr.*, t. XIX, p. 510, 1920. Cf. *RTP*, t. II, p. 503，参见十五人译本（三）198页：“盖尔芒特公爵夫人头戴饰有矢车菊的平顶草帽。”*RTP*, t. III, p. 552, 参见十五人译本（五）36页，周译本（五）38页：“还有您那顶矢车菊颜色的帽子，我觉得好看极了！”

⑤ *Corr.*, t. I, p. 384.

⑥ A. Germain, *op. cit.*, p. 30.

"劳拉"、玛格丽特·德·勃艮第对美男子菲利贝（他们名字的首字母交叠镶嵌在布鲁鲁的教堂里）的感情相仿[①]。她的身形轮廓，她的帽子，他的等待，他的柏拉图式爱情，都首先成为《会饮》[②]杂志人物特写的素材——普鲁斯特在其中已经特意指出她的似鸟的外形和"锐利而温柔的目光"——尔后则成为盖尔芒特公爵夫人和叙事者。

1921年，普鲁斯特告诉纪德，他"对女性从来只有精神之爱"[③]。我们应特别关注这种摒除了肉体和性的"精神激情"，它使作家得以构思和刻画女性形象，尤其是类似盖尔芒特公爵夫人甚至希尔贝特那样难以接近的人物。她们年轻时，婚约或其他原因使她们遥不可及；待到年长时，母性形象使她们不再唤起生理欲求；她们只能像奈瓦尔笔下的奥莱利娅或西尔薇那样，更多地唤起美的渴望。对于施特劳斯夫人、劳拉·海曼、劳拉·德·舍维涅夫人，马塞尔所爱的是一种理念，一个传说，一篇神话，一道烛照灵魂的目光，即一切仅能诉诸文字而不能诉诸行动的东西。

其他朋友

1892年12月，罗贝尔·德·比利离开巴黎，到法国驻柏林大使馆实习，他在那儿待了一年，1893年12月被任命为部长办公室随员。这使马塞尔有机会在通信中流露情感："您可能孤零零地坐在餐桌前，我就是您看不见摸不

① *Corr.*, t. XIX, p. 527；cf. *RTP*, t. I, p. 291，参见十五人译本(一)294页，周译本(一)304页。

② 第三期（1892年5月）习作之三，《×夫人肖像草稿》。

③ Gide, *Journal*, p. 692.

着的不速之客——假如您躺在床上读这封信，我就是虚幻的陌生人，不管您愿意与否都坐在您床边”，在“亲爱的小家伙”[1]身边。他向比利坦承，自己什么事儿都不做。这种无所事事的状态以及由此产生的懊恼，他奇怪地称之为想要吞噬他“小小清白躯体”的“肮脏畜生”，并先后反映在让·桑特伊和《追忆》的叙事者身上。字里行间，飘荡着自恋症和施受虐狂症的影子。马塞尔在学业上毫不用心，他居然要求比利帮他回忆即将进行的四门考试的名目和必读书目清单，因为他把它们都弄丢了[2]。一件来自埃德加·奥贝尔的礼物在奥贝尔去世之后才送到马塞尔手里，让他回想起当初“奥贝尔是多么讨人喜欢、聪明、亲切，言语中偶有急躁和讥讽，但会立即用一个温柔的眼神或握一下手来补救”[3]。在马塞尔的一生中，对完美朋友的向往总是以这种方式体现出来，会变成对已逝的完人的回忆，最终再成为他作品中的罗贝尔·德·圣卢。不过这段时间里他并不孤独：“我和格雷格、拉萨勒、瓦鲁、比才、给我画肖像的保罗·贝涅尔、雅克·贝涅尔、卡博内尔、亨利·德·罗斯柴尔德、塞贡扎克、J. 德·特拉经常见面，但最常见面的还是罗贝尔·德·弗莱尔，他几乎每天都来看我。”[4]马塞尔在一次晚宴上结识了全权公使德·弗洛里安先生，此君似乎专为塑造诺布瓦而来：“他的问候、握手、沉默、交谈，他坐立行止、待人接物的彬彬有礼和风趣幽默，都是高超的艺术。他是我见过的最完美的外交官。”[5]

① *Corr.*, t. I, p. 197, 1893 年 1 月 1 日。

② Ibid., p. 201, 1893 年 1 月 26 日。

③ Ibid.

④ Ibid., p. 202.

⑤ Ibid. 弗洛里安伯爵生于 1850 年，1892 年起出任驻伦敦全权公使；他是数个学术团体以及联盟俱乐部（Cercle de l'Union）成员。

普鲁斯特在信里没有提到另一位朋友皮埃尔·拉瓦莱[1]。他们在中学修辞班上就认识，但这年从1月到2月，马塞尔对他的称呼就从“您”改成了“你”，并且与他一道上莫诺教授的法学辅导课。拉瓦莱后来成为美术学院图书馆和博物馆的馆长，而在当时，他被马塞尔的机智可爱、聪颖渊博、独特的思想和表达方式所吸引。他曾提到，马塞尔的“行为举止简单质朴到可以说是幼稚甚至孩子气的程度，而人们吃惊地发现，这与他过于早熟的智力是密不可分的”。如同马塞尔写作《画家肖像》时与比利一同逛卢浮宫一样，他与拉瓦莱一道外出前往卢浮宫，在《乘船前往基西拉岛》、被认作凡戴克作品的《里士满公爵》以及克伊普的《上马去兜风》等画幅前驻足良久[2]。他们一同出入玛德莱娜·勒迈尔或阿尔芒夫人的沙龙，或者在城里吃过晚餐，再到王家街的韦伯咖啡馆盘桓一阵：“我们沿着马勒泽布大道一直走到9号，他的家门口。但是他害怕难以入眠的漫漫长夜，下不了回家的决心。他找到一张长椅，我们索性坐了下来。直到凌晨2点，我们还在聊个没完。”马塞尔向拉瓦莱阐述自己的道德观点：“对人宽，对己严，这是老生常谈的忠告，而在生活中，这是必须遵循的唯一法则。”他还表明自己痛恨傲慢，特别是痛恨“资产阶级心满意足的庸俗劲儿”，痛恨他所谓的“领导阶级”精神状态。这些想法都是以他一贯嬉笑戏谑的方式表达的。喜欢笑谑，喜欢以幽默的态度看待生

① 他在通信中谈起往事（*Corr. gén.*, t. IV, pp. 3–6）。皮埃尔·拉瓦莱的母亲不让他与过于热衷社交的普鲁斯特来往；她给儿子找来一篇普鲁斯特的文章，认为此文很一般。拉瓦莱结婚后住在维兹莱街，他的门房有一天凌晨三点拒绝马塞尔进门。拉瓦莱的孩子们把马塞尔称作“那位夜里来的先生”。

② 我们将在组诗《画家肖像》中再次见到这些画作，《画家肖像》后来收入《欢乐与时日》。

活，是普鲁斯特性格中恒久不变的特点。罗贝尔·普鲁斯特告诉我们，在马塞尔看来，拉瓦莱的感知和思想方式与自己十分契合。这一点也反映在他向拉瓦莱赠送《欢乐与时日》一书时所写的题词当中：在经久不衰的友谊之外，马塞尔特别提到，他们二人有共同的梦想，有“不为他人所知的共同感受”，“内心深处唯有自己知晓”。

1893年封斋期间，罗贝尔·德·弗莱尔拉着马塞尔——他可不是第一个以宗教借口掩盖欲望的年轻人——去听维尼奥教士在费纳龙中学的讲经会[1]。晚上，拉瓦莱经常让维尼奥以及埃贝尔教士与马塞尔在自己家里见面。在《追忆》中很少有教会人士出现，即使有也是在很特别的场合。这是对此类会面场景的回忆吗？或者，它恰恰从反面证明，不能指望作品包含生活的全部：创作本身的规律决定了某些事件是无法从生活移植到作品中的。另外，拉瓦莱的影响并不限于宗教方面。他还把书籍（包括阿纳托尔·法朗士的书）和乐谱借给马塞尔，其中甚至包括《效法基督》一书，《欢乐与时日》中各篇的题记文字即由此而来[2]。乐谱的作者包括奥古斯塔·奥尔麦斯、福雷、古诺、瓦格纳。他们在谈话中也经常涉及音乐：根据拉瓦莱的记载，马塞尔对音乐天生敏感[3]。其实，皮埃尔·拉瓦莱——普鲁斯特认识雷纳尔多·哈恩之后便与他疏远了——属于一个由艺术爱好者、鉴赏家、艺术史家[4]、博物馆馆长组成的大家庭，其中包括昂罗兄弟、埃米

① Abbé Vignot, *La Vie pour les autres*, Poussielgue, 1895. Cf. *Corr. gén.*, t. IV, p. 29, n. 1 et 2. 据菲利浦·科尔布（*Corr.*, t. I, p. 204），普鲁斯特可能为维尼奥某次讲经会写过报道，原打算在《会饮》上发表（杂志恰好在此时停刊）。1908年，普鲁斯特对施特劳斯夫人说，维尼奥教士应当入选法兰西学院。

② Ibid., p. 234：“我把你那本《效法基督》还给你，这本书给我很多乐趣和帮助。”（1893年9月）见《一个少女的忏悔》和《维奥朗特或社交生活》。

③ P. Lavallée, *Souvenirs inédits*, aimablement communiqués par Monique Lavallée et Mme Lavallée-Pessard.

④ 皮埃尔·拉瓦莱的主要著作都是有关法国素描史的。他逝世于1946年。

尔·马勒、路易·戈蒂耶–维尼亚尔、埃马纽埃尔·比贝斯科、贝特朗·德·费纳龙，他们一同出游参观，分享读书心得，互通艺文讯息。普鲁斯特凡事都要问个究竟，多亏了这些人，他得以满足爱美之心，弥补因病不便出行造成的缺憾。他通过别人的眼睛饱览旅途的风景和博物馆的佳作，通过朋友们的耳朵欣赏音乐。

拉瓦莱一家从1856年起成为圣叙尔皮塞德法维埃的色格雷城堡[1]的主人，马塞尔曾在城堡住过一次，但因哮喘发作不得不提前离开（与他在都德家那次一样）。城堡是路易十五的大臣阿尔让松侯爵的旧宅，普鲁斯特在书信、《欢乐与时日》的《散步》一文以及《让·桑特伊》中屡次提起。他在那儿只住了一个晚上，但那里的树木、水塘、禽舍、孔雀，他统统都记得。从认识雷纳尔多·哈恩的时候起，马塞尔与拉瓦莱的来往就不那么频繁了；1900年拉瓦莱结婚之后，二人更加疏远，朋友间往往如此。

① « Quarante-deux lettres à P. Lavallée » , présentées par B. C. Freeman, *BAMP*, nº 11, 1961, pp. 323–364. C'est aussi la famille Lavallée que Marcel peint dans « Famille écoutant la musique » (*P et J*, p. 108).

威利·希思

普鲁斯特喜欢刻画朋友们的相貌和性格特点。1893年，即使在柏林待了一年时间，罗贝尔·德·比利仍然是马塞尔无所不谈的知心人。就在比利动身前往柏林的时候，马塞尔仿照魏尔伦和咖啡馆音乐的风格，给他写了一首《罗贝尔之歌》：

僵似木桩，坚如顽石，
他的魅力所从何来？
他的眼睛里，
不会流出一滴泪。

不管是路还是石子，没有泪的滋润，
凭什么令人陶醉？

不过有些地方，
虽然单调、平淡、灰暗，
仍有人觉得美丽。

他们相信，那哀怨的天空里
藏着神明，藏着灵魂，
藏着连火焰都无法揭示的秘密。

您藏着一个神明，罗贝尔，您听到了吗？[1]

在这首诗里，马塞尔嘲笑新教徒比利的严肃刻板，比利则把此诗（他从未示人）归因于他对马塞尔社交和情感生活的指摘。马塞尔的情感生活中又增加了一位美国青年威利·希思[2]，他十二岁改信天主教，与皮埃尔·维尼奥教士经常往来。保罗·纳达尔为他留下了一张照片[3]：他身着礼服，胸前插着一朵康乃馨，手上拿着手杖和手套，桌子上放着高筒帽和书籍，摄影家好像要通过这张照片与肖像画家比个高低似的。关于马塞尔与希思的关

① R. de Billy, *op. cit.*, pp. 63–64.

② 据 Th. Laget 和 Pyamid Wise（Proustonomics 网站，2021 年），希思一家住在巴黎 Presbourg 街，他母亲娘家姓 Swan，因而他们认为小说中斯万的名字即由此而来。

③ W. Howard Adams, *A Proust Souvenir*, Londres, Weidenfeld and Nicolson, 1984, p. 46.

系，我们所知道的，仅限于马塞尔在《欢乐与时日》的献辞“致我的朋友威利·希思”[1]中所写的内容。斯万在奥黛特身上发现了波提切利的“耶斯罗的女儿”，同样，普鲁斯特在威利身上发现了凡戴克所画的绅士。他谈到威利的绅士风度，这种风度来自形体而非衣着，是形体从灵魂中吸取的；他谈到威利的忧郁，因为威利的背后是树林（他们一同散步的布洛涅森林）的阴影，如同画中的里士满公爵和查理一世，更因为此时的威利离去世已为期不远，如同这两位画中人的命运。他与皮埃尔·拉瓦莱一同观赏过的绘画，就这样通过一个神奇的形象一幅幅地活了起来。由于年少早夭，抑或由于普鲁斯特用情太深，威利被理想化了，他已幻化为达·芬奇画的《施洗者圣约翰》，这既因为他“神秘的精神活力”，也因为他常常“高擎起手指，令人难以捉摸的双眼带着微笑，面对眼前的谜而沉默不语”。于是，在希思身上，孩子般的诚挚和伶俐与“率真甜美”的快乐浑然一体。他们二人曾共同构筑“梦想，甚至制订规划，想要越来越亲密地生活在一起，生活在一个由高贵杰出的人物组成的团体里，远离愚昧、罪恶和阴险，以免受到庸俗之箭的伤害”[2]。远离庸俗，痛恨愚昧，向往卓然超群，凡此种种，不仅是世纪末之爱的主题，也是拉斐尔前派之爱、王尔德之爱的主题；还是夏吕斯在巴尔贝克向叙事人提出、马塞尔在生活中屡次尝试重建的那种爱：继孔多塞中学和政治学院的朋友之后，将有费纳龙和比贝斯科出现。这年6月，他邀请朋友

① 佩因特只是把这篇作于1894年的献词改写为叙述(pp. 164–165；迪斯巴克也是如此，pp. 138–139）。据他们的一位家人确认，普鲁斯特写给希思和奥贝尔的信都被他们的家人毁掉了，他还确认希思和奥贝尔是姨表亲。

② *P et J*, p. 6.

们共进晚餐[1]，在此群贤毕至的宴席上，马塞尔想必得到了美与爱以及社交生活的享受。

玛德莱娜·勒迈尔

1893年4月13日发生的一件事，对文艺界尤其是其中的活跃分子具有深远的影响：马塞尔·普鲁斯特与罗贝尔·德·孟德斯鸠结识，地点是玛德莱娜·勒迈尔府上。普鲁斯特曾描述这座离库塞尔街不远，位于蒙梭街31号的小公馆。它“包括一座紧临街面的三层小楼和一个环绕着丁香花丛的大玻璃房，一到4月，这里就弥漫着丁香的气息”[2]。玻璃房是“一位奇女子的工作室，她不仅享誉巴黎，而且蜚声海外；水彩画若签了她的名字，就会比其他任何画家的作品都更抢手，请柬上若印了她的名字，就会比其他任何府邸女主人的邀请都更珍贵”。她就是玛德莱娜·勒迈尔。小仲马曾说，除了上帝之外，她创造的玫瑰最多。不过，也不应该因为她画了一系列花朵硕大、颜色淡紫的玫瑰，就认为她仅仅是一位花卉画家，“其实她画的风景、教堂、人物也不在少数，她超凡的才华延伸到所有题材”[3]。

勒迈尔学习绘画的老师是她的姨母埃尔贝兰夫人（1820—1904）——她1904年去世时普鲁斯特曾撰文纪念[3]—— 和沙普兰。1864年，勒迈尔以一幅肖像参加画展，从此步入画坛。她的作品包括《教堂大典》

① *Corr.*, t. I, p. 210：出席者有罗贝尔·德·弗莱尔、德·卡博内尔、费尔南·格雷格，威利·希思、居斯塔夫·德·瓦鲁、雅克·贝涅尔、艾马尔·德·马代尔（Aymar de Martel，Gyp之子）、德·拉萨勒、弗朗索瓦·皮科（后来成为外交家）、莱奥托子爵（le vicomte de Léautaud）、罗贝尔·普鲁斯特、夏尔·德·格朗塞（Charles de Grancey）。

②《丁香庭院和玫瑰画室——玛德莱娜·勒迈尔夫人的沙龙》，*CSB*, p. 457。佩因特对沙龙的描写完全取自普鲁斯特的记述。

③ Ibid., p. 458. 贝内齐（Bénézit）的艺术家辞典佐证了这些说法。普鲁斯特在文章中谈到了勒迈尔正在画的吉南（Kinen）夫人肖像和德·拉舍夫勒利耶尔（de La Chevrelière）先生肖像。参见龚古尔日记（*Journal*, t. III, p. 412）：“玛德莱娜·勒迈尔画的这幅肖像很吓人，人物的眼睛像被人打了一拳，脸上是女人似的愚笨表情。”

④ *CSB*, pp. 487–489.

（1872）、《安戈小姐》（1873）、《哥伦比娜》（1874）、《科琳娜》（1876）、《玛农》（1877）、《奥菲利娅》（1878）、《J.E.圣坦先生肖像》（1878）、《大弥撒中的布道》（1901）、《熟睡的玛农》（1906）、《克洛里斯沐浴》（1907）。她是被绘画史遗忘的画家，她的才华属于古典一路，虽算不上一流但很全面，现在很多人之所以知道她，仅仅是由于她为普鲁斯特的《欢乐与时日》绘了插图，其实这些插图同样也不止于花卉题材。普鲁斯特把她作为维尔迪兰夫人的原型之一：正是她被“忠实信徒们”称作“老板”[1]，也正是她把自己不喜欢的人称作“讨厌鬼”。但她的绘画才能被剥夺，给了埃尔斯蒂尔，而埃尔斯蒂尔这个形象是以格局更为宏阔的画家为蓝本创造的。普鲁斯特把勒迈尔座上的艺术家悉数归纳到比施先生一人身上，这一点颇能反映他的创作手法。移植和提炼是他小说艺术的组成部分。

大概在这个时期，普鲁斯特给这位花卉画家写了一首诗：

> 您超越了上帝，玛德莱娜，
> 您用百合与攀缘玫瑰的色彩，
> 创造了永恒的春天。
> 您的美，脆弱而短暂……
> 勒迈尔笔下的百合与康乃馨。
> 美丽的园丁，您赐予我们万紫千红，
> 可谁又为您留下倩影[2]？

① 正如我们在雷纳尔多·哈恩的信中所见。

② *BAMP*, nº 12, 1962, p. 481.

这首诗罕为人知，它最后的问句，答案就在《追忆》里。

勒迈尔夫人应该是在施特劳斯夫人或阿尔芒夫人的沙龙里与马塞尔认识的。她本人的沙龙最初邀请的都是画家同行，让·贝罗（他是普鲁斯特与让·洛兰决斗的见证人）、皮维·德·沙瓦纳、德塔耶、博纳、克莱兰，不久后她的客人中就增加了威尔士亲王夫人、德意志皇后、瑞典国王、比利时王后、她本人的朋友玛蒂尔德公主。她从此跻身社交舞台，普鲁斯特描写这个过程的文字，已经与描写维尔迪兰夫人沙龙（再加上贵族气派）的文字相仿佛："人们渐渐得知，在她的工作室里不时地举行小型聚会，不用进行什么准备，也没有刻意办成'晚会'的意图，每个客人都'拿出看家本领'，各展其才；这种亲密的小聚会产生的吸引力，连最华丽的'盛会'都无法比拟。"[1]晚会上，不是雷雅纳、科克兰、巴尔泰演上一出短剧，就是马斯奈、圣桑弹起一曲钢琴。时隔不久，在5月的每个星期二，巴黎社交界蜂拥而至。根据普鲁斯特的记载，来客当中有保罗·德夏内尔、莱昂·布儒瓦等政治家，外国大使，舍维涅伯爵夫人、符拉季米尔大公夫人、吕内公爵夫妇、于泽公爵夫妇等贵族，法朗士、勒迈特、拉夫当、弗莱尔以及卡雅维等作家。勒迈尔夫人和女儿叙泽特都长得很丑，所以马塞尔赞美她眼睛漂亮、微笑迷人："多么可爱的女主人，每个人都向她投去敬仰的目光，为她的优雅所倾倒。"[2]

① *CSB*, p. 458.

② Ibid., p. 463. 在《重现的时光》的一份草稿里，有这张从母亲转交给女儿的"笑面具"（*RTP*, t. IV, p. 970）。

但并非每个人都对她如此不吝赞美之辞。据埃德蒙·德·龚古尔记载，与她十分熟悉的小仲马曾说，心地不善是这个女人身上的顽疾[1]。孟德斯鸠是她的座上常客，但为她所作的人物特写几无好话。莱昂·都德惊呼道："天啊，这位高贵夫人的晚会真让人烦透了，那里都是些什么演员啦，艺术家啦，还有如尼古拉、康斯坦丁等鬼才知道的什么大公啦……至于这位勒迈尔夫人画的花卉，其实就是糖果盒盖上画的那种，还不如布瓦西埃糖果店里的货色。"虽说福兰称赞女主人的作品，但他目光中的愠怒和嘲讽分明在说："这是什么粗制滥造的玩意！"[2]"斯万之恋"中维尔迪兰夫人喜欢呼朋唤友、喜欢音乐、喜欢结交艺术家的特点，都来自这个原型人物，她庇护斯万与奥黛特的恋情，就像勒迈尔夫人为马塞尔与雷纳尔多·哈恩提供见面机会。不过，维尔迪兰夫人既不具备绘画才能，也不拥有城堡，而勒迈尔夫人的雷韦永城堡在《欢乐与时日》——此书差点以"雷韦永"为书名——和《让·桑特伊》当中均有一席之地。尽管有贵族在此来来往往，但勒迈尔的沙龙无意成为"上流社会"[3]，就这方面来说，马塞尔在《斯万之恋》中的描写，既忠实地反映了这间沙龙的精神面貌，也忠实地反映了勒迈尔专横的性格，包括她对"讨厌的家伙"以及"逃兵"的愤恨，她对"现场演奏"的偏爱，以及她把自己的音乐和艺术趣味强加于人的特点。以她为原型塑造的人物大获成功，她本人则因为描写的逼真而对作者大为不满。

① *Journal*, 15 janvier 1883, t. II, p. 981. Cf. ibid., t. III, p. 823（勒迈尔夫人排挤雅克·埃米尔·布朗什）。不过，当她为他的剧作《玛奈特·所罗门》（*Manette Salomon*）落泪时，龚古尔对她给予好评（ibid., t. III, p. 1245）。

② L. Daudet, *Souvenirs, op. cit.*, p. 1018.

③ Voir H. Bardac, « M. Lemaire et M. Proust », *La Revue de Paris*, août 1949, pp. 137 à 142 ; Ph. Kolb, « Marcel Proust et les dames Lemaire », *BAMP*, n° 14, 1964, pp. 114–122 ; A. de Fouquières, *Mon Paris et ses Parisiens, op. cit.*, t. II, p. 206. 科尔布指出，普鲁斯特写给勒迈尔夫人的信都不见了。

于是，普鲁斯特送给她一本第九版的《在少女们身旁》，并写道："啊，亲爱的，啊，伟大的玛德莱娜·勒迈尔，难道您不知道吗？难道所有报纸以及我的文章没有向您说明吗？我对您只有敬爱和钦佩。"[1]

① *BAMP*, n° 14, 1964, p. 151.

结识罗贝尔·德·孟德斯鸠

人们总是把孟德斯鸠想象成上了年纪的人，而且，参照夏吕斯男爵的体型（借自多阿臧男爵），还会想象他身材魁梧。其实，当二十二岁的马塞尔被引荐给伯爵时[2]，他只有三十七岁。因为显赫的家族背景和众多关于他的人物特写，他早已名声在外；不过，这位日后著作颇丰的诗人，此时只有一部诗集《蝙蝠》（1892年出版）问世。他为1909年版《您是谁？——法国与外国当代名人录》提供的说明，颇能反映他的自命不凡："本人与欧洲大部分贵族均有血缘关系。祖上曾任法国元帅的有：布莱兹·德·蒙吕克、让·德·加雄、皮埃尔·德·孟德斯鸠、萨瓦征服者安娜–皮埃尔·德·孟德斯鸠、达达尼昂（《三个火枪手》主人公）、路易十八的大臣德·孟德斯鸠教士、拿破仑的副官阿·德·孟德斯鸠伯爵将军。"在他英雄辈出的祖先中，没有列出任何女性（也没有提及罗马王的女管家），也许是因为，他父亲蒂埃里·德·孟德斯鸠（阿纳托尔的次子）迎娶的波莉娜·迪鲁出身于银行家家庭，信奉新教而且不是贵族。罗贝尔是家中第四个也

② L'ouvrage de base, pour la connaissance de Robert de Montesquiou, est la thèse d'Antoine Bertrand, *Les Curiosités esthétiques de Robert de Montesquiou* (Paris-Sorbonne, 1992, 2 vol. dactyl.; Droz, 1996, 2 vol.). On consultera aussi É. de Clermont-Tonnerre, *Robert de Montesquiou et Marcel Proust*, Flammarion, 1925 ; R. de Montesquiou, *Les Pas effacés, Mémoires*, 3 vol., Émile-Paul, 1923, et Ph. Jullian, *Robert de Montesquiou, un prince 1900*, Librairie académique Perrin, 1965.

是最小的儿子，觉得父母的婚姻门不当户不对，甚至把一位女仆视为自己真正的母亲[①]。终其一生，他始终宣称不大喜欢父母；相反，由于祖辈们摆脱了直接血亲关系中习见的相互反感，他对他们“爱之甚切”，而且认为自己的优秀品质都来自祖先[②]。罗贝尔伯爵集众多矛盾于一身，其中之一便是他与出身的环境格格不入，家人既不赞同他的文学趣味，也不喜欢他的作品。还有，他对婚姻不感兴趣，却喜欢青年男子，呵护他们走上文学之路、进入上流社会。他像苏格拉底那样，引领英俊少年走向理想的美。

于是，当马塞尔·普鲁斯特被引荐给罗贝尔·德·孟德斯鸠时，二人一见倾心。伯爵既是法兰西历史的遗存，又是仪表堂堂、眼神迷人的风流雅士，还是魏尔伦和马拉美的诗友，因此让马塞尔仰慕不已。马塞尔也恰恰是伯爵喜欢的那种年轻人：温和有礼，面容俊美，深邃的眼睛里似乎闪着泪光，他先后喜欢的吕西安·都德、钢琴家莱昂·德拉弗斯，特别是他的秘书加布里埃尔·伊图利[③]，在容貌上都属于这种类型。伯爵在公众眼里是个引人注目的奇人[④]，这一点有塞姆的漫画为证：他说话的时候，戴着手套的两只手伴以各种动作，当音量渐强而达到顶点时，手腕也随之弯下来。为配合他的长篇大论，音调忽而升上去，再升上去，直到又尖又细的程度，忽而降下来，在嗓子眼儿里自言自语，同时，锐利的眼睛紧盯着对方，像要把他穿透似的。“他口中是滔滔不绝的叙述、珠玉纷

① *Les Pas effacés, op. cit.*, t. I, p. 249. 他把诗集《蓝绣球花》中的“Ancilla”(ancilla，拉丁文，意思是“女仆”——译者注)一诗献给了她。

② R. de Montesquiou, *Têtes couronnées*, Sansot, 1916, p. 211.

③孟德斯鸠最终把遗产留给了另一位秘书亨利·皮纳尔。

④ Décrit par É. de Clermont-Tonnerre, *op. cit.*, p. 23.

呈的对谈、引人入胜的故事。孟德斯鸠敞开心扉，把自己的秘密公之于众。他不停地说呀说，新闻旧事、冷嘲热讽、奇辞妙句，像一列列华丽的队伍在普鲁斯特面前走过。”[①]马塞尔受孟德斯鸠熏染之深，已达到能随意模仿的程度，像他那样大笑，或用脚打节拍。凡是伯爵无法从口头转移到书面的东西，马塞尔都替他做到了；某些东西在前一位嘴里仅是口舌之快，到后一位手下则是文学作品。实际上，把一个人说的话仅仅记载下来是不够的，还要加以分析，使之回归原来的语境，揭示出表相之下的真相，发掘出正剧背后的悲剧或喜剧，唯其如此，才能避免沦为“千篇一律的纪实”，进而达到文学的高度。对对话的处理不能止于简单的有文必录，更要让它脱胎换骨：为数众多的回忆录——还有“索隐”小说——之所以失败，正是由于没有理解这一点。

① Ibid., p. 33.

孟德斯鸠曾吸引过远比《会饮》的小撰稿人更为名声显赫的大作家或大诗人，马拉美就是其中之一。孟德斯鸠在回忆录《抹去的足迹》中记载，1883年，他请诗人来到奥赛河岸的公寓：“马拉美离开时，带着冷冷的满心欢喜，这正是他的做派，但并不经常上升到这样的温度。不过我毫不怀疑，他如此简单粗略地把他来访的过程告诉于斯曼，粗略得仿佛是深夜匆忙之中进入阿里巴巴山洞打个转儿而留下的印象，完全是出于好心，出于高尚、体贴和真诚的好心。证据是，过后不久，他告诉我已把来访之事讲给我上边提到的那位作家，结果这一位提出要把我写进一本书，写成一位现代的、杰出的方达西奥。"[①]正如孟德斯鸠所说，在于斯曼笔下，包括著名的巨龟在内的细节应有尽有："但书中的其余部分是纯粹（或者不那么纯粹）的想象。我根本不认识这个作者……"这个提醒，肯定是先口头表达过，然后又诉诸文字，但当时以及后来的人们都没有在意，仍然认为《逆流》的主人公德泽森特写的就是孟德斯鸠。同样为他着迷的埃德蒙·德·龚古尔明显感觉不同："他虽然有点儿'疯疯癫癫'，但并非漫画式的人物，而且总是设法挽回优雅的形象。除了表情上有些做作之外，他的谈话充满了细致入微的观察和独出心裁的见解，妙语迭出；他往往眼含微笑，指尖神经质地动来动去，这就表示谈话结束。"[②]与《索多姆和戈摩尔》的作者完全不同，于斯曼不懂得大贵族为何物。不过，他为伯爵塑造的形象，要比亨利·德·雷尼耶在《午夜婚礼》中假借德·斯尔派尼面目塑造的形象更为成功。德·斯派尔尼与其说是艺术家，不如说是"卖小摆设的"，举止粗俗，鄙视爱情，用"刺耳的假声"说话，在艺术家面前装贵族，在贵族面前装艺术家。他以陶艺家自居，却让一个年轻人替他制作陶器；与孟德斯鸠一样，他喜欢大宴宾客[③]。我们还会发现，在让·洛兰的小说《德·弗卡斯先生》[④]（1901）里，孟德斯鸠以《翼鼠》作者穆扎莱特伯爵的面目出现；在埃德蒙·罗斯当的剧本《雄鸡》当中，他是那只孔雀。因此不难看出，与绘画的肖像不同，文学作品对他的刻画以批评、讽刺（如同塞姆的讽刺）、抨击为目的，而画家们则没有扭曲他的

① *Les Pas effacés, op. cit.* Cité par M. Fumaroli dans son édition d'*À rebours* (Folio, Gallimard, 1977, p. 364). Montesquiou consacre à Mallarmé un beau texte : « La Porte ouverte au Jardin fermé du Roi », dans *Diptyque de Flandre / Triptyque de France*. 孟德斯鸠是在1877年之前不久在夏尔·克罗（Charles Cros）的朋友肖纳公爵（le duc de Chaulnes）府上结识马拉美的。普鲁斯特后来通过孟德斯鸠认识了克罗，并在文字中谈起过他。孟德斯鸠在这本书中，除了回忆以及公开发表马拉美一些信件和未刊文字（还有一些仍未公之于世）外，不乏精美漂亮的文字表达：马拉美这样的作家就像"语言的宝藏，如同永冻雪山上的冰晶，米什莱［孟德斯鸠肯定与马塞尔一起议论过这位作家］认为，这些冰晶就像储存起来的水源，随时准备去滋润人类干渴已久的心田"。

② *Journal*, 13 février 1890, t. III, p. 389 ; 7 juillet 1891, t. II, pp. 604–606.

③ 在同一部小说中，画玫瑰的德·鲍肯古夫人是以德·博兰古夫人为原型的（在普鲁斯特的小说中，德·维尔巴里西斯夫人也是以德·博兰古夫人为原型）。

④ 在这部索隐小说中，我们能看到以 Claudius Ethal 名字出现的奥斯卡·王尔德。小说的主人公 Fréneuse 公爵，直接取材于德泽森特。

形象。

普鲁斯特读过《逆流》（他在1918年曾提到过一次德泽森特[1]）吗？想必是在得知伯爵所做的澄清之后，他立即致信伯爵："我早已认识到，您本人远远超出了人们按照颓废派的典型特征（这些特征在那时相当常见，但从未像您的那样完美）所刻画的您。"[2]至于诗集《蝙蝠》，马塞尔则是在认识作者之后才读到的。诗集出版于1892年，用高级纸张印成大开本，印数极少（可能正是这个坏榜样让马塞尔在出版《欢乐与时日》时如法炮制）。诗风多取自雨果、戈蒂耶、巴纳斯，稍及魏尔伦，与马拉美则毫无瓜葛。在他描写神秘的双面人物的篇章中，我们将看到"伟大的人形蝙蝠中无与伦比的杰出代表"，巴伐利亚的路易二世，以及查理六世、路易十三：

阴柔驯服了男男女女，

而不会被征服……

那么，您能否告诉我，

阴柔的弱点何在？

（《第十三支小夜曲》）

在诗集的末尾，在欧仁妮皇后（"沃思牌披肩装饰着金饰带"）和卡斯蒂利奥纳伯爵夫人之后，读者还会遇到格雷菲勒伯爵夫人：马塞尔将通过孟德斯鸠与她结识，她也将与孟德斯鸠一起，为马塞尔的小说提供养料。读到这些章节，我们便不难理解，马塞尔为什么在结识孟德

① *Corr.*, t. XVII, p. 156, 致雅克－埃米尔·布朗什。

② Ibid., t. I, p. 220, 1893 年 7 月 3 日。

斯鸠之后在信中说："我把自己吊在您《蝙蝠》的翅膀上。"[1]他在这些双面的、阴柔的人物身上认出了自己，这些人物当中最杰出的一位正在以高超的新浪漫主义笔调为他们树碑立传，而马塞尔将成为他的见证人。

① Ibid., p. 206, 1893 年 4 月。埃德蒙·德·龚古尔在日记中说了心里话："这是彻底疯了，但并不是不聪明，也不无才华。"（*Journal*, 11 juillet 1892，t. III. p. 730）。

孟德斯鸠乐于充当"美学导师"，逐渐地将自己的美学趣味灌输给马塞尔，向他揭示居斯塔夫·莫罗、惠斯勒、加莱、埃勒、格雷戈、华托等艺术家的奥秘。而关于这些艺术家，马塞尔也将像他的导师一样撰文加以论述。虽然马塞尔自己已经对他们有所认识，但伯爵对他们的青睐进一步证实了他们的伟大。通过他，《盖尔芒特家那边》的作者学会了如何欣赏室内装潢、家具布置以及陈设之美，尽管对这种美他本人始终无动于衷，但他悄悄地用它来装点人物的环境。与龚古尔一样，孟德斯鸠也酷爱小摆设，在家里摆得铺天盖地，被人大肆吹嘘的公寓让人感觉凌乱得可怕（与现在不同，这在当时颇为时兴），与龚古尔的"艺术家府邸"不相上下。这种凌乱遵循波德莱尔的法则，因为它体现了一个人的心态，其中复杂的呼应关系所具有的象征意义，只有主人自己心知肚明[2]：于斯曼为德泽森特专门设计的"对比强烈的"白色和声便是如此。具有个人纪念意义的物品与文化修养掺杂交织："与艺术、文学相关的物品往往以惊世骇俗的方式与家具摆设混杂在一起。有米什莱的鸟笼，有卡斯蒂利奥纳伯爵夫人膝盖的翻模，有拉冈达拉表现格雷菲勒伯爵夫人下颏的素描……有博尔迪尼画的伊图利骑自行车的双腿。"[3]孟德

② É. de Clermont-Tonnerre, *op. cit.*, p. 58.

③ Ibid., p. 59.

斯鸠的秘书伊图利在物品选择上要严苛得多，他去世后，孟德斯鸠家中凌乱的摆设又故态复萌。

此时重读巴雷斯在《格雷戈或托雷多的秘密》一书卷首的献辞仍然令人震撼：“献给罗伯特·德·孟德斯鸠伯爵 / 诗人 / 众多珍贵物品和形象的创造者 / 格雷戈最早的辩护人之一 / 总有一天 / 您本人也会有自己的创造者和辩护人 / 请接受您的崇拜者和邻居友好的敬意。”当巴雷斯向伯爵朗读这一献辞时，伯爵泪流满面；除了社交场合的客套之外，这是他第一次真正体会到别人的高度评价和敬仰[①]。巴雷斯从来没有喜欢过普鲁斯特，但他仿佛预言了普鲁斯特对孟德斯鸠的“再创造”。普鲁斯特把伯爵的言谈、他对伯爵惟妙惟肖的仿作以及他在沙龙里对伯爵的模仿，都放在了夏吕斯名下，他的同代人都能看得出来；他还不动声色地把伯爵关于艺术的看法穿插在各处。他在一个草稿簿的页边写道：“此处在语气上要突出孟德斯鸠的特征。”不过，普鲁斯特在汲取伯爵的某些趣味，以他为蓝本塑造一个人物（甚至不止一个人物，正如《盖尔芒特家那边》的草稿所表明的，普鲁斯特还把他用在斯万这个人物身上，斯万也是个唯美主义者、服装与艺术的爱好者）的同时，还把他当作一个陪衬：当艺术家想把生活、家居装潢变成艺术品时，唯美主义就蜕变为“偶像崇拜”。对这种态度的拒斥是普鲁斯特哲学的核心，对他来说，生活与艺术不属于同一个范畴。在翻译罗斯金的著作时，他还将阐述这一点；王尔德、孟德斯鸠、巴尔扎克、

① Ibid., p. 88.

罗斯金都犯了同样的错误，当然还包括龚古尔。

1893年4月13日晚，在玛德莱娜府上享用了“优雅的晚餐”（《高卢人报》语）过后，巴尔泰小姐朗读伯爵的诗作，马塞尔就是这时与伯爵相遇的。他们刚刚认识，伯爵即慨允年轻人前来拜访。他们很快再次见面，马塞尔因这次会面而喜不自禁，给诗人送去一束花，“浅色的佛罗伦萨鸢尾花，大概是与玫瑰嫁接的”[①]，暗指伯爵的诗句“恬静的百合”。他很快就收到一部豪华版《蝙蝠》，他在回信中完全模仿收信人的风格，把诗集形容为“一件光荣的战利品”，“一束永不凋谢的花朵，永远散发着回忆的芬芳，哪怕它是我唯一的回忆”。他们从此开始频繁通信，当两人厚厚的通信集于1930年出版时，普鲁斯特的形象受到不小的损害，人们认为他徒劳地溜须拍马，甚至由于过分奉承而显得虚伪[②]。马塞尔给孟德斯鸠送上鲜花，孟德斯鸠以诗集回赠，马塞尔先发了电报感谢，紧接着又追发一封电报谈《蝙蝠》：“花园里徒有其表的鲜花从未吐出如此馥郁的芬芳。它们表达含混因而我们难以理解的东西，由您说出来，明晰得有如神助，但又没有失去它们美妙的神秘感。”以花为题材的诗固然属于象征主义时代，但始终是普鲁斯特所珍爱的，正如他对明晰的推崇，虽然这种明晰自相矛盾地保留了神秘感。他对魏尔伦的崇拜反映在他的恭维话里，让人觉得，这种恭维倘若以女性为对象恐怕更为合适：“您的灵魂是世间罕有的花园，就像您那天允许我散步的花园一样……。您的诗句，您

① *Corr.*, t. I, p. 206, 1893 年 4 月。

② 为这卷通信集（*Corr. gén.*, t. I）作序的罗贝尔·普鲁斯特并不这样认为：“马塞尔一开始就被孟德斯鸠精准的判断力和聪明所折服，他是一位真正无与伦比的艺术批评家。从那时起，孟德斯鸠经常来到家里……在许多年当中，马塞尔都和他保持密切的关系。”

的双眸，映照着我们永远都无法一窥究竟的世界。”[①]正是在伯爵的怂恿下，马塞尔决定前往圣莫里茨度过8月的假期。

6月底，距离第二部诗集《香料师傅》正式出版还有半年，孟德斯鸠把书稿交给马塞尔先睹为快。马塞尔对他的信赖甚为感动，在回信中颇有眼光地标举出“其中的”佳句（“双目失明，孔雀失去了全部的光彩”），以及令他联想起雨果或魏尔伦的诗句（“那就哭吧／和金色的星一起落泪，柔情为它镀上银色的光”），他尤其迷恋能体现诸如音乐或信仰等纯粹而神秘的事物的句子，或者能令人联想起“瓦格纳的某些乐句”或“达·芬奇的某种目光”的诗行：音乐和目光是他永远的主题。他趁机向诗人索要照片，一个星期以后，他收到了照片，所附赠言是：“我是过渡之物的主宰。1893年。”照片上，伯爵以手抚着额头[②]。无论交往对象是男是女，赠送照片是普鲁斯特情感关系中必须跨越的一步。我们知道，正如他向格雷菲勒伯爵夫人索要照片未果一样，在《盖尔芒特家那边》中，叙事者通过圣卢向盖尔芒特夫人索要照片也没有达到目的。普鲁斯特因此收藏了数量可观的照片，其中没有风景，都是他认识、喜爱或者仅仅是欣赏的人的肖像照。他经常翻阅这些照片，以便唤起回忆或展开想象，而女子的照片在他刻画女性人物时给了他特别的帮助，所以，把这些女性人物都看作男扮女装是徒劳且错误的。至于孟德斯鸠，他酷爱照相，是个不可救药的自恋狂，所摄肖像照将近二百

① *Corr.*, t. I, p. 208.

② G. Cattaui, *op. cit.*, p. 145 et *Corr.*, t. I, p. 221. 还没有人注意到，普鲁斯特曾在《孟德斯鸠先生的简朴》一文中描述过这张照片：“就在我写作的时候，面前摆着一张孟德斯鸠先生的照片，他的面容完美无瑕，保持着深沉的高贵。他的发丝微微卷曲，如同具有同样轻盈和耀眼魅力的希腊雕像一样，在此头颅之上，我们希望能看到‘流亡灵魂的神圣桂冠’。”在照片的下方，诗人写下了诗集《蝙蝠》开篇第一首中的诗句：“我是过渡事物之王。”（*CSB*, p. 409）

幅（而普鲁斯特的相片则很少）。

马塞尔还鼓起勇气，请求伯爵在照片上“把最常来往的女性朋友中的几位（格雷菲勒伯爵夫人、莱昂亲王夫人）”[1]指给他看，让他能认出来。假如伯爵——如日后的夏吕斯——没有主动提出担任他读书和交友的导师，马塞尔就不会提出这种要求[2]。另外，为证明自己的友情，同时也为找到一位庇护人，他请求孟德斯鸠允许他把寄给《白色评论》的“一组习作”题献给他；尽管他在信中举出与阿纳托尔·法朗士相互题献的例子，但这组习作刊出时，却没有一篇带有献给罗贝尔的字样。

马塞尔第一次见到格雷菲勒伯爵夫人是7月1日，在瓦格拉姆亲王夫人府上。他写信给孟德斯鸠分享他激动的心情：“她的发饰具有波利尼西亚式的美，淡紫色的兰花一直垂到后颈……很难对她作出评判……但她全部的美都在明亮的、谜一样的目光里。我从未见过如此漂亮的女人。”[3]此时马塞尔还没有经人介绍结识伯爵夫人，所以他希望这个印象能传递给她；我们将在盖尔芒特公爵夫人的目光里再次看到这一印象，从而把舍维涅伯爵夫人留下的印象补充完整。

在这个大开眼界——倘若不是一见钟情——的时期，马塞尔每个星期都要给孟德斯鸠写一至两封信，崇拜之情与日俱增：“在这个缺乏思想、缺乏意志，说到底是缺乏天才的时代，只有您一个人，以沉思和毅力的双重力量独占鳌头。我认为，古代的毅力和创造力与十七世纪思想

① *Corr.*, t. I, p. 216, 6月28日。这两位夫人是《香科师傅》中诗作的题献对象。

② Ibid., p. 217：“那天晚上，您建议我要‘像对待野蛮人’一样欣赏诗人。”在同一封信里，马塞尔谈到了爱默生，这个时期，他被爱默生深深吸引。

③ Ibid., p. 219.

的结合，从未达到如此精纯完美的程度。”[1]他的意思是说，孟德斯鸠喜欢格言警句，习惯以诗为媒介进行思考，可与波德莱尔比肩。那么，“最高妙的艺术家”必然写出“最深思熟虑”的诗句。马塞尔此时还无从知道，诗人未来的作品将使他大失所望。诗人则感到，眼前这位“年轻的布鲁图斯”在写作上采取的形式“既精巧又敏锐，既思辨又明晰”，感动之余，向他表示赞许[2]。在这个柏拉图式的蜜月里，年长的这位希望自己终于找到了期待已久的罗马式的虔诚弟子，年轻的这位则希望自己遇到了可以效法的老师和顾问，可以描摹的模特，以及带领他接近贵族的引路人。在很短一段时间里，他们二人甚至产生了支配者与被支配者之间在体貌上的相互吸引，以及同性恋者之间的相互同情，但没有肉体之爱：马塞尔真正喜欢的都是比自己年轻的少年。孟德斯鸠是性无能还是仅仅出于谨慎？关于他的同性恋情，我们所知仅有一起，即他与秘书加布里埃尔·德·伊图利的恋情，他曾为之付出无数的情感和泪水；但我们仍然不知道他们之间到底走到了何种地步。无论如何，在这个时期，马塞尔对孟德斯鸠其人、对他的口才和艺术的崇拜是真诚的。虽然他对一个人的崇拜从来不会持续太久，但继之而来的友情却从未褪色：在生命的最后阶段，他还在为这位被人遗忘的老诗人寻觅一个批评专栏[3]。实际上，正是在艺术批评领域，孟德斯鸠像龚古尔兄弟一样，贡献了自己最优秀的一面，而龚古尔兄弟也在孟德斯鸠身上发现了这种才华[4]。

① Ibid., pp. 220–221, 1893 年 7 月 3 日。

② Ibid., p. 222, 1893 年 7 月。马塞尔曾自比布鲁图斯（ibid., p. 217）。

③ 我们将看到，孟德斯鸠在回忆录中对普鲁斯特的赞扬是有所保留的，见 *Les Pas effacés, op. cit.*, t. III, pp. 288–294（1923 年；写于 1920 年 3 月）；cf., p. 273（“如花少女的身影”战胜了“流血英雄的”身影）：“马塞尔·普鲁斯特其人一直让我喜爱，我对他的友情丝毫不亚于我对他才华的仰慕。”

④ *Journal*, 7 juillet 1891, t. III, p. 604–606 : l'évocation de l'intérieur de la rue Franklin, et de Montesquiou parlant de Whistler (« très intéressant »).

音乐

在这个春季里，马塞尔以音乐为媒介结识了好几个人，其中一位是他朋友皮埃尔·拉瓦莱的亲戚、年轻姑娘热尔梅娜·吉罗多（1871—1955）[1]。她曾把奥古斯塔·奥尔麦斯的乐谱借给普鲁斯特，她的母亲款待过他，她的父亲是欧仁妮皇后的密友，“还在为帝国戴孝”。关于她与马塞尔的来往，我们看到的是马塞尔在一个笔记本上留下的人物肖像：“她的美貌之中，一切都对比鲜明。在她白皙的脸上，长着一双黑眼睛。”在马塞尔倾诉“今天无尽的忧愁充满了泪水和哽咽，灼热天空里无边的单调令人彻底绝望”[2]之际，通过她的眼神，能看到她的忧郁，能猜出她“内心的对话”和灵魂深处的风暴。正如《欢乐与时日》（并没有收入这篇文字）所反映的那样，此时，他写作人物肖像的技巧更加圆熟，更何况他已经拿到了姑娘的照片。“这张可爱的照片比那张戴白领带的小照片更有线条和性格……所以，对我来说，因拥有它而产生的愉悦完全超出了我的期待。”[3]“因拥有而产生愉悦”的意思是：对一位女性，普鲁斯特所能拥有的全部就是一张照片，或根据照片所做的文字肖像。像对待让娜·普凯和玛丽·费纳利一样，他也一时假装追求她；这就让他的朋友们拉瓦莱一家放了心。

奥古斯塔·奥尔麦斯是马塞尔不大欣赏的一位作曲家。他对索希纳伯爵的音乐更感兴趣吗？抑或是对伯爵本人而非身为作曲家的他更感兴趣呢？索希纳在圣吉约姆街

① *Corr.*, t. I, pp. 212–213. Voir « Un amour de Proust. Textes inédits à Germaine Giraudeau », présentés par Bryant C. Freeman, *BAMP*, n° 13, 1963, pp. 9–15.

② Ibid., p. 13.

③ *Corr.*, t. I, p. 213, 1893 年 6 月 25 日。

16号开办沙龙；在1893年7—8月的《白色评论》上，普鲁斯特发表《扇子》一文献给他，描写了沙龙的景象："平易近人的公侯与和蔼谦逊的小说家在这里相聚。"[①]音乐书书橱里，他看到有瓦格纳的歌剧，弗兰克与樊尚·丹第的交响曲，海顿、亨德尔或帕莱斯特里纳的钢琴曲。至于出席沙龙的女性，"她们很美却又不懂美为何物"。正是在这间沙龙，普鲁斯特认识了年轻钢琴家德拉弗斯，孰料此君日后以奇特的感情经历和文学创作成名，音乐成就反而不彰。索希纳刚发表了小说《克娄巴特拉的鼻子》，马塞尔便急忙在由小说出版商奥伦道夫发行的纯广告散页刊《免费小报》上予以评介；文章显然被删改过[②]，这在以后是经常发生的。这篇小文很不起眼，先是被作者本人抛在一边，过后也无人知晓，但其中包含了非常珍贵的美学见解。首要一点就是，马塞尔试图定义"新的一代"。思想已被唯物主义从生活中赶走，又被自然主义从艺术中剔除，而新的一代正是以思想的回归、以"思考的力度和梦想的腾飞"区别于前一代，又超越了前一代：生活因此具有了背景，命运因此获得了意义。但是，反其道而行之亦不能走得太远，一旦对生活思考过度，我们就会丧失生活的能力："过于深思熟虑的作品罕有生动鲜活的，一旦分析达到一定深度，色彩就会失去亮度和强度。这大概就是众多现代作品频遭厄运，一出世即告夭折的原因罢。"[③]生活与抽象之间的冲突，例如"把瓦格纳式的动机移植到写作当中"[④]，一直是普鲁斯特作品的核心。产生这一联

① *P et J*, p. 51.

② *Textes retrouvés*, pp. 61–62 et 236–238.

③ Ibid., p. 61；参见第一稿，p. 236，"艺术是一种本能，而深思熟虑在一定程度上是无能者所为"。

④ Ibid., p. 62.

想是有原因的：马塞尔在准备法学考试的过程中，前往歌剧院听了《女武神》，此事他在短篇小说《德·布莱弗夫人忧郁的乡间度假》的第一个版本中提起过[1]。7月底的法学考试，他没能通过。

就在准备前往圣莫里茨的时候，他向声望卓著的杂志《白色评论》投去多篇稿件，从而在文学道路上迈上了一个新台阶。

① *La Revue blanche*, 15 septembre 1893; *La Walkyrie*, acte I, scène 5.

VI

《欢乐与时日》的写作

圣莫里茨

马塞尔与他在孔多塞中学和《会饮》杂志的朋友、后来成为作家的路易·德·拉萨勒结伴来到圣莫里茨，希望在此地与孟德斯鸠相会，并经他介绍结识一些名流。此时，圣莫里茨还没有以适合冰雪运动著称，而是部分欧洲上层人士暑期度假的地方，他们在德国拜罗伊特小住之后，发现此地既有高山的纯净空气，又有宫殿的舒适[①]，众多导游手册也把它称为“欧洲和瑞士最负盛名的避暑胜地”。马塞尔当然不会忽略此地的美景，在他为《白色评论》所写的《真实的呈现》一文和在此居住期间所写的书信小说里，对景物都有详细的描写。

他尤其喜爱冷杉林环绕下湖泊难以名状的绿色，天边的冰川和山峰，锡尔斯–玛丽亚湖边的落叶松，湖面上翩翩起舞的蝴蝶（这一主题他重新用在《索多姆和戈摩尔》关于拉斯普利埃城堡的描写中）。在他眼中，此地

①“我们一起消磨时光的这一帮人，在1800米的高山上喝茶，就像在巴黎一样。”（É. de Clermont-Tonnerre, *op. cit.*, p. 22, 其中有与孟德斯鸠一起散步的记载。）

“酷似瓦格纳歌剧里的场景，一座座宝石绿色的湖泊，其上是重重叠叠的山峦，天空中的云朵在山间投下大片大片的蓝色阴影，如同在大海上一样……周围茂密的冷杉林，正是女武神下凡或罗恩格林靠岸的地方”。以上景色出自书信小说的女主人公之手，她自称从库瓦尔（实际上是离圣莫里茨最近的火车站[①]）来到此处，乘马车用了十四个小时。《真实的呈现》还记述了一次远足，从距离圣莫里茨二十四公里的伯尔尼纳客栈，一直走到阿尔卑·格吕姆[②]，用了一小时一刻钟。“儿时的想象，此刻呈现在我们面前。闪闪发光的冰川，就在我们的身边。在我们脚下，一条条溪流在恩嘎丁暗绿色的野地里蜿蜒穿行。接着是一座颇显神秘的山丘；随后，一道道淡紫色的山坡交互掩映着一个真正蓝色的世界，一条通向意大利的闪光大道。地名已经变了，与这种新鲜柔和的色彩融为一体。”文末还提到“一连串散发着德意志和意大利异国情调的地名：锡尔斯–玛丽亚、席尔瓦·普拉纳、克莱斯塔尔塔、朱利耶、萨梅丹、策勒日纳、维奥拉山谷”[③]。此处已经出现了普鲁斯特关于地名的种种遐想，它们是《在少女们身旁》以及《在斯万家那边》之中“地名：名字”一章的组织脉络；我们还可以看出普鲁斯特对海滨和湖畔高地的喜爱。

在圣莫里茨，马塞尔没有住进大饭店，而是住在不起眼的维拉古特客栈。这倒没有妨碍他结识好几位新朋友，如埃弗吕西兄弟，特别是莱昂·富尔德夫人和她的女儿伊

① *Écrits de jeunesse*, p. 265. 女主人公描述的城堡很可能是在Silésie的Greifenstein城堡。

② 而不是“七星文库”版《欢乐与时日》和迪斯巴克（p. 157）所说的Alpgrun。我们不明白，在此处紧跟佩因特的迪斯巴克为什么让马塞尔乘缆车（“传统的登山手段”）登上Righi，而实际上，Righi的下方是Quatre-Cantons湖，上山须从Vitznau乘火车，此地距圣莫里茨甚远！更有力的理由是，马塞尔并没有像迪斯巴克所说的那样追随Tartarin在阿尔卑斯山的足迹，也没有前去朝圣尼采（他当时仍然健在）曾经去过的地方！

③ *P et J*, p. 137. 其中Juliers指的是Julier山脊，在库瓦尔前往圣莫里茨的路上。

丽莎白[1]（伊丽莎白在日记中记载，马塞尔每天都穿着同一件奇怪的松鼠色粗呢外套[2]），她们每次外出散步都由他陪伴，为他的谈吐所倾倒。他的嗓音温柔圆润，具有"打动人心的穿透力"。马塞尔声音不高，但她们都听得专心。他与伊丽莎白都非常欣赏《童年故事》。富尔德一家喜欢在湖上打水漂取乐，马塞尔就在一旁耐心地观看等待；富尔德夫人很喜欢他，回巴黎后经常邀请他，给他介绍了很多朋友。相反，夏尔·埃弗吕西的兄弟伊尼亚斯给普鲁斯特取个了外号，叫他"普鲁斯塔庸"。

马塞尔还结识了梅雷迪思·豪兰夫人。这位美国贵妇闺名阿代拉伊德·托兰斯，在巴黎贝里街乙24号的府邸举办沙龙。《重现的时光》当中，盖尔芒特夫人在谈到她时说道，她"在家里接待各式各样的男人"[3]。马塞尔把《德·布莱弗夫人忧郁的乡间度假》（发表于1893年9月15日的《白色评论》）题献给她："谨以此文纪念恩嘎丁的多座湖泊，特别是席尔瓦·普拉纳湖之行。1893年9月于圣莫里茨。"这篇小说以引用拉辛开篇，以波德莱尔的句子作结（这两位始终是普鲁斯特尊崇的大师），重现了巴尔扎克小说《被抛弃的女人》的故事（虽然在《追忆》中，从斯万到叙事者，被抛弃的都是男人，"被抛弃的男人"本该成为马塞尔一生中不断讲述的爱情故事的标题，但在准备写作《欢乐与时日》的时期，他把性别倒了过来）。小说的女主人公弗朗索瓦丝（与《冷漠的人》和《让·桑特伊》的女主角同名）爱上了一个她几乎没有

① 伊丽莎白在其回忆录中如此描写马塞尔："黑色的大眼睛，柔和的目光……一头黑发浓密发亮，但头发太长，还有很大的一绺垂在额前，脸色苍白泛黄……他一直缺乏户外活动。"她还讲到马塞尔身上奇异的装束打扮，一次在香榭丽舍相遇，他里外穿着三层大衣，另一次是在晚会上，他穿的衣服前胸纽扣不全。他的举止在她看来也很"怪异"。至于他的才华，还没有人知道底细："爸爸是个诚挚的朋友，对文学也非常内行，说他是个'一事无成之人'！但马塞尔无所不知，甚至记得博沃亲王（prince de Beauvau）的诗句：'生活就是一只洋葱，我们边剥边流泪。'"他在招待会上盘桓得太久，一天晚上，夏尔·埃弗吕西拉住他的胳膊对他说："这些人都想睡觉了。"另外，马塞尔后来与欧仁·富尔德成为好友，他们有相同的生活习惯。（« Marcel in my youth », *Adam International Review*, n° 310, 1966.）

② "有人甚至说，如果只有一套衣服，最好选一种不那么显眼的。"（ibid., p. 51）

③ *RTP*, t. IV, p. 603（因底本不同，十五人译本中没有这句话——译者注）; Cf. *Corr.*, t. VI, p. 225. 她的妯娌奥尔唐斯·豪兰是居斯塔夫·莫罗的邻居，把孟德斯鸠介绍给莫罗，孟德斯鸠与莫罗一直保持通信，后来还写了关于莫罗的书。

见过的男子，为了与他相会，她求助于各式各样的中间人[①]，也就是我们在普鲁斯特所有的恋爱步骤中都能见到的那种第三者。对一个“逃亡者”的爱恋，相思的滋长和痛苦，由于“让母亲伤心”而自责，唯有在“自己的仆人们中间”才能恢复平静，努力摆脱自己的情感并将它作为身外之物加以审视，爱的对象与它产生的痛苦或快乐不成比例，《纽伦堡的名歌手》的乐句与爱的对象产生关联，凡此种种，无不一一预示着“斯万之恋”：当女主人公在特鲁维尔再次听到她爱恋对象的音乐时，她泪流满面（就像斯万在圣厄维尔特夫人的晚会上重新听到凡德伊的乐句时的反应）。不可思议的是，饱受罪恶感折磨的女主人公（“假如委身于他，那么她内心的善良和敏感，就会给这带有罪恶感的爱的欢乐蒙上悔恨和羞耻”），最终对她所爱之人避而不见[②]。

在他度假期间，其实还有一项文学事业。出发之前，他与《会饮》杂志同仁路易·德·拉萨勒、费尔南·格雷格、达尼埃尔·阿莱维商定，四人合写一部书信小说[③]。7月底，他们已经分配了角色：马塞尔的身份是年轻女子波莉娜·德·古弗尔–蒂弗，她爱上了一位骑兵中士[④]；骑兵中士一角由路易·德·拉萨勒担任；达尼埃尔·阿莱维是一位教士；费尔南·格雷格则是一位音乐家，名叫沙尔格兰。他们的范本是1846年由泰奥菲尔·戈蒂耶、德尔菲娜·德·吉拉尔丹、儒勒·桑多以及约瑟夫·梅里合著的书信小说《贝尔尼的十字架》，并且在整体结构上模仿保

① 其中一个名叫热纳维耶芙，以向施特劳斯夫人致敬。

② *P et J*, pp. 66–75.

③ *Écrits de jeunesse*, correspondance des auteurs, pp. 227–243; lettres pour le roman, pp. 247–271.

④ 这是《盖尔芒特家那边》中圣卢的军衔。

罗·埃尔维厄的书信小说《他们的自画像》[1]。此外，他们都迷上了刚刚被译成法文的意大利作家加布里埃尔·邓南遮的小说《无辜者》，打算在写作中运用这种张扬的“自我崇拜”。普鲁斯特读过巴尔贝·多尔维利，也想模仿他的“历史的一页”[2]，复现其中的拉瓦莱城堡及其悔恨与羞耻的氛围[3]。这位作家对《德·布莱弗夫人忧郁的乡间度假》有很大影响，普鲁斯特在《女囚》中还将引用他的作品。

① Lemerre 出版社 1893 年版，其中十个人物互相写了四十二封信。普鲁斯特参考了此书，以及同一作者的另一本小说《调情》（*Flirt,* 1890）。*Écrits de jeunesse*, p. 241。

② 这是 Brian Rogers 先生热心向我指出的。

③ Barbey d'Aurevilly, *Œuvres romanesques complètes*, Bibl. de la Pléiade, t. II, p. 371.

波莉娜在第一封信里向教士吐露了心中的忧伤，回忆起童年的往事，其中的用词已经预示着《在少女们身旁》的第一部分：“每到下雨天，我就会伤心地想起小时候的情景，那时我能在窗前站上好几个钟头，盯着看天气能不能放晴，琢磨着我的保姆能不能带我去香榭丽舍，我喜欢在那儿跟我一起玩儿的小男孩，我今生今世将永远那么爱他。”[4]马塞尔在波莉娜这个人物上赋予的自身特征，远不止这一端。波莉娜“离开巴黎，是为了至少在感觉上避开疯狂的诱惑”，但“她一旦到了完全陌生的地方，特别是来到陌生的房间，就会浑身不自在，尤为残忍的是，她还要睡到陌生的床上”。当她也来到圣莫里茨，心中想象着废弃的城堡里死去的领主，想象着他们隐藏在这处鹰巢的代代相传的罪与恶之时[5]，这已经是《重现的时光》里夏吕斯想象中的封建时代酷刑。普鲁斯特在通信中引而未发的场景，正寓于波莉娜所想象的悲剧主题之中：期待着来信给人带来快乐，结果往往适得其反，等来的是“病人

④ *Écrits de jeunesse*, p. 251. 我们注意到性别是颠倒的。

⑤ 这是与巴尔贝·多尔维利相近的地方。*Écrits de jeunesse*, p. 265。

的坏消息，向母亲报告孩子意外受到致命伤的快信。此类儿子写给母亲或丈夫写给妻子的信件残酷至极，在他们之间设置了不可逾越的障碍，全部的温柔情感都将在上面撞得粉碎。以上都将是这个主题的内容”。女主人公思考的另一个主题，同时揭示了巴尔扎克的影响及布尔热与埃尔维厄式的心理与社交小说的影响，即对婚姻的恐惧：以近郊一处沙龙为背景，“展开一连串无可挽回的不幸——整日以泪洗面的生活，丈夫当着绝望的妻子的面带着情人外出旅行，自杀，谋杀，不一而足”[①]。当然，这篇小说里也不乏充斥着《欢乐与时日》的攀附者，还写到了孟德斯鸠（他此时也在圣莫里茨）偏爱的孔雀。普鲁斯特把自己全部融入这个女性角色，他已经意识到自己的身心性格业已完全定型，就像相貌在照片中定格一样[②]。

就我们所见，在这篇未完成的小说中，普鲁斯特承担的篇幅比朋友们大得多，也更有分量。这种方式使他能与旅伴路易·德·拉萨勒一道写作，后来，他还打算与雷纳尔多·哈恩合写一部“肖邦传”，与热内·培德合写一部关于虐恋的剧本。此类计划，既能让马塞尔战胜自己所谓的懒惰，又能延续友情，但最终都不了了之：写作终归是他一个人的事情。况且，他发表在《白色评论》7—8月号上的多篇习作，都是自己完成的：《反对直率》、《梗概》、《扇子》（献给索希纳）[③]、《布瓦尔与贝居榭的社交生活》（“献给我三个亲爱的罗贝尔：罗贝尔·普鲁斯特、罗贝尔·德·弗莱尔和罗贝尔·德·比利，为了

① Ibid., p. 254. 此书编者在注释中拿这些情节对比邓南遮的《无辜者》，在这部小说里，丈夫多次抛弃妻子，当他最终回心转意时，发现妻子与另一个男人生了一个孩子，而他任由孩子死去（这将是维斯康蒂［Visconti］在1976年所拍电影《无辜者》的题材）。

② Ibid., p. 264.

③ *P et J*, pp. 46–53.

取乐”）[1]、置于首篇的无题习作（献给“葛拉荻丝·哈维”。我们知道，这是保罗·布尔热给劳拉·海曼取的名字，她是路易·韦伊外叔公的女友，也是奥黛特·斯万的原型之一）[2]、《遗物》（献给保罗·贝涅尔，他曾为马塞尔画过一幅肖像）[3]、《已逝爱情中的泪水之源》[4]、《友情》[5]、《悲情之短暂效果》[6]，算起来一共有九篇。这些文字中展现的各个主题，将始终是普鲁斯特思想的核心。其一是回忆、往昔与遗忘之间的关系，这一关系在涉及爱情时尤为重要，因为它反映了“曾经炽热无比的爱情与眼下绝对的冷漠之间形成的强烈反差”[7]。普鲁斯特强调，这种内在的真理（vérité morale），“假如作家将其置于所写爱情的初起之时”，它就会变成心理现实（réalité psychologique）。其实，普鲁斯特对爱情史的最大贡献，是他所写的爱情的殒灭，而不是爱情的产生；回忆的分量抵不上遗忘，他不断强调遗忘的作用，直至在《失踪的阿尔贝蒂娜》中达到顶点。马塞尔关于爱情的看法在这一时期已经完全形成，此后只有进一步展开而没有发生改变。所以《梗概》一文确信，恋人应该故作冷漠，而亲昵会让所爱的人逃离。第二个主题是赞颂“友情”，对前一主题勉强有所补偿。我们不难猜出友情的独特特征：“还有一张更好的床铺，洋溢着神圣的芬芳。它就是我们甜美、深厚、坚不可摧的友情……我们温暖的柔情。”可以肯定，马塞尔正是用这种方式，向吸引他的男孩们表达感情：无非是友情，是信任，是一种神奇的柔情。第三个主

① Ibid., pp. 57–62.

② Ibid., pp. 112–114.

③ Ibid., pp. 114–115.

④ Ibid., pp. 119–120.

⑤ Ibid., p. 120.

⑥ Ibid., pp. 120–121.

⑦ Ibid., p. 119. 参看下文：“我们知道，终有一天，我们如今生命所系的那个女人会对我们一钱不值，就像现在除她之外的任何人都对我们一钱不值一样。”

题是，痛苦具有启迪作用，痛苦让我们“从整体着眼、从现实角度看待生活”，悲伤的作品“给我们的教益都是相似的”[①]。《欢乐与时日》书中，普鲁斯特在“意大利喜剧片段”的标题下安排的三篇习作，更接近于拉布吕埃尔式的社会小说（《反对直率》），或者属于仿作，如《布瓦尔与贝居榭的社交生活》和《布瓦尔与贝居榭的音乐爱好》两篇。为了丰富在社交场合的谈资，福楼拜的这两个人物在普鲁斯特的笔下读起了书，并把此时对当红作家的点评一一道出（“勒贡特·德·利尔过于冷淡寡情，魏尔伦则多愁善感”；“马拉美没有更多才华，但口才极佳”；“至于法朗士，他文笔好但思想差，相反，布尔热很深刻，但形式令人难以忍受”）。他们接着还炮制了一本生活手册，相互倾吐对贵族（“他们笃信宗教，落后，不读书，无所事事”）、金融界（令人“尊敬又憎恶”）、新教团体（这是马塞尔通过比利了解的）、艺术界（艺术家“白天睡大觉，晚上到处游逛，不晓得他们何时工作”）以及犹太人的真实看法。此书中，马塞尔把德雷福斯事件之前反犹主义的各种成见捉至一处：“所有的犹太人都长着鹰钩鼻，他们智力超群，灵魂卑鄙而且唯利是图……但为什么他们总有数不清的财富又深藏不露呢？而且，他们组成一个庞大的秘密团体，就像耶稣会和共济会那种。”通过这两篇仿作，马塞尔再造了福楼拜；福楼拜迟至1911年才出版的《庸见辞典》的某些词条，已经出现在马塞尔的习作中！如同《月刊》一样，《白色评论》

① Ibid., p. 121；普鲁斯特有个说明：“于德·居莱尔先生《女客人》（*L'Invitée* de M. de Curel）观后。”此剧1893年1月起上演。

发表的习作所体现的普鲁斯特的文学知识、批评分析以及让他最终超越被模仿者的模仿才能，要高于普鲁斯特作为小说家时的创作。

1893年7月，马塞尔还写了一部中篇小说《冷漠的人》，发表于1896年3月的《当代生活》。这是一个童年的故事，一个预告了《斯万之恋》的爱情故事。普鲁斯特1910年写作《斯万之恋》时，他还寻找这篇小说的印刷本，因为他没有保存手稿。小说里的童年围绕哮喘的首次发作而展开，从而证实，这一时期的作品具有自传性质[①]。女主人公谈到爱情经历时，把《卡门》中的一句话颠倒过来作为座右铭："虽然我不爱你，但你爱我。"跟奥黛特一样，她也佩戴着卡特莱兰。

离开圣莫里茨，马塞尔在埃维昂待了一个星期。我们不知道他住在何处：在蒙特勒，洛尔·贝涅尔夫人（以及费尔南·格雷格）居住在卡道尔兹别墅；在昂费恩，"帕德雷夫斯基的朋友、本人也是大音乐家"[②]的勃兰科温亲王夫人住在巴萨拉巴别墅；在科佩，有马塞尔后来结交的奥松维尔伯爵。不过最终，在他写那篇论孟德斯鸠的文章时，用的是埃维昂赌场和温泉浴场的信纸[③]。他随后返回巴黎住了几天，参加了议会选举的投票，并按照父亲（当时不在家）的意愿，支持帕西[④]而不是保守派德尼·科尚。这一情节被写入《让·桑特伊》："我首先是他的儿子，然后才是我自己。"他从来没有如此快乐地参加投票。他以这种方式把父亲置于比自己更为重要的位置，

① Voir *supra*, p. 109.

② *Corr.*, t. I, p. 235.

③ 但这并不能像菲利浦·科尔布所认为的那样（*Corr.*, t. I, p. 242, n. 2），确切地证明文章是在这个星期内写的。我们感觉更大的可能是，普鲁斯特当时拿到了信纸，但文章是在1893年10月，即他与孟德斯鸠谈起此事之时写的。

④ 弗雷德里克·帕西（1822—1912），经济学家、劳动史学家，和平主义者，1901年诺贝尔和平奖获得者。

“从而在父亲的眼中提高了自己的地位。他不再以孤立的个人身份投票，而是作为家庭的委托人，因为他已经有资格代表整个家庭”。然而由于开学季的临近，父子间的这种和谐被打破：马塞尔已经通过了全部的结业考试[1]，但没有选择任何职业，而父亲则要求他做出决断。他写信给身为外交官的比利求救，但即使马塞尔选择外交部，目的也是留在巴黎！而这样一来，他的职业将像更难考取的审计法院一样“让人打不起精神”，不过在审计法院，业余的时间，他“会去闲逛”。要么还是进法院工作？但这是不是（已经！）太让人瞧不起了呢？马塞尔绝望地叫道：“既然我生来既做不了律师，也做不了医生，既做不了神甫，也做不了……[2]，那还剩下什么给我呢？”月底，他写信给父亲说，若是进了公证人事务所，他连三天都待不住[3]，还说千百倍地宁愿进入股票交易所。不过他坚信，任何非文学、非哲学的东西对他来说都是浪费时间；对于父亲希望他找一个“实用”的职业，他还提出准备参加外交部或文献学院的选拔考试。然而最理想的应该是继续文学或哲学学业，他相信自己有这方面的天赋[4]。我们将看到，此番通信之后，在与家人反复讨价还价期间，马塞尔找人说和，最终进入索邦大学攻读文学（哲学）学位。

尽管有这些烦心事儿，他还是在巴黎待了几天，经营自己真正的事业，文学事业，然后才前往特鲁维尔与母亲团聚。9月4日，他与《白色评论》主编塔代·纳坦松会面；实际上，他想拿到将于9月15日刊出的《德·布莱弗

① 法学学位证书上的日期是1893年10月10日。

② *Corr.*, t. I, p. 236.

③ 但据菲利浦·科尔布，1893年10月，也就是在找夏尔·格朗让咨询之前，他在波蒂尚街（rue des Petits-Champs）95号，诉讼代理人布吕奈（Brunet）律师处，实习了两个星期（*BAMP*, n° 25, 1975, p. 9）。乔治·韦伊夫人出售奥斯曼大道102号的房产时，布吕奈律师出面协助普鲁斯特；1914年，在普鲁斯特试图取得一家德国银行的支票时，他也出手相助。1919年，他祝贺普鲁斯特获得龚古尔奖，普鲁斯特则向他寄上“昔日令人讨厌的办事员的全部敬意”（ibid., p. 11）。

④ *Corr.*, t. I, p. 238.

夫人忧郁的乡间度假》的校样，同时推荐自己为“朋友”孟德斯鸠未刊作品《香料师傅》所写的文章。这篇文章应该是被退稿了，因为它最终在普鲁斯特去世后，迟至1954年才面世。9月6日至28日，马塞尔与母亲待在特鲁维尔，住在黑岩饭店。他在《回忆》[①]一文中提及这家饭店：“去年我在特……的大旅社里住过一段时间，它坐落在沙滩尽头，面向大海。厨房和脏水散发出烦人的气味，房间浅灰色的四壁光秃秃的，唯有豪华俗气的帷幔稍加点缀，把这副‘放逐’的布景补充完整，这一切使我的心绪几乎低落到极点……”[②]但是，他满怀喜悦地“与海风、与诺曼底崎岖小道上的盐霜重逢”[③]，与海边的朋友们和施特劳斯夫人相聚。

① *La Revue blanche*, décembre 1893. 此文没有收入《欢乐与时日》。另外，请勿将此文与《月刊》上的《回忆》一文混淆。

② *P et J*, p. 171.

③ Ibid., p. 106.

1893年开学季

返回巴黎后，马塞尔继续他精彩的军人生涯。他要准备一次军官体检，为此，他请求父亲找科普夫医生帮忙[④]。不过他最关心的还是如何博得孟德斯鸠的好感，告诉他自己准备写一篇文章，这是一系列注定无法发表的文章的首篇。一开始他就郑重说明，“为了简化毫无用处的复杂形式”，他想在报纸或杂志上发表文章。吐露这样的心事，孟德斯鸠并不是理想的对象，不过凑巧的是，他希望这篇文章的题目是“论孟德斯鸠先生的简朴”，强调这个人物属于十七世纪的一面，强调其作品中具有非常丰富

④ *Corr.*, t. I, p. 239.

的理性内容，不仅吸引了“多愁善感”的读者，而且吸引了知识分子的关注[1]。伯爵似乎对这一计划很高兴，邀请马塞尔到凡尔赛的孟德斯鸠府邸共进午餐。通过写作这篇文章，马塞尔得以确立几个基本的美学原则；当时，围绕“颓废”这一观念，产生了一个重要的主题和流派，马塞尔采取拒绝颓废的立场，这就使他与一部分同龄青年和先锋派彻底决裂。吊诡的是，他是在论述孟德斯鸠的文章中表明这一立场的，而孟德斯鸠一直——尤其是《逆流》发表后——被视为“颓废王子，作为喜怒无常的专制君主，支配着全部腐朽精神和高妙想象”[2]。证明孟德斯鸠并非颓废派，是对论敌要害的致命一击。普鲁斯特顺便指出，“撒旦崇拜（satanisme）难以为继，风流自赏（dandysme）同样如此”。颓废者们把戈蒂耶为《恶之花》所作序言中论述颓废派风格的段落奉为宣言书，这种风格是人为做作与腐化生活——腐化则表明这是动物无法达到的伟大之处——所特有的语言。年轻的普鲁斯特断言，这些理论的第一个不良后果是，没有看出波德莱尔是“十九世纪最伟大的诗人”“唯一的知识分子和古典人物”，而是将其作为“纯粹的撒旦信徒和颓废者”，并围绕他创造出“蒙蔽众人的传说”，孟德斯鸠便是这一传说的牺牲品（如果强调普鲁斯特作品中的恶、亵渎、性倒错，那么他本人也是）。第二个后果是培养了一代又一代新人，普鲁斯特对新一代的定义现在仍具历史价值：今天（1893）的年轻人都患有“意志缺乏症”，“因此他们无力付诸行

① Ibid., p. 241, 1893 年 10 月。L'article se retrouve dans *CSB*, pp. 405–409, mais non sous son vrai titre。

② Ibid., p. 406.

动，也不愿进行思考”；马塞尔时常认为自己也患了这种“病”（哲学家里博在一本书里曾论及这一主题）。

因此需要证明孟德斯鸠是个意志坚定的人；他的嗓音和谈吐已足以表明，他不是“神经质”而是个“征服者”。如果说颓废派专注于“感觉中病态的细腻”而缺乏思想的话，那么，深受古典文学滋养的孟德斯鸠就是一个诗人思想家，他“首先是一个知识分子”，一个经营“永恒之物”的人，是“真正的波德莱尔”（第一次世界大战后，普鲁斯特在论波德莱尔特别是将他与拉辛进行比较的文章中，再次引用了某些诗句和论据）的传人。总之，这篇拿孟德斯鸠借题发挥的文章，如同后来的《反对晦涩》一文，将普鲁斯特置于反时代潮流的境地。拒绝“颓废”，摒弃纯感觉，排斥“腐朽的东西”，呼唤拉辛信徒波德莱尔所代表的新古典主义，都是勇敢的举动。他的文章相继被《白色评论》[①]（与颓废派关系密切）和《巴黎评论》拒之门外，也就不难理解了。

如何做到不选择职业

10月初，马塞尔得知朋友威利·希思的死讯，“他生的高贵，令人钦羡；死的从容，堪比英雄”[②]。马塞尔考虑献给他一本“小书”，一本“由小文章组成的集子”，虽然“微不足道”且部分内容“不受拘束”[③]，但毕竟有玛德莱娜·勒迈尔的插图，“它将走进作家、艺术家以

① *Corr.*, t. I, p. 264, 1893 年 12 月。

② Ibid., p. 247, 1893 年 11 月 5 日，致罗贝尔·德·比利；《欢乐与时日》把希思作为题献对象，就是由比利作为普鲁斯特与奥贝尔和希思两家族的中间人居中联系的。比利后来写道：“由于奥贝尔家人的某些顾虑，这本书只题献给威利·希思一人。”（*Hommage à Marcel Proust*, p. 28）

③ 关于《在斯万家那边》，普鲁斯特也说过同样的话。

及大人物的书房；若是没有插图，它会完全被这些人忽略，他们将来保留它，也仅仅是出于插图的缘故”[1]。早在1893年秋，马塞尔就已打算编这本集子，并且得到插图作者的许诺[2]，但出版计划直到三年后才最终实现。普鲁斯特著作的命运无不如此：作品尚未完成他已广而告之，然后被出版商拒绝，在等待中，作品不断扩充和完善。不过，此刻他坚信这本书马上即可出版，所以考虑把它献给他“爱到永远”的两位亡友。

① *Corr.*, t. I, p. 247.

② 她已经为保罗·埃尔维厄的小说《调情》画过插图。

11月初，在父母的强烈催促下，马塞尔找到夏尔·格朗让就“职业定向”[3]征询意见。格朗让是参议院图书馆员，也是玛蒂尔德公主的朋友（在公主的沙龙里，埃德蒙·德·龚古尔认为他“不太友善”），他在一个月的时间里给马塞尔提出多种建议，直到12月8日马塞尔突然与他中断联络。格朗让首先建议他考虑做博物馆员：学士，博士，卢浮宫学院，罗马学院——“我仿佛看到自己已经成为凡尔赛博物馆的馆长了”，马塞尔话虽这样说，但仍是担心不已，“您把让人昏昏欲睡的糟糕职业说得天花乱坠，我已置身于神迷目眩、名声显赫的洞窟之中”[4]。随后，格朗让推荐审计法院，马塞尔认为准备考试时间太长，尤其是法院本身“阴森可怕”；他本人更倾向于上文献学院，哪怕为此必须到一家博物馆（圣-日耳曼、克吕尼、凡尔赛？）做志愿者，同时攻读文学学位（或仅限于做自己的事情）。格朗让坚持自己的意见：年轻人普鲁斯特不适合读文献学院。他能做参议院的编辑？或美术监

③ *Corr.*, t. I, p. 246. *BAMP*, n° 6, 1956. 格朗让，1857年出生，阿纳托尔·法朗士和弗雷德里克·马松的朋友，他的最后一个职务是历史古迹总监。马塞尔应该是在玛蒂尔德公主府上与他认识的。

④ Ibid., p. 251.

督吗？11月中，父母放手让他自由选择，但认为他的计划“算不上正经职业”，对博物馆也颇不以为然。月底，外交部向马塞尔提供了一个档案管理员的职位，头两年没有薪水，但我们的前准外交官一本正经地问道，这个职位“是否有吸引力”？

一个月的咨询没有什么结果，年轻人还是在博物馆的圈子里打转，但也没有排除其他职业……22岁的普鲁斯特希望继续他生来擅长的文学或哲学学业。这两项学业将使他像孔多塞校友莱昂·布伦施维格或表妹夫亨利·柏格森那样，最终到中学或大学任教——这是他不情愿的。文献学院则让他与书籍、手稿、图书馆打交道，而且1895年6月即可进入马扎林图书馆。在书信中能隐约看到这位青年作家的绝望，原因是，他未能说服父母接受“文学也是一份职业”的观点，也就是说，既然经济状况和社会地位使他无需像左拉或莫泊桑刚出道时那样必须找一份低微的职业，那么他除了写作之外，不打算做其他工作——就像音乐家或画家，除了偶尔教教学生，不需要第二门手艺。在中产家庭眼中，作家仍然是穆杰（或普契尼）剧中的波西米亚人。巴尔扎克的父母之所以同意他从事写作，仅仅是因为这是他晋身之阶，且能带来财富。也许，正是因为自己出身寒微，全靠自己奋斗，况且他必须接受儿子的疾病和生活习性，才让阿德里安·普鲁斯特格外不愿妥协。生病和同性恋尚说得过去，但游手好闲不行！只是，他无法奉陪到底，面对儿子的精心计谋、消极抵抗、不动声色的固执、没完没了的说理，他最终只好投降。后来《欢乐与时日》及时出版，肯定了另一种职业的可能性。然而对任何一位可能与赫西俄德一样偏爱《工作与时日》的人来说，马塞尔的这个书名不啻是一种挑衅。那么是否与父亲相反，母亲是支持马塞尔的吗？她总是对儿子所做的事问长问短，包括写作[①]。但任何书信都没有提及母亲的态度，而在《让·桑特伊》当中，是父母二人联合起来对付儿子。不过，就在此时，罗贝尔的学业“让父亲心花怒放”[②]。幼子学业有成并没有使父亲对长子平添恼怒，倒促使他平静下来。他有两个儿子继承财产，但只有一个儿子传承衣钵；不是公证人马塞尔·普鲁斯特，而是医学博士罗贝尔·普鲁斯特[③]。

① 例如 *Corr.*, t. II, p. 146, 1896年10月22日信。

② *Corr., avec sa mère*, p. 92, 1896年10月21日，母亲的信。

③ 1902年2月15日获得博士学位；1904年6月取得外科行医资格。

《白色评论》上的其他习作

12月1日，就在普鲁斯特开始文学专业学习时，《白色评论》发表了他的六篇习作。《会饮》杂志停刊后，马塞尔的名字在1893年至1896年间与这份杂志联系在一起。《白色评论》[④]1889年创刊于比利时的列日，之所以叫“白色评论”，是因为已经有了《蓝色评论》和《粉色评论》，并且白色是所有颜色之和[⑤]。其办刊宗旨宣称要推动创立“新学派”，作者们都认为新学派要贴近生活、贴近现实，但也声明对各种见解持开放态度。生活在巴黎的波兰富豪纳坦松兄弟对杂志的经营发挥了主要作用，

④ Voir A. B. Jackson, *La Revue blanche (1889–1903)*, Minard, 1960, et O. Barrot et P. Ory, *La Revue blanche, histoire, anthologie, portraits*, 10–18, UGE, 1989.

⑤ A. B. Jackson, *op. cit.*, p. 13, propos de l'un des fondateurs, Paul Leclercq.

编辑部秘书吕西安·缪勒弗尔德于1890年加盟，一直待到1895年，接替他的是菲利克斯·费内翁。杂志1891年发行量为2500份。在办刊趣味上，它接近当时的《法兰西信使》杂志（1890年1月由阿尔弗雷德·瓦莱德创刊），同样倾向于个人主义并已接近无政府主义（早期巴雷斯的无政府主义）。但是它并不是真正的象征派杂志，尽管作者中有雷尼耶、古尔蒙、卡恩、马拉美；其实，作者当中还有特里斯当·贝尔纳、儒勒·勒纳尔以及《会饮》的作者莱昂·布鲁姆、费尔南·格雷格、马塞尔·普鲁斯特，他们都不属于象征派。塔代·纳坦松给杂志网罗了博纳尔、维亚尔、图卢兹–罗特列克等艺术家，为杂志绘制卷首版画。吕西安·缪勒弗尔德主持书评专栏，皮埃尔·韦贝尔负责戏剧专栏，塔代·纳坦松报道各种展览，特里斯当·贝尔纳与莱昂·布鲁姆同编体育栏目。

1893年5月25日，《白色评论》宣布："今天我们高兴地告知读者，本刊与《会饮》杂志合并。"但无论是格雷格还是普鲁斯特，都没有真正参与编务。普鲁斯特向杂志投稿，与塔代·纳坦松或编辑部秘书吕西安·缪勒弗尔德通信，他们之间不再有《会饮》时期那种深入的交流。对马塞尔来说，领导一份杂志的希望或快乐已经一去不复返了。在这份杂志上，他1893年发表了三个系列的文章，1896年发表了一篇重要的评论《反对晦涩》，仅此而已。1893年12月的系列文章包括《反对一个女攀附者》《致女攀附者》[1]《梦》[2]《真实的呈现》[3]《夜晚来临之前》和

① *P et J*, pp. 44–45.
② Ibid., pp. 127–130.
③ Ibid., pp. 134–137.

《回忆》[1]。其中头两篇近于社会喜剧和拉布吕埃尔；同时，它们还开掘了一个引向《盖尔芒特家那边》的主题："在您的想象中，您新朋友的面容伴随着一长串祖先的肖像……您的梦把当前与过去结合在一起了。"《梦》是个奇特的故事，主人公被动地与一位女性体验到巨大的感官幸福，不过是在梦中；然而，正如后来在《斯万之恋》中一样，这个梦在他所经历的感情发展变化中扮演了重要角色，直到梦的记忆消失之日。此文的第一份手稿有《贡布雷》开篇的影子："我向刚刚经历的睡眠投去回望的一瞥，感激它让我恢复精力，却没有不舒服的感觉，也没有梦。我重新睡下，读了一页报纸，然后熄了蜡烛，呆想了一会，终于睡着了。"[2]《夜晚来临之前》是这几篇作品中最重要的一篇，它是《月刊》上《回忆》一文的重现和扩展，并预告了《一个少女的忏悔》。在一座透过苹果树的缝隙能看到大海的露台上，年轻女子弗朗索瓦丝（普鲁斯特早期作品中常用的名字）向朋友透露自己是同性恋，并为此辩解："以延续后代为目的的爱情，与家庭、社会和人道责任同样高尚，并高于纯粹感官享乐之爱，但是，各种不涉及生育的爱情之间并没有等级之分，它们也并不因此而不道德——或者应该说，它们并不比一个女人宁愿与同性而非异性享受快乐更加违背道德。产生这种爱情的原因在于神经紊乱，神经紊乱是其唯一的原因，所以这种爱情里没有任何道德成分。"[3]这位女性本来就有这种爱情倾向，她已经意识到自己——比如说对罗丹的某些雕塑[4]

① 最后两篇没有收入 1896 年版《欢乐与时日》（*P et J*, pp. 167–173）。

② Ibid., n. 3 de la p. 128.

③ Ibid., pp. 169–170.

④ 罗丹的确喜欢表现成双成对的女子；普鲁斯特是否在他的工作室见过这样的雕塑或者听过别人对它们的描述呢？比如说作于 1885 年、现存罗丹博物馆的《受诅咒的女子》（感谢罗丹博物馆馆长 Nicole Barbin 夫人提供的信息）。

——的向往。事实上，她曾往自己的胸膛开过一枪。倾诉过后，两人一同哭泣起来，托尔斯泰式的悲悯让他们同病相怜。这是《安娜·卡列尼娜》的作者在法国风头正健的时期，马塞尔开始受此影响，以后还会写文章评论他。

波澜起伏的友情

1893年12月，马塞尔开始攻读文学学位，实际上这是一个哲学学位，他似乎很少到索邦听课，倒是更经常接受个别辅导。他常常在信中提及自己要上课，以求得通信对象的谅解："为了取得学位，我被卷入环环相扣的课程而无法自拔"……"再说，继续上课占用了我的时间。"[①]课程中包括拉丁语[②]，当然还有哲学，趁此机会，他和原孔多塞中学的老师达吕恢复来往。"老师让我写论文，证明客观上存在一种幸福。因为我是个好学生、好儿子，所以我会写这篇文章；因为我是个糟糕的哲学家，所以我写得很差。但更为重要的是，我不相信这个观点。"[③]耐人寻味的是，马塞尔补充道："我相信每个人都有自己的幸福——当他拥有幸福的时候。"这是小说家而非哲学家的观点：个别与普遍之间的对立冲突支撑着他全部作品的思想骨架。他也使用拉比耶的《哲学教程》[④]，对其中关于艺术和时间的论述格外留心："艺术是时间的主宰：因为艺术使已流逝的时间和尚未流逝的未来成为当前……艺术能使自身的创造摆脱时间的法则，因为艺术一旦选定某人

① *Corr.*, t. I, pp. 262, 264, 1893 年 12 月。Cf. p. 283。

② M. Mossot, professeur de rhétorique à Condorcet (ibid., p. 265 ; F. Gregh. *L'Âge d'or, op. cit.*, p. 136, n. 1).

③ *Corr.*, t. I, p. 297, 1894 年 5 月 28 日。

④ Hachette, 1884. 在普鲁斯特的学习资料里有剪下的该书书页（现藏国家图书馆手稿部）。

生命中的一个时刻予以再现，就会使它永恒……大自然在其造物的此处或彼处造就了某种程度的美，从而把某种神性语言中的简单词汇教给艺术家，大自然虽知晓这门语言的奥秘，但它不会直接讲出来，而要由艺术家努力领悟这门语言，写出……关于美的诗篇。”[1]拉比耶对回忆也有长篇论述，强调理念与感觉的相互关联：“意识的每个觉醒状态，都能从与第一印象相似的某种印象中找到直接原因。”[2]

① Ibid., t. I, pp. 649–652.

② Ibid., p. 195.

尽管遇到一些阻力，普鲁斯特仍希望把自己的文章结集出版，他还想发表关于孟德斯鸠的文章，因此放慢了文集编辑的进度。不过，他与孟德斯鸠伯爵的关系经历了一场又一场暴风骤雨，间有短暂的风平浪静。马塞尔想尽一切办法让脾气暴躁的伯爵高兴。于是，1894年1月17日，他前去听孟德斯鸠关于马塞利娜·德博尔德–瓦尔莫尔的讲座[3]，在场听众皆非等闲之辈，有格雷菲勒伯爵夫人、勒贡特·德·利尔、埃德蒙·德·龚古尔、儒勒·勒迈特、雷尼耶、魏尔伦、萨拉·贝尔纳。在讲座之前，他写信给伯爵说，对他而言，伯爵的嗓音与朗诵内容的“完美结合”具有无穷的魔力[4]，伯爵的谈话是真正的杰作。

③ *Les Pas effacés, op. cit.*, t. III, p. 25. 孟德斯鸠努力为这位诗人恢复声誉。

④ *Corr.*, t. I, p. 271.

莱昂·德拉弗斯

普鲁斯特的一个举动，给他与孟德斯鸠的交往制造了很大麻烦，对将来《追忆似水年华》的写作也有重大影响。莱昂·德拉弗斯是一位年轻钢琴家，生于1874年，出身非常低微，但是个绝色美男，13岁时获得音乐学院头奖[1]。马塞尔在索希纳伯爵府上听他演奏时，两人相识，马塞尔很快就给他取了个绰号叫“天使”。由于小钢琴家为《蝙蝠》中的几首诗谱了曲（5月22日在玛德莱娜·勒迈尔的沙龙里演唱），并且在亨利·德·索希纳所作的《幻想曲》四重唱和四重奏（5月5日在埃拉尔音乐厅上演）中担任钢琴演奏，马塞尔遂写信促请孟德斯鸠出面找人，让德拉弗斯谱写的歌曲得以发表：“依鄙见，这些曲子非常精彩。”[2]德拉弗斯把他为《蝙蝠》中另一首诗《亲吻》谱写的歌曲献给了普鲁斯特[3]。这时，普鲁斯特犯了一个错误，为了获得伯爵的青睐，抑或是出于炫耀，他把德拉弗斯（直到此时，除了同为音乐家的拉瓦莱，他只把德拉弗斯请到过家里）介绍给了伯爵，并随即在信中把德拉弗斯称作“天使”[4]。这样一来，他就把自己对小演奏家的吸引力，牺牲在他对伯爵友情的祭坛上了。此后的三年中间，孟德斯鸠所有的艺术表演都带着德拉弗斯（1897年夏天甚至为他在圣莫里茨举行独奏音乐会），在1897年出版的文集《思考的芦苇》中，专门为他写了《和声表》一文。一开始，马塞尔试图让孟德斯鸠明白，“我们的小音乐家”属于两个人[5]，并且热情地报道他的音乐演出。《新闻报》1894年6月2日（继前一天晚上在凡尔赛演出之后）发表了普鲁斯特没有署名的报道，评论德拉弗斯为《蝙蝠》中的诗歌谱写并演奏的六首曲子，称赞音乐

① 他与比才、丹第和阿尔贝尼（Albeniz）一样，也是马蒙特尔（Marmontel, 1816–1898）的学生。

② *Corr.*, t. I. p. 276.

③ 1895年，德拉弗斯在《吟游诗人》（*Le Ménestrel*）周刊上发表“曲六首”，其中一首系为普鲁斯特《谎言》一诗所作（*CSB*, p. 367 et texte plus complet dans n. 3）。

④ *Corr.*, t. I, p. 282, 1894年3月22日：“只把‘天使’带过去一次让您高兴……”在《索多姆和戈摩尔》中，夏吕斯把莫雷尔称作“年轻的音乐天使”。然而，当孟德斯鸠第一次接待德拉弗斯和马塞尔时，把他们带到了Viroflay的大市场听手摇风琴。伊图利对这种怠慢非常生气，极力争取让伯爵听一听德拉弗斯的演奏（*Les Pas effacés, op. cit.*, t. II, pp. 286–287）。

⑤ *Corr.*, t. I, p. 285.

“以丰富而独特的优美旋律模仿诗歌的高亢冲动和深沉凝思”“与诗歌浑然一体且同样自然、细腻”[1]。尽管马塞尔与德拉弗斯继续往来，但似乎孟德斯鸠更愿意将他据为己有。后来福雷也想在其中扮演和事佬，但受到普鲁斯特的指责[2]：福雷既想庇护演奏自己作品的德拉弗斯，又希望讨好为自己创作《孔雀舞曲》而奉献出整篇诗歌的孟德斯鸠。年轻作家普鲁斯特只好在诗人孟德斯鸠面前消失，同时又继续保持与钢琴家的来往，而最终，当伯爵与钢琴家失和之际，马塞尔在书信中为伯爵打抱不平，并且在很长时间之后，还提及自己《谎言》一诗中的诗句。这首诗是马塞尔与一位音乐家发生龃龉后写给那位音乐家的，诗中写道，爱情（是这场爱情吗？）的对象是世上本不存在的东西，爱情给人的永远是失望：“你的眼睛一片迷茫，你的眼睛充满渴望／你深深的眼睛里，唉！空空荡荡。”

但对马塞尔来说，德拉弗斯又是他失去一份情感，或至少失去对情感的独占时，寻求自我安慰的机会和托词。雷纳尔多·哈恩1894年7月曾前往伦敦，出席了德拉弗斯的独奏音乐会，马塞尔写信给哈恩约他见面：“德拉弗斯的上一封信使我猜测，他指不定哪一天就会回来，这样也就剥夺了我请求与您见面的唯一借口。所以，如果您想在最近的某天下午见我，那就来我这儿或在您那儿，或在杜伊勒里花园水塘边的露台，或随便您想在什么地方……跟我说说德拉弗斯的成功演出。”[3]一位音乐家赶走了另一位。然而事尤未了，在描写德·夏吕斯先生对叙事者的友

① Ibid., pp. 301–302, n. 3.

② *RTP*, t. III, pp. 434–435，参见十五人译本（四）437—438页。J. M. Nectoux, « Proust et Fauré », *BAMP*, nº 21, 1971, pp. 1113–1114。

③ *Corr.*, t. I, pp. 310–311, 1894年7月18日。

情，以及叙事者与夏吕斯交好然后失和的情节时，马塞尔的灵感很大一部分来自德拉弗斯及其与孟德斯鸠的关系，他曾是这一对关系的支柱，也是妒火中烧、而后知难而退的见证人[①]。让·洛兰在小说《德·弗卡斯先生》中，也描写了同样的关系：《翼鼠》的作者穆扎莱特伯爵赞助音乐家德拉巴尔，"亲爱的伯爵早已明白这一点，他捧这位作曲家就是为了传扬自己的诗"。在拉希尔德1930年出版的《人物群像》一书中，德拉弗斯仍然受到称许，但他1951年去世时已经被人遗忘。他创作了多部钢琴作品，包括一首献给弗拉维·卡萨–菲尔特侯爵夫人的叙事曲，还写了一首大提琴浪漫曲献给她的儿子[②]。

这半年时间里，孟德斯鸠有两件事对马塞尔非常不满：其一是，尽管作者不断努力，许诺的文章《论孟德斯鸠先生的简朴》始终没有面世；其二是，马塞尔对自己引荐给伯爵的音乐家始终不肯收手。但伯爵自有一套办法满足自己的本能需求：暴跳如雷、假意断交、恶语相向，他用这种方式把身边的人摆布得服服帖帖，用言语的虐恋补偿肉体关系的缺失。气馁的马塞尔有时也会隐约窥见某种真相，直到多年之后，在写作《索多姆和戈摩尔》时，他才真正理解其中的奥秘。这年3月间写给伯爵的信中，他不再为自己辩解："……我终于相信，一旦达到某种深度，我们便无法相互理解，而且我们无需把此事看得太重。格言所说'善解人意者，瞧好吧！'也太狭隘了。"[③]孟德斯鸠辜负了这份"最感人的忠诚和最真挚的

① 于是，德拉弗斯在孟德斯鸠的庇护下开始了音乐事业，在沙龙或音乐厅（1894年4月20日、5月5日，1896年3月21日、28日在埃拉尔音乐厅；1896年12月10日在伦敦圣詹姆斯音乐厅福雷作品音乐会上；1897年6月5日在罗斯柴尔德男爵夫人府上）演出。二人在1897年发生矛盾，孟德斯鸠对他说："请您设法让我对您的艺术的爱战胜我对您这个人的厌恶。"（*Les Pas effacés, op. cit.*, t. II, p. 295）于是年轻的钢琴家转头寻找其他庇护者，"他奔向一个瑞士老小姐，不，不是怀抱，我相信她没有怀抱，而是拜倒在她的脚下，她的脚倒是的确不小"（ibid., t. II, p. 255, et A. Bertrand, *op. cit.*, p. 653）。据安德烈·大卫，德拉弗斯（在他二十岁的时候，萨金特为他画过一幅肖像）非常得意自己有功于莫雷尔这个人物的塑造。那位瑞士女士只允许他在巴黎、日内瓦、蒙特卡罗演出；他只在王公之家的演奏会上登台（*Soixante-quinze années de jeunesse*, A. Bonne, 1974, pp. 17–18）。

② I. de Casa-Fuerte, *Le Dernier des Guermantes. Mémoires*, Julliard, 1994, p. 148.

③ *Corr.*, t. I, p. 278, 1894年3月11日。

情感”，将永恒的误解横亘在二人之间。

不过，普鲁斯特曾竭尽戏仿之能事，以新象征主义即孟德斯鸠的笔法，写了一首散文诗——这篇文字不大有名——描摹伯爵的活动穿衣镜。在这面镜子里，只映照出“受到天启的智者”，直到有一天“闯进来一个发狂的妇人，她想看一看紧裹着肮脏喉咙的三色饰带是否‘系得结实’……‘讨厌的冒犯’”[①]。这一罕见的厌恨女性的表现，大概会拉近两个同性恋者的距离罢。为了平息伯爵的怨怒，马塞尔送给他一只“蓝色鸟”、一株正在开花的樱桃（大概是盆景）[②]、一个象征天使音乐家德拉弗斯的十八世纪马槽天使[③]。一次次失和，又一次次和好；无论在感情上还是在社交上，马塞尔都离不开伯爵，他所有的举动只有一个目的，就是能够继续拜访位于凡尔赛的伯爵府。继5月22日参加玛德莱娜·勒迈尔的沙龙晚会（普鲁斯特第一次与雷纳尔多·哈恩相遇）之后，在30日的晚会上，马塞尔使用的招数达到了极致。

这些稍嫌吵嚷嘈杂的晚会不应使我们忽略另一场演出：受孟德斯鸠的影响[④]，马塞尔观看了科罗纳乐团1月14日演出的《帕西法尔》选场，其中包括几场“少女—鲜花”的戏。可以认为，后来赢得龚古尔文学奖的小说标题《在少女们身旁》，与普鲁斯特多次引用的这部歌剧有关联：在《索多姆》的草稿中，叙事者就是在听这部歌剧的过程中发现夏吕斯是同性恋；在《重现的时光》的草稿中，同样是在听这部歌剧之时，叙事者遭遇了一段不自主

① Ibid., pp. 279–280.

② Ibid., p. 281. 我们将在《追忆》中再次见到盆景。

③ Ibid., p. 283.

④ Ibid., p. 271：“这些少女—鲜花，是另一位大师让我如此喜爱她们。”菲利浦·科尔布指出，其中的媒介是《香料师傅》中的两首诗，“Simples”和“Blumenmädchen”。

回忆。夏吕斯最终在《在少女们身旁》中粉墨登场：孟德斯鸠的影子无处不在。

罗贝尔·德·孟德斯鸠5月30日在凡尔赛举行的晚会，让普鲁斯特在社交和新闻两个方面大显身手。他为此撰写了两篇报道，第一篇发表在5月31日的《高卢人报》上，署名“巴黎名流”，第二篇发表在《新闻报》的“回声”栏目，补齐了前篇文章中被削删的部分。马塞尔本人向孟德斯鸠复述其写作过程：“我花了一整天的时间描摹女宾的裙衣，也让最优雅的几位女宾看过、改过。”不幸的是，《高卢人报》的编辑毁了这篇文章：“对萨拉·贝尔纳长裙的精心刻画不见了，变成了语焉不详的陈词滥调；巴尔泰小姐的长春花变成了矢车菊，此种灵魂转生，比您的缪斯摇身一变后给德拉弗斯献上一吻都来得大胆，但不够赏心悦目。”[①]普鲁斯特的文章《凡尔赛的文学盛会》[②]以环境描写开篇：在横贯巴黎大街的铁栅栏一端，楼宇巍然，鲜花盈地，红毯直上阶墀，树丛中的乐队奏起轻柔的乐曲：“在这所静谧府邸的大门口，和蔼可亲的主人满面春风地迎接他请来的朋友。”花园里搭起“临时的”（éphémère，即F. M. R.的读音，这三个字母系由伯爵名字Robert de Montesquiou-Fezensac字首缩写后颠倒顺序而得）舞台，以一排廊柱作为布景。接着描写来宾，都是巴黎名流。马塞尔以格雷菲勒伯爵夫人开头，她仍是一身惯常的淡紫色，这是她表舅——当晚的主人——喜爱的颜色（“身着粉丁香色兰花碎花纹丝绸长袍，上裹同色调的

① Ibid., p. 300. 暗引缪塞的一首诗，诗中缪斯对诗人说：“拿上你的琴再给我一个吻。”这里是否一定要看到某种情色暗示的成分呢？普鲁斯特为了做好对衣饰的描写，咨询了德·普塔莱斯夫人、德·埃尔维夫人（Mme d’Hervey）、艾默里·德·拉罗什富科夫人、德·布里萨克夫人（Mme de Brissac）、勒迈尔小姐、德·费兹－詹姆士夫人。正如我们看到的，借助上流社会聚会，马塞尔已经被引荐到显赫的贵族身边。

② *CSB*, pp. 360–365.

平纹绸披肩，缀满兰花的帽子围着一圈丁香色薄纱”）。后面是一百二十三位来宾名单，其中有不少是普鲁斯特未来的相识或朋友，或是他小说的人物原型：舍维涅伯爵夫人、德·夏波奈夫人[1]、萨冈亲王（“与迭翁伯爵一道乘蒸汽汽车前来”）、迪洛侯爵、夏尔·埃弗吕西[2]、玛德莱娜·勒迈尔、巴雷斯一家、都德一家、雷尼耶、贝罗、博尔迪尼、蒂索、迪厄拉富瓦教授、勃兰科温亲王夫人、比贝斯科亲王夫人。名单之后，普鲁斯特描写了晚会的过程。德拉弗斯演奏了巴赫、肖邦、鲁宾斯坦和李斯特的钢琴曲，中间穿插着科佩、魏尔伦、德博尔德-瓦尔莫尔、安德烈·谢尼埃（《凡尔赛颂歌》）、勒贡特·德·利尔、埃雷迪亚——当然还有东道主——等诗人的作品朗诵。朗诵的任务交给了萨拉·贝尔纳（一度倾心于孟德斯鸠；据说二人曾共度良宵但不欢而散）、巴尔泰和莱辛伯格。趁幕间休息的机会，普鲁斯特把“日本式暖房及珍稀花卉、美丽的鸟儿”以及餐食（由“波泰尔与沙博”餐馆提供）也带上一笔。在德拉弗斯的伴奏下，巴热演唱了德拉弗斯为孟德斯鸠的诗谱写的歌曲。“曲已终，梦已醒，该返回巴黎了……我们带着甜美的回忆，依依不舍地离开王家之城凡尔赛。在过去的几个时辰里，我们恍惚生活在路易大帝时代！”

从《月刊》的社交专栏直到此时，普鲁斯特实现了巨大的跨越。现在，他懂得如何安排布景，如何描写人的行为举止、梳妆打扮和历史氛围，自如地穿梭于未来小说的

① 德·维尔巴里西斯夫人的原型之一。
② 艺术批评家和爱好者，有人认为他是斯万的原型之一。

原型人物中间。构思《盖尔芒特家那边》所必需的材料，已经开始在他的记忆和想象中沉淀下来。他为《欢乐与时日》准备的"草图"和"人物性格"、习作和肖像特写，充实了这种训练，并增添了一些分析的成分；但也有些内容仍嫌不足，如如何能透过现象抓住本质、通过瞬间洞察历史，如何能借助一个企图征服而最终落败的故事情节，把社交生活融入小说的世界。"人物姓名"，这将是《盖尔芒特家那边》第一部的标题；《凡尔赛的文学盛会》中出场的一百二十三个人名，终有一天会与巴尔扎克、圣西门的人物相汇合，在些许现实之间，织出一个宏伟的梦。

同时，马塞尔并没有丢弃诗歌。除《谎言》一诗之外，他还以雨果《泰蕾兹家的节日》或魏尔伦的风格，写了两段亚历山大体四行诗《华托的肖像》："亲吻的污痕围绕着疲倦的双唇／茫然的目光变得温柔，近在咫尺者忽而远在天边。"同是5月间，普鲁斯特的军人生涯又增添了一个滑稽的小插曲：他接到命令，作为"现役部队后备二等助理行政军官"，到圣马丁军医院进行为期四周的培训。结果，马塞尔没有进行任何培训，原因是5月20日哮喘发作，并持续了整整一昼夜[1]。6月底，趁父母不在，普鲁斯特在家中宴客，他邀请了孟德斯鸠和他的秘书伊图利，还有阿纳托尔·法朗士等人，大概是为那篇已经许诺但最终未能发表的文章（关于此事，他作了一个形象的比喻，出现在《重现的时光》一个关键转折处，即敲遍了所有的门但都吃了闭门羹[2]）表达歉意。马塞尔还对伯爵

① *Corr.*, t. I, pp. 76 et 294.

② Ibid., p. 305.

表示感谢，希望他将来一直善待自己[1]。但这份对友情的希望完全落空，他得知，伯爵生了一场病，却对他只字未提。马塞尔在信中写道："若是能陪伴您，为您捧上药盏，能回答打听您消息的人，为您朗读，为您摆正枕头或盖上被子，为您记下生病时的种种感受，我该有多么快乐啊！我还会为您送上鲜花……"[2]这种友情，说不清到底是"甘为奴仆"，对长辈的孝敬还是求人垂爱的渴望。马塞尔离不开罗贝尔，于是把加布里埃尔·德·伊图利作为中间人。伊图利原是"威尼斯狂欢节"衬衣店里卖领带的伙计，孟德斯鸠把他调教成自己的秘书、心腹和司仪。他对主人忠心耿耿，去世后，主人伤心不已，专门为他写了一本书《鲜花宰相》。所以，马塞尔被逼无奈，既要讨好阴晴不定、喜怒无常的伯爵[3]，又得巴结伊图利："我无法告诉您，您的好心令我多么感动，对我多么珍贵。您那么有面子、有分量、有魅力，希望在我与伯爵之间，您能永远扮演说客的角色。"[4]伯爵去了圣莫里茨，普鲁斯特8月11日与阿纳托尔·法朗士一同在凡尔赛散步时，心里仍然想着伯爵。在《欢乐与时日》当中，还写到了此次凡尔赛之行。

① Ibid., p. 310.

② Ibid., p. 312, 1894 年 7 月 30 日。

③ Ibid., p. 310, 1894 年 7 月 15 日。

④ Ibid., p. 313, 1894 年 8 月 2 日。

凡尔赛之秋

普鲁斯特心目中的凡尔赛，不是路易十四的凡尔赛，而是孟德斯鸠的凡尔赛。伯爵曾在那里的孟德斯鸠楼居住、举办聚会，并把凡尔赛写进自己的诗歌。所以，应该把马塞尔写的《凡尔赛》一文视为对孟德斯鸠——诗集《红珍珠》的作者——的礼赞。在这篇文章里，马塞尔描写自己在凡尔赛之秋漫步的感受："这无与伦比的秋日，是苦涩却醉人的美酒，有多少次，我开怀痛饮、酩酊大醉。"凡尔赛，这个"锈迹斑斑又含情脉脉"[①]的名字，继巴雷斯、雷尼耶、孟德斯鸠等名家之后[②]，又被普鲁斯特写进自己的作品；这是一个梦境的开端，他时常重新拾起这个梦境。在一篇遗作中，马塞尔讲到了这次漫步或一个类似的场景，文中大量引用《红珍珠》的诗句："回来的路上，我想着这位诗人，是他……的高贵形象，无形中把我引向这次漫步。"[③]正如在《欢乐与时日》当中，杜伊勒里花园让马塞尔想起凡尔赛，在《追忆似水年华》当中，凡尔赛的场景多次出现，要么是由于天空使人联想到凡·戴尔·莫伦笔下的凡尔赛风景，要么是阿尔贝蒂娜独自或与叙事者一道前往凡尔赛散步，要么是由于盖尔芒特亲王夫人在那里有一座府邸[④]。凡尔赛是诗的城市、红栗树之都、病恹恹的城市、被诅咒的城市，随着作者一次次拜访孟德斯鸠，以及后来作者在蓄水池饭店的长期居停，它一次次走进普鲁斯特的作品。雷纳尔多·哈恩也十分喜爱这座城市，把它写进《笔记》，并把"凡尔赛"作为《狂迷的夜莺》第四部（含四个曲目）的总标题[⑤]。

《欢乐与时日》的出版商尚无着落，但马塞尔在7月份就预先写定了致亡友威利·希思的长篇献辞，献辞的篇幅与一篇导言相当。因为此文中提到了归在凡戴克名下的

① *P et J*, pp. 105–106.

② T. Laget 在其编辑的袖珍版《欢乐与时日》（Gallimard, Folio Classique, 1993, p. 336）中指出，巴雷斯在《凡尔赛笔记》一文（"Notes de Versailles", *Le Journal*, 3 novembre 1893, 收入 "Sur la décomposition", *Du sang, de la volupté et de la mort*, 1894）、雷尼耶在《复归平静》一书（1886）当中分别谈到过凡尔赛。雷尼耶的《水之城池》1902年才出版。

③ *CSB*, p. 411.

④ *RTP*, t. II, p. 679, t. III, pp. 56, 906, Esq. II, pp. 1202–1203；参见十五人译本（三）379页，（四）54页，（五）399—400页；周译本（五）420—421页。

⑤ 这四个曲目是："Le réveil de Flore", "Le banc songeur", "Adieux au soir tombant", "Le pèlerinage inutile"（还有一种说法是有八个曲目——译者注）。另见 *Notes*, p. 83 *sq*。

里士满公爵肖像，所以马塞尔描写这位“他最崇拜的”画家的诗句很可能也写于这一时期[1]：

> 你成功了，凡戴克，为即将死去的英雄，
> 你是描摹他们安详神态的大师。

疾病能使人更加接近自己的灵魂，对于疾病给予的种种优待，作者在这篇献辞中难得地说出了许多心里话：“在很小的时候，我觉得圣经故事里命运最悲惨的人物就是诺亚，由于洪水，他被幽禁在方舟里整整四十天。后来，我经常生病，也必须日复一日地待在‘方舟’里。这时我才明白，只有在方舟里，诺亚才能更真切地看清世界，尽管方舟是封闭的，大地处于长夜之中。”曾经在他生病时寸步不离的母亲，在他病愈后却像方舟里的鸽子一样，“一去不复返”，或更确切地说，是从温柔变得严厉。“我必须重新开始生活，必须把注意力从自己身上移开，必须倾听别人的话语，而那要比母亲的话生硬得多；不仅如此，她一直那么温柔的话语也已不似从前，增添了严厉的成分。生活的严峻性和责任的严肃性，这是她执意要教给我的。”[2]作者的坦诚令人吃惊，如此公开地质疑母亲同样令人吃惊，它证明了普鲁斯特夫人在这本短篇集子以及在《贡布雷》中的无形存在。方舟里的鸽子，这一代表圣灵的形象，不是出现在马塞尔一度为《追忆》拟定的标题“赤胸鸽”之中吗[3]？在《失踪的阿尔贝蒂娜》当中，它不是作为永恒的象征，出现在威尼斯圣马

① *P et J*, pp. 6 et 81–82. 见上文 228 页。

② Ibid., pp. 6–7.

③雷纳尔多·哈恩（*Notes*, p. 139）曾谈到在动物驯养园（Jardin d’Acclimatation）和杜伊勒里花园（与马塞尔一起？）看到过赤胸鸽，这种鸟胸前的红斑看上去仿佛是仍在流血，好像为了爱情而自杀的美女被上帝变成了鸟类。（赤胸鸽，学名吕宋鸡鸠[Gallicolumba luzonica]，法文俗名 colombes poignardées，直译是“被刀刺伤的鸽子”，似因其胸前有一块血色红斑而得名。“赤胸鸽”是译者自拟的译名。——译者注）

可教堂的一对鸽子之中吗？总之，生病，就意味着受到呵护、得到安慰、得到爱。健康的体魄则赋予你生活的诸多义务："我们对生活承担了太多责任，所以终有一天，当人们没有勇气再继续承担下去时，就会走向坟墓，就会呼唤死神，因此死神就会前来，帮助那些命中注定已无力履行生活责任的人们。"[1]这一天，将于1922年11月到来。

① *P et J*, p. 7.

雷韦永城堡

1894年8月，马塞尔读的书是《安娜·卡列尼娜》，因此，《欢乐与时日》的某些篇章，如《巴尔达萨尔·西尔旺德之死》，受到了托尔斯泰的影响。但是，《基督教精神与爱国主义》此时刚刚翻译出版，在这本小册子里，大作家托尔斯泰抨击法俄结盟，竭力淡化祖国的观念，同时声称只有社会主义对人民具有吸引力。为此，普鲁斯特在一篇书评（去世后才面世）中阐述了自己的某些政治和道德观点：相反，爱国主义是无私的源泉，它使自私本能从属于利他主义本能。战争因下述使托尔斯泰惊诧的观点而自带道德性质："出于责任"而相互厮杀的各民族之间并没有仇恨（《重现的时光》当中圣卢也持这种观点）。在正义与爱的世界里，我们不应像无政府主义者那样，通过暴力实现仁慈："我们可以通过暴力对全部财富进行重新分配，但这只能使正义主宰的世界与我们背道而驰。主张强暴、诋毁、排他的反犹主义者，可以通过暴力让全世界都改信天主教，但这一天，整个世界也就会因此而非基督教化，因为基督教意味着心中的上帝，意味着心灵所渴望、良知所接受的真理。”[①]这位修习哲学的大学生由此反映出思想的严谨性，反映出他的道德观与爱国主义情怀，以及政治上的自由保守主义倾向（在德雷福斯案件期间，我们将看到这一倾向的进一步发展）。

8月18日，马塞尔前往雷韦永城堡[②]，玛德莱娜·勒迈尔邀他来住一个月。他在那儿与雷纳尔多·哈恩重逢，二人的友谊进一步加深。在《让·桑特伊》中，雷韦永城堡以真名出现[③]，而雷纳尔多·哈恩则变成了亨利·德·雷韦永（这两个名字的字首缩写，字母相同但顺序相反：RH，HR）。很久以后[④]，哈恩描写了马塞尔在城堡园中散步时，是如何在一株玫瑰跟前停留良久：同一情节出现在《让·桑特伊》当中，后来成为《贡布雷》英国山楂树前的一幕。这株玫瑰花与“让的叔叔家”客厅里的花瓶散发出同样的芳香：“让此刻体验的快乐，既来自玫瑰花，也来自内心。亨利有所感觉，于是走开，使他更自在地在内心深处感受花香。”马塞尔常在园中散步，冲着女主人的狗露特说话[⑤]，还与叙泽特·勒迈尔交上了朋友，她与母亲一样也画花卉，此时，勒迈尔夫人已经能向马塞尔展示为他的书所作的首批插图[⑥]。马塞尔在城堡停留期间，叙泽特待他很亲切，9月马塞尔因为独自住在特鲁维尔而感到伤心时，叙泽特写信给他。他则在回信中说：“昨晚

① *CSB*, pp. 365–366.

② 这座城堡在巴黎东面，位于La Ferté-Gaucher 和 Sézanne之间，建于十八世纪初，并经J. R. de Cotte 重新装修，包括一座主建筑和两翼的角楼，四周是园子和树林。普鲁斯特以这座城堡和色格雷城堡为原型，塑造了《让·桑特伊》中的雷韦永城堡，勒迈尔夫人在卡尔曼－莱维的初版《欢乐与时日》当中有两幅画表现这座城堡（*Album Proust*, Gallimard, 1965, p. 148）。很久以后，普鲁斯特对塞莱斯特·阿尔巴莱透露，他曾在雷韦永度过了“心旷神怡的两个月，那是青年时代最美好的时光”。

③ *JS*, pp. 457–539.

④ *Hommage à M. Proust.*

⑤ 维尔迪兰夫人也有一条狗，*JS*, p. 472. *RTP*, t. III, p. 756，参见十五人译本（五）244页，周译本（五）256页。《追忆》极少写到动物。

⑥ 其中包括“鸽子”（书中被放到题词的结尾处）、“墓上的花”（出版时未见）、“蝴蝶花”（在《一个少女的忏悔》当中）、“城堡”（两幅，分别在书名页和目录页）。见 *Corr.*, t. I, p. 329, 1894 年 9 月 17 日。

我睡得很香，这是很长时间都没有的事了……醒来时，感觉到你灵巧、清凉、可爱的小手放在我的额头，我向你保证这没有不舒服的感觉……请让我吻你的小手，回报它给我的好。”[①]马塞尔就这样再一次与年轻姑娘调情。也许这是为了掩饰他与雷纳尔多的关系，也可能是他把叙泽特当成可以分享秘密的知心朋友（如叙事者与安德蕾分享关于阿尔贝蒂娜的秘密），同时也取悦她的母亲。所以对他的话，固然要看他说了什么，但更应该看他没说什么：“我亲爱的小叙泽特小姐，最好心的女人，唯一聪明的年轻姑娘，我好心的叙泽特小姐，我的小妈妈，我亲爱的小妹妹：不要骂我[②]。”如果说玛德莱娜·勒迈尔的同龄女性对马塞尔来说都代表母亲的话，那么叙泽特就成了姐妹，他可以对她讲心里话，相互倾诉情感，但“对肉体快感没有任何向往”——因而没有风险。

与雷纳尔多·哈恩朝夕相处，为马塞尔写出第二篇模仿福楼拜的作品《布瓦尔与贝居榭的音乐爱好》提供了灵感，这是他在一个不愿入睡的夜晚，于九点至九点三刻之间一挥而就的[③]。这段“辉煌的乐章”首先展示了作者深厚的音乐修养：从《黑多米诺》（在《追忆》里它是庸俗的象征）到塞萨尔·弗兰克，从古诺到威尔第，从贝多芬到萨蒂，从巴赫到圣桑、马斯奈、肖松，他无所不知。这篇仿作的核心是瓦格纳（他也是《女囚》的核心）。文中布瓦尔的观点也许陈腐，但都没有错：“在舞台上制造幻觉，以及让乐队隐而不见、使观众席保持昏暗，都是必

① Ibid., pp. 337–338, 1894年9月25日或26日。如菲利浦·科尔布所说，这些表达在普鲁斯特刚刚写就的《巴尔达萨尔·西尔旺德之死》当中就变成了：“您像圣母那样神奇，像乳母一样温柔，我打心里爱您，而您也给我慰藉。我爱您的那种情感，清醒而敏锐，不会受到任何对肉体快乐向往的滋扰。反过来，您不是给我无与伦比的友情、沁人心脾的香茶、纯朴无华的话语和一束束新鲜艳丽的玫瑰吗？只有您，曾经用您母性的灵巧的双手，给我烧得滚烫的额头带来清凉。”（*P et J*, p. 19；最后几个字引自孟德斯鸠）

② *Corr.*, t. I, p. 349.

③ Ibid., pp. 320–321. 马塞尔向雷纳尔多·哈恩引用了一句他经常使用的莎士比亚的台词：“晚安，亲爱的王子……”

须的。”但他瞧不上瓦格纳青年时斯的作品《罗恩格林》和《汤豪森》，而独独放过了《黎恩济》，因为“批评这出戏已经不再新鲜”。当他强调“圣桑缺乏深度而马斯奈缺乏形式”（贝居榭的看法恰恰相反）时，他触及了一个重要的观点。这篇仿作最奇怪的地方就是对雷纳尔多的影射（这两个人物关于瓦格纳的讨论，就是针对雷纳尔多的，虽然他并不喜爱瓦格纳；而且根据马塞尔致叙泽特的信，言谈所及应该是当时正在城堡的雷纳尔多）。布瓦尔和贝居榭批评哈恩“与马斯奈关系密切”（他是马斯奈的学生），指责他崇拜奈瓦尔，还看不惯他的名字：哈恩这个姓氏的日耳曼味和雷纳尔多这个名字的南欧味，足以让人们“因为痛恨瓦格纳而判他死刑，却不会出于对威尔第的喜爱而宽恕他”。接着，贝居榭以诺布瓦的口吻谈起《女武神》：“至于《女武神》能否在德国受人喜爱，我没有把握……但是，对法国人的耳朵来说，它将永远是最难以忍受的折磨——最刺耳的声音！……更何况，这出戏难道不是把最令人反感的乱伦和最难听的噪音融为一体了吗？”这篇仿作还将矛头指向普鲁斯特的其他朋友：孟德斯鸠和德拉弗斯。这后一位“不是写了很多蝙蝠的歌曲，从而让怪诞作曲家的名声损害了原先钢琴家的大名吗？他怎么不选一些可爱的鸟儿来写歌呢？……在孟德斯鸠的诗句里，蝙蝠倒还说得过去，就当是大人物厌倦时的幻想嘛……但是写到音乐里！啥时候再来一首‘袋鼠安魂曲’啊？”马塞尔还从来没有把讽刺性的模仿、对怪诞的嘲弄，以及在可笑外表下阐述严肃美学原则①的手法，推进到如此深入的程度。一个伟大的喜剧作家正在诞生。

正是在这一时期，雷纳尔多送给马塞尔一张照片，照片是他在马戏团街寓所里弹钢琴时所摄，照片背面是他为魏尔伦的诗《绿》所谱乐曲的开头："我为你奉上鲜花水果、繁茂的枝条／而这是我的心，它只为你欢跳。"②雷纳尔多·哈恩从雷韦永城堡写信，告诉钢琴家朋友爱德华·里斯勒（普鲁斯特后来邀请他到利兹饭店演奏），他结识了马塞尔·普鲁斯特，"他是个十足招人喜爱的男孩，一位文学家，他因看到我一个搞音乐的居然也能谈论文学而非常惊诧……所以待我非常好"③。出于同样的原因，哈恩也赢得了马拉美的赞赏。1897年4月21日，在哈恩作品音乐会上，玛格丽特·莫雷诺朗读了马拉美写的"开场白"："凭借某种禀赋，雷纳尔多·哈恩依直觉将其目睹化为音乐：各位过一会儿就会想象出，他以行家的眼光观赏绘画，卢浮宫里的众多画作，已经牢牢地悬挂在他的记忆里；而对这位目光犀利之人，绘画又赋予他对线条、光影和色彩的直觉，以及绘画本身所具有的旋律。……他不仅把包藏在万物中的诗发掘出来，还如此大胆地迎战严格意义上或文学意义的现存诗歌，并且大获全胜，这意味着他洞察到隐含在诗行里的圣歌，并把它分离出来，指认出来……这声声呼唤，这种种晕眩或灵魂出窍，揭示了我们在阅读中体验的狂喜。"④雷纳尔多既是音乐家，也是画家和作家，是艺术的多面手，对此，没有

① 比如下面这个原则，普鲁斯特并不能完全接受，但哈恩奉为圭臬："法国的音乐要么清澈明净，要么消亡。"

② R. Delage（« Reynaldo Hahn et Marcel Proust », *BAMP*, nº 26, 1976, p. 231）认为"这是一个明确的告白"（但作者弄混了魏尔伦诗作的标题）。

③ *M. Proust en son temps*, 1971 年 Jacquemart-André 展览目录，228 号展品。在同一场展览中，233 号展品表明普鲁斯特能识读乐谱，他在《蓝神》的乐谱上写道："在去演出现场之前我要把乐谱读懂。"（1912 年）参见《致哈恩的信》中复制的玻璃花窗草图。哈恩在另一封信中补充道："在这儿的马塞尔·普鲁斯特，具有诗的灵魂和金子般的心，他能像风弦琴在风中震颤那样感受到音乐！我已经答应让他听到你的演唱；他再也睡不着觉了。"（« Douze lettres de Reynaldo Hahn », *BAMP*, nº 43, 1993, p. 40）

④ Mallarmé, *Œuvres complètes*, Bibl. de la Pléiade, p. 860（日期有误）。这场音乐会上的确演奏了为《欢乐与时日》当中《画家肖像》组诗谱写的伴奏曲。Cf. ibid., p. 155："眼泪用诗人的语言歌唱／凭谁温柔地把它释放／是雷纳尔多·哈恩／就像挖一眼喷泉在小道上。"（Mallarmé, *Correspondance*, t. IX, Gallimard, 1983, pp. 133–134）1897 年，马拉美写了一封热情洋溢的信，把哈恩引荐给卡蒂勒·孟戴斯，孟戴斯则把《加尔默多会修女》的脚本交给哈恩谱曲（Mallarmé, ibid., t. X, p. 58；全书未提及这种合作关系）。

谁比马拉美说得更透彻。

雷纳尔多·哈恩

马塞尔在玛德莱娜·勒迈尔府上与雷纳尔多[1]相遇时，这个十八岁（他1875年8月9日生于加拉加斯）的男孩已经创作了不少音乐作品。他的经历颇不寻常：母亲埃莱娜·玛丽娅·埃什纳瓜西亚（1831—1912）是委内瑞拉人，信奉天主教；父亲卡洛斯·哈恩出生于汉堡的犹太家庭，在加拉加斯定居，做生意致富，在铁路、电报、煤气照明等实业领域开办了一批企业，还建设了一座歌剧院。夫妇俩生了十二个孩子，其中有十个活了下来。雷纳尔多的姐姐玛丽娅后来嫁给画家、大收藏家雷蒙·德·马德拉佐。因时局变化，哈恩一家1877年移民欧洲，此后雷纳尔多从未回过委内瑞拉。他们全家住在巴黎马戏团街6号。1897年父亲去世之后，雷纳尔多搬到阿尔弗雷德·德·维尼街9号[2]。雷纳尔多五岁就弹一手好钢琴，八岁可以作曲；他父亲几乎每天都带他去喜歌剧院。六岁时，他曾在玛蒂尔德公主府演奏，并演唱奥芬巴赫的歌曲。他十岁进入音乐学院，他的老师当中，有著名的《拜罗伊特之旅》的作者拉维尼亚克，特别是还有马斯奈；同学当中有科尔托、拉威尔和里斯勒[3]。他显露出杰出的即兴表演才能。关于马斯奈——他的达吕——他后来说道：“我们满怀热情地接受一位敬爱的老师的教诲。”马斯奈“不仅教我们音乐，而且教导我

① 关于雷纳尔多·哈恩，见Bernard Gavoty的专著（*Reynaldo Hahn*, Buchet-Chastel, 1976）。亦可查阅哈恩的著作，他本人也是出色的作家，著有：《论歌唱》（Gallimard, 1957）、《主题与变奏》（Janin, 1946）、《侧耳倾听》（Gallimard, 1937），特别是《笔记》。他的全部日记手稿入藏国家图书馆，但禁止查阅。

② 上述生平资料借自Bernard Gavoty, *op. cit*.。

③见哈恩致里斯勒的信，载*BAMP*, nº 43, 1993。

们如何生活——音乐本来就不太容易教，生活则根本无从教起”。十五岁时，哈恩写出了自己的名作《假如我的诗句生出翅膀》。十三岁至十八岁期间，他创作了第一部作品集，于1893年出版。雷纳尔多为马塞尔唱的歌曲，就是他本人以及福雷创作的，其中包括《礼物》（福雷为维利耶·德·里勒–亚当的一首诗谱曲）。

他长着一头漂亮的褐发和一双温柔明亮的眼睛，留着小胡子（也就是说，属于马塞尔欣赏的相貌类型），有很高的艺术和文学天赋。十六岁时，雷纳尔多让年轻的女舞蹈家克雷奥·德·梅罗德着迷，但这是类似于普鲁斯特与劳拉·海曼的那种关系。在马塞尔与他相识的时候，他还为非常喜欢他的阿尔丰斯·都德（吕西安·都德称他为“爸爸的小雷纳尔多”）谱写了配乐，并根据《洛蒂的婚姻》创作了喜歌剧《梦幻岛》。这部作品定稿时，普鲁斯特认真地提出了很多建议①。不过，一部普鲁斯特传记②中关于雷纳尔多是圣桑“情人”的说法是不准确的；他这一时期的《笔记》谈及圣桑的语气根本无法令人确信这一点。近期发表的一篇文章甚至表明，圣桑在圣日耳曼公园平台上遇到雷纳尔多和马塞尔时，把二人搞混了，其实他只对雷纳尔多的音乐略知一二……还有一个圣桑粗暴对待雷纳尔多的场面也说明上述说法站不住脚：一天，在玛德莱娜·勒迈尔的沙龙里，圣桑羞辱了哈恩，哈恩对此一直心存芥蒂。有人过来问圣桑，是否允许雷纳尔多唱一首他的歌曲，他答道：“他自己的歌曲随他怎么唱，但不要碰

① Voir *La Revue de musicologie*, nº 1, 1993.

② G. de Diesbach, p. 198.

我的。”[1]另外，雷纳尔多性情忧郁，他的书信表明他处处不如意，甚至有时神经衰弱；早期作品大获成功后，某些作品尤其是歌剧却反响平平，可能加剧了这种倾向。这也就说明了一个迄今为止尚未被人关注的现象：在两人的通信中，诙谐、调笑、嘲讽的口吻完全出自马塞尔，他想为朋友放松解闷。

哈恩尤其擅长旋律，从早期作品开始，就已经暴露出他在和声方面的弱点，这也是他不甚喜欢瓦格纳和德彪西的部分原因。一位传记作者写道，音乐行至佳处，钢琴“以罕见的饱满在周围营造了一个音的光晕，把嗓音托起并包裹起来……”。[2]于是不难想象，在玛德莱娜·勒迈尔庄园的树荫下，在他与马塞尔的往来通信中，两个年轻人之间会有多么热烈的交流（《布瓦尔与贝居榭的音乐爱好》对此有所反映）。哈恩在给亲友的信中说：“雷韦永，艺术氛围浓厚，老房子惹人流连；伙伴们优雅可爱，勒迈尔夫人面带微笑，她女儿叙泽特开朗欢快……，德拉弗斯身材苗条；普鲁斯特心醉神迷、耽于遐想，他是个无与伦比的男孩，是一个像风弦琴一样对任何散乱的音响都能产生共鸣的音乐家；我则在笑。饮食丰富而精致。我很少工作，发呆出神的时候居多——这是生命中唯一真正的快乐。”[3]心醉神迷、耽于遐想——他所遐想的当不止玫瑰花罢——像音乐家本人一样精通音乐，这是普鲁斯特始终如一的形象。至于雷纳尔多，他用笑容掩饰忧伤，而忧伤才是他日记的基调，也是他性格的基调。

① 雷纳尔多·哈恩致勒迈尔母女的未刊书信。

② G. Condé, *R. Hahn, Mélodies*, EMI, 1989.

③ Lettre à Marie Nordlinger, in B. Gavoty, *op. cit.*, p. 89.

第一次世界大战过后，普鲁斯特仍然在每个星期天出席这位音乐家的日场音乐会，听他唱歌或演奏钢琴。曾有人在剧场见到马塞尔嘴里塞满了小点心[①]。雷纳尔多留下了很有分量的文学作品：一部萨拉·贝尔纳传记，一部日记节选（《笔记》），关于音乐的著作包括《论歌唱》（1921年2月给普鲁斯特的赠言写道：“赠予我亲爱的马塞尔，我的小马塞尔和大马塞尔”[②]）、《主题与变奏》以及乐评文章选辑《侧耳倾听》。尽管雷纳尔多让普鲁斯特痴迷不已，这一点在《斯万之恋》里有所反映，但他的作品和名字从未出现在《追忆似水年华》当中（除了戈达尔在战争期间装扮成《梦幻岛》中的将军模样，但也仅仅一笔带过！）：没有一支舞曲，没有一首歌曲，没有一出歌剧。普鲁斯特1895年写给他们共同的朋友叙泽特·勒迈尔的信，透露了二人之间的分歧。他们的对话反映了两种普遍的音乐哲学观。

① M. X, président d’Hermès, au témoignage de B. Raffali.

② Catalogue de l’exposition de Londres, n° 354.

在雷纳尔多·哈恩看来，音乐是感情的表达，也是对感情的模仿。它只与心理有关。因此，他认为，最重要的音乐是声乐（《论歌唱》，1913）。这种音乐要与歌词相匹配，而歌词也是为音乐而作（剧作《莫扎特》《西布莱特》《加尔默罗会修女》《哦，我的陌生美男》以及他的其他歌曲）。他最敬佩的音乐家是马斯奈（普鲁斯特也给马斯奈写过信）或圣桑。普鲁斯特在这一时期已经认为，“音乐的本质是揭示我们神秘的灵魂深处（它不仅神秘，而且无法通过文学推而广之，无法通过任何有限的表达方式予以表达，这些方式要么使用语言亦即理念等确定的抽象物，要么使用绘画和雕塑等确定的具象物），有限的和以有限之物为对象的艺术在哪里止步，科学在哪里止步，灵魂就从哪里开始，因此我们可以把灵魂深处称为宗教的所在"[①]。在哈恩看来，音乐表达具体的情感，并且与语言密不可分。普鲁斯特则认为，音乐所表达的恰是语言所无法说出的东西，是意识之间无言的交流，是与绝对联系在一起的。

① *Corr.*, t. I, pp. 388–389, 1895 年。

十五岁时，马塞尔的确曾将"莫扎特与古诺"认作自己最喜爱的音乐家，并且听过卡蒂斯夫人演唱"马斯奈与古诺非凡的歌曲"[②]。而发现了瓦格纳之后，他的音乐世界发生了非理性的大爆发，但这并不意味着非人性，正是在此处，哈恩与他分道扬镳。不过，他们对"坏音乐"有共同爱好，都喜欢咖啡馆歌舞表演，喜欢马约勒、伊薇特·吉尔贝和布吕昂演唱的歌曲，对此，雷纳尔多在书中都有最精彩的阐述。对歌唱的共同爱好还使他们二人都敬仰福雷。1894年9月，马塞尔写信给皮埃尔·拉瓦莱说，他喜爱福雷的《好歌集》并且刚读完了乐谱（巴热曾在索希纳的沙龙演唱这部作品，并把包括这部歌集在内的福雷手稿借给马塞尔；此后，这部作品于1895年3月6日在玛德莱娜·勒迈尔夫人的沙龙里正式首演）："它显得太复杂，毫无意义的复杂，远不如其他作品。布雷维尔和德彪西（据说他是远高于福雷的天才）也持这种看法。但对我来说无所谓，我喜爱这个集子。相反，年轻的音乐家几乎

② Ibid., p. 97, 1885 年或 1886 年。

都不喜欢《好歌集》，而他们假装更喜欢的前期作品我倒又不喜欢。”[①]后来，为了向普鲁斯特的文学爱好致敬，哈恩于1902年创作了《众缪斯哭悼罗斯金》并题献给他[②]。

① Ibid., pp. 340–341. 布雷维尔（1861—1949）是弗兰克的学生。

② Ibid., t. IV, pp. 66–67. 因此，普鲁斯特把《芝麻与百合》的第一部分献给哈恩，并提及这部音乐作品。

特鲁维尔，月光与巴尔达萨尔

这个假期一度被一件伤心事打断：罗贝尔与一位女友骑双人自行车时，摔倒在一辆煤车下，煤车从他大腿上辗过。普鲁斯特夫人赶到吕埃尔看他时，病房里站满了实习医生和同事，普鲁斯特教授则从每年的疗养地维希返回巴黎。伤员罗贝尔的床边“还有那位小心肝儿在照顾他”（马塞尔1915年致卡蒂斯夫人信中语[③]），他度过了几天高朋盈门的快活日子，奇迹般地养好了伤，于是当月月中，母亲和哥哥得以前往特鲁维尔，住进了黑岩饭店。马塞尔与施特劳斯一家散步，与波尔托–里什共进晚餐，与拜占廷史大家居斯塔夫·施伦贝格尔[④]（布里肖和“投石党运动专家”身上有些他的影子）、摩纳哥王妃（卢森堡亲王夫人的原型）、阿尔蒂尔·贝涅尔夫人的表姐加利费侯爵夫人会面。幸好，9月间的社交活动不那么频繁，没有占据马塞尔的全部时间，趁着晴朗宜人的夜色，他照着雷纳尔多的手法，写了两篇“月光”，即《月光奏鸣曲》[⑤]和《仿佛在月光下》[⑥]。这篇《月光奏鸣曲》不动声色地向贝多芬和哈恩致敬，讲的是一次散步、一场梦境、一次幽会的故事。对月亮的敬意来自夏多布里昂、波德莱尔、缪塞和魏

③ Ibid., t. XIV, 1915, 致卡蒂斯夫人；cf. ibid., t. I, p. 323, 普鲁斯特夫人的信，1894年9月11日。

④“在热纳维耶芙脚边的一张凳子上，我们总能看到怪怪的马塞尔·普鲁斯特，那时他还是个少年，而后，他出了书，有些人称赏不已，还有些人根本无从理解，我就属于后一种人。”（居斯塔夫·施伦贝格尔，*Mes souvenirs, 1844–1928*, t. I, Plon, 1934, p. 305 *sq*, et *Corr.*, t. I, p. 329）

⑤ Ibid., p. 326.

⑥ *P et J*, pp. 116 et 138.

尔伦，但其中纠缠不已的心结，则完完全全属于马塞尔，也暴露了他的受迫害妄想症："我听到父亲在责骂我、皮亚在嘲笑我、我的敌人在算计我，但这一切没有一样看起来是真实的。"文中"阿森塔"这个怪异的人名，我们难道不应从中认出另一个属于男性的人名吗？"阿森塔的陪伴，她的歌声，她对我——一个她所知甚少的人——的温情，她苍白、红润、黝黑的美，都让我很开心。"夜幕降临，阿森塔把叙事者揽在大衣里，双臂环抱着他的脖颈；两人被月亮的哭泣所感染，也都哭了起来："我的心把你的心看得清清楚楚。"与前一篇充满爱意的散步幽会相比，《仿佛在月光下》谈起爱情时显得小心翼翼，似乎是为了拒斥它似的，其实这份爱情已经被可怕的遗忘所湮灭：这种曾经的幸福与如今的伤感相互交织的忧伤语调，正是属于雷纳尔多的。"这最后一缕阳光，春日黄昏里无力的、金黄的阳光，让我悲伤又让我欢喜。那里漂浮着无数的回忆。因而，这缕阳光格外具有纪念意义。"[①]雷纳尔多与马塞尔念念不忘的月光，如画家必修图案一般令马塞尔反复练习描摹的月光，我们将在《追忆似水年华》当中多次与它重逢，从《贡布雷》一直延续到《重现的时光》。

《巴尔达萨尔·西尔旺德之死》写作于同一时期，这是一篇重要的作品，因为普鲁斯特把它作为《欢乐与时日》的首篇。在杂志上发表时，它题献给"雷纳尔多：诗人、歌唱家和音乐家"[②]。他从黑岩饭店写信给雷纳尔多："我正在写一篇大作，我觉得相当不错，我还打算趁

① *Notes*, p. 44 ; cf. pp. 57, 93.

② 这篇小说刊登在1895年10月29日的《每周评论》上，作者得到了一百五十法郎的稿酬。给哈恩的献词在结集时删掉了。普鲁斯特最初的打算是，把集子中"主要的短篇小说和诗篇献给我景仰的大师或者我喜爱的朋友"（*Corr.*, t. I, p. 329, 1894年9月18日）。《巴尔达萨尔·西尔旺德之死》有好几则题记，分别借自爱默生、马拉美、塞维尼夫人、莎士比亚（《麦克白》《哈姆雷特》）：对友情的眷顾最终让位给对文化的崇敬。

此机会把它放在集子里，替换原来写勒布雷和歌剧的那篇小说，也就是你让人抄写的那一篇。”[①]被替换下来的小说便是《冷漠的人》，它在集子里显得多余了。巴尔达萨尔是一位三十七岁的子爵，痴迷音乐，最后死于全身瘫痪。有几个看似无关要紧的相貌特征，贯穿在普鲁斯特生活和小说的始终，值得在此提上一笔。子爵长着一双“忧郁的眼睛，甚至在他最快乐的时候，似乎仍然为了某种痛楚而恳求安慰，可他看起来并没有感受到这种痛楚”。这是马塞尔的眼睛，也是雷纳尔多的、斯万的眼睛……巴尔达萨尔有一个小侄子，“很小的时候特别喜欢坐在他的膝盖上，那是他温暖、隐蔽的快乐之所、藏身之所”。他还有个情妇，像凡德伊小姐一样，在保持纯洁和享受快乐之间挣扎：“她使出全身力气，抬起哀求宠爱的眼睛向他望去，同时，贪婪的双唇不由自主地抽动着，再次乞求他给上一吻。”而此时的主人公似乎着了施－受虐癖的魔力，“虽然他并不认为，她仍能激起他的狂热并强迫他满足自己，他完全能够正面看着她，感受一下她的痛苦，但是，他仍然用尽力气闭上双眼，仿佛一个突然良心发现的杀人犯，在置人于死地之际感到自己手臂在颤抖”。少妇睡着了，夜间，巴尔达萨尔目不转睛地盯着她端详良久，就像叙事者端详熟睡的阿尔贝蒂娜。小说里的风景，是这一时期的作品中反复出现的：从苹果树的缝隙里透出的淡紫色的海。还有从孟德斯鸠的诗句中走来的孔雀，有维奥朗特城堡、雷韦永城堡，以及在这贵族的爱情中间倏忽闪过的

① Ibid., p. 333.——译者注

十五六岁英俊水手的形象。大限来临之时，钟声从远处的村庄传来，使弥留之际的主人公想起自己的童年："在他一生当中，每当听到遥远的钟声，他都会不由自主地忆起孩童时的傍晚，他穿过田野走向城堡，暮色里的钟声悠扬悦耳……他此刻又看到了母亲，她把刚从外面回来的他搂在怀里，将他放上床时用双手给他暖脚，若他无法入睡就待在他身边……此刻，他再也无法满足母亲和姐姐热切的期待，他曾经那么残忍地欺骗过姐姐……。"[①]正如在《贡布雷》中，叙事者童年的哭泣声与暮色中教堂的钟声交织在一起，在这个短篇里，主人公的不自主回忆也与他对母亲的负罪感交织在一起：巴拉达萨尔辜负了父母的期望，纵情于社交欢场和不健康的性关系。他受到了死亡的惩罚。

有人说，普鲁斯特这篇小说完全照搬托尔斯泰的《伊凡·伊里奇之死》（1884）[②]。诚然，这两部作品所写都是疾病和死亡，两位主人公都在临死之际感到内疚，都忆起童年的片段，并在死亡中解除了对自己的怨恨。但除却才华不论——就才情而言，我们不应把一个五十六岁、长期处在死亡阴影之下的老者，与一个二十三岁、尚不知死亡为何物的初学者相提并论——两部作品的差别仍远远大于相似之处。巴尔达萨尔的生平是互不关联的一个个瞬间，其中掺杂着马塞尔自己挥之不去的心结；而在托尔斯泰的作品中，主人公必须弃绝自己的整个人生才能最终得到安宁。托尔斯泰正在走向暮年，他这种铭心刻骨、颠覆

① *P et J*, p. 27.

② A. Henry, *op. cit.*, p. 34–35.《伊凡·伊里奇之死》法文版1886年问世，被收入一部包括多部长篇小说选段的集子（Charpentier, trad. Halpérine）。这部集子里还有《战争与和平》中安德烈公爵之死的片段。见下文第七章346页注释1。

一切的残酷诘问，在《巴尔达萨尔·西尔旺德之死》中并不存在，但我们隐隐听到这一诘问一字一顿地宣告了伊凡·伊里奇的兄弟贝戈特之死。当普鲁斯特不再模仿的时候，他已经完完全全地吸收并再造了这位他最喜爱的作家。哈恩对这部短篇十分着迷，认为它很了不起，还打算把它写成音乐[1]。

刚一抵达特鲁维尔[2]，马塞尔就使出各种奇特的伎俩，想把雷纳尔多·哈恩招来，不过这要在普鲁斯特夫人离开之后："因为妈妈马上就要离开了，您可以在她走后到这里来安慰我。"[3]不然的话，马塞尔就要前往"埃特勒塔住到一个朋友家里"[4]。9月23日，母亲离开的前一天，马塞尔"有些伤感"，写信给哈恩重申前请，许诺在自己的房间旁边给他留一间海景房，并要他立即回信："不要让我等得太焦急，所以您那么好心写给我的信，请千万别拖上一个星期才寄出。您上次的来信过了整整四天才到我手里，而不是正常需要的半天时间。"[5]此刻的普鲁斯特，正在经受过去常常体验的煎熬，被抛弃的煎熬：母亲离开了，而雷纳尔多又没有来代替她；他彻夜无眠，既无法工作也不能去散步，唯有朋友的来信能给他"令人伤感……但极为珍贵"的宽慰；于是他请求哈恩再写信来，好让他度过"孤独中的第二天"[6]，并拿自己与施特劳斯一家的来往诱惑他。这个表面上无关紧要的小场景，其实比诸多重大事件更能揭示马塞尔的心理世界：伪装的冷漠之下潜藏着肺腑之言，乞怜与攀附交织在一起；但透

① Voir *BAMP*, n° 43, 1993, p. 44. 这个创作计划似乎没有下文，但雷纳尔多履行了为《画家肖像》组诗谱曲的诺言。

② 雷纳尔多·哈恩写道："普鲁斯特跟我待了一天之后，于昨天去了特鲁维尔。我们一起去了卢浮宫，看了居伊普和波特，想起了我们在那儿（指雷韦永城堡）的谈话！"居伊普和波特是他们为之作"肖像"的画家之一。

③ *Corr.*, t. I, p. 326, 1894 年 9 月 16 日。

④ 指莱昂·伊特曼，普鲁斯特从春天起与他经常往来。

⑤ *Corr.*, t. I, p. 333, 1894 年 9 月 22 日。

⑥ Ibid., pp. 334–335, 1894 年 9 月 24 日。

过种种情感波澜，他的思想依然坚定。马塞尔不顾哈恩的反感，坚持自己对《罗恩格林》的推崇[①]，他建议哈恩读柏拉图的《会饮篇》[②]，明显带有为自己辩护的意图。在马塞尔的信中，哈恩22日被称为“我亲爱的朋友”，24日被称为“亲爱的主人”，25日被称为“我亲爱的小家伙”，这大概是对哈恩来信的回应，但同时也反映出由于分别两地，马塞尔对哈恩的感情与日俱增，数个星期以来，哈恩已经越来越成为“一个天使”[③]。那么雷纳尔多作何感想呢？1894年的一天，雷纳尔多写道：“我昨晚和马塞尔在一起……我多么想让他更加坚定，让他从种种消极影响当中、从他放任自己沉湎其内的无益生活中稍稍脱身。我相信我能做到，因为他非常信任我——这种信任我愧不敢当，但我一直在与自己的本性搏斗，以使这种信任当之无愧。”他还写道，“（普鲁斯特具有）深刻而细腻的思想，孩子般的敏感，忠诚仁厚的心肠”，“我们的小普鲁斯特非常真诚，请您读一读他写的《舒曼》，真是一篇杰作”。

① *Corr.*, t. I, p. 327. “传令官和国王的角色，艾尔萨的梦，天鹅的到来，审判中的合唱，两个女人的场面，*refalado*（由四个音符组成的主题），圣杯，号角、剑和指环的出现，序曲，这不都很美吗？”我们会看到，普鲁斯特此处所说的都是音乐而不是脚本（否则他会概述整个情节）。

② Ibid., p. 334, 1894 年 9 月 24 日。

③ Ibid., p. 338, 1894 年 9 月 25 日或 26 日，致叙泽特·勒迈尔。普鲁斯特向她透露了一个他坚持始终的文学信条：“为了写而写，这样的文字我一行都没有写过。我之所以要写，是为了表达我心目中或想象之中的某种东西……我（很不幸）没有自尊心的阴影，甚至连作为作者的自尊心都没有……”他同时表示希望他们的友情不要走得太远。

《一个少女的忏悔》

普鲁斯特念念不忘他的集子，打算把一篇短篇小说题献给孟德斯鸠，写信请求他允许；孟德斯鸠慨然应允，并希望这是集子当中“最美的一篇”[④]。这篇小说就是《一个少女的忏悔》，马塞尔1895年1月把小说寄给伯爵，同时允诺，题献的对象还包括其他名人如法朗士、埃雷迪亚。题献的文字出现在校样上[⑤]，但正式出版时连同其他

④ Ibid., p. 339, 1894 年 10 月 1 日。

⑤ “献给罗贝尔·德·孟德斯鸠－费臧萨克伯爵。” Cf. ibid., p. 360, 1895 年 1 月 3 日。

题献对象均被删除（篇首的题记则予以保留）。如此算来，这篇用以取代《夜晚来临之前》的小说（最晚也应）写于创作成果颇丰的1894年夏季；与《夜晚来临之前》不同，《一个少女的忏悔》并没有在《白色评论》上发表。小说的女主人公与《月刊》上《回忆》一文的女主角一样，曾试图自杀，此刻已濒临死亡（如同巴尔达萨尔·西尔旺德以及托尔斯泰笔下的人物）。她回忆起在乌布里（与伊利耶的普雷–卡特朗极为相似）时，母亲时常在晚上来看她："她来到床前跟我说晚安，这是她过去的习惯，如今早已丢开；那是我小时候最大的快乐也是最大的痛苦，我不停地召唤她再来跟我说晚安，所以根本无法入睡；最后，我已经不敢再央求她，但心中的渴求难以遏止，只好找出各种花样翻新的借口：我的枕头需要翻转过来，我的双脚冰冷，只有她的双手能够使它们暖过来。"[1]这种母女分别的悲伤，尽在母亲的掌握之中，但母亲同样悲伤，她像普鲁斯特夫人一样，用各种办法把温柔隐藏在"习惯性的冷漠"之下。但孩子一旦生病，就能吸引母亲的关注，此时，她"毫无顾忌地尽情展现母爱的温暖和柔情"。一旦疾病痊愈，又是令人痛不欲生的悲伤，因为母亲再次离去，重新戴上严厉、公正、冷酷的面具。少女在十四岁时，与一个十五岁的"坏"表哥犯下了第一个错误，他教给她"一些事情，令他们既享受快乐，又懊悔得浑身颤抖"。随即，女主人公向母亲坦白，母亲"神情肃穆地听着，却无法理解"，而她则在丁香的气息中，感到

① *P et J*, p. 86.

了托尔斯泰式的幸福——丁香的气息直到《贡布雷》中仍弥漫不散；这要么纯属巧合，要么是因为在母亲身边，普鲁斯特推心置腹或流露心迹的时刻，总是伴随着“无形无迹又经久不散的”丁香气息[1]。少女身上的毛病，在普鲁斯特的主人公身上普遍存在，也是年轻的马塞尔经常自责的，即行事拖拉，“缺乏意志”，而这种“意志”，按马塞尔的说法——这种表达简直与弗洛伊德如出一辙（但此处“超我”并没有体现为父亲）——正是由母亲“设计和培育的”。当女主人公在十六岁爱上一个“品行恶劣”的年轻男子时，她开始懂得什么是恶。但到底是怎样的爱情，能够产生如此沉重的罪恶感，让人痛悔不已，连对人倾诉都不被理解，而最终不得不用谎言加以掩盖呢？这不是同性恋又会是什么呢？于是社交场成为逃避之所，但周旋于社交场让她丧失了对音乐的爱好，丧失了亲近大自然的美好时光。“每犯一个错，我就会出入社交场以求得到平复，而一旦平复就会犯另一个错。”这是“一种思想的自杀”，也是“对母亲犯下的弥天大罪”。她努力改变自己，为了取悦生病的母亲，她订了婚，这时致命的戏剧性情节发生了：在香槟酒的刺激下，她委身于那个引诱她走上斜路的青年雅克[2]，而阳台上的母亲把这一幕看个正着，随即倒地而死。小说里，快乐被描绘成“充满罪恶的感官享乐”，“享乐中的身体”与施刑者一样残暴，它已经被剥离心灵或灵魂，而灵魂则“感到无限的忧伤和悲痛”。母亲撞破真相的眼神也是致命的因素，导致少女最

① “丁香的清新气息透过恶臭的浊气却既未合污也未减弱，这是多么优秀的品质啊！”（ibid., p. 88）

② 这是雅克·比才的名字。

终选择自杀，因此她的生命只剩下一个星期了。

然而，按照小说的描写，把年轻的马塞尔想象为德泽森特式的“世纪末”男孩，病弱而苍白，那就大错特错了。《一个少女的忏悔》中的少女满心期待能亲身体验令“生命蓬勃迸发”的幸福，她期望纵身一跃就能到达森林和天地的尽头，让“生命在比天空更加广阔、更加令人陶醉的世界里延伸到无限”[1]。在社交、家庭、友情、大学或艺术生活——因为他同时扮演着多重角色——的外表之下，征服的欲望、投身激情的渴求、对彼岸的向往以及难以遏制的性饥渴，让马塞尔跃跃欲试，生生不息的力量正等待他尽情挥霍。

① *P et J*, p. 89.

1894年开学季

返回巴黎后，10月份开学时马塞尔把学业丢在一旁[2]，重新投入社交场，由雷纳尔多引荐，结识了一个不寻常的人物——路易·斯特恩夫人。这位女士闺名厄内斯塔·德·埃尔舍乐，原籍奥地利（现意大利）城市的里雅斯特，以玛丽亚·斯塔为笔名发表了多部轻小说。她在圣奥诺雷城关街68号举办沙龙，是当时最为显赫的沙龙之一。沙龙的陈设包括意大利文艺复兴式家具、波斯地毯、东方瓷器、中世纪圣母像、中国马、印度神像等，与女主人的性格十分吻合。在社会阶层仍然壁垒森严的时代，她居然把各路各色人物聚集一堂，包括国家元首、艺术

② 他10月23日写信给德·布朗特夫人：“我专心写作，所以根本没想参加10月份的哲学学位考试。这事最早也得到明年4月。不过，我还不知道您什么时候才能收到——以它专属于您的最庄重的方式——我的那本小册子，或者说我的那本大厚书，因为我增写了新的东西。”他接着补充道，勒迈尔夫人已经画了很多素描，并已经开始画水彩，“这些东西复制起来需要很长时间”（*Corr.*, t. II, p. 491）。

家、宗教人士或共济会成员，像魔术师一样让他们俯首听命[1]。德雷福斯事件期间，只有保罗·布尔热弃她而去。她嫁给了同为奥地利出身的银行家路易·斯特恩。斯特恩银行参与偿付俾斯麦1871年强加给法国的战争赔款，后来还参与了突尼斯的开发。雷纳尔多和马塞尔经常出入这间沙龙，它同样为描写维尔迪兰夫人的沙龙提供了灵感[2]。

马塞尔常常与拉瓦莱、伊特曼、哈恩、比利、费纳利等朋友共进晚餐，还经常前往玛德莱娜·勒迈尔府上。晚间的活动还包括和朋友们到剧场看戏，如英国当代剧作家托马斯·莫尔的风俗剧《无花果》、朱迪特·戈蒂耶的《女地主》。朱迪特从印度、中国或日本的传奇中汲取灵感并与俄国戏剧融合[3]。这些早已被人忘却的剧作又一次证明了马塞尔从孩童时代起就有的对戏剧的痴迷，他将把这一爱好赋予《追忆》的叙事者，让他在戏剧招贴前出神，安排他观看拉贝玛演出的《菲德尔》。而他本人既观看夏特莱剧场的《灰姑娘》[4]、伊甸园剧场的《羊蹄》等幻梦剧，也观看滑稽歌舞剧场的《咪咪》、自由剧场上演的达尔赞的《基督的情人》[5]或喜歌剧院上演的《迷娘》等作品。后来，他的健康状况不允许他经常去看戏，但直到1910年之后，他仍然去看俄国的芭蕾舞演出，或《圣塞巴斯蒂安殉教》。马塞尔兴趣广泛，连最庸俗的演出，或前面曾提到的歌舞厅演出，都能让他兴致盎然。令人惊异的是，在他观看的剧目中，通俗剧的数量要多于先锋剧。不过，他出席了威尔第所作歌剧《奥赛罗》的首演（以法语演唱，因

① A. de Fouquières, *Mon Paris et ses Parisiens, op. cit.*, t. IV, « Le faubourg Saint-Honoré », pp. 50–52.

② 有天晚上在斯特恩夫人家里，马塞尔因为没有见到雷纳尔多而失魂落魄（*Corr.*, t. I, p. 380, 1895年4月26日），如同斯万在维尔迪兰沙龙里没有见到奥黛特。斯特恩夫人的沙龙是他们的约会地点之一（ibid., p. 346）。帕拉斯–斯特恩银行不幸于1995年破产倒闭。

③ J. Richardson, *Judith Gautier*, Seghers, 1989, p. 172.

④ 在《追忆》中，他常常以令人不易察觉的方式谈到这些幻梦剧（féeries,《追忆》中译本对这个字有多种不同译法。——译者注）: *RTP*, t. I, p. 119 ; t. II, pp. 227, 377, 431, 828, 830 ; t. III, pp. 142, 777, 780 ; t. IV, pp. 499, 504, 515。参见十五人译本（一）123页（神话故事），（二）431页（鬼怪故事），（三）69页（童话剧）、125页（奇境）、531页（童话故事）、533页（童话世界），（四）141页（仙境），（五）266页（仙境）、268页（仙国），（七）226页（童话）、232页（童话仙境）、242页（童话国）；周译本（一）123（梦幻剧），（二）430页（童话故事），（五）279页（仙境）、282页（童话故事）。

⑤ Septembre-octobre 1888. Notons encore *Madame Sans-Gêne* (1er novembre 1893) ; *Leurs gigolettes*, de Meilhac et Saint-Albin (8 novembre 1893), *Gigolette* à l'Ambigu (16 décembre 1893), *Loïe Fuller et Otero* aux Folies-Bergère (avril 1894).

为在巴黎歌剧都是用法语演出的）。凡此种种，对他有什么用处呢？谁能料想到，曾经让普鲁斯特如此喜欢而如今已经消亡的幻梦剧，将在《追忆》最精彩的种种隐喻——从帮厨女工的芦笋到《重现的时光》的“假面舞会”——之中还魂重生，从而使舞台上的幻梦剧变成语言的幻梦剧呢？

这年秋天，马塞尔大体完成了《欢乐与时日》的全部篇目，于是想办法接洽卡尔曼–莱维出版社，他先请阿纳托尔·法朗士出面（他的作品即由该社印行），而后又托请奥尔良公爵家族的一位成员（此事让玛德莱娜·勒迈尔十分恼火，她觉得自己要么是被撇在了一边，要么就是因为插图还没有画完而在被催稿）。马塞尔试图让勒迈尔母女原谅自己的做法，他出手反击的方式颇能反映他的性格，以及他对自己的清醒认识：“请您不要对我说我戒心重、好猜疑。不要这么说，倒不是因为这种说法不正确——它是正确的——而是因为我自己已经知道这一点。其实，只有跟我所爱的人相处时我才如此。您准会说，这是我送给他们的漂亮礼物，而且我最好对我不爱的人也是如此。但您可曾在哪里见过，有谁是为了讨某些人高兴才爱他们？他爱他们，是因为他别无选择。”[①]像那些令人难以捉摸的人一样，马塞尔的言谈举止常常让他和朋友们发生龃龉。就在同一时期，为了赢得卡雅维夫人的好感，他使了一个妙计：首先告诉她，费尔南·格雷格不喜欢法朗士的小说《红百合》（而且肯定还会说这令人气愤）；

① *Corr.*, t. I, p. 349, 1894 年 11 月 1 日；此信的下文还写道：“我还是太年轻，不知道生活的幸福为何物。但我已经很清楚地知道，它既不是爱情，也不是友情。”

接着又在她面前为格雷格开脱，结果让卡雅维夫人莫名其妙；最终他又反驳格雷格到处散布的“马塞尔爱传闲话”的说法——其实这话在巴黎不止一人说起[1]。马塞尔乐此不疲的传言、闲话，往往反过来让自己身受其害。但不管怎么说，马塞尔不甘心接受玛德莱娜·勒迈尔的粗暴对待。由于叙泽特感觉到马塞尔正在疏远她们母女俩，雷纳尔多对她解释道：“他感情外向的天性使他容易敞开心扉，但他随后必须封闭自己，以免那些渺小的东西伤害他敏感的心灵。”[2]但勒迈尔夫人对马塞尔毫不宽恕。当他称赞居斯塔夫·莫罗思想深刻时，勒迈尔惊叫道：“这人准是个讨厌鬼！”此刻，他肯定感到在自尊心和理智上受到了双重伤害。我们由此看到，勒迈尔夫人和她的讨厌鬼，的的确确是维尔迪兰夫人及其“讨厌家伙”的原型。

12月9日，马塞尔和弟弟前往音乐学院，听贝多芬的第五交响曲，这里的演奏效果要好于其他地方。在他为《高卢人报》所写的报道（发表于1895年1月14日）中，他首先花了大量篇幅描写听众——后来在《追忆》中描写德·圣德费尔特夫人或维尔迪兰夫人沙龙里演奏音乐的场景时，亦是如此。听众们时而沉湎于“精神满足后的慵懒”，时而进入“战场般的亢奋状态”，时而悲戚满怀，时而因得到慰藉而心情舒畅：“每个人都因此比刚才更美，可以说他们已超然物外，脱离了自己的躯壳，仿佛置身于遥远的过去。”他们已经脱胎换骨，被音乐催眠并带往另一个世界。马塞尔本人也毫不隐瞒听音乐时的生理反

① 此话出自冈德拉夫人之口，她还把普鲁斯特称作“叛徒”（ibid., pp. 351–354）。

② 致叙泽特·勒迈尔（未刊）。

应："乐声似乎一时取代了我的心脏，让血液的流动随着它的节奏在血管里时快时慢——以致我时而感到精疲力尽，仿佛全身凝固了似的。"[①]在音乐声中，我们领略到真与美，哪怕随后就会在欲望和习惯的驱使下，"再次抛却自己的灵魂"。这篇习作揭示了普鲁斯特未来小说中演奏音乐场景的基本结构：在与音乐作品相对等的文字叙述中，渐次展开对听众和演奏者的描写，并阐释作品的意义——对另一种生活的向往，对另一个早已被抛弃的世界的召唤。

① « Un dimanche au Conservatoire », *CSB*, p. 370.

哲学学士学位

哲学并没有被完全抛在一边。马塞尔一边上达吕的个别辅导课（达吕不仅在中学的哲学班上开导这位学生，而且在大学继续给他上课，所以我们看到，要否认他对马塞尔的影响是多么徒劳），一边与莱昂·伊特曼一道在索邦大学上维克多·埃热的课。埃热保留下来的一个记事本里，记载着他对普鲁斯特一份关于"苏格拉底哲学"的作业的评语："英国式的书法[②]，尤其是没有分清段落，读起来十分吃力……密密麻麻的一团，段落之间几乎不留空白。不过很有才华。利用了布特鲁，但也包括其他人，均理解得很透彻。"[③]他的分数为11分（满分是20分）。1895年3月毕业考试的两道写作题，反映了课程的内容，分别是"自我的统一性与多样性"（雅内）和"笛卡儿对

② 普鲁斯特的字都是往右倾斜。

③ V. Egger, carnet conservé à la bibliothèque Victor Cousin, cité in H. Bonnet, *op. cit.*, p. 77.

几位古人的看法”（布特鲁）；埃热记录的分数为6分、12分，10分、14分（可能是二次评卷）。口试之后，马塞尔以总分118分[①]、排名第23名获准毕业，而他的朋友巴赞和伊特曼都落榜了。

除教学大纲要求的知识之外，马塞尔还通过达吕的课程接受了康德的唯心主义，从而对人的精神抱有信心，对“物自体”，即隐藏在表相之下的实在性，深信不疑。达吕传授给他严谨的分析方法，使他摆脱了象征派——有时还包括柏格森——奉为至宝的模糊和朦胧。马塞尔也因此无法成为德国浪漫主义以及谢林、叔本华哲学的传人。与康德的法国门徒达吕、拉舍里耶（《归纳法原理》）或布特鲁等人一样，在普鲁斯特的思想中，概念始终是清晰确定的，例证始终是准确可靠的，推理亦始终无懈可击、言之有物，为此，他不惜牺牲文体效果，也绝不制造晦涩的假象或拿营造意象当借口。马塞尔从达吕那里继承了不含上帝的唯灵论，这是当时索邦大学的信仰，也是《形而上学与道德评论》和新生的第三共和国的信仰。首先，他们坚信道德是哲学的核心：马塞尔没有宗教信仰，但有道德信念。《欢乐与时日》即表达了对过错、忏悔以及善与恶的认识。达吕说：“人类生命的统一性是在行动中达成的，因此哲学必然指向道德。”[②]想必同样是通过这位老师，马塞尔得以了解卡莱尔和爱默生[③]。当达吕把《效法基督》视为“许多当代思想家的日课经”时，我们会联想到马塞尔正是从这本书（他朋友拉瓦莱的那本）中节选片

① Voir *Lettres à R. Hahn*, p. 37 (note de Ph. Kolb).

② Cité par H. Bonnet, *op. cit.*, p. 181.

③达吕把他们二人以及夏多布里昂、米什莱、勒南称作“虽未自成一家但对思想界有重大影响的思想家”，我们由此得知普鲁斯特无关真正宗教的某种宗教思想所从何来（ibid., p. 23）。“1900 年，即使从世俗的观点出发，我们也感到必须在杂志（即《形而上学与道德评论》。——译者注）上声明：‘基督所说的话完全不会过时。’”他认为在爱之上，还应有“新时代的信仰和建立在个人权利之上的正义的法则”（ibid., p. 32）。

段，作为《欢乐与时日》每篇的题记。其次，在政治领域，达吕断言："为了正确地热爱祖国，必须热爱祖国以外的其他东西。"他的弟子一生中从未将爱国主义和民族主义混为一谈。所以说，这位老师传授了自己的道德、科学和哲学信仰，但不包括宗教信仰。爱情的从属性质同样来自这种思想，它在普鲁斯特这一时期写作的短篇小说中导致了感情上的悲观主义，但它丝毫没有损害认识上的乐观主义。达吕主编的《形而上学与道德评论》创刊于1892年1月，他在为该刊撰写的导论—宣言中断言，理性既不属于实证主义，也不属于神秘主义；理性（而非直觉）使我们摆脱了宗教性和科学主义，而如布吕内蒂埃则从科学主义转向了宗教。1895年3月，达吕对大学教育，即普鲁斯特刚刚结束的大学教育，作了如下概括："将近二十年来，哲学教师们以不同的语气而非以不同的理论，向一代代优秀的青年学子证明了，科学具有局限性和相对性，道德独立于科学并且在某种意义上高于科学，唯物机械论只具有抽象甚至象征的意义，精神的自由至高无上；证明了唯物主义的丑陋和非道德属性。"[①]个人离不开社会，但社会并不能使他思考："没有人能在自身之外理解真理。假如不能以新的面貌发现真理，就将无法认识真理。"[②]

这种哲学对马塞尔早年喜爱的保罗·德雅尔丹的哲学（《当下的责任》，1891）是一种补充。"凡是把某种身外之物，如城邦、宗教、正义、真理甚或美，作为爱的对

① *La Revue de métaphysique et de morale (RMM)*, mars 1895, en réponse à l'article de Brunetière, « Après une visite au Vatican » (*La Revue des Deux Mondes*, janvier 1895). Autre article de Darlu, dans la *RMM*, en mai 1898, contre l'article de Brunetière « Après le procès » (Zola) du 15 mai 1898 dans *La Revue des Deux Mondes* ; il y affirme que l'homme est « un élément d'un Tout qui conçoit le Tout et agit sur le Tout, c'est pourquoi il rejette l'individualisme pur et le socialisme pur ».

② *RMM*, mai 1898, p. 397. 普鲁斯特的老同学达尼埃尔·阿莱维由此推论："我们可以是唯心主义者，同时又不作基督徒。"（H. Bonnet, *op. cit.*, p. 53）

象并甘心为其献身的人”，都受到了这位思想家（1859—1940）的赞美。德雅尔丹1888年认识了马塞尔，让他研究赫拉克利特和卢克莱修（他还把马塞尔比作这两人），如前文所述，他还为当时的马塞尔留下了一幅文字肖像。再次跟达吕上课，使马塞尔回忆起中学哲学班的情景。马塞尔以这两段师生交往为素材，写下了《让·桑特伊》中描写伯里耶先生授课的段落，其中还有一个令人惊异的寓言故事：过新年的时候，伯里耶先生说给让带来了新年礼物，一本儒贝（普鲁斯特曾写过一篇关于儒贝的文章，去世后才发表）的著作，他与让一起读了两个小时，离开时居然把书带走了，并没有送给让。“既然把所有的意义、灵魂和道德救赎都给了让，那就是给了他全部。这才是无价的、纯粹的礼物。”[1]这大概就是普鲁斯特平生不屑于拥有书籍的缘由：需要哪一本书，他就去借来；即使是买来的，他也很快就还给书店，《效仿基督》以及埃米尔·马勒的著作都是这种情形。他送书给别人，但自己并不藏书。

对于普鲁斯特的个人发展来说，攻读哲学学位的这一年，与他的爱情或社交生活同样重要。只可惜，除了教授的姓名以及前面提到的课程、讲座、考试之外，我们不掌握其他确切的资料，从而使我们一直低估了这一年的重要性。不过，这一时期，在回答一份新的问卷时，马塞尔提到他“真实生活中的英雄人物”是达吕先生和布特鲁[2]先生，最喜爱的画家是伦勃朗和达·芬奇。关于这两位

① *JS*, p. 269.

② *CSB*, pp. 337. Voir A. Contini, *La Biblioteca di Proust*, Bologne, Nuova Alfa Editoriale, 1988, pp. 54–66, « La licenza in filosofia: Proust studente alla Sorbonne ».

画家，在索邦大学教美学的塞阿伊写过论文《论艺术天赋》（1883）和专著《莱昂纳多·达·芬奇》（1892）。在一篇论“灵魂不死”的作业中，马塞尔从拉韦松和布特鲁的思想中汲取灵感[①]。柏格森致马塞尔的一封感谢信表明，马塞尔在上学时已经熟悉拉韦松的著作[②]，他还上过布特鲁的课。“感觉是意识的产物。把它们统一在一起的法则是精神的法则……是精神产生了物质。虽然无法将灵魂分解为物质元素，但可以将物质还原为心理元素。”当马塞尔写下这番话时，他就加入了拉韦松、拉舍里耶（他认为外在世界只存在于意识之中）和布特鲁对经验主义和孔狄亚克的批判：“意识并非诸心理功能的发展、专门化或自我完善。它同样不是心理功能的一个面或一种结果。它是一种新元素，是一种创造。”[③]同样，马塞尔在作业中写道：“精神必须是超越某一现象的。关于现象的理念是一种已经超出了现象范畴的东西。统一性不是被置于现象中的。”布特鲁说：“多重性并不包含统一的理由。”思想是对诸现象的思考，是对诸现象的统一性和同一性的意识：“它是将多重化为统一、将连续化为同一的行动。”[④]作为心理法则的探索者，普鲁斯特是法国哲学特别是布特鲁的门徒，布特鲁的早期著作都是关于自然或精神法则这一范畴的。我们每个个人“相对自由”的思想，并不是“所有人共通的某种抽象”，而是“每个人特有的活动，它因人而异”，并且把“现象的多重性化解在精神的统一性之中”。关于自由的这一主题，是马塞尔通过达吕从拉

① A. Ferré, *op. cit.*, pp. 224–225.

② *Corr.*, t. IV, p. 139（柏格森致普鲁斯特，1904 年 6 月 2 日）：“关于拉韦松的面貌，您给我写了美妙——而又多么真实！——的东西。”普鲁斯特 1893 年 1 月在 Charles Secrétan 的一次讲座上（德雅尔丹在 Sociétés savantes 所在地举办，讲演者还有塞阿伊和布罗沙尔）见过拉韦松（*Corr.*, t. I, p. 200）。

③ E. Boutroux, *De la contingence des lois de la nature* (1874), cité par A. Contini, *op. cit.*, p. 60.

④ In A. Ferré, *op. cit.*, p. 227.

舍里耶那里继承来的，实际上，这正是《形而上学与道德评论》的思想天地[1]。但与拉舍里耶相反，马塞尔强调个人。他还在布特鲁那里发现，“真正的知识应该是揭示存在的历史的知识，而不是关于存在的本质的知识，因为本质只是其历史的一个状态”。普鲁斯特也认为，知识具有双重历史性：所谓知识就是历史知识，它同时还从属于历史，它是关于不断变化的事物与存在的不断变化的观点。

马塞尔的课程表上还有保罗·雅内[2]（1823—1899）的“自我的统一性与特性”课程，这将是普鲁斯特哲学的重大主题之一。至于塞阿伊，这一年也在授课，但人们似乎夸大了他对普鲁斯特的影响，普鲁斯特只有一次引述他的观点（对埃米尔·马勒的赞语）。不过，他至少帮助学生们接触了艺术哲学，并且帮助《巴尔达萨尔·西尔旺德之死》的作者熟悉了他的《莱昂纳多·达·芬奇》一书，这一点在普鲁斯特1895年所写的《夏尔丹与伦勃朗》一文中可以发现一些痕迹。下述两个观点属于塞阿伊：其一，在精神深处，“无意识延续着先前的思考，并准备突然出现在艺术家的意识里”；其二，艺术是一种“受到启示的观照”。塞阿伊在艺术作品中看到自然的延续，它是通过个人来表达的；普鲁斯特在此后不久即断言，某种“本能的欲求”“渴望以作品的形式摆脱人的控制”[3]，其结果就是艺术。生命力学说（vitalisme）此时正在进入塞阿伊和柏格森所代表的法国思想（柏格森曾引用塞阿伊并欣赏他的《论艺术天赋》）:《追忆》的主要情节脉络便是主人

① Voir, dans le numéro du centenaire (1993), les tables des premiers numéros.

② Oncle de Pierre Janet (1859–1947), avec qui il ne faut pas le confondre, il était l’auteur d’une *Morale* (1874), d’inspiration aristotélicienne et kantienne à la fois. Il avait publié en 1887 avec son collègue Séailles une *Histoire de la philosophie. Les problèmes et les écoles*, et combattu le matérialisme qui s’appuie sur les sciences (*Les Causes finales*, 1877). Bergson lui a consacré un article en 1897, et une allusion critique dans *L’Évolution créatrice*.

③ *CSB*, p. 420.

公作家志向的发展过程，其中的转折点（moment vital）、观察和思考一直被置于比技巧更为重要的地位。

阿尔丰斯·都德

1894年12月，可能是在贝涅尔家里，马塞尔结识了阿尔丰斯·都德和夫人；月底，雷纳尔多带着他到都德府上拜访。从此，年轻人对这位当代文学巨擘、唯一一位他真正相熟的接近现实主义的作家，产生了由衷的爱戴之情，并与他的两个儿子莱昂和吕西安结下了深厚友谊。这种爱戴之情反映在他写给都德的信里："先生，您的慈祥让我多么感动，我无以言表。我在孩童时代连做梦都万万想不到，有朝一日能受到我万分景仰和尊敬的大师如此亲切的款待，这样难以置信的事真是美妙。"[1]《小东西》和《雅克》的作者首先是儿童文学作家，他的《磨坊书简》和《达拉斯贡的达达兰》曾给马塞尔的童年带来无尽的快乐。不过数月之后，马塞尔不得不坦言，他不赞同都德的美学观，相较于作品，他更喜欢作家本人："都德简直是摩尔王与阿维尼翁的公主的儿子，他非常讨人喜欢，但思想过于简单。他认为马拉美故作神秘……这是精神的懒惰和狭隘。"马塞尔与龚古尔、科佩、哈恩一道，应都德夫妇之邀共进晚餐，而"这些聪明人居然如此离奇地信奉可憎的唯物论"，这令他惊诧不已。"他们通过生活习性或种族来判断一个人的性格和才华[2]……都德尽管心绪灰

① *Corr.*, t. I, p. 369.

② 这正是龚古尔兄弟之所为：他们的 *Manette Salomon* 和《日记》充斥着反犹主义。

暗、性情烦躁，但头脑仍然清醒，像海空里闪亮的星星，也唯其如此，他的看法才尤其令人震惊。这些东西几无智慧可言。”[①]在场的几位作家都信奉唯物论，他们的确是通过缪塞、波德莱尔、魏尔伦的生平事迹乃至“喝酒的品牌档次”，来理解他们的作品。普鲁斯特早就反对以作品以外的东西来解释作品，反对龚古尔和都德，进而也反对圣伯夫。都德也许只具备“观察的才智，这种才智尽管十分高超，但由于有些庸俗并且过于自负而散发出霉味”。都德夫人很有魅力，“但市侩气十足”。马塞尔第一次上门时，对她的盛情邀请表示感谢，她答道：“这是哈恩先生要求的。”[②]这句蠢话让马塞尔一直耿耿于怀。

马塞尔被都德所吸引，不仅仅是由于他想给自己的交往名录增添一个大人物，更是由于他直觉地感到，他们二人拥有相似的命运。两年后，他对二人的共同命运作了如下概括：“刚刚上床躺下，疼痛便愈发难以忍受，都德每晚都要喝下一瓶水合氯醛才能入睡。我根本无法理解，他如何能够继续创作。尤其是想到我自己的痛苦——与他的痛苦相比简直微不足道，若放到他身上，他定会甘之如饴——已经使我对他人、对生活、对自己不幸之躯以外的任何事物都十分漠然，我的全部心思固执地转向我的不幸之躯，就像病人躺在床上时总是面对着墙壁。”[③]将来，为了写作，普鲁斯特同样能战胜痛苦，并且像都德一样亲切地善待他人。

尽管马塞尔与左拉、都德和龚古尔兄弟的自然主义格

① *Corr.*, t. I, pp. 443–444, 1895 年 11 月 15 日，致雷纳尔多·哈恩。晚餐是 14 日的事儿。

② Ibid., p. 444.

③ *CSB*, p. 400, 这是他在 1897 年 8 月 11 日《新闻报》上发表的一篇文章的改定稿内容，此时离都德逝世只有四个月。都德在他的《痛苦》一书中，记录了病痛使他产生的种种思考。

格不入，因而无法评论都德的美学，但他仍然把都德本人设想为“一件艺术品”，并巧妙地把无法赋予其作品的优秀品质转而赋予都德本人：这与贝戈特恰恰相反，因为贝戈特不具备本人作品中的种种美德。马塞尔明确表示要为都德作一幅能与布拉克蒙或惠斯勒（他们分别为龚古尔和孟德斯鸠画过肖像）之作相媲美的肖像。画家需要模特，批评家同样需要对象。“他们的思想对其相貌特征的刻画并不亚于对其作品特点的描述。”[①]都德之所以成为一件艺术品，是因为他“线条完美的造型”并没有被强烈的痛苦所破坏，是因为自然“以无比强大的痛苦、美丽、意志和才智等全部感知使我们陶醉其中”[②]。

① *CSB*, p. 399.

② Ibid., p. 402.

不过，普鲁斯特几乎读过都德的全部小说，除了前面提到的几部，还有《流放的国王》《努玛·鲁麦斯坦》和《萨福》，并在《追忆》中暗用了《不朽者》。马塞尔从中发现了不幸的爱情这一主题：“《阿莱城的姑娘》是一部让我终生不能释怀的作品。它带给我的极度忧伤，是我一生中所做过以及仍将去做的几乎全部傻事的根由。与其让我书中的小男孩被斯万所迷惑，我还不如拿阿莱城的姑娘做榜样。除了《阿莱城的姑娘》和《萨福》，你还知道有哪些作品能产生如此难以愈合的伤痛吗？”[③]其实，这两部作品讲的是同一类故事：一个男子倾心于一个不值得他爱、不属于“他的类型”的女人。当马塞尔写下上述这段文字的时候，他正与某些年轻人经历同样的感情纠葛，他们既不能满足他，也不能使他幸福。

③ *Corr.*, t. XVII, p. 356, 1918年9月，致吕西安·都德。

福雷

如前文所述，早在结识福雷之前，马塞尔就读过福雷的乐谱，喜欢他的音乐。当他1895年在路易·斯特恩夫人的沙龙里被引荐给福雷时，他们聊了很长时间，并认为福雷“非常和蔼可亲”。他们的话题之一是雷纳尔多，马塞尔在给雷纳尔多的信里说：“我们很长时间都在谈你，我觉得我应对得很机智。他对我说，他的音乐作品肯定会让你感到不快，因为相同的诗句本该在你那里就已经一锤定音，等等。我便说，完全相反，我听你演唱他谱写的小夜曲的次数比你自己谱曲的那首还要多，我还说你唱的《秋歌》非常动听。”[1]事实上，福雷和哈恩曾分别为魏尔伦的同一首诗谱过曲。此外，当普鲁斯特在《追忆》中引用类似叙利·普吕多姆的《此处》以及勒贡特·德·利尔、阿尔芒·西尔韦斯特等人的二流诗作时，往往都是因为福雷为它们谱过曲。不久之后的1897年，福雷收到马塞尔的一封信：“对您的音乐，我不只是喜欢、欣赏和崇拜，还是——过去是，现在依然是——深深的爱恋；早在您认识我之前，在音乐会或聚会上，当您对演出的成功淡然处之，而我激动的喧哗鼓噪迫使您第五次返场致意时，您用微笑向我表示感谢。那天晚上，我第一次为《永恒的芬芳》而陶醉，这种醉意害我成瘾……关于《芬芳》，我对雷纳尔多谈了很多感想，这些看法，即使从音乐的角度看，他也认为是正确的……我熟知您的作品，足以为它写上一部三百页的书。”[2]这是因为，对马塞尔而言，在这

[1] Ibid., t. I, p. 375. Cf. p. 448, 普鲁斯特致信福雷的出版商，希望订购另一份乐谱。

[2] Ibid., t. II, p. 162.

些乐曲的深处“似乎敞开了无限之门”[1]。过了不久，福雷应马塞尔之邀，与波利尼亚克夫妇[2]、布朗什夫妇、埃雷迪亚一家、雷尼耶夫妇以及孟德斯鸠共进晚餐[3]。1901年，普鲁斯特向诺阿耶伯爵夫人表示，福雷（如同她或居斯塔夫·莫罗）是他的挚爱[4]。当普鲁斯特专心研究罗斯金从而对建筑和雕塑比对音乐更加关注时，福雷暂时被他撇在一边。1907年，在开始写作《驳圣伯夫》时，他重新想到邀请福雷[5]，特别是请他到利兹饭店演出[6]。他阅读福雷的乐评文章并予以回应。最令人吃惊的是，普鲁斯特认为福雷的《无词浪漫曲》是“唠叨和屁话的混合物”——这的确是孟德斯鸠的原话——的完美表达。“我想这就是一个强暴唱诗班孩子的鸡奸者所要唱的”[7]：此时此地，是夏吕斯与夏吕斯的对话。1915年，普鲁斯特向安托万·比贝斯科透露，为了描写凡德伊奏鸣曲的节奏变化，他利用了福雷的《叙事曲》[8]。“突然间，在乐句到达的地方，当他停顿片刻而正准备从此处随它继续前进时，乐句猛地变换了方向……”此外，正如在《叙事曲》中一样，奏鸣曲的主题出现了三次。《女囚》的一份草稿曾提到《让·拉辛的圣歌》：“应注意使此处与分析福雷圣歌时所指出的幸福相呼应。”[9]1916年，他邀请普莱四重奏组为他演奏福雷的四重奏，这首乐曲（以及弗兰克的四重奏）被他用来描写凡德伊的七重奏及其与奏鸣曲的关系[10]。普鲁斯特对加斯东·普莱解释道，出色的才华使福雷十分质朴（如同阿纳托尔·法朗士），能看透一切事

① Ibid., t. X, p. 395.

② “我们……不时能欣赏到对福雷的奏鸣曲、最新作品等独出心裁的热情演绎……”（《埃德蒙·德·波利尼亚克亲王夫人的沙龙》，*CSB*, p. 468）

③ *Corr.*, t. II, p. 283.

④ Ibid., p. 424. 虽说马塞尔的激情持续不了多久，但直到1902年6月17日，他仍在玛德莱娜·勒迈尔府上听福雷的《孔雀舞曲》（ibid., t. III, p. 55）。

⑤ Ibid., t. VII, p. 187.

⑥ Ibid., p. 197, 1907年7月1日。福雷因为生病，被里斯勒替代，他演奏了瓦格纳、贝多芬、舒曼的作品。Marguerite Hasselmans 与 Maurice Hayot 演奏了福雷的钢琴和小提琴奏鸣曲，这首奏鸣曲是凡德伊奏鸣曲的原型之一，在普鲁斯特的心目中，它已经开始取代圣桑奏鸣曲的位置（ibid., t. VII, p. 230），但到了1913年，在谈到更宁静、更安逸的《费尔瓦尔》时，普鲁斯特仍提起圣桑的奏鸣曲。1909年，普鲁斯特（他总是拿现实的城邦与理想的城邦作对比）为福雷历尽艰辛才入选法兰西研究院而鸣不平（ibid., t. IX, p. 67）。

⑦ Ibid., t. XI, p. 79.

⑧ Ibid., t. XIV, p. 234.

⑨ *RTP*, t. III, p. 991. Voir G. Fauré, *Correspondance*, éd. de J.-M. Nectoux, Flammarion, 1980, pp. 203–219.

⑩ *Corr.*, t. XV, p. 77.

物，没有人会在他面前感到局促[1]。仍然是在1916年，为出席福雷的音乐会，马塞尔服药后前往奥德翁剧场。此后，既然凡德伊的形象已告完成，既然马塞尔已经为小说获取了所有必要的素材，作曲家福雷便在他的生活和通信中消失了。从青年（这一时期亦不应忽视马塞尔与哈恩的交流，哈恩的文字表明他自己对福雷也十分崇拜[2]）到成年的成长历程，也是他的创作从朦胧的预感到逐步实现的过程。有一点是一成不变的：一旦他痴迷于某人的作品，便说明他想到了心目中自己的作品。

① Ibid., p. 84.

② Voir notamment *Thèmes variés*.

巴黎社交生活

1895年，也就是马塞尔结识福雷这一年，经常有人见到他与雷纳尔多出席音乐会。尤其是维利，2月10日在拉姆勒乐团音乐会上认出了他，2月24日又在达尔古尔音乐厅见到雷纳尔多与马塞尔，“胸前插着一朵玫瑰，颜色还不如他粉红色嘴唇鲜艳”[3]。柯莱特为马塞尔描绘的肖像已经被人遗忘，但其中的轻蔑实在令人意外：“在‘巴尔曼大妈’（即阿尔芒夫人）的沙龙里，我被一个彬彬有礼、年轻美貌的文学青年缠住了。这个小家伙长着一双漂亮眼睛，患有轻微的眼睑炎……他说我——还是因为我的短发！——长得像米尔托克莱娅、年轻的赫尔墨斯、普吕东画里的爱神……我的小马屁精为这番联想激动不已，对我寸步不离……长长的睫毛下，一双含情脉脉的眼

③ Willy, *Entre deux airs*, Flammarion, 1895, p. 198, cité par R. Delage, *BAMP*, n° 26, 1976, p. 233.

睛盯着我……”[1]柯莱特星期三在阿尔芒夫人沙龙遇到马塞尔，她不大喜欢马塞尔“对谈话的对方礼数太多，过分殷勤”，她还写道，马塞尔“褐色的大眼睛充满忧伤，脸色时而粉红，时而苍白，神情焦虑，不说话时双唇紧闭，像要亲吻似的”[2]。马塞尔已经成为巴黎社交圈里的知名人物，一个巴尔扎克式的风流雅士，他的名字往往与雷纳尔多一起，被各报的晚会和演出专栏列入出席者名单。人们还看见他出现在孟德斯鸠府上（1月30日）、法兰西喜剧院（2月5日）、埃雷迪亚府上（9日）、都德府上（14日），25日为观看《欧那尼》再次前往法兰西喜剧院，28日又一次前往都德府上，3月1日出席雷蒙·普安卡雷向埃德蒙·德·龚古尔授予荣誉军团玫瑰徽章的晚宴。3月3日是波利尼亚克亲王夫人的沙龙音乐晚会。8日，在孟德斯鸠府上，巴尔泰小姐为格雷菲勒伯爵夫人、盖尔纳伯爵夫人和波托卡伯爵夫人（关于此三位女士，普鲁斯特后来都专门写了文章）朗诵孟德斯鸠的诗歌，以及未来的诺阿耶伯爵夫人安娜·德·勃兰科温的一首诗。当晚的出席者还包括普鲁斯特的其他人物原型：法朗士、哈斯、惠斯勒和迪厄拉富瓦医生。隔了一天，马塞尔前往玛蒂尔德公主府上共聚晚餐。20日，他出席了卡昂·当维尔夫人为塞尔维亚国王亚历山大举行的舞会。3月21日，勒迈尔夫人为奥古斯塔·奥尔麦斯举办作品音乐会。4月21日，马塞尔听了拉姆勒乐团演出的《特里斯丹和伊瑟》选场。23日，在波利尼亚克亲王夫人沙龙欣赏拉摩的《达尔达诺斯》。

① *Claudine en ménage*, in Colette, *Œuvres*, Bibl. de la Pléiade, t. I, pp. 427–428. 柯莱特一开始用的不是“garçon”而是“youpin”，后来是维利改过来的（前一个字的意思是“小伙、男孩”，后一个是带有贬损意味的口头语“犹太佬”。——译者注）。

② *Trait pour trait,* ibid., p. 1350.

他获得文学—哲学学士一事，几乎没有人留意。以上的罗列，假如不是为了反映马塞尔对社交和夜生活的极度热衷，肯定会显得枯燥乏味[1]。他本来以文学志向为借口拒绝从事具体职业，而这种生活状态显得他对这一志向并不专注，所以他不仅与父母常起冲突，自己也懊悔不已，这种境况和情绪，都被他转移到短篇小说《在外晚餐》[2]中奥诺雷这个人物身上；这篇小说可能就写于这一时期，因为这年5月，马塞尔希望它能由勒迈尔夫人推荐在《高卢人报》上发表，他确信这篇小说符合该报的文体，只不过文学性更强一些[3]。《高卢人报》没有刊登这篇小说，但接受了组诗《画家肖像》。

①我们还看到马塞尔出入勒格朗夫人（即《欢乐与时日》里的Lenoir夫人，《追忆》里的勒鲁瓦夫人）府上，以及Seminario夫人、豪兰夫人（在她家里演出Feuillet的剧作*Le Voyageur*）府上。

② *P et J*, pp. 97–103.

③ *Corr.*, t. I, pp. 390, 392.

画家肖像

1895年5月28日，在玛德莱娜·勒迈尔的沙龙里举行了盛大的诗歌和音乐晚会。马塞尔用这样的字眼邀请孟德斯鸠出席：“明天将演唱我的几首拙劣的诗歌……！但愿在明天优美的音乐里，您能稍感欣慰地发现，这些年轻人的诗句对您的大作不仅有仰慕，还有模仿……”[4]晚会上，有不少演员和音乐家献艺，还有好几个合唱团也演出了。次日的《高卢人报》刊登了一篇报道，谈到“哈恩先生为马塞尔·普鲁斯特先生精心撰作的诗篇谱写了优美的音乐。每一幅画家肖像都是一颗小珠宝”。里斯勒[5]特意从他服兵役的沙特尔赶来演奏钢琴。观众席上，马塞尔

④ Ibid., p. 393, 1895 年 5 月 27 日。

⑤ 爱德华·里斯勒（1873—1929），哈恩的朋友，后来也成为普鲁斯特的好友，他的父亲奥古斯特·里斯勒是一位专画历史题材的画家，他本人师从Diemer，1896 年获得音乐学院头等奖；同年在拜鲁伊特任辅导员，后来在国际上享有盛誉，尤以演奏李斯特和贝多芬著称。

结识的贵族人物悉数到场。雷纳尔多认为，“用音乐的形式……把涉及文字的简单标签做成全书的插图”是一个“新颖的想法”[①]（不久后，他考虑为巴雷斯的《贝雷尼斯的花园》作音乐插图，采用的形式可能是他在贝格–梅伊创作的一部三重奏）。这实际上是插图的插图，因为普鲁斯特所作的诗歌，就是用文字描摹画作[②]，特别是他与罗贝尔·德·比利1891年在卢浮宫观赏的画作。这种文学手法可以上溯到波德莱尔的《灯塔》和戈蒂耶的“艺术的转化”（transpositions d'art），亦曾被孟德斯鸠用于诗集《蓝绣球花》[③]。弗罗芒丹在《昔日的大师》一书曾讲到克伊普和波特，无疑对普鲁斯特产生了影响。应该看到，普鲁斯特这些几乎无足轻重的诗歌，滋养了他日后的巨大成功，《在少女们身旁》对埃尔斯蒂尔画作的描写即是一例。读者会注意到，他在诗中谈到“深邃的时刻”，他对金色卷发和头戴粉色羽翎帽饰的骑士情有独钟，他在凡戴克的画中缅怀威利·希思。这几首诗，马塞尔数易其稿[④]。早在1894年10月，他就告诉德·布朗特夫人，“一位天才音乐家——他只有二十岁——为我集子里的诗歌写了音乐，法朗士先生为集子作序”[⑤]。马塞尔补充道，他所说的音乐家不是德拉弗斯，德拉弗斯是《谎言》一诗的共同作者，并没有出现在集子里。诗歌的定稿首先刊登在1895年6月21日的《高卢人报》上，之后连同曲谱由《吟游诗人》周刊社印成单页[⑥]，1896年收入《欢乐与时日》。雨果、波德莱尔、埃雷迪亚（他当时就在观众席

① *BAMP*, n° 43, 1993, p. 44.

② 就在此前后不久（但不一定是在此之前）柯莱特写信告诉普鲁斯特，维利和她本人都认为他的“画家评注”“高雅而漂亮”：“千万不要说它写得不好而把它毁了，那样就太不幸了。”（*Corr.*, t. I, p. 385）

③ 孟德斯鸠在诗中谈到了惠斯勒、魏尔伦、皮维·德·夏凡纳；谈到的音乐家包括舒曼、肖邦、巴赫。普鲁斯特后来的组诗《音乐家群像》中也包括了这几位音乐家。

④ *Poèmes*, Gallimard, 1982, p. 29–33.

⑤ *Corr.,* t.II, p. 491.

⑥ R. Hahn, *Portraits de peintres. Pièces pour piano d'après les poésies de Marcel Proust*, in-fol. en feuilles sous portefeuille d'origine.

上）以及孟德斯鸠的影响，淹没了这些诗歌的独创性，正如古诺、马斯奈和圣桑的印记淹没了伴奏音乐的独创性。因此不难理解，这一对年轻人为什么无意再把这种手法应用于新的创作，包括大概于不久后写成的组诗《音乐家群像》。后世的读者无从得知，普鲁斯特遗作《让·桑特伊》中的雷韦永就是哈恩，他们只看到雷纳尔多的音乐中没有普鲁斯特，《追忆》中也没有雷纳尔多，其实凡戴克肖像的草稿中曾有一段四行诗提到雷纳尔多，但最终被删去："迷人的／雷纳尔多——琴师、诗人和歌者。"[1]

雷纳尔多还是《以爱情为参照的对希望的批判》一文的灵感之源，这篇小文是马塞尔"在一刻钟之内完成的，并且没有改动"。马塞尔声称："这一批判想必是不成立的，但是一旦我感觉它是真实的，哪怕只有一分钟，都会赋予它一种心理的真实感……"[2]只有把此文置于马塞尔此时所处的情感境况之中，我们才能理解它，因为文中阐述的爱情理论直接针对一个特定读者，即雷纳尔多，尽管马塞尔随后予以否认；而在马塞尔的书信中，否认往往意味着肯定。此文是以马塞尔明确阐释并且深信不疑的一种时间理论为依据的。当前包含着"难以救药的不完美"："未来的某个时刻一旦成为当前，就会失去所有的幻魅；的确，只有……在回忆当中，才能重新找到这些幻魅。"希望在现实中没有任何根基，因为它只来自我们的内心。"深思而悲伤的人们"（马塞尔也跻身此列）深知，幸福的爱情本身就是最伤感的体验：尽管有肌肤之亲，"您本

① *P et J*, p. 946.

② *Corr.*, t. I, p. 382. 普鲁斯特把这篇文字交给哈恩，这实际上是一种警告；4 月的时候，普鲁斯特即因哈恩失约而苦恼，此后到处找他而未果，当时普鲁斯特就感到他将先经历一场悲剧，然后再把它写出来（ibid., p. 380）。

人仍然离我而去，并且带走了幸福”。这种伤感的爱情观——亦反映在雷纳尔多的日记里——是他们二人同有的。“既然我们二人相互隐瞒的秘密被我们公之于众，它对我们来说就不再是幸福了。”[1]只有回忆，“宽容而强大的回忆”，留了下来，为我们祝福。企望幸福是没有用的，因为幸福不过是一种记忆的现象。

① *P et J*, p. 140.

挂名图书馆员

是什么因素促使普鲁斯特参加了5月29日马扎林图书馆的选拔考试，竞争一个“无报酬职员”的岗位呢？（实际上，当时有很多种公职，如在外交部，年轻人都是从无报酬的职员做起。）首先是参议院图书馆员夏尔·格朗让的建议；其次是几位大作家如法朗士、勒贡特·德·利尔、圣伯夫（1841年被任命为马扎林图书馆馆长）的榜样作用，这些人在别人的书本中间找到了栖身之所、就业理由和生计来源。6月8日，马塞尔以第三名也是最后一名的成绩被录用，随后被指派到版权备案处[2]，这个部门在马塞尔看来枯燥乏味，而且地点位于格勒耐尔街而不是孔蒂河岸，于是他想办法让公共教育部出面，以他惯用的健康不佳为理由，指派第二名取代他的这一职位。但行政主管阿尔弗雷德·弗兰克林先生断然拒绝，他宣称：“在我看来普鲁斯特先生健康状况甚佳。”并补充道：“假如他隐瞒了身体缺陷，假如他身体虚弱到无法承担每两天五个小

② 由普安卡雷签署的录用决定6月24日公布，派遣通知7月3日下达。

时的工作，他就不应该申请超出他承受能力的职务；因此只能将他停职。”[1]7月初得知正式任命后，马塞尔软中带硬地向行政主管表示，加布里埃尔·阿诺托——他是一位历史学家，更要紧的是，他位居外交部长且是普鲁斯特教授的朋友——将出面干预，而他自己“要么休假，要么辞职”[2]。于是马塞尔获准休假两个月，随后他又致信行政主管，要求将假期结束日从10月15日延至11月15日，“以便彻底治愈神经性哮喘症；多亏您准予我的两个月假，我已经差不多完全康复了”[3]。年底，无报酬职员马塞尔再度获准休假一年。这一出行政喜剧剧情发展缓慢，直至1900年3月1日普鲁斯特被视为主动离职才最终落幕。国家最高层人物阿诺托、普安卡雷都曾出面插手，使得我们这位前准职员没有履行过任何职责。这是马塞尔的典型做派：使出全部劲头、动用所有关系，令他摆脱自己主动身陷其中的处境，就像哮喘发作一样，事后他会感觉良好！他曾努力从事一项职业，以此向父亲表明自己的诚意；然而，由于没有人愿意给他一个合适的位置，他只好抽身退出，投身于唯一一项别人无法将他逐出的事业——文学。这就是马塞尔，像他笔下的“神经质人物”一样，表面上温和、顺从，实际上固执得要命，而最终总能拐弯抹角地达到自己的目的。

① *Corr.*, t. I, p. 85. Ces renseignements proviennent de Germain Calmette, « Proust à la Mazarine », *CMP*, nº 6, 1932, p. 277 *sq*.

② *Corr.*, t. I, p. 407, 1895 年 7 月 5 日。

③ Ibid., p. 431 ; cf. p. 439.

VII

让·桑特伊的欢乐

克罗伊茨纳赫

《在少女们身旁》当中，叙事者讲道：“某一年曾与外婆一起到德国乡间洗温泉”；《盖尔芒特家那边》写道：这处德国乡村位于“一座山脚下，此山曾是歌德经常散步的地方。我们在疗养院里喝的酒，就是用山上的葡萄酿制的，酒名由一串地名组成，听上去响亮悦耳，犹如荷马授予他英雄人物的称号”。洗过温泉，他每天傍晚都要穿过蚊子形成的一个个云团，在河上划船；他在林中散步，或者凝望疗养院背后蓝色的山峦，怀想着神圣日耳曼帝国的领主、城堡主和选侯[1]。这段文字暗指他和母亲1895年7月[2]前往莱茵州纳厄河畔的温泉城市巴德–克罗伊茨纳赫疗养的经历，他们就住在疗养院酒店。河的左岸是城堡山，山的南坡就是葡萄园；划着小船可以直抵明斯特尔阿姆斯泰因，在《盖尔芒特家那边》中普鲁斯特为德国亲王取的名字法芬海姆–蒙斯特堡–魏尼根就源自此

① *RTP*, t. II, pp. 553–554 et Esq. XXI, *Le Côté de Guermantes*, pp. 1172–1174 ; cf. Esq. XXXII, p. 1247. 参见十五人译本（三）251—252 页。

② 他们 1897 年又去了一次。

处，使人一听到这个名字，就能联想起整个中世纪和浪漫主义时期的德国："他各个领地的地名，以及我为其他众多条顿总督或骑士所臆造的地名，我都了如指掌！这是那条河温馨的名字，那条河是我的朋友，我在它的芦苇丛下停住船，仰面躺在船底；这个熟悉的名字属于那个可爱的村庄，我要借小船去那里，就说'我要去……'，我回来吃晚饭时妈妈也要说起这个名字，问我'你有足够的时间一直划到……吗'？这些都是我喜爱、熟悉、充满回忆而没有丝毫陌生感的名字，这些温馨的名字一个接一个地连成一串，正是我和妈妈常常在晚餐中间讲述一天的经历时提起的伯爵的头衔，这个头衔既奇特又响亮，在《哥达年鉴》上足足占了四行。"[①]不过，每到夜晚，他担心的那种伤感和焦虑状态又如约而至，后来他在信中还提起过[②]。在此地停留期间——妈妈并没有要求他陪同，但他不愿意把妈妈独自留下（玛德莱娜·勒迈尔对此很不高兴，她本想请他住在雷韦永）——普鲁斯特很少给雷纳尔多写信。雷纳尔多倒也大度，说道，这个"没常性的人"，他在工作。

① *RTP*, t. II, p. 1173.

② *Corr.*, t. IV, p. 266, 1904 年 9 月 16 日。

圣日耳曼昂莱

没过多久，到了7月中旬，马塞尔就出现在雷纳尔多在圣日耳曼昂莱的亲属家里。当时，雷纳尔多住在姐姐米盖尔·塞米纳里奥夫人处。雷纳尔多似乎心情不佳，他告诉里斯勒，来到此处是为了"把巨大的精神烦恼淹没在清爽纯净的空气中”。“每个人都注定要把自己的那份忧愁带到众人的生活中来……。绝望之时，我们宁愿远离他人，隐藏起自己的痛苦，向自己倾诉。所以我来到这里，住在姐姐克拉丽塔家，她租了一所小房子，整个夏天都住在这儿。”马塞尔（他似乎没有在圣日耳曼住下来）经常来访，他的“体贴”和“聪颖”“确实具有振奋人心的功效”：“他是个不同凡俗的杰出人物。”①

此外，似乎所有人都把这两个年轻人当成一对儿，向他们二人一起发出邀请。孟德斯鸠——马塞尔提及他“考验一个人是否非常善意”②的理论，并在小说里把它放在夏吕斯口中——第一次是邀请他们来凡尔赛，与诺阿耶伯爵夫人以及巴雷斯见面；但是他们弄错车站而误了火车，再说他们住在圣日耳曼，身边没有晚礼服，这是更加不可饶恕的错误。当月，孟德斯鸠还有两次邀请他们，他以FMR署名写信给马塞尔：“和您的兄弟哈恩一起来吧。”可当晚马塞尔要前往卢孚仙纳的柯尔–沃朗庄园赴奥贝侬夫人的晚宴。他们所乘的火车以及一次次晚宴，将来都会安排在维尔迪兰夫人名下。7月底至8月初，他们二人经常在圣日耳曼昂莱会面：“雷纳尔多的外甥们欢快地尖叫着迎接他，他们真是漂亮。不幸的是，塞米纳里奥夫人患了偏头痛，我没能见到她。”③马塞尔的信表明，他与雷纳尔多另一个姐姐玛丽娅似乎更加亲密，在信里称她为“亲爱的姐姐”，说她的美貌堪比圣日耳曼森林中的猎神狄安娜，“您只能引起我们的恐惧，这是高贵正派的眼光见到

① *BAMP*, nº 43, 1993, p. 44. B. Gavoty (*op. cit.*, p. 103) présente le séjour comme réunissant les deux amis et Maria Hahn chez Clarita Seminario, au Pavillon Louis XIV. Cela ne ressort pas de la lettre à Risler que nous citons, ni de celles de Proust à Maria Hahn.

② *Corr.*, t. I, p. 410, 1895 年 7 月 16 日。

③ Ibid., p. 415, 1895 年 8 月 2 日。

美女时必然产生的恐惧”[1]。如此说来，马塞尔与雷纳尔多之间一切都顺利吗？马塞尔倒是说起“生活、健康、兵役，都有数不清的麻烦”，使他无法做出明确的打算[2]。

① Ibid., p. 418.

② Ibid., p. 416, 8月4日致皮埃尔·拉瓦莱，时间是在雷纳尔多向里斯勒说过那些丧气话后不久。

迪耶普

不过，从8月10日至30日，他与雷纳尔多一起一直住在玛德莱娜·勒迈尔在迪耶普的家里[3]。勒迈尔夫人是个热心的女主人，像往常一样想方设法让他们“吃得舒服，住得自在；至于音乐，雷纳尔多没有钢琴可弹，取而代之的是海韵和风声”。在“爸爸外出旅行的时候”，大海照料马塞尔的健康：“大海描绘出一幅宏大的画卷以抚慰我的身心，我对这位医生非常满意。”他们似乎已经和好如初：“雷纳尔多真是既聪明又体贴，风度翩翩。”[4]二人前往珀蒂–阿贝维尔游览，马塞尔非常喜欢鲁昂大道上的山毛榉[5]，并据此写了短篇小说《在树下》。这是想象力的一次新练习，笔触近于加斯东·巴什拉：“我们的精神不再如同在海边、在平原、在山间那样，能快乐地在世界上伸展来开，但它因为与世界隔绝而感到幸福；它被根深叶茂的树干团团围住，像大树一样向上升腾。”两个年轻人“仰面躺在树下，头枕着枯叶”，“在深邃的静谧之中任思绪欢快地飞扬”[6]。在《追忆》当中，对树木的描写无处不在，特别是于迪迈尼尔的三棵大树，它们如此古老又如此年轻，是我们生命“取之不尽的沉睡宝藏”。

③ 哈恩致信里斯勒说：“前往布列塔尼之前……我们在一个星期的时间里，对走哪条路线一直犹豫不决，对于我们两个拿不定主意的人来说，下定决心是很难的，像往常一样，一旦做出什么决定，总是隐隐约约感到其他决定会更好。”（*BAMP*, nº 43, 1993, pp. 45–46）

④ *Corr.*, t. I, p. 418. 大海在此处是替代父亲的。大海、音乐、父母、所爱之人是通过普鲁斯特本人联系在一起的，并且始终如此：阿尔贝蒂娜为叙事者弹奏自动钢琴，正如雷纳尔多为普鲁斯特弹奏。

⑤ Ibid., p. 88.

⑥ *P et J*, Folio, p. 207. Daté : « Petit-Abbeville, Dieppe, août 1895 ».

在火车上，马塞尔遇到了雕塑家德·圣马尔索（1845—1915）先生，此君“关于舞蹈的宏论，让人既心生向往，又回味无穷”；马塞尔则声称自己“有点迷上了”克雷奥·德·梅罗德，她就住在迪耶普，是巴黎歌剧院芭蕾舞团的四级演员[①]。

贝格–梅伊

两个年轻人的布列塔尼之旅终于成行。雷纳尔多给姐姐玛丽娅写信说：“马塞尔感到有点气闷[②]，可能他父亲不希望他去布列塔尼。至于我，感觉良好，很喜欢待在迪耶普。我们每天都散步很长时间。现在是早上四点……一切都在沉睡：夫人和小姐住在楼下，马塞尔就在我旁边，不过他睡得很轻，所以就连我写字的声音都让我提心吊胆。他的哮喘曾经轻微发作过一次。但愿他能得到允许，前往布列塔尼，对此行，我已期待至极！”[③]玛德莱娜·勒迈尔并不这样认为，她像维尔迪兰夫人一样，不愿意被忠实信徒撇在一边，她写道：“马塞尔身体已经好多了。啊！他们要是放弃布列塔尼之行该有多好！在这儿，我能强迫他们按时吃饭，在那些糟糕的旅馆里，他们根本做不到。”在这儿，他们过着自由、健康的生活，“完完全全地远离世事、远离人群”，但是他们见到了前来看望玛德莱娜·勒迈尔的圣桑：弟子雷纳尔多终于与大师认识了，圣桑曾见过他，但当时不知道他是谁[④]。

9月4日，马塞尔与雷纳尔多前往海上美丽岛——先

① *Corr.*, t. XXI, p. 201, 1922年5月16日过后不久，致德·圣马尔索夫人。

② 马塞尔8月20日写信告诉玛丽娅·哈恩，他不知道自己会不会留在迪耶普，因为“在那儿呼吸不畅”（ibid., t. I., p. 417）。还有：“失眠让我非常烦躁，但多亏有雷纳尔多，我待在那儿很享受。”（ibid., p. 419）相反，雷纳尔多在前往迪耶普之前“心情极度忧郁”，但此时已经“痊愈”，正在如饥似渴地读《安娜·卡列尼娜》（这部书马塞尔在1894年8月读过）。

③ B. Gavoty, *op. cit.*, p. 103. 这封不为人知的信似乎表明，布列塔尼是与雷纳尔多，也就是让·桑特伊联系在一起的。正是因此，布列塔尼在《追忆》中消失了，取而代之的是诺曼底，因为此处占主要地位的是其他人物，尤其是阿戈斯蒂耐利。

④ *BAMP*, nº 43, 1993, p. 49, 雷纳尔多·哈恩1895年8月31日致里斯勒信。我们前文说过，圣桑误把雷纳尔多认作马塞尔。也许是因为人们眼中只有富人。

乘十四个小时火车到基伯龙，再乘船登岛——萨拉·贝尔纳在岛上有一所房子[①]。马塞尔在信中讲到“前往因萨拉·贝尔纳而出名的地方朝圣”，雷纳尔多则抱怨“美丽岛又臭又燥，基伯龙又闷又热”。他们见到那位大名鼎鼎的明星了吗？奇怪的是，记载他们拜访萨拉·贝尔纳之事的是雷纳尔多而不是普鲁斯特[②]。6日，他们已经到了贝格–梅伊，先后住在海滩旅馆[③]和名为“费尔蒙”的小旅馆。他们的房间在配楼里，距他们就餐的主建筑有一百来米；雷纳尔多给姐姐写信说，房费每天只需2法郎；房间里到处是“苍蝇屎”，连信纸上都不例外。旅馆的登记簿上记载：“雷纳尔多·哈恩，音乐家”，“马塞尔·普鲁斯特，作家”，来自美丽岛。当时的贝格–梅伊只是一处“被高崖环绕的宽阔海滩，高崖上长满树木和灌木”，“气候温和宜人”[④]，与马塞尔在信中所称“徒有虚名且不利于健康的美丽岛”形成鲜明对比；他在信里还特意描述此处“有高大的苹果树，苹果酒的气味混杂着散发出诺曼底清爽气息的海藻气味。一边是极具布列塔尼色彩和忧伤的大海，另一边是蔚蓝色、背景酷似日内瓦湖的孔卡诺湾”[⑤]。他们就是从孔卡诺乘船到达贝格–梅伊的。他们来此地度假，是普鲁斯特一家的朋友贝纳克建议的，贝纳克一家在这儿有一处农庄。马塞尔从贝纳克家的住处——房子至今还在——远眺大海，雷纳尔多撑着伞为他遮住阳光[⑥]。

在每封书信里，普鲁斯特都用同样的意象赞美“这

① *Corr.*, t. I. p. 426. 哈恩和普鲁斯特在美丽岛过夜的地方是当地最好的旅馆，“即阿德莱客栈，要是马塞尔没有拉肚子的话，我们早就去贝格–梅伊了”（B. Gavoty, *op. cit.*, p. 106）。

② R. Hahn, *La Grande Sarah : souvenirs*, Hachette, 1930, p. 135.

③ 这家旅馆1994年还在，但正面临被拆除的危险。它共有二十间客房和一间餐厅（*Ouest-France*, éd. de Quimper, 18 août 1994 : « Quand Marcel Proust fréquentait Beg-Meil »）。

④ *Bottin mondain* (1903), p. 737, 书中还说此地“适于俭朴之人”。的确，此时的马塞尔还没到专找豪华饭店的时候，他更看重的是省钱和安静，并远离是非。

⑤ *Corr.*, t. II, pp. 492–493.

⑥ 贝纳克家的传统。

个美丽的地方，在此奇妙的日内瓦湖畔，高崖上的诺曼底苹果几乎已经成熟，把苹果酒的气味与海藻的芳香混合在一起”①。马塞尔从不避讳用脏话开玩笑，这既是家族传承的爱好，也是上溯至莫里哀和拉伯雷的传统，他在信里说，他们住的旅社里没有卫生间：“此处不宜传扬维尼的诗句‘不要把我独自留给大自然’，因为我们必须把一切都奉献给它。”还说他被荨麻扎到了②。雷纳尔多像往常一样不太开心，给朋友和姐姐写信抱怨道：“阳光烤我，蚊子叮我，肮脏的旅馆让我不舒服。如此看来，布列塔尼与地狱没什么两样！步行两法里，就为了去看一棵与别处一模一样的苹果树，走得浑身是汗，还得喝一口农夫用脏杯子倒来的醋……不啦，谢谢！”③虽然他声称自己并不傻，“马塞尔也不傻”，完全能够理解“布列塔尼风情以及在这里应该感受什么”，但他不喜欢这个地方，一边不停地讽刺挖苦，一边罗列他们游览的地名：奥莱、孔卡诺、杜瓦讷内、欧迪耶纳、坎佩尔、海啸角。居住条件似乎确实很差：“我们二人身体都太弱，无法适应这个野蛮国度里闻所未闻的简陋设施，没有马桶和卫生间，无以言状的食物……没有窗帘的窗户等等，这样的生活一时之间真难以习惯。”④不过到了9月底，哈恩不再抱怨，他发现了大自然的神奇：“我从未见过任何类似的风景。日落时的景色是我首次见到，血红色、紫色、珍珠色、银色、金色、白色和绿松石色的大海轮流出现在我们眼前，昨天，慷慨的阳光让我们看到大海完全呈现出粉红色，上面点缀

① 读者在《让·桑特伊》当中还会遇到日内瓦湖。让在远眺日内瓦湖的时候陷入不自主的回忆，仿佛再次看到了大海（*JS*, pp. 398–399）：“这是我们在海边居住的某个房子的气味，那是一座完全由木头建造的别墅，令人感到不舒服……在那儿我心情非常糟糕，任何东西都没有美感。”我们从中看到普鲁斯特如何颠倒了生活事件的时间顺序：在贝格–梅伊的期待，在小说中成了回忆。

② *Corr.*, t. I, p. 427.

③ À F. de Madrazo (B. Gavoty, *op. cit.*, p. 104).

④ *BAMP*, n° 43, p. 51, 致爱德华·里斯勒的信。在这封意图报复的信里，普鲁斯特附上了几句对这位钢琴家表露感情的话，“我期待你能像当兵之前一样待我和善”，并说自己很高兴下一年能够经常见到他。

着点点蓝帆。”两个年轻人读塞维尼夫人，读《交际花盛衰记》，“这本书假如不是出自巴尔扎克之手，里面许多内容就会显得荒谬”[①]。

在贝格–梅伊，普鲁斯特找到了他过去在诺曼底喜欢上的那种景色，即一直延伸到海边的苹果园。《让·桑特伊》中有很多段落描写这一景色[②]。实际上，他是在此地开始写这部小说的，似乎此地的景色、独拥所爱之人的幸福、《欢乐与时日》的完成（他只作了数页的增补）以及激动人心的阅读，都触发了他的灵感。此前，在雷纳尔多的帮助下，他已经继组诗《画家肖像》之后，为他青年时期喜爱的四位音乐家写了八十行的组诗《音乐家群像》，收入《欢乐与时日》，分别是：《肖邦》（最早题献给爱德华·里斯勒）、《格鲁克》、《莫扎特》和《舒曼》。在《追忆》中，他为德·康布尔梅夫人演奏的肖邦乐句奉献了最美的篇章，舒曼的《维也纳狂欢节》是凡德伊奏鸣曲的原型之一[③]。莫扎特对一个英国青年的友情，将为马塞尔作出榜样或提供借口，所以马塞尔是与他一样的“谢吕班、唐璜！”[④]这组诗10月被朱丽叶·亚当主持的《新评论》退稿，11月又被《每周评论》拒绝[⑤]。这一组诗，与其说表现了普鲁斯特与孟德斯鸠及自己的“诗歌肖像”不相上下的诗才，倒不如说表现了他对音乐的稔熟。写格鲁克的那首诗引用了他的五部歌剧（《阿尔切斯特》、《阿尔米德》、两部《伊菲姬尼》以及《奥菲欧与尤丽狄茜》）。关于舒曼的诗里嵌入了他十三首歌曲、作品第九

① 雷纳尔多·哈恩致里斯勒的信，参见*JS*, p. 183。

② Ibid., pp. 183–201, 354–402.

③在《追忆》中，普鲁斯特曾提到格鲁克的《伊菲姬尼》、莫扎特的带单簧管的五重奏和一首协奏曲。维尔迪兰夫人把莫雷尔称作“我的小莫扎特”（可能勒迈尔夫人也这样称呼雷纳尔多，而雷纳尔多把《画家肖像》的曲子献给了她）。另见*CSB*, pp. 192–193, et p. 281。

④ 普鲁斯特《莫扎特》一诗的第九行。1925年，哈恩为萨沙·吉特利的《莫扎特》谱曲，并写了多篇论述莫扎特的文章。他的组曲《狂迷的夜莺》中有一首《悲惨的谢吕班》。1912年，普鲁斯特到处寻觅莫扎特或肖邦的手迹，准备送给雷纳尔多（*Corr.*, t. XI, p. 329）。

⑤ *P et J*, Folio, pp. 330–331, notes de T. Laget. Voir *Corr.*, t. XX, p. 612, n. 5.

号《狂欢节》以及《童年即景》的标题。《莫扎特》一诗里，我们会看到《费加罗的婚礼》《唐·乔万尼》以及《魔笛》。如同《布瓦尔与贝居榭的社交生活》与《布瓦尔与贝居榭的音乐爱好》一样，这组诗也反映了马塞尔模仿、引用和拼接马赛克的技巧。这一技巧我们将在《追忆似水年华》中再度领略，那里面埋藏着一整部索引典。

哈里森

贝纳克一家是普鲁斯特的朋友，正是他们建议马塞尔来贝格–梅伊一游。《让·桑特伊》开头一段便是描写属于贝纳克家的农舍："我与一位朋友来到克伦格里曼[①]度过了9月，那时（1895年），它只是一处远离村庄的农舍，位于孔卡诺湾岸边，周围都是苹果园。"[②]这个农舍常有画家光顾，马塞尔与雷纳尔多就在那儿遇到了美国画家亚历山大·哈里森，他在农舍里租了一间画室。哈里森1853年生于费城，是热罗姆和巴斯蒂安–勒帕热的学生，与莫奈和罗丹有来往，他此时钟情于布列塔尼，就干脆住了下来。他曾获得1889年万国博览会金奖和荣誉军团勋章。他的绘画大都表现海上和海滨的景色，在法国大获成功[③]。《让·桑特伊》提及"哈里森画了一幅迷人的日光图[④]，送给了居停主人……在这幅画里，画家用满腔柔情和才华，把此地的景色，连同唯有对此地时刻迷恋而又浸淫日久之人方能揭示的一切，呈现给对此地尚不了解的人

① 菲利浦·科尔布1954年来到此处，见到了一直延伸到海边的苹果园（« *Historique du premier roman de Proust* », *Saggi e ricerche di letteratura francese*, t. IV, 1963, p. 227）。

② *JS*, p. 183.

③ S. Monneret, *Dictionnaire de l'impressionnisme, op. cit.*, t. I, p. 334；这位作者还指出，普鲁斯特后来与玛丽·诺德林格一起去过画家在巴黎的画室，画室里挂着许多贝格–梅伊的风景画。玛丽·诺德林格写道："我几乎不敢想象曾经在埃尔斯蒂尔家里喝过茶。"

④ 这幅画变成了埃尔斯蒂尔笔下的《海上日出》，*RTP*, t. II, p. 183，参见十五人译本（二）384页，周译本（二）386页。菲利浦·科尔布在沙滩旅馆里见到一幅哈里森的"落日"，安德烈·贝纳克的女儿还记得哈里森，"穿着一身奇怪的衣服，外加一条鼓鼓囊囊的套裤"，他每天傍晚都要三步并作两步地冲上沙丘去看落日（« *Historique* ... » *op. cit.*, p. 215–227）。

们”[①]。

哈里森建议两个年轻人前往庞马尔角一游，“那里是荷兰、印度与佛罗里达的混合体（哈里森语），暴风雨是此处最壮丽的景致”[②]。埃尔斯蒂尔谈起卡尔克迪伊特时也说，“它更使我回忆起佛罗里达的某些景观”[③]，为比较卡尔克迪伊特与海啸角，他借用了普鲁斯特本人写给朋友的信[④]：“您不能不去海啸角，您深知Finisterre一词字面上的历史和地理含义[⑤]……面对赛因岛，高耸的花岗岩悬崖俯视着特雷帕塞湾，被悬崖围住的海水永远奔腾咆哮。我们应该认识的正是这些阴郁、悲惨的地方。不过我承认，相比之下，我更喜欢庞马尔。”于是，曾在佛罗里达生活多年的哈里森，在此处扮演了“激动人心的路标”的角色，马塞尔在《1908年记事本》中写道：“其他人和物，我只把他们当作激动人心的路标来接纳（即指哈里森、佛罗里达）。”《追忆》中，与埃尔斯蒂尔相遇的场景和描绘海景的绘画，灵感来源都是哈里森，他也是《让·桑特伊》中作家C的原型，作家C的工作方法更接近画家而不是小说家（“他仔细观察海上飞鸟的飞行动作，倾听风声，凝视天空”[⑥]），并提出游览建议。一位现实中的画家，就这样在普鲁斯特的首部小说中化身为小说家，然后让马塞尔在向朋友描绘菲尼斯泰尔的景色时借用他的看法，再后来在《在少女们身旁》中重新成为埃尔斯蒂尔——以第一种面目出现的埃尔斯蒂尔——的原型。

① *JS*, p. 374.

② *Corr.*, t. III, p. 408.

③ *RTP*, t. II, p. 210，参见十五人译本（二）413页，周译本（二）413页。Cf. Esq. LV, pp. 965, 966（此处草稿表明了它与惠斯勒的《乳白色海湾》的亲缘关系）。

④ *Corr.*, t. III, p. 408. Cf. ibid., t. IV, p. 227，这两处用了同样的表达方式。

⑤ 意思是大地尽头，指布列塔尼半岛的最西端。这个字有多种写法，作为法国省份名称写作 Finistère。——译者注

⑥ *JS*, p. 186.

风景

像他的作家C一样，普鲁斯特在贝格–梅伊期间也致力于描摹风景，同时也包括一些人物。人物当中，索瓦尔格一家的原型是贝纳克一家；他们是普鲁斯特教授夫妇交往时间最长的朋友，贝纳克先生是巴黎荷兰银行行政主管、国家铁路管理委员会秘书长（1886—1895）；他们在贝格–梅伊有一所房子，曾向马塞尔谈起贝格–梅伊："索瓦尔格说那是个令人愉快的地方，他们在那里住过所以有亲身体验，逢人便建议来此地一游。他们还在那儿买了一所小房子……那里是他们生活幸福之所在。"[①]

马塞尔描摹的第一处风景是贝格–梅伊半岛：半岛上的航标、蕨类和刺茎菊科植物，以及半岛两侧截然不同的海景。当时，半岛上只有稀稀落落的几处农舍，农舍的果园一直延伸到海边。普鲁斯特和哈恩就住在一处由农舍改建的简陋旅馆里。那时农民们仍然睡在衣橱式的木床上，那么他们二人也睡在这样的床上吗？有一个段落似乎表明确是如此："然后就睡在衣橱式床上，深夜里模模糊糊的梦境不时被打断：玻璃在风雨中变形，吱吱作响，被惊醒的人伸出胳膊搂住对方的脖颈，双腿紧贴着对方的双腿，还有无力而轻柔的亲吻；当风紧紧地顶着窗户、压着屋顶、让烟囱的挡板发出呜咽之际，爱抚增添了夜的静谧，头抬了一下但没有挣脱对方的手臂，听了听声音……随后又缩进被单，尽情享受被窝里的柔情和温暖，把寒冷和敌意挡在被单之外。"[②]高处矗立着乡野风味的教堂，"空

① Ibid., p. 354. 普鲁斯特接着有一个比喻，这个比喻很适合他本人："他们喜欢能够以某种方式高人一等的感觉……就像一个文人，他在社会上没有什么地位，但作品会留下来，并能保留住本人的某种东西，所以他像其他人一样，努力在等级序列里占据一席之地。"贝纳克夫妇的名字在普鲁斯特的通信中经常出现；曾经属于贝纳克夫妇的一本《欢乐与时日》1993年10月23日在克莱蒙–费朗拍卖，同时拍卖的还有普鲁斯特谈及布列塔尼的一封信。他们的儿子死于第一次世界大战。

② Ibid., p. 365. 在《女囚》当中，普鲁斯特较少描写叙事者与阿尔贝蒂娜的肉体关系。我们引用的这段文字，在出版之前他确实没有重读过。只要读一读他这个时期的文字，比如《欢乐与时日》和《让·桑特伊》，我们就会发现比《追忆》中更强烈、更纯洁、更天真的感觉，青春期的感觉。

旷而晦暗”，这是普鲁斯特一直钟爱的众多乡村教堂中的第一座[1]。《乡村教堂》正是1912年在《费加罗报》上发表的《追忆》片段的标题；涉及巴尔贝克的篇章也有很多对钟楼的描写。更远的地方是德加兹维尔的教堂，里面有一幅居斯塔夫·莫罗的《从十字架上卸下圣体》[2]。庞马尔角是此行的最大兴趣所在：此处描写的暴风雨场景[3]，在《追忆》中仅仅作为叙事者的梦境出现，这是普鲁斯特惯用的转移手法；他常常把自己的亲身经历，把写于定稿之前的文字，转换为人物的向往，转换为欲望的意象。让·桑特伊要去看暴风雨，一位水手为他当向导并负责保护他，他们用绳索拴在一起，四肢着地，以免被风吹走。

10月，让·桑特伊——想必与马塞尔一样——“裹着毯子在旅馆前的苹果园里读书或写作”，他用墨水瓶压住稿纸以免被风吹散，心无旁骛，沉浸在十分惬意的状态。下午或傍晚，他要么到海上垂钓，此时要带上墨水瓶以便随时写点什么；要么在岸边津津有味地欣赏归来的船只：“他已经把自己的感情付与某种比虚荣更深邃、比爱情更长久的东西。”[4]与让·桑特伊一样，马塞尔此后很少重返布列塔尼：“他的情感曾经专注于小小的孔卡诺湾，专注于每天上午送来鲜鱼的渔民，专注于一个小水手，这个十五六岁的小家伙带他到海上观赏落日，知道他害怕水母，知道他喜欢钟楼；如今出于同样的缘由，他的情感已经渐渐倾注于其他伙伴、其他地方。”[5]秋天里离别的惆怅、远离大海的不舍，普鲁斯特一一写入《在少女

① Ibid., pp. 362–364, 365–366.

② Voir l’article de R. Bales in *Revue d’Histoire littéraire de la France*, décembre 1974.

③ *JS*, pp. 370–376.

④ Ibid., p. 391.

⑤ *JS*, pp. 382–383.

们身旁》；在卡堡的大旅社，他曾经是夏末的最后一位住客，就如海堤上形单影只的怪鸟。1904年，在给莱昂·伊特曼的信中，他仍对贝格–梅伊赞不绝口："那里不是要你去看一眼就走的地方，而是令人流连的宜居之所。假如您傍晚乘小船从贝格–梅伊前往孔卡诺，您的船桨会搅散落日撒在明亮而沉寂的水面上的全部色彩。"谈到庞马尔，他又说："假如赶上一场暴风，您会欣喜得发狂。您将看到柔和的海滩像拴在巨岩上的安德洛墨达一样备受摧残。"[1]此外，贝格–梅伊为普鲁斯特提供了众多的地名，被他用于《让·桑特伊》。

① 从《夜晚来临之前》（*P et J*, Folio, p. 251）开始，普鲁斯特就把这个形象与同性恋联系在一起。*Corr.*, t. IV, p. 227。Cf. ibid., t. III, p. 408, 1903年8月，他向乔治·德·洛里斯提出同样的建议。

雷韦永城堡

普鲁斯特向马扎林图书馆申请把假期延至11月15日，并延长了火车票的有效期，直到10月27日才回到巴黎[2]。离开贝格–梅伊之前的第三天，他和雷纳尔多在一个大热天去了杜瓦讷内和海啸角。不过，普鲁斯特本打算独自一人前往色格雷城堡，在他的朋友皮埃尔·拉瓦莱身边继续写作，但商量了两个多月也没有结果。最后，他还是与雷纳尔多一起回到了玛德莱娜·勒迈尔的雷韦永城堡，一直待到了11月。

② *Corr.*, t. I, pp. 430, 431, 436.

马塞尔在雷韦永写了《田野的海风》一文："风过处，光影斑驳，使这香槟省的一隅像极了海滨景色。"[3]田野的风景之所以尚堪忍受，仅仅是因为透过树的缝隙能

③ *P et J*, Folio, p. 195.

瞥见大海，即使这要通过梦境或回忆，或波德莱尔式的通感。文中这首散文诗也是对所爱之人的呼唤：“请把这束新鲜的玫瑰留在您的怀中，让我的心在您的双手中哭泣。”此文开头的题词是忒奥克里托斯的诗句，其中讲到了赠人“一株鲜嫩的虞美人”，它正是普鲁斯特诗中在恋人“胸前领扣上凋谢”的那一朵。实际上，这一时期，马塞尔正在翻译《牧歌》作者忒奥克里托斯的诗，准备作为即将出版的集子中某些篇章的题记。他借用了《独眼巨人》中的一句诗，作为《德·布莱弗夫人忧郁的乡间度假》第五章的题记；在翻译这个诗句时①，他最初把人物的性别从“他”变成了“她”：“凌晨她瘫倒在岸边的海藻上。”这样一来，波吕斐摩斯就成了德·布莱弗夫人；不过在正式出版时，他把这句诗又改回到勒贡特·德·利尔的译本。在雷韦永，马塞尔无疑重新领略到《牧歌》的田园之美，他翻译了此诗的一部分，并在书信和作品中引用其中的诗句。需要注意的是，勒贡特·德·利尔翻译的忒奥克里托斯的《牧歌》与赫西俄德的《工作与时日》——它为普鲁斯特的第一本书贡献了书名——等作品是合成一册出版的。大概也是在回味香槟省之夏的时候，马塞尔翻译了忒奥克里托斯的《丰收》：“万物都展现着夏日的丰腴，到处弥漫着初生的秋意。”“哦！能否让我把簸谷者的簸箕再次插上神圣的谷堆，能否让我再见到手捧谷捆和虞美人的微笑的谷神。”从《欢乐与时日》到《贡布雷》，忒奥克里斯托的太阳就这样悄然照耀着普鲁

① BN, n.a.fr., 16611 f° 38 ; voir M. Miguet, « Sur quelques vers de Théocrite », *BAMP* , n° 43, 1993, pp. 92–102.

斯特的田野。《女囚》中讲到，“忒奥克里托斯笔下那个牧羊人爱慕一个少年”，“仅仅是服从了当时的风尚”[①]。直到1896年，马塞尔依然陶醉在希腊式梦幻里，这也是《柯瑞东》的作者纪德所珍爱的；到后来，他抛弃了这种梦幻，转而断言，真正的同性恋不是维吉尔、柏拉图和忒奥克里托斯所写的同性恋，而是现代的、“不由自主的、神经质的，羞于见人并且自我扭曲的那种同性恋”[②]。

《栗树》一文，马塞尔自署“1895年作于雷韦永”。在此文中，他再次刻画园林的风景，同时再次回到在凡尔赛、杜伊勒里公园、布洛涅森林[③]、贡布雷以及埃勒的绘画中他一直钟爱的主题——栗树。他提及通往城堡的宽阔甬道[④]：“我尤其喜欢驻足在被秋风染黄的高大栗树[⑤]之下。在这神秘的暗绿色洞窟里，我看着头上窸窣作响、洒下清凉和阴影的淡金色瀑布，度过了无数个时辰。”[⑥]这座规模宏大的府邸，路易十三时期建在一座防御城堡的遗址上，十八世纪重建，1719年归属掌玺大臣勒内-路易·德·阿尔让松，之后由新主人儒勒·罗贝尔·德·科特在乌德里和克洛德·奥德朗的协助下重新装修。在这里，马塞尔能欣赏到迷人的洛可可装饰、乌德里的寓言画（他将在《追忆》中提及此画）、勒布伦的一幅《悲哀的圣母》，以及多幅表现各处王家宫苑的大型油画。

《让·桑特伊》[⑦]中有很长的一节是马塞尔在雷韦永城堡续写的，其中的亨利·德·雷韦永就是雷纳尔多·哈恩[⑧]。此节中并非所有段落都写于在此居住期间（有些段

① *RTP*, t. III, p. 710，参见十五人译本（五）198页，周译本（五）205页。

② Ibid.

③ Ibid., t. I, pp. 414–415，参见十五人译本（一）417页，周译本（一）431页。

④ Sur Réveillon, voir Cl. Fregnac, *Merveilles des châteaux d'Île-de-France*, Réalités-Hachette, 1963, pp. 280–283, et les deux illustrations qu'en donne Madeleine Lemaire dans l'édition Calmann-Lévy des *Plaisirs et les Jours*.

⑤ 普鲁斯特在此地又见到了奥特伊花园里的栗树，后来他把这些栗树都放在了贡布雷。

⑥ *P et J*, Folio, p. 208.

⑦ *JS*, pp. 457–539.

⑧例如 p. 457：“亨利在钢琴前坐下”……给他唱了一首歌，“让只穿着衬衣，坐在炉边，听得入了迷”。

落涉及德雷福斯事件），但都与城堡有关。比如城堡的大理石长廊、细木护壁板上的单彩画、叙泽特·勒迈尔[1]布置的花瓶、亨利与让·桑特伊的一次次散步；再如城堡宽敞的后院，看门人的屋子，屋顶上的孔雀如孟德斯鸠诗中所写那般亮出了缤纷的色彩。让·桑特伊在山谷里发现了一株孤零零的毛地黄，“作为终将凋谢的花朵，它是如此孤独；作为大自然绵延不绝的精魂、作为众多生物物种之一，它又是如此伟岸。他寻思着，‘我也一样，我常常感到自己如同这棵可怜的毛地黄，孤立于世界之外’[2]。”在《索多姆和戈摩尔（一）》当中，将进一步展开孤独的花的形象，它难以遇到另一株花。此时，让·桑特伊满怀深情地抓住亨利的胳膊，对他说：“我的小亨利，有你在这世上，我是多么幸福。”[3]本章的末尾有多种“结局”，普鲁斯特没有从中做出选择：每种结局说的都是秋天或冬季的美好，犹如在东锡埃尔或奥尔良的房间中一样。哮喘大多是对树木花草的过敏反应，所以哮喘病人在冬天比较安逸，于是作家把自己关在房间里，远离花园中被抛弃的雕像，仿佛窗外呼啸的风既给他灵感，又让他呼吸顺畅。所以我们不难理解，雷韦永的房间和愉快的散步，何以在《在斯万家那边》最初的草稿里再次出现[4]。玛德莱娜·勒迈尔对这一对怪人关怀备至：“您对我们两个如此愚顽、如此没有教养的人真是太宽容了……有哪一位女性、哪一位大艺术家能像您一样，忍受两个老气横秋的年轻人的癖好，留他们待在身边？”[5]

① Ibid., p. 458.

② Ibid., p. 471.

③ *RTP*, t. III, p. 1194 (notice d'A. Compagnon). 在《索多姆》草稿II——盖尔西（夏吕斯）与鲍米什（絮比安）相遇的情节——的页边，普鲁斯特写着：“山谷中的毛地黄。”（p. 938）

④ Ibid., t. I, pp. 645–651, Esq. I à IV.

⑤ 雷纳尔多·哈恩致勒迈尔夫人的信，未刊。

夏尔丹与伦勃朗

返回巴黎，马塞尔出席了阿尔丰斯·都德府上的晚宴。我们前文已经看到，对于宴席上的名流，马塞尔只在书信里作了一幅“肖像”，同时表明他与自然主义流派的距离，这幅“肖像”，尽管出于对阿尔丰斯的爱戴，语气已有所缓和，但用词依然尖刻。埃德蒙·德·龚古尔当时在场，在日记中照例没有提及马塞尔（倒是讲到了“小哈恩”），他对小青年马塞尔不感兴趣。但是，蔑视普鲁斯特并没有使他避免在普鲁斯特的作品中占有一席之地，《重现的时光》中杜撰的龚古尔《日记》便是一例。断言马塞尔从未被上流社会接纳的批评家们，可能会说他同样也未被文学界接纳。他的两篇文章——其中一篇是艺术批评——便是这样的遭遇。

“我刚写了一篇小文探讨艺术哲学，假如艺术哲学这个词不算太自负的话。我尝试阐述大画家是如何引领我们认识和热爱外部世界，他们如何让我们‘睁开眼睛’去真正面对这个世界。这篇小文里，我将以夏尔丹的作品为例，尝试阐述他对我们生活的影响，阐述当他引领我们认识静物（nature morte[①]）的生命时，给我们平淡无奇的日子赋予了何种魅力与智慧。”[②]这个月当中，马塞尔与雷纳尔多像往常一样去了卢浮宫。雷纳尔多写道：“夏尔丹戴着围巾的这幅自画像非常别致；这只疲惫、浮肿、直视的眼睛，这只曾审视一切、能看穿一切的眼睛；围巾的色调；精妙的细腻。”[③]热情洋溢的马塞尔为夏尔丹写了

① 字面意思是“死的自然”，与下文中“活的自然”对应。——译者注

② *Corr.*, t. I, p. 446, 1895 年 11 月，致《每周评论》负责人 Pierre Mainguet。但《每周评论》既没有发表这篇文章，也没有刊登普鲁斯特同时投稿的《反对青年诗人的晦涩》一文。关于后一篇文章，我们将在《白色评论》刊登此文时详加讨论。

③ *Notes*, p. 19. 为了描写夏尔丹的肖像，普鲁斯特利用了龚古尔兄弟的文字；为了描写伦勃朗，利用了埃尔米·米歇尔发表在《美术通讯》上的文章。

整整八页文字，这是他艺术批评的第一篇长文。他在开头构思了一篇小小说，写一个对日常生活感到厌倦的年轻人，马塞尔（他随时准备教导年轻人）把他带到卢浮宫，带到“反映他所谓的平庸生活的丰富绘画”面前，为他讲解《辛劳的母亲》《集市归来》《水果与动物》《厨具》《鳐》。夏尔丹认为，这些东西看起来都很美，画下来也很美：“他画的缝纫室、备餐间、厨房、餐台给人的愉悦，正是他看到某个餐台、某间厨房、某个备餐间时感受到的愉悦，这种感觉被他在倏忽之间捕捉到，从那一瞬间分离出来，加以深化，使其永恒……”[①]我们的“慵懒的意识”需要夏尔丹，需要他把“我们面对卑微的生活和静物时下意识的愉悦”在我们身上唤醒。这样一来，静物就会成为活的自然（nature vivante），“同时，既然您懂得了他绘画中的生活，您就获得了生活之美”。于是，马塞尔欣欣然一幅幅地描绘这些静物画，他自己将来在《贡布雷》中描绘的静物，或置于埃尔斯蒂尔名下的静物画，都是由此而来[②]。普鲁斯特美学中的重要一点已经形成：对真正的艺术家而言，没有哪种题材是乏味的，没有哪种体裁是卑下的；耄耋老者同样是美的题材。与哈恩一样，普鲁斯特描摹夏尔丹的自画像：“衰朽的双瞳重新焕发光彩，仿佛在说，他曾经无数次地看过、笑过、爱过。”两个人相互交换看法，但马塞尔的见解要深刻得多；关于不被年轻人理解的老者，比如他不久后即将离世的外祖父，他有深入的思考。从人回到物，他转而描写将物与人汇聚

① *CSB*, pp. 373–374.

② *RTP*, t. II, p. 713 ; t. IV, p. 620. 参见十五人译本（三）412 页、（七）346 页。

一处的房间，而房间本身“不只是一件物，抑或不只是一个人”，它也是灵魂的知己、往昔的圣殿，我们由此已经隐约看到作为房间描写圣手的普鲁斯特：“在一个看似单调的房间里，我们将学会辨认多少种不同的友情。”“在人与物之间，在往昔与生命之间”[①]，有一种友情、一种关联。普鲁斯特的美学将成为埃尔斯蒂尔的美学，其中一个重要的主张是，“全部的物，在珍视它们的人面前，在使其更加美丽的光线面前，一律神圣地相互平等”。伦勃朗[②]超越了现实。美不再寓于物之中，物就其本身而言什么都不是；是光线造就了物之美：美完全在画家的眼光里，在一幅绘画中，光线就是画家的化身。所以，普鲁斯特认为，艺术批评的任务不是描摹一幅画（尽管作为作家和诗人这是他所擅长的），而是阐述一部作品对我们来说是个什么样的东西，因为，无论画家是否意识到，它首先对画家而言就是这个东西。艺术作品在表相之下使人的心与物的心相互接近。

① *CSB*, p. 380.

② *RTP*, t. IV, pp. 474, 485；参见十五人译本（七）203、213页。普鲁斯特的许多室内描写都能令人通过意象联想到伦勃朗的绘画。

马勒泽布大道的一次晚餐

12月中，马塞尔以父母的名义邀请文学界的几位名人在家中晚餐，包括孟德斯鸠、若泽·马利亚·德·埃雷迪亚、亨利·德·雷尼耶与大名鼎鼎的妻子玛丽，作陪的有他童年时期的几个朋友罗贝尔·德·比利[③]、总统菲利克斯·福尔的女儿、新任外交部长（不久后再次出任此职）加布里埃尔·阿诺托的女儿[④]。雷尼耶的妻子闺名

③ R. de Billy, *op. cit.*, pp. 75–76.

④ *Corr.*, t. I, pp. 449.

玛丽·德·埃雷迪亚，是一位相貌迷人、聪颖过人的少妇，她身边聚集了一批仰慕者，把她称作“卡纳克人的女王”，马塞尔便是其中之一[①]；她一直记得马塞尔，直到战后，还支持他入选法兰西学院的想法，尽管这个想法不切实际。玛丽疯狂地爱着皮埃尔·路易斯[②]，有点被他宠坏了，但最终被迫嫁给了亨利·德·雷尼耶。那时她的父亲、诗集《胜利的纪念》的作者埃雷迪亚因嗜赌成性而手头拮据，雷尼耶愿意出钱接济他。由于这桩交易，她始终没有原谅雷尼耶，继而成为巴黎文学名流伯恩斯坦、沃杜瓦耶、雅卢、昂里奥（他们都是马塞尔的朋友）等人的情妇。另一方面，马塞尔因对雷尼耶的作品感兴趣，已经为他写了一篇文章（1908年还有仿作）。后来，他还称赞雷尼耶的《碧玉手杖》（1897）“不能写得再好了”[③]，并称《双情妇》是他在那些日子里“美妙甜蜜的伴侣”[④]。从早期略微肤浅的象征主义诗歌，到为了谋生而非出于爱好从事小说创作，雷尼耶吸引普鲁斯特的地方是他典雅的新古典主义风格——相当于欠火候的阿纳托尔·法朗士外加一丝嘲讽——以及讲究的句法和准确的用词，加之他们有共同感兴趣的主题：往昔、凡尔赛、威尼斯，等等。早在崇拜勒贡特·德·利尔的时候，马塞尔就喜欢埃雷迪亚的诗歌，自己写诗时也有所模仿，他想把自己的《肖像》[⑤]组诗题献给埃雷迪亚。他希望雷尼耶能帮助他在杂志上发表文章，所以这次晚宴并非完全没有目的。但雷尼耶对马塞尔不大感兴趣，在日记里提到他时不

① 玛丽1895年（夏天之前）写信给普鲁斯特，称他为“法兰西的首席卡纳克人”：“亲爱的卡纳克人，您没有来参加我们每个星期六的聚会，我非常为您担心。”（ibid., p. 405）另见马塞尔赞美玛丽诗作的多封书信、卡纳克人的轻佻言辞和他对玛丽与雷尼耶结婚的贺信，“两位当代最具诗才之人崇高的结合”（ibid., t. XX, pp. 605–611）。“卡纳克人”包括莱昂·布鲁姆、菲利浦·贝特洛、皮埃尔·路易斯。（卡纳克人，指新喀里多尼亚的土著居民。——译者注）

② Ibid., t. I, p. 243. 普鲁斯特与路易斯互相赠书，并感谢他寄赠希腊神话译著。如ibid., t. XX, p. 618, 1899年8月5日，致亨利·德·雷尼耶的信，感谢路易斯寄来让·德·蒂南的小说遗著，普鲁斯特在其中不那么正面的人物（Sainties）身上，认出了自己的影子。

③ Ibid., p. 616.

④ Ibid., p. 619.

⑤ Ibid., p. 611.

无轻蔑，而且是绅士和著名作家对“失意”之人的那种轻蔑。至于阿诺托，我们已经看到，他曾经出面帮助马塞尔免于到图书馆上班。最后，晚宴结束之际溜进来一个少年，正是吕西安·都德。

圣桑

这个月也是在音乐的氛围中度过的。12月8日，马塞尔出席了音乐学院的一场音乐会，听圣桑演奏“莫扎特的协奏曲”①，并在次日记下了自己的印象。既然美永远无法准确地回应小说家想象力的期待，那么如何给美下定义呢？对这位钢琴家的演奏，只能以否定的方式予以定义，而在此否定陈述中，读者会发现普鲁斯特的幽默：“在圣桑的演奏中，一是没有那种似乎让您昏昏欲睡而又会突然被激昂的强音适时打断的‘最弱’，二是没有多次反复能瞬间令您浑身上下神经痒痒的和弦，三是没有任何像巨浪一样把您打翻在地的‘最强’……”大演奏家的技巧是清澈、本色、明晰、通透的：这已经是出演《菲德尔》的拉贝玛。马塞尔的音乐批评并未就此止步，他在钢琴家圣桑的演奏艺术中，领略了作曲家圣桑的创作艺术，圣桑“继贝多芬之后创作了最美的交响乐”以及多部歌剧：“《C小调交响曲》优美的灵感、《亨利八世》忧伤的语调、《参孙与大利拉》动听的合唱，无不在演奏中一一呈现。”②

就在吉罗的遗作歌剧《弗雷德贡德》经圣桑补写完

① 可能是C大调钢琴协奏曲。关于莫扎特，圣桑后来写道：“我专门为演奏他的协奏曲而举行音乐会；我曾在巴黎、伦敦、布鲁塞尔的大型音乐会上演奏这些曲目，这是很多钢琴家通常不敢做的。”（lettre du 3 janvier 1901, Catalogue Chassaing-Rivet-Fournier, Drouot, 22 mai 1995, nº 213）

② *CSB*, pp. 382–384.《参孙与大利拉》中的合唱“以色列，砸碎你的锁链！”出现在《斯万》当中。参见十五人译本（一）93页，周译本（一）91页。

成、投入彩排之际，12月14日的《高卢人报》发表了普鲁斯特的文章《巴黎人物——卡米耶·圣桑》。圣桑是“极其敏锐的天才音乐家”，他像福楼拜或法朗士一样，把自我隐藏在“大作曲家”的技巧之下[1]。就其回归巴赫和贝多芬来说，他属于新古典派，因而，他通过拟古手法把自己的贵族证书颁发给现代音乐，把普遍观念或至少某种精神特征的价值（如《阿尔及利亚组曲》）注入陈言俗调。于是，他能在《参孙与大利拉》中提炼“一个民族的精华”，在《亨利八世》中概括一种文明的气质，能把文艺复兴的金银器工匠风格植入歌剧《阿斯卡尼奥》。他能够“让人理解一种宗教，同情一个女人，目睹爱神”。作曲家圣桑是人文主义音乐家，“在看似由传统、模仿和知识构成的有限领域内，他每时每刻都迸发出创意和天才的火花”[2]。在此盛赞之下，其实不无保留：技艺纯熟、学识渊博的圣桑并不比阿纳托尔·法朗士更具独创性。两位艺术大家的相似性也使雷纳尔多·哈恩大感意外：“阿纳托尔·法朗士与圣桑有很多共同之处。他们同为文体家，同样对知识深藏不露，同样灵活而快乐地遵循现成的原则，同样的审美，同样的低调，同样对自己、对自己的写作抱有自信，同样掌握所谓天生的技巧且挥洒自如。”[3]

12月18日《弗雷德贡德》首演的场景被搬入《让·桑特伊》[4]。普鲁斯特因与施特劳斯夫妇一时失和，所以塑造了马尔梅夫妇的角色以报复他们[5]，主要情节是让·桑

① 普鲁斯特此处引述了布封的观点，这一观点对他后来论福楼拜的文章和《重现的时光》多有启发：“包含在美的风格之中的智力之美以及组成这种风格的各种关系，皆具有真理性……也许比可以作为陈述基础的种种真理还要珍贵。”（*CSB*, p. 385）

② *CSB*, p. 386.

③ *Notes*, p. 10. 普鲁斯特把自己的文章寄给圣桑，“谨表一个谦恭、狂热的仰慕者由衷的敬意”，并称此时对圣桑“某日在迪耶普对勒迈尔夫人的……拜访仍然倾心不已”（*Corr.*, t. II, p. 493, 1895年12月14日）。

④ *JS*, pp. 679–682.

⑤ 我们能辨认出施特劳斯夫人对马塞尔的责备：“星期一那天您是否还要像往常一样晚上八点钟来、半夜时走？这样恐怕不大合适。”

特伊接到来包厢看戏的邀请而后又被取消邀请的伤心事，与音乐本身关系不大。但圣桑借助“小乐句”即钢琴与小提琴第一奏鸣曲的初始主题，在这部小说中占有重要地位。让的情人弗朗索瓦丝——此处代表雷纳尔多——弹奏钢琴，“他听出了圣桑奏鸣曲中的那个乐句；当他们还在热恋之时，他几乎每个晚上都请求她弹奏那个乐句，她便连续弹上十遍、二十遍”[①]。这段优美的文字充分证明，无论别人如何说三道四，着手创作《让·桑特伊》的小说家并非总是不如《追忆》的作者；这个段落被纳入了《斯万之恋》，最初草稿中的作曲者不是凡德伊，而是圣桑[②]。在普鲁斯特的首部长篇中，“小乐句”是“悲伤的”，它的纯净和快节奏意味着除了乐句本身，一切都会过去，而它要比爱情、情侣、世人活得更为长久，仿佛它拥有一个“平和、安静、神秘且微笑的灵魂，这个灵魂比我们的痛苦更为长久，并且似乎高于我们的痛苦”[③]。十年之后，小乐句使让·桑特伊回忆起他对弗朗索瓦丝的爱情。这是第一奏鸣曲的那个乐句，“在小提琴琴弦的震颤中，同一个音符”直奔让·桑特伊而来，向他说出“心中的话”[④]。但此时的普鲁斯特，还没有能力厘清“它心中的话”到底是什么。

① *JS*, pp. 816–819.

② *RTP*, t. I, p. 911：“这是圣桑钢琴与小提琴奏鸣曲里的乐句。” Cf. pp. 935, 941。

③ *JS*, p. 818.

④ Ibid., pp. 843–844.

一再推迟的出版

1895年年底，马塞尔的书稿已经完成（除了收尾的一篇小说之外；这篇小说亦是他自己生平的一个片断），他焦急地向卡尔曼–莱维出版社业务主管J. 于贝尔打听消息，多次请他出面催促玛德莱娜·勒迈尔。到了11月，马塞尔仍然希望年底前即能出版[①]。到了圣诞节，他希望能在次年2月出书："但是，假如告诉勒迈尔夫人2月出书，她准会想'这指的是3月份'[②]。"他补充道，勒迈尔夫人把书稿压了四年（实际上出书计划始于1893年，何况普鲁斯特利用这段时间增加了很多篇幅），并且建议，使用出版社已经拿到的、准备作为题图的五十来幅素描即可，"这些素描没有特定主题，放在此处或彼处均无大碍"，至于彩图，可留给将来的豪华版[③]。不幸的是，于贝尔反而鼓动勒迈尔夫人再画一些新素描。普鲁斯特抱怨道："《意大利喜剧》题下无关要紧的小文章所配的插图，比那些小说的配图还要多，它们本来是集子里比较差的部分，读者的眼光会首先被它们吸引过去，这真让我心烦。"[④]1月，马塞尔催促于贝尔再请勒迈尔夫人为《巴尔达萨尔》和《嫉妒的终结》各画两张插页（由此可以判断《嫉妒的终结》完成于这一时期，这对我们理解马塞尔感情生活的演变脉络不无影响）。对他的出版商，马塞尔总是在奉上鲜花的同时大吐苦水，于贝尔是受此折磨的第一人。但卡尔曼–莱维出版社的这位负责人根本不着急，他对书稿提了很多意见：题献名单太长，部分篇章思路混乱且内容单薄，每一行都能发现天真幼稚之处，行文稍嫌笨拙，"篇首题记有些自相矛盾，且数量过多"。

① *Corr.*, t. IX, p. 240. 我们由此还得知，马塞尔此时还不知道将会面临何种经济状况。
② Ibid., t. I, p. 453.
③ 最终没有出彩印版。Ibid., pp. 454–455。
④ Ibid., p. 457.

《嫉妒的终结》

这篇小说大概是马塞尔为其文集所作的最后一篇，打算拿它为集子收尾。这也是他最喜欢的一篇小说，他在1913年8月表示，《在斯万家那边》“可能有点像《嫉妒的终结》”[①]。的确，我们从中看到不少自传的特征：哮喘、服安眠药、害怕母亲离开、开篇处情意绵绵的称呼（如“我的小毛驴”[②]，“这些词迅即被他们拿来为自己所用，这些也许空洞无物的小词被他们填充了无穷的意义。他们不假思索地相信自己的爱情具有无穷的创造力，而且逐渐发现，爱情已经赋予他们一门专属语言”）、脖颈上的亲吻[③]、没有后续结局的纯肉体的短暂艳遇与精神恋爱之间的区别。在这篇小说以及在整个集子里，奥诺雷是马塞尔的化身[④]，正如在此处以及在《让·桑特伊》中，弗朗索瓦丝是雷纳尔多的化身。犹如普鲁斯特笔下的全部爱情故事，主人公根据“激情难以持久这一心理法则”，预感到这份情感不会持续很久，作者亦在此暗示他本人认同这一法则。主人公于是决定向弗朗索瓦丝隐瞒自己的新恋情，“让她逐渐地疏远他”。然而，当他得知弗朗索瓦丝可能背叛他时，他像布尔热《谎言》的男主角一样，嫉妒得发疯。由此他们二人展开了一场残酷的博弈，主人公为得知真相而不惜说谎，甚至想“藏在房间里（他想起小时候为了好玩曾这样做过）看个究竟”[⑤]。激情变成了疾病。这种病将导致死亡，因为主人公如同《月刊》和《欢乐与时日》中的其他人物，遭遇了致命的事

① Ibid., t. XII, p. 251. Cf. ibid., t. IV, p. 104, 1904 年。

② 雷纳尔多把马塞尔称作“小矮马”。

③ 我们在《追忆》草稿纸的边缘上看到，在另一处关于亲吻脖颈的描写旁边，普鲁斯特的秘书纳米亚斯（他可能看成另一个词了）作了个说明：“噢，亲爱的马塞尔！”在《欢乐与时日》当中，有体肤之亲的露骨描写：“在你的脖颈和我的双唇之间，在你的耳朵和我的唇髭之间，在你的双手和我的双手之间，有小小的特别的亲昵。”（*P et J*, Folio, pp. 213–214）

④ 另外奥诺雷还有一次神经性的哮喘发作（ibid., p. 230），而后哮喘加重：“他喘不上气来，为了呼吸，他整个胸腔都在痛苦地努力。”（ibid., p. 231）

⑤ Ibid., p. 222：出现在各短篇小说里的偷窥者主题，重新出现在《贡布雷》《索多姆和戈摩尔》和《重现的时光》当中。

故——发生的地点却是布洛涅森林，这处森林如今以新面目出现，不再是“妇女之园”，而是死亡之园。对奥诺雷弥留之际的大段描写，大概借自托尔斯泰，普鲁斯特应当在翻译家阿尔佩里纳以《死亡》为题译编的集子里[1]读过他的小说；同时，奥诺雷之死，使这部以死亡——巴尔达萨尔·西尔旺德之死——作为开篇的集子，收束在一个悲怆的音符上：普鲁斯特仍需要一定时间才会懂得，结束一部小说，无需像马塞尔·普雷沃那样一定要主人公死去。这种凄惨的基调，与这本集子如同“似水年华”和布尔热《谎言》那样轻松的标题，形成了强烈反差。

① 《伊凡·伊里奇之死》《三个死亡事件》《安德烈公爵之死》《尼古拉·列文之死》，见 A. Henry, *op. cit.*, pp. 34–37, et *P et J*, Folio, p. 307。

布尔热的影响

普鲁斯特极少谈及布尔热，即使谈及也语带不屑，比如他抨击市民阶层热衷布尔热的小说，而不喜欢安娜·德·诺阿耶的诗歌。实际情况则要复杂得多，只要读一读《谎言》即可略窥一二。马塞尔1921年给阿莱维写信说：“我年轻时在一个新年除夕翻看过《谎言》，这就给它增添了额外的魅力。”[2]在这部1887年出版的小说中，能看到被马塞尔重新拾起的多个主题。首先是社交场的经历：“您要进入社交场……您永远都进不去……艺术家也不行，即使他才华出众。很简单，就因为你没有生在这个圈子里，您的家庭也不属于这个阶层。他们会接待您，为您举办晚会。但还是想办法与他们联姻吧，您会看到……

② *Corr.*, t. XXI, p. 678.

您心目中如此体贴、如此伶俐、如此高贵的女性，老天爷！您若是真了解她们就好了！身着沃思牌华服的虚荣之辈……但是，其中能有真情实意的人都不到十位。”[1]这已经是《欢乐与时日》以及《盖尔芒特家那边》中的上流社会女子。其次，主人公之一克洛德·拉尔谢因为爱上一位女演员而备受折磨，女演员与奥黛特容貌相仿，“怅然出神的眼睛、忧伤肉感的双唇，俨然波提切利笔下的圣母和天使”[2]。我们还会遇到一位布莱夫子爵[3]、一个名叫弗朗索瓦丝的贴身女仆、一座属于圣德费尔特家族的府邸[4]。在“料峭春寒不时被骄阳的抚爱所打断”[5]的季节，他们前往佛罗伦萨，观赏波提切利、基尔兰达约、弗拉·安杰利科的作品。小说的主人公“生性意志薄弱”，这种倾向由于“习惯性的双重人格心理”而更加严重，类似的现象马塞尔曾在信中向达吕谈起过。小说女主人公的原型是玛丽·卡恩，马塞尔认识她，莫泊桑曾爱过她并以她为模特写了《我们的心》。

布尔热1890年发表的小说《现代爱情生理学》，亦值得与普鲁斯特的著作作一对比。实际上，这本书仿照尼斯坦的《医学词典》[6]，把爱情视为一种疾病。书中详尽分析了现代男性恋人：他留心观察每一个动作、眼神、亲吻，寻找欺瞒背叛的蛛丝马迹；他把自身的一部分投入恋爱，同时提防着另一部分[7]。现代女性恋人则被贴上“严重神经官能症”和歇斯底里的标签[8]。当两人相遇时，就会产生嫉妒；书中用四十多页的篇幅论述嫉妒，并区分了

① P. Bourget, *Œuvres complètes*, Plon, 1901, t. II, p. 31.

② Ibid., p . 41. 其中的柯莱特像奥黛特一样，“长得太瘦”。

③ Ibid., p. 48.

④ Ibid., p. 74. 在社交晚会上，我们将遭遇《欢乐与时日》当中的攀附者。

⑤ Ibid., p. 540.

⑥ 布尔热引用尼斯坦：“爱情。对大部分哺乳动物甚至某些人来说，破坏的本能与性本能同时出现。”主人公“是个医生，认为他的病是个奇怪的案例，遂详加研究”（ibid., p. 327）。

⑦ Ibid., p. 368.

⑧ Ibid., p. 397.

感官的嫉妒、心的嫉妒、头脑的嫉妒，这些定义都是通过普鲁斯特众多短篇小说中一个个相似“病例”加以解释的。即使把《嫉妒的终结》原封不动地搬到《现代爱情生理学》当中，也不会使这部书有丝毫逊色。在布尔热的小说里，主人公同样由于一颗靠近心脏的子弹而慢慢死去[①]；在布尔热的书里，同样有人思索爱情破裂的艺术或痛苦：“只有当您不再追究她到底为了谁而抛弃您的时候，您才真正治愈了失去她的痛苦。”[②]布尔热的主人公打算写一篇关于性虐狂的短篇小说，再写一篇关于莱斯沃斯岛的小说，“分析由此引起的无奈的愤怒，这种愤怒极其特别，而且由于形象的差异，与另一种嫉妒并不相同”[③]；但最终，还是普鲁斯特写出了小说《夜晚来临之前》。此外，布尔热在书里说，最好不要与什么作家打交道：“一个人的内心越是强大而宏富、宽广而丰饶，他就越难以通过其社会行为表现出真实的自我。”[④]《现代爱情生理学》的最后一章提及《效法基督》、巴雷斯、丹纳、圣伯夫、里博、波德莱尔、帕斯卡尔、斯丹达尔（因为布尔热打算重写一部《论爱情》），我们由此得以略窥青年马塞尔的思想世界。

① Ibid., p. 499.

② Ibid., p. 527.

③ Ibid., p. 549.

④ Ibid., p. 571.

普鲁斯特之恋

1896年元旦，雷纳尔多致信叙泽特·勒迈尔：“马塞尔还在睡觉，由我来提笔给您写信，谨表千万个亲切的问候。”在此，回顾一番普鲁斯特与雷纳尔多·哈恩之间的爱情经历似乎不无益处。正如普鲁斯特在《欢乐与时日》的多篇小说以及《让·桑特伊》和《斯万之恋》中所描写的爱情一样，到了1896年初，他们的感情正在缓慢而无可挽回地走向破裂。1895年4月16日，马塞尔致信雷纳尔多：“等待我的小爱人，失去他，重新找到他，看见他来到弗拉维府上[①]接我而加倍地爱他，焦急地期盼他两分钟或者让他等上五分钟，这一切对我来说就是真正的悲剧，让我心潮起伏，痛彻肺腑，也许有朝一日我会把它写出来，但在此之前我只能忍受。”[②]十七年后，普鲁斯特写信给一个相约在卡堡海堤会面而最终爽约的男孩：“将来有一天我会描绘一番这样一种人，他们永远都不会懂得——即使一个俗人都会懂得——在准备停当将赴舞会之际，毅然放弃舞会而去陪伴朋友才算得上真正的高雅。他们自以为是上等人而实际上恰恰相反。”[③]他1894年至1896年间写给雷纳尔多·哈恩的信件，就是从《欢乐与时日》到《让·桑特伊》再到《追忆似水年华》草稿本中普鲁斯特之恋的原型。他们在1894年春天相识，紧接着相约见面、共赴音乐会；一个正在给《欢乐与时日》收尾，另一个正在给喜歌剧《梦幻岛》杀青。这首“波利尼西亚田园诗”是一部三幕剧，取材于小说《洛蒂的婚姻》（读者还记得，马塞尔在奥特伊时曾沉迷于这部小说[④]），雷纳尔多在马斯奈的建议下[⑤]，根据亚历山大和阿尔曼撰写的脚本谱写乐曲。女主角的原型是名演员克雷奥·德·梅

① 卡萨－菲尔特侯爵夫人。

② *Corr.*, t. I, p. 380.

③ Ibid., t. XI, p. 189, 1912 年 8 月 20 日。Cf. *RTP*, t. I, pp. 284–285，参见十五人译本（一）288—289 页，周译本（一）297 页。

④ P. Blay, H. Lacombe,“在马斯奈、普鲁斯特和洛蒂身旁：雷纳尔多·哈恩《梦幻岛》手稿研究”（« À l'ombre de Massenet, Proust et Loti : le manuscrit autographe de *L'île du rêve* de R. Hahn », *La Revue de musicologie*, 1993, n° 1, pp. 83–107）。此文堪称考证研究的典范。

⑤ 马斯奈在《我的回忆》中写道：“他把这部曲谱献给我。这位真正的大师写的音乐多么具有穿透力啊！这部曲子用温暖的爱抚把你们包裹起来，这是多么出色的才华！”（见上一个注释）乐谱的封面上有一枝玛德莱娜·勒迈尔画的金合欢。

罗德，哈恩对她怀有柏拉图式的恋情（就像普鲁斯特对劳拉·海曼）。唱段和钢琴曲谱作于1891年至1893年8月间，哈恩曾在都德府上[①]为洛蒂（“他看来深受感动”[②]）演奏和演唱。曲谱稿上标注的词句，是他们第一次在雷韦永逗留期间写上去的，表明普鲁斯特参与了作品的定稿：“普鲁斯特坐在我面前。茫然而深切的悲伤。”[③]“雷韦永。风、雨。与普鲁斯特讨论。伤心。”[④]雷纳尔多永恒的伤感浸透着他的音乐，或许将来会转移到奥黛特·斯万的面容上[⑤]。

哈恩把普鲁斯特引荐到多家沙龙：斯特恩夫人、波利尼亚克亲王夫人、圣马尔索夫人、圣保罗侯爵夫人以及前面提到的都德[⑥]。接着，他们互起绰号（“小矮马马塞尔”[⑦]），一起到海边度假；当时，马塞尔郑重声明：“我接受一切，因为这是为了回报您的一切；我把自己内心的一部分托付给您——这是我一直欠着您的，假如我能确信它有什么价值，我会感到双倍的欣慰。凡是您在世上渴望拥有之物，我多么希望是它的主人，这样我就会把它送给您；凡是您所欣赏的艺术品，我多么希望是它的作者，这样我就会把它题献给您。”[⑧]普鲁斯特此时偶尔对哈恩以“你”相称，信中称呼他为“我的孩子”“亲爱的孩子”，在谈到《欢乐与时日》中为哈恩写的诗歌时，马塞尔提及天主教中圣体存在的信条，“圣体存在的意思正是理想的存在”[⑨]。其间发生的一次爽约事件，最终演变成斯万在各条马路及金屋餐厅四处寻找奥黛特的情

① 莱昂·都德（*Alphonse Daudet*, Fasquelle, 1898, p. 60）谈到父亲时说：“他让他的‘小雷纳尔多’把乐曲连续演奏了三遍，这些乐曲出自如此早熟的天才之手，如此巧妙且灵动，如此敏锐而又柔软，让他心旷神怡。”（Cf. *CSB*, p. 554）

② 都德、洛蒂和哈恩甚至一齐唱起布列塔尼的歌曲。对布列塔尼曲风的喜爱反映在他为Theuriet诗歌谱写的曲子“风景”当中，并贯穿他的贝格-梅伊之旅。

③ 普鲁斯特的短篇小说《冷漠的人》的女主人公“留着波利尼西亚式的漂亮发型”，令人想起洛蒂和哈恩《梦幻岛》的女主人公。

④ P. Blay, H. Lacombe, *op. cit.*, p. 107.

⑤ R. Hahn, *L'Oreille au guet*, *op. cit.*, p. 110：“忧伤依旧飘然而至！一旦在废墟上盛开，它就像狡猾的挥发物，四散开来，无孔不入，揭示……甜蜜与伤痛交加的怅恨，告诉我们何物终将烟消云散，让我们知道幸福之脆弱是确凿无疑的，苦涩中含着笑意。”

⑥ P. Blay, H. Lacombe, *op. cit.*, p. 93.

⑦ *Corr.*, t. I, p. 327, 1894年9月16日。

⑧ 暗指1895年10月29日《每周评论》发表的《巴尔达萨尔·西尔旺德之死》的题献：“献给雷纳尔多·哈恩，诗人、歌唱家和音乐家。”*Corr.*, t. I, p. 442, 1895年10月末。

⑨ Ibid., p. 363.

节[1]。1895年春，他们的感情进入具有普鲁斯特式爱情鲜明特征的新阶段："为了对将来的风波有所准备，我们是不是该偶尔一两个星期不见面呢？"——"是的，但是现在还不要开始吧，求您了！"[2]分别一事对彼此的煎熬，声明不再见面的言不由衷，张开而后收拢的陷阱，这些情节都将发生在斯万身上，出现在《在少女们身旁》和《女囚》当中。二人的角色经常互换，马塞尔需要不时地安慰雷纳尔多，平息他的嫉妒："我做什么您都知道，今天早上我还给您一个证据让您放心。我若是早就知道下午会见到那个人，那么您本来也会知道的。"[3]贝格–梅伊的田园生活使二人和好。秋天，他们打算写一部肖邦传记，"一部非常详尽的书，把肖邦心理的每个细节都展现出来"[4]。

而后，一切都变了，爱情已经离他们远去。"当我毫无怜惜地强迫自己漫步在铺满落叶的回忆之路上，漫步在因前途未卜而早已万木凋零的未来之路上，我唯一的安慰就是您。"[5]普鲁斯特上门来找哈恩，结果吃了闭门羹："我敲了半天门甚至——只一次——按了门铃，但我没听到一声响动，没见到一丝灯光，没人给我开门，我只好伤心地回来了。"[6]的确，马塞尔答应雷纳尔多，在《让·桑特伊》当中，雷纳尔多"将像一个改头换面的神祇，任何凡夫俗子都认不出来"[7]。然而，普鲁斯特跟密友们订下的要对他无话不谈的契约，出于了解一切的欲望而令他念念不忘的契约，转眼即被雷纳尔多打破。马塞尔

① Ibid., p. 380, 1895 年 4 月 26 日。

② Ibid., p. 381, 1895 年 4 月至 5 月间。

③ Ibid., p. 394.

④ R. Hahn, Journal, *Candide*, 1935 年 8 月 29 日。

⑤ *Corr.*, t. I, p. 438.

⑥ Ibid., t. II, p. 52, 1896 年 3 月。

⑦ Ibid.

在信中说："唉，这是个无法完成的任务，您仁慈地准备接过达纳伊德斯的苦差事，帮助我把一些往事倾倒在我无穷的好奇中。但是，如果说我的胡思乱想很荒谬无稽的话，那是因为它是病人的想法，而正因如此，就更不该违拗这些想法。"[①]将来的斯万就是这样折磨奥黛特，就像《嫉妒的终结》里，奥诺雷折磨弗朗索瓦丝。哈恩像奥黛特一样，拒绝与好友一同离开某场晚会，于是招致一封措辞激烈的信："我觉得自己对您而言已经变得十分微不足道，这种感觉在这段时间里使我遭受的煎熬，您根本感受不到，这不是出于报复，也不是出于怨恨，但您不这样想，对吗……我只是在想，正如我不再像以前那样爱您，您已经一点也不爱我了。"[②]情绪平复之后，嫉妒不复存在，但感情并没有消亡："我已经没有任何烦扰，对我亲爱的人我只有满腔柔情，我思念他，正像小时候谈起我的保姆时所说的，不仅用我整颗心，而且用我整个的人。"于是，1896年夏天，他们没有在一起[③]，通信也稀少了，他们都说已不再嫉妒。普鲁斯特这段恋情的最后一封情书，标志着从爱情到友情的过渡："我亲爱的小家伙，您若是认为我的沉默表示忘却，那您就错了。我的沉默就像忠实的灰烬，覆盖着仍然炽热的柔情。我对您的感情一如既往，漫天烟火散尽时它仍在原地闪亮，使我更真切地看到，它是一颗恒星。"[④]马塞尔断言，不论如何，在这个年龄，不应像托尔斯泰要求的那样生活[⑤]。从他们彼此疏远时算起，马塞尔致雷纳尔多的信空缺了整整八年，雷纳

① Ibid., p. 97, 1896 年 7 月至 8 月间。

② Ibid., p. 101.

③ Ibid., p. 89："而后，即使我们再也不见面，我们仍将相互想念。"

④ *Lettres à R. Hahn*, p. 69.

⑤ *Corr.*, t. II, p. 105.

尔多的回信也是如此，其间只有一封怨气冲冲地谈到了吕西安·都德。哈恩在出版日记节选时，把涉及感情的段落删得干干净净，除了这条俨然夫子自道的格言："爱情带来的欢愉抵不上它所破坏的幸福。"[1]从爱情蜕变为友情的过程、哈恩几乎每天往访马塞尔的情形，不能不使人联想到某种夫妻关系，斯万先生与斯万夫人的关系。二人双双往来于都德夫人或勒迈尔夫人的沙龙[2]，为斯万流连于维尔迪兰沙龙的情节提供了素材。在小说里，读者还会发现同样以艺术为借口发展起来的恋情。

① *Notes*, p. 18.

② 根据普鲁斯特1895年8月18日致哈恩的信（*Corr.*, t. II, p. 105），有人不免想到是否叙泽特·勒迈尔爱上了马塞尔（或雷纳尔多）。

吕西安·都德

马塞尔与吕西安·都德第一次见面是在什么时候呢？1895年2月，马塞尔兴冲冲地前往都德府上，听他刚刚从瑞典回来的两个儿子讲他们的经历，他还从拉马丁的《知心话》中抄了两页，"为吕西安先生溜冰的回忆作个注脚"[3]。此前，马塞尔也许在吕西安父母餐桌的另一端远远地见过他；从十六岁起，"吕西安每天的头等大事就是照镜子，看常礼服是否合身"。他性情腼腆、沉默寡言，也许除了追逐美少年之人，没有谁会注意他[4]。10月21日，为了让莱昂替自己向《新评论》说情[5]，马塞尔请求的对象是莱昂的弟弟吕西安；28日，马塞尔对他的称呼已经从"亲爱的先生"变成"亲爱的朋友"，并且提出前往吕西安正在学习绘画的朱利安学院看他作画。几天过后，马塞尔觉得他"很和气"，对他"很有好感"[6]。

③ Ibid., t. I, p. 369. Voir M. Proust, *Mon cher petit*, éd. de M. Bonduelle, Gallimard, 1991, p. 78.

④ Lucien Daudet, *Vie d'Alphonse Daudet*, Gallimard, 1941, p. 246, citée par M. Bonduelle, p. 25.

⑤ "我从亚当夫人（她没有接受我的诗，把它们退回来了）的信中得知，令兄好心地为我的诗歌……奔走。希望很快见到您。"（*Corr.*, t. XXI, p. 563, 1895 年 10 月 28 日）

⑥ Ibid., p. 564.

12月，他们已经在一起模仿孟德斯鸠的言谈举止，笑作一团。普鲁斯特为此给孟德斯鸠写信，作了一番毫无说服力的辩解："而实际上，既然肉体要追随灵魂，那么对于我们借鉴的思想观点，声腔口吻也要跟上它的步伐和节奏吧。假如还有人向您说起别的东西，假如有人说这是讽刺挖苦，那么我要引用您的名言：'经人重复的话从来不是真话。'[①]"种种迹象表明，到了这年年底，马塞尔即使说不上受到吕西安的吸引，也至少已经开始对他感兴趣。那么雷纳尔多呢？与其和伤感的雷纳尔多一起悲悲切切，不如和小吕西安一道玩个痛快。在法国不很普遍的幽默感使他们更为亲近。独自一人如何能开玩笑、演滑稽，尽情地嘲弄陈词滥调，调侃时髦的夸张表达呢（这种做法令人侧目，所以两个年轻人称之为"斜眼症"）？因此才有触怒了孟德斯鸠的大笑：此君能嘲笑别人，但无力自嘲。

吕西安·都德1878年生于巴黎[②]，算下来比马塞尔小七岁，正是小弟弟的年龄。从阿尔贝·贝纳尔1894年为他画的肖像上看[③]，他长得俊美、优雅、苗条而柔弱，面容温和且有些女性化，一双褐色的大眼睛（与普鲁斯特的眼睛一样，吸引他的人若能有这样一双眼睛，他会格外喜欢），按他哥哥莱昂[④]的说法，他是家中的贵族[⑤]。他痴迷上流社会，1896年结识了欧仁妮皇后，成为她的忠实骑士，还为她写了三本书[⑥]；他是一位小说家（《死路》1908年、《蚁巢》1909年、《领带王子》1910年[⑦]），曾为父亲写过一部传记[⑧]，还写了一本关于普鲁斯特的书

① Ibid., t. I, p. 452；在《盖尔芒特家那边》当中，这句谚语出自夏吕斯之口。Voir L. Daudet, *Autour de soixante lettres de Marcel Proust*, Gallimard, 1929, pp. 30–32, et A. Flament, *Le Bal du Pré-Catelan*, Fayard, 1946, pp. 39–42。

② 他于1946年逝世。

③ M. Proust, *Mon cher petit, op. cit.*, p. 16. 这本书的编者Bonduelle医生在吕西安生命的最后阶段认识了他，在书中不仅汇集了吕西安保存的书信，还搜集了吕西安的生平资料。我们要注意的是，"我亲爱的小家伙"并不是普鲁斯特对吕西安一个人的爱称。

④ 莱昂比吕西安大十岁；他们的妹妹Edmée比吕西安小八岁，与安德烈·热尔曼有一段短暂的婚姻，此君对都德一家（以及普鲁斯特）恨之入骨，有其著作为证。

⑤ 都德全家曾住在贝勒沙斯（Bellechasse）街31号（此处的"星期四"聚会召来了包括自然主义作家和象征主义作家的整个文学界人士），后来迁往大学街41号。1909年，吕西安迁回贝勒沙斯街，一直与母亲住在一起，直至母亲1940年去世。所以说他们居住的街区更偏向贵族阶层而不是文学界，或者与普鲁斯特一家一样，就住在中产阶层的街区。

⑥ *L'Impératrice Eugénie*, Fayard, 1911；*L'Inconnue (L'impératrice Eugénie)*, Flammarion, 1923；*Dans l'ombre de l'impératrice Eugénie. Lettres intimes adressées à Mme Alphonse Daudet*, Gallimard, 1935.

⑦ 据说他写过一本关于巴黎同性恋圈子的小说*La Planète*，但手稿在他去世后不见了（A. Rinaldi, « Lulu et les monstres », *L'Express*, 5 décembre 1991）。

⑧ *Vie d'Alphonse Daudet, op. cit.*

《围绕马塞尔·普鲁斯特的六十封信》（1928）。他这一家，包括阿尔丰斯·都德夫人，每个人都写作，他本人先后出版了十五本书。马塞尔与他相识时，他是个十七岁的男孩，马塞尔随即在他身上发现了自己的影子（同时他还发现了相貌的遗传性，即父亲或母亲的长相体现在儿子的容貌上，这使他十分着迷。吕西安的家人，马塞尔都认识：外婆阿拉尔，她曾说“这位小普鲁斯特先生是我见过的最有礼貌的人”；阿尔丰斯·都德；都德夫人，她本人也是作家；长兄莱昂，一位多产作家）。吕西安属于那种敏感、神经质的孩子，这样的孩子虽才华出众，但终生背负着母亲溺爱的重压[1]，父亲伤心地看在眼里，却又无能为力[2]。吕西安知识渊博，家里人都叫他的绰号“无所不知先生”。他无疑是个攀附者，正如他自己所说：“在外赴宴，我喜欢被安排在餐桌的一端，这就证明晚宴的主人有良好教养。”更有甚者，他还说：“我甘愿舍弃一切，在我姓氏的字母D后面加上一个省音撇。”[3]吕西安·都德后来成为真正的社交名流和攀附者，甚至错误地认为普鲁斯特“根本没有与什么盖尔芒特夫人或哪位夫人有过真正的、持续的亲密关系”[4]。他还是一位艺术家，1906年在伯恩海姆–热纳画廊展出过《鲜花与肖像》系列画作，由安娜·德·诺阿耶为展览目录作序[5]。这些已被秘藏或已失传的画作，普鲁斯特曾列举过几幅：“我认真思考过，对您的欣赏，除了各种各样的因由之外，还有一个具体的动因，就是您引人入胜的油画，您的《金色的卢瓦尔

① 在普鲁斯特周围，遭遇同样情况的还有纪德、科克托、莫里亚克、罗斯当。

② 阿尔丰斯·都德1894年写道：“吕西安已经变成一个高个子帅小伙，有点过于‘时髦’但很温和。”吕西安说自己有“二十岁的”长相（*Mon cher petit, op. cit.*, p. 26）。儒勒·勒纳尔1895年3月1日描写龚古尔府宴会上的吕西安：“一个帅气的小伙儿，一头卷发，衣着整洁，化了妆，涂了粉……说话轻声细语。”（*Journal*, Bibl. de la Pléiade, p. 266）

③ J. Cocteau, *Le Passé défini*, t. I, Gallimard, 1983, p. 274.

④ L. Daudet, *Autour de soixante lettres de Marcel Proust*, *op. cit.*, p. 22. 这是某些“盖尔芒特”和迪斯巴克在其《普鲁斯特传》中所持的观点。

⑤ *Corr.*, t. VI, pp. 119–125.

河》，您的《仿丁托列托·德加风格的天堂四人舞》，您的《神秘花园》，您的《母亲》。”[1]后来有人把一幅普鲁斯特的肖像归在他的名下[2]；普鲁斯特也的确与他谈起画肖像一事：“我希望由您给我画一幅肖像。要不要给您寄一张奥托为我拍摄的照片呢？不，还是您来这儿挑选一张吧，有一堆造型滑稽的照片呢。”[3]谁料吕西安很快就泄了气，以至半途而废，包括他当画家的志向。他学画的起点很高，老师是惠斯勒；正是他与孟德斯鸠一道，使普鲁斯特更全面地认识了惠斯勒。“可以说我是惠斯勒唯一的法国弟子，他使我对绘画具有一定的鉴赏力，使我明白什么是美，但他同时也教会我蔑视任何不属于第一流的东西……我也拿这种蔑视衡量自己的作品。”[4]直到1909年，马塞尔仍然谈起他“令人艳羡的多才多艺”；1918年，马塞尔惊叹道：“你是多么出色的画家！”大概在1907年前后，当吕西安成为作家的时候，他就不再画画了。孟德斯鸠也有绘画天赋；继他们二位之后，是夏吕斯男爵。一边是惠斯勒，一边是阿尔丰斯·都德，吕西安受到双重重压，那些一心追随父辈之路而又苦无门径的子女，遭遇大都如此。他1910年写信给母亲：“我没有什么野心。我是名人之子，他的名气和才华将延续数代，我处在他的荫庇之下，感觉这样挺好。”[5]而此时他正在普鲁斯特的庇护之下。

对普鲁斯特来说，调教一个比雷纳尔多更具可塑性的少年，真是一个苏格拉底或柏拉图式的美差，更何况七岁

① Ibid., t. IV, p. 72, 1904 年 2 月 29 日。

② A. Borrel, « Sur un prétendu portrait de Proust par Jacques-Émile Blanche », *BAMP*, nº 42, 1992. 其中说到的肖像画在一场拍卖中被认定为布朗什所作，实际上可能出自吕西安·都德之手。

③ *Corr.*, t. XXI, p. 576

④ 吕西安1905年或1906年写给母亲的信，转引自Bonduelle, *op. cit.*, p. 32。我们不知道吕西安的画作现在何处。他画的“女性肖像”保存在昂布瓦兹附近的La Roche-Chargé城堡，该城堡从前属都德家所有（voir P. Lechantre, « Chez la veuve Daudet, princesse des Lettres », *La Nouvelle République du Centre-Ouest*, 21 juillet 1994）。

⑤ Ibid., p. 38. Cf.“我是家里的零，也就是说话不算数。”不错，莱昂的存在，虽说没有完全抑制吕西安的才华，但确实更使吕西安湮没无闻。他 1915 年写信给母亲说，假如他是家中的独子，到今天肯定是“一个名人”（ibid., p. 43）。

的年龄差使年长的这位大有用武之地！也许是考虑到普鲁斯特的影响对吕西安有益，都德夫妇允许他们保持来往。于是，他们经常在一起讨论文学，早熟的吕西安有自己的见解；他们每天到卢浮宫参观，常常准时相约见面（六点一刻在协和桥上[①]！）。马塞尔在言传身教的愉悦之外，还有另一层欢喜：在雷纳尔多令人厌倦甚或自己已经对他厌倦之时，做两手准备、找替代方案难道不是应该的吗？嫉妒是爱情的担保，此时挑起嫉妒不正是他所期待的吗？

从马塞尔写给吕西安的信件中，可以看出他感情发展的轨迹，甚至抬头的称呼就已经说得明明白白：1895年10月间，从“亲爱的先生”变成“我亲爱的朋友”；1896年1月间，又从1月1日的“我亲爱的吕西安”变成31日的“我的小吕西安”[②]。他们的关系已经相当亲密，普鲁斯特遂托付吕西安为他的集子选择一个正式的书名。直到3月底，马塞尔与卡尔曼–莱维出版社业务主管于贝尔先生安排排版之际，那本书仍然借用勒迈尔夫人城堡的名称，以“雷韦永城堡”为题[③]。1896年春季复活节期间，吕西安随父母前往威尼斯，这次分别既增进了马塞尔的情感，也添加了他的伤感：“您出发的那天晚上，当您像往常说‘明天见’[④]那样挥手向我告别的时候，我感到格外伤心。这个小小的再见动作，要过好久以后才能再次见到，真是令人难过。”[⑤]而马塞尔一有机会就前往和平街，只因为吕西安说过一句“那儿傍晚六点的时候真是漂亮”[⑥]；若是没能赶上都德府的“星期四”聚会因而无

① *Corr.*, t. XXI, p. 569：普鲁斯特在桥上从六点十分等到六点二十。

② 他们二人发生矛盾之后，马塞尔给他写信说（ibid., p. 565）：“假如今晚回到家里能看到您的信，即便您不说仍然爱我（……）只要说您原谅了我，我都会非常高兴。”同一天，在凌晨一点半，普鲁斯特又写道（ibid., p. 566）：“我在公主府上发现，我对您的喜爱……得到德·龚古尔先生真心和善意的理解。”

③ “那本书，您还没有给它取名字呢。”（Ibid., p. 569）

④可以看出他们每天都见面。这个动作，普鲁斯特在《让·桑特伊》当中转给了夏洛特·克里塞特。

⑤ *Corr.*, t. XXI, p. 561.

⑥ Cf. *RTP*, t. II, p. 503，参见十五人译本（三）198页：“这是薄暮的气味和尘埃，就是刚才德·盖尔芒特夫人走过和平街时穿越的气味和尘埃。”由此看出，所有的东西对作家都是有用的，二十年过去了，无论是一句话还是转瞬即逝的一个感觉，他都没有扔掉，而是让它们沉浸在某种已逝激情的光芒之中。

法向吕西安道“晚安”，马塞尔就会感到难过[1]。在此情形下，我们根本无需揣测他们的关系已经发展到何种地步，尤其是因为，更能反映他们热烈情感的信件都没有公之于众[2]。到后来（在德雷福斯事件或普鲁斯特与罗贝尔·德·弗莱尔要好之后），马塞尔责备吕西安远离他而“沉迷”别处。他后来还向比贝斯科透露一个重大秘密：对他而言，一段感情不会超过十八个月[3]（他举的例子正是吕西安和弗莱尔）。至于吕西安，对马塞尔也不无怨言，他告诉科克多：“马塞尔是个天才。但他是个残忍卑鄙的家伙。您终有一天会明白。”[4]

雷纳尔多·哈恩也感觉到马塞尔开始远离自己，他一面“愤愤不平”，一面反躬自责，同时用普鲁斯特式的语言，用近似于叙事者与希尔贝特往来书信中的语言，把自己的想法告诉他：“我的小家伙，生命如此短暂、如此烦恼，因此不应舍弃能给人快乐和愉悦的任何东西，哪怕这些东西最没有意义，但只要没有罪恶、不害别人就行。所以，请原谅，我的小马塞尔。我有时实在令人难以忍受，对此我也清楚，但我们每个人都是如此的不完美。”[5]不过在3月份，马塞尔仍然把《让·桑特伊》开头部分拿给雷纳尔多过目，这本书与他们两个人的生活息息相关：“请您帮助我，把其中与我们的生活过于贴近的东西改过来。我想让您在其中无时不在，但要像个改头换面的神祇，任何凡夫俗子都认不出来。否则的话，你准会把每一页小说都注上‘撕掉’字样。”[6]哈恩终于得到这一肯

① *Corr.*, t. XXI, p. 572.

② Robert de Saint Jean (1901—1987) 收到吕西安·都德给他的一包信件；Angelo Rinaldi 谈到这些信件时说：“（其中）没有情人之间的那种转弯抹角。唉！我能确认，他们见面时不相互厌烦，大家应该相信我的话。”（« Lulu et les monstres », *op. cit.*）

③ Cf. A. Rinaldi, ibid., 作者援引了吕西安·都德写给 R. de Saint Jean 的一封信：“一天傍晚，在发生口角之后，他对我甩出一句：‘如果有谁离我而去，我真希望能让他们永远消失。’”（普鲁斯特致比贝斯科的信见 *Corr.,* t III, pp, 86–88。——译者注）

④ J. Cocteau, *Le Passé défini, op. cit.*, p. 308.

⑤ *Corr.*, t. II, p. 68, 1896 年 5 月 21 日。

⑥ Ibid., p. 53. 请注意这句话中的称呼从“您”变成了“你”。1896年3月，普鲁斯特已经写完了第一章（或称之为序言。*JS*, pp 183–191），即与作家C相遇的情节：作家C临死时把小说《让·桑特伊》手稿交给他们（Ph. Kolb, « *Historique...* », *op. cit.*, p. 235 et *Corr.*, t. II, p. 53, n. 3）。

定，这是爱情的证明；我们知道，普鲁斯特如同在《蓝胡子城堡》中一样，在作品中埋葬了他所有的友情、所有的爱情。而且，正如他同时拥有两份恋情一样，这本书尚未出版，他已开始写作另一本书；《让·桑特伊》尚未完成，他的兴趣已转向罗斯金。

所以，参照以上种种恋爱关系，才能读懂普鲁斯特关于儒勒·勒迈特《好人海伦》一剧（由雷雅纳出演主角）的评论[①]。实际上，这篇评论的核心问题是嫉妒："嫉妒不是从梦境中来，不是从伤感中来，不是从思想中来，它自肉体而来。它是快乐偷偷生下的女儿……快乐与嫉妒的相仿之处在于，它们都来自任何东西也无法满足的巨大饥渴感。"我们嫉妒他人的快乐，不管这种快乐是他人给予的还是自己获得的：这已经给阿尔贝蒂娜的囚室下了定义。普鲁斯特把来自肉体和下意识的暗力量与智力区分开来："嫉妒远远产生于智力之前；嫉妒既不理解智力，智力也没有任何言辞能平复嫉妒。精神在嫉妒面前已经缴械，正如它在疾病和死亡面前无能为力。"[②]

① 此剧1月31日起在歌舞剧场上演。在同一篇文章（当时没有发表）中，普鲁斯特显示出知识面之广，他根据柏拉图的《菲德尔》，转述了诗人斯特西克鲁斯（Stésichore）的轶事：他因为诋毁海伦而双目失明，又因为悔改过失而恢复视力。

② *CSB*, p. 388.

路易·韦伊去世

马塞尔对死亡有了第二次体验：继外祖母去世之后，他的外叔公路易·韦伊于1896年5月10日去世，享年八十岁。他立即把"可怜的老外叔公"猝然离世的消息通知了外叔公优雅迷人的昔日情人劳拉·海曼（此时四十五岁）[1]：“按他的宗教习俗是不举办仪式的。亲友们今天下午三点半到位于奥斯曼大道102号的他家会合，然后前往拉雪兹神父公墓。”马塞尔还细心地补充道：“我担心这样会累着您，再说去公墓的女眷很少。”不过他特意申明，劳拉·海曼如能出席，不仅不会使人诧异，反而会令人感动，因为“见到她的人无不仰慕她、爱戴她”[2]。遵照死者的意愿，葬礼上不用鲜花，不知情的劳拉·海曼往墓地寄送了一只花圈，普鲁斯特夫人命人把这只唯一的花圈放入墓穴。看到这一幕，马塞尔忍不住落下泪来，“不是因为悲痛，而是因为感动”[3]。路易外叔公给两个外甥留下了十万法郎[4]。普鲁斯特一个星期没有出门，以免让母亲难过。但十天之后，人们在莱昂·德拉弗斯的晚会上见到他，当晚，德拉弗斯演奏了自己的新作，玛格丽特·莫雷诺和勒巴尔吉朗诵了孟德斯鸠即将面世的诗集《蓝绣球花》中的作品[5]。这是孟德斯鸠最著名的诗集。5月29日，马塞尔写信感谢作者赠书：昨日，他与吕西安·都德一起激动地读了一整天。在这部充斥着戈蒂耶[6]（他贡献了书名）、波德莱尔、魏尔伦和马拉美影响的诗集中，优美的意境与平白寡味、浮泛大言乃至滑稽可笑的诗句瑕瑜互见。孟德斯鸠分身有术，一方面展示其装饰家的才艺，他直至写回忆录时都对此念念不忘，如：“我愿此诗是件宝／新奇独特世罕有／……摩挲把玩不释手。”[7]另一方面自谓苦吟求新，但不得其法，如：“不畏前贤谱新章／玄奥奇崛有异响／一篇读罢心茫茫。”[8]

① 她跟奥黛特一样，住在拉贝鲁兹街4号。

② *Corr.*, t. II, pp. 62–64, 1896年5月11日或12日。

③ Ibid., p. 64. 普鲁斯特6月在《欢乐与时日》上写给劳拉·海曼的赠言（ibid., t. XXI, p. 573）使用了同样的字眼：“向劳拉·海曼夫人——她无比敏感的心灵、她的美貌和无与伦比的聪慧——致敬。”这个高贵的交际花，既与普鲁斯特夫人互补，也是她的反面。

④ R. Duchêne, *op. cit.*, p. 308.

⑤ *Corr.*, t. II, p. 69.

⑥ 比如他从戈蒂耶处借用的题记：“这些蓝色的绣球花令我们惊讶不已，因为蓝色是园艺师求之不得的梦幻颜色，比如蓝郁金香、蓝色玫瑰、蓝大丽花……”

⑦ 诗题为“手法”（« Manières »）。

⑧ 诗题是“输血”（« Transfusion »）。

数个星期之后，普鲁斯特在《白色评论》上阐述自己的诗歌主张，这就是《反对晦涩》。

一篇序言

1896年6月9日的《费加罗报》和《高卢人报》发表了阿纳托尔·法朗士为《欢乐与时日》所作的序言。1892年11月28日，法朗士的小说集《珍珠盒》出版，其中的中篇小说《德·吕齐夫人》题献给普鲁斯特；普鲁斯特则把1893年2月《会饮》杂志上发表的《维奥朗特或社交生活》题献给法朗士。1893年12月，马塞尔请他帮忙找一家出版社。正如马塞尔在古典主义和略嫌颓废的象征主义之间周旋一样，他也一直在法朗士与孟德斯鸠之间周旋，要么请法朗士在他写给伯爵的信末附上几句话，要么向伯爵引用《红百合》（这是法朗士的《斯万之恋》）中的句子[①]。关于法朗士为《欢乐与时日》作序——普鲁斯特曾在1894年写给德·布朗特夫人的信中提及此事[②]——的背景（是否是应卡雅维夫人之请），关于法朗士与自己的出版商卡尔曼–莱维交涉的情况，关于6月9日《费加罗报》和《高卢人报》发表这篇序言的直接缘由，我们都一无所知。有人甚至认为阿尔芒夫人可能代笔写了序言的一部分[③]，然而大师的文笔在其中清晰可辨。更有意义的，应该是了解法朗士如何看待年轻时的普鲁斯特——在法朗士眼中他将永远是个年轻人。在序言里，普鲁斯特被描绘成一个

① *Corr.*, t. I, p. 331, 1894年9月18日。

② Ibid., t. II, p. 491.

③ G. de Diesbach, p. 201. 佩因特（p. 240）也提及有传言认为整个序言都是卡雅维夫人所作。这一传言的来源是布鲁松的《从巴黎到布宜诺思艾利斯之路》（1927）一书。见*P et J*, p. 911。布鲁松声称，法朗士反对给这样的作者写序，因为他“写的长句没完没了到能把人憋出肺病”。但此时的普鲁斯特还没有写这样的句子，这一指责在时间上不合理。

“世纪末”作家，一个颓废的作家。这个老年轻人没有像《红百合》一样刻画天然真实的痛苦，而是在“温室环境下”，“在精巧的、带有奇异病态美的兰花[1]中间”，刻画“虚构的”痛苦、“艺术的痛苦”；他的人物都是“骨子里的攀附者”；他的风景具有“落日的苍凉和绚烂”。叙事者面露“疲惫的微笑”，“神情倦怠”——但他具有深厚的文化修养，酷似贝尔纳丹·德·圣皮埃尔、佩特罗尼乌斯和赫西俄德。“这是春天里老枝发出的新芽”：此类植物形象，从“如花少女的身旁”这个书名开始，一直与普鲁斯特如影随形。在法朗士眼中，普鲁斯特既受到不良影响，同时又天真幼稚，这种评价（绝非夸饰不实之词）对二十五岁的普鲁斯特来说，对《欢乐与时日》的作者来说，也许不是个坏形象。对这本书——至少——还可以做出另一种解读，它让我们看到，普鲁斯特是法朗士的门徒，他因此得以避免堕入颓废的陷阱。大师法朗士从未在普鲁斯特身上，也没有在贝戈特身上认出自己。

在1896年7月15日以《反对晦涩》为题刊登（投稿是在六个月之前[2]）在《白色评论》的文章中，普鲁斯特再一次也是最后一次充当法朗士美学的发言人。他六年前就在《时报》上读了法朗士的专栏文章，以及文章的结集《文艺生活》，此时仍然记忆犹新[3]。1888年8月19日，法朗士在回击夏尔·莫里斯的文章中写道：“我绝不原谅象征派的极度晦涩。‘你说话像谜语’，这是索福克勒斯悲剧中武将与国王经常相互指责的话。希腊人非常聪明，

① 这些兰花将成为奥黛特·斯万之花，她本人也具有兰花的病态美。

② 普鲁斯特1896年7月16日致母亲的信。

③ 见《文艺生活》中关于《我们的心》的文章。

但他们要求说话必须清晰明了。我认为他们做得对。”[①] 此文就是一篇“反对晦涩”的文章，结尾处写道：“我从不相信，一个用晦涩的语言表达高深思想的文学流派会取得成功。”[②]关于“青年学派”这一问题，法朗士在《文艺生活》第二卷的序言中再次予以阐明。这一学派并不聪明，因为它故作神秘，它在神志恍惚的状态下写作。他把批评的矛头指向勒内·吉尔（吉尔1886年出版的《论语言》由马拉美作序）和兰波。“假如象征主义的温床神经官能症能蔓延开来，那么未来将属于象征主义。”诗人变成了“精致的病人”，他们“在斯特凡纳·马拉美纵容的目光下相互争执”[③]。此话中出于爱护的口吻和温婉的形容词，掩饰了实体词对真正罪魁的强烈蔑视，正如弟子们掩护了乃师的身影。普鲁斯特在文章中重新拾起这种口吻、这类主题、这些手法。“反对晦涩”，这是法朗士的主张，普鲁斯特正是与他一道摒弃了象征主义，同时也摒弃了颓废精神，摒弃了1890年代的先锋派。8月，马拉美在《白色评论》作出回应。从此，他的弟子瓦莱里、纪德、克洛岱尔，甚至雷尼耶，都再也没有与普鲁斯特站在同一个阵营。

我们由此看到法朗士（如同达吕）在普鲁斯特思想发展过程中所起的关键作用。正常情况下，普鲁斯特很有可能像《白色评论》（它与象征派关系密切）的大部分年轻作者一样，加入当时的先锋派。但我们看得很清楚，这样一来他就会走入死胡同。除了马拉美，象征派作家们还剩

① *La Vie littéraire*, t. II, Calmann-Lévy, 1890, in *Œuvres complètes*, t. VI, p. 519.

② Ibid., p. 525.

③ Ibid., p. 323. 另见《阿纳托尔·法朗士与世纪末精神》一文（« Anatole France et l'esprit fin de siècle », par M.-C. Bancquart, *Europe*, novembre–décembre 1991），此文的结论是，问题并不简单：法朗士受到时代的诱惑，但他保持了独立的思考。

下了什么呢？[1]他们的理论、诗歌以及《逆流》式的无情节小说，虽然保留着“新艺术”的新奇感，但统统经不起跨世纪的考验。软绵绵、懒洋洋、冷冰冰的句子，生僻的词汇，别扭的句法，曾风靡一时又很快过时，连纪德和瓦莱里也都放弃了《安德烈·瓦尔特笔记》和《旧诗稿》的风格。由于普鲁斯特仰慕法朗士，仰慕他的风格、作品、思想以及《文艺生活》所表达的美学，所以从他那里获得了抵制先锋派的解药，获得了抵制象征派句式的句法，获得了清晰的思想和整套古典主题（thèmes classiques），即《吾友之书》和《红百合》中的诸多主题。他在法朗士身上看到了一个父亲的身影，叙事者看待贝戈特也是如此。

但普鲁斯特的激情，无论是爱情，还是美学上的仰慕，都持续不了多久，也许是因为，支撑这两种激情的是同一种隐秘的冲动。1895年至1899年间，《让·桑特伊》为我们提供了例证。书中有一位“天才的作家”，“翻开他的任何一本书，他就立即把你带入一个独一无二的奇妙世界，可在他本人的形象、谈吐和生活中，这种奇妙之感荡然无存”。另一方面，这位德·特拉夫先生——我们揣测，普鲁斯特与法朗士分道扬镳的原因，其实早在哲学班时期，即马塞尔第一次给法朗士写信表示敬意的时候，已经出现端倪，犹如爱情达到顶点即意味着走下坡路——是“唯物主义和怀疑主义的信徒”，而让·桑特伊受伯里耶的影响[2]，是唯灵论者和唯心主义者：“他无法承认，一个唯物主义者居然是个聪明人。”[3]在另一个片段中，普

① 当普鲁斯特向施特劳斯夫人转述《叹息》一诗时（*Corr.*, t. IV, p. 411, 1893 年 7 月），所用的正是法朗士在 1893 年 1 月 15 日《时报》的文章中引用的诗句，法朗士在此文中评介三个星期前出版的马拉美《诗与散文》一书。

② 伯利耶即达吕。《文艺生活》保留着法朗士与达吕交谈以及思想分歧的痕迹。

③ *JS*, p. 479.

鲁斯特概括这位作家的谈话，再次将两位老师——法朗士和达吕——对立起来："让·桑特伊暗暗地怜悯所有信仰科学，而不信仰自我的绝对性，不相信上帝存在[1]的人们，德·特拉夫先生正是这种情形。另外，无论谈论什么话题，德·特拉夫总是老一套，让·桑特伊对此毫无兴趣，根本听不进去。伯里耶先生阐述的带有普遍意义的观念，德·特拉夫先生则从来都没有，关于灵魂和智力，他也从未有过富有启示的观点。但是，假如涉及某个事实、某个词在过去的意义、某个派生词义的用法和来源，以及出于何种原因某个作家不可能如读者认为的那样在某个意义上使用某个词，他说起来就会滔滔不绝。整理书柜、搜罗工艺品，这是他最大的快乐，而让·桑特伊对此格格不入，而且腻烦得要死。至于文学，德·特拉夫只喜欢十八世纪，让则认为这种文学一无是处。"[2]如果再补充一点，德·特拉夫认为美是某种存在于物而非精神之中的实实在在的东西，我们便不难理解普鲁斯特如何与阿纳托尔·法朗士渐行渐远：首先是在思想上，大概始于哲学班时期；然后是疏于来往与交谈；最后，发现罗斯金——法朗士不喜欢他——终于使普鲁斯特告别了法朗士的著作。但这种疏远并没有妨碍年轻的这位从年长者那里获得他能给予的一切：他的威望、他塑造的人物、他的语言。

法朗士似乎为《欢乐与时日》当了一回教父。卡尔曼–莱维出版社的于贝尔先生致信法朗士，请他把这本书的文字再看一遍，而作者本人"帅小伙"马塞尔"对此充

① 这似乎表明，在哲学班时期，马塞尔仍是个自然神论者。

② *JS*, pp. 479–480.

耳不闻”，同时出版社方面“闭着眼睛接受了书稿”[1]。我们不知道法朗士对此如何作答。马塞尔后来致信莫拉斯——此人曾在评论《欢乐与时日》的文章中谈及法朗士的序言——把法朗士称作“天才，我们的导师”[2]。马塞尔继续观察这位将被他写入小说的人物，有时是在卡雅维夫人的沙龙里，他曾不无讥讽地转述卡雅维夫人与法朗士的一次对话[3]；有时是在自己家里，他曾请法朗士共进晚餐[4]。

① *Corr.*, t. II, pp. 50–51, 1896 年 2 月 29 日。

② Ibid., p. 109, 1896 年 8 月 28 日。

③ Ibid., p. 119, 1896 年 9 月 1 日。

④ 例如 1896 年 5 月 24 日，当天出席的还有几位画家（包括让·贝罗）、作家（波尔托－里什、罗德）、哈恩，特别是有孟德斯鸠。普鲁斯特不停地在两人之间撮合，似乎是为了在实验室的某种实验中，让他的两个灵感之源相互比较和对质（cf. ibid., pp. 85–86）。还有 1899 年 4 月 24 日，在普鲁斯特家里，考拉·拉帕尔瑟里朗读法朗士的诗歌。

普鲁斯特与马拉美

为了进一步向法朗士靠拢，普鲁斯特遂与马拉美决裂，但我们将会看到，其实他对马拉美的理解要比表面看上去深刻得多。在《反对晦涩》一文中，他抨击的对象是象征派的年轻一代，《欢乐与时日》与他们毫无瓜葛。他指出，他们作品中的晦涩不仅体现在思想和形象上，而且体现在语法上。就在同一期《白色评论》上，吕西安·缪勒弗尔德以《论明晰》为题撰文，激烈地回击普鲁斯特，文中首先说自己“以优雅的笔触总结了各文学沙龙的反驳意见”，接着质疑“他的恩师阿纳托尔·法朗士先生”，最后的结论是：“噢，明晰，明晰，多少晦涩的蠢话假汝名而行。”普鲁斯特承认诗是一种写给意中人的神秘之物，但他认为象征派诗人的神秘是错误的，他们把诗写成了定理或字谜。诗人用词须易于理解，以保留其词源的或流传过程中形成的诗意：“假如诗人用我们无法理解的语言说话，那么他就放弃了在我们心中唤醒众多睡美人这一不可抗拒的魔力。”自然教会我们明晰，“万物的形式都是具体的、明晰的”，“自然使来到世间的每个人都能够明晰地解答生与死的最深邃的奥秘”。普鲁斯特此刻着力阐述的美学思想不再发生改变，因此，这是他思想谱系形成过程中的一个重要阶段。而马拉美的诗已与自然浪漫主义和怀旧浪漫主义，甚至与瓦格纳，一刀两断。

马拉美接着提笔作出回应，他的《文学中的神秘》一文发表在六个星期之后的《白色评论》上。他把矛头指向普鲁斯特文章的题目“反对晦涩”：“面对这种攻击，我宁愿反驳说，当代人不懂得如何读诗。”马拉美因此区别了文本的两个层面：一个是文本的表层，即“视网膜所感知的表面”，“没有光彩、足够浅显易懂的那一层”；另一个是文本的深层，一个“宝库”。所有作品都呈现出以街头闲汉和俗人语言表达的第一义，以及“另有目的”的第二义；面对此第二义，“游手好闲者”将把头扭到一边，“庆幸其中一眼看去没有任何东西与自己有关”。读者通过表面之下——它与表面难分彼此——炫目的诱惑，对这一宝库有了第一次感知。但包括诗人在内，每个人的内心都存在晦涩，它是人的本质神秘，是“被禁锢和隐藏的能指”。诗人把这一能指揭示出来；读者不应要求作品浅显易懂，浅显易懂则索然无味，因为它展示的是“静止不动的表层之物，是大路货”，它只展示平庸的东西。假如说直截了当显得庸俗，那么诗就撑开一层宝贵的云，漂浮在每种思想的深渊之上。音乐打开了道路，因为音乐不会遇到再现过程形成的障碍，而直接触及人的神秘，“与不可言说和纯粹之物、与无言的诗面对面”[1]！音乐不是唤醒情感，而是唤醒想象的原型，一种光与影的对比。令音乐晦涩、令文学明晰，这都是马拉美不能接受的：“写作就是要求神秘。”这里面有一种原始逻辑，即人类想象中区分夜[2]与昼、虚无与永恒、焦虑与梦境的逻辑。普鲁斯特让明晰与晦涩交锋，马拉美则使白与黑、童贞与神秘对立。页面的空白使读者净化，他紧接着进入包含在文本中的观念：“但超过这个界限，任何东西都不会得到澄清。”正如不存在超出生命的东西（“不朽天才的光辉没有阴影”），也不存在超出页面的东西；一切都在写作与阅读之中。《白色评论》的这场对话，使马拉美奉献出他最美妙的篇章之一，使两种美学碰撞交锋，它同时表明，普鲁斯特与马拉美的距离，并不像他们二人所认为的那样遥远。归根结底，年轻的这位拒绝归顺，他相信一切都可以得到清晰的表达；但他本人也热爱音乐，也在寻求表象之下的本质，在白日之外探索黑夜：整个一代人不都是受到《特里斯丹和伊瑟》第二幕中二重唱的熏陶吗？

《反对晦涩》发表数个星期之后，马塞尔获得了一个接近马拉美的机会。8月底，他在给雷纳尔多的信中，对马拉美一首未发表的四行诗[3]进行了一番评论，诗是雷纳尔多抄寄给他的。普鲁斯特首先关注此诗写作背景的特

① S. Mallarmé, *Œuvres complètes*, Bibl. de la Pléiade, 1945, p. 389.

② 普鲁斯特在《斯万》当中谈到“我们心灵中不曾被穿透的茫茫黑夜”。参见十五人译本（一）341 页，周译本（一）358 页。

③ S. Mallarmé, *op. cit.*, p. 155, « Méry, l'an pareil sur sa course ».

殊性：梅莉·洛朗的生日。她是马拉美的情妇（她还有众多情人，包括富有的医生埃万。又一个奥黛特！），也是雷纳尔多的朋友，雷纳尔多后来成为她的遗嘱执行人和遗产继承者[1]。普鲁斯特觉得，对这样一首“即兴偶成”之作，单纯赏析此诗本身的文学魅力特别是诗意之美，显得太过学究气，于是他随即生发开去，指出诗中“既晦暗又明亮”的形象仍然是物的形象，但它们是从“黑色大理石幽暗、光滑的镜面中……反射”出来的，是“追思台上的春色”。此诗本身的魅力在于，它采纳了“刻板且纯粹”的古典形式，在“古色古香的色彩”之下，注入了最极致的典雅。普鲁斯特的文学修养使得他能从主题（“时间神话”）和语言上，辨认出当时已不再时兴的诗风与色彩，即“十六世纪末十七世纪初”的诗歌风格。不过这种典雅吸收了某种现代色彩，在形象中体现了真诚与质朴。通过马拉美的诗歌，普鲁斯特体会到女性躯体具有器官和植物的特点：“这只饥渴的脚将像植物一样吸收水分，它神奇地使我们意识到我们的器官默默无闻的存在，它们实际上各有各的生命，只不过我们不知道罢了。”这一特点，他重新赋予《女囚》中熟睡的阿尔贝蒂娜。马拉美在仅有四行的应酬诗中嵌入了古色古香的语言，是一大创举。雄阔的笔调、神话的主题、古色古香的语言、优雅的趣味，“‘说到底’，这正是魅力之所在”，因为诗人的使命就是“让生命更庄严”[2]。这篇出色的文本分析既然是写给马拉美的朋友的，普鲁斯特便像《反对晦涩》一文

① 很显然，雷纳尔多对交际花很有吸引力。继克雷奥·德·梅罗德之后，丽阿娜·德·普吉给他写了很多热情似火的情书（令人联想到普鲁斯特的书信，以及轻浮的女演员、路易·德·阿尔布费拉的情妇路易莎·德·莫尔南的书信）：“你是唯一一个我肯为之献身却不肯接纳我的男人……不，我的雷纳尔多，我们不去收获爱情之果，我们永远处在美丽的花期，我们永远处于欲望之中。”(cité par B. Gavoty, *op. cit.*, p. 121)

② *Corr.*, t. II, pp. 111–112.

中一样，提出了若干保留意见（拟古的风格和过分的典雅不能令其折服），但同时也表示了欣赏和理解。在马拉美与波德莱尔之间，马塞尔始终与波德莱尔更为投契，但在叙事者送给阿尔贝蒂娜的游艇上，在马塞尔送给阿戈斯蒂耐利的飞机上，刻写的却是马拉美的天鹅诗[①]。惨剧发生之际，天鹅的洁白之下掩藏着的黑色悲剧这一主题再次凸显。阿戈斯蒂耐利喜爱这首十四行诗，又觉得它晦涩难懂，因此需要马塞尔——马塞尔刻写这首诗的初衷也许是想借此给朋友的飞行梦增光添彩，但同时亦表明希望他放弃飞行——进行朗读和讲解，恰如马塞尔二十年前写信给另一位朋友雷纳尔多评论马拉美的诗。

① Ibid., t. XIII, pp. 217–221. Cf. *RTP*, t. IV, p. 39 et n. 1，参见十五人译本（六）36 页。

《欢乐与时日》概述

普鲁斯特已经开始写作一部长篇小说（最终未能完成），此时对他的第一本书作个小结恐怕不无益处。这本书充分揭示了作者的写作方法和众多主题。尽管它无法与《追忆似水年华》甚至《让·桑特伊》比肩，但几乎所有要素已经在此书中播下了种子。第一个特点，此书是五十余篇各类文章的合集。作者在青年时代即找到了他终生不变的写作方法，即先写出一个个片段，写出一个个篇幅、风格、内容千差万别的章节；这一方法既让他尝到了甜头，也让他吃尽了苦头。其中部分篇章曾在期刊上发表；同样，《追忆》的选段也将首先在《费加罗报》和《新法兰西评论》上面世。书中的各篇是普鲁斯特在很长时间里陆续写成的，他宣称从“十四岁”[1]上中学的时候就开始写了；如此说来，前后共用了十年时间。《让·桑特伊》将花去他四年，但最终没有写完，研究和翻译罗斯金将用去六年，最后是《追忆似水年华》，用了十四年。第二个特点令人惊异，《欢乐与时日》运用了多种多样的写作技巧，书里包括了七篇小说，若干散文诗及韵文诗，仿作，拉布吕埃尔式的人物肖像和拉罗什富科式的道德随感，孤立的片段描写，艺术或绘画作品的移植。依照所采用的文学形式，可以划分为虚构作品、社会批评和诗歌等类别。

① Lettre du 28 mai 1921 au capitaine Bugnet, *BAMP*, n° 3, 1953, p. 16.

这部青年时期的作品中首次出现的众多主题、场景和人物，普鲁斯特始终不离不弃，读者将在《追忆》中惊讶地与它们重逢。作者看起来不肯舍弃任何东西，我们将会看到，未编入《欢乐与时日》的篇章，也都经过校阅、移位、改写、扩充并保留下来。所以，从1913年起，普鲁斯特对他的处女作既得意又深为不满，一些读者，如安德烈·纪德，满怀敬意地把它重新发掘出来：“今天重读《欢乐与时日》，这本1896年出版的精致小书显得光彩夺目，我很奇怪为什么当初会对此视而不见。但现在，我们的眼光更加敏锐，凡是能在马塞尔·普鲁斯特近著中领略的精彩之处，我们都会在这本小书里，在我们当初未能发现它的地方，把它辨认出来。”[2]

② André Gide, « En relisant *Les Plaisirs et les Jours* », *Hommage à M. Proust*, p. 110. 参见中译本［法］安德烈·纪德，《重读〈欢乐与时日〉》，收入［爱尔兰］塞·贝克特等著，沈睿、黄伟等译，《普鲁斯特论》，北京：社会科学文献出版社，1999 年。

书中的五篇小说写的都是男主人公或女主人公的成长历程，普鲁斯特对这种结构始终情有独钟。在《巴尔达萨尔·西尔旺德之死》中，主人公志向落空，但他满脑子都是当初孕育这一志向的种种回忆，他只求一死了之。在《维奥朗特或社交生活》中，缺乏意志的主题再度出现；社交生活使女主人公远离“真正快乐的天然源泉”，而一旦进入老境，她就像盖尔芒特公爵夫人，丧失了“少年时即已获得”的社交界地位[1]。《德·布莱弗夫人忧郁的乡间度假》讲的是一段“莫名其妙的爱情”，爱情使“焦虑”成为女主人公“全部生活的主调”[2]；她所爱的男子与《纽伦堡的名歌手》中的一个乐句相关联，于是她自己在钢琴上弹奏这个乐句。单相思的爱情，有罪的爱情，还有同性的爱情，是这本贯穿着欲望的书承受的终极考验，是它传授的唯一奥义，这也是《一个少女的忏悔》和《嫉妒的终结》的主题。爱情已被明令禁止，不检点的行为却被母亲撞个正着，母亲因此而死，少女也随即死去；还有奥诺雷的嫉妒，它是斯万的嫉妒的前身，并以骑马事故导致死亡（与阿尔贝蒂娜之死相同）而告终——以上的情节如叠加起来，再加上普鲁斯特没有收入本集中的《夜晚来临之前》[3]，我们会发现一条同样的脉络：纯洁的童年（童年的回忆始终如影随形）、染上某种污点、被忤逆的母亲、死亡。爱（情）还将导致阿尔贝蒂娜、外祖母和盖尔芒特亲王夫人之死。

在这一时期，艺术是普鲁斯特的另一个重要主题，但处于从属地位。此书中虽有描写画家、音乐家肖像的组诗，并涉及与所爱之人密切相关的瓦格纳和波提切利（如

① *P et J*, p. 37.

② Ibid., p. 78.

③ Ibid., pp. 167–171；《夜晚来临之前》刊于 1893 年 12 月《白色评论》。

同波提切利与奥黛特的关系），但这些内容不足以使艺术凌驾于爱情之上，爱情才是大事，也是幸福的唯一源泉。《欢乐与时日》不是一本关于艺术的书，艺术也不是此书的论题。它同样不是一本关于回忆的书，尽管书中有许多回忆的片段，普鲁斯特有时也把艺术与回忆合为一体，比如他说起的“记忆中的荷兰绘画”[1]，这是《盖尔芒特家那边》东锡埃尔生活的先声。此外，书中主人公体现的很多特征、行为和感觉，将重新出现在《追忆》的叙事者身上，比如与母亲的关系、睡前索吻的悲喜剧、爱情的幻觉、对悲情的利用、女性的眼神（“目挑情而心不予”[2]）、喜爱的风景（树林或大海）、旅馆房间引起的焦虑、“神经性哮喘”[3]的发作等。上述小说里没有男同性恋，而女同性恋者将变成戈摩尔，伊波莉塔将成为盖尔芒特夫人。在《一个少女的忏悔》中已经出现的受虐癖，将转移到夏吕斯身上。

① Ibid., p. 130.

② Ibid., p. 125.

③ Ibid., p. 160.

对《欢乐与时日》的反应

继《费加罗报》和《高卢人报》6月9日发表法朗士的序言之后，《欢乐与时日》于6月12日面世。八开本，浅绿色上光封面，封面和封底均有插图。法朗士的序言占了两页，给威利·希思的献辞占了三页，全书273页。普通版印了1500册，其中绝大多数堆在出版社的库房里，徒劳地等待书店来订货[4]。豪华版包括用中国纸印的30

④ *Corr.*, t. XVII, p. 290, 1918年6月25日，加斯东·卡尔曼－莱维致信普鲁斯特：“我必须向您挑明，已经印好的1500册当中，还剩下1100册的散页和71册装订好的成书，总数为1171册。”

册[1]和用日本纸印的20册，每册附有一张玛德莱娜·勒迈尔的水彩画原作[2]。勒迈尔画了卷首插图、章末尾花以及许多幅当时流行的现实主义风格插图，其中包括书名页和尾页上的雷韦永城堡、各篇小说的主要场景，还有一幅马塞尔在一群打牌者中间的肖像。装饰画和尾花部分的花卉，多得像加莱花瓶里的插花一样。书中还收入了雷纳尔多·哈恩为《画家肖像》组诗所作的曲谱（曾由厄热尔出版社印行）。《克伊普》和《波特》两诗曲谱的提示是行板，《华托》是“音色温暖柔和”、接近小快板的行板且间有“回忆般地突慢”，《凡戴克》应演奏得“优雅而伤感”。版面设计非常讲究，每篇的末尾都有留白，下一篇另页起排，不像现代的版本都是连续排印[3]。可以说，这部书依当时的风尚，做成了一件艺术品。但从此之后，普鲁斯特对他的书籍装帧豪华与否等物质上的品相毫不在意。书的定价高达十三法郎五十生丁[4]，马塞尔的朋友在一份讽刺杂志上嘲笑他：“普鲁斯特——法朗士先生的序言，四法郎……勒迈尔夫人的画，四法郎……雷纳尔多·哈恩的音乐，四法郎……我的散文，一法郎……我的几首诗，五十生丁……合计十三法郎五十生丁，这还不过分吗？”[5]

对这本豪华的小书，外界反响平平。更有甚者，它使普鲁斯特从写作生涯的开端就陷入不被报章和广大读者理解的境地。没有人买他的书，二十二年间，只有329本出了出版社的库房，其中不少还是作者送出去的。没有什

① 其中送给皮埃尔·拉瓦莱那一册上的赠言尤为感人（ibid., t. II, p. 76）。另一些已经发表的赠言包括：致德·布朗特夫人（ibid., p. 74）、致罗贝尔·普鲁斯特（“哦，亲爱的兄弟，你比阳光还要珍贵”［高乃依］，ibid., t. IV, p. 422）、致劳拉·海曼（ibid., t. XXI, p. 573）。普鲁斯特慷慨地赠书给报界，其余赠言都在私人藏家手里。

② Voir G. da Silva Ramos, « Bibliographie proustienne », in *Cahiers M. Proust*, n° 6, 1932, p. 31.

③ Voir B. Gicquel, « La composition de *Les Plaisirs et les Jours* », *BAMP*, n° 10, 1960, pp. 249–261, et P. Daum, *Les Plaisirs et les Jours de Marcel Proust*, Nizet, 1993, pp. 175–178.

④ 大约相当于1990年的300法郎。

⑤ *P et J*, Folio, p. 298.

么重头文章予以推介，不过作者本人既没有向朋友们抱怨，也没有向出版社诉苦（甚至连正式的出版合同都没有签）。对于兴趣已经转移的作者来说，这种沉默倒也相宜。有几篇评介文章值得一提。最早的一篇发表在6月26日的《自由报》上，作者是保罗·佩雷，他花了不少笔墨阐述此书的独特性、多样性和现代性。瑞士小说家爱德华·罗德在《高卢人报》上撰文评论施沃布，文末的附记有几行提到普鲁斯特的书："这个刚刚出道的新人，怎么具有如此细致透彻的观察力呢？"[①]更引人注目的是莱昂·布鲁姆在《白色评论》新书专栏所做的评介。布鲁姆即使不是马塞尔的朋友，至少也是同仁；《白色评论》当然不会错过自己作者的新作，更何况它曾刊登过此书的不少章节。布鲁姆说："普鲁斯特先生集各种体裁美文于一卷。社交小说、温情的故事、旋律优美的诗歌……在单独成篇的片段中，精细的笔触消解在缠绵的句子里。这么精美的书，女性和青年人读来更会感动和愉悦。"夏尔·莫拉斯当时二十八岁，已出版的作品只有故事集《天堂之路》，他在1896年8月22日的《百科评论》上历数马塞尔的才情：内容博杂而富有诗意，眼光犀利兼感觉敏锐，充满激情且才智出众，饱含情感又不乏讽刺。他又说："新的一代应习惯于仰仗这位年轻作家。"文章还配了一张奥托拍摄的照片，它在很长时间里是普鲁斯特"授权"的标准照。普鲁斯特在感动之余，谦逊地回应："万一我的书没有流传，那么将来读到您文章的人，准会认为它遭遇了

① 普鲁斯特于28日对他作了回应（*Corr.*, t. II, p. 80）。

某种不公，也会相信我也许还有点才华。”[1]唱歌的鸟儿虽然不多，但终免不了混入一只乌鸦，让·洛兰就扮演了这一角色。他在7月1日的《日报》上撰文，指责法朗士不吝溢美之词为“社交界的小白脸作序，帮助他们赢得文名、跻身沙龙”。“大凡攀附者都想成为作家”，所以，“阿尔芒·德·卡雅乌[2]的沙龙刚刚制服了《黛依丝》作者最后的抵抗，年轻迷人的马塞尔·普鲁斯特横空出世，我们要归功于临时替代德·弗臧萨克先生——迄今为止一直是此君扮演这个角色——出场的阿纳托尔·法朗士先生。”但绝非此文让普鲁斯特爱上了圣伯夫式的批评，也非此文引起了后面我们将谈到的决斗[3]。至于作者赠书对象的反应，我们只看到寥寥数封回信。孟德斯鸠很高兴能够第一次拥抱作者的全部才华。阿尔丰斯·都德感谢他的“亲爱的小马塞尔送来仙子装饰的精美花篮，里面盛着他的全部青春——梦想、音乐和惊悸”[4]。马拉美想必不计前嫌把自己的想法告诉了雷纳尔多，正如普鲁斯特1920年在一封信里说，马拉美认为这本书“写得很好，因为他着了宽恕的魔”[5]。

① Ibid., p. 108, 1896 年 8 月 28 日。

② 精致的玩笑，为的是与“孟德斯鸠”押韵。

③ 报刊对《欢乐与时日》的反响等资料，见该书的 Folio 丛书版 288—299 页。

④ *Corr.*, t. II, p. 79.

⑤ Ibid., t. XX, p. 153. “魔”字暗用马拉美散文诗《类比之魔》。

外祖父去世

普鲁斯特夫人长期患病的父亲纳特·韦伊，在弟弟路易去世六个星期之后，于6月30日去世，享年八十二岁。“因为连续两天不能消化，外公不再进食，一个星期后去世，其间坚持每天让人帮他泡三次澡，惊恐的父亲在浴室里不停地给他把脉。”[1]马塞尔硬撑着守在外祖父身边，眼见他一时不如一时地衰弱下去，家人已经不再指望能挽救他的生命；马塞尔尽力用这种方式减轻母亲的悲伤[2]。“悲恸欲绝”的马塞尔在书信里谈到他此刻的心情：“当看到……这一切是如何结束的，那么再为世上的苦难而伤感、为终将一无所有的事业而奋斗，还有什么意义呢？只有穆斯林的宿命论有几分道理。”[3]到了7月，马塞尔帮着家人把外公的公寓腾空出租：“我一直感到这是真正的不公平，不是他离开了我们，而是我们离开了他，我们过去属于他，永远属于他，他是那么爱我们，欢迎我们，把我们当自己人。现在像是一家人没有了主心骨。”[4]他前往圣克鲁看望雷纳尔多，虽然二人的关系不如从前，但这样的会面还是让他感到一些安慰。父母上一代人的最后一位代表人物就这样悄然离去，他曾是马塞尔少年时的贴心人，马塞尔不仅向他伸手要钱，还和他谈论政治，他是奥特伊假日的东道主，不久以后，他将永远留在《贡布雷》的假日里。他是犹太家庭里的一家之长，拥有特殊的权威，就像亚伯拉罕在家中一样[5]。他是个生活优渥的金融家，及时急流勇退，宁愿与其他证券商或场外交易人合伙做生意[6]。马塞尔从他身上继承了投机的爱好，以他为蓝本构思了夏尔·斯万父亲这个人物，学会了如何看待自嘲式的反犹言行——但这种态度只适用于犹太人自己[7]。普鲁斯

① Ibid., t. XXI, p. 288, 1922 年6月16日致保罗·莫朗。马塞尔此时不再进食，担心自己已经到了外公去世前的这个阶段。

② Ibid., t. II, p. 80. 她从父亲手中继承了50万法郎，这相当于1990年的900万法郎（R. Duchêne, *op. cit.*, p. 308）。

③ *Corr.*, t. II, p. 92. 犹太教和基督教信仰均未提及。

④ Ibid., p. 93.

⑤ “去问爸爸！”詹姆斯·德·罗斯柴尔德已经年长的儿子总是这么说（E. Feydeau, *Mémoires d'un coulissier, op. cit.*）。

⑥ 厄内斯特·费多与纳特·韦伊同时做股票生意，据他解释，当时，没有一个证券商能凭自己的力量承担经营所需的全部资金，因此需要匿名合伙人（ibid., p. 221）。

⑦ 厄内斯特·费多记载，詹姆斯·德·罗斯柴尔德常说：“啊！您来啦，您这可恶的德国犹太贼！”（ibid., p. 139；句中把法语的v音都发成了f音。——译者注）费多书中的第十九章专门写“证券交易市场的犹太人”。

特夫人一如既往，坚强地挺了过来。“妈妈还好。我感到妈妈已经从悲伤中恢复过来，她的坚强超出了我的预想。”[1]

① *Corr.*, t. II, p. 91, 7月3日，致雷纳尔多·哈恩。

埃德蒙·德·龚古尔去世

埃德蒙·德·龚古尔逝世，普鲁斯特再次陷入悲痛和哀伤。他死在阿尔丰斯·都德的怀里，他没有孩子，一直把都德视为小弟弟甚至儿子。他在普鲁斯特心目中占有特殊地位，不再是《追忆》中被长篇戏仿的作家，而是“最后一位伟人”，代表了1820年代出生的一代，是社会史家和艺术史家。他是个现实主义者，为了反驳他——也可以说正是依靠他——普鲁斯特创立了自己的美学。日记的作者已经离去，但普鲁斯特曾仔细读过龚古尔兄弟的这部重要著作。命运居然如此巧合，《日记》最后一篇记述的人物，包括了好几位普鲁斯特的人物原型，俨然《追忆》的原始素材：丽阿娜·德·普吉的情人罗班医生；卡斯特拉纳一家，他们刚刚在布洛涅森林举行盛大晚会；孟德斯鸠，他想在一部散文作品里谈谈“圣日耳曼街区的老面孔”，而且他熟知他们的许多轶事；还有左拉，他与不自主回忆现象有关——床头柜上的香豌豆让他在睡梦里重现了整个童年[2]。马塞尔在写给吕西安·都德的信中满怀深情地谈及埃德蒙·德·龚古尔：“他老年时期甚或整个一生中的全部温情都来自您的父母。且不管这对您来说是什么感觉，我倒是感到，他像这样在你们的陪伴下，以如此

② Goncourt, *Journal*, 3 juillet 1896, t. III, p. 1303. 热米尼·拉塞尔多是龚古尔兄弟的弗朗索瓦丝，玛奈特·所罗门就是他们的拉谢尔或奥黛特；埃尔斯蒂尔则胜过了他们笔下的画家。

温馨的方式离世，是一件大好事。因为就死亡来说，猝然就是福气。”此时的普鲁斯特已经走到寿命的中间点，他补充道：“相反，对我来说，如果不是病得很重，我希望事先知道死亡何时来临。”[1]对此，他最终如愿以偿。

① *Corr.*, t. II, p. 96, 1896年7月16日或17日。

哮喘患者的保健

7月17日，马塞尔如约去见医学院教授、《神经学评论》主编布里索医生[2]。他的著作《哮喘患者的保健》由阿德里安·普鲁斯特作序，将于8月出版。他有很深的文化修养，乐于在艺术和旅游方面提出建议[3]，支持德雷福斯案重审，到后来成为《盖尔芒特家那边》“神经功能紊乱”的理论家迪·布尔邦大夫——小说里，“神经功能紊乱”是天才的代名词，它能表现出各种疾病的症状。马塞尔多次找布里索医生看病，也多次谈起他。照吕西安·都德的说法[4]，他才智超群，心地善良，性喜诙谐乃至笑闹无度，富有同情心，是个“感情充沛、有传奇色彩的人物”。他在《医学论》一书中认为，哮喘是一种“表现为痉挛性呼吸困难的神经官能症”[5]，多发于律师、教师、布道者等职业，“总之相对于富人而言，穷人患此病者较少”。关于此病的治疗，他认为病人比医生更有发言权，他们知道怎样好、怎样不好。普鲁斯特也写道：“有的哮喘病人发病时，非得打开窗户，站在风口里呼吸来自山峦的新鲜空气，病情才能缓解，而有的哮喘病人必须待

② 爱德华·布里索（1852–1909），医学科学院院士，是夏古最出色的弟子之一（仅次于巴宾斯基）。他与夏古、布沙尔合著了《医学论》，此书的第四卷即论述哮喘(Masson, 1893）。Voir le remarquable article du docteur Nicolas Postel-Vinay, « Notes sur le décor médical de l’univers proustien », *La Gazette du CHU*, vol. 4, n° 8, Colloque « Proust et la médecine », Tenon, 28 novembre 1992. Nous lui devons ce qui concerne Brissaud.

③ *Corr.*, t. II, p. 138.

④ *Souvenirs, op. cit.*, pp. 159–160.

⑤ 在当时的语汇中，“神经官能症”指的是神经——此处涉及的是迷走神经——受刺激而引起的紊乱。

在城里，躲在烟雾缭绕的房间里才行。”[①]布里索也曾像同行们一样，在（名人）患者身上尝试过诸如汞洗等奇怪的疗法；马塞尔对此望而却步[②]，这倒不难理解。他还建议马塞尔在床头柜上常备安眠药，先不必吃，要紧的是知道它就在手边；这个建议，马塞尔转身就推荐给了路易·德·罗贝尔。

① *RTP*, t. III, p. 539，参见十五人译本（五）22页，周译本（五）24页。

② *Corr*., t. II, p. 451.

决裂

雷纳尔多凭他的乐谱和几处暗示，在《欢乐与时日》中现身；而到了《让·桑特伊》，他已是不可或缺的人物，亨利·德·雷韦永、普瓦捷侯爵以及弗朗索瓦丝，都是他的影子。然而就在小说写作过程中，他与马塞尔的关系出现了难以弥补的裂痕。马塞尔曾允诺让他在小说中出场，此刻由于失去了这个无影无形却又无处不在的神祇，小说元气大伤，数年后终告不治，像他们的爱情一样半途而废。我们觉得，这一点迄今还没有人注意到。

马塞尔结识吕西安·都德是上述裂痕的第一个信号。也许马塞尔并不想与雷纳尔多分手，他想同时拥有圣日耳曼昂莱和巴黎，1896年夏初，他做了最后一番努力。要么雷纳尔多同意成为一个奴隶，一个“囚徒”，要么一切都将结束。对普鲁斯特来说，最要紧的是完全控制对方，知悉——也就是拥有——另一个生命的每时每刻，保证自己是对方的唯一。因此，他渴望扮演忏悔师（和正宗使徒）

的角色，让别人对他推心置腹。肉体关系在这一时期依然维持，但已退居次位，或者说已无关紧要。他还向哈恩声明："在我们这个年纪遵照托尔斯泰的要求生活，也许会显得伟大，但也许并不合乎情理。"[1]

7月初，马塞尔还考虑二人一起旅行，比如说10月前往雷韦永城堡，算是重温过去的幸福时光[2]。而在10月之前，雷纳尔多待在德国，马塞尔本人也要陪伴母亲一个月。此时的他仍然要"和妈妈"在一起，妈妈是他在"世上最爱的人"。6月20日，马塞尔与雷纳尔多订下契约：雷纳尔多须对他"没有任何隐瞒"，以平息他自称的"病人的胡思乱想"[3]。契约没有履行，最终导致二人分手。雷纳尔多不愿再小心翼翼地哄着他，下决心不再"顺从"他，使他产生了在雷纳尔多心目中"如此微不足道"的感觉，也彻底扫除了普鲁斯特移情别恋的障碍，而普鲁斯特"后悔自己曾有过那么多糟糕的想法，那么多别有用心的计划"。马塞尔的讹诈有现实的考虑，此时"小马塞尔终于惊讶地看到——一瞬间足以改变一切，并且速度越来越快"[4]。到了8月中，马塞尔解除了雷纳尔多的"誓约"，承认自己有很多弱点，并且声称雷纳尔多让他揪心的程度还不如《蒙梭罗夫人》的主人公，他当时正在读这本书。在漫长而艰难的分手过程中，他还想过二人共同到瑞士或"其他地方"旅行，或者到凡尔赛住几天，同时申明自己已经不再嫉妒。月底，普鲁斯特为雷纳尔多刻画了一幅绝妙的肖像，仿佛向爱情作最后的诀别："您要知道，

① Ibid., p. 105, 1896 年 8 月 18 日至 20 日之间。

② Ibid., p. 89, 1896 年 7 月 3 日。

③ 因此才有了 7 月 3 日的指令："不过要不时地给我来一封信，不要有任何出格的举动……"大概是指同性恋交往。

④ *Corr.*, t. II, p. 101.

在我看来，您的伤感不单单是您性格的阴郁之美，它是您深邃的精神乃至智力之渊的最低水位，是您音乐的真谛（génie，我用这个字的古意，让您这一次没有机会表现您的谦逊）……您已经达到这个高度，假如您放弃它，必将走上下坡路，就像某些人本来可以成为伟人，假如……的话。”[1]9月初，除了隐约表示有意邀请雷纳尔多一同前往维莱尔之外，马塞尔与他所谈的话题无非是自己的小说、他正在读的大仲马和巴尔扎克；似乎为了唤起他们共同的回忆，他讲到曾前往卢浮宫看昆丁·马西斯[2]，还谈到与他们共同的女主人阿尔芒夫人同游植物园。除了友谊，一切都结束了。这两位奇人，一个用悲伤的旋律（如《最后的华尔兹》），一个用长长的小说，永久纪念这段如此热烈又如此短暂的恋情。

① Ibid., p. 110, 1896 年 8 月 28 日。此处我们认出用来比喻痛苦的自流井形象的雏形，我们将在《重现的时光》里见到这个形象（参见十五人译本 215 页）。

② Ibid., p. 119, 1896 年 9 月 3 日或 4 日。普鲁斯特在信中评论马西斯的绘画《银行家与妻子》，尤其关注到画中“那面反映出街景的小凸面镜”，以及透视与反光技巧的运用，他本人也将成为运用这种技巧的高手。

在勒蒙多尔

8月8日，马塞尔与母亲前往勒蒙多尔，他觉得清新的空气能帮助母亲解脱悲伤，母亲则认为，痛苦的感情经历加重了儿子的病情，此地的温泉则专门针对呼吸道疾病，可以治一治他的哮喘。雷纳尔多写道：“马塞尔今晚和母亲出发了。上帝保佑，让勒蒙多尔帮他恢复健康。我多么希望看到他强健起来！”

让·桑特伊也陪母亲“来过这处高山环绕下的山谷温泉，可他讨厌这个可怕的地方，……感到十分压抑”[1]。普鲁斯特夫人一直喜欢洗温泉，她丈夫也有同好，每年都独自前往维希疗养。不过，这种疗养[2]让马塞尔十分疲惫；“洗温泉虽是好事，但让我难受”，再加上正是翻晒牧草的时令（他因此谈及塞维尼夫人的著名信件[3]），他患上了感冒[4]。哈恩也证实：“勒蒙多尔对他来说不好也不坏；也许除了感冒之外，他感觉还不错。”马塞尔在25号前后“生着病”就提前回来了（他本来要待一个月），每一次想给他治疗，都会是这个结果。不过他在那儿读完了《蒙梭罗夫人》（不知道是不是这本书撩起他决斗的欲望[5]），还“慢慢地”读了卢梭的《忏悔录》，更重要的是，他继续写他的小说[6]。

① *JS*, p. 386. 这种描写同样适用于克罗伊兹纳赫。

② 借助《社交年鉴》（1903）的介绍，我们可以推测疗养的内容：“此水富含碳酸氢根离子以及砷、硅、铁等成分，对卡他性炎症及慢性风湿性疾病有明显疗效，可饮用、泡浴、淋浴、蒸汽浴、吸入等等。”从巴黎到此地的行程需十二个半小时。

③ *Corr.*, t. II. p. 106.

④ Ibid., p. 118.

⑤ Ibid., p. 113.

⑥ Ibid., p. 106.

VIII

从《让·桑特伊》到德雷福斯事件

1896年秋

马塞尔中断了温泉疗养，回来时还在抱怨那里只有一个“讨人喜欢的理发师”可以交朋友。母亲9月1日前往迪耶普洗海水浴，他并没有一同前去。为什么呢？是因为四个星期的预备役集训通知让他心神不定吗？其实他已经设法躲过了这次集训，此后每逢这种情况他都如法炮制。是因为他还想着无论如何都要去圣克鲁与雷纳尔多会面吗？雷纳尔多给普鲁斯特夫人写信说他们每天在圣克鲁见面，但马塞尔断然否认[①]——要么是因为他感到难为情，要么是因为雷纳尔多有意向普鲁斯特夫人隐瞒他们已经分手。是为了在巴黎继续写作吗？是为了前往朋友拉瓦莱的色格雷城堡吗？但他始终没能和拉瓦莱商量好日期。是为了去尚普罗塞见吕西安吗？龚古尔去世时他曾写信给吕西安说，阿尔丰斯·都德在8月15日《巴黎评论》上关于龚古尔临终时刻的记述“令人崇敬”[②]，但他又说以他的健康

① *Corr.*, t. II, p. 124, 1896年9月16日。普鲁斯特在勒蒙多尔的时候，哈恩在维莱尔，他9月3日前后回到圣克鲁。

② Ibid., t. XXI, p. 576. 普鲁斯特拿这篇记述与埃德蒙·德·龚古尔描写弟弟儒勒去世的那篇进行对比，儒勒之死“对埃德蒙而言——用福楼拜的话说——只是一个要描写下来的幻觉”，福楼拜的这种说法，普鲁斯特后来又用在1920年论福楼拜的文章中，这充分表明普鲁斯特的美学和批评理念根深蒂固，且一以贯之。

状况，他无法去看吕西安，同时又以那么怪异的语气（后来成为夏吕斯的语气）写道："我的小乖乖，我很想去看看你所说的你的小苦脸，我想用小拳头让你眉开眼笑。"他补充道，这既令人侧目，也属于不良作风[①]。

普鲁斯特夫人在迪耶普期间（马塞尔想10月份的时候与妈妈会合，但她不想在那儿待到那么晚，而他又不愿意单独待在勒迈尔夫人家），马塞尔尝试改变生活习惯，晚上早早地回家，临半夜时就寝，但他仍然因为透不过气而中间惊醒，不得不吸勒格拉药粉、埃斯库弗莱尔药粉或埃斯皮克烟卷等常用哮喘药（勒格拉药粉直到1992年仍在药店出售）。他还努力摆脱对安眠药（双乙磺丁烷、缬草等）的依赖，用药茶或碳酸氢盐取而代之。他继续写作《让·桑特伊》，对母亲说起一种共一百一十页的笔记本，9月3日写到九十页，16日写到一百一十页，但这个数目并不代表全部工作量，因为此前他都是写在散页纸上。他打算每天上午写四个小时，到次年"2月1日"就能写完。所以，此时《让·桑特伊》已经完成的篇幅，很可能比研究界普遍认为的进度多得多。相反，在1897年至1899年间，写作进度明显慢了下来。完全可以推测，这年秋天，他把与雷纳尔多分手一事写进了让·桑特伊与弗朗索瓦丝的故事里，多年之后，他还会把阿戈斯蒂耐利之死移植到小说里。感情重创之下，他仍能以前所未有的速度继续写作。他是属于亚里士多德或圣托马斯·阿奎那之类的作家，我们总是纳闷他们是在何时、用何种方法完成的

① Ibid., p. 577. 不良作风：指与性倒错有关的东西。

那么多著作。然而，他的担心冒了出来，最终导致小说半途而废；他向母亲诉苦说无法“从整体上进行构思”[①]：“它最后会是什么样子呢——我一点都看不清，并且觉得它终究会令人讨厌。”[②]

在创作小说的同时，普鲁斯特阅读了大量小说。从夏天起，他一直在读大仲马[③]，他写信给同样酷爱大仲马的雷纳尔多：“我更喜欢既没有爱情也没有另类激情（暗指他们二人的感情经历）的小说，特别是讲仗剑行侠、王室宫廷、像希科那样的警察的，而且最终好人得胜的诙谐幽默的故事。”[④]同时，他从巴尔扎克没落之前的巅峰之作，最后一部长篇《贝姨》当中发现了引人入胜的故事性。荒淫无度、最终与女仆通奸的于洛男爵，与另一位堕落的男爵夏吕斯是一丘之貉；瓦莱丽·玛尔奈夫的品行与拉谢尔或莫雷尔不相上下。从大仲马和巴尔扎克书中借鉴的戏剧性情节，将重新出现在絮比安的妓院、盖尔芒特府的下午聚会以及凡德伊家或梅恩维尔的旅馆中；其实早在写作《让·桑特伊》之时，这些情节已经体现在马利事件以及安特卫普修女的故事中。

马塞尔从一家图书室借来福楼拜的《走过田野，走过海滩》，他想从中获得关于布列塔尼的细节甚或更多的灵感。但是他很失望，因为在这部以布列塔尼为背景的游记中，福楼拜只提供了几个干巴巴的细节。他借的另一本书，恰恰是这家图书室所没有的“珍藏”，即歌德与席勒的通信集，这更能说明他此时的兴趣所在。普鲁斯特在中

① Ibid., t. II, p. 124, 1896 年 9 月 16 日。

② Ibid., p. 130, 1896 年 9 月，致母亲。

③ 莫朗说，普鲁斯特与吕西安·都德谈到时光流逝和衰老的时候，常常有这样的对话：“这是《二十年之后》。”——“不，这是《布拉日隆子爵》。”

④ Ibid., p. 118.

学时学过德语，此时他无疑是想更深入地认识歌德的小说[①]。成长小说或学习小说这一形式，到《威廉·迈斯特》已臻于完善；主人公走出少年时代，他应该远离家庭，闯荡社会，也就是说要选择一个志向，遭遇爱情，这恰是《让·桑特伊》的题材。在阅读歌德的过程中，普鲁斯特首先认识到，他的书并不能使我们重构一个完整的歌德，但他的书像日记一样，“他陶醉于其中的思想在书中留下了深刻的印迹”。他还注意到表演、建筑和音乐艺术在歌德小说中的重要地位。至于小说中的重要主题（thèmes），“寻求真相和启迪的精神通过事实传递给我们每个人，因而我们每个人都被事实所束缚。一些气味能唤起某人对往昔的记忆（此处马塞尔所说的正是他自己），让他沉浸在诗意里，换了别人则全然不同”[②]。此时，普鲁斯特忆起童年时的某些读物和图画书，忆起他央求大人给他找来所有关于月亮的书，甚至包括一本语法书，其中“月亮”一词“真的配了一幅月亮的图画，中间画着眼睛和一只隐隐约约的鼻子”；“这种奇怪的魔法书，属于老占星师和小孩子的科学，晦涩难懂”。他兴冲冲地拿去“向客厅里的漂亮夫人显摆”[③]。这个美丽的故事，预示着他在《追忆》（一直延续到《重现的时光》）中众多描写月亮的段落，而这些段落隐藏着他多年的向往。在他的心目中，月亮有他童年时的面容。

① 去枫丹白露的时候，他把自己那本《威廉·迈斯特》留在了巴黎。普鲁斯特夫人拿起这本书：“拿起我可怜的流亡者留下的书，我开始读《威廉·迈斯特》，请你告诉我，威廉·迈斯特的思想是否能够代表歌德的思想。”（ibid., pp. 135–136, 1896 年 10 月 20 日）普鲁斯特在后来收入 *CSB* 的笔记中对这个问题作了回答。

② *CSB*, p. 649. Cf. *Corr.*, t. II, p. 277, 在这封信里，普鲁斯特指出在歌德的《亲和力》当中起核心作用的是“很小的事物”，说明他对歌德的作品很熟悉。

③ *JS*, p. 307–308, et *Corr.*, t. II, p. 130.

沙皇来访

10月6日至8日，沙皇尼古拉二世和皇后亚历山德拉正式访问巴黎。法国在德国以东寻求盟友，俄国则向西方寻求金钱[①]。普鲁斯特教授应邀出席各种仪式。此次访问，普鲁斯特在《玛蒂尔德公主的沙龙》一文中有所涉及，之后《在少女们身旁》再次提及[②]，这是书中出现的少数历史事件之一，并在此书中转换为狄奥多西二世的访问，引出了德·诺布瓦先生的一番议论[③]。这番议论，普鲁斯特显然是从弗朗西斯·沙尔姆在《两世界评论》发表的文章[④]，以及尼扎尔大使和阿诺托部长公开发表的言论中借鉴来的。我们在前文看到，这些人物以及菲利克斯·福尔总统，都与普鲁斯特一家有来往。在小说中，访问大获成功，至少德·诺布瓦先生这样认为，而且他对狄奥多西国王谈及与法国关系时所用的“亲缘关系”一词（其实沙皇说的是“如此珍贵的联系”）尤其感到高兴。由此可见，写作《让·桑特伊》过程中亲历的某些事件（况且普鲁斯特是以阅读和谈话的形式，即已经转换为语言的形式经历这些事件），并没有出现在此书中，而是多年以后出现在《追忆》当中。外交部长阿诺托的办公室主任迪罗克，正是德·诺布瓦最早的原型[⑤]。另外颇有讽刺意味的是，尼古拉二世的来访得到诺布瓦的好评，反映了“太阳总统”菲利克斯·福尔[⑥]、普鲁斯特一家以及多位部长和重量级大使的看法，所以这是当权一派的看法，而在反对派莫里

① 65 亿金法郎在法国流通。“连续发行公债对银行和报界而言是获得佣金和补贴的一大财源。公众的热情被巧妙地保持在高位，不会下滑。发行新公债的时机已经成熟。”（J. Chastenet, *op. cit.*, p. 102, 另关于沙皇来访，pp. 100–102）需要指出的是，普鲁斯特后来表明，诺布瓦提出的投资建议损失惨重。

② *RTP*, t. I, p. 533，参见十五人译本（二）99 页，周译本（二）108 页。关于玛蒂尔德公主的沙龙 Cf. *CSB*, p. 446。*Corr.*, t. II, p. 130：“你不在，爸爸在俄国人来访期间会有更多的自由时间。”

③ *RTP*, t. I, pp. 451–455，参见十五人译本（二）26—30 页，周译本（二）29—34 页。这番高论在早期草稿中原本放在福古贝（以驻圣彼得堡大使、访问的组织者蒙蒂贝娄侯爵为原型）名下：“对语言的高超驾驭使他（指福古贝——译者注）能写出《两世界评论》上的大作。”（ibid., p. 1340）弗朗西斯·沙尔姆（1848—1916）是外交部政治事务司司长（1885—1889），全权公使，1893 年起任《两世界评论》编辑，撰写政治专栏，1907 年成为杂志主任，1908 年入选法兰西学院。他是诺布瓦的主要原型之一。不过，法国外交部的风格，如同梅拉克与阿莱维的风趣，某种程度上是集体的产物，另外，诺布瓦口中的高谈阔论是战争期间写的，此时沙尔姆已经去世。

④ 15 octobre 1896, voir *RTP*, t. I, p. 454, n. 2.

⑤ *JS*, pp. 439–442. 此处谈话的内容是关于让的职业前途的。

⑥ 他原来设想了一身很气派的打扮：蓝缎绣金的礼服、白羽饰的帽子。但部长会议要求他必须穿黑礼服（J. Chastenet, *op. cit.*, p. 101）。

斯·巴雷斯的《笔记》[①]中，这次访问是另一番景象：总统态度拘谨，访问中“官腔的蠢话”太多，礼宾安排“令人生厌”，沙皇是个“神经质”，皇后则是“冷冰冰”。法俄修好，使法国摆脱了单独与德国抗衡的孤立局面，使共和政体结束了单独面对欧洲各国王权体制的孤立地位，所以共和派感到心满意足。

① M. Barrès, *Mes cahiers*, Plon, 1963, 1994, pp. 61–62.

枫丹白露

马塞尔外出度假、旅行，每每半途而返，计划好的行程，也常常“欲行又止”。10月19日，他终于决定前往枫丹白露，住进了法英饭店[②]。《让·桑特伊》以及《盖尔芒特家那边》关于东锡埃尔的段落，对这家饭店都有描写[③]。“此都德背后还有彼都德”——这一次，马塞尔的同伴是莱昂·都德。为了完成一部小说，莱昂住进了法英饭店，他建议尚未来过枫丹白露森林的马塞尔前来与他会合[④]。莱昂在回忆录里记述了他们一起度过的“十来天”：“我们穿上厚厚的衣服，趁着月光在森林里散步，每次都要走很久，马塞尔向我吐露了他已经完成的创作计划[⑤]。可爱的马塞尔是个极度敏感的人，但他用自己的伤痛织就了一幅新颖细腻、光彩夺目的画毯，令人钦佩。”[⑥]二十九岁的莱昂已经抛弃医学（1894年，他在索隐小说《庸医》中以罕见的辛辣言辞讥讽医学，普鲁斯特一家有多位朋友出现在小说里），投身新闻和文学，1895

② 《社交年鉴》的广告上说：“法英大饭店，坐落在王宫对面，业主是 A. Dumaine，第一流的饭店，是城中第一家。宽敞的露台设有可点餐的餐厅。还有美丽的大花园。”以及最重要的一项——“设有电话”。

③ *JS*, pp. 549–553, 554–556. *RTP*, t. II, p. 381 *sq*. et 1125, 1127–1129. 参见十五人译本（三）73 页起。

④ Lucien Daudet, *Autour de soixante lettres de Marcel Proust, op. cit.*, p. 22.

⑤ 普鲁斯特向他谈起的无疑是《让·桑特伊》，而不会是《追忆》。

⑥ Léon Daudet, *Souvenirs, op. cit.*, p. 988. 莱昂还写道：“我们在一起度过了快乐难忘的一个星期：白天，我们在森林中散步；晚上，在无人光顾而由我们独享的客厅里，拥炉而谈。”

年出版了一部诗意盎然的历史小说《莎士比亚之旅》，颂扬伊丽莎白时代的伟大戏剧家，此时他正在旅馆里为小说《苏珊》收尾。龚古尔曾给这个年轻人留下一幅别具一格的素描："莱昂·都德狂热地模仿他人的言谈举止，说起话来口若悬河，冷嘲热讽，故做惊人之语，我时常担心将来他的脑子会受不了。除此之外，他食量大得惊人，饭后还要睡个午觉养足精神。"[1]

莱昂身强体壮，与弱不禁风的弟弟吕西安（期间他只来过一次枫丹白露，结果不欢而散）全然相反。但马塞尔可不像莱昂这般快活，刚刚来到枫丹白露就想离开，母亲则郑重建议他看看自己"是否适应"，胸闷是否有所减轻："你非常需要新鲜空气，我的宝贝，好让你从夏天的痛苦中恢复过来。"[2]有些人在原始森林中穿行，有些人却无法穿过枫丹白露的森林，而将去探索灵魂的森林：他们不是一路人。

10月20日发生的一件事，其重要程度几乎不亚于睡前的亲吻：马塞尔给母亲打了一个电话，这个故事在他的作品中先后有三个版本[3]，并在通信中多次提及。这天上午给母亲打过电话之后，他立即写出一段小说，加上标题"让在贝格–梅伊（一）：给母亲打电话"，并把它寄给了母亲。普鲁斯特夫人仍在父亲的丧期，电话里强忍悲伤的声音异于平时。马塞尔1902年对安托万·比贝斯科解释说："电话里突然传来她可怜的声音，疲惫、憔悴、嘶哑、破碎，与往日里我熟悉的声音全然不同。正是从听

①*Journal*, 30 juillet 1893, t. III, p. 856.

② *Corr.*, t. II, p. 135, 1896 年 10 月 20 日。

③ *JS*, pp. 360–361, « Journées de lecture » (*CSB*, p. 528–531), *RTP*, t. II, pp. 431–435, et n. 4, p. 432：1919 年夏，普鲁斯特终于把他锲而不舍地写了二十三年的一个段落补充完整。参见十五人译本（三）125—129 页。Cf. A. France, *Vie littéraire*, *Œuvres complètes*, *op. cit.*, t. XI, p. 632 (« Roman et magie », 13 janvier 1889)。

筒里拾取一个个沙哑、啼血的语音片段时，我第一次有了这个残酷的感觉：在母亲身上到底是什么东西已经彻底破碎了。”[①]出于对母亲的关心，《让·桑特伊》中的相关片段没有附上这番说明，或者更确切地说，没有将它延伸到最近几年她经历的所有伤痛。它是母爱的证明：“在这段嘶哑的声音中，能感受到此时此刻，犹如过去的每时每刻，母亲为他所奉献的一生，这是唯一全部属于他的柔情。”[②]普鲁斯特夫人收到上述“既甜美又伤心”的小说片段后，立即回信说，她由于想到儿子的伤感而倍感痛苦；她引用《恨世者》的台词，要求儿子，心肠“不要过于敏感和柔弱”。虽然马塞尔不喜欢电话，但母亲还是对电话的种种好处赞不绝口：“你真该为过去对电话的大不敬而道歉。多好的东西！能听到我宝贝的声音，可怜的宝贝也能听到我的声音，真后悔过去瞧不起它，对它敬而远之！”[③]上述主题，普鲁斯特1907年3月在《费加罗报》的一篇文章里再次谈及。在《盖尔芒特家那边》当中，电话打到了东锡埃尔，打电话的人是外婆；这一情节就是以上述经历和小说片段为蓝本，但赋予了歌剧般的感染力。在最后这个版本中，先前的预感最终成为现实，电话中的声音正是死神的声音。“这个真实的声音似乎离我们很近，其实却离得很远！但同时也预示着永久的分离！常有这样的情形，我听得见声音，却看不见远方跟我讲话的人，就会感到那是从万丈深渊里发出来的绝望呼叫；我还曾感觉到一种忧虑，终有一天，当一个声音（单独的一个声音，

① *Corr.*, t. III, p. 182, 1902 年 12 月 4 日。

② *JS*, p. 361.

③ *Corr.*, t. II, p. 141–142.

它不再属于一个我再也无法见到的躯体）又一次来到我耳边窃窃私语，而我想顺势从早已化为尘土的嘴唇上亲吻这些话语时，这种忧虑就会压得我喘不过气来！”[1]普鲁斯特终其一生都在努力探寻痛苦的深处，发掘语言的力量，此时他已经与两个秘而不宣的榜样融为一体：一个是奥斯卡·王尔德的《自深深处》；另一个是《奥德修纪》第十一章的场景——尤利西斯在地狱里见到了母亲，却无法与她相拥。

普鲁斯特夫人用她一贯的幽默语气对马塞尔写信说：“即使是流放犯抵达萨吕岛，也不应该如此令人伤心。”原因是，马塞尔在第一封信里就抱怨旅馆的种种不适，对此，马塞尔在作品（首先是《让·桑特伊》）中还将大书特书。此外，这个时节，雨仍然下个不停，树还是绿的，而不是这个季节应有的橙黄，“城里没有任何特色”。“我简直不能告诉你昨天四点到六点之间我是怎么熬过来的（在寄给你的那段小说里，我把这段时间置于打电话之前）。”马塞尔的惶恐焦虑，无论何种缘由，从来没有达到这种程度，他甚至不敢尝试将其诉诸文字。旅馆里的住客中没有人愿意与他交谈，一到晚上客厅就熄了灯，他甚至谈及昂贵的房费，希望母亲以此为理由让他回巴黎。最后还有一个原因是，他没有书可读[2]。在可怜的马塞尔的一生中，还很少有这样的小插曲，它能让我们看到，面对生活，面对在一般人看来根本微不足道的短途旅行和短暂分别，他竟然如此无助，如此悲伤。他将以此为素材写出

① *RTP*, t. II, p. 432，参见十五人译本（三）126 页。

② *Corr.*, t. II, p. 138.

令人难忘的篇章。由此我们意识到——这正是传记作者要提醒读者的——为了写作，他究竟要付出何种代价。

22日，他声称自己没有一分钟能感到任何快乐，也无法想任何心事。尽管能在林中散步两个小时，半夜也能乘车到森林中兜风，但他抱怨莱昂·都德在就餐时强迫他说很多话，令他讨厌（因此，马塞尔后来招待朋友用餐时，自己并不吃）。他还说，如果回到巴黎，除了凡尔赛的蓄水池饭店，他哪儿也不去，他会每天到那里写作。我们知道，母亲去世之后，他就是住在这家饭店，所以说，这是他心仪的庇护之所。他此时手头只有一本龚古尔的《迪巴里》[1]，于是他请母亲给他寄书，包括巴尔扎克的《搅水女人》《老姑娘》和《舒昂党人》，他自己那套莎士比亚中的《尤利乌斯·恺撒》《安东尼与克娄巴特拉》，还有《威廉·迈斯特》[2]和乔治·艾略特的《米德尔马契》。从这些细节中，我们可以慢慢看出他的藏书都有哪些。艾略特的这本小说随即被他用在《让·桑特伊》当中，后来还多次引用，书中的卡索本先生令他着迷，“此公为了毫无价值、荒诞不经的事业奉献了一生”[3]。同一天里写给母亲的第二封信，颇能反映他绝望的程度。马塞尔与他笔下的滑稽人物一样，任何不幸都可能发生：他把钱丢了，也就是说他无法返回巴黎，而且可能是由于这个缘故，他还患了胃痛。“我终于理解为什么有人会因为一点小事而自杀……我像葛朗台老爹一样到处找我的钱，现在，我因懊悔而精疲力尽，因踌躇而六神无主，因悲伤而心力

① 普鲁斯特任何生活经历都不肯丢掉而且记忆力惊人，所以在《重现的时光》当中模仿龚古尔的日记时，他还引用了这本书中的话（p. 127, 另见 *RTP*, t. IV, p. 290［参见十五人译本（七）21—22页］：“最后是一套银餐具，上面散布着卢孚仙纳的香桃木，迪巴里夫人一眼就可以辨认出来。”）。

② 我们终于明白，普鲁斯特为什么要向已经写出莎士比亚传记的莱昂·都德透露，自己在有了生活经历之后才“理解了巴尔扎克、莎士比亚和歌德的许多人物”，原因是，他是在与莱昂一起的时候重读了这些作品（*Corr.*, t. II, p. 278）。

③ *JS*, p. 489. 普鲁斯特接着写道，完美漂亮的句子“对我认定毫无能力的某个人给予安慰，而这个人，在骄傲的外表之下，像卡索本一样，隐藏着因为自己无能而产生的无限悲凉、猜疑、沮丧和恼恨之情”，此时，他心中大概想到了自己。Cf. *RTP*, t. II, p. 899 et, pour Goethe, p. 900。

交瘁。”他之所以没有因此而返回巴黎，是因为他担心这样一来，迁就自己就会（像睡前索吻一样）成为习惯。次日，母亲就给他寄来一百法郎，建议罗贝尔·德·弗莱尔来枫丹白露住两天，并且暗示马塞尔返回巴黎，因为“枫丹白露唯一超过巴黎的地方就是花费”①。生活没有条理使马塞尔更容易紧张和疲劳，母亲称之为timoserie，指的正是他遇事慌里慌张的性格。他最终没有坚持多久，在小说中如此美好的枫丹白露之行，于25日或26日画上了句号。

回到巴黎，马塞尔与费尔南·格雷格恢复联系。1896年9月，格雷格在《白色评论》发表了题为《神秘》的小说②。小说中，一个极度神经质的年轻人饱受心理异常的困扰，无论看到什么东西，比如“一本书、一朵花”，都能引起“不自主的回忆”。格雷格1902年说，贝尔纳–勒鲁瓦曾在《误认的幻觉》（1898）一书中专门研究这种现象：在过去的某一分钟与当前时刻之间，全部往事荡然无存。但格雷格的主人公与普鲁斯特的主人公相反，无法精确地定位回忆的来源，也体验不到真正的快乐，他再现了奈瓦尔与波德莱尔所喜爱的两个主题，记忆错误与前生。但同时，格雷格与普鲁斯特一样，将表面的自我与深层的、孤独的、不为人知的自我对立起来。他同样认为，感觉与记忆一样是取之不尽的，并且在他看来，只有过去是美好的（这是他们共同的老师阿纳托尔·法朗士的一个主题）。在早于格雷格这篇小说出版的《欢乐与时日》当

① *Corr.*, t. II, p. 149.

② Voir R. de Mesières, « Un document sur Proust », *The Romanic Review*, New York, 1942, vol. XXXIII ; H. Bonnet, « Proust en 1896 », *Europe*, août-septembre 1970, pp. 120–129.

中，普鲁斯特也区别了两种自我，也谈及当前时刻“无可弥补的不完美”，在《巴尔达萨尔·西尔旺德之死》和《一个少女的忏悔》中，也应用了不自主回忆。与当时的青年作家一样，格雷格与普鲁斯特生活在突出强调内心生活和回忆的象征主义氛围中。他们都读过为往昔唱赞歌的法朗士。同他们二人一样，柏格森《论意识的直接材料》（1889）也区分了两种自我。这部书算不上普鲁斯特的思想来源，但作为理论著作，它充分反映了那一代人的思想天地。不过，在普鲁斯特身上，理智主义的特征更为明显[①]——在这一点上，他反对巴雷斯，抨击巴雷斯[②]以及法朗士和勒南的怀疑主义[③]。11月初，格雷格把刚出版的诗集《童年之家》寄给马塞尔，12月，格雷格针对不久前出版的《欢乐与时日》写了一则颇为热情的简短评论[④]，但直到1901年格雷格赠书给普鲁斯特，这份时断时续的友情才重新热络起来。

1896年的作家

1896年，一个立志成为作家的人将在怎样的文学环境中脱颖而出呢？一方面，一批堪称历史丰碑的作家作品进入经典之列，如巴尔扎克以其社会画卷的雄浑壮阔、系列小说的宏大建构和对社会底层（他与莫泊桑以及龚古尔兄弟都写过妓院）的精心刻画而被奉为经典（相比之下，斯丹达尔要稍逊一筹，他刚刚由布尔热的《当代心理学论集》引荐到文学的万神殿）；还有雨果、勒贡特·德·利

① 柏格森曾致信亨利·马西斯指出：“他的思想在本质上是与绵延、与生命冲动背道而驰的。”也就是说，是与柏格森的两大哲学主题背道而驰，这个提示很少有人知道，但对理解普鲁斯特与柏格森之间的关系至关重要。H. Massis, *Le Drame de Marcel Proust*, Grasset, 1937, n. 80。

② 他宁要德雅尔丹的基督教信仰也不要巴雷斯的怀疑主义。相对于巴雷斯的“怀疑主义”而言，德雅尔丹的基督教信仰就是“理性之光”（*Corr.*, t. I, p. 174, 1892年7月1日，致罗贝尔·德雷福斯）。

③ *Corr.*, t. I, p. 193, 1892年12月，致保罗·德雅尔丹。1894年，巴雷斯的《鲜血、享乐与死亡》一书节选在《费加罗报》上发表时，普鲁斯特给雷纳尔多·哈恩写信加以嘲讽：“您将从中看到，母驴的欲望是热爱陈词滥调的开端。”（ibid., p. 346，同一天的信）

④ 1896年12月15日的《巴黎评论》：“这里有一本极其漂亮的新年礼品书……马塞尔·普鲁斯特先生在书中讲述了他的心灵历程，以及几位与他相似的忧郁且耽于幻想的人物的故事，对这些人物来说，现实太过残酷，所以他们宁愿躲在惊恐忧伤的永恒梦境里逃避现实。”

尔，他们更接近巴尔扎克而不是福楼拜，因为福楼拜被错误地认作自然主义大师。另一方面，当时存在两种倾向或者说两个流派，即自然主义和象征主义。但无论从马拉美与左拉的友情来看，抑或从左拉对龚古尔兄弟艺术风格和唯美主义的推崇来看，还是从印象派介于两者之间的地位来看，这两个主义之间的对立并不像表面看起来那么严重。孟德斯鸠与布勒东的种种反应表明，印象派是一种现实主义。与自然相对立的并非莫奈，而是居斯塔夫·莫罗。洛蒂的印象主义完全有能力刻画一个社会阶层，使其主观性服务于现实性，但这种现实性与众不同，因为它体现在旅行故事中。

1870年前后出生的作家当中（1896年他们都在二十五岁上下），纪德、瓦莱里、克洛岱尔直接投入了马拉美和象征派的怀抱[①]。相反，普鲁斯特虽然从象征派受益匪浅，虽然崇拜波德莱尔并喜读马拉美的诗，却通过《反对晦涩》与马拉美针锋相对[②]。另一方面，他更亲近左拉（假如没有《人间喜剧》，左拉的地位将大不相同），因为他也渴望写出系列巨著，接过左拉珍爱的遗传性主题刻画社会。

第三种潮流是阿纳托尔·法朗士及其追随者布尔热、莫拉斯、巴雷斯、勒迈特、施沃布、皮埃尔·路易斯。普鲁斯特也是法朗士的追随者，所以不会全心全意地喜爱马拉美。法朗士作品的内容比我们通常认为的要复杂得多，其中包括：童年回忆，他像洛蒂和都德一样，不止一次写

① 见布里肖对象征主义的嘲讽，*RTP*, t. III, p. 346，参见十五人译本（四）349页。另见让－伊夫·塔迪耶《二十世纪的小说》（*Roman au XXe siècle*, Belfond, 1990, p. 132）。

② 普鲁斯特在《欢乐与时日》当中引用过马拉美的诗句，p. 15 (en épigraphe) et 58 (« un brillant causeur », disent Bouvard et Pécuchet)。

过童年，这对普鲁斯特的《让·桑特伊》不无榜样的作用；论说文；哲理故事；德雷福斯事件之后的政治小说；文艺批评；分析小说，如《红百合》，这一体裁在与自然主义的对垒中大获全胜。属于这一体裁的还有莫泊桑的《我们的心》（此书部分取材于普鲁斯特的人物原型施特劳斯夫人和波托卡伯爵夫人）、布尔热的早期小说、罗德以及埃尔维厄等人早已被遗忘的作品，甚至包括巴雷斯的《自我崇拜》。

关于同代人对当时文学的看法，我们掌握着一份珍贵的史料，就是儒勒·于雷的《文学演变调查》[①]。这位记者把作家们作了如下分类：心理派（法朗士、勒迈特、罗德、巴雷斯、埃尔维厄），“穆格派”（佩拉当），象征派与颓废派，自然主义（龚古尔、左拉、于斯曼、莫泊桑），新现实主义（米尔博、罗斯尼、埃尔芒），巴纳斯派，独立作家（克拉勒蒂、里什潘等，均已湮没无闻），理论家与哲学家（勒南）。许多受访者（法朗士、勒迈特、罗德、巴雷斯、勒贡特·德·利尔，甚至龚古尔）都认为，自然主义已经消亡。巴雷斯断言，自然主义的消亡为包括布尔热[②]在内的心理派兴起创造了机会。自然主义小说家“对人类欲望和激情的外在表现、相关的行为举止进行了细致精彩的描写。心理派如布尔热则恰恰相反，他宁愿从植物学者的角度看待人类欲望”……自然主义小说家满足于“通俗”，心理派则“探索平庸领域之外的领域，探索有别于庸俗灵魂的人类灵魂”。勒迈特也敏锐地

① 1891年3月3日起在《巴黎回声报》上陆续发表，1892年在沙尔庞捷出版社结集出版，1984年由Thot出版社重版。

② 左拉认为，布尔热“由于站在只关心人的内心活动的立场上，所以坠入与自然主义相反的另一个极端”。于斯曼抨击布尔热和他的“茶壶心理学”，讥讽巴雷斯和他“软弱无力的小玩意”。

指出，心理小说家研究他人的灵魂；巴雷斯则只研究自己的灵魂。关于心理学问题，马拉美声称："依我之见，在福楼拜、龚古尔、左拉的诗一般的伟大作品之后，我们已经回归法国上世纪的陈腐趣味，这种趣味要低级得多，卑微得多，它不是采用绘画的手法展现事物的外在形式，而是要剖析人类灵魂的动机。"不过，他同意莫雷亚斯的看法："我非常喜欢心理派小说家；但他们必须安分守己，也就是说必须甘居诗人之下。"龚古尔预言，"在即将掀起的文学运动中，心理学[①]将压倒生理学"；他还认为，"小说这一体裁已经陈旧、老化，该说的话已经说完"。似乎每一代人都会有这种感觉：在他们身后，已经无话可说！

如此说来，年轻的普鲁斯特加入了占主导地位的流派，即社会心理小说。在这之外，还要加上与《吾友之书》（1885）和《童年故事》（1890）相类的童年回忆作品、歌德式的成长小说以及接近象征派的散文诗。《让·桑特伊》正是这样一个混合体，虽说主线不甚突出，但其中剔除了各种陈腐甜熟的内容，否则将无法为其归类。也就是说，这部小说既是从童年到少年再到青年[②]的成长经历，也包含家庭、爱情和社交生活，其主人公犹如孤悬于海岛之上的"大海之子"，而且年龄不会超过二十五岁。

除此之外，还有斯丹达尔。

① "难道我没有写出《翟惠赛夫人》，一本主人公可与如今最擅长心理分析的心理学家相媲美的小说吗！"

② 这里所说的青年完全不同于巴雷斯在《一个自由人》（1890）的"题词"中所作的定义："持续不断的担心忧虑，使我们强烈地感觉到生活的艰难。我们不知道用哪只脚来跳舞……我们应该大胆热情，有怀疑精神。有我们今天这样的好性情，这很容易。"巴雷斯的忧虑有形而上学的自命不凡，而让·桑特伊的忧虑是家庭日常的，是关于爱情的。

驳斯丹达尔？

《欢乐与时日》当中，看不到斯丹达尔的踪迹[1]。但在作于1895年的《让·桑特伊》的序言中，主人公"怀着每得到漂亮新书就激动不已的热情"读《巴马修道院》[2]。《红与黑》是亨利·德·雷尼耶最喜欢的书[3]。叙事者问道，假如你在外省客栈的房间里发现了这本书，"难道您不会感到遇到了知音，很想与他畅谈一番吗"[4]？随着故事的深入，批评取代了崇拜，论爱情一章径以"妒嫉的折磨"[5]开篇。斯丹达尔认为，一切尽在物中：爱情存在于对方，存在于个人身上，存在于他或她的美当中。普鲁斯特回应道："在一时令我们着迷的身影和我们的内心之间，并不存在真实、深刻的联系。"如同斯万爱上奥黛特一样，让·桑特伊爱上了S夫人，"通过于连·索莱尔、法布里斯·台尔·唐戈以及《情爱论》一书"，他首先体验到这个女人的面容不停地在脑海中浮现带给他的快乐。但与斯丹达尔的人物不同，他所享有的快乐不是来自情人，而是来自自己的爱，仿佛爱情已经脱离了它的对象[6]。斯丹达尔的快乐在生活中，普鲁斯特的快乐在精神中。小说中的爱情场景将把普鲁斯特不断进行充实的这一理论付诸实践。在普鲁斯特的世界里不存在斯丹达尔式的爱情，他全部的感受就是妒嫉，无法参透别人的秘密，无法走出自己，甚至不存在任何肉体关系，肉体关系对他而言终究是次要的。斯丹达尔认为，结晶现象[7]是由爱情引起的，普鲁斯特则认为是由嫉妒引起的。

①但普鲁斯特1893年在关于音乐家索西纳的一篇文章中谈及斯丹达尔，索西纳在小说《克娄巴特拉的鼻子》中，像斯丹达尔那样"评论和解释他的人物"（*CSB*, p. 358）。

② *JS*, p. 197. Cf. Saraydar, *Proust disciple de Stendhal; les avant-textes d'« Un amour de Swann » dans « Jean Santeuil »*, Minard, 1980.

③ *JS*, p. 453.

④ Ibid., p. 556.

⑤ Ibid., p. 745 *sq*.

⑥ Cf. "有人说，美是幸福的保证。反过来说，能保证愉快的生活，也可以是美的起点。" *RTP*, t. III, p. 647，参见十五人译本（五）136页，周译本（五）138页。但克鲁塞先生断定，斯丹达丹应该赞同普鲁斯特对他的反对意见（« Le "contre Stendhal" de Proust », *Stendhal Club*, n° 140, 15 juillet 1993, p. 316）。

⑦ 斯丹达尔1822年提出的概念，指的是恋爱中产生的一种心理过程或精神作用，"它能从眼前见到的无论什么事物中，发现所爱之人先前不具备的优点"。——译者注

但这并不妨碍他在写《论阅读》（1905）一文时就认为，斯丹达尔是"圣伯夫无视"同代人行为下的一大牺牲品[1]。在1908年1月对圣伯夫的仿作中[2]，在后来塑造德·维尔巴里西斯夫人这一人物时[3]，他再次论及这一问题。在《驳圣伯夫》当中，普鲁斯特更加明确地阐述了自己的理论。一方面，他了解[4]且喜爱斯丹达尔，为他辩护，批评圣伯夫。另一方面，普鲁斯特两面出击，批评斯丹达尔的美学：已经成为大作家而尚不自知的贝尔[5]"不仅使文学低于生活——其实相反，文学是生活的结果——而且使其低于最乏味的消遣"[6]。此时，普鲁斯特在一本《巴马修道院》上做了许多批注[7]，后来写作《驳圣伯夫》时把这些看法作了进一步发挥[8]。最初他无意从事批评，只是指出其中的主题：衰老、对"心灵感觉"的排他性专注、往事的复现以及野心的泯灭——野心泯灭的原因，或是临近死亡（狱中的于连），或是由于爱情（狱中的法布里斯），或是如十八世纪人们面对大自然或登高望远时产生的情感冲动。懊悔是"爱情的伤心形式"。"斯丹达尔的格言是：永不反悔"；懊悔会转变为"强烈的激情和以身相许"。最后，普鲁斯特指出："真正的好书，会给每个事件增添一片相伴随的灵魂。在《红与黑》当中，每一个动作后面都跟着半句话，揭示心灵中无意识的活动；这是一部动机小说。"这一课他是不会忘记的。

① "在令人难以置信地贬低了小说家斯丹达尔之后，作为补偿，他称赞斯丹达尔其人的低调谦逊，举止得体，仿佛除此之外就再也没有什么值得称道的了。"（*CSB*, p. 190）

② Ibid., p. 19；他模仿的是《星期一丛谈》（éd. Garnier, t. IX），p. 272.

③ *RTP*, t. II, p. 70，参见十五人译本（二）259页，周译本（二）280页。

④ 包括斯丹达尔的通信，《驳圣伯夫》的叙事者对母亲说，这些书信包含着许多"对他的家人很残酷的东西"（*CSB*, p. 259）。在1904年写的《波托卡伯爵夫人的沙龙》一文中，普鲁斯特把伯爵夫人视为《巴马修道院》第六章皮埃特拉内拉伯爵夫人的化身。他知道斯丹达尔不喜欢哥特艺术（ibid., p. 524）并为此感到惋惜。但他同样知道，斯丹达尔把《民法典》作为文体风格的典范，瞧不上时下流行的陈词滥调和浪漫派的抒情（ibid., p. 555）。虽说斯丹达尔满足于模糊宽泛的描述（"这些令人喜悦的地方""这些令人迷恋的地方""这个令人喜爱的女人"），但他的文体风格仍然体现出把各种思想观念刻意汇聚起来时无意中形成的完整结构。*CSB*, p. 611, p. 654；以及 *RTP*, t. III, p. 879，参见十五人译本（五）372页，周译本（五）391—392页。

⑤ 斯丹达尔原名亨利·贝尔。——译者注

⑥ *CSB*, p. 612.

⑦ Catalogue de l'exposition Jacquemart-André 1971, n° 264: e. g. p. 2："所以文学只不过是一场如意大利蛋黄酱般美味可口的欢乐晚会。"根据普鲁斯特致洛里斯的信（信中说他重读了《巴马修道院》），确定重读的时间是1910年。

⑧ *CSB*, pp. 653–656.

《让·桑特伊》的写作[1]

至此，这部小说的写作已持续一年。关于这一时期的写作情况，我们掌握了一些材料，而在此之后直到1899年彻底放弃这部小说，史料付诸阙如。因此，现在有必要根据国家图书馆所藏手稿[2]，对小说文本的形成过程进行一番梳理和重构。首先应该指出，普鲁斯特没有为这部书稿确定标题，他每部作品的书名都是最后才确定的。我们目前用作书名的姓氏“桑特伊”，在《社交年鉴》上能够查到。至于让·桑特伊这个完整的姓名，据我们所知，十七世纪有一位用拉丁语写作的同名诗人。那么马塞尔是不是特意借用此人的姓名，用以表明他所写的也是一位用罕见语言从事创作的诗人呢？关于这个名字的来历，通往迪耶普方向、位于蓬图瓦兹和日索尔之间的桑特伊，和离沙特尔和伊利耶更近一些、位于杜尔当和沙托丹之间的桑特伊，哪一个可能性更大呢？

1895年9月至10月间，普鲁斯特在贝格–梅伊动笔写作这部小说。编者称作“童年与少年”的第一部分的前五章，就写在一沓学生用的散页纸上，“1—105”字样的页码是普鲁斯特手写上去的，这是他在贝格–梅伊所能找到的唯一一种纸张[3]，似乎他离开巴黎时，还没想到会有这种需要。关于勒皮克夫人的片段[4]、关于亨利四世中学[5]的片段以及亨利·德·雷韦永的肖像描写[6]，均作于此时。描写贝格–梅伊的那一章，与上述段落一样，也作于1895年10月[7]。12月14日，马塞尔观看了经圣桑补写的吉罗遗

① Ph. Kolb, « *Historique ...* », *op. cit.*, pp. 215–277. M. Marc-Lipiansky, *La Naissance du monde proustien dans*“*Jean Santeuil*”, Nizet, 1974.

② 以及美国伊利诺伊州厄巴纳大学所藏资料和菲利浦·科尔布公布的资料。

③ *JS*, pp. 202–242.

④ Ibid., pp. 226–228.

⑤ Ibid., pp. 236–242.

⑥ Ibid., pp. 252–258.

⑦ Ibid., pp. 361–362, 362–364, 364-365, 写在同一种纸张上。

作、歌剧《弗雷德贡德》的首演；当天的《高卢人报》发表了马塞尔写圣桑的文章，但没有提及比才的朋友吉罗，因此这年年底，施特劳斯夫人一度与马塞尔翻脸[1]，这个小插曲被他改头换面写进了小说[2]。

小说的“序言”，普鲁斯特称作“第一章”，作于1896年3月[3]，这就表明，作家C把自己写的小说转给序言叙事者这一关目，是写作开始之后才构思的。序言里叙事者的朋友，正是雷纳尔多，他还以亨利·德·雷韦永、普瓦捷侯爵的面目出现在小说里。序言回顾了叙事者和朋友与手稿作者作家C相识的背景，同时为我们了解普鲁斯特当时的写作方式留下了弥足珍贵的提示：“几滴飘落的雨点，一缕重现的阳光[4]，就足以让他想起阴雨连绵的秋季，阳光明媚的夏天，想起他一生中的一段段时光，心灵上曾经的起伏跌宕；此刻他已沉醉在诗与回忆之中。他双眼直视前方，仿佛想看清一些他不太明白的东西。整个身体似乎随着思绪的起伏而摆动，时而剧烈时而轻柔，特别是双手，在他抬头的时候猛地合了起来。而后，突然之间，他面露喜色，准备继续写作。”[5]回忆与沉思孕育了故事，正如《在斯万家那边》的小玛德莱娜和山楂树前的遐想；但是，在《斯万》中，玛德莱娜和山楂树前的遐想与主人公的经历合为一体，它们隐藏的意义直到最后才予完整揭示，而此处开篇即揭示了回忆与沉思的意义，《让·桑特伊》的全部美学理论就体现在序言里。因此，作家C像他曾经非常喜爱的某些英国作家那样，打断故事

① 此时开始，直到1897年3月底（*Corr.*, t. II, p. 183），我们未见到普鲁斯特写给施特劳斯夫人的信件。

② *JS*, p. 677：“让对马尔梅夫人的反感与时俱增。”p. 679：“让与马尔梅夫妇的公开战争；《弗雷德贡德》首演。”

③ *Corr.*, t. II, p. 52, 1896年3月，致雷纳尔多·哈恩。

④ 这是“阳台上的阳光”首次出现，这一主题1912年6月在《费加罗报》上进一步展开，并被纳入《斯万》。

⑤ *JS*, p. 186.

进行思考。因此，犹如很久以后的普鲁斯特，他声明自己“没有任何虚构”，只能写“自己的亲身感受”[1]。此时《让·桑特伊》中困扰他的各种问题，他认为需要一生的时间才能解决的种种问题，将成为《驳圣伯夫》和《重现的时光》的问题：“在作家的生平与作品之间，在现实与艺术之间，或者如我们曾经思考的那样，在生活的表象和现实本身——它是生活表象一成不变的背景并且已经被艺术抽离出来——之间，到底存在何种秘密关联？到底必须经过何种变换？”[2]这些观点将引出贝戈特、埃尔斯蒂尔和凡德伊，普鲁斯特将厘清他们的生平和作品，以及他们的美学理论，其核心是探索表相背后的本质。

① Ibid., p. 190.

② Ibid., p. 190.

描写布列塔尼的章节，应作于贝格–梅伊。现在冠以小标题“雷韦永”的章节，是普鲁斯特在雷韦永城堡居停期间写的，因为所用的纸张是勒迈尔夫人的素描纸。也就是说，刚刚发生的事情，随即被他写进了小说。但是在《追忆》当中，只有阿尔贝蒂娜的故事和战争期间巴黎发生的故事属于这种情况。

1896年夏，马塞尔就与卡尔曼–莱维出版社商谈小说出版事宜。当时已完成的篇幅包括上述散页和一册“一百一十页的大开页笔记本”[3]。他认为1897年2月即可将小说交付出版社；对待自己的作品他一贯如此，总是远远地低估最终完成所需要的时间。关于月亮上画着鼻子的儿童图画书（他就此还问过母亲）的一小段[4]，作于1896年9月，时间上与他给母亲的一封信相符。一整章“伊利

③ *Corr.*, t. II, p. 124, 1896 年 9 月 16 日。

④ *Corr.*, t. II, p. 130 et *JS*, pp. 307–308.

耶”可能是此时完成的，至少其中关于夏夜散步的内容可以确认。1896年10月住在枫丹白露法英饭店期间，在与母亲通电话之后，他就此场景写了一段小说并寄给了母亲[1]。以肖莱为原型的布吕库尔中尉的肖像，由于其中提到了满洲，故应写于1895年年底或1896年年初。那么是否可以推断关于驻军城市的所有内容都作于这一时期呢？或者只是关于枫丹白露的部分作于这一时期，再与奥尔良的回忆拼接在一起？

在枫丹白露的法英饭店里，普鲁斯特开始写夏洛特·克里塞特的故事[2]。在此之前，让·桑特伊一直爱着一个叫弗朗索瓦丝的姑娘，但二人由于嫉妒（这令人想起普鲁斯特写给哈恩的信）闹翻之后，他抛开弗朗索瓦丝追求夏洛特。弗朗索瓦丝与她弹奏的圣桑奏鸣曲的“小乐句”如影随形，因此可以推测，她的原型就是雷纳尔多。那么除了吕西安·都德，夏洛特还会是谁呢？一个明显的标志是，她有一个哥哥是耐克尔医院的临床主任，而莱昂·都德曾读过医学[3]。另外，夏洛特说再见的手势、与爱人打招呼的方式，都与吕西安相像[4]。小说中一些尚不成形的句子，似乎就是在此痛苦的过渡期写下的：“他一边心里想着夏洛特，一边说道：‘请允许我像以前那样写作。’弗朗索瓦丝答道：‘从那时起，一切都变了。’”[5]同样可以认为，亲吻被打断的场景——后来发生在阿尔贝蒂娜身上——来自吕西安，他来到法英饭店，晚上又匆匆离开，“他一开始很高兴，但那天晚上结局很

① *JS*, pp. 356–361.

② 菲利浦·科尔布确认，写作这一部分《让·桑特伊》（*JS*, pp. 836–837）的纸张与1896年10月一封信（*Corr.*, t. II, pp. 149）所用的纸张相同。

③ “一场新的爱情”，*JS*, p. 822。另外，让·桑特伊使弗朗索瓦丝承认曾与夏洛特睡过觉；而哈恩比普鲁斯特更早认识吕西安。

④ *JS*, p. 825：“多次快速小幅摇手的动作”，以及下文中“写着‘我亲爱的小家伙’的信的故事”，这是马塞尔对吕西安的称呼。夏洛特把主人公称作“马塞尔”，p. 831。

⑤ *JS*, p. 830.

糟糕”[①]。但是，对弗朗索瓦丝的爱才是真正的爱，才是最深最美的爱，因为普鲁斯特此处刻意模仿《情感教育》中的弗雷德里克·莫罗和阿尔努夫人[②]。实际上，普鲁斯特组合了生活中的原型和文学作品中的人物模型。福楼拜的这部小说也是一部成长小说，或是成长小说的戏仿之作，与菲尔丁、史蒂文森[③]、乔治·艾略特等人的英国小说不相上下；让·桑特伊正在读这些作家的作品。

① Ibid., p. 840；吕西安10月22日来到枫丹白露。见上文393页。

② Ibid., p. 830：“但第一场恋爱的短暂并没有使他丧失继续恋爱的勇气……他遭遇了很多次恋爱。但每一次恋爱，他都没有像第一次那样有信心，而且深受第一次恋爱的影响。”

③ *JS*, p. 572. 很显然，普鲁斯特此时还不了解狄更斯，1897年夏，他还在打听狄更斯的消息。

1896年11月所写的《库宗在众议院》谈亚美尼亚大屠杀的情节，其中主人公的原型是11月3日在众议院发言的饶勒斯。“众议院刚刚结束关于亚美尼亚大屠杀的辩论并达成一致：法国将不采取任何行动。”此时，“当今唯一一位能与昔日大演说家比肩的人物”[④]“时常仗义执言”的库宗，“在正义感的驱使下”突然站出来说话。会场里嚷成一团，并且决定结束会议。库宗–饶勒斯高声叫道：“你们刚刚谋杀了二十万基督徒！”而总理则声称库宗的言论“是诽谤”。普鲁斯特评道，这是由于，“在政治理念中排除了‘情感’又不喜欢‘抽象思维’的人们，一贯有其现成的‘抽象思维’，而且竭力维护自己的‘尊严’”[⑤]。这一段关于政治辩论的精彩描写，堪与夏尔·佩吉相媲美，也让我们看到年轻的普鲁斯特如何站在正义的一边；在《让·桑特伊》中，这一小段被嵌入整部小说最神秘的部分，即描写马利事件的部分。马利是身陷腐败丑闻的财政部长，在这个人物身上，应将其历史的一面与其心理和道德层面的东西区分开来，因为后者反映

④ Ibid., p. 601.

⑤ Ibid., p. 604.

的是普鲁斯特的心理和道德观。这个人物的原型是鲁维耶（1842—1911）[①]，他七次出任财政部长，1887年任总理，1892年受巴拿马运河事件牵连去职，1902年应孔布总理之招再次出任财政部长，1905年接替孔布出任总理。在这段政治内容的写作中，普鲁斯特模仿的对象应是巴尔扎克的《阿尔西的议员》和《一桩神秘案件》，以及巴雷斯《失去根的人们》[②]（巴雷斯在小说中将真实和虚构的人物——费里、雅克·雷纳克及其侄子——混合在一起）；同时，早在巴雷斯完成《他们的嘴脸》之前，这段小说中就出现了影射巴拿马运河事件的内容。此后不久对左拉的审判，为普鲁斯特展示他写作政治小说的才能再次提供了机会。至于马利的心理，最为引人注目的是他对妻子和宗教的态度，从中我们可以看到普鲁斯特对母亲和天主教的态度。马利夫人是“一个完人，一位贤德的妻子和母亲”，也是个犹太人：“即使最虔诚的农妇也会认为，在天主面前，这样一位犹太女人的灵魂要比全部基督徒、教士和圣人的灵魂更加芬芳。”[③]而马利的罪恶感、过错感使他与常人无异：如果将官场腐败替换成同性恋，就可以推论，马塞尔在借自基督教的过错感当中，找到了跻身常人之列的途径[④]。

小说的写作在1896年突飞猛进，到了1897年却停滞不前。其中的原因，据推测主要有三个[⑤]：没有找到合适的情节和结构；卡尔曼-莱维出版社可能拒绝了书稿（但对此我们不掌握任何线索）；《欢乐与时日》滞销，几乎

① 《1908年记事本》中有一段笔记为证，其中，普鲁斯特在谈及奥伊伦伯格和巴尔扎克（《交际花盛衰记》）之外提及鲁维耶。

② 1897年10月他曾与阿尔丰斯·都德讨论过这部小说（*Corr.*, t. II, p. 19）。

③ *JS*, p. 581.

④ Voir M. Marc-Lipiansky, *op. cit.*, pp. 138–139, Marc-Lipiansky 指出，马利只在自己的妻子面前感到有罪，如同普鲁斯特在母亲面前有罪恶感。

⑤ Ph. Kolb, « *Historique...* », *op. cit.*, p. 240.

无人评论，并且引发作者与让·洛兰的决斗。我们认为还有一个原因，至少与上述原因同样重要，即普鲁斯特与雷纳尔多·哈恩分手，他见证了这部小说的诞生，也是它最主要的灵感之源；而在这部小说中，吕西安·都德仅以夏洛特·克里塞特的面目出现。另外，在1897年3月1日的《两世界评论》上，马塞尔读到罗贝尔·德·拉希泽拉纳的文章《罗斯金与美的宗教》，从而发现了罗斯金。众所周知，他因此受到极大的震撼，震荡的余波持续了八年之久，他的注意力逐渐从小说转到了美学和艺术史。《让·桑特伊》当中，有很多地方显示出罗斯金的重要影响[①]，似乎普鲁斯特有许多新的想法突破了原先的写作框架。3月底写作的段落讲述了普鲁斯特与父母的一次激烈争吵[②]。1897年8月第二次在克罗伊茨纳赫逗留期间，普鲁斯特以杜多维尔公爵[③]为原型刻画了雷韦永公爵的肖像以及雷韦永夫人的沙龙。雷韦永一家是这部小说中的“盖尔芒特家那边”，对他们的描写创作于不同时期，其中包括关于雷韦永侯爵所藏莫奈作品（暗指施特劳斯夫人收藏的莫奈[④]）的段落。让·桑特伊与他人争执的场面，应取材于普鲁斯特与洛兰的决斗。关于钢琴家卢瓦泽尔（以德拉弗斯为原型）的段落，应作于孟德斯鸠与德拉弗斯失和之后，那是当年6月中旬的事[⑤]。

审判左拉的情节，被放在小说关于德雷福斯事件的段落里[⑥]。关于皮卡尔上校的内容（“据说皮卡尔上校可能被判五年监禁”），写于当年年底。其中还有让·桑特伊

① *JS*, p. 556, 572, 887.《让·桑特伊》中引用的罗斯金的句子都来自这篇文章，参见 *Textes retrouvés*, p. 49, note de Ph. Kolb。

② Ibid., pp. 411–423. 普鲁斯特标注页码1—27的部分，标题为“小说”，底下还有“让与父母因为在雷韦永的晚餐争吵”字样。

③ Ibid., pp. 708–711. 此人在通信中多次被提及；与巴拿马事件有牵连的人的确不少，佩因特提到了 Floquet, Freycinet, Clemenceau（p. 257）。

④ 她的藏品有杜米埃、福兰、弗拉戈纳尔、克勒兹(Greuze)、拉图尔、米勒、莫罗、皮萨罗、雷诺阿，以及莫奈的《吉维尼附近塞纳河河汉的黎明》(*Bras de Seine, près de Giverny, à l'aurore,* 让·桑特伊评论过此画)、《洪水》(*L'Inondation*)、《静物》。Voir *Catalogue de la collection Émile Straus*, Petit, 1929, 64 pages, 21 hors-texte (vente des 3 et 4 juin 1929). *JS*, pp. 895–897。

⑤ Ibid., p. 806. *CSB*, pp. 662, 674.

⑥ *JS*, pp. 619–659.

前往喜歌剧院看戏的情节：哈恩的《梦幻岛》将在喜歌剧院上演（哈恩本人此处以达尔托奇的名字出现）。整个这一部分的写作应始于4月或5月间。与夏洛特·克里塞特恋爱的后续情节[1]，以及拒绝亲吻的场景（这一场景后来用于阿尔贝蒂娜），作于9月[2]；这些情节的写作都是上一年开始的。到荷兰旅行的故事[3]，则以马塞尔1898年10月的荷兰之行为蓝本，此次旅行期间，马塞尔在阿姆斯特丹参观了伦勃朗作品展，在同一时期论居斯塔夫·莫罗的文章中[4]，马塞尔曾提及荷兰之行。

① Ibid., pp. 830–837.

② 手稿中有一份9月21日的通知信。

③ *JS*, p. 392.

④ *CSB*, p. 667.

1899年5月，马塞尔向罗贝尔·德·比利借了一本埃米尔·马勒的著作《法国十三世纪宗教艺术》，这表明他对艺术史的兴趣愈发深厚。而在托农的逗留使他写下了小说中描写莱蒙湖的章节[5]。至于耶稣会可能“收买拉拢亨利”的情节，则取材于1899年6月《震旦报》上的多篇文章[6]。9月19日的《新闻报》刊登了普鲁斯特所作的雅克·博纳米肖像[7]，此君又名塔隆德布瓦，这个形象是勒格朗丹的前身。

⑤ *JS*, pp. 399–402.

⑥ Ibid, p. 573 et Kolb « *Historique...* », *op. cit.*, p. 258.

⑦ *CSB*, p. 424.

1899年9月，普鲁斯特继续写作上一年在枫丹白露开始动笔的让·桑特伊与夏洛特·克里塞特的恋爱故事[8]。他曾在勃兰科温府上逗留，以此为素材写了一章关于诺阿耶伯爵夫人的故事，故事中诺阿耶伯爵夫人变身为加斯帕尔·德·雷韦永子爵夫人。另外，让·桑特伊在莱蒙湖畔经历了一次不自主回忆的体验，重温了在布列塔尼的时光。

⑧ 写在1899年9月的一份通知信的背面。

有几篇编入《让·桑特伊》或其附录的文字留下了很多疑问，有人甚至认为普鲁斯特试图以此另起炉灶，或者它们本来就是单独成篇的小说，类似于《欢乐与时日》中的短篇。在《新闻报》上发表的《波斯等地来信》（此文中还包括了从《让·桑特伊》中借用的人物肖像），特别是亨利与弗朗索瓦丝的一篇对话[①]，均属于这种情况。

根据普鲁斯特向玛丽·诺德林格透露的秘密[②]，到了11月中旬，他已经放弃了“这部费力耗时的著作”，着手“做一个小题目，这项工作完全不同于以往，而与罗斯金和几座大教堂有关”。但这一次，他由于谦逊而再次失算，因为这个“小题目”将花去他整整六年时间，六年过后，他将尽数抛弃先前所喜爱的一切，重返孑然一身、一无所成的状态。

1901年至1902年间，当《亚眠的圣经》已不能再给他启迪和教益之时，普鲁斯特接着写他的《让·桑特伊》，内容包括：以德朗德男爵夫人为模特的雅克·德·雷韦永夫人肖像[③]；以厄内斯特·埃贝尔夫人——她后来将成为埃尔斯蒂尔夫人[④]——为蓝本的马夏尔夫人肖像[⑤]；以及贝特朗·德·雷韦永在1902年的肖像，他的原型则是贝特朗·德·费纳龙[⑥]，此时普鲁斯特对他的情感达到了顶峰。尽管普鲁斯特从1899年起就放弃了这部小说，但他不知道把这些文字置于何处，因此仍然把它们与小说手稿放在一起。

马夏尔夫人肖像紧随雅克·德·雷韦永夫人肖像之

① Fragment manuscrit, Catalogue Tajan, Drouot, 25 avril 1994, n° 44. *CSB*, p. 431–435. *Textes retrouvés*, p. 104–109. 1904年9月和1905年3月，马塞尔向比贝斯科和拉罗什富科抱怨说，《吉尔·布拉》杂志没有发表这篇对话。他写了对话的续篇，但这个续篇直到“七星文库”版《女囚》出版时，才被罗贝尔·普鲁斯特移植在“序言”当中。

② 1899年12月5日信，*Corr.*, t. II, p. 377.

③ *Textes retrouvés*, p. 55. *JS*, p. 741 *sq*.

④ Voir *Le Carnet de 1908*, n. 28.

⑤ 埃贝尔夫人，闺名加布丽埃勒·德·于克尔曼，生于1892年，其肖像收藏于巴黎的埃贝尔博物馆（Musée Hébert）。

⑥ *JS*, p. 447 *sq*. *Textes retrouvés*, p. 60.

后，二者均作于1902年夏（根据手稿所用的信纸判断）。普鲁斯特曾有求于画家埃贝尔（他们是在勒迈尔夫人和玛蒂尔德公主的沙龙里结识的）的夫人，后来以她为模特刻画埃尔斯蒂尔夫人，“美丽的加布丽埃勒”[1]，她是画家丈夫、爱情及他的模特三者之间绝妙的调停人。马塞尔始终对肖像描写、对“性格”刻画情有独钟，但这毕竟不同于小说的情节，并且他已无法重新拾起已经抛弃的小说。

由于缺少物证且通信中也很少提及，小说的大部分内容，特别是关于让·桑特伊社交生活的章节，或普鲁斯特努力表现时光流逝、父母逐渐衰老的段落，我们无法确定准确的写作时间。放弃小说写作之际，普鲁斯特也没有作出全面的解释。不过普鲁斯特夫人对他从小说创作悄然转向翻译罗斯金是知情的，因为她既是《让·桑特伊》的读者，也是罗斯金的译者。母子之间美学上的关联更为紧密：她像照顾儿子的睡眠一样关心他的写作。

《让·桑特伊》是怎样一本书？

通过这部作品，普鲁斯特成功地从短章，即拉布吕埃尔式的肖像和性格描写、散文诗、短篇小说等，过渡到了长篇巨制，其手稿的篇幅已经相当可观，印成书将长达七百八十页。他本想取歌德与巴尔扎克之长，创作一部伟大的成长小说。他本想通过一个核心人物的生平，讲述自己的成长经历，在这个核心人物中，作者既可以隐藏起

① *Textes retrouvés*, p. 12. *RTP*, t. II, p. 206, 参见十五人译本（二）408 页，周译本（二）408 页。加布丽埃勒·埃贝尔与加布丽埃勒·埃尔斯蒂尔同名。埃贝尔给盖尔纳伯爵夫人画过一幅肖像画（普鲁斯特在他的“沙龙”系列里提到过）。

来，因为故事是以第三人称叙述的，又可以显现出来，因为让·桑特伊的经历完全是马塞尔的经历。普鲁斯特在序言的第一稿中写道："我能把这本书叫作小说吗？它或许少于——同时又肯定多于——我生命的精华，这种精华从我生命中的痛苦时刻流出[①]，我把它收集起来，没有掺杂任何其他东西。"随后的一句话道出了小说失败的根由："这本书根本不是写出来的，而是攒起来的。"攒的过程，就是把写在散页上、练习簿上、父亲的公文用纸上、喜帖讣告背面和素描纸[②]上数量众多、互不关联的一个个片段拼接、编排、连缀起来。普鲁斯特把不相连贯的一沓沓草稿编上页码。成书时，大部分章节标题乃至全书总标题，并非出自作者之手。我们还将看到，如今耳熟能详的书名《追忆似水年华》，也是他长期犹疑不决、反复斟酌的结果。此书出版时，上述众多片段的顺序，是编者根据两项原则编排的：其一是让·桑特伊的年龄，其二是所涉及的主题。因此，先后顺序是：童年；他逗留的场所，伊利耶、贝格–梅伊、雷韦永、军营（普鲁斯特在奥尔良、枫丹白露和普罗万之间犹豫不决）；然后是政治事件（马利丑闻和德雷福斯事件）、社交生活、爱情；最后，在表现父母日渐衰老的章节中汇集了尚不成形的初稿，其中有很多交叉、重出，人名、地名变化无常乃至内容相互抵牾的段落，这种情况在《追忆》的草稿本中也经常出现。

实际上，从1908—1909年起，普鲁斯特重新拾起《让·桑特伊》，重读甚至重抄了部分内容。所以，一

① 手稿中被划掉的异文："我感觉到它流出。" *JS*, p. 181。

② 雷韦永城堡勒迈尔夫人府上的素描纸，我们由此可以确定这些段落的写作日期。

些主题和人物乃至整个情节重现在《追忆》当中，丝毫不值得大惊小怪。曾有人就此列出了一个对照表[1]。在《让·桑特伊》当中，作者所说的第一章，就是古典小说中的楔子，交代了作者和朋友二人与小说手稿作者作家C相识的背景。利用这种手法，马塞尔与人物和故事拉开双重距离：叙事以第三人称进行，而且通过第三者讲述。普鲁斯特通过作家C之口讲述《让·桑特伊》的传记，从而预示了叙事者的传记。睡前索吻的场面，香榭丽舍的恋爱游戏，伊利耶的假期、阅读、幻灯、散步、星期天，这已经是《在斯万家那边》的内容；在贝格–梅伊的逗留预示着《在少女们身旁》中发生在巴尔贝克的故事，那里的小火车将成为《索多姆和戈摩尔》中的小火车。描写雷韦永一家的章节，关于军营、德雷福斯事件、让·桑特伊社交生活的各个段落，已经是《盖尔芒特家那边》的萌芽。在这部小说里，人物肖像等静态描写远比故事情节的发展更为丰富，有众多人物雏形被重新应用到《追忆》当中：外交官迪罗克、贝特朗·德·雷韦永、“天才小说家德·特拉夫”、吕斯坦洛尔，将分别成为德·诺布瓦[2]、罗贝尔·德·圣卢[3]、贝戈特和勒格朗丹。《让·桑特伊》中写道：“每当摊开稿纸之时，他写下的都是他尚不懂得的东西——因此他必须深入隐藏这种东西的意象之下（但它无论如何都不是某种象征）——而不是推理论证所体现的智力与美。”[4]艺术的奥秘既不在推理论证之中，亦不在心智之中，而是在意象所代表的印象之中：这

① M. Marc-Lipiansky, *op. cit.*

② *JS*, pp. 437–446.

③ Ibid., pp. 447–455.

④ Ibid., p. 703.

已经是《驳圣伯夫》的论点，而普鲁斯特在感觉与思考之间、在诗与抽象思维之间左右为难。关于爱情的章节[1]是“斯万之恋”的雏形，特别是其中关于“小乐句”（此处指的是圣桑的小乐句[2]）、妒嫉的折磨、女主人公同性恋情的各个段落。时间的流逝，体现在描写让·桑特伊的父母在小说开头二十年后日渐衰老的章节当中[3]，看起来，普鲁斯特写作这些内容的意图是驱散自己父母死亡的阴影，描写“假面舞会”（如同《重现的时光》的草稿本中）倒在其次。重现的时光的积极面，即回忆引起的欣悦感，尤其体现在雷韦永的暴风雨令人回想起布列塔尼并揭示某种新现实之际，“这种新现实是我们在经历它的时刻所体验不到的，因为我们给这些时刻赋予了一种自私的目的，但这一新现实，在突然回到完全超脱的回忆之中时，就使我们漂浮在位于当前与过去之间的二者共同的本质之中，它使我们在当前忆起过去，而过去作为一种本质，它就是我们自己，从这个意义上说，过去让我们不得安宁”[4]。

① Ibid., pp. 745–853.

② Ibid., pp. 842–844.

③ Ibid., pp. 864–879.

④ Ibid., p. 537.

然而也有一些场面和情节没有应用到《追忆似水年华》当中，如让·桑特伊在亨利四世中学和政治科学学院求学的经历、让与父母剧烈争吵的场面、对德雷福斯事件的直接描写（在《盖尔芒特家那边》，德雷福斯事件仅仅是通过人物的暗示、反应、谈话等间接描写的）、普鲁斯特去过的某些地点如贝格–梅伊以及莱蒙湖畔等。我们注意到，这些场景都具有自传性质，尚未置于小说人物的视角之下，也尚未纳入虚构的情节和想象的范畴。这也是作者最终放弃这一大部头手稿的原因之一。二十五岁至三十岁之间的普鲁斯特，完全能够讲述自己的生平和印象，但还无法赋予它们一个整体结构，确立一种组织原则。《让·桑特伊》既不是由回忆引发出来的人生经历，也不是主人公事业有成的故事，回忆与文学在此书并没有特殊地位，它们与其他主题没有轻重之分。最后还有一点，句子蹒跚拖沓，尚不具备《追忆》中罗马式和圣西门式句子的优美结构，因此，很多句子都不完整。

1896年年末至1897年年初

1896年年底乏善可陈，但马塞尔新结识的一个人，将对他具有重要影响。他在雷纳尔多·哈恩家认识了英国姑娘玛丽·诺德林格，她是雷纳尔多的表外甥女，一位雕塑家。在马塞尔了解、评注和翻译罗斯金著作的过程中，她的帮助最大。这是马塞尔接近罗斯金著作的第一步，第二步是他读到罗贝尔·德·拉希泽拉纳的文章《罗斯金与美的宗教》。12月24日，阿纳托尔·法朗士正式入选法兰西学院；德雷福斯事件爆发后，法朗士再也没有跨入学院的大门，因为大部分院士秉持反德雷福斯的立场。将来的贝戈特不会成为院士，而马塞尔本人一心想成为院士，他将继阿尔丰斯·都德之后[①]，塑造一位在法兰西研究院的院子里步履蹒跚的不朽者。

① 阿尔丰斯·都德以弗兰-吕卡斯事件为蓝本的小说《不朽者》，无疑断送了他当选院士的可能。后来瓦莱里当选院士，占据了法朗士留下的席位，他本应发表一篇对法朗士的赞词，但为了给马拉美报仇——因为《文艺生活》的作者无视马拉美——《年轻的命运女神》的作者瓦莱里在赞词中根本没有提及自己席位的前任法朗士的名字。

新年是与老朋友恢复来往的好时机。劳拉·海曼一直对他的过分殷勤无可奈何；马塞尔给她送去一瓶鲜花，是奥黛特喜欢的那种，同时，为了纪念路易外叔公，还把外叔公的领带夹送给她作帽卡[①]。罗贝尔·德·孟德斯鸠伯爵从夏天起一直对他很冷淡，为了与伯爵修好，马塞尔称颂伯爵的"精神世界辉煌灿烂，不同流俗"，堪称世上独一无二[②]。伯爵则给我们留下一张马塞尔的肖像快照，说他诚恳、敏锐、讨人喜欢，但过于听信流言蜚语，并且"有点儿变幻无常"；伯爵引用《欢乐与时日》的段落[③]，说马塞尔的缺点恰是他书里的优点，这使马塞尔很是受用。普鲁斯特的回信虽是半嘲讽的语气，但仍然表明他想就刚刚读过的书"求神降示"的强烈愿望；跟过去一样，他感到需要一个中介才能真正理解书的意义，此处涉及的书包括《乡村神父》《墓畔回忆录》和《情感教育》。我们知道，这些书籍伴随着《让·桑特伊》的写作过程，正如对这些书的深入阅读将伴随《追忆》的写作。某些名著马塞尔从不离身，就像他随身带着哮喘药一样。至于孟德斯鸠，他以夏吕斯的派头给马塞尔"这份小小的通信作业"打了"不到十五分"。这位"美学老师"近乎残忍；从此以后，这两位作家就像夏吕斯与叙事者那样，时而推心置腹，惺惺相惜，时而舌剑唇枪，相互埋怨。虽然孟德斯鸠帮助普鲁斯特提高了文化修养，加深了对贵族甚至性倒错的认识，但他未能在自己的回忆录中对此进行再创造；他本想像王尔德那样使自己的生平成为一件杰

① *Corr.*, t. II, p. 163.

② Ibid., p. 164.

③ Ibid., p. 165.

作，但他没有实现这种脱胎换骨的转化，也没有能够成为他那个时代的圣西门。

从普鲁斯特夫人的一封信以及《让·桑特伊》中的一个段落可以看出，马塞尔与父母之间发生了一次更为剧烈也更令人不解的争执[①]。已经成人的儿子仍然像个大孩子似的待在家里，伸手要钱的同时，还要求在交游、行事上拥有完全自由，这样一来难免与父母发生龃龉，下面就是一个明显的例证。马塞尔用力摔门，打碎了门玻璃，因此受到父母的指责；他还与让·桑特伊一样，打碎了母亲刚刚送给他当礼物的一只威尼斯花瓶。不论是哪种情况，总之普鲁斯特夫人要求他不要光着脚在餐厅里走动，并且把这只打碎的花瓶视为“神殿里之物”，它“象征着牢不可破的联盟”。一些评论者认为，这个指向正统犹太婚姻的暗示正是弗洛伊德所说的失语（lapsus）。根据一封未发表的普鲁斯特致母亲的信，这场争执的真正原因似乎是一张奥托拍摄的照片：吕西安·都德满怀爱意地看着他[②]。但吕西安的态度和生活方式令马塞尔夫妇十分不满，他们坚持销毁照片。马塞尔还与罗贝尔·德·弗莱尔一起拍了七张照片，照片上他一个劲儿地傻笑，完全听从罗贝尔的摆布。他承诺自己只保留三张，其余的都交由母亲保存。假如事实确实如此，则说明他的父母（而不仅仅是父亲）都已经清楚他的性取向。

还有一个可能导致更严重后果的事件：我们这位大仲马的忠实读者上了决斗场。让·洛兰曾经撰文讥讽《欢

① Ibid., p. 160–161（普鲁斯特夫人写在父亲治丧纸上的信），*JS*, pp.411–423。另见普鲁斯特未刊信（1996年11月15日德鲁奥拍卖行目录，272号物品）：“我认为与弗莱尔合影没有任何不妥，而且，虽说吕西安的领带颜色偏艳，脸色偏白，不太和谐，但照片不是彩色的，看不出来什么。”（1896年11月4日晚）

② Voir notre dossier iconographique, illustration 12.

乐与时日》，但令人不解的是，这位热衷社交的同性恋作家，为何事隔七个月之后仍然对普鲁斯特不依不饶，在2月3日的《日报》上挑起事端。他断言，阿尔丰斯·都德将为普鲁斯特的下一本书作序，“因为他无法拒绝儿子吕西安的请求”，这对两个年轻人的关系是一种明显的影射，普鲁斯特感到不能不挺身应战。我们完全相信，对马塞尔这样如此焦虑不安的人而言，决斗绝不是一件可以坦然面对的事情。然而他义无反顾，在决斗前的三天里，他显得“冷静而坚决，与平时的表现判若两人”，对此雷纳尔多·哈恩倒丝毫不感到惊讶[①]。决斗地点选在默东森林里的维尔邦小屋；马塞尔没有让他的密友做决斗的见证人[②]，而是找来巴黎风情画家让·贝罗和剑术教练居斯塔夫·德·博尔达[③]。两个决斗者各向对方射了一枪，但都没有伤到人。卡雅维夫人7日写道：“因为您的勇敢举动，因为您能脱险而安然无恙地回到我们身边，我要拥抱您。我本希望让那个魔鬼吃点苦头，但向他开过一枪已经很不错了，因为我们人人胆小怕事，这个拉皮条的无赖迄今为止还从未受过惩罚哩。”[④]普鲁斯特既对自己的名声遭人诋毁极度敏感，又极力想显示自己的男子气概——他最后终于证明，且圣卢之死亦表明，同性恋者同样具有过人的勇气。马塞尔喜欢动手打架，这不仅反映在《让·桑特伊》和《追忆》里，也表现在生活中：他1896年在勒蒙多尔就曾与人打架[⑤]；1901年与保罗·埃尔维厄动过手；他打架的对象还包括亨利·德·沃居埃、梅第奇侯爵、

①*Notes*, p. 54. 罗贝尔·德·弗莱尔也写信给法朗士说：“前天，面对您所知道的那个无赖，马塞尔·普鲁斯特完美地表现出复仇者的英勇。”（M. Maurois, *Les Cendres brûlantes*, *op. cit.*, p. 109）

② 他最早想到的是埃雷迪亚。洛兰的见证人是保罗·亚当（马塞尔1922年回忆说，亚当“因为激动而歇斯底里”。*Corr.*, t. XXI, p. 161）和奥克塔夫·于赞（Octave Uzanne，一位专画十九世纪女性的画家，*Corr.*, t. II, p. 208）。

③ Ibid., pp. VII–VIII. 博尔达1907年去世时，普鲁斯特在12月26日的《费加罗报》上为他写了一篇文章（署名D，代表多米尼克），*CSB*, pp. 549–550：“德·博尔达先生是一位出色的决斗者，同时，以他超群的能力和罕见的细心与好心，他也是个无与伦比的见证人……如果我的记忆不差，那么他作为副手帮助的最后一个人，就是本报撰稿人马塞尔·普鲁斯特，此君对他始终保持着发自内心的崇拜之情。”借这个机会，普鲁斯特还向另一个见证人、“大画家”、博尔达最亲密的朋友贝罗致敬，称他为“卓越的艺术家”。

④ Ibid., p. 174. 洛兰的文章一直都是“有所指的”，而且往往带有诋毁性质（但当时关于新闻界的法律没有这么严格）。

⑤ 埃德蒙·雅卢在他关于普鲁斯特的书里（*Avec Marcel Proust*, Genève, La Palatine, 1953）记述了这个事件；*Corr.*, t. II, p. 113。关于各次打架事件，见莱昂·都德（*Souvenirs, op. cit.*）和乔治·德·洛里斯（*A un ami*, *op. cit.*）的记载。

让·德·皮埃尔弗[1]（1920）以及雅克·德尔加多[2]（1922年在“屋顶之牛”酒吧[3]）。

这年2月的同一时期[4]，当卡雅维夫人和儿媳为一方、柯莱特和丈夫维利为另一方发生纠纷时，普鲁斯特出面调停，此时的他活像一出滑稽戏里的人物，其结果自然是火上浇油。“卡雅维夫人声称，维利在单独来府上作客时向她的儿媳大献殷勤。夫人非常气愤，无奈之下只好向柯莱特·维利告发此事，并且不再欢迎这对夫妇上门。事后，维利声称他的妻子受此打击，眼睛几乎失明。因为他们一直待我不薄，我也觉得不应该这样对待他们，所以我平生第一次上门拜访他们（此事我并没有向阿尔芒夫人隐瞒，但她因此一直对我耿耿于怀），并请一位眼科医生帮忙治疗。”[5]其实，维利的确追求过让娜·普凯；柯莱特努力修复与卡雅维夫人的关系而未果，又听到卡雅维夫人说起，两份报纸上诋毁她和她的沙龙的文章都出自维利之手。马塞尔调停失败，维利遂通过小说《一个卑鄙的家伙》，加上柯莱特的《克罗蒂娜在巴黎》《克罗蒂娜的家庭生活》《克罗蒂娜出走》[6]，大肆攻击阿尔芒先生（“法兰西妓院的负责人”）、卡雅维夫人（“梳着猫头鹰展翅的发型，上头是猫头鹰，下头也是猫头鹰”）以及他们的儿媳（“那个叫玫瑰–卷心菜的胖姑娘长着一张活像小爱神屁股的脸蛋”）。我们不禁想到，普鲁斯特1897年1月在《戏剧艺术评论》上发表的一篇奇怪的讽刺小品《艺术家剪影》[7]，不就是为了帮他的朋友卡雅维一把

① *Corr.*, t. XIX, p. 75.

② *Corr.*, t. XXI, pp. 352–353; récit différent dans Fargue, *Le Piéton de Paris*, Folio, pp. 49–50.

③ M. Maurois, *Les Cendres brûlantes*, *op. cit.*, p. 101.

④ 此时他去听了阿尔弗雷德·布吕诺（Alfred Bruneau）的歌剧《收获季节》（*Messidor*），他尤其喜欢最后一幕。

⑤ *Corr.*, t. II, p. 178, 致路易·德·罗贝尔。M. Maurois, *Les Cendres brûlantes, op. cit.*, pp. 100–105。

⑥ Colette, *Œuvres*, t. I, Bibl. de la Pléiade, pp. 267, 287, 427, 542, 560, et Willy, *Indiscrétions et commentaires*. 在这些影射小说中，我们能看到法朗士（Gréveuille）、安娜·德·诺阿耶（« Candeur », p. 542）、勒迈尔夫人和她的客人（Mme Lalcade, p. 563）、格雷菲勒伯爵夫人、福雷（pp. 564–565）等人。

⑦ *CSB*, pp. 397–399. 他在文中偏偏否认攻击亨利·戈蒂耶–维拉尔先生（即维利）。

吗？他在文中历数某位戏剧评论家评介演员演技所用的陈词滥调，甚至谈及他的私生活："我们得知，在某出戏首演的当晚，他正在外赴宴，为了按时赶到剧场，他没等上咖啡便离席告辞，其实他到了剧场之后很久演出才开始。"

3月底，韦伊的家人把纳特兄弟俩去世后一直空着的泉水街96号房产卖了出去，买主是从事公共工程建设的达瓦尔先生，他把这座房子拆了，建了楼房。打通莫扎特大街时拆除的正是后建的这座楼房[①]，而不是原先的别墅。在《贡布雷》中，我们只知道发生睡前亲吻场景中的"楼梯旁的墙壁"早已不复存在[②]。小说的草稿写道："发生这些事情的房子已经不在了，我记忆中的影像也许是它曾经存在过的唯一证据，然而这个证据也将很快被毁掉。"[③]普鲁斯特先生和夫人对这个村庄恋恋不舍，1897年夏天在那里的王子公园租了一幢小屋，马塞尔从圣拉萨尔车站乘火车前往那里看望他们[④]。这些故事，普鲁斯特满怀深情地移植到《让·桑特伊》当中，而在通信里，他从未流露过这种情感。桑特伊先生和夫人租下了"马德里广场旁边的一所小房子，面对着布洛涅森林的小湖。每天傍晚，让都要过来与他们共进晚餐，但由于弗朗索瓦丝的缘故，他要返回巴黎过夜。从我们第一次在奥特伊的小花园里见到桑特伊先生和夫人到现在，他们已经苍老了许多，花园的原址上也建起了三四幢六层高的楼房，其中很多间都已经租出去了"。曾经住过的老房子"对桑特伊夫人来说是最令人伤心的坟墓"，当桑特伊夫妇乘马车经过时，桑特伊先生要求夫人"闭上眼睛"[⑤]。马塞尔本人除

① Voir D. Mayer, « Le jardin de Marcel Proust », *Études proustiennes*, t. V, p. 40.

② *RTP*, t. I, p. 36，参见十五人译本（一）39，周译本（一）36页。

③ *RTP*, t. I, p. 675.

④ D. Mayer, *op. cit.*, p. 40. Voir *Corr.*, t. XXI, p. 581："我要到王子公园去吃饭"或"就这一次，我不去王子公园吃饭了"（1897年7月）。科尔布没有明白这是指马塞尔到父母那儿去吃饭，而且这一习惯雷打不动——哪怕是为了吕西安·都德都不行——除非父母到外地去了（ibid., p. 582）。

⑤ *JS*, p. 864 *sq.* 所以这个段落的写作时间应在1897年3月之后，与这些房屋的建造同一时期。

了精神世界之外从未拥有过任何财产，从此之后只能努力适应当初如此惧怕的旅馆，无论在伊利耶还是在奥特伊，再也没有熟悉的房间等待他度过美好的时光。然而，奥特伊和布洛涅森林里的栗树花和丁香，将“在斯万家那边”永远盛开。

春季里，社交生活重新活跃起来。马塞尔常去听雷纳尔多·哈恩的作品，其中包括自己的组诗《画家肖像》，由玛格丽特·莫雷诺朗读；出席奥贝侬夫人、玛德莱娜·勒迈尔（她7月份将带他到歌剧院听歌剧①）和巴托洛尼夫人的音乐晚会；到复兴剧场看杜泽出演的《茶花女》；到博尔迪尼的画室看他画的孟德斯鸠肖像，这幅画很快名声大振，按让·洛兰的说法，画中的孟德斯鸠似乎“被他的手杖迷住了”②（因为这支手杖，伯爵6月9日与亨利·德·雷尼耶进行了一场决斗）。5月24日，他在父母的住处举行晚宴。《高卢人报》的文学专栏版面吝啬，社交专栏则慷慨得多，就此报道称：“昨日，马塞尔·普鲁斯特先生在府上宴请第一流的文学大家和风雅之士，这是他首次将众多朋友齐聚一堂。”来宾有：阿纳托尔·法朗士、路易·德·蒂雷纳伯爵、罗贝尔·德·孟德斯鸠–费臧萨克伯爵、拉冈达拉③、让·贝罗、居斯塔夫·德·博尔达、卡斯特拉纳侯爵，作家波尔托–里什、爱德华·罗德（他曾为《欢乐与时日》写过短评，普鲁斯特读过他的小说《高山之上》后写信热情赞扬他对时间流逝的刻画④）、加斯东·德·卡雅维。晚宴没有邀请

① 歌剧《浮士德》和《胡格诺》，见 *Corr.*, t. II, p. 207。

② *Corr.*, t. II, p. 185 ; J. Lorrain, *La Ville empoisonnée*, pp. 147–149.

③ 他是一位热衷社交的画家，普鲁斯特把让·桑特伊的肖像（实际是布朗什画的普鲁斯特）放在了他的名下。孟德斯鸠充当他的保护人，后来跟他翻了脸（如同与德拉弗斯失和），在 1910 年 10 月 20 日的《吉尔·布拉》杂志上给这两位艺术家作了一幅讽刺漫画“像”，此文 1912 年收入 *Têtes d’expression*。普鲁斯特帮着孟德斯鸠与德拉弗斯吵架（*Corr.*, t. II, pp. 194–195, 1897 年 6 月 16 日），并以此为素材描写夏吕斯与莫雷尔之间的关系。

④ Ibid., pp. 179–180, 1897 年 3 月：“您描写了一代代人中的许多个个体，他们如同海水中起伏的潮汐，虽比海水来得缓慢，但与它同样坚定，而且更加宏大，说到底它们是一体。在一部如同《米德尔马契》的小说中，正是这种既包括地点又包括事件的全景式描绘让我如此喜爱。”我们发现了普鲁斯特美学思想的源头：一代代人中间的个体、“接续更替的时间”、比“丰功伟业”更能吸引普鲁斯特的“旅馆生活的日常小事”以及乔治·艾略特的影响。有人批评普鲁斯特的通信充斥着无谓的琐碎之事；但我们仍然要读它，它能帮助我们建立起他思想的谱系图，发现他的思想向故事情节演进的踪迹。在他身上总是先有思想，然后才有故事。

女士，这是英国人的习惯，对此普鲁斯特倒是比其他人更容易接受。孟德斯鸠与普鲁斯特再次和好，伯爵终于在他的《思考的芦苇》（1897）中公开称赞《欢乐与时日》：“我们的年轻朋友马塞尔·普鲁斯特精美的处女作已由两大名家[①]推介给读者，我想趁此机会表达对此书的赞美之意，并期待在如此华丽的书页里领略作者的崭新面貌。”[②]“我已经流芳后世了！”[③]马塞尔向伯爵致谢时如此叫道。

1897年夏

雷纳尔多·哈恩的父亲7月15日在圣克鲁去世，马塞尔因为正在生病，没有过去看他，但他说距离算不得什么，自己一直都在朋友的身边。死亡，抑或出于安慰从前好友——雷纳尔多可能是个虔诚的信徒——的强烈愿望，使他说出这样的话：“出于对您的同情，我恳求仁慈的上帝也待在您的身边。”终其一生，他很少对这种他并不认同的宗教信仰表现出如此强烈的热忱。

临近8月月中，马塞尔陪着母亲再次到克罗伊茨纳赫洗温泉[④]，这次疗养将持续四个星期。此时在亚琛休养的雷纳尔多正在读圣伯夫，以及塞阿伊关于达·芬奇的书[⑤]；他的日记表明，他对圣伯夫十分崇拜。而马塞尔却十分烦闷，他跟德·布朗特夫人说起，除了最初几天有贝阿恩公爵夫人玛尔特·德·贝阿格相陪之外，他在那儿不认识任何人。趁此机会，他继续写小说[⑥]，可能正是描写贵族

① 勒迈尔夫人和法朗士。

② *Roseaux pensants*, pp. 355–356.

③ “这将是未来评论家们研究的对象，他们会想，这个被您称作朋友的陌生人到底是谁呢？”这是普鲁斯特第一次拿大学里或后世的研究者对他名字的评说开玩笑(*Corr.*, t. Ⅱ, p. 196）。同样是在这一时期写给伯爵的一封信中，他第一次表述了《追忆》所阐明的一个重要法则：“凡欲望都能成为现实，但要到我们不再欲求之时。”（ibid., t. Ⅱ, p. 197, 1897年6月末）。还应指出，普鲁斯特此时正在读《巴马修道院》，证据是他把书落在一辆马车上了（ibid.）。他还在一本《巴马修道院》上作了批语（1971年在Jacquemart-André博物馆展出过），这些批语为他写作如今收入七星文库版《驳圣伯夫》中的文章和《女囚》提供了素材。

④ “为了妈妈的健康”，“因为这样对妈妈有好处，但是，虽然这让我有些不舒服，我还是极为专心地工作，连信都不写了”（*Corr.*, t. II, pp. 213, 217）。

⑤ *Léonard de Vinci, l'artiste et le savant, 1452–1519, essai de biographie psychologique*, Perrin, 1892. R. Hahn, *Notes*, pp.58, 62, 63 et *Corr.*, t. II, p. 211. A. Henry 竭力证明塞阿伊此书对普鲁斯特的影响。看到哈恩读的书被后人算在《驳圣伯夫》作者的账上，倒是蛮滑稽的。

⑥ 某些手稿用的就是旅馆的信纸。

和雷韦永公爵的那部分，因为他当时欣喜地在巴尔扎克的《高布赛克》中发现了对老牌贵族的描写，乐此不疲地到处寻觅“艾莫利·德·拉罗什富科[①]式的”语汇和一些人物的性格特点，“当然不是为了照搬照抄，而是为了获得启发”[②]，他还就此向贝阿恩夫人打探消息，并且指责德·布朗特什么都不愿意说：“仅仅用了五分钟，一个聪明的女人或一个趣味不俗的男子就把他们数年的经验跟你讲完了。”我们已经看到，普鲁斯特凡事都要问个究竟，个中原因，要么是他对贵族还不十分熟悉（但对性倒错，他也将采取同样的方法加深了解），要么是为了相互印证，因此，与这些社交名媛在文学上的交往对他非常重要，他把她们的故事和形象与他从书上读来的故事和人物结合起来，之后全部应用到自己的创作中。

普鲁斯特：巴尔扎克的读者

关于读什么书，普鲁斯特征询吕西安·都德的意见（从而证实他此时尚未读过《卡拉马佐夫兄弟》——他后来对此书有过精彩的评论——和狄更斯，也未读过《萨缪尔·约翰逊传》），同时再次沉浸在巴尔扎克的作品中。在他的往来书信中，巴尔扎克的名字第一次出现，是在普鲁斯特夫人笔下[③]。此时，巴尔扎克已经成为整个家庭的一部分，因为母亲信中谈到的《外省的诗神》是乔治·韦伊的藏书，并且言语中暗示马塞尔对这本书非常熟悉。仅

① 此君的言谈举止在当时巴黎的名流圈内无人不知，并出现在好多人的回忆录当中。普鲁斯特则把他的某些做派给了盖尔芒特亲王，把他的一些言辞给了盖尔芒特公爵；普鲁斯特还与他的儿子加布里埃尔（他在小说 *L'Amant et le médecin* 当中写到了马塞尔）有交往。拉罗什富科先生的妻子是一家贵族沙龙的女主人，而他本人最关心的东西则是品秩和头衔，“有一天，前来拜访伯爵夫人的德·沙布里扬夫人询问伯爵，某幅细密画上画的是何等人物，伯爵道：‘是亨利四世，夫人。’——‘真的吗？我怎么没认出来！’伯爵于是回道：‘我说的理所当然是拉罗什富科家族的亨利四世。’还有一次，在宴会上，他没有坐在女主人的右首，因此叫道：‘是所有的菜都从我这儿开始上吗？’”（A. de Fouquières, *Cinquante ans de panache*, P. Horay, 1951, pp. 79–80）

② *Corr.*, t. II, p. 214, 致德·布朗特夫人：“另外，我会给您看雷韦永公爵（这个姓氏已经不存在了），请您告诉我，我为他编排的口头禅、成见和习惯是不是太过夸张了。”他还问她，这位公爵针对哈斯先生会有什么样的举止，这是斯万的原型第一次出现在普鲁斯特笔下。

③ *Corr.*, t. I, p. 143, 1890 年 6 月。

就书信以及其他私密性文字反映的情况看，马塞尔一生中反复阅读巴尔扎克，他文学生涯的每个转折点都有巴尔扎克的身影，都伴随着他对巴尔扎克的引用、评论、复制和模仿。1895年，即《欢乐与时日》收尾时期，他援引过《交际花盛衰记》[①]。不过，从一开始，马塞尔就格外喜欢巴尔扎克相对冷僻的作品，他在1917年表示，这些作品相对于“宏伟画卷”而言属于“细密画”。他之所以避开《欧也妮·葛朗台》和《高老头》等课本必选的经典，是受了当时最有影响的艺术爱好者之一罗贝尔·德·孟德斯鸠的影响[②]。1896年，马塞尔开始写作《让·桑特伊》时，母亲对他指出“吕邦普雷之死不像以斯帖之死那样感人”[③]。阅读巴尔扎克，是他们家人之间的共同语言。1896年10月，普鲁斯特夫人读了在《巴黎评论》上发表的《致外国女人的信》[④]。我们从前文看到，同月，马塞尔住在枫丹白露，一面大把花钱，像“葛朗台老爹一样”寻找他丢掉的钱，一面要母亲给他寄《乡村神父》《一个内地单身汉的生活》（即《搅水女人》）、《老姑娘》和《舒昂党人》。1897年1月，他表示希望听到孟德斯鸠对《乡村神父》一书的看法[⑤]。在克罗伊茨纳赫度假期间（1897年8月），他读的是《外省的诗神》，同时请吕西安·都德推荐巴尔扎克“类似于《老姑娘》和《古物陈列室》，或类似于《高老头》和《贝姨》”的作品[⑥]。他还读了《朗热公爵夫人》和《一桩神秘案件》。由此我们更清楚地看到，普鲁斯特是如何通过巴尔扎克对贵族的描

① Ibid., p. 428.

② 在普鲁斯特所引用（*Corr.*, t. II, p. 364, 1899年10月）的一篇文章里，孟德斯鸠把巴尔扎克的“妇女研究”与画家埃勒的“妇女研究”进行比较。孟德斯鸠尤其在《以美为业》和《思考的芦苇》两书中评述了巴尔扎克，普鲁斯特在关于孟德斯鸠的文章《美学导师》（1905年8月15日发表于《生活艺术》杂志，*CSB*, p. 514）中引用了这两本书。

③ *Corr.*, t. II, p. 133.

④ Ibid., p. 135.

⑤ Ibid., p. 170，同时还有《墓中回忆录》和《情感教育》。

⑥ Ibid., p. 211.

写，丰富了自己作品中对贵族的刻画。他读的巴尔扎克作品中还包括《绝对之探求》[1]，这个书名为他1913年确定自己小说的标题提供了灵感。1899年他对莱昂·都德坦承，随着年龄的增长和逐渐“成熟”，他才真正理解了某些作品以及“巴尔扎克、莎士比亚和歌德的众多人物”，才真正理解了“全部生活的哲学”，即幸福惨遭荼毒之后“致命的悲伤”[2]。

巴尔扎克的名字紧紧伴随着《让·桑特伊》的写作过程，普鲁斯特大概通读了他的全部作品，但当他放弃《让·桑特伊》并开始翻译罗斯金《亚眠的圣经》时，他似乎已把巴尔扎克放到一边，只是偶尔或明或暗地信手引用，比如他曾对阿纳托尔·法朗士的对话与巴尔扎克的对话作过比较[3]。不过，当他练习仿作时，巴尔扎克是他最早的模仿对象之一[4]。此外，普鲁斯特大概通过阿纳托尔·法朗士在《文艺生活》[5]中的引用，了解到塞尔夫贝尔和克里斯托夫合著《〈人间喜剧〉梗概》一书，他曾买过一本，后来送给了朋友加布里埃尔·德·拉罗什富科。阿尔贝·索莱尔是马塞尔在政治科学学院的老师，发表过不少研究巴尔扎克的论文[6]，因而成为马塞尔与巴尔扎克之间的重要桥梁。马塞尔敬佩他“是一位巴尔扎克研究大家，并以自己的方式成为巴尔扎克”，“在（您）关于《一桩神秘案件》和《现代史拾遗》的论文中，巴尔扎克的文学主张得到了全面阐发，为此，（您）曾经寻

① Ibid., p. 278.

② Ibid.

③ A propos de *Crainquebille, Putois, Riquet*, 致法朗士的信，1904 年 5 月（*Corr.*, t. IV, p. 119）。

④《玛德莱娜·勒迈尔夫人的沙龙》，《费加罗报》，1903年5月11日（*CSB*, pp. 457–458）。

⑤ *Corr.*, t. IV, p. 144, 1904 年 5—6 月。

⑥ Notamment dans *La Renaissance latine* (15 janvier 1904) et dans *Le Temps* (1er octobre 1901). Voir A. Sorel, *Lectures historiques* (Plon, 1894), *Pages normandes* (Plon 1907), *Vieux habits, vieux galons* (1913).

根究底，搜集并努力印证了众多的轶闻掌故”[1]。可以认为，正是索莱尔使马塞尔更深刻地理解了巴尔扎克的历史小说和政治小说。此时的普鲁斯特已经相当成熟，完全能够将《人间喜剧》的政治观和小说本身的美区别对待。“卢梭、福楼拜、巴尔扎克以及众多其他作家的政治观无疑是不成立的。但是，如果依靠绝对王权和教会并非保全法兰西的唯一途径，那么《乡村医生》也就不那么精彩了。”[2]

他开始认识到风格的细节，比如关于包法利夫人临终涂圣油的场面，他声称“若是由巴尔扎克来铺陈，篇幅将是福楼拜的两倍”[3]。当安托万·比贝斯科向他请教“圣西门回忆录中的姓氏有哪些已经湮灭”时，他首先抛开了“巴尔扎克在写作中用到的姓氏（何况这些姓氏在他生前尚未湮灭！[4]）”。大约在此前后，他惊讶地发现了圣伯夫对巴尔扎克的错误评价[5]，并主动向人推荐巴尔扎克：“最好的消遣大概就是读巴尔扎克的小说……至少要读一个系列，因为单单读一部是不够的，至少要读上四五部甚至十部，否则难以领略其中的妙处。有几部中篇确是不凡，可以单拿出来读，这位擅长鸿篇巨制的大画家同时也是无与伦比的细密画画家。如果关于巴尔扎克您想听听我的建议，我可以写给您，但那要另写一封信了。”[6]

对巴尔扎克学习领会的阶段结束了，接着是通过仿作进行模仿的阶段，后来则是再创造的阶段，这个阶段始于《让·桑特伊》，一直延续到《追忆》。同时，他的通信中不时闪现出有关巴尔扎克的真知灼见。我们在前文看

① *Corr.*, t. IV, p. 176, 1904 年 7 月 10 日，致阿尔贝·索莱尔，感谢他在次日的《时报》上发表的对《亚眠的圣经》的书评。

② Ibid., t. V, p. 182, 1905 年。

③ Ibid., p. 283.

④ Ibid., t. V, p. 324. 普鲁斯特 1916年发现，巴尔扎克在塔勒芒·德·雷欧书中借用的姓氏，与从圣西门回忆录中借用的一样多（ibid., t. XV, p. 150）。

⑤ Ibid., t. VI, p. 353，致孟德斯鸠：“强大而优美的巴尔扎克。”（ibid., t. VII, p. 105, 1907年3月）孟德斯鸠如同《追忆》中的夏吕斯，与巴尔扎克有许多关联（voir ibid., p. 155, 普鲁斯特好奇孟德斯鸠引用巴尔扎克的《朗热公爵夫人》和《被抛弃的女人》暗指何人，相关内容被纳入《贡布雷》）。

⑥ Ibid., t. VII, p. 226, 1907 年 7 月 20 日，致德·卡拉曼－希迈夫人。

到，普鲁斯特不止一次提起“奥斯卡·王尔德说他平生最大的悲伤是巴尔扎克小说中吕西安·德·吕邦普雷之死，随即却在他本人的故事中认识到世上还有更真实的悲伤”[①]。在他的游戏笔墨中，曾提及在《贝阿特丽克丝》中以德图什小姐面目出现的乔治·桑：“奥罗尔，杰出的女诗人／被巴尔扎克安置在波尔尼克／安置在罗勒花丛中。”[②]为了更深入地了解巴尔扎克，他还向友人借来巴尔扎克关于《巴马修道院》的论文[③]以及他十年前慷慨赠人的塞尔夫贝尔与克里斯托夫合著的《〈人间喜剧〉梗概》[④]。

巴尔扎克就这样渗透到普鲁斯特生活的方方面面，或者毋宁说，普鲁斯特依靠巴尔扎克为生，借助他开玩笑，比如1911年他对一位朋友说，“尽管我们二人接触到如此众多的巴尔扎克式人生，我们自己（谢天谢地！）却满足于过福楼拜式的生活”[⑤]；谈到自己购买的股票时，也不惜拿“巴尔扎克风格”自嘲。他甚至假定他的通信对象对巴尔扎克同样稔熟，1913年在写给雅克·科波的信中说：“请您回想一下，在巴尔扎克的《幻灭》中，是怎么把主教的想法引到女人分娩上来的。”[⑥]世上之事分为两类，即属于巴尔扎克的和非巴尔扎克的[⑦]，仿佛生活只向他提供了巴尔扎克描写过的事件（后来普鲁斯特针对自己也说过同样的话）。他在利兹饭店举行“最后的晚会”，就像“德·博塞昂夫人”举行最后的舞会[⑧]。

1915年发生的一件事令人浮想联翩，并孕育了《失

① Ibid., t. VIII, p. 123, 1908 年 5 月 16 日。Voir O. Wilde, « The Decay of Lying », in *Intentions*, et *RTP*, t. III, p. 438 et n. 1，参见十五人译本（四）441 页；*CSB*, pp. 273–274。

② *Corr.*, t. IX, p. 246, 1908 年 3 月 29 日。

③ Ibid., t. X, p. 119.

④ Ibid., p. 153, 1910. 见《盖尔芒特家那边》, *RTP*, t. II, p. 826, n. 5，参见十五人译本（三）530 页。（“七星文库”版在这里有注释，略谓普鲁斯特此处采用了法朗士的说法：拿破仑作为当时叱咤风云的人物在《人间喜剧》中只出现了六次，而且都是无关紧要的情节。——译者注）

⑤ *Corr.*, t. X, p. 295，致罗贝尔·德·比利。在一封写给纪德的信中，他自然要把纪德小说《梵蒂冈地窖》中的拉夫卡迪奥比作吕邦普雷（ibid., t. XIII, p. 107, 1914 年）。

⑥ Ibid., t. XII, p. 65. Voir ibid., p. 180，普鲁斯特在信中向科波指出，他在巴尔扎克的作品中发现了其“写作天赋”的许多“深层特点”（指的是最终出现在《女囚》当中的相关论述）。

⑦ Ibid., t. XIII, p. 353, 1914. Voir ibid., t. XIV, p. 146 (« parfait défini très Balzac »), ou t. XV, p. 241) (l'emploi d'« intelligentiel »).

⑧ Ibid., t. XIV, p. 359, 1915, et t. XVI, p. 50, 1917. Voir ibid., p. 129.

踪的阿尔贝蒂娜》的重要一章，这就是巴尔扎克的继女，闺名安娜·韩斯卡的姆尼塞克伯爵夫人（1828—1915）逝世的讣告。普鲁斯特从中看到，他曾经有过过从的波兰贵族（他弟弟的教母即是一位普斯洛夫斯卡伯爵夫人）走向没落，“就这个话题，曾与爸爸在库塞尔街的家里有过长谈”。而在小说中，普鲁斯特也设计了一个类似的事件，即宣布絮比安的侄女与莱奥诺尔·康布尔梅结婚的喜讯[1]。巴尔扎克的身后事，由此成为普鲁斯特的亲身经历。

从1918年起，普鲁斯特从不主动提及《人间喜剧》的作者，因为批评家们已经将他们二人相提并论。普鲁斯特似乎接受了这种传承关系：“被视为刻画社会圣手的巴尔扎克，就是这样在他的房间里描绘社会的，而在喜爱他的小说的下一代人中间突然涌现出众多的拉斯蒂涅、吕邦普雷，这些角色都是他虚构的，但也是真实存在的。”[2]所以无论是巴尔扎克还是普鲁斯特，都不应被视为“现实主义作家”。尽管普鲁斯特声称，关于盖尔芒特家族的家训，“我已经想到相当好的词”，但他又说，“最漂亮的家训出自巴尔扎克之手。想必您熟悉这些佳句（如博蒙的‘位高德显’［pulchre sedens melius agens］，还有莫尔索等人物的），这是一位格拉蒙（我相信这与格拉蒙毫不相干）替他想出来的”[3]。因此，当有人考虑为他的作品做一部“巴尔扎克式的辞典”时，他只会感到欣慰：“（这种类比我承受不起，让我脸红。）我想，不要完全照搬巴尔扎克作品辞典的模式，不必面面俱到，要给出版史留些

① Ibid., t. XIV, pp. 146-147, 1915年6月，致吕西安·都德；另见 ibid., t. XVI, p. 266，以及《失踪的阿尔贝蒂娜》第四章。

② Ibid., t. XIX, p. 224, 1920年4月20日，致利奥内尔·奥塞尔。Voir ibid., p. 660：“我只是像巴尔扎克一样，只借用现实中真有其人的姓名。”另见弗朗西斯·雅姆把普鲁斯特比作巴尔扎克时，普鲁斯特的热烈反应（ibid., t. XIII, p. 26）。

③ Ibid., t. XX, p. 36 (et n. 11, p. 37, qui renvoie notamment à une lettre de Ferdinand de Grammont [*sic*] à Balzac, dans laquelle il lui propose des devises, fin mars 1843, et à son Armorial offert à M. de Balzac, en juin 1839). Voir ibid., p. 282.

空间。”[1]普鲁斯特总是嘲笑巴尔扎克谈到自己作品时的志得意满之态，但在写给加斯东·伽利玛的信中不免模仿这种口吻：“我再次请求您费心推出我的新作，对这部新作，我将不吝赞美之辞，如同巴尔扎克在通信中那样天真又那样巧妙地赞美自己的作品。”[2]临近生命的终点，普鲁斯特不再需要这位榜样，他已经与巴尔扎克完全融为一体。

然而普鲁斯特的作品才是真正体现巴尔扎克影响的地方。早在《欢乐与时日》中，读者已经感到这种影响，《德·布莱弗夫人忧郁的乡间度假》便是模仿《被抛弃的女人》，还有一些短篇模仿“妇女研究”系列。《让·桑特伊》当中，通过作家B之口提到《乡村神父》；作家B与阿纳托尔·法朗士非常相像，他主张通读巴尔扎克的全部作品，因为“它的美不是体现在一部书中，而是在整体之中”[3]。此处触及一个论题，后来在《驳圣伯夫》中进一步展开，即：谈论巴尔扎克的最佳人选不是作家，而是他的读者，“上了年纪的省长、略读些书的金融家……聪明的军人……这是一种略显粗俗的力量：他让很多人喜欢，但他永远不会如此讨艺术家的喜欢……这些东西并不是通过艺术打动我们。这是一种并不真正高雅纯粹的愉悦。他试图像生活本身那样通过种种丑恶之事征服我们，并且他……”[4]

尽管《让·桑特伊》中的这种判断比普鲁斯特在通信中的评价要严苛得多，但这部小说仍然从《人间喜剧》

① Ibid., p. 264, 1921 年 5 月。

② Ibid., p. 465, 1921 年 9 月 19 日。

③ *JS*, p. 199.

④ Ibid., pp. 199–200.

获益良多。首先体现在环境的刻画上，普鲁斯特在描写德罗什夫人公馆时说："那位巴尔扎克能精细地刻画一所房子，仿佛要揭开它的全部秘密，并且能根据物品的形态，复现几代人的生活。"[①]尤其是，《让·桑特伊》的作者梦想创造出"当代的吕邦普雷"，一位愿意有真正生活历练的作家："对一位心理学家来说，社会和生活中被我们称为社交场的这一独特场合里特有的心理之花——种种特有的恶习——是多么具有吸引力啊！更何况其中还有这腐败的大地上传播最广、最具毒性的花朵——攀附！"[②]于是，这位"兼具攀附者身份的小说家，终将成为描写攀附者的小说家"。在社交场中，当代的吕邦普雷丧失了孤独生活赋予他的抵抗力。相对于这一人物，小说中又出现了另一个人物，即当代的拉斯蒂涅[③]，他假装藐视社交场，假装不情愿地进入社交场；他冷漠、粗暴，厌恶攀附者。我们感觉到，马塞尔受到这两个人物同等的诱惑，他们是令马塞尔着迷的双面神雅努斯的两张面孔。

到了二十世纪初，专栏作者普鲁斯特在他的"沙龙"专栏里大量引用巴尔扎克，"沙龙"这一体裁本身，就是从《人间喜剧》里盛大社交场面的描写中汲取的灵感。我们感到，普鲁斯特像孟德斯鸠一样，满心希望看到一位新的卡迪尼昂王妃[④]。1903年《玛德莱娜·勒迈尔夫人的沙龙》一文，开篇即模仿巴尔扎克的笔法，描写女画家在蒙梭街上的府邸[⑤]；对波托卡伯爵夫人府邸的描写，也以巴尔扎克对卡迪尼昂王妃的描写开篇，普鲁斯特在写作中经

① Ibid., p. 435.

② Ibid., pp. 427–428.

③ Ibid., pp. 429–430.

④ *CSB*, p. 136.

⑤ Ibid., p. 457.

常提及卡迪尼昂王妃[1]。我们由此感到，他的“心声在整个阅读过程中……已经完全追随巴尔扎克的节奏”[2]，他想继续以巴尔扎克的口吻说话。在为两部罗斯金译作所写的绪论中，普鲁斯特明确提出自己的批评观点：巴尔扎克的著作“在某种程度上不属于纯粹的想象，其中掺杂着机巧和几乎未经改造的现实”[3]。1908年，在对巴尔扎克的长篇仿作以及《追忆似水年华》第一稿开头部分的写作过程中，普鲁斯特阐发了自己的理论，这一理论同时以具体的和抽象的方式分别体现在仿作和批评文字中，普鲁斯特两面出击，一面批评巴尔扎克，一面抨击圣伯夫从而为巴尔扎克辩护[4]。其中最根本的问题是，借助文体，“作家的思想在何种程度上改造了现实”。巴尔扎克的文体“不是暗示，不是反映，而是进行解释”[5]。不过普鲁斯特也承认，“对人物语言的刻画”掩盖了“最深层的意图”。这种文体形成的美感，由于众多人物在一部又一部小说中反复出现而愈加突出，或许，只有这样才能形成这种美感。“这就像从作品深处射出的一道光，贯穿着一个人的生平，以其凄切混浊的光芒，一直照射到多尔多涅乡村别墅和这两位旅人的停留之处。”[6]于是，《追忆》的美学要点之一，已经在这部草稿中初现端倪：“巴尔扎克的天才想法恰恰被圣伯夫视而不见。也许有人会说，巴尔扎克的想法不是一开始就形成的，他的系列小说当中有一部分是后来才放进去的。这又何妨？瓦格纳先有了《圣星期五的奇迹》，之后才创作《帕西法尔》并把它纳入其中。但

① Ibid., p. 489.

② Ibid., p. 594.

③ Ibid., p. 171.

④ Ibid., pp. 263–298.

⑤ Ibid., p. 269.

⑥ 普鲁斯特在此处展开了“同性恋的奥林匹奥忧伤”主题，在《索多姆和戈摩尔》当中，他把它置于夏吕斯口中，并再次提起王尔德的遭遇（ibid., pp. 273–274）。

是，这些增补的部分，由此增添的美感，以及天才作家蓦然在其作品相互分离的各个部分间发现新的关联，并最终使它们结为一体，彼此不再分离，难道不正是他最为美妙的直觉吗？”[①]一个像盖尔芒特先生这样的读者在巴尔扎克作品中所体会到的想象与观察之美，远不及纯文学作品所赋予的美感：将《人间喜剧》视为统一完整的作品，才会获得真正的美的愉悦。

① Ibid., p. 274.

上述思考几乎原封不动地体现在《女囚》和《重现的时光》当中，在这些作品里，巴尔扎克式系列小说的构思大功告成，普鲁斯特也因此“成为另一个”巴尔扎克。他对巴尔扎克文体的批评，抑或他对《人间喜剧》可能被读者从历史和现实主义角度进行解读所作的批评，使他得以完善自己的文体，并与社会小说拉开距离。但普鲁斯特的书信（其书信本身也从巴尔扎克的书信中获益良多）则反映出他对巴尔扎克挚爱之恒久、理解之深刻、记忆之准确。随着写作的深入，他对巴尔扎克的援引与日俱增，在创作自己作品的过程中，对巴尔扎克的倚重再次形成高潮，直到有一天，他颇为意外地发现，自己的名字已经与巴尔扎克相提并论。

1897年秋

一年过去了，《欢乐与时日》的销售数量令人失望，马塞尔本想在售价13.5法郎的1500部豪华版本之外，再印一种定价3.5法郎的普通版，并得到一些版税。出版社则表示要等到第一印次售完再作考虑，再者，由于没有签订正式合同，出版方只想在收回初版成本之后再付给他报酬[1]。雷纳尔多·哈恩的作品《贝加摩的爱之夜》由科罗纳乐团在夏特莱剧场上演，运气也不见得比他好。关于此剧的演出，维利写道："照着马塞尔·普鲁斯特先生的样子，几位社交场上的夫人和他一道起劲地鼓掌……广大观众漠然以对。"[2]马塞尔认为此剧"令人着迷"[3]，他连续看了两个晚上。

夏天，他结识了新朋友道格拉斯·安斯利。这位新朋友将帮他减轻与吕西安逐渐疏远造成的痛苦。安斯利原名格兰特·迪夫，1865年生于拉贝鲁兹街（这是奥黛特的住址），他是一位英国外交官之子，由于复杂的继承关系而成为道格拉斯·安斯利。1893年，他在英国驻巴黎使馆任随员，同时发表诗歌[4]，随后辞职，在欧洲游历十年，与王尔德、埃德蒙·罗斯当、亨利·詹姆斯、萨拉·贝尔纳等皆有来往，1897年由罗贝尔·德·比利介绍给普鲁斯特。安斯利后来在回忆录中提及普鲁斯特苍白的长脸，双目之下大大的眼袋（这表明他健康状况不佳，普鲁斯特以此为由白天闭门不出），以及他与朋友分享美梦的谈话。据他记载，马塞尔总是在凌晨三点到四点之间吐露内心的秘密：那是在晚上的活动结束以后，普鲁斯特用出租车把朋友带回家中，将他们遇到的各色人物乃至巴黎名流不留情面地品评一番。普鲁斯特逝世后，在《新法兰西评论》

① *Corr.*, t. II, p. 218，罗贝尔·德·弗莱尔1897年9月20日的信。

② *L'Écho de Paris*, 26 octobre 1897.

③ *Corr.*, t. II, p. 220.

④ *Esclarmonde and Other Poems*；并于1897年翻译出版儒勒·巴尔贝·多尔维利的 *Du dandysme et de George Brummell*，1901年发表史诗 *John of Damascus*，直到1942年，还有多部诗集问世。他还是克罗齐著作的英译者，1948年去世。1922年，他出版了回忆录 *Adventures Social and Literary* (Fischer Unwin)。上述资料见Bryant C. Freeman的文章，*BAMP*, n° 10, 1960, pp. 161–167。

“向普鲁斯特致敬”专号上，安斯利忆及他们在普鲁斯特家中或韦伯咖啡馆会面的情形[①]，忆及他们关于罗斯金和沃尔特·佩特的热烈讨论：“我告诉他，佩特有一天对我说：‘我不相信罗斯金在圣马可的发现会比我多。’他耸了耸肩，说道：‘您想让我说什么呢？关于英国文学，我们从来都谈不拢。’”普鲁斯特翻译《亚眠的圣经》期间，经常向这位苏格兰朋友讨教[②]。他写给安斯利的信充满感情，称赞他的魅力、友情的力量以及他带来的幸福。他们就绘画交换看法[③]，还打算一同去佛罗伦萨和威尼斯旅行[④]。在埋葬着普鲁斯特众多友情的墓地里，有这样一块墓碑，上面写着“道格拉斯·安斯利，1897—1899”。

① “我后来总是看到普鲁斯特把大衣的绒领竖起来，遮到耳朵以上，很晚才来韦伯咖啡馆。一进门，他就连忙说只想待一小会儿，但这一小会儿要无限地延长下去，并且他经常要待到所有的人都走了，所以夜晚就变得越来越长。”但谈话并未就此结束：“普鲁斯特需要感到身边有一个已经等得不耐烦的马车夫，才肯把最精彩的话吐出来。”（*Hommage à M. Proust*, p. 260）

② 时间是1899年12月。

③ 马塞尔（*Corr.*, t. II, p. 380）向他推荐施特劳斯夫人收藏的莫奈、拉图尔、纳吉耶。

④ 普鲁斯特致信安斯利（*Corr.*, t. II, p. 412）：“我会很高兴与您一起观赏这些与您的感受力息息相通的杰作，我似乎从您的感受力当中就能提前体会这些杰作之美。”

都德逝世

1897年12月16日的突发事件，让马塞尔和几位最亲密的朋友陷入悲痛之中。阿尔丰斯·都德在大学街的家中用晚餐时猝然离世，嘴里还含着半句话没有说完。突如其来的死神也结束了脊髓痨对他的残酷折磨。在其感人至深的遗作札记《痛苦》中，他记载了病情的发展和医治过程，他用过溴化钠、吗啡，尝试过各种疗法，但均不能奏效，只能像其他可怜的共济失调病人一样，被夏古医生吊在天花板上做牵引治疗，夏古对他说：“我要把您一直留到最后。”他还谈及与他“同病相怜的前人”波德莱尔、儒勒·德·龚古尔、列奥巴迪和福楼拜[⑤]，谈及他痛苦中的

⑤ Fasquelle, 1931. 在继《痛苦》之后出版的笔记当中（p. 217），都德还谈到了被围困在加埃塔的那不勒斯王后及其随从，这些人物都将出现在《追忆》当中。

孤独——身边的人对他的病痛已经习以为常，怜悯之心随之减退。

马塞尔和雷纳尔多当晚便急忙赶来，“出于手足之谊加之悲痛已极”，整整三天时间陪在朋友们身边[①]。普鲁斯特在12月19日的《新闻报》（该报8月份已经发表了他的文章[②]《作为艺术品的阿尔丰斯·都德其人》）上撰文纪念这位伟大的小说家。文中称都德是世俗的基督，饱受痛苦而终得安息，他身边围绕着“圣家庭”的成员，最著名的文人墨客纷纷前来向他诀别[③]；关于他的作品，文中只字未提。都德不是贝戈特。

都德的丧事使马塞尔与吕西安在短时间里再度亲近。从1897年春季起，他们的关系已经变得冷淡。3月，马塞尔责备吕西安没有把通过结业考试的消息告诉他，“我猜测这出于您‘冷落’我的整套计划，这也正是我这么长时间没有见到您的缘由”[④]。普鲁斯特有一天对比贝斯科透露了一个大秘密：他对某人的感情在上升时期能维持一年或一年半，“这个时期一过，感情——这是个医学术语——就会萎缩，随即死亡，比如吕西安、弗莱尔，等等，等等，等等，等等”[⑤]。写信，没有回音；约会，不见人影；先前许下的种种“愿望”，如今已抛在脑后。其实在夏天的时候，马塞尔还曾以看望都德夫妇为借口，尝试与吕西安重修旧好：“至于您的父母和哥哥，我无法形容是多么想念他们。”[⑥]同时要求得到一张都德夫人的照片。《追忆似水年华》中，叙事者对斯万的父母也将有

① *Corr.*, t. II, p. 222–223 ; L. Daudet, *Autour de soixante lettres de Marcel Proust, op. cit.*, p. 34.

② Voir *supra*, p. 308.

③ *CSB*, pp. 402–403.

④ *Corr.*, t. XXI p. 580.

⑤ Ibid., t. III, p. 87, 1902 年 8 月 10 日。我们在此处看到了普鲁斯特与弗莱尔之间存在友情的确切证据。一连串的“等等”包含了许多其他人。这个期限也将是他对阿戈斯蒂耐利或罗沙“感情”的期限。嫉妒发挥作用的时间越短，它的强度就越大。《追忆》让叙事者接续不断地爱上希尔贝特、奥丽阿娜、德·斯代马里亚夫人以及阿尔贝蒂娜，从而简化了这些心理节奏。

⑥ Ibid.,t. XXI, p. 582.

同样的举动。同样，1898年都德逝世周年之际，马塞尔对吕西安说“也许我们的友情已无缘重生”[1]，仿佛是叙事者在向希尔贝特说话。就这样，年少的这位离年长的这位而去[2]，也许是厌倦了他的占有性性格。两人的疏远与德雷福斯事件的发生固然在时间上巧合[3]，但同时也符合马塞尔对待爱情的习惯，对他而言，爱即意味着终有一天不再爱。无论如何，到了1901年，普鲁斯特就不再称呼吕西安“我的小家伙”或“我的小老鼠”[4]，并且对他明言：“想到我们曾经相爱过，真令人惊奇！不过事情就是这样！”[5]

普鲁斯特如何成为德雷福斯案重审派

1897年8月的一个晚上，在特鲁维尔的桑园，埃米尔·施特劳斯夫妇的密友约瑟夫·雷纳克告诉施特劳斯夫人，德雷福斯是无辜的。10月，施特劳斯夫人将沙龙的常客召集在一起，雷纳克向他们说明自己知道的情况：字条是伪造的，德雷福斯无罪。真相的披露使这一群人发生了分裂，他们中有拜占廷史专家居斯塔夫·施伦贝格尔、《高卢人报》社长阿尔蒂尔·梅耶尔、福兰、德加、儒勒·勒迈特、德彪西和德塔耶[6]。我们可以由此推测，马塞尔·普鲁斯特作为施特劳斯夫妇的密友，也是通过约瑟夫·雷纳克——何况他一直与马塞尔保持通信——得知了针对德雷福斯的阴谋。后来，马塞尔声称自己是“最早的德雷福斯案重审派”，因为早在1897年12月，他就征集到

① 别忘了，有五十封普鲁斯特致吕西安的重要信件我们无从得见（A. Rinaldi, *op. cit.*）。见上文358页。

② 这是Bonduelle的看法(*Mon cher petit, op. cit.*, p. 138）。

③ 正如后来普鲁斯特向吕西安回顾他多次离奇消失因而责备他时所说：“您的避而不见令人不解，与德雷福斯事件过后以及我与卡萨－菲尔特要好时您离开我一模一样。”（*Corr.*, t. VI, pp. 100–101, 1906年6月）关于“神经极其敏感之人（普鲁斯特无疑是其中之一）的爱情”，请见*RTP*, t. IV, pp. 397–398, 参见十五人译本（七）129—130页，此处的描写对普鲁斯特始终停留在单相思阶段的情感（对比贝斯科、阿尔布费拉）更为贴切。

④ *Corr.*, t. II, p. 328；直到1922年前后，贝尔纳·法伊还听到普鲁斯特在显摆对莱昂的友情时谈起“小吕西安”。

⑤ Ibid., p. 448, 1901年9月。

⑥ G. Painter, p. 283. Voir J.-É. Blanche, *Mes modèles, op. cit.*, p. 119. G. Schlumberger (*Mes souvenirs, 1844–1928, op. cit.*, pp. 305–308) raconte comment, ce soir d'octobre 1897, il abandonna le salon de Mme Straus en compagnie de Lemaitre et Forain ; F. Gregh, *L'Âge d'or, op. cit.*, pp. 286–295 ; M. Maurois, *Les Cendres brûlantes, op. cit.*, pp. 124–132; J. Reinach, *Histoire de l'affaire Dreyfus*, t. 2, p. 546 (pendant l'été 1897, J. Reinach informe de nombreux amis dont Albert Sorel, A. Leroy-Beaulieu, des parlementaires, Darlan, ministre de la Justice, de ce qu'il sait par Scheurer-Kestner) et t. 3, pp. 244–250, Fasquelle, 1903.

法朗士声援左拉的签名[1]。促使他如此活跃的内心激愤反映在书信里："最近没有什么大事发生，或者应该说有大事发生，但何谓大事要因人而异。对某些人而言，所谓的大事是艾莫利·德·拉罗什富科先生和夫人连续两次被排在瓦格拉姆夫妇之后……对另一些人——包括我自己——而言，所谓的大事应该是您的那些反动报章要么缄口不言、要么极力进行恶毒歪曲的事件。仿佛圣坛的捍卫者本不应该先于其他人挑选笃信真理、怜悯和正义的使徒。您从这里可以看出情难自禁、喋喋不休的德雷福斯案重审派思想上的诡辩。"[2]

能不能说普鲁斯特采取这种立场是出于不得已呢？我们注意到，他属于好几个社会圈子或团体，他在其中的地位有的毫不起眼，有的举足轻重，但这些圈子或团体在当时都属于德雷福斯案重审派。首先是他自己的家庭，母亲、弟弟、表亲米歇尔·布雷亚尔[3]都是，但不包括父亲。两个儿子在《震旦报》上签名以后，阿德里安·普鲁斯特整整一个星期没有与他们说话，他其实属于国家"机构"，是菲利克斯·福尔总统的密友，与政府人员一样秉持"消极、因循、保守的观念"。不过，仅仅由于马塞尔是让娜·韦伊的儿子、克雷米厄的曾外甥，就把他的立场归因于他的犹太出身，那就大错特错了。对此种轻率、牵强的解释，莱昂·布鲁姆曾予大力鞭挞[4]，他说，一位犹太知识分子站在德雷福斯一边，恰恰是不顾及自己出身的举动（佩吉对此补充道，"在知识界和大学里"，"几个

① 《震旦报》，1898 年 1 月 14 日。格雷格与阿莱维也为自己参加征集签名而感到自豪。达尼埃尔·阿莱维 *Regards sur l'affaire Dreyfus* 一书的出版澄清了某些一直不甚清楚的事实：早在 1897 年 11 月底，即左拉的第一篇文章发表之时，阿莱维、比才和格雷格就考虑为左拉请愿。普鲁斯特在 12 月 12 日得到阿纳托尔·法朗士的支持；但事情到此为止。随后，埃斯特哈吉被释放促使他们重启请愿计划，于是，1898 年 1 月初已经准备就绪的请愿书，即人们所说的"知识分子宣言"，于左拉的《我控诉》发表的第二天即 1 月 14 日见报。从 1 月 14 日至 2 月 4 日，《震旦报》共征集了 1500 个签名。

② *Corr.*, t. II, p. 243, 1898 年夏致巴托洛尼小姐，信中谈到"真理、怜悯、正义"，我们能从中感到托尔斯泰的影响，以及《欢乐与时日》的余绪。

③ L. Blum, *Souvenirs sur l'Affaire*, Gallimard, 1935, p. 38. 至于另一个亲戚柏格森，表现得则不那么光彩。

④ L. Blum, *op. cit.*, p. 42–43. Péguy, *Notre jeunesse, Œuvres en prose*, t. II, Bibl. de la Pléiade, 1988, p. 870："（那些反德雷福斯重审派）认为我们之所以支持重审，原因在于我们都是犹太出身。"普鲁斯特由于有所顾虑，所以到后来才通过约瑟夫·雷纳克、布洛克，还有他自己，谈到这个问题。达尼埃尔·阿莱维同样提及，他的德雷福斯重审派同伴当中，那些"犹太人为自己的种族心惊胆战"（« Apologie pour notre passé », *Cahiers de la Quinzaine*, 5 avril 1910, repris dans *Luttes et problèmes*, M. Rivière, 1911 ; cité par R. Gauthier, *Dreyfusards!*, col. Archives, Gallimard/Julliard, 1965）。Voir aussi Ch. Charle, *Naissance des « intellectuels »*, Minuit, 1990, p. 215。

狂热分子”之所以介入德雷福斯事件，“就是针对犹太党派对重审的抵制和反对”）。关于自己的犹太出身，马塞尔在《让·桑特伊》中只字未提。

第二个圈子是普鲁斯特的同伴们，即孔多塞中学的同学，世俗的共和派中产阶级的子女（他们尚未像父辈那样“功成名就”，因此比他们更宽厚无私），包括达尼埃尔·阿莱维、雅克·比才、罗贝尔·德雷福斯、费尔南·格雷格、加布里埃尔·特拉里厄、莱昂·伊特曼、莱昂·布鲁姆、罗贝尔·德·弗莱尔、加斯东·德·卡雅维、皮埃尔·拉瓦莱、路易·德·拉萨勒，他们与天主教会中学的毕业生完全不同（普鲁斯特嘲笑费纳龙中学出身的人，他们从来不给仆人小费，却坚持每个礼拜天访贫问苦，然而穷人根本不想见到他们）。

第三个圈子与前一个有交叉，即《会饮》杂志（1892—1893）的同仁。“原《会饮》杂志的同仁都是德雷福斯派”[1]，而在与《白色评论》合并之前，杂志主要由马塞尔操持编务。我们已经看到，《欢乐与时日》（1896）的许多篇章都是首先在《白色评论》上发表的。1898年1月1日的第112期《白色评论》发表了一篇引人注目的“抗议”文章，旨在揭露“幕后势力”和“军事官僚主义”，谴责1894年军事法庭的法官们以及“被愚弄和受蛊惑”的公众舆论，特别是抨击世俗舆论中“狂热的反犹喧嚣”、背叛了理念的大学生以及激进党（除克雷孟梭之外）和社会党（“仅仅因为可能丢掉几个议会席位便摒

① L. Blum, *op. cit.*, p. 91, 布鲁姆指出《白色评论》也是这种情况。

弃自己的某一项纲领，这是无耻的行径”），文章结尾还慷慨激昂地向左拉致敬。在1898年3月那一期，《白色评论》再次向左拉致敬。此外，在出版界，卡尔曼–莱维出版社是《欢乐与时日》的出版方，沙尔庞捷组织多场集会声援左拉，在一次集会上，路易·德·罗贝尔将马塞尔·普鲁斯特介绍给比卡尔上校（1898年1月13日之前）[①]。《让·桑特伊》以及书信表明，马塞尔对比卡尔上校倾心敬佩，但没有得到对方的回应。在众多文学和社交沙龙当中，我们已经看到施特劳斯夫人的沙龙所发挥的作用。随着法朗士加入德雷福斯派，马塞尔同样亲近的卡雅维夫人的沙龙也发挥了相同的影响。在普鲁斯特来往的贵族阶层当中，诺阿耶家族的圈子，包括安娜本人，也属于德雷福斯案重审派。

可以说，种种因素都促使普鲁斯特站在德雷福斯一边。不过，为此，他除了首先忤逆了父亲的意见之外，还错失了提升社会地位即进入上流贵族圈的机会。布鲁姆敏锐地指出：“人类大脑最不可靠的活动，就是预先计算一个男人或女人面临一起真正意外事件时的反应。当人们声称根据已知的心理条件，加上此人过去的性格做某种逻辑推演，从而得出计算结果时，我们几乎可以肯定他一定会失算。每一种考验都是新的，每一种考验都能发现一个新人。”[②]至于普鲁斯特，后来也有过反思，并反映在1914年小说创作时对雷纳克的刻画上，这个段落极少有人关注和引用：“雷纳克先生利用感情操纵了根本不认识他的

① *Corr.*, t. XI, p. 270, n. 13, 1912.

② L. Blum, *op. cit.*, pp. 75–76. 莱昂·布鲁姆对普鲁斯特持肯定态度（p. 83, 尤其是 p. 118），他认为，在涉及德雷福斯事件的文学作品中，《盖尔芒特家那边》是一部杰作，cf. p. 153。

人们，而对他而言，在他的理智面前，德雷福斯事件仅仅是一个无可辩驳的定理，他确实以一种……闻所未闻的理性政治的非凡胜利‘论证了’这个定理。在两年时间里，他使克雷孟梭内阁取代了比约内阁，彻底翻转了舆论，把比卡尔救出监牢并送进陆军部任职，虽然比卡尔并不领情。也许这个操纵群众的唯理主义者自己也受到了祖先的操纵。”[1]如将这一分析用于普鲁斯特本人，则将表明，他从得知这一事件起便毫不犹豫地成为重审派，这固然出于感情和理智，但同时也出于他与某个群体——由共同的受迫害心理形成的群体——团结意识的觉醒[2]。这一分析揭示了雷纳克在披露案情、引发思想和感情交锋过程中发挥的作用；虽然普鲁斯特夸大了这一作用——当时他正在重读《德雷福斯案件史》——但这种夸大并非完全出自想象。此外，在这一过程中，上述几个相互交叉的圈子被某种潮流或力量所侵袭、扰动和改变，它消泯了人们对受迫害者、弱者和少数派的同情，即贡布雷的小男孩对受弗朗索瓦丝虐待的帮厨女工和受家人捉弄的外婆的那种同情。小说里说：“这种事情见得多了也就习以为常，甚至能够嬉笑以对，并且坚定快乐地站在迫害者一边，自己也深信这并不是迫害。”[3]

① *RTP*, t. II, pp. 592-593，参见十五人译本（三）292—293页。Sur J. Reinach, voir aussi Péguy, *Notre jeunesse, op. cit.*, pp. 633-634。

② 《盖尔芒特家那边》的布洛克即代表了这种团结意识；此时是布洛克而不是叙事者成为普鲁斯特的代言人。

③ *RTP*, t. I, p. 163，参见十五人译本（一）165—166页，周译本（一）166页：“对我们制造的痛苦无动于衷，是……残忍的表现，是它的可怕的、持久的表现形式。”保护被压迫者这一主题在《让·桑特伊》当中已经出现：勇敢的库宗（以饶勒斯为原型，普鲁斯特曾去听他谴责对亚美尼亚人大屠杀的讲话）出面维护政治人物马利的权益。

关于德雷福斯事件的小说：普鲁斯特与法朗士

德雷福斯事件再度凸显了法朗士与普鲁斯特的关联。1898年9月，为了声援即将被逮捕的比卡尔（他于22日被捕），普鲁斯特应法朗士之请到处征集签名，特别是得到了在学术和社交界有重要影响的名人奥松维尔伯爵（普鲁斯特后来写过他的沙龙）的签名，其实这位伯爵是在法兰西祖国党（la Patrie française）对立面的名单上。由于这个缘故，1898年年底过后，普鲁斯特在一封祝贺新年的信中，为法朗士在过去一年表现的勇气大唱赞歌："您以本世纪前所未有的方式参与公共生活……不是为了赢得名声，而是为了在您功成名就之际，让您的名望给正义的天平增加砝码。"[①]法朗士则在1899年1月题赠《紫晶指环》一书时，自称是普鲁斯特的"朋友"[②]。正是由于这层关系，马塞尔能清楚地记得《红百合》的成书过程，此书当时（1893）就题作"小说"，而《路旁榆树》被称作"《回声报》的那篇文章"。以贝热雷先生为主人公的四部小说，最终以《当代史话》为总标题，这一过程为普鲁斯特所亲历，到1913年，他再次提起此事，为自己在《追忆似水年华》总标题下分成数个子标题进行辩护。法朗士在"阿尔芒夫人府上的书房"[③]，将成为德·诺布瓦先生在德·维尔巴里西斯夫人府上的书房[④]。《让·桑特伊》与《紫晶指环》何以如此相像，也就更好理解了。

尽管看起来很奇怪，但事实是，在德雷福斯事件期间，只出现了两部与事件本身有关联的小说，即《让·桑特伊》和《当代史话》（最后两部《紫晶指环》[⑤]和《贝热雷先生在巴黎》）。

《让·桑特伊》所写的故事，在时间上与法朗士的小

① *Corr.,* t. II, p. 272 ; cf. p. 251, 1899 年 1 月 2 日。

② Ibid., p. 276, n. 2.

③ Ibid., p. 275.

④ 这对情人关系还有另一个原型，即布瓦涅伯爵夫人与掌玺大臣帕斯基耶（Pasquier）。

⑤ 也许读者们很想再读一遍普鲁斯特重读《紫晶指环》时写给法朗士的信："'《巴黎回声报》上的文章'和'贝热雷一家'构成的《紫晶指环》，堪称最恢宏的《人间喜剧》，最完整的《时代风俗百科全书》，一位公道善良的圣西门的《回忆录》……普通人都能体会到您带来的快乐，如同莫里哀和塞万提斯带来的快乐。高雅的人同样会大有收获。"（*Corr.,* t. II, pp. 275–276, 1899 年 2 月）

说完全重合，但写作手法与法朗士有很大不同。同情取代了讽刺，并且几乎所有人物都在历史上实有其人。情节主要是审判左拉的几个场景，以及两个核心人物德·布瓦代弗尔将军与比卡尔上校（但不包括埃斯特哈齐）的对比。这是权力与清白无辜者的正面交锋。整个故事由十几个片段组成[1]，但这些片段并不足以构成事件的全貌。德雷福斯本人以化名达尔托齐出现，但只出现了一次："达尔托齐以向敌提供涉及国家安全的文件的罪名被逮捕，在禁止旁听且未出示证据的情况下被判刑，随后解往卡宴。"[2]叙述的主要内容是讯问左拉（1899年2月7日开始）的三场庭审。在这一个月当中，让·桑特伊每天上午都要来到重罪法庭，"随身只带几只三明治，用水壶带一点咖啡，饿着肚子，激动、亢奋地一直待到下午五点"，站在那里倾听、鼓掌，跑过去看证人出庭，这种"火热的生活"过去从未体验过，他像换了一个人似的[3]。

① *JS*, pp. 619–659.

② Ibid., p. 619.

③ Ibid., p. 620.

第一个重大场景是德·布瓦代弗尔将军出场（实际发生于2月9日；但普鲁斯特没有指明任何日期）。在此之前有各种各样的传言，大家都确信德雷福斯的命运取决于他的证词。奇怪的是，在普鲁斯特笔下，将军身着便装，而其实他是穿军装出庭的。这是出于小说家的一时兴起吗？作者以印象派的笔法，用三页的篇幅，把将军的相貌而不是他的证词呈现在读者眼前："尽管他显然心事重重，但神情安详，举止不慌不忙，人们于是认为，他不停眨动的双眼，牵拉唇髭的双手，红润的脸膛，陈旧的外套，以及可能因为经常坠马骨折而僵硬的双腿，这一切都是‘德·布瓦代弗尔将军’这一令人敬畏的人物独特的特点。”[①]

随着比卡尔上校出现，一切都变了。对于此人，让·桑特伊不止为之神往，而且真心崇拜[②]，从而使之成为普鲁斯特笔下的大师级人物：“这是他的老师D先生[③]的朋友，与他的老师一样也是一位哲学家，每逢遇到亟须由意识进行审视的事物，他都要借助推理论证来探求和提炼其背后的真理，为此他贡献了毕生的精力。他还是一位从非洲归来的骑兵军官，除了在报纸上看到的相互攻讦之外，他对塞满整个大厅的记者、对手和法官一无所知。”[④]普鲁斯特格外注重描写这位北非骑兵敏捷的举止、向左右侧头的动作，还特别突出了他外表与内心的反差：“在他的表情中，既没有显露出对参谋部枉法之罪的愤怒（读者则从这种修辞手法中看出普鲁斯特的愤怒），也没有表现出将恪尽职守的坚定决心。”[⑤]作者用了一个长达两页的句子探索这个人物外表之下的内心世界。

正是心理分析与诗学分析，使《让·桑特伊》以及后来的《追忆》无法成为论题小说（roman à thèse）。比卡尔的每一句回答都被淹没在议论之中。不过，在普鲁斯特的小说中，是比卡尔而非让·桑特伊更像法朗士小说中贝热雷这个角色。这两个人物都秉持同一个信条：探求真理，做于他人有益之事，而不是追逐财富和荣耀。“我们原以为他只是一位上校，结果发现了一位兄弟。”[⑥]由

① Ibid., p. 625.

② 莫里斯·巴莱奥洛格如此描写比卡尔：“比卡尔四十二岁，因在东京（指今越南北方地区——译者注）战事中表现突出而受到表彰，曾在战争学院任教，深得加利费将军赏识，相貌消瘦却很英俊，精神敏锐，有判断力，性格严苛，但外表表现矜持，与人保持距离，举止拘谨。”（*Journal de l’affaire Dreyfus*, Plon, 1955, juillet 1896, pp. 53–54）

③ 应该指达吕。我们知道比卡尔与知识界、艺术界往来密切。

④ *JS*, p. 632.

⑤ Ibid., p. 635. Voir J.-D. Bredin, *L’Affaire*, Presses-Pocket, 1983, p. 331. Cf. J. Reinach, *op. cit.*, p. 375.

⑥ Ibid., p. 643.

于真实人物的介入，《让·桑特伊》比《紫晶指环》更接近于历史小说，但也不尽然，因为普鲁斯特最关心的是证人比卡尔或法庭上专家们的推理论证、思想方法和道德态度。在探索内心活动的过程中，普鲁斯特试图达到人物的心灵深处，而法朗士则塑造了几个木偶式的人物，或者说依照闹剧的惯例，塑造了几个脸谱化的单面人。三个笔迹鉴定专家梅耶尔、吉里、莫利尼耶的职业特点，与普鲁斯特所熟悉的医生不相上下，他们的出场，使建立在严密论证基础上的观点与完全受情绪左右的意见发生了正面交锋，这一场景与法朗士不谋而合："真理是某种本身真正存在的东西……科学是某种与全部人文和政治事务截然不同的东西。"[1]

至于让·桑特伊本人，他无意中流露出来的一个奇怪想法，暴露了普鲁斯特的困窘和疑惑，这种困窘和疑惑既源自他母亲的犹太出身，也源自他自己的心思——他宁愿理解对手而不是战胜对手，似乎对手也掌握着一部分被扭曲的真理。"为保持真诚，我们不敢相信自己的想法，我们须遵从对我们最为不利的意见。身为犹太人，我们须努力理解反犹主义；作为德雷福斯的支持者，我们须努力理解给左拉定罪的法官，努力理解压制舍勒–凯斯特纳及其家人的公权力。反过来，当我们读到布特鲁先生在信中说'反犹主义令人憎恶'时，我们从内心感到喜悦。"[2]小说对德雷福斯事件几个片段的记述以一次奇怪的谈话作结，在这次谈话中，一位将军讲道，在埃斯特哈齐背后还

① Ibid., p. 650. 这三位专家均来自巴黎文献学院，他们都不认识德雷福斯的笔迹。"在笔迹或小肠中寻找真相，一个以此为职业的人，某种程度上，是个残酷无情的人。"

② Ibid., p. 651.

有另一个罪犯；我们知道这个看法来自莫里斯·巴莱奥洛格（他认为有三个罪犯，即埃斯特哈齐、一位没有指出姓名的“高级军官”[①]以及巴黎军事长官索西耶将军的密友莫里斯·韦伊），普鲁斯特应该听他说起过[②]。近期有人提出的假设与《让·桑特伊》中人物的看法很相似，认为事件的背后是法国秘密机关的一个计谋，埃斯特哈齐受二局局长桑德海尔指使制造了那张字条，以便向德国人隐瞒法国正在研制75毫米火炮的事实[③]。

小说写作之时，德雷福斯事件尚未结束，所以小说没有反映事件的全貌。普鲁斯特与法朗士虽然友情深厚并一同投入战斗，但写作中都遵循各自的美学原则以及本人当时的艺术特点。对法朗士而言，它是说理文学（littérature d'idées），是知识界的喜剧，敌对一方在其中受到轻微的嘲笑；普鲁斯特则当作长篇小说来经营，所以讽刺和抽象的成分较少，它是亲身经历的场景，栩栩如生的人物肖像，简单外表之下复杂的内心活动。他们用两种手法解决同一个问题：如何使历史以及正义之战进入小说同时又不破坏小说。

罗贝尔·德·弗莱尔

我们前文看到，当马塞尔在枫丹白露悲愁难耐之时，母亲建议让罗贝尔·德·弗莱尔前来看他。1897年9月，正是这位罗贝尔出面与卡尔曼–莱维出版社交涉，为马塞

① 指娄将军，这一假设现已被否定。被外交部指定跟踪德雷福斯事件进展的莫里斯·巴莱奥洛格与施特劳斯夫妇很熟悉，常去奥贝侬夫人府上赴宴，与“知识分子”往来密切。他属于保守派，事件初起时坚信德雷福斯有罪，但很快就相信他是无辜的。他被迫很晚才向公众透露真实看法。Voir M. Paléologue, *op. cit.*, 3 janvier 1899, p. 156 ; M. Thomas, *L'Affaire sans Dreyfus*, Fayard, 1961 et J.-D. Bredin, *L'Affaire, op. cit.*, pp. 639–651。

② 这一看法，Bredin（ibid.）和 H. Guillemin（*L'Énigme Esterhazy*, Gallimard, 1962）都讨论过，H. Guillemin 直接将矛头指向索西耶将军，但没有证据。关于巴莱奥洛格，见 *Corr.*, t. V, p. 235, n. 7 和 *RTP*, t. III, p. 46，参见十五人译本（三）44 页，“一位杰出的法国外交官”。

③ J. Doise, *Un secret bien gardé, Histoire militaire de l'affaire Dreyfus*, Seuil, 1993.

尔争取《欢乐与时日》的版税[①]。在一张让马塞尔与父母发生争执的照片上，我们曾见过此人（照片上还有吕西安·都德）。另外，马塞尔在致信比贝斯科谈及自己每每持续十八个月的情感时举了两个例子[②]，一个是吕西安，另外一个便是此人。这些事实都说明弗莱尔继吕西安之后在马塞尔心目中的地位。普鲁斯特1898年1月20日在《戏剧艺术评论》上匿名发表的《罗贝尔·德·弗莱尔》一文[③]，两人1899年在《新闻报》上一同创作的书信小说《波斯信札》，以及马塞尔题献给弗莱尔的"弗朗索瓦丝"与"亨利"的对话（直到马塞尔去世后才面世）[④]，这些文字都同样证实了这一点。在《罗贝尔·德·弗莱尔》一文中，马塞尔满怀激情地把全部才能赋予这位朋友：他是诗人，还发表过游记和"精彩的"短篇小说；他是众多报章的文学和戏剧评论员；他是咖啡馆歌舞表演的爱好者。对于他无所不能的诸般才艺，"一些学者在垂暮之年时常感到遗憾，因为当年怕误入歧途而丧失了尝试的机会"[⑤]。他一面经营剧场，一面在洛泽尔省准备从政，那里的农民"见证了他的伟大人格"。他的艺术和生活完全融为一体，由此引出普鲁斯特的一番剖白，这番剖白既揭示了普鲁斯特与福楼拜的共通之处，也反映出他对自己不顾父母反对选择文学道路仍没有把握："在近几年投身文学的所有年轻人当中，罗贝尔·德·弗莱尔先生也许是唯一一个无须说出下面这番话的人：'也许我只是一个庸碌之辈，也许我为了一个影子而放下了口中的猎物。我之

① *Corr.*, t. II, p. 218. 弗莱尔信末用语"我热烈地拥抱你，我的小家伙"表明，罗贝尔属于普鲁斯特最亲密的小圈子。

② Ibid., t. III, p. 87；讲到吕西安时曾提到过此信，信中吕西安的名字在弗莱尔之前。

③ *CSB*, pp. 403–405.

④ Ibid., pp. 431–435. 这篇对话重新启用了《让·桑特伊》中用过的人名，其主题是爱情、嫉妒、遗忘和布洛涅森林中的餐馆。对话的后续部分见"七星文库"版《追忆》（*RTP*, t. III）中《女囚》的导言。

⑤ 这是贝戈特临死时的担心。（Ibid., p. 404. ——译者注）

所以选择写作志向，首要原因在于我没有其他志向，也不具备任何在其他方面获得成功的素质；而所有的作家——他们是唯一有资格作此评判之人——都不看好我的文学前途。我也许会成为居斯塔夫·福楼拜，但也可能只是《情感教育》中的弗雷德里克·莫罗。’”

德·弗莱尔生于1872年，孔多塞中学毕业，参与过《会饮》杂志编务，是让娜·普凯[①]和加斯东·德·卡雅维的朋友，他后来与卡雅维合写剧本[②]。这位“年轻、迷人、聪颖、善良、温柔”的罗贝尔[③]是德雷福斯派，优雅漂亮，褐色的头发，留着唇髭，胖乎乎的体型，正是马塞尔一直偏爱的相貌。他与马塞尔一样获得了法学和文学学士学位，他对政治的热衷（他后来担任洛泽尔省议会议员，他的外祖父是法兰西研究院成员，曾在该省当选参议员；外祖母在当地拥有土地和房产，她去世时普鲁斯特曾撰文悼念[④]）不亚于他对女人和文学的追求，写过长篇小说（《灵与肉之间》）、游记（《走向东方》），尤其擅长剧本（《心有心的道理》《米盖特与母亲》《国王》《绿衣裳》）和轻歌剧或喜歌剧脚本（《赫拉克利斯的功绩》[⑤]《维尔吉的大老爷》[⑥]以及梅萨热作曲的《福尔图尼奥》）。1901年，他迎娶剧作家维克多利安·萨尔杜之女为妻[⑦]，好像戏剧事业需通过婚姻传承似的。此后，他曾雇用加斯东·伽利玛当秘书（代他起草信件或文章），主持过《费加罗报》，并当选法兰西学院院士。尤为重要的是，他和加斯东·德·卡雅维二人继承了梅拉克和阿莱维

① 让娜1898年6月在日记中写道：“罗贝尔死心塌地地追求我。”

② 普鲁斯特说：“他们的合作不断取得成功”。（*CSB*, p. 546）

③ *Corr.*, t. I, p. 199, 1892年年初致比利的信。

④ « Une grand-mère », *Le Figaro*, 23 juillet 1907, *CSB*, pp. 545–549.

⑤ 作曲者为Claude Terrasse（1901）。普鲁斯特1904年在《奥松维尔伯爵夫人的沙龙》一文中写道：“这部令人震惊的《赫拉克利斯的功绩》当中有一个人物说道：‘我告诉您，在这个圈子里，我属于一个对个人名声根本不屑一顾的小团体。’……这部戏，在最优美的轻歌剧的舞台上，有大型喜剧的宏大场面。”（*CSB*, p. 486）

⑥ 普鲁斯特1903年在《玛德莱娜·勒迈尔夫人的沙龙》一文中写道：“大获成功的《维尔吉》背后出色的作者们。”（*CSB*, p. 459）这出戏在杂艺剧场上演，主演是Ève Lavallière，但马塞尔对出门去看此剧的演出不那么热心（*Corr.*, t. III, p. 301, 致比贝斯科）。

⑦ 让娜·普凯写道：“他觉得她讨人喜欢，但并没有想要娶她；她主动出击，成了！”加斯东·德·卡雅维：“他仍然高兴，很高兴，但脾气并没有变得温柔。总之是我出面当好人，他真是个冲进剧场大门的公羊。”（M. Maurois, *Les Cendres brûlantes, op. cit.*, pp. 46–47）萨尔杜对这两位年轻作者的支持起了很大作用。普鲁斯特热情有礼地谈到了他们的婚姻（*CSB*, p. 546）。

的衣钵，他们以讽刺、戏仿和嘲笑见长的机智谈吐，亦即施特劳斯夫人、盖尔芒特夫人和斯万的机智谈吐，在《追忆》中屡屡出现，是沙龙谈话最后的光芒和最后的辉煌。这种机智对普鲁斯特的作品来说，最初只是一种素材，其深刻内涵是经过分析加工之后得来的。

1898年夏

1898年春季是在亢奋中度过的，马塞尔经历了德雷福斯案的重大事件，并试图将其诉诸文字。关于他读了什么书，我们所知甚少。不过雷纳尔多写给玛丽·诺德林格的一封信能够证明，普鲁斯特对小说《克莱芙王妃》十分推崇，"正如马塞尔所说，它是'迄今为止最精彩的爱情小说'[1]"。玛丽则认为，这部小说中至少有一个场景为《让·桑特伊》乃至《盖尔芒特家那边》的某个场面描写提供了借鉴：德·内穆尔先生被国王指定为克莱芙夫人的舞伴时，他"跨过好几张座椅来到跳舞场地"；同样，贝特朗·德·雷韦永在饭馆里跨过好几张桌子来到朋友身边[2]。不错，普鲁斯特的确说过[3]，在《盖尔芒特家那边》中有同样举动的圣卢，其原型就是贝特朗·德·费纳龙，但谁又能确信，前面那个文学作品中的人物，不会在他半潜意识（demi-inconsciente）的记忆中保留下来呢？普鲁斯特的创作往往如此，他需要中介，遂使来自文学作品的模特与真实的生活经历合二为一，前者为后者的艺术性提

① M. Riefstahl-Nordlinger, « Et voici les clefs du *Jean Santeuil* de Marcel Proust », *Le Figaro littéraire*, 14 juin 1952.

② *JS*, pp. 451–452.

③ 致罗贝尔·德·孟德斯鸠的信。

供担保。如果创作是指把现实生活转移到艺术世界，那么这部被模仿或引用的作品则保证了这一过程是可行的。

7月初，马塞尔经历了平生最焦虑恐慌的几天。普鲁斯特夫人在乔治·比才街的医院切除子宫纤维瘤，由擅长此类手术的专家泰里耶教授主刀[1]。普鲁斯特后来将此事告诉朋友乔治·德·洛里斯："我还记得当时可怜的妈妈病得很重，所以决定由泰里耶教授为她做手术。就在手术过程中，可以说，情况突然变得万分危急，假如事先料到如此危险的话就绝不会冒险做手术了（也幸亏当时没有料到，因为这次手术最终救了命），手术时间也长得吓人，其间出现了各种变故。两天时间里，妈妈处在生死之间而且更接近死亡，幸好后来彻底复原，完全恢复了健康……最终夺去她生命的疾病与这次可怕的手术没有任何关联。"[2]手术持续了"三个小时"，一家人都在担心病人如何能承受得了[3]。几天以后，马塞尔向母亲最亲密的朋友卡杜斯夫人透露说[4]，她行动极为艰难，但精神状态极佳，术后第三天，"她说了四五句话，出于儿子对母亲的偏心，我觉得她的话真是妙极了"。然而一个月过后出了个"小变故"，母亲需要再做一个"很小的"手术[5]，马塞尔必须继续守在她身边[6]，他也说不准母亲何时能够好转。月底，普鲁斯特教授去了维希，显然他已经完全放心了，罗贝尔要去参加一段时间的军事训练，只有马塞尔独自照料母亲，不知道何时才能脱身。母亲对手术中的危险毫不知情，也不愿再去想它，这段紧张惊险的小插曲就这

① 菲力克斯-路易·泰里耶（1837—1908），巴黎医学院教授，外科医生，肝外科的首创者（*Corr.*, t. VI, p. 244 et n. 6）。

② Ibid., t. VI, pp. 320-321, 1906年12月。

③ Ibid., t. II, p. 236, 致卡蒂斯夫人; cf. p. 237, 致孟德斯鸠。

④ Ibid., p. 238.

⑤ Ibid., t. II, p. 249, 1898年8月30日，致吕西安·都德："妈妈现在很好，但仍住在比才街，还不能起床。"

⑥ Ibid., p. 241.

样结束了，普鲁斯特没有在任何作品中提及。这次变故，让他开始准备迎接世上最亲的人逝去的那一天，命运还将给他留出七年的时间。

为了在德雷福斯事件中声援左拉[1]，马塞尔独自出面征得了法朗士带有简短附言的单纸签名[2]，从那以后，事件出现了几次高潮。左拉被判刑后流亡伦敦，亨利自杀身亡，陆军部长卡维尼亚克及其继任者相继辞职。比卡尔被关进单人囚室，此事让马塞尔悲伤至极，促使他四处征集签名予以声援。律师拉博利认为这将给法官们留下深刻印象。马塞尔在给施特劳斯夫人的信中写道："如此具有巴尔扎克色彩的事件（贝图吕斯是《交际花盛衰记》中的预审法官，克里斯蒂安·埃斯特哈齐相当于《幻灭》中的外省侄子，杜帕蒂·德·克朗便是约伏脱冷到远郊见面的拉斯蒂涅），由于各个故事纷纷草草收场而变得如此具有莎士比亚风格。"[3]他的文学修养再度被他用来解读现实，而到后来则反转方向，帮助他把现实中的小说成分转化为真正的小说。此外，他满意地看到上流社会的朋友们，尤其是康斯坦丁·德·勃兰科温，都站在了重审派一边。康斯坦丁是安娜·德·诺阿耶和埃莱娜·德·卡拉曼–希迈的哥哥，酷爱文学，后来曾主持《拉丁复兴》杂志，是社交小说家阿贝尔·埃尔芒的朋友[4]，普鲁斯特从春季起与他经常来往[5]。

① Ibid., t. XXI, p. 584, 1898 年 12 月 13 日，致达尼埃尔·阿莱维："施特劳斯夫人已经拿到了我让人送去的法朗士的签名……我尽量把能弄到的签名都给你弄来。"但恰恰是由于没有弄到其他签名，第一次声援半途而废。

② "亲爱的马塞尔，这是我在白纸上的签名，以便贴在支持左拉的声援书上。祝好。"普鲁斯特在后面补写道："这张纸现在还在我这儿。"（ibid., t. XXI, pp. 584–585）

③ Ibid., t. II, p. 252, 1898 年 9 月。

④ 普鲁斯特写信给勃兰科温说："我知道您待他很好。"（ibid., t. II, p. 290）埃尔芒在两部影射作品《郊区》和 *La Discorde* 中描写这个圈子。见 G. de Diesbach, p. 254 *sq*。

⑤ 他们一起到众议院旁听关于克里特岛的辩论。5 月，马塞尔请他与法朗士、孟德斯鸠共进晚餐。10 月 1 日，他们一道去听饶勒斯关于德雷福斯事件的讲座（*Corr.*, t. II, pp. 181, 189, 257, 259）。

艺术批评家普鲁斯特：关于伦勃朗与莫罗

9月，马塞尔陪着母亲在特鲁维尔进行一个月的康复疗养，月底时父亲前来替换他。普鲁斯特则前往荷兰阿姆斯特丹，参观伦勃朗一百二十幅画作的展览。这次旅行“来去匆匆，心无旁骛亦不动感情”[1]。利用此行获得的素材，他写了一篇评论，生前没有在任何杂志上发表。这篇文字是艺术批评的绝佳典范，完全可以在艺术批评领域与弗罗芒丹的《昔日的大师》平分秋色（但与罗斯金没有可比性，因为他对荷兰绘画不感兴趣），它阐明了普鲁斯特美学的基本原则。他所观赏的画作已经化为一个印象、一个闪现，读者将在东锡埃尔或巴黎明亮的窗口再次见到这些图画。普鲁斯特首先历数了这些画作的不同主题，随后揭示了伦勃朗的真正旨趣，即他的思想：“起初，一个人的作品可能与自然更加相像而很少体现自己。但随着他与自然的一次次灵性接触，他的本质愈加受到激发，更加彻底地渗透到作品中。到最后，显而易见的是，仅剩下这一点对他而言是现实（la réalité），他愈发努力使这种现实完全呈现出来。”[2]笼罩这些画面的金色光线正是“他的思想之光”，在这种光线中被观赏的东西会引发出“更多深刻的见解”，使艺术家体验到一种喜悦，这种喜悦“标志着我们达到了某种崇高，我们将继续培养这种喜悦”，并将其传达给读者或观众。我们将在小说里体验到叙事者面对马丹维尔钟楼、面对山楂花时的喜悦。在此处，普鲁斯特揭示了某种至关重要的东西：艺术的真理

① *CSB*, p. 674.

② Ibid., p. 660.

不在对象之中，而在精神之中，然而，只有某些特定的东西，即艺术家情有独钟的给他精神愉悦的主题，才能促使艺术家投入创作。外在的现实，以及美本身，都要接受内心之光的审视，而艺术家须对这种内心之光进行翻译（这是“翻译”一词首次出现在普鲁斯特笔下）。正由于此，艺术作品的形成具有“解放”的作用，它为思想提供养料从而解放了物。关于普鲁斯特一生的命运，下面这段话一语成谶：“所有这些画作都是极其严肃的东西，足以让我辈之中最伟大者为其耗费毕生心力——当然死后不再操心，这是物质规律使然，由不得人——直到他们生命的最后时刻仍然放心不下，仿佛一件重要之物，其分量并未随着时间的流逝而有所减损，在余下的年月里，它会显得格外重要和真实。”[1]

① Ibid., p. 662.

正是在当时，即这篇伦勃朗评论收尾之际——但也可能在罗斯金逝世后的某个时候——为了说明上述观点，普鲁斯特构拟了一个小说场景：来日无多的罗斯金前去阿姆斯特丹观看伦勃朗画展。在这段描写中，读者可以见到好几个著名段落的雏形：贝戈特在弗美尔的画前死去；《重现的时光》中踩高跷的盖尔芒特公爵等人步履艰难的形象（“浓重的岁月之雾遮住他晦暗的面容和眼睛，如今显得那么遥远的双眸深处，已无法窥见罗斯金的灵魂和生命。透过这岁月的雾霭，我们感觉到他正拖着伤腿从岁月深处走来，虽然难以辨认，但他仍然是他……”[2]）；人们眼中艺术家的外在形象与其内心世界的巨大反差（“正是

② Ibid., p. 663. 这个画面，普鲁斯特应该是从拉希泽拉纳的某处文字中获得的灵感。

他，罗斯金，已经变成两个完全不同的人：一个是步履蹒跚的陌生老者，另一个是我们心目中的罗斯金……”）。

从荷兰归来，马塞尔得知了居斯塔夫·莫罗的死讯。这是他最喜爱的画家之一，也是于斯曼和马拉美最钟爱的画家。他按照自己当时的习惯做了几段笔记，但没有发表。他认为，莫罗画作所表现的主题，无论多么怪诞，都无关紧要。其意图同样无关紧要，“因为说出我们想做什么，终究没有任何意义”。普鲁斯特列举了莫罗典型的人物形象和风景，其中有一个“面容美丽又忧伤”的交际花，“站在花丛中一边编着头发一边向外张望”，容貌与奥黛特相仿；莫罗画中的诗人都是女性模样。所有的人物和风景都指向同一个秘密：“一幅画是某个神秘世界中某个角落的一种显现，我们了解这个世界的其他若干区域，即同一位画家的其他作品。”于是，这个世界的颜色便是画的颜色。普鲁斯特首次提出了他后来描写凡德伊奏鸣曲时所阐述的主题，即诗人的真正归宿，其实，诗人难得在此处停留：“获得灵感之时就是诗人进入灵魂最深处的时刻，他努力通过创作活动完全沉浸其中。”[①]因此，诗人不会彻底死去：莫罗的思想通过奥尔菲“失明的美目”看着我们，那是他的“思想色彩”，画家所看到的景象“仍然呈现在我们眼前”，就像在他已经成为博物馆的家中，他不再为自己而活，而是为其他人而存在。在艺术家身上，属于个人的自我已经被剔除，他只是“作品得以生成的场所”。当我们进入灵魂的深处时，“一种神秘的喜

① Ibid., p. 670.

悦”警示我们，唯有在此处经历的分分秒秒才是真正活过的时刻，人生的其余时间都是流亡。艺术家受到“某种本能”的警醒，同时“对自身使命之伟大和生命之短促具有神秘的预感，于是，他们舍弃了全部其他使命，致力于流芳后世”。作为艺术批评家，普鲁斯特也同这位画家一样，感觉到那种本能“一五一十地将他应该说的话提示给他”，他与画家身处同一个神秘的国度，“在这个国度里，寓意是事物的法则”[1]。批评的任务就在于揭示同一位作家全部作品的神秘的相似之处和其中的本质。如何能做到呢？要在一种陶醉的状态下。这篇文章就是马塞尔的夫子自道：“我在一年当中也会产生与此相同的印象，因此我嫉妒那些生活如此规律，每天都能有一定的时间体验艺术愉悦的人们。不过有的时候，尤其是看到他们在其他方面远不如我的时候，我就想，他们之所以声称曾经多次拥有这些体验，是不是恰恰因为他们从来都没有过这些体验。”[2]《重现的时光》中的部分美学理论在此得以阐明：真正的创造者与一般爱好者或“艺术单身汉”有天壤之别，爱好者或“单身汉”徒有热情而没有成果，因为他们无法深化自己的体验。同样，生活、职业、成功、荣耀，与文学没有任何真正的关联，这正是普鲁斯特在夏多布里昂身上感到别扭的地方：“他一副自以为了不起的样子，但即便是一位大文学家，又能怎么样呢？这是以唯物质的观点看待文学成就。”至于生平的机遇，他说：“在我看来机遇很重要。但机遇之中，运气占一成，我的努力

① Ibid., p. 673.

② Ibid., p. 674.

占九成。”[1]普鲁斯特在《让·桑特伊》中也提及对莫罗的看法（为了证明对莫罗生平和本人的详细了解并不能为我们解答其作品的来源和意义之谜[2]）；而这篇艺术批评与差不多同一时期关于莫奈[3]的笔记[4]（论述莫奈与他向我们展示的景物之间的关系）表明，马塞尔正在远离虚构作品而转向美学思考，他已经成熟到足以翻译罗斯金。此外，埃尔斯蒂尔将先后经历一个莫罗时期和一个莫奈时期。马塞尔还曾提醒朋友道格拉斯·安斯利关注这两位当代画家的作品。

① Ibid.

② *JS*, p. 478. 小说中的这一段应该与这篇艺术批评写于同一时期。

③ Cf. *JS*, pp. 890–897. 普鲁斯特在此处评论了在夏尔·埃弗吕西或沙尔庞捷处看到的绘画作品，埃弗吕西是艺术爱好者斯万的原型之一。

④ *CSB*, pp. 675–677.

韦伯咖啡馆

当时，马塞尔的健康状况要好于此后的任何时期，他的夜生活不单单是在外吃晚餐或在沙龙之中盘桓。他还有多处常去的约会地点，位于王家街21号的韦伯咖啡餐馆[5]即是其中之一，此处离他在马勒泽布大道的家很近。莱昂·都德回忆道，1900年前后，艺术家和文人非常喜欢来此处相聚[6]，从而“摆脱候见厅和沙龙的浮华”。“晚上七点半左右，一个脸色苍白的年轻人来到韦伯咖啡馆。他长着一双母鹿似的眼睛，要么吸吮垂下来的半截褐色唇髭，要么用手抚弄，身上像中国的小摆设一样裹着厚厚的毛料服。他点了一串葡萄、一杯水，声称自己刚刚起床，但因患了感冒又想重新睡下，还说噪音让他不得安宁。他一边说着，一边用不安继而嘲讽的目光环视四周，

⑤ 贝第科旅行指南把韦伯以及玛德莱娜广场3号的拉吕餐馆均列为豪华餐馆。韦伯咖啡馆1865年开业，韦伯先生1878年把它卖给了弗朗索瓦，1891年又被转卖给葛罗。葛罗把它改造成了一个时髦的餐馆。1895年又一次被转手给米永，1961年歇业。从1884年到1941年，一直由同一位经理（J. Hillairet, *op. cit.*, t. II, p. 369）负责经营。

⑥ *Souvenirs, op. cit.*, pp. 502–506，莱昂给普鲁斯特描绘的肖像极为准确、优雅、细腻。

最后开心地大笑，还是留了下来。”[1]此处的另一位常客让·德·蒂南在小说《艾米埃娜》中，为普鲁斯特留下了一副不那么友善，亦流传不广的肖像：“莫里斯·圣蒂开始了他每天晚上在韦伯咖啡馆周围神秘莫测的出没……圣蒂走进咖啡馆……然后走了出去……然后又进来……然后又出去……然后再进来……然后再出去。”另一个人物把下面这句口头禅也归在普鲁斯特名下：“请原谅，我得走了，但我看见那边……”[2]由此可见，马塞尔有窥视癖的形象，在大家心目中已经根深蒂固，他总是在寻找比眼前的对话者更吸引人、更有身份或更令人不安的人物。后来，他又把窥视者的这种目光赋予了夏吕斯。

咖啡馆、啤酒馆[3]和餐馆是普鲁斯特生活中的重要场所。这些地方随时为社交生活敞开大门，既招待熟朋友也接纳陌生人，里面还有能充当线人的店员，是与人交往和观察人情世态的核心地点，与居室内的幽居生活、与沙龙或俱乐部的封闭一隅大相径庭。另有一些场所，普鲁斯特出入得不那么频繁，但并非绝不涉足，包括歌舞厅、妓院、夜总会，比如战后的“屋顶之牛”酒吧。最后还有集咖啡馆、餐厅、沙龙和居室于一体的大饭店。截至1898年，马塞尔已经住过迪耶普、特鲁维尔、萨利德贝阿恩、克罗伊茨纳赫等地的大饭店，此后还有埃维昂的光辉饭店、阿姆斯特丹的欧洲饭店、威尼斯的欧洲饭店、凡尔赛的蓄水池饭店、卡堡的大旅社、巴黎的利兹饭店。这些真实的处所，普鲁斯特在作品中几乎不作改动，巴黎的咖啡

① Ibid., p. 506.

② J. de Tinan, *Œuvres*, Mercure de France, 1923, t. II, pp. 29, 173.

③《追忆》中弗朗索瓦丝如此点评韦伯餐馆：“韦伯饭馆在王家街，它不算饭馆，是啤酒馆。我不知道他们是否伺候客人用餐，我想他们连桌布也没有。什么都随便往桌子上一放，马马虎虎。”RTP, t. I. p. 476，参见十五人译本（二）48—49页，周译本（二）54页。弗朗索瓦丝还点评了加永广场的亨利饭馆、多努街上的西罗饭馆。

馆、餐馆、饭店，如金屋餐厅、布洛涅森林中的木屋等，都以真名出现在小说里。在以卡堡为蓝本虚构的城市巴尔贝克中有一座“大旅社”，这个名称可以用在任何地方；“里夫贝尔”则来自里瓦–贝拉。妓院都是没有名字的。唯有属于私人的产业，在小说中根据居住者的命运变更了名称：费纳利一家在特鲁维尔租住的弗雷蒙别墅，变成维尔迪兰在巴尔贝克租下的拉斯普利埃。不过，在真实与虚构之间，最令人吃惊的改变也许是关于盖尔芒特公馆的描写。按照普鲁斯特本人对当年一位老邻居所说，盖尔芒特公馆的原型取自他父母在马勒泽布大道上的住所，包括两座楼房中间夹着天井的建筑布局；他还从阿斯托尔格街上的格雷菲勒公馆汲取了灵感。

格雷菲勒伯爵夫人，或无用的美

1893年7月1日，马塞尔在德·瓦格拉姆夫人府上第一次见到这位夫人，她头上戴着垂到后颈的淡紫色兰花，洋溢着“波利尼西亚风情”，一双眼睛光彩照人又让人琢磨不透[①]。普鲁斯特从此迷上了这位格雷菲勒伯爵夫人[②]，而她也将在普鲁斯特的小说中扮演重要角色。在盛大的社交晚会上，在她舅舅罗贝尔·德·孟德斯鸠定期举行的作品朗诵会上，普鲁斯特曾多次见过她，并且请求孟德斯鸠转达他的仰慕之意。她本人不也说过这样的话吗：“每见到一个人时总是在想：我要让自己的魅力在他的记忆里举世

① *Corr.*, t. I, p. 219：“我从未见过如此美丽的女人。”

② 她的曾外孙女 A. de Cossé-Brissac 为她写了一部传记 *La Comtesse Greffulhe*, Perrin, 1991。

无双。”[①]

格雷菲勒伯爵夫人，闺名伊丽莎白·德·卡拉曼–希迈，1860年出生于欧洲一个几近破产的名门望族，有女伯爵头衔[②]，1878年嫁给了一位新晋贵族，此君虽然照龚古尔的说法“毫无出色之处”，但十分富有，结婚时出的彩礼达到令人咋舌的八百万法郎[③]。她是当时上流社交界的女王，凭借大量照片，沃思和福迪尼为她制作的裙衣，拉兹罗、埃勒[④]、拉冈达拉留下的肖像以及众多回忆录中的描写，她的光彩直至今天仍然十分耀眼。她是约瑟夫·德·希迈亲王（1836—1892）与第一位妻子玛丽·德·孟德斯鸠–费臧萨克的女儿，她与罗伯特·德·孟德斯鸠的亲属关系，让人联想起奥地利的伊丽莎白皇后与巴伐利亚的路易二世之间的关系。她与这位皇后一样，也有自己的秘密。她有很深的自恋情结，对自己的形象，对自身迷恋不已。《盖尔芒特家那边》的作者对此记忆尤深。此外，她还是一位不幸的妻子，遭到丈夫的背叛和粗暴对待，她的婚姻生活将被原封不动地搬进《追忆》，她正是小说中遭丈夫讥讽的盖尔芒特公爵夫人[⑤]。

埃德蒙·德·龚古尔的《日记》中有她的一些痕迹。龚古尔最初即认为，她“与那位名叫孟德斯鸠–费臧萨克的神经病没有什么两样，只是性别不同”[⑥]。1894年，在孟德斯鸠的怂恿下，格雷菲勒伯爵夫人向龚古尔提出一个写作计划，“要写一本关于上流社会女性的心态、感觉、印象的书，写美貌与优雅获得的胜利”[⑦]。这将是一

① Ibid., p. 103.

② 该家族男性子嗣称亲王，女性称女伯爵（*Gotha*, 1906, p. 434）。希迈亲王是西班牙一等贵族，与Borghèse, Czartorisky, 比贝斯科诸家族联姻。伊丽莎白的哥哥约瑟夫，即第四世希迈亲王，娶了美国人克拉拉·瓦德，她最后跟一位吉卜赛小提琴手Rigo私奔，轰动了巴黎上层社会。在《追忆》中（*RTP.*, t. II, p. 123，参见十五人译本［二］318页，周译本［二］327页），夏吕斯谈到希迈堂嫂时暗指此事，这就等于坦白了原型的线索。同样，德·盖尔芒特夫人对希迈亲王说，“令妹走到哪儿都是最漂亮的”（ibid., t. III, p. 73，参见十五人译本［三］71页），她说的正是格雷菲勒伯爵夫人。通过他独享的体己玩笑（*private joke*），普鲁斯特把虚构人物和他们的原型混杂在一起，让他们同时出场。

③ A. de Cossé-Brissac, *op. cit.*, p. 21；而他妻子的嫁妆只有十万法郎。

④ 这两位画家都被普鲁斯特写进了小说草稿（*RTP.*, t. IV, p. 761）。直到生命的最后几年，普鲁斯特还在向她索要照片：“我冒昧地再次请您赐我一张照片（哪怕是拉兹罗所作肖像的照片都行）。从前您拒绝我的理由非常勉强，即照片冻结凝滞了女性之美。但是能让一个光彩照人的瞬间凝固下来，也就是获得永恒，难道不是一件很美的事儿吗？它是永恒的青春形象。我还想说，从前在罗贝尔·德·孟德斯鸠那儿看到的一幅照片，我觉得比拉兹罗画的肖像更漂亮。至于埃勒所画肖像的照片，我已经有了，就在孟德斯鸠的一本书里，但这张照片与您不像。”（*Corr.*, t. XIX, p. 82, 1920年1月19日）叙事者也是这样向盖尔芒特公爵夫人索要照片的。其实，格雷菲勒伯爵夫人与普鲁斯特都没有说出实情：普鲁斯特索要照片的目的是要描写她；而她则认为赠送照片“不合规矩”。

⑤ 直到《重现的时光》中，公爵爱上奥黛特，再现了爱上德·拉贝娄蒂埃夫人的格雷菲勒伯爵。

⑥ *Journal*, t. III, 17 février 1890, p. 388.

⑦ Ibid., p. 979. 格雷菲勒伯爵夫人至少从十七岁起就一直记日记。这部日记目前属于私人档案，她的传记引用了日记的片段。

部散文诗，“放声歌唱因感受到自身之美而产生的超自然狂喜”，反映世纪末种种关于自恋的重大主题（如瓦莱里和王尔德的作品）：“与镜中的我四目相对，透过镜子相爱，唱起优美的赞歌！……难以忘怀的感觉是我，我……”[①]伯爵夫人对自己毫不吝惜赞美之辞：“笑容属于纯正的血统，仪态万方的举止赏心悦目，甜美的嗓音是她所独有；她整个人，透着高贵和精致。”当出现在歌剧院的观众中间时，她仿佛输了血似的亢奋，叫道：“假如不再能赢得众多陌生人的爱戴，可怎么活得下去？那些本来与己无关的人们……就像感情炽热的恋人，从他们中间走过，心头为之一热。”极为巧合的是，出于艺术家的直觉和细腻的观察，普鲁斯特对盖尔芒特夫人在歌剧院倾倒众人一幕的描写与此如出一辙，包括她的眼睛，“用力转向所看到的东西，或是看向虚无缥渺的所在”[②]。伯爵夫人不仅对自己的美貌无限膜拜，还披露了她与丈夫之间“被毁掉的”不幸爱情，龚古尔对此非常抵触，建议她不要将这些文字公之于世。最终，龚古尔所期待的“上流社会女性小说”，既不是他自己写的，也不是伯爵夫人写的，而将出自一个热情执着、默默无闻又备受轻蔑的旁观者——马塞尔·普鲁斯特之手[③]。我们知道他是何时在巴黎，在凡尔赛见到她的，但不清楚究竟何时才有人把他正式引荐给她，他肯定为此等待了很长时间。十年之后，她邀请他出席自己举办的晚会、音乐会，请他到自己的包厢里看演出。再过数年，拒绝邀请的人则变成了他：他不

① Cité par Goncourt, ibid., p. 990.

② Ibid.

③《盖尔芒特家那边》歌剧院的场面（*RTP*, t. II, p. 353，参见十五人译本［三］45—46 页）当中，盖尔芒特公爵夫人和盖尔芒特亲王夫人的原型分别是格雷菲勒伯爵夫人和斯当迪许夫人（1912 年 5 月 24 日在歌剧院）。普鲁斯特 1912 年 7 月致信让娜·德·卡雅维：“我希望这两位夫人都不要得知我对这些事情感兴趣……因为通过我而借用这两位夫人衣饰的那两个女人——就像是两个时装模特——与她们没有任何关系，因为我的小说中没有任何真实线索。”（*Corr.*, t. XI, p. 154; cf. p. 157。这些信件与小说这一部分的写作是在同一时期）完全可以肯定，在普鲁斯特眼中，卡拉曼－希迈乃至格雷菲勒这样的姓氏，一定如同盖尔芒特－巴伐利亚等姓氏在叙事者眼中一样，“充满梦幻色彩”。比利时取代了巴伐利亚，但其中涉及的始终是“欧洲的”最高级贵族；“欧洲的”，这个词是德皇威廉二世在格雷菲勒伯爵夫人拜访之后说的。

再需要这个模特，他的兴趣已转向苏策亲王夫人和博蒙夫妇。他将集中舍维涅伯爵夫人的相貌特征（包括鹰钩鼻），格雷菲勒伯爵夫人的风度、仪表和目光，施特劳斯夫人（她本人也属于阿莱维家族）的“梅拉克与阿莱维式的”机智谈吐，共同塑造出盖尔芒特公爵夫人。

亨利·格雷菲勒伯爵[1]的布瓦–布德朗城堡，如今已经改建为旅馆，假如他不曾无意之中（画家的模特摆好姿势是出于自愿，作家的模特则不是）摇身一变成为盖尔芒特公爵，现在谁还会记得他呢？他1848年[2]出生于一个大地主兼金融家的家庭（他的曾祖父最早受雇于阿姆斯特丹一家商行，后来成为老板，1789年在巴黎开了一家银行，靠殖民地粮食投机生意发了大财，1793年定居伦敦），二十九岁时与伊丽莎白缔结了一桩巴尔扎克式的婚姻。作为金髯美男兼猎艳高手，他用财富征服了美貌、文雅和高贵出身，而与女方的艺术品位相对的，是丈夫对打猎的嗜好：每年9月至次年1月，他们必须住到布瓦–布德朗城堡，年轻的新娘在日记中写道，这座城堡“活像一座军营”[3]。在巴黎，夫妇俩住进了格雷菲勒在阿斯托尔格街的房子，这处房产除出租的部分之外，还有两幢楼房，伊丽莎白住在8号，她的婆婆住在10号。他们的独生女埃莱娜出生于1882年，后来嫁给阿尔芒·德·吉什公爵，即普鲁斯特的朋友，物理学家阿热诺尔·德·格拉蒙公爵。还没等女儿出生，亨利已经背叛了妻子。他在家里实施恐怖统治，严令妻子必须在午夜前回家。普鲁斯特始终记得他

① 亨利最早是子爵，在他父亲1888年去世后成为伯爵。洛姆亲王也是这样变成盖尔芒特公爵。

② 关于此人的出生，普鲁斯特私下对雷纳尔多说：“他父亲的精液通过一个无生命的器具一滴一滴地注入母亲的子宫。”（*Corr.*, t. VII, p. 42）

③ A. de Cossé-Brissac, *op. cit.*, p. 27. 我们所用的大部分生平资料都借自这部传记。

的绰号是“雷公朱庇特”。据科克托记载，他粗暴地对待妻子和妻妹德·蒂南夫人：“他正午时用午餐。若是两位女士回来晚了，他就冲仆人吼道：‘不要给那两个臭娘们拿吃的！让她们饿死算了。’她们只好在自己的房间用炉子热些剩的。他对我说：‘我的老婆，就是米洛岛的维纳斯。’”[①]如同盖尔芒特公爵遭到奥黛特背叛一样，亨利在去世前也遭到情妇德·拉贝娄蒂埃夫人的背叛和羞辱。不过，她设法从他那儿得到了一部分遗产。

① J. Cocteau, *Le Passé défini*, *op. cit.*, p. 301.

伯爵夫人天分很高，多才多艺。她师从专门拍摄巴黎名流的摄影家纳达尔学习素描和摄影，演奏钢琴，组织室内音乐演奏会以及戏剧演出[②]。她认识李斯特、福雷、居斯塔夫·莫罗，还拥有好几幅莫罗的作品。由她创立的法国大型音乐演出协会，协助促成了《特里斯丹和伊瑟》1899年首次在巴黎演出[③]。她对当代文学的了解，得益于孟德斯鸠的指导；在她的周围，男人们大都读《两世界评论》，她则是《白色评论》的订户；写作的理想破灭之后，她在日记中获得安慰，正像德·维尔巴里西斯夫人（她是考德莉娅·格雷菲勒的侄女，夏多布里昂的情妇，也是伯爵夫人的姑婆）写回忆录自娱。她因此显得有些另类，因为在她所属的阶层，女人们除了迎来送往，就是做些善事，并且怀念君主制度。伊丽莎白·格雷菲勒恰恰同情共和派，是德尔卡塞的好友，每周都能收到他寄来的对外政策要闻。1889年，她丈夫作为联合党候选人当选众议员，但由于生性太懒，1893年没有参选。盖尔芒特公爵从

② *Béatrice et Bénédict* 1890 年在奥德翁剧场上演。

③ 在新剧剧场，主演是利特维纳和布雷玛（这个名字普鲁斯特是不会忘记的），由拉姆勒指挥。

他手中"接过"了这一从政经历：据布朗什记载[1]，格雷菲勒"讨好老百姓"，与他们热情握手，坚信与选民熟络定能赢得他们的信任。伯爵夫人也喜欢参与政治。实际上，她与政府中主张重审德雷福斯案的两个核心人物瓦尔代克–卢梭和加利费都关系密切，甚至有人指责她"左右了政府的组成"。还有一个离奇的故事[2]，说的是格雷菲勒伯爵夫人1899年在柏林受到德国皇帝威廉二世的接见，右翼报刊遂攻击她为德雷福斯向德皇求情。她曾自豪地给胆小怕事的丈夫写信说："我们不仰仗任何人，所以应该有胆量坚持自己的观点。这是一种奢侈，是所有奢侈事物中最要紧的一种。"[3]于是在小说中，普鲁斯特描写盖尔芒特一家逐渐转变为德雷福斯派。他多次谈及伯爵夫人给她留下的印象，为她辩护，比如他反驳雷纳尔多的看法，称赞她"拥有出众的才智、魅力、仁慈和风趣"[4]。

《追忆》中有许多人物都来自格勒菲勒小集团，他们以真实姓名或者改头换面出现在小说里，有威尔士亲王、亚历山大三世的弟弟符拉季米尔大公[5]和妻子玛丽·帕夫罗夫娜、萨冈亲王、博尼·德·卡斯特拉纳伯爵[6]、迪洛侯爵[7]、布勒德伊侯爵[8]、波利尼亚克亲王[9]，还有由上百人糅合而成的汉尼拔·德·布雷奥代–贡萨维伯爵。这些人，最初有一小部分（此时马塞尔还不认识这么多）在《让·桑特伊》中成为雷韦永一家的朋友，而后都成为盖尔芒特一家的朋友。在《让·桑特伊》中[10]，公爵夫人主要以城堡主人玛德莱娜·勒迈尔为原型；公爵的原型则是

① J.-É. Blanche, *La Pêche aux souvenirs, op. cit.*, p. 202. 伯爵的妹夫阿朗贝格亲王则与大众"保持距离"，那么他就是盖尔芒特亲王的原型吗？

② A. de Cossé-Brissac, *op. cit.*, p. 166 *sq*.

③ Ibid., p. 168.

④ *Corr.*, t. VII, p. 42, 1907年1月，致雷纳尔多·哈恩。

⑤ 此君看到德·阿巴雄夫人被喷泉淋湿而纵声大笑，*RTP*, t. III, p. 57，参见十五人译本（四）55页。

⑥ Ibid., t. II, pp. 1051, 1255, 1266 ; t. III, p. 1332. 他有回忆录传世。

⑦ Ibid., t. III, pp. 142, 546 ; t. IV, pp. 167–168. 参见十五人译本（四）141页、（五）30页、（六）166—167页，周译本（五）31页。

⑧ Ibid., t. IV, p. 167. 参见十五人译本（六）167页。

⑨ Ibid., t. II, p. 826 ; t. III, p. 705. 参见十五人译本（三）529页、（五）193页，周译本（五）199页。

⑩ 关于《让·桑特伊》的人物原型，见 M. Marc-Lipiansky, *op. cit.*, pp. 88–120。

奥松维尔伯爵，普鲁斯特专门写过他的沙龙；瓦尔多涅侯爵夫人，后来变成诺布瓦的情妇德·维尔巴里西斯夫人，其原型是弗勒里伯爵的情妇德·博兰古夫人；佩罗坦[1]，未来的斯万，则以夏尔·哈斯为原型。

① *JS*, pp. 465–468

夏尔·哈斯

普鲁斯特笔下最主要的人物之一，居然是以一个他来往甚少的人为蓝本，对此读者都会感到惊讶。普鲁斯特是在施特劳斯府上与他认识的（他有一张与施特劳斯夫人和德加的合影），在他去世后，普鲁斯特这样召唤他："可是，亲爱的夏尔·斯万，当时我年纪太小，而您已经进入老境，我对您了解得太少。而现在，正是由于当年您眼中的小傻瓜把您写进了一部小说，人们才又开始谈论您，也许您会因此活在人们心中。在蒂索那幅描绘王家街俱乐部阳台的油画里，您和加利费、埃德蒙·德·波利尼亚克、圣莫里斯在一起，人们之所以对您有这么多的话题，正是因为在斯万这个人物身上，看出了您的许多特征。"[2]他在1913年还写道："哈斯并不是我当初想要刻画的人，但最终，在我开始构思斯万这个人物时，他（当然也被我赋予了不同的性情）是脑海里浮现出来的唯一一人。"[3]在《让·桑特伊》中，佩罗坦子爵[4]是雷韦永公爵夫人的朋友，他与哈斯一样，也有一位西班牙情妇，还和她有了一个女儿。他的穿着属于一种大胆的优雅，"就像艺术品

② *RTP*, t. III, p. 705， 参见十五人译本（五）193 页，周译本（五）199 页。《画报》上刊登此画复制品是在 1922 年 6 月，由此可以确定，这段文字是普鲁斯特在生命的最后几个月中写成的。

③ *Corr.*, t. XII, p. 387. 哈斯第一次出现在普鲁斯特的通信里是在 1897 年（t. II, p. 215）。1920 年，一位哈里·斯万先生在时隔数年之后对自己的姓氏出现在小说里表示不满，马塞尔回应说："我的人物原型是夏尔·哈斯先生，他是王公们的朋友，骑师俱乐部里的犹太人。但这仅仅是一个出发点。小说人物的发展完全是另一回事。"（ibid., t. XIX, p. 660）关于斯万（Swann）这个名字的来历、发音以及与天鹅（英文 swan）的关系，见下册 996—997 页。

④ *JS*, pp. 465–468.

的价值取决于艺术家是否名声显赫”；他长着一只大鼻子，在社交圈给人异常风趣的印象，信奉“社交人士的哲学”。有趣的是，关于作家，这种哲学预示着人们时至今日对《盖尔芒特家那边》作者的种种指责：“这些先生也许非常聪明，富有想象力，但他们说的都是他们不知道的。的确，比如这位，他吹牛说要带我们去公爵夫人府上，但其实他从来都没有去过。”[①]让·桑特伊模仿这位风流雅士的种种做派，至于马塞尔，他无法在生活中模仿哈斯，于是在作品中进行模仿。这个案例很耐人寻味，它揭示了传记体裁的一个规律：生活中的小角色能够成为作品中的重要人物，因为某一形象回应了某种神秘的期待，从而在想象活动中产生经久不息的回响；反之，朝夕相处的朋友、兄弟甚至恋人，都在作品中消失了，留不下一丝痕迹。在作品中留下印迹的都属于文学传记的范畴，其余的部分存留待查，这就是想象活动产生的“负面作用”。

夏尔·哈斯[②]生于1833年[③]。他经常出入于文学沙龙、大型拍卖会和艺术家工作室。他是孟德斯鸠的好友，在奥尔唐斯·豪兰夫人[④]府上结识德加并与他成为好友，常常出现在贡比涅宫的重大活动中以及马萨侯爵的活报剧现场[⑤]。1868年，凭借梅里美的关系，他被任命为历史古迹总监。按照与他性情相近的朋友博尼·德·卡斯特拉纳的说法，哈斯“具有不可思议的直觉、机敏和智慧”，与所有的女性都能交上朋友，“他属于那种既聪明又无用的游

① Ibid., p. 468. 不过这个人物身上还有许多根本不属于哈斯的特点，如同这部长篇处女作的众多人物一样，他是以讽刺的方式从外部刻画的：普鲁斯特依照英国小说家以及巴尔扎克的方式，随即告诉读者应该如何认识这个人物。在《追忆》当中，他的写作技巧将具备更多的同情与神秘感。

② Voir H. Raczymow, *Le Cygne de Proust*, Gallimard, 1989. 在这本书中，第一手的生平资料与相当个人化的独白以及对斯万这个人物的思考交织在一起。

③ 他于1902年7月去世。Raczymow在7月15日的《费加罗报》上发表悼文（ibid., p. 52）。此文与《女囚》当中对斯万的悼念文字非常相像，甚至令人觉得后者是对前者的仿作。

④ 在《重现的时光》拟仿龚古尔《日记》的片段中，维尔迪兰夫人是弗罗芒丹小说《多米尼克》的女主人公“玛德莱娜”。而豪兰夫人与弗罗芒丹关系密切。在这一隐秘的暗示中，普鲁斯特是不是想将这位著名女主人的这种双重关系转移给两位画家中的一位呢？

⑤ 有尤金·拉米的一幅水彩画和雷雅纳一张戴单片眼镜的照片为证，普鲁斯特非常喜欢这张照片。

手好闲之辈，这些人在当时社会相当于奢侈品，他们的主要功绩，就是晚餐之前，在骑师俱乐部[1]或拉特雷穆瓦耶公爵夫人府上说说家长里短”[2]。在此前后，他曾是萨拉·贝尔纳的情人，萨拉给他写的情书激情四溢，而他却把萨拉当作一个轻浮女子，背叛她，最终二人分手。萨拉当时写信给他：“这一切，对您这样轻浮的人来说，不过是一出戏而已。您也许只会付之一笑！那再好不过！而我要长期以泪洗面！再见了，我亲爱的夏尔，我对您的柔情无以言表。我爱您。”[3]不过直至哈斯去世，他们二人一直是好朋友。这段故事，普鲁斯特是从哈恩那儿得知的；哈恩是萨拉的密友，他在日记里关于萨拉的记载，1930年以《伟大的萨拉》为题出版。

夏尔·哈斯的父亲安托万原来住在法兰克福，1816年移居巴黎，住在阿尔图瓦街9号。八年后，他已成为罗斯柴尔德兄弟的管账先生，有了一定的权势，娶了一个商人的女儿索菲·朗。根据犹太教会的档案，1828年，他是巴黎“缴税最多的五十个犹太人”之一[4]。1837年加入法国籍，迁居拉菲特街（罗斯柴尔德银行所在地），1838年去世，留下一个六岁的儿子，他的遗孀七年后改嫁一位医生。在此我们再次看到犹太人从中欧移居法国的轨迹，他们归化法国后，便像施特劳斯或韦伊一家一样，属于领导阶层或有闲阶级，纳特·韦伊的外孙马塞尔应该能在夏尔·哈斯身上看到自己的影子。夏尔·哈斯与一位西班牙贵族，奥迪弗莱特侯爵夫人阿德拉伊德·德·阿雷雅诺有私情[5]，

① 他从1871年1月21日起就是骑师俱乐部的会员，达尼埃尔·阿莱维不怀好意地说，他之所以当选是借了巴黎被包围的光（*Pays parisiens, op. cit.*）。他还是王家街俱乐部的成员，在梯索1868年所作的油画里，他与迪洛侯爵、伽奈伯爵、圣莫里斯、加利费、波利尼亚克、霍廷格一道出现在俱乐部的阳台上，霍廷格通过抽签得到了这幅画。

② B. de Castellane, *Mémoires*, Perrin, 1986, p. 56.

③ Cité par A. Gold et R. Fizdale, *Sarah Bernhardt*, trad. fr., Gallimard, 1994, p. 89.

④ H. Raczymow, *op. cit.*, p. 72.

⑤ 如同《让·桑特伊》中的佩罗坦；也许正是因此，奥黛特在草稿中的第一个名字是卡门。

五十岁左右有了一个女儿露易希塔，此女生于1881年，与希尔贝特·斯万同岁。哈斯因脑出血于1902年在维利耶大街上的寓所里去世，可见他既不住在圣路易岛，也不住在斯万的公寓里。普鲁斯特的作品中，虚构的成分与真实的成分不相上下。这位“相貌标致，长着波浪金发和浓密唇髭的可爱男子”离开人世，对我们而言却是一个小说人物的诞生。他根本不用花任何力气，仅凭他的魅力，所有的大门都会奇迹般地为他敞开，其中包括普鲁斯特为他打开的文学之门。安德烈·德·富基埃尔为我们留下一幅他最后的影像：他与一位兴高采烈的旅行者在特吕代纳大街的大品脱酒馆里共进晚餐，此君正是《在斯万家那边》中若隐若现的威尔士亲王，未来的英国国王爱德华七世[①]。

继孟德斯鸠之后[②]，一些传记作者把夏尔·埃弗吕西（1849—1905）视为斯万的一个原型，其实这是不言自明的。普鲁斯特对他的了解远胜于对哈斯的了解[③]。埃弗吕西酷爱当代绘画，向德加、马奈、莫奈[④]、皮维·德·沙瓦纳订购他们尚未完成的画作，用来装饰耶拿大街11号的府邸。他的研究领域还扩展到更早的绘画，所著《阿尔布雷希特·丢勒》一书是丢勒研究的权威之作。他拥有《美术通讯》杂志，撰稿人中有丹纳、热弗卢瓦、布尔热、拉法格和刚出道的贝伦森。不过他既不是美男子，也不是风流雅士。斯万对弗美尔的喜爱，他对奥黛特的爱情，乃至他未完成的弗美尔研究，都来自普鲁斯特；普鲁斯特将自己无法完成小说写作的担心，他的卡索本情结，沦为

① *Mon Paris et ses Parisiens, op. cit.*, p. 48. 富吉埃尔在费兹－詹姆士伯爵夫人府上结识了哈斯，普鲁斯特由布朗特侯爵夫人引荐到这家沙龙，也应在这儿遇到过哈斯。

② *Corr.*, t. XX, p. 337：他也认为“夏尔·埃弗吕西作为斯万”远不如哈斯合适（1921年6月14日）。

③ Ibid., t. II, p. 286, 1899年4月25日。埃弗吕西当时五十岁，所以像某位传记作家那样把他称作“老埃弗吕西”就太夸张了。需要指出的是，他与哈斯一样，都是德雷福斯案重审派。

④ 雷韦永伯爵收藏的莫奈(*JS*, p. 893）有一部分来自埃弗吕西，特别是那幅《解冻》。

“艺术单身汉”的恐惧，以及写一部弗美尔研究专著的梦想，统统投射到斯万身上。埃弗吕西是普鲁斯特的朋友莱昂·富尔德夫人同父异母的哥哥，正是凭借这层关系，普鲁斯特能够为《美术通讯》及副刊《艺术与珍玩纪事》撰稿。埃弗吕西1905年去世时，普鲁斯特谈及他“如此和谐的一生，充满了美的画面”[1]。普鲁斯特在通信中常常回忆这位朋友，一直到他本人也去世。上述两种艺术期刊，是普鲁斯特重要的信息来源。

① *Corr.*, t. XII, p. 403. Cf. ibid., t. XVII, p. 540.

1899年春

1899年年初，德雷福斯事件余波未平，普鲁斯特仍然在几份请愿书上签名。他们全家的朋友菲利克斯·福尔总统在情妇斯坦海尔夫人怀里猝死[2]。2月27日，马塞尔观看《红百合》一剧的演出。这出戏，是加斯东·德·卡雅维为帮助阿纳托尔·法朗士，根据法朗士的同名爱情小说——小说以阿尔芒·德·卡雅维夫人为原型且系依她的请求所作——为蓝本改编的，由名演员雷雅纳饰演女主角。普鲁斯特去世时，雷雅纳的儿子将她在《红百合》中戴的戒指戴在马塞尔的手指上。马塞尔认为这部改编之作“极为迷人”[3]；他的作品也从这部小说以及剧本中汲取了很多元素（包括《让·桑特伊》中的马尔梅夫人）。他的社交生活中的重大事件是4月24日的晚宴，为举办这次晚宴，他与孟德斯鸠伯爵多次

② 她在数年之后还成为一桩谋杀案的女主角，后来写了回忆录。

③ *Corr.*, t. II, p. 280, 1899年3月2日致加斯东·德·卡雅维。

往来书信，因为晚宴之后，要由女演员考拉·拉帕尔瑟里朗诵法朗士和诺阿耶伯爵夫人的诗，以及孟德斯鸠未刊诗集《红珍珠》中的十四行诗。《高卢人报》的报道说，她的“朗诵艺术无与伦比”；这种朗诵会也为《追忆》作者日后描写拉谢尔朗诵的场景提供了灵感。能赏光出席晚宴（晚宴之后没有招待会）和朗诵会的来宾，与普鲁斯特的关系都相当亲密，从这个名单可以看出他交游的广度和品味。来宾有二十来人[①]，除了他的老朋友勒迈尔夫人、卡雅维夫人和施特劳斯夫人之外，还有多位贵族大家的主妇，以及孟德斯鸠的朋友和亲属，包括埃拉格侯爵夫人[②]、布里耶伯爵夫人[③]、波托卡伯爵夫人[④]、德·布朗特夫人[⑤]、德朗德男爵夫人[⑥]、卡昂·当维尔夫人、莱昂·富尔德夫人，孟德斯鸠公爵的朋友乔万尼·博尔热兹亲王、贡托-庇隆伯爵、卡斯特拉纳侯爵（他一直与马塞尔保持来往）、埃德蒙·德·罗斯柴尔德男爵、阿纳托尔·法朗士、诺阿耶伯爵夫人、夏尔·埃弗吕西、让·贝罗、阿贝尔·埃尔芒以及安娜·德·诺阿耶的朋友兼社交小说家阿尔贝·弗拉芒[⑦]。孟德斯鸠代替拉帕尔瑟里朗诵了自己的几首诗。随后，马塞尔设法让《费加罗报》刊登了完整的来宾名单。该报的“社交与城市”专栏由弗朗索瓦·费拉里主持，《重现的时光》里叙事者说，费拉里的“社交报道时常让我和圣卢感到非常好玩，我们为了取乐也杜撰一些这样的报道”[⑧]。实际上，费拉里名下的部分报道系马塞尔捉刀而为，所以让他格外感到好玩。

① 据4月25日、26日、27日《费加罗报》《新闻报》以及通信（*Corr.*, t. II, p. 287）。

② 普鲁斯特在《艾默里·德·拉罗什富科伯爵夫人的沙龙》（*CSB*, p. 438）一文中写道：“埃拉格侯爵夫人的聪慧伶俐令人难以置信，无论多小的事儿她都能讲得妙语连珠，此时又在那里讲什么趣事呢？”这是盖尔芒特公爵夫人最早的草稿之一。

③ Ibid., p. 437：“布里耶伯爵夫人闺名卢德尔，是一位很有魅力的女性，但傻瓜们都认为她心地不善，因为她性情中有很多奇怪之处，她笑的时候，像别人哭泣时一样，把眼睛埋在双手之中。”这个特点后来给了维尔迪兰夫人。

④ 普鲁斯特1904年在《费加罗报》上为她写了一篇“沙龙”侧记。

⑤ “布朗特伯爵夫人的脂粉让她玫瑰色的魅人脸蛋更加鲜嫩，面容之中高雅、庄重、调皮兼而有之，脸庞线条分明，透出法国式的雍容，笼罩着智慧之光。”（*CSB*, p. 438）

⑥ 德朗德男爵夫人也是一位有名的沙龙女主人。在与孟德斯鸠失和的时候，她于1899年6月27日举办了一个晚会，由女演员Brandès小姐朗诵《红珍珠》选段，并演奏福雷的作品——福雷与孟德斯鸠的密切关系尽人皆知。

⑦ 弗拉芒是莱昂·巴伊比主持的《新闻报》的撰稿人，普鲁斯特亦为该报写稿。见其回忆录*Le Bal du Pré-Catelan*, *op. cit.* 1901年，马塞尔视其为“敌”。

⑧ *RTP*, t. IV, p. 338，参见十五人译本（七）69页。费拉里1909年去世，享年七十二岁。

这些活动，为他在小说中描写大型晚会场面作了铺垫。

当《红珍珠》于6月出版时，马塞尔向孟德斯鸠宣称要在《新闻报》写一篇报道[①]，但最终没能如愿（《新闻报》采用了阿尔贝·弗拉芒的文章）。虽然他当时已经打好腹稿，熟记了要引用的诗句，但整篇文章要等他到埃维昂之后才写成[②]。在埃维昂，他想象自己随着他“倾心挚爱、烂熟于胸的优美诗句”，漫步在遥远的凡尔赛，这些诗句“深深地植根于这片神圣的土地，植根于它的自然与历史之中，具有坚不可摧的基础”[③]。可见，在普鲁斯特的精神世界里，一个凡尔赛神话已经逐渐形成，对此，文学和散步发挥了同等重要的作用。母亲去世后，他躲在凡尔赛；他还将在《在斯万家那边》的结尾处提及凡尔赛的特里亚农。这是因为，此处“是世上最能承载骄傲、高贵和悲伤的地方”[④]。孟德斯鸠是凡尔赛的诗人，并以史家自居，他不惜运用滑稽、恫吓和掉书袋等手法，越过浪漫主义，重返“被人遗忘的十七世纪”，即巴洛克诗人的世纪。

这篇应时之作标志着小说创作灵感的消退吗？一篇写于此时但去世后才发表的文字似乎证明了这一点[⑤]。灵感来临的特征是创作激情突然迸发，这种激情是我们的文思卓尔不凡的唯一标志，词语因之顿时玲珑剔透，令我们运用自如，而一旦“这种兴奋状态难以为继”，即使文思尚存，但激情不再，我们就只有伤心沮丧。“温柔优美”的面容、灼人的眼神、推心置腹的谈话，这一切都未改变，

① *Corr.*, t. II, p. 289，普鲁斯特对孟德斯鸠写道：“不能再像 *Autels privilégiés* 出版时那样错失机会。”

② Ibid., p. 374.

③ *CSB*, p. 411.

④ Ibid.

⑤ Ibid., pp. 422–423.

但写下来的文字毫无激情可言，文思不再不可遏止地喷薄迸发，那种“神奇的力量”已荡然无存。普鲁斯特将要放弃《让·桑特伊》之时，无疑正是催生山楂花或教堂钟楼等精彩段落的创作激情逐渐消散之际。关于他放弃这部小说的原因，我们可以说出好几种：生活经验不足，故事情节单薄，结构过于松散，句子表现力弱。除此之外，既简单明了又神秘莫测的原因还在于灵感的枯竭。但是，正如旧情尚未完结而新的恋情即已露出端倪，在放弃《让·桑特伊》之前，普鲁斯特已经开始钟情于另一种艺术，另一种体裁，另一位主人公。约翰·罗斯金，已经随着另两位盎格鲁–撒克逊哲学家卡莱尔和爱默生，一步步走进普鲁斯特的智知世界。

湖畔的悠闲时光

这年夏天，普鲁斯特似乎已经放弃了小说《让·桑特伊》的写作（除了在莱蒙湖畔出现的不自主回忆现象，以及结束与夏洛特·克里塞特恋情的段落[①]），他既没有发什么牢骚，也没有在通信中透露任何内情。直到8月中旬，他才想到外出度假，到父母的身边去，他们当时正住在埃维昂的光辉饭店。为此，他不停地向人打听合适的住所，但他并没有像一般人那样询问父母，而是找了朋友康斯坦丁·德·勃兰科温，他家在埃维昂附近的昂费恩拥有一处名为巴萨拉巴的豪华别墅。这座别墅在《索多姆和

① 这段文字写在一封通知信的背面，所以能够确定写作日期。我们还惊讶地注意到，主人公的名字不是让，而是马塞尔：“我叫您马塞尔，您叫我夏洛特，这样最好。”（*JS*, p. 831）

戈摩尔》当中变身为费代纳城堡[1]，属于康布尔梅一家，它的各处花园“满目都是无花果树、棕榈树和玫瑰花坛，一直延伸到海边，海面常常风平浪静，如地中海般一片蔚蓝”[2]。康斯坦丁、安娜·德·诺阿耶、埃莱娜·德·卡拉曼–希迈三人的母亲勃兰科温亲王夫人，闺名拉谢尔·穆苏吕斯[3]，是一位有很高文化修养的女性，普鲁斯特说她“心地善良，品德高尚”，但又“集脾气暴躁和东方式的怪诞于一身”[4]。她是一位出色的钢琴家，为埃内斯库和帕德雷夫斯基[5]充当保护人，在自己的各处宅邸组织演奏会[6]。她是哲学家加罗的朋友[7]。普鲁斯特有一篇对圣西门的仿作，其中说道，穆苏吕斯“是希腊一个门第高贵、地位显赫的家族，尤以历代出任使节人数之多、声望之高，且有人与先哲伊拉斯谟交好而著称”[8]。在莱蒙湖畔，亲王夫人“家中高朋满座”，“音乐声不绝于耳，此外她还要忙着拜访湖滨的各大府邸”。湖滨各大府邸的主人都将成为普鲁斯特的朋友：“他们当中，有些人拥有风格粗犷的高门大院，据说来历不凡，曾是萨瓦诸位公爵或圣方济各·沙雷氏的栖身之所；另一些人则对自己简朴的庄园颇为自得……各处宅邸都令人赏心悦目。”[9]格雷瓜尔·德·勃兰科温亲王死于1886年[10]，他是瓦拉几亚公国统治家族的后代。这个家族被列强排挤出继承罗马尼亚王位的序列，让位于霍亨索伦家族，此后他们主要生活在巴黎，安娜·德·诺阿耶就是在拉图尔–莫堡大道的住所出生的，所以她说：“我从来没有想过我的父母是外国

① Féternes（比小说里的“费代纳”多了字母 s）是托农以东二十公里处的一个村庄，普鲁斯特在《索多姆》中把它放在了海边。佩因特认为里夫贝尔的名字来自日内瓦郊区的贝尔里夫，恐怕不太确切。其最有可能的来源是卡堡附近的里瓦–贝拉，那里恰好也有一处游乐场和一家餐厅。

② *RTP*, t. III, p. 664，参见十五人译本（四）163 页。康布尔梅实际上在巴尔贝克有两处房舍，我们不应混淆：一处是费代纳城堡，以巴萨拉巴别墅和莱蒙湖为原型，另一处是拉斯普利埃城堡，以弗雷蒙别墅和特鲁维尔为原型。勃兰科温亲王的园艺师从 1876 年开始在此植树种花，并因其“引进栽培的绿色针叶树和乔木、喜马拉雅冷杉、各种雪松、杉树、楸树、山楂、羽扇槭、花楸”以及“温室里的热带植物”而获得了金棕榈奖。这种“有些人工化”的自然与“岸边遍地的绿色植被和繁茂的植物”和谐地融为一体（Ardouin-Dumazet, *Voyage en France, Les Alpes du Léman à la Durance*, Berger-Levrault, 1903, p. 80）。

③ 有人认为她是康布尔梅侯爵夫人的原型之一。她的确是喜爱当时已经过气的肖邦。她生于君士坦丁堡，出身于“克里特岛上一个古老的人文学者之家”（A. de Noailles, *Le Livre de ma vie*, Hachette, 1932, p. 22），父亲是奥斯曼帝国驻伦敦大使 Musurus Pacha，她在“维多利亚女王的怀中”长大，后来在昂费恩接待过维多利亚女王的后代。

④ *Corr.*, t. II, p. 311, 1899 年 9 月 12 日。

⑤ 少女时代的安娜·德·诺阿耶对他非常着迷：“我看到了一个长着红头发的大天使，一双纯净的蓝色眼睛充满严厉、审视和疑虑，仿佛能一眼望到他的灵魂深处。”(*op. cit.*, p. 211 *sq.*)安娜丧夫之后，这位大天使每天都来安慰她。

⑥ 在巴黎，最早是在“奥什大街上那座晦暗的公馆里”。安娜后来写道，音乐会“在廊厅里举行，那里挂着父系祖辈的肖像，他们曾是多瑙河和喀尔巴阡山的统治者”；后来转移到维克多–雨果大街 81 号。

⑦ *RTP*, t. III, p. 214，参见十五人译本（四）212 页。在索邦上加罗哲学课的是德·康布尔梅–勒格朗丹夫人，其原型应该是安娜·德·诺阿耶（*op. cit.*, p. 150）：“加罗先生是唯灵论哲学家，面相和蔼、慈祥……他既爱人也受人爱，如同一位真正的思想家受人尊敬。”不过，加罗是波托卡伯爵夫人捉弄的对象，普鲁斯特在文中特意描写了她的恶作剧（*CSB*, p. 493）。

⑧ Ibid., p. 51. 亲王夫人有一个兄弟保罗·穆苏吕斯，先做了外交官，后来成为诗人。

⑨ A. de Noaille, *op. cit.*, p. 137. 指的是芒东家族、莫尼家族、舍维伊家族、巴托洛尼家族和罗斯柴尔德家族。

⑩ 根据《哥达年鉴》（1906, p. 297），这个家族早在 1300 年代就因瓦拉几亚大公 Jugomir Bassaraba 而著称，1600 年前后取得 Brancoveni 公国，1695 年获得勃兰科温亲王和神圣罗马帝国亲王称号。格雷瓜尔的父亲，瓦拉几亚公国的君主（1842—1848）乔治·德米特·比贝斯科（1804—1873）娶了最后一位勃兰科温亲王的养女，因而取得勃兰科温亲王的称号。安娜·德·诺阿耶对父亲有详细描写（*op. cit.*, pp. 17–20），她对父亲“又爱又怕”，她也写到了母亲“举世无双的美貌和出众的音乐才华”。整个家族拥护共和国，但与威尔士亲王和流放到瑞士普朗然的拿破仑亲王保持来往（ibid., p. 35）。

人。”[①]勃兰科温一家有一艘名为“Romania”的游艇，普鲁斯特在小说中把它安排给住在费代纳城堡的康布尔梅一家：“每到盛会开始之前，主人家的小游艇就驶往海湾对岸的沙滩，迎来最为尊贵的宾客；等客人到齐，游艇便迎着太阳张开遮篷，当作客人们用点心的餐厅；到了晚上，再把接来的宾客送走。迷人的奢华……”[②]

康斯坦丁·德·勃兰科温与他的母亲、叔叔和姐妹们一样，对文学痴迷至极。他后来创办《拉丁复兴》杂志[③]，取这个刊名，恰与佩拉当长达21卷的小说《拉丁没落》相映成趣。此时，康斯坦丁邀请马塞尔到巴萨拉巴别墅住下，如邀请未果，就向他推荐昂费恩的旅馆，马塞尔曾问起这家旅馆的情况。普鲁斯特夫人建议儿子住在埃维昂美岸饭店的配楼。于是，终其一生凡事问遍所有人但不采纳任何人意见的普鲁斯特，最终住进了……光辉饭店。人还未到，他已经再次提前体验到《追忆》中描写的住进陌生房间的痛苦，于是哀求朋友康斯坦丁帮忙：“您会看到我……到了新的地方是多么难过……我要请求前去看望您，以便寻求一点安慰，以便在完全陌生、让人浑身难受的地方找到一个熟悉的朋友、恢复旧有的习惯，以便重续友情、缅怀往昔。因为在开始的几个晚上，我就像有人——是巴雷斯吗？——所说的黄昏时的动物，如此痛苦，如此莫名却深切，浑身生了大病一般地痛苦……有多少次，我反复吟咏令妹优美的诗句：‘究竟去往何方，才能减轻我们的悲伤？’[④]”

① Ibid., p. 29 ; cf. p. 30. 但有很多人替她想着呢。我们将遭遇迪斯巴克的看法（p. 259）：“年轻的安娜·德·诺阿耶最令人震撼的地方也许是，她一心要做一个比法国人还纯粹的法国人。”还有吉罗杜的说法：“令人惊艳，但不属于法国。”（ibid.）德·蒙蒂贝娄夫人回击勃兰科温姐妹支持德雷福斯案重审的坚定信念：“你们，法国人！……你们有什么权利自称法国人？……得啦，你们是拜占廷的流浪儿！”（M. Barrès, *Mes cahiers, op. cit.*, p. 123, 1899）

② *RTP*, t. III, p. 164， 参见十五人译本（四）163页。

③“拉丁复兴”最早是勒迈特与沃居埃在布吕内蒂埃主持的《两世界评论》上发表的两篇文章的标题（1894年12月15日和1895年1月1日）。人们把邓南遮奉为这一复兴运动的主要推手。见P. Citti, *Contre la Décadence, op. cit.*, p. 183 *sq.*，其中引用了许多主张回归拉丁思想的著作。讲法语的罗马尼亚人投身这一运动是顺理成章的。

④ 1899年2月1日发表在《巴黎评论》上的《夏夜》一诗的最后一句，此诗后来收入诗集《无数颗心》（1901）。*Corr.*, t. II, pp. 301–302, 1899年8月24日或25日。

光辉饭店坐落在一处高地园林之中，有一百来间客房，普鲁斯特教授和夫人就住在这里，他们虽没有乡间别墅，但总是在豪华大饭店里度假。马塞尔住进饭店底层的一个“既可爱又舒适的套间”。他忙不迭地询问母亲，这个房间与他过去在克罗伊茨纳赫或勒蒙多尔的住处相比，哪个更干燥，哪个更潮湿。他还问母亲，在莱茵地区逗留期间，是不是不管天气温暖干燥还是阴冷下雨，他都状态很好，没有生病。他还想过要换个楼层，但这样一来，该如何打发底层的服务员，又如何打发早上给他送咖啡的服务生呢？另外，马塞尔记不清是否在箱子里放了领带夹（但他没有想到要打开箱子看一眼，而是写信询问母亲），也不记得是否放了白色领带（对此他自己倒是说最终并不需要），相应地，到底要不要买些海绵呢？这些细节可能看起来无关紧要，但它反映出，凡事要问个究竟的脾气，使他不得安宁，一方面成就了他精神的伟大，另一方面耗蚀了他的神经系统；反映出他所谓的病，也包括了对病的恐惧，他的神经官能症就是对神经官能症的恐惧[1]。

莱蒙湖畔弥漫着对卢梭、拜伦、斯达尔夫人的回忆，也是远足漫步、以文会友的上佳场所。斯达尔夫人的后代奥松维尔一家居住的科佩城堡尤其吸引着马塞尔，尽管他未能把奥松维尔伯爵争取到德雷福斯派一边。卢梭对莱蒙湖的深情，马塞尔没有切身体会（他无疑更偏爱布洛涅森林中的湖，并让它在《追忆》中扮演了更为重要的角色），但在他最后为《让·桑特伊》所写的章节中，有些

① Ibid., p. 307, 1899 年 9 月 11 日，致母亲。

段落是写莱蒙湖的。在描写乘勃兰科温的马车在湖边兜风的情景时，他把莱蒙湖比作自己的脸庞：“在这安静的下午四点，湖上的条条航迹悄然扩展、交汇，像海上的一条条长长的白线，整个日内瓦呈现在我们面前，美得像一只完整的眼睛、一头凌乱的卷发。”[1]让·桑特伊观察到湖上船舶留下的航迹，“水面保留了船舶航行的路径，仿佛人类把地理学教给了大自然，此刻大自然把人类活动记录下来”，他还留意到人的记忆“蜕变为对色调差别和明暗程度的关注”。这段文字同时也是普鲁斯特迄今为止对非自主记忆最为详尽的描写：当一种深深的幸福感涌遍主人公的全身之时，他再次沉浸在对贝格–梅伊的回忆当中，正是这两者的结合产生了时光磨蚀不掉的快乐。

在莱蒙湖畔的昂费恩，主要的社交场所是巴萨拉巴别墅，法尔格[2]日后曾满怀深情地忆及别墅的花园。马塞尔在此遇到了与他同属德雷福斯派的波利尼亚克，他向马塞尔讲了一件自己的趣事，马塞尔在信中转述给母亲：在竞选众议院议员的过程中，一位工人问他是不是社会主义者，他答道：“瞧您，怎么对此还会有丝毫怀疑！”[3]有一张别墅来宾的“全家福”：勃兰科温亲王夫人，她的两个女儿埃莱娜和安娜、儿子康斯坦丁，普鲁斯特站在康斯坦丁身边，另外还能认出波利尼亚克亲王和夫人、德·蒙泰纳尔夫人、莱昂·德拉弗斯和阿贝尔·埃尔芒[4]。埃尔芒生于1862年，因写作影射小说攻击大学（《拉博松先生》，1884）和军队（《骑士米泽雷》）

① *JS*, p. 398. 此处我们能认出普鲁斯特的面容。

②“在昂费恩，在像往昔一样平静、像记忆一样深邃的湖水旁，一座花园向安娜·德·诺阿耶的回忆敞开了心扉。”（*Portraits de famille*, J.-B. Janin, 1947, p. 9）

③ *Corr.*, t. II, p. 311, 1899 年 9 月 12 日，致母亲。

④ G. Brée, *The World of Marcel Proust*, Londres, Chatto and Windus, 1967, pp. 116–117.

而名声大噪，其分析小说（《清醒的爱情》，1890）对布尔热多有借鉴；近期发表了系列对话小说描写外交界（《职业生涯》）和王室家庭（《怀疑者》），还有描写上层社会的剧本（《人群》，1896；《郊区》，1899）。尽管他是偏爱自然主义作家的出版商沙尔庞捷的女婿，但马塞尔仍然想讨好他，不仅奉上《欢乐与时日》，还称他为自己的同路人。到后来，埃尔芒收养了一个男孩，普鲁斯特以他为原型塑造了莫雷尔[1]，也许还包括那位以单片眼镜作为唯一观察工具的社交小说家[2]。

这座别墅的核心是安娜·德·诺阿耶；还要再过一段时间，马塞尔才与她成为真正的朋友。不过，他仍然把她的肖像描写补入了《让·桑特伊》。小说中有一章专写闺名克丽丝皮奈莉的加斯帕尔·德·雷韦永子爵夫人，她结婚不久，刚刚发表了诗作；我们过去曾把这一章的写作时间推测为1898年春。的确，安娜·德·勃兰科温于1897年8月18日与马蒂厄·德·诺阿耶子爵结婚，在1898年2月1日的《巴黎评论》发表了诗歌处女作，小说中写道："她那会儿刚刚发表了优美的诗歌。"[3]另外，马塞尔此时也确与康斯坦丁·德·勃兰科温成了很亲密的朋友。不过，关于安娜的活动和诗歌创作，这一章中含有十分丰富的细节，我们倾向于把它的写作时间确定为1899年夏。如同对待贝戈特一样，普鲁斯特将这位女诗人的体貌和作品截然分开。她的体态、眼眸、举止都光彩照人，但"构成其诗歌本质的东西，她向来闭口不谈，相反，她常常开玩

① *RTP*, t. III, p. 1877, n. 1, t. IV, p. 973 et *Corr.*, t. VIII, pp. 72–73，致德·诺阿耶夫人，谈到埃尔芒和同性恋者收养的问题。他还批评埃尔芒文体风格中强装的纯正主义（*RTP*, t. II, p. 1697）。

② Ibid., t. I, pp. 321 et 938，参见十五人译本（一）324 页，周译本（一）335 页。

③ *JS*, p. 520; cf. *Corr.*, t. II, p. 270 et n. 3.

笑，谁若是高谈些什么春天啊、爱情啊等等，她都会嘲笑一番，她似乎对这类东西瞧不上眼……这绝不是因为她的诗不真诚，恰恰相反，这是因为她的诗表达了内心某种极为深刻的东西，连她本人，都无法把它当作某种与自己不同的东西进行思考、言说和定义”[1]。普鲁斯特认为，诗就是“有关我们获得灵感时刻的记忆”，这些时刻将“我们自己内心的本质”封闭起来：某种往昔的香味，一缕同样的阳光，就能把我们从“当下的桎梏中”短暂解救出来，使我们感觉到“某种东西，它超然于当前时刻，超然于我们自己的本质”[2]。我们过去未曾充分注意到，普鲁斯特其实在论述安娜·德·诺阿耶的过程中，即已勾勒出《重现的时光》美学理论的轮廓。马塞尔以其机警的敏锐感觉到，这位年轻女性总是满怀忧伤，她在这惆怅中找到了“狂热梦想的起点”。

普鲁斯特还与她一样惯用喜剧手法，这种手法的目的不是讲述可笑的故事，而是揭示每个日常生活场景的“可笑之处”[3]。因此，喜剧手法与感知事物本质的诗具有亲缘关系。二者之间只有层次的不同，喜剧的魅力和乐趣体现在表层和对话中，诗的灵感体现在深层和独处时。那么在他谈起“超人”时，他所指的仍是安娜，还是他自己呢？这些“超人”身上具有获得灵感的卓越才能，而“在其余时间里，他们的超人之处也许会表现为失眠、懒惰、挥霍才华、做事马虎、激情澎湃、神经痛、自私、温柔体贴、过度紧张，但也可能会表现为令人艳羡的超群智慧，

① *JS*, p. 520.

② Ibid., p. 521.

③ Ibid., p. 522.

在交谈中随意挥洒、妙语迭出”。雷韦永子爵夫人正是因为自己出众的诗歌和喜剧才华、独特的思想观念而与周围人群格格不入，这些人惊愕之余[1]，纷纷指责她的种种不良习惯，如说话絮叨，赴宴不守时，纵声大笑（这是她的卓越才华在社会上的表现，在自己身体上则表现为心悸和荨麻疹）；她因此站在德雷福斯一边，站在军队的对立面。安娜也从自己的角度观察[2]“马塞尔·普鲁斯特那笑颜常开、充满活力而又慵懒萎靡的青春时代：他漂亮的如日本夜莺的眼睛——满满的一汪金褐色液体——带着疑问，仿佛为了获得某种必须的、美妙的教益，急切地期待我们的答案。但我们不要误会，马塞尔·普鲁斯特是不向别人提问的，他不在与朋友的接触中寻求教益，他默默地向自己提出各种问题，而后在交谈中，在各种活动中，在作品中做出回答……的确，尽管他的神态和嗓音温柔到极点，但他的谈话中充满斩钉截铁的判断，没有哪个人能像他那样坚定，像他那样坚信自己的真理。他所看重的东西，他会向别人推荐；对他人的审美趣味，他会恰如其分地付之一笑；正如我们所见，他作出判断时坚定、大胆，毫不担心别人会对他有什么看法……”[3]这幅栩栩如生的肖像，活画出青年时期的普鲁斯特：彬彬有礼，神情专注，但又充满自信，拥有信仰。这个信仰是与一位诗人女友共同拥有的，尔后，她早年即已享有的荣光，她如此珍爱的荣光，终于弃她而去。

德雷福斯事件的新进展打破了别墅的宁静。对德雷

① Ibid., pp. 523–524.

② *Corr. gén.*, t. II, p. 20. Cf. *Hommage à M. Proust.*

③ *Corr. gén.*, pp. 20–21.

福斯的判决被撤销，并从8月7日起在雷恩的军事法庭进行重新审理。到了11日，马塞尔忧心忡忡地致信约瑟夫·雷纳克说："听说雷恩那边情况不妙。"[①]14日，德雷福斯的律师拉博利遭到暗算，普鲁斯特打电报向这位"不可战胜的巨人"致敬[②]。他对审判的进展十分关注，不仅书信中充斥着相关内容，而且令事件中的人物通过隐喻和影射来到他的身边[③]。到了9月9日，"可耻的判决"终于出台，宣布德雷福斯有罪但同时有"减轻刑罚的情节"，普鲁斯特认为，此判决"对军队、对法兰西、对残忍地要求精疲力尽的德雷福斯重新振作的法官们来说都是十分可悲的"；至于"减轻刑罚的情节"，"正是各位卑鄙无耻的法官的自供状，说明他们对德雷福斯的罪行心存疑问"；他希望——也许是为了安慰母亲和弟弟——政府将采取"补偿措施"；到了19日，德雷福斯被特赦[④]。听到"可耻的判决"时，安娜·德·诺阿耶失声痛哭；勃兰科温全家都是德雷福斯派，他们一直在谈论这件事。普鲁斯特的父母9月9日就离开了埃维昂，他每天都给母亲写信，我们因此得以更清楚地了解他的感受，同时，他对饭店的住客、访客和邻居的描写似乎正是他日后描写巴尔贝克大旅社的草稿，如公证人科坦和妻子，在埃维昂行医的戈泰（"就一位医生而言，他具有惊人的文化修养"[⑤]，他的名字也使人产生联想），贝臧松上诉法院第一主席弗朗索瓦·古容[⑥]，以及布洛克一家的几个原型（马塞尔称之为"辛迪加"[⑦]）。关于路易–菲利浦的孙子厄伯爵，普鲁斯

① *Corr.*, t. II, p. 294.

② Ibid., p. 295.

③ E. g. ibid., t. II, pp. 307–308.

④ Ibid., p. 340，他22日写信给母亲："我从你的信中得知德雷福斯被特赦。"

⑤ Ibid., p. 327：如果联想到马塞尔的父亲和哥哥，那么他的这种看法就显得很滑稽。但迪·布尔邦也是一个很有文化修养的人。

⑥ Ibid., p. 347.

⑦ 这个词出现在他写给母亲的信中，并暗指德雷福斯事件。

特描写他脱帽深深鞠躬的动作，犹如他后来在《少女》中描写萨冈亲王[①]。

马塞尔并未因此耽搁社交和感情生活。离饭店二十公里左右有一座古德雷城堡，它原是一处要塞，是阿兰热昔日领主的产业，周围是美丽的园林和丰饶的农田，如今是巴托洛尼夫人和女儿“吉吉”在此居住。普鲁斯特两年前与她们相识[②]，在书信里向吉吉大献殷勤。巴托洛尼夫人是欧仁妮皇后当年的伴妇，尤以美貌著称，留着红彤彤的头发。她的住所属于第二帝国的装饰风格，昔日的“帝国美人”还在谈话中对马塞尔谆谆教诲。他在这儿遇到了德拉弗斯和亨利·博尔多。博尔多当时在托农当律师，普鲁斯特将与他终生保持通信联系。博尔多陪着马塞尔拜访邻近原属于阿兰热领主们的各个城堡，结识他的各位年轻女友。其中有一位玛丽·德·舍维伊，他们曾一同前往古德雷城堡，玛丽就像夏多布里昂所钟爱的仙女或德·博蒙夫人[③]，马塞尔为她倾倒，认为她“可爱迷人”[④]。他还曾在黄昏的马车上为这位姑娘朗诵维尼的《牧羊人之家》，就像小说的叙事者为阿尔贝蒂娜朗诵[⑤]。玛丽·德·舍维伊撰文回忆与普鲁斯特和德拉弗斯的交往，讲述他们一同散步、交谈的情形，她觉得在谈话中反倒是普鲁斯特更像音乐家，普鲁斯特眼中“恋人”的魅力和近乎幼稚的纯真，隐藏着“令人惊异的成熟”[⑥]。

① *Corr.*, t. II, p. 319. 普鲁斯特接着写道：“这种行礼方式，在从前我闪身让路的人身上从未有过，这些人也都是些普通市民，但像贵族一样直挺挺地走过去。”由此可以看出，此时的普鲁斯特还需进一步发现礼节礼貌的法则，这是后来他在《盖尔芒特家那边》当中乐此不疲地精心刻画的内容。

② *Corr.*, t. II, p. 200, 1897 年 7 月 7 日，致吉吉·巴托洛尼。

③ H. Bordeaux, *La Douceur de vivre menacée*, Plon, 1956, p. 75.

④ *Corr.*, t. II, p. 326.

⑤ *Corr.*, t. II, p. 367, et M. de Chevilly, « Proust en Savoie », *BAMP*, n°s 23 et 24, 1973 et 1974.

⑥ Ibid. 玛丽·德·舍维伊认定，由于她朋友的父亲持反犹立场，所以直到 1900 年，普鲁斯特才在 Montjoux 受到舍维伊一家的接待。这是玛丽自己搞错了。年轻姑娘玛丽看起来几乎爱上了普鲁斯特，花了很多笔墨写这次来访；她还详细写了普鲁斯特对莫尼一家的拜访，这次访问应该是后来的事，因为 1899 年的时候莫尼还没有结婚，而在这次访问期间，莫尼的年轻妻子试图通过丈夫求马塞尔帮忙出版她的素描，这让马塞尔不知所措。战争过后，普鲁斯特为丽塔·德·莫尼的一本画集作了序。至于当时社会上弥漫的反犹氛围，马塞尔经受了另一次考验，一位名叫 Galard 的先生问他：“您是韦伊先生的外甥吗？”马塞尔说：“那种要揭穿我的面具的神情让我非常恼火。”（*Corr.*, t. II, p. 341）

另一位新结识的好友是克莱芒·德·莫尼，一位“帅男孩兼好男孩”[1]，马塞尔是通过克莱芒在巴黎的表亲卢德尔一家认识他的。他居住的莫尼城堡坐落在距离托农八公里处的山路上，是一座简朴森严的堡垒。普鲁斯特1920年写给油画家兼素描家德·莫尼夫人的信中，回忆起这座堪作弗拉卡斯上尉府邸、令人肃然起敬但不够赏心悦目的城堡，说它“镶嵌在这个神奇国度的绿宝石之上”。他还记得沿湖的小火车：“在萨瓦我们一起度过许多个傍晚，眺望着白皑皑的勃朗峰在夕阳中变成玫瑰色，转眼间又被夜色吞没。然后，我们须动身返回日内瓦湖，在到达托农之前，登上可爱的小火车——它和我在尚未面世的小说中所写的小火车非常相像。”[2]这位体贴的朋友甚至来到光辉饭店过夜，陪伴饱受焦虑折磨的马塞尔[3]。1901年[4]，马塞尔把一本《欢乐与时日》赠予克莱芒，还提及这段时光：“您曾经见过我身陷痛苦不能自拔，而您无论出于有心还是无意，从来没让我感到难过……您曾见过各种悲伤来了又去，相较之下，我在这本书里描摹的悲伤对您来说可能没有什么不同。让我们哭泣的原因变了，但眼泪依旧。”

普鲁斯特通过莫尼介绍认识了皮埃尔·德·舍维伊，渴望与他一起前往意大利，沿着斯丹达尔——依然以书为媒——的足迹，朝拜“法布里斯曾经玩耍的湖畔”，但最终未能成行。“我常常想起我们未能游历的湖泊、冰川和遥远的伦巴第；现实中未能完成的旅行，我在幻想中实现，这也是一种旅行的方式。”[5]我们分明感到这是《在

① Ibid., p. 354, 1899 年 9 月底致母亲。当时他正在为这位朋友找对象。

② Ibid., t. XIX, pp. 538–539. 普鲁斯特在此说明了《索多姆和戈摩尔》当中小火车的来历（*RTP*, t. III, p. 180；参见十五人译本［四］178—179 页）。我们看到他为了利用一处回忆所需要的时间和耐心，这与他所说的“报道文学”相距甚远。

③ *Corr.*, t. II, p. 315：“莫尼昨天来旅馆吃饭并且当晚就住在旅馆里，他住在2号房间，所以就睡在爸爸的床上。”

④ 菲利浦·科尔布推断的写信日期（ibid., t. II, p. 291）似乎不确，因为这封信同时也是断交信：“只有上帝知道我们是否从此分道扬镳。”

⑤ Ibid., t. II, p. 367, 1899 年 10 月 13 日。

斯万家那边》中叙事者的口吻，特别是因为普鲁斯特已经谈到，“按照成功定律，我们青年时代的蓝图终将有实现的那一天”。当马塞尔登门看望舍维伊时，他父亲问道：“光辉饭店里肯定有很多犹太人吧？”接着建议马塞尔明年最好住在托农的饭店里。马塞尔对此品评道，“这老家伙简直被《自由言论报》弄昏了头”，而他儿子“正因为雷恩判决而不自在呢”。与马塞尔来往的其他人都没有什么名气。普鲁斯特夫人得知来了一位谢德比安[1]，便想要儿子离开湖滨；马塞尔后来告诉母亲，他与此人总共只见过一面。为博取母亲纯朴的仁爱之心，马塞尔的做法直截了当，在信里把一位普波吉埃尔的不幸境况一五一十地告诉母亲：他是瓦工之子，“身无分文，背井离乡，低下的社会地位与他的才能和自尊心毫不相称”。普鲁斯特夫人因此觉得他是个“非同一般并且受到了伤害”的年轻人[2]。他需要钱，需要看病。普鲁斯特夫人便寄来二十五法郎，让马塞尔非常高兴，他巧妙地借用熟语叫道：“大喜无须对人言！”但这种反应似乎有些过度。此外，他还喜欢饭店里（在巴尔贝克之前）给予他很多关照的那位电梯司机。友情的光辉之下有可疑的阴影，终有一天，对下人的爱情，将取代对贵族人士的爱情。

多重面孔的马塞尔当然不会错过科佩别墅，对斯达尔夫人及其友人的缅怀在那里召唤着他。为了“更深刻地体味”此次朝圣，他做了充分准备，读了保罗·德夏内尔的《妇女群像》[3]以及《儒贝书信集》[4]。尤其是，奥松维

① Ibid., t. II, p. 321. 雅克·迪布瓦·德·谢德比安，是一位前众议员之子。

② Ibid., p. 332, 1899 年 9 月 18 日或 19 日。

③ Ibid., p. 326.

④ Paul de Reynal 编的书信集（卡尔曼－莱维出版社，1883 年）。*Corr.*, t. II, p. 320。同一时期（但与科佩无关），普鲁斯特在读米涅关于查理五世退位的书，他在《斯万》的第一页就提到过这位历史学家的作品。

尔伯爵夫妇代表着湖滨地区身份最高的贵族，是他晋身上层社会的必经之路。普鲁斯特在《重现的时光》里写道："假如奥松维尔这个姓随着当前这位家族代表湮灭，那么斯达尔夫人恐怕就会成为这个家族史上最大的荣耀。然而在大革命之前，王国一等贵胄奥松维尔先生，曾因为自己不认识斯达尔夫人的父亲而在德·布洛伊先生面前洋洋自得，他根本想不到，他们二人的后代居然分别迎娶了《柯琳娜》作者的女儿和外孙女。"[①]在小说的结尾，普鲁斯特通过盖尔芒特家族的演变反映社会的巨大变迁，而奥松维尔家族恰好为普鲁斯特提供了社会变迁的例证。当他9月21日前往科佩别墅时，别墅的主人为避开公共开放日的访客，在康斯坦丁·德·勃兰科温和阿贝尔·埃尔的陪同下逃离了家。而普鲁斯特正巧"喜欢斯达尔夫人胜过喜欢奥松维尔夫人"，于是利用这个机会"把每个房间都看个仔细"。后来他谈起这次拜访："在一个安静的金色秋日来到科佩别墅真是美妙，此时蓝蓝的湖水之上，葡萄园已是一片金黄，这座十八世纪的大宅显得有些阴冷，既史迹斑斑，又生机勃勃，住在此处的名人之后既延续了先辈的生命，也延续了他们的'风格'。"[②]在这个时期，普鲁斯特发现了汽车的种种妙处，其中每样东西都让他惊奇不已；1907年的诺曼底汽车之旅更促使他写了一篇题为《乘汽车行路印象记》的文章[③]，进一步丰富和发展了这一主题。与一般人想象中的普鲁斯特截然相反，他对现代生活中涌现的各种发明都持赞赏态度，并在作品中为此不吝笔墨。

① *RTP*, t. IV, p. 546； 参见十五人译本（七）271页。Cf. ibid., t. II, p. 859, n. 1。（莱昂斯－维克多·德·布洛伊公爵娶了德·斯达尔夫人的女儿，他们二人的女儿［即德·斯达尔夫人的外孙女］，神圣罗马帝国公主路易丝－阿尔贝蒂娜·德·布洛伊，1836年嫁给了奥松维尔伯爵。德·布洛伊的后人中有一对兄弟是著名物理学家，他们的名字通译作德布罗意，见586页。——译者注）

② *CSB*, p. 485，《奥松维尔伯爵夫人的沙龙》。

③ *Le Figaro*, 19 novembre 1907；cf. *RTP*, t. III, p. 385 *sq*，参见十五人译本（四）388页起。

九月中下旬，除了为《让·桑特伊》补写的段落之外，他还为朋友莱昂·巴伊比主持的《新闻报》写了一篇书信小说《波斯等地来信》[1]。这是他对书信小说的新尝试，但与前一篇书信小说一样，普鲁斯特写了两封信后尝试即告夭折。这一次，普鲁斯特扮演男性角色贝尔纳·德·阿尔古夫尔，罗贝尔·德·弗莱尔充当女性角色，即已经在《欢乐与时日》中出现过的弗朗索瓦丝·德·布莱弗。第一封信既是一个嫉妒者的盘问（他的情妇住在图赖讷——这个地方将与嫉妒形影不离，一直到阿尔贝蒂娜死去），又是一个木腿人的肖像（这个因木腿而成名的人物借自《让·桑特伊》），还是一个带有色情意味的故事（苍蝇发出嗡嗡声以及“在您身上爬行时”，让人想起“夏天的室内乐”和情人的爱抚）。第二封信描写于贝尔·罗贝尔[2]的油画《喷泉》[3]（它后来在《索多姆》中属于盖尔芒特亲王）。信中继续绘画的话题，谈到在安特卫普举行的凡戴克画展，普鲁斯特为这个没有亲眼看到的画展移植了属于阿姆斯特丹的景色和海鸥。《儒贝书信集》为他提供了波莉娜·德·博蒙在一封信中对勒蒙多尔的大段描写，这使得普鲁斯特扮演的贝尔纳把她比作自己的情妇。普鲁斯特从圣伯夫《夏多布里昂及其集团》一书中，借用了夏多布里昂对其情妇德·博蒙夫人不忠的故事，最后又以影射德鲁莱德的君主主义复辟阴谋作结。面对如此庞杂的内容，《书信》就此中断毫不奇怪，不过它又在一篇题献给罗贝尔·德·弗莱尔的“对话”中复活[4]：

① *Corr.*, t. II, p. 344, 9 月 24 日：“也许到饭店歇业之时，我将会第一次感到自己身体健康，思想丰沛！我根本不需要做给《新闻报》写稿这种傻事，但也只好写一篇关于德·博蒙夫人的文章。”书信小说已写成的部分刊登在 1899 年 9 月 19 日和 10 月 12 日的《新闻报》上，见 *CSB*, pp. 424–430。

② *RTP*, t. III, pp. 56–57 et n. 1，十五人译本（四）53—54 页。这段文字写过很多稿。

③ 1885 年以 13000 法郎售出；1918 年在 Ledoux 拍卖行，一幅同名油画被勒内·然佩尔买走（*Journal d'un collectionneur marchand de tableaux*, Calmann-Lévy, 1963, p. 22）。

④ *CSB*, pp. 431–435. 一份含有这篇对话异文的手稿 1994 年 4 月 25 日在德鲁奥拍卖行拍卖（Catalogue Ader-Tajan, n° 44）。

文学技巧再度改变，似乎普鲁斯特想尽一切办法避免就此沉寂，避免故事的枯竭。在他最喜欢的布洛涅森林餐馆里，亨利向弗朗索瓦丝敞开心扉，倾诉失恋造成的痛苦；谈起挥之不去的嫉妒，因为他总是想象所爱的人正在享受快乐；回忆亲吻的滋味，因为"其中夹杂着太多太多的回忆"；感叹心情的平复来之不易，因为只有新欢能令人忘却旧爱。这是《欢乐与时日》与《让·桑特伊》中众多爱情主题的简要综合，而不是为新作品开辟道路。马塞尔希望这两篇新作都能发表，但《对话》最终未能面世。

夏去秋来，埃维昂的饭店马上就要关门了。住店期间，马塞尔不停地向母亲报账、要钱，此时，他在考虑将到何处落脚。他想过经由意大利境内的各个湖泊和威尼斯（这不是最直接的路径）返回巴黎，或者前往罗马，因为可可·德·马德拉佐[1]住在那儿（他此时还没有那么"渴望"去佛罗伦萨），但由于愿望不那么强烈加之没有旅伴，这两个路径就都被放弃了。他随后考虑到采尔马德或奈岩峰甚至沙慕尼看一座山即可（"不用叮嘱我小心行事，因为我根本没有登山的打算"[2]），或者去看看马焦雷湖。因此，他要母亲把他巴黎书房里那本罗贝尔·德·拉希泽拉纳所著《罗斯金与美的宗教》[3]寄来，以便"用这位伟人的眼睛观赏山景"[4]。于是，在阅读罗斯金及其诠释者的过程中，他的心思渐渐从小说创作转移到美学思考上来。

与此同时，马塞尔经历了一次剧烈而滑稽的情感波澜。他自作多情地以为法朗士有意把女儿苏珊娜嫁给

① 画家，其父雷蒙·德·马德拉佐第二次结婚时娶的是雷纳尔多·哈恩的姐姐玛丽娅。

② *Corr.*, t. II, p. 360.

③ Hachette, 1897.

④ *Corr.*, t. II, p. 357, 1899 年 10 月 2 日。

他，写信给母亲说：“此事万万不可，所以要万分小心。”[1]1900年1月，波澜平息，婚姻的危险已经远去，也许是作为补偿吧，他送给前未来岳父“一幅价值不菲的鲁本斯素描”。法朗士回信感谢：“我今天仍然拥抱您，正是因为我爱您。”毫无疑问，马塞尔更愿意拥抱父亲而不是女儿。从此以后，二人之间几乎只剩下互赠著作和互致感谢了。比如普鲁斯特1904年收到法朗士新出版的故事集《克兰克比尔，皮图瓦，里凯》后，随即写信说，他将要与书中的人物克兰克比尔、马洛莱系主任、德屈尔将军、皮图瓦共度许多美好的夜晚，称赞书中“构思巧妙的人物形象和出人意表的故事结局”，并说收入集中的故事《大洋中的基督》1892年在《万象画报》发表时，就曾使他深受感动[2]。在《芝麻与百合》的译者注释中，普鲁斯特引用了“美妙无比的《吾友之书》的句子”：“激情，是人类精神财富的全部。”[3]

将要离开饭店之际，普鲁斯特写信告诉母亲，“所有的员工都非常喜欢我”[4]，门房还过来跟他说，从来“没见过对饭店员工如此和气的客人”，但他也给每个人都添了不少麻烦。当然，他大把大把地给小费，几乎让母亲（之后是让他自己）破产。不论当时还是之后，他对大众阶层的小人物，包括那个时代为数众多的仆人、听差、侍应，始终非常客气。这种做派其实极为罕见，而且不应与他打探消息或是找乐子的实用目的混为一谈。他跟塞莱斯特·阿尔巴莱说的话，比他跟格雷菲勒伯爵夫人说的话还

① Ibid.

② Ibid., t. IV, pp. 118–119, 1904 年 5 月。

③ *Sésame et les Lys*, Mercure de France, 1906, p. 116. Cf. *Corr.*, t. V, pp. 72–73：“我不知道还有什么东西与《白石之上》一样美。”

④ Ibid., t. II, p. 358, 1899 年 10 月 2 日。

要多，当然，格雷菲勒伯爵夫人也没有写出《普鲁斯特先生》。

最后，他放弃了思来想去的各种旅行计划，也许是因为，他不愿“在没有朋友相伴的情况下，独自面对旅途的孤独、劳顿和离家远行的惆怅”[1]。但他之所以视归途为畏途，是因为他难得跨出家门，每次归来都可能是“最后一次”。普鲁斯特的湖畔时光就这样结束了，其间他见了不少人，经了不少事，看了不少风景，他未来的小说对此都有所反映。他学会了如何面对孤独和应对疾病的发作；在与药品打交道的同时，他还要面对另一些人，他们劝阻他用药，并错误地认为药物正是他所有疾患的缘由[2]。

① Ibid., p. 361.

②“我想到了你会接待莫尼，他会告诉你——因为他是个天真的人——如果我不吃药的话，我的身体会很好甚至会更好……相反，科泰不理解我为什么至今还没有订购一些‘对女性的爱’。”

IX

《亚眠的圣经》

发现卡莱尔

在形形色色的艺术史中，“艺术家的肖像”，无论是自画像还是由其他艺术家所作的画像（比如荷兰肖像画家弗兰斯·哈尔斯，只有两幅自画像存世，但给不少同行画过像），始终是一个引人入胜的主题。这个现象似乎是说，面对这炯炯有神的目光，擎起的画笔，仍是一片空白的画布，我们马上就能抓住人类种种活动中最基本、最没有实际用途的艺术活动的秘密。然而，观摩画作虽说能造就美术爱好者，却无法培养作家。世上还有另一种仅由文字，也就是仅由概念来描绘的艺术家肖像，并且，正是文学作品中的艺术家——也就是出现在艺术批评、艺术史、艺术哲学、关于艺术的小说及其中间产品或其他各种中介中的艺术家——一面使我们远离仅存于造型感觉中的那种愉悦，一面使我们接近构成小说的意义的逻辑。

于是，在十九世纪末，一个热衷文学和各种艺术的年轻人投身探寻这个秘密。出生于1870年前后的法国作家，如纪德、瓦莱里、克洛岱尔等人，无不深知，文化不应简单地归结为文字；无不深知，凡受过教育之人，都能领略各种艺术之间的会通关联。普鲁斯特的例子，使我们更清楚地看到关于中介的一种奇特现象，澄清了一种美学思想的真正来源，也使业已湮灭或几无读者的几位作家——文学史墓地里已经漫漶的名字——得以延续艺术生命。普鲁斯特究竟从爱默生和卡莱尔那里获得了什么，我们所知甚少。他关于艺术家的种种观念，并非如有人大张旗鼓竭力证明的那样源自德国哲学，而是来自英语表达的思想。弄清楚一种思想如何通过某种类似"圣餐变体"的过程融入另一种思想当中，可以帮助我们澄清很多问题，比如，我们究竟如何得知存在这种影响而不是其他影响？这种影响持续了多久？我们能拿出何种证据？事实上，在阐述美学、诗学或文学批评理论的过程中，证据往往被不容置疑的判断所取代，这种例子不胜枚举。

假如我们不能证明在卡莱尔、爱默生、普鲁斯特关于艺术家的概念和理论中产生了一种新的形式，那么我们对这种观念分析也不会感兴趣。那么，"艺术家肖像"到底是不是遵从一定规则的文学形式呢？普鲁斯特是小说家，也就是说，在他那里，观念变成了人物形象。观念穿越语言的障碍，跨过国境的阻隔，最终在彼地现身，由此可以断言，对观念的传播来说，不存在国境，也不存在海关，讲授本国的文学——哪怕是法国的文学——也就是讲授某种承载着历史和地理重要内涵的国际文学。

然而法国文学批评已不再“垂青于”卡莱尔或爱默生，他们早就像絮絮叨叨的穷亲戚一样被晾在一边。普鲁斯特发现卡莱尔是在1895年，他通过伊祖莱1888年的法译本，读了卡莱尔1841年出版的讲演集《论英雄、英雄崇拜和历史上的英雄业绩》。此时他刚刚完成《欢乐与时日》，即将开始《让·桑特伊》的写作。普鲁斯特在卡莱尔系列讲演中发现的美学思想，与《欢乐与时日》没有共通之处，但将成为小说《让·桑特伊》的美学。让我们简要回顾一下这个发现包含了哪些内容。

卡莱尔认为，“世界历史是‘伟人’的历史”，伟人是“整个世界的历史的灵魂”。“诗人是属于各个时代的英雄人物。”[1]诗人，如同先知（流行于浪漫主义时代的诗人—先知形象，是卡莱尔从费希特那儿借来的），已经深入“宇宙的神圣奥秘”之中，这个神圣奥秘被歌德称为“公开的秘密”，它“存在于万事万物，正如费希特称它为‘存在于现象深处的世界的神圣观念’”[2]。表象不过是它的外衣和显现，使它能被我们看到（如马丹维尔、三棵树）。先知从道德角度掌握这个奥秘，诗人则从美学角度掌握这个奥秘：“世界的本质是美。”[3]伟大诗人的思想可从它的音乐性中辨认出来，也就是说，它深入“事物最隐秘的内心”，深入“其中隐藏的旋律”（凡德伊）：“您只要看得足够深，就能感受到音乐性。”[4]到了近代，英雄就是“文人”，他生活在“事物的内

① Trad. fr., p. 15.

② Ibid., p. 128.

③ Ibid., p. 130.

④ Ibid., pp. 132, 133.

部”。在这个观点上，卡莱尔吸取了费希特的思想（《论学者的本质》）。也许这就是德国哲学与普鲁斯特的承继关系，但这种关系是间接的（不过叔本华除外，普鲁斯特多次引用叔本华；他嘲笑叔本华引用他人的方式，但赞赏他的音乐理论——在这方面瓦格纳是另外一个中介）：“……实在存在于一切现象深处。在这个世界上，大众无法认识任何与这种神圣理念相像的东西，费希特说，他们纯粹生活在这个世界上的肤浅的事物、实用性的事物和表面的事物当中，想不到在它们深处还有什么神圣之物。但是，文人出世的目的，是专为他自己厘清这种神圣理念，也是为他人指明这种神圣理念。”卡莱尔继续论道[1]，文人是“世界之光”，但他必须牺牲一切完成自己的使命，他必须生活在这个“神圣理念”之中，否则，他就会沦为“笨伯、马大哈、可有可无之人”。歌德是文人中最著名的一个，“是这个不易产生先知的时代里的先知”——普鲁斯特读过歌德的书，把歌德视为十八世纪的代表，但他不喜欢十八世纪[2]。谈到“书”即英雄的著作时，卡莱尔所用的字眼在《重现的时光》里余音袅袅：“书中蕴含着所有过去时代的灵魂，当过去的有形体和物质实体梦幻般地完全消失以后，过去的事情在书中却能历历在目。”[3]文学揭示往昔，它是“大自然的启示录”，是对“公开的秘密”的揭示。甚至“崇拜”（adoration）一词——这个词预告了《重现的时光》之“永久的崇拜”，并把文学比拟为宗教[4]——都能在卡莱尔那里找到

① Ibid., pp. 246–248.

② 他与卡莱尔都不喜欢十八世纪（p. 268）：对卡莱尔来说，这是个“怀疑的时代、精神瘫痪的时代”，而不是“信仰的时代、英雄的时代”。怀疑主义体现在斯万、盖尔芒特一家、迪·布尔邦等人的精神之中：他们属于十八世纪。

③ Ibid., p. 251.

④ Ibid., pp. 256–257.

源头：“一切真正的歌唱都有崇拜的性质。”

只要看到普鲁斯特从1900年起（也就是说从他准备翻译《亚眠的圣经》之时起；他的法译本1904年由法兰西信使出版社出版），在译注罗斯金的过程中对卡莱尔的大量引用，我们就会明白，正是读了卡莱尔的著作（下面我们将看到，同时也包括爱默生的著作）使他爱上了罗斯金。约翰·罗斯金就是卡莱尔所说的英雄（而后他将成为普鲁斯特的英雄）：“罗斯金远非业余爱好者或唯美主义者，恰恰相反，他属于卡莱尔所说的英雄人物，英雄的天赋警示他一切快乐皆属虚妄，同时告诉他身边就存在一种通过启发即可直观感知的永恒现实。英雄被赋予才能，就是让他们能够抓住这种万能和永恒的现实，为此，英雄们既满怀激情，又仿佛受意识的驱使而奉献自己短暂的生命，从而使生命获得某种价值。正是这些人，专注而焦虑地站在要破解的宇宙面前，等待某种给他们指点的神灵，某种他们听到的声音，亦即天才之人与生俱来的灵感，告诉他们要关注现实的哪些部分，而他们的特殊禀赋将用一种特别的光把这些部分照亮。”[1]生命短促的个体直面永恒的现实，现实通过启示向个体说话。永恒的现实表面上是一个需要破解、需要翻译的世界。罗斯金与卡莱尔都认为，诗人就是“某种听抄人，大自然将自己一部分具有一定重要性的秘密告诉他，让他写下来”[2]。世界一分为二，即表与里，或幻与真。罗斯金从卡莱尔继承了一种“英雄的、贵族的、斯多葛式的理想”——普鲁斯特也是如此。于

① *CSB*, pp. 110–111.

② Ibid.

是，在频繁拜访伦敦图书馆创始人卡莱尔之后，罗斯金于1864年写出《芝麻与百合》一书专论阅读，而正是在阅读这一论题上，普鲁斯特与罗斯金分道扬镳。普鲁斯特认为，阅读固然使我们接近精神生活，但它并不构成精神生活本身，因为它使我们处于被动的状态，我们不可能同时既读又写。由于以上种种原因，我们就会明白普鲁斯特为什么会在1905年给帮助他翻译《芝麻与百合》的玛丽·诺德林格写信说："在我刻意保持空旷的房间里，只有一件复制艺术品，就是惠斯勒的油画《卡莱尔》的照片，画面上卡莱尔身着一件像他母亲的长袍一样鼓鼓囊囊的外套。"[①]（惠斯勒的两幅画《艺术家母亲的肖像》与《卡莱尔》分别作于1871年和1872—1873年间，二者的副标题都是《灰与黑的改编曲》。在此处，普鲁斯特让惠斯勒与罗斯金这两位不可调和的死对头达成和解。）他还把同一幅肖像的漫画仿作品寄给雷纳尔多·哈恩，因为讽刺可以减轻崇拜的重压[②]。画面上的两个人物都是侧面坐姿，身着飘起来的大衣。母亲的阴影（尽管是以"鼓鼓囊囊的外套"形式出现）始终笼罩着卡莱尔的肖像，令他通过奇特的性别反转（或者说通过比其他形式更为奇特的性别反转）成为女性形象，这也许不是没有意味的吧。

① *Corr.*, t. V, p. 43, 1905 年 2 月 9 日或 10 日。

② *Lettres à Reynaldo Hahn*, Gallimard, 1956, p. 163.

阅读爱默生

在同一时期，约1894年前后，还有一个人物的身影始终伴随着二十三岁的普鲁斯特，他就是爱默生。他的《代表人物》（1850）一书1863年被译成法文（也就是说早于卡莱尔的《论英雄》）。与卡莱尔相反，爱默生认为各种形式的艺术不能混为一谈："地位最高的艺术形式……属于诗人。"诗人"通过比经验更高明的方法进入大自然的奥秘和结构"。爱默生像当时许多人如巴尔扎克、波德莱尔等一样，深受瑞典神秘主义哲学家史威登堡的影响，将他视为世界各种符码的翻译者，但是个非常不完美的翻译者。他对"基本的相似"非常敏感，能洞察"事物的法则而不是其结构"。对史威登堡而言属于世界的东西，在普鲁斯特那里将成为语言中的东西：客观上存在的关联会通将成为语言的隐喻；从此我们不再把对象物中的存在混同于精神中的存在。继评介史威登堡之后，爱默生还论及他年轻时就十分崇拜的蒙田，所用的字眼预示着普鲁斯特的用词特点："思想的游戏就是：成双成对的事物中，一旦其中一方出现，就会去找另一方……如无限与有限，相对与绝对，表象与实在。"将这两个抽象的方面——小说家普鲁斯特将使它们具体化——统一起来的人，如蒙田，是天才之人，具有感知同一性的能力；而实干之人则关注差异性。正如马尔罗后来所说，实干永远要求做出非此即彼的选择。思想则消弭对立达成统一。

实际上，爱默生根本算不上文学批评家，他对每一位作家都要得出普遍性的结论。关于莎士比亚，他说："伟人的特点与其说是独特，毋宁说是广博。"普鲁斯特也将证明，独特性随时风演变，根本无法与能够容纳整个世界的博大精神相比。爱默生认为，诗人是纯粹被动的，它让世界自行其是，因为“自然是某种思想的化身，世界是沉淀了的精神”，“对象物一直存在，然而过去从来没有对它们的再现”。在评价歌德时（卡莱尔译过歌德；普鲁斯特年轻时也写过评论歌德的文字，直到去世后才发表），爱默生再次提出同一主题：“大自然是会得到报道的。万物都在忙着写自己的历史。”大自然培养作家，以阐释自己的意义。现代生活要“面对事物的多样性……歌德就是擅长多样性的哲学家”，他“将已经分散的原子根据其自身的法则重新聚集起来”。有了歌德，我们才懂得，“在任何时代，不利条件仅仅为懦夫而设，而天才带着阳光和音乐，盘旋在最黑、最聋的时代”。在此，我们看到天才理论最后的化身之一；进入二十世纪，这一理论经过马拉美（“天才飞向未来”），到克洛岱尔、瓦莱里以及马尔罗那里将完全死亡。我们的世纪被历史的重负所压垮，已经不再相信此类永恒的人物。

爱默生的天才理论一开始令普鲁斯特着迷，继而引起他的批判，最终使他脱胎换骨。最初崇拜阶段留下的例证俯拾皆是。1895年，他读爱默生读得“如醉如痴”[①]；《让·桑特伊》中说：“假如您在偏远外省的小客栈房间里发现……爱默生的《随笔》……难道您不会感到知心朋友就在面前，想尽情地向他倾诉吗？”[②]《欢乐与时日》中有大量的篇首题记——这种方式如今已不常见——其中

① *Corr.*, t. I, p. 363,1895 年。

② *JS*, p. 556.

很多取材于爱默生的作品，特别是法国人编译的集子《美国哲学随笔》[1]，它们大体上属于心理方面的格言，此后被普鲁斯特吸收、采纳并为己所用，比如："我可以在古人身上看到自己的罪恶而无动于衷。"[2]这些格言洋溢着世纪末的拉斐尔前派或象征派的精神气质（它也说明了爱默生何以风靡一时）："灵魂永远可以信赖。像爱的关系那样美丽、诱人的东西，只可被更美丽、更高级的东西所接替、所取代。"[3]但我们不要上当，这种精神、这些灵魂的背面是一种盲目甚或丑恶的享乐："每个人都是一个乔装的、把自己假扮成疯子的上帝。"[4]至于诗人，普鲁斯特引用了这么一个超凡脱俗的句子："诗人的生活习惯的基调应当放低一些，朴实一些，这样一来，普普通通的影响都可以使他心旷神怡。他的欢欣应当是阳光的恩赐，空气应当满足他的灵感，他应当饮水而心醉。"[5]普鲁斯特后来发表《追忆逝水年华》的一个片段时，刚好用"阳台上的阳光"作为标题。可见在开始阶段，普鲁斯特对爱默生敬仰之至，甚至觉得不满足："今天，假如能在手稿、在报纸的连载里发现乔治·艾略特或爱默生的新作，我们会多么欣喜啊！"[6]他还提醒沉默的收藏家们："如今若是有某位先生还把伏尔泰和爱默生的书信当作手稿真迹秘而不宣，大家会怎么说呢？"[7]

到翻译罗斯金的时候，普鲁斯特谈论爱默生的语气就变了，这使我们得以深刻领会影响的辩证法，即从认同到否定，再从否定到消化吸收。首先，爱默生与卡莱尔一

① *Essais de philosophie américaine*, 1841–1844; traduction française par Montégut, Paris, 1851.

② Ibid., p. 57 (*P et J*, p. 38).

③ Ibid., p. 102 (*P et J*, p. 156).

④ Ibid., pp. 78 (*P et J*, pp. 8–9).

⑤ *P et J*, p. 104.

⑥ *JS*, p. 368.

⑦ *Corr.*, t. XVIII. p. 320, 1919年7月10日。我们颇认识几位这样做的先生。

样，在他的“代表人物”中胪列了多位类似史威登堡和蒙田等性质截然不同的创造家，但“没有充分深刻地厘清他们翻译现实的方式有何不同”[1]（而普鲁斯特将通过塑造画家、作家、作曲家等，揭示这种不同）。其次，在1902年的一篇文章中，普鲁斯特批评爱默生（以及卡莱尔）对歌德的评价，他们认为歌德代表了“全部自然”，而他至多只能代表“整个人性”。“人性，太人性”的十八世纪“使人在世界上无处不在，使世界人格化，因而使之丧失了诗意，抽走了它的神秘感。唯有孤独能产生灵感。”[2]此外，爱默生思想中最优秀的内容，即深刻烙印在《追忆似水年华》中的部分，正是普鲁斯特1907年评论诺阿耶伯爵夫人的《炫目集》时所引用的：“哦诗人，你是大地、水和空气的真正主宰，即使遍历整个宇宙，你也找不到一件不包含诗和美的东西。”[3]于是，《追忆》在最微不足道的时刻，在最不起眼的物件中重新发现了诗意，《追忆》的作者则在所有的画家中，对弗美尔和夏尔丹情有独钟，他们画的都是静物、日常的人物和恬静的风景。然而，爱默生的名字在小说中只出现了一次。

① 《亚眠的圣经》译者序，*CSB*, p. 112。

② Ibid., p. 480.

③ Ibid., p. 540.

罗斯金心目中的艺术家

普鲁斯特在初次接触罗斯金时，他本人的美学思想已经大体成型，这正是他能够接受、理解、喜爱、翻译并最终忘却罗斯金的原因。罗斯金曾给艺术家描绘过一幅肖像，普鲁斯特——他总是需要一个中介——通过罗贝尔·德·拉希泽拉纳所著《罗斯金与美的宗教》[1]，了解到这一思想的梗概。罗斯金认为，艺术家位于大自然与我们之间，他是大自然的解译者、歌唱者和记录者。艺术家使生命短暂的事物得以不朽，他揭示上苍无影无形的法则和各种奥秘[2]。与爱默生一样，罗斯金指出，艺术家在春生秋凋的树叶中，在最细小的砾石中[3]，“在您每个夏日傍晚沿山间小溪和无数小径……在熟悉的家居周围所看到的最简单、最平常、最喜爱的物件中”[4]发现美。与古典派或浪漫派不同，画家既不画难以置信之事，也不画奇异特殊之物，而是画日常习见的东西（埃尔斯蒂尔也是这样）：“如若哪位画家没有不管什么都要画的欲望，他就任何东西都画不好。”[5]基督教艺术本身也无法逃避这一法则：“在基督教艺术中，一切真正伟大的东西无一不是显示人性的东西。”[6]而在同一时期，普鲁斯特写信给叙泽特·勒迈尔谈瓦格纳时说：“人们越是觉得他具有传奇性，我就越发感到他焕发出人性。”罗斯金所说的艺术家具有一种神圣才能，即“理解和感觉的能力”[7]，他唯一的使命就是，“像荷马一样，把他所观察和感觉到的东西复述出来”；普鲁斯特则认为，“一位伟大作家的任务和职责就是做一个翻译者”，他在《亚眠的圣经》译者序中说，“天才的力量使我们爱上某些事物当中的美，我们感觉这种美比我们自身更为真实，而在他人眼中，这些事物

① 1897; 10e édition, Hachette,1920. 从侧面反映出此书的影响和流行程度，尤其反映出罗斯金这一时期在法国的影响。

② Ibid., pp. 212–213.

③ Ibid., pp. 214–215 et *RTP*, t. I, p. 43：“凯尔特人的信仰”，参见十五人译本（一）46 页，周译本（一）44 页。

④ La Sizeranne, *op.·cit*, p. 217.

⑤ Ibid., p. 221.

⑥ Ibid., p. 226.

⑦ *La Bible d'Amiens*, Mercure de France, 1904, p. 93.

完全与我们自身同样具体，同样难以持久”[①]。因此，罗斯金所说的艺术家，比如埃尔斯蒂尔，要教会我们如何观察，但这也正是卡莱尔或爱默生所说的艺术家。我们知道，爱默生和罗斯金二人都经常向卡莱尔请教。另外，自认为缺乏想象力的普鲁斯特，在罗斯金的教诲中得到很大安慰，罗斯金认为，艺术家不应具备想象力[②]，只要画出自己所见即可："您不能画出眼睫的每一根睫毛，并非因为画出整体效果会更佳，而是因为我们不可能看见每一根睫毛。"[③]罗斯金写道，我们只应画出"主要的线条，不得不画的线条"。

① Ibid., p.92.

② La Sizeranne, *op. cit.*, p. 230 (J. Ruskin, *Modern Painters*, III, chap. XIV, sections 13, 16, 17).

③ Ibid., pp. 219–250 (cit. de *Elements of Drawing*, II, paragraphe 104).

于是，我们看到这样一组三角结构：表象、实质或理念、艺术家。这一结构似乎来自柏拉图，只是柏拉图并不喜欢艺术家。经由古典时代的修正润饰，这一结构至今仍在美学争鸣中占据重要地位。表象的拥护者一直忠实于模仿。在表象背后探寻实在性的艺术家则确立了一套发明、创造的学说。这一学说被语言所迷惑，在其最近的发展中放弃了三角形中的一个角，不再相信创造性的艺术家，认为创造性的艺术家已经被支配他的社会、无意识、语言等大型结构所渗透。因此我们应该意识到，普鲁斯特承继了一个延续千年的遗产，他属于担当此任的最后一批人。"艺术家的肖像"是一种具有恒定特点的文学体裁，透过从卡莱尔到普鲁斯特这八十年的文学史，我们重新发现了其中原本属于更长"历史时段"的诸多特点。文学也应不时地跟上新历史的步伐，跟上艺术史的步伐：各科学学科之间是相互促进的。至少塔西佗相信这一点："掌握多种科学知识于我们十分有益，即使在我们处理其他问题时也是如此；它往往在我们意想不到的地方显露出来，助我们一臂之力。"[①]这些理论将体现在小说的人物身上，体现在《追忆似水年华》的人物身上。理念具有了形体，而形体是有历史，有生平经历的。

读了米尔桑的著作以及拉希泽拉纳对罗斯金当代绘画研究的介绍[②]，普鲁斯特热切期待自己也能用这位伟人的眼光观察世界，所以从埃维昂甫返巴黎，他就迫不及待地与朋友一道前往卢浮宫——它在普鲁斯特成长过程中发挥的作用不管如何强调都不过分——和国家图书馆。陪同他的这位朋友是在埃维昂结识的弗朗索瓦·德·翁西厄[③]，他是舍维伊的表亲，"诚笃而善解人意"，"随和且讨人喜欢"，普鲁斯特生病时，他每天都来看望[④]。在国家图书馆所藏比利时《综合评论》杂志1895年10月号上，普鲁斯特读到罗斯金著作《建筑七灯》的一章，他抑制不住自己的兴奋，央求母亲将书中的一段从英文译成法文[⑤]。同一时期，他完成了在埃维昂开始写的一篇评论孟德斯鸠诗集《红珍珠》的文章[⑥]，在此文里，他通过连缀集中的诗句来描绘一次凡尔赛之行，并评道："面对实景，诗句就这样牢牢地印在脑海里，这充分证明了诗句之美。"诗帮助他看懂世界，他希望自己也能帮助读者看懂世界。

罗斯金的狂热崇拜者普鲁斯特从又《建筑七灯》转向《空气的女王》[⑦]。12月5日，他给玛丽·诺德林格写了一

① *Dialogues des Orateurs*, XXXII, 1, Tacite, *Œuvres complètes*, Bibl. de la Pléiade, 1990, p. 94.

② Hachette, 1895；最早发表在《两世界评论》1894年10月、11月和1895年1月号上。

③ *Corr.*, t. II, p. 367.

④ Ibid., p. 373, 1899年10月。

⑤ Ibid., p. 365. George Elwall的法文全译本出版于1900年5月。

⑥ *CSB*, pp. 409–411.

⑦ *Corr.*, t. II, pp. 375, 1899年11月30日。

封十分重要的信[1]，简要说明自己的工作和当前的进度。玛丽·诺德林格，1876年生于英国曼彻斯特，出身于一个具有日耳曼–意大利血统的文化之家，曾就读于曼彻斯特美术学校[2]。1896年12月的一个晚上，在哈恩夫人家里，普鲁斯特经人介绍认识了这位“来自曼彻斯特的表亲”。这群年轻人，包括雷纳尔多和他的两个姐姐、姐夫马德拉佐（他后来给玛丽画了一幅肖像，画面上她的圆脸、深邃的大眼睛和头发很像雷诺阿的作品）以及马塞尔，很快就像斯万一样玩各种高雅的游戏，其中包括在著名的肖像画中相互指认容貌相像的人物。玛丽举止端庄稳重，很像一幅提香的画，双手像是热尔曼·皮隆的作品；至于普鲁斯特的相貌，他们在皮萨内罗与惠斯勒之间犹豫不决。他们的谈话还涉及建筑（普鲁斯特已经有了“大教堂崇拜”和瓦格纳崇拜，哈恩则全然不同，他向达·芬奇祈求灵感，只喜欢古典主义音乐和莫扎特）和文学，如同在《白色评论》中讨论象征主义、自由体诗和隐喻等。就一个英国女孩而言，玛丽称得上性格热情奔放（她毕竟来自曼彻斯特而不是牛津），她与亲戚朋友们一起逛博物馆，或者前往迪朗–吕埃尔的画廊去看马奈、莫奈或罗特列克，兴趣逐渐从古代绘画过渡到现代流派。晚上，他们朗读各种作品，而马塞尔常常从一段文字引申出其他篇章。然后，他们一起听雷纳尔多——他早在19岁时就谱写了组歌《灰色的歌》——演唱和弹钢琴。所有这些活动，与英国有什么关系呢？马塞尔从未到过英国，但玛丽·诺德林格解

① Ibid., p. 377, 1899 年 12 月 5 日。

② Voir L. Fearn, « M. Riefstahl-Nordlinger (1876–1961) », *BAMP*, n° 12, 1962, pp. 485–490.

释说，他通过小说的描写对英国形成了“大体正确的印象”。罗斯金强化了他对英国的向往，玛丽则和他一样崇拜《亚眠的圣经》的作者。她“曾经按照罗斯金的指引，逐块石头、仔仔细细地”看过亚眠的大教堂，也曾随兴为马塞尔翻译过这本书的片段，成为普鲁斯特身边“罗斯金思想和语言的翻译者”。后来，他们在威尼斯相聚，在圣马可的圣洗堂修改校样，在暴风雨中读《威尼斯之石》，“他异常激动，兴奋得仿佛飘了起来”（因为书，而不是因为这位姑娘）。回到巴黎之后，玛丽常来库塞尔街帮他做翻译，但普鲁斯特夫人出于礼节一直陪伴左右，好像玛丽害怕发生什么似的。她送给好友马塞尔很多贴心的礼物，其中有一幅画着树木的水彩，马塞尔把它挂在床边，去世前不久送给了雷纳尔多；还有日本压缩纸花，放在水里即可膨胀成花朵、玩偶、房屋等，这些东西也为描写玛德莱娜点心那段绝美画面提供了素材[①]。

玛丽是艺术家，绘画、雕塑、雕刻、制釉样样在行。她曾师从新艺术大师西格里德·宾的儿子马塞尔·宾学艺，地点在普罗旺斯街22号，此处原是公共浴池，现改造成工作室和商店，门口挂着“S. 宾，新艺术”字样的牌匾。西格里德·宾以进口中国和日本的瓷器和工艺品起家[②]，继而创办《艺术日本》杂志，推出加莱、惠斯勒、卡里埃等人。玛丽就是在马塞尔·宾（他喜爱哥特艺术，建议玛丽去参观圣卢德诺，玛丽随后推荐给普鲁斯特[③]）主持的雕刻室工作。她在结交了惠斯勒的好友，底特律的

① 上述资料均取材于玛丽·诺德林格为 *Lettres à une amie* 一书所作的序言。

② 马塞尔在那儿买了一只刀剑的护手送给比利。

③ Voir M. Nordlinger, « Fragments de journal », *BAMP*, nº 8, 1958, pp. 521–527.

百万富翁兼收藏家，美国人弗里尔之后，生活完全改观，西格里德·宾为了卖掉自己收藏的浮世绘，1905年把玛丽派到了弗里尔那里[1]。次年，她再次去美国，为弗里尔收藏的惠斯勒作品编目[2]。有人在关于阿尔贝蒂娜的草稿中发现了一位玛丽娅，不应因此就像佩因特等人那样，认为她是阿尔贝蒂娜的原型，也不能认为马塞尔曾爱过她（普鲁斯特还认识一位玛丽·德·贝娜达吉，一位玛丽·费纳利和一位玛丽娅·哈恩）。不错，她算得上是马塞尔的表妹、妹妹、母亲的替身，也算得上是一位合作者，但仅此而已。

雷纳尔多的这位英国表外甥女很欣赏普鲁斯特的文字，普鲁斯特亦把她当作妹妹一样，向她透露自己的心事：很长时间以来，确切算起来已有四年，他一直埋头写一本大部头的书，但迄今尚未完成。为避免最终一事无成——这种担心是他长期的心病——同时也由于发生过类似于新欢取代旧爱的奇迹，半个月前，他已经着手另一件"全然不同的小工作"，是一篇"关于罗斯金和几座大教堂的"文章。不错，普鲁斯特接触罗斯金本人的著作，就是通过一本关于建筑的书开始的。他打算把文章发表在杂志上，也许他考虑的是冈德拉主持的《巴黎评论》。由此看来，他当时的想法如同往常一样，仅仅是写一篇文章而已。马塞尔刚刚在大部头作品上遭遇失败（至少他本人是这样认为的），但短小的文章则没有这么大的风险。这时，玛丽·诺德林格把自己那本做了批注的《空气的女王》寄给了他[3]。

① Gabriel P. Abrams, *Art nouveau. Bing*, Smithsonian Institution Washington, 1986, pp. 41–42, 247.

② 1942 年，玛丽在曼彻斯特发表了马塞尔写给她的全部信件（四十一封）；此前一年，她失去了在英国王家空军任军官的儿子。她逝世于 1961 年。

③ *Corr.*, t. II, p. 384, 1900 年 1 月。

普鲁斯特起初想要看的大教堂既不是亚眠，也不是离伊利耶很近的沙特尔，而是兰斯[1]，他还不清楚罗斯金是否在书中谈到过这座教堂。“关于英语”，他需要核实一些字和一些称呼的确切含意，他讨教的对象不仅有安斯利，还有罗斯金的好友查尔斯·牛顿·斯科特，这是一位历史学家，有好几部关于古代史和玛丽–安托瓦奈特的著作行世[2]。1899年12月，普鲁斯特的母亲已经开始为他翻译《亚眠的圣经》[3]；罗斯金以衰病之身，计划在《父亲曾经告诉我们》的总标题下，撰写十部关于大教堂的系列著作，《亚眠的圣经》是其中的第一部。马塞尔也在准备那篇以《在法国朝圣罗斯金》为题的文章，此文最终于1900年2月13日发表。此时，普鲁斯特已经对《建筑七灯》《亚眠的圣经》《文学与绘画讲演录》《阿尔诺谷》以及《往事》[4]（他后来说这本书“属于自传”，相当于歌德著作中的《诗与真》）等书“谙熟于胸”，并且尽力搜求罗斯金关于法国各处大教堂的全部著述。他当时给人的印象倒不是要翻译罗斯金，而是要借助他写一本关于大教堂的论著。在这期间，罗斯金逝世，他写了一篇悼文发表在1900年1月27日的《艺术与珍玩纪事》上[5]。这篇文章反映了马塞尔此时对罗斯金了解的程度。

① Ibid., p. 378：“我有一件很急迫的关于兰斯的工作。”（1899年12月，致安斯利）

② Ibid., p. 402, n. 3.

③ Ibid., p. 28 : le chapitre IV.

④ Ibid., p. 387, 1900年2月7日或8日；cf. p. 391.

⑤ *CSB*, pp. 439–441.

但谁是罗斯金？普鲁斯特是如何认识他的？

这篇悼文全面概括了约翰·罗斯金去世之际在欧洲

文化和社会中所处的地位：首先，他是与尼采、托尔斯泰、易卜生齐名的时代精神导师；其次，他是关于艺术鉴赏和美学的权威教授和大作家，著作篇目多达一百六十多部，都是“关于智慧与美学的必读书”。因此，整个英国已经变成罗斯金的英国，他对透纳的推崇已经跨过英吉利海峡，扩展到了大陆，威尼斯、比萨和佛罗伦萨也“成为罗斯金追随者真正的朝圣地”。在当代的各类著作、舆论、艺术作品中，都能看到罗斯金本人的印迹。然而，如今在法国他已经被忘得一干二净，因此我们很难理解普鲁斯特何以对他一见之下便顶礼膜拜。其实早在拉希泽拉纳之前，已经有不少人在著述中对他作过评介，包括米尔桑的《英国美学》（1864）、丹纳的《关于英国的笔记》（1890）、罗德的《英国拉斐尔前派》（1894）；不过龚古尔兄弟在《日记》中对他只字未提。

米尔桑[1]用了一百来页的篇幅，以十分严谨的手法，在各种矛盾抵牾中重构了罗斯金体系应有的完整性。首先关于建筑，罗斯金认为建筑最为辉煌的时期是中世纪，相较于建筑本身的结构，它的辉煌更多体现在其中的雕刻上，因为雕刻表达了艺术家的个性。其次关于绘画，罗斯金认为“诗人、哲学家、道德家和宗教家的真理”进入了绘画，画家在作品中表达了支配万物本质的种种法则，以及“万物对前来探寻生命奥秘的心灵和想象力”所能给予的全部回答[2]。至于想象力，它“生产出一个有机整体，一个活生生的统一体”；尽管想象力局限于凝神观照，但

① 约瑟夫－安托万·米尔桑（1817—1886），早期从事绘画，后来成为哲学家，继发表《英国美学》（*L'Esthétique anglaise*）之后，陆续出版《民法典与自由》（*Le Code civil et la Liberté*, 1865）、《新教及其政治使命》（*Le Protestantisme et sa mission politique*, 1872）、《基督徒的心理与世界》（*La Psychologie et le monde du chrétien*, 1880）。

② *L'Esthétique anglaise*, p. 112.

它“仍能够通过观察事物的方式，通过它在一物中重现另一物形象的能力改变事物”。罗斯金写道，艺术家得到的印象是一个图像，“一种真正的幻象”，“他只不过是一个抄写员”[①]，为洞察事物本质的想象力服务。由此，我们摆脱了理想的美的理论，摆脱了纯技巧至上论，因为最重要的是真诚，即艺术家将其感受的情感表达出来的真诚度。艺术的道德就在这里：与卡莱尔一样，罗斯金也是一位道德家[②]。

拉希泽拉纳[③]的著作《罗斯金与美的宗教》[④]要丰富得多。他首先分析了罗斯金的性格，直率、热忱、充满激情，拥有众多仰慕者，因而成就了传奇般的名望。他接着指出，罗斯金的著作缺乏章法（后来普鲁斯特也受到同样的指责），“在每一处都想把全部的东西讲给你听”[⑤]，每个具体想法表达得很清晰，但整体杂乱无章。这其实无关要紧，罗斯金展示了艺术家以及读者灵魂中的种种活动，从而把心理学与美学结合起来。另外他本人也是个艺术家，“一位从事写作的画家”，通过形象使读者看得更清楚[⑥]。他是一位现代作家，酷爱经济学和社会学，喜欢旅行，并撰写了专业的旅行指南，也酷爱历史，并像米什莱一样，复活了“已经凋萎的艺术作品和沉寂的城市”[⑦]，他教导我们观察，“告诉我们远古时代和未知民族如何生活，他的话语给我们注入生机”[⑧]。此书的最后一部分，专门论述罗斯金1843年至1888年间关于大自然、艺术与生活的“美学与社会思想”。普鲁斯特对此进行了

① Ibid., p. 141；我们从中可以看到普鲁斯特关于艺术家是翻译者的观点。米尔桑说，想象“不过是一种形象化的语言，我们的精神用这种语言把它得到的印象对自己讲述出来”（p.147）。

② 不过米尔桑批评罗斯金没有把他的道德观服务于艺术（ibid., p. 170），并努力区分罗斯金的成功与失败之处。

③ 罗贝尔·德·拉希泽拉纳，生于1866年，《两世界评论》的艺术批评家，除《当代英国绘画》（1895）和《罗斯金与美的宗教》（1897）之外，还著有《摄影是一门艺术吗？》（1899）、《生活之镜》（1902）、《当代美学问题》（1904）以及关于英法绘画的英文论文。他还编译了（普鲁斯特不愿接手的）罗斯金的《文选》（1908）。

④ 全书共360页，含资料出处和参考书目。

⑤ La Sizeranne, *op. cit.*, p. 96.

⑥ 译成法文的长篇节选使普鲁斯特得以看重这一优点。罗斯金不仅使用了形象的语言，还对绘画作品进行复制和比照，他在《现代画家》一书中系统地使用了这种方法，可能是运用这种方法的第一人，远在马尔罗之前。

⑦ La Sizeranne, *op. cit.*, p. 161.

⑧ Ibid., p. 167.

深入的思考，因为这一思想暗合了他本人的直觉。他从中看到，审美情感是一种“本能”，“在我们生命中最精彩的时刻，在生命中唯一值得我们生活的时刻，它使我们浑身战栗”；它在物与人之间“建立起神秘的契合关系，我们徒劳地请求科学对这种神秘的契合进行分析”[1]。审美情感与我们在无忧无虑的孩童时代无法解释的幸福本能具有亲缘关系，只有依靠它才能分析我们得到的种种印象。罗斯金观照大自然的细节，并陈述得到的印象，他的投入和忘我，使马塞尔尊其为前辈榜样。世界法则的理论仍然来自审美情感：“各物种之间的审美关系与他们的起源无关。”[2]面对世界之美，艺术家是“解译者、歌唱者和记录者”[3]，他“使生命短暂之事得以不朽”，而面对大自然，艺术家“是崇拜者”，因为——在这一点上普鲁斯特不再追随罗斯金——自然高于艺术，甚至在最日常的生活里也是如此，艺术家无须进行选择或予以理想化。这里所说的自然是天然的自然，而非工业的自然，是失去的天堂的遗存、受到保护的山谷、尚无人迹的海洋，是贡布雷或巴尔贝克。画家只需像透纳那样，把“他所见而非所知”固化下来即可[4]。文艺复兴的罪过，在于对科学的追求高于爱。罗斯金之所以在众多艺术形式中对哥特建筑情有独钟，是因为这一时期的雕刻最忠实地复制了树叶、花朵等大自然的形态。这一艺术的高峰出现在威尼斯，因为它的雕刻是彩色的。罗斯金的色彩理论（并不仅仅来自透纳）启发了埃尔斯蒂尔的色彩理论，他主张使用露天里

① Ibid., p. 190 *sq*. Cf. “一旦我们开始推理，印象便逃之夭夭。”读者很容易看出，《重现的时光》中有部分语汇来自拉希泽拉纳。

② Ibid., pp. 205–207, 引自《空气女王》。很可能是因为看到这些段落，普鲁斯特想要拿到这本书。

③ Ibid., p. 212. 这一段里似乎能看到在贡布雷留下的某些模糊印象的雏形：“你看这个石子和它的纹理，你看这根小草在向你招手呢。”

④ Ibid., p. 232, 引自《鹰巢》。Cf., p. 249: “有多少根头发……解剖者能数出来，但您只能看到那么少；唯有最高级别的大师卡帕契奥、丁托列托、雷诺兹或委拉斯开兹能知道或数出来。”（*Elements of Drawing*）杰出的人是那些懂得如何抓住“关键线条”的人，所谓关键线条是指对某个“形式”的过去曾发挥过影响并对其将来具有影响的线条（p. 250）。

（当时，1845年，还没有人在室外作画）原样采撷的纯色调，而不喜欢调和色。不过，普鲁斯特不赞成罗斯金对清漆亦即荷兰绘画的憎恶。同时，罗斯金表达了对理论的蔑视，这一点与普鲁斯特不约而同："难道说鸟儿有一套建造巢穴的理论吗？"[1]艺术家的主要任务是欣赏，这正是风景画家总是生活幸福的原因："在欣赏过程中就有了信仰。"[2]拉希泽拉纳致力于忠实地复述罗斯金的思想，丝毫没有米尔桑那样的保留意见，书中的陈述清晰严谨，文笔优美，引文丰富，这些因素足以吸引普鲁斯特，并使他坚信此时可以离开达吕和法朗士，追随这位新导师。需要注意的是，普鲁斯特把自己的两篇文章《约翰·罗斯金》和《罗斯金在亚眠圣母院》寄给了拉希泽拉纳，拉希泽拉纳又把它们寄给了罗斯金的密友查尔斯·牛顿·斯科特[3]，并在"一封漂亮的信"里向普鲁斯特表示祝贺[4]。

但还是需要读罗斯金的原著。1893年至1903年间，普鲁斯特订阅的杂志《道德行动联盟通讯》（由保罗·德雅尔丹主持）最早发表罗斯金著述的译文[5]，都是摘译的短章，主要选自《圣马可安息》《芝麻与百合》《威尼斯之石》《建筑七灯》和《给那最后来的》。《野橄榄枝花冠》和《建筑七灯》于1899年翻译出版[6]。《给那最后来的》的法文版出版于1902年。这就是说，当普鲁斯特开始翻译《亚眠的圣经》时，罗斯金只有两本书译成了法文，并且流布不广。罗斯金在法国逐渐获得与雨果、瓦莱里、马尔罗甚至萨特比肩的地位，与这些熔道德、哲学、

① Ibid., p. 276.

② Ibid., p. 329.

③ 斯科特借此机会向普鲁斯特指出了一处误译（*Corr.*, t. XXI, p. 587, 1900 年 4 月）。

④ Ibid. 二人的来往一直持续到 1906 年，并一同致力于编译罗斯金的《文选》，最后普鲁斯特把这项工作留给了同行。

⑤ 1893 年翻译发表了《圣马可安息》片段，罗斯金在其中宣布了自己"唯一的主义"，就是"讨厌任何主义"；1895 年 9 月，该杂志发表《芝麻与百合》节译；1895 年至 1896 年，发表《芝麻与百合》的第一、二章译文；1896 年 12 月 1 日，发表了一段对亚眠大教堂镀金圣母的描写，这段描写给普鲁斯特很多启发。在这家杂志上，普鲁斯特还读到了他喜欢的英国作家，如哈代、艾略特，还有一篇关于《圣星期五的奇迹》的文章。1894 年，该杂志发表了一份"对生活有指导意义的书目"，其中有普鲁斯特这一时期阅读的大部分作家，如爱默生、托尔斯泰、陀思妥耶夫斯基、卡莱尔的作品。

⑥ Traduit par George Elwall, Société d'édition artistique.《芝麻与百合》的节选"王后花园的百合"（共 67 页）由道德行动联盟于 1896 年发表。Voir J. Autret, *L'Influence de Ruskin sur la vie, les idées et l'oeuvre de Marcel Proust*, Genève, Droz, 1955, pp. 9–15。

美学、艺术批评为一炉的大作家平起平坐，全靠他的翻译者接连不断地将他的著述译成法文出版。普鲁斯特以《亚眠的圣经》成为他的第四位译者，1906年《芝麻与百合》《威尼斯之石》和《佛罗伦萨的早晨》译成法文，1907年有《哥特艺术的本质》，1908年有《圣马可安息》，1910年有《往事》，1911年有《阿尔诺谷》，拉希泽拉纳编的《文选》出版于1908年。热闹过后，紧接着就是遗忘。马塞尔译的两本书已经绝版，罗斯金的名字，只有研究普鲁斯特的专家们还不时提起，但这些人未必都读过他的书。

在英吉利海峡对岸，罗斯金也遭遇了相同的命运。英国艺术史家肯尼斯·克拉克回顾了罗斯金在英国的兴衰史。1845年《现代画家》第一卷出版，罗斯金始为人知。1849年的《建筑七灯》扩大了他的名声。《芝麻与百合》（1865）等几部演讲集使他深入普通大众。他的经济和政治著述影响巨大，例如新生的工党就深受其影响。然而从1903年到1912年，随着他的“典藏版”（Library Edition）全集陆续出版（普鲁斯特后来得到一套），他的威望却一落千丈。到1950年前后，坊间已见不到他的著作[1]。为什么会出现如此巨大的反差呢？首先，他是个宣讲家，而现在已经不再是讲究口才的时代；其次是因为他缺乏科学的严谨性，中心不够突出，动辄游离主题。他的艺术中，情绪大于理性，主观感受多于科学陈述。不过也有一些因素似可挽救他，比如他本来就是一位诗人，更是一位喜欢谈论自己的散文

① Voir K. Clark, *Ruskin Today*, Penguin, 1964, pp. xi–xiii.

家，他能信手拈来引用大量艺术作品：他自己也认为，艺术家的功能就在于做一个能够观察和感受的人[①]。普鲁斯特深受这一论断甚至其语气的启发影响，直到《重现的时光》。

在英国，几位重要的历史学者近期开始从另一个角度，即趣味史的角度，研究罗斯金，于是有人把他重新定位，使我们能更好地理解普鲁斯特及其同时代人给予他的崇高地位。哈斯克尔认为，罗斯金二十岁时就制订了一个雄心勃勃的计划，建立新的趣味秩序，推崇意大利的“原生”（primitif）艺术，而贬低拉斐尔等文艺复兴时期的画家；后来，他钟情于丁托列托等威尼斯画家[②]；罗斯金地位的上升很快就反映到收藏界。早在1845年，他就对达盖摄影术的发明大声喝彩：“能够信赖每一个细节真是一大幸事。”[③]与斯丹达尔一样，罗斯金也利用其他作者的成果，在感情充沛、汹涌澎湃的联想中，他以“前所未有的手段”[④]把形象艺术展现给广大公众。此外，他为默默无闻的透纳辩护，支持鼓励拉斐尔前派。正如贡布里希明确指出，罗斯金预告了印象派的理论，在《艺术与幻觉》（1960）一书中[⑤]，贡布里希频繁参考罗斯金，凡涉及感知与创造之间的关系时，均引用罗斯金的观点[⑥]。在重新认识拉斐尔前派——罗塞蒂、米莱斯、亨特、伯恩-琼斯等得到罗斯金启发和支持的画家——作品的同时，罗斯金的造型作品，包括素描[⑦]、水彩等等，也被重新发掘出来[⑧]。他年轻时曾受透纳（他家里拥有多幅透纳作品，他本人与

① *The Stones of Venice*, in K. Clark, ibid., p. 142.

② 佩特声称自己在这方面比罗斯金要早两年时间。普鲁斯特曾与安斯利和比利谈起过佩特。马拉美在《音乐与文学》一书中认为佩特是健在的英国散文作家中最优秀的。

③ F. Haskell, *La Norme et le Caprice*, Flammarion, 1986, p. 197. 作者是当代最著名的艺术趣味史专家，在这部著作中经常引用罗斯金。

④ Ibid., p. 205.

⑤ Trad. fr., Gallimard, 1971, pp. 368–372, pour l’impressionnisme.

⑥ Le sociologue de la culture Raymond Williams lui consacre un chapitre historique dans *Culture and Society* (Chatto and Windus, 1958).

⑦ Cf. J. Ruskin, *Elements of Drawing*.

⑧ 见《罗斯金与维多利亚时代的艺术》（1993年日本四家博物馆联展目录）中詹姆斯·迪尔登与河村教授的说明。英国皇家学会1919年为罗斯金举办百年诞辰展览，直到1960年，伦敦艺术委员会才为他举办素描展览，1964年举办了“罗斯金与他的交游圈”展览。

透纳也成为好友）、萨缪尔·普劳特和大卫·罗伯茨等画家的影响。

在法国朝圣罗斯金

对普鲁斯特来说，1900年的头等大事是用罗斯金的眼睛去看大教堂。因此他向罗斯金的朋友们提出很多问题；这些人应该曾听罗斯金说起，假如《亚眠的圣经》有续篇的话，关于鲁昂和沙特尔的大教堂他会写些什么[①]。也是出于这个原因，他和伊特曼等朋友一同前往鲁昂，仔细研究大教堂书市门廊里罗斯金曾说起的一尊小雕像[②]；同时，他正在写作《在法国朝圣罗斯金》一文[③]，此文上承《艺术与珍玩纪事》发表的那篇悼文，刊登在2月13日的《费加罗报》上。他建议读者将“英雄崇拜”付诸行动，前往罗斯金曾经深爱的法国各地，鲁昂之外，还有阿贝维尔、博韦、第戎、圣洛、沙特尔和亚眠。他还在文中宣布，他将发表“罗斯金研究”的新作[④]，特别是《亚眠的圣经》的“重要节选”。文章最后通过一个将在《斯万》中出现的形象向罗斯金致敬，称他为基督徒、道德家、经济学家和美学家，“令人想起乔托在帕多瓦画的慈悲图，罗斯金在著作中也多次谈起这幅壁画”；普鲁斯特的批评文字中常常把批评对象自己的话应用在本人身上，从而巧借引文使被批评者揽镜自照。

真正的朝圣反映在长文《罗斯金在亚眠圣母院》当中，此文1900年4月发表在《法兰西信使》杂志上。一个

① *CSB*, p. 443：“他们若是能告诉我一些罗斯金在这些旅行中的谈话该有多好啊，这样的话，我自己不断提出的问题，以及沙特尔和布尔日的石头建筑留下的无从解答的问题，也就会有个结果。”我们看到，普鲁斯特向朋友们抛出的种种问题，他总是最先向自己提出。我们还看到，每当他遇到一个新的兴趣点、新的钦佩或爱慕对象，他都需要一个中介。因此，在《追忆》中，读者会相继遇到关于埃尔斯蒂尔、凡德伊以及阿尔贝蒂娜的一系列提问。关于某个人，某位艺术家，某个地点，他必须搜集到所有可能的资料之后才动笔写作，所以年轻时的普鲁斯特每当需要自己的头脑工作时总要首先逃避，这种现象他自称为懒惰。

② *CSB*, p. 125.

③ Ibid., pp. 441–444.

④ 即1900年4月1日和8月1日的文章。

译者愿意前往或重访（我们能感觉到，无须远行让马塞尔如释重负）原作者谈到的所有地方，并且在译文中赋予这些地方某种宗教特征，要求读者前往朝圣，此举颇不寻常。令人惊奇的还有文章的个人化语气，作者直接以“我”的面目现身说法（“曾经使我如此愉悦的东西居然无法让他人感到愉悦，这绝不可能，因为没有任何人做到真正独一无二”①），同时尽情展现文献学学者般的渊博和对罗斯金著作超乎一般的稔熟。英国的批评著作他也已经非常熟悉②。为一个小细节，比如雪莱的心冢，他放开手脚旁征博引。其实，偏离主题随意挥洒，已经是普鲁斯特行文中的一个特点，这无疑是受到了罗斯金的影响：从不反对“正当快乐”的圣马丁，到罗斯金的一段引文，再到对餐桌座次毫不通融的男主人（艾默里·德·拉罗什富科），还有爱默生与卡莱尔对快乐主题的偏爱，最后再引上一大段乔治·艾略特。如此一来，我们已经接触到马塞尔所熟悉的所有英国作家，他们都曾称颂过笃信宗教的快乐。

此文有很多页面，脚注的篇幅超过了正文，这样做既锻炼了普鲁斯特对资料广搜旁求的能力，也反映了他建立完备知识体系的努力，这种追求，普鲁斯特将在《追忆》中继续发扬光大。除了已有的知识储备令他联想起众多作家这个客观因素之外，他还解释了在注释中大量引用罗斯金其他著作的意义，从而首次向我们揭示了一种新的批评和阅读理念。任何批评著作，其第一个作用就是给读者一

① *CSB*, p. 71.

② 如柯林伍德的《约翰·罗斯金生平与著作》（Collingwood, *The Life and Works of John Ruskin*, 2 vol., Londres, 1893）。还有与其他英国作家的比较，包括乔治·艾略特（《教区生活场景》《亚当·贝德》《米德尔马契》；他一口气摘引了44行，*CSB*, p. 73）。

个瞬时记忆。这一记忆超越阅读时间的分散性，围绕两个方面、两个时刻重新构建被批评的对象，并使一个永恒的瞬间从中凸显出来。不过这种记忆不具备“自行产生的记忆”[1]所具有的品质和诗意。与此同理，世上有两种书，一种是我们为眼下从事的具体研究所写的书，与先前的记忆无关；另一种书则从先前不带任何功利性的研究思考中自然生发而来，我们当时并没有想到这些研究思考有朝一日会写成书[2]。然而“只读某位作者的一本书，只能与他见这一次面”。只有通过不同场合的多次会面，才能辨认出在某位艺术家的特点中哪些是他的首要特征[3]，才能勾勒出他的精神面貌。普鲁斯特由此证明，《亚眠的圣经》包含了“罗斯金一直深入思考的东西，因而这些东西也最深刻地表达了他的思想”[4]，他不过是“发表了他的记忆，敞开了自己的心扉”。那么注释中从罗斯金其他著作里引用的段落，是全凭普鲁斯特的记忆吗？他是从何处找来这些内容的呢？要在卷帙浩繁的著作中找到一个段落，只有事先知道它的位置才行。马塞尔是不是调动母亲、安斯利、玛丽·诺德林格、罗贝尔·德·于米埃尔一同寻找[5]，从而拥有了辅助记忆呢？3月初的时候他还写信询问玛丽，罗斯金的《建筑之诗》一书是否包含关于大教堂的资料，以及罗斯金关于索姆河谷火焰式建筑的讲演到底有什么内容[6]；信中还提到他与鲁昂的圣器管理人朱利安·爱德华的交谈，爱德华恰好认识罗斯金，普鲁斯特在1月份见到了他。

① Ibid., p. 76.

② 普鲁斯特关于两种记忆的理论就这样逐渐成形：在他最早的文字中，他用讲故事的方式为这一理论作了形象化的说明，而这时他开始第一次进行抽象或者说理论性的表述。我们如何重新创造过去呢？当眼下不可遏制的写作冲动唤醒沉睡的记忆时，当曾经的过往如同我们读过的书重新涌上心头之时，正是回忆的两种表达方式的遇合造就了《追忆似水年华》。不同的路在生活中汇聚，也在书中汇聚。所以说，作注释这种专深却不起眼，常常遭到作家和批评家们贬低的工作，确是未来巨著的先声。在小说的草稿上，注释要么是增写的内容，要么是普鲁斯特提醒自己将其插入何处的标记。

③ 这是克洛德·贝尔纳在《实验医学导论》中阐述的共变法理论（la théorie des variations concomitantes）。

④ *CSB*, p. 83.

⑤ 他承认，在最初的章节里，他利用了米尔桑和拉希泽拉纳翻译的罗斯金引文，“但随后，当我想表述我对罗斯金的一个想法或者至少一个印象时，我必须自行译出我所参考的、同时又没有现成译文的段落”。

⑥ *Corr.*, t. II, p. 391.

批评著作的第二个作用是“精神传记”——我们深深懂得这一观点对我们这本普鲁斯特传记具有怎样的重要意义——重新构建“受到如此特殊现实折磨的作家应有的独特精神生活”。作家的灵感来自他对现实生活的观察，他的才华使他能在作品中再造现实，他的“道德感”催生的本能则推动他为观察和再造现实奉献自己的生命。生命是“与现实进行接触的唯一途径”；生命的唯一价值，仅仅相当于物理学家所需的实验仪器的价值。此处我们能感觉到十九世纪的科学（不仅仅是医学）信条对普鲁斯特思想的影响：身体，亦即生命，既是研究的主体，也是研究的对象，还是研究的工具。

思路回到亚眠之行，马塞尔讲述自己沿罗斯金走过的路线前往大教堂，看到大教堂如何在阳光下改变模样，成为“金光四射的庞然大物”，甚至引用《情感教育》中的一个场景①，告诉读者如何对乞丐施舍。自传侵入了艺术批评，因为普鲁斯特表明，他的兴趣所在并不是艺术作品本身具有的普遍的东西，而是根植于特定时间与地点的个别的东西，即他将在贡布雷和圣安德烈的教堂中表现的东西：在盛开的“精美而简朴的英国山楂花装饰之下”，镀金圣母“露出圣洁的女主人般的微笑”②。她让我们舍不得离开，这类似于“人与地域”的关系，因为她“永远属于大地上某一角落的一部分”；而蒙娜丽莎“没有祖国”：“在我的房间里（我们由此得知马塞尔卧室的装饰③），一张蒙娜丽莎的照片勉强保留了这幅杰作之美，

①《情感教育》中弗雷德里克·莫罗在船上向人施舍，从而显得与阿尔努夫人心意相通；马塞尔则是以这个举动追随罗斯金。在这个精准的引用中，我们看到普鲁斯特对这部在中学时期未曾研读过的小说有多么熟悉。

② *CSB*, p. 84.

③ 我们前文中看到，他的房间里还有一幅惠斯勒的《母亲》油画的复制品。

在她旁边的照片上，镀金圣母流露出陷入回忆的忧郁。”普鲁斯特用了好几个小时，仔细观察镀金圣母所在的这座大门，像莫奈一样记录了光线在教堂上的变化。

当走进教堂内部，他首先引用一大段罗斯金的描写，接着热情地赞美祭坛的神职祷告椅体现出了精巧的工艺与简单的实际用途、与大自然的召唤完美结合；他总是在某种经验的循环中从大自然转向艺术，所以，他还联想起魏尔伦的一首经哈恩谱过曲的诗，联想起加莱做的家具，并且建议我们读于斯曼的《大教堂》一书[①]，以便仔细研究祭坛的外围栏。最后，我们终于来到教堂西大门，即罗斯金称为“亚眠的圣经”的地方。普鲁斯特说，一座大教堂不仅仅是一种要感知的美，“即使它不再是您必须遵循的一种教诲，至少是您需要读懂的一本书”[②]。另外他还熟知，雨果和米什莱都曾阐述过同样的意象。他大量引用罗斯金的文字，详细描摹大门的细节，在这一过程中，他还求助于埃米尔·马勒，首次援引他的《十三世纪宗教艺术》一书[③]；此人是继罗斯金之后对普鲁斯特具有重要影响的一位，普鲁斯特后来与他交谊甚厚。在普鲁斯特的行文中，不时出现“可惜我们无法……”“我们没有时间……”的表达，但丰富的注释往往让这种说法不攻自破。这些注释让我们看到，马塞尔以高超的技巧发现了罗斯金杂乱无章的思想当中隐藏的逻辑，根据其“特有的色彩”[④]确定了其思想的深刻性，从而逐步完善了自己的批评艺术。拓展广度、挖掘

① 普鲁斯特译、法兰西信使出版社出版的《亚眠的圣经》113 页的译者注，要求读者参考于斯曼《大教堂》的 400—401 页。稍后，普鲁斯特引用了小说《巴黎圣母院》（罗斯金不喜欢这部小说），并再次引用于斯曼的《大教堂》，以及博絮埃的《飞升到神秘之上》。在后来出版的《芝麻与百合》法译本中，普鲁斯特写了一条关于勒南的长注释（p. 224），预示着他在 1905 年写的仿作：他在勒南的文字中发现了把神圣或者古典的话语用平常的方式讲出来所反映的讽刺性；勒南的《耶稣传》就是基督教的《美丽的海伦》（歌剧脚本系梅拉克与阿莱维所作）。在此处，我们看到出现了梅拉克与阿莱维的风趣，普鲁斯特将把这种风趣移植到盖尔芒特和斯万身上。

② *CSB*, p. 89.

③ Ibid., p. 96.

④ Ibid., p. 103.

深度，这是他从此以后一以贯之的批评方法。文章的结尾是一次新的自我剖白。毫无疑问，普鲁斯特不相信圣经，圣经“已不是人们心中的真理”。在罗斯金看来，十三世纪艺术家的灵魂仍活在亚眠的雕像中；普鲁斯特则认为，活在雕像中的是罗斯金的灵魂：“天才人物的话语如刻刀一样，能赋予物件不朽的形状。文学也是一支‘自我牺牲的蜡烛’，烧蚀自己，照亮后人。”[1]此时，马塞尔以罗斯金的精神之子自居，承担起为其代言的责任。

普鲁斯特8月1日在《美术通讯》上发表了《约翰·罗斯金（二）》。此文与之前的《约翰·罗斯金》连缀起来，即成为《亚眠的圣经》译者序言的第三章。而在手稿中，两篇文章是相互交叉的[2]。第二篇文章[3]理论性更强，普鲁斯特在讨论罗斯金的美学思想时，揭示了自己的美学思想。伟大作品的第一个特征就是，它不是个人化的，而是具有普遍性的[4]。有人把罗斯金视为现实主义者，或智力主义者，或科学家，或一位纯粹的美学家，他唯一的宗教就是美。拉希泽拉纳就把他描绘为一位美学家，在这一点上，普鲁斯特与拉希泽拉纳拉开了距离。虽说1900年前后是艺术爱好者[5]与唯美主义者的时代，但罗斯金与此恰恰相反：他通过审美情感，探求一种比生命更为重要的现实。马塞尔认为，批评的任务就是寻找某种艺术或某种思想的唯一源泉，他在这里找到了。由此产生了一种传记理论：“他生平中的大事都属于思想领域，其中的重要日

① Ibid., p. 104.

② Ibid., p. 756.

③ Il commence p. 115, l. 7, de *CSB*.

④“他寻求真理，甚至在编年史和社会法则中发现了美。”（ibid., p. 106）

⑤ 此词亦出自德·诺布瓦先生之口。

子，就是他每破解新的艺术形式之时，是他了解阿贝维尔的那一年，是他明白鲁昂的那一年……”[①]艺术家记录的现实，应该既是物质的也是精神的：“事物的全貌，不仅仅是反映其本质的图像，而且包括其命运的预言和历史的轨迹。”[②]不过，罗斯金错误地认为，一幅绘画“在它通过图像表达的思想观念独立于图像语言时”才是美的；普鲁斯特和他相反，认为“绘画唯有摆脱文学语言，才能触及事物统一的现实，并与文学分庭抗礼”，所以他将创造贝戈特、埃尔斯蒂尔和凡德伊等人物，由他们分别代表通过三种语言触及现实的三种不同方式。

罗斯金美学思想的核心有圣经在焉；他的宗教情感支配了审美情感，普鲁斯特保留了这种神圣性，但摒弃了宗教。实际上信仰无关紧要，因为与信仰的对象比起来，信仰的力量更为重要[③]。罗斯金的基督教信仰促使他热爱基督教艺术，普鲁斯特继承了这种热爱，但不包括宗教信仰。其中的关键词是统一性，中世纪基督教艺术的统一性（罗斯金把它扩展到希腊艺术，“古典的神圣艺术”）重现在《追忆》中，在这部小说里，无论圣卢还是阿尔贝蒂娜，都来自圣安德烈教堂。普鲁斯特补充道，罗斯金生活在一个与历代大思想家亲如兄弟的社会，“他谈起希罗多德，就像谈论一个当代人”[④]，普鲁斯特将来也是如此。至于各种象征，它们在科学与历史中的重要性，不亚于在艺术中的重要性。我们不禁会问，罗斯金的素描难道对埃尔斯蒂尔没有影响吗[⑤]？他像透纳一样，画他所看到的，

① *CSB*, p. 111.

② Ibid., p. 112.

③ Ibid., p. 113.

④ Ibid., p. 119.

⑤ Ibid., pp. 120–122.

而不是他所知道的，而且，他没有使大教堂之美与它所在的地方之美分离开来，从而成就了普鲁斯特所钟爱的各个地方独具个性的魅力。这种与艺术家自由的、喜悦的、个人化的工作相对应的个性化快乐，鲁昂大教堂书市门廊上“一个数厘米高的”小雕像表达得最为充分①。由此，马塞尔总结出数条真理，以指导自己的生活：凡事皆需用心去做，即使不为人知；只有激情能带我们走上真理之路；凡生活过的都将不朽②，因为天才已经从无限的死亡和无数的人们中拈出最微末的细节，比如由罗斯金的思想揭示的那位雕刻家的思想；罗斯金是他的引路人，他也要成为这样的人。

在分析罗斯金思想的过程中，普鲁斯特并不满足于复述，而是持批判态度，因为尊敬不应使我们对他的思想“不加辨别地盲从”，或“不加戒备地膜拜”③；他发现的最重要一点，即所谓在最大的诚意中④偶然溜进去的谎言部分，就是他自己所说的偶像崇拜（l'idolâtrie）。偶像崇拜是指，让真理和道德情感从属于审美情感而同时肯定与之相反的主张，接受某些学说并非因为其真而是因为其美，但又不坦然承认。自相矛盾的是，“世上不存在完全由谎言构成的美，因为美的愉悦恰恰是伴随发现某种真理的愉悦而产生的”⑤。此处他以自传的方式（他本人刚刚经历的其他事情亦写入此文：除了鲁昂之行，还有威尼斯之行，包括雨天边读罗斯金边访圣马可教堂的经历⑥），意外地提到了另一个偶像崇拜者罗贝尔·德·孟

① Ibid., pp. 124–126.

② 在谈到亚述巴尼拔的狗（在伊拉克北部尼尼微发现的公元前七世纪的石雕，现藏大英博物馆——译者注），以及在《重现的时光》中非常重要的庞贝形象首次出现时，普鲁斯特将重新拾起这一主题。此文稍后的地方（ibid., p. 128）还有另一个将在《重现的时光》中出现的形象，即喷泉的形象，喷泉的特点是挖得越深、喷得越高，因此普鲁斯特将艺术比作喷泉。罗斯金就像将来的贝戈特：“虽然死了，但他仍然为我们照亮，如同那些已经熄灭的恒星，它们的光仍然源源不断地来到我们身边。”（ibid., p. 129）

③ Ibid., p. 135.

④ 见本文手稿 f° 57r°, ibid., p. 765：“当艺术因此被视为神圣现实的转写时，真诚便不仅是艺术家的一个责任，还是防止艺术家失败的唯一向导……勒南说，‘只有我们热爱的东西，我们才能写得好’。我们从罗斯金的著作中总结出一种美学，在这种美学中，感情占有更大分量，检验真理的标准不是客观现实而是投入的热情。”叙事者面对英国山楂或于迪迈尼尔的三棵树时将会感受到这种热情。

⑤ Ibid., p. 132.

⑥ Ibid., p. 133.

德斯鸠，此君之所以赞美一件裙衣，是因为这件裙衣系莫罗所画，或穿在卡迪尼昂王妃身上。普鲁斯特在此透露了他从孟德斯鸠那儿承袭的一个特殊趣味，即偏爱巴尔扎克的一些小众作品：这位卡迪尼昂王妃及其穿着打扮，将帮助他塑造盖尔芒特公爵夫人。为阐述他的偶像崇拜理论，他还借助自身作为另一个例证，即他对苹果花和英国山楂花的深情："我对它们的爱是无限的，每次接近它们都使我痛苦万分（干草热），所以每到春天，我都要经受这份并非人人都能理解的爱的考验。"[①]但他是在现实中爱这两种花，而不是在艺术作品中，他说，"尽管世上没有任何东西比山楂花更美，但我不会因为画家在一幅画的突出位置画上山楂花就认为这幅画更美"，"一幅画的美并不取决于画中表现的东西"[②]。为了更透彻地阐述罗斯金式的偶像崇拜，他"必须深入自己的内心寻找偶像崇拜的蛛丝马迹"，就此，他确立了自己阅读、批评和感知世界的方法：他所写的都是他已经经历的。因此，这篇文章的写作是他一生的转折点，是他对自身经验、自我分析的总结，这使他与众不同。马塞尔开始阅读罗斯金时是有目的的，他想从中获得知识的教益，如哥特式大教堂、英国和意大利绘画，如"在比萨、佛罗伦萨、威尼斯、英国国家画廊、鲁昂、亚眠、瑞士的群山中"[③]使罗斯金的思想得以产生的种种物品，以及能从中找到罗斯金思想轨迹的种种物品。所以，他的威尼斯之行是这种影响的直接结果[④]。继此第一阶段之后，是他对罗斯

① 爱是无限的，因为爱就是痛苦：普鲁斯特在此抛出他关于爱的概念（ibid., p. 136），与拉辛和波德莱尔的概念非常接近。在稍后的地方，他用以下的想法和论断对这一概念加以补充：我们为了其他目的开始与一个女人密切来往，然后爱上她本人而把原来的目的抛在脑后；爱"让我们发现了这么多深层的心理真理，却为我们关闭了自然的诗意"（ibid., p. 139）。

② Ibid., p. 137.

③ Ibid., p. 138.

④ Ibid., p. 139.

金思想本身的服膺钦敬。于是，普鲁斯特建立了一套关于影响的理论："这种心甘情愿地追随服从，正是自由的开端。要想真正意识到自己所感知的东西，就必须努力在自身中重新创造出某位大师已经感知到的东西，除此之外没有更好的办法。在这一努力过程中，我们自己的思想与大师的思想一同被揭示出来。"[①]没有目标就不会有自由，没有从外部强加给诗人的题材就不会有艺术作品，没有大师引导就不会有创造者。"小说家的题材，诗人的幻觉，哲学家的真理，都可以说是以一种必然的、外在的方式强加于他们的。艺术家只有在驾驭其精神来描绘这一幻觉并接近这一真理的过程中，才能真正成为他自己。"普鲁斯特就自己所受的教育向《美术通讯》读者所作的这番描绘，假如其结尾部分没有写到回忆，则将是不完整的。他对罗斯金思想的迷恋起初有点勉强，继而全心投入，他申明在回顾这一历程时，由于无法开启那些"紧闭的大门"，无法返回当初所处的状态，无法重新成为当时的那个人，无法在记忆中找到"失去的天堂"，因此他借助了"我们对某些事情已经冰封的回忆"。唤起不自主的记忆，把我们放在它的门口，舍此别无他法。"在罗斯金已经远离我们的时候，我们才翻译他的著作，并努力在一个逼真的画面中厘定他思想的诸种特征。"在写下这番话时，他已经与罗斯金拉开了距离[②]。

① Ibid., p. 140.

② Ibid., p. 141.

威尼斯之行

从普鲁斯特8月发表的关于罗斯金的文章中，我们已经得知，由于罗斯金的影响，普鲁斯特1900年5月去了意大利。他排除了佛罗伦萨，因为担心自己的“花粉过敏症”[①]；每到春天，他都会感到病情加重，甚至如他随后向《美术通讯》[②]的读者所说，已经感到自己来日无多。把亚眠——“法国的威尼斯”“北方水城之王”——与意大利的威尼斯城联系在一起的，正是罗斯金本人，这两座城市都诞生在五世纪，几乎同龄：“‘皮卡第的威尼斯’[③]这个美名，不仅仅因为它有众多美丽的水道，还由于水道上承载的重负。她如同那位亚得里亚海公主，是一位勤劳的工匠，加工黄金和玻璃、石料和木材，以及象牙。”[④]

马塞尔和母亲（如同在小说中一样，父亲要么已经出门旅行，要么待在巴黎[⑤]）一道前往威尼斯，“为的是能在有生之年，在日益衰败但仍兀自挺立的玫瑰色宫殿中，亲近、触摸和目睹罗斯金的中世纪民居建筑思想的各种具体体现”[⑥]。对罗斯金《威尼斯之石》一书提出的这一思想，普鲁斯特没有作更明确的说明，批评家们也未予关注。罗斯金认为，宗教建筑只是这一时期民居建筑中普遍营造手法的完善和发展：“装饰圣马可教堂门廊的众多雕塑，都能在大运河两岸各个宫殿的墙上找到自己的同类……世俗历史不断地被引入宗教建筑；同时，大体来讲，历史或宗教故事占据了民居建筑装饰物的一半。”[⑦]

① *Corr.*, t. II, p. 396, 1900 年 4 月末，致玛丽·诺德林格。

② 普鲁斯特威尼斯之行的主要情况，我们是通过这篇文章和玛丽·诺德林格的回忆得知的，因为我们几乎没有得到这段时间的任何信件。马塞尔写给父亲、普鲁斯特夫人写给丈夫的信都没有留下，个中损失不可估量。作为我们了解普鲁斯特威尼斯之行的参考，《失踪的阿尔贝蒂娜》属后出的资料，且掺杂着虚构的成分。

③ 之所以有此称呼，是因为当地有很多水渠把蔬菜地分割开来。

④ *Bible*, p. 107; E. Bizub, *La Venise intérieure, Proust et la poétique de la traduction*, Neuchâtel, À la Baconnière, 1991, p. 98.

⑤ 6 月，马塞尔致信吕西安：“爸爸要么长期一个人，要么与生病的儿子和卧床的妻子在一起，他的生活并不快乐。”（*Corr.*, t. II, p. 398）普鲁斯特夫人患有风湿病。雷纳尔多写道：“马塞尔感到非常气闷，既无法呼吸也无法入睡，但不像在威尼斯那么遭罪。”我们由此得知马塞尔在意大利期间也在生病。

⑥ *CSB*, p. 139. 此处所说的建筑不包括后来将扮演重要角色的圣马可教堂。

⑦ J. Ruskin, *The Stones of Venice*, chap. IV, § LIII (Dent, 1935, p. 91 ; cf. p. 92); 这段文字的法语译文出自本书作者之手。普鲁斯特用“民居建筑”（architecture domestique）一词对译英文的“dwelling-house architecture”。我们看到，这个概念包括大运河两岸的府邸宫殿。

普鲁斯特随身带着一批罗斯金的著作（《圣马可安息》[1]《威尼斯之石》[2]《现代画家》等，当然还有《亚眠的圣经》；他还向此时正在米兰的朋友伊特曼推荐罗斯金的著作），与母亲住进欧洲旅社，当时这家旅社坐落在朱斯蒂尼安宫[3]。刚开始时，他备受疾病的折磨，无力咀嚼当时的感受，很久以后他在信中对纪德说：“但威尼斯仍给我留下了深深的烙印，想到威尼斯，我仍能感受到经久不息的愉悦。”[4]普鲁斯特就是在这种状态下，在5月一个阳光灿烂的早晨，与母亲一起抵达威尼斯，玛丽·诺德林格迎接了他们母子二人，她当时与姨婆和表舅雷纳尔多住在福迪尼·马德拉佐[5]公馆[6]。上一个冬天，雷纳尔多是与母亲在罗马度过的，想到要来威尼斯与马塞尔会合，他便在给玛丽的信中嘲笑道：“当心，我敢说这下子电报又要发挥作用了。”在《亚眠的圣经》的最终定稿中，普鲁斯特写道：“在那些幸福的日子里，我们与大师的其他门徒乘贡多拉同游威尼斯，聆听大师沿水路宣讲，每逢庙宇便弃舟登岸，这些庙宇好像突然从水中涌出似的，为我们献上大师所描绘的对象和思想的图景。”[7]出于同样的目的，他们还前往圣乔治学院观看卡帕契奥（罗斯金声称这位画家是他发现的[8]）画的圣热罗姆[9]。但普鲁斯特最主要的工作地点是洗礼堂，因为马塞尔要把此处的镶嵌画和铭文，与罗斯金的描写[10]逐一进行核对，还因为此处凉爽宜人，具有金色的、神圣的氛围，适合他在玛丽和母亲的陪伴下进行写作和翻译[11]。

① 这部著作格外重要，因为正是重读这部著作，才启发普鲁斯特写出《重现的时光》中与《弃儿弗朗沙》有关的不自主回忆的情节；但是，既然在描写凹凸不平的路面时已经利用了对威尼斯的记忆，那么此时更巧妙的做法便是把罗斯金变成乔治·桑，何况乔治·桑是与贡布雷有关联的。早在《亚眠的圣经》当中（p. 246, note），普鲁斯特就在谈及《圣马可安息》时提到此书保留着“往昔的特殊色彩”，提到读这本书那一天的美好，这种美好被书页保存下来，不可磨灭。

② 此书没有法译本。普鲁斯特就此向罗贝尔·德·拉希泽拉纳谈道：“若是能在现场读法文版的《威尼斯之石》，对我来说将是很好的休息。”（*Corr.*, t. XXI, p. 587, 1900年4月）他没有译这本书的打算，于是到处寻找未刊的译本，因为拉希泽拉纳说其中有些章节已被译成法文。

③ 据菲利浦·科尔布。并非如佩因特（p. 330）依据玛丽·诺德林格的说法，认为该饭店坐落在Danieli宫。佩因特倾向于这种说法大概是为了提及缪塞与乔治·桑。G. Cattaui复制了普鲁斯特在威尼斯的一张照片（*op. cit.*, n° 53），他戴着一顶帽子，看起来活像查理·卓别林，斜坐在一张藤椅上，地点应该是旅馆朝向大运河（而不是书中说的Lido海滩）的阳台或露台。这本书里还有一张阿德里安·普鲁斯特在圣马可广场上的照片，编者标注的时间为1900年，可能是错误的，因为普鲁斯特教授前往威尼斯出席欧洲防鼠疫的国际会议是在1897年，他随后就该议题写了书，菲利克斯·福尔总统还就此向他表示感谢（Catalogue de l'exposition BN 1965, n° 35）。

④ *Corr.*, t. XX, p. 208, 1921年4月23日。

⑤ 雷蒙·德·马德拉佐，1841年生于罗马，娶雷纳尔多的姐姐玛丽娅为妻。他是弗德里科·德·马德拉佐的儿子，何塞·德·马德拉佐的孙子，他的祖父和父亲都是西班牙宫廷画家，且都曾任马德里博物馆馆长。他的儿子也叫弗德里科，又名可可，也是画家，为玛丽·诺德林格、雷纳尔多·哈恩（Catalogue de l'exposition Jacquemart-André 1971, n°226, pl. XXI）、路易·戈蒂耶–维尼亚尔（1920年前后，G. Cattaui, *op. cit.*, n° 163, reproduit en tête des *Lettres à une amie*）画过肖像。他是福迪尼的舅舅，福迪尼的府邸现为博物馆。

⑥ *Lettres à une amie*, p. IX, « Huit lettres inédites à maria de Madrazo présentées par Mari Riefstahl-Nordinger », *BAMP*, N° 3，1953, p.36.

⑦ *Bible*, p. 245, note.

⑧ *CSB*, p. 522.

⑨ *Bible*, p. 219，普鲁斯特所作注释：“我们登上贡多拉，驶进一条安静的河道，随即融入潟湖水波光影无穷的荡漾和迷离之中，我们登上这座‘奴隶祭坛’，如果光线好的话，就能看到卡帕契奥为圣热罗姆所作的绘画。”

⑩ 罗斯金的描写见《圣马可安息》第VIII章与第IX章，普鲁斯特在练习簿48中有详尽的笔记（Voir J. Yoshida, « L'après-midi à Venise », *Études proustiennes*, t. VI, pp. 179–180）；普鲁斯特把洗礼堂称作罗斯金的“圣中之圣”（*Bible*, p. 306, note）。

⑪ “我们去了圣马可教堂，我要把施洗堂的镶嵌画都描下来，母亲给我披上一件披肩抵挡寒气；我们一起踩在高低不平的铺路石板上，上面还有大理石和玻璃制成的镶嵌画。”（Cahier 48, f° 62 r°; 我们在此看到，这是《重现的时光》相关情节的草稿中唯一一次提及“高低不平的铺路石板”，它没有出现在定稿当中；这段话是与母亲有关联的，这一点非常重要）。

当时的作家和诗人，从雷尼耶到巴雷斯，都留下了描写威尼斯的文字。但马塞尔，为从中得到启发也好，为与其保持距离也罢，从来不赶时髦；他的眼中只有此时迷恋已极的罗斯金——唯一掌握威尼斯真理的人。他在1906年写道：“无论是巴雷斯笔下垂死的威尼斯，还是雷尼耶眼中狂欢的或死后的威尼斯，无论是德·诺阿耶夫人爱无止境的威尼斯，还是莱昂·都德……的威尼斯，对富有想象力的人来说各有独特的光彩。而现在，罗斯金将把我们从这种有些被动的观照中解脱出来。”[①]正是因此，当他在一个雷雨天与玛丽·诺德林格（我们前文看到，她曾帮助他校对《美术通讯》上文章的校样）躲进圣马可教堂时，二人一起读的正是《威尼斯之石》的相关章节[②]。他还回忆起“在雨天晦暗的光线里，镶嵌画仅凭自身的质料闪出光亮，那是一种内在的、人性的、古老的金光”。玛丽在自己的回忆中讲到当时的各种场景：普鲁斯特夫人站在旅馆的阳台上等候他们；下午他们一起到佛罗里安咖啡馆品尝冰激淋；马塞尔把鸽子称作“鸟国的丁香”[③]；在雷纳尔多的歌声中乘贡多拉夜游潟湖。在三个多星期的时间里，他们登岸看过每一座教堂，“登上那些半身矗立在水中的玫瑰色精美屋宇”，仔细研究罗斯金为之画过素描的每一处柱头；他们还请人找来梯子，“以便看清一幅浮雕；正是罗斯金向我们指出这幅浮雕是何等重要，没有罗斯金，我们永远都不会察觉它的存在”[④]。关于小说里埃尔斯蒂尔画《安康大教堂》的场景，普鲁斯特参考了

① 普鲁斯特所作书评《玛蒂尔德·P·克雷米厄夫人译罗斯金〈威尼斯之石〉》，载《艺术与珍玩纪事》1906年3月号，*CSB*, p. 521。普鲁斯特这篇文章流布不广，我们在后面的段落里引用了其中的一些回忆。普鲁斯特对译者删除关于圣乔治学院和卡帕契奥的章节十分不满。

② *Lettres à une amie*, *op. cit.*, p. IX. 这些论述威尼斯衰落的章节，在*CSB*, pp. 131–132有摘引和讨论。

③ Ibid., p. 133.

④ *CSB*, p. 521. 后文中说，威尼斯是“一座藏有保存完好的中世纪和文艺复兴时期民居建筑的博物馆”。

《现代画家》上复制的透纳作品《海关与安康圣母大教堂》[①]。

帕多瓦之行将对未来的小说产生重要影响。马塞尔与雷纳尔多继续沿着罗斯金的足迹，前往阿雷纳礼拜堂观赏乔托的壁画[②]。这些壁画，将在《失踪的阿尔贝蒂娜》的威尼斯之行中现身，但最早却以时序颠倒的方式出现在贡布雷，并且，正如“贡布雷与帕多瓦的恶与善”这个章节标题所表明的，这些壁画最终将它们令人不安的阴影布满了整部《追忆》。写帕多瓦之行的那段草稿，由于有追逐普特布斯男爵夫人女仆的情节而跌宕多姿[③]：“当我从车上看到帕多瓦把它古意斑斓的红棕色塔楼展现在蓝天之下……我心急火燎地想马上看到多纳泰洛的雕塑，隐修士教堂里曼坦那的壁画[④]，特别是这么多年早已熟悉的乔托在阿雷纳礼拜堂画的善恶图。”在最终定稿中，普鲁斯特没有再提到善恶图，但说到蓝天中的天使令人联想到“加洛斯的年轻学生们正在学习滑翔”[⑤]，仿佛那位他曾经深爱、如今已经死去的飞行员——也深受他的朋友科克托的喜爱——已经变成这些天使中的一员。

在《失踪的阿尔贝蒂娜》当中，普鲁斯特还引入了民居建筑这一主题。贡布雷各个房屋的角色，在威尼斯由斑岩、碧玉砌成的府邸宫殿来扮演。在威尼斯，具有家居建筑显著辨识度的建筑语言，“是建筑立面上仍带有一半阿拉伯风格的尖拱，它已经作为中世纪民居建筑的一大杰作，被复制陈列在各大模型博物馆中，印在艺术书刊的

① Vol. I (III); J. Autret, *op. cit.*, pp. 134–135.

② 此行被写入《失踪的阿尔贝蒂娜》，*RTP*, t. IV, p. 226，参见十五人译本（六）227页：“趁着天气特别晴朗，我们就一直走到帕多瓦，去看斯万先生曾送给我复制品的‘善恶图’，这些复制品也许还挂在贡布雷老宅的自修室里。”我们知道阿雷纳礼拜堂“善恶图”的图版收入了典藏版《罗斯金全集》，普鲁斯特写《追忆》的时候可能手上就拿着这些图版作参考。

③ Ibid., t. IV, pp. 723–725.

④ Cf. *Corr.*, t. VII, p. 174：普鲁斯特在信中说，在爱德华·安德烈夫人府上（现在的Jacquemart-André博物馆）有曼坦那在隐修士教堂所作壁画的复制品，“这是我在世上最喜爱的绘画之一，在帕多瓦我曾见过原作”（Cf. ibid., t. II, p. 30）。

⑤ *RTP*, t. IV, p. 227，参见十五人译本（六）228页。

插图上”[1]。尽管小说里威尼斯之行的情节大部分是虚构的，但普鲁斯特把1900年5月的回忆加了进去，比如这扇窗户[2]，手稿中的相关部分不断扩充：“每天中午，贡多拉载我回来吃午饭，我常常离得很远就能看见妈妈的披肩搭在大理石栏杆上，上面放了一本书，以免被风吹掉。再往上看，窗户的圆形叶饰绽放开来，像一张微笑的脸，也像一个朋友允诺和信任的目光。”[3]不过，当小说（也包括《驳圣伯夫》）中写到叙事者与母亲的争吵时，绝不应像有些传记作者那样，在没有证据支撑的情况下把它移植到马塞尔的生活中，马塞尔始终对普鲁斯特夫人怀有犯罪感，完全有可能以这种半虚构的方式予以宣泄。

5月底，马塞尔和母亲返回巴黎。他留下了很多回忆，实现了一个梦想，积累了大量资料、手写的笔记和译稿，干劲十足地重新投入工作。载有此次威尼斯之行主要内容的小说，要到二十七年之后才会面世，那时普鲁斯特已经逝世五年了。返回巴黎之际，全家人都饱受疾病的困扰：马塞尔哮喘发作，母亲患了感冒，父亲做了摘除结石的手术。

① Ibid., p. 204 et n. 1，参见十五人译本（六）203页。这是罗斯金的原话。Cf. Esq. XV. 4, p. 696。

② 罗斯金画了很多窗户的素描作为《威尼斯之石》第VII章“哥特式宫殿”的插图（*op. cit,* pp. 232–245）。《失踪的阿尔贝蒂娜》的窗户就是它们当中的精华。

③ *RTP*, t. IV, Esq. XV.2, p. 694; cf. p. 695：关于同一扇窗户，他说：“假如再见到它我哭了，那就是因为它说：‘我还记得您的母亲。’”

如何翻译？

“您不懂英文，马塞尔，那怎么能行呢？”康斯坦丁·德·勃兰科温有一天向马塞尔发问[4]。普鲁斯特不大懂英文，他是在母亲译出的第一稿基础上加工润色完成翻

④ G. de Lauris, *À un ami, op. cit.*, préface, p. 22, cité par E. Bizub, *op. cit.*, p. 17. 洛里斯的回答是，普鲁斯特懂得罗斯金的英语。见下文567页。

译的。奇怪的是，威尼斯归来之后，他既没有更换要译的书，也没有特别想要翻译罗斯金关于意大利的著作，大家对此并不感到惊讶，他似乎更愿意继续完善已经开始的翻译，像罗斯金那样对亚眠和威尼斯两座城市同等对待，他最关心的还是哥特式大教堂，以及如何突破语言的障碍。手稿上密密麻麻的修改让我们看到，他如何一步步地吸纳了罗斯金式的和谐复合句，理解了它的结构，廓清了它的形式，听懂了它的旋律。罗斯金的长句，深受当时英国人熟悉的詹姆士一世钦定本《圣经》的影响，有很多插入语，意象丰富，灵活且富有音乐感，这种结构也进入普鲁斯特的句子当中；从《让·桑特伊》开始，他就一直在为自己的句子摸索寻找一个样板。在这一过程中，他也渐渐地掌握了英语，至少他已经明白，应该就哪些方面的问题向诸位合作者提问。如同上代人波德莱尔与马拉美翻译爱伦·坡，如同同代人纪德翻译莎士比亚、康拉德和泰戈尔，如同克洛岱尔改编考文垂·帕特默、瓦莱里改编维吉尔、拉尔博改编萨缪尔·巴特勒，普鲁斯特也想译介一位外国作者，并且感到翻译是一种绝佳的文体训练。另外，对他来讲，更重要的是评论、注释和撰写序言（他还批评表姨婆玛蒂尔德·克雷米厄在翻译《威尼斯之石》的过程中忽视了这些内容）。他在注释当中充分展示了学识的广博，除罗斯金本人的其他著作外，主要参考资料还有维奥莱-勒-杜克的《十一世纪至十六世纪法国建筑辞典》、埃米尔·马勒（这个名字常常出现在注释中，特别是第四章《阐释》），还包括《圣经》、莎士比亚、奥古斯丁·梯叶里、于斯曼以及当代思想家佩特、布伦施维格、塔尔德，以及从柯林伍德到巴尔杜等罗斯金研究专家。在此之外，还要加上他对各地各类教堂的了解，借助马勒[1]以及绘画的帮助，他能一口气列举出兰斯、布尔日、沙特尔、勒芒、图尔、苏瓦松、里昂等地某个教堂门廊的资料。

一般情况下，让娜·普鲁斯特译出第一稿（手稿现藏法国国家图书馆[2]），马塞尔在此基础上进行大量修改和注释。几位密友，比如罗贝尔·德·比利等人，都来帮他，他们曾目睹马塞尔在餐厅的桌子上工作[3]（实际上他一生当中几乎没有用过专门的书房和书桌），有时为了便于摊开数不清的资料，就挪到客厅里[4]。他把"一件小工作"交给弗朗索瓦·德·翁西厄去做，不停地向雷纳尔多·哈恩以及安托万·比贝斯科提出各种问题。就像大仲马指挥马凯那样，他向母亲下达指令："明天你能把我给你看的《建筑七灯》那段译出来吗？随便找什么纸张都行（尽量大一些），背面不要写，不留空白，行距要紧凑。"[5]"请像先前那样把《（亚眠的）圣经》结尾部分译出并且抄清。但是关于各位先知和一年中各月份的部分保留草稿即可。"这样形成的稿子随后交给玛丽·诺德林格进行修改，她与罗斯金之间就像希尔贝特与贝戈特、阿尔贝蒂娜与埃尔斯蒂尔的关系一样。但对这一稿，马塞尔还要进一步润色修正："也谢谢您这么漂亮的译稿，我还要仔细看一遍，并且，如果您允许的话，还要有所改

① *Bible*, p. 319.

② BN, n.a.fr. 16617–16618: *La Bible d'Amiens*, 2 vol., 214 et 207 feuillets, 40 ff. du chap. II (n.a.fr. 16623). *Sésame et les lys*, 130 ff. en trois cahiers, n.a.fr. 16624–16626. Des traductions de *Mornings in Florence*, de *Deucalion* par Mme Proust, des épreuves de la traduction de *La Couronne d'olivier sauvage* et des *Sept Lampes de l'architecture* par G. Elwall témoignent du travail préparatoire.

③ R. de Billy, *op. cit.*, p. 120 ; L. Daudet, *Autour de soixante lettres de Marcel Proust, op. cit.*, p. 35.

④ *Corr.*, t. II, p. 414, 致母亲的信："我把所有的东西都留在客厅了，只把抄好的手稿拿到我的房间，以防弄乱了纸张顺序。"（1901 年 1 月 24 日）

⑤ Ibid., p. 365.

动。”[①]罗贝尔·德·于米埃尔（1868—1915）是英国作家开普林和康拉德的法译者（普鲁斯特借助他的译本读了开普林），也是一位剧作家（后来出任艺术剧场的经理）、小说家和评论家（1904年普鲁斯特评介他的《大不列颠岛与帝国：英国、埃及、印度》，称赞其“思想和文笔绝对通透”[②]），他不仅帮助普鲁斯特翻译《亚眠的圣经》[③]，而且后来为《芝麻与百合》出力更多。他高贵的出身、尖刻傲慢的言谈举止、某些做派和习性[④]，以及他担任参谋部联络官时要求[⑤]重返朱阿夫团并于1915年阵亡的经历，令人将他视为圣卢的原型之一。普鲁斯特在失去贝特朗·德·费纳龙的时候，也将为他痛哭。

翻译工作就是以这样的节奏缓慢推进的，1901年12月，普鲁斯特把《亚眠的圣经》译稿交给了奥伦道夫出版社[⑥]。

1900年就这样过去了

世界博览会之年已经接近尾声，但如此重大的事件，并没有给普鲁斯特留下什么印象。对孟德斯鸠一向顺从的马塞尔，在应约与他在韦伯咖啡馆共进晚餐时，居然想方设法避免陪他逛博览会[⑦]。马塞尔的父母8月8日去了埃维昂，他们对儿子放心不下，每天都焦急地等待他的消息。普鲁斯特夫人以她一贯的幽默感，把饭店的住客逐一描绘了一番，这也预示着她儿子日后对巴尔贝克游客的精心刻

① Ibid., t. IV, p. 111, 1904；*À une amie*, *op. cit.*, p. 45. 指的是《芝麻与百合》，我们将看到，玛丽对这本书出力不少。

② *CSB*, p. 494.

③ 如《亚眠的圣经》184页注1：“罗贝尔·德·于米埃尔说，这是指……”；215页：“罗贝尔·德·于米埃尔告诉我……”

④ « Ne laissez pas sans lumières / Vos fils à Robert d'Humières », écrit Montesquiou. Voir Painter, pp. 685–686.

⑤ 在他手下当兵的雅克·波雷尔写道：“在一次令他的名誉深受伤害的误解之后……”（*Fils de Réjane*, Plon, 1951, t. I, p. 283）

⑥ *Corr.*, t. II, p. 35.

⑦ Ibid., p. 401, 1900 年 6 月 30 日。

画：他们当中有政治家，如国民议会议员西洛尔和肖沃，还有一个“长着大红鼻子的”人，他是前总理迪皮伊，走到普鲁斯特教授身旁，“拍了拍他的肩膀”；有外交官，如玛丽·德·贝纳达吉的姑父、驻梵蒂冈大使尼扎尔（诺布瓦的原型之一），他“非常可爱但耳聋得厉害”；有律师，如律师公会会长普卢瓦耶和德万；有作曲家，如勒内弗；有几位表亲，如克吕皮，马耶尔一家；有医生，如老友迪普莱一家[①]，戈泰大夫（他常年住在这里，上一年马塞尔曾多次找他看病）。总之，这里的住客都是来疗养的巴黎中产阶级。普鲁斯特夫人写信给儿子说：“我想你最好等一等再来埃维昂。倒不是因为旅馆太奢华，而是因为里面住满了人所以太喧哗。”[②]她建议马塞尔进行有益身心的罗斯金朝拜之旅：“我希望，你之所以没有写信，是因为你正在做一些有益的、愉快的、利于健康的外出活动。”[③]

她同时在考虑返回巴黎处理搬家事宜。普鲁斯特夫妇曾考虑过搬到奥斯曼大道，但最终租下了库塞尔街45号的第二层[④]，他们舍不得离开蒙梭公园，这个街区聚居着名医和有钱的病人，有他们的朋友和主顾。这是一座带圆角亭（左拉在《贪欲》里嘲笑过这种圆角亭）的漂亮楼房，坐落在库塞尔街与蒙梭街的拐角处。临近这两条街的房间，依次是父母的卧室、客厅、餐厅、马塞尔的卧室（所以他的房间远离父母的房间）和罗贝尔的卧室，之后还有两个房间；附属的房间都朝向内院；一条长长的走廊

① 在这个政治大分化的时期，普鲁斯特和迪普莱这两个家庭属于“独立的共和派”。阿德里安·普鲁斯特酷爱与迪普莱一家玩多米诺牌，他的朋友们都拿他赢牌时的高兴劲寻开心（ibid., t. II, p. 405）。同样，戈达尔在小说里玩 l'écarté 纸牌，马塞尔自己玩 dames 纸牌。

② Ibid., p. 409, 1900 年 8 月 21 日。

③ Ibid., p. 408.

④ 在当时，人们自购家具，但租房子住。

通往各个房间，仆人们在走廊里发出的声响会把马塞尔惊醒；浴室位于马塞尔和罗贝尔房间的对面。这种布局将在《追忆》的各处公寓中再次出现。取暖设备通过散热孔透出热气，但这种散热口恐怕对哮喘病人不利。笨重的黑色家具充塞着各个待客的房间，毫无收藏家的品位，三层窗帘和暗色的墙帷，正是第三共和国时期流行的风格，而马塞尔一向对房间装饰和收藏毫不在意，也不愿对父母评头品足，似乎没有想到要建议父母采用他在贵族的府邸和公寓中见到的、更符合美学标准的家居布置，在装饰和家具上，当时的贵族阶层已经回归更加明丽的色彩和十八世纪的风格；顶多到写小说时，他把斯万的家居陈设与叙事者父母的居所进行了一番对比。还有，家中第一次安装了电话，但马塞尔仍继续用邮寄快信（如同他给在埃维昂的父母寄去的快信）或者派佣人送信的方式对外联系。佣人中包括一位厨娘、两位贴身女仆（一位叫费利西·费多，“性格纯朴且有亲和力”；另一位是玛丽，马塞尔说她“更有文化”但“言谈不那么文雅”）、一位名叫阿尔蒂尔的贴身男仆，举行大型宴会时会再另请帮工[①]。似乎没有马夫，也没有马车（我们知道，普鲁斯特医生要么从奥特伊乘坐奥特伊—玛德莱娜教堂的公共马车，要么就租用马车）。马塞尔对下人们一贯彬彬有礼，关怀备至，在他们生病、出远门、离职退休的时候以及战争期间，始终与他们保持通信联系。这种善良厚道，肯定是从外祖母身上继承来的，终有一天，将拯救他的生命，拯救他的事业。

① 1899 年是欧仁妮、居斯塔夫和他的妻子。

第二次威尼斯之行

马塞尔没有到埃维昂与父母团聚[①]，同时为了逃离搬家的种种不便、忙乱和灰尘，他第二次去了威尼斯，并且试图邀请道格拉斯·安斯利同行。他似乎对安斯利旧情复燃，在邀请信中说："如能跟您一同观赏与您的感觉相契合的艺术杰作，我会感到非常高兴，我似乎能在您的感觉中预感到它们的美。"[②]首次邀请未果，于是一个星期后马塞尔再次出击，给安斯利又写了一封信，但这封信没有引起注意，不过其中马塞尔详细说明旅行计划的方式让我们很感兴趣："成千上万个偶然推迟了我的行程，还有成千上万个偶然让它如常言所说地'浮出水面'。由于季节已晚，所以此行只能包括威尼斯、维罗纳和帕多瓦三地。"[③]可见普鲁斯特想到尚未去过的维罗纳一游，还想再去一趟5月份曾匆匆一过的帕多瓦；这样一来，他对乔托和曼坦那的壁画了解如此之深就不难理解了。

我们不清楚这位年轻的英国诗人是否与他同行，从道理上讲这并非不可能，因为普鲁斯特从不独自旅行。《失踪的阿尔贝蒂娜》的草稿中讲到重返威尼斯的情节，叙事者考虑旅行计划时首先想到母亲："她不想离开我父亲，但我如果独自到了那里而她又不在，那么整个宇宙的美都不足以安慰我由此产生的焦虑。"[④]但另一方面，没有母亲在场，他在威尼斯会有好几天时间与普特布斯男爵夫人的贴身女仆单独相处[⑤]。在同一份草稿中，他与这位女仆相遇的地点是帕多瓦，就在具有高度象征意义的善恶图近

① 其实众多传记作者提出的（他从巴黎前往埃维昂的）证据都站不住脚，而他寄给安斯利的信是从巴黎发出的，似乎正好提出了反证。总之，马塞尔并非如有人所说从埃维昂直接前往威尼斯。

② *Corr.*, t. II, p. 412, 1900年9月30日至10月4日之间；普鲁斯特建议10月6日（星期六）动身。这次威尼斯之旅没有留下任何信件，但多亏了他1900年10月19日在San Lazzaro修道院登记册上的签名，这次旅行才被一位法国领事（Marie Dujardin, 见《费加罗报》文学副刊，1931年10月10日）和L. Védrines发现（*BAMP*, nº 4, 1954, pp. 57–60）。

③ *Corr.*, t. XII, p. 398, 1900年10月中旬。

④ *RTP*, t. IV, p. 691.

⑤ Ibid., p. 722.

旁："总之还有一种愉悦，当我想去威尼斯看壁画，或想去维罗纳、托尔切洛时，我会有一个女人……"[①]这个暧昧的场景没有出现在《失踪的阿尔贝蒂娜》的定稿中。1900年10月，马塞尔在威尼斯寻求何种愉悦，尝到哪些快乐，我们不得而知；他本人曾提到"平民妇女""卑微的女工"，任谁都"无法阻止他去爱"[②]。叙事者在普通的水巷里拦住"平民女子"[③]，真心话脱口而出："我所爱的，是青春。"这是多么典型的性别颠倒。

另一位青春的恋人，遭人唾弃的奥斯卡·王尔德，11月30日死于巴黎艺术街的阿尔萨斯旅馆。普鲁斯特不赞同他的美学，但会同情他的命运。与皮埃尔·路易斯、保罗·福尔、厄内斯特·拉热内斯不同，马塞尔没有参加王尔德的葬礼。不过12月7日，他出席了学术新星亨利·柏格森的开课仪式；根据里博的报告，柏格森于1900年4月1日当选法兰西公学希腊与拉丁哲学教授，他在1900—1901年所开的课程是关于"原因的概念"，即"我们对因果律信仰的心理起源"[④]。

《亚眠的圣经》完稿

1901年年初，马塞尔一面自称从元旦当天起一直在生病，一面和母亲按照精确分配到每一天的工作量[⑤]，有条不紊地继续翻译《亚眠的圣经》的第四章。也许是因为缺少知心朋友的缘故吧，他在给康斯坦丁·德·勃兰科温

① Ibid., p. 733.

② 佩因特和迪斯巴克都强调过这个方面。

③ *RTP*, t. IV, p. 207，参见十五人译本（六）206页。

④ Voir H. Bergson, *Mélanges*, PUF, 1972, p. 438 *sq*.

⑤ *Corr.*, t. II, p. 414，1901年1月24日："今晚我没有做任何正经事，所以都留到了明天，这让我很烦……"关于1901年这一年，我们难以理解为什么佩因特会说这个时期只有8封信公之于世，而实际上《通信集》第二卷（1976年出版）收入了43封信。

的信中一吐为快；勃兰科温此时已经回到罗马尼亚，在那儿当选了议员[①]，他给马塞尔写过信、发过电报。马塞尔的信措辞优雅，但字里行间流露出不可遏制的表白冲动："我总是疾病缠身，找不到乐趣，没有目标，无所事事，缺少志向，感到生命在我面前已经完结，深感自己给父母造成莫大痛苦，因而我几无快乐可言。假如您能想到这一切，那么您就会理解，来自友朋的情感对我来说将是多么重要。"[②]我们不知道，马塞尔此番表白，是想博得同情继而得到更多东西呢，还是由于此时接近三十岁这个人生"阴影线"而产生的惆怅[③]。不过，手头的工作为他的生活赋予了某种意义。

普鲁斯特总是需要一个中介，需要有人带他走上正途，而此后，他就会比任何人走得都要快。在重建罗斯金思想的过程中，他对自己的思想有了完整的认识，他要把它公之于世。因此，《亚眠的圣经》译者序——这篇序言由已发表的文章连缀而成，是拼接旧作的新典范——在忠实复述原作者思想之后荡开一笔，在"附记"中批评罗斯金式的偶像崇拜混淆了真与美。我们可以将这篇序言看作一部思想的小小说，其第二章或者说第二篇《罗斯金眼中的亚眠圣母堂》，讲述了普鲁斯特的一次亚眠之行，第三章《约翰·罗斯金》，论述了这位天才人物，普鲁斯特本人的美学思想就是从这篇文字中逐渐浮现出来，并走到了罗斯金的对立面："不，尽管世上没有任何东西比山楂花更美，但我不会因为画家在一幅画的突出位置画

① 直到1902年5月15日他才推出《拉丁复兴》杂志，至1905年停刊。普鲁斯特在该刊上发表了大量文字，直至二人翻脸。

② *Corr.*, t. II, p. 416, 1901年1月31日。

③ 数天之后，他恢复平静（*Corr.*, t, II, p. 418）："我一个人待着，感觉很好！"其实，他这是为了招引吕西安·都德过来看他。7月10日，他向莱昂·伊特曼宣布（ibid., t. II, p. 32）："今天，我三十岁了，一事无成！"这说明他不以翻译罗斯金为满足。

上山楂花就认为这幅画更美，因为我必须保持真诚，因为我知道一幅画的美并不取决于画中表现的东西。”[1]然而，在复述自己受罗斯金的影响而走过的思想历程时，普鲁斯特特意阐明了罗斯金如何帮助自己了解了哥特艺术，进而认识了意大利；他讲到了自己的威尼斯之旅，在《失踪的阿尔贝蒂娜》中，他将把这次旅行放在叙事者名下。

① *P et M*, p. 137. 此书收录了普鲁斯特为《亚眠的圣经》写的译者序。

普鲁斯特自第一批作品发表以来的进步是显而易见的。从1900年开始到1905年，也就是到第二部翻译作品完成之时，普鲁斯特将确立自己的美学观，此后，他的美学思想除了自我深化，不再发生原则性的改变。艺术家要学习如何观察世界；排斥他人的影响，结果只能走向虚妄。当批评家把自己的思想交给外来的思想和艺术进行评判时，他就成了作家。“小说家的题材，诗人的幻觉，哲学家的真理，可以说是以一种必然的、外在的方式强加于他们的。艺术家在驾驭精神来描绘这一幻觉、接近这一真理的过程中，才能真正成为他自己。”[2]普鲁斯特与罗斯金，就是一种激情的诞生和消亡，而后这一激情再由自主的回忆唤醒；《亚眠的圣经》译者序揭示了自主回忆——恰恰因为它是自主的——之不足。因此，假如我们做一项前瞻性的批评，那么就会在这篇序言中，在已经成为普鲁斯特的人物的罗斯金身上，看到埃尔斯蒂尔、贝戈特、巴尔贝克的教堂（它将在埃米尔·马勒的影响下得到补充和修正）以及威尼斯之旅；这项前瞻性的批评还将注意到，

② Ibid., pp. 140–141.

《追忆似水年华》谈论的哥特艺术作品和意大利绘画，最初都是由罗斯金评论和复制的。但是，当小说家的创造性开始发挥作用时，渊博的学问就丧失了用武之地：就这些作品来说，它们的意义在小说中发生了彻底的蜕变。

在德·诺阿耶夫人周围

凭借自身的经验，普鲁斯特只会比其他任何人都更容易理解康斯坦丁的妹妹安娜·德·诺阿耶夫人的病情（从让娜·普凯直到苏策亲王夫人，有多位女性在他身边扮演男性角色，这一次则是诺阿耶夫人）。他在信中写道："不要过分抱怨健康状况不佳。往往因为灵魂过于丰满，躯体才不堪重负。神经质状态与富有魔力的诗，完全可能是同一个躁动的力量难以分割的表现形式。"[①]安娜生了儿子以后患上了抑郁症，在布里索医生的建议下，1900年12月住进索利耶医生在布洛涅的诊所，一直住到1901年2月；普鲁斯特1905年也会在此住院。由于生病，安娜未能出席马塞尔5月6日为她张罗的诗歌朗诵会，这次朗诵会上，由奥德翁剧院的考拉·拉帕尔瑟里朗诵她的诗集《无数颗心》中的两首诗《意识》和《对月亮说》，这两首诗是安娜在诗集出版之前寄给普鲁斯特并要求考拉进行排练的[②]。刚刚收到这两首诗，他就从不同的章节中摘出数句，大加赞赏："鸽子飞过留下一串白色；阳光之路没有阴影、没有曲折；天鹅在风中起舞；我的柔情，多么深邃

① *Corr.*, t. II, p. 426, 1901 年 5 月。这已经是《盖尔芒特家那边》当中迪·布尔邦的看法，因为这些看法都来自同样的阅读和实际经验。Cf. p. 424, 还有一个想法重新出现在《追忆》当中："我们得不到某些东西就伤心不已，那就错了。其实，这些东西往往会在您不想要的时候来到。"

② Ibid., p. 423（1901 年 5 月 1 日）："我刚刚把它们寄给拉帕尔瑟里小姐。"

的国度。”这是他一贯的做法，往往令人误以为他已经吃透了整部作品。6月19日，马塞尔又办了一次朗诵会[①]，正式晚宴之后，由同一位女演员朗诵同一诗集中的其他作品。在普鲁斯特的诗歌活动中，安娜渐渐取代了孟德斯鸠的位置。当他的信件被披露、安娜也已经过气之际，有人指责他对安娜的赞赏（赞赏她的人还有法朗士、洛蒂、科克托以及其他很多人）。然而在当时，她一定是他心目中一位年轻、漂亮的奇才；她的新浪漫主义诗风取自谢尼埃、拉马丁和缪塞，他则在她的作品中发现了童年时别人教他喜欢的诗人，找到了与自己相近的主题[②]，尤其是对感觉和大自然的热爱[③]。正是由于这个原因，他把这本诗集比作他最喜爱的“山楂花的馨香”。也许有人会感到诧异。而实际上，对于波德莱尔和马拉美[④]以后的诗人，普鲁斯特并没有真正深爱的，但他们的优势在于都还活着，并且属于贵族阶层，能带他们的亲朋好友登上普鲁斯特典型中产之家的大门。

于是，6月19日的晚宴，除诺阿耶一家外，马塞尔还向很多人发出邀请：法朗士和女儿，埃德蒙·德·波利尼亚克亲王和夫人，埃莱娜·德·卡拉曼–希迈，埃拉格侯爵和夫人[⑤]，勃兰科温，德·布朗特夫人，布里耶伯爵，克莱芒·德·莫尼，加布里埃尔·德·拉罗什富科，阿贝尔·埃尔芒，吕西安·都德，莱昂·都德[⑥]。如此一来，他便以艺术为由头，把德雷福斯派与反德雷福斯派，把贵族与中产市民，把各位作家与自己的密友召集在一起。

①哈恩把诗集介绍给了萨拉·贝尔纳，据普鲁斯特的说法，萨拉“对诗集极为喜爱”（ibid., t. II. p. 428），她5月30日在纳伊市“缪斯楼”孟德斯鸠府上朗诵过其中的诗歌；6月，朱丽娅·巴尔泰在另一家沙龙也朗诵过这些作品。

② C. Mignot-Ogliastri, *Anna de Noailles*, p. 128. 这部传记表明安娜酷似《反对晦涩》的作者，很少读象征派作家，但很早就读过叔本华并深受其悲观主义的影响，喜爱拉福格、马塞利娜·德博尔德–瓦尔莫尔、魏尔伦和萨曼（“‘公主的花园’让幼年的我迷醉不已”）。另外她一直忠实于巴纳斯派和法朗士的希腊传统，喜读勒贡特·德·利尔的作品。所以说她的喜好很接近《欢乐与时日》和《让·桑特伊》的趣味：“我只相信仅仅包括伤心和甜蜜两种滋味的爱情。”

③ 1899年8月她向Bulteau夫人写道：“大自然通过一种特殊的联系把我和它联结在一起……凝神静观的时刻对我来说是十分宝贵的。”（转引自C. Mignot-Ogliastri, *op. cit*. p. 134）她在诗集《无数颗心》中呼唤：“苍天，把我们童年的清晨还给我们。”

④ 他的情妇梅莉·洛朗——他们二人常谈起马塞尔——11月26日刚刚去世，她把自己在Lannes大道上的房产留给了雷纳尔多（见Painter, pp. 271–273）。

⑤ 普鲁斯特将前往法莱兹看望他们，并在1954年法卢瓦编《驳圣伯夫》中提及，见274—275页，这一章又称《诺曼底的绣球花》（《1908年记事本》）：他们普罗旺斯式的姓名已经诺曼底化，“如同这些美丽的绣球花”。这位侯爵夫人是孟德斯鸠的表亲。

⑥ *Corr*., t. II, p. 435, n. 3. 这里面可能还有马塞尔未来的爱恋对象伊兰·德·卡萨–菲尔特（*op. cit*., pp. 187–188），此人是吕西安介绍给他的，后来使吕西安与马塞尔之间产生嫉妒，导致二人不和。

“理解、友善的气息从马塞尔身上散发出来，在餐厅、客厅里萦绕盘旋。两个小时的时间里，这些仇敌中间洋溢着真正的友好气氛。我深信，在巴黎，再无任何人能有如此手段。”[①]

埃德蒙·德·波利尼亚克去世

8月8日，埃德蒙·德·波利尼亚克亲王去世。这位迷人的老先生是查理十世的最后一位大臣（就是他出的主意最终引发了1830年7月革命）的儿子，他虽然不喜欢女人，但在1893年娶了温娜莱塔·辛格（她是缝纫机大王辛格之女，她的妹妹嫁给了德卡兹公爵），这一位亦不喜欢男人，有画作在绘画年展里展出。马塞尔将有机会论述这种由索多姆和戈摩尔缔结的婚姻。维系他们婚姻关系的是二人对社交场和音乐的共同爱好，还有府邸楼梯铸铁栏杆上交叉重叠的姓氏首字母，他们早先住在科尔唐贝尔街，后来搬到亨利–马丁大街。亲王在凡尔赛拥有一座漂亮的房子，又在威尼斯买下了孟佐尼宫，在他心目中，威尼斯是“唯一一座楼房之间打开窗户交谈时不用提高嗓门的城市”[②]。他组织的一场水上音乐会即从这里启程。据哈恩记载，那天聚集了一群朋友，把钢琴搬上了贡多拉，航行中由帕德雷夫斯基演奏肖邦，哈恩演唱福雷的歌曲[③]。普鲁斯特在《费加罗报》上刻画过亲王的肖像[④]，其中最为看重的是他代表着盖尔芒特一家的前身：“上天只管

① Léon Daudet, *Salons et journaux*, in *Souvenirs, op. cit.*, p. 505. 未到场的有孟德斯鸠、阿尔芒夫人（她也在马塞尔没有到场的情况下组织了一场类似的晚宴）、德雷福斯（头一天晚上才向他发出邀请）、吕西安（吕西安的缺席让马塞尔伤心）。

② *CSB*, p. 467. Cf. *RTP*, t. II, p. 826, 参见十五人译本（三）529页，普鲁斯特称他为“可爱的异想天开者”；t. III, p. 705, 参见十五人译本（五）193页，周译本（五）199页，普鲁斯特提醒读者，波利尼亚克亲王与夏尔·哈斯和加利费等一同出现在了蒂索的油画中。

③ R. Hahn, *Thèmes variés, op. cit.*, p. 137. 1910年在凡尔赛的大水渠也为福雷举行了同样的活动（ibid., p. 138）。正是在这部珍贵的著作中，哈恩为音乐沙龙大唱赞歌（pp. 180–181）。

④ 1903年9月6日，《埃德蒙·德·波利尼亚克亲王夫人的沙龙》。

延续世系而不关心个体，故而给了他修长的身材，让他的面容兼有武将的刚毅和朝臣的文雅。久而久之，埃德蒙·德·波利尼亚克亲王胸中蕴藏的精神之火，仿照他的思想重塑了他的外貌。但他的表情仍保持家族的模样，这个模样先于他个人的灵魂而存在。他的身体和面容像一座变更了用途的碉楼，而且似已改建为图书馆。我还记得为他举行葬礼的那个伤心的日子，教堂里大幅黑幛高擎着鲜红的帽式王冠，上面仅有一个字母P。个性既已泯灭，他又回归了家族。他只是波利尼亚克家族的一员。”[①]这个场景和这些意象，将出现在《重现的时光》中有关圣卢葬礼的一节[②]。

他被家人视作“令人难以忍受的怪人”[③]，像马塞尔一样体弱多病，总是裹着花格毛毯，他如贝戈特那样说过：“您还想怎样？……正如阿纳克萨格拉所说，人生就是一次旅行。”[④]普鲁斯特通过法朗士转引《哈姆雷特》的台词[⑤]，称他为“亲爱的王子”，他还是“一个很有头脑的人，一个大音乐家”[⑥]。他写过宗教音乐、歌曲和户外音乐，他的文学、艺术和政治观点都相当“超前”，也有“所谓幼稚和犯傻”的放松时刻（马塞尔也有这样的时候），比如他的晚会往往变成“欢乐的舞场”，他本人则用钢琴夸张地演奏滑稽舞曲进行伴奏。在他位于科尔唐贝尔街的府邸大厅里，普鲁斯特听过勃拉姆斯的舞曲，福雷最新创作的歌曲和第一奏鸣曲[⑦]（这是凡德伊奏鸣曲的原型之一），巴赫的奏鸣曲，贝多芬的四重奏。大厅的

① *CSB*, p. 465.

② *RTP*, t. IV, p. 429，参见十五人译本（七）161页。

③ *Corr.*, t. II, p. 445.

④ *CSB*, p. 467.

⑤ *P et J*, p. 25，出自奥拉修之口，普鲁斯特写作《巴尔达萨尔·西尔旺德之死》时再次用到这个名字，西尔旺德的作曲家志向可能就是以亲王的志向为原型的。A. France, *La Vie littéraire, op. cit.*, t. I, p. 1 et 8.

⑥ *CSB*, p. 464.

⑦ 既然“小乐句”主要参考了圣桑的第一奏鸣曲，那么看一看圣桑1877年在福雷的奏鸣曲发表时写下的看法不无益处：“他把丰富的旋律和某种无意识的天真——这是最不可抗拒的力量——与深奥的音乐科学结合起来。在这首奏鸣曲中，我们发现，凡是能吸引人的东西应有尽有：细腻新颖的形式、对抑扬起伏和新奇音效的刻意追求以及出人意表的节奏。在所有这些要素之上，飘荡着一种能把整部作品包裹起来的美感。”转引自 R. Hahn, *Thèmes variés, op. cit.*, p. 141。

墙上，普鲁斯特欣赏到印象派的作品[1]，其中包括他所看到的“莫奈最美的画作”——《哈勒姆附近的郁金香花田》。由于这些原因，普鲁斯特多年来一直想着这位老朋友，在作品中引用他的话语，让他恢复青春并最终安葬了他。1918年，普鲁斯特为《在少女们身旁》拟了一篇题词：“谨以此纪念令人尊敬和爱戴的波利尼亚克亲王／他曾给予我无微不至的关怀；对他出色的艺术和美妙的精神，我至今记忆犹新、赞佩不已。”[2]但因为亲王夫人没有应允，所以这篇题词没有印在书上。

① 正如叙事者在盖尔芒特公爵府上欣赏埃尔斯蒂尔的作品。

② *Corr.*, t. XVII , p. 359, 1918年9月。

安托万·比贝斯科

亚历山大·比贝斯科亲王和夫人（闺名伊莲娜·埃普拉诺，系罗马尼亚一位前大臣之女[3]）住在库塞尔街69号。这位亲王夫人精通音乐，开了一家文学沙龙。她的儿子记得曾见她与圣桑或福雷表演四手联弹。帕德雷夫斯基在她那里启蒙，她还曾提携埃内斯库（普鲁斯特应该听过他演奏弗兰克的奏鸣曲）。古诺、德立布在她家里自弹自唱，马斯奈、德彪西前来拜访，法朗士、勒迈特、洛蒂、勒南、勒贡特·德·利尔、梅特林克、杜米克是她府上常客，此外还有博纳、博纳尔、维亚尔和雷东等画家以及几位大使[4]。在一次晚会上，安托万见到一个生人，“稍有点儿驼背，长着一头浓密的棕色头发，脸色非常苍白，一双日本漆似的眼睛。他向我伸出手来……他伸出

③ 我们不明白为何佩因特（p. 360）说她是寡妇，而实际上她死于1902年，比丈夫早九年。在 C. Mignot-Ogliastri 的传记中（*op. cit.*, p. 33），有一份勃兰科温－比贝斯科家族十七世纪以来的家谱。迪斯巴克为他们的表亲玛尔特·比贝斯科作传，提供了这个家族的很多信息（voir pp. 250–252 et 285–288）。

④ 安托万·比贝斯科在编辑出版普鲁斯特的书信时，以非常珍贵的回忆作为导言（*Lettres de Marcel Proust à Bibesco,* Lausanne, Clairefontaine, 1949, pp. 29–31, 120）。

无力、柔软的手”[①]。他们并没有马上成为好友，比贝斯科打算投身外交界，后来在罗马尼亚驻巴黎公使馆任秘书[②]，此时他正要回罗马尼亚服兵役。直到1901年秋，比贝斯科返回巴黎之后，与普鲁斯特的交往才密切起来。他的哥哥埃马纽埃尔此时与马塞尔的关系也很密切，因为他们有很多共同的爱好，尤其是都喜欢罗斯金和哥特式教堂。

亚历山大·比贝斯科亲王[③]（1841—1911）系瓦拉几亚国一位君主之子，是一个古怪的文人，大藏书家，曾任法国语言学会主席。他1902年丧妻，1908年娶了“喜剧大杂烩”剧场的女演员伊莲娜·雷耶，遂与全家闹翻，也让他的三个子女埃马纽埃尔（1877—1917）、安托万（1878—1951）和奥东·德·孟德斯鸠伯爵夫人感到丢脸。比贝斯科是勃兰科温的表亲，马塞尔1899年在勃兰科温府上与他们认识。1901年的夏天，父母在采尔马特期间，马塞尔很少离开巴黎（尽管曾计划与比利一起到芒特、卡昂、拉昂看哥特式建筑，甚至还曾出人意料地计划与比贝斯科、费纳龙前往伊利耶[④]，也许是为了看那儿的教堂），他要么到布洛涅森林散步，要么坐上租来的双座马车兜风，并享受家中厨娘玛丽的美食[⑤]，他说“午饭是我一天中最美妙的时刻”[⑥]，这种享乐主义者的语气对他来说是很少见的。8月21日，他到歌剧院观看罗西尼最后一部抒情名剧《威廉·退尔》；他是梦幻剧爱好者，所以还去看了一部风格样式完全不同的戏，即儒勒·凡尔纳与

① Ibid., p. 30.“他握手的方式一点都不讨人喜欢。后来我向他演示如何用力握手，他反驳说：‘如果照你那样，别人就会把我当成同性恋。’”

② 这是普鲁斯特的说法，在《玛德莱娜·勒迈尔夫人的沙龙》（《费加罗报》1903年5月11日，*CSB*, p. 461）一文中，普鲁斯特为他描绘了一幅希腊式抒情风格的肖像，堪与布洛克相媲美。另外，1904年，当安托万·比贝斯科的剧作在马利尼剧场上演时，普鲁斯特为Serge Basset写了一篇访谈文章（去世后才发表），其中一些段落以Serge Basset的名义刊登在1904年4月8日的《费加罗报》上（A. Bibesco, *op. cit.*, pp. 160–164 ; *CSB*, pp. 499–500）。

③ *Corr.*, t. X, p. 330, lettre sur la mort du prince Alexandre et n. 2 et 3.

④ Ibid., t. II, p. 452, 1901年9月8日致母亲：“反正这些天要去伊利耶。”致比贝斯科：“您知道，星期天我要去伊利耶。伊利耶离沙特尔一个小时的车程，我肯定要在沙特尔停留几分钟。”（ibid., t. II, p. 455, 1901年10月3日或10日）他想向比贝斯科借马勒的书，以便摘引作注释；最终大概是（再次）向比利借了这本书，而没有去买。

⑤ 我们由此得以了解他当时食谱的一些情况，这份食谱不像他最后日子里那么单调：“我每天都要有一顿极为丰盛的早餐，要吃掉好几盘炸土豆，格律耶尔干酪，鲜奶酪，桃子和啤酒。”（ibid., p. 441, 1901年8月26日；cf. p. 444）

⑥ Ibid., p. 450.

德内里合作的《八十天环游地球记》，这部戏在夏特莱剧场大获成功。

马塞尔8月24日到凡尔赛看望他的表亲纳坦一家，结果哮喘剧烈发作，让他感到“无处躲、无处藏”[1]。这次发病一直持续到月底，每到晚上病情都会加重；此时孤独焦虑的马塞尔看到布里索的书中把某些哮喘归因于蠕虫的内容之后，担心自己染上了这种寄生虫，央求母亲问弟弟罗贝尔有什么可行的治疗办法。此时安托万·比贝斯科提出，要把一些大教堂“珍贵的照片”送到马塞尔家里，他与哥哥一样，也是大教堂的爱好者[2]。然而9月7日，马塞尔竟然鼓起勇气，与莱昂·伊特曼一起去了亚眠和阿贝维尔，“在那儿继续研究教堂”，即圣乌尔弗朗教堂，借机充实他为《亚眠的圣经》所作的注释和序言[3]。返回巴黎时，他已经精疲力尽。这期间他读的书包括夏尔·拉布为巴尔扎克未完成的《阿尔西的议员》所作续集《萨勒纳夫伯爵》和《博维萨日一家》（这些素材在他的《1908年记事本》中重新得到应用）[4]。

安托万·比贝斯科被马塞尔称为“奇妙迷人的巨人”[5]，很快就占据了他空虚的心[6]。他在安托万身上发现了阿喀琉斯和忒修斯的风范，并认为他的言谈如同希腊伊迈特山上的蜜蜂，“可以酿出香甜的蜜，但仍不免有毒刺”[7]。马塞尔很快就会发现，这位亲王，这位英雄的“性情既有美好的一面，也有讨人嫌的地方”，“思想很严谨，但待人很尖酸”，很风趣但旋即坠入恶趣，口

① Ibid., p. 442.

② Ibid., p. 439, 1901 年 8 月至 9 月初，以及 pp. 440–441。

③ Ibid., p. 450, 1901 年 9 月 8 日。参见《亚眠的圣经》61 页：“阿伯维尔门廊上的金边。”

④ Ibid., p. 459, 致吕西安。科尔布没有说明这两部书都是什么，也没有说明是谁写的（在《1908 年记事本》中也未予以说明）。

⑤ Ibid., p. 440

⑥ 正是在此时，他写信给恋上克拉利伯爵的吕西安（ibid., p. 448）：“想到我们曾经相爱过，真令人惊奇！不过事情就是这样！”见上文 438 页。

⑦ *CSB*, p. 461.

无遮拦，没有分寸，爱开玩笑以至于出口伤人[1]，还爱吹牛。他是个享乐主义者，认为“只有及时行乐才是真正的快乐”[2]。另一方面，他自信很有文学前途，二十岁就完成了好几部剧本。1901年，他希望将《斗争》搬上舞台；另一个剧本《嫉妒者》1904年由作品剧团在马利尼剧场上演；1910年，《雅克·阿布朗》在雷雅纳剧场演出了十一场。关于这出戏，马塞尔给他提了很多建议[3]，并设法帮他顺利上演。

他只喜欢女人（马塞尔1904年12月在信中说：“我现在不断听到你意欲强暴的那些女人的新消息。”[4]），但马塞尔有时会被阳刚彪悍的男子所吸引，注定会对他们产生柏拉图式的感情。比贝斯科受冒险小说或侦探小说的影响，认为友谊应该是“秘密的、绝对的东西”；据他记载，他向马塞尔建议“订立一个契约，即瞒着所有的人，我把别人对你的看法告诉你，你也要把别人说我的话告诉我”[5]。凡涉及秘密都标注为“坟墓”，友情的发展程度则用“上升”“下降”来定性。到后来，契约被毁，但比贝斯科说：“尽管如此，我仍认为马塞尔是个无与伦比的朋友。”[6]其实很难评价比贝斯科这么一个复杂的人物，“洒脱、傲慢、冒失、迷人”，无论何种新鲜事都要探个究竟，无论何人何事都要嘲笑一番[7]。“我有幸认识普鲁斯特的许多朋友，如拉克雷泰勒、莫朗、戈蒂耶-维尼亚尔，您也可以称他们为夜间访客。与他们相比，安托万更是我们认识青年普鲁斯特的一把钥匙，那时的普鲁

① *Corr.*, t. IV, p. 370. 普鲁斯特补充道：“你抱怨说经常遭遇敌意，但这是因为你经常抱着敌意……你疑心太重，动不动就发脾气，你总是对别人做得太过分，如果是照着你的标准行事，他们非杀了你不可。”

② *CSB*, p. 501.

③ *Corr.*, t. VI, pp. 52–55.

④ Ibid., t. IV, p. 369.

⑤ A. Bibesco, *op. cit.*, p. 120. 马塞尔曾经与雷纳尔多达成绝对忠诚契约，这个契约意味着充满嫉妒心的盘问，因而直接导致他们分手。

⑥ Ibid.

⑦ 这是德尼丝·梅耶向我们描述的，她是比贝斯科在最后日子里的女友。

斯特正处于生命的早晨，渴望学习知识，认识世界，丰富自己，乐于与埃马纽埃尔、安托万兄弟俩分享幻想、快乐和癖好。这一对儿性格如此相异又如此相通的兄弟，居然与皮埃尔·拉瓦莱、阿尔芒·德·吉什和莱昂·都德一样，能够在普鲁斯特尚不为人理解之时猜透他、发现他、喜爱他，并以各自的方式，坚定、热情、锲而不舍地一步步帮助人们认识马塞尔·普鲁斯特其人，认识他将为世界做出的贡献。”[①]在生命的尽头，安托万最后一次打电话给一位女友，不无骄傲地宣布：“您读过《伊凡·伊里奇之死》吗?一个月之后，将是安托万·比贝斯科之死！”[②]

通过比贝斯科，马塞尔在10月认识了上述契约的另一个签约人贝特朗·费纳龙，并称他为诺纳莱夫：在比贝斯科构建的秘密社会里，他们把自己的姓或名的字母顺序颠倒以组成新的名字，于是，比贝斯科就成了“奥克斯贝比”，马塞尔变成“勒克拉姆”。我们无法确认马塞尔一开始是否察觉出这个出身显赫的外交官是同性恋，也无法确认他此时是否已经成为同性恋。马塞尔的《1908年记事本》暗示，“贝特朗爱上了路易莎·德·莫尔南的妹妹”。莫朗则说他是个“金发碧眼的美男子，是1900年前后女性的宠儿，是圣卢的原型”，并补充说“他将不折不扣地陷入异端，或更确切地说，陷入……复本位制”[③]。卡雅维一家看出他吝啬贪财，但仍和费纳龙一家一样，考虑把西蒙娜·德·卡雅维嫁给他。西蒙娜说，在战争开始时他们举行了订婚仪式[④]，这个情节更使我们想到娶了希

① 摘自德尼丝·梅耶1983年1月31日致作者的信。我们把信发表出来，以此向这位非凡的女士致敬，她是1994年去世的。

② Ibid.

③ P. Morand, *Le Visiteur du soir*, Genève, La Palatine, 1949, p. 26；书的开头是这样写的：“批评家指责普鲁斯特把本不符合人物性格的趣味强加到他的人物身上，尤其是强加到圣卢身上。然而普鲁斯特没有虚构任何内容，他的素材都有最可靠的来源。”

④ 马塞尔·普鲁斯特“送去了整个花圃的大型菊花”（ibid., p. 538）。

尔贝特的圣卢[1]。乔治·德·洛里斯通过他认识了普鲁斯特，曾谈起他出身高贵、思维敏捷，“目光中透出调皮而常带感情的讥讽”，精神抖擞，见解犀利[2]。他在政治上属于左派[3]，支持孔布和世俗化，“厌恶社交”[4]，文学趣味与马塞尔相去甚远[5]，他具备圣卢的种种特点，而他母亲则与德·马桑特夫人相仿。他们刚刚认识，普鲁斯特就于10月30日赠给他一册日本纸印的《欢乐与时日》，“祝愿他有朝一日能与十七世纪的同名大作家比肩齐名，也希望自己能成为他的朋友”[6]。后来，他把比贝斯科作为自己对费纳龙“感情”的知情者或中间人，他们根据亨利·伯恩斯坦一个剧本的题目，把费纳龙称作“他的蓝眼睛”[7]。于是，当马塞尔失意于比贝斯科而移情别恋费纳龙时，这三个人形成了一种奇怪的三角关系。

不过在1901年秋，马塞尔追求的对象仍是安托万·比贝斯科，给他写信的语气很接近当年同雷纳尔多说话的口吻：“今晚没有见到你，我很伤心。直到午夜十二点半，我还残存一丝希望，但现在已经一点半，您不会再来了！”[8]提出几个约会的建议之后，他又补上一句“但也许您并不想见到我”，最后请求道：“请您行行好。”不久后，他为比贝斯科写诗，赞美他的东方血统和他的智慧：“我们强大的智慧猛如风暴／走遍了世界的每个角落／我们的名字是×和安托万·比贝斯科。”[9]其他诗歌中还包括一首为“比贝斯科”作的藏头诗，诗中的用词几近情话，马塞尔自命为一个“在你（上帝）

① 尤其是因为，西蒙娜认为这个订婚方案是普鲁斯特的主意。他们最终并没有结婚，但奇怪的是，西蒙娜·德·卡雅维为这次婚约留下了一个想象的故事（M. Maurois, *Les Cendres brûlantes*, *op. cit.*, p. 537 *sq.*）。

② G. de Lauris, *op. cit.*, p. 10.

③ 马塞尔把他比作罗伯斯庇尔（*Corr.*, t. III, p. 103）。

④ Ibid., p. 111.

⑤ Ibid., p. 146：“发觉自己与贝特朗喜爱的文学距离如此遥远，让我非常伤心。”

⑥ Ibid., t. IV, p. 423.

⑦ 哈代的小说《一双蓝眼睛》出版于1873年，但这时还没有译成法文；认为（尤其是菲利浦·科尔布认为）比贝斯科给费纳龙取的外号来自这部小说是错误的。

⑧ *Corr.*, t. II, p. 455.

⑨ Ibid., p. 458.

欣悦的目光之下”受伤的凡人：“他在你脚下祈求你的未来／哦，请你至少留给他一个温柔的回忆。”[①]10月30日，他赠给比贝斯科一本《欢乐与时日》，在赠言中引用了《哈姆雷特》中的诗句，这是他经常引用的[②]：“赠给我爱并钦佩的安托万·比贝斯科——晚安吧，亲爱的王子／让一群群天使的歌声伴你入眠。”随书还附赠了一张自己的照片[③]。也许是为了抬高自己在比贝斯科眼中的身价吧，他想办法邀请比贝斯科与柏格森共进晚餐，但柏格森因为“疲倦”，取消了约会[④]。不过，他并没有向比贝斯科完全暴露自己的性倾向，在他们的语汇中，从萨拉伯爵派生出的新词“萨拉主义”被用以指代同性恋[⑤]。通过比贝斯科，同时也是为了比贝斯科，普鲁斯特渐渐地形成一套关于友谊的理论，但这一理论源自拉布吕埃尔和帕斯卡尔，从而避免了任何揣测，而在他的作品中，这一理论要么以思考的形式出现，要么体现在叙事者与圣卢的关系中。他在信中对比贝斯科写道：“为友谊这种不现实的东西花了太多的心力。勒南说，要逃避特殊的友情。爱默生说，必须随着时间的推移更换朋友。”[⑥]还有那么多次说好要见面随后又取消，为得到真相而设了那么多圈套、说了那么多谎言：“我今晚真的无法出门；因为您本以为我会来，所以我很懊恼自己原来没有讲清楚。”[⑦]夏吕斯男爵拐弯抹角地支吾搪塞，正是马塞尔此时的亲身实践：“我们需要一刻钟开诚布公地把话说清楚，这样就会简化——我不是说会简化我们将

① Ibid., p. 460.

② 尤其是为了描写波利尼亚克亲王的葬礼。

③ 如同他对待莱昂·伊特曼。

④ *Corr.*, t. II, p. 462.

⑤ Ibid., p. 463, 470 ; t. III, p. 42 et surtout p. 74.

⑥ Ibid., t. II p. 464, 1901 年 11 月 8 日。

⑦ Ibid., p. 468.

来生活的全部，而是说会简化其中的一部分，就是我斗胆称之为友谊的那个部分。”[①]信的末尾断然撇清了“萨拉主义”的任何嫌疑。马塞尔之所以就此说了那么多，是因为这一话题“如同哥特艺术一样吸引他，尽管程度上要小得多”。此时此刻，普鲁斯特当年向阿莱维、德雷福斯、比才等人直接露骨的表白，我们已经看不到了，他必须隐藏自己，才能偷偷地得到一点秘不示人的快乐，他必须把可能属于爱情范畴的东西称为友情，唯有嫉妒可以毫不掩饰地表现出来，因为友情当中也有嫉妒。正是由于这一原因，他如同把未婚夫介绍给家人一样，迫不及待地把比贝斯科介绍给雷纳尔多，并让他们熟悉对方的“黑话”。他们还寄希望于由哈恩出面，请萨拉·贝尔纳（他们把“萨拉”的字母顺序颠倒过来称她为“哈拉斯”[②]）出演比贝斯科的剧本《斗争》。萨拉不愧是拉贝玛的真正原型，此时正在排演星期四日场的菲德尔一角，所以拒绝了这个剧本。为了安慰剧本作者，普鲁斯特描绘了一幅奇特的萨拉肖像，“这个女人能轻而易举地解决如何以六十岁之身扮演二十岁少女这一难题，近在咫尺的人都会信以为真而且再也离不开她，她有演戏的天赋——但她的文学见解根本不值一提，毫无鉴赏力可言”[③]……而后，如同马塞尔的历次友情一样，二人闹了别扭，马塞尔在12月里写了一封信，语气非常冷淡；那会儿他的健康还出了问题。

① Ibid., p. 469, 1901 年 11 月 11 日。在此关系热络时期，马塞尔每天都要给安托万写一封信。

② Ibid.

③ Ibid., t. II, p. 479.——译者注

同月，普鲁斯特把《亚眠的圣经》译稿交给了一家出版社，他先前只提交了译文节选，目的是介绍罗斯金最重

要、“最能表现其天才”的思想[1]。这家出版社名为“艺术出版局”，由保罗·奥伦道夫领导，后来由乔治·阿尔接手，1900年出版了《罗斯金全集》的第一卷，此时则要求普鲁斯特完整地翻译《亚眠的圣经》。出版社随后破产，遂使普鲁斯特与法兰西信使出版社接洽[2]。他似乎与奥伦多夫有过一段不愉快的经历：“作为出版方，他把我的罗斯金拿在手里，我用了一年时间才终于让他还给我。假如他没有离开出版社从而迫使他——或更确切地说——继任者迫使他进行全面交接，我还不知道能否再见到我的这部亚眠圣经，它既受到无情的蔑视，又被人死死地攥在手里。”[3]如同每次出版搁浅时一样，普鲁斯特利用这个机会扩充书稿，但是到了1902年年初仍迟迟得不到回音，这似乎使他明显放缓了工作进度。另外，研读圣经也占用了很多时间，因为罗斯金的著作中充斥着圣经的引文，为此普鲁斯特曾询问诺阿耶一家，希望找到一个好的法文译本[4]。我们前文已经说过，他还利用这个机会写了几篇人物肖像，包括雅克·德·雷韦永夫人（即德朗德男爵夫人）、费纳龙、马夏尔夫人（即埃贝尔夫人，后来成为埃尔斯蒂尔夫人的原型）。1902年最初的几个月里，马塞尔饱受哮喘的折磨，每周只能出门一次，他不知道自己该写些什么。这是文学事业受挫的后果呢？还是情场失意所致？

在1902年最初几个月里，普鲁斯特与比贝斯科之间的言行、状态和亲密度渐渐发生了改变。诚然，生病的这

① Ibid., t. IV, p. 79.

② Ibid., t. III, p. 180.

③ Ibid., t. IV, p. 243；就是这位奥伦多夫，作为《吉尔·布拉》杂志的主编，1904年把《对话》（*CSB*, pp. 431–435）一文拿在手上，但没有发表。他也将拒绝《斯万》的书稿。

④ 普鲁斯特明确地说“我用的是《圣经》原文”（*Bible*, p. 12）。

位能够将健康那位吸引到床边，但不如他希望的那么频密。他继续同比贝斯科谈起同性恋的话题："关于萨拉主义，我做了相当深入的思考，等下一次我们谈到形而上学时，会把我的思考告诉你。千万不要把我的思考想象得过于严肃。但关于人，我始终有一种哲学的好奇。他属于德雷福斯派还是反德雷福斯派，是萨拉主义者还是反萨拉主义者，这几乎是在了解一个傻瓜时唯一有意义的事情了。"[①]此后，安托万常常神秘地不见踪影，马塞尔则徒劳地等待；二人的秘密被透露给他人，直让普鲁斯特宁愿做一个查尔特勒修士（"沉默、沉默、沉默"[②]）；普鲁斯特放出一些诱饵（比如"答应找出一些照片博其欢心"[③]）但不起作用，比贝斯科多次不辞而别，随后以甜言蜜语、复活节巧克力或者梅特林克的新著（《埋没的寺院》，这个标题想必会感动马塞尔[④]）做出补偿。凡此种种，使未来的《索多姆》作者"感到自己处于男性安德洛墨达[⑤]的境地，被牢牢地缚在岩石上，满怀嫉妒，痛苦且无奈地看着安托万·比贝斯科远走高飞、到处出没，而无法随他而去"[⑥]。他在信中接着说，他与比贝斯科之间，已经没有任何东西可以失去了，但与费纳龙，他还处于"充满希望的阶段"——这一点对我们理解普鲁斯特的爱情地图尤为重要。然而，可叹的是，费纳龙对"很多人"施与怜爱！普鲁斯特说："我也分散自己的感情，但表现在时间先后上。每个人分到的时间虽然更短，但得到的感情更多。"[⑦]他又补充说，他要与比贝斯科断绝关系，口

① *Corr.*, t. III, p. 43, 1902 年 4 月前后。由于过多地在公开场合谈论萨拉（Sala）的生活作风，普鲁斯特起草了一封信，让比贝斯科署名，向萨拉道歉并为他澄清。普鲁斯特对比贝斯科说："坚决不能再像这样公开抨击萨拉主义，这样做令人厌恶。"（ibid., p. 75）

② Ibid., p. 47.

③ Ibid., p. 49.

④ 以及最后一部分"未来"。正如菲利浦·科尔布所指出（ibid., p. 60），普鲁斯特读了书的开头后，直接跳到结尾。这大概是他读到的第一本梅特林克。在写作《索多姆和戈摩尔（一）》的过程中，他大量借用了《花的智慧》一书。

⑤ *RTP*, t. III, p. 28，孤独的同性恋者被比作"一位奇怪的安德洛墨达，没有任何一位阿尔戈英雄前来解救她"。见上文 333 页。Cf. Esq. I, p. 933: « Quelques-uns, silencieux et merveilleusement beaux, Andromèdes admirables attachés à un sexe qui les vouera à la solitude... odieux à ceux dont ils recherchent l'amour ne peuvent contenter celui que leur beauté éveille. »

⑥ *Corr.*, t. III , p. 61, 1902 年 6 月。

⑦ Ibid., p. 62. 正如他跟吕西安·都德一样，这是一场热烈恋情的终结，普鲁斯特描写这个终结的步骤和过程：与比贝斯科是 1901—1902 年间，对费纳龙将是 1902—1903 年间。

气已经与夏吕斯相仿：“与您的交往已经远远超过我对友情给予的最长期限。我们赶快吵一架吧！”就这样，躺在床上的马塞尔，如同夏多布里昂笔下的儒贝，以为身躯能因此得到休息，实际上则伤透了心[①]。

问题在于，他们现在不是二人世界，而是三人同行。比贝斯科已经逐渐蜕变为马塞尔对贝特朗·德·费纳龙感情的知情人[②]。他发觉自己的任务，就是向躺在床上的这位报告新朋友的行踪：他昨晚在哪里吃的晚餐？和谁一起？为什么他没有来拉吕餐馆？颇有意味的是，马塞尔特别坚持要三人一道去听歌剧《特里斯丹和伊瑟》，此剧6月7日在水塔剧场上演，厄内斯特·凡戴克和菲丽娅·利特维纳分饰男女主角，科尔托指挥。这部1899年在巴黎首演的歌剧，在《追忆》中先后出现过九次；爱情虽已远去，但这部名著留下的印象未曾磨灭。正是在同一时期，某次与普鲁斯特在拉吕餐馆用餐时，费纳龙越过一排排桌椅给他拿来大衣。这种友情的见证，这种贵族对外人说三道四的蔑视，马塞尔永远不会忘记：在《让·桑特伊》[③]中，读者会看到费纳龙的肖像描写与这个场景，并且在《盖尔芒特家那边》[④]，读者将再次看到罗贝尔·德·圣卢出现在同一场景。不过，在他的通信中，马塞尔没有留下任何关于夏尔·哈斯去世（7月14日）的记载。要等到七年之后，小说家普鲁斯特才通过回忆使斯万的原型复活。而《斯万之恋》则是马塞尔对费纳龙的恋情。他把所有的细节都告诉了比贝斯科（此时他已经开始对比贝斯科以“你”

① Ibid.; 这是普鲁斯特引用夏多布里昂的话。

② 费纳龙和普鲁斯特之间的通信除极少部分之外都没有发表，我们也没有读到，实际上大部分已经被毁掉了，所以我们很难了解他们二人关系的真实情况。

③ « Bertrand de Réveillon », pp. 447–455.

④ *RTP*, t. II, p. 705，参见十五人译本（三）404 页。

相称）。

贝特朗·德·费纳龙

1902年8月，对克莱芒·德·莫尼的情感过后[1]，马塞尔发现自己对费纳龙产生了“强烈的感情”[2]；这种感情尽管如他对吕西安或弗莱尔的情感那样，持续了相当长的时间，有一年甚至一年半，但它只能是苦涩的。一个好办法就是不再见面，要么贝特朗获任到外国工作，要么马塞尔前往阿尔及利亚的比斯克腊或者开罗！但是，如果两个人都不离开巴黎呢？这时，鉴于他这位朋友的性格，普鲁斯特注定要伤心难过。其实这种性格不乏温柔体贴，比如在拉吕餐馆的表现，并且每结识新人他都会迸发出友情。因此，他声称要努力抵抗“这个长着海蓝色眼睛的古典塞壬，他是忒勒玛科斯的直系后代，贝拉尔先生似已在卡吕普索岛附近找到了他的踪迹”[3]，但在马里沃的戏里，这已经太晚了，尽管他努力减少见面的机会。普鲁斯特无意当中透露了自己对这位新朋友萌生感情的三重原因：文学名望与贵族血统兼而有之的显赫出身；海蓝色的眼睛（圣卢以及他的舅妈盖尔芒特公爵夫人都是金发碧眼）；变形为塞壬即女性。这些内容，小说家普鲁斯特都原封不动地搬到了《在少女们身旁》当中。

马塞尔本有一个绝佳的办法远远地离开，就是8月12日陪着父母一起动身去埃维昂。而他并没有这么做，也许

① *Corr.*, t. XIV, p. 135, 致克莱芒·德·莫尼：“当你不再来看我的时候，贝特朗·德·费纳龙已经成为我的克莱芒，并且在我看来，他是个无人能比的朋友……”

② 费纳龙的家人特别是他母亲，都不看好这份友情（此资料来源未曾公开且将继续保密）。

③ Ibid., t. III, p. 88, 1902年8月10日。正如菲利浦·科尔布所说，贝拉尔刚刚发表了《奥德修纪的腓尼基人》一书，认为荷马所写的地方是以腓尼基航海家的路线为依据的，Cf. *RTP*, t. II, p. 301, 参见十五人译本（二）514页，周译本（二）506页：“地理学家和考古学家会把我们带到卡利普索岛去。”在此，对于普鲁斯特的写作方式，我们又有了新的证据，他常常在多年以后，把他博览群书的收获以及私生活中的经验运用到写作当中：爱上费纳龙之时所读的贝拉尔，被他重新用到叙事者在巴尔贝克对少女的爱恋当中，而在这层层掩饰之下，我们再次看到了作者对费纳龙的缅怀。

当时已经在考虑与贝特朗一道外出旅行。但母亲走后，费纳龙与比贝斯科此时却脱不开身[①]，马塞尔感到自己被抛弃了，无法入睡，遂打电话给比泽医生（罗贝尔·普鲁斯特向他推荐的内科医生）。比泽医生无法接待他，他接着去找心脏专家、医学院教授瓦凯医生[②]，但不是为了看哮喘（此时哮喘没有发作），而是因为脉搏“不正常”。瓦凯医生认为心脏“没问题”，建议马塞尔“即使感到伤心”也要卧床休息，因为哮喘一旦发作，要比情绪焦虑更会加重心脏负担。瓦凯没有给他开强效镇静剂溴化纳，而是建议他阶段性地每天服用1克三乙眠砜（对这种替代巴比妥的安眠药[③]，他的患者决定目前暂时不用）。医生还要求他不要用吗啡（患者本人却说：“他不需要有此担心！”），也不要喝酒[④]。既然要说到心病，马塞尔在信中对母亲说：“瓦凯不明白病人为什么会嫌自己病得不够重，还要没病找病，为了那些根本不值当的人而使自己痛苦不堪。我敬佩这位哲学家。”[⑤]很久以后，普鲁斯特对此作出回应：“这就像人们得知霍乱的病源原来是那么渺小的霍乱弧菌而大感意外一样。”[⑥]照他一贯的倒霉劲，他刚从医生那里出来，哮喘就突然发作；当晚，他孤零零一个人在拉吕餐馆吃晚饭，因为到八点钟，比贝斯科和勃兰科温取消了约会，而且时值8月，餐馆里没有任何客人。至于比贝斯科，他以戏剧家自居，与众多女演员以及其他剧作家如波尔托–里什、伯恩斯坦等人来往频繁[⑦]。此时已经烦恼不已的马塞尔，还要应付另一个出其

① *Corr.*, t. III, p. 29, 1902 年 8 月 14 日，致母亲：“我简直被抛弃了，费纳龙没有考虑你的建议……比贝斯科每天晚上都忙着出入剧场和谈情说爱。”从童年开始，马塞尔在晚上就特别需要有人陪伴，请参考 15 日致比贝斯科的信（ibid., p. 95）：“昨晚我没有见到你的朋友诺纳莱夫，也没有见到奥克斯贝比，而且妈妈也走了。巨大的孤独，雷纳尔多晚些时候的来访，以及此前的一点点放纵，都没有能够排遣这种孤独。”我们可以猜一猜那个没有让他满足的“一点点放纵”到底是什么。16 日，他写信央求比贝斯科来看他：“我最难过的时候是在晚上。”（ibid., p. 100）

② 亨利·瓦凯大夫（1860—1936）在多家医院行医，后来成为医学院临床学教授，是心脏病理学专家，发表过多部著作，特别是关于高血压和心律不齐方面的论著。

③ 如 D. Mabin（*Le Sommeil de Proust*, PUF, 1992, p. 184）所说，为了改善普鲁斯特的睡眠并让他保持镇静，瓦凯医生“不慎”给他开了三乙眠砜的处方，但这也是因为此药有抗哮喘的效果，“因为根据当时的概念，哮喘的首要原因是‘神经性的’，现在我们称之为身心性的”。同时，普鲁斯特设法穿、盖得少一些，脱下了“第二条衬裤”，在床上时又脱下了“第二件比利牛斯山羊羊毛衫”。不过他请求 17 日邀他赴约的勃兰科温允许他按自己的意愿穿衣服，并且“不要因为我的短大衣来烦我”（*Corr.*, t. III, p. 104）。羊毛制品也是一种药：哮喘患者因为害怕着凉，总是要多穿一些。

④ 马塞尔应该没有把啤酒当作酒精饮料，因为他喝啤酒，而且始终都喝，还是“海量”（ibid., p. 110）。

⑤ Ibid., pp. 99–100, 1902 年 8 月 15 日。

⑥ *RTP*, t. I, p. 337，参见十五人译本（一）340 页，周译本（一）352 页。

⑦ *Corr.*, t. III, p. 129:“唉，自从你发现这位在市场上标价比我高无数倍的朋友，你就突然来了一个迂回，离我远去。”（暗指伯恩斯坦的两部剧本《市场》和《迂回》，伯恩斯坦后来成为布洛克的原型之一。）

不意的对手，他的母亲。母亲在信里跟他说了不少真心话，尤其是说到很多人与他有同样的烦恼，“但必须努力工作养家”。他的回答一如既往地理直气壮，直到《重现的时光》都没有改变：“我有很多很多工作要做。文学工作要不断地召唤这种与痛苦紧密相连的感觉和感情。”[①]在这封信里，如同每次有人要求他工作之时，他回答说，他与别人不同，需要的是闲适和消遣，因此他常常在拉吕餐馆、迪朗餐厅和韦伯咖啡馆吃饭：“这就是我的埃维昂，我的外出旅行，我的度假地，因为我没有这些东西。”[②]他常去凡尔赛，与雷纳尔多和马德拉佐的朋友康斯坦丁·于尔曼（他对比贝斯科说，“这看起来肯定显得很萨拉主义”[③]）以及热内·培德[④]相往来，他们待他“都非常好”[⑤]。

这个夏末季节，马塞尔的心情一直在起伏动荡：既有相见的欢愉，也有失约的惆怅；他满怀妒意地向比贝斯科了解费纳龙的行踪[⑥]，而比贝斯科对外界口无遮拦，使他十分绝望，因为他担心被家人和朋友们视为“萨拉主义者”[⑦]。这一期间，他也有不少社交活动。9月1日，马塞尔独自邀请一些朋友吃晚餐，包括诺阿耶伯爵夫人以及她的妹妹、丈夫，他们的侍从骑士阿贝尔·埃尔芒，比贝斯科，当然更少不了费纳龙。9月3日，马塞尔赴凡尔赛，参加费纳龙的茶会；他特别想“再看看那座美丽的湖”，甚至考虑去埃维昂与父母会合，随即因为过于疲劳而放弃。孰料9月6日，他突然与费纳龙去了昂布瓦兹。不过，

① Ibid., p. 109, 1902 年 8 月 18 日。普鲁斯特又加上缪塞《诗歌初集》（*Premières Poésies*）中《堂帕埃兹》一诗中的句子：“而你，透过那么多情感的结，永远让人痛苦。”他感到自己在爱的痛苦与艺术作品之间关系的认识上与缪塞非常接近。其实在这句诗的前面还有两句：“爱情，你是世界的祸根，可怕的心魔 / 你与快乐的联系多么微弱。”痛苦远远大于快乐，这就是马塞尔在爱情中的体验。

② Ibid. 此语似有先见之明：从 1914 年起，他唯一的度假地就是餐馆。虽然没有明言，但他一直忠实于罗马道德家和蒙田的教诲，从餐馆中得到的教益，胜于许多周游世界的旅行家。

③ Ibid., p. 117.

④热内·培德（1872—1947）是阿德里安·普鲁斯特一位同事的儿子，后来成为剧作家，为德彪西写了一部传记，还是法兰西学院史的专家。他住在巴黎或凡尔赛，1906 年普鲁斯特在蓄水池饭店居住期间，与他的来往特别密切，还曾想与他一道写一部反映蒙舒凡场景的戏。

⑤ *Corr.*, t. III , p. 119, 1902 年 8 月 25 日。

⑥他说：“我的短篇小说《嫉妒的终结》让我痛不欲生。”（ibid., p. 134）“‘蓝眼睛’生活的某个方面或许今天晚上就会真相大白……如果没有你，我就什么都不会知道。”（ibid., p. 135, 致比贝斯科）“假如我需要你实施我的秘密警察活动。”（ibid., p. 137）比贝斯科：“昨天，‘蓝眼睛’在迪兰餐馆用餐——与康斯坦丁相会——而且谢绝了一份邀请，去了贝尔热游乐场。”（ibid., p. 141）将来，叙事者也会同样让人跟踪阿尔贝蒂娜。

⑦ Ibid., p. 134：“不言而喻，这也许并不一定会给人留下萨拉主义的印象。你熟悉我的性格和日常生活的种种，它们会向你解释得很清楚，但是一旦脱离这种解释，这些东西就会显得很奇怪。”

费纳龙没有陪他去都德家的城堡。吕西安在火车上看见费纳龙，对母亲说："我看见一个可笑的小个子，比马塞尔的个头还小。"多年以后，马塞尔告诉吕西安，由于他本人从来没有想过身高的问题，所以这是第一次令他想到自己是个小个子[①]。都德一家住在普雷城堡，这是一座带角楼的文艺复兴式建筑，位于卢瓦尔河畔，风景优美。马塞尔在此度过了"美妙的时刻"，因为此处有"有灿烂的阳光——阳光仍然对我具有很大的影响，它既能束缚也能解脱很多事情——与最高贵的河流和鲜花"[②]。他在致都德夫人的感谢信中也提到了卢瓦尔河和鲜花。但7日上午，他便与吕西安乘汽车离开[③]，前往奥通，来到布朗特夫人的弗莱纳城堡，当晚又从那儿出发返回巴黎。这次"心急火燎的逃离"是因为他急欲见到费纳龙[④]。而这便是他对图赖讷的全部了解，未来，他将让阿尔贝蒂娜逃亡到这个地方，并在这里死去。

马塞尔还去了一趟沙特尔，回来时累得精疲力尽。罗斯金曾打算写一本关于沙特尔大教堂的书，书名是《厄尔河的源头》；普鲁斯特严格遵循了这一教诲，从未将教堂之美、人物之美与它们拥有的地方之美分离开来[⑤]。如同在威尼斯一样，他利用这个机会做了详尽的笔记，其精确程度令人难以置信，每座雕像的位置、姿态都记录得清清楚楚，甚至引用马勒的书作为补充。出于同样的目的，普鲁斯特9月16日去看望了夏尔·埃弗吕西，埃弗吕西主持着《美术通讯》杂志[⑥]，普鲁斯特希望杂志社的图书馆可

① Ibid., t. IX, p. 100, 1909 年 5 月。此外他明确地说费纳龙比他高出两个脑袋，在他看来是世界上的完人。我们从普鲁斯特的军人证上得知，他的身高是 1.68 米。

② Ibid., t. III, p. 132, 1902 年 9 月 8 日致比贝斯科。

③ 吕西安发觉马塞尔兴奋得有些夸张：马塞尔无疑很高兴摆脱了都德家的大宅。

④ *Corr.*, t. IX, p. 100.

⑤《亚眠的圣经》，68 页。关于沙特尔，见普鲁斯特所作的注释，pp. 113, 175（"在沙特尔教堂的雕像中［...］远不止这些东西"）, 260–262, 298, 299, 320, 321, 322, 325。还请注意，在一份草稿中，普鲁斯特描写了卢瓦河在伊利耶的源头，似乎是为了让它与贡布雷的教堂相对应。

⑥ Ibid., Avant-props, p. 14.

以向他完全敞开大门，以方便他的研究。直到现在，我们都未曾指出他如此丰富广博的知识从何处而来，其实这就是答案。

这时，《亚眠的圣经》出版事宜再度提上日程。9月初，普鲁斯特去了一趟法兰西信使出版社，此前他已与社长瓦莱特接洽，并应他的要求，打探博谢纳出版社的相关出版计划（博谢纳刚刚出版了罗斯金的经济学著作《给那最后来的》）。9月29日，普鲁斯特致信瓦莱特，要求尽快给一个明确的答复[①]。实际上，洽谈持续了很长时间。瓦莱特社长一开始拒绝，理由是单本著作没有太大意义，并提出用罗斯金的《文选》取而代之。于是，普鲁斯特像后来出版《斯万》时一样，冒冒失失地提出自行承担出版费用，并在给瓦莱特的信中晓以利害，称《亚眠的圣经》“优美、新颖、独特”，是罗斯金“最漂亮的著作”，并且是他唯一一本“写法国、法国历史和哥特建筑的书”。至于《文选》，“此书令读者对罗斯金的天才不得要领！它是一座内容零散杂乱的冷冰冰的博物馆，而不是一座热闹的大教堂。读者只能了解他与其他作家的相通相同之处，而不是他的独特之处”[②]。出版社终于接受了《亚眠的圣经》[③]，条件是也要出版《文选》；普鲁斯特提出《亚眠的圣经》要逐个章节交稿，因为他尚未做完注释，也没有写完序言，并允诺在1903年1月完成全书定稿；随后他将准备翻译《文选》。他同时宣布，《拉丁复兴》杂志2月份将刊出《亚眠的圣经》节选[④]。勃兰科温从1902年

① *Corr.*, t. III, p. 153.

② Ibid., pp. 179–180, 1902 年 11 月 27 日。普鲁斯特在此勾勒了一种把作品作为整体、作为一座大教堂的理论，他事先就已经摒弃了任何片段式的阅读。

③ 合同直到 1904 年 2 月 26 日才签署；出版社将承担出版费用，普鲁斯特也将拿到稿费，这笔稿费对他没有太大的影响。

④ *Corr.*, t. III, pp. 187–188, 1902 年 12 月 6 日。

11月15日那一期开始接手这家期刊，请求普鲁斯特供稿，他便推荐了这本“以‘拉丁’为主要内容的书（此书以亚眠大教堂解释高卢和东方的基督教史[①]）”的部分章节。

比利时、荷兰之行

10月3日，普鲁斯特开始了生平最后一次[②]异国艺术之旅。此前一次异国艺术之旅与罗斯金有关，并让他认识了意大利绘画。这一次，他要观赏一个罗斯金瞧不上的画派[③]。他的旅伴是贝特朗·费纳龙，这是他此次远征中唯一能够接受的旅伴。他们第一站到了布鲁日，当时此地正在举行规模很大的“弗拉芒原生画派展览”[④]，并且展期刚好延长到10月5日。他们的旅行路线是莱昂·伊特曼为他们制定的[⑤]，他还推荐了相关书籍[⑥]。马塞尔借了（之后买了）一本弗罗芒丹所著《昔日的大师》[⑦]作为此行的指南。后来，普鲁斯特批评这本出版于1876年的书“结构不清晰”，“特点不突出”，尽管解释很详尽，推理很严谨，“笔触讲究技巧”，但“无法让读者看到一个画面”[⑧]。不过他首先在书中读到一篇原则声明，对此他一定会给予赞许：“我来到鲁本斯和伦勃朗的家乡来看他们，同时也是来到荷兰画派一成不变的画框里——农村或海滨生活、沙丘、牧场、大朵的云彩、窄窄的地平线——观赏这一画派。”[⑨]同时还有如下定义：“绘画艺术不过是通过可见之物表达不可见之物的艺术。”[⑩]他一定是如同手捧罗斯金参观威尼斯一样，手捧着此书观赏一幅幅画

① Ibid., p. 175, 11月24日前不久。《拉丁复兴》杂志1903年2月15日、3月15日发表了这些节选。
② 这正是普鲁斯特夫人的预感：“我想他会由于疲劳而延长旅行，因为他感到将来不会再出门旅行了。”（ibid., p. 157, 1902年10月9日，致比贝斯科）
③ 普鲁斯特从多德雷赫特给莱昂·伊特曼写信（ibid., p. 160）说：“罗斯金让我误入歧途。这种世俗绘画让我……”他住在美景旅馆里，这是一家不错的旅馆，位于汽船往来穿梭的河边。
④ 当时把十六世纪之前的画家，或是意大利文艺复兴时期的画家，称作原生画派（primitifs）。
⑤ *Corr.*, t. III, p. 158.
⑥ 《美术通讯》杂志经常刊登关于弗拉芒和荷兰绘画的文章。弗美尔（以及哈尔斯）的关注者Thoré-Bürger，1858年和1860年在该杂志社出版了两卷本的《荷兰的博物馆》。丹纳曾两次前往荷兰，其《艺术哲学》一书有一部分专讲荷兰。普鲁斯特引用过丹纳（*RTP*, t. II, p. 423, var. *c*）以及罗登巴赫的小说《死城布鲁日》。
⑦ 《重现的时光》里仿写的那段龚古尔日记中，维尔迪兰先生说：“那本蹩脚的《昔日的大师》，在我妻子的娘家被奉为杰作。”（*RTP*, t. IV, p. 285 et n. 15，参见十五人译本［七］19页）在这段假冒的龚古尔日记中，维尔迪兰夫人还被错误地说成是弗罗芒丹的小说《多米尼克》中玛德莱娜的原型。这是不是由于弗罗芒丹曾爱上豪兰夫人，而豪兰夫人作为沙龙女主人，也可能是维尔迪兰夫人的原型呢？这个微妙的游戏堪称我们这位大作家的体己玩笑。另外，在《芝麻与百合》的译序中，普鲁斯特假装瞧不起弗罗芒丹，说他给自己画了一幅“极为平庸”的画像，他的才华有些浮泛肤浅（*CSB*, pp. 188–189）。参见ibid., p. 518（1905）以及《画家漫谈》的序言（ibid., p. 580），在这篇序言里，普鲁斯特指责弗罗芒丹连弗美尔的名字都没有提（实际上，弗美尔的名字被简略地提到过，但拼成了Van der Meer，见*Œuvres complètes*, Bibl. de la Pléiade, p. 1140，原书目录的页边标注道：“《代尔夫特风景》，很美，完全是现代风格。”）。
⑧ *CSB.*, p. 518（1905）. 这种批评似乎不公正，弗罗芒丹的独特性恰恰在于其“眼光和表达的精确性”（Sagnes, notice sur *Les Maîtres d'autrefois*, éd. cit., p. 1524）。
⑨ Ibid., p. 567. 见Guy Sagnes的导言，他阐明其实此书本意是为了教训印象派，弗罗芒丹不大喜欢也没怎么帮助过印象派（也许这正是普鲁斯特对他抱有敌意的一个原因）。
⑩ Ibid.

作。另外，普鲁斯特1898年第一次荷兰之行期间以及返回之后，写了一篇论伦勃朗的文章，肯定参考了弗罗芒丹笔下的伦勃朗[①]。他后来还问母亲，是否知道一些弗罗芒丹的生平（就像奥黛特问斯万对弗美尔的生平有多少了解）："在旅馆里和一个人一起过了两周却不知道他任何'底细'，真是让人沮丧。"[②]马塞尔每参观一家博物馆的之前和之后，费纳龙都要为他读上一段丹纳的书[③]。

他们10月4日抵达布鲁日[④]，9日经过根特到了安特卫普（费纳龙从那儿直接去了阿姆斯特丹），11日，马塞尔乘火车抵达多德雷赫特，"城里覆满常春藤的教堂倒映在纵横交错、水流平缓的运河中，倒映在水声喧哗的金色默兹河里"[⑤]。他从多德雷赫特乘船前往鹿特丹，参观了代尔夫特，"一点点苍白的阳光就能让运河里朴素的流水闪闪发光，两岸成行的树木一到夏末就掉光了树叶，树枝直碰到岸两边房舍山墙上挂的镜子"[⑥]；14日，他抵达阿姆斯特丹与朋友会合，次日，他独自乘上"水上马车"，穿过"风声呼啸的平原，在两岸芦苇起起伏伏的无边涌浪之中"[⑦]前往福伦丹，这个村子"是个非常稀奇而且访客稀少的地方"[⑧]，住着渔民和一批画家[⑨]。17日，他来到哈勒姆"看了哈尔斯"，18日到了海牙与费纳龙碰头，当晚到阿姆斯特丹，住进欧洲旅社，这是当地最好的饭店之一，但价格高得吓人；19日抑或是20日，他们返回巴黎。普鲁斯特夫人把自己的惊异之情告诉比贝斯科："蓬萨尔曾说：'只要跨出第一步，限制便不复存在。'马塞尔只

① Ibid., pp. 732–783 (et particulièrement p. 753 *sq.* sur le clair-obscur) et *CSB*, pp. 659–664.

② *Corr.*, t. III, p. 165, 10 月 17 日于阿姆斯特丹。

③ *La Philosophie de l'art dans les Pays-Bas* (1868).

④ 他从布鲁日给比贝斯科寄了一张Quai du Rosaire处的风景明信片，给乔治·德·洛里斯寄了一张表现根特市政厅的明信片，又给比贝斯科先后寄了安特卫普全景和阿姆斯特丹风光的明信片（*Corr.*, t. III, pp. 155–163）。他还给埃莱娜·德·卡拉曼-希迈寄了好几张明信片（未刊）。

⑤ *CSB*, p. 181；这句话以及随后的几句均摘自《芝麻与百合》的译者序言。普鲁斯特给雷纳尔多·哈恩寄了一首关于多德雷赫特的幽默诗，模仿波德莱尔、魏尔伦和缪塞（*Corr.*, t. III, p. 160）："多德雷赫德，多么美丽的地方 / 你埋葬了 / 我最宝贵的幻想……"在《致雷纳尔多·哈恩的信》一书中，菲利浦·科尔布在这首诗的前面刊布了一张普鲁斯特画的素描（Bradley Marti 收藏），题为"多德雷赫德的教堂"。其下另一幅素描表现的是船只在水中的倒影，如同埃尔斯蒂尔所画的卡尔克迪伊海港（亦收入 *Corr.*, t. III）。

⑥ *CSB*, p. 182；普鲁斯特把这条运河放到了乌得勒支，同时在注释中明确指出该运河是在代尔夫特。

⑦ Ibid., p. 181.

⑧ *Corr.*, t. III, p. 163.

⑨ Baedeker, *Belgique et Hollande*, p. 437. 需要说明的是，与当时所有的旅行者一样，马塞尔肯定用过这本指南，这本书里有一段关于古代绘画史的说明（其中有十行文字对弗美尔和他的绘画——"荷兰艺术的明珠"——大加赞赏，p. xxvii），并在谈到海牙莫瑞泰斯王家美术馆时宣称，"伦勃朗和弗美尔是这家博物馆的两大主角"（p. 347）。书中还大量引用 Thoré-Bürger，特别在谈到《代尔夫特风景》一画时说："在弗美尔为数众多的风景画中，应特别提及这幅著名的代尔夫特风景，它对十九世纪的风景画家有十分重要的影响……，统摄整个画幅的是位于中央的蓝色或红色的屋顶，但这些屋顶有一部分沐浴在太阳金色的光线中。此幅画作对空气和光线如此逼真的完美再现，对色彩亮度和光泽令人赞叹的精确还原，是我们在别处难以见到的。"（p. 353）虽然弗罗芒丹仅仅简短地提了一下弗美尔，但在他之前和之后有很多人都关注过弗美尔，包括维亚尔多（1852）、迪康（1857）、戈蒂耶（1858）、龚古尔（1861）、Estaunié（*Petits Maîtres*, 1893）、魏尔伦（*Quinze jours en Hollande*, 1893）、莱昂·都德（*Souvenirs et polémiques*, 1915）。

要第一晚没有回来，就不会再回来了。真相是，他挺过了布鲁日，挺过了安特卫普……这次小小的离别对他来说真是跨出了一大步。”[1]这位勇敢的旅行家从阿姆斯特丹给父母写信说，假如一开始就做好计划，他也许根本没有勇气离家这么长时间；实际上，他是一天接一天地把这次旅行延续下来的：“已经有十多次了，我想象着第二天就能拥抱你们。我从来没有想过能有半个月的时间无法拥抱你们；对弟弟也是如此。”[2]

然而事情的经过并不那么简单。诚然，这次旅行中他“如此认真……如此用心，如此投入”，没有一分钟的空闲[3]。但是，出发之前已经痛苦不堪的心情，在旅途中更是“糟糕透顶”，他直担心“自己的忧郁会让可怜的费纳龙扫兴”，所以才让他单独行动，远离自己的叹息[4]。那么他叹息什么呢？他肯定不会告诉母亲，自己对这位朋友产生了不可能实现的爱恋之情（特别是此时他还不知道对方的性取向）。他离家旅行，是为了远离妒嫉和盘问的场景。或者是他已经得知费纳龙准备前往君士坦丁堡而感到伤心？费纳龙从1902年4月28日起任使馆随员，1902年10月30日被指派到法国驻君士坦丁堡使馆，12月8日动身上任。总之，既然普鲁斯特夫人建议他到乡下（比如说伊利耶，但他不太想再回到这个地方）住一段时间，他便表示，只愿意继续到荷兰或比利时度假，并且唯有费纳龙这个“世上最好的人”相陪，他才能够“离家远行”[5]。

在《追忆》中，我们将重温普鲁斯特的此次旅行[6]，

① *Corr.*, t. III, p. 156.

② Ibid., p. 164, 1902 年 10 月 17 日。

③ Ibid., p. 163, 1902 年 10 月 17 日，致母亲。

④ Ibid.

⑤ Ibid., pp. 164–165. 他还把自己在旅馆的巨大花销和被盗的情况告诉母亲，又说旅行本身“并不昂贵”，以此为痛苦的结账时刻做心理准备。

⑥ *RTP*, t. II, p. 813，参见十五人译本（三）515—516 页：“我说，我从前去过阿姆斯特丹和海牙。”

它通过暗示手法体现在路过的各个城市中。小说中说到布鲁日，因为拉谢尔“每年都要来此地过死人节”[①]；关于安特卫普，小说提到过一个旅馆的房间[②]；谈到多德雷赫特，因为凯尔克维尔（巴尔贝克）[③]的入口令人联想起它的入城口；说起代尔夫特，是因为弗美尔[④]；提及哈勒姆，因为盖尔芒特一家（而不是叙事者）去看过哈尔斯[⑤]；涉及阿姆斯特丹，因为阿尔贝蒂娜曾经去过，谈起过那儿的海鸥[⑥]、映照在眼中的运河火光以及在暧昧的夜间陪同她的女友们[⑦]。尤其是，早在塑造阿尔贝蒂娜这一人物之前，普鲁斯特就设计了一个来自荷兰，名叫玛丽娅的人物，围绕着她引出荷兰、阿姆斯特丹、绅士运河，以及伦勃朗的两幅肖像画[⑧]。这位玛丽娅应该与费纳龙非常接近，她最终消失了，但留下了一些痕迹，隐藏在以阿戈斯蒂耐利为原型的人物及其诺曼底人形象背后。小说中还提到海牙，因为斯万想去那儿研究弗美尔，因为叙事者曾去过那儿，因为那儿的王家美术馆曾出借《代尔夫特风景》展出，而贝戈特就死在这个展览上。甚至福伦丹，由于独具特色，也被拿来跟普罗旺斯的博镇相提并论[⑨]。此外还应加上被提及的画家，有哈尔斯、伦勃朗、德·霍赫、梅姆林、鲁本斯、勒伊斯达尔、凡戴克、范·海以森、凡·戴尔·默伦等。普鲁斯特还喜欢模仿荷兰绘画中的场景，比如东锡埃尔夜晚灯火辉煌的室内，比如巴黎每个院子的窗户都“同时展出上百幅荷兰画作”[⑩]。这又一次表明，凡是亲身经历的东西，他一样都没有丢掉，全都

① Ibid., p. 423 及异文 *c*：参见十五人译本（三）117 页；拉谢尔考虑前往布鲁日过新年，“那里有俯视着运河的钟楼和不发愿修女”，还要登台演出，“背景是几位主要原生派画家作品的投影”。

② Ibid., t. I, p. 635，异文 *a*，被奥斯坦德所取代。

③ Ibid., t. II, p. 899, Esq. XXXI.

④ 在《失踪的阿尔贝蒂娜》中，日落时的天空令人想起代尔夫特或哈勒姆的郁金香花田（ibid., t. IV, p. 229，参见十五人译本［六］230 页）。同样的画面出现在《盖尔芒特家那边》中，ibid., t. II, p. 860，参见十五人译本（三）563 页。

⑤ Ibid., p. 813，参见十五人译本（三）516 页。

⑥ Ibid., t. III. p. 209，参见十五人译本（四）207 页。

⑦ Ibid., pp. 887, 894，参见十五人译本（五）381、388 页，周译本（五）401、409 页。《在少女们身旁》有一段漂亮的异文，提到“阿姆斯特丹运河上的夕阳”，提到了绅士运河，在那儿有伦勃朗的一幅妇女肖像，还可以喝上一杯荷兰金酒（ibid., t. II, p. 1421）。

⑧ Ibid., t. IV, pp. 894, 896. H. Bonnet (*BAMP*, n° 28, 1978) 考证出这些绘画从阿姆斯特丹转入罗贝尔·德·罗斯柴尔德的收藏，他是普鲁斯特的好友，普鲁斯特则把这些画说成是流亡到了盖尔芒特亲王夫人家中。

⑨ *RTP*, t. II, p. 1281.

⑩ Ibid., p. 860，参见十五人译本（三）564 页。Cf. t. IV, p. 229，参见十五人译本（六）230 页，同样的画面。

安插散布在小说当中。1906年的一天，马塞尔在信中提醒费纳龙，由于他从来不把自己的经历写下来，那么将来他“只能凭借肖像绘画或描写，凭借某位有才华而且更细心、更温情、更专注的回忆者才能留住音容笑貌，否则就会湮没无闻”[①]。

返回巴黎，马塞尔为好友安托万·比贝斯科而悲伤，他的母亲在布加勒斯特逝世，他则因为没有及时赶到，未能见上最后一面[②]。马塞尔首先想到了自己以及自己的母亲，从而推己及人；如同所有身患重病或心受焦虑重压之人，死亡的念头一直萦绕在他的脑际。他写给比贝斯科的信，已经让我们领略到这位小说家擅长描写悼情的手笔：“对家母的爱，对令堂的敬，对你的情，三者交织在一起，让我深切地感到你的悲痛，我过去从不相信，一个人能为他人的不幸痛苦到这种地步。”[③]他为比贝斯科引述了《亚眠的圣经》中关于神圣之光和永恒之爱的文字，他说这些文字曾给他安慰，它们仍然具有令人心绪宁静的效力[④]。由于得不到安托万的消息，马塞尔顿生豪气，提出要去罗马尼亚待上几个月，又建议比贝斯科前往君士坦丁堡看望贝特朗·德·费纳龙：“你的出现会让他流亡初期的日子好过些，减轻他新生的孤独。”[⑤]比贝斯科要他说话算数，立即动身来罗马尼亚，马塞尔回复说弟弟马上结婚，因此暂时不能离开巴黎。但悲伤的心情并没有妨碍马塞尔在那个星期里数次外出晚餐，他分别前往诺阿耶夫妇、希迈夫妇、皮埃尔堡夫人（保罗·埃尔维厄的情妇）

① *Corr.*, t. VI, p. 267.

② 1902年11月3日的《费加罗报》刊登了法拉利的长篇悼文，赞扬这位女钢琴家和她的文艺沙龙，称这家沙龙“向巴黎所有的优雅之士敞开大门”（ibid., *t.* III, p. 169）。

③ Ibid., p. 168, 1902年11月3日。普鲁斯特夫人写给比贝斯科的这番话，将来可以说给另一个人：“您将永远为她骄傲。您会感到自己与她很像，这种感情对您而言将是十分温馨的。”（Ibid., p. 170）

④ Ibid., p. 173, 1902年11月10日；《亚眠的圣经》，340页。我们已经看到，在雷纳尔多·哈恩的母亲去世时，普鲁斯特为了安慰他，同样声称自己相信生命的永恒。普鲁斯特的吊唁信遵循自西塞罗、塞内克（以及蒙田）之后“吊慰文体”的文学和哲学传统。

⑤ Ibid., p. 183. 这样的话，普鲁斯特就会一举两得。

和施特劳斯夫人府上。他观看了伯恩斯坦剧作《小可爱》的彩排，结识了伯恩斯坦的情妇、女明星西蒙娜·勒巴尔吉，即后来的西蒙娜夫人[1]。

1902年年底，马塞尔私生活中最重大的事件，仍然是贝特朗·德·费纳龙动身前往君士坦丁堡赴任。在此之前还有一件奇事，反映在《盖尔芒特家那边》当中[2]，因此具有特别的意义。马塞尔处在极度焦躁的状态中，连续几个晚上哭泣无眠，指责母亲在他白天服了安眠药准备睡觉之时，让仆人们做一些非常吵闹的活计："都因为你的错，让我的情绪特别激动。当可怜的费纳龙与洛里斯一起来看我时，因为费纳龙的一句话我感到非常不中听，我就扑上去用拳头打他（是费纳龙，不是洛里斯），我已经不知道自己在干些什么，拿过他刚买的帽子，踩在脚下，撕成两半，然后又扯下里子。因为你会认为我夸大其词，所以随信附上帽子的一块布料，让你看看这都是真的。"[3]其实，他母亲本想给他点颜色看看（由于他花销太大？或生活不够正常？），同时对佣人们有言在先，于是，他打铃时没人应答，他吃饭时没有人照料，他的房间也照母亲的吩咐没有取暖，所以费纳龙和洛里斯来访时，"尽管穿着外套"仍然待不下去。普鲁斯特如此大发雷霆并非首次，前面讲过的打碎花瓶就是一例；很久以后，他冲着塞莱斯特嚷道："我要把你淹死在大粪的海洋里。"亢奋的神经由此得到纾解。但好友动身远行造成的伤感，从母亲那儿没有得到任何精神上的抚慰，因此才有了儿子的责

① Voir Claude Mauriac, *Une amitié contrariée*, Grasset, 1970; Simone, *Sous de nouveaux soleils*, Gallimard, 1957, pp. 117–122, 西蒙娜在此书中刻画了伯恩斯坦的肖像；此君绰号"比赤坦"，令我们联想到"处境不佳"的奥克塔夫。

② *RTP*, t. II, p. 847, 参见十五人译本（三）550页。叙事者扑向夏吕斯男爵的帽子："在我看来，他只有骄傲，而我只有愤怒……于是我扑向男爵那顶新礼帽，把它扔到地上拼命踩踏，想把它四分五裂。我扯下里子，把冠冕撕成两半……"这个插曲没有出现在《让·桑特伊》当中，而其中关于"贝特朗·德·雷韦永"一节，是清一色的赞美之词，并且集中在拉吕餐馆的聚餐上。

③ *Corr.*, t. III, p. 190, 1902年12月6日，致母亲。

备（重现在《追忆》里）：“真相是，每当我身体好转之时，使我好转的生活方式就让你不开心，于是你就毁掉一切，直到我健康再次恶化。这已经不是第一次了。”[1]想到自己一旦生病，母亲就会再次对他温柔起来，马塞尔不经意间流露出这样一句意味深长的怨言：“无法同时得到母爱和健康，真令人伤心。”[2]

尽管出了这些意外，到了12月8日那天，马塞尔仍然和洛里斯一道，陪着“非常疲倦的”费纳龙来到里昂火车站，把他送上开往君士坦丁堡的东方快车。他肯定像以往那样对费纳龙说起，一想到他走后自己会被他忘掉就非常伤心。但马塞尔是不会忘记费纳龙的。1903年1月，他就制订了到君士坦丁堡旅行的计划，他将在那儿与比贝斯科会合（但当他得知比贝斯科返回巴黎时，便放弃了这个计划）。7月，他再次见到费纳龙，此时费纳龙正在病中，马塞尔把“有限的几次外出机会”都用来探望他[3]，接受其他人的晚餐邀请，也要经过他的允许。在这期间，他结识了一位新朋友路易·德·阿尔布费拉，连同路易莎·莫尔南一起，他们形成了一组新的三角关系。因此，当他在1903年年底评介夏洛特·布鲁瓦歇的德文著作《约翰·罗斯金及其著作》（莱比锡，1902）时[4]，话中有话地表明心迹：歌德断言，假如“一个与自己心心相印的朋友”不在了，那么世界将是一片空白；罗斯金的观点恰恰相反，只有孤独能给他灵感。普鲁斯特把自己的感情托付给一个“朋友”，借此朋友之口说道：“在君士坦丁堡，我就有

① Ibid.，p. 191.Cf. *RTP*, t. I, pp. 569–570，参见十五人译本（二）131页，周译本（二）144页；以及t. III, p. 407, 参见十五人译本（四）411页，叙事者暗指母亲和外婆为他制订了改变生活习惯的计划，但最终她们的期待落了空。

② *Corr.*, t. III, p. 191.

③ Ibid., p. 378 ; cf. p. 379 :“夹在费纳龙和我的校样之间，我感到自己简直手足无措。”（7月21日或28日）

④ 刊登于1904年1月2日的《艺术与珍玩纪事》；*CSB*, pp. 478–481。

一位歌德所说的那种朋友……因此对我而言君士坦丁堡更近，更亲，更有灵性，更有人情味。”当这个朋友不再生活在那座城市，或不再是他的朋友之时，“君士坦丁堡丧失了在我心中的地位，也将逐渐丧失在我想象中的地位”。这位朋友“现在对我来说已经死去。圣索菲亚大教堂再也没有那么美了”。就这样，无论是小说中还是书评中，马塞尔几乎不落痕迹地对这段感情做了了结，并向费纳龙挥手作别。不过在他们的故事中，将来还会有“心的间歇”。1904年，普鲁斯特又见到了从圣彼得堡任上回国休假的费纳龙。费纳龙随后写信给他说：“有人写信告诉我，在他最近这段非常困难的时期你是忠诚可靠的朋友，听到你受称赞，我感到特别高兴。我知道你的心是多么忠诚友爱！”[①]这年年底，费纳龙寄给他几件弗美尔作品的复制品，普鲁斯特在信中说，他对弗美尔的“崇敬”和对费纳龙的友情，使这些复制品显得“格外珍贵”[②]。直到1912年，普鲁斯特还对阿尔贝·纳米亚斯这样描述他与费纳龙的友情：“我们已经有七八年没有见面也没有写信了，但这并不妨碍我们之间的关系，要比我与您之间的关系紧密千万倍。虽然不通音问，相距遥远，但我们的心没有变。无论是有人向他谈起我，还是有人跟我谈起他，我都知道，他也会知道，我们还是原来的我们。”[③]最后的打击发生在1915年3月，普鲁斯特得知费纳龙阵亡的消息，正如他在《索多姆和戈摩尔》中所写：“贝特朗·德·费纳龙是我最亲爱的朋友，他最聪慧、最善良、

① *Corr.*, t. IV, p. 200, 1904 年 7 月。费纳龙信中说的那个人是阿尔布费拉。

② Ibid., p. 368. 普鲁斯特在信中讲到这种“孩子气行为”，一旦它以费纳龙为对象，费纳龙就会觉得它非常愚蠢。这种孩子气无疑就是马塞尔在感情中的种种不安与嫉妒，这在马塞尔与他爱恋对象的关系中是突出的特征。

③ Ibid., t. XI, p. 328. 直到 1907 年，他还在给洛里斯的信中说：“如果您与贝特朗关系很近，请代我向他表示由衷的柔情……我有时在想，我是不是错过了身边唯一一位应当作朋友的人，这种友情本该对我和他都有很大的好处。”（ibid.,t. VII, p. 265）Cf. *RTP*, t. III, pp. 1640–1643, notice de P. Robert。这里要补充一句：1913 年，普鲁斯特赠给费纳龙两本《斯万》，并写上了热情洋溢的题词。

最正直，凡认识他的人都永远忘不了他。”[1]因为这位故交之死，普鲁斯特写了许多封感人肺腑的信[2]。现实加上想象，他以此为素材构思了圣卢之死。

临近圣诞，普鲁斯特写信给比贝斯科说，他打算每一到两周就写一篇文章；他要继续翻译罗斯金，为此他需要把罗斯金的三十本书全都带在身边（因为译稿中的每项内容“都要列出参考材料”）。他在信中接着透露了一个重大秘密：他手头的工作“从很多方面来说”都难以忍受，因为资料和翻译不是“真正的工作”，“这些东西足以唤醒我必须有所成就的渴望，但又根本无法满足这一渴望。当我在此长期麻木状态[3]中首次将目光转向内心、转向我的思想时，我突然感到自己的生命完全是一片虚无，上百个小说人物、成千上万种思绪纷至沓来，要求我赋予它们一个形体……我曾经驯服智力以获得身心的安宁，如今打碎它身上的锁链，我只感到解放了一个奴隶，但同时我又为自己找到了主宰”[4]。他作为小说家的志向在此表露无遗：《亚眠的圣经》之后要写一部长篇小说已经顺理成章。

① Ibid., p. 168. 参见十五人译本（四）167页。

② 资料来源未公开发表且将继续保密。

③ 这种麻木状态大概上溯到他放弃《让·桑特伊》的时候，不过他当时刚刚把关于贝特朗·德·雷韦永的段落写进这本书里。

④ *Corr.*, t. III, pp. 195–196, 1902年12月20日。

1903年

正如普鲁斯特对比贝斯科所说，刚刚开始的这一年首先是为报刊写稿的一年。他的写作和生活有两个方向，一个是艺术，包括罗斯金，另一个是沙龙。同时，命运又为这个孤独且不时遭到轻视的人安排了四位贵族朋友[①]，他们的出现仿佛是为了填补费纳龙留下的空白。有人断言马塞尔对上流社会一无所知，他没有被上流社会所接纳。的确，以他病弱、不便出行的身体，不那么优雅的家境，加上并非有意为之的奇装异服，若能获得最显赫家族后裔们的青睐，他一定得拥有许多美德。诚然，他本人在说到圣卢和盖尔芒特一家时做过解释，这些显赫家族的后裔并不在乎出身的头衔，但他们在乎一个人的人品；我们的传主之所以博得他们的欢心，最根本的还是他的魅力、聪颖、和善和诙谐，还有在交往中——比如想邀请某人做客或想成为某人的座上宾——不达目的绝不罢休的意志。他决心刻画上流社会（他已经在头两本书中做了尝试），为此穿梭在各个沙龙之间，想方设法结识每个人的亲朋好友，拆解上流社会的生活画卷，然后再重新编织出来。

当他把《亚眠的圣经》的一部分校样交给勃兰科温准备在《拉丁复兴》上发表时，他听到了这样一句丝毫不留情面的话："说到底您并不懂英文，所以肯定有不少误译。"马塞尔通常不愿意谈起自己的作品，但面对他人的攻讦，如同随时准备决斗一样，他一定要出面澄清，深入剖析某个问题并作出回应，此时他阐明了一种真正的翻译理论。的确，他不懂英语（他是在患哮喘也就是无法说话时学的英语），因为他既不会发英语单词的音，也听不懂别人说出来的英语词，但是他能看懂书面语："我不敢说自己懂英语，但我敢说我懂罗斯金。"其实，这四年当

①《盖尔芒特家那边》的"四人小组"就是受此启发，*RTP*, t. II, p. 697，参见十五人译本（三）397 页："关于富瓦克斯亲王，既然已经提到他了，还是作个交代：他是一个由十二人至十五人组成的小圈子的成员，还属于一个范围更窄的四人小组。" Cf. ibid., p. 699，参见十五人译本（三）398—399 页："这个由四名柏拉图信徒组成的小组又增添了一名新成员（四人小组从来都超过四人），这第五个比其他四个更信奉柏拉图主义。"普鲁斯特 1903 年 7 月致信克鲁瓦塞（*Corr.*, t. III, p. 368）："我已经要求比贝斯科跟我在一起，并且加入贝特朗另四位朋友的小圈子。" 7 月 16 日，普鲁斯特在家里为在巴黎度假的费纳龙举行晚宴，席间比贝斯科没来由地"出言不逊"，引起父亲针对马塞尔的一番唠叨：关于他的身体健康、生活方式、付小费时过分大方等等（ibid., pp. 373–374, 致母亲的信）。

中，罗斯金的这部著作他已经烂熟于心，完全消化吸收，无滞无碍。他彻底弄懂了“每个字的意义，每个表达方式的内涵，各种观点之间的关联”。他因此赢得了各位英语顾问的赞叹，他们原本没有预想到会如此艰辛；罗贝尔·德·于米埃尔也对马塞尔敬佩不已，他原来觉得有些句子无法翻译，曾建议马塞尔避而不译。只是这样一来，他付出了四年的艰辛[1]；但同时也有了一个逃避的借口：这段时间是无法写小说的。

这一年当中，马塞尔与朋友们的一次次艺术之旅，同样延长了对罗斯金的研究进程。头两次旅行使他既能与最亲密的朋友在一起，又能为他注释《亚眠的圣经》准备素材。他先后去了普罗万、圣卢德诺[2]、达马利雷利、拉昂[3]、库西、桑利斯、苏瓦松、圣勒戴斯朗[4]，时间是4月10日圣星期五[5]和随后的21日，同行的有比贝斯科兄弟、弗朗索瓦·德·帕里斯、吕西安·昂罗（此人后来担任卢浮宫馆员）、乔治·德·洛里斯[6]。这些地点当中，选择马勒曾介绍过的景点，肯定是朋友们尤其是埃马纽埃尔·比贝斯科的主意。埃马纽埃尔对法兰西岛宗教建筑的评论十分在行。在《亚眠的圣经》的注释中，读者看不到上述旅行的痕迹，原因是，这些旅行是马塞尔阅读埃米尔·马勒的延伸，在马塞尔的心目中他已逐渐取代了罗斯金的位置。夏末时节，普鲁斯特还去了欧塞尔、阿瓦隆、博恩和第戎。全部旅行结束之后，马塞尔兴奋地说道：“我怀着强烈的好奇，拖着越来越痛苦的病体，走遍了法

① Ibid., pp. 220–221, 1903 年 1 月底，致康斯坦丁·德·勃兰科温。

② 他向玛丽·诺德林格借了一本 Nape 教士写这座教堂的小册子，这再次说明他为这次旅行做的准备有多么认真。

③ 普鲁斯特在《亚眠的圣经》和《大教堂之死》（*CSB*, p. 148）中都讲到了拉昂主教座堂上的牛雕像。

④ 在此地，安托万·比贝斯科觉得，要是能演唱歌曲《阅兵归来》一定会很有意思，结果却引发他与马塞尔的一场争吵（乔治·德·洛里斯，*op. cit.*, p. 19）。

⑤ 据洛里斯（ibid., p. 19）和比利（*op. cit.*, pp. 121–122）。这样的地方数量众多，所以我们可能想到，这样的出行会不会有好几次，而普鲁斯特的朋友们在回忆中把它们浓缩成一次了。

⑥ *Corr.*, t. III, p. 293：4 月 7 日，马塞尔打算先去奥顿和维兹莱（结果到 8 月才成行）。在《亚眠的圣经》译序中，他提到了维兹莱的玛德莱娜教堂的花（*CSB*, p. 136）。他原来还想借用弟弟的汽车（*Corr.*, t. III, p. 292）。洛里斯还记得，为了给马塞尔鼓劲，费纳龙唱起了《圣星期五的奇迹》；不过他不是在这个星期五回到巴黎的。

国各地教堂的罗马式前庭和哥特式圆室。在看过的所有建筑当中，只有博恩的医院与我的重病状态相宜。”[①]

与此同时，他逐步完成了翻译的定稿。1月，他改定了《拉丁复兴》提前发表的《亚眠的圣经》译文节选校样，这两段节选分别刊登于2月15日（《圣人的形象》，共31页）和3月15日（《教堂的侧影》，共23页）[②]。罗贝尔·德·于米埃尔1月过来看他，接着为了帮他做翻译，分别于2月14日和3月19日在他家里吃晚餐[③]；马塞尔请母亲允许他们二人单独进餐，因为一旦有罗贝尔在场，他总是笑个不停[④]。在他为《亚眠的圣经》所写的译者序里，马塞尔对这位多次为他解决翻译难题的“开普林的杰出译者”表示由衷的感谢。由于德·于米埃尔没有与他完成全部译稿的核校，所以在收到法兰西信使出版社的校样时，他还求助于安托万·比贝斯科[⑤]和玛丽·诺德林格；他坦白说，他把记录玛丽修改内容的笔记都弄丢了[⑥]。6月，他为译者序补写了一大段“附记”论述偶像崇拜，指出偶像崇拜为了产生美的原型而牺牲了美，并且欺骗了自身。12月初，马塞尔还要校对最后一轮校样[⑦]，并以一段感人的献辞把这本书献给了刚刚去世的父亲。

马塞尔以一贯的耐心等待他的译著出版，同时也没有闲着，写了好几篇与罗斯金有关的书评。其中的第一篇《玛丽·德·本森对约翰·罗斯金生平与著作的研究》发表于1903年3月7日的《艺术与珍玩纪事》杂志[⑧]。他在文中列举了研究罗斯金的论著，如拉希泽拉纳“不可逾越

① *Corr.*, t. III, p. 427. 普鲁斯特引用了Viollet-le-Duc的话，他说，“博恩太美了，真想在这儿生一场病”。这又是一个证据，说明马塞尔在《法国建筑辞典》上下过苦功。

② 安德烈·博尼耶在2月19日的《费加罗报》上披露，《拉丁复兴》杂志刊登了“马塞尔·普鲁斯特先生为罗斯金《亚眠的圣经》奉献的优秀译文”（*Corr.*, t. III, p. 271）。

③ Ibid., p. 247, “为了德·于米埃尔，我开始吃药以便能及时起床”。Cf. ibid., p. 276。我们在前面已经看到，德·于米埃尔不像普鲁斯特那样一丝不苟，曾提议跳过难译的地方（ibid., p. 221）。德·于米埃尔在5月15日《拉丁复兴》杂志上说了一句话：“从罗斯金以来，美学上的道德盘算令人难以忍受。”普鲁斯特认为这是对罗斯金的攻击（ibid., p. 320）。

④ 至少他是这样向母亲解释的（ibid., p. 276, 1903年3月）。

⑤ Ibid., p. 340, 1903年6月8日。

⑥ Ibid., p. 391, 1903年8月初。普鲁斯特很可能是在7月把校样给她看，因为普鲁斯特向她承认此事时，校样已经送回出版社。

⑦ Ibid., p. 448.

⑧ 署名马塞尔·普鲁斯特。

的”《罗斯金与美的宗教》，布吕纳夫妇“珍贵的”《罗斯金与圣经》，以及巴尔杜的《约翰·罗斯金》，仿佛在说玛丽·德·本森不能与他们相提并论，因为罗斯金的八十多部著作中，她只读过二十七部！她这本书最主要的价值体现在引文上，普鲁斯特也喜欢大段地征引，认为这样做的好处是，“在每一页上都有一道天才之光照亮批评家的文字”[①]。这年年底，普鲁斯特撰文评介夏洛特·布鲁瓦歇[②]的德文（这是他当年在学校里学的第一门当代外语）著作《约翰·罗斯金及其著作》，并抨击十八世纪。普鲁斯特不喜欢十八世纪，也不喜欢这个世纪的文学，认为它过于强调人性，使世界失去了诗意，他同时指出智力无法取代只有在孤独状态下才能获得的灵感——这一观点将在《驳圣伯夫》的开篇充分展开[③]。围绕着罗斯金还涌现出一批新面孔，普鲁斯特在1903年11月7日和14日的《艺术与珍玩记事》上发表文章[④]（署名M. P.），论及但丁·加布里埃尔·罗塞蒂和伊丽莎白·西德尔，他借用《伯灵顿杂志》一篇文章的主要内容，向法国读者介绍了拉斐尔前派运动（这一运动得到罗斯金的支持，所以仍然是围绕罗斯金的主题）。在小说中，他时而提及“拉斐尔前派的线画灌木”，时而说起“拉斐尔前派画作中的厉鬼”[⑤]，并且在草稿中多次提到伯恩–琼斯[⑥]。这些画家秉持的原则是，要在现实中（而不是在画室里）寻找能够与我们在艺术中所表现的理想人物息息相通的真实的人。罗塞蒂未来的妻子伊丽莎白·西德尔就这样被发掘出来。她

① *CSB*, p. 456.

② 她还翻译了《现代画家》一书，文章对此书也有涉及。

③ *CSB*, pp. 480–481.

④ 但写作时间是1903年5月过后不久（ibid., p. 470）。

⑤ *RTP*, t. I, p. 623 et t. II, p. 586，参见十五人译本（二）177页、（三）286页，周译本（二）196页。

⑥ Ibid., t. II, pp. 1043, 1275, 1278（盖尔芒特公爵夫人被比作这位画家所画的一位公主）et t. II, p. 1476.

的“身躯无法承受精神的重量”——马塞尔无疑在她身上看到了自己——“她的天才被疾病所禁锢，而又有多少健康之身却毫无高尚的建树”。他借此机会深入思考画家与模特之间的关系（如同后来对埃尔斯蒂尔与妻子以及埃勒与妻子关系的思考）：“倘若某个尤物突然以精美鲜活的形式在画家们面前实现了他们久远的梦，他们就会对她情有独钟，投向她的目光就会比其他人更加充满思想，更加直觉，真正承载更多的爱。”①

夏尔·埃弗吕西

普鲁斯特经常供稿的《艺术与珍玩记事》是《美术通讯》杂志的副刊；夏尔·埃弗吕西②1885年买下这份杂志，并于1894年出任主编。埃弗吕西1849年出生于敖德萨的一个银行家和小麦出口商家庭，他是莱昂·富尔德夫人的堂兄。他早年与维也纳宫廷来往密切，二十三岁来到巴黎，出入于各个沙龙和歌剧院。他参与编制卢浮宫的素描目录，并成功地在装饰艺术博物馆展出了674幅古代素描。他收藏日本的浮世绘，结识了与迪雷和印象派画家关系密切的赛努齐。在施特劳斯夫人、玛蒂尔德公主和勒迈尔的沙龙里，常能看到他的身影。他从1875年开始购买绘画（贝尔特·莫里索和玛丽·卡萨特的作品）。1879年至1882年间，他买了二十多幅著名印象派画家的作品：莫奈的《青蛙塘》，马奈的《老人》（画的是康斯

① *CSB*, p. 473 ; cf. *RTP*, t. II, p. 206, 参见十五人译本（二）409页，周译本（二）409页，提及埃尔斯蒂尔夫人；在《让·桑特伊》中已有过关于马夏尔夫人的描写（pp. 455–456 ; cf. p. 788）。

② 我们的主要资料来源是J. Adhémar和菲利浦·科尔布所写的《夏尔·埃弗吕西》一文，载1984年1月《美术通讯》杂志，29—39页。另见S. Monneret, *Dictionnaire de l'impressionnisme*, *op. cit.*, t. I, p. 224, 以及J.-É. Blanche, *La Pêche aux souvenirs*, *op. cit.*, pp. 174–175。

坦丁·居伊肖像）以及《启航》《芦笋》[①]，两幅西斯莱和一幅皮萨罗的扇面。他在1880年前后结识莫罗，买了两幅他的作品，其中包括《伽拉忒亚》；他还买了好几幅雷诺阿，雷诺阿则把他画进了《船工的午餐》[②]。普鲁斯特把这幅画记在埃尔斯蒂尔名下（“同一位先生……戴着礼帽，在河边的大众狂欢场合里显得手足无措，说明他不仅是埃尔斯蒂尔常用的模特儿，而且是他的朋友，也可能是他的赞助人”[③]），并把此画放入盖尔芒特公爵的收藏，让公爵说出：“这位先生是埃尔斯蒂尔的恩主，使他成名，常买他的画，帮他摆脱困境。”普鲁斯特1899年[④]前后为《让·桑特伊》补写的一段《绘画爱好者》[⑤]（预示着《盖尔芒特家那边》中的同样内容），提到了好几幅埃弗吕西的藏画[⑥]（接近于沙尔庞捷的收藏）：如莫奈《塞纳河上的流凌》（它将成为埃尔斯蒂尔的《布里斯维尔解冻》）以及柯罗和西斯莱的作品。“埃弗吕西向德加、马奈、克劳德·莫奈、皮维·德·沙瓦纳订下他们正在画的作品。许多画到半途的画，都是靠他的钱才得以完成。”[⑦]他为乔治–珀蒂画廊担任顾问，这家画廊曾多次组织印象派画家的展览（特别是1892年的雷诺阿回顾展和1897年的西斯莱回顾展），普鲁斯特也曾来画廊参观。埃弗吕西还为皮维·德·沙瓦纳、德劳耐等艺术家争取到先贤祠或巴黎市政厅等公共机构的订单。英国维多利亚女王到访巴黎时，由他担任导游。他曾对丢勒[⑧]以及自己的朋友保罗·博德里做过专题研究。他喜欢有年轻人辅佐自

① 他付了800法郎，这就促使马奈又送给他一幅《芦笋》（现藏奥赛博物馆）。他把叙泽特·勒迈尔介绍给马奈，马奈两次给她画肖像。

② 但这幅作于1880年夏秋之间、署1881年的画，被收藏家巴伦西买走，1899年4月在迪朗–吕埃尔画廊展出。我们还可以举出博纳1895年为埃弗吕西画的一幅肖像，以及路易斯·阿伯纳为他画的一幅水粉肖像。

③ *RTP*, t. II, p. 713，参见十五人译本（三）413页。

④ Voir dans *Études proustiennes*, t. I, Th. Johnson, « *Débâcle sur la Seine* de Claude Monet ».

⑤ *JS*, pp. 890–895.

⑥ 不过，当普鲁斯特在“雷韦永侯爵收藏的莫奈”一节谈及雾中的河景时，说的是莫奈作于1897年的*Bras de Seine, près de Giverny, à l'aurore,*这幅画1898年在乔治–珀蒂画廊展出，被施特劳斯夫妇买下。

⑦ J.-É. Blanche, *La Pêche aux souvenirs, op. cit.*, p. 174.

⑧ 普鲁斯特曾在《追忆》中提及这位画家，亦在给雷纳尔多的素描中戏仿他的作品：*Melancholia* 和 *Adam et Ève*（马德里普拉多博物馆藏）（见*Corr.*, t. VI, p. 152）。

己：1882年是儒勒·拉福格，此后是阿利·勒南、马塞尔·普鲁斯特、奥古斯特·马吉里耶。因此，对马塞尔来说，夏尔·埃弗吕西是个重要的引路人，马塞尔通过与他同名的小说人物夏尔·斯万向他致敬。从1900年起，普鲁斯特常常前往他在耶拿大街上的宅邸和法瓦尔街上的《美术通讯》杂志社，杂志社的图书馆帮了他大忙，他在那儿主要是查阅《伯灵顿杂志》[①]。应该指出，斯万的原型人物哈斯只对十八世纪和风俗画感兴趣。埃弗吕西于1905年9月30日逝世，让刚刚丧母的普鲁斯特再次陷入悲痛[②]。他的侄女婿泰奥多尔·雷纳克继承了他的家业。

惠斯勒

罗斯金的死对头，曾与他打过一场著名官司[③]的惠斯勒，于1903年7月17日逝世。马塞尔只见过他一次，硬是从他嘴里挤出了几句对罗斯金表示好感的话，还保留了一双他的灰手套，但后来丢失了。孟德斯鸠和博尔迪尼常常向马塞尔谈起惠斯勒[④]。普鲁斯特在文章和书信中，曾谈及惠斯勒画的孟德斯鸠肖像（作于1891年，1894年4月25日在全国美术协会以《黑色或金色：罗贝尔·德·孟德斯鸠–费臧萨克伯爵肖像》为题展出；画像上伯爵左臂搭着一件属于格雷菲勒伯爵夫人的毛丝鼠皮斗篷[⑤]）、他的威尼斯风景、他画笔下“伦敦城童话般的美丽”、他与罗斯金的关系、他的两部著作《十点钟》[⑥]（玛丽·诺德

① 有伊利诺伊大学厄巴纳–香槟分校所藏资料中的一张手写说明为证。按布朗什（*op. cit.*, p. 175）的说法，“每一位历史学者手头都要有一部插图词典作参考”，马塞尔本人提及丢勒时就是如此。普鲁斯特自己写文章时也利用《美术通讯》中的文章。1898年11月至12月间写伦勃朗时，利用了埃米尔·米歇尔的文章；为了写关于莫奈的文章，则从热弗鲁瓦、米尔博和罗登巴赫的文章中汲取灵感（据 Mme Borowitz, « Les Watteau, les Chardin, les Monet de Marcel Proust », *Bulletin du musée de Cleveland*, janvier 1982 et février 1983）。

② *Corr.*, t. XII, p. 402, 1905年10月底，致《美术通讯》编辑部秘书，《艺术与珍玩纪事》主编奥古斯特·马吉里耶。维古鲁1897年曾给马吉里耶画过一幅肖像。1904年，普鲁斯特感谢马吉里耶写的关于丢勒的专著（Laurens 出版社）：“（丢勒）是最吸引我的天才，也是我了解最少的。”在《追忆》中（*RTP*, t. I, p. 318，参见十五人译本［一］321页，周译本［一］331—332页），一位仆人被比作丢勒画的士兵。普鲁斯特此时想到的应是这本书中的一张插图。

③ Goncourt, *Journal*, 5 avril 1893.

④ *Corr.*, t. V, p. 42, 1905年2月，致玛丽·诺德林格；cf. ibid., t. IV, p. 54：“多亏了雷纳尔多，我曾在一天晚上见过惠斯勒。他对我说，罗斯金在绘画上绝对不在行。”

⑤ E. Munhall, *Whistler et Montesquiou*, trad. fr. Flammarion, 1995, p. 150. 伯爵夫人后来指责奉命送还斗篷的伊图利企图偷窃这件斗篷。1902年孟德斯鸠卖掉了这幅肖像，让画家伤心至极。

⑥ 伯爵的一句话被放在夏吕斯口中（*RTP*, t. II, p. 852，参见十五人译本［三］555页），这完全正常，因为孟德斯鸠伯爵与惠斯勒关系很密切。

林格赠给马塞尔）和《温柔的树敌艺术》。普鲁斯特把他视为导师（一个重要的细节：他是吕西安·都德的绘画老师），并引用过布朗什论述惠斯勒的片段。《少女》中的很多描写，都有惠斯勒的影子：夏吕斯的肖像和打扮，颇有惠斯勒黑白和声（亦即孟德斯鸠肖像）的风味；《灰色与粉红色的和声》（及另一幅《黑与白的和声》）之下的蝴蝶，原是惠斯勒的签名；奥黛特的肖像，与惠斯勒众多女性肖像画作于同一时期；蓝色与银色和声中的乳白色海湾景象，无异于是对惠斯勒画作的模仿或照搬[1]。在《盖尔芒特家那边》，夏吕斯对叙事者引述惠斯勒的说法[2]。在《重现的时光》中，读者将得知维尔迪兰先生写了一本关于惠斯勒的书[3]。这位美国画家的技艺在小说中传给了埃尔斯蒂尔，他的姓氏如颠倒字母顺序，只比惠斯勒少了两个字母。（普鲁斯特认识英国印象派大家菲利浦·威尔逊·斯蒂尔［1860—1942］吗？他曾在法国学习绘画，1894年在巴黎古皮画廊办展览，他的姓氏为埃尔斯蒂尔贡献了最后一个音节，而埃勒贡献了第一个音节[4]。）1905年，普鲁斯特在信里对玛丽·诺德林格说，他注意到惠斯勒在法国已经过时，不再被视为大画家，但他宣称："假如这位把威尼斯系列画成青绿色，把阿姆斯特丹系列画成黄玉色，把布列塔尼系列画成乳白色的画家不是大画家，假如为亚历山大小姐……画肖像[5]的这位不是大画家，这就等于说历史上从未有过大画家。"[6]他最终认为，罗斯金与惠斯勒二人的理论并非不可调和："惠斯勒说……艺

① *RTP*, t. II, pp. 10, 114, 163, 218, 328, 852；参见十五人译本（二）192、307、363、421页，（三）21、555页；周译本（二）212、317、368、421页。圣卢惊呼："美得像惠斯勒！"夏吕斯如同孟德斯鸠一样，也很佩服他。夏吕斯男爵的燕尾服亦被比作惠斯勒的"黑白和声"（ibid., t. III, p. 52；参见十五人译本［四］50页）。惠斯勒画过一幅《着燕尾服男子肖像》。

② Ibid., t. II, p. 852；参见十五人译本（三）555页："这会儿，正如惠斯勒所说，恰是市民回家的时候……观赏夜景正合适。"

③ Ibid., t. IV, p. 287；参见十五人译本（七）18页。当时，写出惠斯勒研究专著的法国人只有一位，他就是特奥多尔·迪雷（Théodore Duret, *Histoire de J. Mc N. Whistler et de son œuvre*, 1904; rééd. 1914），他与很多印象派画家是朋友，1878年出版了一本《印象派画家史》。他对日本素有研究，还是一位收藏家，马奈和惠斯勒都为他画过肖像（*Catalogue Whistler*, RMN, 1995, pp. 205–207）。

④ 卡米耶·莫克莱尔（Camille Mauclair）1897年的小说《死者的太阳》（*Le Soleil des morts*）当中有一位名叫Ellstiern的画家。

⑤《灰与绿的和声：西西莉·亚历山大小姐肖像》（*Harmonie en gris et vert. Miss Cicely Alexandre*）。

⑥ *Corr.*, t. V, pp. 260–261, 1905年6月24日。实际上，普鲁斯特此前已注意到惠斯勒在法国人的欣赏趣味中地位下降：他被视为具有精致品味的人，而不是大画家，包括布朗什也在《拉丁复兴》（与《论阅读》在同一期）上发表同样的看法。

术有别于道德，这是正确的。但罗斯金说一切伟大的艺术都是道德，这在另一层次上同样是真理。”他还说：“罗斯金与惠斯勒相互蔑视，因为他们的体系截然对立。但真理只有一个，他们各自都窥见了真理。”正是因此，普鲁斯特才在创作中“直截了当地袭用”[1]惠斯勒的作品。小说中埃尔斯蒂尔的绘画作品，以及对惠斯勒作品、对其色彩“和声”的隐喻性暗示——仿佛普鲁斯特是通过他的眼睛或在他的绘画中观察世界——即由此而来；依照戈蒂耶[2]、波德莱尔和马拉美的说法，正是这些色彩的“和声”将绘画和音乐熔铸为一体。

① Ibid., t. IV, pp. 53–54. 普鲁斯特引用过惠斯勒与罗斯金对簿公堂时说过的一句著名的话：“您说这幅画我是用几个小时画出来的，但这是因为我用上了一生的经验。”普鲁斯特拿这句话与罗斯金致罗塞蒂的信加以对照：“您一气呵成画出来的东西，是您多年来梦想、爱和经验的结晶。”

②《珐琅与雕玉·白色大调交响曲》。

沙龙

在另一个系列的文章中，马塞尔不再练习艺术小说的写作，而是练习社会小说，这就是他的“沙龙”系列。其中第一篇《玛蒂尔德公主殿下的沙龙》见于1903年2月25日《费加罗报》（署名多米尼克[3]），接着是5月11日《费加罗报》的《丁香庭院与玫瑰画室：玛德莱娜·勒迈尔夫人的沙龙》（署名多米尼克），以及9月3日《费加罗报》的《埃德蒙·德·波利尼亚克亲王夫人的沙龙》（署名奥拉修）。还有一篇没有发表并且丢失了的《格雷菲勒伯爵夫人的沙龙》。1904年1月4日《费加罗报》刊出的《奥松维尔伯爵夫人的沙龙》（署名奥拉修），肯定是1903年间写的。普鲁斯特没有使用真实姓名，既为

③ 普鲁斯特与斯丹达尔一样喜用笔名。因此，当玛蒂尔德公主的外甥普里莫利伯爵在勃兰科温家里当着普鲁斯特的面说这篇文章“很愚蠢”时，普鲁斯特非常开心（*Corr.*, t. III, p. 454）。

了能够无所顾忌地放开手笔，也为了避免攀附名流的指责；此外还有一个原因是，这种文章属于不入流的文学体裁[①]。到了7月份，由于《费加罗报》主任卡尔梅特向玛德莱娜·勒迈尔透露了作者的身份，马塞尔与他发生争执，并威胁说不再写“沙龙”这种东西，这个系列刊出的频度也确实没有达到当初的约定[②]。

沙龙的功能是把上流社会、艺术家、作家聚集在一起。每个沙龙都有自己的常客、自己的规则、自己的主题；巴尔扎克是描写沙龙的圣手，所以普鲁斯特在写勒迈尔夫人沙龙时，开篇即模仿巴尔扎克的文笔[③]。《玛蒂尔德公主殿下的沙龙》所描写的皇帝侄女，与我们在《追忆似水年华》中看到的公主一模一样，朴实，爱开玩笑，还有她的作家朋友：梅里美、福楼拜、龚古尔、圣伯夫、缪塞、丹纳（直到二人翻脸）、勒南、埃雷迪亚。还有一件事，即尼古拉二世来访，被完整地搬到了《少女》之中[④]。《埃德蒙·德·波利尼亚克亲王夫人的沙龙》一文中，关于亲王葬礼的部分，被重新用来描写罗贝尔·圣卢的葬礼；描写格雷菲勒伯爵夫人的部分，被用于描写盖尔芒特公爵夫人，二人都被马塞尔通过借用《胜利的纪念》中的诗句而比作一只鸟[⑤]。玛德莱娜·勒迈尔夫人沙龙的主题则是绘画，马塞尔以此向勒迈尔夫人表示敬意，当初正是这位画家把他引荐到社交界，为他的处女作画插图；他还重温旧日的爱情，为雷纳尔多·哈恩作了一幅漂亮的特写：“他的头微微向后仰着，忧郁的双唇带

① Ibid., p. 259, 致安托万·比贝斯科：“对那些没有人想到要去猜疑的文章，任何人都没法猜疑，难道不是吗？”参见 p. 317, n. 2, 5 月 14 日的《费加罗报》刊登了一条社交新闻：“在（沙龙的）各个角落，大家只谈论《费加罗报》上关于社交沙龙的那篇文章。‘这位多米尼克到底是谁啊？’有人答曰：‘这是弗罗芒丹的一部长篇小说。’大家的好奇心被极大地撩拨起来了。”

② Ibid., p. 367，1903 年 7 月 11 日。

③ *CSB*, p. 457.

④ *RTP*, t. I, p. 533，参见十五人译本（二）99页，周译本（二）108页。

⑤ “一只金鸟远远地盯着它的猎物。” *CSB*, p. 468, et *RTP*, t. II, p. 361，参见十五人译本（三）54 页。

着些微的轻蔑，让世上最甜美、最伤感、最热情的嗓音从中汩汩流出，这个叫作雷纳尔多·哈恩的‘音乐天才’揪紧了每一颗心，湿润了每一双眼睛，令人赞叹不已，让我们浑身颤抖。”[①]马塞尔同时还为安托万·比贝斯科作了一幅“小像”。埃德蒙·德·波利尼亚克亲王夫人的沙龙以音乐为主题，经常来往的有拉摩、福雷、勃拉姆斯。奥松维尔伯爵夫人（她行礼的动作像《让·桑特伊》中的雷韦永公爵夫人和盖尔芒特夫妇）的沙龙[②]，则是一个属于旧制度的团体，是科佩城堡的遗存。德·奥松维尔先生是一位院士，历史学家，思想温和，反对“派系”思想[③]，他在《追忆》中被提及两次；他的妻子将与其他人一道，成为盖尔芒特一家优雅风度的原型。算起来，在等待译著问世的这一年里，普鲁斯特发表了九篇文章，还有一篇未刊稿。

罗贝尔结婚

1903年年初，马塞尔的私人生活中也有许多事件发生，其中一个重要事件就是弟弟罗贝尔迎娶玛尔特·迪布瓦-阿米奥小姐。结婚仪式定于1月31日和2月2日，分别在十八区政府和圣·奥古斯丁教堂举行。马塞尔提前两个星期就惴惴不安，他担心自己在圣·奥古斯丁教堂里募钱时，或在听区长致辞时，会神经质地狂笑不止[④]（最终，因为病得很重，他和母亲都没有去区政府，只参加了教堂

① *CSB*, p. 463. 科克托也谈起雷纳尔多：“如同在玛德莱娜·勒迈尔府上，或在凡尔赛蓄水池饭店那个神秘的房间里，雷纳尔多站在钢琴后面一个平缓、晦暗的斜坡上，开始用他甜美的歌喉演唱，他嘴角叼着一支香烟，眼睛望着天空，泛青的双颊围成的法式面庞隐在阴影中，身体的其余部分自然放松。”（*Portraits-souvenirs*, 1900–1914, Grasset, 1935, p. 188, et le très beau dessin, p. 189）

② *CSB*, p. 486.

③ Ibid., p. 487. 普鲁斯特用了很长篇幅论及对十七世纪、十八世纪社会大唱赞歌的勒南，以及饶勒斯；这篇文章的署名是奥拉修。普鲁斯特写的报道均以M. P.署名（有一篇除外），沙龙系列均署以笔名。

④ *Corr.*, t. III, p. 214, 1903年1月19日，致比贝斯科。

婚礼）。到了举行婚礼的当天，作为弟弟男傧相的马塞尔已经三个晚上没有睡觉了；普鲁斯特夫人病得厉害，只好用救护车送到教堂[1]。马塞尔的表妹瓦伦蒂娜·汤姆逊与他一道，依传统习俗在婚礼上为穷人募钱。她在回忆中写道："他那张长着两撇忧郁的唇髭、活像拉撒路的脸，从黑色羊毛裹尸布里探了出来。他觉得必须把自己的状况说个清楚，于是在每一排座位跟前都大声说，他没法不穿成这副模样，他已经病了好几个月了，当天晚上他会病得更重，这都不是他的错。"[2]罗贝尔本想送他一件皮衣，但他拒绝了，后来3月份比贝斯科寄给他的皮衣，也被他拒绝了[3]。这是普鲁斯特性格的一大特点：他会送给别人华贵的礼物，但他不接受这样的礼物。

"给弟弟娶亲几乎与本人结婚一样累人"[4]，于是婚礼过后，马塞尔宣布，由于发烧和喉咙痛，他要一直卧床至15号！这场病当中还加上了哮喘。应该说，这场婚姻是普鲁斯特教授强加给家人，当然首先是强加给罗贝尔的；新娘的母亲是一位美貌出众的妇人，与教授关系密切。罗贝尔总是走桃花运，对妻子并不忠诚，以另一种方式破费钱财，并且让哥哥当中间人——特别是在战争期间——给情妇弗尔尼耶夫人送钱。罗贝尔的妻子玛尔特与女儿苏齐都很少见到马塞尔。罗贝尔去世后，他的遗孀也许是厌倦了他们兄弟，把有关马塞尔的资料先烧后卖，都处理掉了[5]。不过兄弟二人的关系一直很好，所以当罗贝尔取得行医资格时，马塞尔感到"非常激动"，也"非常高

① Ibid., p. 233, 1903 年 2 月 1 日。

② 普鲁斯特 2 月 1 日写信给勃兰科温（ibid., p. 234）："若再反复想这件事儿，今晚我非死掉不可（我已经有三个晚上没合眼了）。" Valentine Thomson, « My Cousin Marcel Proust », *op. cit.*, pp. 710–720, 转引自 Painter, p. 378. Cf. *Corr.*, t. III, p. 267："我终于找到一个办法——且不管它对我来说有多么难以承受——参加了罗贝尔的婚礼。"

③ Ibid., p. 274.

④ Ibid., p. 235, 1903 年 2 月 3 日，致阿尔丰斯·都德夫人。

⑤ 在这一点上，请见 Jacques Guérin 提供的资料。

兴”，但同时，如他在信中对母亲所说，他又感叹自己与家人的生活格格不入[①]。

① *Corr.*, t. IV, p. 167, 1904 年 6 月 22 日。

卡萨–菲尔特

有许多新朋友走进马塞尔的生活，也许将来还会走进他的小说。首先是伊兰·德·卡萨–菲尔特，马塞尔早就认识他，但已经有一段时间没见面了[②]。他的母亲弗拉维·德·卡萨–菲尔特侯爵夫人，祖上是法国人，出生于意大利，娘家姓勒费弗尔·德·克吕尼埃尔·德·巴尔索拉诺，是邓南遮和孟德斯鸠（诗集《蝙蝠》就是题献给她的[③]）的灵感女神，以美貌著称，眼眸中有某种日本的味道[④]。她未来的夫婿西班牙人皮埃尔·阿尔瓦莱兹·德·托雷多，即卡萨–菲尔特侯爵（这个爵位系从母亲继承而来），是欧仁妮皇后[⑤]的姑表兄毕沃纳公爵的小儿子，1860年那不勒斯爆发革命时，他正在西班牙驻那不勒斯领事馆任随员，当时只有十九岁。那不勒斯王后（出生于巴伐利亚的玛丽–索菲，奥地利皇后的妹妹）退到加埃塔，登上城墙御敌（在《索多姆和戈摩尔》当中，普鲁斯特暗中引用这段从伊兰那儿听来的英雄故事，让这位王后顺势登场）。伊兰的父亲随后到巴黎和北京任职，结婚以后去了圣彼得堡，1880年重返那不勒斯（他有一位前辈曾任那不勒斯总督）。伊兰1882年生于那不勒斯，在自家的宫殿里长大，之后来到巴黎，又返回那不勒斯；他也患有哮喘病[⑥]。父亲1890年早逝之后，他随母亲来到法国东

② Ibid., t. III , p. 238, 1903 年 2 月 4 日。

③ « A/L.T.B.F.A.F.B.B.C. : Personne sidérale / Je présente ce ZAIMPH / R.M.F. » (I. de Casa-Fuerte, *op. cit.*, p. 108, n. 2, pour la traduction ...) 在这本诗集中，孟德斯鸠猛烈抨击欧仁妮皇后。他同样不喜欢玛蒂尔德公主，称她为“圣格拉蒂安的老寡妇”，原因是她同很多人一样，由于他与伊图利的特殊关系而拒绝接待他。

④ Ibid., p. 24.

⑤ 欧仁妮皇后在法恩伯勒接见过伊兰（ibid., pp. 73–86）。

⑥“说到底，哮喘不是一种疾病，而更像是一种神经官能症。得这种病的人之间都能相互理解；这一点是我后来认识马塞尔·普鲁斯特的时候才明白过来的……我们之所以初次见面就建立了十分密切的联系，就是因为在我们之间存在着由同样的焦虑、同样的窒息而产生的缘分，总之，这是在痛苦中产生的亲缘。”（ibid., p. 52）

南海滨城市圣拉斐尔，在那儿遇到一位脚穿高跟鞋、面施脂粉的海军军官——皮埃尔·洛蒂，洛蒂给他们朗读《东方的怪影》。他的回忆录中不时提到那不勒斯的国王和王后、欧仁妮皇后、嗓音像“帝国老兵”的玛蒂尔德公主[①]。母子二人在巴黎的康邦街42号安家，普鲁斯特因此把侯爵夫人称作“康邦街那位夫人”[②]，从1894年起，普鲁斯特常与哈恩登门拜访。孟德斯鸠给她介绍了一批名声显赫的艺术家，包括福雷（他以一种“讨人喜欢的触键法”演奏自己的作品）、惠斯勒（奇特、出众、妙不可言[③]）、埃勒，使这家沙龙成为巴黎最令人眼热的去处。伊兰颇有音乐和诗歌天赋，往来于各个艺术圈，普鲁斯特读了他以《初次落泪》为题的小诗，欣喜地“在诗的魔光里窥见一个迷人的灵魂，并被深深地吸引而‘初次落泪’（也是‘初次的享乐体验’吗？）”[④]。最后这个问题有夏吕斯的影子。

伊兰最早认识的是吕西安·都德，“雅致、聪明、有艺术家气质，有点做作但充满魅力，长相俊美并且自己对此心知肚明”[⑤]。一天晚上，沙普塔尔街的大木偶剧场正在上演两出恐怖剧和一出艳俗的滑稽歌舞剧，这两个年轻人遇到了一位男子，“竖着大衣领，里面的衬衣皱巴巴的”，面色苍白，漂亮的黑色唇髭向下垂着，很大的黑眼睛，有明显的黑眼圈，此人正是马塞尔·普鲁斯特[⑥]。他们一起到拉吕餐馆吃夜宵，“从此开始了一段漫长而珍贵的友谊”；吕西安曾有一段时间因嫉妒而远离他们二人[⑦]。

① Ibid., p. 91.

② *Corr.*, t. I, p. 358, et I. de Casa-Fuerte, *op. cit.*, p. 108, n. 1.

③ 孟德斯鸠致卡萨－菲尔特侯爵夫人的信（ibid., p. 147）。

④ *Corr.*, t. X, p. 395, 1903 年 2 月 12 日。

⑤ I. de Casa-Fuerte, *op. cit.*, p. 185. 伊兰的母亲把吕西安介绍给皇后，我们知道，他随即成为她的侍从骑士，并为她作传。

⑥ Ibid., p. 187.

⑦ *Corr.*, t. VI, p. 100, 1906 年 6 月。

出于对伊兰的友情，为了观看塔里德与韦奈尔合作的歌剧《炉边》，马塞尔央求弗朗西斯·德·克鲁瓦塞在马蒂兰歌剧院的“包厢里留出两个座位”；路易莎·德·莫尔南就是在这出戏里初次登台[①]。在小他十岁（这是马塞尔的习惯）的伊兰身上，有很多东西是普鲁斯特看重的。伊兰以美貌著称，震惊了从卡特琳娜·波齐到孟德斯鸠的一众巴黎名流，甚至有人惊呼：“我禁止您长得这么美！”[②]在此之外，马塞尔还欣赏他跨国贵族的出身、艺术家兼哮喘病人的气质、相貌上酷似母亲（这是《追忆》的一个关键主题[③]），以及他对邓南遮[④]诗歌的翻译：“我曾领略过……许多由诗人翻译的美妙诗歌。”[⑤]他还想办法让勃兰科温在《拉丁复兴》上发表这些译作，但没有成功。伊兰到威尼斯旅行——马塞尔对他说：“去一饱眼福吧。”——期间给马塞尔发了多封电报，马塞尔想方设法瞒着父母，但有时候做不到，他在回信中说：“我父母对第一封电报毫不知情，至于第二封，没有什么要紧内容。”[⑥]两个人挚爱的母亲相继去世（弗拉维·德·卡萨–菲尔特夫人1905年2月18日因尿毒症去世，终年五十一岁），使他们的关系更加密切[⑦]，尽管伊兰首次结婚亦发生在这一年。1906年，躲在凡尔赛的马塞尔写信给伊兰，告诉他自己还爱着他，想知道“这份坚定的情感”是否会得到收信人的同意：“就一句话，伊兰，告诉我，我们是否仍然是朋友。”[⑧]到了1907年，这份情感再度加深，马塞尔写信给他：“您是真正的爱，并且不仅仅由于脸蛋

① Ibid., t. III , pp. 303–304. 在此之前不久，普鲁斯特在那里观看了弗朗西斯·德·克鲁瓦塞编剧、雷纳尔多·哈恩作曲的歌剧《两个交际花》。5月23日，他又来到剧场观看路易莎·德·莫尔南参加演出的《我们没有时间》。

② Ph. Jullian, *op. cit.*, p. 275. Ph. Michel-Thiriet 为伊兰·德·卡萨–菲尔特的回忆录作了一篇美妙的序言，此君对当时的社会有细腻透彻的认识，可惜英年早逝。

③ 写到希尔贝特·斯万和她父亲时，草稿中提到了吕西安和伊兰（*RTP*, t. I, p. 966, var. *a*, p. 1022, var. *c*）。这一主题在描写凡德伊小姐和罗贝尔·德·圣卢时，还将进一步展开；在现实生活中涉及的人物是雅克·伯努瓦–梅尚，以及普朗特维涅父子。

④邓南遮小说《也许是，也许不是》当中的Aldo就是伊兰。

⑤ *Corr.*, t. III, p. 395, 1903年2月12日，以及t. III, p. 329, 1903年5月末，致勃兰科温。

⑥ Ibid., p. 332, 1903年5月30日。

⑦ I. de Casa-Fuerte, *op. cit.*, pp. 239–242.

⑧ *Corr.*, t. VI, p. 301.

儿。”当时马塞尔还考虑，在《阅读的日子》一文谈到姓名的段落中加上一句话，向朋友致意：“当已故的卡萨-菲尔特侯爵想为儿子找一份受洗礼物时，他在古老的十一世纪的西班牙再也找不出比伊兰这个名字更稀罕、更温情……的宝物了，这个名字，自从夺回托莱多（我想是在1085年）以来，就没有人使用过。”[①]《在斯万家那边》出版时，送给伊兰的那一本上写着：“谨以此表达我全部的柔情。”[②]马塞尔的这位朋友于1962年去世。

阿尔布费拉与路易莎·德·莫尔南

1903年，普鲁斯特刚好在《玛蒂尔德公主的沙龙》一文中把帝国贵族描绘了一番，新结识的一位朋友还将使他更深入地了解这个群体。这一位便是路易·德·阿尔布费拉侯爵，他的曾祖父叙歇1811年晋封为帝国元帅，1812年被封为阿尔布费拉公爵；路易在父亲（生于1845年）去世后成为公爵。他的母亲是康巴塞雷斯家的女儿[③]，他本人将迎娶马塞纳元帅的重孙女。他生于1877年，当时还住在父亲家，圣·多米尼克街55号（当时，年轻人只有婚后才离开父母，所以马塞尔与父母同住毫不奇怪），与父母的关系不很融洽[④]。他是个迷人的小伙子，既然在智力上乏善可陈，普鲁斯特便称赞他“鼻子细长，总是一幅慵懒又机灵的模样”[⑤]。他从来没有“工作”过，所以政治理念跳不出自己的小圈子，也就是说，完全被他们的报纸所左

① Ibid., t. VII , pp. 66-67. 这些知识的准确细节，普鲁斯特是向比利了解的（我们省略了一部分）。马塞尔还让伊兰“把一些很简单的意大利语词和西班牙语词重复无数遍，他很喜欢这些词的发音。”（I. de Casa-Fuerte, *op. cit.*, p. 384）

② Ibid., p. 282. 在多次尝试创作剧本失败之后，卡萨－菲尔特1920年在阿尔康出版社出版了《空间问题》。

③ *CSB*, p. 47 ; cf. p. 469, 普鲁斯特在文中说，阿尔布费拉侯爵除了写过一本有关突尼斯之旅的回忆录之外，还打算对“第一帝国时期一位元帅的未刊回忆录”作一个概述。

④ *Corr.*, t. IV, p. 189：“我害怕他们毫无心肝，而路易心肠那么好，他会因此受很多苦。”菲利浦·科尔布说他们与圣卢的母亲德·马桑特夫人很像，而德·马桑特夫人“在双亲死后，由于无力振作起来而长期沉浸在悲痛之中”。

⑤ Ibid., t. III, p. 350.

右[①]。在1902年年底马塞尔认识他的时候[②]，他正和一个刚出道的女演员路易莎·德·莫尔南打得火热，在拉冈达拉为她画的肖像以及多幅照片（有一张赠给了马塞尔）上，我们能看到她的相貌。我们知道，自从与加斯东·德·卡雅维成为好友，马塞尔一直喜欢成双成对的男女：除了追逐女性能掩盖同性恋倾向，以及通过第三者的欲望更能激发自己的欲望之外[③]，这位未来的小说家对此类无法亲身体验的恋爱形式非常着迷。《驳圣伯夫》中《被诅咒的族类》一章以及《索多姆和戈摩尔（一）》所展示的，是作者最直接的亲身经验；此处看到的，则是"斯万的爱情"，在这类爱情中，圣卢对拉谢尔的激情（其原型恰恰是阿尔布费拉和路易莎·德·莫尔南，并且路易莎贴身女仆的名字也是拉谢尔[④]）是通过外部观察重新构拟的："我早就明白您的幸福就是她的／我让我的幸福取决于看到您的。"[⑤]于是，在拉吕餐馆的包厢里——"拉吕餐馆让我伤感也让我难舍，我的许多友情就诞生在它略嫌生硬的紫色环境中（就像那些因此被称为'生于紫室者'的皇帝一样，很多人英年早逝）"——他是这对情侣"忘情亲吻"的见证人[⑥]。此外，普鲁斯特之所以假装爱上一对情侣中的女性，如让娜·普凯、路易莎·德·莫尔南、苏策亲王夫人（当他与保罗·莫朗[⑦]要好时）等，是为了激起那位男性的嫉妒，而这并不是为了与这位男子翻脸（实际上几乎到了翻脸的程度），而是因为深信嫉妒会引发爱情（而不是爱情产生嫉妒），他误认为这样就能激发这位

① Ibid., p. 385.

② 1903 年 2 月 4 日写给路易莎·德·莫尔南的第一封信就反映出三人约会的情形（ibid., p. 237）。

③ Comme l'a montré René Girard dans *Mensonge romantique et vérité romanesque*, Grasset, 1961. 中译本有：［法］勒内·基拉尔著，罗芃译，《浪漫的谎言与小说的真实》，北京：生活·读书·新知三联书店，1998 年；北京：北京大学出版社，2012 年。

④ *Corr.*, t. IV, p. 372.

⑤ 这些诗句是写给路易·德·阿尔布费拉的，实际上是改头换面的告白（ibid., t. III, p. 351, 1903 年 6 月 18 日）。而这一位，因为有言在先必须把诗还给马塞尔，但又十分不情愿，所以写信给马塞尔说："请把这些诗再寄给我——您的阿尔布，我把它们读了不止十遍。"

⑥ Ibid., p. 350.

⑦ 普鲁斯特对吉罗杜赞不绝口（特别是在为莫朗小说《温柔的存储》所作的序言中），其中一个目的就是激发莫朗在文学方面的嫉妒心。

男子对他的爱情。在这个过程中，他会把“体贴和诚笃的友情”奉献给一颗“高尚美好”“令他日益难分难舍”[①]的心。

这一年，路易莎从出演通俗喜剧的开场戏起步[②]，开始了演艺生涯，普鲁斯特曾用诗句刻画她的形象：“路易莎是每个人眼中的女神／请不要怀疑，她的躯体一定会践行／那双梦幻、狡黠、温柔的眼睛许下的诺言。”[③]并在文中描摹她漂亮的眼睛和完美的身段。他不仅尽量去看她演出，还想办法让人在报纸上赞扬她或为她写文章。这是个轻佻的女子吗？毫无疑问，她与奥黛特（奥黛特也在戏中扮演过塞克里本特小姐[④]等小角色）和拉谢尔没有什么两样，否则，普鲁斯特就不会借用黄色笑话的方式，写出如下实为心里话的诗句：“谁若无法拥有路易莎·德·莫尔南／他只得犯下俄南的罪。”[⑤]但与拉谢尔不同，她没有当过妓女，也不是犹太人。她的演艺生涯也没有那么出色：拉谢尔让拉贝玛黯然失色，但路易莎遮掩不住萨拉·贝尔纳或雷雅纳的光辉。小说家保留自己的自由，而文学批评开始于传记止步之处。路易莎·德·莫尔南原名路易丝·蒙托[⑥]，生于1884年，出道时只有十八岁[⑦]。她与普鲁斯特的通信大都集中在1904—1905年间，并且总是路易莎主动写信，信的内容与阿尔布费拉关系不大，主要是希望通过普鲁斯特得到角色，或在报上得到好评。从1903年到1910年，她在开心剧场、马蒂兰歌剧院、滑稽歌舞剧场、复兴剧场参加了二十部剧的演出，都是扮演一般

① *Corr.*, t. III, pp. 351, 366, 1903 年 7 月。

② E. g. ibid., p. 334 et n. 3. Voir notes 4 et 5 pour les comptes rendus. 还有，“拉谢尔在这出小戏里只扮演了一个小配角”（*RTP*, t. II, p. 472，参见十五人译本［三］166 页）。

③ *Corr.*, t. III, p. 350.

④ 这种绰号在当时非常流行，R. Veisseyre 在 1897 年至 1908 年间就发现了十六个 Miss : Miss Cocktail, Miss Flirt, Miss Poustouflette, Miss Lively, etc. (« À la recherche de Louisa de Mornand », *BAMP*, nº 19, 1969, p. 869)。我们还应注意到奥黛特跟路易莎一样，也在尼斯演过戏。

⑤ *Corr.*, t. IV, p. 73.

⑥ Voir R. Veisseyre, *op. cit.*, pp. 864–878.

⑦ 她有个姐妹，曾让费纳龙动心，以 Jeanne Moriane 为艺名演戏，但没有成名。

角色；到1910年，她的演艺生涯就结束了[1]。在她与阿尔布费拉关系最为密切的时期，她一度中断演出，因为阿尔布费拉与圣卢一样，不喜欢看到自己的情妇上台表演。至于有人所说她与普鲁斯特之间带有恋情的友谊[2]，其根据无非是路易莎1928年把马塞尔的信件公开、出卖之时所说的话[3]，此时她有意夸大这些信件的价值（但她自己也指出，1906年与阿尔布费拉分手之后，她与普鲁斯特的关系也疏远了）。阿尔布费拉似乎给了她一小笔钱（而圣卢则给了拉谢尔一大笔钱）。路易莎告诉塞莱斯特·阿尔巴莱，阿尔布费拉非常和善并且非常大方，但不太聪明。普鲁斯特也对塞莱斯特说："公爵的智力水平和德·莫尔南小姐的演艺才能旗鼓相当。啊，若是这两位都能像公爵拥有钱财那样拥有才华就好了！"[4]所以说，圣卢这个人物的聪明劲来自费纳龙，也许还来自吉什公爵。但是，当我们看到马塞尔夹在路易和路易莎之间，当他提及这两位恋人在马蒂兰剧场中的争执[5]，当阿尔布费拉1904年7月与安娜·马塞纳·德·艾斯林订婚并于12月结婚，我们不能不联想到圣卢与拉谢尔之间的热烈恋情。路易与路易莎最终于1906年分手。他们的故事让马塞尔受益匪浅：在他迄今为止的知识和经历中，没有任何东西能比帝国贵族与小喜剧演员恩怨交加的爱情更加新鲜刺激了。但不管怎么说，普鲁斯特对他们付出了"深厚的双重友情"[6]。他的作品也得益于此，甚而至于阿尔布费拉从圣卢身上认出自己，遂与他断交。1906年，路易莎与罗贝尔·冈尼亚[7]走到一

① 1932 年至 1935 年在电影中扮演的几个角色没有计算在内（R. Veisseyre, *op. cit.*, p. 868）。

② 这是佩因特的推测。

③《我与马塞尔·普鲁斯特的友谊》，发表在 1928 年 11 月 1 日的 *Candide* 报上。

④塞莱斯特·阿尔巴莱，*op. cit.*, p. 269。参见 p. 220，说起路易莎："的确，在通俗喜剧里她演了好几个漂亮角色。但应该说，花了很多钱之后，我们成功地把她培养成了一个跑龙套的。"

⑤ *Corr.*, t. IV, p. 169.

⑥ E. g. *Corr.*, t. IV, p. 169，致路易莎。

⑦ 他是"戏剧作家与作曲家协会"总干事，1910 年逝世。

起。普鲁斯特很晚才从加斯东·伽利玛口中得知，路易莎让冈尼亚非常不幸，冈尼亚“受了很多罪”，因为路易莎“有疯狂的一面”。阿尔布费拉也发现她“脑子出了问题”，并因为她吃了不少苦头。应该是在这时，普鲁斯特抹黑了拉谢尔的形象[1]。

① *Corr. avec G. Gallimard*, p. 31.

吉什公爵

大概是1902年12月在诺阿耶府的晚宴上，普鲁斯特结识了年仅二十三岁的阿尔芒·德·格拉蒙[2]。阿尔芒身材高大，长相英俊，聪明过人，有点冷漠或者腼腆；他是一位有杰出贡献的科学家，这个现象在高级贵族圈子里虽然罕见，但并非绝无仅有（比如莫里斯·德布罗意和路易·德布罗意兄弟，不过阿尔芒并不认识他们）。普鲁斯特所羡慕的是，他像一件古代艺术品，是最古老的公爵家族的继承人（格拉蒙公爵的头衔是路易十三于1643年册封的；1700年路易十四将吉什公爵的头衔赐予家族的长子；这个家族从1570年起就是比达什地区的领主，家谱从1381年起一直传续不断）。普鲁斯特在拟圣西门体的仿作中，参考《哥达年鉴》[3]暗指这一家族：“我们已经看到，他正是格拉蒙，姓奥尔。这个家族从桑什–加尔西·德·奥尔和安托万·德·奥尔——即德·阿斯特尔子爵，正是他取得了格拉蒙这个姓氏和族徽——以来，由于众多显贵的联姻加之数代身居高位而愈加显赫。阿尔芒·德·格

② *Corr.*, t. III, p. 199. 普鲁斯特以开玩笑的方式讲述了吕西安·都德与年轻的公爵相邻而坐，是如何既激起了吕西安的攀附心，又让他因为有一个持反犹立场的哥哥而感到羞耻。

③ 1906 年版，349—350 页。

拉蒙，也就是我们正在说的这位，具有另一位所不具备的老成持重，令人想起路易十四登基初期那位备受宠信的吉什伯爵。仅就其广极无边的学识和令人钦佩的发现而论，阿尔芒·德·格拉蒙就比其他各位公爵高出一头。我必须坦诚说明，即使我没有从他那里得到友谊的表示，我也会这样说。他的妻子与他十分般配，这个词就足以说明一切了。"[1]他的父亲阿热诺尔·德·格拉蒙公爵生于1851年，与亡妻伊莎贝尔·德·博沃有一个女儿伊丽莎白，她于1875年出生，也是普鲁斯特的好友[2]，后来写了两本关于普鲁斯特的书；阿热诺尔1878年续娶玛格丽特·德·罗斯柴尔德（玛格丽特逝世于1905年），1879年阿尔芒出生。

公爵用妻子的钱在那处"英国式的"庄园里建成了瓦利埃尔城堡；这座庄园先后属于约瑟夫·波拿巴、最后一位孔代亲王及其继承人弗歇尔男爵夫人（奈瓦尔在《西尔薇》中描写的盛大节庆活动就是在此处举行的），里面有华托和柯罗十分钟爱的孟特芳丹池塘。瓦利埃尔城堡酷似香堡，里面悬挂着家族历代人物的肖像，其中当代成员的肖像出自博尔迪尼和拉兹罗之手；家具陈设中有不少是从北京抢劫来的；城堡里有三十个房间、一间礼拜堂和一间剧场，周围有一千五百公顷土地。在露台上，马塞尔从池塘和树丛的上方能远远看到桑利斯主教座堂的钟楼。1904年7月14日，马塞尔前来参加吉什与埃莱娜·格雷菲勒的订婚晚宴，三十位来宾当中只有他穿着燕尾服，让他

① *CSB*, p. 56.

② *Corr.*, t. III, p. 343, 1903 年 6 月 11 日："与一位……我不认识的什么克莱蒙－托内尔夫人一道出席晚宴。"

十分不自在。公爵指着来宾签名簿对他说：“请您签名，但不要写思想！”马塞尔在信中告诉费纳龙[①]，这种话其实说给公爵本人更为合适。他从晚宴归来时“身体非常难受”。从此以后，“请您签名但不要写思想”就成了马塞尔对阿热诺尔·德·格拉蒙公爵的专用称呼。他还兴致勃勃地记下了对自家布瓦–布德朗城堡十分自豪的格雷菲勒伯爵与未来女婿阿尔芒·德·吉什的对话：“瓦利埃尔相当不错，一点也不令人讨厌，还有一座小湖泊。不错。当然喽，我想令尊不会有意和布瓦–布德朗分个高低，是不是？要是那样的话，简直笑死人了，等等。”[②]还是这位伯爵，这样向人介绍未来的女婿：“这位是吉什公爵，十四岁就拿了两份中学毕业证；吉什公爵是博士（冲着吉什：‘什么博士来着？’吉什：‘不是博士[③]，是理学士’）；管它学士、博士，反正什么都懂！”普鲁斯特对盖尔芒特公爵的讽刺已经跃然纸上。吉什公爵于1904年11月4日迎娶埃莱娜·格雷菲勒，普鲁斯特早就认识这位姑娘。想必是因为他们订婚的缘故，普鲁斯特想在《费加罗报》上发表一篇《格雷菲勒伯爵夫人的沙龙》，最终可能是被伯爵拦住了，因为他不信任文人。普鲁斯特把朋友的一句玩笑话当了真，送的结婚礼物是一支左轮手枪，在包装盒盖上，他请马德拉佐根据埃莱娜小时候诗作的意境画上水彩画：马塞尔在真想取悦于人时，用心之周到细腻一至于此。1905年，吉什的母亲格拉蒙公爵夫人去世，终年五十岁，此时，马塞尔的信不是从儿子而是从母亲方面着

① Ibid., t. IV, p. 198. 事实上，这一天没有任何人写下了“思想”。同样，当普鲁斯特宣称“在紧跟着费茨曼大字签名的古特曼小字签名，和紧跟着舍弗勒小字签名的肖莱大字签的下面签上名字”时，我们应该从中看到喜剧式的夸张变形；他们写的字体其实都是一样大的。承格拉蒙公爵先生的极大好意，我们得以参观这座城堡（当时仍是他的产业），查看当时的签名簿，以及尚未公开出版的通信。正是他告诉我们，当天之所以邀请普鲁斯特，并不是由于他的著作，而是因为在巴黎，诺阿耶伯爵夫人和马塞尔是两个最奇怪的人。公爵先生最后住在尚佩莱门附近“犬鼠角斗场”的原址上（在1960年代，那儿还有一家“犬鼠角斗场酒吧”），他告诉我们：“普鲁斯特就是在这儿满足自己欲望的。”但这是另一个故事了……Voir *infra*, t. II, pp. 323–324。

② Ibid., p. 199.

③ 他的博士论文 *Essai d'aérodynamique du plan* 是在1911年完成答辩的。

眼，反映了他独特的敏锐之处："我心心念念的是，也许令堂会感到是她离开了您，也许她深信将永远永远，直到地老天荒，再也见不到寄托着她的幸福的您，正是想到这一点让我痛不欲生。"[1]

多年之后，当已经成为格拉蒙公爵的吉什公爵回忆他与普鲁斯特的友情时，他强调初次见面就被马塞尔·普鲁斯特观察的细腻所震惊，他那时就认为，马塞尔为罗斯金著作所作的序言和注释很有价值，而此时"还没有人把普鲁斯特放在眼里"。他认为，普鲁斯特得以进入圣日耳曼街区之后，对它的各个社会阶层进行比较研究是极其自然的。像很多人一样，他在晚上散戏之后来看望马塞尔："他平时就待在餐厅里；他从柜橱里拿出一瓶苹果酒，我们聊得非常开心……"的确，有些朋友是马塞尔在餐厅（而不是客厅）里招待的，只有少数几个密友，比如雷纳尔多·哈恩和安托万·比贝斯科[2]，才获准走进他的卧室。

战后，《新法兰西评论》的批评家卡米耶·维塔尔把普鲁斯特与爱因斯坦相提并论，格拉蒙公爵对此不以为然，让普鲁斯特怫然不悦。公爵还记得普鲁斯特去世前三天的一通电话，塞莱斯特问公爵能否在附近找到一位医生为普鲁斯特注射樟脑油，公爵问道："他愿意我跟别人说他病得很重吗？他是不是特别想让朋友来看他呢？"[3]

① *Corr.*, t. V, p. 313, 1905 年 7 月 28 日。

② 但不包括安托万的哥哥埃马纽埃尔："我在脱了外套、穿着脏毛衫的时候是不会见他的。"（*Corr.*, t. III, p. 289, 致安托万·比贝斯科）

③ Duc de Gramont, « Souvenirs sur Marcel Proust », *BAMP*, n° 6, 1956, pp. 171–180.

加布里埃尔·德·拉罗什富科

还有一位朋友，加布里埃尔·德·拉罗什富科，是一个更古老家族的后代：家族中第一位有确切记载的祖先是1019年拉罗什地区的领主富科一世；弗朗索瓦·德·拉罗什则是国王弗朗索瓦一世的教父；他们的伯爵爵位在1622年被加封成为公爵。加布里埃尔的父亲艾默里伯爵是家中最小的儿子，以言辞举止傲慢著称，时人的回忆和普鲁斯特的"沙龙"系列无不对此大书特书，他还是盖尔芒特亲王的原型。加布里埃尔生于1875年（1942年去世），与父母住在大学街93号。他是个文人，在《费加罗报》上开设专栏，深受读者喜爱，他们已经习惯于从中"发现哲学的适时性和生活的实用指南"[①]；他热衷于各种俱乐部，是五个俱乐部的成员，喜欢运动，练拳击、击剑，玩游艇、狩猎[②]。普鲁斯特还观察到"这个年轻人身材高大，额头上嵌着一双像他母亲[③]那般的黑宝石眼睛"，他总是格外关注在眼睛和相貌上接近母亲的子女。加布里埃尔尝试写过小说；在"模仿莫泊桑内里痛苦、外表冷静的手法写了一部中篇"[④]之后，还写了一部长篇《情人与医生》，普鲁斯特对这部小说的创作提出很多建议，均被作者采纳[⑤]，他还在其中扮演了一个角色[⑥]。1904年，在加布里埃尔宣布与奥迪尔·德·黎塞留订婚之后[⑦]，加雷伯爵夫人自杀身亡；他以此为素材于1920年创作了小说《遭诽谤的自我》。总之，早在1903年，马塞尔就认为他"很亲切"，到了1904年1月，马塞尔"开始很喜欢他"[⑧]。马塞尔曾

① *CSB*, p. 492.

② *Qui êtes-vous?*, 1909, p. 289.

③ Henriette de Mailly-Nesle. *CSB*, p. 492.

④ Ibid., p. 438.

⑤ *Corr.*, t. IV, pp. 332–334. 这部小说于 1905 年年初问世。

⑥ 他在小说里角色的名字是Larti，自认为是个病人，感到自己不被女性所吸引，与最好的朋友 Hermois 同游荷兰，经常引用叔本华并且不相信能够通过爱情得到幸福（这是佩因特指出的，p. 445，n. 2）。就我们所见到的信件而言，普鲁斯特没有因为这样的描写而向作者表示任何不满。

⑦ *Corr.*, t. IV, p. 280 et n. 11. 他于 1905 年 2 月 9 日"悄没声地"娶了她，"没有邀请任何人"（ibid., p. 396）。

⑧ Ibid., p. 38, 致德·诺阿耶夫人。关于康斯坦丁·德·勃兰科温，他补充道："结束一段友情是一件伤心事，还迫使我们以新朋取代旧友……看到真正善良的人何其稀有，真心待人却毫无回报，让我伤心透顶。"在这一点上，他的信条始终如一。

在书信中向他阐明他们的爱情观有多么不同：在《情人与医生》中，主人公听到情妇对他说“我们只做朋友吧”，便予应允；若是马塞尔，则会把这句话理解为“厌倦的表示”“关系冷淡的开始”和“反感的迹象”。他在给加布里埃尔的信中接着写道：“我永远不会忘记我最爱的情妇对我说出这句话的那一天。如果我在挣扎一番之后最终同意，这是出于自豪。但我感到，从这一天起，我身体的欲望已经在她那里被另一个欲望取代了。这正是分手的开端。在随后的几年里——这几年仍然充满温情，充满纯洁的亲吻——我们从来没有一次提到这件事。”[①]这个由于嫉妒而导致的缓慢的分手过程，正是普鲁斯特在《斯万之恋》和《失踪的阿尔贝蒂娜》当中所描写的；而此时，他这番话所指的，似乎是雷纳尔多·哈恩。

① Ibid., p. 333.

在《新法兰西评论》1923年1月“向普鲁斯特致敬”专号上，有一篇加布里埃尔对朋友马塞尔的回忆：他文化修养出众，对史蒂文森、福楼拜以及巴尔扎克同样稔熟；他津津乐道的趣闻轶事，带有“善意而又尖锐的”讽刺；他邀请互不相干甚至互为对头的来宾共进晚餐，端着盘子轮流陪同每位客人，保证每个人都能满意。加布里埃尔同样不认为普鲁斯特不熟悉上流社会；但归根结底，普鲁斯特的作品最终远远超越了“索隐小说”这种“贫乏的说法”：我们看到的人物比在生活中更真切、更深刻。

拉齐维乌

从1902年起，普鲁斯特与莱昂·拉齐维乌亲王往来频繁。他是通过弗朗西斯·德·克鲁瓦塞结识亲王的，亲王很快就主动邀请他共赴马克西姆餐厅。马塞尔把拉齐维乌亲王同费纳龙、洛里斯、加布里埃尔·德·拉罗什富科、吉什以及自己归为同一类人，即思想开放，摆脱了本阶层生活常轨的现代的聪明人[1]。拉齐维乌家族属于立陶宛的特权贵族，家世可上溯到1412年去世的沃伊祖德；从1418年起，他们属于波兰贵族的一支；1515年成为神圣罗马帝国的亲王[2]。康斯坦丁·拉齐维乌亲王1850年出生，娶路易丝·布朗为妻，住在耶拿广场5号，并拥有艾尔默侬维尔城堡。安德烈·德·富基埃尔写道："这是一位彬彬有礼的大人物。他聪明机智，即使在很私密的场合，也保持着某种令人肃然起敬的风度……他穿着一件淡粉色的睡衣接见我。他对穿着打扮十分仔细，人人都说他的珍珠白和粉色装束雅致极了。"[3]他在礼仪礼节上一丝不苟。有人说他喜欢身边簇拥着十二位仆从（其中有一位阿尔贝·勒屈齐亚将在普鲁斯特的生活中扮演重要角色，我们后文还会讲到）的派头。他后来成为同性恋[4]，是盖尔芒特亲王以及圣卢的朋友富瓦克斯亲王的父亲的原型[5]。他的儿子莱昂生于1880年，是个"想法离奇、贯于嘲讽他人又颇有魅力的年轻人，他最喜欢的就是文人和艺术家群体"[6]，被人送了一个不乏贬损意味的外号"洛什"。马塞尔原指望由于二人习性相似，自己的情感能从他那里得到一些回

① Ibid., t. III. p. 385.

② 玛丽·德·贝纳达吉嫁给了米歇尔·拉齐维乌亲王。

③ A. de Fouquières, *Cinquante ans de panache, op. cit.*, pp. 444–445.

④ "在康斯坦丁·拉齐维乌府上／谈论女性是不文明的。"（Montesquiou, « Papillotes mondaines », *Mercure de France*, juin 1929, pp. 557–559）下面这句话被归在亲王名下："不管是好年景还是坏年景，我都要被讹去七万法郎。"

⑤ *RTP*, t. IV, pp. 406–407："他是个高大的美男子，和他儿子一样……富瓦亲王虽说成功地避免了儿子交上坏朋友，但那是通过外力，而不是通过遗传的内因。另外，小富瓦亲王同父亲一样，这方面的事情在他本人的圈子里一直不为人知，虽说他同另一个圈子的人所干的事，比任何人都要厉害。"此处，普鲁斯特矛头所指正是洛什。参见十五人泽本（七）139页。

⑥ Fouquières, *op. cit.*, p. 445.

应，结果对他格外失望。马塞尔在给阿尔芒·德·吉什的信中说："我当时对洛什有一种强烈的愿望，想与他保持稳定的关系，因此在他面前百依百顺。我真希望您能看到我那副样子。但是他对我的态度实在恶劣，这种关系不会持续多久了。我向您保证，每当我想到'又是一个榨干的柠檬'（巴雷斯语）这个念头，心里就充满酸楚，因为我当时是那么喜欢他。"[①]大概是同一时期，普鲁斯特在艾尔默依维尔城堡的餐厅里度过了一个寒冷的冬夜，就在这个夜里，他给圣卢的这位模特描绘了一幅堪与圣西门手法媲美的肖像[②]，读者从中能明显感到情爱失意的痛苦。莱昂是个大块头，眼睛里没有表情，但不乏魅力和风度；文化修养不高，"水性杨花的心性，可以委身于每个人，或者说，根本不懂得以真心待人"，但又慷慨，敏感，狡诈，缺乏毅力。普鲁斯特最后说："仅仅是聪明不足以赢得别人的爱。我需要找到性格稳定持重之人，与这样的人可以维持牢固的契约和长久的关系，我这样想并非出于功利目的，而是出于精神的孤独和难以排遣的伤感。"[③]1905年1月，他给莱昂写了一封绝交信："我不想再见到您。我也不愿意我们再相互写信、相互打招呼。待到将来，当我对您的友情完全死去之时——由于这样的友情不会死灰复燃——那时我会很高兴再见到您……"[④]拉齐维乌迎娶克洛德·德·格拉蒙时，既没有邀请普鲁斯特出席1905年6月24日"登记"的招待会（尽管普鲁斯特对此有所期待），也没有邀请他参加27日的仪式。结婚八天之

① *Corr.*, t. IV, p. 382, 1904 年 12 月。

② *CSB*, p. 476.

③ Ibid., p. 477; 我们再次看出他对契约的嗜好，他与哈恩，与比贝斯科的契约都以失败告终，如同斯万与奥黛特、叙事者与阿尔贝蒂娜之间。

④ *Corr.*, t. V, p. 49.

后，洛什便“抛开”妻子[①]，他们的婚姻关系于1906年5月17日解除，并由梵蒂冈宣布取消。我们看到，洛什不仅是富瓦克斯亲王儿子的原型，而且与亨利·德·沃居埃（马塞尔差点与此人打一架）一道，成为塑造康布尔梅侯爵的模特[②]。

弗朗西斯·德·克鲁瓦塞

这个时期，在这一群体的外围还有一位弗朗西斯·德·克鲁瓦塞[③]。此人本名弗朗兹·维纳（1877—1937），是舍维涅夫人未来的女婿（在他解除与迪耶茨–莫南小姐的婚约之后），通俗喜剧作家[④]；加斯东·德·卡雅维去世之后，他与罗贝尔·德·弗莱尔合写剧本。他长相英俊，纽扣孔里插着鲜花，嘴上叼着香烟，身上散发出香水的气味[⑤]，书中布洛克摇身一变成为雅克·迪·罗西埃，即以他为原型[⑥]。1902年7月，马塞尔央求他“进来待一会安抚我的痛苦”[⑦]，经常向他发出邀请，有时是吃饭，有时就是会个面。为了讨好阿尔布费拉，马塞尔利用弗朗西斯弄到剧场的座位，还央求他设法在报纸上安插有利于路易莎的内容从而帮她扩大名声。他们的关系非常密切，马塞尔曾打算，如果父母同意，就陪他前往布鲁塞尔出席《谢吕班》的首演[⑧]；二人的感情也非常亲近，马塞尔在信中对他说“您和我一样都患上了被迫害妄想症”[⑨]，或者宣布来访时将“披着棉衣一直裹到喉咙”[⑩]，因此请他

① Ibid., t. XVII, p. 145. 这件事促使普鲁斯特——他此前曾从这位前友人那里收到一枚号角形的领带夹，被他随即寄还回去——给拉齐维乌写信说，号角形的领带夹会带来噩运，并引用了维尼关于号角的说法。后来人们数次张罗让洛什再次结婚（分别在1907年和1920年，1920年的对象是格拉迪斯·迪肯），普鲁斯特本人每次都乐此不疲地参与其中……（ibid., t. XIX）。他把洛什说成是战后波兰军队的首脑之一。洛什1927年惨死于蒙特卡罗。

② Ph. Kolb, ibid., t. IV, p. xxi.

③ 这是从福楼拜的府邸借用的笔名。

④ *Le « je ne sais quoi »* (1900); *Par politesse* ; *Qui trop embrasse*; *Les Toiles d'araignée*; *Tout est bien* (1901); *Chérubin*（1902，马斯奈以此为基础于1905年创作了一出喜歌剧）; *La Passerelle* ; *Par vertu* (1902); *Les Deux Courtisanes*, *Le Paon* (1904), etc. 普鲁斯特曾论及最后这出戏（*Corr.*, t. IV, p. 207）。

⑤ Ibid., t. VII, p. 160.

⑥ *RTP*, t. IV, pp. 530–531，参见十五人译本（七）257页。

⑦ *Corr.*, t. III, p. 76.

⑧ Ibid., pp. 415–416.

⑨ Ibid., t. IV, p. 171.

⑩ Ibid., p. 423.

原谅。马塞尔还曾召集在卡堡的一帮朋友，一同去观看费多与克鲁瓦塞合写的话剧《赛道》。二人在很多事情上相互帮忙。是普鲁斯特出面设法免除了演员布吕莱的一段兵役，因为他要在克鲁瓦塞的一部戏里演出；普鲁斯特来卡堡观看克鲁瓦塞的《亚森·罗平》时，求他帮忙以便住得更舒适些；1911年，普鲁斯特请他给阿戈斯蒂耐利的女友找一份剧院引座员的工作[①]。克鲁瓦塞1910年娶了德·舍维涅夫人的女儿，这件事即使最初构不成额外的人物关联[②]，至少也增加了一个巧合，唤起了一个回忆；但不同的是，小说中的盖尔芒特公爵夫人是没有子女的。德·舍维涅夫人则不同，她因为自己被写入《追忆》而十分不满，普鲁斯特与她女婿的关系也随之冷淡了一段时间[③]。

普鲁斯特在这几年的悲剧在于，他虽然结识了一批朋友，其中有些人（不是全部）将与他保持终生的友情，但他没有遭遇真正的爱情，付出的情感没有得到过回报。“我知道两情相悦的爱情是存在的，但可叹的是，我没有参透它的奥秘。”[④]另外，他最喜欢的朋友阿尔布费拉，是这群人中智力最迟钝的，并且与费纳龙、拉齐维乌、卡萨–菲尔特、克鲁瓦塞等人完全不同，他的习性没有给马塞尔留下任何希望。马塞尔因此陷入一个大男孩的孤独之中，他所有的事情，包括出门短途旅行，都须依靠父母，只有品行端正的同伴相互来往。他悲观主义的爱情观，就是在感情屡次落空的这数年间得到进一步强化的。于是我们懂得，对他而言，社交生活是分心法，是安慰剂，是遭

① 从1912年起，我们就几乎看不到他们之间的通信了。不过在战争期间，普鲁斯特给这位朋友写信祝愿他早日康复，1917年还向德·舍维涅夫人打听他的消息。

② 莱奥托在1923年5月11日的日记中写道：“梅特林克是无法入选法兰西学院的，因为他是比利时人；德·诺阿耶夫人不能，因为她是女性；波尔托–里什不能，因为他是犹太人。但克鲁瓦塞肯定能入选，尽管他同时属于这三种人。”转引自Painter, p. 795。科克托也说：“他是一流的丈夫。他的妻子对他无以计数的放荡行径——而且是面向两种性别的——从来都毫不知情。”（*Le Passé défini*, *op. cit.*, p. 290）

③ Sylvain Bonmatiage说曾在“屋顶之牛”酒吧见过他们，那就应该是战后了。

④ *Corr.*, t. III, p. 363，1903年6月25日或7月2日。接着，普鲁斯特再一次阐述了《追忆》的一条重要心理法则：“一切，即便是我们欲求的东西，最终都会到来，只是，那时我们已经不再有欲求了。”（参见*Corr.*, t. II, p. 197，1897年6月末致孟德斯鸠。——译者注）

遇爱情的希望所在，而这种希望已经越来越渺茫。

用钱的问题也给他增添了烦恼。家里只给他为数不多的资金，并且要他自己管理[①]（对此，即便是他后来非常有钱的时候，也始终无能为力）。因此，当母亲责备他在家里大宴宾客——“这对我有很大用处，就像利翁-卡昂[②]对于爸爸、领导对于罗贝尔有很大用处一样”——花销过大，准备把他打发到餐馆请客时，当母亲无视他为重新投入工作所做的努力时，他十分罕见地拿自己的精神和物质状态进行争辩。他生平第一次产生了“另立门户”的想法；但是，也许是因为父母如同强迫他自行支付抗哮喘药粉费用一样强迫他自己支付房租的缘故，他只好屈就，保持现状，不过，这种伤感抑郁的生活“使他在哲学上获益匪浅”[③]。他的打算是，等将来写作的收入使他不再依赖父母时，再离家自立门户，但仍然免不了“每天要回来二十次”，因为他需要待在妈妈身边[④]。

至于文学方面，像往常一样，我们对马塞尔的阅读几乎一无所知。他认为勒内·布瓦莱夫在《拉丁复兴》上发表的小说是一部“卓越”的作品，这是布瓦莱夫以第一人称创作的自传体小说《倚栏杆的孩子》[⑤]，一个伤感的童年故事。他还推崇巴雷斯在同一家杂志上发表的《法兰西友谊》，这部著作是巴雷斯为回顾自己的童年、为儿子的教育而写的。恰恰是这类作品将因为《在斯万家那边》的出现而黯然失色。他重读了奥古斯丁·梯叶里《关于法国史的通信》，从中看到了“可怜的市民和虔诚的农民，特

① Ibid., t. III, p. 274：“我现在靠自己的钱生活，这让我很不满意，还向家里人叫苦，他们因此很生气。”Cf., p. 308。

② 他是道德与政治学院成员，阿德里安·普鲁斯特希望此人能帮他入选这家学院，如同叙事者的父亲对诺布瓦的期待（ibid., p. 266）。

③ Ibid., pp. 267–268. 不过马塞尔仍然于4月1日在家里大宴宾客，邀请了诺阿耶一家、希迈一家、德·皮埃尔堡夫人和保罗·埃尔维厄、施特劳斯夫妇、埃尔芒、安托万·比贝斯科（但因丧事未能出席），晚宴过后克鲁瓦塞也来了。尽管如此，他仍然如同在作品中那样断言，谈话即“风趣之死”。4月2日，他与洛里斯前往贝尔热游乐场观看一出“荒谬绝伦”的活报剧，他还就此写了一篇文章，但《费加罗报》未予刊登，我们亦未能得见（ibid., p. 285）。

④ Ibid., p. 308, 1903年春。参见 ibid., p. 328：“我情愿哮喘发作而让你高兴，也不愿不生病而惹你生气。”

⑤ Ibid., p. 318, 1903年5月。

别是在维兹莱地区，因为教会和贵族的压迫所受的种种苦难”。尽管他自称对历史一窍不通，但他酷爱历史，这是他小说创作中表现时间深度的基础。他阅读的历史书籍还包括勒诺特的《老房子，老档案》和《巴茨男爵》[①]，这位历史学家的真名是泰奥多尔·戈斯兰（1857—1935），最早为《时报》撰写专栏，崇拜大仲马，其实他最大的成功反倒是这种“小故事”，也就是这些记录了大革命和帝国时期小人物以及轶闻掌故、风俗流变的作品。正是这些在历史上名不见经传的人物，与小说人物更为相像。1908年普鲁斯特就勒穆瓦纳事件所写的多篇仿作，《追忆》中涉及那不勒斯王后、玛蒂尔德公主的轶事以及对德雷福斯事件的侧面反映，都非常接近勒诺特。

① Ibid., p. 432, 1903 年 10 月 26 日，致德·诺阿耶夫人。普鲁斯特刚刚参观了“美妙的修道院教堂”，而没有想到“Pons de Montboissier 教士会如此残忍”。

《亚眠的圣经》迟迟未能面世。整个6月，马塞尔“随时准备”看校样。对心情焦虑的人来说，夏初时节正是一年中最难熬的时候，他深感“生活中没有任何让我感到甜蜜愉快的东西”[②]，他还不时感到“从未有过的抑郁和呆傻状态”[③]。7月中，他终于收到了序言的校样，加上费纳龙的出现，让他感到“手足无措”[④]。7月27日，普鲁斯特教授在伊利耶主持小学的颁奖仪式，我们早已知道，他在仪式上的讲话经过马塞尔之手[⑤]，点缀着雨果、波德莱尔、叙利·普吕多姆、勒贡特·德·利尔、贺拉斯、马勒布等人的引语；讲稿里提到卢浮宫里莱奥波德·罗贝尔一幅描绘收获者归来的油画，令人联想起马塞尔曾无数次参观这座博物馆。两天之后，他与阿尔布费拉、费纳

② Ibid., p. 358, 1903 年 6 月 24 日或 7 月 1 日。

③ Ibid., p. 381.

④ Ibid., p. 379, 1903 年 7 月 21 日或 28 日。（当时费纳龙正在病中，普鲁斯特要照顾他。——译者注）

⑤ *Textes retrouvés*, pp. 173–180.

龙、洛里斯就关于教会的法律发生了激烈争论[1]，过后他明确地向洛里斯阐明自己在此问题上的政治态度，并推而广之，表明自己对德雷福斯事件后孔布领导的中左翼政府内外政策的态度：“当时最紧迫的关切是纠正参谋部的不公，而现在，是纠正政府的不公……如今反教权的社会主义分子所犯的错误，与1897年反德雷福斯派的教权主义者所犯的错误如出一辙。”与夏尔·佩吉一样[2]，普鲁斯特自认为对他们当前所执行的政策负有特殊的责任。他小心翼翼地把教权主义与宗教区分开来；反德雷福斯派与反犹团体在教权主义者当中招兵买马，“而天主教的大选民们（巴雷斯等）是不信教的”。驱逐教会不会有任何好处，因为“即使教会被驱逐，天主教在法国式微（假如它会式微的话，但是，某种思想观念和信仰之所以会消亡，并不是因为法律条文的约束，而是因为它们掌握的社会真理和功用，已经到了腐朽和消亡的地步），教权主义者以及不信仰宗教的教权主义者，在数量上并不会减少，而且他们会恶劣百倍，尤其是因为，他们是狂热的反德雷福斯派、狂热的反犹派。”普鲁斯特甚至为耶稣会士辩护：“耶稣会有它自成一体的哲学、艺术和教育学。世上会产生某种反教权主义的艺术吗？”十九世纪摒弃了伏尔泰的反基督教主义：“波德莱尔本人，至少从他对宗教的亵渎来看，与宗教难舍难分。”普鲁斯特总是挺身而出反对不公，此时此刻，由于他本人没有宗教信仰，更反衬出他思想的深刻。后来他对格雷格也表达了同样的看法：“我承

① *Corr.*, t. III, pp. 381–387.

② 佩吉在《我们的青春》（1910）一书中忆及这个时期。

认，我宁愿在女修院中看到修士们恢复本笃会的音乐，也不愿看到一个清算者毁掉一切（请看圣旺德里伊修道院的情形）。”[①]从学生时代起，普鲁斯特就擅长把自己的抽象思想表达得明晰、严谨、深刻，而与他人的论战又丰富了他的抽象思维。他属于偏爱“反向”思维的人，这类人在少数族裔中较为多见。借此机会我们还会注意到，他对自己深受其害（甚至一直到去世以后）的反犹主义的猛烈抨击，使我们无法将他放入反犹主义者的行列，尽管他塑造了布洛克一家……

8月中，马塞尔的父母在瑞士短暂逗留后到了埃维昂，直到9月1日，马塞尔才前去与他们团聚。从他向乔治·德·洛里斯讲述的情形看，此次旅行不乏兴味。他独自一人于8月31日动身，在阿瓦隆下了火车，租了一辆车，花了三个小时抵达维兹莱。他用文字给这个小镇画了一张明信片：“这是一个类似瑞士的美妙所在，独立在一座高峰之上，俯视着周围的群山，四面八方的来客在数法里之外就能望见它。教堂非常宏伟，既像土耳其浴室又像圣母院，用黑白相间的石头砌成，是一座美妙的基督教清真寺。”[②]晚上返回阿瓦隆，由于发高烧而“不能脱下衣服”，“整整一夜”就这样走来走去，也许是以此避免睡在陌生的房间里。早上六点乘上火车，透过车窗欣赏了瑟穆尔，十点钟抵达第戎，攒足了力气在城里观光，特别喜欢勃艮第诸位公爵的大墓[③]。晚上十一点抵达埃维昂时，他已经精疲力尽，在镜子中简直认不出自己，好多人过来

① *Corr.*, t. V, p. 284. 他接着说：“说到底我并不在乎政治，我是有些被我所见过的所有社会主义贵族激怒了。”这再一次体现了圣卢的特点。

② Ibid., t. III, pp. 418–419, 1903年9月。*RTP*, t. II, p. 19, 参见十五人译本（二）202页，周译本（二）220页。在《追忆》中，维兹莱只不过是那些已经变成教堂的众多城市的一个代表，这些城市的名称都是由教堂留下的，因此可以说，正是受了维兹莱“清真寺”的影响，叙事者才在巴尔贝克想象出一座“波斯式”的教堂和一个“波斯式”的地名。

③ 他以前在特罗卡德罗的博物馆里见过翻模复制品，后来把这些墓石放在了贡布雷（盖尔芒特家族的）教堂和勃艮第的夏吕斯教堂（*RTP*, t. II, p. 830，参见十五人译本［三］534页）。

问他是否需要帮忙。一路上，马塞尔从欣赏艺术杰作的欲望中，获得了足够的力量战胜疾病，克服焦虑。在《少女》中，他回忆起在火车上看到的日出景象——“把日落颠倒过来，更合我的胃口”[①]。洛里斯言语放浪，喜欢色情作品[②]，所以马塞尔在信中谈到1903年的这次旅行时说，他有“疯狂的欲望想要强暴沉睡中的村庄（仔细看清楚了，是村庄而不是村姑！）”。小说家普鲁斯特将从回忆和文字游戏中创造出一个激起情欲的姑娘，将让一个挤奶女工出场代表黎明。

① *Corr.*, t. III, p. 418：反转倒错（inversion）总是那么魅力无穷吗？

② 普鲁斯特后来送给他一些色情作品，尤其是魏尔伦的。

在光辉饭店卧床休息数天之后，马塞尔恢复了下午两点钟起床的习惯。他见到尼扎尔大使（当时驻梵蒂冈，直至外交关系中断），他是玛丽·德·贝纳达吉的姑父，也是诺布瓦的原型之一。此次休假期间最奇特的事情，是在路易莎·德·莫尔南与路易·德·阿尔布费拉带领下，马塞尔骑着毛驴前往沙慕尼（马塞尔写成“Chamouni”，这是他从罗斯金和米什莱那里学来的拼法；此行真正的原因是，“这种美妙的山中旅行是罗斯金一生中最大的快乐”[③]，所以普鲁斯特也想体验一番），又前往蒙坦威尔观看冰川和冰海。山行归来，马塞尔因体力透支而哮喘发作，朋友们在身边照料他[④]。

③ *Corr.*, t. VI, p. 188, 1906年8月，致罗贝尔·德·比利。罗斯金《现代画家》的第四卷专写“山景之美”。

④ Ibid., t. III, p. 426.

10月10日，普鲁斯特离开埃维昂，在布昂布莱斯停下参观布鲁教堂，又在博恩停留参观济贫院。此时罗斯金著作的翻译已经结束，他参观的目的不再是为了给译著作注释，而是出于他对宗教建筑的特殊兴趣，这种兴趣一直持续到写作《追忆》时期；也许他还想就宗教建筑写一篇文章（他父亲曾经说起："马塞尔一直在弄他的大教堂。"），主要谈他的旅行经历，而不大涉及历史，他当月向夏尔·埃弗吕西提出由《美术通讯》发表此文但未果。他做了很多事情，但小说被抛在一边。

父亲逝世

1903年11月24日，不幸降临，普鲁斯特教授在医学院主持博士论文答辩时突发脑出血。事情发生的地点与小说中叙事者外婆发病的地点相似。但是，绝不应把香榭丽舍大街厕所里发生的一幕看作对母亲形象的有意亵渎，因为相似的场景既没有发生在普鲁斯特夫人身上，也没有发生在她母亲的身上。写作《盖尔芒特家那边》的这一场景时，普鲁斯特想到的是父亲，父亲在卫生间里发病的记忆一直纠缠折磨着他，他想通过对这个场景的描写，彻底制服和摆脱这个回忆[①]。这天下午将近四点时，马塞尔正躺在床上，突然听到走廊里有声响，"妈妈透过打开的门，但没有让我看见她，对我说不要着急（您要知道她是用多么温柔的语气跟我说这番话），告诉我，有人来电话说爸爸在学院里生病了，要把他送回来"[②]。教授是由小儿子罗贝尔送回来的，马塞尔看见他躺在担架上，已经昏迷不醒，挨到26日星期四上午九点，终告不治。这场脑出血的意外，可以从他的肥胖、过劳、饮食无度以及年龄（在当时已届高龄）等多个方面找到原因。但他的儿子没有

① 蒙田说，我们如同排泄物一样在耻辱之中出生，而将在圆满的荣光中死去，这种死充满宗教性和戏剧性。他恰如其分地指出了马塞尔和父亲的缺憾。

② *Corr.*, t. XVI, p. 396, 1903年11月末。参见 ibid., t. XI, p. 71："妈妈过来对我说：'对不起把你叫醒了，是因为你父亲在学校里病倒了。'"

任何心理准备："他身体那么好，那么有活力，我以为这种状态还会持续很多年。"[①]事后回想起来，马塞尔还感到庆幸：自己因为生病而一直待在家里，这几年是跟父亲最为亲近的时光，他因此能"享受到父爱和父亲的陪伴"[②]。

《费加罗报》在头版发表莫里斯·德·弗勒里的文章[③]，回顾了普鲁斯特教授辉煌的职业生涯。文中的相貌描写让马塞尔非常感动："普鲁斯特教授年近七旬，留着花白的胡须，虽然年事已高但相貌依然端正、精致，夹鼻眼镜的位置略低，使他不得不微微仰起头来，脸上带着哲学家洞悉一切而又宽容和蔼的微笑。他给人的印象是，在他略显懒散的躯体里，潜藏着格外活跃的聪明才智。"下葬仪式的细节我们不得而知，不过《重现的时光》中提到这样的细节："就像在灵堂里，殡仪工已做好准备，要搬走曾为国效力的死者的灵柩，他的儿子正在和送葬队伍的最后几位朋友握手，此时若窗外突然响起铜管乐，他会感到愤慨，以为这是有人嘲笑他的哀恸。而当他明白自己听到的是一个团的乐队前来吊唁，向他父亲的遗体告别时，一直保持克制的他终于抑制不住自己的泪水。"[④]葬礼于11月28日举行："圣菲利浦·迪鲁莱教堂里，悬挂着黑色的挽幛，挽幛上缀着银色的字母P，黑压压的送葬人群挤满教堂，整个医学院及其他官方机构人员悉数到场，教堂里燃起一支支蜡烛，摆放着无数只巨大的花圈；如此盛大的场面之下，马塞尔面无血色，踉踉跄跄地与罗贝尔

① Ibid,. t. III, p. 452.

② Ibid., p. 450.

③ 1903年11月7日。莫里斯·德·弗勒里（1860—1931），笔名Horace Bianchon，医学博士，著有*Introduction à la médecine de l'esprit*（1897）和*Grands Symptômes neurasthéniques*（1901），与普鲁斯特教授同在内政部预防结核病委员会供职。

④ *RTP*, t. IV, p. 462，参见十五人译本（七）191页。Cf. Esq. XXIV, 2, p. 812。这个段落仿佛一个隐喻，暗指叙事者在图书馆里见到《弃儿弗朗沙》时所体验的巨大痛苦，因为这本书让他想起贡布雷的那些夜晚，当时正是父亲允许母亲留在"小家伙"的房里过夜。

走在父亲灵车的后面。”[①]普鲁斯特为自己伤心，更为最受打击的母亲而伤心：“她为他所作的奉献，没有亲眼看见的人根本无法相信，她把生命中的每一分钟都献给了丈夫。”他接着说道：“如今，每一分钟都失去了原先的存在理由，失去了原先的温馨，反而像无数个专门折磨人的妖精，变着法子，把从此挥之不去的不幸展现在她面前。”[②]这层意思，他将应用到阿尔贝蒂娜死后的场景中[③]。1912年，他发现了一个笔记本，母亲在这个本子上逐个小时地记录着她的父亲、母亲和丈夫从发病到最后去世的整个过程，“这样的记录，虽说本来根本没有暗示任何东西的意图，但其中浸透了忧伤，读后令人痛不欲生”[④]。

马塞尔同时经受着三种情感的折磨：对死者的理想化（“他过去所有的温情”[⑤]）、对死者的不敬（“我总是对他过于肯定、过于确信的东西予以反驳”）和负罪感（“想到自己一直是他生命中唯一的阴影而追悔莫及——如今想来令我更加痛苦”）。但丧父之痛没有使他一蹶不振，一个星期过后，他艰难地从悲伤中解脱出来，让生活走上正轨：“生活已经重新开始。假如我在生活中有什么目的或志向的话，它本可以帮助我承受痛苦，然而事实并非如此……但归根结底，重新开始的是生活，而不是突如其来、短暂且只能降临一次的绝望。”[⑥]马塞尔一度考虑放弃罗斯金，但随即重新投入工作，因为母亲向他谈起父亲的心愿：他一天天盼着儿子的译著早日出版。这部书的卷首题献即由此而来：“谨以此译

① M. Nordlinger, *BAMP*, n° 8, 1958, p. 527.

② Ibid., p. 447.

③ Cf. *Corr.*, t. III, p. 459：“在当前令人绝望的时刻，最残酷的也许是往昔令人难以承受的温情：过去的事情每时每刻都会把我们惊醒，但同样的事情，父亲再也不能跟我们一起做了。” Cf. p. 461。

④ Ibid., t. XI, p. 138.

⑤ 例如写给劳拉·海曼的信：“我相信他对我是相当满意的，这种亲密无间的关系没有一天中断过；如今生活中每一件小事都这样苦涩和令人烦恼，就更让我怀念当时的温馨。别人都有志向雄心，可以从中得到慰藉，而我没有，我只是享受这种家庭生活，而从今往后，家庭生活一片凄凉。”（ibid., t. III, p. 456, 1903年12月10日或11日）所以，我们绝不会如某位传记作者那样，宣称普鲁斯特对父亲的去世感到“一种卑鄙的轻松”，没有任何悲伤，反而庆幸能独自一人与母亲在一起。这种假冒伪劣的精神分析，这种龌龊心理外加大而化之的小报言论，在本书没有容身之地。

⑥ Ibid., p. 447.

本纪念父亲 / 他于1903年11月24日在工作中倒下，26日逝世。”紧接着是罗斯金的一句话，概括了阿德里安·普鲁斯特的一生：“然后便是工作的时间……然后便是死亡的时间，在幸福的人生中，死亡的时间是很短暂的。”因此可以说，普鲁斯特写作的目的就是为了让母亲高兴、让父亲高兴，为了补偿他自认为给父母造成的痛苦；而在《追忆似水年华》当中，亲情和孝心产生了奇迹，父母不会死去，家庭生活的幸福不会完结，小说最后的“完”字都无法触及它。至于有人宣称马塞尔对父亲之死没有感到多么悲伤，那肯定是因为他没有读过或根本没有理解马塞尔在父亲逝世十个月后所写的这段话：他已经习惯于回顾父亲去世的日子，回顾这一天之前的幸福生活，所以“只有一天一天地算过时间之后才蓦然意识到：已经有整整十个月过去了，我们居然在痛苦中度过了这么长时间，在我们前面还将有漫长的痛苦，可怜的爸爸已经有十个月无法感知生活的温馨，无法享有任何幸福”[①]。应马塞尔和他母亲的要求，玛丽·诺德林格制作了一尊普鲁斯特教授的青铜浮雕头像，安放在他的墓上[②]；马塞尔对此非常高兴，认为雕像做得“很漂亮”[③]。

① Ibid., t. IV, p. 293.

② 他的后人把它取了下来；它现在在伊利耶。

③ *Corr.*, t. IV, p. 314, 1904年10月，致母亲：“我在那里把你们二位合在一起了。”

普鲁斯特传 / 下

Marcel Proust *Biographie* II

[法] 让-伊夫·塔迪耶 著
Jean-Yves Tadié

李鸿飞 译

北京大学出版社
PEKING UNIVERSITY PRESS

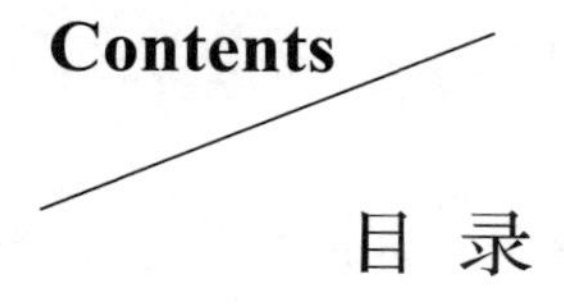

Contents

目 录

XIII　《失去的时光》(1912—1913)　*785*

XIV　1914 年的小说　*835*

XV　1918 年的小说　*927*

X

《芝麻与百合》

译了亚眠大教堂的书之后，普鲁斯特为什么还要翻译一部关于读书的随笔呢？他为《亚眠的圣经》所作序言的附记，有助于我们理解这一过程。此外，父亲去世的打击，也使他难以投入自出机杼的创作，开始写一部长篇小说。此时他仍然需要一位导师，在他已经起步的发现美的道路上，引导他继续前行。关于阅读的理论，恰恰能帮助他理解此时的种种遭际。他将逐步用自己的思想取代罗斯金的思想，通过阅读重新发现自己的童年。他就是这样，一步一步地走向贡布雷。

1900年代如何做翻译

普鲁斯特是一个与其他译者一样的翻译家吗？在翻译《亚眠的圣经》时，他拒绝听从罗贝尔·德·于米埃尔的建议，即在遭遇原著难点时采取削删、转写等措施加以回避，这不是普鲁斯特的风格。考虑到这一点，他应该是一位与众不同的翻译家。然而，从文艺复兴特别是十七世纪“不忠的美人”翻译思想出现算起，法国漫长的翻译传统一直允许翻译作品与原著存在相当的距离。比如《弃儿汤姆·琼斯的历史》的译者德·拉普拉斯在1751年写道：“假如菲尔丁先生是为法国读者写作，他很可能已经把大量本身虽然精彩但不适合法国读者的段落全部删掉了。而法国读者一旦被作者精心设计的感人情节吊起胃口，就根本没有耐心忍受任何形式的东拉西扯或者道德说教。”他拿这个说辞为自己“按照法国读者口味改编原著的部分内容”进行辩解①。十九世纪，如同所有的伟大作家，夏多布里昂没有随波逐流，他翻译的《失乐园》与弥尔顿的原作十分接近，并且努力在法语中寻找与英国诗句对等的诗意。但是，如同开翻译工厂一样改编了六百多部作品（包括沃尔特·司各特）的德福孔普雷父（1767—1843）子（1797—1865），以及翻译莎士比亚和萨克雷的阿梅代·皮绍，无不放手对原作进行改编和削删，甚至曲解原意②。到了二十世纪初，这种风气仍然盛行，因此让-奥布里和罗贝尔·德·于米埃尔翻译的约瑟夫·康拉德作品，都需要进行大量的校订③。纪德译的《台风》，全凭译者的大名才免于被订正。纪德在翻译时亦保持作家本色，通过纪德之口所说的，已不再是康拉德准确的原话。与此相反，普鲁斯特追求准确④，追求紧贴原句的意义、节奏和乐感，因此，在罗斯金和普鲁斯特的笔下，都出现了

① *Histoire de Tom Jones*, trad. de l'anglais par M. de La Place, Paris, Rollin, 1751, p. VIII–IX.

② Voir la préface de S. Monod à Thackeray, *La Foire aux vanités*, trad. A. Pichot, Folio classique, Gallimard, 1994.

③ J. Conrad, *Œuvres*, Bibl. de la Pléiade, t. I, 1982, introduction de S. Monod, p. xxxii.

④ 比如，罗斯金用“authoritative”一词修饰“哥特艺术”，普鲁斯特夫人建议译作“plein d'autorité”，而马塞尔最终选定的词是“exemplaire”（*Bible*, p. 250）。不过对于无法对译的形容词，他则予以解释展开。

对比[①]或者矛盾修辞、修饰语重叠、同时使用三个不同范畴的形容词等相同的现象。另外，马塞尔还在拟罗斯金体的仿作中模仿他的笔法[②]，有时甚至刻意强化原著中英文句子的力度和紧凑度。“在罗斯金已经远离我们的时候，我们才翻译他的著作，并努力在一幅逼真的图像中厘定他思想的诸种特征。”[③]翻译产生了想象所必需的距离，因为罗斯金已经不在了，同时，翻译还通过模仿——但他模仿的是一个抽象的榜样、一种思想及其感性形式——令他掌握这幅逼真的图像，即罗斯金的风格。1905年，普鲁斯特对他经常供稿的《生活艺术》杂志主编加布里埃尔·穆莱说：“您知道，翻译只能译出一点点……在翻译中我尽最大可能地慎之又慎。”[④]这种自谦之辞隐藏着译者的一种哲学思考，他曾透露给乔治·戈约：“我们每个人都担负着他特别喜欢的灵魂，有责任让他人认识和喜爱这些灵魂……您知道我是用多么谨慎，同时又是多么虔诚的手——并尽我最大努力以最温柔的手——接触那只手。”[⑤]

1904年2月26日，他把译稿交给法兰西信使出版社，同时与出版人阿尔弗雷德·瓦莱特签订了合同，表明他这一次终于放弃了自费出版的奇怪念头。合同规定，从第五百册起，译者将从每册三法郎五十生丁[⑥]的定价中抽取五十生丁[⑦]，这大约占定价的15%。也就是说，这部译作如果能卖得好（但出现这种情况的可能性不大），他所得的报酬要比现在丰厚。普鲁斯特虽然写文章也能得到稿

① 如“Importante et momentanée”改作“actuelle et durable”；cf. “brusque et séculaire”，“inoffensive et monstrueuse”（以上见《亚眠的圣经》译者序——译者注）。但正如E. Wada所指出的，普鲁斯特在《亚眠的圣经》译序里讲究修辞，在《芝麻与百合》的译序里则追求诗意，比如“平淡的、甜丝丝的气味”。

② E. Wada认为普鲁斯特的“notre époque votive, émotive et locomotive”（*CSB*, p.202），可与罗斯金的“metalliferous, coniferous and Ghostiferous mountain”相媲美。这两位作家都同时运用了叠韵和排比手法。

③ *Bible*, p. 95.

④ *Corr.*, t. V, p. 30；cf. J. Autret, *op. cit.*, p. 62：普鲁斯特1905年2月9日致信穆莱，称希望自己的翻译语言生动，并且“如同爱情和怜悯那样忠实”。不过J. Autret指出了普鲁斯特的好几处误译。

⑤ *Corr.*, t. IV, p. 399, 1904年12月18日，感谢戈约在《高卢人报》上发表的文章。

⑥ 相当于1990年的六十法郎。

⑦ 从第三千册起每册抽取六十生丁；六千册起每册抽取七十生丁。这份合同内容是好心的Nicole Boyer告知我们的。

酬，但要等到战争之后，有了伽利玛的版税，他才能靠他的笔生活。

关于给报刊写稿，有一件事让普鲁斯特大失所望，还与勃兰科温翻了脸，这件事就是勃兰科温在1903年12月撤下了两个月前主动请他在《拉丁复兴》上担纲的文学批评专栏。1904年元旦，普鲁斯特送给德·诺阿耶夫人（勃兰科温的妹妹）一只加莱制作的画瓶[①]（普鲁斯特送给她的花瓶不止一只，我们将在《追忆》中见到。这只花瓶的图案是蕨草，以呼应诺阿耶夫人刚刚发表的中篇小说《劝告》，蕨草在其中象征死亡），接着在信中解释说——他也以此表明，他与蒙田一样能给自己画一幅自画像，他与蒙田（或塞维尼夫人）一样对自己的性格有自知之明——若别人善待他，他会“心软得感激涕零”；若别人待他不善，他亦会针锋相对[②]。因此，他拿《拉丁复兴》的刊名打趣取乐，称之为“拉丁不兴”“拉丁服刑”“拉丁弗幸”“拉丁不行”“拉丁腐腥”等等，但这并不妨碍他在这家杂志上欣赏波利尼亚克亲王夫人翻译的梭罗代表作《瓦尔登湖》[③]。与此同时，《亚眠的圣经》最后一校的清样压在手里，他迟迟不肯交出：他总是在不能同时成立的几种译法之间犹犹豫豫，难做取舍（他不仅在感情领域如此，在智力领域也是如此）[④]。我们看到，翻译的过程对他的感情分析和文体风格提供了很多教益：在这两个方面，他倒是可以把各种可能性列举出来，“要么……要么……”

① 他同时还送给她妹妹卡拉曼–希迈亲王夫人（闺名埃莱娜·德·勃兰科温）一件巴黎圣母院里代表某个月份的星座雕像的翻模复制品，这是亲王夫人喜爱的东西（*Corr.*, t. IV, p. 34）。

② Ibid., p. 32, 1904年1月8日。

③ Ibid., p. 38, 1904年1月15日。

④ Ibid., p. 45, 2月26日，他还寄出一份内容精当的修改清单，但由于太晚而未能被采纳（ibid., p. 265）。

《芝麻与百合》的开头

像所有聪明人一样，普鲁斯特可以多项工作齐头并进。就在1月份里，他不仅着手翻译《芝麻与百合》，而且回过头来把开头的部分重译了一遍，仔细琢磨“英文中所有模棱两可之处”，“更换了每一个字，以完善法文的表达”[1]。为此，他写满了一个笔记本，自己打趣（但既然幽默就在于自嘲，也就当不得真）说更正了“五十处或准确地说是三百处错误”。到了2月初，他已经译完了关于阅读的第一部分《国王的金库》，并开始写下一些评论，为序言和注释作准备（如往常一样，开始阶段进行得很快，他感觉自己“像一团火”[2]）。他此时的顾问和校阅者是玛丽·诺德林格。还有很多人借书给他，他向雷纳尔多索要了梅特林克的《蜜蜂的生活》[3]，梅特林克对他的长期影响也由此开始：梅特林克的作品常被他引用到注释之中，他的《花的智慧》还将为《索多姆和戈摩尔（一）》奉献最美的意象。

2月底，出版合同刚刚签订，《亚眠的圣经》即已面世，马塞尔以他一贯的慷慨，忙着向朋友们送书[4]，包括：都德夫人，莱昂和吕西安，路易莎·德·莫尔南，孔多塞中学的老同学、新康德派哲学家莱昂·布伦施维格（马塞尔读过并且引用过他的《精神生活导论》[5]），孟德斯鸠，费纳龙，达尼埃尔·阿莱维，亨利·博尔多，路易·德·罗贝尔，罗贝尔·德雷福斯，加布里埃尔·穆莱，维利（他给马塞尔写了一封嘲讽且令人不快的信），

① Ibid., p. 50, 1904年1月30日。

② Ibid., p. 57.

③ 以及《美术通讯》杂志社1899年出版的Ary Renan所著《居斯塔夫·莫罗》一书。

④ 荷兰纸本只印了七部。

⑤ *Bible*, p. 254, n. 1.

弗朗西斯·德·米奥芒德，皮埃尔·拉瓦莱，维尼奥教士，乔治·戈约，布朗特夫人，阿贝尔·埃尔芒（马塞尔希望他能写一篇文章），以及另外三十位。收到感谢信以后，他又忙着回信，以表示感谢或交换看法，有很多重要思想就是这样冒出来的，比如他对博尔多宣称“在努力回溯愉快的经历或者写作一本好书的时候，我们就有可能重新拥有过去”[①]，或是向巴雷斯预告了《驳圣伯夫》一书的观点：“我说过，拉辛、帕斯卡尔、托尔斯泰、梅特林克[②]等人的生活是由两个部分构成的。我喜欢这个想法。”[③]他还很隐晦地向巴雷斯透露了自己的写作规划：“我还有两本罗斯金的书要译，然后我要尝试移译我自己的可怜的心灵，假如在这期间它没有死去的话。”

① *Corr.*, t. IV, p. 99.

② 普鲁斯特认为梅特林克是伟大的思想家，经常读他的书。另外，梅特林克与《失去根的人们》中的哲学老师Bouteiller十分相像，此人正是巴雷斯所抨击的。尽管普鲁斯特屡次主动亲近，但巴雷斯对他的反感始终如一，直到普鲁斯特的葬礼上，巴雷斯还说出最后一句可笑的评价：“他一直是我们的年轻人。”

③ *Corr.*, t. IV, p. 93.

报刊对《亚眠的圣经》的反应

安德烈·肖梅在1904年3月20日的《争鸣报》上报道了此书出版的消息。4月3日的《费加罗报》第一版中指出，这部译著“出自一位青年才俊之手……兼具文笔优美之雅与移译谨严之信”[④]。5月22日，阿尔贝·弗拉芒在《巴黎回声报》第一版刊文予以评介。亨利·柏格森5月28日向道德与政治学院介绍这部译著[⑤]，同时评述罗斯金的思想，认为罗斯金既是理想主义者也是现实主义者，其美学观点源自宗教情感；他还认为译者序“对研究罗斯金的心理是一大贡献”，译本的语言活泼生动且独具一格。阿尔贝·索莱尔7月11日

④ 发表在“社交新闻”专栏里，共23行字；ibid., p. 105。

⑤ 这篇书评载入该学院1904年的*Séances et travaux de l'Académie* ... , p. 491–492, 并收入柏格森的文集*Mélanges*, PUF。柏格森与普鲁斯特此时的通信表明，在一封丢失的信中，普鲁斯特因为提及“拉维松的面貌”而使柏格森深受感动。柏格森承认，自己在书评中显现的热情都是因为拉维松的缘故（*Corr.*, t. IV, p. 139）。

在《时报》上撰文，对普鲁斯特大加赞赏："在沉思与遐想之中，他的手下流淌出柔韧、动人的法语，色彩缤纷，明暗有致，但始终清晰通透。"他把普鲁斯特与加莱相提并论，并说他的很多意象都来自圣经。能得到昔日恩师——这位先生除了向他传授对外政策的秘辛，还揭示了巴尔扎克《一桩神秘案件》《现代史拾遗》等小说的妙处——的称赞，让普鲁斯特十分惬意[①]。在9月15日出版的《两世界评论》上，乔治·戈约对罗斯金和译者说了几句不痛不痒的恭维话[②]；而在12月18日的《高卢人报》第一版上，戈约的评介占了一个半专栏的版面，称赞译本是"真正的艺术创造，我们看到罗斯金的这位译者，满怀爱意地把这部著作捧在手中爱抚、摩挲，而后恭恭敬敬、小心翼翼地为它换上新装"[③]。这些话直接说到了马塞尔的心坎上，他最终——但他也像现代的新闻公关一样，四处奔走求告，下了很多功夫——被批评界宠坏了。那是多么幸运的时代！如今，已经没有几个记者肯屈尊谈论一本译著或一篇序言的优劣了[④]。不过，普鲁斯特见他的"文友"莱昂·都德、埃尔芒等人没有任何表示[⑤]，不免气恼。到了1905年4月，这本书已经重印了四次，但每个印次都只有一千册。

① Ibid., t. IV, p. 177.

② Ibid., pp. 276–277.

③ Ibid., p. 400.

④ 3月份的《生活艺术》《艺术与珍玩纪事》杂志以及4月1日的《巴黎评论》都提到了普鲁斯特。

⑤ *Corr.*, t. V, p. 183, 1905年5月。

普鲁斯特与圣西门

在此期间，孟德斯鸠找人帮忙，把那篇仿圣西门笔法的社交报道《纳伊市孟德斯鸠府上的盛会》用荷兰纸印成折页，共制作了五十份，作为非卖品在朋友间流传。此文系普鲁斯特所作，发表在1904年1月18日的《费加罗报》上①，署名奥拉修，这是他在莎士比亚作品中找来的笔名，用了很多次。孟德斯鸠不知作者是谁，但文章中对他、他的秘书伊图利以及客人们的描写，让他非常满意。

我们很难弄清楚普鲁斯特何时开始阅读圣西门，他第一次提到圣西门的名字，是在1899年写给法朗士的信中。我们知道，他读的是由谢吕埃尔编辑的二十二卷本《圣西门公爵回忆录》②。在1904年的那篇仿作中，为了找到拉罗什富科、诺阿耶、希迈等人物家谱的细节，他查阅了其中六卷的资料③。这是另一种形式的偶像崇拜，因为它使作品直接为生活本身服务④。1909年初，普鲁斯特向孟德斯鸠索要1904年的这篇仿作，准备收入他的《勒穆瓦纳事件》⑤中，但此事被他推迟了。他之所以使用圣西门的笔法，是为了再度向孟德斯鸠表示敬意：以路易十四时期宫廷生活描摹高手圣西门的口吻描写他的晚会，就等于说他与宫廷里的达官显贵地位相当。同时，他也想通过模仿一种特别的文体，摆脱这类社交报道的单调乏味。这同样也是为小说创作作准备：圣西门刻画社交聚会，《盖尔芒特家那边》亦然。于是，普鲁斯特模仿的对象既包括文体也包括题材，既包括形式也包括内容，而文章本身的内容——孟德斯鸠的晚会——倒在其次了。此时的孟德斯鸠还没有成为夏吕斯，等他成为夏吕斯之时，他将与圣西门联系在一起⑥，事情恰好形成一个回环，因为在诗集《红珍

① Publié dans *CSB*, pp. 710–713.

② 《圣西门公爵回忆录》，22卷本，16开，1873年至1886年间由谢吕埃尔和小雷尼耶（Chéruel et Régnier fils）编印，附有作者编写的索引，这份索引对普鲁斯特发挥了大作用，比如他据此告诉比贝斯科，圣西门回忆录中有哪些名字没有被巴尔扎克利用。一处暗引表明普鲁斯特还熟悉圣西门公爵对Dangeau《日记》的补写内容（A. Plantevignes, *op. cit.*, p. 238 : « trop parfumé », éd. Coirault de Saint-Simon, t. II, p. 1113, nº 598）。另见H. de Ley, « M. Proust et le duc de Saint-Simon », University of Illinois Press, 1966; J. Milly, *Les Pastiches de Proust*, A. Colin, 1970。普鲁斯特在写作《波托卡伯爵夫人的沙龙》（1904年5月13日）一文时，原封不动地引用过谢吕埃尔版的内容。他读过圣伯夫（《星期一丛谈》）、加斯东·布瓦西埃（1888）著作中的相关内容，并在政治科学自由学院聆听过阿尔贝·索莱尔对圣西门的评述。

③ 谢吕埃尔版的第X卷至XIV卷，第XVII卷。

④ 有人曾错误地认为普鲁斯特只利用了谢吕埃尔版的索引，以便找出他需要引用的孟德斯鸠亲属的姓名。从这篇仿作起，普鲁斯特经常引用圣西门，比如《论阅读》（《芝麻与百合》译者序）一文（1905）、致德·诺阿耶夫人的多封信件（1904）、致乔治·德·洛里斯的书信（1908年12月底）。

⑤ *Corr.*, t. IX, pp. 34, 1909年。

⑥ *RTP*, t. IV, p. 409，参见十五人译本（七）141—142页。

珠》中，孟德斯鸠曾为《回忆录》的作者写了一首十四行诗①。

这篇仿作中，开篇就用很长一段刻画孟德斯鸠的肖像、复杂的性格以及体貌和嗓音；接着描写他的秘书伊图利，他为了“让伯爵的才华大放光彩”而奉献了自己的全部才华；再后面是各位来宾，他们“无不华贵显赫”。普鲁斯特借此机会向几位贵妇致意：克莱芒–托内尔公爵夫人、格雷菲勒伯爵夫人、布朗特夫人、诺阿耶夫人（“她再现了——甚至有人说光大了——塞维尼夫人的奇迹”）。这些人物，都有根有据地被巧妙安排在圣西门的宫廷体系里，成为任凭圣西门摆布的木偶。若换一种文体风格，他们就是普鲁斯特的木偶。比如孟德斯鸠的肖像，就是由孔蒂亲王的肖像改编而来②。圣西门描写孔蒂亲王，假扮圣西门的马塞尔把孟德斯鸠写成孔蒂，而在《追忆》中普鲁斯特则把孟德斯鸠写成夏吕斯。但圣西门只是一个外在的、显性的并有着一定距离的参照物，因为马塞尔正是通过学习他、反对他而找到了自己的风格③。

翻译的逐步进展

玛丽·诺德林格取代普鲁斯特夫人，成为马塞尔的翻译助手④，可能是因为普鲁斯特夫人还没有从丧夫之痛中恢复过来，也可能是她面对一个懂法文的英国人而主动躲开。玛丽为马塞尔译出《芝麻与百合》的第一稿（译稿

① 一处未刊注释由J. Milly披露（*op. cit.*, p. 247）：“罗贝尔·德·孟德斯鸠伯爵之所以在《红珍珠》中歌颂圣西门，就是因为这位十七世纪伟大的回忆录作家把他写入了《回忆录》。”

② J. Milly, *op, cit.*, p. 226; *Mémoires*, éd. Truc, t.III, chap. IV, pp. 51–53.

③ 当时的A. Albalat在其著作《风格的培养》一书中，非常强调仿作的益处。

④ 同时，由于她在宾工作室工作，她还引导马塞尔接触日本艺术，让他了解了“矮态树种”“引人想象的树木”“树的往昔”。马塞尔在评论《炫目集》的文章中，以及在《重现的时光》（*RTP*, t. IV, p. 504，参见十五人译本［七］232页）中，对此都有提及。玛丽补足了由孟德斯鸠发端的美学教育，马塞尔致信孟德斯鸠说：“我现在了解到，日本是个神奇的国度……感谢您有先见之明，曾给我看过那么逼真的画面。”（*Corr.*, t. IV, pp. 50–51, 1904年1月30日）她给他拿来Gillot拍卖会的目录。特别是，我们在前文已经看到，她送给他的“日本压缩纸花”，为《贡布雷》贡献了最美的画面（ibid., p. 111, 1904年4月：“谢谢你送来这些神奇的暗藏的花朵，让我在这个夜晚，如塞维尼夫人所说，‘拥有一个春天’，一个发生在水边又完全无害的春天）。反过来，马塞尔送给她一本惠斯勒的小册子《温柔的树敌艺术》（1904年2月），玛丽在1905年年初寄来惠斯勒的《十点钟》（ibid., t. V, p. 41），马塞尔还写了一首三十多行的诗，向她高超的剪纸和翻译艺术致敬（ibid., t.IV, pp. 60–61）。他4月里与她一道前往卢浮宫观看法国原生派画家（1350—1589）画展，把他“累到半死”（ibid., p. 111 ）。

写在几个笔记本上，他一度弄丢但后来又找到了[①]），而后被他改得面目全非，他在信中告诉玛丽："当您把英文译成法文时，原文的特点全部显现了出来，词语的性数、搭配、含义和规则统统回归了原文。不管这种由英语词汇假扮的法语词汇——或者毋宁说撕破了法语着装和面具而出现的英语表情和面貌——有多么华丽，都必须冷却，必须离原文更远一些，把它法语化，而且别想着要独出心裁。"[②]这一稿修改完毕，他列出一个向玛丽提问的清单[③]，他说："最好由我独自把您的译稿改一遍，然后我们再一起进行全面讨论。"他还向玛丽建议二人共同署名（她没有同意[④]）并分享稿酬。这样一来，我们就能清楚知道这项翻译工作每一步进展的具体日期[⑤]，它比《亚眠的圣经》要快得多，因为这一次译者没有外出旅行，也无需参观任何教堂。我们知道，书中第一部分《国王的金库》所讲内容是阅读（第二部分《王后的花园》讲的是女孩的教育；有人会问，马塞尔为什么要翻译这一部分？也许是为了让这本书厚一点吧），关于这个题目，普鲁斯特只需近取诸身，即可写出序言和注释，与作者展开对话，并最终与其决裂。至于序言，他大概是在1904年夏秋两季写成的，因为勃兰科温在年底同意他在《拉丁复兴》上先行刊登[⑥]。

1905年1月，马塞尔收到的新年礼物是"精美的新版《罗斯金全集》"，这套"典藏版"是1903年至1912年间

① 1904年5月，他找到了年初丢失的"那六本《芝麻与百合》练习簿"。

② *Corr.*, t. IV, p. 111, 1904年4月。

③ 比如2月："您用一支特殊的铅笔标出每一处误译，并在下面……写出正确的译法。"（ibid., t. IV, p. 55）

④ Ibid., t. IV, p. 272, 1904年9月17日："为什么您不愿意让您的名字和我的名字一同出现在《芝麻》的封面上呢？"

⑤ 例如1904年1月26日："我重译了开头，更换了每一个字，但我最多改了十页。"不过，他没有放过"英语中令人捉摸不定的含义"。到了2月份，第一本练习簿上标注了"*ne varietur*"(定本)字样。

⑥ *Corr.*, t. IV, p. 384.

按每六卷一批的节奏陆续出版的[1]，书中为数众多的图版对他的艺术思想多有启发，为《斯万》当中关于雕塑、绘画（特别是波提切利的“耶斯罗的女儿”[2]、乔托在帕多瓦的壁画“善恶图”、卡帕契奥的《圣女于絮尔的传说》[3]）的评论提供了灵感。1905年3月至5月，普鲁斯特在《生活艺术》（“法国真正聪明的艺术家都是它的读者”[4]）杂志刊出了《国王的金库》的一部分，这是加布里埃尔·穆莱早在1904年5月就同意的，当时普鲁斯特已经完成译稿，但还没有进一步修改[5]。1905年2月，他开始独自翻译《王后的花园》。玛丽长期待在美国，似乎已经征服了她专程去拜访的收藏家弗里尔，他收藏的惠斯勒作品多达二百幅（其中一部分将于1905年6月在巴黎展出，普鲁斯特将去参观[6]），最终赠给了华盛顿的史密森学会[7]。普鲁斯特请“魅力十足的英国老学者”[8]查尔斯·牛顿·斯科特帮忙。6月初，玛丽·诺德林格从美国回来，见到马塞尔时，他“正在卧床，两眼通红，浓密的黑胡须围着一张苍白的脸”[9]。他们讨论《芝麻与百合》的翻译直到次日凌晨。为了向玛丽表示感谢，普鲁斯特考虑写一段卷首献辞，其中提到她制作的普鲁斯特教授青铜浮雕头像，“父亲已经永远合上的双眼，只有在爱他的人们的记忆深处才是睁开的。但在他的双眼与生命之间，我们的记忆撑起了一张无法移开的时间之幕”。对于正在流逝的生命，这双眼睛什么都看不到，“除非在上天的庇护所里，它们会再次睁开，看见那些永恒不变、连我们都不认识的东

① 共三十九卷，伦敦 G. Allen 出版社出版。

② 亦见于J. Autret, *op. cit.*, p. 119 ; cf. p. 120。

③ Ibid., p. 137.

④ *Corr.*, t. V, p. 261. 他已于1904年10月修改了校样，当时普鲁斯特夫人正在帮他“弄明白”罗斯金的序言。

⑤ 5月份，在他以普鲁斯特夫人的名义向玛丽订制普鲁斯特医生半身雕像（准备放到他的墓上，最后做成了浮雕）时，他在信中说已经“彻彻底底”地重译了一遍（ibid., t. IV, pp. 132–133, 203）。9月份他对穆莱说，他早已结束了翻译工作。翻译事宜似乎在1904年秋中断，当时玛丽受命处理西格里德·宾收藏的版画，因此去了美国。

⑥ Ibid., t. V, p. 260.

⑦ “关于《百合》我有很多问题要向您请教，所以，交出手稿之前，我有好几个月等您从美国回来，又有好几个星期等您从曼彻斯特回来。”（ibid., p. 261）为了征求她的意见，他给她寄了不止一份复制件。

⑧ Ibid., t. V, p. 42. 在1906年法兰西信使出版社版《芝麻与百合》中，普鲁斯特感谢“诗人兼学者查尔斯·牛顿·斯科特先生向我提供的宝贵资料，其《教会与对动物的怜悯》和《玛丽－安托瓦奈特时代》两部著作，集学问、见识和诙谐于一体，引人入胜，理应为更多法国读者所熟识”（n. 1, p. 7）。斯科特1904年6月还把他写的*The Foregleams of Christianity, an Essay on the Religious History of Antiquity*一书寄给马塞尔（*Corr.*, t. IV, p. 164）。

⑨ *Lettres à une amie, op. cit.*, p. x.

西”[1]。这篇过于私密的献辞（但已经有了《重现的时光》的语气）一定遭到了普鲁斯特夫人的反对，最终没有面世。此时，勃兰科温已经与马塞尔重归于好，《拉丁复兴》杂志6月15日刊登了马塞尔为《芝麻与百合》所作的序言《论阅读》。书的全部译稿6月底交给了法兰西信使出版社。但是，普鲁斯特从此不再考虑任何翻译工作，他拒绝了威尼斯出版商罗森请他翻译《圣马可安息》的提议，因为，他说，假如不这样的话，他至死都无法写出任何自己的东西[2]。

① *Corr.*, t. V, p. 193, 1905年6月初，致母亲。

② Ibid., t. IV, p. 272, 1904年9月17日，致玛丽·诺德林格。

其他写作

《芝麻与百合》的翻译并没有像马塞尔期待的那样迅速完成，利用翻译的间隙，他写了几篇小文章，包括人物特写、沙龙侧记、文学评论等。例如，他在1904年4月23日的《艺术与珍玩纪事》上发表文章《埃尔贝兰夫人：第二帝国的细密画家》，以此悼念玛德莱娜·勒迈尔的姨妈。这位“如此健朗、亲切和朴实的”老夫人（1818—1904）曾身处显赫的社交圈，亲历过七月王朝和第二帝国最奢华的场面。这不就是维尔巴里西斯夫人吗？她的细密画作品里包括了当时所有名流的形象，他们都是她沙龙里的常客。埃尔贝兰夫人一旦说起他们，“谈话顿时妙趣横生，而且使人深受教益”（我们似乎看到马塞尔就在现场），仿佛读到真实可信的回忆录。她是帝国时期一位将军的女儿，听过不少“刚刚出炉的英雄故事”。后来，她在朝向丁香庭院的窗前逐渐老去，那个画面“就像一幅她亲笔签名的老旧而迷人的细密画”。她的外甥女玛德莱娜·勒迈尔和外甥孙女叙泽特延续了她的事业，就像圣卢小姐继承了希尔贝特和奥黛特的衣钵。普鲁斯特对哈尔斯和伦勃朗非常熟悉，用文字诠释过他们的艺术，并像他们一样擅长刻画老年人，于是，埃尔贝兰夫人出现在《重现的时光》里，成为普鲁斯特老年人群像中的一位。

《波托卡伯爵夫人的沙龙》一文发表在1904年5月13日的《费加罗报》上。此文开篇向普鲁斯特最喜欢的两部小说《卡迪尼昂王妃的隐私》和《巴马修道院》致敬，波托卡伯爵夫人就是这两部小说女主人公的再世真身，这就是说，她与盖尔芒特伯爵夫人非常相像，并且同她一样是个“随性女王”[①]。圣西门还将出场对伯爵夫人的文学形象予以补充。当她退隐到奥特伊[②]，与一群狗（她后来被这群狗咬了）一起生活后，她忠实的仰慕者们也追随而来，专栏作家马塞尔津津有味地铺排这些贵族来宾的名字，其中还插入了一个人物描写，即加布里埃尔·德·拉罗什富科，他是盖尔芒特一家的原型之一。接下来是文人和艺术家：莫泊桑（他曾爱过她，也爱过她的女友卡恩夫人）[③]、巴雷斯、布尔热、加罗（她以羞辱他为乐，我们将看到《追忆》里提过此人）、孟德斯鸠、福兰、哈恩、维多尔、福雷。她与奥丽阿娜一样有一群仰慕者，但她没有情人。文章以伯爵夫人的一句非常巴尔扎克式或非常盖

① “在她身上，永远都不知道下一分钟会发生什么。”（*CSB*, p. 494）

② Ibid., p. 492，拉罗什富科伯爵第一次前往朝拜后对他说：“那儿真是漂亮。在那周围还有什么新鲜东西值得一看吗？”她原来住在Friedland大街27号气派的波托卡公馆里。

③ 这两位夫人都是《我们的心》女主人公的原型（voir l'édition de M.-C. Bancquart, Folio, Gallimard, 1993, p. 20）。玛丽·卡恩还是布尔热的情人。博纳为她们二人画过肖像（巴约讷博物馆），博尔迪尼为伯爵夫人画过肖像，她们二人之间的关系也不寻常（还有她们的朋友施特劳斯夫人，ibid., p. 22）。Cf. p. 47：“在莫泊桑的小说里，女主人公德·比尔内夫人的姓氏颇有男性特点。”

尔芒特式的俏皮话结尾。伯爵夫人不喜欢此文，这让普鲁斯特摸不着头脑[1]，他永远都无法适应自己与笔下人物原型之间的种种误解。

文学批评同样遵循友情的法则。翻译罗斯金期间，罗贝尔·德·于米埃尔是普鲁斯特十分得力的助手，当他在法兰西信使出版社（罗斯金和开普林的著作均在此付梓）推出《岛屿与大不列颠帝国：英格兰、埃及、印度》一书时，马塞尔在1904年8月13日的《艺术与珍玩纪事》上予以报道和评介。他赞扬书中的风景描写、艺术批评和人物观察的章节，称赞了译者对开普林的采访；而对书中的异国情调，普鲁斯特始终非常淡漠，因此未予置评。但在一个关键问题上，这两位朋友产生了分歧：于米埃尔把科学视为未来的发展方向和哲学的基础；普鲁斯特则认为，“由于只有普遍的东西才属于科学”，所以科学不能与艺术混为一谈，“艺术的使命，就是拾起科学综合所遗漏的具体的、个别的东西”[2]。在出于友情而作的一系列文章中，包括了1904年10月[3]所写的《安托万·比贝斯科亲王》一文，起因是比贝斯科的剧作《嫉妒者》在吕涅–波主持的作品剧场首演。在这篇未完成的文章中，读者将结识一位贵族兼剧作家，当时，他跻身于普鲁斯特过从甚密但如今已被忘却的一批作家之列，他们是“保罗·埃尔厄、乔治·波尔托–里什、特里斯当·贝尔纳、罗贝尔·德·弗莱尔、亨利·伯恩斯坦、加斯东·德·卡雅维、阿贝尔·埃尔芒”。比贝斯科的剧本取了一个普鲁

① *Corr.*, t. IV, p. 121.

② *CSB*, p. 495. 其实不言而喻，此处已经是《重现的时光》的美学，这种美学就是这样一砖一瓦地建设起来的。

③ 彩排是1904年10月6日进行的。普鲁斯特此文中有几个完整的段落被移到了Serge Basset的一篇文章中（《费加罗报》1904年10月8日），见*Textes retrouvés* 205—207页（Basset的文章）和351—354页（普鲁斯特的手稿），以及*CSB*, pp. 499–501。Basset把普鲁斯特未写完的部分（“关于演员 / 关于其他剧本”）补充完整了。我们看到，如同对费拉里一样，普鲁斯特并不拒绝把自己写的社交报道赠送他人，并且乐于充当社会新闻栏编辑和新闻公关的角色。

斯特式的标题[①]，它首先是一部以真实人物为基础的影射剧，其次是一部十八世纪风味的性格喜剧，刻画了“一个善于思考、充满人性光辉而又万分痛苦的灵魂，剧中回荡着昨天、今天、永恒的——尤其是明天的——呐喊”[②]。剧情分析之后，普鲁斯特充当记者对剧作者进行采访，比贝斯科解释说，他认为戏剧是高于小说的文学体裁，他最喜爱的两位作家是埃尔维厄和波尔托–里什。这是普鲁斯特最后一篇论戏剧的文章（并且是去世后才面世的）。他曾经酷爱这一体裁，并通过独幕剧、对话等方式尝试写作剧本；他将把自己对戏剧的酷爱转移给《追忆》的叙事者，让他爱上关于戏剧的一切，包括莫里斯柱上的海报和拉贝玛。

8月间，一个更为沉重的议题，使普鲁斯特在德雷福斯事件之后难得地再度关注政治，在1904年8月16日的《费加罗报》上，他发表了文章《大教堂之死：白里安政教分离方案的一个后果》。此文中阐述的立场，与他1903年7月29日向乔治·德·洛里斯说明的观点[③]非常接近。1919年将此文收入文集《仿作与杂写》时，他回忆说，写作此文的目的是“为了反对政教分离法案中的一个条文”，从白里安改革方案[④]的概述中他了解到，根据该条法律，国家将在五年之内将各大教堂改作其他用途。当时的政治气氛非常压抑。从1902年起，孔布政府一步步收紧前任瓦尔代克–卢梭[⑤]内阁相对温和的宗教政策，当年春季即决定禁止所有教会组织从事教育活动，1904年5月21

① 普鲁斯特后来在《自由作品》杂志上发表《嫉妒》一文。

② *CSB*, p. 500.

③ 见前文第九章，1903年。由于他已动身去航海旅行，所以没有时间修改校样。《费加罗报》负责人卡尔梅特和巴雷斯就此文向他表示祝贺（*Corr.*, t. IV, pp. 218–220）。1919年结集出版时，此文要比在《费加罗报》上发表的版本长一些，而报上发表的文章要比手稿长一些。见收入*CSB*的异文，pp. 772–783。

④ 普鲁斯特在报上明确指出，白里安的方案要比其他方案略好，“它无疑是某种派系思想的产物，但在某些方面确是高明”。

⑤ 瓦尔代克–卢梭于1904年8月10日逝世，普鲁斯特在给母亲的信中表示很悲伤（*Corr.*, t. IV, p. 213, 1904年8月11日），但让人觉得那是母亲的悲伤而不是儿子的。他的父母应该比他更加反对教权。

日召回了驻教廷大使尼扎尔。夏尔·佩吉1910年在《我们的青春》一书中所持的立场，与普鲁斯特相近：得胜的德雷福斯派由于教权主义持反德雷福斯的立场便反对天主教，这是完全错误的，我们从青年时代就投身其中的争取自由和共和的斗争因此而走上了歧途。在文章中，普鲁斯特以堪比基督徒阿纳托尔·法朗士——这是普鲁斯特所有文字中最具基督教情怀的一篇——的冷嘲口吻，想象出以下这个场景。天主教湮灭数个世纪以后，未来的某个政府试图让撂荒已久的大教堂重现生机。于是，政府将资助恢复天主教仪式，让它们比《帕西法尔》更加吸引人，学者们将重现发现宗教建筑物已经失去的意涵，“附庸风雅的人们成群结队”，前往亚眠、沙特尔、布尔日、拉昂、兰斯、博韦、鲁昂、巴黎等圣城朝圣，犹如拉维尼亚克的拜罗伊特之旅。但这一切都不足以恢复失传已久的仪式：“以上就是我们——倘若天主教不复存在，而学者们居然重新发现了天主教的仪式，艺术家们则努力为我们恢复这些仪式——想要说的话。”[①]由于天主教的存在，大教堂“不仅是我们的艺术当中最美的建筑物，而且是唯一一种始终保持完整生命力、一直用于最初建设目的的建筑物”[②]。让普鲁斯特害怕的法律条文允许政府随心所欲地将大教堂改作其他用途，如“博物馆、会议厅或游乐场”。然而，这位不可知论者——他仍然沉浸在罗斯金和马勒的教诲之中，沉浸在对大教堂的挚爱之中，在这种激情的驱使下，他曾考虑借用大教堂的建筑语汇，如“门

① *CSB*, p. 773, 发表在《费加罗报》上的版本。

② Ibid., p. 143.

廊、后殿的玻璃花窗”，作为小说章节的标题，他曾深夜在巴黎圣母院待了两个小时，只为观赏它的一扇大门——写道：“宗教仪式与大教堂的建筑和雕塑是不可分割的整体，因为它们都源自同一个象征体系。”[①]这篇文章集讨伐檄文和历史考据于一身，普鲁斯特还在文中引用了导师埃米尔·马勒阐释圣周六仪式与弥撒之意义的三页文字[②]，并援引波德莱尔[③]、勒南（对坎佩尔大教堂晚祷的描写[④]）和福楼拜[⑤]（“从现代情感角度”阐释临终涂圣油的意义）对文章予以补充。借用了《亚眠的圣经》[⑥]里一段对祷告座椅的精彩描写之后，普鲁斯特笔锋一转，用诗一般的语言描绘了把财产贡献给教会的捐赠者。在教堂当中，捐赠者或被刻成雕像，或被铸入在《追忆》中经常出现的玻璃花窗：“在花窗的底色当中，他们身上紫红、云青或海蓝色的长袍因锁住阳光而熠熠生辉，让透明的光线染上了色彩。突然间，五彩缤纷的光被释放出来，漫无目的地在大殿中四处游走，让大殿沉浸在它们晕忽忽、懒洋洋的辉煌之中，沉浸在触手可及的不真实当中。”[⑦]普鲁斯特忠实于历史，忠实于昔日的遗产，他指出，假如捐献者的愿望得不到尊重，“那么，按理说，死者将不会再庇护活着的人，而健忘的活人也将不再努力实现死者的遗愿”。他还呼吁能言善辩的饶勒斯——他已经以库宗的面目出现在《让·桑特伊》当中——站出来说话，而后，在文章的结尾处，马塞尔描绘了一幅涵盖法国所有教堂的画面，从而宣告了《贡布雷》的诞生：“当您行进在法国大

① Cf. ibid., p. 774：“对众多的教堂，我们可以说出耶稣对门徒所说的话：‘你们若不吃人子的肉，不喝人子的血，就没有命在你们里面。’（约翰福音VI, 53）救世主此类有些神秘而又如此深刻的话语，在这个新用法中，已经成为美学和建筑学的一条公理。”这是一个很有分量的自我剖白：普鲁斯特已经惯于给宗教文献赋予某种“新用法”（acception nouvelle），比如“永久的崇拜、圣体存在、亵渎，等等”（adoration perpétuelle, présence réelle, profanation, etc）。

② 《十三世纪法国宗教艺术》（1899），导言第一章。参见下文。这一理念是从马勒那里借用的，并经过了精彩的概括，它也完全适用于《追忆》：“还从未有过类似的场景，还从未有此如此巨大的科学、艺术和历史之镜，呈现在人的目光和智力跟前。”

③ “人穿过象征的森林 / 森林亲切的眼光注视着人。”（*CSB*, p. 147）

④ « La double prière », in *Feuilles détachées*（1892）.

⑤ 《包法利夫人》第三部第八章。

⑥ *CSB*, p. 777. 其中的树叶被比作加莱作品中的树叶，再次证明了普鲁斯特对这位艺术家的喜爱。

⑦ *CSB*, p. 149. 政论文章中并不必要的这一长隐喻表明，普鲁斯特已经找到了他的诗体风格。在后文中，他历数“手艺人，以及玻璃花窗上表现得卑微的捐赠者等等沉默的大多数”，这些忠实信徒曾执着地坚持听弥撒，如今却面临再也无法听弥撒的威胁。

地，无论是走在红豆草田间的蜿蜒小路，还是走在苹果园中行行果树礼让出来的‘美丽’大道，几乎每走一步，您都会远远地看到，高高的教堂钟楼笔直地指向乌云密布或阳光万里的天空……就在钟楼之下的教堂里，珍藏着由雕刀或画笔呈现的美丽而庄严的思想，也有许多思想……尚未成形，停留在建筑的线条状态……它们有足够的力量，把我们的想象带入它们向上迸发的光芒，或全部锁进它们向下坠落的曲线。”[1]普鲁斯特之所以提及教堂的艺术功用，是为了说服他的论敌们，教堂之美与它们的功能是不可分割的[2]，这一看法与1900年代的唯美主义，与孟德斯鸠、德泽森特的观点截然对立。

8月底，马塞尔接受《生活艺术》杂志就美术与国家的关系问题进行的调查采访[3]。记者莫里斯·勒布隆是埃米尔·左拉的女婿，他认为国家没有权力驯服艺术家的精神气质，抨击设在罗马的法国学院实施“世俗的暴政”。普鲁斯特则持不同意见，认为国家不具备这种能力。能够驯服一个艺术家精神气质的力量，首先是“比他更加强大的精神气质所具有的善的力量”，对马塞尔而言，达吕、法朗士以及罗斯金，都扮演过这一角色。“其次是懒惰、疾病、攀附所散发的恶的力量”，这是马塞尔改头换面的内心剖白。国家从来都扼杀不了莫奈，也无法窒息维亚尔，但艺术家像神经病患者一样，需要纪律约束。至于美术教育，只要交给莫奈、方丹–拉图尔、德加、罗丹等真正的艺术大师即可；莫罗和皮维·德·沙瓦纳也在美术学

① Ibid., p. 782.

② Cf. *Corr.*, t. V, p. 284.

③ *CSB*, pp. 495–498. 由于担心会触怒报纸的总编勒布隆，普鲁斯特并没有把他的答问寄给报社（*Corr.*, t. IV, p. 257）。

院培养了很多学生。普鲁斯特再次回到他一直珍视的观点（马尔罗也将采纳这一观点）：为了认识自己，我们首先应该遵从他人的指点。沙特尔和兰斯的雕塑家在创作这两处杰作时，还没有远离拜占庭的风格和程式。印象派的影响比罗马的影响要霸道得多："最大的暴君是热爱。当我们还不具备独特性的时候，就会放低身段学习自己喜爱的东西。因此真相是，对艺术家而言只有一种自由，就是独特性。"①正如普鲁斯特对加布里埃尔·穆莱所解释的：维贝尔和布格罗只是他们自己，并不是被扼杀的莫奈或维亚尔②。这已经是在《重现的时光》中得出的重要论断："如同埃尔斯蒂尔和夏尔丹，我们所爱的东西，只有抛开它才有可能重新做出来。"③普鲁斯特就这样在一篇接一篇的文章中，使自己的美学思想逐步定型。在写给陌生人的平常信件中，他也不忘阐述自己的美学观点："当代最优秀作家创作的作品也往往存在很多不足，比如，思想的独特新颖不足以弥补小说家才华的欠缺，或者纯抽象的论说通过小说情节被生硬地牵扯到作品中。"④他由此界定了自己所要避免的缺陷。同样是在书信中，他对美下了一个定义："美就是某种融合、某种透明的统一，其中的各项要素丢掉自己最初的面貌，集中起来按某种顺序排列整齐，被同一道光线所贯穿，相互在对方当中看见自身……我想这就是人们所说的大师手笔。"⑤

12月14日，马塞尔出于友情在《吉尔·布拉》杂志上发表了一篇"短评"，推介费尔南·格雷格的著作《维克

① *CSB*, p. 498. 我们会发现，普鲁斯特从未提及后印象派，也未提及纳比派画家（指1890年左右的法国独立派画家。——译者注），他对这两派都不熟悉。

② *Corr.*, t. IV, p. 257.

③ *RTP*, t. IV, p. 620，参见十五人译本（七）346页。《重现的时光》中叙事者表示，他既不想重写圣西门的《回忆录》，也不想重写《一千零一夜》。

④ *Corr.*, t. IV, p. 135. 普鲁斯特此处想到的大概是巴雷斯。

⑤ Ibid., p. 156, 致德·诺阿耶夫人。普鲁斯特1904年6月记载，这是他头一次产生这个念头，他不知道如何予以表达。他向她透露了一个奇怪的内心隐情："只在生硬冷漠的人身上体味柔情，只对那些只爱您一个人的人们的情感作出回应，这是不公正的。但这种不公正完完全全属于我自己，我把它当成秘藏之宝，因为我没有友情，只有与窃贼签下的契约。"

多·雨果研究，兼论魏尔伦、人道主义、舒曼、马斯奈、德彪西、梅特林克等》[1]。诗人兼评论家格雷格让读者把雨果的每一行诗都“当作无价的宝石”，并在当代诗人身上找出雨果的痕迹。直到最后一句话，普鲁斯特才勉强流露出批评的意味：“在这部遭人忽视的大部头著作中，F.格雷格投入了自己最深沉的思想、最确实的感触、他整个的心和充满魅力的精神。”文章开篇第一句引用了马拉美的一句话[2]，紧接着马塞尔便说：“在他的著作中，这是最深刻和最浅薄的句子之一，面对他阴森森的诗句，这些最深刻和最浅薄的句子犹如阳光惬意的报复。”而那些阴森森的诗句，将被叙事者写在他准备送给阿尔贝蒂娜的游艇上。

① *CSB*, pp. 501–502. 普鲁斯特1904年11月27日致信格雷格做了进一步阐述（*Corr.*, t. IV, pp. 356–358）。关于梅特林克，他将来会继续回顾在此处阐述的论点：“我认识一些人，他们需要谈论奇迹或奥秘。在《亚眠的圣经》的序言里，我已经努力弄瘪一点有些与众不同的气囊。”普鲁斯特宣称要写一篇论梅特林克的文章，但我们未能得见（即使他的确写了）。

②“批评家就是掺和与己无关之事的人。”

日常生活

1904年上半年里没有发生什么大事，但将来的大悲恸已露出端倪：普鲁斯特夫人深受肾病的折磨[3]，最终将被尿毒症夺去生命。哮喘多次发作之后，马塞尔也想办法为自己治病。他去看过肺心病专家、拉奈克医院的梅克朗大夫（1852—1906），大夫说他的哮喘已经成为“一种神经性的习惯，唯一的治疗方法是住到专门的哮喘疗养院里”，有一家德国疗养院能使他改变这个习惯。马塞尔告诉比贝斯科：“我肯定是不会去的。”[4]

8月9日，就在玛丽·诺德林格把父亲的浮雕头像交

③ 马塞尔8月给她写信说：“你会有疼痛，肾绞痛……去年冬天你得的病。”（*Corr.*, t. IV, p. 213）

④ Ibid., p. 196, 1904年7月。他在社交场合遇到了罗马尼亚医生Vaschide，此人写了一部《从医学角度论梦的心理学》（1901），散布一系列“荒谬的医学理论”，无论别人说什么，他就会说：“这是神经质。”

给他的次日，马塞尔乘上火车[1]前往勒阿弗尔，这是他一生中最出人意料的旅行。因为这位乘客的习惯和举止太不寻常，所以此次游船之旅堪与巴斯特·基顿的喜剧相媲美。他登上游艇“海伦”号，游艇的主人是银行家、法兰西银行董事、马塞尔好友罗贝尔·德·比利的岳父保罗·米拉博，“一尊身体魁梧健壮、但脸蛋长得跟女儿一模一样的撒克逊神”，因此，马塞尔对瓦格纳的爱好、对相貌继承关系的特殊兴趣都得到了满足。这种大型游艇的魅力，倘使普鲁斯特没有亲身经历，埃尔斯蒂尔就不会说得头头是道：“一艘游艇，最动人的地方不在于游艇的内部陈设，或艇上人的衣着打扮，而是其中海上物品的简易、朴素……咱们那游艇美的地方就在于一色，简单，明亮，漆成灰色，阴天时显得蓝莹莹的，似奶油一般线条模糊……人活动的舱室必须像个小咖啡馆的模样。游船上妇女的梳妆打扮，也是一样。”[2]刚一上船，马塞尔的哮喘就急剧发作，他凌晨一点才回到舱室，吸了熏烟剂并服了安眠药，但因为无法脱衣睡觉，凌晨五点又登上甲板。船启航之后，哮喘渐渐平息。到了瑟堡，马塞尔每天晚上都计划次日返回巴黎，在凌晨三点就寝，到了早上再放弃返回的计划（而在以往的旅行中，旅程往往因他提前返回而缩短）。米拉博先生的身体也不太好，他听从这位体弱多病的乘客在心脏保养方面的建议，让船在瑟堡停驻下来（马塞尔有意上岸写作但未能如愿，乘着多桨帆船出海也没有让他更加开心：他“有点害怕”）。普鲁斯特喜欢与

① 马塞尔告诉母亲旅行的情况（ibid., pp. 209–213, 1904年8月11日）：“由于一直有流通的空气，所以没有发生任何哮喘或气闷。”罗贝尔·德·比利在其《书信与谈话》一书中亦谈及此次旅行，并在书中发表了后来被多次复制的三张照片：马塞尔戴着一顶船工帽，打着手势高谈阔论（几天前，同样的手势打碎了诺阿耶伯爵夫人的一尊塔纳格拉小雕像）。

② *RTP*, t. II, p. 252，参见十五人译本（二）460页，周译本（二）456页。普鲁斯特的灵感既来自自己的回忆，也来自埃勒的画作（也许还有谈话）。

水手们聊天，让他们讲自己的生活经历。游艇的其他乘客则待在船上，他们是福图尔夫人（她后来嫁给了利奥泰元帅）、美貌的雅克·福尔夫人、奥伯康普夫小姐、比利夫妇（“哥们”罗贝尔和他“迷人的”妻子）。尽管每天晚上都想着第二天就离开，但马塞尔对游艇上的生活很着迷。因此，他随船先后去了格恩西岛、圣马洛、迪纳尔（游艇在海湾里停了两天）和迪南。8月14日晚上，经过了六天几乎没有睡眠的旅行和八个小时的火车之后，马塞尔精疲力尽地回到巴黎，此时母亲正在埃特勒塔，他只好独自一人待在空旷、潮湿、没有电的家里，但脑海里满是“自然或人类的”[①]美好景致。多年以后，叙事者想送给阿尔贝蒂娜一艘游艇[②]，就是他关于此次旅行的最后记忆。

这年夏天他没有到其他地方去。他错过了开往埃夫勒的火车，他本想到那儿去见阿尔布费拉，但哮喘仍然如期而至，每当他特别失望的时候都是如此[③]。他考虑过其他度假地，条件是既要安静又不能太孤独，空气要好，还要能工作。迪纳尔？迪耶普？还是特鲁维尔？在这些地方，他担心一到晚上，忧伤的情绪和“已经消失的紧张状态”会再度袭来[④]。还有，到了冬天，为什么不去布列塔尼，或埃维昂和沙慕尼，或者布洛涅省，或者意大利湖区呢？但他没有考虑“真正的南方”，他终生没有去过那个地方。还有阿尔及利亚的比斯克拉，这是比利推荐的，但如果发生窒息该怎么办呢？“而库塞尔街45号自有它的魅

① Cf. *Corr.*, t. IV, p. 217; et p. 225：“我所达到的效果，就是魏尔伦某个人物的幻想成为现实：他想踏上海的波涛 / 像一缕轻风拂过晴空……”

② 米拉博先生的游艇，出海期间每月保养费是2.5万法郎（ibid., p. 212），阿尔贝蒂娜的游艇每年要花费20万法郎。

③ Ibid., p. 240, 1904年9月4日。

④ Ibid., p. 266：在《少女》中的巴尔贝克还会遇到这种情况。另，在《斯万》第三卷中，有少年的叙事者在神游四方之际突然发烧的情节（*RTP*, t. I, p.,参见十五人译本［一］389页）。

力。”“可悲的”健康状况、对外出旅行的恐惧和对阳光空气的需求，马塞尔在这三者之间无所适从，让他有点“打不起精神”，更“使他非常气恼”[1]，他写信给母亲说：“我越往深处想，心情越灰暗。”[2]的确，在思想和艺术领域，他表现得多么坚定和果断，在日常生活中，他就有多么踌躇和犹豫；对多种假设进行综合归纳、辩证分析的能力，使他在思想领域游刃有余，而同样的品质，让他在平常生活中吃尽了苦头。普鲁斯特夫人独自去了迪耶普，在那儿她感觉到冷，像《贡布雷》中的外婆一样快走锻炼身体，夜间则像儿子一样盖四层被子外加鸭绒暖脚被[3]。马塞尔把身体的种种不适（他想去看迪布瓦[4]医生的念头让他心情激动，从而引起各种不适）一五一十地告诉母亲，同时他也清楚这种琐事“令人心烦”：“假如一个小时以后能感觉正常，我会很后悔曾发出呻吟。”他还引用了这样一句话：“殉教者的欣慰在于，他们为上帝受苦，上帝能看见他们的伤。”[5]他趁这个时候试图恢复正常作息时间，甚至不惜放弃了跟朋友吃饭的机会；他喜欢与朋友们一起吃饭，但这会妨碍他早些就寝。

他跟所有巴黎名流一样，拿六十岁的《高卢人报》主任阿尔蒂尔·梅耶尔迎娶二十四岁的玛格丽特·德·蒂雷纳一事寻开心：“梅耶尔仿佛醉了。他把自己的婚讯‘通知’了各国君主，或至少通知到公爵……他遇到巴雷斯，便问：‘我要去凡尔赛，要不要代您问候我的表亲路易十四？’”[5]他还为路易·德·阿尔布费拉结婚一事操

① Ibid., p. 270.

② Ibid., p. 265, 1904年9月16日。

③ Ibid., p. 278.

④ 给费尔南·格雷格进行治疗的神经科医生，著有《心理性神经官能症及其精神疗法》，德热里纳教授作序，马松出版社1904年出版。

⑤ *Corr.*, t. IV, p. 280. 菲利浦·科尔布把这些症状与习惯（比如起床让“热度降下来”）比作迪·布尔邦大夫所谈论的某个病人的症状或习惯：“这个怕感冒而不敢扭动脖子的人是当代最伟大的诗人。这个有怪癖的可怜人是我认识的人中最聪明的一个。”（*RTP*, t. II, p. 601, 参见十五人译本［三］301页）这段描写疾病和艺术的精彩篇章，就是从马塞尔本人的紧张焦虑中生发而来。

⑤ *Corr.*, t. IV, p. 246, 1904年9月9日，致雷纳尔多·哈恩；10月中旬给吕西安·都德的信（p. 315）讲了同一件趣事。关于阿尔蒂尔·梅耶尔，见其回忆录，以及巴雷斯的 *Mes cahiers, op. cit.*, pp. 214–216。

心，送给新郎一盏帝国纪功柱样式的灯（暗示第一代阿尔布费拉公爵叙歇），他送出的礼物总是如此妥帖！可惜，婚礼当天他因生病未能到场。同时，他得出面安慰路易莎，还得让新婚旅行中的路易对情妇的状况感到放心。路易回赠给他一只刻着M. P.字样的手杖。11月14日，他倒是参加了吉什公爵与埃莱娜·格雷菲勒在玛德莱娜教堂举行的婚礼，婚礼上演奏了福雷的《主日弥撒选段》。在参加婚礼的队伍里，所有的人都看到，格雷菲勒伯爵夫人的风度和美貌盖过了自己的女儿；她曾把女儿的诗念给马塞尔。在托莫利城堡度蜜月期间，吉什给马塞尔寄了一张印有莫莱教堂的明信片，得到的回答是："居然认为我连莫莱的教堂都不认识，真是大胆！我熟悉西斯莱画的教堂[①]，这是他画的最美的东西！"[②]马塞尔趁机索要伯爵夫人、吉什[③]、马蒂厄·德·诺阿耶等人的照片，后来小说的叙事者也有同样的癖好。在写作小说时，普鲁斯特会仔细端详揣摩他收藏的这些照片，用它们校正记忆，启发故事情节和人物形象，凸显欲望、梦想和现实之间的反差。此时，他的朋友们都在三十岁上下，纷纷准备结婚，欧仁·富尔德也将迎娶玛丽–卡西莉娅·德·斯普林格，马塞尔致信表示祝贺，以嘲讽的口吻掩饰他的酸楚："有时嘲讽是内心深处之温情的幌子。"[④]

12月7日，马塞尔去看了医生，这对他来说可是件新鲜事儿。这一时期，他找了迪布瓦、利诺西耶、比泽等医生。14日，他想去看呼吸道专家莱昂·费桑，但真实目的

① 现藏小宫博物馆。Catalogue de l'exposition BN 1965, nº 287。

② *Corr.*, t. IV, p. 349.——译者注

③ 吉什给他寄了一张照片。普鲁斯特12月12日回信表示感谢（ibid, p. 382）："（照片）和您本人很像，对巩固健忘之人的记忆而言非常珍贵。"

④ *Corr.*, t. V, p. 86. 欧仁·富尔德，即富尔德–斯普林格男爵（1876—1929）；婚礼于1905年4月12日在维也纳举行。后来他的女儿嫁给普鲁斯特另一位朋友罗贝尔·德·罗斯柴尔德的儿子。

是想咨询该不该去找神经科专家德热里纳教授（马塞尔深信自己的哮喘是神经性的）[①]。他知道德热里纳教授会建议他“到某个神经科疗养所”静养一个月，但他下不了去疗养的决心[②]。他还考虑下一年前往蒙特勒，去找正在给施特劳斯夫人治病的维德梅尔医生。在《芝麻与百合》的注释中，他引用了迪布瓦的理论，这个人物更接近小说里的迪·布尔邦而不是戈达尔[③]。普鲁斯特似乎认识欧洲所有的神经学家，但直到母亲去世之后，他才下决心住院治疗。在《重现的时光》中，疗养院是一个不时出现的主题。对自己的病，他明显比以往更加担心，为此重读了布里索的《哮喘患者的保健》一书，但这并没有给他多少宽解，因为书中说“每一次哮喘发作都会对身体的某处造成损伤，从而加快病人的死亡”[④]。尽管书中有这么多骇人的内容，马塞尔仍然喜欢这位英俊、迷人的布里索，因为他性格中具有某种“屈打成医”的成分，“只有打他一顿他才肯谈一谈医学”[⑤]。马塞尔从他身上获取了迪·布尔邦的性格素材，以及对于“不信医学的医生”的思考。他度过了一个凄惨的圣诞节，因为病得很重，他无法应邀到费尔南·格雷格家里做客，他想象着格雷格的家隐藏在薄雾之中，“黑暗中有一个马槽”[⑥]。他有一个奇怪的习惯，拒收新年礼物，今年也不例外[⑦]。与很多病人不同，马塞尔不喜欢收到礼物，不喜欢占有任何东西（甚至书籍），看过那么多收藏因而更不喜欢收藏：一切都在脑子里，或在博物馆里。幸福既不取决于他人，也不靠身外之

① Ibid., t. IV, p. 389.

② Ibid., pp. 401, 403. Cf. p. 404：“我时常去看医生，他们建议我去外地。我是不会去的，但我每看一次医生之后，都要完全卧床好几个星期。”这是他12月12日在信中告诉施特劳斯夫人的，她本人也是神经衰弱症患者。德热里纳1914年发表《神经系统疾病症候学》，配有560幅表格和3张图版。另见E. Gauckler, *Le Professeur J. Déjerine 1849–1917*, Paris, 1922。

③《芝麻与百合》, p. 106：“如今迪布瓦医生言之凿凿地说，胃不好的人一定是悲观主义者。”

④ *Corr.*, t. IV, p. 395 et n. 8, p. 397.布里索1895年发表《神经病学教程》，从中可以看出夏古的影响。

⑤ Ibid., t. V, p. 318, 1905年8月，致德·诺阿耶夫人；这是在他找布里索看病之后写的。

⑥ 大概是歪引马拉美的诗句“晦暗中的一朵玫瑰”（ibid., t. IV, p. 407）。

⑦ Ibid.但实际上，我们在前文中看到，他接受了母亲给他的典藏版《罗斯金全集》，可能是因为它对工作有用，他喜欢书中“精美的新插图”并在后来加以利用。

物。他甚至可以说自己过着“苦行僧”般的生活。

交际

“苦行僧式的生活”随即被一次晚宴打断。1905年1月5日，马塞尔设宴为即将动身重返圣彼得堡的费纳龙送行[①]，他以巴尔扎克喜欢的方式，把老朋友召集到一起：哈恩、比贝斯科、加布里埃尔·德·拉罗什富科[②]、拉齐维乌、热内·培德、吕西安·都德（跟随吕西安来的阿尔贝·弗拉芒说，东道主“因为困倦而目光滞重”，还说马塞尔“是法语讲得最好的人之一，但极少动笔展示他的法语水平”）。他一直向往组成一个全是男性的小团体，如同巴尔扎克所写的十三人、巴尔贝·多尔维利《魔女记》中的晚宴、东锡埃尔的军人和《盖尔芒特家那边》布洛涅森林中岛上餐厅里的四个人，所以他举行的大多数晚宴都是按照英国人的习惯来决定邀请何人出席（这种做法在1900年代已比先前更加常见，甚至在贵族阶层和俱乐部里已相当流行）。也许是为了更充分地享受俱乐部里男性社交的氛围，他申请加入联合俱乐部，但他受到的待遇与哈斯、斯万、盖尔芒特公爵全然不同，这家俱乐部没有接纳他，这很可能是由于他在德雷福斯事件中所持的立场[③]。3月6日，他举行茶会招待他的贵族朋友，邀请了吉什夫妇、克莱蒙–托内尔夫妇（没有出席）、艾默里·德·拉罗什富科伯爵夫人、格拉蒙公爵夫人（她

① 第一个提醒我们关注这场晚宴的是菲利浦·科尔布，迪斯巴克和杜歇纳随后也都写到了这场晚宴，杜歇纳复制了科尔布提供的阿尔贝·弗拉芒发表在《巴黎回声报》上的报道（ibid., t. V, p. VI）。

② 当此人的小说1月份出版时，普鲁斯特试图得到评论小说的文章，或自己写一篇。

③ 这是让·贝罗（ibid., t. VIII, p. 41）告诉他的。1908年4月30日，吉什公爵让他加入了一家马球俱乐部（Polo de Bagatelle），因此，在他获得龚古尔奖之后，一家英国报纸要他提供一张身着马球服的照片。

不久后就去世了）、拉齐维乌、奥松维尔夫人。他还邀请了好几位作家：法朗士、罗德、巴雷斯，但没有请孟德斯鸠，惹得他很不高兴。盖尔纳夫人和哈恩演唱了歌曲。马塞尔事后说："这场茶会要了我的命。"他还说，雷纳尔多与咖啡馆表演明星弗拉格森一起做的宵夜再次要了他的命[①]。弗拉格森直到凌晨三点半还在演唱，普鲁斯特由于呼吸困难，只好回家。6月初，读到诺阿耶夫人新出的小说《摆布》，让他深受震撼。一对嫉妒且不幸福的男女同游布鲁日和荷兰的故事，也许让普鲁斯特想起了他与费纳龙1902年的北方之行。他给作者写了不下五封信以表示衷心的钦佩。上一年的7月，他弄坏了她的一尊塔纳格拉小雕像[②]，此后几乎不敢再见她。现在既然已经得到原谅，他便在6月10日重新登门拜访，并且在她家里与巴雷斯重新和好，同时"毫不客气地与他争论政治与道德问题"[③]。之前他与巴雷斯因德雷福斯事件而分裂，他告诉母亲，巴雷斯就自己对政府总理鲁维耶、皮卡尔和拉博利的所作所为向他作了辩白，"不过都不成立"。他每次外出，回家时病情都会加重，于是他用黑色幽默向无法见面的朋友保证说，他们的葬礼，他是一定会去的[④]。他难得有高兴的时候，所以引用尚福的话说："幸福不是一件容易的事。人很难在自身找到幸福，更不可能在别处找到幸福。"[⑤]整整一年当中，他都在筹划去住院[⑥]，看了很多次医生，直到7月28日，布里索建议他去看索利耶医生——专家们已经把相互介绍病人的艺术完善到如此

① "我在咖啡馆演唱会上欣赏到艺术家——可敬的歌唱家和朗诵家保吕斯、马约尔、弗拉格森——的表演。"（*RTP*, t. II, p. 1098, *Guermantes*, Esq. XI）Cf. t. III, pp. 1713, 1714, 叙事者哼唱马约尔和弗拉格森的曲调。弗拉格森（1869—1913，我们不清楚他是英国人还是比利时人），嗓音灵动、诙谐、热忱，在当时最有名气的咖啡馆歌舞厅、贝尔热游乐场以及社交沙龙中演出（演唱曲目有"Les souliers de ma voisine""L'amour boiteux""Si tu veux Marguerite"等等）。

② 她家人一直保留着这尊小雕像，并在一次普鲁斯特展览中展出过。

③ *Corr.*, t. V, p. 213.

④ Ibid., p. 331："于是他们都更愿意挽留我尽量晚些再离开，而说到葬礼，他们当然更愿意是他们自己拨冗参加我的葬礼。"

⑤ Ibid., t. V, p. 330, 1905年8月5日。

⑥ Ibid., p. 337, 8月，致孟德斯鸠："我真应该离开十次……在疗养院里待上更长的时间。"

地步——到了12月，索利耶医生终于让他住进了自己的疗养院。

文学方面的工作

1905年春，我们看到他从3月起重新投入工作，为《芝麻与百合》作了注释，"为了核对引文"（引文其实都在他的脑子里），他向乔治·德·洛里斯借了好几本书，其中有梅特林克的《蜜蜂的生活》和《智慧与命运》。关于梅特林克，他原打算写一篇文章，最后文章虽然没有写成，但他作了一条长达四页的注释[①]，阐述了关于意象和风格的理论："我们明显感到，作家的成长并不是因为思想的发展和成熟。结论是，风格之美说到底是非理性的。"他借的书还包括阿纳托尔·法朗士的《吾友之书》（引用了其中颂扬激情的内容[②]）、约翰·斯图加特·穆勒的《我的回忆》[③]，以及他最喜欢的小说家之一乔治·艾略特的《亚当·贝德》。另外，为了说明罗斯金对"精心选择的某些字眼"的推崇，他找来弗罗芒丹的《撒哈拉的夏天，萨赫勒的一年》[④]。出于消遣，普鲁斯特写了一首仿雨果的长诗，把弗兰克、福雷、蒙特威尔第和瓦格纳串联在一起，他把诗寄给了政治学院时期的老师，历史学家兼诗人、音乐家阿尔贝·索莱尔，信的末尾

① 《芝麻与百合》，法兰西信使出版社，1906年，79—82页。普鲁斯特从罗斯金一个关于"国王与国后"和伪崇高的形象出发，以他刚读过的梅特林克著作《埋没的寺院》中一个章节为依据，主张摒弃这些伪崇高，摒弃这些似乎能表现伟大思想的形象，代之以一个独特的形象，它表达"这样一个平常的理念，即世上时有偶然性的正义"："比如说一个盲人向人群射出一支箭，恰好射中一个弑父者。"在这处引语中，普鲁斯特联想到迪里·鲍茨或勃鲁盖尔的画面；但同时，且是无意识地，他联想到俄狄浦斯情结和负罪感，这是他从1907年《一个弑母者的亲子之情》起逐步深化展开的主题，直到《重现的时光》结尾，叙事者由于自己导致深爱之人死亡而自责，并甘愿为此受到刑罚。在他模仿梅特林克风格的仿作中，这一点表现得更为明显，假如我们把两个宾语重叠起来，那么这支箭射中的恰好是一个"双性人"（*Textes retrouvés*, p. 78；*CSB*, p. 199）。

② 《芝麻与百合》，116页；特别是如下一段："我们不应忽视激情。世上的丰功伟业均从激情中来……激情，是人类精神财富之全部。"普鲁斯特将其与罗斯金的观点等量齐观："我们的尊严与我们的激情严格地成正比"，并把"尊严"一词与波德莱尔《灯塔》一诗的著名段落相类比："主啊，这确是我们能为人类尊严/做出的最佳证明/这发自肺腑的呜咽之声代代相传……"

③ Ibid.，78页注2。罗斯金已经断言，我们今天未能读的书，明天也不会读，因为生命短暂。普鲁斯特遂以穆勒的例子支持这一论点：穆勒三岁学希腊语，八岁即能诵读希腊大作家的作品；但他随即又举出反例，包括丹纳的随笔（"丹纳在文中表明，闲适才是精神产出最为丰饶之时"）和乔治·艾略特在《亚当·贝德》（52章末尾）中对古老的闲趣的赞颂。

④ Ibid., p 90. 普鲁斯特——也许是因为担心自己与他相像，他不喜欢弗罗芒丹——在其《撒哈拉》一书的序言里也发现了对简朴用词的赞颂，但同时指出，在弗罗芒丹的著作里，这样的用词只造成了干涩且贫乏的风格。

谈及“巴尔贝克”的风景[1]。频繁地看医生也给他诸多启迪，因此他写了一条注释，堪称对当代医学最精彩的全景式概括[2]：“当代医学似乎即将向我们指出……‘所有人皆生于精神’[3]，并且精神会继续调节我们的呼吸（参见布鲁热尔曼关于哮喘的著作）、消化（参见伯尔尼的迪布瓦医生所著《心理性神经官能症》等著作）、运动协调性（参见加缪、帕尼耶著，德热里纳作序的《孤独与心理治疗》）……在每种功能性紊乱中，他们都感觉到了灵魂的作用，所以为了治疗身体的疾病，他们要从灵魂入手。”于是，身心医学（médecine psychosomatique）取代了实证主义（我们没有提及弗洛伊德，普鲁斯特与弗洛伊德对对方都一无所知）。普鲁斯特在此处以抽象的方式表达的思想，在《追忆》中是借助医生和病人（尤其是外婆）等人物来表现的。

① *Corr.*, t. V, p. 98，1905年4月9日：“诺曼底乡下的气味……哥特式塔楼的阴影……浮现在我脑海中的从卡昂到翁弗勒尔路上的一座座果园。”

② 《芝麻与百合》，106页。

③ 约翰福音，第三章8、9节，罗斯金所引，105页。

4月21日，他重新拾起译序《论阅读》的写作，检查和补充了一些细节；同时到处寻找英国“红枫”家具店的目录和威廉·莫里斯的著作，因为这家家具店实践了莫里斯的理论：美永远是有实际用途的。“假如依据这个理论进行评判，那么我的房间毫无美感可言。”[4]他还让人去找一本若阿纳或巴德克尔关于荷兰的旅游指南，实际上，他在序言中虚构了一个学者前往荷兰一家修道院寻找真理的旅行故事：真理本应从自身获得，但这位学者却认为，真理就在乌特勒支附近的一家修道院图书室所藏的一部对开本之中。虽说旅行的细节录自马塞尔本人的荷兰之旅

④ 此处不再像《让·桑特伊》当中那样说的是一位修女；《芝麻与百合》，38—40页。

（或旅游指南），但正如他在注释中所说，寻求真理之旅这一主题的灵感，来自莱昂·塞谢所写的圣伯夫寻求真理之旅①。这表明此时他已经断定，圣伯夫的方法是站不住脚的。到了5月份，他继续就荷兰的事情向克鲁瓦塞刨根问底，这表明注重准确性是他一贯的性格，他不属于那种能在一个月或者一年之内写出一本书的作家②。5月15日，在《拉丁复兴》上读到卡米耶·莫克莱的文章之后，他在《论阅读》一文的清样上补充了一条关于罗丹的注释③。6月，他为《芝麻与百合》写了一条关于作品结构的长注释④：在讲座的结尾，罗斯金显然按照自己特有的思路，要求听众与他一起“作一个回顾，达到最后的高潮”。普鲁斯特不停地搜集文献资料，甚至在晚上继续阅读那些“枯燥沉闷”的东西。他因此对这种必需的训练（它不仅对“神经病”而且对艺术家都是必需的）有了切身的体会：“休息、看书、与妈妈亲密无间地一起做研究，我的生活非常舒适温馨。”⑤三个月之后，这种生活就将永远结束了。

普鲁斯特在5月7日的《费加罗报》又发表了一篇“沙龙”专题（这是他3月28日就答应卡尔梅特的⑥）的文章《盖尔纳伯爵夫人》，署名埃科（意为“回声”女神）⑦。他认为这位夫人（她与哈恩一起在普鲁斯特家里演唱过歌曲）“在健在的女歌唱家中，应位列第二或第三”，她的嗓音不仅纯净，而且“充满灵性”，仿佛蒙蒂切利（他多次提及这位画家并自称非常爱他⑧）的月下景

① *Sainte-Beuve*, Mercure de France, 1904, t. I, p. 229 *sq*. 普鲁斯特后来以讥讽的口吻，整段整段地向施特劳斯夫人讲起此书中关于圣伯夫与马塞利娜·德博尔德－瓦尔莫尔之间关系的内容（*Corr*., t. V, pp. 120–122）。

② Ibid., p. 117，4月27日，他写信给罗贝尔·德·比利：“自从上次见面以来，我工作得很辛苦。”28日致信施特劳斯夫人（ibid., p. 119）：“两个月以来，趁哮喘没有发作的间隙，我工作得十分辛苦，甚至没有在家中接待朋友的来访。”

③《芝麻与百合》，52页注1：“罗丹先生，希腊雕塑的真正讲解员。”“只有浪漫派或者说现代派，才能读懂古典派的作品。”普鲁斯特在序言中说，普通观众都来参观维亚尔——普鲁斯特在世纪之初的几年间经常提及这位画家——和莫里斯·德尼的作品展，而他们二位则前去参观卢浮宫。马尔罗也持这种观点。

④ Ibid., pp. 61–63.

⑤ *Corr*., t. V, p. 147, 1905年5月中。

⑥ Ibid., p. 95.

⑦ *CSB*, pp. 503–506.

⑧ Cf. ibid., p. 444；*Corr*., t. VIII, p. 285–288，1908年，致乔治·德·洛里斯，当时大宫正在展出这位艺术家的一百八十幅油画。

色，但同时，她还具备堪与拉帕蒂媲美的技巧，完全能够胜任《塞弥拉弥斯》当中的二重唱。哈恩的歌剧《以斯帖》中的合唱，就是在盖尔纳夫人位于博斯凯大街3号的家中排练的。“这也许是雷纳尔多·哈恩先生迄今为止最美的作品，圣经故事和拉辛悲剧之美在音乐中得到了完整地呈现和强化。”[1]6月8日，他出席了雷纳尔多作曲的《以斯帖》在博斯凯大街22号贝阿恩伯爵夫人府中演出大厅举行的首演[2]。马塞尔还在另一处记载了雷纳尔多在自己家中演唱此剧片段时的感人场景：母亲哼唱着“她最最喜欢的《以斯帖》……‘他怒气已经平息，他宽恕一切’，这是雷纳尔多为《以斯帖》写的绝妙的合唱”。“就在壁炉旁边那架小钢琴上，他第一次演唱这些合唱曲目，当时我躺在床上，爸爸悄悄进来坐在扶手椅上，妈妈一直站在那里，倾听他动人的歌喉。妈妈怯怯地试唱合唱曲中的一段旋律……她的表情里铭刻着基督教徒的温情和冉森教派的顺从，而她脸上犹太人特有的美丽线条，让她成为以斯帖本人。”[3]于是我们看到，为《费加罗报》写这些不敢署真名的文章，锻炼了他的写作技巧，等将来小说家普鲁斯特要描写某个沙龙的音乐会时，他只需回忆起曾经运用的技巧即可。而每当想起妈妈，他就会在小说中提及《以斯帖》。

但是，即便普鲁斯特想逃避社交生活，社交生活也会找上门来：孟德斯鸠对他称病而好几次错过自己的作品朗诵会非常恼火，遂向马塞尔表示，要来他家里办一场朗诵

① *CSB.*, p. 506. 见*Corr.*, t. V, p. 150：“德·盖尔纳夫人府上的《以斯帖》演出，我一次都没有去成。”Ibid., p. 174, 致雷纳尔多·哈恩。

② 据雷纳尔多·哈恩致玛丽·诺德林格的一封信，菲利浦·科尔布曾提及此信，ibid., p. 14。

③ *CSB*, éd. de Fallois, 1954, pp. 127–128. 参见《驳圣伯夫》，王道乾译本56—57页，沈志明译本53—54页。所以说，在《追忆》中频频出现《以斯帖》，隐含着对普鲁斯特夫人的思念。

晚会。我们不难想象，这个滑稽情形让马塞尔哭笑不得，他借此机会邀请了几个朋友，但来宾名单是他与这位冒失的朗诵者一道仔细研究敲定的①。晚会于6月2日举行，伯爵朗诵了自己的新作《以美为业》的第十四章，内容是已故的沙龙女主人奥贝侬夫人的漫画式肖像描写。这一章的标题是《铃铛》，因为这位夫人有一个习惯，每次晚宴的谈话要事先确定一个主题，她要用这个“铃铛”提醒来宾遵守秩序。正是在她的沙龙里，马塞尔结识了波齐教授、布罗沙尔教授、多阿臧男爵（马塞尔向忧心忡忡的孟德斯鸠解释说，多阿臧才是夏吕斯的原型）。马塞尔还曾乘“小火车”前往奥贝侬夫人在卢孚仙纳的宅邸。作为维尔迪兰夫人的主要原型之一，奥贝侬夫人就这样在众人嘲讽的目光下鲜活起来。晚会过后，尽管哮喘持续了“三十个小时”，马塞尔仍然强撑着为《高卢人报》以及《纽约先驱报》的“本地新闻”栏目写稿②。但他希望做得更完美，即正式写一篇文章。这篇文章在6月中“完成了腹稿”③。

这篇以《美学导师》为题的文章最终发表在8月15日的《生活艺术》杂志上。在这篇6月末即告完稿的长文里④，读者不仅看到一幅孟德斯鸠的肖像，而且读到一篇罗斯金与孟德斯鸠的“比较列传”、一篇艺术批评和一部艺术哲学论。此文与不久前刚刚完成的《论阅读》一样（其中有部分内容重合），是普鲁斯特在《驳圣伯夫》之前最重要的美学论著之一。文中的孟德斯鸠首先是一位词

① 1905年5月17日，孟德斯鸠致信普鲁斯特（*Corr.*, t. V, p. 153）：“既然您无法出门，那么为表达我的友情，我前往贵府朗诵拙著的一个短章，您意下如何？既然此章所写系奥贝侬夫人肖像，那么来宾将在熟悉她的人中选择。”另见ibid., pp. 175-178, 由普鲁斯特建议而其中大部分被孟德斯鸠拒绝的来宾名单。佩因特把关于奥贝侬夫人的所有文字和当时的主要回忆录一网打尽，为这位阿尔托尔格街的女主人描绘了一幅光彩照人的肖像（135—143页）。

② *Corr.*, t. V, p. 208, 一篇十三行文字的报道。孟德斯鸠亲切地把他的书，“这座小礼拜堂/献给马塞尔·普鲁斯特/献给我们亲爱的/‘大教堂通’”。于是《巴黎回声报》上，又有了一篇“回声”（即社交报道）。

③ Ibid., p. 227.

④ *CSB*, pp. 506-520.

源学的大家，他熟知每个词的源流谱系，读者从中不难猜想，《追忆》中不厌其烦地探讨词源的主人公，当年是怀着多大的兴趣聆听这位“亦师亦友”的大师谈起字词的来龙去脉。他与罗斯金一样，无所不窥，无所不知[①]：在卢浮宫里，他认得皮萨内罗所作埃斯特公主肖像上的花名叫耧斗菜[②]。在文章中，普鲁斯特想象孟德斯鸠与巴雷斯、雷尼耶、梅特林克一道入选法兰西学院（其实孟德斯鸠、梅特林克与普鲁斯特都未能入选），也趁此机会透露了孟德斯鸠伯爵刻薄、亢奋、热烈似火的性格，读者可从中看到此君已经具备了夏吕斯的诸多特征[③]。实际上，孟德斯鸠作品中最有价值的部分始终是艺术批评，他的艺术批评与弗罗芒丹完全不同，它能让我们“看到”一个画面。这是因为，在他的分析背后隐含着一种哲学[④]。而罗斯金比伯爵高明的地方在于，在长达五十卷的著作中，一直贯穿着某种“始终不变的、超越群伦的意图”，即“这种对普遍之美的论述在某种程度上具有浑然天成的统一性”[⑤]。然而直到今天还没有人注意到，《女囚》中关于十九世纪巴尔扎克、瓦格纳、米什莱等人艺术杰作的论述，在此处已经萌芽，这几位作家与普鲁斯特有一个共同特点，即在卷帙浩繁的系列作品中体现出非凡的统一性。但是这篇文章并没有给伯爵更多快乐：他的密友兼秘书伊图利久病之后终告不治，已于7月6日去世。弥留之际，伊图利断断续续地说道：“但凡我能……活下去，将是……为了……让我如此……着迷的……美……好。”[⑥]此时，马塞尔仍在

① “对精确的、特点突出的细节异乎寻常的仔细观察。”（ibid., p. 517）普鲁斯特记取了准确性这一课，但将摒弃技术性术语，戈蒂耶小说《弗拉卡斯上尉》中的技术术语就让他非常反感：“我们被卷入一个漩涡，在这里，有时只有带上字典才能继续冒险。”同样，他批评龚古尔兄弟在《日记》中使用专业的绘画术语，如“（涂在已干油画上的）透明淡彩”（glacis）、“厚涂”（empâtements）等等。

② Cf. *RTP*, t. II, p. 511，参见十五人译本（三）206页。

③ 孟德斯鸠引用莫里哀的一句话，最后给了夏吕斯（*CSB*, p. 514, et *RTP*, t. III, p. 399，参见十五人译本［四］402页）。

④ 以及漂亮的画面。孟德斯鸠刻画像普罗米修斯一样被缚在岩石上的安格尔，不是因为他偷了火，而是因为他偷了“冷”。在《重现的时光》中，夏吕斯也将被比作普罗米修斯。

⑤ *CSB*, p. 512. 罗斯金对当代人（特别是惠斯勒）产生错误认识并不要紧；尽管普鲁斯特引用圣伯夫的看法用以反驳罗斯金（“关于拉辛和博絮埃，人人都是行家，但评判者的敢为人先，批评家的远见卓识，尤其体现在新的、尚未经公众检验的作品上”），但他原谅了罗斯金，同时赞扬孟德斯鸠对当代人的评判恰如其分。

⑥ R. de Montesquiou, *Le Chancelier de fleurs*, 1908, p. 209.

病中，遂打发母亲去探听消息。在吊唁信中，他说体会到了伊图利对伯爵情感中的“母性”成分[①]（犹如絮比安对夏吕斯的感情），体会到了伯爵对伊图利的情感中又有多少是纯粹的自恋。在回信中，伯爵则提及在《铃铛》一文的朗诵晚会上，普鲁斯特最后一次见到伊图利的情形，并说：“我这位令人敬佩的朋友看到我受到赞扬，再一次由衷地感到喜悦。”[②]他同时认定，马塞尔既然“与我们一同喜怒哀乐，所以肯定与我们梦寐以求的贴心人一样，对我们的情感感同身受，可以为我们保守秘密，保留我们充满叹息的回忆”[③]。然而就是这位贴心人，将来却未能让秘密烂在心里。

惠斯勒画展

6月15日，马塞尔前往美术学院参观惠斯勒作品展，这次展览集中展出了惠斯勒的油画、木版画、石版画等共四百四十幅作品，马塞尔很清楚，他将来不会再有机会看到这些画作了。展示区域包括一道楼梯、一个前厅、一间大厅和两间小厅，马塞尔画了两张展品分布图，以方便母亲前来参观；普鲁斯特夫人此时很有可能已经因肾病而感到身体倦怠。马塞尔建议母亲观看展现威尼斯的版画（“街道、院落、河道”：这是普鲁斯特将在《失踪的阿尔贝蒂娜》中透过惠斯勒的眼睛描写的威尼斯之行）。油画当中，他为母亲列举的作品有：“夜晚港口的船帆”[④]；

① “将来有一天能够谈一谈他，让人们更了解他，我会很高兴这样做。”伊图利既有些像莫雷尔，也有点像絮比安。

② *Corr.*, t. V, p. 292. 普鲁斯特曾提到这次晚会，如同把它放在某种真正的“慰藉”文学体裁理论中加以解说：“关于我们失去的某个亲友，一小段具体的、真实的回忆将是无价之宝，不管这部分有多么微不足道，它都仿佛为我们已经流逝的岁月增添了一分钟，从而丰富了往昔这个唯一的宝库。”至于生活，我们不应把它延迟到悲悼期之后，“而应该在悲悼的同时继续前行，因为十年之后，记忆仍将像今天一样鲜活”，而悲伤的作用是让我们发现“宝贵的真相”（ibid., pp. 297–298），这正是《重现的时光》中关于痛苦的理论。

③ Ibid., p. 296.

④ *Nocturne en bleu et or. La Baie de Southampton* (1905年展览, n° 67；1995年奥赛博物馆展览, n° 48). 此处给出的编号都是我们核实过的。需要指出的是，普鲁斯特所见的弗里尔收藏的绘画，1995年没有展出。

“焰火的旁边”[1]；《亚历山大小姐肖像》[2]，《瓦尔帕莱索》[3]；“荷兰风景”[4]，以及类似埃尔斯蒂尔另类手法的作品，如“类似日本浮世绘之物”“有浅色窗帘和三个人的房间”“弹钢琴的女人”[5]；《冰封的泰晤士河》《萨拉萨特肖像》[6]；“一个女人的大幅肖像”[7]。“铜版画要到楼下看”，马塞尔冷冷地补充道。他一向具有惊人的视觉和图像记忆力，几乎过目不忘，此时居然对母亲写道：“我差不多都忘了。”[8]他在信中问玛丽·诺德林格：“您是否提醒过弗里尔先生，除了他收藏的《乳白色的海滩》，还有一幅《乳白色的海》？我承认我真想知道这片海滩是何方仙境，真想在那里生活。”[9]参观过后，马塞尔的哮喘再次严重复发。正是因为这次展览，《追忆》中多次讲到这位画家，普鲁斯特让他变身为埃尔斯蒂尔的一部分，只不过来自惠斯勒的这部分在名气上不如借自法国印象派的那部分。马塞尔自认为属于这样一群人：“这场即将重返波士顿的流动展览，乐于在这群人的眼前展现自己的美。”[10]

论阅读

就在1905年6月15这一天，《拉丁复兴》（在它存世的最后一期）发表了普鲁斯特为译作《芝麻与百合》所写

① *Nocturne en noir et or. La Roue de feu* (1905, nº 65 ; 1995, nº 56) ; *Nocturne en noir et or. La Fusée qui retombe* (1905, nº 66 ; 1995, nº 58).

② *Harmonie en gris et vert : Miss Cicely Alexander* (1905, nº 18 ; 1995, nº 62).

③ 很有可能是指 *Crépuscule en couleur chair et vert : Valparaiso*（1905, nº 59 ; 1995, nº 44）。

④ 惠斯勒1889年在阿姆斯特丹创作了十余幅版画（1995, nº 5, pp. 164–167）。这些版画被视为他最精美的版画作品。1880年，他用水彩画过阿姆斯特丹的夜景。

⑤ *Au piano* (1905, nº 2bis ; 1995, nº 11).

⑥ *Arrangement en noir: Portrait du Señor Pablo de Sarasate.* 惠斯勒给他的模特写信说：“如果我的肖像画能反映您的艺术家气质，我会为自己的作品感到骄傲。”

⑦ 可能是*Nacre et argent. L'Andalouse*（1905, nº 25 ; 1995, nº 25），或*Symphonie en blanc nº 1: La Fille blanche*（1905, nº 4 ; 1995, nº 14）。不过马塞尔没有提及《艺术家的母亲》，可能是出于不好意思，或者是因为无此必要，这幅画已经在卢森堡博物馆中了。

⑧ *Corr.*, t. V, pp. 219–221. 普鲁斯特画了两幅平面图，一大一小。书中只有那幅小的。

⑨ Ibid., p. 282. 参见奥塞博物馆1995年展览目录中的一幅画（1905年未见），《乳白的黄昏：特鲁维尔》（*Crépuscule en opale: Trouville*）。普鲁斯特由此再次见到他喜欢的诺曼底海滨，1907年至1914年间，他还将在那儿度假。

⑩ Ibid., p. 260, 1905年6月24日。实际上，“拥有惠斯勒全部最美画作的”弗里尔，将藏品都放在了底特律（n. 4）。在同一封致玛丽·诺德林格的信中，普鲁斯特摘出雅克-埃米尔·布朗什在6月15日《拉丁复兴》上发表的保留性意见并予以抨击。布朗什的这篇文章修订后收入《从大卫到德加》（1919年3月出版）一书，普鲁斯特在为此书所作的序言中，标举出布朗什提及的大画家们的调色板以及惠斯勒给模特们当背景的黑绒幕（*CSB*, p. 580）。

的序言《论阅读》[1]。这是一篇重要文献，因为其中已经出现了《贡布雷》的萌芽。而写在一个练习簿上的未刊手稿，将使我们更清楚地了解此文是如何写成的，这份手稿包括了《阅读的日子》[2]开头部分以及房间描写（第一稿）、谈及罗斯金之前的一大段过渡、文章结尾部分（第一稿）；手稿也反映了普鲁斯特只在练习簿的正面打草稿，然后在空白页进行补充的习惯，这种习惯一直延续到《追忆》的写作。原稿开头部分与最终发表版本有很大不同，它更加抽象，并且直奔序言的主题："毫无疑问，早在童年时代，阅读就是一种沁人心脾的愉悦，与我们后来在阅读中得到的乐趣相比，它具有更强的生命力。一旦到了杂念丛生、消极慵懒的年龄，我们就远离了生命，置身于书架如蜂巢般整齐排列的古老书房里，我们已经自行逃避思考，满足于接受现成的精神营养……不，在童年时代我们不是这样读书的，那时我们读书是主动的、发自内心的，书籍不是别的东西，它是一扇大门，引领我们踏上通往世界尽头之路。"[3]

罗斯金这本书就是关于阅读的。在译序中，普鲁斯特节选了《让·桑特伊》的有关章节加以润色，由此谈及童年在假期里读书的日子，其中的各个主题以及第一人称的使用，令读者联想到《在斯万家那边》。如果说古老的书籍能唤起往昔，使之通过不自主回忆突然在当前涌现，如《重现的时光》中的《弃儿弗朗沙》，那么阅读就会把我们带到精神生活的门口，只不过它并不构成精神

①安德烈·博尼耶在6月19日的《费加罗报》上发表了一篇一百来行的文章，对此文予以好评；德·诺阿耶夫人先寄来一封热情洋溢的短笺（*Corr.*, t. V, p. 229）："我感谢您的每一行文字，它给我圆满和温柔的幸福。"紧接着写来第二封信（ibid., p. 240）："每个人都在读这篇天下无双的大作。"普鲁斯特在向她表示感谢时，引用了荷马和他钟爱的《一千零一夜》。

②《阅读的日子》是普鲁斯特将这篇序言收入《仿作与杂写》（Gallimard, 1919）时重新确定的标题。

③ Catalogue Laurin-Guilloux-Buffetaud-Tailleur, Drouot, 23 avril 1993, n° 180.

生活本身。我们知道，这篇序言1906年5月刊登在《芝麻与百合》卷首，1919年以《阅读的日子》为题收入《仿作与杂写》，这充分表明作者对此文特别看重。这也是作者与过去彻底了断，与罗斯金挥手诀别。他必须在阅读与写作之间做出选择，在他人的作品与自己的作品之间做出选择："我们的感性与智力所潜藏的力量，只有通过我们自己，在我们的精神生活深处才能充分发挥出来。"[1]普鲁斯特转向了自身，也就是转向了小说创作。逃避他人的作品固然是一种失败，但也是一种成功，因为这种逃避使他培育了精神，增长了知识（给罗斯金的著作作注反映了他的文献搜集之功），丰富了语言。为《让·桑特伊》开篇的那支笔，与写下《论阅读》的那支笔，已经不可同日而语："也许童年时代最充实的日子，莫过于在我们不知不觉中悄悄溜走的日子，也就是我们与最喜爱的书一起度过的日子。"[2]可以说，与罗斯金的互动为他提供了一个契机，使他得以阐明当初尚不成形的美学思想，使他充实了自己的书房，但这不是房子里有形的书房——他没有任何收藏的意愿[3]——而是精神世界里无形的书房。这篇序言隐约向读者呈现出《追忆似水年华》的构成：《让·桑特伊》为它带来个人成长小说的虚构成分，对罗斯金两部著作的翻译提供了《重现的时光》中关于艺术的部分思想。早在1902年，普鲁斯特就已经强烈地感到需要重新开始写一部长篇小说，他在给安托万·比贝斯科的信中写道："我所做的这些都不是正经事，只是搜集资料、翻译，

① *CSB*, p. 189.

② *P et M*, p. 160.

③ 孟德斯鸠1905年致信普鲁斯特（*Corr.*, t. V, p. 317）："您不喜欢收藏，这真是不幸！"

等等。”[1]在译完《亚眠的圣经》之际，他似乎已经准备好重新投入小说写作，但紧接着，他仍然先着手翻译《芝麻与百合》，在这本书中，我们从读者罗斯金（因为此书头一篇讲座讲稿便是关于阅读的）过渡到成年读者普鲁斯特，又从成年读者普鲁斯特过渡到阅读的小男孩，也就是说，过渡到了一个小说人物。在这篇序言里，我们目睹了小说《追忆似水年华》的诞生，它的雏形比在《亚眠的圣经》里更加清晰。在《亚眠的圣经》译序里，主人公兼叙事者前往荷兰或其他地方参观教堂，此时还谈不上是贡布雷或巴尔贝克的教堂，只是为它们准备的材料和草稿。孰料命运做了另一种安排，犹如但丁走出炼狱时被维吉尔抛弃一样（“我为你加冕，你是自己的国王和教皇”），正当马塞尔准备投身于早在1902年即已向比贝斯科宣布的小说创作时，他先后被罗斯金和母亲抛弃了。能够得之于罗斯金的东西，他已悉数纳入囊中，因而弃之无憾，但普鲁斯特夫人的逝世让他陷入深深的哀痛，整整两年过后，他才重新拾起写作的计划。

1905年6月底，普鲁斯特准备把完整的译稿和译者序交给法兰西信使出版社[2]。译序献给了亚历山大·德·卡拉曼–希迈亲王夫人（安娜·德·诺阿耶的妹妹），《国王的珍宝》献给了“《众缪斯哭悼罗斯金》的作者”雷纳尔多·哈恩，《王后的花园》献给了叙泽特·勒迈尔[3]。同时，他向玛丽·诺德林格提了一些新问题，她立即作了回答[4]。马塞尔向她表示感谢时特意提及“库

① 1902年写给比贝斯科的信。

② Ibid., p. 261, 1905年6月24日。不过他考虑把凡有疑问处都“打叉、画线”的手稿复本寄给玛丽·诺德林格，哪怕将来要把改动加到校样上。7月1日，他给玛丽写信说：“书稿已经寄走，我没有重看。”

③ Ibid., p. 255, 1905年6月末。哈恩此前把《众缪斯哭悼罗斯金》献给了普鲁斯特。

④ Ibid., pp. 326–328.

塞尔街与阿尔弗雷德·德·维尼街"[①]洋溢着幽默、文化和笑剧的氛围。他考虑回应儒勒·勒迈特的仿作《写在古书的边上》[②]（但这个计划直到1908年才实现），并为此重读了《伊利亚特》"这本神奇的古书"。在此，普鲁斯特显示出对荷马问题非常熟悉：他与德国古典学者弗雷德里希·奥古斯特·沃尔夫的看法不同，认为《伊利亚特》是由唯一一位作者写作成书的完整作品[③]。在《追忆》中，除了由布洛克之口引用的荷马史诗（参考并仿写了勒贡特·德·利尔的译文，以使其复活[④]），作者还指出"艺术仍旧停留在荷马时代"[⑤]，或者说，其中人物所体验的情感与我们自己的情感是相通的[⑥]。尽管时代已经十分久远，它仍旧是我们关于历史存在——哪怕是文学形式的存在——的思考的最佳例证。

普鲁斯特夫人逝世

普鲁斯特夫人从发病到去世，只有二十天时间。1905年9月6日，她与马塞尔动身前往埃维昂，随即出现呕吐、头晕以及"严重的尿毒症（她的母亲即死于此病）症状"。马塞尔打电话给他家的朋友卡蒂斯夫人，但普鲁斯特夫人既希望又不愿意由她过来拍照，"一方面希望给儿子留下她最后的照片，另一方面又担心自己会过于悲伤"[⑦]。此时她已经不能说话，但竭力掩饰，不让儿子看

① 分别是马塞尔的和雷纳尔多的住所。

② 在一篇很可能写于1896年，但在去世后才发表的文章中，他已经提及勒迈特以荷马史诗为题材创作的剧作《好人海伦》（*CSB*. pp. 387–390），雷雅纳在剧中出演主角。普鲁斯特在文中嵌入了一种嫉妒理论，并参考柏拉图的说法，引经据典地把诗人斯特西克鲁斯称作"古代的儒勒·勒迈特"。我们还知道，普鲁斯特对勒迈特所著《拉辛》一书非常看重。

③ 普鲁斯特借鉴了姻亲米歇尔·布雷亚尔的文章（《巴黎评论》，1905年6月15日）。*Corr.*, t. V, p. 329。

④ 例如*RTP*, t. II, p. 553，参见十五人译本（三）251页："这些复合名称听上去响亮悦耳，犹如荷马授予他的英雄们的称号。"

⑤ Ibid.

⑥ Ibid., p. 710.

⑦ *Corr.*, t. X, p. 215, 1910年11月，致卡蒂斯夫人。这一插曲将在《少女》（*RTP*, t. II, pp. 144–145，参见十五人译本［二］343—344页，周译本［二］349页）和《索多姆》（*RTP*, t. III , p. 156，参见十五人译本［四］155页）中分别用在外婆和圣卢身上。

出来[1]。她不让人治疗，也拒绝任何检查[2]。罗贝尔·普鲁斯特把她“拖上车厢”，送回巴黎，此时正在生病的马塞尔则按照母亲的吩咐，独自留在光辉饭店。他在悲伤中期盼着“这一切不幸都将像一场噩梦一样烟消云散”[3]，到了13日，一封电报把他召回了巴黎。几天以后，母亲的病情稍有好转，让人产生一线希望。病人出奇的平静，她的两个儿子无法知道“她在想什么，哪里不舒服”。她已经完全不能下床活动了，说话也含混不清[4]。马塞尔则陷入担忧，而且终生都将无法摆脱这种担忧：“她知道我没有任何生活能力，离了她根本无法生活，所以，一旦她感到自己像我害怕和焦虑的那样，将要永远离我而去，她一定会变得万分焦急和痛苦，这对我来说是最可怕的折磨。”[5]在两个星期的时间里，她拒绝进食，拒绝服药，勉强同意她丈夫的学生兰多夫斯基大夫前来诊病，“假如她的病还有救，他是唯一一位能救她的”[6]。将来有一天，她的儿子也会像她一样拒绝治疗。她由一位修女负责看护，修女告诉马塞尔，在妈妈看来，他永远只有四岁。她只在最后两天遭了些罪，最终于1905年9月26日（星期二）[7]去世，享年五十六岁。死亡“让她重新回到无忧无虑的青春岁月”，头上再没有一丝白发。她过世后，第一个来看他们的是戈塞教授，“教授非常和蔼、亲切，与他同来的还有来自比才街的一位修女”[8]。马塞尔守在妈妈身边整整两天时间，“不停地哭泣，透过眼泪对遗体微笑”[9]，他认为妈妈还没有走。然而，这个被妈妈仿照

① “再也没有什么可怕之事能超过在埃维昂的那些日子。”（*Corr.*, t. XI, p. 204）

② Ibid., t. V, pp. 342–343.

③ Ibid., p. 338, 1905年9月13日。

④ Ibid., t. VI, pp. 200–201, 致卡蒂斯夫人。

⑤ Ibid., t. V, p. 341, 致孟德斯鸠。一封同样内容的信还写给了施特劳斯夫人（ibid., p. 343）。

⑥ Ibid., t. VI, p. 111, 1906年6月，致拉迪斯拉斯·兰多夫斯基医生（1867—1956）。马塞尔和罗贝尔后来把普鲁斯特夫人的一对耳环送给了他（ibid., p. 222, 1906年9月26日），马塞尔补充道：“如果妈妈当时还有意识的话，看到您为了给我们留住她做出如此令人钦佩的努力，她会多么感动啊！”

⑦ 普鲁斯特医生发病的日子也是星期二。

⑧ Ibid., t. XI, p. 204. 教授的性格被赋予迪厄拉富瓦（生活中实有其人）以及外科医生Tillaux两个人物（*Le Carnet de 1908*, pp. 68–69）。

⑨ *Notes*, p. 99.

《情感教育》而唤作她的“小弗雷德里克”[1]的孩子，再也没有人来保护了。

[1] *Corr.*, t. V, p. 320.

出于对父母的尊重，普鲁斯特夫人一直保持着犹太教信仰，因此，亲友都来家中相聚，并且不做祈祷；她的遗体安葬在拉雪兹神甫公墓[2]。《费加罗报》上说，灵车上盖满了花圈；医学界、贵族阶层、文学界的众多人物，从迪厄拉富瓦到舍维涅家族，从诺阿耶一家到柏格森，以及马塞尔的朋友们，都参加了葬礼。

[2] Ibid., p. 345, 1905年9月27日，致安娜·德·诺阿耶。

服丧时期（1905—1906）

库塞尔街的大房子里，当初决定在此定居的人已经先后离去，只留下马塞尔一个人，他的弟弟、弟媳、乔治舅舅（他不久后也因同样的疾病去世）和舅妈陪了他好几天[3]。他经历了任何一个敏感的灵魂都逃不过的那种坠入地狱的感觉，如同在《失踪的阿尔贝蒂娜》中一样，他所在的地方处处让他睹物生情：“我走进家中几个凑巧还没有去过的房间，随着我一步步前行，悲伤就会无限扩大，从而让我发现了尚不为我所知的悲伤之处。靠近妈妈房间的地方有一块木地板，我每次走过都会发出吱吱的声响，妈妈一听到响声就会咕哝一声，意思是‘过来亲亲我’[4]。”到了晚上，他仍然无法平静：“我再也无法睡觉，一旦偶尔入睡，种种残酷的想法就纷纷向我袭来，痛苦将我淹没，而在清醒时，至少我的理性会努力减轻这

[3] Ibid., p. 350.

[4] Ibid., p. 346.

种残酷想法的折磨，在我无法忍受时，也会努力为我解脱。”[①]在《索多姆和戈摩尔》中，普鲁斯特将夜间坠向地狱的意象加以放大，其高超的手法足以与荷马、维吉尔和但丁相媲美：“在睡眠的世界里……一旦为踏遍内心秘城的街巷而投入自身血液的黑色波涛，就犹如投入九泉之下蜿蜒曲折的忘川，一张张庄严、伟大的脸庞立即浮现在我们眼前，向我们靠近，继而离我们而去，任我们泪水涟涟。”[②]

当“安静沉思”的第一阶段过后，马塞尔感到母亲离他更远了一些[③]，于是他把对母亲的理想化（“母爱是无私的”）与负罪感（因为他的健康状态令母亲担忧）混合起来，努力与她保持“不间断的精神沟通”[④]。当这种焦虑让他不堪忍受时，他再设法“引导它、弱化它”。然而为了避免“回”家，他几乎不敢外出，因为就在不久以前，每当他外出时，母亲都焦急地等他回来——“要看看我回家时是否病得很严重”。到了11月初，他偶尔会感到悲伤有所缓解，似乎他即将习惯自己的不幸，重新领略到生活的乐趣，而他却因此感到自责。此时，每当他提起母亲的死因，他都说是父亲阿德里安·普鲁斯特的早逝，而不是他自己的哮喘[⑤]。尽管有种种不舍，他还是开始考虑离开库塞尔街，他认为这个地方过于让他伤心；同时，他忙着回复来自四面八方的吊唁信函[⑥]。更重要的事情是，他准备住院疗养；他早已放弃德热里纳要留他住院三个月的建议，但此时既然索利耶来看他，并且不同意他在家中休养（马塞尔害

① Ibid., pp. 348–349. Cf. p. 539. “当时我完全被笼罩在最可怕的画面之下，毫无还手之力。”

② *RTP*, t. III, p. 157，参见十五人译本（四）156页；另参见《1908年记事本》56页：“妈妈那时和之后的面容出现在我的梦境里。”普鲁斯特在这个记事本里还写道：“梦见妈妈，她的呼吸，翻身，呻吟——‘你，你那么爱妈妈，不要再让我做手术，因为我知道我就要死了，也没有必要延长生命。’/ 梦。爸爸在我们身边。罗贝尔跟他说话，让他露出笑容，让他准确地回应每一句话。这是生命的绝对幻象。所以你看到，死了，还几乎跟活着一样。”这些梦境，普鲁斯特在小说里并没有把它们放在外婆去世的时候，而是放到了之后，即由“心的间歇”构成的某种死而复生。

③ *Corr.*, t. V, p. 354, 1905年10月26日，致阿尔丰斯·都德夫人。

④ Ibid., p. 355.

⑤ Ibid., p. 359, 1905年11月8日或9日，致施特劳斯夫人。Cf. p. 363：“她没能比爸爸活得更长。”在普鲁斯特的想法中，似乎妈妈患的不是器质性的肾病（她以前患过纤维瘤，与此可能不无关系）。参见致巴雷斯的信（*Corr.*, t. VI, p. 28）：“您对我说，大家都立即看出，我正是妈妈更期待的样子。您如此体贴，让我甚为感动。但这种说法并不准确。其实父亲才是这样，尽管妈妈也是无限爱我的。但当父亲去世后，她就一心想——但没有做到——比父亲活得更长久，以免把我独自留下，以免把我留在那种焦虑之中，她深知一旦没有她，我就会陷入那种状态。”这封信里还暗示了一些我们在《让·桑特伊》和《追忆》中读到的小插曲。

⑥ “有无数的信要写。”（ibid., t. V, p. 368）

怕与外界隔离，害怕离开熟悉的地方，所以更愿意在家里休养，“不用隔离，不用住到他的诊所，只需改变作息和饮食”），为了遵从母亲的愿望，最后他住进了索利耶医生设在布洛涅苏尔塞纳镇凡尔赛路145号的疗养所[①]。医生禁止他写作，这是他在信中告诉许多朋友的；也禁止他接待客人，因此他写信告诉罗贝尔·德·比利怎样才能见到他（吕西安也来过两次，仍然是不欢而散[②]），他甚至还接待了路易莎·德·莫尔南，她前来问他是否同意她与罗贝尔·冈尼亚一起生活[③]。像往常一样，他与疗养所里的服务人员和看护相处得十分融洽。从一开始，他就宣称疗养是他“最大的苦恼”，他将尽快结束这种生活。疗养最终持续至1906年1月25日。它最主要的用途体现在文学创作上，在《重现的时光》中，它被放大并且被分成两份：他生活中的事件需要经过很长一段时间才会被写入作品。不过，我们没有任何理由像某些传记作者那样挖苦马塞尔，说他宁愿一直生病，只为了能够留在母亲身边。我们重申：哮喘不是他主动选择的，加缪、帕尼耶和德热里纳在《孤独与心理治疗》[④]（此书令马塞尔相信自己的疾病纯粹是神经性的）一书中主张的隔离疗养，无法治好他的病[⑤]。其实，马塞尔由于索利耶认为柏格森“思想混乱且狭隘”而对他格外没有好感：“这种说法并没有提高心理疗法的成功率！”[⑥]1906年的元旦唤起他已经忘却的有关母亲的记忆，特别是母亲的声

① 索利耶医生生于1861年，与妻子（她开的收费单子让马塞尔觉得“很不一般”）共同开设这家治疗神经系统疾病的专门诊所。他曾在巴黎市立护士学校教授卫生学，任医学–心理学学会秘书长，出版了很多著作，包括：*Cours d'hygiène* (1888), *Les Troubles de la mémoire* (1892), *Guide pratique des maladies mentales* (1893), *Genèse et nature de l'hystérie* (1897), *Le Problème de la mémoire* (1900), *L'Hystérie et son traitement* (1901), *Les Phénomènes d'autoscopie* (1903), *Le Mécanisme des émotions* (1905)。我们看到，他的著作和谈话能为我们了解普鲁斯特的神经疾病和记忆等方面提供很多资料。德·诺阿耶夫人在马塞尔之前曾接受布里索医生的建议，分别于1900年12月和1905年春在这家诊所疗养了两个月（她用软木给房间隔音也早于马塞尔）。

② *Corr.*, t. VI, p. 49.

③ *Corr. avec G. Gallimard*, p. 30.

④ 在《芝麻与百合》的注释中有引用，见106页。

⑤ 须等到对过敏反应有了深入研究，使用疫苗（并非总是有效）特别是可的松的发现，才在治疗哮喘和缓解病人痛苦方面取得一定进展，但哮喘至今仍无法根治。

⑥ *Corr.*, t. VIII, p. 107, 1908年4月，致乔治·德·洛里斯。

音[1]，因此这一天对他来说是个痛苦的日子。他已经有足够的体力阅读报纸，追踪阿尔赫西拉斯会议的进展，他的朋友比利出席了这次决定法国与德国之间是战是和的国际会议。对于巴雷斯1月25日入选法兰西学院，以及《在德国军队服役》[2]和《斯巴达之旅》[3]两部新著问世，普鲁斯特三番五次地表示祝贺，可这一位并不买账。普鲁斯特借此机会重申自己的一个重要美学原则："愉悦和热情，无论对艺术家还是对读者，都是评判美、才华和真理的标准。"[4]在巴雷斯身上，普鲁斯特分辨出"冷面滑稽的夏布多里昂"，"高傲、厌倦、搞笑的神情""贫乏无味的篇章"，"绝妙的作曲天赋"，这种一针见血的清醒，恐怕未必讨对方喜欢。

1月25日回到库塞尔街的家中，他仍旧卧床不起，因为疾病，他不由得想象自己"终于将和亲爱的小妈妈团聚了"[5]。但他的身体渐渐好了起来，开始"穿着厚厚的毛衣"外出见一些朋友[6]，阿尔布费拉告诉比利："马塞尔还没有完全复原，但我们每天从五点到十点都能见到他，说明他的身体有了很大好转。"[7]进入春季，在给雷纳尔多的信中，他一边说"失去母亲的悲伤与日俱增"，一边描述自己不错的心情，还不停地开玩笑[8]。此时，哈恩已被指定在8月的萨尔茨堡音乐节上担任《唐·乔万尼》的指挥，他将与德国女高音歌唱家莉莉·莱赫曼（据哈恩的说法，她是音乐节和莫扎特音乐大学的创立者，也是莫扎特音乐传统的创立者，在她以前不存在这一传统）、美国

① Ibid., t. VI, p. 32, 1906年2月，致德·诺阿耶夫人，这是"心的间歇"主题首次出现。

② 出版于1905年，是《东方堡垒》的第一部，写的是一个年轻人在被德国占领的阿尔萨斯的生活，普鲁斯特作了详尽的评论，并特别想知道其中的德·奥维夫人到底是谁，她是"一个高雅的小个子，明亮的脸庞闻刀剑之声毫不变色"（无疑是为了确认—— 结果他猜的确实没错—— 她的原型是安娜·德·诺阿耶夫人，她还以某位年轻的伽丝穆尔的面目出现在《斯巴达之旅》当中，此书卷首有一篇很长的题词，就是献给她的；马塞尔为此向安娜表示祝贺）。

③ *Corr.*, t. VI, pp. 38–39, 1906年2月。

④ Ibid., p. 38.

⑤ Ibid., p. 49. 但是他从未想过自杀。

⑥ 但不是所有的人，他见的人包括卡蒂斯夫人、阿尔布费拉、吕西安·都德、施特劳斯夫人、勒迈尔夫人、卡萨-菲埃特、雷纳尔多·哈恩、比贝斯科。

⑦ Ibid., p. 43.

⑧ *Corr.*, t. VI, p. 71–72, 1906年4月21日。

女高音歌唱家格拉汀·法拉以及维也纳爱乐乐团合作，由此可以说明他在当时是一位大指挥家。普鲁斯特写了一首长诗给他，建议他在罗斯柴尔德银行开设账户，并听从罗贝尔·德·罗斯柴尔德（“美得像仁爱之神”“我怀疑他！”）的理财建议，不要购买俄国债券。马塞尔把自己的钱财、爱情和健康经营得一塌糊涂，但对别人的事情却不一样。此诗中一些描写时事的顺口溜，颇有说唱艺术或他们二人十分喜爱的咖啡馆歌舞的风格：“虽然当局吃掉了僧侣／我们的财产也岌岌可危／但相信我，还有很多地方能发大财／我们咒骂军队、赶走神父／但年金依然上涨，当你有了／普安卡雷！噢，本赫特，那就快去投机、倒卖、期待！”[①]当一个人笑的时候，就说明他的病好了。这时候，马塞尔尝试外出了几次，一开始是独自一人，以避免与人交谈，然后去见了吉什公爵[②]。不久他得了感冒，于是新找了一位医生，之后直到去世，始终是这位比泽医生给他看病：“他给我开了成百上千种药物。但此时只是瞧病而已，还不到我对他言听计从的时候。”[③]一开始，比泽令他对自身健康悲观绝望，而后“又好言好语让他振作起来”[④]，这既说明马塞尔是多么孤立无援，在艺术以外的问题上容易受人左右，也表明他多么需要有人给他鼓励，让他安心，然而这种需求很少能得到满足。

普鲁斯特此时已被看作罗斯金研究专家，不断有人向他请教。他告诉卡蒂斯夫人，尽管《佛罗伦萨的早晨》

① Ibid., p. 65, 1906年4月中。

② 普鲁斯特以伤感的语气赠给他一本《欢乐与时日》（ibid., t. VI, p. 67, 1906年4月15日）：“把这幅他不认识的那个我的不太逼真的肖像，赠予本应比现在的他更好的那个他……。”他还写了第二份幽默的题词。

③ Ibid., p. 72. 比泽医生是“一位优秀的内科医生，是他以前的学生罗贝尔推荐给哥哥的”，他后来每个星期五都来看普鲁斯特（D. Mabin, *op. cit.*, p. 184）。

④ *Corr.*, t. VI, p. 72.

（他有一部非常漂亮的插图版本）算不上罗斯金的名著，但假如有一天他能前往佛罗伦萨，那一定是为了追随罗斯金的足迹[①]。凡是旅游指南漏掉的东西，都被罗斯金一一发掘出来，“我们敬仰的画家、建筑师当中，至少有一半是由罗斯金发现的”[②]。他自感无力重返挚爱的威尼斯，因为这座城市对他而言是“幸福的坟墓”[③]，但此时他得到了画家卡帕契奥的一部传记[④]，从而再度接近威尼斯。罗斯金曾评论过卡帕契奥，他不仅是普鲁斯特特别喜爱的画家，而且将与阿尔贝蒂娜发生密切的关联：凡此种种仿佛告诉读者，他小说巨著中的众多人物正在一个个就位，这一点连作者本人都未必察觉。还有一件更为重要的事，5月5日，他在《艺术与珍玩纪事》杂志上发表书评，评介表姨婆玛蒂尔德·克雷米厄翻译的罗斯金著作《威尼斯之石》。1904年11月[⑤]，马塞尔曾出面与法兰西信使出版社联系此书出版事宜，最终此书由洛朗出版社于1905年12月出版。这篇书评是《艺术与珍玩纪事》负责人马吉里耶直接跟他约稿的，马塞尔1905年11月初还跟他提起过此事[⑥]。马塞尔以前曾提议给这本书作注释，然后与译者在封面上共同署名。因为这个建议没有被采纳，所以这篇书评的语气有所保留。另外，他还向奥古斯特·马尔吉里耶解释自己没有翻译此书的原因：他的健康状况非常糟糕，所以不能把有限的工作时间用在翻译上。在书评中，他首先谈到，此前关于威尼斯的文字都有一个特点，即作者和读者过于被动地受到城市吸引，而罗斯金则让我们主动起

① Ibid., p. 75, 1906年5月，致卡蒂斯夫人。他所说的书正是典藏版《罗斯金全集》，写佛罗伦萨的那卷此时刚刚出版。

② Ibid., p. 148.

③ Ibid.p. 75.

④ Molmenti的著作《卡帕契奥》，1893年在威尼斯以法文出版。普鲁斯特还将参考莱昂·罗森塔尔的著作（1906）。

⑤ *Corr.*, t. IV, p. 326, n. 4. Cf. ibid., pp. 364, 365.

⑥ Ibid., t. XII, p. 403.

来，活跃起来，让我们手捧他的书走向一座座教堂、一处处宅邸，请人“找来梯子以便看清一处浮雕”，让这座城市真正活了起来。此外，“罗斯金在法国完成了透纳、巴雷斯、德·诺阿耶夫人、亨利·德·雷尼耶和惠斯勒开创的事业”[1]。

马塞尔始终被各种艺术，被他喜爱的艺术家（他既非饥不择食，也不追求面面俱到，他有自己钟情的对象）深深吸引，由于生病，他无法去参观1906年5月9日至28日在乔治·珀蒂画廊举行的莫罗画展[2]，于是请人买来展览目录，他特别喜欢其中孟德斯鸠的序言[3]；他给哈恩画了一幅仿莫罗《朱庇特与勒达》的漫画[4]。他向埃德蒙·德·罗斯柴尔德指出，展览中有施特劳斯夫人收藏的油画《波斯歌者》《夜与痛》《波斯诗人》，但没有见到“现存最美的莫罗画作”《大卫在方舟前起舞》[5]。同样，他趁着罗斯金的余热——但以讽刺的手法——为雷纳尔多画了三十幅素描，“大胆地批评众多绘画流派”，比如不同时代不同画家（“包括乔托和老勃鲁盖尔”[6]）所作的“献耶稣于圣殿”。

《芝麻与百合》的清样大概早在1905年秋季就送到了马塞尔手上，“当时他在病中”，“繁重的工作正等着他康复”[7]。在整个丧期，清样就堆放在那里；等到了1906年上半年，他才慢慢地拾起清样进行校对。正是在这一时期，他不再提及“妈妈”二字，而代之以一位“姨妈”[8]。这其中有一个难解之谜：他把《亚眠的圣经》

① *CSB*, p. 522. 普鲁斯特对玛蒂尔德·克雷米厄译本的不满之处，是它删去了关于卡帕契奥的章节，而罗斯金声称卡帕契奥是他发现的。另外，普鲁斯特认为巴雷斯的书与罗斯金的书不相上下，并惋惜书中没有复制卡帕契奥的版画作品。在他写作小说中关于威尼斯的章节时，他将利用这些版画，以及惠斯勒的版画。

② 他还错过了5月在美术学院举行的方丹-拉图尔展（*Corr.*, t. VI, p. 125, 1906年6月17日）。

③ 收入*Altesses sérénissimes*（1907）一书。

④ *Lettres à R. Hahn*, p. 85.

⑤ *Corr.*, t. XIV, p. 344, 1906年5月，致卡蒂斯夫人。孟德斯鸠记载说展览中有一幅《萨福》，“比埃米尔·施特劳斯夫人收藏的那幅要大”。Cf. ibid., t. VI, p. 88。

⑥ Ibid., p. 87, 1906年5月21日或22日。（乔托作过一幅“献耶稣于圣殿”，老勃鲁盖尔作的同题画，则是普鲁斯特揣想的。——译者注）

⑦ Ibid., t. XII, p. 403.

⑧ Ibid., t. VI, p. 100, 以及《芝麻与百合》，12、15、17页。

献给了父亲，我们原以为他会同样对待母亲，并提及他与母亲在翻译上的合作，实际上他只字未提。他给吕西安·都德的信中写道："在我现在所写的东西中，我不会提到她，直到我已经动笔且是专门为她而写的东西完成之日。"[①]那么他"已经动笔"写作的东西是什么呢？我们没有得到任何手稿；这篇东西会不会因为过于私密，而包括在塞莱斯特·阿尔巴莱照他吩咐烧掉的练习簿当中呢？马塞尔是否在心目中已经有了一个写作计划[②]，例如《驳圣伯夫》当中的"与妈妈的谈话"呢？在1907年的《一个弑母者的亲子之情》一文中，我们能看到这篇文字的一部分吗？或者说，无计可施的马塞尔，只有在母亲变身为外婆，即变身为小说人物时，才能写下关于母亲的文字？在他充满谜团的一生中，这一阶段的的确确又是最为神秘莫测的。

《芝麻与百合》的出版日期，可以据完成印刷之日确定为1906年5月12日。6月2日出刊的《法国书目》将其列为刚刚出版的图书。由于对信使出版社在出版《亚眠的圣经》时的做法不甚满意，普鲁斯特这次自己动手给朋友们寄书："数日以来，我拿着包装用的纸绳团和《巴黎名流》年鉴，一直干着杂货铺的活儿。"[③]他设法请人发表一些评论文章，第一个找的就是《费加罗报》主任卡尔梅特，结果是在6月5日的报纸上有一则十五行的"快讯"；6月14日的报纸登有一篇安德烈·博尼耶的文章，在第一版占了将近两栏的篇幅，称赞此书翻译和注释的质量[④]。

① *Corr.*, t. VI, p. 100, 1906年6月初。参见致巴雷斯（ibid., p. 113, 1906年6月）谈到自己的序言："那里面没有任何东西能反映我的忧郁。"

② 在致吕西安的信中，普鲁斯特接着写道："能够在死之前为妈妈做点事儿，对我来说是多么温馨啊。"

③ *Corr.*, t. VI, p. 101. 据披露出来的赠书题词，他赠书的对象包括：卡尔梅特、叙泽特·勒迈尔、路易莎·德·莫尔南、乔治·德·洛里斯、埃德蒙·雅卢、埃马纽埃尔·比贝斯科、吕西安·都德、斯特凡纳·布罗萨尔、保罗·德雅尔丹、吕西安·封丹、让·萨尔杜、费尔南·格雷格、卡蒂斯夫人、兰多夫斯基、莫里斯·巴雷斯、罗贝尔·德雷福斯、施特劳斯夫人、安德烈·谢弗里永。我们没有掌握全部的赠书题词，比如他曾想赠书给维亚尔和莫里斯·德尼，但我们未见到相应的题词。

④ Ibid., p. 118.

普鲁斯特最好的朋友们，包括阿尔布费拉，都没有读到此文[①]，因此在《失踪的阿尔贝蒂娜》中有一个滑稽的小插曲。雅克·班维尔在7月2日的《法兰西通讯》上发表了一篇“相当不可爱”[②]的专栏文章。7月4日，莱昂·都德以“胡椒与盐”为笔名在《高卢人报》上发表书评，但普鲁斯特觉得，这篇文章称赞的是罗斯金而不是译者，因为它指责译者“过于雕琢和典雅”[③]。格雷格在《文学》杂志上发表了一篇札记予以评介，尽管在文中批评了罗斯金，但仍然放下身段对“《欢乐与时日》的可爱作者”[④]赞赏有加。安德烈·米歇尔只在《争鸣报》上留下了短短数行的附言[⑤]。总之，有关《芝麻与百合》的评介[⑥]远远少于《亚眠的圣经》，尽管普鲁斯特为本书所作序言和注释已经相当精彩，非常接近《贡布雷》，远非前一本译著可比。

马塞尔似乎已经重新拾起对生活的兴趣：他再次关注起政治时事。作为自由派的一员，他对左翼集团在5月20日的选举中获胜感到愤慨（他嘲笑雷纳尔多是“统一社会党党员”），因为他深知左翼集团是反教会的。他认为，7月13日众议院正式宣布根本没有犯过罪的德雷福斯完全清白，是毫无意义的[⑦]。对于在参议院的讲坛上受到围攻的梅西耶将军，他甚至凭自己内心的直觉断言：“即使是最恶毒的人，在内里也有一匹可怜无辜的马在受罪，也有不带恶念的心、肝、动脉在受苦；即使是最光荣的胜利之日也会有阴影，因为总会有人因此而痛苦。”[⑧]马塞尔还有一些神神秘秘的活动，想必是为了摆脱情感上的寂寞

① Ibid., p. 132.
② Ibid., p. 141.
③ Ibid., p. 142.
④ Ibid., p. 150. 普鲁斯特给他写信说：“再说，您不喜欢罗斯金。”不过，普鲁斯特借当若、圣西门和孟德斯鸠之口，把格雷格描写为一个可笑之人，为自己报了一箭之仇（ibid., p. 140）。
⑤ Ibid., p. 130, 1906年6月19日。我们还将看到，马塞尔的表弟Marcel Cruppi在7月份的*Le Mouvement*上也发表了一篇文章。普鲁斯特于是给这位表弟写信，说明在很多问题上他都有不同的看法（ibid., p. 145, 1906年7月）。
⑥ 《法兰西信使》7月15日评介此书，赞扬此书的翻译。
⑦ 普鲁斯特1906年6月18日已在信中向施特劳斯夫人写道：“尽管我认为，德雷福斯在整个阵营（当然是德雷福斯阵营，另一个阵营死都不会悔改）联署支持下要求恢复名誉的举动是愚蠢和不慎重的，并且我已经有些把这件事忘记了，但我发现，今天重读这些东西，想到这样的事情居然数年前发生在法国而不是那些无赖的国度，仍免不了心潮起伏。这些人的文化修养、超群智力乃至光鲜亮丽的制服，与他们道德上的卑鄙形成了何其鲜明的对比。”（*Corr.*, t. VI, p. 127）7月12日，上诉法院已经终审撤销雷恩军事法庭的判决。皮卡尔被晋升为将官。参见ibid., p. 159, 1906年7月21日致施特劳斯夫人：“司法或其他方面错误的受害者是幸运的！只有他们能得到昭雪和补偿。”
⑧ Ibid., pp. 155–156, 1906年7月16日，致德·诺阿耶伯爵夫人。

吧，他向吕西安（同气相通的朋友之间往往相互帮忙）打听瑞典领事馆一位雇员的地址：他需要向他人倾诉[1]。

① Ibid., p. 143, 1906年7月5日。与仆役的爱情这一主题再次出现（在埃维昂已经出现过，当事人是普波吉埃尔）。Voir Painter, p. 490–491，他列了一个名单，但很不完整。

普鲁斯特与金钱

普鲁斯特夫人遗产的继承问题，早在1906年1月11日就解决了。这一天，公证人专程来到索利耶医生的疗养所，打断了马塞尔的隔离状态，兄弟二人当着公证人的面达成遗产分割方案。1743573法郎的资产，奥斯曼大道102号的房产（估价568119法郎），再加上父亲留下的遗产，由兄弟二人平分。按照罗歇·迪谢纳[2]的统计，缴纳各项费用之后，普鲁斯特的财产包括1204155法郎和142029法郎的房产（每年收益至少5万法郎[3]）。尽管有这笔相当丰厚的财产和十分可观的收益，马塞尔仍然觉得自己财运一般。于是，当他6月份向罗贝尔·德雷福斯提议给他一笔钱时，他把这份终于可以自由支配的财富称为“这一小笔财产”，并且错误地认为这笔钱不足以让他继续留在库塞尔街的大房子里（不过这座大房子确实不适合一个只待在卧室里的单身汉居住）。这应归因于在量入为出的环境里所接受的节俭持家的教育呢？还是要归因于如阿德里安·普鲁斯特一样白手起家的人对“短缺”挥之不去的恐惧感呢？抑或是由于父母都已离世[4]，财源业已枯竭，而马塞尔深信自己永远都挣不来足够的钱，现有的财产因而会受到威胁？或者是由于他几乎无可救药地不懂得“计算

② 他在Georges Dusablon律师事务所找到了继承文书的原件。*L'Impossible Marcel Proust*, *op. cit.*, p. 530。

③ 相当于1990年的3197.7万法郎的资金、1000万法郎的房产、91.7万法郎的年收入（每月8万法郎）。

④ 金钱与爱难分彼此，所以情感的丧失亦给人金钱损失的感觉。

账目”，对金钱的价值毫无认知能力（因此他大把大把地给小费，赠送超级豪华的礼品[①]，并且发疯似的投机，还有赌博的爱好）？这种态度是否与他的个性密切相关呢？——他蔑视世间的物质，特别是家具、房产、收藏，等等[②]，在他看来，面对世界的虚无，精神与心灵便是一切。总之，它让我们明白，为什么在《追忆》当中几乎看不到数字，看不到价格[③]（也几乎看不到代表时间价值的具体日期）。

夏季，搬家

马塞尔开始考虑去哪里度假。他可以去卡堡附近，与阿尔布费拉一家一起住到萨尔拉博庄园[④]；可以到特鲁维尔，租下[⑤]克勒尼耶或达尔古尔的度假屋，或租下马拉科夫楼，或（向他的表妹汤姆逊）租下克雷米厄度假屋，或住进黑岩饭店；可以一个人租一条船，游历诺曼底（那里的雾天对健康不利，还会让他“躁动不安”）和布列塔尼[⑥]；还可以到8月时去埃维昂，但这将是重走“伤心地”。普鲁斯特总是在遐想中游历能激发想象力的风景，并且总是同样的地点，法国的西北部、意大利、上萨瓦省：“在这个‘假期’里，我（柏拉图式地）用掉了无数张火车时刻表，每天凌晨两点到六点，在躺椅上做了成千上万次‘环程旅行’。”[⑦]最终，这种想象的旅行让他厌倦，更重要的是为了照顾乔治·韦

① 比如送给卡尔梅特的是花，但它是玛德莱娜·勒迈尔画的花（*Corr.*, t. VI, p. 166）；送给两位阿尔顿小姐的是手表；送给阿戈斯蒂耐利的是飞机（已订购，尚未交货）。

②例如ibid., p. 163：“藏书家的偶像崇拜。”

③ 相反，在《重现的时光》当中，包含有理论的著作都被比拟为上面留下价格标签的物品。

④ 这一计划因这家人遭遇丧事（欧仁·缪拉亲王去世）而放弃。

⑤ 理想的居所应该在城外，但不能在树林里，要现代式样“以便于呼吸”，要有三个卧室（其中两个给仆人；他会带上老女仆费利西·费多，她是弗朗索瓦丝的原型）、一间餐厅、一间厨房、一间浴室（不是那种仅能满足最低需要的，而要尽可能舒适的）、“一间无用的客厅”和“尽可能多的卫生间”（*Corr.*, t. VI, p. 168, 致施特劳斯夫人；cf. p. 172）。

⑥ 关于这两个地方，他咨询了埃米尔·马勒（ibid., t. XVII, pp. 540–544），马勒一面赞美布列塔尼的诗意、它的原始村落、满是苔藓的花岗岩教堂和耶稣受难像，一面向这个病人推荐了诺曼底十五世纪的教堂和寺院废墟（ibid., t. VI, p. 192, 1906年8月18日）。

⑦ Ibid., p. 167, 1906年7月26日。我们都清楚地知道，在《追忆》里，火车时刻表和想象的旅行都起到了哪些作用。

伊舅舅的身体，他住进了凡尔赛的蓄水池饭店，在饭店里，他立即就病倒了。这家饭店是德·蓬帕杜尔夫人的旧宅[①]，正对着凡尔赛的大花园，但病中的马塞尔几乎无心欣赏。他的套房“既宽敞又高雅，但其中的油画、帷幔和穿衣镜，让房间变得凄凉、晦暗、阴冷。它是那种有历史纪念意义的地方，也就是导游说查理九世就死在此处，参观者在逃之夭夭之际匆匆瞥上一眼的地方……但是，倘若你不仅无法走出去，而且必须接受在此过夜睡觉的待遇，那简直就是不让人活了！”[②]这段风趣的描写，将来会几乎原封不动地出现在《少女》当中[③]，甚至出现在《斯万》的开头[④]。随后，他被“毫不留情”地搬迁到配楼，餐食送到时就已经凉透了[⑤]。如同每次生病时一样，马塞尔任凭胡须生长，“对未来灰心丧气”，不过他很喜欢把生活中可笑的趣事讲给朋友们听：“哪怕是独自一人，哪怕是要死了，生活中仍有可乐之事。”[⑥]正是由此，他给远赴萨尔茨堡的雷纳尔多写的顺口溜[⑦]，结尾处模仿波德莱尔：

> 哦，我的美人，丽特维尼的吻
>
> 会把您吃掉，请您告诉她：
>
> 我的日耳曼化的爱情啊
>
> 我要保留它的精髓，和形式的奇妙。[⑧]

① 这是她在国王1752年赐予的一块土地上建造的：她可以经一条廊道直接通往凡尔赛城堡（Goncourt, *Madame de Pompadour*, Didot, 1888, p. 90）。旅馆的建筑现在还在凡尔赛的蓄水池街上。德·蓬帕杜尔夫人还拥有克雷西城堡，奥黛特的姓氏会令人联想到这座城堡。

② *Corr.*, t. VI, p. 179, 1906年8月6日。这里甚至有两架钢琴，以至于“奏鸣蛇”圣保罗侯爵夫人能进行演奏练习。

③ *RTP*, t. II, p. 27, 参见十五人译本（二）211页，周译本（二）229页：所以我们看到，卡堡的大旅社并不是巴尔贝克大旅社的唯一原型；在普鲁斯特的作品里，从来都没有“唯一的”原型。不过，蓄水池（原文Réservoirs，十五人译本作“里舍伏瓦”，周译本作“雷泽弗瓦”——译者注）饭店以本名出现在《女囚》当中（ibid., t. III, p. 638–640, 参见十五人译本［127—129］页，周译本［129—131］页），因为阿尔贝蒂娜说在这儿吃过早餐。

④ Ibid., t. I, p. 8, 参见十五人译本（一）8页，周译本（一）7—8页，作者谈到充满敌意的紫色窗帘，怪模怪样、架势不善的四角架穿衣镜，巨型倒挂漏斗状的房顶。Cf. ibid., Esq. IV, pp. 656–657。

⑤ *Corr.*, t. VI, pp. 181, 183.

⑥ Ibid., p. 183. 他让我们看到，他的幽默是自觉的：“如果有什么东西让我们对死亡的想法不堪忍受……那就是我们美丽的眼睛将离我们远去，让我们结交到众多朋友的风趣不复存在”……（*RTP*, t. I, p. 662, Esq. V）。

⑦ *Corr.*, t. VI, p. 177：普鲁斯特同样嘲笑莉莉·莱赫曼。见上文650页。莱赫曼饰演Donna Anna, Geraldine Farrar（雷纳尔多对她念念不忘）饰演Zerline。见 R. Hahn, *L'Oreille au guet*, *op. cit.*, p. 53, 他抗议他的唱片公司毁了她的录音，认为她拥有最近五十年来“最出色的声乐技巧”（*Corr.*, t. VI, p. 179）。

⑧ Ibid., p. 177. 1910年他将在卡堡的游乐场听大演唱家菲丽娅·利特维纳的演唱。

而后，他给哈恩的信包括几篇对格雷菲勒伯爵夫人的模仿[1]、“一首歌”[2]、一段以*ac*押韵的唱词（戏仿奥芬巴赫歌剧《霍夫曼的故事》序幕中的克莱因扎克民谣[3]）、一篇对塞维尼夫人作品的模仿（模仿的是塞维尼夫人就洛赞的婚姻写给库朗热的信[4]。正如他同时开玩笑所说，这篇仿作“一方面凭的是并不可靠的记忆，另一方面靠的是照比学样的灵感”，从而道出了他作为仿作高手所运用的技巧）。他问经常住旅馆的雷纳尔多应该如何付小费，并特意告诉雷纳尔多，原来的侍应总管埃克托尔已经成为古董商，还告诉他，画家汉斯·施莱辛格就住在邻近的房间，于是在康斯坦丁·于尔曼[5]（马塞尔似乎已与他重归于好）和热内·培德之外，他又多了一个熟人。热内·培德是阿德里安·普鲁斯特医学院同事（巴斯德的对手）的儿子，雷纳尔多和富基埃尔的朋友，剧作家（著名作品有与丹瑟尼合作的轰动一时的《希丰》，与费多合作的《我不欺骗我丈夫》），后来为年轻时的好友德彪西作传，并成为法兰西学院院史专家[6]。他每天都来看望马塞尔，因此他能告诉我们，普鲁斯特如何像在巴尔贝克时那样，通过敲击墙板召唤保姆费利西[7]。普鲁斯特写信给哈恩说：“培德头脑里源源不断的想法，都是我过去不曾想到的，与他相处非常愉快，他对我关心备至，而他对您的忠诚、崇拜和柔情，则令我感动。”[8]培德有写剧本的经验，所以马塞尔曾考虑与他合写几出戏，到了9月中旬，他把下面这个剧情（这可不是能与外人共同创作的剧情）透露给

① *Lettres à R. Hahn*, pp. 88–92. 这些文字，以及相配的素描，都没有收入科尔布编、普隆出版社出版的普鲁斯特通信集。

② Ibid., p. 93: “Plus grosse que la baleine / Et le narval / Est la bedaine, la bedaine / De Bréval!”这是两个人都十分钟爱的歌舞厅表演的风格。

③ *Corr.*, t. VI, pp. 294–295; 这是一段戏仿之作，但评论家们都没有察觉。请注意他提到了巴尔达克，后来他们成为好友：“你将看到你在牛津的导游 / 年轻人巴尔达克。”正是为了他，哈恩1915年谱写了双钢琴曲《为了安抚一位康复病人》。

④ Ibid., t. VI, pp. 180–182, 1906年8月9日，致雷纳尔多·哈恩；塞维尼夫人1670年12月15日致库朗日的信，是叙事者的母亲谈及小康布尔梅的婚姻时所引用的（*RTP*, t. IV, p. 236, 参见十五人译本［六］237页）。她接着说，“我不是想说……我们才不稀罕引用塞维尼被人用滥的话呢”，同时提到了普鲁斯特在给哈恩的信中模仿的另一封信：“美哉，花的凋零。”（1671年7月22日）Mme de Sévigné, *Correspondance*, Bibl. de la Pléiade, t. I, p. 139 et 304。

⑤ 奥托·乌尔曼的儿子，雷纳尔多·哈恩和弗里德里戈·马德拉佐的朋友，非常富有，热衷社交，莱昂·皮埃尔–甘说，“（他的社交生活）受到限制，原因是名声不佳，虽然这种名声在今天几乎不算什么”。据S. Bonmariage，富有的康斯坦丁·乌尔曼曾向莉莉·莱赫曼和丽阿娜·德·普士提出结成名义上的婚姻（mariage blanc）。他死时很穷困。见*Europe*杂志，1947年11月，67—69页。上述资料是美国伊利诺思大学科尔布–普鲁斯特研究档案热心提供的。于尔曼在普鲁斯特不同时期的通信中出现过（如t. XVII，p. 526，于尔曼让普鲁斯特去见具有同样名声的古兹曼·布兰科）。

⑥ *Vie secrète de l'Académie française*, 4 vol. 1938. 其中有零星的关于普鲁斯特的回忆。

⑦ Voir G. Macchia, *L'Ange de la nuit*, Gallimard, p. 214.

⑧ *Corr.*, t. VI, p. 197.

雷纳尔多，它令人联想起《一个少女的忏悔》，以及凡德伊小姐与女友之间的故事：一个男人深爱自己的妻子，但在施虐癖的驱使下，他在与妓女交谈中辱骂妻子，妻子在撞破这一场景后离他而去，男子则自杀身亡。《在斯万家那边》中出现的情节，其实普鲁斯特早就有写作的打算："一个做女儿的让自己的女友往生前一心爱她的父亲的遗像上啐唾沫，此情此景应该出现在通俗喜剧的舞台上，而不应出现在地地道道的乡间别墅里；恐怕只有施虐癖才能给情节剧的这种审美趣味提供生活上的依据。"[①]

最终，他没有足够的勇气把这个"非常美妙的剧本创意"付诸实施[②]。他一边责备雷纳尔多从来没有请他写脚本[③]，一边给他寄去一出梦幻剧剧本，但这个剧本没有人见过。不过，这也许只是一个短短几行文字的玩笑，特别是马塞尔在信中写道，"此梦幻剧美得难以言表，俗得无以复加，但五幕中的两幕以及主要创意都是我的"[④]（其余是培德的）。还因为在此前后，马塞尔给雷纳尔多写了很多打趣的诗，甚至还仿拟了一个评注版，比如这句诗："请不要讨索我熬夜的成果。"注："比喻义，指我的作品。因为从其作品数量很少这一情况判断，普鲁斯特先生每晚熬夜的可能性很小。"[⑤]热内·培德是普鲁斯特在感情上最亲近的人之一，是他"在凡尔赛的知心人"；普鲁斯特返回巴黎之后，他往凡尔赛写的信仿佛一首哀歌："您再也不回来！再也不回来！……多么无情的人！"但是，假如友谊与特定的地方相关联，假如"这些地方能把

① *RTP*, t. I, p. 161，参见十五人译本(一)164页，周译本(一)164页。

② *Corr.*, t. VI, p. 312. 普鲁斯特曾对路易·德·罗贝尔说，蒙舒凡的一幕受到了罗班医生与丽阿娜·德·普吉关系的启发，所以我们可以推测这出"音乐剧"也是同样的情况。

③ Cf. ibid., p. 300："他内心满怀忧伤/把与你合作的快乐/拱手让给了别人。"

④ Ibid., p. 282, 1906年11月中旬。下文中他还说："我再也不会给你写什么梦幻剧，因为我生气了。"

⑤ Ibid., pp. 282–283, 1906年11月15日或16日。

早前赋予我们的灵魂不时地还给我们”，马塞尔自称已准备好整年都住到凡尔赛；但由于培德只在那儿住半年，马塞尔接着说：“我会有六个月的时间看到你，然后有六个月让你把我忘掉，这是维持感情健康的绝佳方法。”[①]

这段时间他足不出户，肯定读了不少书，但我们对此了解不多。他读的书包括艾米莉·勃朗特的《呼啸山庄》（1892年由维泽瓦以《一个情人》为题译成法语），还有一本他后来一直十分喜欢的小说，托马斯·哈代的《无名的裘德》。他像在枫丹白露时一样，重新拾起每次住旅馆时喜读的大仲马，这一次哈恩向他推荐的是《阿芒得骑士》，他对哈恩说，此书中“对德尼一家的描写丝毫不逊于巴尔扎克和保罗·德·科克”；此外他还读了《摄政的女儿》[②]。虽说扑朔迷离的情节几乎骗不了他，因为从一开始他就能猜到结局[③]，但情绪上的感受依然十分敏锐：“在这本小说里，我本来只想畅畅快快地享受一番英雄得胜的新鲜感，却看到阿芒得卷入阴谋，历尽艰险，真让人沮丧。”[④]随后在读《摄政的女儿》时，他发现两部小说的结构和情节完全能够重叠起来，这是现代批评的绝佳例证，导致他得出一个自相矛盾的结论：“大仲马写得很好，但缺乏想象力。”[⑤]除此之外，他的阅读还包括报纸和杂志，自称报刊多得“看不过来”[⑥]，这是他汲取知识和了解时事的一个途径。他紧盯着教会（他觉得教会很“公正”但也很“蠢”）与国家分离的进展，赞赏白里安的温和举措“减轻了最后一击的力度”，抨击顽固不化的“教皇庇护十世既可怜又不明事理”[⑦]。

① Ibid., t. VII, p. 35, 1907年1月14日。热内·培德将这段经历写成一本小书*Une Saison avec Marcel Proust*, Gallimard, 2005, préface de J.-Y. Tadié(中译本有［法］热内·培德著，郭晓蕾译，《追忆似水年华之前：普鲁斯特之夏》，北京：人民文学出版社，2008年。——译者注)

② Ibid., t. VI, pp. 330, 340.

③ “除了罗克菲纳特上尉之死，因为他实在太蠢了，智力正常的人根本没法猜透他。”(ibid., p. 340)

④ Ibid., p. 331. 这正是他偏爱《布拉日隆子爵》的原因。

⑤ Ibid., p. 342, 1906年12月19日。

⑥ Ibid., p. 287, 他订了《艺术与珍玩纪事》杂志。

⑦ Ibid., p. 298, 1906年12月。教皇通过通谕（encyclique *Vehementer nos*, février 1906）谴责政教分离及其分离方式。法国政府接着开始清点教会财产。教皇拒绝由信徒们选举产生、并由法律授权管理礼拜场所的文化协会（encyclique *Gravissimi officii*, 15 août 1906）。宗教事务部部长白里安考虑，教堂按照1901年法律保持开放，只需本堂神父宣布即可；教皇对此予以禁止（encyclique *Une fois encore*）。议会于1907年通过了Étienne Flandin提议的法律草案，取消了必须事先宣布的规定。但教会人员失去了报酬。教堂被无偿占用。是否占用本堂神父住宅，取决于各市镇政府的意愿。其他建筑，如主教府，则由国家或市镇政府收回。不过，教会取得了对政府的完全独立。Cf. ibid., p. 318, 普鲁斯特的思考从政治层面上升到历史层面：若在过去，不论是路易十四还是拿破仑，都不会接受“白里安对教皇的委曲求全。同样是在过去，教会人员不会有那么高尚的精神或至少不会有这么无私的境界，为了服从教皇而放弃自己的全部财产。这与权力大小没有什么直接关系，因为自从教皇失去了军队和土地，反而比任何拥有物质实力的时候更加强大（甚至在法国也是如此，其实在法国，他的实力是最小的）”。这位凡尔赛幽居者如此犀利的分析，一字不可易。

此时，普鲁斯特雇用了一位罗贝尔·于尔里克（普鲁斯特本人称之为“挂名秘书”）给他打杂，这是他后来一连串亦佣亦宠的挂名秘书中的第一人。有人根据普鲁斯特致哈恩信中所引于尔里克情妇的信[1]，认为他是《追忆》中听差约瑟夫·贝里戈的原型[2]。后来，普鲁斯特请求罗贝尔·德·比利（其实他更希望比利的岳父在他的慈善机构或银行里）为于尔里克找个差事，告诉他于尔里克是个二十五岁的年轻人，“非常出众，形象良好，文笔不错……待人体贴，为人正派，但没受过更高的教育”[3]。他另外“对一个名叫莱昂的贴身男仆”[4]感兴趣，觉得可以“带着他去看戏”[5]。

让娜·普鲁斯特夫人的哥哥，巴黎上诉法院推事乔治·韦伊，经受两个多月的病痛折磨，于8月23日在马勒泽布广场22号的家中去世，他与母亲和妹妹死于同一种疾病。在他弥留之际，马塞尔赶了过去，但舅舅“已经认不出”他了[6]；因为病得厉害，他没能参加舅舅的葬礼。特别让他伤心的是，舅舅是他上一辈中的最后一位，是他童年时的亲密伙伴。关于母亲的事儿，他与舅舅最谈得来，在母亲去世后，舅舅每天晚上都过来看他[7]。在《贡布雷》的一份草稿中，他动情地讲到“舅舅还健在的时候”[8]，悄悄地向舅舅表达敬意。进入9月，他又见了几个朋友，包括比利和洛里斯。同时，他拿着房产中介提供的清单，请朋友们四处替他看房子，热内·培德去了卢瓦广场、玛格丽特街、阿尔图瓦街、奥斯曼大道102号、普罗尼街77号、拉贝鲁兹街31号等处。等有了新的清单[9]，他又向乔治·德·洛

① Ibid., t. VII, pp. 284–285.

② Ibid., t. VI, p. 192.

③ Ibid., t. VI, p. 268. 他后来也为这位于尔里克找剧场座位，并雇他做秘书，以便发出晚宴的邀请，等等。他还设法给费利西·费多的一个侄子安排工作，此人在共和国卫队干了十二年，正准备复员。菲利浦·科尔布在这儿弄混了，把这个年轻人——信中没写名字，实际上是于尔里克——和那个年纪更大一些，在共和国卫队供职的侄子当成了一个人（n. 3 et 5）。

④ Cf. ibid., p. 214, 致雷纳尔多·哈恩：“假如莱昂不去说情，我就得承受/唉，奥尔菲的命运……”

⑤ Ibid., p. 197.

⑥ Ibid., p. 200.

⑦ Ibid., p. 196, 1906年8月26日。Cf. p. 232。

⑧ *RTP*, t. I, p. 655, Esq. IV.

⑨ Paris-Office和John Arthur等中介事务所提供的清单。

里斯谈到华盛顿街、夏多布里昂街和贝里街；洛里斯还在普罗尼街、墨西拿大街等处看了“数量惊人”的公寓。但马塞尔总是对奥斯曼大道念念不忘[1]，大家都觉得这是他最想——起初是下意识地——居住的地方，个中原因他后来有过解释。除了有朋友们帮忙查看之外，他对这些房子的调查达到了警察的水准，比房产中介了解得还要详细：“对普罗尼街、奥斯曼大道、柳树街、泰奥迪勒–里博街等各处的房子，我不仅有门房提供的精确尺寸，还派人重新量过。没有一处房子像奥斯曼大道上的房子那样宽敞。”[2]

10月8日，他终于决定住进奥斯曼大道102号自己家的房子里，他无法生活在母亲不认识的地方，这里尽管有树紧贴着窗子，尽管有有轨电车的噪音，尽管有很大的灰尘，但这处房子也到处都是回忆，他过去常与母亲一起来吃饭，后来亲眼看着外叔公路易・韦伊在这里去世，而他就要住在外叔公原先的房间里。这套位于夹层之上的单元原来已经租给了别人，但原租户不住在这里，于是马塞尔又把它转租下来[3]。有六个房间需要布置家具，其中大客厅、小客厅（他打算在此厅起居，实际上他的健康状况让这个愿望落了空）、餐厅和书房，他打算把弟弟留在库塞尔街的家具全都移过来放在对应房间里（弟弟大概没有地方安置这些家具，并且他对弟弟还有“其他补偿性安排”）；他的卧室（有两扇朝向奥斯曼大道的窗户）和一间朝向内院的小卧室需要装修；此外还有洗衣房和一间浴室。他

① 年租金7,400法郎（*Corr.*, t. VI, p. 226）。

② Ibid., p. 228, 致洛里斯。

③ Ibid., pp. 230–231, 致施特劳斯夫人。

让人用奶油色的帝国风格墙纸装饰卧室的墙面，与他打算用在前厅和朝向内院房间的帝国风格樱桃红相比[①]，这种颜色更显得喜庆。尽管房子的面积比库塞尔街小得多，他仍打算凡是能放得下的家具一律保留，以重新创造一种“失去的家园”[②]的氛围，其余的放入家具储藏间[③]。三角钢琴将移到客厅里，马塞尔打算把它改装成“阿奥利昂式”自动钢琴（如同阿尔贝蒂娜弹奏的那一台）。外叔公留下的书桌仍然当书桌，还像外叔公生前那样放在小客厅。按照马塞尔的原则，卧室里不挂油画：墙壁干干净净，象征头脑为了创造而专注于思索所需要的空间。博韦夫人1880年所作普鲁斯特夫人肖像——每看到它就令人伤心欲绝——将挂在大客厅里（父亲的两幅肖像，勒孔特·迪·努伊作的那幅留给了罗贝尔，马塞尔保留了布鲁阿代尔画的那幅）；小客厅里有布朗什作的马塞尔肖像。普鲁斯特夫人的肖像与本人不太像（如同《追忆》中的外婆一样，她在去世后才恢复年轻时的容貌）。马塞尔更喜欢她的一张照片，他写信告诉卡蒂斯夫人，自己曾对着照片与母亲交谈：“晚上我对妈妈的照片说您待我有多好，她脸上慈祥的微笑似乎是对您展露的，我只是与您一起分享她的笑容。”[④]他心里很清楚，他继承的家具，承载的是回忆而不是美感，于是打算把其中几件送给佣人，另有一些，比如在十九世纪末十分流行的铜器，则留给“对美感不太讲究的好心人”[⑤]。但他保留了所有的照片，他希望各位祖辈，甚至他不曾见过的祖辈的父母，都留在身

① Ibid., p. 238. 最后，在这儿安装了库塞尔街房屋前厅用的细木护壁板，因为过去母亲对此很喜欢，所以这样一来马塞尔也很高兴（p. 325）。

② Ibid., p. 302.

③ Ibid., p. 262.

④ Ibid., p. 273.

⑤ Ibid., p. 279.

边；他继续睡在自己的铜床上。1910年，他命人像诺阿耶伯爵夫人那样给卧室的墙壁铺上软木。他在小盘子上燃吸勒格拉药粉，烟雾从门缝透到走廊里，引起邻居的抗议。他在凡尔赛对新家的卫生条件做出规定：“只要有灰尘我就会喘不过气来，可只要有家具就会产生灰尘。再说，因为我有自己的睡觉时间和需要保持安静的时间，因为我怕冷而不能开窗子，所以，我住的房子很难进行拍打除尘和清扫，只有越像医院才越理想。既然做不到，我希望至少家具越少越好，可偏偏家具又很多。所以只需考虑质量即可，这对我来说再好不过了。”[①]于是，他在“既温馨又伤感的吸引力”[②]驱使下选择的居所，就是这副样子。反对细节描写[③]的普鲁斯特在很多封信中把家具的安排、挂毯的布置交代得十分清楚，但这些东西都不重要，甚至他让人挂在客厅、餐厅（斯奈德斯作品的复制件）和前厅（小弗兰肯的《以斯帖与阿曼》，“处于恰如其分的晦暗之中”）的油画，也都无法引起他的兴趣，因为无论什么东西，假如不是自己发现、渴望、“怀着爱意千辛万苦买到手”的，都无关紧要[④]。此处家居布置最重要的原则，是保留对库塞尔街的回忆，那里是马塞尔与父母共同生活的最后一处居所，“对他而言，这里才是母亲的长眠之处”[⑤]，它的分量超过了拉雪兹神甫公墓。直到后来他终于明白，需要由他在自己的作品里，给母亲另外建造一处安息之所。

等待搬家期间，普鲁斯特既不写作，也没有做其他

① Ibid., p. 317，致卡蒂斯夫人。
② Ibid., p. 326.
③ “我不受什么观念的影响，也不想拥有太多的观念，因为这对作家来说不是好事。”（ibid., p. 336）
④ “我梦想着有朝一日买……一幅威尼斯原生派画家的作品，再买一幅托斯卡纳、锡耶纳或罗马的原生派画家作品。”普鲁斯特想到的是，“比如说，维瓦里尼，拥有他画的圣物盒将令人无限遐想，或者是锡耶纳或罗马的某位画家”（ibid., p. 337）。在这个问题上，他受到罗斯金的影响，不过罗斯金不了解这些作品的真正特征（《佛罗伦萨的早晨》，IV，§77 et 78），或受了贝伦森的影响，普鲁斯特到处寻找贝伦森这一时期的作品（*Corr.*, t. VI, p. 247）。我们注意到，大“学问家”贝伦森曾在波士顿师从查尔斯·艾略特·诺顿学习艺术史，听他讲罗斯金；贝伦森认识惠斯勒特别是孟德斯鸠（他指出孟德斯鸠没有任何索多姆的行为，并说假如有的话他一定会知道，因为孟德斯鸠让所有的男同性恋者“垂涎三尺”）。见E. Samuels, *B. Berenson*, Harvard University Press, 1979。此外，普鲁斯特意欲收藏的绘画之所以吸引他，仅仅是因为它们能令人产生联想（如同《重现的时光》中的《弃儿弗朗沙》），譬如说这些绘画“保留着某个城市的气味，或某座教堂的潮味，如同某些小玩意，通过联想产生的梦跟它本身包含的梦一样多”（ibid., p. 337）。贝伦森大概批评过罗斯金的看法，对此，普鲁斯特以罗斯金本人的一篇文章作答，阐述了一种重要的理论：“成为绘画的行家有两种方式，一种是艺术家的方式，另一种是古董商或画商的方式。第二种方式建立在对绘画成品、绘画技法等极为精确的了解和认识之上，而丝毫不涉及严格意义上的美学品质的判断力……这一切都不妨碍我希望认识贝伦森。”（ibid., pp. 241–242）由瓦尔特·贝里帮忙，普鲁斯特于1918年结识了贝伦森。
⑤ Ibid., p. 326. 普鲁斯特想的是，即使他将来必须离开奥斯曼大道迁往妈妈可能从未到过的地方，奥斯曼大道终将成为库塞街与新地点之间的过渡。

工作："我已经永远告别了妈妈曾经帮助我的翻译工作。至于移译我自己，我没有任何勇气。"[1]不过他考虑还一份欠了很久的文债，为《生活艺术》——这本杂志此时已经倒闭——负责人加布里埃尔·穆莱的《庚斯勃罗传》写一篇书评[2]。由于新居所的原租户出尔反尔，以及楼下夹层的新租户伽热医生正在"大兴土木"，他只好在凡尔赛一直待到12月底，让看门人安托万以及父母的管家让·布朗监督房子里的施工。然而，他病得很重，不能出门，所以无法享受凡尔赛花园的美景；他每天直到深夜才能醒来，因此对"季节更替和晨昏变幻之美"毫无知觉。大美人葛拉荻丝·迪肯，未来的马尔伯勒公爵夫人，就住在他楼上的房间，但他们始终没有碰面[3]。他在凡尔赛住了四个月，如同待在"一个电话亭里，对周遭的景物懵然无知"。不过，这个过去曾常来常往的"无与伦比的地方"，让他打心里喜爱，继《欢乐与时日》之后，它还将为《追忆》的许多章节提供灵感。逗留期间，他曾到阿尔努伯爵夫人府上拜访，在那儿遇到了法国驻伦敦大使保罗·康邦，"他浑身散发着衰老、沉默和神秘的气息，一双纤细的眼睛很有穿透力（一个上了年纪、满脸皱纹的费纳龙）"[4]，这俨然是《重现的时光》中的某个人物。到了12月27日，他如往常一样在反复犹豫之中突然做出决定，他要回到巴黎并在奥斯曼大道安顿下来，但没有告诉任何人[5]。这次返回巴黎，标志着大丧期的结束。

① Ibid., p. 308, 致玛丽·诺德林格。她刚刚送给马塞尔一部马斯佩罗论东方各民族的著作，马塞尔在关于德·布瓦涅夫人的文章（*CSB*, p. 925）以及《少女》（*RTP*, t. I, p. 469，十五人译本［二］42页，周译本［二］47页）当中引用了这本书。

② *Corr.*, t. VI, p. 287. 他还向《艺术与珍玩纪事》负责人马吉里耶建议，对刚刚译成法文出版的《佛罗伦萨的早晨》予以评介；这个计划没有实现。

③ Ibid., p. 326. 他还提到了巴雷斯的文章《秋到凡尔赛》。

④ *Corr.*, t. VI p. 265.——译者注

⑤ Ibid., p. 345.

XI

重振文学事业

生活重归正轨

普鲁斯特迁往奥斯曼大道定居，尽管如他所料，饱受“每到新地方必经的哮喘复发之苦”[1]，仍然卧床不起，但他确实已经跨越了生命中的一道重要关口。不仅因为他第一次勇敢地顶门立户，独自一人面对疾病、面对持续三十个甚至五十个小时的哮喘，而且因为他终于走出了母亲去世的哀伤，为这痛苦的一年画上了句号。他本人向乔治·德·洛里斯等同样遭遇丧母之痛的朋友解释说，首先最要紧的就是努力活下去，而后，尽管心里保留着“某种永远的破裂”，尽管伤痛永远得不到抚慰，“思念会越来越强烈”[2]，但随着时间的推移，亲切的母亲终将会回归并陪伴身边。他已经在“孤独”“沉睡”[3]的灵魂中达到某种平静的境界，我们将看到他渐渐地出门访友，开门延客（但从此以后，他再也没有如父母健在时那样在家里大摆筵席），外出旅行，他将遇到除母亲之外一生中最爱的

① *Corr.*, t. VII , p. 63.

② Ibid., p. 86. 参见ibid., p. 93, 1907年2月27日，致罗贝尔·德·弗莱尔（悼念弗莱尔的父亲）。

③ Ibid., p. 98.

人，他将写出超越以往所有作品的重要篇章，也许，他还将开始写一部新书。

庚斯勃罗

1月，普鲁斯特把关于加布里埃尔·穆莱著作《庚斯勃罗传》的书评交给了马吉里耶。他本人把这篇书评视为“敷衍急就之作”，所以希望仅以M. P.署名[①]。此文刊于1907年3月9日的《艺术与珍玩纪事》杂志。《庚斯勃罗传》作为一本“评传”[②]，是亨利·洛朗出版社“大艺术家生平与创作”丛书之一，普鲁斯特在《追忆》中对这家出版社的“艺术城市”丛书大加赞赏。“大艺术家生平与创作”丛书当中，普鲁斯特引用过马吉里耶的《丢勒传》、保罗·德雅尔丹的《普桑传》[③]，还读过罗森塔尔夫妇所著《卡帕契奥传》[④]并在《失踪的阿尔贝蒂娜》中有所借用。这篇书评的内容仅限于庚斯勃罗的生平，也确实有些草率，这位英国画家本不是普鲁斯特的真正兴趣所在，读者也无法通过书评对他有更多了解。不过普鲁斯特从三个故事入手，勾勒了一种艺术哲学：“对艺术不可遏制的热爱是高尚的”；“艺术作品具有文献的功用”；艺术家具有独特的道德观，对他们而言，能激发灵感者即为美，凡窒息灵感者即为恶；艺术家对社交人士敬而远之，假使与社交界的来往以攀附为目的，则“最优秀的天才将被扼杀”[⑤]。但行文至此是为了重提他曾经挚爱的罗斯

① Ibid., p. 26，致奥古斯特·马吉里耶。

② “正文以外附复制图片24幅”，有128页。

③ *CSB*, p. 525.

④ 1906年出版。*Corr.*, t. VI, p. 79。

⑤ *CSB*, p. 525.

金：推崇英国绘画，就是向这位宣扬英国绘画的学者致敬；反过来，向罗斯金致敬，同样是对庚斯勃罗或透纳的褒奖（实际上，罗斯金在《现代画家》一书中是为了赞扬透纳才提及庚斯勃罗）。普鲁斯特在文章中说，正是出于这个原因，著名收藏家卡米耶·格鲁①（1832—1908，其藏品号称“英国绘画的卢浮宫”，而“真正的卢浮宫收藏的英国绘画甚少”）在罗斯金去世时，特意购藏了一幅透纳，以向罗斯金表示敬意。六年之后，普鲁斯特忆及穆莱的这本书，突发奇想——既说明他的渊博也暴露了他的轻佻——将雷纳尔多比作莫扎特，将自己比作莫扎特的好友，并告诉雷纳尔多，庚斯勃罗给伊丽莎白·林莱画过像：“我在书中看到他（指莫扎特）像您一样善待他的一位好友……庚斯勃罗给莫扎特这位挚友的妻子或女儿画过像。”②

《一个弑母者的亲子之情》

1907年1月③，普鲁斯特在悲剧和禁忌的氛围中重新投入写作，这便是《一个弑母者的亲子之情》。这篇文章仿佛是与整个过往的断然决裂，是从内心纠结中彻底解脱，因为他一直认为，是自己的疾病和生活习性使母亲陷入焦虑，最终导致了母亲的早逝。文章的缘起是一则社会新闻：1月24日，亨利·范·布拉伦贝格——其父是东方铁路公司董事长，也是普鲁斯特家的好友，于1906年逝世——在精神错乱中杀了母亲，随后自杀身亡。布拉伦贝

① 普鲁斯特很可能早在1894年通过孟德斯鸠就认识了他（*Corr.*, t. I, p. 316），但穆莱在这本书中没有提到他的任何绘画收藏，同样也没有向罗斯金表示敬意！所以说，这是普鲁斯特不动声色地从两个方面向作者提出批评。格鲁爱好十八世纪艺术和英国艺术：“格鲁收藏的透纳，在巴黎一直为人津津乐道，因为其中四分之三是假的。他本人知道吗？一清二楚。他花20万法郎买一幅真迹，又花不到300法郎买一幅赝品。但他开心地看着那些内行们因为害怕惹他不高兴而照样欣赏那些假货。”（R. Gimpel, *op. cit.*, p. 39）格鲁拥有二十幅透纳作品，普鲁斯特从中汲取灵感描写了埃尔斯蒂尔的画作（尤其是龚古尔也描写过的《安康圣母教堂》，和现藏卢浮宫的《塞纳河谷》）。格鲁原打算在Bagatelle建一座英国绘画博物馆，但遭到当局反对，见*CSB*, pp. 440, 526。另外，他把“自己在巴黎马拉科夫大街116号的花园改造成于贝尔·罗贝尔式的景观，有喷泉、廊柱和废墟”（Gimpel, *op. cit.*, pp. 39–40）：这正是盖尔芒特亲王夫人公馆的原型，这一点迄今尚未有人指出。《盖尔芒特家那边》中的一则掌故也是普鲁斯特从格鲁那儿借来的：一位“靠面粉和面制品生意发了大财的先生”邀请德·卢森堡先生赴宴，这一位拒绝了邀请，并在回信的收信人一栏里写上“磨坊主德·某某先生”，邀请者则再次来信表示遗憾：“本来饭桌上只有磨坊主、他的儿子和您。”（*RTP*, t. II, p. 827 et n. 1，参见十五人译本［三］530页，这页上的注释引用了佩因特的说法，他认为此事的当事人是布勒特伊侯爵，此君急欲托人邀请爱德华七世赴宴。）此事亦见于然佩尔的记载，他说此事发生在希腊国王身上（*op. cit.*, p. 40）。关于格鲁，见阿贝尔·弗拉芒发表在1908年1月18日《画报》上的文章。

② 致雷纳尔多·哈恩的未刊信件，见拍卖目录（Cat. Laurin, Drouot, T. Bodin expert, vente du 18 avril 1991, n° 99）。关于莫扎特与林莱的关系，见J. et B. Massin, *W. A. Mozart*, Club français du livre, 1959, p. 96, et W. Hildesheim, trad., Farrar Straus Giroux, New York, 1982, p. 30，这本书记载了1770年春季二人在佛罗伦萨短暂而亲密的交往；莫扎特与林莱当时都是十四岁。其实，庚斯勃罗所画的是林莱的姐姐伊丽莎白·谢里丹（Dulwich College, Londres）。穆莱在书中复制的正是这幅肖像，*Gainsborough*, p. 48。关于林莱与莫扎特，见T. Laget, *Florentiana*, p. 98。

③ 他给吕西安·都德写信说：“的确，自从翻译《芝麻》以来，除了信件与账目之外，我还没写过一行字。”

格一家与普鲁斯特一家过从甚密，马塞尔与他们的儿子不时一起到共同的朋友家赴宴，就在不久前，马塞尔还“为朋友”向他打听东方铁路公司一位雇员的消息[①]。《费加罗报》主任卡尔梅特知道马塞尔与这家人的关系，1月30日请他写一篇文章。1月31日凌晨三点至八点，马塞尔的文章一气呵成；当晚十一点送还清样时，还增写了一个得意的结尾，但被主编卡尔达纳删掉了。这位“严厉的道德主义者”对普鲁斯特的信差于尔里克说：“他以为除他自己和几个认识他的人之外，还有谁会看他的文章！”[②]不过卡尔梅特倒是很欣赏这个结尾，认为“写得很美”。文章于2月1日见报。

这是普鲁斯特第一次在文章中采用首尾呼应的循环结构，他给放任主编删去结尾段落的卡尔梅特写信说：“弑母者一词既出现在标题当中，又为全文煞尾，因此使文章成为完整的统一体。”[③]这篇文章篇幅不小，仅在数小时之内即告完成，因而更能说明，推进文章层层展开的动力是作者的回忆，他以“快照”的方式回忆起自己的父母，回忆起弑母者亨利·范·布拉伦贝格的父母，这也是将来《追忆似水年华》中众多人物出场亮相的方式。回忆者的眼睛，是“使肉眼不可见者显形的望远镜”：“当看到沉浸在回忆之中的老人，由于无力调节混浊的目光以适应如此千差万别、如此遥远的时光而蒙上双眼之时，我们真真切切地感觉到，那目光的轨迹穿过‘岁月的阴影’[④]，看似即将落在他们脚前几步之遥，

① *CSB*, p. 152. 大家会想这个所谓的“朋友”是不是他本人，他经常打听这些“职员”、电工、电报投递员、餐馆侍者的消息。

② *Corr.*, t. VII, p. IX et 52.

③ Ibid., p. 53, 1907年2月1日写给加斯东·卡尔梅特的信。普鲁斯特在信中抄录了文章的结尾部分，我们可以在*CSB*, p. 786, n. 7中见到，但放错了位置。应该如菲利浦·科尔布所说，把它放到文章的结尾。

④ 这是诺阿耶伯爵夫人一部著作的题目。

实际上却落在他们身后五六十年的地方。”这是因为，这种目光，如同普鲁斯特在此处提及的玛蒂尔德公主的目光，“在从往事回忆中醒来的过程里，把当前与过去结合在一起”[1]。从回忆中醒过神来并进入正常清醒的状态，假如我们联想到《在斯万家那边》《盖尔芒特家那边》以及《女囚》的开头，就会发现，这是普鲁斯特真正的新起点。随后他描写阅读《费加罗报》的情景，这一情景既预示着《驳圣伯夫》《失踪的阿尔贝蒂娜》中读报的场景，也为维尔迪兰夫人在战争期间边吃羊角面包边读报上海难消息的场景埋下伏笔。对这则社会新闻，普鲁斯特是参照希腊悲剧《埃阿斯》和《俄狄浦斯王》来进行解读的：弑母自杀者把一只眼睛挖了出来，作者从“这个人类受难史上最恐怖的动作中，认出了这是俄底浦斯王的那只眼睛”[2]。在弗洛伊德理论——普鲁斯特并不知道弗洛伊德的存在——盛行的时代，普鲁斯特借助神话、文学和渊博的学识解读现实生活，古代弑父母现象的知识，是他从圣马克·吉拉尔丹的《戏剧文学教程》[3]中获得的。“我想向读者证明，发生这一疯狂而血腥事件的氛围，多么具有纯粹的、宗教性的道德之美，虽然这种氛围被溅上血迹，但没有受到彻底的玷污。我想用来自天上的气息，给发生犯罪的房间通风透气，我想证明，这个事件完全是上述希腊悲剧之一种，它们的表现几乎就是一场宗教仪式。”[4]普鲁斯特相继借助罗斯金和悲剧破解世界的奥秘，为此，他还将需要圣伯夫、巴尔扎

① 《一个弑母者的亲子之情》，*P et M*, p. 152。

② Ibid., p. 156；试与后文提及《李尔王》结尾和《卡拉马佐夫兄弟》的地方（ibid., p. 157）相比较。在《追忆似水年华》当中，只有在有关夏吕斯男爵的情况下才提及俄狄浦斯王。

③ *Corr.*, t. VII, p. 56, et n. 3 : *Cours de littérature dramatique*, éd. 1899, t. I, pp. 189–190.

④ *P et M*, p. 157.

克、波德莱尔和福楼拜，而后他才能独立进行解读，也就是写作。求助文学这一中介，这是再正常不过的思路，因为文学能帮助我们照亮世界与灵魂的黑夜，但除此之外，此文还揭示了他对疯狂与死亡（他难以相信人真的会疯、会死）的深入思考，特别是留在文章最后的自我剖白："说到底，我们都在老去，是我们自己杀死了最爱我们的人，因为我们总是让他们操心、怜爱、牵挂、不得安宁。"[①]眼看着"亲人的身体健康"每况愈下，以及由此产生的负罪感和惩罚欲望，这一切都将在《索多姆和戈摩尔》对叙事者与外婆关系的描写中重新出现，叙事者将认为是自己导致外婆去世，因而感到自责。《欢乐与时日》当中尚停留在文学想象状态的故事，到了1907年，终于通过一个惨不忍睹的场景，与人性的真相相遇。过失、赎罪（这一主题在《女囚》中仍然借陀思妥耶夫斯基出现）以及通过文学得到救赎这三者之间的辩证关系，将最终塑造叙事者的道德观，并使他彻底摆脱自己是杀害外婆和阿尔贝蒂娜的凶手的可怕念头。

还是在1月份，《文学》杂志就列夫·托尔斯泰《莎士比亚》一书对莎士比亚的批评向普鲁斯特进行书面采访[②]，他以健康不佳为由婉拒。不过他仍然草拟了一封回信，如往常一样扩大了论题，他讨论的问题不是质疑托尔斯泰辨析美和美学真理的能力：陌生的语言向托尔斯泰遮蔽了美和美学真理，因为"只有表达之美能给思想赋予个性，并度量出思想在诗人灵魂当中形成时所处的深度，假

① Ibid., pp. 158–159.

② *Corr.*, t. VII, p. 23. *CSB*, pp. 523–524 et n. 1. 当年8月15日，他还在《两世界评论》杂志上读到了Wyzewa关于托尔斯泰抨击莎士比亚的文章。

如这种表达的物质形态向我们遮蔽而不是揭示作品，那么我们只好暗中摸索，并不可避免地犯错误”。歌德喜欢贝朗瑞与罗斯金喜欢乔治·桑，都是这种情形。更何况，作家与作家之间常常出现误会；如早期的圣伯夫（此处出现的主题和观点一年后将重现于普鲁斯特笔下），因为与他评论的作家本人太过熟悉，所以“过于相信在有梅里美、雅克蒙[①]和安培的社会，斯丹达尔远非第一人”……反过来，资料过于贫乏也不会使事情更容易：关于莪相我们就犯过很多错误。所以，托尔斯泰对莎士比亚的看法，应属于伟大天才惯有的误解之列。

① 这是普鲁斯特经常举的例子；cf. *Corr.*, t. VII, p. 303, 1907年10月21日。

同一时期，为了写信鼓励心绪不佳且丧失自信的吕西安·都德，马塞尔确定了自己的道德观和审美观的几个原则。“真实的想法”和“感觉到的东西”是一切的基础，我们是“一种能够做‘美与真’实验的仪器”（从中我们不难辨认出罗斯金的口吻）。不能总是认为我们“处在时间之中”；“我们身上有价值的部分，每当需要之时即能发挥价值的部分，是处于时间之外的”，因此全身心地投入一项事业在任何时候都不晚，如“拉封丹四十岁才开始写作……哈尔斯真正优秀的作品是八十岁以后创作的，柯罗最优秀的作品出现在六十岁以后”。这些思想给了他“巨大的工作和生活热情”[②]。我们仿佛听到《重现的时光》的叙事者在说话，我们真切地听到，这个已经三十六岁的人，在没有任何人要求和催促的情况下，开始创作自己的作品。

② Ibid., pp. 58–60.

这年2月，原先让他不得安宁的楼下夹层的施工结束了，但接着就是紧邻楼房的施工，更让他难受的是，他已经改变了作息时间，不再是在白天睡觉[①]。直到这时，除了费利西·费多（未来小说里的弗朗索瓦丝）以外，普鲁斯特还一直保留着父母的贴身男仆让·布朗，此时，他重新召回了曾服侍父母、后来因“贪杯”而离开的尼古拉·科坦[②]。科坦已经完全顺从了马塞尔的生活习惯，就像奥斯曼大道这处住所一样，他也会让马塞尔想起父母仍然健在的时光。不过，马塞尔对他并不满意[③]，于是在5月1日前后雇用了尼古拉的妻子赛莉纳·科坦。7月1日，费利西·费多和罗贝尔·于尔里克离开了马塞尔[④]，但于尔里克还不时回来打打短工。

春天提早到来，马塞尔很快就能走到户外，在阳台上或楼前稍事活动：“我发现阳光是很美丽、很特别的东西。”[⑤]这是普鲁斯特在数月幽居之后重见阳光而触发的灵感，继而写出1912年6月4日《费加罗报》上的《阳台上的阳光》[⑥]一文，否则，这句话就会显得矫情，甚至乏味。

阅读的日子

尽管健康状况不佳，还有邻居施工的干扰，但普鲁斯特一直坚持写作，有两篇文章几乎同时面世。1907年3月20日的《费加罗报》发表了《阅读的日子》[⑦]，评介他的重要发现，即开始陆续分卷出版的《布瓦涅伯爵夫人回

① 他在给施特劳斯夫人的信中（ibid., pp. 101, 131）幽默地谈到这些工程：“这么多月以来，十二个人每天这么奋力地敲敲打打，一定是在建造与胡夫金字塔同样雄伟的建筑，待人们走出家门，会赫然发现，它就矗立在春天百货和圣奥古斯丁教堂之间。”普鲁斯特最喜欢在信中与之开玩笑的两个人，正是施特劳斯夫人和哈恩，这些书信让我们看到他在谈话中的幽默是何等情形。

② Ibid., p. 78. 尼古拉·科坦（1873—1916）。

③ Ibid., p. 135.

④ Ibid., p. 213.

⑤ Ibid., p. 132.——译者注

⑥ Cf. *RTP*, t. I, pp. 389, 397, 参见十五人译本(一)392、400页，周译本(一)406、414—415页。

⑦ *Essais et articles*, *CSB*, pp. 527-533, 另外，被《费加罗报》删节的段落，见pp. 924-929 *以及RTP*, t. II, n. 1 de la p.481（pp. 1610-1614）。普鲁斯特1907年3月18日给雷纳尔多·哈恩写信说，《费加罗报》“删掉了整整一大段，而写这篇文章的目的就是为了这一大段，它是我唯一喜欢的内容”（*Corr.*, t. VII, p. 110）。奇怪的是，我们见到的书信中，没有一封谈及他阅读了德·布瓦涅夫人。的确，正如我们经常看到的那样，出于礼貌（对那些读书比他少的人）、谦逊、保守个人隐私的缘故，他在通信中很少谈及他的阅读。

忆录》。除了从《让·桑特伊》中节选并将在《盖尔芒特家那边》再现的关于电话的段落之外[1]，我们还会在文中看到作者对名字的遐想，名字重建了整个过去："非常宽泛的过去，也许吧。我倒是愿意这样认为：幸亏某些家族恪守传统，才令这几个寥寥可数的名字流传至今，而在过去，这些名字是非常普遍的，其中既有出身低微的，也有血统高贵的，因此，透过这些名字在魔灯上呈现的一幅幅色彩稚拙的图画，我们不仅可以看到蓝胡子的强悍领主或高居塔楼之上的安娜姐姐，而且可以看到背负青天、面向绿地的农民，还有在十三世纪荒尘古道上策马奔驰的武士。"[2]然而时过境迁，这些名字的诗意消失殆尽，这是由于人名被用作了地名，这些地方显然配不上那些人名中蕴涵的诗意。从此文可以看出，《1908年记事本》和《追忆似水年华》中关于名字的理论已经形成。不过，回忆录自有其功用，它为当前提供了一个历史背景，是"一座从当前一直通往遥远过去的轻型桥梁，为了让历史更生动、让生活几近于历史，它把生活与历史统一了起来"[3]。虽说回忆录引人遐思，但随后它会令读者失望，它只包含了平淡无奇的时光，所以我们不难理解普鲁斯特何以不是回忆录作家，他只是向圣西门、布瓦涅夫人、雷米萨夫人、奥松维尔伯爵借取了他们所能给他的东西，即有待加工的历史素材。此文中被《费加罗报》删节的一大段，包括了普鲁斯特对往昔之意义的深入思考。在回忆录中，没有任何细节是毫无用处的，这是因为，若讲到忒修斯、

① *Essais et articles*, *CSB*, pp. 528–529.

② Ibid., p. 531.

③ Ibid., p. 532.

萨尔贡、亚述巴尼拔的事迹，保留至今的只有一些细节："马斯佩罗先生甚至能说出驯狗仆人牵的猎兔犬叫什么名字。"[1]普鲁斯特的作品中充斥着日常生活的方式、特点等诸多细节，而没有涉及王侯将相、征战杀伐的大历史，恰恰是因为，这些看似无用且经不起时间考验的微不足道的细节，反倒得以流传后世。因此，在"曾生活于地球表面的生物所留下的无数遗存中"[2]，上流社会女性写作的回忆录自有其独特地位。普鲁斯特在《盖尔芒特家那边》中描写维尔巴里西斯夫人沙龙和回忆录的段落，以及这些描写所表达的历史哲学，已经一字不差地出现在这里。有两个因素使我们认定布瓦涅夫人是维尔巴里西斯夫人的原型：她们回忆录的水准都使我们误认为她们的沙龙有高雅的品味；她们二人都"与一位老年政治家长期保持私情，他每天晚上必就政治话题高谈阔论一番"[3]。布瓦涅夫人还是虚构人物博泽让夫人的原型，叙事者外婆的读物中有她的《回忆录》。而普鲁斯特本人读的则是圣伯夫（在这篇文章中多次引用）和圣西门的作品。

① Ibid., p. 925. 另见*RTP*, t. I, p. 469，参见十五人译本（二）42页，周译本（二）47页。

② *Essais et articles*, *CSB*, p. 926.

③ Ibid., p. 929. 德·诺布瓦先生在维尔巴里西斯夫人身边所扮演的，正是巴斯基埃公爵在德·布瓦涅夫人身边的角色。

诺阿耶伯爵夫人的《炫目集》

大约是3月中旬，安娜·德·诺阿耶把自己的未刊诗集交给普鲁斯特，想让他在《费加罗报》上撰文评介。3月16日前后，他用三个小时写完了草稿，随后，由于雷纳尔多指出文章太长，他又花了一整夜时间进行修改，

“我原来数的是……16900个字母”，谁料抄清之后变成了“18000个字母”[①]。从此之后，普鲁斯特一直保持这一神奇的写作速度，这也使他能写出七千页的草稿，外加打印稿和大量清样，再从中提炼出三千页的小说。从1908年起，他面对稿纸时就再也没有像马拉美那样的焦虑，而是运笔如飞，速度不亚于他刚刚领略到妙处的汽车。

安娜·德·诺阿耶对他非常信任，坚信唯有他一人能与自己感觉相通。这篇书评的写作与修改一直持续到5月，卡尔达纳要求他删掉六十行[②]。文章发表在6月15日的《费加罗报》文学副刊上，普鲁斯特风趣地戏称这份副刊为“被永久遗忘的预感”[③]。总的来看，这篇文章一直没有引起重视，因为诺阿耶伯爵夫人的诗现在已经过时[④]。她属于后起的浪漫派，是拉马丁、雨果、波德莱尔的门徒，与现代诗的各个流派格格不入。在1914年战争爆发之前，她的美貌、出身、靓丽的青春和动辄对人推心置腹的性情，令人产生很多错觉。在阿波利奈尔、瓦莱里和布勒东的时代，诗坛没有她的容身之地。

普鲁斯特开篇旁征博引，用他一直倾心的作家作品，包括圣伯夫[⑤]（他一直在普鲁斯特左右）、儒贝[⑥]以及圣经中的《雅歌》，赞美和衬托这部诗集。接着普鲁斯特谈到最喜欢的画家居斯塔夫·莫罗[⑦]，此君屡次尝试在绘画中表现“诗人这个抽象的概念”。读者不禁要问，莫罗所说

① 有30000多个字母，这还不算被卡尔达纳删去的部分。

② *CSB*, pp. 931–932；这些文字有一部分被纳入《少女》。

③ *Corr.*, t. VII , p. 107, 1907年3月17日，致德·诺阿耶夫人。

④ 这部诗集共416页，1907年4月24日由卡尔曼-莱维出版社出版。新闻界反响热烈(法国和外国共有五十多篇评介文章)，读者购买踊跃，至5月10日，出版社宣布已经出至第五版，见C. Minot-Ogliastri, *op. cit.*, pp. 218–219。

⑤ 因此，1907年10月，普鲁斯特与德雷福斯谈到圣伯夫在马扎林图书馆任馆长期间的一笔花费，这件事令人怀疑他动用了秘密基金，圣伯夫在其《夏多布里昂及其文学集团》一书的第一篇序言中也讲了这件事（*Corr.*, t. VII , pp. 301–303, 致德雷福斯）。

⑥ Cf. *JS*, pp. 269, 488；*CSB*, p. 650–651, 灵感来自阅读他的通信集。

⑦ 在写这篇文章的时候，他收到了孟德斯鸠的*Altesses sérénissimes*一书（书中收入了普鲁斯特的文章《美学导师》），其中第一章写的就是莫罗（普鲁斯特对作者说：“我重读了对莫罗的精彩论述。”［*Corr.*, t. VII, p. 148］）他赞叹道：“莫罗，多么令人钦佩的画家。”（p. 147, 1907年5月7日，致乔治·德·洛里斯）他再次浏览了阿利·勒南的著作（*op. cit.*），“书中复制（虽说复制得很糟糕）了很多幅油画，真是太好了”。不过普鲁斯特明确地向孟德斯鸠表示，他还没有找到窍门，“既能引述您的文章而又避免显得像一张纯粹的名片”！不过，他仍将对此加以利用，甚至运用到《追忆》当中。另外，他不同意为评介*Altesses sérénissimes*专门写一篇文章，同时又特别想知道这本书影射的对象，尤其是书中令人联想起《朗热公爵夫人》和《被抛弃的女人》的相关内容所影射的对象（ibid., p. 155）。在普鲁斯特的心目中，作者孟德斯鸠渐渐地成为一个小说人物。不过，普鲁斯特会继续去看望他，欣赏Berthe Bady在玛德莱娜·勒迈尔府上朗诵伯爵的诗作。

的诗人会不会是女性呢[①]？在莫罗的各种诗人形象当中，普鲁斯特认出了诺阿耶夫人，也就是说，在《索多姆和戈摩尔》之前，诗人被审慎地表现为男–女的合体。也许普鲁斯特无意中在此处暴露了他喜欢这位画家的一个原因。男性诗人与风景之美不相容[②]，而女性美则是风景之美的组成部分。正因如此——当然还有其他各种理由——巴尔贝克的“少女们”可能原本就是男孩，但化身为女性；这也是纪德日记中记载的一次争执的原因。另一方面，诺阿耶夫人“既是诗人也是诗中的女主人公”，“既是诗的作者也是诗的题材”。同样，普鲁斯特将在小说中以第一人称进行叙述，也是为了同时既当诗人又当主人公，为了既是诗体散文的作者又是它的题材。不过这里所说的自我，并非“社会的、偶然的自我”，而是“使作品个性化、使其具有长久生命力的深层的自我”[③]。这样分析叙事者的特点之后，普鲁斯特将诗集中的材料以花园（这是诗集第三部分的标题）为脉络重新编排组织，通过当代文学艺术作品描绘了一幅花园的鸟瞰图。提了一句约翰·罗斯金的花园之后[④]，他谈到梅特林克的花园；普鲁斯特刚刚读过他的《花的智慧》并将把书中有关花卉的意象借用到《索多姆和戈摩尔（一）》中，这些形象与兰花的繁殖有关[⑤]，在普鲁斯特看来，它们象征着同性恋者之间难以真正结合。随后是雷尼耶笔下更为清新、高贵的花园，以及弗朗西斯·雅姆《野兔传奇》当中天然的、“神妙”的花园。最后是莫奈“色彩绚烂的花园”，与其说它是绘画的

① *CSB*, p. 534 ; cf. pp. 105, 255, 667–674. “主人公的神情温柔得如同一位处女”“这位诗人有女性的面容”，p. 669；《波斯歌者》，p. 670；《印度歌者》：“我身体当中的歌者也像女性那样温柔。” *RTP*, t. II, pp. 714–715, 参见十五人译本（三）414—415页，此处，莫罗的画作被置于阿尔斯蒂尔名下。

② “他们感到，他们的美仅限于高筒帽、大胡子和夹鼻眼镜。”（*CSB*, p. 535）

③ Ibid., p. 537.

④ 手稿上说：“为了这个花园，罗斯金离开了自己大型工作室中的透纳、德拉罗比亚陶器、祈祷书和矿物标本。”

⑤ *RTP*, t. III, pp. 3–6 et var，参见十五人译本（四）1—4页。

蓝本，不如说它是“艺术题材的搬移”和“活生生的第一手草稿”，普鲁斯特将从中吸取灵感，描写维福纳河中的“睡莲园”，那时将再次发生“艺术题材的搬移”。这些花园预示了贡布雷的各处花园，终将有一天，这一处处花园将从一个茶盏中冉冉升起，遂使这只茶盏成为法国小说中最著名的物件。

此文中还包含了普鲁斯特的美学思考：安娜·德·诺阿耶懂得，“不是思想迷失在宇宙之中，而是宇宙显现在思想之中”①。普鲁斯特不仅尽力提炼出诗集的“本质与精神”，还试图归纳它的“技巧”：隐喻“重构我们第一印象的谎言并把它归还给我们”，比喻“唤醒我们曾经的感觉（唯一有意义的现实）以取代对当前现实的观察”②。正因如此，普鲁斯特谈到了“文学的印象派”，我们知道，这种印象派，以及诺阿耶伯爵夫人的印象派，其实都是他自己的。写了这么多评论文章，马塞尔首次想到将它们结集出版③。这个计划，直到1919年《仿作与杂写》问世时才最终实现；但更重要的是，他心里逐渐形成了要写成一本书的念头。6月15日文章刊出的当天，诺阿耶夫人来信感谢他的“神妙好文”④。

音乐

4月11日，普鲁斯特自母亲去世后第一次重返社交晚会。在埃德蒙·德·波利尼亚克亲王夫人府，以文艺复兴

① *CSB*, p. 540.

② Ibid., p. 542. 这其中，普鲁斯特引用了大马士革的喷泉：我们知道，于贝尔·罗贝尔的喷泉在《追忆》中无处不在。

③ *Corr.*, t. VII, p. 142, 4月12日或13日，致玛丽·诺德林格。Cf. ibid., p. 237（致女翻译家盖里泰夫人）：“假如我还有力气把已经发表的文章集结在一起，那么在这本《杂写》当中，我一定要收入这篇为《芝麻与百合》写的序言。”

④ Ibid., p. 183, 1907年6月15日。Cf. p. 185。

风格壁毯和锦缎作背景的舞台上，表演了芭蕾舞曲《十六世纪米兰公爵夫人贝阿特丽丝·德·埃斯特的舞会》，雷纳尔多·哈恩曾于1905年为它写了钢琴曲谱和乐队曲谱，当晚他也既指挥乐队又担任钢琴演奏。普鲁斯特在信中写道："蜡烛站立不稳，有好几次，特别是当你的手从两米高处落下用力奏出和弦时，或是当你张牙舞爪地指挥乐队时，蜡烛险些倒在脚灯的纸玫瑰上酿成火灾。"[①]虽说马塞尔喜欢这部作品，自称"爱得发疯"，并且赞扬乐曲的配器"在纯净中充满力量"，但他指责雷纳尔多的指挥方式："您的指挥动作和面部表情过于花哨和做作，每次站起又坐下的姿势我也觉得不美。"哈恩还指挥了自己的作品《班杜西亚泉》（女声独唱、合唱及乐队伴奏），普鲁斯特从中发现了自己最喜爱的主题"喷泉"，称赞作曲和指挥者让众多听众"在泉边驻足，在沉默和孤独中倾听它的哭泣"[②]。此外，他由于长时间离群索居，此次重返社交场产生了一种新的体验，这种体验将被用在《重现的时光》中"化装舞会"一节[③]："我原先认识的人这么快就老了……但也有几位刚刚成精的凶狠女人，仍保持着粗犷的线条……和伦巴第人野蛮丑恶的面相相比，没有任何变化。"[④]

普鲁斯特决定在7月1日这天为《费加罗报》主任卡

① Ibid., p. 139, 1907年4月11日，致哈恩。作品作于1905年（1905年4月在勒迈尔夫人府、6月在Hochon夫人家里演出过），马塞尔不记得"妈妈是否听过"。哈恩后来在曼彻斯特公爵夫人府上为英国的王公们指挥演出自己的作品（B. Gavoty, *op. cit.*, pp. 216–218），这些人向哈恩谈起，他们曾于1907年2月5日在Reginald Lister（1865—1912，1905年至1908年任使馆参赞）的午宴上见过他（*Notes*, p. 206）。马塞尔从未见过像Lister先生那样"英俊、聪明、雅致、沉思和温柔的面容，这是一位四角形、镀了金的、甜美的雷尼耶"。

② *Corr.*, t. VII, p. 138. 这封信如同《追忆》中音乐会场面描写的草稿。普鲁斯特嘲笑某位女宾醉醺醺的笑容，缪拉公主男性化的嗓音，她"在每个乐句之后或者几乎就在同时发出一句妙论：'啊！伊斯法罕的玫瑰，十足的东方味！真是太美了，妙极了！多么像奥斯曼后宫的香锭气息！'"这场音乐会上还演出了福雷的歌曲，由勒克莱尔小姐演唱。

③ 这种体验在这部小说最早的草稿（1909年前后的练习簿11和51）当中就有记载。

④ 普鲁斯特提到了奥东·德·孟德斯鸠伯爵夫人（闺名比贝斯科）、费尔南·德·蒙蒂贝娄伯爵夫人（生于1852年）和德·圣安德烈夫人。Cf. *RTP*, t. IV, p. 521，参见十五人译本（七）250页："唯有绝色或奇丑无比的女子不适于这种变化……后者……是怪物，仿佛不会比鲸有更大的'变化'。"关于普鲁斯特其他类似的体验，见*Corr.*, t. XI, p. 337, 1912, 以及t. XVII, p. 331。Cf. Esq. XLI, pp. 873–900 et 903。

尔梅特[1]举行一场晚宴和音乐会，这是母亲去世后他第一次张罗这样的活动，地点不是在家，而是在利兹饭店的一个单间餐厅，从此以后，利兹饭店将成为他请客和约会的主要场所。加布里埃尔·福雷将在音乐会上演奏。普鲁斯特要请二十个人吃饭，按照通常做法，还要另请二十人听音乐，于是他忙着打电话、写信，与受邀的客人们反复商量，来宾包括德雷福斯、卡雅维、卡萨–菲尔特、博尔多、罗德和巴雷斯，都是他的新朋或老友。参加晚宴的有二十位，菜单和葡萄酒都是由吉什公爵选定的。马塞尔觉得晚餐非常完美，每个朋友都很高兴隔了这么长时间再次与他相见。诺阿耶伯爵夫人一直陪着他，两个人“都把脸裹在毛皮衣服里，像一对爱斯基摩夫妇”[2]。晚宴后的演奏，因为福雷生病，改由里斯勒替代[3]。普鲁斯特早已制订了节目单，但里斯勒不想演奏哈恩的作品，他声称自己没有背下任何哈恩的曲谱，包括圆舞曲，也不想演奏舒曼的《维也纳狂欢节》（其中的间奏曲是凡德伊奏鸣曲某个片段的灵感之源[4]）和李斯特根据舒伯特原作改编的《维也纳之夜》。普鲁斯特像个饿了很久的人，胃口奇大，还要求乐手们演奏福雷（既不是弗兰克也不是圣桑）的《钢琴小提琴奏鸣曲》、一首小夜曲和《摇篮曲》，贝多芬的

① “他非常好心地收下了我那些不大符合大众胃口的长文。”（*Corr.*, t. VII, p. 195）

② 据伊丽莎白·德·克莱蒙–托内尔夫人的记载。

③ 他索要了一个1000法郎（相当于1990年的1.8万法郎）的“红包”，并须事先支付。另两位演奏家，小提琴手Hayot和竖琴手Haselmans两个人共得了600法郎；晚宴花了700法郎。普鲁斯特把晚宴来宾一一告诉了哈恩：“德·布朗特夫人，德·布里耶夫人，德·奥松维尔夫人，德·卢德尔夫人，德·诺阿耶夫人，德·克莱蒙–托内尔先生和夫人，德·阿尔布费拉，卡尔梅特，贝罗，博尼耶，吉什，布朗什，埃马纽埃尔·比贝斯科。晚宴之后有：卡萨–菲尔特一家，于米埃尔一家，波利尼亚克夫人，德·舍维涅夫人，罗德，Gabriac, Berckheim, 小迪尔福……Neufville, Lister, 加布里埃尔·德·拉罗什富科，Griffon, 于尔里克，欧仁·富尔德，等等。施特劳斯夫人、卡雅维一家、迪肯小姐、培德没有来，孟德斯鸠也没有来。”哈恩在外旅行（*Corr.*, t. VII, pp. 211–212）。这个名单让我们看到普鲁斯特在当时的交往情况，所以非常珍贵。

④ “舒曼《维也纳狂欢节》（我记得是间奏乐）中的那个甜美、陌生的乐句，有多少个夜晚，我一遍又一遍地眼见它从面前走过，我只能透过音符的面纱来仔细端详它，但从来没有见过它的真面目……对凡德伊，这是一场狂欢，但真正的面纱……如同在那首奏鸣曲当中，是众多小音符形成的流动的厚厚的一层”，在它后面又一次飘过一个乐句，它陌生、温柔，与叙事者已知的全部东西都毫无共同之处，“给予他世上唯一值得拥有的幸福”（*RTP*, t. III, Esq. XIII, p. 1145；编者认为这个乐句可能来自《维也纳狂欢节》中很慢的慢板）。

一首行板[①]，舒曼的《幻想曲》选段《傍晚》，肖邦的一首前奏曲，夏布里埃的《牧歌》[②]，库普兰的《神秘的街垒》；当时改编曲目蔚成风气，因此普鲁斯特还想听根据瓦格纳《纽伦堡的名歌手》序曲和“伊瑟之死”改编的钢琴曲[③]。这些曲目的大部分将在《追忆》中占有特殊地位，但此时的普鲁斯特还没有意识到这一点：将来命笔之时，是记忆让他回想起此次音乐会的内容。就在此后不久，在他投入小说创作之时，无论是在利兹饭店找人演奏，还是去听音乐会或前往歌剧院看戏，都只是出于写作的需要。

一位外祖母

罗贝尔·德·弗莱尔的外祖母罗齐埃夫人去世了，普鲁斯特无法前往洛泽尔参加葬礼，遂于7月21日为《费加罗报》写了一篇悼文，23日见报。在《追忆》读者的心目中，此文无论是标题还是内容都能引起强烈共鸣。母亲去世后，普鲁斯特写作此类悼念文字的技巧更加圆熟。洛里斯侯爵夫人去世时，他本打算2月里在《费加罗报》上撰文表示哀悼，后来因为病得很重，不得已而放弃了[④]。此时此刻，马塞尔显得比弗莱尔本人还要悲伤，但他没来由地将矛头指向弗莱尔的妻子，言下之意是，她对丈夫的感情可能妨碍了他与外祖母的关系。我们知道，普鲁斯特不愿意看到朋友们结婚（勒内·然佩尔结婚时，他向勒内的

① 贝多芬第8号奏鸣曲《悲怆》的第二乐章是一段柔板；也可能是指23号《热情》奏鸣曲中的行板。见*RTP*, t. I, p. 203，参见十五人译本（一）206页，周译本（一）211页，讲到演奏凡德伊奏鸣曲行板部分的钢琴改编曲，“就仿佛……他说我们在《纽伦堡的名歌手》中只听序曲”，以及异文*a*：“或者在《悲怆》中只听行板。”也可能指的是F大调行板。

② Ibid., t. III, p. 1149：“我尤其想到夏布里埃，因为听到钢琴演奏的乐曲，只相当于看到作品的照片……”其实《十首如画小品》（1881）中的钢琴曲《牧歌》，随后变成了《田园组曲》的第一首，且改编为乐队演奏。塞萨尔·弗兰克听过这些钢琴曲后，宣称：“我刚刚听到了真正杰出的东西。这种音乐把我们的时代与库普兰和拉摩的时代联系在一起。”所以，看到普鲁斯特以他笃定自信的欣赏趣味和渊博学识，为这场音乐会选择了库普兰和夏布里埃的曲目，我们丝毫不会感到惊讶。

③ 关于《特里斯丹和伊瑟》，请着重参考*RTP*, t. III, pp. 664–665，参见十五人译本（五）153—154页，周译本（五）156—157页。

④ *Corr.*, t. VII , p. 84.

母亲表示惋惜，出于同样的原因，他还与埃马纽埃尔·贝尔勒[1]吵了一架）。在文章里，他与这位外祖母合二为一："世上有一些人，他们活着，却没有人们所说的那种力量……他们是最令人感兴趣的。"她既是普鲁斯特，又是莱奥妮姨妈，"她像儒贝、笛卡儿等人一样，从此不离开床，不出房门，这些人都以为要保持身体健康就必须要多多卧床……夏多布里昂曾说儒贝一直躺在床上，双眼紧闭，但他从未像此刻这般心潮起伏、思绪万千"[2]。更有甚者，她如同《追忆》中的神经衰弱患者，"每到治疗的时候就会病得更重，所以倒不如干脆一点，认定自己身强体壮"[3]。这位外祖母还与普鲁斯特夫人合为一体，而且，今天回过头来看，还与普鲁斯特夫人在未来小说中的变体即外婆合为一体，她自始至终为外孙的健康、写作和婚姻操碎了心。"借用马勒布朗什的话说，这世上除了他以外，她对任何人都毫不关心。他是她的上帝。"这两人之间的关系——"这二人似乎相互是对方的翻译"[4]——不正是马塞尔与母亲之间的关系吗？那么死亡将使他们对彼此变得毫无意义吗？"真的要这么想吗？"这是普鲁斯特一直到贝戈特之死都在不断提出的问题："永远死去了吗？谁能这么说呢？"在这篇关于弗莱尔外祖母文章的结尾处，他似乎在哀悼自己："对于我们曾经最爱的人，每当我们思念他们的时候，即使哭得再伤心，也会尽最大努力向他们露出发自肺腑的微笑。这是尽力哄骗他们，让他们放心，告诉他们可以安心地离去，告诉他们我们有足够

① 贝尔勒在《西尔薇娅》（*Sylvia*,Gallimard, 1952）一书中讲了此事。不过，我们不能因此就说普鲁斯特对诺阿耶、卡拉曼－希迈甚至施特劳斯夫人等女友的丈夫更感兴趣。

② *Mémoires d'outre-tombe*, Bibl. de la Pléiade, t. I, p. 450；这表明普鲁斯特对此书很熟悉。夏多布里昂在前面还引用了帕斯卡尔和塞维尼夫人（1689年1月24日的信）。

③ *CSB*, p. 547. 孟德斯鸠说得对（*Corr.*, t. VII, p. 235）："您的注解讨人喜欢，因为您借此机会谈到了自己，谈到了您的病体……更何况，您跟我们谈到的这个人，只不过是母爱——值得称道的过度母爱——的表现……若是哪位朋友具有您这样的才华，来写一写您为之痛哭的这位女性，那么与您的大作将是多么美丽的一对儿啊！"

④ 这个词的使用暗示了这是与罗斯金共通的工作。在《追忆》中，这种联系还将在德·塞维尼夫人的庇护下，将母亲与外婆联系在一起。

的勇气继续生活，让他们相信我们仍然是幸福的吗？抑或是，这个微笑仅仅是我们在不可见的世界仍然不停地亲吻他们的方式呢？”[①]我们不知道《费加罗报》的读者是否感到这篇悼念他人外祖母的文章不同寻常，是否对文中如此亲密的文体风格和感人肺腑的语气感到惊讶，但《追忆似水年华》的读者只要稍稍留意就会发现，这是小说中描写叙事者外婆相关段落的预告。

1907年在卡堡

耽于幻想的普鲁斯特，每次出发旅行之前都犹豫不决，他8月1日[②]写信给雷纳尔多：“我还在犹豫，到底是去布列塔尼、卡堡、图赖讷、德国……还是留在巴黎。”[③]8月4日或5日，他动身去了卡堡。此次卡堡之行对他的写作和生活都将产生重要影响，只不过他当时并没有意识到。他带着贴身男仆尼古拉·科坦一同上路，在火车上遇到了杜瓦扬医生，他是戈达尔的原型之一[④]。作为海滨度假地，卡堡在《社交年鉴》上被列为另一座海滨城市特鲁维尔的竞争对手。马塞尔先后与外婆和母亲在此逗留过[⑤]。1907年7月7日，一家豪华饭店在卡堡开张。10日的《费加罗报》以很大篇幅报道这家“大旅社”开张的盛

① *CSB*, p. 548. 写了这样一篇文章之后，没有收到罗贝尔·德·弗莱尔的感谢信，让普鲁斯特深感意外（*Corr.*, t. VII, p. 233）。

② 这是格拉蒙公爵第三次结婚的日子，他迎娶了年仅十九岁的Maria Ruspoli。这位公爵夫人讲道，她与丈夫（比她大36岁）抵达瓦利埃尔度蜜月时，在宏大而又野趣盎然的背景中，仆从们吹奏狩猎号迎接他们，让她泪流满面。出于谨慎，普鲁斯特没有向吉什公爵祝贺他父亲新婚，吉什公爵没有参加婚礼。

③ *Corr.*, t. VII , p. 240. 图赖讷将是阿尔贝蒂娜逃走和死亡的背景地，旅行梦想多年以后终以这种方式实现。马塞尔是与母亲一起去德国的；维尔迪兰夫人想去德国听瓦格纳，斯万则考虑在拜鲁伊特租下一座城堡。Cf. ibid., p. 224：“多年以来，我只读若阿纳指南、地理书以及城堡年鉴所有让我不出门就能安排旅行、寻找城市……的东西。不过这一次，我想我会到布列塔尼走一趟。”

④ 他对普鲁斯特谈起格雷菲勒夫人：“有这么好的条件，她都没能让自己的沙龙像德·卡雅维夫人的沙龙那样名声显赫。”（ibid., p. 245, 1907年8月6日，致雷纳尔多·哈恩）莱昂·都德给这位粗野而热衷社交的外科医生留下了一幅朴素的肖像（ibid., p. 246, n. 8）。

⑤ 我们还记得，1890年，他穿着军装在那儿度过一次假，卡堡的女仆们向他送上飞吻（1890年9月23日给父亲的信）。1893年，他把波德莱尔的诗句用到了卡堡的海滩：“阳光照耀在大海上。”（1893年9月28日）1903年，母亲建议他去卡堡，因为他“过去在那儿感觉很好”，所以，他会再次见到家人曾留下的足迹和他熟悉的景物。1906年，他差一点儿就去那儿了。

况：一百五十位嘉宾乘坐专列直达“海滩之王”[①]。马塞尔于是下定决心这个夏天就待在这儿了，而后还有很多个夏天他都是在这里度过的。在他的小说里，这片海滩折射出永恒的夏季之光。

卡堡紧邻古老的海滨城市迪弗，从1853年开始逐渐兴旺起来，新建筑以游乐场为中心形成了扇形布局，八年之后在海边有了第一家大型旅馆。盎格鲁–诺曼底风格或者新艺术风格的别墅群簇拥着卡堡的核心，在散步大道内侧渐次排开，而这条大道沿着美丽的海滩向外延伸，当时足有一千五百米长。1907年，在市长夏尔·贝特朗主持下，建筑师吕西安·维罗[②]在海堤原先旅馆的位置建造了这家大旅社，《费加罗报》称之为“一座名副其实的天方夜谭式宫殿”。饭店里有一间带有大理石柱和巨型吊灯的路易十六装饰风格的大厅，客人从花厅进入饭店，在另一侧就能看到大海；餐厅非常宽敞，朝着海的方向是大幅玻璃窗，天晴时都能打开；在饭店的前面，有一间音乐亭。接待处的旁边有一间帝国风格的阅览室、一家“美国式的”咖啡厅和几间小客厅[③]。每间客房都有一个前厅和一间宽大的浴室。饭店的经理名叫儒勒·塞萨里，来自巴黎的爱丽舍大饭店。

当时，卡堡距巴黎有五个小时的火车车程[④]，它只是一处供家庭度假的地方，高峰季的接待人数在六千至八千之间[⑤]，而多维尔和特鲁维尔则分别达到两万和六万。随着时间的推移，行情逐渐发生变化：特鲁维尔在卡堡的对

① Voir A. Ferré, *Géographie de Marcel Proust*, *op. cit.*; G. Désert, *La Vie quotidienne sur les plages normandes du second Empire aux années folles*, Hachette, 1983 ; C. Pechenard, *Proust à Cabourg*, Quai Voltaire, 1992 ; B. Coulon, *Promenades en Normandie avec un guide appelé Marcel Proust*, Charles Corlet, 1986.

② 他曾在巴黎的Terminus旅馆工作过，建造了多家医院、饭店、别墅。

③ 现今的大旅社，有一半的房子被当作公寓卖掉了，这些客厅也都没有了。

④ 1910年7月，饭店的新经理Henri Dubal争取到一趟经过梅济东的“快速”火车，用时缩短到三小时四十五分钟。

⑤ 1908年，游乐场里的赌资总和为四十万法郎，远低于特鲁维尔。

比下黯然失色；多维尔则在第一次世界大战后独占鳌头。对于不愿独处的普鲁斯特来说，卡堡另有一个好处，那就是从这里的海滨，一直到特鲁维尔一线，他有很多相熟的朋友：乔治·德·洛里斯（普鲁斯特将与他有一次“难忘的散步”[1]）和父亲住在乌尔加特；吉什公爵和夫人的“我的梦”别墅，路易莎·德·莫朗与当时的情人罗贝尔·冈尼亚居住的利乌维尔木屋，以及加斯东·伽利玛所住的家族庄园，都在伯内尔维尔；施特劳斯一家住在特鲁维尔，普鲁斯特在施特劳斯府上遇到了阿伦贝格亲王[2]和保罗·埃尔维厄，以及画家埃勒[3]和维亚尔，漫画家塞姆[4]；“可爱的埃拉格[5]一家”住在法莱兹。有天晚上，马塞尔乘出租车载着塞姆从特鲁维尔来到卡堡，一路上每到一个路口，都有一头散养的牛扑向出租车，于是塞姆对马塞尔道：“您建议出来兜兜风，结果把我带到了潘帕斯草原的斗牛场。”[6]普鲁斯特刚刚抵达卡堡时，就在饭店或附近受到画家莱昂斯·德·容西埃（“刚出道的喜剧演员，很可爱”[7]，但三个星期以后，他就成了马塞尔“见所未见的世上头号白痴”[8]）和他的朋友德·翁西厄的父亲以及银行家西吉斯蒙·巴尔达克的儿子的热情接待[9]。

奇迹就是在这时发生的，两年来卧床不起的普鲁斯特复活了，每天都要起床出门，长途散步也越来越频繁。一开始，他打算在诺曼底小住之后前往布列塔尼，随后因为在此地感觉良好——“想到妈妈也许不希望看到我离开一个相对来说尚能忍受的地方”——他就不想再换地方了。

① *Corr.*, t. VII, p. 264. 洛里斯刚刚失去母亲，他借给马塞尔一张照片，马塞尔始终对父母与子女相貌的相像极为痴迷（Ibid., p. 251）。

② C. Pechenard, *op. cit.*, p. 80. 大概是苏伊士运河公司董事长。是他给普鲁斯特出主意，让德·诺布瓦先生出任埃及债务的监督员吗？

③ 他是诺曼底海滨的常客，在这儿画海景、游艇、竞渡比赛，留下了一幅精美的铜版画，表现的是正在画翁弗勒尔港的欧仁·布丹。据他的女儿说，埃勒是埃尔斯蒂尔的原型之一。

④ 塞姆（1863—1934）经常给孟德斯鸠和他的朋友们画漫画，孟德斯鸠在《以美为业》一书中谈及此事，见第十五章，236页起。

⑤《艾默里·德·拉罗什富科伯爵夫人的沙龙》一文写于1900年，但在马塞尔去世后才发表。此文中，埃拉格侯爵夫人在谈话中“带着令人难以置信的诙谐风趣，她懂得如何娴熟地把这种文学技巧用到最微不足道的话题上”（*CSB*, p. 438）。Cf. *CSB*, éd. Fallois, pp. 274–275和《1908年记事本》“诺曼底绣球花”。

⑥ *Corr.*, t. XXI, p. 358, 1922年7月16日过后不久。

⑦ 莱昂斯·德·容西埃（1871—1947）。我们能够猜测到，在马塞尔写给雷纳尔多的信中，“很可爱”一词意味着什么。普鲁斯特还暗引莫里哀的《司卡班的诡计》，说他是“被大幅放大的莱昂德或奥克塔夫”；小说家普鲁斯特还会想起这个名字，并用它创造一个人物，即在体育方面“刚出道的年轻人”，而后成为天才的艺术家，在他身上也有普朗特维涅和科克托的成分。

⑧ *Corr.*, t. VII, p. 267. 但自从马塞尔与洛里斯一同散步的那天起，这个人就“完全被排除了”（ibid., t. VII , p. 265）。

⑨ 他的兄弟约瑟夫拥有于贝尔·罗贝尔最漂亮的作品（R. Gimpel, *op. cit.*, p. 23）。

由于他想取悦母亲的心思总是夹杂着伤感，他又补充道："但是妈妈看不到我现在的样子，这让我非常伤心。每次从短暂的睡梦中醒来，我都感到心痛欲裂，因为妈妈不知道我散步归来时哮喘没有发作，这在过去是不可避免的，总是让妈妈忧心不已。"[①]为了支撑这种新生活的节奏，他服用了咖啡因，这使他体温升高，反应迟钝，"视物不清"，过一种"人为控制（从医学的角度看）的、非常忙乱的生活"，乃至不知道自己的所思、所感[②]。但这种状态并非完全是由咖啡造成的，其实后来在很多时候，由于无力出门，他要喝更多的咖啡以勉强支撑。他特别需要向人诉苦，需要被人怜惜，也就是需要被人爱，所以他向好多位朋友透露说，"饭店里的各色人等面目可憎"，但他又打趣道，"拉法耶特百货商场的经理，和一个曾当过赌台管理员的人，是最为出众的两个人物"[③]。这些人真是"与众不同"。如果把他们与埃维昂光辉饭店的住客糅合在一起，那么巴尔贝克大旅社里形形色色的住客已经离我们不远了。

普鲁斯特在卡堡期间还有一些意想不到的开心事儿。吉什带他去看了一场马球，把他介绍给埃朗热男爵夫人、圣索维尔小姐等漂亮优雅的女士。大旅社举办活动，就摇身一变成为某部滑稽歌舞剧第三幕的舞台布景[④]。《晨报》的创始人、前负责人阿尔弗雷德·爱德华兹[⑤]携已经分居的妻子米西娅住进饭店，这位米西娅·戈德巴斯卡后来成为巴黎的时髦人物，也是俄罗斯芭蕾的重要推手，有回忆录行世，她还是普鲁斯特笔

① 致埃莱娜·德·卡拉曼-希迈的信，见C. Pechenard, *Proust à Cabourg*, pp. 79–80。

② *Corr.*, t. VII , p. 261, 致雷纳尔多·哈恩。他诉苦说既无法工作也无法写信，但实际上他并没有停止写信……至于所谓的"人为控制的生活"，似乎指的是，对马塞尔而言，他唯一一种长期安身其中的天然生活，就是疾病。

③ Ibid., p. 259.

④ 在《重现的时光》当中，*RTP*, t. IV, p. 339, 参见十五人译本（七）69页，普鲁斯特提到了费多与德瓦利埃尔1894年合著的剧本《自由交换旅馆》（在十五人译本中译作"自由贸易大厦"——译者注）。

⑤ 阿尔弗雷德·爱德华兹（1857—1914），其父是奥斯曼帝国时期埃及总督的医生，英国人，母亲是法国人；他非常富有，追求女人，酷爱游艇（名叫"L'Aimée"号，35米长，有一位船长和五位船员），他常在游艇上招待朋友，为好几家报纸供稿，创作剧本（*Par ricochet, Dans la haute*）。熟悉他的人，如儒勒·勒纳尔、莱昂·都德，都说他是个粗暴、粗俗、粗鄙之人。

下尤贝尔季也夫亲王夫人的原型[1]。但爱德华兹同时也带来了情妇，女演员朗泰尔姆（她1911年与爱德华兹在莱茵河上游船时溺水身亡，普鲁斯特当时写道："我再次看到她摄人心魄的美眸。"[2]）。尚不为人知的是，她是拉谢尔的重要原型，主要是因为她似乎是从妓院进入演艺界的[3]。我们读小说时，这个细节显得不大真实，实际上确是来自现实生活。而米西娅为朗泰尔姆编造的女同性恋倾向，暴露了朗泰尔姆还是小说中女演员莱娅的原型：原来，普鲁斯特用一个模特创造了两个人物，这两个人物之间还有另一种关联——在圣经中，莱娅与拉谢尔同为雅各的妻子。饭店里还住着《白色评论》创始人，米西娅第一任丈夫塔代·纳坦松（1868—1951），是他为了还债而把妻子卖给了爱德华兹（爱德华兹的剧作《转弯抹角》讲的正是这个故事，朗泰尔姆在剧中扮演米西娅）。爱德华兹一位前妻的弟弟，探险家让-巴蒂斯特·夏古医生（1867—1936）也住在饭店里。这年夏天遇到的画家维亚尔是普鲁斯特1904年通过比贝斯科认识的[4]，他是米西娅与前夫纳坦松的朋友，曾为他们分手推波助澜。另外，饭店的住客中还包括弗朗西斯·德·克鲁瓦塞，他请朗泰尔姆在自己的剧作中演出[5]。大概是为朗泰尔姆的美貌所倾倒，克鲁瓦塞最终与爱德华兹进行了决斗[6]。普鲁斯特曾责备他的生活方式，还提出与他一道乘船出游，但没有成行。

在大旅社，他结识了大画商勒内·然佩尔，普鲁斯

① *RTP*, t. III, pp. 741–742，参见十五人译本（五）229—230页，周译本（五）239—240页。另见ibid., t. IV, 570页的一处异文，她一时间成了德·康布尔梅夫人。米西娅（1872—1950）第三次结婚嫁给了画家塞尔特。Voir A. Gold et R. Fizdale, *Misia, la Vie de Misia Sert*, Gallimard, 1981。此时，米西娅正在处处模仿朗泰尔姆，努力让爱德华兹回心转意："我拿到了一张朗泰尔姆的照片，她趾高气扬地坐在我的梳妆台上；我使出全部力气，模仿她的发型和穿衣打扮，为的是和她一模一样。"（ibid., p. 133）此事被普鲁斯特复制到了小说中，希尔贝特为了挽留圣卢，便模仿圣卢的情妇拉谢尔。

② Ibid., pp. 152–153. *Corr.*, t. X, p. 324.

③ G. Bernstein Gruber et G. Maurin, *Bernstein le magnifique*, Lattès, 1988, p. 74.

④ 1904年12月15日，比贝斯科邀请他们吃晚餐。维亚尔后来与比贝斯科一家同游帕多瓦。1930年，他给雷纳尔多·哈恩画了一幅肖像。

⑤ 尤其是1907年3月起在雷雅纳剧场演出的《巴黎－纽约》（*Paris-New York*；*Corr.*, t. VII, p. 265, n. 8）。《费加罗报》说，8月12日，有人在下午茶时间看到克鲁瓦塞、普鲁斯特、特里斯当·贝尔纳、朗泰尔姆在一起。维亚尔是与"魅力十足"的特里斯当·贝尔纳住在一起，他们住在昂夫勒维尔的红城堡即Hessel（他给这家人画了像）家中。普鲁斯特认识这位画家，并看过他画的表现诺曼底海滨的画作，在描写埃尔斯蒂尔的绘画时还有所借鉴。他这些年中画的油画在伯恩海姆画廊展出过（1908年2月展出38幅）。

⑥ Ibid., p. 292.

特后来对他说："弗美尔是把我们联系起来的纽带。"[1]二人每天晚上见面，此时饭店里的其他住客已经早早睡下，除了那位怪人奥罗斯迪男爵夫人，普鲁斯特称她为"四旬斋狂欢日的女王"。然佩尔从未见到马塞尔与其他住客往来搭话，但他对每个人都了如指掌："每晚接近半夜，上楼回房之前，他都要和几个当差的玩跳棋，借此机会把饭店里的大事小情问个遍。他给小费时出手特别大方。"[2]普鲁斯特因为喜欢巴尔扎克，所以怂恿然佩尔重读他的作品；然佩尔说："马塞尔第二喜爱的作家是圣西门。"按照然佩尔的说法，"普鲁斯特在1907年[3]已经有了完整的小说写作计划，因为他曾说起，他写作的题材有风险，可能会引起争议"。为了与绘画界保持联系，马塞尔拜访了"穿着蓝色短款工人装的"画家维亚尔，记下他说话的特点，后来在小说里把这个特点给了埃尔斯蒂尔："他嘴里不停地说'像乔托这样的家伙，是不是？或者像提香这样的家伙，是不是？他们与莫奈一样懂得……是不是？'……他每二十秒之内必说一次'家伙'，但此人绝非寻常之辈。"[4]反过来，维亚尔谈到普鲁斯特时说："他身上的社交场习气，丝毫没有减弱他的魅力，在此外表之下，我们很快就会发现，他对艺术的兴趣是多么真诚。我深信，他对绘画的喜爱不仅仅是从文人的角度出发的。我感觉他对弗美尔有真正深入的体察，虽然我对他的了解非常有限，但我至今仍存的印象是，他认真专注，真心实意地渴望认识艺术的真谛，而不像他经常往来的那些

① R Gimpel, *op. cit.*, p. 194–198. 然佩尔当时拥有弗美尔的油画《地理学家》（现存法兰克福市艺术研究所；见A. Malraux, *Tout Vermeer de Delft*, Gallimard, 1952, pl. xx et commentaire）。

② Ibid., p. 195. 仆人们提供的情况，极大地丰富了普鲁斯特的资料。

③ 除非是1922年写下这些文字的然佩尔，把他1908年最后一次在卡堡见到普鲁斯特的事情弄混了。如果他的记载可靠，这就是说普鲁斯特打好了腹稿，并在选定的听众当中做过试验。另外，直到1908年普鲁斯特才再次见到伯恩斯坦，当时伯恩斯坦正在雷雅纳家里度假。

④ *Corr.*, t. VII , p. 267.

人，只是为了说几句风凉话。”[①]8月30日，饭店举行了一次慈善音乐会，让普鲁斯特暂时避开了“风靡此地”的马凯蒂乐队，欣赏了莫普伯爵夫人演唱的舒曼、勃拉姆斯以及雷纳尔多·哈恩的作品，“美丽、神妙的歌曲”，“用她的嗓音唱出来格外令人感动”[②]。马塞尔每天晚上都要到紧邻饭店的游乐场玩纸牌赌博，输了很多钱[③]。实际上，游乐场和证券交易中的博弈，在他的生活中占有重要地位，也加速了财富的流失。

但普鲁斯特不会把整天的时间都消磨在卡堡，他打算利用“计程汽车”的便利，“在诺曼底多走走”。他用的优尼克出租车公司是罗斯柴尔德家族创立的，由雅克·比才负责经营，夏季来卡堡揽客，冬天转移到摩纳哥或者巴黎。公司有好几位“机械师”（那时还没有“司机”这个称呼），阿尔弗雷德·阿戈斯蒂耐利、奥迪隆·阿尔巴莱和若西安[④]，轮流为普鲁斯特开车[⑤]。一个星期过后，普鲁斯特已经去过卡昂，他还写信给马勒，询问要参观的老城或著名建筑（但必须是未经修复的[⑥]）的详情，其实，普鲁斯特已经通过旅游指南或专著对这些城市有了全面的了解[⑦]。他还就景色、建筑、教堂等问题写信给埃马纽埃尔·比贝斯科征询意见[⑧]。于是，他先后来到贝叶[⑨]、巴勒鲁瓦和迪弗参观。贝叶城“高耸于精致典雅的淡红色城堞之上，顶端沐浴在最后一个音节放出的亘古金光中”[⑩]，令他产生了无限遐想，尔后，贝叶主教座堂（正殿中罗曼风格部分）的东方形象既让他着迷，又让他

① M. E. Chernowitz, *Proust and Painting*, New York, International University Press, 1945，维亚尔致此书作者的信，1936年12月6日，p. 200。

② *Corr.*, t. VII, p. 267.

③ Ibid., p. 276.

④ 菲利浦·科尔布（Ibid., p. 290, n. 8; 他说明絮比安开始时名叫Joliot）认为普鲁斯特用若西安（Jossien）创作了絮比安最早的名字Joliot（因为此人是裁缝，所以最终叫Jupien,其第一个音节“jupe”就是裙子）。

⑤ Ibid., pp. 287, 288 et n. 8, 9, 10. C. Albaret, p. 131.

⑥ *RTP*, t. III, p. 402，参见十五人译本（四）406页：“‘我不喜欢它，它修复过了’，她手指着教堂对我说，顿时想起了埃尔斯蒂尔论及古石雕美之珍贵和不可模仿的言论。阿尔贝蒂娜一眼就看出是否修复过。”另见*RTP*, t. III, n. 2：在他准备阶段的练习簿中，普鲁斯特引用了埃米尔·马勒、罗斯金、莫奈反对对文物进行修复的观点。

⑦ *Corr.*, t. VII, pp. 249–250.

⑧ Ibid., p. 252：“看到我每天都在路上跑，您准会大吃一惊。但这种情况不会持续太久。”

⑨ 阅读《建筑七灯》为普鲁斯特的这些参观作了准备，罗斯金在这本书中谈到了贝叶、考德贝克、法莱兹、利雪。

⑩ *RTP*, t. I, p. 381，参见十五人译本（一）384页，周译本（一）398页。

困惑。在巴勒鲁瓦，他参观了弗朗索瓦·芒萨尔1626年至1636年间为让·德·舒瓦西建造的城堡；他特别注意到米尼亚尔装饰的客厅（客厅的天花板有代表四季的绘画）、以布歇油画为底图的挂毯，还有几幅出自城堡主人巴勒鲁瓦侯爵父亲之手、技法平平的狩猎图。普鲁斯特凭着精确无误的记忆，把这些细节都用到了对盖尔芒特城堡的描写上[①]。与卡堡一河之隔的迪弗有一家“征服者威廉旅馆”，在《女囚》[②]中，他对此处的古老装饰以及绝不比豪华大饭店逊色、价钱也贵得多的晚餐有很长一段描写。此城中还有十五世纪至十六世纪的市场，特别是有一座教堂，最古老的部分能上溯到十一世纪，后殿和祭坛建于十四世纪，大殿建于十五世纪，它的铺地石板被用于贡布雷的教堂[③]。一尊十五世纪的显圣耶稣像是从海里找到的，据传唯一符合他身高的十字架也是渔民们从海里找到的。宪兵队占据了建于十二世纪的圣玛丽迪伊布修道院的残存部分。在《少女》中，迪弗变成了“陆上巴尔贝克”，海水已经从这两座城市中退出，显圣基督像被放在教堂里[④]，但这座教堂也带有贝叶、亚眠、圣波尔德莱昂[⑤]教堂的影子。普鲁斯特在信中问朋友们，哪里能找到一座“令人充满遐想”的小城，实际上他发现了好几座这样的小城，并且在小说里建造了好几座这样的小城。于是，他像塞维尼夫人一样前往欧德迈尔桥[⑥]，

① 这些细节最早以诙谐的口气出现在普鲁斯特1907年8月27日写给洛里斯的信中（*Corr.*, t. VII, p. 264）。这封信讥讽旅游指南中的错误，比如把Boucher说成Le boucher，又把Mignard和Mansart混为一谈。《盖尔芒特家那边》中写道：“至于挂毯，底图全都出自布歇之手，是盖尔芒特家的一个艺术爱好者于十九世纪购置的。它们的旁边并排挂着几幅拙劣的狩猎图，是那位艺术爱好者亲手画的。”（*RTP*, t. II, p. 315，参见十五人译本［三］7页；这段文字有多份草稿，voir p. 1531）

② Ibid., t. III, p. 544，参见十五人译本（五）28页，周译本（五）29页。旅馆里还保留着可能原属于德·塞维尼夫人的一张靠背椅，她有好几封信的落款地点是迪弗，这是她与叙事者外婆的一个新联系。

③ *Corr.*, t. XVII, p. 193, 1918年4月20日，致雅克·德·拉克雷泰勒：“我想不起来铺路石板是来自圣皮埃尔叙尔迪弗还是来自利雪。肯定有一些玻璃花窗来自埃弗勒，还有一些来自圣礼拜堂和欧得迈尔桥。”（另见下文关于“欧德迈尔桥”的注释。——译者注）

④ *RTP*, t. II, p. 19，参见十五人译本（二）202页，周译本（二）221页。

⑤ Ibid., p. 1349 ; cit. de Cahier XII , f°s 125 et 126 v°.

⑥ 后来他告诉雅克·德·拉克雷泰勒，他把这座教堂的一块玻璃花窗搬到了贡布雷的教堂。关于欧德迈尔桥，见ibid., t. II, p. 7，参见十五人译本（二）188页，周译本（二）209页。

随后去了利雪[①]；他先后参观了于米埃热[②]、圣旺德里伊[③]、圣乔治德博什维尔[④]修道院。在利雪，普鲁斯特夜里想重新看一眼主教座堂正立面上“罗斯金谈到的几处树叶雕刻”，此时，在“聪明的阿戈斯蒂耐利”[⑤]的车灯照射下，教堂的门廊在暗夜中凸现出来。在“美丽的悬崖城”[⑥]，他拜访了埃拉格侯爵和侯爵夫人，据他记载，他们的府邸被用来描写盖尔芒特城堡；他在小说草稿里提到圣热尔维教堂，它的箭形塔尖耸立在两座他“十分喜爱而又弱不禁风的”[⑦]十八世纪府邸之间。在位于卡昂到贝叶中途的诺莱，他欣赏了那里的哥特式教堂和教堂内祭坛周围回廊的装饰性中楣；紧邻的布莱特维尔–洛尔格耶兹小镇将成为《索多姆》中的布利克维尔–洛尔格耶兹和《少女》中的马古维尔–洛尔格耶兹（埃尔斯蒂尔不喜欢那里新修复的教堂）[⑧]。

普鲁斯特请哈恩给他寄书[⑨]，这个书单颇有意味：仍然是罗斯金的书，不过都是概论性的著作如《现代画家》《建筑七灯》，此外还有透纳的《法国河流》[⑩]。他把自己所见的卡昂教堂钟楼与透纳绘画中的制高点加以对照，这一举动仅仅是为了增进对所见景物的理解吗？是为了深入思考在他作品中占有如此重要地位的建筑与绘画[⑪]吗？抑或是凭借他的游历所见——他为此付出了极大的热情，绝非度假或旅游似的走马观花——准备撰写艺术评论呢？但实际上他的目的很实在，是想把这些书借给或赠给克莱蒙–托内尔夫人，她是吉什公爵同父异母的姐姐，曾在格

① *CSB*, p. 66.
② *RTP*, t. I, p. 732，此处普鲁斯特讲了“于米埃热被挑断跟腱的人”，他们是克洛维国王的儿子，就葬在这座修道院里；在小说草稿里，作者让盖尔芒特家族从属于这座修道院。Ibid., t. II, p. 1046：“在于米埃热，主教座堂的巨大塔楼在看门人的院子里。”他同时也参照了罗斯金的著作（*Modern Painters, op. cit.*, vol. I, part II, p. 106, 其中谈到透纳《法国河流》中的一张图版）。
③ *RTP*. t. II, p. 1046：“……在圣旺德里伊，一部罗马弥撒经的洛可可式皮面装帧。”如同在前一个例子中一样，普鲁斯特想在这份草稿中说明对于名字的遐想与现实之间的巨大差距。1907年，梅特林克在圣旺德里伊定居，在此之前，本笃会修士已经被迫离开此处。1909年，他在此处表演由他翻译的《麦克白》，1910年演出《佩利亚斯》。普鲁斯特曾提及“被梅特林克施以魔法的圣旺德里伊的几个大厅”（ibid., t. II, p. 1203）。
④ *Corr.*, t. VII, p. 256.
⑤ *CSB*, p. 66.
⑥ *RTP*, t. III, p. 329，参见十五人译本（四）331页。
⑦ Ibid.. t. I, p. 735.
⑧ *Corr.*, t. VII, p. 296.
⑨ Ibid., p. 260.
⑩ *CSB*, p. 64.
⑪ 8月27日，在写给洛里斯的一封信里，他谈到“在乔托的壁画里，无数个张开翅膀的天使跟随着圣母和耶稣”，这个画面被他用到了《追忆》当中（*Corr.*, t. VII, p. 263.——译者注）。

利索莱城堡（1940年6月毁于火灾）接待过他。但同时，他的记忆中充斥着这些著作和其中的图片，它们再现了他参观过的教堂、港口、风景，他则要通过写作再把它们表现出来。这就是我们将来要讲到的《费加罗报》上那篇文章的来由，它不是终结，不是死胡同，而是一个新的开端。

9月底，饭店要关门，马塞尔到埃夫勒待了四五天，等待雷纳尔多·哈恩回到巴黎。越是接近巴黎，马塞尔就越明显地感到病情在加重。他参观了埃夫勒的主教府（1481—1603），“内部不怎么美观”；欣赏了“非常漂亮的”圣托兰教堂的玻璃花窗；参观了建在首任埃夫勒主教之墓上的老修道院，主教的故事反映在祭坛上方文艺复兴时期的玻璃花窗上。马塞尔非常喜欢此处以及主教座堂的玻璃花窗，尽管他参观时“已是黄昏时分”，但花窗仍然十分明亮，俨然“光线形成的宝石，闪烁着紫色的光芒，是燃烧的蓝宝石”。对贡布雷教堂的描写即受此启发[①]。在孔什，他十分欣赏教堂里十六世纪的玻璃花窗，“其中很多是丢勒一位学生的作品[②]，堪比一本小而精美的有文艺复兴时期插图的德国圣经，花窗下方是用哥特字体书写的插图说明”[③]。但他对这个时期的玻璃花窗并不十分感兴趣，“它们太像在玻璃上画的画”。返回巴黎途中，他在克莱蒙–托内尔一家的格利索莱城堡住了一晚，据他自己说，事先他喝了十七杯咖啡，因此走路两腿发抖[④]。在这个“温馨的住所”里，他喜欢“色泽明亮的挪威木护

① *Corr.*, t. VII, p. 287, 1907年10月8日，致施特劳斯夫人；玻璃花窗的“来历”，他告诉了雅克·德·拉克雷泰勒。埃弗勒的玻璃花窗主要表现的是：跪在圣母面前的路易十一，天庭，使徒（右侧甬道）；祭台区是纳瓦尔国王及埃弗勒伯爵、坏家伙夏尔（1322—1387）的儿子皮埃尔·德·纳瓦尔（Baedeker, *Nord-Ouest de la France*, p. 170）。而在贡布雷的玻璃花窗上，坏家伙夏尔变成了盖尔芒特伯爵坏家伙吉尔贝。普鲁斯特来到格里索尔拜访德·克莱蒙–托内尔夫人后，又返回了埃弗勒（*Corr.*, t. VII, p. 275）。

② 祭台区的七块玻璃窗是Aldgrever的作品（Baedeker, *op. cit.*, p. 172）。

③ Ibid.

④ *Corr.*, t. VII, pp.274–275, 295.

壁”和“古老的法国绘画”；城堡的主人喜欢园艺和钓鱼，使它洋溢着“既野趣盎然又高贵典雅”的魅力，它还是“两位艺术家的工作室”。女主人一直记得，他让司机用汽车车灯照亮花园中的玫瑰。

《乘汽车行路印象记》

可以说，1907年的夏季，普鲁斯特是在参观一座座教堂、修道院和古城的过程中度过的。正是因此，他在当年11月19日的《费加罗报》上发表了《乘汽车行路印象记》一文，这是他未来大作的胚芽。1919年把此文收入《仿作与杂写》时，他专门就其中描写卡昂教堂钟楼的一段作了注释：“《在斯万家那边》只引用了此文的一部分，加了引号，作为我少年时期写作的例证。在《追忆似水年华》的第四卷（尚未刊行）中，这段文字经过改写在《费加罗报》上发表一事，将是差不多一个整章的主题。”[①]普鲁斯特在此提及《贡布雷》中关于马丹维尔钟楼的情节[②]，以及《失踪的阿尔贝蒂娜》当中在《费加罗报》上阅读此文的情节。在1919年，他所说的“第四卷”指的是《索多姆和戈摩尔（二）》和《重现的时光》，后来这一卷内容再度膨胀并分化：《索多姆和戈摩尔（三）》变成《女囚》，《索多姆和戈摩尔（四）》先变成《女逃亡者》再变为《失踪的阿尔贝蒂娜》。我们由此看到这段文字不寻常的命运：此文原本就准备嵌入《追忆似水年华》当中，而文章的发表又成了小说中的一个事件。与此同时，《驳圣伯夫》也将成为一篇

① *P et M*, p. 64.

② *RTP*, t. I, pp. 179–180，参见十五人译本(一)181—182页，周译本(一)181—182页。

文章的历史。另外，《乘汽车行路印象记》本身已经是想象的产物，它开头就讲到叙事者要返回父母那里，而此时马塞尔·普鲁斯特的父母都已经不在了；它同时还有自传的成分，因为其中包含了马塞尔刚刚认识的阿戈斯蒂耐利的肖像描写："我的机械师穿了一件宽大的橡胶斗篷，头上戴着风帽，把他还没有长出胡须的嫩脸蛋儿裹得严严实实，当我们越来越快地冲进夜色中时，这副打扮让他像极了朝圣的香客，不，更像是一位嬷嬷。"阿戈斯蒂耐利被比作演奏键盘乐器的圣塞西尔，正在演奏速度与引擎的乐章[①]。此文中还有对阿戈斯蒂耐利之死的预感："……方向盘[②]握在为我开车的年轻机械师手中，但愿它永远都是他才能的象征，而不是他所受苦难的征兆！"[③]最终，这篇文章把生活场景转化为艺术作品：其中的"机械师"被作者比作大教堂的雕像，如同后来的阿尔贝蒂娜被比作圣安德烈教堂门廊上的雕像；向父母——他们此时只存在于作家悲怆的想象中——宣布儿子归来的汽车喇叭声，被比作《特里斯丹和伊瑟》中牧人的芦笛。文章结尾处的这个意象将重新出现在《女囚》当中，它不仅承载着瓦格纳美学的全部分量，也承载着普鲁斯特美学的全部分量[④]。

回到巴黎

马塞尔放弃了前往布列塔尼的计划，此后再也没有涉足此地，也打消了与在卡堡新认识的画家埃勒同游吉维尼莫奈花园的念头[⑤]，于9月底或10月初回到巴黎，并因

① *CSB*, p. 67：我们能看出，他用女性形象描写青年男子。

② 普鲁斯特把方向盘比作"中世纪艺术中单线条勾勒的轮子形象"，所以方向盘就变成类似于他在诺曼底观赏的艺术品。

③ *P et M*, p. 67. 在《女囚》中，弹奏自动钢琴的阿尔贝蒂娜亦被比作圣塞西尔。1919年版的《仿作与杂写》收入了这篇文章，并在注释中增写了这么一篇干巴巴的碑文："在我写下这几行文字的时候，我根本无法预知，七八年后，这个年轻人会提出负责我的一本书的打字工作，并以马塞尔·斯万的名字——在这个名字中，他满怀友情地把我的名字和我的一个人物的姓氏结合在一起——去学习飞行，最终在昂蒂布海滨死于飞行事故，年仅二十六岁。"（*CSB*, p. 66）

④ 在他收到的贺信中，据普鲁斯特的看法，最"漂亮"的一封是阿戈斯蒂耐利的（*Corr.*, t. VII, p. 316, 致施特劳斯夫人）。

⑤ Ibid., t. VIII, p. 50："躺在床上，我的眼前始终是鲁昂、埃勒、莫奈；不能和你们在一起，让我万分惆怅。"普鲁斯特把参观的情况告诉了埃勒，并以这样的方式表达他的友情："我常常想起埃勒夫人、想起您和令爱，想起港口金色的日落时分，那里的气氛如同一个珍珠色的前厅，通向无限世界。"在此次参观过程中，普鲁斯特十分欣赏埃勒的《凡尔赛之秋》，埃勒慷慨地把这幅画送给了他，马塞尔却左右为难，不知道是该坚辞不受还是出钱购买或表示感谢（ibid., pp. 51–52, 1908年2月底）。

为回到巴黎而病倒。1907年10月7日，他独自一人到斯卡拉歌舞厅听马约勒（他在这儿接替了弗拉格森）演唱，想必是为了取悦酷爱歌舞厅和咖啡馆歌舞演出的雷尔纳多，他承认，“假如马约勒演唱真正的歌曲，我会很喜欢”，但他的歌抒情成分太少，“很不好听”。马约勒让马塞尔喜欢的地方是以歌伴舞：身体随着音乐节奏而动，像克雷奥·德·梅罗德那样边走边舞。不过，哈恩与马德拉佐都指出马约勒是同性恋，他倒是没有看出来[①]。普鲁斯特的小说草稿表明，他喜爱马约勒、弗拉格森、保吕斯等人的艺术，而且相较于歌词的内容，他更欣赏他们的演唱技巧[②]。

1908年，住在马塞尔楼上即四楼的美国牙医威廉姆斯的新婚妻子搬来与他同住。马塞尔与这位女士有通信往来，这些晚近才发现的信件[③]见证了一段动人的友情。塞莱斯特·阿尔巴莱这样形容这对牙医夫妇：在上一层，“住着美国牙医、与众不同的威廉姆斯……威廉姆斯爱好运动，每个星期六都由司机开车载他去打高尔夫。他的妻子是一位特别爱用香水的杰出艺术家，非常敬重普鲁斯特先生，曾写信给先生表达敬意。我记得她是演奏竖琴的。她就住在丈夫的诊室楼上。普鲁斯特先生认为“这两位是一对‘不般配’的夫妻”[④]。在写给她的信中（威廉姆斯夫人的信我们未能见到），普鲁斯特的诗歌和音乐修养大放光彩（信中透露了他拥有贝多芬四重奏和塞萨尔·弗兰克四重奏的曲谱）。

位于奥斯曼大道的那套房子，是马塞尔和罗贝尔兄弟俩与他们的舅妈乔治·韦伊夫人的共同财产，可舅妈觉得应该结束财产共有状态，于是应她的要求，房子要卖出

① “可可和您向我说起的他的不好的方面，我一点都没看出来。”（ibid., t. VII, p. 281, 1907年10月7日，致哈恩）

② *RTP*, t. II, pp. 1098–1099, 1899 et t. III, p. 1713.

③M. Proust, *Lettres à sa voisine*, préface de J.-Y. Tadié, Gallimard, 2013.

④ C. Albaret, *Monsieur Proust*, Laffont 1973, p.382. 诊所在夹层之上的第三层，即五楼。

去。马塞尔心里一直想着搬家，离开巴黎，找一个气候好的地方，摆脱哮喘之苦，因此对卖房子这种本该留心的事情毫不在意。后来很晚他才得知房子的买主其实就是这位舅妈，他不敢提高要价，房子遂于1907年11月8日卖出，他将来的不幸也就此埋下伏笔。实际上，未来有一天他将被迫迁居，生活将彻底丧失由家庭环境形成的这种脆弱平衡，不管他嘴里说什么，他对家庭氛围始终是十分依恋的。

还有一重看似很遥远的忧虑，但又有谁知道，法国会不会出现同样的情形？在奥斯卡·王尔德被定罪十年之后[①]，德国爆发了奥伊伦伯格事件以及哈登诉讼案。在写给比利的信中，他先提到了比利的两个有同性恋关系的女友，然后接着说："您对这起同性恋官司怎么看呢？我相信这里面有误打误撞的成分，尽管有些人认为所谓的同性恋确有其事，尤其是就奥伊伦伯格亲王而言。但这里面也有很滑稽的东西。"[②]德国记者哈登曾发表一系列文章，抨击德皇威廉二世身边的和平主义者和亲法国"奸党"；文章同时揭露皇帝的宠臣奥伊伦伯格亲王和柏林军事长官库诺·冯·毛奇将军是同性恋。亲王失去了皇帝的宠爱，1907年10月，毛奇将军以诽谤罪控告记者，但哈登被判无罪。奥伊伦伯格则因审判期间的不当言论须承担民事责任。1908年1月，将军在柏林发起了对哈登的第二次诉讼，哈登被判刑四个月；1908年4月在慕尼黑发起的第三次诉讼中，奥伊伦伯格以作伪证的罪名受到追究，于5月被逮捕，关押了五个月，但由于生了重病，最终既没有接受审判也没有恢复名誉[③]。这一事件对普鲁斯特未来作品

① Ibid., t. III, p. 17，参见十五人译本（四）15页。

② *Corr.*, t. VII, p. 309, 1907年11月9日。

③ 见*RTP*, t. II, p. 587（参见十五人译本［三］286页）；t. III, p. 955（正是奥伊伦柏格案件引入了"homosexualité"一词，在法国，"这个词太日耳曼味，太学究气"）以及《索多姆和戈摩尔》的编者说明，pp. 1199–1200。另见*Corr.*, t. VIII, pp. 119, 123, 163。1908年5月10日（ibid., t. VIII, p. 119），普鲁斯特在谈到奥伊伦伯格发表的关于戈比诺的回忆录时，说起"可怜的奥伊伦伯格"；1908年7月（ibid., t. VIII, p. 164），普鲁斯特又说冯·拉多林大使一定会对奥伊伦伯格寄予同情，因为这位大使在伊图利去世时曾向孟德斯鸠表示慰问。

的创作具有重要影响，倒不是他想讲述这一事件，他在作品中也没有讲述过任何历史事件，而是要从中萃取精华。他此时意识到，有朝一日，一定要谈一谈这个“被诅咒的族类”，要用人物把它表现出来，为此即使面对伤风败俗的指责，甚至惹上官司，也在所不惜。

诺曼底之行不仅让马塞尔写出了一篇文章，还让他爱上了汽车，即取代了马车的优尼克公司计程出租车①。现代生活的新生事物，普鲁斯特都能欣然接受，把它们穿插到作品中，这些新生事物，包括飞机，都在作品中扮演了关键的角色：电话、汽车、飞机、空袭等等，不仅占有一席之地，而且都有各自的桥段。因为本人一无所有，所以他能发自肺腑地欣赏一切，不仅欣赏新兴技术，还欣赏古老的艺术，比如他12月在博容街32号雷蒙·德·马德拉佐府邸看到的古代油画：“一幅真正绝妙的格雷戈，一小幅提埃波罗，几幅拉斐尔的素描，几幅提香的构图稿，好几幅戈雅，还有一幅拉图尔。”②这幅格雷戈是粉红、深蓝和赭红色调的《圣家庭》，普鲁斯特称赞它的“各种色调与某幅弗美尔一样宝贵，无与伦比的色彩如同刚画出来那么鲜艳”③。当时，在法国还没有谁知道格雷戈。普鲁斯特是通过巴雷斯的《格雷戈或托莱多的秘密》而认识格雷戈的，正是受到巴雷斯和书中油画复制品的启发，他在《追忆》中多次谈及格雷戈的作品，要么把夏吕斯比作《宗教大法官》，要么把遭空袭后巴黎的天与地比作《奥尔加斯伯爵的葬礼》。从中我们可以看出，他对资料的准备细之又细，凡是在作品中描写的东西，他都会认真对待。

① Ibid., t. VII, p. 315.
② Ibid., p. 319.
③ 马德拉佐把这幅画一直保留到1909年他前往纽约拉丁裔社区的时候。见吉川一义的文章《普鲁斯特与格雷戈》，*BAMP*, n° 44, 1994, pp. 29–41：普鲁斯特很少提及西班牙画家，曾两次提到委拉斯开兹具体作品，《枪骑兵》（*RTP*, t. II, p. 844, 十五人译本［三］547页）和《宫娥》（t. III, p. 874, 参见十五人译本［五］367页，周译本［五］386页）；只提到一次戈雅（ibid., t. I, p. 320, 参见十五人译本［一］322页，周译本［一］333页）。但有三次提到格雷戈：最早是在《少女》当中（t. II, p. 61, 参见十五人译本［二］248页，周译本［二］263页）：叙事者的父亲崇拜这位画家，拟仿照巴雷斯的旅程，在托莱多待上一天。在《女囚》中（t. III, pp. 711–712, 参见十五人译本［五］200页，周译本［五］207页），夏吕斯被比作“格雷戈画的一位宗教裁判所大法官”，也就是红衣主教Fernando Nino de Guevara（此画现藏纽约大都会博物馆）。在《重现的时光》中写到天与地平行的景象，叙事者谈及《奥尔加斯伯爵下葬》（t. IV, p. 338, 参见十五人译本［七］69页；这个段落是普鲁斯特依据1917年写给施特劳斯夫人的信［*Corr.*, t. XVI, pp. 196–197］和巴雷斯1911年出版的书［pp. 15–17］于1918年写的）。1908年9月26日，普鲁斯特在《费加罗报》的文学副刊上读到孟德斯鸠的《在格雷戈周围》一文（《1908年记事本》，58页），此文说这幅画是“世上最杰出的绘画”，并预告巴雷斯的书《格雷戈》即将出版，实际上巴雷斯的书直到1911年才面世（巴雷斯的这本《格雷戈》是献给孟德斯鸠的，书中除巴雷斯本人的作品外，还收入了波城博物馆馆长Paul Lafond的一篇论文和91幅绘画复制品），孟德斯鸠送给马塞尔一本（*Corr.*, t. XI, p. 52, 但这封信的时间被科尔布标错了，他把时间弄错了一年，原因是1912年巴雷斯把上一本书中自己的文字以《格雷戈，或托莱多的秘密》为题单独重版，于是科尔布把两者弄混了）。

居斯塔夫·德·博尔达

《费加罗报》12月26日发表了一篇署名D.的悼念短文，这是马塞尔为居斯塔夫·德·博尔达写的。博尔达曾与让·贝罗一道，在1897年为马塞尔与让·洛兰决斗作证，马塞尔称他是“无人能比”的见证人。那么，这是一篇应酬之作吗？不完全是。普鲁斯特的肖像描写艺术是矛盾统一的艺术，它在表相之下寻找与之相悖的实质。表面上，博尔达一生剑不离手，如同大仲马小说中好斗的剑客，实际上在这背后隐藏着一位“西班牙史诗中的骑士”（这是普鲁斯特独有的文学参照物），“对坏人无情，对好人柔情，对弱者同情”。在“最危险的敌人”的表象之下，隐藏着一个世上最好的人。还有这句名言：“为世人立则者是行动而非言辞。”博尔达曾参加1870年抗击普鲁士入侵的战争（普鲁斯特把他比作斯丹达尔，斯丹达尔是对俄作战的老兵，偏爱意大利音乐），喜欢“通俗”音乐和“大画家”让·贝罗。假如没有普鲁斯特这个忠实的朋友，博尔达恐怕早就被人忘记了。

走向圣伯夫

1908年12月，普鲁斯特谈起“早在去年”就已经打好腹稿的一篇《圣伯夫》[1]。其实，1907年7月7日的《费加罗报》刊出保罗·布尔热的文章《夏尔·德·斯普尔贝什·德·洛文朱尔》，是普鲁斯特思考圣伯夫的起点[2]。莱昂·塞谢的集大成之作《论圣伯夫》（两卷本）出版时，马塞尔就曾读过[3]。此外，他的通信表明，对地名的

① *Corr.*, t. VIII, p. 320.

② *CSB*, pp. 218–220.（德·斯普尔贝什是圣伯夫的学生。布尔热在文中概述了圣伯夫的批评方法。——译者注）

③ *Op. cit.* 普鲁斯特在《芝麻与百合》的序言（*CSB*, p. 182）中引用过这部著作（t. I, p. 229 et *sq.*）。

遐想始终萦绕在他的脑中，这使我们不由得发问：他是否早已开始就圣伯夫和地名这两个主题做了笔记或写下了一些文字？例如1907年12月，他在信中告诉达尼埃尔·阿莱维，自己“对大地形状、对村庄……的某种情感”与佩吉有共通之处；“关于地名，我也写了几乎同样的东西”[①]。或者，用他自己的说法，此时他是否正在“头脑中进行搭建”，在“长长的内心独白中”进行构思呢？也许，这封信可以回答此类内容何时起源这一棘手问题（相差三个月时间，故而这是个小问题），但对这一问题，如同对同一类型的其他问题一样，回答时务必慎之又慎。此外，10月份还有另一个“分娩先兆”，但也许只是为了抄清他将在《费加罗报》上发表的《乘汽车行路印象记》一文（继我们前面所见《论阅读》一文之后，此文是与未来《贡布雷》《驳圣伯夫》以及《追忆》某些段落最接近的文字），他想通过罗贝尔·德雷福斯[②]雇用戈比诺的一个名叫塞尔佩伊的外孙做秘书。假如受雇的话，这位塞尔佩伊将在《诸圣人之性格》和《诺曼底年鉴》中帮马塞尔查找资料，或者，在晚上九点钟询问马塞尔次日有什么需要时，陪他打打“埃卡泰”牌。但这一次，普鲁斯特放弃了找一个秘书的梦想，这种梦想中掺杂着感官的欲望和孤独的凄苦：从古至今最伟大的作家之一，居然想找一个伴儿在晚上陪他打一种无聊的牌戏[③]。

我们看到，在1907年，一个体系，“一个下意识形

① *Corr. avec D. Halévy*, p. 97. 指的是《论现代社会中知识分子的处境》，《半月丛刊》第IX系列第I卷，1907年10月6日出版。与J.-P. Halévy一同编辑该通信集并为这封信确定日期的Anne Borrel，列举了佩吉一些让普鲁斯深有感触的句子，特别是关于地名的句子和对城市名和人名的种种遐想，普鲁斯特在练习簿4，后来又在练习簿8当中作了笔记。Anne Borrel认为这是一个证据，表明普鲁斯特早在1907年已经就他关于地点的遐想这一主题摘录了笔记并写出了作品的片段（*BAMP*, n° 44, 1994, p. 132）。我们要注意的是，这种遐想最早出现在《七十五页手稿》，pp.91–102（普鲁斯特《1908年记事本》在“已写篇章”中列出了它们的目录）。阿莱维三番五次地要求普鲁斯特阅读佩吉，但始终没有使普鲁斯特喜欢上他。1908年2月1日，阿莱维为普鲁斯特订阅了《半月丛刊》，所以他收到了第IX系列，其中包括第一卷，就是普鲁斯特在信中提及的那一卷（*Corr.*, t. VIII, p. 39）。

② 他是研究戈比诺的专家，也是戈比诺后代的朋友。

③ *Corr.*, t. VII, p. 304.

成的巨大架构”已经成形，这个体系包含：俄狄浦斯情感的涤除、回忆的功能（为一部关于时间以及社会各阶层的小说提供养料）、一种形象理论、一部由众多作品（它们将全部重新现身）组成的大合唱、一处包括童年世界中众多花园的特殊领地、一些将原封不动地插入《少女》中的篇章。尤其是，在这一年中我们看到，一个大家心目中将永远消沉的人重新站了起来，他光彩照人，充满活力和好奇，唯有艺术（是否包括爱情，我们不得而知）是他情之所钟、心之所系。他把二十世纪最犀利的目光，投向一家大饭店和其中的住客，投向夏日的大海，投向哥特艺术以及诺曼底各个小城的种种奇迹——假如不是为了有朝一日用自己的笔塑造这样的奇迹，他还会去这么仔细地观察这些东西吗？

XII

《驳圣伯夫》

普鲁斯特的写作生涯，从青年时期的习作、翻译、报刊文章，到1908年发生了彻底转变，他重新拾起小说创作。1月初，他就着手写作一个以《罗贝尔与小山羊、妈妈出发旅行》为题的章节，为此他请人找来一些英国版画[①]，而在后来的写作中，这些英国版画仅仅通过“暗示忽略法”表现出来：在描写弟弟不忍心与小山羊分别的场面时，他写道，“这个场景，却不大让人联想起英国画中常见的小孩爱抚小动物的画面”。

仿　作

几乎就在同时，他以1月9日发生的勒穆瓦纳事件为题材写了一系列仿作，其中大部分篇章于1908年2月22日至3月21日期间在《费加罗报》上陆续发表[②]。1909年春，普鲁斯特有意再写一篇仿圣西门的文章，他说自己满脑子都

① 见*Corr.*, t. VIII, pp. 24–27, 1908年1月1日至8日之间，致奥古斯特·马吉里耶（普鲁斯特到处寻找“雕刻动物，并绘有对应肖像画”的木刻）；Ph. Kolb, « Le mystère des gravures anglaises recherchées par Proust », *Mercure de France*, n° 327, 1er août 1956, pp. 750–755, 以及法卢瓦《驳圣伯夫》相关章节，293页起；《1908年记事本》，11—13、56、141（注60）页。他还向瓦莱特索要法兰西信使出版社出的两部书：《卡莱尔致母亲的信》（他从《1908年记事本》的第一页中摘录了一句“我并非如我跟您说的那样痛苦”）和沃尔特·佩特的《想象的肖像》。

② 这些文章都发表在弗朗西斯·舍瓦叙主持的星期六文学副刊的首版。普鲁斯特本打算给舍瓦叙写一封信专论仿作，但此信没有发表（*Corr.*, t. VIII, p. 43）。模仿巴尔扎克、法盖、米什莱、龚古尔的篇章发表于2月22日，模仿福楼拜和圣伯夫的发表于3月14日，仿勒南（勒南向他“汹涌而来”，ibid., p. 67）的发表于3月21日。普鲁斯特非常看重文章发表节奏的平衡和“剂量”（ibid., p. 58）。至于谋篇布局，他把自己“内心的节拍器”调节到每个模仿对象的节奏上，“这样的东西能写出十本”。

是圣西门，为此向孟德斯鸠索要自己1904年以圣西门笔法所写的《纳伊市孟德斯鸠府上的盛会》一文。孟德斯鸠一再要求冒失的马塞尔写一篇模仿自己风格的文章，但对普鲁斯特来说，孟德斯鸠的时代已经一去不复返了，他没有任何欲望去实现伯爵的意愿[①]。一直到1909年，他始终想着把这些仿作结成一集，但试探过的几家出版社，如法兰西信使、卡尔曼–莱维和法斯凯尔，都不愿接手[②]。最终，上述仿作经过增订于1919年结集出版[③]，普鲁斯特在一条注释中概述其题材："十年过后，大家可能已经忘记了那位假称发明了钻石制造工艺的勒穆瓦纳，他从戴比尔斯公司董事长朱利乌斯·维尔纳手中骗取了一百万，随后被维尔纳告上法庭，1909年6月被判处六年徒刑。这件毫不起眼的轻罪刑事案轰动一时，某天晚上完全出于偶然被我选定，作为这些篇章的唯一题材，写这些文章，是为了模仿某些作家的写作手法。"[④]自从普鲁斯特研究和翻译罗斯金以来，他便通过阅读接触现实世界。这种阅读的批评意味越来越浓厚，表现有二：《芝麻与百合》的译者序将阅读本身的被动性特点揭露无遗，而且罗斯金的理论已经被这位译者所摒弃。因此，我们应当从对阅读的批评和批评性阅读两个角度，理解他1908年的写作，通过模仿这些作家，普鲁斯特摆脱了他们的桎梏，同时也攫取了他们的写作秘诀[⑤]。他阅读前辈作家时的种种感受，都在仿作中得到浓缩和重建；他的批评则将前辈作家的写作技巧分析透彻，从而使仿作与批评互为补充，相辅相成。

① Ibid., t. IX, p. 34.
② Ibid., p. 70, 1909年3月，普鲁斯特补充道："但这样挺好。"面对出版社的拒绝，他此后一直表现出同样的情绪。
③ 不包括那篇未完成的仿罗斯金的《野猪的祝福》，以及模仿夏多布里昂和梅特林克的作品，普鲁斯特1909年3月（ibid., t. IX, p. 61）就宣布这几篇无法发表（*Textes retrouvés*, pp. 72, 76, 257；在这本书的74页，菲利浦·科尔布编印了对圣伯夫的第二篇仿作，这是普鲁斯特在1909年3月的那封信里谈到过的）。1909年7月7日，他还给罗贝尔·德雷福斯写了一篇《伊波利特·丹纳解释你不耐烦跟我谈论那些仿作的原因》以取乐。
④ *P et M*, p. 7, note de Proust.
⑤ 2月底，他写信给赞扬这些仿作的德·诺阿耶伯爵夫人，说这都是绘画上的所谓"临摹"（*Corr.*, t. VIII, p. 46）；他曾跟她谈起过圣伯夫。普鲁斯特说还收到了勒迈特、法朗士、埃尔维厄的"赞语"（ibid., p. 63）。安娜·德·诺阿耶3月21日（ibid., p. 70）再次称赞他的仿作："我觉得仿勒南的那篇妙极了。"其实这是因为普鲁斯特在文中提到了她本人。《费加罗报》医学专栏作者莫里斯·德·弗勒里向普鲁斯特表示祝贺，普鲁斯特则向他透露（ibid., p. 75）过去曾写过"医学著作的仿作"，但现在找不到了。而我们将在戈达尔和迪布尔邦身上重新看到这样的模仿。另外，吕西安·都德在1908年3月30日的《高卢人报》上赞扬普鲁斯特的仿作，但他首先谈及勒布与缪勒合著的《仿作集》（1907年12月），这一点让普鲁斯特颇为不快。马塞尔也考虑把这些仿作汇集起来印成小册子（ibid., pp. 85, 91, 100, 107），他先后接洽过法兰西信使、法斯凯尔和卡尔曼–莱维出版社。

另一方面，勒穆瓦纳事件本身就是一个传奇，不亚于一部侦探小说。但普鲁斯特以每位作家各自手法构造的故事，每一个都不完整，仿佛事实被放在不同的角度下进行观察，且只在一刹那间闪现出来[①]。整个故事被分割成八个部分——普鲁斯特非常看重排列顺序[②]——由八个不同的人来讲，他们分别是巴尔扎克、福楼拜、圣伯夫、雷尼耶、龚古尔、米什莱、法盖、勒南[③]，每个人只讲一小段，但这些篇章并不是严格首尾相连的[④]。从他把这些篇章并置排列的手法中，我们可以发现普鲁斯特对情节首尾完整性的轻蔑；事件的内容根本不被看重，所以事件本身始终没有讲述完整。他所模仿的文学体裁，包括剧本、长篇小说、文评专栏、历史，也都不完整。就在当年，尽管连受他模仿和嘲讽的作家们都支持他，他仍然就此罢手，任凭这些篇章停留在未完成状态。是他对得到的效果感到满意因而就此罢手吗？是因为遇到了难以解决的话语问题吗？对一部作品的描述必须达到与它同样的篇幅吗？这恰恰是同年写作《驳圣伯夫》时将要提出的问题。

1908年的仿作还以另一种方式预告了《追忆似水年华》，在这部小说中，普鲁斯特多次运用仿写手法，仿佛在某一时刻，小说出自另一位作家之手，它们表现为《在少女们身旁》中的作文考试，《盖尔芒特家那边》中“新作家”的种种意象，悼念文章，时装专栏，报上的消息（比如战争期间，我们在瑞士报纸看到“以小字印刷的消息：‘世界大战，近期战况，死伤上百万’和被认作

① “一篇仿作，篇幅多长并不重要，只要读者可以无限发挥其特点中的相仿之处，那么仿写者就可以停笔了。”（ibid., t. IX, p. 63, 1909年3月，致儒勒·勒迈特）借此机会，普鲁斯特向勒迈特致敬，勒迈特当初对演员Baron的嗓音的述评以及对Banville的述评让他钦佩，这些述评也为他后来描写布洛克的某些言辞以及叙事者对贝戈特的某些钦佩之处提供了灵感。同样，马塞尔想起了自己家里的一些小冲突：波齐医生主动提出要带上马塞尔外出见客，但他的父母认为他太小而没有让他出门。

② 见ibid., t. VIII, p. 58, 1908年3月11日，致弗朗西斯·舍瓦叙的信。

③ 模仿圣西门的作品直到1919年才面世，模仿罗斯金、梅特林克、夏多布里昂的作品去世后才出版。模仿雷尼耶的发表于1909年3月。

④ 在《追忆似水年华》中，他将以完全相同的方式反映德雷福斯事件和第一次世界大战。

重头新闻的大字标题：‘洛桑的蔡勒公司在格勒诺布尔展览会上大获成功’”）[1]。《重现的时光》当中对龚古尔兄弟日记的仿写是最重要的一篇，它让两个时刻、两个世界、两种美学、两种文学体裁相映成趣。两种文学体裁的对比并非无足轻重，它恰是普鲁斯特所不喜欢的日记体裁与长篇小说的对立。每一段仿写所呈现的，都是另一个人——而非普鲁斯特——所看到的世界，它们为《追忆似水年华》最终成为集古典文学之大成的巨著创造了条件。

涉及《追忆》的人物，有一种现象与模仿不相上下。在小说里，如同鲁昂大教堂藏着那座小雕像一样[2]，普鲁斯特悄悄安置了一些前辈作家笔下的人物，这种做法既像是模仿，更是一种敬意。比如《在斯万家那边》中出现了巴尔扎克的《被遗弃的女人》[3]，它的故事被浓缩在一个段落里，放在此处作为陪衬。盖尔芒特家族再现了圣西门笔下的莫特马尔家族，因为圣西门虽称赞莫特马尔的风趣，但语焉不详[4]。同样，诺布瓦的形象来自莫斯卡伯爵，纳西姆·贝尔纳的原型是纽沁根，盖尔芒特公爵夫人和她的衣装则上承卡迪尼昂王妃。如果加上类似阿纳托尔·法朗士摇身变为贝戈特等现实人物化为小说人物的例子，或者再算上普鲁斯特表示敬意的熟人如贝特朗·德·费纳龙、安娜·德·诺阿耶、塞莱斯特·阿尔巴莱，或者，把小说未直接引用但做浓缩处理的书籍——如同埃尔斯蒂尔借谈论巴尔贝克教堂之机，用一段话概述埃

①*RTP*, t. IV, p. 1070. ——译者注

②《亚眠的圣经》序言，*P et M*, p. 125。

③ *RTP*, t. I, p. 168，参见十五人译本（一）171页，周译本（一）171—172页。另见巴尔扎克《费拉居斯》。

④ *Corr.*, t. XIX, p. 574, 1920年11月，致保罗·苏戴。

米尔·马勒《法国十三世纪宗教艺术》[①]那样——都计算在内，那么，我们就会发现，这部小说不仅概括了生活，而且涵盖了文学和其他各种艺术，从而成为先前全部作品的总和，成为一部无所不包的百科全书。

为写作而生

忙于写作和发表多篇仿作，并不妨碍普鲁斯特追求一位“漂亮的戈永小姐”[②]，为此，他像叙事者那样四处写信，出入各个沙龙，搜求她的照片，也想方设法与她本人见面相识。他给卡拉曼–希迈夫人写信说：“为了写作，也出于感情方面的原因，我想参加一个舞会。”[③]在他最终与她相遇相识之后，他声称，由于发现她比自己想象的差了一千倍[④]，他终于平静下来。但这个经历仍不失为灵感之源，这位姑娘与盖尔芒特公爵夫人同名，将变成小说草稿中那位“戴红玫瑰的少女”[⑤]，而后与普特布斯男爵夫人的贴身女仆、奥士维尔小姐、斯代马里亚夫人一起，成为叙事者追求无果且最终令人大失所望的女人。

普鲁斯特一身当二用，与此同时还四处打听一位“年轻的电报投递员”，此人在他“写什么东西的时候”也许用得上。普鲁斯特希望能问他一些事，希望看到他“如何工作”[⑥]。这位投递员与普鲁斯特拟议中的“巴黎风情小说”和“关于鸡奸的论著”有关。制服的诱惑（此时还没有军人，但将来会有的）、对电报的期盼（以打破幽居和

①在《亚眠的圣经》序言中有大量引用。马勒的名字在《少女》中就不再出现了。

② *Corr.*, t. VIII, p. 63, 致莱昂·富尔德夫人。Cf. ibid., pp. 93, 112, 1908年4月和5月，致路易·德·阿尔布费拉。奥丽阿娜·德·戈永是Feltre公爵的外甥女，也是阿尔布费拉的亲戚，当时二十岁。

③ Ibid., p.135, 1908年6月8日；实际上，德·戈永小姐6月12日参加了菲利浦·德·希迈在华盛顿广场举办的舞会，普鲁斯特也来了（ibid., p. 138），他感谢德·卡拉曼–希迈夫人让他有机会参加“这个美妙的盛会，如此众多的可笑面孔形成了一道天幕，上面布满了无与伦比的滑稽人”（ibid.）。我们将在《追忆》中重新看到这样的盛会、这样的面孔、这样的滑稽人物。普鲁斯特对盖尔芒特城堡的主人弗朗索瓦·德·帕里斯的容貌之美加以调侃，让帕里斯很不高兴（ibid., p. 136）。

④ Ibid., p. 175, 1908年7月8日或9日。

⑤ Cahier 43, *RTP*, t. III, Esq. VI et VIII (voir notice, pp. 1213–1214).

⑥ *Corr.*, t. VIII, p. 76, 致路易·德·阿尔布费拉。这位电报投递员叫路易·马厄；普鲁斯特在信中说，路易有一次在不合适的时间给他打来了电话，普鲁斯特紧接着补充了一句：“另外，我不知道是否要放弃我的巴黎风情小说。”（ibid., p. 112, 1908年5月5日或6日；不过随后，普鲁斯特说正在“写一本巴黎小说”。）

孤独状态）等等，无数个不便明言的理由，促使他把一个不起眼的小职员化为赫尔墨斯。不错，投递员几乎是唯一一个不会令人起疑的职业：一个年轻人来送电报，不会有人怀疑接电报的人有什么特殊的生活习性。为了刻画同性恋，普鲁斯特不得不通过否认来掩饰自己受此诱惑[1]。比如针对阿贝尔·埃尔芒收养一个小伙为养子一事，他评论道："我无法相信埃尔芒会拿大逆不道的乱伦来掩盖普普通通的同性恋。我坚信并且有把握地说，他根本没有这种爱好。收养！又不是结婚[2]。的确，同性恋要显得更雅，因为同性恋仍然带有它纯洁的起源即友谊的影子，并保留着友谊的诸多美德。"[3]

在普鲁斯特的探索历程中，此刻是一个重要的转折点：他为写作而生，生活变成了他的实验室；回忆已经不敷使用，他又像学者一样发起各种实验，构造现实，以便把它转化为小说语言。从此刻开始，每一次外出，每一次会面，每一次邀约，每一场音乐会，一切都要写下来，但他既不写日记，也不做笔记：他制造的事件将插入已经写好的文本，而这个文本还将多次重写。有时它是一个新文本，有时是对既有叙述或分析进行扩充。于是，电报投递员的故事，将在《女囚》中由布里肖通过引用夏吕斯的话讲出来："那本伦理学专著，我始终尊崇为当今时代的道德丰碑，关于那位可敬的某某同仁最初的构思居然得之于一个年轻的邮差……我这位杰出的朋友在论述过程中忘了向我们交代这位英俊小伙的尊姓大名。"[4]拜占庭史专家

① 实际上阿尔布费拉开过"这种关系"的玩笑，普鲁斯特则因为有"那么多人这样谈论（他）"而很受伤，他申明："即使我属于这种混蛋，我也不会蠢到这种程度，想各种办法让那个小伙子知道我的名字，把我送进监狱，把这一切都告诉您，等等。"（ibid., p. 98）这一声明会让外人感到震惊，但是，普鲁斯特能向阿尔布费拉说出真相而不至于绝交、也不引发丑闻吗？他4月向埃马纽埃尔·比贝斯科说过同样的话，责备他出言不慎，在众人面前开这个话题的玩笑，有可能牵连到自己（ibid., pp. 108–110）。

② 普鲁斯特想说的是，此处的收养等同于婚姻。

③ *Corr.*, t. VIII, pp. 72–73, 致德·诺阿耶夫人。

④ *RTP*, t. III, p. 832，参见十五人译本（五）323页，周译本（五）342页。

居斯塔夫·施伦贝格尔与雷蒙·普安卡雷竞争进入法兰西学院的名额，此事让普鲁斯特写了一封义愤填膺的信，又写了一篇文章（想必是因为言辞过于激烈而被《费加罗报》退稿，后来不见了），此文为“著名假学者汉伯格”[1]的漫画式肖像作了铺垫。6月22日缪拉府上的晚会（正是在这个晚会上他由富基埃尔引荐给戈永小姐[2]）让他得以构思一场帝国贵族的招待会，虽已写在草稿本中，但没有纳入《追忆》定稿。

金融投机与良好的生活习性

这个时期，他的生活中出现了另一个主题，并反映在作品中，这就是近乎赌博的证券投机。假如有谁愿意，完全可以从普鲁斯特的通信中辑录一部法国证券与金融趣史。为了买朗德松木公司的股票[3]，他找了罗贝尔·德·比利，同时还征询路易·德·阿尔布费拉的意见：“我们可怜的里约·丹拓股票表现不佳，我很想在行情回升到购入价格（1750法郎）时把它出手，你觉得如何，大金融家？你有没有见到，我发表于《费加罗报》的仿作当中，曾说我买的戴比尔斯股票一路下跌？”[4]1908年，马塞尔把阿尔布费拉当作可以分享秘密的心腹之人，虽然二人不在一起，但马塞尔仍期待像先前那样，结成一个“牢不可破的友朋团体”[5]；情感的联系趋于疏远，但金融和文学上相互取长补短的需要，仍使他们亲密起

① *Corr.*, t. VIII, p. 140, 1908年6月15日，致施特劳斯夫人。在这封信当中，普鲁斯特列出了一份他认为应该成为法兰西学院院士的名单：布特鲁、柏格森、马斯佩罗、布雷亚尔、Alfred Croiset、马勒、Huvelin教士、维尼奥教士、波尔托-里什、布瓦莱夫、埃尔芒、雅姆、梅特林克、加利费、阿伦贝格、孟德斯鸠。Cf. ibid., pp. 144–145。“汉伯格”的肖像在练习簿36上，写作日期就在此前后（*RTP*, t. IV, pp. 677–678）。

② *Corr.*, t. VIII, p. 148. 这个时候普鲁斯特似乎与安德烈·德·富基埃尔关系很密切（见p. 151, 写给雷纳尔多·哈恩的信，其中描写了结识戈永小姐场面的一个“无赖”版本，当时富基埃尔喝醉了，对马塞尔说：“你今天很好，你刮了胡子，我很喜欢。”）富基埃尔想带马塞尔去迪纳尔，马塞尔想去那儿与阿尔布费拉会合（cf. p. 159: “我对富基埃尔怀有很深的感情和感激，他向我保证，到了迪纳尔，我可以专心工作，想待多久就待多久，那儿的气候很温和。” et p. 175）。

③ 或者，假如收益更高的话，买“哈彭纳煤矿公司”或“盖尔森基兴”的股票（ibid., p. 102）。

④ Ibid., p. 76, 1908年3月27日；*CSB*, p. 27；里约·丹拓的股票一年之中下跌了45%。Cf. *Corr.*, t. VIII, p. 130, 1908年5月29日：“我必须卖掉维希的股票。”

⑤ Ibid., p. 160. 如同写书信小说时期，他与比贝斯科和费纳龙要好的时期。别忘了，阿尔布费拉是圣卢的原型之一。

来。普鲁斯特此时所用的词语，其实就是叙事者说给希尔贝特的话："亲爱的路易，假如我们能够相聚，你是唯一一个我希望见到的人。但是，唉，命运却把我们彼此分开。"[1]路易没有理解这些话的微妙之处，所以马塞尔不久后不得不向他保证，自己的感情没有变；马塞尔还借机表示，雷纳尔多是他最好、最珍贵的朋友，是他的兄弟，熟读大仲马的马塞尔风趣地写道："假如哪天得知他杀了人，我就把尸体藏在我的房间里，让别人以为是我干的。"[2]他在信中还回击一些人的指责：他的朋友以及阿尔布费拉的朋友，都不该背上同性恋的名声[3]。透过类似的反驳，我们隐约看到，我们似乎听到，巴黎城中流传着对马塞尔生活习性和交友过从的不利传言。马塞尔经常生病并且专注于工作，很少能够出门，于是央求阿尔布费拉对各种社交宴集做些笔记[4]，这些笔记为他提供了各种消息，激发起他的好奇心；他把这些笔记转手交给《费加罗报》，以社交专栏作者费拉里的名义发表[5]。

① Ibid. Cf. p. 93："既然我们只能在书信中见面……"p. 98："我觉得再次见到你，从而让我陷入彻底的悔恨，没有什么必要。"

② Ibid., p. 111.

③ Ibid., p. 112.

④ Ibid., p. 120, 1908年5月；cf. pp. 125, 126（"有一位德·阿瓦赖我很想见一见，看看他到底是什么人"：这些专栏文章让马塞尔得以了解社交聚会情况）, 128, 132。到了1908年秋，埃马纽埃尔·比贝斯科拒绝给他提供同样的服务。

⑤ *RTP*, t. IV, p. 338，参见十五人译本（七）69页。

《七十五页手稿》与《驳圣伯夫》

1907年秋至1908年秋，普鲁斯特全力以赴投入新工作。最初是一些手写的零散片段，然后是写在七十五页纸上的新内容。1908年2月，他专心为《费加罗报》写仿作系列。3月17日，普鲁斯特自称对仿作已经"厌倦"[6]；4月，普鲁斯特宣布即将"开始一项非常重要的工作"[7]。这项写作一直持续到11月，他所说的"关于圣伯夫的东

⑥ *Corr.*, t. VIII, p. 61, 致罗贝尔·德雷福斯："正是由于懒于做文学批评，所以'以行动'作文学批评是个乐事。但这也许将适得其反，迫使我向那些不懂的人进行解释。"

⑦ Ibid., p. 99, 1908年4月21日，致阿尔布费拉。这就说明他已经着手这项工作。

西”就是在这个时候写的。这部关于圣伯夫的论著同时也是一个故事，并且把七十五页手稿中的一些内容也包括进去了。这些写作，在最初几本草稿练习簿中进一步展开，对应着有关圣伯夫的写作计划，一个堪比“航海日志”的珍贵记事本记录了这个创作过程。我们将通过三组资料，尝试重构普鲁斯特文学生涯的这个新起点。

第一组资料即《七十五页手稿》。1907年年底或1908年年初，普鲁斯特在一些更零碎的草稿（我们掌握了其中一部分，比如写“记忆复活”的那段）的基础上，写了《七十五页手稿》（实际是七十六页）。对于这七十五页手写稿，在2021年之前，我们只见过其持有者法卢瓦先生的有关描述，以及他1954年编入《驳圣伯夫》当中的两个段落。普鲁斯特的“记事本一”——经菲利浦·科尔布编辑出版后通称《1908年记事本》——在“已写篇章”名目下所列的清单，与这七十五页手稿有一定对应关系。其中一些纸张与《乘汽车行路印象记》一文所用纸张相同，而《乘汽车行路印象记》发表于1907年11月19日的《费加罗报》，因此，据此推断七十五页手稿写作于1907年前后。

《1908年记事本》中提及的“已写篇章”[①]，与七十五页手稿并非精确对应，范围要大得多。七十五页手稿可分为六个部分，编者加的小标题如下：乡下一晚，维尔邦那边和梅塞格里丝那边，海滨小住，少女，贵族的名字，威尼斯。在2021年出版的《七十五页手稿》一书中，编者娜达莉·莫里亚克–迪耶（她给这个复杂的写作过程

①娜达莉·莫里亚克–迪耶以深厚的积累和令人钦佩的精确，详细分析了其中的内容和整个写作过程。见*Les soixante-quinze feuillets et autres manuscrits inédits*, édition établie par Nathalie Mauriac-Dyer, préface de Jean-Yves Tadié, Gallimard, 2021.（中译本［法］普鲁斯特，杜青钢、程静译：《七十五页》，深圳：海天出版社，2021年）。

编制了年表）同时收入了其他手稿。七十五页手稿之外这些片段大都是先前写作的，比如一个在《记事本》中标注为“恶习的印迹与和蔼的面容”的段落并不在“七十五页”中[①]。还有一个没有列入“已写篇章”的片段，与记忆复活有关：“我原来怎么会知道，这些年的夏天，陪我度过这些夏天的花园，我在那里的忧伤，花园上面的天空，总之我全部的生活，这一切都藏在这一小杯浸了干面包的热茶里。”[②]

第二组资料就是《1908年记事本》[③]，它包括1908—1909年的札记、1910年写的两个片段和1912年写的一个片段。它不是一部连续的文本，可区分出三种不同类型的内容：第一种涉及正在酝酿中的著作，即关于圣伯夫及其他作家的一部长篇小说和一项研究；第二种是读书札记，主要涉及巴尔扎克、夏多布里昂、巴尔贝·多尔维利、奈瓦尔[④]；第三种属于真正的草稿，是初步写成的段落。1908年上半年的工作，反映在7月整理出的“已写篇章”清单里：“罗贝尔与小山羊，妈妈出发旅行 / 维尔邦那边与梅塞格里丝那边 / 恶习的印迹与和蔼的面容。占有即失望，亲吻面颊 / 外婆在花园里，布莱特维尔先生的晚宴，我上楼去，妈妈当时以及此后在我梦中的脸，我无法入睡，让步，等等 / 卡斯特拉纳一家，诺曼底绣球花，英国和德国城堡主；路易–菲利浦的孙女，“异想天开”宫，放荡的孙子与母亲容貌相像 / 维尔邦那边与梅塞格里丝那边教给我的东西。”[⑤]这份目录——加上《七十五页手稿》——相当

① Ibid., pp. 130–133 , dans la section « Autres manuscrits ».

② Ibid., pp. 128–129.

③ M. Proust, *Le Carnet de 1908*, établi et présenté par Philip Kolb, Gallimard, 1976. 2月2日，普鲁斯特感谢施特劳斯夫人赠送的礼物：Kirby Beard 生产的五个小记事本。其中四本现存国家图书馆，第五本是空白的，原在塞莱斯特·阿尔巴莱手中。

④ Maurice Bardèche, *Marcel Proust romancier*, Les Sept Couleurs, t. I, 1971, pp. 168–176, 继法卢瓦之后，此书也明确地说，这个记事本就是创作《驳圣伯夫》的“航海日志”。

⑤ *Le Carnet de 1908*, p. 56.

完整地勾勒出一部描写童年、贵族、性（即“鸡奸”与性虐待[1]）的小说轮廓，并提供了后来支撑整部《追忆》的“两边”。小说“第二部分”的写作计划包括了一场恋爱的描写：“在小说的第二部分，这位年轻姑娘将破产，我将照顾她，但因无力给她幸福所以并不寻求占有她。”[2]有很多札记涉及卡堡和对几位少女的欲望：“爱的欲望在几个相互认识的人之间游移，她们要么被爱，要么作为被爱者的女友，故而相互间越发显得富有魅力。”[3]还有一些涉及房间的主题，以及由罗斯金《圣马可安息》中一张照片引发的对威尼斯的回忆：“我们认为往昔平淡无奇，那是因为我们本来就是这样想的，但往昔不是这个样子，就像我们已经遗忘的圣马可教堂（《圣马可安息》中的照片）里凹凸不平的地面一样，它会让我们想起河道上耀眼的阳光。”[4]母亲无处不在，她在要写的书中是两位主角之一。同等重要且与不自主回忆密切关联的“文学志向”主题已经出现，并伴随着疾病的发作：“也许我应该庆幸自己健康不佳，随之而来的疲惫、静养、沉默，反倒使我有了写作的可能。死亡已经发出警告，用不了多久，所有这些东西你就没有机会再说出来了。无论懒惰、疑虑还是无能为力的感觉，其实都是对艺术形式没有把握。要把它写成小说还是哲学论著呢？我能成为小说家吗？”[5]“准备在最后一部分当中，将它添加到我的艺术概念中去。”[6]在这个记事本中，我们还能看到他对同龄人衰老的观察，或是他在

① P° 2 v°: 伏脱冷和鲁邦普雷，“鸡奸的《奥林匹奥忧伤》”（收入*CSB*, p. 274,《圣伯夫与巴尔扎克》；*RTP*, t. III, p. 437，参见十五人译本［四］441页），12, 12 v°, 以及古尔西（未来的夏吕斯，f° 43, 49 v°）。Proust y parle sans doute de lui-même : « Il voudrait et croit trouver des non-tantes, car emplissant son désir bizarre, de tout le désir naturel, croit avoir un désir naturel dont il peut retrouver l'échange hors de la pédérastie. »

② Ibid., p. 49.

③ Ibid., p. 58.

④ Ibid., p. 60.

⑤ Ibid., pp. 60–61.

⑥ Ibid., p. 101.

夏多布里昂等作家的书中读到的对衰老的描写[1]。这些札记不应作为日记来理解，而应视为小说构思的一个阶段。我们将在《重现的时光》中看到它的铺陈和展开。

为研究这些资料，我们应先看一眼普鲁斯特的书信，这封信的写作时间显然早于我们手头掌握的这批草稿；然后，我们再着手处理第三组资料，即1908年起写在练习簿上的草稿。1908年5月5日或6日，普鲁斯特给路易·德·阿尔布费拉写了一封信，实际上此信只涉及他在7月份称之为“已写篇章”的手稿的一部分：“我正在进行：关于贵族的研究[2]/一本巴黎风情小说[3]/关于圣伯夫和福楼拜的论述/关于妇女的论述/关于鸡奸的论述[4]（难以出版）/关于玻璃花窗的研究/关于墓石的研究/关于长篇小说的研究。”[5]这个清单并不表明普鲁斯特要同时写九本书，也不是说他有写九本书的计划，而是说，按照他习惯的工作方法，他围绕尚未形成一体的题材，正在写或已经写出了九个片段、章节或条目，现在的读者回过头去看，能从中发现作者倾注心血的许多重要主题，并且关于圣伯夫的论述已经列入计划。我们看到，就在这一时期，普鲁斯特一面奋力生活，一面投身写作，为写作而生活，为写作而尝试多种体验——他试图结识一个电报投递员[6]，追求一位原来并不认识的姑娘，在卡堡与年轻的姑娘、小伙频繁来往。

1908年夏在卡堡

普鲁斯特几经犹豫——他甚至梦想在俯视佛罗伦萨

① “衰老，拉罗兹，路易斯·贝涅尔，博尔热兹，萨拉，纳夫维尔。”（f° 3, p. 49）“您还能认出我吗？（衰老，普朗特维涅的衰老，《情感教育》的场面）。”（f° 10, p. 59）

② 与此同时，普鲁斯特给亨利·伯恩斯坦的剧本《以色列》提供了很多贵族的名字和头衔，这出戏将于10月在雷雅纳剧场上演（*Corr.*, t. VIII, p. 174）。

③ 正是为了写这部小说，普鲁斯特才想结识戈永小姐和路易·马厄；而为普鲁斯特提供了很多信息的马厄，在他看来“过于完美，毫无瑕疵，完全无法代表他的职业。他很像贝特朗·德·费纳龙”（ibid., p. 114, 1908年5月初）。马塞尔本想了解普通百姓的境况，不料却遇到了一位社交场中人！

④ 可能是那篇被罗贝尔·德雷福斯“禁止的文章”，随着它“逐渐明晰起来”，“最终更像是一篇短篇小说”（ibid., p. 123, 1908年5月16日）。

⑤ Ibid., pp. 112–113.

⑥ Ibid., pp. 98, 114；*RTP*, t. III, p. 832，参见十五人译本（五）321页，周译本（五）342页。他在吕西安·都德的小说《死路》中发现了同性恋的主题，想在《费加罗报》上对这部小说予以评介（*Corr.*, t. VIII, p. 176），此文未被《费加罗报》采纳，最终发表在1908年9月8日的《强硬报》上（*CSB*, pp. 550–552）。

的山上找一处房子——之后，续了奥斯曼大道上房子的租约，于7月18日前往卡堡，住进大旅社，随即卧床不起。饭店已经更换了服务人员和经理，改善了设施。马塞尔尽管抱怨饭店的住客中没有朋友可交（“没有一个人你能知道他是干什么的。有几个犹太‘房地产商’，算是这里高傲的贵族。”[①]）但坚信在附近能重新建立一个关系网。于是，7月，他宴请了路易莎·德·莫尔南和她的妹妹、外号“洛什”的拉齐维乌和他的情妇，以及另外几位年轻的贵族[②]。8月，他请到了米西娅·爱德华兹、塞尔特和福兰。他遇到喜歌剧院新的梅丽桑特扮演者玛姬·泰特，泰特在那儿举行了一次朗诵会。普鲁斯特前往桑园看望施特劳斯一家，遇到了他在那儿的朋友们（如埃尔维厄一家）；费纳利一家8月住在弗雷蒙别墅，马塞尔在那儿见到了比利、卡斯特拉纳老侯爵——“活脱脱一位坐在轮子上的洛赞公爵，可怜又可爱”[③]。这年夏天，普鲁斯特与亨利·伯恩斯坦来往密切，甚至借钱给他（这位剧作家堪称“赌棍”）偿还赌债，照着海滨沙龙的时髦说法，普鲁斯特对他说“您是我们所有人的国王”[④]；能有机会观察奥克塔夫原型之一的种种虚荣，肯定令他十分开心。普鲁斯特发现伯恩斯坦的“可笑之处”，但不是在其剧作中；他想到了自己，人很聪明，但“写作时不是这样”[⑤]。他又玩起与已订婚朋友的三角恋游戏，向伯恩斯坦宣布有一点点爱上了他的情妇缪拉亲王夫人[⑥]。这位女士闺名玛丽·德·罗昂，嫁给了吕西安·缪拉亲王，后来成为夏尔·德·尚布伦公爵夫人，她代表了十八世纪传统

① *Corr.*, t. VIII., p. 193.

② Ibid., p. 191.

③ Ibid., p. 210; 在布洛涅森林向斯万夫人打招呼的是安托万·德·卡斯特拉纳（1844—1917）。

④ Ibid., p. 209. Voir *RTP*, t. IV, p. 1105.

⑤ *Le Carnet de 1908*, p. 51.

⑥ *Corr.*, t. VIII, p. 185.

中的风趣优雅和机智[1]。在卡堡的海堤上，普鲁斯特与女演员吕西·热拉尔相遇，心中诗情汹涌，遂以印象派画家的笔调描述道："那是一个迷人的傍晚，夕阳只忘掉了一种颜色——粉色。而她的连衣裙恰好是粉色，远远地给橘红色的天空填上黄昏的补色。我伫立良久，望着这一小块粉红，一直看着它像一只欢快的帆船离我而去，最终融入遥远的天际，这时我才回到房间，结果着凉感冒了。"[2]还有一些少女吸引了他的目光，他以后每年夏天都会见到她们，她们当中有阿尔顿子爵（与阿尔弗雷德·德·缪塞的心上人艾梅·德·阿尔顿同族）的两个女儿[3]。这里还有一些年轻人，比如安德烈·富卡尔、皮埃尔·帕朗[4]、马克斯·戴罗[5]，普鲁斯特给他们写过情意绵绵的信[6]。特别是一位他在1907年就认识的年轻人马塞尔·普朗特维涅，这个小伙子每天都来看望普鲁斯特，直到有一天，一个女人在海堤上告诫他，要当心这位朋友的生活习性，而他没有反驳。马塞尔非常气愤，因而指责年轻人想"在背后捅他一刀"，"毁掉了一段本应非常美好的友情"，并提出与年轻人的父亲普朗特维涅先生决斗。最后误会终于解除，夏季结束之际，普鲁斯特还送给他一本《亚眠的圣经》，在赠言中说自己"领略到一个热情、深邃的灵魂具有的魅力"，称赞年轻人的才情"正逢花季"，并引用叙利·普吕多姆（"人世间所有的丁香都凋谢了"）、奥比涅、波德莱尔描写"花"的诗句[7]，这令人联想到他日后获得龚古尔文学奖的那部著作的书名"在如花少女的身旁"。《1908年记事本》中的一个片段可以证明，这群年

① A. de Fouquières, *Cinquante ans de panache, op. cit.*, pp. 66, 255. Cf. G. de Diesbach, p. 430, qui en donne un portrait fondé sur les souvenirs inédits de Ferdinand Bac, « panache en l'air, la jambe facile et le cœur sur la main ». G. Bernstein Gruber et G. Maurin croient à davantage « de complicité que de passion » (*op. cit.*, p. 82).

② *Corr.*, t. VIII, pp. 200–201. Cf. *Le Carnet de 1908*, p. 55："吕西·热拉尔构成的粉色块"，以及后文在大堤上遇到阿尔贝蒂娜、在阿尔斯蒂尔画室遇到少女们等场面的草稿。

③ Ibid., pp. 108-110，《缪塞》，这篇笔记的起因是《费加罗报》1910年1月12日发表的莱昂·塞谢的文章《阿尔弗雷德·德·缪塞的爱情》，以及随后几天刊登的缪塞写给艾梅的情书。

④ 帕朗（1883—1964）后来成为矿业总工程师，普鲁斯特在记事本中记录了他的言谈话语，后来放在了圣卢和阿尔贝蒂娜名下（*Le Carnet de 1908*, pp. 57, 65, 77, 99, 101. *Corr.*, t. VIII, p. 245, n. 9）。

⑤ （1884—1954），矿业工程师；他家租用了卡堡的苏珊别墅。

⑥ Ibid., p. 234："我那时给您写了一封情意绵绵的信……"他还记载："当地最好的朋友，普朗特维涅·富卡尔。"（*Le Carnet de 1908*, p. 54）

⑦ 赠送《亚眠的圣经》的题词："致马塞尔·普朗特维涅……9月一个忧伤的夜晚，电影木偶戏即将开演之时。"（*Corr.*, t. VIII, p. 222）普朗特维涅应是奥克塔夫的原型之一。

轻人就是他关于“共有爱情”主题——爱情在几位花季少年之间游移不定——的灵感之源。

这个夏季里，他在记事本上留下了关于卡堡的札记。他仿佛重返在埃维昂住过的房间：里面有“方形的镜子”，陌生的房间让他极不自在，还散发出潮湿、幽闭的气味，地上铺着地毯，他一边穿衣服一边在上面走动，阳光照在宽阔的大理石地面和威尼斯式的大帘帷上。他想起在贝格–梅伊的哈里森，他没有见过哈里森的任何作品，但认识画家本人让他很激动。在饭店里，他注意到时髦人士都有自己封闭的小圈子，高贵的人并不在乎别人不认识自己。除此之外，他为自己的小说草拟了一段爱情故事，这是在埃尔斯蒂尔画室发现少女们这一情节的雏形。他观看了歌剧《维特》，受这出歌剧（以及卡堡当地的吉卜赛乐队）的启发，他以形象的比喻描写音乐：“一个乐句在一个曲目中首次出现，如同一个不被观众注意的配角，如同在滚滚波涛中现身的仙女。”[①]他重新拾起《月刊》和《欢乐与时日》中的一个主题，注意到“轻音乐给人庸俗的感官享受，丰裕而单调”[②]。最后是离别的惆怅，“最后几个雨天里，我们待在游乐场，依依不舍”。

① *Le Carnet de 1908*, p. 58 (cf. p. 57：“我们希望同一个乐句会回转来，它回来了，但对我们产生的效果不如第一次。”)；Cahier 27, f° 48–50.

② Ibid., pp. 53–56, 58.

1908年秋在凡尔赛

普鲁斯特得知朋友洛里斯出了车祸，十分焦急，乘上阿戈斯蒂耐利[③]驾驶的出租车赶到凡尔赛。他住进蓄水池饭店，之后病得很重（如同他舅舅乔治病危时那样）。

③ 他将在凡尔赛住一段时间(*Corr.*, t. VIII, p. 258)。

9月28日，他来到巴黎看望洛里斯，当晚，与普朗特维涅外加四个在卡堡熟识的年轻人一起前往综艺剧场，观看弗莱尔与卡雅维合作编剧的《国王》①。10月初，他想继续夏天的快乐日子，设晚宴让普朗特维涅结识阿尔布费拉、加布里埃尔·德·拉罗什富科和拉齐维乌②，还邀请马克斯·戴罗在饭店的房间里共进晚餐③。毫无疑问，正是这位“聪明绝顶的”普朗特维涅最让他放不下，他请求弗莱尔赠给普朗特维涅一本《国王》（“因为他是我的朋友，你若能为了我写上几句好话，我会非常感激和高兴”④），打发他去看望洛里斯⑤；当普朗特维涅去伦敦时，又介绍他去见安托万·比贝斯科和阿尔布费拉。空闲时，他与尼古拉·科坦、阿戈斯蒂耐利玩多米诺牌。我们知道，马塞尔一直格外喜欢简单的游戏。他时常来巴黎看望洛里斯，每次都要大病一场，他自己认为这是由于两地海拔高度不同！不过，鉴于与阿尔布费拉来往时得出的教训，他在感情表达上保持分寸：“唉，这些人真是狠心，而且丝毫不理解我，所以很多话我几乎不敢说出来，生怕别人又产生种种曲解和疑问。”⑥11月3日或4日，他返回巴黎。

在凡尔赛居住期间，他继续写札记。他记录下“寒冷而晴朗的日子里，阳光透过赤裸的红棕色树枝，不时地使墙面呈现斑驳陆离的魔幻色彩”；记下了田野中的火车汽笛声，如同在伊利耶一样。他还记下了饭店里通往“浴室的台阶”，地毯上的白色花朵与“墙面上精美的白花相呼应”，“房间里好像漏水了，散发着一股气味，一进房

① Ibid., p. 241，致罗贝尔·德·弗莱尔：“这对我来说真是一场美妙的陶醉。”M. Plantevignes, *op. cit.*, pp. 251–254。

② *Corr.*, t. VIII, p. 227.

③ Ibid., p. 234. 他在信中对洛里斯说：“我与一位新结识的亲密女友以及新结交的年轻朋友，有过不少小小的快乐。”（10月7日？p. 237）

④ Ibid., p. 240.

⑤ 在普鲁斯特的特殊友情中，乔治·德·洛里斯接替了阿尔布费拉，在写作《驳圣伯夫》期间，他是普鲁斯特无话不谈的密友。不过到了1909年秋，普鲁斯特责备他使自己远离了费纳龙：“我生活中主要的友情是您，他是第二位的。假如他对于您与我之间友情的破坏与您对于我与他之间友情的破坏一样大，那么我对他的怨恨就会与曾对您长期存有但如今已经消散的怨恨一样大。”（ibid., t. IX, p. 192）

⑥ Ibid., t. VIII, p. 239.

间就能看到花瓶里的甜叶菊”。“香皂的气味（它一直保存着往日在迷人的大海之滨度假时清晨的气息），床的香味，以及给他留下深刻印象的房间的样子”[1]，都将出现在《追忆》当中[2]。这些细节，他将用在《索多姆》中对蒙莫朗西夫人府邸的描写上[3]。蓄水池饭店的各个房间令普鲁斯特联想到“乡间贵族的客厅”；他细心地刻画那里的细木护壁、家具甚至镶木地板，以及玛丽·安托瓦奈特的陶制半身像；他感觉到类似来自城堡的冷风，“城堡里有园林和田野的冷，令人精神抖擞”[4]，并且认为，“恢复蓄水池饭店的近卫骑兵大厅将是很有意义的”。他的札记里还有关于夏多布里昂的内容，他将把夏多布里昂视为导师和兄长，其中有一条提示是“夏多布里昂与我”。当时《巴黎评论》杂志上有一篇文章，讲了夏多布里昂与一个英国女人的故事[5]：他在流亡期间爱上了年轻的夏洛特·艾夫斯，后来在他出使英国时，她来看他，问道：“先生，您还认得我吗？”普鲁斯特把这一场面，与《情感教育》中阿尔努夫人和弗雷德里克告别的场面加以对比。《重现的时光》开头希尔贝特与叙事者最后一次会面的场景，也可能就来源于此，它表现的是无法追溯的时间和已经失去的爱情造成的痛苦。

普鲁斯特再次燃起对投机的狂热，他告诉阿尔布费拉，自己卖出了大量股票（可能是持有这些股票让他厌烦），而且还想继续投资：“你……是否知道哪些股票很可靠并且有很好的收益；或者，哪些股票收益更好但可靠性差一些；以及，哪些股票值得冒险投机？”[6]他承

① *Le Carnet de 1908*, p. 60.

② 例如《索多姆》中巴尔贝克大旅社里的香皂。

③ *RTP*, t. III , p. 147，参见十五人译本（四）146页。

④ *Le Carnet de 1908*, p. 64, fº 13 ; 62, fº 12.

⑤ A. Le Braz, 1908年9月15日，“在夏多布里昂流放的国度”。

⑥ *Corr.*, t. VIII, p. 243, 1908年10月。

认，同样的问题还问过银行家朗贝尔（通过哈恩）、莱昂·富尔德、经济学家乔治·莱维、罗斯柴尔德银行行长居斯塔夫·诺伊伯格及部门主任莱昂·诺伊伯格（1840—1932）。其实他在卡堡期间[1]，就咨询过沃伯格银行驻巴黎代表、莱昂·诺伊伯格的外甥利奥奈尔·奥塞尔（1868—1958），莱昂责成利奥奈尔给普鲁斯特当顾问，因此，他在上述每家银行都开设了账户。奥塞尔是马塞尔的表亲，与他的通信持续了很多年，时常对马塞尔的做法表示不同意见[2]。卖出奥斯曼大道102号房产的钱已经买了美国的股票，马塞尔想把这批股票连同里约·丹拓、戴比尔斯、维希（“我们财富当中最古老、最可靠的部分，是奥特伊的外叔公留给我们的”）的股票一同出让。他属于在股价上升时买入、股价下降时卖出的那种散户。出手上述股票要买入什么呢？“有人跟我说起土耳其的、塞尔维亚的、奥斯曼银行的股票”，亨利·德·罗斯柴尔德则（正确地）向他推荐荷兰石油股[3]。马塞尔的问题，不在于他没有这个能力，而在于他的性格特点。他出手股票是因为厌烦特别是出于担忧，买入则是因为好玩，冒险投机能把他的注意力从每天繁重的工作中暂时转移开来：他越投入工作，股市（夏天时则是赌场）对他的吸引力就越大。股票的名称本身，比如“朗德松木”“墨西哥铁路”“澳大利亚金矿”“坦噶尼喀铁路”[4]等等，在他看来无不诗意盎然，于是，他就在想象的旅行中，征服了他永远都无法亲眼看见的地方。当他沉浸在地名的无限遐想时，股票行情便同列车时刻表融为一体。

① Ibid., pp. 213-217, 1908年9月10日前后。

② 关于拉普拉塔银行：“我请求你，不要让我成为你的同党，在这类股票上投钱。”（1908年12月2日）

③ 大概是荷兰王家石油公司的股票。

④ *Corr.*, t. VIII, p. 252. Cf. p. 260, 在这封信里，他问施特劳斯夫人是否有澳大利亚金矿、坦噶尼喀、里约热内卢的“轨道、照明与动力”、哈彭纳煤矿公司和北方电报公司的股票。Cf. p. 266 *sq.*, 从他11月1日给利奥内尔·奥塞尔的买卖指令和奥塞尔的回复中，可以看出，普鲁斯特出售奥斯曼大道房产而购买的股票被保留了下来（p. 274）。铁道公司的股票对他有特别的吸引力，如罗萨里奥至贝尔格拉诺港的铁路（实际上就是“南太平洋铁路”）、布宜诺思艾利斯“轨道、照明与动力”公司（ibid., t. IX, p. 77）。

《驳圣伯夫》（1908年年底—1909年）

1908年11月6日，普鲁斯特致信施特劳斯夫人，阐述自己关于语言和风格的理论，他极少在信中涉及这一题材，因此这一理论更显重要[①]。他在信中抨击《巴黎评论》杂志负责人冈达拉文章中的俗套（也就是他与吕西安·都德过去嘲笑过的“斜眼症”）：“为什么‘心有所动’一定会‘秘而不宣’，‘和善’必然是‘微笑的’，‘悲悼’非‘惨痛’不可呢？以这种方式写作并不是在捍卫法兰西语言，只有向法兰西语言（如同德雷福斯事件期间的法国军队）发起“进攻”的人，才是它真正的捍卫者。认为世上有一种法语，它独立于作家而存在并需要得到保护，这种观念前所未有。每个作家都必须创造自己的语言，就像每一个小提琴家都要奏出自己的‘音’。比如演奏同一个音符，在平庸的小提琴家奏出的音与蒂博[②]奏出的音之间，有一个无穷小的差距，但它是整个世界！……捍卫法兰西语言的唯一方式，是向它发起攻击……它的统一性只能体现在被消弭的对立面之上，体现在一个稳定的外表之上，而这个稳定的外表隐藏着一个蓬勃向上、永不休止的生命。”因此，必须用有别于昔日作家的方式使用语言，必须跳出古典法语的藩篱。普鲁斯特已经义无反顾地投入创作，他深深地感到，需要发明一种新颖的语言，创造一种独一无二的句子，开拓一种别致而优美的语法，“因为只有那些能突出我们的选择、趣味、疑虑、欲望和弱点的东西，才可能是美的”。

① Ibid., t. VIII, pp. 276–278.

② 《追忆》中曾提及此人，*RTP*, t. III, pp. 563, 791，参见十五人译本（五）48、280页，周译本（五）50、295页。普鲁斯特听过他演奏福雷和弗兰克。

1908年11月是一个重要的转折，普鲁斯特开始写《驳圣伯夫》，从此再没有停笔。实际上，11月8日这天，他在给乔治·德·洛里斯的信中留下了一首歌颂劳作的赞歌："您，您拥有光明，您将拥有多年的光明，那就努力工作吧。即使遭遇挫折，我们也能得到安慰，因为真正的生命在别处，它既不在生命本身，也不在生命之后，而是在生命之外，假如一个空间术语在摆脱空间限制的世界里还有意义的话。"①此外，12月初，他又在信中写道："我是否跟您谈起过圣约翰的一个思想——趁着光明就要劳作不息！因为我不再有光明，所以必须开始工作。"②在编辑《1908年记事本》时，菲利浦·科尔布把普鲁斯特在记事本上为批评圣伯夫所作的札记，以及写在草稿页上作为记事本补充的札记（即国家图书馆装订成册的草稿页③），均标记为1908年11月。但实际上，普鲁斯特在很久之前就重读了圣伯夫④。最后，他在12月写信给洛里斯："您能否给我一个建议？我想写一点关于圣伯夫的东西。目前可以说有了两篇文章（准备投给杂志）的腹稿：一篇是传统的形式，类似丹纳的论著，当然水平没法跟他比；另一篇会以一个发生在上午的故事开头，妈妈来到我的床边，我跟她谈起正在准备写的一篇关于圣伯夫的文章，然后我将向她展开介绍文章的内容。您觉得哪一种更好呢？"⑤同一时期，他也问过诺阿耶夫人类似的问题，说自己正在准备一篇"研究"、一部"论著"⑥。熟悉普鲁斯特习惯的人会认为，假如他不是倾向于小说形式的

① *Corr.*, t. VIII, p. 286. 约翰福音第十二章，35节。见"Proust 45" f° 15 r°, *CSB*, p. 219, 有同样的想法。

② *Corr.*, t. VIII, p. 316.

③ « Proust 45 » (N. a. fr. 16636). 由此可见，1908年11月有一处关于股票的暗示出现在关于圣伯夫的札记中间（f° 15, p. 67）。

④ 例如，1908年5月，他谈到《新星期一丛谈》中关于施特劳斯夫人的父亲弗罗芒塔尔·阿莱维的一篇文章（1862年4月17日，t. II, pp. 227–246）。而且，这年年初，为了写他的仿作，他也重读了圣伯夫（*Le Carnet de 1908*, pp. 128–131）。

⑤ Ibid., p. 320.

⑥ Ibid., pp. 320–321.

话，他就不会提出这个问题。文章，人人都能写，但一部关于圣伯夫的长篇小说，将是独出心裁的大胆尝试，因为其中既有自传的部分（母亲在场），也有理论的部分。洛里斯给他回信（我们不掌握这封信），想必是向他建议写成“文章”为好，普鲁斯特答道：“谢谢您的建议，这正合我意。但我会听从这个建议吗？也许不会，个中理由您一定会赞成。让我烦恼的是，我已经开始忘记了之前关于圣伯夫的腹稿，因为不能起床，无法把它写在纸上。但如果必须打四次腹稿（因为去年已经有一次了），那就次数太多了。”[①]他所说的上一年，既可能是上一个学期即1908年春季，也可能指1907年7月，即前文所说保罗·布尔热在《费加罗报》发表《夏尔·德·斯普尔贝什·德·洛文朱尔》之时，这是他关注圣伯夫的真正起点[②]。这样一来，普鲁斯特就承认了实际写出来的东西超出了当初所说的范畴。此外，他“在这段时间买了许多书，特别是圣伯夫的所有著作”[③]，同时还重读圣西门，这是他十分重要的消遣。他之所以说自己主要关注其中的家谱，是因为他心中所想的是自己书中描写贵族的章节[④]。

下面我们要谈的就是关于《驳圣伯夫》写作计划的第三组资料。这组资料是一些练习簿[⑤]，这是写作过程中最为重要的步骤。在接近1908年年底（我们无从确知具体日期）的某一天，普鲁斯特派人去买小学生用的一种练习簿[⑥]，很可能是成批买下的（他写《驳圣伯夫》就用掉了十本，在国家图书馆保存的有九十五本，塞莱斯特说她遵

① Ibid., p. 323, 1908年12月中的信。

② *CSB*, pp. 218–220. 我们不掌握任何可以确定写于1907年的纸张；不过，普鲁斯特完全有可能开始考虑写作计划而不立即形诸笔墨，比如在上一章末尾我们谈到的致阿莱维的那封信所暗示的。

③ *Corr.*, t. VIII, p. 324 ; cf. p. 326：“还有全套的夏多布里昂。”这使他得以写出一篇仿作，这篇仿作最早就记录在《1908年记事本》当中（*Le Carnet de 1908*, pp. 127–128）。

④ Ibid., p. 331.

⑤ 此外还要加上撕下的散页、很多“纸卷”、打印稿和校样。对文本生成过程的研究，引导我们引用这些资料，另外“七星文库”版《追忆似水年华》也辑印了这些资料的主要部分；已经编号的资料，我们在引用时均予以标明。另请参看*RTP*, t. I, Florence Callu关于国家图书馆普鲁斯特专藏的说明（p. cxlv）。

⑥ 苏齐·芒特－普鲁斯特指出：“马塞尔用来写作的练习簿，就是孔多塞中学学生用的那种。”（Claude Francis et Fernande Gonthier, *Marcel Proust et les siens* suivi des *Souvenirs de S. Mante-Proust*, Plon, 1981, p. 207）。

照主人的吩咐烧掉了三十二本），这一天，普鲁斯特的写作发生了本质的飞跃。此前在散页纸上写作时，无论是写小说还是写论说文，他都没有把握会一直写下去，不确信自己有很多东西要写，也拿不准如何组织材料；而大量购买练习簿则表明，他有一个长期的或庞大的写作规划，无能为力的感觉已经烟消云散。庞大的写作计划还与童年发生了关联：当代最伟大的作家，突然之间变成了父母的乖孩子，变成了在练习簿上写字的小学生。到1909年8月，普鲁斯特已经写满了十本练习簿（其实过去很长时间大家都认为他写了七本，现在学界一致认为应该是十本[①]）。在编辑“七星文库”版《追忆似水年华》（1987—1989年出版）的过程中，我们将《驳圣伯夫》视为《追忆》的第一稿，所以在各卷的“草稿”部分刊出了其中的大量内容。这批手写稿的总量接近七百页，其中有很多交叠、重出的部分，但首尾连贯、完整或定型的状态始终没有出现，而都是一些彼此不相关联的单元。假如我们摒弃贝尔纳·德·法卢瓦那种诱人的编排方法，假如我们不满足于皮埃尔·克拉拉克用随意抽出的批评性章节编成的1971年版本，那么如何才能正确地编排这部手稿呢？前一种方法忠实于普鲁斯特的写作规划，全盘接受小说与批评分析融为一体的形式，但对文本进行了削删或混合，并没有刊出全部内容；后一种方法在文本的选择编排上非常谨慎，但仅限于规划中的论说部分。

由于文本缺乏连贯性，所以为慎重起见，应仔细研究

① 继Henri Bonnet与Maurice Bardèche之后，在“驳圣伯夫”练习簿整理工作中成果最显著的是Claudine Quémar的研究。Voir Cl. Quémar, « Autour de trois "avant-textes"de l'"Ouverture" de la *Recherche* : nouvelles approches des problèmes du *Contre Sainte-Beuve* », *Bulletin d'informations proustiennes*, n° 3, 1976, et le n° 9 du même *Bulletin*, 1979, qui dresse l'inventaire des dix cahiers.

普鲁斯特1909年8月中旬写给法兰西信使出版社负责人阿尔弗雷德·瓦莱特的信。从某种程度上说，这是他对这部著作唯一一次较为正式的说明："我完成了一部书稿，尽管书名暂定为'驳圣伯夫——一个上午的回忆'，但这是一部真正的长篇小说，一部在某些部分含有极端下流成分的长篇小说。它的主要人物之一是个同性恋者……圣伯夫的名字不是偶然出现的。书的结尾是一大段关于圣伯夫、关于美学的谈话（也可以说，如同《西尔薇》以通俗歌曲研究作结），读完小说，读者会发现——我希望如此——整部小说只是其最后所阐述的艺术原则的具体体现，也可以说，这最后的部分是放在小说末尾的一篇序言……书里写了很多事件以及时隔多年之后事件之间的相互映衬，这一点只能通过很长的篇幅才能显现出来。长话短说，您能否从10月1日或15日那一期开始直到明年1月，在每期《法兰西信使》杂志上为我留下三十页（或更多，总之多多益善）的版面？总的篇幅大约在二百五十页至三百页之间，这样的话，小说部分即可全部刊登完毕，剩下的关于圣伯夫的长篇谈话、评论等等，只好等出书时再说，书的篇幅大约与《双情妇》（四百二十五页）相当，如果您同意，就在您这儿出版。"[1]普鲁斯特提议把小说部分和批评的部分并列起来，把故事（其特征是有人物和事件，是纯洁与低俗的混合体）与论述（关于圣伯夫和文学批评）并列起来。另外他还强调了两个至关重要的要素：事件是以回顾的方式讲述的，一个当前的事件引出一个过去的事

① 马塞尔·普鲁斯特致阿尔弗雷德·瓦莱特的信（publiée par F. Callu, *Bulletin de la Bibliothèque nationale*, mars 1980, pp. 12–14 ; *Corr.*, t. IX, pp. 155–157）。普鲁斯特指的是雷尼耶的小说，这部小说是瓦莱特出版的。

件；美学结论是从叙述中自然而然得出的，故事的叙述是美学理论的具体实践。最后，同性恋被定为作品的主要主题之一，这一点普鲁斯特每次都将非常明确地向可能的出版者指出来：实际上，他无法想象，除了书稿伤风败德的原因之外，出版方会出于其他原因拒绝书稿。瓦莱特此前已经拒绝普鲁斯特的仿作和另外一个集子，几天之后，在没有读过《驳圣伯夫》书稿的情况下，再度回绝了他的建议[1]。但无论如何，从此之后，关于作品的小说性质，关于当前与过去并列的时间结构，关于结论（这是《让·桑特伊》所没有的）的性质，包括书中要有同性恋的主题，普鲁斯特再也没有改变过主意。正是因为有了上述想法，此后再也没有任何东西能够阻止他，面对他人的拒绝和自己的疾病，他始终十分坚定。因此，把与《驳圣伯夫》有关的练习簿内容进行概括总结，将是十分有益的。

普鲁斯特总是先写出一个个片段，而且这些片段相互交叠、相互重复、相互更正、相互补充。这十本关于“圣伯夫”的练习簿当中[2]，没有一本是完整的一体，没有一本完完全全属于论述的部分或是小说的部分，而都是两种类型片段的并列。比如练习簿5，从正面翻看，按顺序先后是：一段对雷尼耶的模仿（1909年3月6日刊于《费加罗报》）、一个关于睡眠的片段、一段对《西尔薇》的研究[3]、一段对弗朗索瓦丝的肖像描写、一段对“伯爵”和“伯爵夫人”的肖像描写、一个关于居斯塔夫·莫罗的片段、几页关于帕多瓦之行和乔托壁画的文字、一段对盖尔

① Voir *Corr.*, t. IX, p. 161.

② 按国家图书馆的编号，是练习簿1—7、31、36和51；按C. Quémar建议的编号（*Bulletin d'informations proustiennes*, nº 3, 1976），是练习簿3、2、5、1、4、31、6、7、36和51；按吉田诚（Jo Yoshida, éd. *RTP*, Bibl. de la Pléiade, 1987–1989）的编号，则是3、2、5、1、4、31、36、7、6和51。

③ 以《1908年记事本》中的札记（64—66页）为基础写成的。

芒特家族的肖像描写[1]。再看背面：有好几个关于睡眠的片段，还有四页写的是弗朗索瓦丝[2]。应该看到，尽管普鲁斯特尚未像剪辑电影那样把这些段落拼接起来，他可能已经做好了相关准备，假如瓦莱特接受了他的写作计划，他甚至有可能已经开始写作更早一稿的《贡布雷》，因为他曾在信中对瓦莱特表示："我可以用几天的时间为您把前一百页抄清，甚至可以用打字机打印出来。"[3]信的后续部分告诉我们，写在练习簿51上面的几个"有伤风化"的段落也可以抄清，但它的文字"尚未完全定稿"，这就说明，在普鲁斯特真正开始《追忆似水年华》的创作之时，他还没有把关于同性恋的章节纳入小说。

通过从这数百页手稿中逐步爬梳整理出来的各个主题，再参照《1908年记事本》、通信以及手稿散页，我们可以看出《驳圣伯夫》的大体情节。主人公即小说中的"我"无法入睡，等着天明，也等着母亲[4]。此时他回忆起两个不同的地方，一处是乡村，即贡布雷，这是他度过童年的地方，睡前索吻、在方向相反的两条路上愉快地散步、与斯万相遇等情节即发生在此地；另一处是凯尔克维尔海滨，这是巴尔贝克最初的名字，他与外婆、维尔巴里西斯夫人等人曾住在那儿的饭店里，与蒙达尔吉（未来的圣卢）成为好友。醒来时，叙事者的母亲给他拿来报纸，上面刊登着他的文章。他听见街上的喧闹声，目不转睛地看着阳台上的阳光，他想起了与母亲一起逛威尼斯。在他此时生活的巴黎还住着盖尔芒特一家，由于他们读巴尔扎克的小

① 1909年5月23日，他询问洛里斯，盖尔芒特这个姓氏是否属于他们的朋友弗朗索瓦·德·帕里斯家族，或者，"这个姓氏是否已经湮灭，是否可供作家使用"（*Corr.*, t. IX, p. 102 ; cf. p. 107 et n. 2 ; 最后一位盖尔芒特公爵死于1800年）。

② 想全面了解整个文本发掘过程的读者，可参考"七星文库"版《追忆似水年华》（1987—1989）中Florence Callu关于"国家图书馆普鲁斯特专藏"的说明，以及位于各卷注释之前的说明。

③ Lettre citée, *Bulletin de la Bibliothèque nationale*, pp. 12–13.

④ 这个题材对他至关重要，每次在他人的作品中遇到这一题材他都特别关注，比如他在雅卢的一部小说中，特别喜欢"最后一个夜晚，孩子在等待自己的母亲"这一情节（*Corr.*, t. IX, p. 32, 1909年2月）。

说而与巴尔扎克产生关联，叙事者与母亲谈起盖尔芒特。主人公爱上了住在院子最里面的公爵夫人，斯万则爱上了索尼娅。读者会看到一群少女，她们撩拨起爱的欲望[①]，确切的人物有这么几个：皮克皮斯男爵夫人的贴身女仆、德·甘贝莱或德·科代朗小姐、潘松维尔的一个农家姑娘。读者还会看到维尔迪兰小集团，集团里已经有了钢琴家、医生和交际花。画家形象是以惠斯勒、维亚尔和埃勒为蓝本塑造的[②]；这位画家的第一种创作手法类似于居斯塔夫·莫罗。盖尔西侯爵（未来的夏吕斯）就是普鲁斯特与瓦莱特说起过的“同性恋者”，他向我们揭示了同性恋这一“被诅咒的族群”，加入这一族群的还有一个花店店主博尔尼什，他是侯爵追求的对象。整部书将以主人公与母亲关于圣伯夫及其他作家（包括巴尔扎克、波德莱尔、奈瓦尔）的谈话结尾；这起谈话可能将散布在各练习簿中有关美学的段落全部集中在一起。但是，由于圣伯夫只在结尾部分出现，所以我们认为，假如在1909年春夏，普鲁斯特能够按计划把书稿中如今成为《追忆似水年华》的前半部分一气呵成，那么计划中的论说部分将有可能无疾而终。圣伯夫有可能成为一个陪衬、一个中介——普鲁斯特一直需要这样一个中介，哪怕到最后要向他宣战，而后让他消失，如同罗斯金那样不见踪影。圣伯夫此后分身为小说中的好几个人物：维尔巴里西斯、布洛克、诺布瓦（他就德雷福斯事件对布洛克所说的那番话，与普鲁斯特对圣伯夫的那篇仿作在风格上如出一辙）、叙事者本人（比如

① 3月，普鲁斯特赞扬波尔托－里什的剧作《往昔》，这不是偶然的。该剧（1897年在奥德翁剧场演出，1902年在法国剧场演出）的女主人公在八年之后与从前引诱她、令她痛苦而最终抛弃她的男子重逢；肉体之爱是此剧的主要主题，剧中有一位画家、一位作曲家和一位小说家。1909年3月20日，普鲁斯特给作者写信（*Corr.*, t. IX, p. 67）说：“对一位艺术家来说，其幸福唯一令人艳羡的地方便是把他所牵涉的最特别、最深邃的东西赋予一个永恒的生命。”

② 关于埃勒，普鲁斯特写道（ibid., t. IX, p. 163, 致施特劳斯夫人），“即便在体貌上，他也很有魅力”，接着称赞他“在巴黎的居所”和“高雅的审美趣味”，“他具备真正艺术家那种很质朴的天性”。关于这位画家，见J. Bersani et Cl. Quémar, « M. Proust le peintre », *Cahiers critiques de la littérature*, été 1977, pp. 7–19 (éd. d'un fragment du Cahier 28)。

叙事者有时对艺术家其人及生平显得十分好奇）。

上述手稿中的部分残余乃至雄伟的“废墟”，出现在普鲁斯特生命最后阶段发表的文章和序言当中，比如《关于福楼拜的“风格”》《关于波德莱尔》[1]，以及为雅克-埃米尔·布朗什《从大卫到德加》、保罗·莫朗《温柔的存储》所作的序言[2]。另外，《追忆似水年华》当中有十几处直接谈到圣伯夫的风格和见解，谈到他对沙龙的刻画（但他与普鲁斯特不同，不懂得让这些沙龙彼此之间有所区别）。其中篇幅最长的一处出现在《失踪的阿尔贝蒂娜》当中，直接取自普鲁斯特在1908—1909年间所写的一段故事，故事的内容是叙事者读他在《费加罗报》上发表的文章，并涉及《星期一丛谈》的读者。报上文章的弱点在于，它的成功与否取决于读者的反应，而不仅仅取决于作者的思想，但读者并不都是艺术家。“比如每到星期一，圣伯夫就可以想象布瓦涅夫人躺在那张四角有高大圆柱的床上，阅读他发表在《立宪报》上的文章，欣赏其中某个优美的句子，这个句子他自己也为之得意很久，但若不是他认为要扩大专栏的影响就非得往文章里塞进这样的句子不可，也许这句话永远也不会让读者看到。”[3]虽说《失踪的阿尔贝蒂娜》这一段令人想起普鲁斯特最初构思的情节，即阅读报上文章的场景，但不要忘记，这个场景原先所写的并不是《星期一丛谈》的作者。我们在下文中还将看到，《追忆》中很多与房间、记忆活动有关的段落和故事情节，都与《驳圣伯夫》最初的草稿有对应关系。

① 在此文中我们会看到雨果《沉睡的阿波斯》一诗中的诗句，普鲁斯特1909年2月曾寻找诗句的出处(*Corr.*, t. IX, p. 41；*CSB*, p. 619)。

② 这些文章收入*Essais et articles*, *CSB*, pp. 570–639。

③ 《失踪的阿尔贝蒂娜》，*RTP*, t. IV。*CSB*, p. 227，我们可以看到这一段落的第一稿，这一稿已经与最终稿很接近了。

最后，说到美学理论的部分，无论如何，普鲁斯特生前已经想把这一部分弃置一旁，正如《驳圣伯夫》一书中在《圣伯夫的方法》[1]标题（此标题系编者所加）下辑录的手稿片段的开头所说："我已经进入这样一个时期，或者说，我处于这样一种困境，在此情形下，人们会担心极欲诉说之事……根本无法一吐为快。"[2]紧接着，普鲁斯特亮出对美学理论部分的写作设想，表明他的思考范围已经超出圣伯夫本人："更重要的是，我感到这样一来，关于圣伯夫，或者关于他引起的话题而不是他本人，我也许能说出一些很有分量的东西。我同时感到，若依据我的看法指出圣伯夫作为作家和批评家究竟犯了哪些错误，那么，关于批评应该怎样，艺术又当如何，我也许就能说出我经常思考的见解。"[3]关于美学的这个部分后来主要体现在《重现的时光》当中，不过经过演绎、深化，几乎面目全非；它还体现在遍布全书的对巴尔扎克、波德莱尔的明征暗引之中，体现在小说最后一部的一个重要段落当中：叙事者要为自己的写作事业找到担保人和引荐人，他运用回忆把夏多布里昂、奈瓦尔和波德莱尔集合在一处。

① 这一标题，莱昂·塞谢曾在其专著（*Sainte-Beuve, op., cit*）中使用过。普鲁斯特还读过塞谢的《阿尔弗雷德·德·缪塞》（Mercure de France, 1907, 2 vol.）并加以引用（*Corr.*, t. IX, p. 172）。毫无疑问，在写作《驳圣伯夫》之际，他会参考十九世纪的文学作品，包括艰深的专著。

② *CSB*, p. 219.参见《驳圣伯夫》，王道乾译本69页，沈志明译本57页。

③ Ibid.中译本参考页码同上。

1909年初的这段时间，普鲁斯特经常说自己病得很重，他每年在药物上的花费高达六千法郎[4]。3月，他读了一段《约翰–克利斯朵夫》，这促使他撰文批驳罗曼·罗兰[5]。5月6日，莫奈开始在迪朗–吕埃尔画廊举行大型主题展览《睡莲》，普鲁斯特对此很感兴趣，此时他正好在练习簿中开始写到一位画家[6]。6月底，他完成了一篇模仿

④ 相当于1990年的12万法郎。*Corr.*, t. IX, p. 50, 利奥内尔·奥塞尔的信。

⑤ Ibid., p. 10 et *CSB*. pp. 306–308.

⑥ 《1908年记事本》中关于哈里森的札记之后。

罗斯金的文章《野猪的祝福》，同时他以写作一些短篇仿作送给朋友为乐（如6月底，他写信告诉德雷福斯，为他写了一篇模仿保罗·亚当《托拉斯》的短文[①]）。同一封信还证明，塞莱斯特·莫加多尔是奥黛特的原型之一（并且是女扮男装的，即埃尔斯蒂尔所画的奥黛特）。普鲁斯特在信中还说，德雷福斯提及在穆西城堡演出杂耍剧的夏尔·哈斯，让他“泪流满面”。6月29日，他与埃马纽埃尔·比贝斯科一同参加勒迈尔夫人的晚会（他写信告诉哈恩，勒迈尔夫人不会喜欢自己关于圣伯夫的小说），随后，他极欲参加舞会以便在作品中描写相应的场景，因此出席了勒博迪夫人举办的一场舞会[②]。7月12日，他给赛莉纳·科坦写了一张便条，感谢她做的胡萝卜牛肉冻，这道菜将成为小说中弗朗索瓦丝的杰作[③]。

进入8月，马塞尔发了一场高烧，除了未能及时治好的牙龈脓肿之外，看不出有什么其他原因，医生建议他换换空气[④]。直到此时，他一直不愿意在完成书稿的“第一部分”之前离开巴黎[⑤]。不过这一次，似乎是为了避免每次外出之前的焦虑，他突然在8月14日前后动身去了卡堡，因为在此处他才能“呼吸得顺畅一些”。正在这时，马塞尔收到了瓦莱特拒绝出版《驳圣伯夫》的信件，他甚至都没要求读一下书稿[⑥]。在饭店里，他受不了潮湿的房间，前后调换了好几次，曾经住到五楼（最高一层），旁边有个小院子，尼古拉·科坦睡在院子的另一

① *Corr.*, t. IX, p. 118.

② Ibid., p. 122.

③ Ibid., p. 139：“我希望我今晚要做的事与您一样成功，我希望我的文笔像您做的肉冻一样，那么光鲜、那么清澈、那么坚实，我希望我的思想像您做的胡萝卜一样美味，像您做的肉一样爽口和富有营养。”普鲁斯特很多地位显赫的朋友都把他的书信毁掉了，他的厨娘却把信保留了下来，让我们向她致敬！自此以后，马塞尔的通信中充斥着有关他小说的暗示，个中秘密只有他本人了解。例如：“我如此喜爱这片森林，却无法把它画下来。”（ibid., p. 151）塔列朗的句子“应该做一个想象出来的健康人”（ibid., p. 172, 以及 *RTP*, t. II, p. 602，参见十五人译本［三］303）；芦笋，“我喜爱的蔬菜”（*Corr.*, t. IX, p. 232），它被弗朗索瓦丝放在贡布雷的菜谱里，被埃尔斯蒂尔描绘在画布上；以及“甘贝莱、阿方桥”（ibid., p. 242, et *RTP*, t. I）。

④ *Corr.*, t. IX, p. 150.

⑤ Ibid., p. 154. 不过此时他对瓦莱特说这本书“已经写完”（ibid., p. 155）。他在8月16日前后致信施特劳斯夫人：“虽说所有内容都写出来了，但还有很多东西要重新整理。”

⑥“……它有可能永远无法出版。”可怜的马塞尔写信给洛里斯说。同时他已经考虑请求卡尔梅特帮忙，另找一家出版社，或者在《费加罗报》上连载。

侧[1]。他雇用了于尔里克做临时秘书。马塞尔每天晚上九点钟起床，经过一个内部走廊来到游乐场[2]。游乐场里，一帮年轻人围在他身边，为他的谈吐所倾倒，听他介绍安娜·德·诺阿耶的诗歌[3]。8月18日，他在《争鸣报》上读到达尼埃尔·阿莱维关于尼采的文章，在记事本里做了摘录[4]，尼采关于友谊的概念让他非常吃惊：尼采认为友谊意味着智力上的推崇（这是普鲁斯特绝对不能接受的），又说瓦格纳是“谎言的天才”，与前述概念自相矛盾。8月25日，他听了一幕《维特》，在信中告诉哈恩，那些“写得好、准备充分、演出出色”的作品，就像伏尔泰、法朗士、雷纳尔多一样，“总能吊起受众的胃口”[5]。26日，他观看了由勒布朗和克鲁瓦塞编剧、安德烈·布吕莱主演的《亚森·罗平》。马塞尔在剧场遇到了出版商卡尔曼–莱维，他同样拒绝了马塞尔的书稿。

8月底，卡尔梅特同意在《费加罗报》上连载刚刚被《法兰西信使》杂志和卡尔曼–莱维拒绝的《驳圣伯夫》[6]。饭店即将关门歇业，普鲁斯特本想在饭店停业后继续住下去，但最终饭店没有同意[7]。这一次，他没有去凡尔赛，而是在月底时回到巴黎的家中。10月[8]和11月，他请人用打字机打印了《贡布雷》[9]。11月27日，为了放松自己，重温假日的回忆，同时为了聚齐自己的朋友圈，他邀请了“卡堡老友的下一代，即一批稍稍过于年轻的年

① *Corr.*, t. IX, p. 166. 但普鲁斯特还要搬迁：为了躲开朝向院子的窗户（118房间之后是304房间），后来是为了找一间套房（多亏了朋友克鲁瓦塞帮忙），以便安顿他的秘书于尔里克和贴身男仆科坦（ibid., pp. 178, 179）。

② Ibid., pp. 162, 167. 当时的游乐场包括一间剧场、一间游戏大厅、一个“私人”俱乐部、一间舞厅、一间“烤肉餐厅”。

③ Ibid., p. 197, 致德·诺阿耶夫人。于尔里克——由于不知深浅，更出于无知——公开宣称自己对“巴雷斯的坏心”怀有“很深的”反感。这些“少年”当中，除了普朗特维涅、帕朗（戴罗当年不在那儿），还应该算上阿尔贝·纳米亚斯，普鲁斯特不久后还劝说他不要结婚（ibid., pp. 206, 212 ; p. 236）。他当时经常来往的还有阿尔顿一家、蓬沙拉一家、德·莫普夫人、大旅社的东家贝特朗（ibid., p. 236）。

④F° 38 v°.

⑤*Corr.*, t. IX, p. 171, 致雷纳尔多·哈恩。他告诉雷纳尔多，“在空旷的餐厅里，身边围绕着二十来个年轻人”，听着由雷纳尔多作曲、旅馆里的吉卜赛乐队演奏的“Rêverie”，他“哭了”。另一个晚上，他听了比才的《祖国》。

⑥ Ibid., p. 179.

⑦ Ibid., p. 192.

⑧Ibid., p. 192：“我会让人把第一段抄在非正式的草稿本上……它差不多是一本书的篇幅了！”

⑨ 打字者是一对兄弟，“出色的兄弟打字员”（1909年11月26日，致雷纳尔多·哈恩）。

轻人”[①]以及一些年长的朋友，前往综艺剧场观看费多和克鲁瓦塞的话剧《赛道》。他迫不及待地要把年轻朋友介绍给老朋友，一面在年轻人眼里抬升自己的身价，一面告诉老朋友他们已经被取代。演出的内容也不是随便选择的。克鲁瓦塞是马塞尔的密友，当初未能独自完成剧本，写出两幕之后请了费多帮忙。剧本在春季杀青，10月29日在综艺剧场首演[②]，阿尔贝·布拉瑟尔饰演“机械师”马克斯·迪耶利一角，朗泰尔姆（马塞尔在卡堡与她认识，当时她与爱德华兹在一起）饰演费德尔一角，在剧中她是一个汽车制造商的情妇，爱上了“机械师”马克斯·迪耶利。这出喜剧是第一个将汽车置于故事核心的戏剧作品，促使普鲁斯特把阿尔弗雷德·阿戈斯蒂耐利（普鲁斯特每次到卡堡都雇他当司机，并乘他的车返回巴黎）的容貌投射到剧中夹在两个女人中间的赛车机械师—司机[③]的相貌特征上。剧中有这样一个场面：一群人通过一面双向镜目睹了一对男女（女方是这群人中某人的情妇，男方是某人的丈夫）正在调情。在《索多姆和戈摩尔》当中，有一个夏吕斯在梅恩维尔的妓院里看到莫雷尔与盖尔芒特亲王嬉戏的场景，也许就是受此启发。

我们前文讲到，普鲁斯特已经有了《贡布雷》的打印稿。11月，他自己或找人为哈恩和洛里斯朗读了这部小说（他在最后日子里最大的快乐之一，就是为朋友朗读自己的作品，科克托在《鸦片》一书中描写过他的嗓音），同时要求他们保守秘密。12月初，他把小说寄给了《费加

① Ibid., p. 215，致埃马纽埃尔·比贝斯科：“没有任何萨拉主义的成分。”他自认为应补上这句话，结果反而却坐实了别人的猜测。对比贝斯科兄弟而言，萨拉是男同性恋的典型。

② 见Feydeau, *Théâtre complet*, t. IV, Classiques Garnier, Bordas, 1989, notice d'Henry Gidel, pp. 53–56。此剧只演到12月13日，共演出四十一场，此后再没有重排过。

③ 我们在前面已经看到，从《乘汽车旅行印象记》开始，他就经常谈到这个职业，谈到阿戈斯蒂耐利；在《女囚》中，他又旧事重提。在《1908年记事本》上，记载有“克鲁瓦塞的司机”字样（p. 52）。

罗报》。此后，他每天都期待小说在报上发表，但卡尔梅特没有履行诺言，原因恐怕是普鲁斯特自作聪明，反而把事情搞砸了。普鲁斯特得知有一位《费加罗报》评论员安德烈·博尼耶（毕业于巴黎高师并已取得教师资格）正在写一本关于圣伯夫的书，于是把书稿交给了他，这样做既是出于礼貌，同时也有让他就此罢手之意。12月5日，博尼耶把书稿转给卡尔梅特，并向普鲁斯特提出一些修改建议[①]。卡尔梅特对普鲁斯特没有直接找自己而是先把书稿给了别人十分恼火，拒绝发表他的作品，甚至声称没有时间读他的书稿[②]。马塞尔一直等到1910年7月11日，那天晚上，他满心凄凉地来到他已经停止供稿的报社，取回了书稿。此后，普鲁斯特仍然希望作品能在《费加罗报》上刊出。12月13日前后，他请求洛里斯（而不是弟弟罗贝尔），“万一自己从此一病不起”[③]，就替他张罗作品出版事宜。

① “为吸收您的批评意见，我把第一卷（您在练习簿上读到的全部）整个开头部分都重写了。” *Corr.*, t. XII, p. 375，致安德烈·博尼耶，1913年12月9日或10日。

② 关于这些事件的记述，见1910年4月27日致洛里斯的信（ibid., t. X, pp. 81–84）。

③ Ibid., t. IX, p. 226.

《驳圣伯夫》的蜕变（1909—1911）

从1909年春季起，普鲁斯特在练习簿上继续《驳圣伯夫》的写作，这些手稿已经呈现出一部真正长篇小说的模样和篇幅。其结局部分，即关于文学批评的谈话，已经写完，但仍停留在一个个片段的状态。普鲁斯特心里有了底，于是开始重新整理开头的部分。我们可以认定，这个时期，他在其他练习簿上对这十本“圣伯夫”练习簿的内容[1]进行补充，展开描写在贡布雷的生活、海滨的假期、以斯万为中心的巴黎生活，并增写了很多美学见解。普鲁斯特的创作步骤自此至终没有变过，他仿佛一个象棋棋手，同时在多条战线展开进攻，从一个主题跳到另一个主题，从一个部分跨到另一个部分，从一座城市来到另一座城市，从一组人物转到另一组人物。小说内容的展开，从来不是线性地从头至尾讲一个故事，相反，他重新拾起某个初始的单元或简略的段落加以发挥，有时要进行大幅度的扩充，或者把它们删除，例如斯万爱上海滨少女的情节最后不见了。两“边”的主题以及山楂花的主题，也就是小说的双头结构以及凝神静思的体验，都得到了拓展。另外两本练习簿中，已经出现了斯万对奥黛特的爱情[2]、叙事者对希尔贝特的爱情。

大约在同一时期，出现了画家这个人物[3]，他一开始没有姓名；但这个人物从《让·桑特伊》中的哈里森起，就一直让普鲁斯特放不下。他在《1908年记事本》中写道：“我们没有见到哈里森的任何作品，但能认识他让我们非常激动，有一种结识伟大人物的感觉。”这个人物一开始被放在巴尔贝克的前身凯尔克维尔。主人公来到他的画室，然后，普鲁斯特回顾了画家的艺术生涯[4]——他以研究居斯塔夫·莫罗起步，形成第一种艺术手法，此后又形成第二种、第三种手法。再到后来，普鲁斯特才在补写的一个段落中，用拉斐尔前派式的字母重组法给他取了一个奇怪的名字埃尔斯蒂尔，这个名字的写法包含了“埃

① C. Quémar, « Hypothèses sur le classement des premiers cahiers Swann », *Bulletin d'informations proustiennes*, n° 13, 1982. Voir surtout, dans *RTP*, t. I, les notices sur « Combray » et sur « Autour de Mme Swann »（pp. 1058–1068 et 1308–1315） et, dans le t. II, la notice de « Noms de pays: le pays ».

② 1910年11月3日，普鲁斯特向罗贝尔·德·弗莱尔索要刊登了《冷漠的人》的那一期《当代生活》杂志（1896年3月1日），这个短篇里有《斯万之恋》的雏形（*Corr.*, t. X, p. 197）。

③ 在练习簿7、6和31当中。Voir « Marcel Proust, Le Peintre », texte établi et présenté par J. Bersani et C. Quémar, *Cahiers critiques de la littérature*, n° 3–4, été 1977, pp. 8–18。

④ Cahier 28: *RTP*, t. II, Esq. LV et LVI, p. 963. Cf. pour Moreau, *CSB*, p. 667 *sq*.

勒”和“惠斯勒”[①]。画家的第二种手法是日本风，第三种手法则侧重海景，此时他几乎只画风景和肖像。练习簿中的这部分内容后来都分散到《少女》和《盖尔芒特家那边》以及小说的最后部分。画家从一开始就以“可能是当代最伟大画家”的面目出现（书中的小说家、音乐家也都是这个水准），他的第一种手法带有神话色彩，是受意大利艺术影响的结果，但我们从中已经辨认出他个人所独有的、与他如影随形的世界：意识被自然化，自然则被人性化，“表现神话故事的各种符号，作为凶杀案预兆的血腥画面……知道自身究竟代表死神还是灵感的鸟……恶名缠身的妓女……如少女般温柔的英雄”。他一直在寻找“同一种女性面容，严肃庄重，带有古人相貌的纯洁和近乎孩童般的表情”。在他“痴迷日本风”时期，他的插花、画在女装裙衣或扇子上的人偶形象、沙发套、屏风上栩栩如生的女人，所有的这些作品，就像一幅由日本人物和花卉拼成的马赛克，极为逼真，让人分辨不出“哪些是真实的女人，哪些是瓷做的女人”[②]。这种痴迷并没有持续很久。此后的埃尔斯蒂尔酷爱“照我们亲眼看见的原样”描摹风景和肖像；因此，他在凯尔克维尔湾住了下来，用画笔留下最纯粹的感觉，“在远处的海面上感觉到一处白色的东西，一开始我们不知道它是岩石，是船，还是太阳的反光……他就把最初的印象画下来”。紧接着，他画了卡尔克迪伊特港的草图。从那时起，绘画即变成一种隐喻，“以表达对某物的印象之本质，这种本质在天才为我们揭

① 惠斯勒照着凯克维尔海湾“作了这幅美妙的水彩画《乳白色的海湾》，去年参加过展览。莫奈也在这个地方作过画”（*RTP*, t. II, p. 965）。

② 此处普鲁斯特直接取材于惠斯勒画的日本妇女。（参见 *RTP*, t. II, p. 968–970。——译者注）

示出来之前，我们是无法参透的”[①]。此时此刻，普鲁斯特（先于雷诺阿、莫奈、维亚尔）与罗斯金的透纳重逢，他此前曾在卡米耶·格鲁的画廊欣赏过透纳的作品。

以1910年“圣伯夫”练习簿为基础拼接的这一稿中，出现了音乐家这个人物，那时还没有凡德伊的名字；那首奏鸣曲也还在圣桑名下[②]。这个阶段，贝戈特受到特别优待，普鲁斯特因此得以展开阅读的主题，并且延伸到阅读乔治·桑的作品。读乔治·桑小说的情节在第一稿《贡布雷》中占有重要分量，其中一部分内容后来移植到《重现的时光》当中。实际上，在初期的草稿中，普鲁斯特关于美学方面的思考分量过重；他随后——可能就是在1910年——意识到，把其中一半内容移到最后会效果更好：先提出问题，以后再做出回答。关于回忆所产生的迷醉状态，普鲁斯特也做了同样的处理，阐释的部分被放到了结尾处。他已经越来越熟练地掌握引而不发、设置悬念的技巧，避免从一开始就让读者一览无余。至于凡德伊，他的命运更为与众不同，这个人物是很晚的时候由两个角色结合而成的[③]。在《贡布雷》中，有一个名叫凡东的博物学家，他的天才作品很久之后经过女儿凡东小姐的女友——二人之间也有过虐恋的场景——编辑加工，才为世人所知。在《斯万之恋》当中，奏鸣曲的作者一开始是圣桑，后来变成虚构人物贝尔热。直到1913年，在《失去的时间》——这是小说第一卷当时的标题——第一部分的打印稿完成之后，普鲁斯特才想到将二人合为一体，删除博物学家而

① *RTP*, t. II, p. 974. 颇有意味的是，我们看到普鲁斯特随后把他关于夏尔丹的旧札记放在了练习簿28当中，并且在谈及弗美尔时，想再次利用他的荷兰之旅和论述伦勃朗的文字（ibid., p. 964）。

② Ibid., t. I, Esq. LXXIV, p. 911：“那是在圣桑的钢琴小提琴奏鸣曲当中……”Cf. ibid., p. 941：“可这是圣桑的小乐句。”

③ Voir K. Yoshikawa(吉川一义), « Vinteuil, ou la genèse du septuor », *Études proustiennes*, t. III , Gallimard, 1979, pp. 289–347.

留下音乐家，但同时保留博物学家的生平痕迹。把可怜而不幸的钢琴教师与天才作曲家这两个截然对立的身份集于一身，这难道不是对圣伯夫理论最有力的反驳吗？此外，普鲁斯特强化了自己对世界的认识，即认为世界是表与里、幻与真的对立。他的作品中没有科学家的位置，书中医生们的各种表现，从戈达尔到迪·布尔邦、从C教授到迪厄拉富瓦，都没能为科学家增光添彩。若孤零零地只写一位博物学家，会显得不合逻辑。但这个例子不应使我们产生误解，实际上，普鲁斯特有时将角色合而为一，有时也会一分为二。阅读《弃儿弗朗沙》的情节最早是一整段[①]，后来变成两个部分，分别置于《在斯万家那边》和《重现的时光》当中；但此书遮蔽了乔治·桑的许多其他小说，是它们的浓缩和代表，因为在贡布雷，这部书的题材是指向母子关系的。当《弃儿弗朗沙》在《重现的时光》中再次出现时，必须指出，它与自传因素没有任何关联，因为由它引发的不自主回忆的体验，在现实生活中的起因是罗斯金的《圣马可安息》。

普鲁斯特这一时期创造的人物当中，有一位名叫玛丽娅的年轻姑娘，她一开始让叙事者着迷，后来又令他大失所望；她最后将以另一个名字成为小说的主要人物之一，那就是阿尔贝蒂娜[②]。这位女主角在1909年和1910年的练习簿中即已露面，无需等待普鲁斯特爱上先后担任他司机和秘书的阿戈斯蒂耐利。发生在巴黎的爱情与发生在海滨的爱情，这种结构上的截然对立，普鲁斯特无需依赖自己

① Dans le Cahier 10, de l'automne 1909. Voir V. Roloff, « *François le Champi* et le texte retrouvé », ibid.

② M. Bardèche, *op. cit.*, t. II, 1971, pp. 31–32, est sans doute le premier à l'avoir montré.

的亲身经历即已强烈地感觉到它的必然性，因为在他的小说中，爱一个女人，就是同时爱她周围的视界、风景和社会环境。希尔贝特与贡布雷、与香榭丽舍融为一体，玛丽娅与海滨、与荷兰密不可分，盖尔芒特夫人则来自历史的深处和社会的最高层。

我们有时称作“1909年小说”的这一稿，还没有呈现出连续和完整的形态，到年底时，它包括大量的片段和一份抄清的打印稿开头部分[①]。对练习簿的语文学分析，以及普鲁斯特通信中透露的线索，都证实了这一点。但他的信件，除了写给出版社的信件之外，解读起来要特别小心，因为普鲁斯特对不同的通信对象区别对待，或谦恭有礼，或盲目乐观，或冷嘲热讽，或故弄玄虚。比如1909年10月，他在信里对吕西安·都德轻描淡写地说自己“也开始写点东西”，从此“两耳不闻窗外事，直到写完为止”，还说起自己的文字是“充斥着‘*que*’字的大杂烩，无论如何都摆脱不了阴郁的色彩”[②]，其中的主调就是谦逊外加幽默。但数个星期之后，他让安托万·比贝斯科感到，明年夏天之前他“即将完成一部非常可观的大作”[③]，这个想法就有些异想天开了。作品的篇幅不仅反映在所用练习簿的数量上，而且在通信中得以证实，普鲁斯特在信中向银行家朋友利奥奈尔·奥塞尔宣布，自己“开始写一部三卷（！）的书，已答应交人发表，但尚未完成”[④]。普鲁斯特已经初步有了写作计划，但直至1913年才最终确定。此时，他的确希望由《费加罗报》刊登

① 据M. Wada的研究，普鲁斯特在1909年11月将其打印了三份。M. Wada, *L'Évolution de « Combray » depuis l'automne 1909*, thèse de 3e cycle, Paris-Sorbonne, 1986。

② *Corr.*, t. IX, p. 200, 1909年10月16日。

③ Ibid., p. 203, 1909年11月2日。

④ Ibid., p. 208, 1909年11月。

这部小说，并且在练习簿8—12抄清了开头部分。随后，他找人在练习簿9、10、63上面进行誊抄，然后用打字机打印出来。因此，他在11月底告诉洛里斯，已经给雷纳尔多·哈恩读过开始部分的二百页[①]，并把《贡布雷》的第一批练习簿借给洛里斯。下面这句话表明，从此时开始，普鲁斯特对自己的发现，对自己的独树一帜，对自己本人，都已经具备了充分的信心，所以面对出版社的拒绝，他虽说不无伤感，但并不灰心："我所要求的就是，您不要把题材、书名以及任何能透露作品内容的消息告诉任何人（况且也不会有人对此感兴趣）。但不仅如此，我还不愿受到任何人的催促、纠缠、猜测、抄袭、评说、批判或诽谤。等我的思想完成它的大作，再任凭那些妄人们评头品足吧！"[②]

① Ibid., p. 218.

② Ibid., p. 225, 1909年12月初。十年之后，普鲁斯特向加斯东·伽利玛建议，不要让任何人读到《索多姆和戈摩尔（一）》的手稿。

此外，虽然普鲁斯特已经指出抄写者在转抄过程中产生了大量错误，但他并没有进行更正：受疾病或灵感催促的作家有一个通病，他们最关心的是要涂满整个画布，大踏步地加快写作进程，而把技术上的瑕疵留给别人去纠正，这也是令出版商最为头疼的麻烦事。普鲁斯特能花很多心思对一个句子反复打磨更改，而当他把手稿交给别人誊抄、打字、印刷时，根本考虑不到其他人无法跟上他的步伐：其实就像打仗时的军需后勤一样，编辑出版的各个步骤都必须随之而动。此后他改变了方法，由他朗读手稿，秘书进行听抄，然后用打字机打出来，或者，如果秘书不用打字机的话，就抄写出来或由打字员边听边打。普鲁斯特给一个他打算雇用的年轻人写了一封信，把这种方法交代得很清楚："我完成了一部小说或者说论著，至少从它超乎一般的篇幅来看，这是一部很可观的著作。我有意把尚未抄清的部分用速记的方法听写下来，由我来朗读，雇用的秘书负责速记。当我外出时，他再把速记内容用打字机打下来。您也许既不懂速记，也不会用打字机，这样的话我们的工作就更简单了。因为不再是做速记，而是我来朗读，您用笔作记录，所以这样花的时间要长得多……我再把您抄写的稿子送到一家打字室。"[①]普鲁斯特因此而雇用的多位秘书当中，我们可以看到康斯坦丁·于尔曼、阿尔贝·纳米亚斯、阿尔弗雷德·阿戈斯蒂耐利、亨利·罗沙、乔治·加博里[②]，还有一些我们至今不知道姓名的人；他的下人当中，尼古拉·科坦、福斯格林、瓦纳里、塞莱斯特·阿尔巴莱，想必也都为他做过记录。他雇用的男女打字员都是专门以打字为业的，数量也不少，单单为1909—1912年所作小说的第一部分《失去的时光》打字的就有六位[③]。普鲁斯特也请人打印过前三分之二的《斯万之恋》。打印稿也被他视为手稿，随后进一步加工，即进行文字更正、位置调换，或者剪下来粘贴在其他手写的纸页上。

如果总结一下普鲁斯特直到目前为止所用的工作方法（尽管对他而言任何规则都不是绝对的），我们就会发现，继众多片段组成的练习簿，即"圣伯夫"第一批练习簿之后，在1909年首次出现了内容连续的练习簿，这些练

① Ibid., t. X, p. 308, 1911年6月底或7月初。后来，在加斯东·伽利玛的一再坚持下，才由出版社方面将《盖尔芒特家那边》打印出来；当时普鲁斯特已经准备把手稿直接寄给印刷厂，此前《在少女们身旁》就是这样做的。

② 他是加斯东·伽利玛1922年1月派来的，为的是给普鲁斯特朗读《索多姆和戈摩尔（二）》的校样。

③ Voir Robert Brydges, « Remarques sur le manuscrit et les dactylographies du *Temps perdu* », *Bulletin d'informations proustiennes*, n° 15, 1984, et « Analyse matérielle du manuscrit du *Temps perdu* », ibid., n° 16, 1985.

习簿把片段连缀起来，按照情节——一个年轻人有朝一日将阐述他的美学理论——进行组织编排。这些内容连贯的练习簿，以后还要被纳入另外一些同样内容连贯的练习簿当中，从而在此基础上形成（一份或数份）打印稿。但就在普鲁斯特写出这些内容连贯的练习簿的同时，关于后续故事的很多想法又被他以片段的形式写在另外一些练习簿上，所以正确的说法是，作为草稿的练习簿，是与载有抄清稿的练习簿同时写出来的；不过，它们所包含的内容，理所当然地不属于小说的同一部分，因为这种方法一直是前瞻性的，是面向小说未来发展的。此外还有补写的内容，补写的空间早就在草稿本上预留出来：普鲁斯特总是先使用练习簿展开时右侧的页面，左边的页面都空着。在打印稿上，普鲁斯特则利用纸页的背面。瓦达先生曾认定，普鲁斯特对《贡布雷》1909年的打印稿作过三次补充，时间分别是1910年、1911—1912年和1913年。从《盖尔芒特家那边》开始，在1917—1922年间，还出现了四本不包含连续内容而专门用来记录短幅补写片段的练习簿，普鲁斯特早已想好要把这些内容插到何处，但始终没有时间把它们安置到位。这就是摆在我们面前要进行剪辑连缀的大量素材。国家图书馆收藏有大量装订成册的或手写或打印的散页，以及大量的“纸卷”——这是普鲁斯特专用的术语，指的是篇幅不同、长度各异的纸页，其中有很多是一张张首尾相连地粘接在一起的，有些“纸卷”的长度甚至超过两米——这一现象表明，原来许多内容连贯成型的书稿，后来被再次拆散。练习簿上有许多纸页被撕下来，然后粘贴到别处，甚至粘贴到清样上。

这种不断演变的写作手法对人物的塑造不无影响。相反，书中所写的地方甚至事件，都不像人物这样带有未完成的痕迹。小说里人物众多，超过了五百人，也许正是这个原因，同时由于上述独特的创作模式，由于其他人物的面貌均取决于叙事者的印象，所以有一些人物始终带有未完成的特征，带有飘忽不定的美感。在定稿当中，尤其是在遗作当中，这类人物最明显的标志就是姓氏不完整：《追忆似水年华》中有三十四个人物叫X，十四个叫A，两个叫Y，两个叫N，一个叫Z；还有些人物名字不完整，比如神秘的A. J.莫罗①。在练习簿当中，有些少女没有姓名，如1909年练习簿12当中的X小姐，我们看到叙事者重返海滨与她相会。还有一个更为重要的人物斯代马里亚小姐，在六个不同的练习簿中，她最早是德·甘贝莱小姐，随后变成德·科代朗小姐，往后又变回德·甘贝莱小姐或者庞霍埃小姐②。她对应于夏多布里昂所渴慕的仙女的幻影，对应于一位布列塔尼少女的幻影，这位少女住在“布列塔尼的盖尔芒特”③城堡中，与雾、荒野结成一体。她的名字应该是薇薇安，令人想起魔法师墨林和布劳赛良德森林。斯代马里亚小姐与布列塔尼相关联，因为普鲁斯特始终让一个女人与一个地方挂上钩，但这两者在最终稿中都几乎完全不见了，布列塔尼变成了薄雾中布洛涅森林的小岛④。

与这位性感的贵族相近的人物是普特布斯（一开始叫

① 《盖尔芒特家那边》，*RTP*, t. II, p. 336，参见十五人译本（三）28页。

② 见《在少女们身旁》“地名：地方”。*RTP*, t. II, Esq. XXXV, pp. 906–910。

③ Ibid., p. 907.

④《盖尔芒特家那边（二）》，*RTP*, t. II, p. 678，参见十五人译本（三）378页。

皮克皮斯）男爵夫人的贴身女仆，她主要出现在两处草稿中，一处写于1908—1909年，另一处写于1911年[1]。在第一处草稿中，情节是这样的：叙事者想前往威尼斯与这个女人会面。他独自一人在布洛涅森林散步，此时他发现，在他爱着斯代马里亚小姐时曾洋溢着布列塔尼风情的那家餐馆，此刻居然有了威尼斯的情致。到了下一年，女主人公在邮轮火灾中毁了容，“面目可怖”。据她的知心好友、戴奥迪勒（他最终在《贡布雷》中更名为戴奥多尔）的嫂子说，她与叙事者同龄，他们二人应该睡过觉：“我忘掉她的面容，扑到她身上，得到她猛烈的爱抚，我猜想这是她从牧羊人那里学来的。在她的爱抚中，我感到我不再是我，而是一个与大胆奔放、谙熟情事的农妇一起滚到草堆里的年轻农夫。”她只喜欢汽车。她的姨妈是维尔迪兰府上钢琴家的母亲，维尔迪兰先生与她有一段精彩的对话，堪与克里斯托夫（乔治·哥伦布的笔名）相媲美：“‘我是维尔迪兰先生。’——‘我呢，我是莫杜亚尔夫人……’他一下子愣在那里。整个晚上，他一言不发。”接着是一个在餐馆里的场景。过后，叙事者离开了她和她的姨妈，从此再也没有见过这位“可怜的烧伤女人”，而她每年都给他写信[2]。这些段落表明，一方面，普鲁斯特心仪巴尔扎克作品中同一人物反复出现的写法，因为这位女仆来自贡布雷，所以她认识小说中的其他人物；另一方面，他念念不忘波德莱尔“过路的女子”这一主题，也就是他在《驳圣伯夫》中论及波德莱尔时所引用的那首诗的

① Publiées respectivement dans *La Nouvelle Revue française* du 1er février 1953 et dans M. Bardèche, *op. cit.*, t. II, pp. 393–395 ; extraits du Cahier 36 et du Cahier 50.

② Cahier 36, f° 1 r° et 9 v°.

主题，诗的最后一行是：“哦，我可能已爱上你，哦，你该知悉！”[1]如果我们追求一个过路的女子，最终她会令人失望，就像普鲁斯特1909年追求的“戴红玫瑰的少女”的原型——戈永小姐[2]。第二处草稿，可能就是在《在斯万家那边》出版时预告的《失去的时光》目录中以《帕多瓦与贡布雷的善与恶》为题的那部分。在这个段落中，贴身女仆在火灾中被烧伤。她令人想起乔托的“腐化”。叙事者与她在帕多瓦有乔托壁画的礼拜堂见面，他一面看着壁画，一面紧紧地靠在她的衣服上。他们在谈话中说到了潘松维尔。此时，叙事者感到不可遏止的强烈欲望。他们往旅馆走，一路上非常快乐，这种快乐，丝毫不亚于“他离开有乔托壁画复制品的书房，来到充满鸢尾花香的小屋，远眺潘松维尔钟楼时所体验的‘孤独的快乐’”。他曾经与幸福失之交臂，但此时发现，现实与自己的梦想一直是合拍的。到达旅馆，他们发生了关系。

在练习簿56第68页的背面，普鲁斯特决定把这个人物的要素分配给其他人：她变成了爱嫉妒的阿尔贝蒂娜、在贡布雷的碉楼里与其他小孩们“睡觉”的希尔贝特、说“傻傻情话”的戈达尔和奥黛特、“试探肌肤之亲”的阿尔贝蒂娜。于是，这个几近完成的人物被拆散，回到幽灵状态，最终没在小说里露面。

未完成的诸多人物中间，最引人注目的是阿尔贝蒂娜。尽管看起来阿尔贝蒂娜吸收了其他人物的成分，但她仍然是一个未完成的人物，我们将在三段未刊草稿中找出

① *CSB*, p. 258.

② Voir, dans *Sodome et Gomorrhe*, *RTP*, t. III, la notice et les esquisses.

一些线索。在练习簿56当中[①]，有一段误传阿尔贝蒂娜复活的情节。叙事者在威尼斯，迷上了一位刚满十七岁、长得像“提香画中人”的姑娘。他接到邦当夫人的信（在《失踪的阿尔贝蒂娜》当中变成电报）：“亲爱的朋友，我要告诉你一个难以置信却千真万确的消息。您知道，我的小阿尔贝蒂娜的遗体一直没有找到。其实她还活着！她爱上了一个人，所以跑掉了。她昨天回来了，您完全想象得出我们有多惊喜。她和一个美国大富豪订了婚。不过我相信，假如您能原谅她给您造成的痛苦，并且没有改变原先与她结婚的打算，她会放弃现在的婚约。但一定要快，最好马上给我写信。但愿这封信能到达您的手上，有人告诉我您在意大利，但我不知道确切地址。”隔了几页之后写着[②]：“前副国务秘书的妻子邦当夫人出现精神错乱已经有一段时间了，现在已被关进精神病院。原因是她认定一个人是她失去多年的侄女，恍惚中以为遇见了她，朝她开了好几枪。可怜的阿尔贝蒂娜的确是死了。”

第二段草稿是正在读巴尔扎克《金眼女郎》的希尔贝特与叙事者之间关于这部小说的对话[③]。“不要看。我刚才看的这本书很不好，书名是《金眼女郎》。”——“这本书很精彩。”——“啊，您知道。但我不觉得它很精彩。我觉得这些女人唯有对女人有嫉妒心。”——“有时是这样，但对其他女人来说，男人是敌人，有的男人会做出不好的亲热动作，这是唯一一种她们无法给予的东西。但当男女颠倒过来，这种说法倒是真的。我有一些朋

① Cahier 56, f°s 102–105 r°. Voir *Albertine disparue*, *RTP*, t. IV, Esq. VI, pp.653—654.

② Cahier 56, f° 105. *RTP*, t. IV, Esq. VI, p. 654.

③ Cahier 55, f°s 91–93 r°. Voir *RTP*, t. IV, *Le Temps retrouvé*, Esq. I, p. 748.

友，如果他们的情妇有另一位男情人，他们会暴跳如雷，但如果她与另一个女子有暧昧关系，他们就根本不在乎。我与他们完全不同。当我得知我所爱的未婚妻爱着另一个男子时，我很难过，但这种难过与她一旦爱上女人时给我造成的痛苦根本没法相比。”——“您发生过这种事情吗？”——“是的，为了一个我爱的姑娘。”接下来，二人继续拿巴尔扎克的小说作类比，比如囚禁、盯梢等等；“我没有杀死她，但我完全有可能这样做。”这时，叙事者给希尔贝特看了阿尔贝蒂娜的照片。

在第三段草稿《与安德蕾最后的对话》[1]当中，颇为吊诡的是，恰恰是补写的段落再次证明书稿最后是未完成的，因为这段补写内容没有被纳入最终稿，因为补写的内容还存在多种可能性，也因为普鲁斯特在心理、理论和技巧上都有这方面的准备。“至关重要！别忘了在与安德蕾最后一次交谈中，我说（但仿佛是有口无心、随便说说的）：‘但邦当夫人和她侄女有这种关系吗？’安德蕾对这个问题没有任何惊异的表示，就像说一件平常事那样对我说：‘在安加维尔，她们两人睡一张床，所以有可能吧，但是在巴黎，我的确觉得不会这样。不，在巴尔贝克，有一个女人完全是这样的，她就是首席的老婆。’关于邦当夫人与侄女在安加维尔可能的所作所为，安德蕾照自己的标准‘轻描淡写？’以为这样就能够大事化小，但她说得那样直白，仍然让我觉得如同初次踏上食人族岛屿那样新鲜刺激。因为，这种事不管程度大还是小、次数多

① Cahier 60, f°s 20–22. Voir *Alberline disparue*, *RTP*, t. IV, Esq. VI, p. 653.

还是少，本质上都是一回事……这种出乎意料的效果，就相当于明天的名著为我们制造的惊奇，而我们无法想象出它到底有什么内容，因为明天的名著甚至超越了我们对昨日名著的记忆。说到让我厌恶透顶的东西，我最极端的想象就是食人族的岛屿，它与我记忆中邦当夫人所谈的种种事情毫不搭界，毕竟在她的言谈中，阿尔贝蒂娜顶多是个小冒失鬼。可以说，我对生活一无所知。当我不在场时，邦当夫人在安德蕾面前肯定是另一副样子，所以安德蕾才能从容不迫地说出那样的看法；当着我的面，这些人始终举止得体，场面话滔滔不绝，我身处这个陌生岛屿的边缘，只看到了食人族的笑脸，只听到了他们欢快的叫喊声。”在第23页上有一小段，用来补充《索多姆和戈摩尔》中盖尔芒特亲王夫人的晚会：圣卢暗示他可能会娶阿尔贝蒂娜。

这个未完成的阿尔贝蒂娜取代了另一位少女的位置，她就是玛丽娅，我们在前文中已经点出了她的踪迹。我们最早在海滨的那群少女中，或者在那场求欢未果的床戏场景[①]（这个场景来自《让·桑特伊》）中看到过她。她与荷兰关系密切，叙事者因为看到盖尔芒特夫人的一幅伦勃朗（这幅画属于普鲁斯特的朋友罗斯柴尔德家族[②]），便梦想着前往荷兰，住到玛丽娅的小房子里。小说中的阿尔贝蒂娜多次前往荷兰。玛丽娅的形象完全被阿尔贝蒂娜吸收了，如同博物学者凡东和音乐家贝尔热被融合为凡德伊。在最终定稿中展示给我们的肖像背后有好几个被抹

① Cahier 25.

② Cahier 57. Voir *RTP*, t. IV, p. 894 et n. 2. Voir H. Bonnet, in *BAMP*, n° 28, 1978, p. 610. Il s'agirait du portrait de Marten Soolmans et de sa femme, Oopjen Coppit, provenant de l'hôtel Van Loon à Amsterdam.

去的面孔，其中就有戴红玫瑰的少女，她出现在《盖尔芒特家那边》和《索多姆和戈摩尔》的好几个草稿练习簿当中[①]。叙事者对她穷追不舍，顺理成章该有故事发生，可惜的是，多年后与陌生的希尔贝特重逢以及描写阿尔贝蒂娜同性恋等等情节，最终把这个身影埋没在草稿练习簿的海洋中。我们甚至可以这样说，普鲁斯特经过年复一年的积累，用一个个片段和灵感，用他自己的生活和欲望，逐步建成了一座人物的宝库，他从中汲取素材，完成了这部小说，这里所说的"完成"，指的是作品的出版和作者的早逝所促成的定稿。其实，小说创作的偶然性与心理的法则异曲同工："对于阿尔贝蒂娜，我甚至不再有任何疑问，我坚信，我所爱的人本来不该是她，而是另有其人，只要斯代马里亚小姐在我邀请她到森林小岛上吃饭那个晚上没有取消约会即可。如果是这样的话，那么，从一位女子身上抽象出某种个性化概念的想象活动就将以斯代马里亚小姐为对象，从而认定她就是世界上独一无二、命中注定要属于我的那个人。"[②]

卡雅维夫人去世

在马塞尔创作贝戈特这个人物时[③]，他与法朗士之间的关系已经非常疏远，马塞尔顶多在《芝麻与百合》的注释中提过半句："阿纳托尔·法朗士那本精彩的《吾友之书》。"[④]孰料1910年1月13日，他得知了卡雅维夫人去

① Voir la notice et les esquisses de *Sodom et Gomorrhe*, *RTP*, t. III.

② *Albertine disparue*, *RTP*, t. IV, p. 83. 参见十五人译本（六）82页。

③ *RTP*, t. I, Esq. XX à XXIII, pp. 1027–1034. 这个名字原是《让·桑特伊》中一位画家的名字，1909年末或1910年初重新出现（ibid., p. 1311, notice des *Jeunes Filles*）。卡雅维夫人去世后，普鲁斯特发现了法朗士的劣迹，而此时他也构思了贝戈特的堕落。

④ Mercure de France, 1906, p.116.

世的噩耗。几个月之前，卡雅维夫人由于法朗士游历阿根廷期间移情别恋而伤心欲绝，尝试过自杀。这一连串事件使马塞尔回忆起自己的青年时期，他写了好几封饱含感情乃至悲痛不已的唁函。法朗士的回信则措辞优美："亲爱的美好时光的伙伴：您隐藏起您的悲伤，袒露您善良的心，您的话语与您一样温馨，让我深为感动。在我所剩无多而又十分漫长的日子里，我将永远感激您。"[①]但正在此时，普鲁斯特从罗贝尔·德·弗莱尔口中得知了法朗士残忍对待卡雅维夫人的许多细节，这些"可怕的事情"令他十分震惊；到了1912年，谢科维奇夫人告诉他，"老阿尔芒曾来找我，问我当年是如何朝自己开枪的"，马塞尔再度为之心碎，他在一封信中说："我唯一的安慰是……她是故意打不准的。"[②]这些事件造成的阴影，普鲁斯特是通过描写贝戈特的私生活逐渐排解的。读者们都很清楚，这个人物有很多方面得之于法朗士[③]，比如：体貌与作品风格之间圣伯夫式的强烈反差，言辞谈吐，思想，某些表达方式（"形式的永恒洪流""美的神秘战栗"、形容词"温馨"），私生活与作品之间的关系（卡雅维夫人之死令这种关系大白于天下）。普鲁斯特把矛头指向贝戈特"堕落的"生活，他的所作所为"公然与他最新小说的导向背道而驰，在这些小说里，无处不体现出对美好事物精心而痛苦的呵护，主人公哪怕一丁点儿的快乐都因此蒙上阴影，读者也受到这种焦虑气氛的感染，连最安适的生活似乎都难以忍受"[④]。听到关于贝戈特铁石心肠、

① *Corr.*, t. X, p. 28.

② Ibid., t. XI, p. 193, 1912年8月。

③ J. Levaillant, « Note sur le personnage de Bergotte », *La Revue des sciences humaines*, janvier–mars 1952.

④ 形容词"温馨"是一个标记。*RTP*, t. I, p. 548，参见十五人译本（二）112页，周译本（二）122页。Voir Esq. XXII , p. 1034。

“对妻子无情无义”[1]的说法，叙事者也继续传扬。罗贝尔·德·弗莱尔带来的消息，促使普鲁斯特在1910年的一份草稿中对法朗士私生活中的“残忍”大加鞭挞，其中除法朗士的名字外，还有托尔斯泰、伯恩斯坦、德彪西和巴塔伊四人。但普鲁斯特可能同时也想到了自己，他因过于敏感而待人刻薄，他很清楚自己身上有哪些毛病是改不掉的。

① 法朗士于1893年4月23日离婚，这里指的应该是他对情妇的态度。Cf. *Corr.*, t. X, p. 44, 1910年1月28日后不久，致罗贝尔·德·弗莱尔：“痛苦的梦境，就是因为我得知，一个……一直以真心和柔情待我的人，居然如此残忍可怕，做出如此不可思议之事。”矛头所指正是法朗士。

不过1913年《在斯万家那边》出版之后，普鲁斯特毫不犹豫地向法朗士献上一本日本纸精印本[2]，“赠予我的第一导师，最伟大、最受爱戴的阿纳托尔·法朗士先生，谨表敬意与感激，我将永远尊崇您为先知，缅怀逝去的时光”[3]。同一年，他还谈到自己“对许多人亏欠颇多，其中包括法朗士先生”[4]。虽说普鲁斯特欠他人情，深受其影响，但都不妨碍普鲁斯特认为法朗士至少存在前期和后期两种文风，并认为后期文风干瘪生硬：“他的思考让我们厌倦，他越是努力地让笔下整饬和谐的句子打动读者，读者越对它们无动于衷（参见法朗士和巴雷斯，他们现在常常如此）。”[5]

② 这本书打破了所有拍卖纪录。

③ *Corr.*, t. XII, p. 316, 1913.

④ Ibid., p. 415.

⑤ *CSB*, p. 568.

1910年

这年1月间，马塞尔病得很重，哮喘频繁发作，他一边使用烟熏疗法，一边服用三乙眠砜和咖啡因[6]，同时闭门谢客，连雷纳尔多都不例外。但他给这些被拒之门外的朋

⑥ *Corr.*, t. X, p. 30.

友写了很多信，并且继续写他的“大部头小说”[①]。他开始与西蒙娜·德·卡雅维通信，向她索要照片[②]，以便与她母亲让娜·普凯、父亲加斯东以及刚刚去世的祖母进行比较，他们都是斯万王朝里的人物[③]。他还仔细研究了西蒙娜的笔迹（它后来成了希尔贝特的笔迹），向她推荐自己最喜爱的小说之一《弗罗斯河上的磨坊》。他沉浸在英国小说里，读了托马斯·哈代的小说《意中人》，这部小说刚刚译成法文出版，讲的是一个男子先后爱上一个女子、她的女儿以及外孙女的故事[④]。普鲁斯特恳切地说：“从乔治·艾略特到哈代，从斯蒂文森到爱默生，没有哪种文学像英美文学这样对我有如此大的影响。”[⑤]由于塞纳河泛滥，河水淹了奥斯曼大道102号的大门和地窖，他开玩笑说自己将像乔治·艾略特的主人公那样被水淹死。2月，当人们晾晒水浸物品、用石炭酸消毒、重铺腐烂的地板时，马塞尔哮喘复发，无法睡觉。但2月13日，他“裹得像木乃伊一样，奇迹般地”出现在歌剧院，观看芭蕾舞剧《泰蕾兹的节日》彩排，当天格雷菲勒伯爵夫人就坐在楼下的包厢里（在小说里将成为盖尔芒特公爵夫人的包厢）。这部剧由卡蒂勒·孟戴斯根据雨果的同名诗歌改编，雷纳尔多·哈恩作曲。“它的芭蕾真是美极了……多么令人

① Ibid., p. 31. 他更没有忘记股票市场，购买了一些收益率5%的美国国债，这是利奥内尔·奥塞尔不得已向他推荐的，以防他购买风险更大的股票（ibid., t. X. pp. 34–39）。

② 他也端详过让娜·普凯在比诺大道网球场上的照片（ibid., p. 46），她“没有变”。

③ Ibid., p. 40.

④ “一部非常漂亮的小说，不幸的是与我所做的东西有那么一点点相像（但要好上一千倍）。”（ibid., t. X, p. 54，致罗贝尔·德·比利）同时，他想弄清楚哈代和巴里都是什么样的人，是不是“热衷社交、追求女性，等等”。这样一来，就等于他承认了自己也具有圣伯夫的某一方面，或者，等于说承认了他对作家生平的兴趣，这种兴趣是写作一部传记的理由。不过到了11月，他说不那么喜欢小说《蓝眼睛》（发表在《争鸣报》上，同样的主题，但性别相反：“此处是女人爱上三个男人。”*Carnet*, p. 114）；但他仍然在《1908年记事本》上就这部小说作了一页的札记，f° 48：他尤为关注的是精巧的对称平行结构和他念念不忘的石头——包括“墓园、教堂、采石场”的石头，不论它们雕刻与否——这些东西他都拿来为自己所用。最后，他说（ibid., t. X, p. 240）一点也不喜欢1911年初读的《芭芭拉》（即《远离尘嚣》的法译本，Mercure de France, 1901）。

⑤ Ibid., p. 55, 1910年3月，致比利。“《弗罗斯河上的磨坊》中有一段让我流泪。”（ibid.）他在4月对洛里斯坦承，“在文学中喜欢的东西很少”（ibid., p. 84），所以他对英国和美国文学的欣赏更显得意味深长。4月末，他阅读了埃德加·爱伦·坡的诗歌和《创作的哲学》的法译本，这是译者加布里埃尔·穆莱刚刚寄给他的，书中附有“生平与引文注释”（ibid., p. 91）。在《追忆》中，外婆则担心外孙会遭受与波德莱尔、爱伦·坡、魏尔伦、兰波同样的生活磨难而被人唾弃（*RTP*, t. II, p. 86，参见十五人译本［二］277页，周译本［二］289页）。

迷醉……”[①]（此剧的成功促使雷纳尔多后来与科克托合作，共同创作了芭蕾舞剧《蓝神》。）趁这个机会，普鲁斯特请求雷纳尔多为他演唱福雷的一首歌，歌词是维利耶·德·里勒–亚当的诗《礼物》[②]。这首诗里，有“一颗生病的心”，有悔恨，有落空的希望，有玫瑰和鸽子，他大概考虑过要将这首诗放到小说里，但最终舍弃，诗里营造的气氛他已经不再需要了。另外还有绘画的事儿让他操心。当他得知伯恩海姆–热纳画廊正在出售一批他“崇拜”的大师作品的临摹品时，普鲁斯特曾考虑要买上几幅，这样一来，不用前往德累斯顿也不用去卢浮宫即可满足他对绘画的渴望[③]，但他的着眼点并非占有它们，而是要描写它们，比如埃尔斯蒂尔的作品或者在各种比喻中用到的绘画作品，然而买画的打算后来没了下文，再说7月时美国股票行情下跌，削弱了他的财力[④]。于是，在写作过程中他动用自己的记忆储备，利用各种艺术书籍，比如图版非常丰富的典藏版《罗斯金全集》等。他无所不至的渊博学识进一步扩展到语言学领域，涉猎之深广，反映在小说中的人名、地名当中，更反映在他写给比贝斯科的诗句里信手引用的人名当中，如皮科、布雷亚尔、珀蒂·德·儒勒维尔、阿贝尔·勒弗朗、当斯泰特等等[⑤]。春季里读的书丰富了小说中关于斯丹达尔（他重读《巴马修道院》并做了批注）和巴尔扎克的章节[⑥]。他还向朋友透露自己崇拜弗朗西斯·雅姆，这位诗人“真诚且睿智的目光，不像我们这样满足所看到的模糊形象，而是能抓住并厘清自己最精确的

① *Corr.*, t. X, p. 49, 1910年2月15日。普鲁斯特在这封信里为朋友“在歌剧创作上运气不佳”而深表不平。他指的是1898年3月23日演出的《梦幻岛》和1902年12月16日演出的《加尔默罗会修女》，这两部歌剧都是在喜歌剧院上演的，第二部比第一部获得了更多的好评（B. Gavoty, *op., cit.*, pp. 58–70）。3月18日，普鲁斯特还在施特劳斯家里听了雷纳尔多的一次演唱，“从来都没这么好过”。可能就是在这个场合，他第一次遇到了科克托，除非，如菲利浦·科尔布推测，他们首次相遇是在1910年7月《轻浮王子》出版之前不久，普鲁斯特9月在《强硬报》上谈到了这部作品。见*Corr.*, t. X, p. 232, n. 5。6月，普鲁斯特祝贺雷纳尔多完成新作《婚礼进行曲》，雷纳尔多上门把这部新作送给马塞尔，并为他演奏了《纽伦堡的名歌手》的序曲（ibid., p. 124）。

② Ibid., t. X, p. 53; 他刚刚向西蒙娜·德·卡雅维引用过这些诗句（ibid., p. 42 et n. 6）；1914年还向纪德引用过（ibid., t. XIII , p. 131）。这部音乐与《安魂曲》作于同一时期，并具有《安魂曲》的肃穆。

③ Ibid., t. X, p. 88, 1910年4月29日； cf. p. 98：“我始终不明白我到底是绘画爱好者还是股票买主……我会告诉您我拥有的数万法郎到底是贡献给了印象派还是石油矿。”

④ Ibid., p. 131.

⑤ Ibid., t. X, p. 110, 1910年6月。

⑥ 这个批注本1971年在雅克马尔–安德烈博物馆展出过。见ibid., p. 119, 致洛里斯（普鲁斯特6月再次向他索要梅里美的*H.B.*一书）。Voir *CSB*, pp. 611–612 et *La Prisonnière*, *RTP*, t. III, p. 879，参见十五人译本（五）372页，周译本（五）392页。

感觉和其中的细微之处”[①]，这恰恰是他自己所追求的。不过，在读到关于比内–瓦尔梅的小说《吕西安》的评介文章时，普鲁斯特特别懊恼，个中原因不难理解，因为这部小说堪称是关于同性恋的“专著”，他担心这个题材被别人抢了风头[②]。到后来，他把这部小说当作一个陪衬并加以引用，以说明他自己的书与众不同。

凡是艺术他都会感兴趣。7月11日，他应格雷菲勒伯爵夫人之邀前往歌剧院观看俄罗斯芭蕾舞《克娄巴特拉》（里姆斯基–科萨科夫、格林卡、格拉祖诺夫、穆索尔斯基作曲，福金编舞；普鲁斯特曾在一段最终未采用的草稿中描写过它[③]）、《仙女们》（福金根据肖邦作品编舞）和《舍赫拉查德》（里姆斯基–科萨科夫、福金）[④]。在这场由佳吉列夫导演，主要由福金负责编舞，伯努瓦和巴克斯特担任舞台设计的演出中，尼金斯基、卡萨文娜、伊达·鲁宾斯坦大放光彩。普鲁斯特很快就在《少女》的一份草稿中讲到“天才画家”巴克斯特以及他的蓝色服装和童话般的花园，还讲到“天才舞蹈家”尼金斯基。在最终定稿的一个画面中他评论道，“巴克斯特真是天才，随着他把布景照明调成肉红色或者月色”，一张简单的圆纸片就能变成宫墙上的绿松石，或者花园中盛开的孟加拉玫瑰[⑤]。《索多姆和戈摩尔》中也提到“俄罗斯芭蕾舞轰动至极，蔚为奇观，巴克斯特、尼金斯基、伯努瓦和斯特拉文斯基相继亮相”[⑥]。与格雷菲勒伯爵夫人、亲自登台演出的米西娅·塞尔特[⑦]、哈恩、沃杜瓦耶、科克托、里维

① *Corr.*, t. X, p. 121.

② Ibid., pp. 140, 145–146.

③ *RTP*, t. I, p. 1002. 请注意佳吉列夫的一个独创之处是主角由男演员而不是由女演员出演。但到了1910年年底或1911年年中，佳吉列夫即让位于萨拉·贝尔纳，她变成了拉贝玛——一开始叫贝雷玛，与那位女歌星同名（ibid., p. 1312, notice）。

④ *Corr.*, t. X, p. 113；据菲利浦·科尔布（ibid., t. X, p. 12 et 114），他6月4日已经与哈恩、沃杜瓦耶一起去看了首演；节目开头是《盛宴》（由福金编舞的俄罗斯音乐大杂烩）和《伊戈尔王》的“波罗维茨人之舞”，接着是《维也纳狂欢节》（舒曼作曲，福金编舞）和《舍赫拉查德》，尼金斯基饰奴隶，伊达·鲁宾斯坦饰佐贝德（R. Buckle, *Diaghilev*, Weidenfeld and Nicolson, 1979, pp. 169–170）。普鲁斯特在书信中评论过雷纳尔多·哈恩的文章（他在《少女》的草稿中加以利用，*RTP*, t. I, p. 1002）和让-路易·沃杜瓦耶的文章（*Corr.*, t. X, p. 114 et 142）。

⑤ *RTP*, t. II, p. 298，参见十五人译本（二）510页，周译本（二）502页。

⑥ Ibid., t. III, p. 140，参见十五人译本（四）139页。

⑦ 她戴着一件硕大的羽饰，科克托画的一张素描能让我们认出她来。普鲁斯特在写给科克托的一首诗中提到了尼金斯基。

埃等朋友们一样，普鲁斯特非常欣赏这种色彩绚丽、节奏奔放、集各种艺术人才于一体的舞台演出，尤其是其中强烈的色彩和节奏，把世纪末的萎靡颓唐一扫而空。

赛莉纳·科坦与尼古拉·科坦

我们还记得，母亲去世后，普鲁斯特雇了一对夫妇做佣人。他们的年龄在三十岁上下，每月的工钱是三百法郎，这是正常工钱的两倍，但这两位不会因此而免于嘲讽他们与众不同的主人，比如丈夫对妻子说："你的朋友瓦伦丁在叫你了，记住千万别冲动。"尼古拉是个胖子，"胖得像桑丘·潘沙"[①]，样子也不聪明，按他主人的说法，有点像马约勒[②]；他有时帮着普鲁斯特分类整理手稿纸张，或由普鲁斯特口授写几个字。赛莉纳从1907年到1914年受雇于普鲁斯特，根据她透露的情况，我们了解到普鲁斯特在家中的生活方式。他大部分时间都把自己关在房间里，穿着比利牛斯羊毛织成的长衬裤、袜子和毛衣，因为所有衣物都要在炉子上烤热，所以都呈"焦黄色"；脚下是装着热水的小罐，一床可怜的被子已经被扯烂，新换的一床被子"带有罂粟图案"，是赛莉纳从老家村里带来的。他像所有法国人一样害怕穿堂风，于是找人在卧室的门上钉了一张床单。他还让看门人安托万专门上楼查看，保证他这个单元的窗子全部关好。马塞尔的敏感绝非一般人可比，有一天他在自己房间里告诉赛莉纳，她没有关上食品橱柜的柜门。整个单元的清洁要等到他在卡堡期

① *Corr.*, t. X, p. 151.

② Ibid., p. 176.

间才能进行。赛莉纳曾说起过主人的晚餐食谱：三只羊角面包、滚烫的冒着热气的加奶咖啡、加了奶油调味汁的鸡蛋、炸土豆条、果泥，“一个月天天如此，不变花样”。他发明了弗朗索瓦丝的烹饪艺术，本人却没有享受的福分。他用彬彬有礼的口吻吩咐佣人们做事，总是说“麻烦您如何如何”[①]。每逢外出，他的打扮都有一套繁复的规矩：出浴时必须用滚烫的浴巾把身体裹起来。趁他外出时，佣人们才能替他整理床铺。其余时间里，他就一直休息。

科坦夫妇的儿子出生，虽不至于使马塞尔的生活乱作一团，但毕竟有所干扰。对于主人，赛莉纳不像后来的塞莱斯特·阿尔巴莱那么尽心，她已经返回奥布省的尚皮尼奥尔休养去了。普鲁斯特把一本《欢乐与时日》赠给尼古拉，感谢他“在妻子撇开我们俩回到尚皮尼奥尔的最初几天里，解除了我们的烦恼”[②]；他给赛莉纳写了一封很感人的信，说自己为她的“幸福”而感动，为她送上“一个久病之人对一个迅速康复病人的问候”。他请赛莉纳读《墓中回忆录》，学会他一开始为她抄写的缪塞作品，再读一点热拉尔·德·乌维尔（这是玛丽·德·雷尼耶的笔名）、路易·德·罗贝尔和他的《病人传奇》。他还用韵文给她写信：“既然您珍藏每一张纸／那么我必须把信写成诗。”给尼古拉的便条也是如此：“民族主义者尼古拉／亲爱的科坦，国王的护驾／如果您觉得还有力气的话／二十分钟后，给我一杯滚烫的牛奶咖啡吧／都说喝

① « À l'ombre de Marcel Proust », propos recueillis par Paul Guth, *Le Figaro littéraire*, 25 septembre 1954.

② Ibid.，《身不由己的尚皮尼奥尔》是费多的一部剧作。（这句赠言是普鲁斯特借用剧名玩的一个文字游戏。——译者注）

了它，我的感冒就好啦。”普鲁斯特还与一向头脑简单的尼古拉讨论股票和金融：“每当我们有不同意见的时候，先生都说：‘我们的看法不同！’”普鲁斯特把一套左拉的《四福音书》送给了赛莉纳（我们知道其中一卷是《繁殖》），所附的赠言颇有意味：“一个异教徒的问候。”[①]马塞尔一直关心如何提高家中佣人的文化修养，也许他认为左拉对赛莉纳最为适宜。在小说中，叙事者有一位姨婆借用了她的名字赛莉纳，弗朗索瓦丝的性格中含有赛莉纳好战的成分，这是马塞尔对这位女佣不满的地方，她曾经大叫：“我倒要看看是怎么回事，战争！”尼古拉在《重现的时光》的草稿中出现过，主要是作为遗传疾病的例证：“到了四十四岁，他的健康开始走下坡路，肥胖的身体开始消瘦，农民父亲受癌症折磨时的虚弱样子在他身上重现……而后父亲带走了儿子并重新回到了地下，父子二人已合为一体了。”[②]他在前线得了胸膜炎，于1916年6月去世。为此普鲁斯特在信中写道：“我不得不把我的眼睛、我的笔（以及我的钱）转到他的遗孀那边。”[③]但赛莉纳把丈夫的死归结于她的主人：“他一直被关在先生的家里，那儿像温室一样没有新鲜空气，还生着取暖的火炉……在前线，有了新鲜空气，他就得了胸膜炎。先生曾对我说：‘您说是我害死了尼古拉！’这是实情。”[④]

① *Corr.*, t. X, pp. 138–139 et n. 3.

② « Nicolas », *RTP*, t. IV, p. 971.

③ *Corr.*, t. XV, p. 205, 1916年7月4日。

④ 本书中赛莉纳的言谈均引自Paul Guth对她的访谈。

1910年在卡堡

7月11日，马塞尔再一次临时起意前往卡堡[①]，连雷纳尔多都没有告诉。他带走了尼古拉（此时的尼古拉"开始崇拜狄奥尼索斯"），留下赛莉纳在家里做监工，因为他要改造卧室，尤其是要在墙壁上覆盖一层软木，让它变得"像个瓶塞"[②]。他委托楼下门房一家去托运行李，结果随他一起到的是一件女士的行李，他的行李不知去向，所以他一开始既无法脱衣服，也无法上床睡觉，甚至其他任何事都做不了[③]。实际上，他打算继续写小说，自认为"很快即可写完"，并且突然问起诗人兼批评家让–路易·沃杜瓦耶（他赞赏沃杜瓦耶对弗美尔的评价）能否在《大评论》杂志上发表小说的节选[④]。他本想找于尔里克做秘书，但此君如同莫雷尔一样，"因情事而东躲西藏"，他的父母正在到处寻找他，而马塞尔不愿意让人觉得是他把于尔里克藏了起来。他经常见面的人有表妹瓦伦蒂娜·汤姆逊、居斯塔夫·鲁西医生（"庸医的典范"[⑤]，普鲁斯特借他塑造戈达尔）和夫人以及普朗特维涅一家。由于生病，他每两三天才能下楼活动一到两个小时[⑥]。8月8日，他听了女歌唱家菲丽娅·利特维纳[⑦]与大提琴家保罗·巴泽莱尔[⑧]（他与尼古拉一起喝酒）举行的音乐会。朋友当中包括德·阿尔顿一家，他想送阿尔顿家两位姑娘每人一块怀表，"用细金链挂在脖子上的那种蓝色——雪青蓝或更艳丽一点

① 7月3日前后，他乘火车去了一次枫丹白露，利用火车返回前的间隙，在那儿待了一个小时（*Corr.*, t. X, p. 12 et n. 2, p. 162），仿佛是为了检验和补足《让·桑特伊》中的相关段落，并准备用于新小说对一个驻军城市的描写："星期天，我独自一人乘火车去了一趟枫丹白露，在法英饭店外面徘徊良久，却没有胆量走进去，我害怕自己承受不了当时之我与今天之我的强烈反差。"（1912年致莱昂·都德）

② Ibid., t. X, p. 169.

③ Ibid., t. X, pp. 144–145.

④ Ibid., p. 163.《大评论》杂志，1895年创刊，由Jacques Rouché负责，他后来成为歌剧院经理。

⑤ Ibid., p. 159.

⑥ Ibid., p. 167.

⑦ 她生于1863年，俄裔法国人，是波琳娜·维亚尔多和维克多·莫莱尔的学生，爱德华·德·莱斯克妻子的姐妹，初期演威尔第的作品，后来专门出演瓦格纳的剧目，是巴黎舞台上的第一个伊瑟（1899）和第一个女武神布伦希尔德（1911）。1917年离开舞台。1933年发表《我的生平与艺术》。Voir A. Pâris, *Dictionnaire des interprètes*, Laffont, coll. Bouquins, 1995, p. 626。雷纳尔多经常提到她；普鲁斯特拿她与哈恩开玩笑。

⑧ 保罗·巴泽莱尔（1886—1958），出色的演奏家和作曲家。

的蓝色——珐琅怀表”。他一开始想到的是卡地亚，随即觉得这个牌子太贵，后来考虑到三街区[①]商店购买。最后由雷纳尔多的姐姐玛丽娅·德·马德拉佐下的订单。马塞尔为什么会对这两个女人如此出手大方呢？是因为欣赏柯莱特·德·阿尔顿的美貌吗？是为了体验送女人珠宝的快乐吗？在小说里，叙事者将送给阿尔贝蒂娜一套卡地亚的梳妆品，“这既是阿尔贝蒂娜的快乐，也是我的快乐”[②]。抑或是为了间接地对阿尔顿子爵表示感谢吗？他要感谢阿尔顿子爵提供了很多家谱资料，同时告诉子爵，关于艾梅·德·阿尔顿，莱昂·塞谢都写些了什么，关于“康康舞的创造者”[③]，法国贵族院议员德·阿尔顿–谢又说了些什么。要么就是他想以此种方式化身为缪塞，缪塞是他“在现实生活中的英雄人物”[④]。1910年，普鲁斯特写下了一段关于缪塞的重要笔记[⑤]，其中提到缪塞写给艾梅·德·阿尔顿的情书，并深入思考生活与作品的关系：“如同在矿石中发现几乎无法辨认的矿藏，我们在他的生活中、在他的书信中，能隐约感觉到他作品的某些轮廓，而写作是他生活的唯一理由。我们也能感觉到他的爱情，但他的爱情仅仅是作为作品素材而存在，爱情总是以作品为旨归，作品也将是它唯一的栖身之所。”普鲁斯特的爱情也是如此。他借用阿尔顿子爵的侧影，勾勒出古尔西即未来小说里夏吕斯的轮廓[⑥]。生活中的细枝末节微不足道，只有作品能赋予它们某种意义，方法是把它们放在一个结构当中，这个结构固然在它

① *Corr.*, t. X, p. 169.

② *RTP*, t. III, p. 424 et n. 1，参见十五人译本（四）427—428页。

③ *Corr.*, t. X, p. 188.《费加罗报》和《法兰西信使》杂志1910年发表了缪塞写给艾梅·德·阿尔顿的情书，编者是莱昂·塞谢。

④ 安托瓦奈特·福尔的问卷，*CSB*, p. 336。

⑤ *Carnet*, pp. 108–110, et *RTP*, t. I, pp. 1026–1027. 10月1日，他给哈恩寄去了几行模仿缪塞《十月之夜》一诗第十二节的诗句（*Corr.*, t. X, p. 176）。

⑥ *RTP*, t. III, p. 947.

们之上，但没有它们的填充，就会变得空洞无物。于是，当他让马塞尔·普朗特维涅回想他们共同目睹的“洒满阳光的山峰、落满蓝山雀的树枝和‘大宫女’”[1]等景象时，他已经把这些景象放在了小说里：在紫杉圣皮埃尔，“傍晚时分，刹那间峭壁顶上霞光闪烁，犹如夕阳下的雪山”[2]；叙事者在巴尔贝克附近散步时看见“一群蓝山雀刚刚落在树枝上”[3]；在巴黎，夏吕斯对叙事者说：“我们俩没有一个是土耳其皇帝的姬妾，多遗憾呀。”[4]笔墨留住了转瞬即逝的印象，人物传记也是这些印象构成的历史。

《强硬报》1910年9月21日刊登了普鲁斯特6月份写的一篇文章，评介吕西安·都德四部短篇小说的合集《领带王子》。尽管忙于写作，身体不佳，尽管与吕西安几乎不再来往，他仍然要尽这份朋友之谊，因为他说过，评论界一齐对他这位昔日朋友的“优美才华”保持沉默，让他“感到恶心”[5]。在这篇人物特写中，吕西安集家族的写作才华与绘画艺术（他是惠斯勒的学生）于一身，因此他的作品中有人性的悲悯，有细腻的笔触和色彩，整体显得“和谐匀称”，而且，尽管看上去有些轻浮（普鲁斯特顺手赞扬了《轻浮王子》的作者科克托，称他为“前途无量的二十岁的邦维尔”），但不乏如巴尔扎克某些中篇小说那样对人性的深入开掘[6]。抛开《费加罗报》上刊载的《斯万》节选不算，这是普鲁斯特1920年之前在报刊上发表的最后一篇文章，也就是说，这时他已经放弃了新闻写作，此次打破沉默纯粹是出于朋友之谊。

① *Corr.*, t. X, p. 175, 1910年9月27日。菲利浦·科尔布未能找到这些文字。

② *RTP*, t. III, p. 493，参见十五人译本（四）498页；紫杉圣皮埃尔位于巴尔贝克至杜维尔的铁路线上。

③ Ibid., p. 177，参见十五人译本（四）176页。

④ Ibid., t. IV, p. 388，参见十五人译本（七）120页。普鲁斯特写信告诉德·阿尔顿说（*Corr.*, t. X, p. 188），他没有“起身把普朗特维涅带到圣日尔曼街区”，这一点与夏吕斯对待叙事者的方式不同。

⑤ Ibid., t. XX, pp. 630–631, 1910年9月1日，致该报负责人莱昂·巴伊比。

⑥ *CSB*, pp. 552–554. 11月7日，普鲁斯特感谢并称赞莱昂·都德的书*Lettres après la lettre*（*Corr.*, t. X, p. 201）。

1910年秋

住在卡堡期间，普鲁斯特继续写作，但他明显感到健康状况不如前几年：今年他只去过一次海滩，每隔两三天才去一次饭店的接待厅和游乐场[①]（上一年每天都要去）。9月底，他乘出租车返回巴黎，开车的应该是奥迪隆·阿尔巴莱。他听了好几次马约勒的演唱会，认为马约勒演唱最新作品的表现“卓尔不群”；而他本来想提前给马约勒写信，请求他再次演唱《来吧，宝贝儿》和《马路之花》[②]。

洛里斯来信宣布他与“初次见面就为之倾倒的姑娘”玛德莱娜·德·皮埃尔堡的婚讯；而这位“受过伤害的可人儿”（她曾嫁给路易·德·拉萨勒）所遇的人，正是马塞尔心目中“最聪明、最英俊、最善良之人”[③]。他向新郎、新娘道喜（此类贺词中常有的那种苦涩如今不见了），并且考虑要送什么样的礼物（洛里斯想要一座挂钟，马塞尔不无幽默地告诉雷纳尔多“钟的音色要优美悦耳，告诫他只能写一些让我开心的东西。所以，不太容易买到合适的”[④]）。不料洛里斯——如此亲密的朋友，普鲁斯特与之分享《驳圣伯夫》秘密的人——却没有邀请他出席婚礼；更糟糕的是，费纳龙当上了证婚人。马塞尔说，这个结局他早已从洛里斯“故作沉默[⑤]、刻意装傻”的态度中猜到了，这种态度表明，在某些情形下，“别人既不愿意邀请您，又不愿意挑明不邀请您”。这件事促使他想到有人以他为耻，他写信给洛里斯：“尽管如您

① Ibid., p. 215，致卡蒂斯夫人。

② Ibid., p. 177. Cf. p. 215：“我每月仍起床一次到两次，起床的这一天，一般都是去听马约勒的音乐会，他有两个过人之处，一是只在夜里十一点演唱，二是很有才华！”

③ Ibid., p. 165.

④ Ibid., p. 171.

⑤ 在洛姆亲王夫人身边的勒格朗丹就是这样给自己寻找一个“精神借口”，在贡布雷时对叙事者一家视而不见。

所知，我对自己评价不高，但我认为自己还是‘拿得出手的’，也认识不少您的老相识，因此，我应当属于奥贝侬夫人妙语所说的宜邀请之人，因为这些人不需要解释。”[①]从此类体验中生发出两个主题：其一是“是否收到邀请”——这个主题并不像人们通常认为的那样无足轻重，因为它事关被某个迷人的圈子欣然接纳还是拒之门外，这个主题贯穿整部《盖尔芒特家那边》；其二是友情——浮泛的或不可能的友情——的哲学，一如他在小说中（而不是在书信中）所阐释的友情。

然而，在这一时期，马塞尔得到的都是坏消息（外加美国经济危机导致的股票损失）：罗贝尔·德雷福斯的哥哥病逝[②]，路易莎·德·莫尔南的情人罗贝尔·冈尼亚去世。1911年3月23日，莱昂·富尔德夫人去世，她是马塞尔在圣莫里茨的保护人，也是他的朋友欧仁的母亲，他给欧仁写信说从未像现在这样爱他，所以与他同样悲伤[③]。在给莫尔南的信中，他以《重现的时光》中《安魂曲》的语气叫道：“在结束生命或者这个根本不像生命的存在之前，我恐怕要看到所有美好、高贵、慷慨、具有爱的能力和活的资格的人全部死去。而剩下的人，我恐怕要看到他们痛苦、悲伤地在一座座新坟上哭泣。我属于那种被遗忘得一干二净的人，别人只有在悲伤不幸之时才想到给我写信，所以我不敢再拆开来信，我感到信中只会有坏消息。”[④]这个时期，他多次在书信中谈到米什莱，似乎正在重读他的书[⑤]：他将把米什莱写入《女囚》，与其他伟

① *Corr.*, t. X, pp. 192–194, 1910年11月1日。乔治·德·洛里斯在他出版的与普鲁斯特通信集（*À un ami, op. cit.*）中没有发表这封信，我们都明白其中的原因。他只在序言中写道：“结婚的时候有很多来往信件，这些书信对我来说都是非常珍贵的。”（ibid., p. 41）如果说他没有邀请普鲁斯特出席婚礼是因为不想让别人看到他们二人在一起的话，那么同样是出于这个原因，虽然普鲁斯特反复要求，他也从未询问弗朗索瓦·德·帕里斯是否可以使用盖尔芒特的姓氏（*Corr.*, t.X, p. 217）。

② 普鲁斯特体贴地给他写信说：“不要给我写信。但当你感到孤独的时候，跟你自己说，在远方有一位笃信友情的本笃会修士（我差点写成加尔默罗会修女）在想着你，为你祈祷。”（ibid., p. 212）

③ Ibid., p. 264.

④ Ibid., p. 190, 1910年10月30日。他取代了阿尔布费拉在路易莎·德·莫尔南身边的位置，但路易莎仍继续偷偷地从阿尔布费拉手中拿抚养费。普鲁斯特1907年在特鲁维尔时与阿尔布费拉来往密切（ibid., t. VI, p. 324, n. 4）。

⑤ 他向洛里斯谈到了*L'Insecte*和*Tableau de la France*，向罗贝尔·德雷福斯谈及*La Montagne*。Cf. *Carnet de 1908*, f° 10 et f° 39 v°。

人并列。

让·科克托

普鲁斯特第一次遇到让·科克托是在什么地方呢？科克托不记得了[①]。是1910年3月18日在施特劳斯夫人家中的晚宴上吗？当时，普鲁斯特“仿佛在教堂的石雕花朵前看到鲜活的花朵，感到耳目一新”[②]。总之是在1910年，马塞尔结交了这位“年轻聪明、富有才华的诗人”，觉得他“非常和善”[③]，但“他细鱼骨似的鼻子、撩人的眼睛，让他的神情既像美人鱼，又像海马”[④]。受俄国芭蕾舞的影响，科克托与弗朗索瓦·贝努阿尔创办了杂志《舍赫拉查德》，聚集了法朗士、毕加索、阿波利奈尔和埃米利安·德·阿朗松等一批作者。他因此结识了埃德蒙·罗斯当的儿子，诗人莫里斯·罗斯当，并与他成为十分亲密的朋友。莫里斯为我们描绘了当时的科克托：“细尖的棕色唇髭——现如今没有谁记得他留过小胡子——显得他脸色阴沉，光滑的头发没有任何定型，但他已经具备了那种迷人而躁动的思想……”两个年轻人都往上衣的饰扣里插上栀子花，都到沙尔韦的店里买衬衣，都是罗昂公爵夫人沙龙（罗昂公爵把沙龙比作巴黎的里昂火车站）的常客[⑤]。

普鲁斯特很快就与科克托发生了争吵。科克托退回了一封普鲁斯特的信（这让他想起母亲曾有过同样的举动），普鲁斯特则不顾科克托的“性格缺陷”，在信中向

① *Opium*, Stock, 1930, p. 160：“我已经记不得与马塞尔·普鲁斯特初次见面的情形。我们这伙人一直把他当成一个名人。我看见他，留着胡须，坐在拉吕餐馆的红色椅子上（1912年）。我看见他，没留胡须，在阿尔丰斯·都德夫人家里，被雅姆纠缠不休，就像被一只牛虻叮着不放。我又看见他，在他去世之际，留着刚长出来的胡须。我看见他，留着胡须或没留胡须，在这墙壁铺了软木、满是灰尘和小药瓶的房间里，要么躺着，戴着手套，要么站在犯罪现场似的卫生间里，给绒背心——背心裹着精瘦的胸膛，里面似乎装着他的机械系统——系上纽扣，要么是站在那里，吃着面条。我看见他置身于形形色色的罩子之间，吊灯上、椅子上到处都是……他背靠客厅的壁炉，直起身来……”

② *Corr.*, t. X, p. 232.

③ Ibid., p. 278.

④ Ibid., t. XXI, p. 29.

⑤ M. Rostand, *Confession d'un demi-siècle*, La Jeune Parque, 1948, pp. 122, 136. 莫里斯讲述了他在拉吕餐馆与普鲁斯特（与谢科维奇夫人在一起）初次见面的情形（pp.169–174），随后还讲到他到奥斯曼大道做客的场景：“阿司匹林的包装纸、浅口便鞋等各种杂物散落得到处都是；书堆成金字塔形状；领带就放在商品目录旁边，英国大使馆的请柬紧挨着医生开的处方；而普鲁斯特开始用他疲惫的嗓音为我们朗读《在斯万家那边》的开头。”莫里斯·罗斯当自称经常来拜访（不过普鲁斯特似乎躲着他），来时用桉树精油把娇兰香水的味道去掉。

他提出二人从零开始重新建立友情，且在信末落款“亲切的……”。当时，普鲁斯特向这位年轻人建议，由于他出色的才能已丧失了创造力，所以他应该自我隔离，摒弃“精神的快乐”，这样久而久之就会对作品之美和地点之美产生真正的饥渴。普鲁斯特预见到科克托不会听从他的建议，因为“生活制度远不如性格秉性那么强大”。1910年圣诞前夕，普鲁斯特给科克托的信以几句引文结束，给人的印象仿佛是在调情：“假如我爱你／假如你爱我／假如我们相爱。”①

大量的来往信件证明了他们是不错的朋友，不时还非常亲密，但仅此而已。科克托的爱好倾向与普鲁斯特太过接近，相同的爱好使他们相互吸引，更使他们相互排斥，尽管马塞尔常被二十岁的男孩所吸引，但科克托不会爱上一个比自己年长的男子。他们经常往来的朋友圈有部分重合（见《肖像—回忆》）：吕西安·都德（“最近根本没见到科克托，我感觉他正在吕西安·都德的‘支配下’写作，他根本想不到，其实我知道那人是谁”②）、孟德斯鸠、安娜·德·诺阿耶、米西娅·爱德华兹、德·舍维涅夫人（科克托是她的邻居），后来还有莫里亚克和博蒙一家。他们二人都酷爱俄国芭蕾、斯特拉文斯基和毕加索（科克托带着普鲁斯特看了芭蕾舞剧《屋顶之牛》，让他发现了毕加索），还一道去卢浮宫看曼坦那的《圣塞巴斯蒂安》——男同性恋最喜爱的殉道者（那是“一个明媚的早晨，太阳光如箭一般穿透了圣塞巴斯蒂安”③，马塞尔由阿尔巴莱陪着，早早

① *Corr.*, t. X, pp. 231–235. 简言之，科克托刚刚出版两本小书时，普鲁斯特就看出他“才华非凡”，但从1910年起就指出他精力分散，热衷社交场；人们后来也一直这样责备他。

② Ibid., p. 249, 1911年2月21日，致雷纳尔多·哈恩。3月初，他给哈恩写信说（ibid., p. 262）：“最近吕西安和科克托很亲密，科克托就住在吕西安乡下的家里。”

③ Ibid., t. XI, p. 146, 1912年6月20日之后不久；对信中这段隐晦的话，菲利浦·科尔布未作解释。此事应该发生在年初，因为科克托给普鲁斯特朗诵了尚未发表的《索福克勒斯之舞》当中的一首诗，见Cocteau, *Opium*, *Le Passé défini*, p. 305；另见*RTP*, t. III, p. 673, 参见十五人译本（五）162—163页，周译本（五）167页，阿尔贝蒂娜谈论这幅画，背景里的帕维亚修道院与特罗卡德罗花园十分相像（这个看法相当符合科克托的特点），并指出叙事者拥有这幅画的复制品。

地就到了卢浮宫）。他们俩还都对飞行员有好感（科克托尤其喜爱罗兰·加洛斯，《追忆》在谈到乔托在帕多瓦的阿雷纳礼拜堂所作壁画中的天使时，曾提到加洛斯的名字[1]）。《少女》中在巴尔贝克的奥克塔夫，主要以普朗特维涅、费纳龙和伯恩斯坦为原型，但当他暴露出性格缺陷而后又成为大作家时，这一人物形象中还加入了《好望角》作者科克托的成分。《失踪的阿尔贝蒂娜》所写的奥克塔夫生平，我们能看出其中有科克托的经历[2]：又懒又笨的奥克塔夫被学校开除过，科克托则曾被孔多塞中学开除，二人被开除后还都有出走的举动[3]，这些要素应取材于科克托向普鲁斯特透露的秘密；热衷社交的科克托十分在意衣服的剪裁，这应是普鲁斯特亲眼所见。奥克塔夫的种种表现，比如：这位青年"推出了几出由他自己设计布景和服装的独幕喜剧，这在当代艺术领域里引起的革命，至少不亚于俄国芭蕾完成的革命"；他"有时会爱慕虚荣，这完全可能是他才华的一部分"；他"力图在他生活的社会中以他认为最引人注目的方式出人头地"——凡此种种，我们都能从中认出《拉场戏》和《埃菲尔铁塔上的新婚夫妇》的作者。然而，虽然我们大家都认出来了，他本人却没有。1952年科克托重读《追忆》时，在日记《确指过去时》中留下了一篇虽引人注目但并不公允的评论，他显然并没有在小说中认出自己。

不管怎么说，当科克托在1912年6月发表诗集《索福克勒斯之舞》时，普鲁斯特把自己与雷纳尔多的欣喜和激

① *RTP*, t. IV, p. 227，参见十五人译本（六）228页（此处"加洛斯"译为"加罗"——译者注）。

② Ibid., pp. 184–185，参见十五人译本（六）184—185页。

③ "为了恶心他的父母，他在一家大妓院里住了两个月，就是夏吕斯认为能当场让莫雷尔措手不及的那种场所。"奥克塔夫之所以成为莫雷尔的情人，可能就是因为科克托曾经与一个女演员有过一段恋情（上述关于科克托的资料都是好心的Jean Touzot先生告诉我们的）。

赏告诉他："您是这世上唯一一朵如此美丽芬芳、清新谦和的鲜花。在它身上，竟然建造起这根宏伟、紧固、充实的思想与芳香之柱，而花茎始终笔挺、优美且坚韧，想到这真是令人感动。"[①]但一年以后，普鲁斯特写信给他："您是一个值得敬仰的人……但不是真正的朋友。"并指责他"以为做出倨傲的表情就能显得更高大"[②]。

1911年

1911年年初，很多演出活动打断了普鲁斯特的写作进程，但也丰富了他的写作内容。雷纳尔多·哈恩此时在圣彼得堡，与佳吉列夫一道导演芭蕾舞《蓝神》。2月28日晚，佳吉列夫举行晚宴广邀俄罗斯音乐界、艺术界人士，晚宴后用双钢琴试奏舞剧的总谱，受到广泛好评，此事让普鲁斯特激动得落下热泪[③]。在此之前的2月5日，尼金斯基在马林斯基剧场演出《吉赛尔》，伯努瓦为演出设计的服装被当局认为太过暴露，由此引起轩然大波，演出自次日起被取消。普鲁斯特可能是通过14日的《费加罗报》得知此事，随后写信给雷纳尔多："请您就所发生之事向维斯特里斯和他的朋友转达我的同情。"[④]实际上，普鲁斯特反对任何形式的艺术审查。2月9日，马塞尔前往观看老友埃尔芒创作的《古特拉家的小儿子》的最后一幕，认为这出戏"很感人且非常风趣"。普鲁斯特还阅读了大量期刊，与过去一样喜爱《法兰西信使》杂志上弗朗

① *Corr.*, t. XI, p. 148.

② Ibid., t. XII, p. 222, 1913年7月。

③ R. Buckle, *op. cit.*, 此书记载演出日期是2月28日，而《费加罗报》上说是3月3日；*Corr.*, t. X, p. 257。晚会结束后，哈恩演唱了一些曲目，音乐学院院长格拉祖诺夫演奏了其中的钢琴曲。

④ 大概是因为俄国审查的缘故，他用"维斯特里斯"指代尼金斯基，在与佳吉列夫的通信中也是如此。"朋友"则是指佳吉列夫（Ibid., p. 248, 2月21日，致雷纳尔多）。3月4日他又说，"维斯特里斯"之所以引起他的关注，只不过是因为此人是审查制度的牺牲品；而巴克斯特"从结识的第一分钟起就深深地吸引着我"，并且普鲁斯特从未见过比《舍赫拉查德》更美的东西（p. 258）。这就令人想到，马塞尔1910年曾在巴黎见过巴克斯特和尼金斯基，而尼金斯金对他并不是很友好。在《盖尔芒特家那边》（*RTP*, t. II, pp. 475–479, 参见十五人译本［三］169—173页），他让一位以尼金斯基为原型的舞蹈演员出场，让圣卢由于拉谢尔的原因对他非常嫉妒；那么真实情况会不会是普鲁斯特在后台遇见尼金斯基，但尼金斯基对他的同伴（科克托）更感兴趣而不理会他呢？cf. Esq. XVII, pp. 1155–1157（练习簿39）："他是一支外国舞蹈团中有名的天才舞蹈家……"此处对尼金斯基有出色的肖像描写。

西斯·雅姆的诗歌，并且，平生唯一一次称赞了罗曼·罗兰论托尔斯泰的一篇文章。演出结束后，他与老朋友弗莱尔、卡雅维等一起吃晚餐。阅读莫里斯·多奈关于莫里哀的演讲稿时，他批评其中为制造风趣而导致的时代错乱（如同布里肖）；同样，他认为伯恩斯坦在《费加罗报》上发表的《在我之后》选场，在风格上缺乏文学性，看不到纪德的影响（比贝斯科刚刚为普鲁斯特订阅了《新法兰西评论》[1]，他通过这份杂志阅读了纪德的作品）。但当这出戏从2月18日起在法兰西喜剧院上演时，伯恩斯坦受到了来自《法兰西行动》杂志和保皇派的猛烈攻击，他们指责伯恩斯坦不仅是犹太人，而且还是逃兵（他在结束兵役之前十七个月离开军营，逃到布鲁塞尔，之后受赦免并正常退役），因此，伯恩斯坦在会见了总理莫尼之后（莫尼倒是对他说了很多好话），于3月3日停止了演出。此时的普鲁斯特再次站在受害者一边，支持伯恩斯坦，反击对他的“种种谩骂”并称赞他的“态度令人钦佩”[2]。真正的新生事物是能通过电话线在家中收听剧场演出实况的装置——“剧场电话”（théâtrophone），订户可以收听到如综艺剧场、新剧剧场、夏特莱剧场、斯卡拉剧场、科罗纳乐团的演出实况。于是，2月20日，马塞尔收听了《纽伦堡的名歌手》的第三幕[3]。瓦格纳的歌剧他已经“几乎牢记在心”（他很少向人透露这个秘密），所以他会自行“弥补音响效果的不足”[4]。

① 普鲁斯特把这份杂志看作是“纪德的”，并认为1911年1月、2月、3月刊出的《伊莎贝尔》“微不足道”。这两位大作家，即使在艺术方面，也是天生就话不投机。

② *Corr.*, t. X, p. 258. Voir G. Bernstein Gruber et G. Maurin, *op. cit.*, pp. 17, 29 et 106–121.

③ 在写给雷纳尔多的信中，马塞尔讽刺这部歌剧的脚本：在他看来，剧中创作比赛歌曲的场面令人“难以理解”。《追忆》多次提及这部歌剧。*RTP*, t. I, p. 544，参见十五人译本（二）108页，周译本（二）118页，提及此剧第一幕的结尾，普鲁斯特说我们难以理解艺术家靠聆听鸟鸣来创作音乐。Ibid., t. III, p. 767，参见十五人译本（五）255页，周译本（五）268页，这出歌剧被置于最伟大的歌剧作品之列。Ibid., p. 780，参见十五人译本（五）268页，周译本（五）2页，普鲁斯特暗示此剧第三幕结尾，以及剧中贝克梅塞对瓦尔特曲风的模仿。2月21日，哈恩在《日报》上对此剧的演出予以评介，普鲁斯特向他表示赞许（*Corr.*, t. X, pp. 255–256），同时保留二人对脚本的分歧。有趣的是，我们看到，在雷韦永时期捍卫瓦格纳而反对雷纳尔多的普鲁斯特，这时采取了相反的立场（的确，这里涉及的是脚本而不是音乐）。

④ *Corr.*, t. V, p. 254，致洛里斯。

从《佩利亚斯与梅丽桑德》到《圣塞巴斯蒂安殉教》

2月21日，普鲁斯特收听了从喜歌剧院传送的整部《佩利亚斯与梅丽桑德》[①]，演唱者是佩里耶和玛姬·泰特。他知道雷纳尔多不喜欢德彪西，但仍告诉他这出戏给自己留下了“极为愉快的印象”，并且认为此剧要比一般人认为的更接近由福雷作曲的同名话剧[②]以及瓦格纳的《特里斯丹和伊瑟》。普鲁斯特认识德彪西本人，所以很惊讶他“还有这一手”，“如同龚古尔吃惊地看到肥胖的福楼拜居然写出了《情感教育》中细腻的场景”[③]。他欣喜地在剧中重新看到古代歌曲的质朴、法国十八世纪歌剧的简洁和古诺式的夸张。其实到这时此剧面世已有十年，这个迟来的发现有些把他“镇住了”[④]。尔后，德彪西的音乐剧在《索多姆和戈摩尔》中经常出现，与康布尔梅夫人及其儿媳的音乐趣味关系密切。像往常一样，普鲁斯特沉浸在他新发现的作品当中：“我不停地要求剧场电话传送《佩利亚斯》，就像我过去经常去听马约勒的音乐会一样。其余的时间，所有的歌词都萦绕在我耳边。而我最喜爱的是没有歌词的乐曲部分。”[⑤]他在信中谈到剧中佩利亚斯从地下出来这一“模仿《费德里奥》”的场景：“有几句歌词真真切切地散发出大海的清新和微风吹来的玫瑰香。”[⑥]然而，即便音乐都只能是转瞬即逝的“记录”[⑦]，他仍然偏爱瓦格纳，因为瓦格纳“把自己关于一个题材的所有东西全部倾吐出来，无论它对他而言是远还是近，是难还是易”，这才是普鲁斯特“在文学中唯一看重的”。

① 这出歌剧，是德彪西在梅特林克同名话剧剧本基础上改编并作曲的，共五幕十二场，1902年首演。主要剧情类似于《特里斯丹和伊瑟》，是发生在小叔子佩利亚斯与嫂子梅丽桑德之间的爱情故事。——译者注

② 应女演员Campbell夫人之请，1898年，福雷将原有的片段重新组织编排，为梅特林克的话剧《佩利亚斯与梅丽桑德》写了伴奏音乐，献给埃德蒙·德·波利尼亚克亲王，供Campbell夫人1898年至1899年在伦敦演出之用（雷纳尔多·哈恩曾评论过这部音乐，*Thèmes variés, op. cit.*, pp. 139–148），两三年之后，Campbell夫人再排此剧，由萨拉·贝尔纳出演佩利亚斯。

③ *Corr.*, t. X, p. 250. 提及龚古尔处见*Carnet de 1908*, p. 76 et n. 163。

④ Ibid., p. 254, 致洛里斯。

⑤ Ibid., p. 256, 1911年3月4日，致雷纳尔多·哈恩。Cf. p. 273, 致比贝斯科：他深深地爱上了《佩利亚斯》，在这出剧演出的夜晚，他就一心扑在剧场电话上，在没有演出的夜晚，他就代替佩里耶，自己唱。

⑥ Ibid., p. 257. 这个场面亦在《追忆》中提及，*RTP*, t. III, p. 212，参见十五人译本（四）206—207页，他甚至说玫瑰使他产生了过敏反应。

⑦ *Corr.*, t. X, p. 257.普鲁斯特说：“我所痛恨的是为文笔的优雅不惜抛弃自己所要表达的东西。”他以此一方面责备法朗士、纪德的新古典主义，另一方面批评龚古尔的印象主义文学，以及《重现的时光》所抨击的“记录文学”（littérature de notations）。

仿佛为了摆脱这部不断纠缠他的作品，普鲁斯特以二人对唱的形式写了一篇仿作，并把其中一个片段寄给了雷纳尔多。仿作的内容是，佩利亚斯（哈恩）和马盖尔（阿盖尔和马塞尔的缩合形式）寻找一顶“人人都戴的那种可爱的小帽子”。他是这样介绍的：“读者若在问话中加入短促急切的朗诵，在答话中加入德彪西的沉郁色彩和神秘的叙事抒情曲调，就会感觉到这篇仿作有多么逼真——它模仿的不是梅特林克的剧本，而是德彪西的脚本（这里有细微的差别）。”①

3月，普鲁斯特收到路易·德·罗贝尔的小说《病人传奇》。他1897年就认识了路易，后来是路易把他介绍给皮卡尔上校。这部小说引出了普鲁斯特美学思想中关于作品与痛苦之间关系的一个重要论点。“书籍就像自流井，在地下有多深它才能喷多高……对于像我这样深信文学是人生终极表达的人来说，假如疾病帮助您写出了这本书，那么人们就会认为，您一定是无怨无悔地接受了这位受到天启的助手。”②

5月，马塞尔至少有两次外出。10日，他参加《强硬报》在卡尔顿酒店举行的舞会，结识了玛尔特·比贝斯科亲王夫人。在《与马塞尔·普鲁斯特在舞会上》一书中，亲王夫人描述了他们初次见面的情景：她避之惟恐不及，央求舞会上的每个人，千万不要把她带到“马塞尔·普鲁斯特身边，从晚会一开始，马塞尔就拖了一张椅子坐在那里，面色苍白，满脸胡须，大衣领子掀起来搭在白色的领

① *CSB*, p. 206–207，完整的文本直到1971年才面世。其节选见*Corr.*, t. X, pp. 261–262。

② Ibid., p. 271. Cf. *RTP*, t. IV, p. 487，参见十五人译本（七）215页：“作品就像自流井，痛苦把我们的心挖掘得越深，作品的内容就越丰富。”

带上”[1]。普鲁斯特则觉得她漂亮，能言善辩，只是对他冷眼相待。一年后，在收到她的《亚洲的亚历山大》一书时，他阐明了两个人美学思想的差异，为自己报了这一箭之仇。他不相信能在当前的感觉中找到幸福，他认为幸福存在于对另一种感觉的回忆中，存在于当前与过去的关联中：“虽然我不停地产生欲求，但我从来不希望什么。”[2]这位光彩照人的女性（1887—1973）写过多部回忆录（其中关于普鲁斯特的就有两部，鉴于他们极少来往并且普鲁斯特在死后才赢得大名，这个数量可谓不少）和长篇小说（《绿鹦鹉》），她是安托万和埃马纽埃尔的堂弟妹、安娜·德·诺阿耶的表弟妹，是画家维亚尔（给她画过肖像）和米尼耶教士的好友（她后来写了一本关于他的书）。她活得比她的著作还长久。

21日，普鲁斯特在夏特莱剧场观看《圣塞巴斯蒂安殉教》的彩排。这是邓南遮“按法语的格律创作的一出神秘剧”，献给巴雷斯，伴奏音乐由德彪西作曲，安德烈·卡普莱协助他并担任乐队指挥，福金和巴克斯特分别负责编舞和布景。伊达·鲁宾斯坦出演主要角色。普鲁斯特对这出剧的喜爱程度不及《佩利亚斯》。诚然，他钦佩邓南遮的法语完美无缺，“鲁宾斯坦夫人的双腿无与伦比”[3]，但持续四个小时的演出令人厌倦；音乐在他看来“很好听，但很单薄，没有达到预期效果，甚至被剧情和对白所淹没，有气无力的调门与庞大的乐队很不相称”[4]。但坐在普鲁斯特旁边的孟德斯鸠兴高采烈，激动地摇着普鲁斯

① Gallimard, 1928, p.8. 此书里真正的回忆内容很少；这位亲王夫人与普鲁斯特根本就不熟悉，只见过他三四次，她把普鲁斯特写给比贝斯科的书信胡乱剪裁、编排，并且抢先出版。安托万·比贝斯科1948年出版的普鲁斯特书信也不可靠。

② *Corr.*, t. XI, p. 108, 1912年4月24日。

③ 伊达·鲁宾斯坦（1880—1960）曾跳过《舍赫拉查德》。战后她成立了自己的舞蹈团，向当时最著名的艺术家订购作品。普鲁斯特认为她“有一半像克罗梅尼尔，一半像莫里斯·德·罗斯柴尔德”；她的两性畸形形象主要体现在罗马伊·布鲁克斯所作的裸体肖像上。

④ *Corr.*, t. X, p. 289, 1911年5月23日，致雷纳尔多·哈恩。此时上演的是经大幅削删的简版。

特的座椅，仿佛给它通了电似的[1]。这部作品没有获得成功，彩排时都没有宣布来宾姓名，正式演出只持续了十一场。此次观看彩排，让普鲁斯特有了一个新的体验，也为《重现的时光》提供了素材：上流社会的人在他看来"越来越坏"[2]。

5月，一个过去并不起眼的人物重新出现在普鲁斯特的生活中。阿尔弗雷德·阿戈斯蒂耐利——普鲁斯特在《乘汽车行路印象记》一文中描写过的机械师——希望能让妻子安娜·斯卡尔（他们其实没有结婚，但马塞尔大概不知情）在综艺剧场当个引座员。马塞尔找弗朗西斯·德·克鲁瓦塞帮忙[3]，他的岳母正是德·舍维涅夫人（普鲁斯特在《画刊》上看到过她的一幅照片，遂对克鲁瓦塞写道"我所有的梦想都成真了"）。就这样，某人在另一个人生活中的位置，从无足轻重发展到全面入侵，最终演变为贯穿三大卷小说的长篇传奇；就这样，阿尔贝蒂娜的原型与盖尔芒特公爵夫人的原型在生活中产生了交集。与此同时，普鲁斯特发现"当兵的烦恼"再次浮现。一位少校军医曾来为他检查身体，9月6日，他被军队从编制表中除名[4]，然而到1914年战争爆发时，他又产生了新的担心。不过此时被除名，他倒很满意自己不再是个"能导致某机构运转失灵的破损部件"[5]。

① Ibid., p. 300. 孟德斯鸠6月在*Le Théâtre*杂志上就该剧发表文章（收入*Têtes couronnées*, *op. cit.*, 1916），普鲁斯特就此向他表示祝贺，并称赞文中胪列的绘画史上多个塞巴斯蒂安形象以及他对巴克斯特的赞扬（ibid., t. X, p. 301）。

② Ibid., p. 293.

③ Ibid., pp. 294, 298.

④ 多亏了卡尔梅特的哥哥，巴黎军事司令部卫生处主任从中帮忙，ibid., pp. 344–345, 347–348。

⑤ Ibid., p. 348, 致加斯东·卡尔梅特。

1911年在卡堡

普鲁斯特本来要雇用一个速记秘书，由他口授，帮他抄清小说稿，孰料7月11日，他又像前几次一样突然动身前往卡堡。此时，雷纳尔多住在美丽岛上的萨拉·贝尔纳家里，马塞尔随即给他寄去几首谐体诗。他还很清楚地记得二人过去在岛上停留的情景，在诗中描述勒巴莱的城防工事，并自称为“另一个狄俄斯库里／他不大喜欢芳香”[①]。他的哮喘第一次在卡堡发作，所以一度想离开卡堡，住到维德梅尔医生在瓦尔蒙的诊所。同时，他跟踪了解阿加迪尔危机的进展，这一事件将出现在《盖尔芒特家那边》。在饭店里，马塞尔发现了一位速记打字“高手”科西丽娅·海沃德，不久后《失去的时光》七百多页的打字稿就出自她之手。普鲁斯特不失风趣又不无夸张地在信中写道：“她不懂法语而我不懂英语，所以我的小说是用介于两者之间的语言写成的。”[②]同时，他雇用了阿尔贝·纳米亚斯做秘书。正是在这个时候，他修改了《贡布雷》特别是其中不自主回忆的那一段，因为他在信中问然佩尔关于日本小玩意的事儿（我们还记得玛丽·诺德林格曾送给他一套），“把一些小纸团放在水里，转着转着就变成了小人”；他要弄清楚确切的名称，并想知道是不是要放在茶水里，“是否能变成房屋、树木、人物”[③]。他的案头有一本罗道尔夫·卡恩的收藏品目录，这批藏品1907年被杜凡和女婿然佩尔以一千七百万法郎的价格买下，随即又转手卖出。这位大收藏家拥有“十二幅

① Ibid., p. 314. 7月29日，哈恩因为没有接受过军事训练而未能获得荣誉军团勋位，马塞尔遂给他寄去为“《巴黎生活》最后一幕写的一首歌的开头”，他还为此写了“漂亮的音乐”，并答应等哈恩回到巴黎时唱给他听（ibid., p. 326）；普鲁斯特具有作曲的才华出人意表，迄今仍不为人知。

② Ibid., p. 321.

③ Ibid., p. 321. 这一段曾在《驳圣伯夫》中写出草稿（*CSB*, p. 212）；普鲁斯特在给然佩尔写信时，照抄了《追忆》中的那个著名段落，似乎当时它已经完成，正在进行更仔细的核实。*RTP*, t. I, p. 47，参见十五人译本（一）49—50页，周译本（一）46—47页；var. *a*, p. 1124 et Esq. XIII, p. 696（Cahier 8）et var. *a*, qui reprend un passage plus ancien。

伦勃朗，四幅哈尔斯，可能还有勒伊斯达尔的精品以及一幅霍贝玛的佳作”[①]。从这里可以看出，普鲁斯特在小说中凡是拿绘画作比喻或隐喻之处，都有精确扎实的文献基础。不过，他那双酷爱音乐的耳朵备受折磨，每到黄昏时分，“一群胖妇人在远处沙滩上用打猎的号角和活塞长号吹奏华尔兹，直到天色完全黑下来才止住，真叫人痛不欲生，想跳海了之”[②]。为了战胜这种痛苦，他想了一个找乐子的办法，专门搜集人们言谈举止中令人咬牙切齿的俗套（此处用“咬牙切齿”取代了“令人侧目”，即吕西安·都德喜用的“斜眼症”），并写在给雷纳尔多的信里，比如连香烟都是“永恒”的、动不动就“讨厌鬼”、“你们吃得多香啊”、普朗特维涅一家[③]“抛弃卡堡而去了冰海”，诸如此类，我们将在《斯万夫人周围》中与它们重逢。还有几个颇有刺激性的小故事，比如：“康斯坦丁·拉齐维乌亲王让P. 女士替他吹……被人撞个正着。”[④]8月16日，普鲁斯特参加了高尔夫俱乐部在大旅社举行的舞会，由阿尔顿子爵主持。在舞会上，他遇到了莫里斯·德·罗斯柴尔德，莫尔尼公爵和女儿米西（她曾与柯莱特一同生活，并在舞台上女扮男装），诺阿耶一家，博弗勒蒙一家，玛姬·泰特（她定期与娱乐场的乐队一同演出）。尤为重要的是，他终于可以当面向弗朗索瓦·德·帕里斯请求，允许他在小说中使用盖尔芒特的名字[⑤]（帕里斯告诉普鲁斯特，洛里斯从未向自己转达他曾催问多次的这个请求）。我们也许会问是什么动机促使

① *Corr.*, t. X, p. 320；R. Gimpel, *op. cit.*, p. 306.

② Ibid., p. 323，致雷纳尔多·哈恩。

③ Ibid., t. XIII, p. 368，1911年12月末，致马塞尔·普朗特维涅：“那么，我的小马塞尔，这是完全忘记了吗？……今年夏天在卡堡，我是多么想念令尊令堂大人！”他曾与他们一起组成了一面对“社会景象非常宽容的镜子”。

④ Ibid., t. X, pp. 332–334. 他是否受此事启发，写了盖尔芒特亲王在梅恩维尔的妓院里被夏吕斯撞见的场面呢？

⑤ Ibid., p. 338.

马塞尔出席舞会，对此他自己作了解释："我从不外出。与'私密的'聚会相比，我更喜欢大场面的'厮杀'，在人流当中往往能见到让我久久不能忘怀的面孔。"[1]

普鲁斯特关注报上的时事和出版界的消息，读到了《费加罗报》上连载的梅特林克的长文[2]，以及巴雷斯的一篇序言[3]。最初接触梅特林克时，普鲁斯特对他非常推崇，并且如我们前文所讲，在《索多姆和戈摩尔》中引用了《花的智慧》；此时，普鲁斯特则批评他把不可知的东西说得"如同自家卫生间那么熟悉"，他所说的无限，就像是一辆四十马力的"神奇"牌汽车，这个意象后来被普鲁斯特重新拾起，用在描写瓦格纳音乐的一个小节里[4]。为表明自己早就思考过死亡的问题，他刻意声明，论述死亡的章节"很久以前"就已写定，其中的观点与梅特林克截然相反，认为死亡远非"否定"，而是"某种强烈的'肯定性'的表现"。[5]。对于巴雷斯的文章，他指出，文学体裁"不过是一种可资利用的形式，用来表达比它本身更为宝贵的感受，或者用来表达不知该用何种形式予以揭示的真理"[6]。这正是普鲁斯特提出的一对问题：如何把诗的感受嵌入一种缺乏诗意的体裁，以及如何处理感受与真理——也就是诗与心理、社会法则——的比例？至于《新法兰西评论》，普鲁斯特感到失望。"塔罗兄弟被称作大作家"，而他在其中只欣赏"不同凡响"的克洛岱尔，认为他是"一位真正的作家"[7]，但他对克洛岱尔的钦佩最终没有得到回报。12月，他重读龚古尔兄弟的《日

① Ibid., t. XI, p. 69.

② « La Mort », *Le Figaro*, 1911年8月1日至6日。

③ « Un discours à Metz », *Le Figaro*, 1911年8月16日，为Oliphant夫人作品 *La Ville enchantée* (Émile-Paul, 1911)所作序言。

④ *RTP*, t. III, p. 668，参见十五人译本（五）157页，周译本（五）160页。Cf. *Corr.*, t. X, p. 353。

⑤ Ibid., t. X, pp. 337–338, 1911年8月23日或24日，致洛里斯。

⑥ Ibid., p. 342, 1911年8月底。

⑦ Ibid., t. X, p. 384.

记》，从中摘出几个含义暧昧（“洛蒂跟所有的男男女女都要打打交道”）或可笑的句子（都德问洛蒂家中是否曾有人当过海员，洛蒂答道：“有，我有个叔叔，在梅杜萨之筏上被吃掉了。”[①]）这一年，他还重读了《卡拉马佐夫兄弟》，认为这是一部“令人钦佩”[②]的小说，并在小说草稿（后来纳入《女囚》）中提到了发生犯罪的房屋。

① Ibid., p. 389.

② Ibid., t. XI, p. 19.

1911年秋

10月1日，饭店关门歇业，普鲁斯特回到巴黎。至此，他已经找人打印了小说的一大部分，独自待在饭店房间里时，他就继续写小说。他在信中向雷纳尔多宣布已将小说拿去打印：“我正在写一本小书／它胜过布尔热，不让布瓦莱夫。”[③]甫返巴黎，尽管哮喘严重复发，他还是托人给两位阿尔顿小姐送去两套梳妆用品，这样就避开了度假地娱乐场的流言蜚语。对此，他似乎曾深受其苦，因此希望保护自己免受其害：“在乌烟瘴气的娱乐场里，一举一动都会被蠢人误解，被坏人歪曲，被闲人嚼舌头，被死脑筋揪住不放。”[④]同去年赠送的两块怀表一样，这两套梳妆用品也是送给阿尔贝蒂娜那套梳妆品的灵感之源。

③ Ibid., t. X, p. 374.

④ Ibid., p. 358. 我们认为那个字是“ressasse”（揪住），而不是像菲利浦·科尔布那样认为是“rassasie”（使满足）。

阿尔贝·纳米亚斯

在卡堡期间，普鲁斯特与阿尔贝·纳米亚斯的关系更加密切。普鲁斯特1908年与他相识[1]，次年在信中向他表示自己的友情真挚而恒久[2]，并点拨他如何处理好与情妇的关系[3]。1909年夏，普鲁斯特给他"打过好多次电话"[4]，费了很大力气给他一位跳芭蕾舞的女友帮忙，还在卡堡的海堤上遇到过他的姐妹们。纳米亚斯生于1886年，父亲是一位股票交易员，也叫阿尔贝·纳米亚斯[5]，1854年生于君士坦丁堡，住在蒙田大街53号或卡堡的贝尔特别墅，母亲安娜·巴伦·德·古兹曼，生于厄瓜多尔。纳米亚斯个头不高（1.63米），比普鲁斯特矮一些，他在第一次世界大战中表现突出，获得过战争十字勋章，1979年在戛纳逝世。他从1911年起给普鲁斯特当秘书，负责把主人的要求转达给海沃德小姐或后来接替她的打字员。马塞尔在信中对他说："您对我真是太好了。"[6]返回巴黎之后，纳米亚斯将练习簿排好顺序交给海沃德[7]，保证她顺利完成了七百一十二页的打字稿，这也就是普鲁斯特将来交给出版社的稿件，格拉塞出版社据此排印出第一批校样，标题是《心的间歇》[8]。他是个非常聪明的年轻人，普鲁斯特交给他的练习簿，他都在页边作了标记[9]。在卡堡的时候，他替普鲁斯特在娱乐场赌博[10]。他同时在一家证券经纪人公司从事股票交易，普鲁斯特瞒着过于理智的利奥内尔·奥塞尔给他下交易指令；普鲁斯特同时与奥塞尔保持通信，还曾说起"我的金融骑士给我造成了

① Ibid., t. XIX, p. 714：但落款时只写道"您的忠诚的"。
② Ibid., t. IX, p. 206.
③ Ibid., p. 212.
④ Ibid., t. X, p. 161.
⑤ 因此，在德鲁奥拍卖行1995年的目录中，把普鲁斯特仅以礼貌语气题赠给父亲的一本《欢乐与时日》（*Corr.*, t. X, p. 376, 1911年11月6日）误认为是赠给儿子的。阿尔贝·纳米亚斯的名字被收入《社交年鉴》和《巴黎名流》。Voir H. Bonnet, *BAMP*, nº 35, 1985, p. 381, « Nahmias fils »。
⑥ *Corr.*, t. X, p. 376.
⑦ Ibid., t. XI, p. 25, 1912年1月初（里面涉及描写布洛涅森林的情节）。4月初，纳米亚斯交给海沃德"第二批手稿"（克里克贝克－巴尔贝克，蒙塔尔吉－圣卢，弗勒吕斯－夏吕斯）。同样，到了1912年6月，他从Mourmelon寄给海沃德小姐86页稿子，这是普鲁斯特口授并由他听抄的，这批稿子对应的是当时已经完成部分的结尾，也就是在巴尔贝克的度假结束（H. Bonnet, *art. cit.*）。总之在1912年夏，他在卡堡大旅社的信纸上手抄了一些稿子，但经过反复不断的修改已经难以辨认。
⑧ *RTP*, t. I, notice des *Jeunes Filles*, p. 1285.
⑨ *Corr.*, t. XI, pp. 96–98. 正是在1912年4月，他注明把Montfort的名字改成诺布瓦。
⑩ 普鲁斯特还在百家乐（baccara）纸牌赌博中利用"赌场老板"提供的代理服务。因此，他在《女囚》中改头换面地引用德·塞维尼夫人的一句话，用在母亲给叙事者的信中："他有本事不赌不玩就输得精光，不亲自露面就把钱花个精光。"（ibid., t. XI, p. 32）

损失”[1]。一开始事情很顺利，普鲁斯特在信中对纳米亚斯说：“我从您那儿收到大笔的钱。”信末用语是“亲切的情意”[2]。但时隔不久，他在12月初以四十万法郎买进的金矿、铜矿股票损失惨重。普鲁斯特在信中写道：“这种赌一把的狂热，在卡堡期间曾经表现在百家乐上，如今这种表现形式后果更加严重，但它不会持续太久。这也许是我一潭死水般的孤寂生活在寻找与它相对立的另一极。”[3]普鲁斯特对纳米亚斯的感情一如既往[4]，11月在信中表示：“在卡堡的时候，我养成了一个既舒心又很糟糕的习惯，那就是在您面前，我自己有什么想法都毫无保留地说出来，让我心里的大小活动都反映到您的心里……我恨不能改变性别、面容、年龄，变成一个年轻漂亮的女人，全身心地拥抱您。”[5]12月，普鲁斯特让他的“小阿尔贝”称呼他为“马塞尔”，阿尔贝这个名字后来成为阿尔贝蒂娜[6]。到了1912年2月，阿尔贝像当年的吕西安·都德一样，成为“我的小家伙”[7]。他送给普鲁斯特不少礼物，有首饰、珠宝，甚至还有一个电热水袋，但都被普鲁斯特拒绝[8]。马塞尔在信中描绘他的容貌：“就在我写信的时候，我眼前闪现出在您的中分发型之下洋溢着青春微笑的双眸，浑圆松弛的鼻孔是您生性善良的标志，这个标志更增添了您的光彩。”[9]后来，当普鲁斯特指派纳米亚斯寻找阿戈斯蒂耐利时，回想起他们二人的关系，他还将提及当初关于他们的性格出现的种种流言。

① Ibid., t. X, p. 379.

② Ibid., t. X, p. 375, 1911年11月前后。

③ Ibid., t. XI, p. 41, 1912年2月初：普鲁斯特问比利，是否应将购买的期货推迟到下个月售出。关于他遭受的损失，ibid., t. X, p. 388, 1911年12月24日或之后不久，致雷纳尔多·哈恩的信及注释26。

④ 据菲利浦·科尔布（与作者的谈话），Henri Mondor曾仔细研究过阿尔贝·纳米亚斯，说他是同性恋；更确切的说法应该是双性恋，因为他结过两次婚。普鲁斯特可能会喜欢特别具有男子气概的或至少是结了婚的男子，如纳米亚斯、阿戈斯蒂耐利。相反，特别女性化的人，比如莫里斯·罗斯当，并不能吸引他。

⑤ *Corr.*, t. XIII, p. 367，1911年11月前后。

⑥ 正如我在另一本书（*Proust*, Belfond, 1983）中所说，当有人问纳米亚斯是不是阿尔贝蒂娜的原型时，他答道：“我们是好几个人呢。”

⑦ *Corr.*, t. XI, p. 46.

⑧ Ibid., p. 95.

⑨ Ibid. , p. 95, 1912年4月。

12月5日，普鲁斯特与艺术史家吕西安·昂罗（1877—1926，他是贝伦森的崇拜者）一道在迪朗–吕埃尔画廊参观中国绘画和古代屏风展览。他在那儿遇到了一位“上了年纪、让人认不出来的”美男子，完全是“化装舞会”上的形象，此人正是玛德莱娜·勒迈尔的朋友乔治·罗迪耶，也正是他告诉普鲁斯特，奥黛特的原型之一莱奥妮·克罗梅尼尔戴的那顶帽子是“伦勃朗式的”[1]，这个微末的细节让我们看到，普鲁斯特为追求资料的准确性花费了多少心思，也让我们看到，他如何在一场寻觅中国的展览上，最终只发现一顶帽子。谈起科克托，罗迪耶像勒格朗丹一样，规劝他远离社交界[2]。然而，中国艺术没有打动普鲁斯特，在他的小说里，中国艺术也只出现在维尔迪兰夫人的屏风上，出现在《重现的时光》中那段仿龚古尔日记所记载的盘子上。当时，日本艺术风靡法国，对印象派和1890年前后的独立画家产生了极为重要的影响；而中国文化并不时髦，在文学中，中国的形象只在克洛岱尔、谢阁兰、圣琼·佩斯的作品中留下了一些痕迹。

① *RTP*, t. I, p. 237，参见十五人译本（一）239页，周译本（一）246页。

② *Corr.*, t. X, p. 388：“如果他投身社交界，那他就毁了。”

1911年的小说

1910年，普鲁斯特在小说写作上用力甚勤，关于斯万、少女、盖尔芒特一家的草稿都有很大进展，但普鲁斯特很少在书信中透露写作进程。到了1911年，应当就作品的生成作一个新的小结：假如说存在一个1909年的版本，那么就应该有一部1911年的版本，因为它就像一座教堂，建筑规模随着时间的推移而逐步扩大。此时，《贡布雷》《斯万之恋》和《地名》的手稿已经完成；在练习簿39—43以及练习簿49当中，已经有了《盖尔芒特家那边》的雏形，贝戈特、埃尔斯蒂尔等人物已经就位。到1911年，最后一部（后来称作《重现的时光》）已有许多草稿片段，它们将出现在1913年版《在斯万家那边》预告的“第三卷目录”当中，包括：练习簿47中的夏吕斯先生和维尔迪兰夫妇，外婆之死（后来移到别处）；练习簿48，心的间歇，帕多瓦和贡布雷的“善恶图”；练习簿50，康布尔梅夫人，圣卢的婚礼，《失去的时光》结局部分。所以说，在1911年，小说已经成形，它不再是1909年时的一卷，而是达到了两卷的篇幅，其中第一卷已经是清稿，第二卷仍是草稿状态。

XIII

《失去的时光》

（1912—1913）

写作状况概述

1911年年底和1912年年初，普鲁斯特想办法找人打印出了一部七百一十二页的小说，这就是作者在1912年向法斯凯尔出版社提交的小说的第一卷。这部打印稿的封面上写着："心的间歇，失去的时光，第一部分"；其中有一句话首次出现，是在故事写完之后补写上去的，这就是目前《追忆似水年华》的开篇第一句："有很长一段时间，我早早就上床了。"

此时，小说的结构发生了一次真正的革命，它关系到小说的结局部分。在《驳圣伯夫》中，结局部分是与母亲的谈话，而在这部新写出的小说里，在很多方面与母亲具有同样特征和地位的外婆去世了[①]。有论者推测，由于外婆已死，所以小说不可能以同样的方式结尾。但这种说法实际上混淆了自传与小说，在《女囚》中，给叙事者拿来文章的仍然是母亲，他们二人此后就文学问题展开一场谈

① 在好几个练习簿中都有外婆去世场面的草稿。

话不会有任何障碍。实际上，普鲁斯特发现了另一种为小说结尾的方式。如果我们把目光投向练习簿51中为结局部分所写的草稿[1]，就会看到它写的是一场“化装舞会”，叙事者发现化装成老人的各个人物实际也都已经老了，发现起负面和破坏作用的是时间。作于1910—1911年间的第二稿在练习簿57当中也写到了“化装舞会”：“虽说我认识几乎所有的来宾，但我所认出的他们，只仿佛是在梦中，或在化装舞会上，仅凭着这些面孔与他们本人有些相像，才认出是他们。”[2]“化装舞会”第三稿将包含在战争期间写就的《重现的时光》手稿当中。

练习簿57当中，在“化装舞会”的前面是从练习簿58接续下来的第一部分，即“永久的崇拜”。“最后一章”（即严格意义上的重现的时光）的上述“第一部分”，已经包含了原先在《驳圣伯夫》中打算用谈话形式阐述的美学思想，此时，这一美学思想已经以更加小说化的形式，表现为生活体验的结果。永恒的瞬间、起正面作用的时间、处于纯粹状态的时间，对立于起负面作用的时间，犹如青春对立于衰老，帕西法尔对立于安佛塔斯——此时在盖尔芒特亲王夫人的沙龙里正在演出《帕西法尔》。实际上，如同《重现的时光》中所写，叙事者离开很长时间之后重返巴黎，对自己的作家前程充满疑虑，此时，在盖尔芒特府上，不自主回忆带给他一系列启示，让他豁然开朗：“不，过去，真正的过去，不，过去的生命并不是平淡的、庸俗的。它一定是非常美好的，否则，这些如此卑

① Voir *Matinée chez la princesse de Guermantes*. H. Bonnet和B. Brun认为“化装舞会”的第一稿写于1909年，但其他研究者认为写于1910年。

② Ibid., p. 189. Cahier 57, f° 41.

微的感觉——既然生命在过去的某个平常时刻曾让我们体验到这种感觉——就不会赋予我们如此自信、如此不可抗拒的欢乐……过去的某个平常时刻？也许远不止于此；它应该是同时属于过去和现在的某种东西。”[①]占据《贡布雷》大半篇幅的《弃儿弗朗沙》同样让他重新回到童年。在沙龙里，正在上演《帕西法尔》的一幕，叙事者听到了《圣星期五的奇迹》。后来，瓦格纳被转移到《女囚》当中，代之以一支无名乐曲；凡德伊被放在小说的这个部分，因为要演奏他的一首四重奏。叙事者确立了自己未来的美学理论，因为此时他已经发现了其中的全部奥秘，这一美学理论将与他的道德思想融为一体。关于圣伯夫、罗斯金、贝戈特的段落将被移出《重现的时光》，其实这些段落整体上已经接近最终稿，而1911年的“化装舞会”片段与最终稿还有相当大的差距，篇幅也不够长。上述章节的扩展是在1911年8月进行的，恰好是《在斯万家那边》誊清的时候，从而证实了普鲁斯特反复重申的说法：其作品的开头与结尾是同时写成的。小说的生成过程也表明，一旦修改了其中一个，由于某种类似于连通器的现象，就要修改另一个。因此，不自主回忆、演奏音乐等场景，或者更广义的对最初所提各种问题的回答，都从《贡布雷》转移到了《重现的时光》。后来，原先附属于《索多姆和戈摩尔》的部分独立成章时，也被转移到了《女囚》当中。写有“盖尔芒特亲王夫人下午聚会”内容的各个练习簿也表明，在1910—1911年同一时期，更为抽象的那个部分即

① Ibid., p. 149. Cahier 57; comparer avec *Le Temps retrouvé*, *RTP*, t. IV.

“永久的崇拜”，已经具备了扎实的、接近于定稿的文笔风格：在相关练习簿的左侧页面和他称为“拖鞋”的练习簿74（1985年入藏国家图书馆）当中，普鲁斯特作了很多补充，但极少进行修改。相反，“化装舞会”一段，继练习簿51的第一稿之后此时已是第二稿，而且在《重现的时光》手稿中还要进行大幅度的修改润色。

文笔风格也是这种情况。1909—1911年的练习簿中，均不包含小说的最后一句话。1910年的练习簿51当中，能看到“除了我们这样度过的时光，除了时光在其中流逝、我们亦随时光流逝的每一天，我们没有其他的时光”一句；稍后一点，在关于社交生活的议论之后，又有“的确如此”的字样。这个练习簿中有关“盖尔西侯爵（续）”（即未来的“堕落的夏吕斯”）的段落中，有这样一句话：“他悲伤的眼睛里有一种令人不快的光芒，那种神情是说‘我就是我，你们不懂’。”[①]1911年，在练习簿57中：“唉！就在一个更深邃的自我——我（也只有我）必须把它隐蔽在一本比我活得更为长久的书中——在我身上战栗的时刻，我感觉到随时都有可能……”[②]在最后写定的手稿中，这句话被小说目前的最后一句话所取代。至于练习簿11中一个涉及小说结尾的片段，文字在写到叙事者出门之时再度中断：“我离开她，走了出去。”[③]

综上所述，1911年的小说由以下几大部分组成。其一覆盖了未来的《在斯万家那边》和《在少女们身旁》（但尚未包括阿尔贝蒂娜），这部分正在进行打字誊清。

① Ibid., pp. 37, 46, 66.

② Ibid., p. 234.

③ Ibid., p. 240.

其二是关于社交（描写盖尔芒特一家）和同性恋（围绕夏吕斯）的大单元，贯穿其中的主线是叙事者首先追求盖尔芒特夫人，随后追求戴红玫瑰的少女；这个单元由许多手稿组成，写于1910年4月至5月以及9月，又在1911年第一季度作了补充[1]（其中的第一部分《盖尔芒特家那边（一）》于1912年第一季度誊清[2]）。其三是意大利之行，包括米兰、帕多瓦和威尼斯。其四是结局，包括圣卢结婚，未来夏吕斯的堕落，以及在盖尔芒特亲王夫人的下午聚会上对美学理论与时间的阐发。初步的定稿只写到叙事者的凯尔克维尔–巴尔贝克之行，其余的还都是草稿。现在，我们应仔细研究普鲁斯特想如何处理上述所有文稿，他的想法反映在1912年书信里。

① *RTP*, t. II, p. 1494, notice du *Côté de Guermantes*.

② *Corr.*, t. XI, p. 153, 1912年6月27日，致纳米亚斯。从1912年夏至1913年春，普鲁斯特补充完成了《盖尔芒特家那边》，其中包括我们现在知道的所有故事情节（*RTP*, t. II, p. 1504, notice）。

卷册的划分与书名的选择

1912年第一季度，普鲁斯特有两件重要事情要做。一是将已经写定的手稿打字誊清完毕，二是解决他放弃《驳圣伯夫》之后尚未来得及考虑的问题，即给小说确定一个书名。他开始意识到，单独一卷书的容量恐怕不够，随之而来的问题是，第一卷的篇幅要多长，还要取一个总的书名和各个分卷的书名。于是，1912年3月，他写信给让–路易·沃杜瓦耶：“我的书大概有八九百页。到底要不要印成两卷、取两个书名，所有问题都需要您来定夺！”[3]他还写信给乔治·洛里斯：“要印成八九百页的

③ *Corr.*, t. XI, p. 68.

一卷呢，还是印成两卷、每卷各四百页左右？如果印成两卷，每卷四百多页，总书名下各卷有不同名称，我不太喜欢这种方式，但出版会更方便。”[1]普鲁斯特还与洛里斯谈起，他的书分成五个部分，第一卷包含前四部分，但没有说第二卷的内容要如何划分。4月或者5月，打印稿达到每卷七百页，共两卷的篇幅，对此，他更倾向于像阿纳托尔·法朗士《当代史话》那样[2]，给作品取一个总书名，各卷另加名称，这个想法从此再没有变过。关于总书名，他列了一个极具世纪末色彩的清单，更接近于《欢乐与时日》而不是《追忆似水年华》，但往昔、过去的痕迹显而易见：“往昔的钟乳石／面对往昔的钟乳石／面对流逝岁月的钟乳石／岁月流光的反照／岁月流光中所见／往昔的反光／蹉跎岁月，世纪光芒（犹如星辰的光芒）／往昔的寻访者／寻访迟来的往昔／延长的往昔／晚近的往昔／往昔的期待／往昔中的旅行者／时光返照／梦之镜。”[3]从这个杂乱无章、令人失望的备选清单中可以看出，为了找到漂亮的书名，普鲁斯特花费了多少心思，遇到了多少困难，经历了多么漫长的过程，漂亮贴切的书名本身也经历了数易其稿的反复推敲，最终满载着上述种种潜在的意涵呈现在我们面前。

1912年10月，普鲁斯特向施特劳斯夫人透露说，自己曾想过以“失去的时光”作为第一卷的书名，以“重现的时光”作为“第三卷的书名”[4]。书名中最终保留的“失去”与“重现”的对立此时已经出现，但第二卷还没有命

① Ibid., p. 76.

② Ibid., pp. 118–119.

③ Ibid., t. XI, p. 151, 1912年第一季度，致雷纳尔多·哈恩。

④ Ibid., p. 241.

名。实际上，普鲁斯特在向法斯凯尔出版社提交第一卷的打印稿时，曾谈起后续部分“仍处于手稿状态”[①]，可能是两卷，也可能是一卷：“我觉得您不会允许我把‘一’的字样印在第一卷上，所以我给第一卷取了一个名字《失去的时光》。如果全部的后续能容纳在一卷当中，我将把它称作《重现的时光》。在上述分卷书名之上，我想取一个总的书名，把一种身体疾病的名称应用于心理世界，即《心的间歇》。”[②]我们看到此时出现了一个新的书名，普鲁斯特把它作为总书名保留了一年时间，最后则把它作为《索多姆和戈摩尔》一个章节的标题。第一卷由三个部分组成：《贡布雷》《斯万之恋》和《地名》，其中最后一部分包含布里克贝克（先前的凯尔克维尔、未来的巴尔贝克）之行，但没有海滨恋爱的情节。

在11月5日之后不久给加斯东·伽利玛的回信里，普鲁斯特考虑把书分为三卷出版：“比如说总书名为《心的间歇》，第一卷《失去的时光》，第二卷《永久的崇拜》（或者《在少女们身旁》），第三卷《重现的时光》。”[③]

① Ibid., p. 255, 1912年10月28日。

② Ibid., p. 257. 在打印稿的包装封面上也有同样的字样。Voir M. Bardèche, *op. cit.*, t. I, pp. 238–240。

③ Ibid., p. 17.

1912年

1912年元旦，“对孤独的人来说是个凄惨的日子”，这一天，普鲁斯特的佣人们很晚才来上工[④]，幸亏他还有工作要做，这是他唯一的快乐。他一直雇用阿尔贝·纳

④ Ibid., p. 19.

米亚斯，付给他报酬[1]，要求他“以修士般的专注”监督书稿的打印[2]，海沃德小姐此时已来到巴黎，负责打字工作。1月上旬，打字稿进行到第五百六十页，也就是《地名》的部分[3]。正是由于这个原因，普鲁斯特写信询问佛罗伦萨的春季开什么花，老桥上的商贩与巴黎的有何不同，圣母百花大教堂里是否有壁画[4]。他从自己的作品里摘出了“一篇关于山楂花的文章”，加上“白荆棘花，粉荆棘花”的标题，于3月11日寄给卡尔梅特。这篇文章3月21日发表在《费加罗报》上[5]，但标题前面被加上“在春天的门槛”字样，让作者“很懊恼”，另外在文章开头还有一句话，也非完全出自作者之手。这是《追忆》中的文字首次露面，此后在同一家报纸上发表的类似片段，普鲁斯特称之为“小散文诗”，它们是“经过改编的节选”，即通过添加语句将不相连贯的段落连缀拼接而成。他此后一直采取这种方式，把未完成作品的选段提前发表在报刊上。孟德斯鸠亲切地对普鲁斯特说道，他的文章是“唠叨和屁话的混合物”，对此普鲁斯特一本正经而又语气生硬地回应道，他所知道的此类混合物的最精彩表达体现在福雷的《无词浪漫曲》之中：“我想这就是一个强暴唱

① Ibid., p. 43：2月付了300法郎，3月29日付了1700法郎，他要用这笔钱支付打字的费用。

② 但据R. Brydges，这一稿《失去的时光》一共用了六位打字员：“1911年7月前在巴黎有一位，1911年7月至9月在卡堡有两位（海沃德小姐与打字员B），1911年秋至1912年春在巴黎除海沃德小姐之外还有三位（R. Brydges, « Remarques sur le manuscrit et les dactylographies du *Temps perdu* », *Bulletin d'informations proustiennes*, 1984, p. 28）。普鲁斯特发出的指令极为复杂，从而让我们钦佩他所说的纳米亚斯的“出色”才华（例如*Corr.*, t. XI, p. 86 et 87, 1912年3月底）。纳米亚斯随后把誊清并按顺序标注页码的稿子交给海沃德小姐，她只需打字即可（ibid., p. 88, 1912年4月初）。但普鲁斯特在草稿中经常漏掉一些字。

③ Ibid., p. 25–26. 在这封信中，普鲁斯特要求打印包括这部分内容的“红练习簿”和“蓝练习簿”（科尔布的注释是错误的）。这里指的是练习簿65、70。Voir la notice de F. Callu, *RTP*, t. I。

④ *Corr.*, t. XI, p. 21. *RTP*, t. I, pp. 379–381，参见十五人译本（一）382—384页，周译本（一）397—399页；Esq. LXXVII, p. 955 et cit. de Ruskin reproduite de *La Bible d'Amiens*, p. 70。他还密切跟踪阿加迪尔危机，把它写进了《追忆》关于公众舆论影响的思考当中，同时关注论述德国军备水平的文章，从而为东锡埃尔关于战略问题的对话准备了素材（*Corr.*,t. XI, p. 36）。另外，为了写作“斯万的爱情”，他向人了解金屋餐厅和托尔多尼咖啡–冰激凌店的情况（ibid., p. 55）。他问孟德斯鸠——此时他心中想的是德·维尔巴里西斯夫人和她的朋友们——为什么布罗克维尔、博兰古、夏波奈、让泽等贵妇人未能吸引“社会名流”上门（ibid., p. 62）。在同一封信中，我们还看到了闺名Stourdza的Gortchakoff 亲王夫人（1848?—1905），她可能是谢巴托夫亲王夫人的原型。这样一来，我们就能制作一个反映普鲁斯特书信与《追忆》之间对应关系的表格，这个可供查询但读起来一定十分枯燥的表格，能相当精确地显示出小说中各种观念、人物和形象的来龙去脉。也就是告诉我们，他的生活经验在何时、通过什么途径脱胎换骨，转化为文学作品。

⑤ 后来收入《专栏文集》，92—99页。Voir *Corr.*, t. XI. p. 63。这篇节选摘自*RTP*, t. I, pp.111, 113, 136–138, 143。1912年6月4日将发表《阳台上的阳光》（*Chroniques*, p. 100），9月3日将发表《乡村教堂》（ibid., p. 114）。

诗班孩子的鸡奸者所要唱的。”[①]这是夏吕斯与夏吕斯的对话。

此时，雷纳尔多正在喜歌剧院排练《堂·乔万尼》，他的母亲至少已经病重一个多月，最终于3月25日去世。马塞尔本想出席28日在圣菲利浦迪鲁尔教堂举行的葬礼，送别这位“在周围播撒美与善种子”的母亲。“不料剧烈的哮喘让我无法站立，我得想办法让它平息，否则我将遗憾终生。”万一赶不及教堂的仪式，他希望能径直前往墓地，他在信中对雷纳尔多说：“但此时此刻，您的本赫特的心就在您的身边，如同逝者的心，虽无影无形但无处不在。”[②]春季，他前往维兹奈看望孟德斯鸠，但在吕埃尔停了下来，不顾发生窒息的危险——哮喘最终果然如期而至——观赏“正值花期的成片果树形成的巨型白色祭坛”（后来他把这个景色写进了《盖尔芒特家那边》[③]），还津津有味地讲道，果园的园丁们警惕性很高，居然把他当成当时在巴黎地区到处乘汽车作案的盗窃团伙“博诺帮”成员。

因为病得很重，马塞尔5月13日没有去观看芭蕾舞剧《蓝神》的首演。这出剧由科克托编剧，雷纳尔多·哈恩作曲（音乐风格接近于德立布和马斯奈），福金编舞，尼金斯基和卡萨文娜主演，巴克斯特负责舞台设计。故事来自一个印度传说，整体上模仿芭蕾舞剧《火鸟》（尼金斯基饰演克里什娜[④]）。普鲁斯特是否观看过芭蕾舞《牧神的午后》呢？此剧里尼金斯基的编舞和结束姿势曾引起轩

① *Corr.*, t. XI, p. 79, 1912年3月25日或26日。在另一封信中（ibid. , p. 103, 1912年4月），普鲁斯特嘲讽孟德斯鸠：“您出于谨慎（把英国山楂aupébine）写成aubépin，与那位花店女店主如出一辙，施特劳斯夫人曾这样夸奖她：‘她真是行事得体，所以名字叫作Cambron（而不叫Cambronne）。’”（这个玩笑里暗含着另一个小故事。雨果的《悲惨世界》写道，滑铁卢战役期间，Pierre Cambronne将军对要求他投降的英国将军回骂了一句“Merde”，大体上相当于中国的国骂。后来法语中就用mot de Cambronne［Cambronne的词儿］代指那句不雅的骂人话，以至于那位花店女主人都羞于姓Cambronne了。——译者注）

② 未刊信件，见1995年5月10日拍卖目录，Mes Laurin-Guilloux-Buffetaud-Tailleur, Drouot, n° 100 et n° 101。普鲁斯特在这个时期与哈恩的通信有一部分似乎散失了。

③ *Corr.*, t. XI. p. 103, 1912年4月，致孟德斯鸠；cf. p. 129：“一个更漂亮的印象是在乡下，傍晚六点钟的时候，沿着泥泞的道路去看灰色天空之下怒放的苹果花。”（*RTP*, II, p. 453，参见十五人译本［三］147页）

④ 这出芭蕾舞剧取得巨大成功，请见R. Buckle, *op. cit.*, p. 222的描写。

然大波，莫里斯·罗斯当在回忆录中对此有详细的记载。5月24日，普鲁斯特应格雷菲勒伯爵夫人邀请，去看了弗雷克萨根据东方故事改编、马克斯·雷纳尔导演的哑剧《苏姆伦王妃》。同时受邀看戏的斯当迪许夫人，闺名埃莱娜·德·卡尔（1848—1933），是一位“已年近七旬的优雅妇人”（也就是说属于麦克-马洪时代），“风度绝佳，从里到外透出骨子里的优雅和刻意追求的简朴”[①]。普鲁斯特向让娜·德·卡雅维详细询问这两位夫人的衣着打扮，后来用于描写歌剧院里盖尔芒特亲王夫人和公爵夫人服饰上的差异，她们“对妆容和风度，有两种不同甚至截然对立的理解”[②]。为了找到恰当确切的词汇，他“翻阅植物学或建筑学书籍，或者关于时装的报刊。但说实话，都不是那么回事”[③]。在给让娜·德·卡雅维的信中，他还说——如同托马斯·哈代《意中人》的主人公——自己爱上了她的女儿西蒙娜，爱上了她的美貌、可爱的微笑、像花瓣一样的脸颊[④]；既然让娜·德·卡雅维做了希尔贝特的原型，那么卡雅维小姐也将成为圣卢小姐（如前文所述，在生活中，她将成为安德烈·莫洛亚夫人）。

6月4日，他乘奥迪隆·阿尔巴莱驾驶的汽车前往里什庞斯街15号的伯恩海姆-热纳画廊，观看莫奈作品展览，其中有二十九幅“出色的”威尼斯风景画[⑤]，莫奈曾于1908年去过那里。威尼斯，将成为《失踪的阿尔贝蒂娜》第三部分的故事背景；威尼斯——在绘画中与惠斯勒和透

① *Corr.*, t. XI, p. 128.

② *RTP*, t. III, p. 61 et n. 1, 参见十五人译本（四）58—59页, Esq. VI, p. 970 ; var. *b*, p. 1390 ; t. II, p. 353, 参见十五人译本（三）46页; *Corr.*, t. XI, p. 154–155。“在巴黎社交界，斯当迪许夫人既是最引人注目也是最为低调的人物之一。她的朋友圈很封闭。她在圣詹姆斯宫里有各种各样的关系。她拥有亚历山德拉皇后那样的身材和气派，人们常把她们二人相提并论。她与皇后一样，在脖子上挂了一只很高的项圈，被人称作‘狗项圈’。”她在巴黎的女性中间推广“英国时尚”（A. de Fouquières, *Cinquante ans de panache*, *op. cit.*, p. 97–98）。7月4日，普鲁斯特在吉什府的音乐晚会上再次见到这两位夫人，但还无法“更深入地描写她们”（*Corr.*, t. XI, p. 157, 致德·卡雅维夫人）。在这封信里，他提及斯当迪许夫人对雷卡米耶夫人说的一句风趣话，还有孟德斯鸠对莫里斯·德·罗斯柴尔德的反唇相讥：孟德斯鸠请罗斯柴尔德提供首饰以便参加化装舞会，罗斯柴尔德派人送来一枚小胸针，并说“这是家族传下来的珠宝”，孟德斯鸠道：“我原不知道您有一个家族，但我本就以为您会有一些首饰。”这些笑话让普鲁斯特“数月的孤独得到弥补”。

③ Ibid., p. 157.

④ Ibid., p. 136. Cf. *RTP*, t. I, p. 939 : « Ne pas oublier : Statue de ma jeunesse: (Simone). »

⑤ 六幅大运河，七幅总督宫（*RTP*, t. I, pp. 319, 380; t. II, p. 750 ; t. IV, p. 208; 参见十五人译本［一］321、383页，［三］450页，［六］207页；周译本［一］332、397页），五幅圣乔治大教堂（*RTP*, t. IV, pp. 204, 233, 466; 参见十五人译本［六］203页、［七］195页），三幅达里奥宫（t. IV, p. 696），三幅安康圣母堂河道（t. II, p. 660, 参见十五人译本［三］359页; t. IV, p. 288, 552, 参见十五人译本［七］277页），两幅穆拉宫，两幅康塔里尼宫（t. IV, pp. 696–697），一幅《黄昏》。有一本画册复制了其中的九幅作品，并收入了米尔博的专论“莫奈与威尼斯”。Voir G. Geffroy, *Monet, sa vie, son oeuvre*, Crès, 1924, rééd. Macula 1980, pp. 421–425。

纳融为一体，并承载着对罗斯金的沉甸甸的回忆——将通过埃尔斯蒂尔《安康大教堂》[1]和普鲁斯特的“艺术题材的搬移”[2]加以体现。他不仅从这些画作中汲取灵感，还从由这些画作引发的文章中获得启迪，使他对威尼斯的观察更为透彻。我们看到，威尼斯已经出现在《驳圣伯夫》的练习簿中，普鲁斯特在1911年的其他练习簿中又重新拾起威尼斯这一题材。在回应普里莫利伯爵对他《乡村教堂》一文的祝贺时，普鲁斯特明确地说，他已经本着罗斯金对家居建筑的认识，写完了关于威尼斯之行的章节，在这些章节中他“谈到许多建筑杰作，它们的使命是为我们留下寻常而珍贵之物充满感情的语言”[3]。

就在6月4日，《费加罗报》刊出了《阳台上的阳光》一文，此文由《在斯万家那边》结尾处描写主人公到香榭丽舍散步玩耍的几个片段拼接而成[4]，外加在别处散步情节的梗概，以及几行新写的引言：“刚一拉开窗帘，就看见阳光已经在阳台上铺开了柔软的垫子。我不打算出门，这样的阳光没有许诺我任何幸福，为什么每看到阳光就会撩起某种希望呢？——没有任何内容，不带任何对象，而是处于纯粹状态的怯生生、意绵绵的希望！”答案就在文章的结尾，这个结尾也是小说原文所无而专门为此文增写的，它勾勒出普鲁斯特关于记忆的理论：“终究会有一天，生活不再给我们带来任何欢乐。而此时，曾经与欢乐融为一体的阳光将把欢乐还给我们……对我们而言，阳光只是一个有关幸福的记忆；它让我们品尝到欢乐，既在它

① *RTP*, t. II, p. 1585.

② Ibid., t. IV, p. 690.

③ *Corr.*, t. XI, p. 208.

④ *Chroniques*, pp. 100–105；*RTP*, t. I, pp. 389–390, 391, 405, 408.参见十五人译本（一）392、394、408、411页。

光芒四射的当前时刻，也在它所唤起的往昔时刻，或者毋宁说是在这两者之间、在时间之外，它真正给了我们永远的欢乐。”

1912年6月27日，阿尔贝·纳米亚斯把海沃德小姐完成的打印稿整理校阅完毕，这就是总共七百一十二页的《失去的时光》。马塞尔写信给他说：“我的小阿尔贝，我们的合作到此告一段落。”他赠给阿尔贝一本《亚眠的圣经》：“给亲爱的助手和亲密的朋友，谨表深挚的感情。”但又补充说，小说的后续部分将交给“一位我曾谈起过的朋友”，或者径直交给海沃德小姐[①]。这是由于纳米亚斯不再有时间继续这项工作呢，还是由于他感到厌倦了呢？两人从此分手决裂吗？他们的关系确实已经按照普鲁斯特的节奏持续了一段时间，抑或是，既然他们即将在卡堡再次相会，这是普鲁斯特向他发出的一次警告？——当他感觉到对方要放手时，他往往使出这一招。他是想主动提出分手吗？

普鲁斯特显然还没有与龚古尔兄弟彻底诀别，他在洛里斯夫人的来宾留言簿上写了一段模仿他们的文字，这段鲜为人知的文字嘲笑兄弟俩“一丝不苟的马虎”、怀才不遇的愤懑、因世道不公而遭受的苦难[②]。他继续写作读书札记，感到布瓦莱夫已经黯然失色，转而对巴尔贝·多尔维利大加赞赏，“他对每个重要人物的刻画，都近乎医学解剖一样深刻透彻”。这些看法都反映在《1908年记事本》当中，最终将被载入《女囚》[③]。

① *Corr.*, t. XI, p. 153. 我们不知道这位将取代纳米亚斯的“朋友”是谁。另外，普鲁斯特又支付了1700法郎。

② Ibid., p. 161, n. 5.

③ Ibid., p. 166, 1912年7月25日，致让-路易·沃杜瓦耶；《1908年记事本》94页起。沃杜瓦耶即将来卡堡度假，住在埃莱娜别墅，这就使普鲁斯特有机会邀请他：“我们到娱乐场的百家乐纸牌室说话，那儿没人打扰我们。”（*Corr.*, t. XI, p. 180）

1912年在卡堡

8月7日，仿佛为了避免犹豫不决的折磨，马塞尔突然在纳米亚斯的陪同下乘火车前往卡堡。马塞尔事先请纳米亚斯（口气已比不久前冷淡许多）来巴黎家中与他会合，然后陪他一道旅行；他还像往常一样带上了尼古拉·科坦。在大旅社，他住到了最高层，但“可怕的雨声”让他不得安宁。刚刚抵达卡堡，他就听到了马斯奈的死讯，感到非常伤感，马斯奈是他青少年时代最喜爱的作曲家之一，这个消息使他回想起很多往事。他一直喜爱马斯奈的优美、新颖、生动、自然[①]，即便在发现了瓦格纳与德彪西之后，马塞尔仍然对他不离不弃。他认识了不少新人，如一位俄国律师的女儿玛丽·谢科维奇夫人[②]，她在他眼中“完美无缺”，但他有言在先：他记忆力不好，很快就会把他喜爱的人忘得一干二净[③]。谢科维奇夫人则为他在《索多姆和戈摩尔》中以圣西门的笔法刻画蒂蒙莱昂·德·阿蒙古夫人的肖像提供了灵感：“这是一位迷人的女子，才貌俱佳，动人心魄，无论是才还是貌，择其一就足以令人倾倒。可是，她的出身并不足以使她接触如今生活的圈子，最初她一心向往文学沙龙，只结交大作家，还先后成为多位大文豪的朋友——但绝不是情人，她的品行无可挑剔……偶然的机缘让她进入圣日耳曼区，当然，这些文学方面的特权也为她提供了诸多方便……她总有国家机密要向您透露，总有权贵要介绍您结识，不断有名家

① Ibid., p. 182，致雷纳尔多·哈恩。

② Ibid., p. 182 et n. 9, p. 193.

③ Ibid., p. 211, 1912年9月7日。

的水彩画要赠送给您。”[①]《斯万》出版时，她也出了不少力，普鲁斯特赠书给她的题词，透露了关于阿尔贝蒂娜的重要信息。普鲁斯特在卡堡还结识了瓦伦蒂娜·格罗斯（她最终嫁给了让·雨果）。她酷爱俄国芭蕾，在香榭丽舍剧场展出表现舞蹈家的粉彩画，先后与科克托、加斯东·伽利玛、莫朗和法尔格相过从，战后与超现实主义作家来往密切（因此她有很多画表现了这个团体的作家）。当时住在海滨的还有吉什、埃勒、卡尔梅特。与其他年份相比，马塞尔在这一年比较活跃，甚至声称“每两天就要跳一跳舞，活动一下筋骨”[②]。

一天傍晚发生了一次意外。马塞尔与纳米亚斯约好在海堤上见面，但纳米亚斯没有来，原因是汽车出了事故。马塞尔因为不知情，写了一封长信指责他，用词和口气与《斯万之恋》中斯万对奥黛特的责备如出一辙：“您是水做的，无臭无香、无形无色，难以捉摸，永远处于流动状态。”还有些话听起来仿佛是自我剖白：“我对您一直怀有热烈的感情，所以这些事情让我时而感到厌倦，时而想大哭一场，时而想一死了之。”[③]这封信的灵感来自他的作品，而不是相反，它让我们看到，马塞尔与身边的人会发生怎样的“争执”。当天晚上，他还是参加了高尔夫俱乐部的舞会。误会消除，人们又看到穿得花里胡哨的纳米亚斯带着姐妹们[④]与普鲁斯特一同出现在海堤上。菲利浦·苏波当时只有十五岁，在黄昏时分的大旅社露台上也遇到过普鲁斯特，在那儿，人们照例会给普鲁斯特摆上

① *RTP*, t. III, p. 67，参见十五人译本（四）65页。玛丽·谢科维奇1935年在普隆出版社出版了回忆录*Souvenirs d'un temps disparu*。

② *Corr.*, t. XI, p. 185.

③ Ibid., p. 188, 1912年8月20日。参见此信后文中“腐烂的丁香”的比喻；关于为了陪伴朋友而放弃参加舞会的优雅风度，见*RTP*, t. I, p. 285，参见十五人译本（一）289页，周译本（一）298页。

④ 埃斯蒂·纳米亚斯1949年给安德烈·莫洛亚写了一首诗，证明自己是“如花少女”之一：“与我在同册书里的如花少女/已是枯页一般的老妇。”（转引自迪斯巴克，p. 453）

一张椅子，只见他手里拿着阳伞，慢慢走来，侍应生一个个踮着脚尖走路：“大家都知道，阳光和噪音对他的确‘有害’。人人都尊重他，爱戴他。”过了一会儿，他在一张大桌子旁边坐定，与来人交谈。“那会儿他很多时间是谈自己：邂逅的美妙、相遇的痛苦、思念的愉悦。他脸上带着年轻的微笑，目光深邃、辽远，手势缓慢，饱含感情。”[①]因为无法前往弗雷蒙别墅，普鲁斯特写信给费纳利夫人（她在佛罗伦萨拥有别墅，所以她与普鲁斯特的佛罗伦萨之梦联系在一起），称赞她的儿子奥拉斯，此君是巴黎—荷兰银行的负责人，在文学和哲学两个方面都有很高的天赋。普鲁斯特直到去世都始终有求于他，要他提供投资建议或者在其他方面帮忙（特别是当他想打发某个秘书的时候）。他的几个朋友出了车祸，给他造成了心理阴影，于是他考虑租用“旅馆的公用汽车”前去看望施特劳斯夫人。返回巴黎的前两天，他与施特劳斯夫人乘汽车同游翁弗勒尔，在他眼中，汽车就是仙女们带着他重返往昔的魔幻之车[②]。

9月3日，《费加罗报》在头版发表了《斯万》的又一篇节选《乡村教堂》，这篇文章由几个片段重新编排而成，开头则讲到“真正的‘基督教真谛’的作者”巴雷斯，他刚刚在《巴黎回声报》上发表了好几篇文章，呼吁保护教堂。文章的导语把度假时（当时正值夏季）接触的教堂与童年的教堂联系起来，然后是对贡布雷教堂的描写（贡布雷的名字没有出现）。普鲁斯特深知，他的一篇

① 《马塞尔在卡堡》（« Marcel Proust à Cabourg »），《新法兰西评论》“向普鲁斯特致敬”专号，1923年1月，67页。

② *Corr.*, t. XI, p. 222.

文章当中包含着十位其他作者的材料，比如一块块墓石给他留下的印象便是如此[1]，但只有他本人知道这一点。在《费加罗报》上发表的上述三篇文字——其实普鲁斯特本可以选择其他或滑稽或悲伤的段落，但相对于人间喜剧来说，普鲁斯特更钟情于诗——之间，自有其逻辑联系：季节的交替、他钟爱的风景、亲密的家庭关系以及少年时期的爱情、关于回忆的理论，最关键的是教堂，它是整个作品深藏不露的隐喻。这是作品即将面世的好兆头吗？普鲁斯特信以为真，他寄希望于卡尔梅特居间帮忙，把手稿送交法斯凯尔出版社。

① Ibid., p. 236, 1912年10月底，致比贝斯科。

1912年秋：寻找出版社

返回巴黎之后（这一次他没有抱怨哮喘发作），普鲁斯特10月1日前往开心剧场听马斯奈的歌剧《希罗狄亚德》，这出剧他过去没有听过。在《斯万》中，他引用了希罗德做梦的唱段（“难以捉摸的幻象……”）[2]。也许他想把这部作品与他喜爱（这一点与雷纳尔多不同）的施特劳斯歌剧《莎乐美》作比较[3]。他本想邀请阿尔顿子爵一同看戏；这一年，他打算送给子爵的两个女儿毛皮大衣。在《女囚》中，叙事者也想送给阿尔贝蒂娜毛皮大衣，并就此咨询盖尔芒特公爵夫人[4]。

至于要找哪家出版社，法斯凯尔和新法兰西评论都很诱人，一家可以通过中间人卡尔梅特，另一家的牵线人

② *RTP*, t. I. p. 191，参见十五人译本（一）194页，周译本（一）198页。

③ Ibid., t. II, p. 741，参见十五人译本（三）441页；*Corr.*, t. XI, p. 191, 普鲁斯特说自己喜欢哈恩所不喜欢的“佩利亚斯、莎乐美”。

④ Ibid., t. XII, p. 202.

可找比贝斯科与科波（普鲁斯特与科波同时就读于孔多塞中学）。雅克·科波是剧作家和文学批评家，从1909年起担任《新法兰西评论》杂志领导委员会成员（其他成员有让·施伦贝格尔和发行人安德烈·吕泰尔），后来成为杂志负责人，从1912年起（里维埃从此时起担任秘书）负责在杂志上推介长篇小说新作。这份杂志附设“出版部”，纪德、施伦贝格尔和加斯东·伽利玛各出二万法郎入股，伽利玛担任经理。随后同时发生的两件事充分表明，当时的出版者无法理解超出他们期待、超出审读者水平的作品，而这些审读者当中，只有一人始终默默无闻，其余皆大名鼎鼎。普鲁斯特不属于他们的世界，也不像他们那样写作，他的写作不同于任何人。

法斯凯尔出版社方面，普鲁斯特10月26日前后请求施特劳斯夫人提醒卡尔梅特（这本书是题献给他的），他曾允诺想办法让这家出版社出版《失去的时间》[①]。卡尔梅特26日写信给出版社，28日向施特劳斯夫人保证说，法斯凯尔“已经答应，且很愿意出版”这本书，但并不承诺出版后两卷[②]。于是，普鲁斯特寄出了打印稿，坚信小说能成功出版，同时提醒出版社，书中有的人物是“男同性恋”[③]；他希望在增加一页题献和一页“前言”[④]之后，小说能在1913年3月面世。他还请路易·德·罗贝尔出面举荐，并得到他的热情鼓励。他的这些举动，其实很好理解：“我强烈地感到一部作品就像出自自身的某种东西，而它比我们自身更有价值，所以，我觉得，像父亲为儿子

① Ibid., t. XI, p. 240, 致施特劳斯夫人（他在信中顺便向她确认，她的红裙和红皮鞋穿在盖尔芒特公爵夫人身上，将在第二卷当中出现）。

② Ibid., p. 253, 1912 年 10 月 28 日。应该指出，普鲁斯特选择福楼拜、左拉、龚古尔兄弟等自然主义作家集中的法斯凯尔出版社，是自相矛盾的。普鲁斯特与它的审美趣味根本就是格格不入，他自己对此也很清楚：“我很高兴能面向更广大的读者，面向那些经常乘火车并在上车之前买一本印刷粗糙的书的人们。”（ibid., p. 292）

③ Ibid., p. 255 *sq.*, 1912年10月28日，致欧仁·法斯凯尔。

④ Ibid., p. 265, 这是他唯一一次提到这个未付诸实施的计划。

一样为它四处奔忙，是很自然的事情。”[①]谁知此后再无消息，他去拜访卡尔梅特，对方避而不见；尽管有科克托、埃德蒙·罗斯当与莫里斯·罗斯当出面催促，法斯凯尔亦不做回应。实际上，出版方把手稿交给了雅克·马德莱纳审读，他评价道：“读完这部七百二十页的手稿……对它到底在说什么没有任何概念。这一切都有什么用呢？这一切都是什么意思呢？它将把我们带到何处去呢？——无法从中得知任何答案！无法对此发表任何评论！”[②]12月24日，法斯凯尔归还了手稿：它被拒绝了[③]。因为哈恩曾对普鲁斯特说过，法斯凯尔很欣赏他的文章，于是普鲁斯特致信法斯凯尔，提出他在文章中所展开的主题均相互关联，有内在的统一性，希望编成一个集子出版，并附上了自己的仿作和《芝麻与百合》的序言。法斯凯尔再次拒绝。

普鲁斯特觉得《新法兰西评论》（他已经通过比贝斯科给这家杂志寄去了一些文章）“更有助于他书中思想的成熟与传播”，并已经做好了自费出版的准备（不过这种做法不符合这家出版社的惯例）；他并不认为《新法兰西评论》无懈可击，并且对它提出过批评，“但它毕竟是唯一一家评论杂志”：“从文学的观点看，我不会辱没它的名声。”与别处相比，在此处出书他不那么担心会有人指责他伤风败德（除去纪德和盖昂二人的生活习性不论，这份杂志一向反对中产阶级的道德观）。他向比贝斯科阐述自己关于风格的观点，希望他予以转达：“我把自己深

① Ibid., pp. 293–294.

② 这份报告由H. Bonnet发表在1966年12月8日的《费加罗报》文学副刊上，后来收入本书作者主编的《阅读普鲁斯特》一书（*Lectures de Proust*, A. Colin, 1971, p. 10 *sq*）。

③ *Corr.*, t. XI, p. 331.

刻、明晰、烂熟于胸的印象，连同其他十多种印象，隐藏在某种统一的风格之下，我相信，终有一天，富有洞察力的眼睛将会发现它。”[①]科波告诉普鲁斯特，加斯东·伽利玛是出版社的主管[②]，于是，11月初，普鲁斯特想办法与他见面，自从1908年在诺曼底海滨相遇，他们已经认识好几年了。11月6日过后，普鲁斯特给科波寄去了《失去的时光》的第二份打印稿，以及一段供《新法兰西评论》发表的节选[③]，但科波拒绝刊用。11月5日过后，普鲁斯特给加斯东·伽利玛写信[④]，首先考虑把书印成两卷，并提出一些技术上的问题，对此，伽利玛11月8日回复道：“一、我社可将大作按550页左右一卷印刷（每页35行，每行50个字符）；我社出版的许多小说都是每页33行。二、我想，这本书可在3月份（也许是2月15日）上市，这是第一批，余下的5月份上市。三、您有权把大作托付给您中意的人拿去出版，我觉得不承认这个权利的确是不合适的。再次请求您的原谅。您若把我看作出版商，我确实会感到不快。我想重申，我将很高兴再次见到您并当面向您致歉，同时亲手接过这份打印稿。”[⑤]这样的答复几乎就是同意出版，让普鲁斯特非常欣喜。正当他满怀希望准备在伽利玛那儿出书时，这一位似乎又服从了《新法兰西评论》审读委员会的决定，委员会里纪德带头反对，德鲁安、施伦贝格尔、吕泰尔和科波纷纷附和[⑥]。他们都读过小说的稿子吗？纪德后来说自己是罪魁祸首，施伦贝格尔以及安格莱斯则认为是集体的错误：这部小说句子冗长、

① Ibid., p. 236, 1912年10月25日前不久，致安托万·比贝斯科。参见紧接着的这句话：“那些迷醉的时刻，往往只剩下一个平静的句子，甚至仅仅是一个平静的形容词。”

② Ibid., p. 246, 1912年10月25日。

③ Ibid., p. 289.

④ *Corr. avec G. Gallimard*, pp. 10–14.

⑤ Ibid., p. 14

⑥ Voir A. Anglès, *André Gide et le premier groupe de « La Nouvelle Revue française »*, Gallimard, t. II, 1986, pp. 390–393. 让·施伦贝格尔是委员会中有很大影响力的成员，当时握有出版社三分之一的所有权，他从不掩饰自己曾对出版此书持反对意见，同时努力为纪德辩解：“我确信，包括纪德、加斯东、科波还有我，没有任何人读过这本书。顶多随手翻一翻，看几个段落，其中的写作手法已经明显令人气馁。我们拒绝这本书是因为它篇幅太长，还有普鲁斯特作为攀附者的名声。”（A. Gide-J. Schlumberger, *Correspondance*, Gallimard, 1993, lettre de J.S. à J. Lambert）Le propos de Ruyters est cité par Anglès, *op. cit.*, p. 1080. Cf. J. Schlumberger, *Éveils*, *op. cit.*, p. 216。

花哨，“结构和语言皆无可取”（吕泰尔语），加之出自右岸一位社交明星之手，这根本不合这些先生们的胃口，他们期待的是简洁明快、富有条理的作品。这一次，甚至连一份成文的报告都没有，死刑判决立即执行，被告无法进行辩护，也根本没有人替他辩护。后来，加斯东·伽利玛向普鲁斯特保证，他本人与这个决定无关，因为他当时还不是这家出版社的主人[①]。12月23日前后，伽利玛把《失去的时光》退给了普鲁斯特：新法兰西评论出版社拒绝出版[②]。

① *Corr. avec G. Gallimard*, p. 397, 1921年9月22日。

② *Corr.*, t. XI, p. 331.

正是由于这个原因，12月24日刚过，普鲁斯特即请路易·德·罗贝尔把他的作品转给奥伦多夫，并提议自行支付出版费用[③]；选择这家以印行自然主义作品为主的出版社本属无奈，它的答复至今尽人皆知。

③ Ibid., p. 334.

这段时间里，马塞尔两次陪同施特劳斯夫人外出看戏。11月16日，在综艺剧场观看两位朋友弗莱尔和卡雅维的作品《绿衣裳》。12月17日，观看诺布洛克的“阿拉伯故事”《命运》，此剧经儒勒·勒迈特改编，由著名演员吕西安·吉特里隆重推出，在伦敦和纽约大获成功。但让他本人尴尬万分、让他的仆人痛心疾首的是，那天普鲁斯特漫不经心地穿了一件常礼服而不是大礼服。他们的同伴雅克·比才与一位皮埃尔东先生吵了起来——受此情景的启发，普鲁斯特写出了圣卢在剧场里与一位记者吵架的场面——所以在当晚演出过程中，他一直在进行调停，戏的内容一点都没有看到[④]。施特劳斯夫人想和吉特里说句

④ *RTP*, t. II, p. 478，参见十五人译本（三）172页。*Corr.*, t. XI, pp. 316, 318, 336，马塞尔风趣地写道：“结果吉特里在包厢里有幸既看到了一个小丑（指穿着常礼服的普鲁斯特——译者注）又见到了一位爱打架的刀客。”12月20日，比才与皮埃尔东又打了一架，不分胜负。

话，于是演出结束后普鲁斯特陪着她走上舞台，这时他遇到了一位“《俄瑞斯忒斯》中的老者，浑身颤抖，满脸慈祥”，他正是勒迈特：这又是一个预示着《重现的时光》的场景，尤其是因为，在普鲁斯特的心目中，“年龄和疾病已经为他戴上了面具”[1]，他的老相识都认不出他了。此外，在11月20日前后，他请求洛里斯带他去看亨利·鲁阿尔的收藏。亨利·鲁阿尔生于1833年，是一位画家兼实业家，他是德加的好友，与弟弟阿列克斯一样喜欢收藏绘画，他的藏品中除了几件夏尔丹、弗拉戈纳尔、格雷戈和戈雅以外，主要是十九世纪后半期法国画家的作品，1912年待售的藏品中有四十七幅柯罗、八幅库尔贝、十四幅杜米埃、十二幅德拉克鲁瓦、十四幅米勒、四幅卢梭、四幅布丹，以及塞尚（《浴女》和两幅静物）、德加、莫奈（《阿尔让特伊的塞纳河畔》《阿尔让特伊冬景》《集市的场地》）、雷诺阿（《在布洛涅森林》）等人的画作[2]。亨利是当年1月2日去世的，藏品拍卖预计于12月分两场进行，9—11日是古代和现代油画专场，16—18日是古代和现代素描及粉画专场。所以，创造了画家埃尔斯蒂尔形象的小说家普鲁斯特，本想在这批藏品四散之前再看上一眼[3]。此时，他在给勒内·然佩尔（他刚娶了大画商杜凡的女儿；普鲁斯特则想到，他的母亲会因为儿子结婚离家而伤感）的信中忆及当年未能看到罗道尔夫·卡恩的藏品（但看到了藏品的目录）。为了到加沃音乐厅听卡佩四重奏乐团演奏贝多芬[4]（这些音乐作品在普鲁斯特的艺

① Ibid., p. 337.

② S. Monneret, *op. cit.*, p. 791. 埃勒至少留下两幅表现亨利·鲁阿尔的精美铜版画，而德加为他作了好几幅油画肖像。1月，普鲁斯特还在《巴黎评论》上读到雅克–埃米尔·布朗什的两篇文章：《现代绘画札记（关于鲁阿尔的收藏）》（*Corr.*, t. XII, p. 36）。

③ 如此说来，他最终没能去成（ibid., p. 43），但他应该读到了就此发表的所有文字。

④ 第八、十一、十四号四重奏。《追忆》中将提及卡佩以及埃内斯库和蒂博的名字，*RTP*, t. III, p. 791, 参见十五人译本（五）280页，周译本（五）295页。另见ibid., t. I, p. 522, n. 1，并参见十五人译本（二）89页，周译本（二）97页（这几支四重奏也都在小说中提及，t. II, p. 110 ; t. III, pp. 39, 346, 398；参见十五人译本［二］303页，［四］37、348、398页；周译本［二］314页）。要等到1913年2月，普鲁斯特才能听到卡佩演奏的贝多芬。

术生活中占有重要地位，对他在小说中谈论音乐、构思凡德伊的作品大有助益），他连续进行了一个星期的治疗，但12月3日这天，由于哮喘发作，他无法起床出门。

一切从头再来

对普鲁斯特来说，年末本来就是相当难熬的时段，这一次由于出书梦连遭挫折，更是雪上加霜。进入新年后，普鲁斯特还要经历一段更加晦暗的时光，皇皇巨著终于问世的收获之年，竟然笼罩着忧伤抑郁的气氛。

马塞尔听从路易·德·罗贝尔的建议，把书稿寄给了奥伦道夫出版社负责人安布洛。1913年1月14日，不计前嫌的马塞尔前往《费加罗报》社，送给卡尔梅特一只蒂凡尼牌烟盒，他在信中告诉施特劳斯夫人："我这样做是为了我自己。"[①]而卡尔梅特居然没有表示感谢，马塞尔在给哈恩的信中说："我往尚未打开包装的烟盒投上最后一瞥，上面写着：请爱它，它与您只有一面之缘。"[②]他还去找了埃马纽埃尔·比贝斯科，希望能在5月的《新法兰西评论》上发表《斯万》的节选[③]。科波最终拒绝了这个要求[④]，他大概忘了，《新法兰西评论》拒绝《斯万》的理由是书太厚，出版社现有条件无法处理，但拒绝在杂志上发表节选，这个理由并不成立。普鲁斯特先后提出在《费加罗报》文学副刊上刊登《斯万之恋》中关于出租马车的小插曲、《维尔迪兰家的晚餐》和《晚会上的音乐》

① *Corr.*, t. XII, p. 27. 这封信还反映了普鲁斯特式幽默的特点，具体表现是自嘲和笑对忧伤之事："我会有成百上千个可笑或忧伤（如此看来它们永远是一回事）的故事讲给你。我所要讲的愚蠢之事都确有其人，而我就是此类可笑之人当中的一个。"

② Ibid., pp. 48–49.

③ Ibid., p. 31, 1913年1月16日，埃马纽埃尔·比贝斯科写给雅克·科波的信。须注意《巴黎评论》和《日报》也都拒绝了此书的节选。

④ Ibid., p. 54 *sq*. 但这并不妨碍科波在1913年4月17日（ibid., p. 138）要求普鲁斯特为他即将成立的老鸽巢剧场出资。而普鲁斯特不计前嫌，设法为他找到出资者，他本人也不顾资金紧张，认购了3000法郎的股票（ibid., p. 181, n. 9），这笔钱被心安理得地收下了。

等片段，但负责副刊的舍瓦叙一篇也没有接受。同时，马塞尔·普雷沃（因为姓名拼法相近，寄给普鲁斯特的信件时常错投到他那里）拒绝在《巴黎评论》上刊登普鲁斯特评介巴雷斯在2月出版的《天启之丘》一书的文章[1]。以上种种挫折终于让他怀疑，既然自己“与最聪明的同代人都格格不入”[2]，那么是否还有充分的理由坚持让自己的小说问世。

到了2月15日前后，他仍然想把自己的文章结集交给法斯凯尔出版，但同时流露出，因遭受“同代人如此严酷和冷漠”的对待而备感伤心，并坦言由于作品“接连不断遭到拒绝”而丧失了自信[3]。因此，《重现的时光》中有这样一句话：“过了不久我就拿出了草稿，但没有谁能看得懂。”[4]正在这时，他得知《斯万》被奥伦道夫出版社退稿，安布洛给路易·德·罗贝尔的信中直言不讳地写道：“也许是我不开窍，但我实在不能明白为什么一位先生要花三十页的篇幅写他如何在床上辗转反侧、难以入眠。”普鲁斯特就此感叹道：“有个人……在手里掂量着一本七百页的书稿，您将看到，在这七百页的书稿中，许多道德、思想和痛苦的体验不是被稀释而是被浓缩，但他竟然用这种语气将它拒之门外。”[5]

时隔不久，普鲁斯特以他特有的灵机一动的神力——他日后满怀信心地说道：“生活在哪里筑起围墙，智慧便在哪里凿开出路。”[6]——决定请勒内·布鲁姆询问他在拉丁区相识很久的密友，出版家格拉塞，能否接受作者自

① Ibid., p. 285；在这封写给巴雷斯的信中，普鲁斯特交代了那篇现已丢失的文章的大体内容。《时报》也拒绝了此文。

② Ibid., p. 38, 1913年1月25日，致路易·德·罗贝尔。

③ Ibid., p. 70；他问德·诺阿耶夫人是否保留了他本人没有留存的文章或序言。另外，普鲁斯特还提出陪她一起去佛罗伦萨，这是他一直想去的地方：“说不定有时候我会在晚上九点钟起床，请您给我讲一讲它是什么样子。”（ibid., p. 74）

④ *RTP*, t. IV, p. 618，参见十五人译本（七）343页。

⑤ *Corr.*, t. XII, p. 77.

⑥ *RTP*, t. IV, p. 484，参见十五人译本（七）212页。——译者补注

费出版小说。他提出这个条件的目的是能够立即出书，省却讨价还价的麻烦[①]。他在信中对布鲁姆写道：“我相信这本书……终将为他增光。”[②]布鲁姆于是与格拉塞谈起此事，格拉塞同意了。

贝尔纳·格拉塞

格拉塞[③]入行之时，法国出版界还停留在十九世纪。除了左拉、莫泊桑和都德之外，一部质量上乘的小说能卖到二千本。他嗅觉敏锐，精力充沛，在出版上致力于革新，发明了许多新方法，身边聚集了一批当代最伟大的作家，如吉罗杜、莫朗、莫里亚克、科克托、蒙泰朗、马尔罗。贝尔纳·格拉塞生于尚贝里，他的父亲是律师，写过一本关于约瑟夫·德·迈斯特的书，去世时贝尔纳只有十五岁。贝尔纳的童年几无快乐幸福可言，父亲去世后他由叔叔（一位著名神经学家）抚养，在蒙彼里埃读法律，1901年获得学士学位，之后做了注册律师，他追随莫拉斯的民族主义，属于反德雷福斯案重审派。母亲于1906年去世，次年他迁居巴黎，在盖-吕萨克街成立了一家出版社，原因是他的朋友亨利·里加尔写的小说《穆奈特》无处发表。他最初经手出版的几部书今天已无人记得。他雇用路易·布兰做助手，此人一直对他忠心耿耿。出版社承揽作者自费出书业务，这在当时是相当普遍的做法。他与佩吉和瓦莱特经常往来，这两位都是他敬佩的出版

① 如果此路不通，他将考虑另外两种可能：在《诗与散文》杂志上发表，或直接找一家印刷厂。2月20日前后，普鲁斯特致信布鲁姆推介自己的书。勒内·布鲁姆，1878年生，莱昂·布鲁姆的弟弟，《吉尔·布拉》杂志编辑部秘书，后来担任蒙特卡罗芭蕾舞团艺术指导，写了《〈在斯万家那边〉是如何出版的》（*Comment parut Du côté de chez Swann*, Kra, 1930）一书，1944年在奥斯威辛集中营中死于德国人之手。普鲁斯特是1902年通过比贝斯科认识他的：“昨晚我远远地看见你的朋友勒内·布鲁姆先生，瘦伶伶，粉嘟嘟，怯生生，笑眯眯，卷头发，像希腊雕塑艺术鼎盛时期的伊波利特。”（*Corr.*, t. III, p. 102, 1903年8月17日）菲利浦·科尔布认为他是布洛克的原型之一。

② *Corr.*, t. XII, p. 80.——译者补注

③ J. Bothorel, *Bernard Grasset*, Grasset, 1989.

家。他经手推出的第一部名著，是1909年出版的吉罗杜的《外省女人》，随后于1911年出版了同一作者的《冷漠者的学校》，它的影响并没有超过前一本书。1910年，格拉塞把出版社迁到圣父街61号，当年出版的《仿作集》（勒布与缪勒合著）是他推出的第一部畅销书，随后阿尔丰斯·德·沙托布里昂的《德·路尔蒂纳先生》荣膺1911年龚古尔奖。为了推销他出版的书籍，格拉塞实施了一整套的宣传策略，包括做广告、付费刊发文章、直接求助于名流等，普鲁斯特将来也会运用这些方法。1913年，格拉塞出版了莫里亚克（他本来更希望由新法兰西评论出版社出版）的第一部小说《戴锁链的孩子》。他是个出色的出版家，刚出道时成败相参，但由于遭受了难以治愈的心理创伤，情绪很不稳定——这就是与《追忆》作者打交道的那个人，他们从未成为朋友。1914年爆发的世界大战，他并不比伽利玛（以及普鲁斯特）参与得更多：到了9月他就一病不起，在疗养院或旅馆中度过了两年时间。出版社一度暂停业务，直到1917年才恢复，这就为普鲁斯特后来更换出版社增添了一个理由。1916年间进行的艰难谈判以及格拉塞提出的赔偿要求，促使普鲁斯特在后期补入《索多姆》的内容中，加上了这样几句近乎挖苦的描写：“巴黎的一个大出版商登门造访，本想人家会挽留他，但当他明白自己风度欠佳，不受小圈子欢迎时，旋即拂袖而去。这是个高大强壮的汉子，面色棕褐，神情专注，有那么点干脆麻利的劲头儿，样子活像一把乌木裁纸刀。”[1]

[1] *RTP*, t. III, p. 296，参见十五人译本（四）297页。

1913年2月24日，普鲁斯特写信给格拉塞要求他拟一份合同，提出自己保留版权并建议售后分成的具体比例，还告知已寄出“第一卷”书稿《失去的时光（第一卷）》，另一部分将在“十个月以后”出版，目前还是“无法识读的手稿”，书名将是《失去的时光（第二卷）》[1]，“因为实际上这是一本书”。于是双方开始谈判。马塞尔希望书的价格低一些（3.5法郎）：“我关心的不是经济利益，而是让我的思想进入能够接受它的头脑，数量越多越好。”他强烈要求此书要易于阅读（每页35行，每行45个至50个字母），总共不超过700页（实际上是523页，每页36行至38行，每行52个字母）。普鲁斯特随后收到了合同文本，3月11日寄还，同时支付首笔费用1750法郎；书出版后，他将从每册3.5法郎的售价中提成1.5法郎。为了保持自己的独立性，他后来还要支付因在校样上大量修改导致的改版费用，以及广告费（当时很多报刊宣传文章、刊登广告都是收费的）。见到样书之后，他还继续讨论字体大小（他希望字体再大一些，但最终只好放弃）、页边宽窄以及用纸等等。

与各出版社的交涉争执并没有让他完全停止艺术活动。1月31日，他在衬衣之外罩上一件毛皮大衣，在巴黎圣母院待了整整两个小时，仔细观赏圣安娜门廊，“八个世纪以来，此处表现的人性要比我们在别处所见的温馨可爱得多”[2]。埃米尔·马勒曾指出，圣母院正立面上的一排法国国王雕像代表的是耶稣血缘上的祖先犹大国诸王，

① *Corr.*, t. XII, pp. 95-97.

② *Corr.*, t. XII, p. 45, 1913年1月31日。

普鲁斯特则把这些雕像搬到了巴尔贝克教堂的门廊上，并通过埃尔斯蒂尔之口道出了马勒的观点[1]。出于同样的原因，他来到圣礼拜堂，再次观赏使徒雕像和玻璃花窗；他还去看了尼古拉·弗拉迈尔故居[2]。在与各个出版社接洽、争执的过程中，他仍在继续写作。同时，新的体验为《重现的时光》增添了素材：他前往克拉里伯爵府上拜访，当时伯爵已经双目失明并且半瘫痪，将来夏吕斯也会变成这副模样。每到晚间，他从来不会忘记欣赏音乐，1月30日，他通过剧场电话收听了樊尚·丹第作曲的歌剧《费尔瓦尔》，他认为整出歌剧令人厌倦，“干巴巴的，让人昏昏欲睡”，只有幕间音乐美丽动人，另外第三幕的序曲“更接近门德尔松而不是舒曼”，“与福雷的钢琴和小提琴奏鸣曲的乐句具有音乐上的亲缘关系”[3]；而我们都知道，这个乐句是凡德伊“小乐句”的众多原型之一。2月26日，他在普莱耶尔音乐厅听卡佩四重奏组演奏贝多芬的第十五、十六和十七号四重奏（或大赋格）[4]。在欣赏音乐的天然乐趣（即便他是为写作而生，也要享受生活）之外，他无疑也在为描写凡德伊的作品积累素材（此时他已经开始为此做笔记，而写作过程中，如同弗兰克作曲一样，凡德伊的这部作品从四重奏成为五重奏[5]，再从交响曲最终成为七重奏[6]），但更为重要的是为了确立自己的美学思想，因此，小说中关于音乐的见解阐释，并不少于对演奏场面的描写。此时，他在自己家里通过剧场电话收听交响音乐会：“我躺在床上就能接受《田园

① 最早出现在写于这一时期的练习簿34当中，后来写入《在少女们身旁》，*RTP*, t. II, p. 198及注释1，参见十五人译本（二）399—400页，周译本（二）400—401页；“七星文库”版的这个注释注明了这个形象的各种来源。J. Autret（*op. cit.*, pp. 144–151）第一个指出，普鲁斯特为了描写巴尔贝克教堂的门廊，借用了马勒的著作。

② 蒙莫朗西街51号；1407年见于文字记载，1900年重建（*Corr.*, t. XII, p. 52）。

③ Ibid., p. 44；早在1902年普鲁斯特就对丹第感兴趣。对于《强硬报》注意到福雷和德彪西选择了同一个女主人公，普鲁斯特讥讽道：“倒是西吉斯蒙·巴尔达克可能会想，他们二人其实有这一个人就行了。”爱玛是西吉斯蒙的妻子，先跟情人福雷生了一个女儿（多莉），与西吉斯蒙离婚后又嫁给了德彪西。

④ 人们开始认识到贝多芬后期作品的伟大之处。这也是罗曼·罗兰和安德烈·苏亚雷斯捍卫的立场。吕西安·卡佩1907年起在巴黎音乐学院任教，有专著论述贝多芬的十七首四重奏。

⑤ 1913年11月，普鲁斯特把《斯万》题赠给爱德华·埃尔曼时，写下了源于弗兰克钢琴五重奏的初始主题（*Corr.*, t. XII, pp. 317–318）。

⑥《女囚》，Esq. XIII，*RTP*, t. III, pp. 1143–1153。《重现的时光》，Esq. XL, pp. 870–872（记事本2）；练习簿57中有凡德伊的四重奏。Voir K. Yoshikawa, « Vinteuil ou la genèse du septuor », *Etudes proustiennes*, t. III, 1979, pp. 289–347。在记事本3当中还有1913年为准备描写七重奏而作的札记。

交响曲》中小溪和鸟儿的拜访，而贝多芬自己，这个可怜人，由于完全失聪，都无法像我这样毫无阻碍地得到享受。”[①]4月19日，他到峭岩街的维利耶音乐厅听乔治·埃内斯库与保罗·戈德施密特演奏弗兰克的奏鸣曲，这支曲子他“非常喜欢”：“我觉得埃内斯库的小提琴演奏非常精彩，仿佛从大树或神秘的树丛中发出痛苦的低吟和哀怨的呼唤，对钢琴做出了回应。”[②]

时值春季，他又萌生了经由设在瓦尔蒙的一家诊所前往佛罗伦萨的念头（如同小说中的《地名》一节），还阅读了安德烈·莫莱尔所著《佛罗伦萨半月行》[③]。3月25日的《费加罗报》刊登了《复活节假日》一文[④]，这应该是卡尔梅特执意要求的，因为这家报纸已经多次拒绝普鲁斯特的稿件。这篇文章的主要内容是对佛罗伦萨这个地名、对托斯卡纳之旅的幻想。普鲁斯特在文中浓缩混合了《斯万》中的段落、《女囚》的开头和描写巴黎街头叫卖声的段落、他刚刚重新听过的《费尔瓦尔》[⑤]以及他读的书，这些书包括关于佛罗伦萨的著作、剧本《向玛丽报信》（《新法兰西评论》1911年12月至1912年4月连载）和“大诗人弗朗西斯·雅姆的精彩作品”（雅姆的印象主义和作品中的画面感一直让他着迷[⑥]）。他是故意引用雅姆的，因为雅姆已经与科波领导的杂志《新法兰西评论》彻底闹翻了。

这年春天，陷入股票投机而无法自拔的普鲁斯特损失惨重[⑦]，自称“已经破产”。他还调侃道：“只需我在

① *Corr.*, t. XII, p. 110；这些语句都写进了《斯万》，他还写道：“这也是我创作的田园交响典，我以自己的方式描绘我无法看到的东西！”《盖尔芒特家那边》写到了《田园交响曲》，*RTP*, t. II, p. 850，参见十五人译本（三）553页。

② *Corr.*, t. XII, pp. 147-148. *RTP*, t. I, p. 346 et n. 1，参见十五人译本（一）349页，周译本（一）360—361页。

③ *Chroniques*, p. 113. Cf. p. 74.

④ Ibid., p. 106-113. *RTP*, t. I. pp. 379-386，参见十五人译本（一）382—389页，周译本（一）396—403页；t. III, pp. 623, 1098，十五人译本（五）112页，周译本（五）112页。

⑤ 春天的旋律动机“所具有的芬芳、甜美、脆弱的细腻之处，不亚于丹第先生的歌剧《费尔瓦尔》当中康复与玫瑰的主题”（*Chroniques*, p. 112）。

⑥ *Corr.*, t. XII, p. 125，致都德夫人，她邀请普鲁斯特出席4月3日为雅姆举行的下午聚会：“我对他的作品的感情都体现在阅读和每天的沉思当中，这是我生活中实实在在的东西……每当我的贴身男仆买到了刊登有弗朗西斯·雅姆作品的报纸和刊物，进家门时都是一副得胜归来的神情。”

⑦ Ibid., p. 133，致利奥内尔·奥塞尔。

金钱上下注投机，就足以使黑山国王选定一个日子做出了断，拒绝交出斯库台。”[1]他因此拒绝为阿尔贝·纳米亚斯打算成立的交易行注资；每当想到这笔钱的命运，他就会焦躁不安，尽管这笔钱的数目很小。他借机向他“亲爱的阿尔贝”声明，自己既欠缺智慧，也不够冷静，“但人们很可能会非常喜欢某个他们认为不理性的人”[2]。

5月21日，音乐再一次让他从床上爬起来，到香榭丽舍剧场观看佳吉列夫导演、夏里亚宾主演的歌剧《鲍里斯·戈东诺夫》[3]。他以此为素材描写了《女囚》中巴黎街头的叫卖声，引述剧中“没有多少歌唱性的”吟咏，以及宣叙调中“如此大众化的音乐——一个音符滑向另一个音符的过程，几乎没有使起始音调发生变化——这样的大众音乐与其说是歌唱倒不如说是在说话”[4]。5月29日，他出席了芭蕾舞剧《春之祭》的首演，这出舞剧是尼金斯基（与卡萨文娜共同演出）的杰作，由斯特拉文斯基作曲（这是他最著名的作品），舞美出自巴克斯特之手。演出之后，普鲁斯特与曲作者、佳吉列夫、尼金斯基、科克托一起来到拉吕餐馆吃夜宵[5]。在他为数不多的外出中，没有谁比他有更多的收获，他“对某些事物的挚爱，也许恰恰因为得之不易而更为热切”，也因此而伴随着某种快乐，这种快乐不是他刻意寻求的[6]，而是额外得来的。

① Ibid., p. 165, 致路易·德·罗贝尔。——译者补注

② Ibid., p. 192, 1913年6月2日或3日。

③ 据菲利浦·科尔布，在新的俄罗斯芭蕾演出季期间，普鲁斯特5月17日观看了尼金斯基出演的《牧神的午后》。莫里斯·罗斯当也写道，这位“卸妆以后……就变成做梦的俄国流氓”的舞蹈家来到拉吕餐馆与他和普鲁斯特一起吃夜宵（*op. cit.*, p. 175）。但这出芭蕾在1913年并没有进行重排（voir R. Buckle, *op. cit.*, p. 249 *sq.*），尼金斯基这一年跳的是《游戏》《春之祭》《玫瑰精》和《伊戈尔王》。

④ *RTP*, t. III, p. 624，参见十五人译本（五）113页，周译本（五）113页。

⑤ *Corr.*, t. XII, p. 12. 我们没有其他证据能证实普鲁斯特出席了这个历史性的晚会，而且令人惊讶的是他对此也没有任何记载。Voir R. Buckle, *op. cit.*, p. 252 *sq*。据菲利浦·科尔布编写的年谱，普鲁斯特可能也参加了5月15日的晚会，当晚尼基斯金根据德彪西的乐曲演出了芭蕾《游戏》。

⑥ *Corr.*, t. XII, p. 180.

阿戈斯蒂耐利

一段时间以来，马塞尔常常在信中抱怨自己“饱受感情失意的折磨”[1]，同时又说自己没有足够的力量面对幸福。这是因为，在年初的时候，他原先在卡堡的“机械师”阿戈斯蒂耐利丢了工作，前来求他，希望给他当司机[2]。但普鲁斯特不愿把这份工作从奥迪隆·阿尔巴莱的手里夺走交给别人。也许是阿戈斯蒂耐利相貌和精神状态的变化让他很受震动，他“试探着”提出雇用阿戈斯蒂耐利当秘书，“为他的书打字”。这样一来，普鲁斯特让阿戈斯蒂耐利的妻子或女友安娜也住到家里。他后来在信中告诉埃米尔·施特劳斯：“那会儿我就发现，他和他的妻子已经成为我生活的固定组成部分。”[3]

这位阿尔弗雷德·阿戈斯蒂耐利到底是什么来头呢？在他死后，沉浸在悲悼之中的普鲁斯特说他“是一个不同凡响的人，天资聪颖，在我认识的人当中大概首屈一指”[4]。按照塞莱斯特·阿尔巴莱的说法：“他是个不安分的男孩，一心想摆脱现状，出人头地。”[5]阿戈斯蒂耐利来自摩纳哥，1888年10月11日生，意大利国籍，在雅克·比才手下的出租车公司工作，曾与奥迪隆一起在摩纳哥和卡堡开出租车，奥迪隆觉得他是个“好小伙儿”。离开出租汽车公司之后，他回到摩纳哥，结识了女友安娜（他叫她娜娜），但很快就丢掉了新工作。当时，他二十五岁。“出于好心和善意，普鲁斯特先生同意让他住在家里。他是和安娜一起住进来的。”但他们二人在外面

① Ibid., p. 70，“我现在因为悲伤而非常气馁”（2月中致德·诺阿耶夫人）；p. 109，“我现在所有的痛苦，如果能向您倾诉，也许就不那么剧烈了”（3月中致施特劳斯夫人）；p. 212, 1913年6月。Cf. p. 214，“我这一年中曾经有过和现在仍然没有消散的巨大悲痛”（6月末）；“此时此刻，生活对我如此残酷”（7月致科克托）。

② 一个好笑的细节：7月，普鲁斯特尝试安排“快要饿死”的于尔里克给比才夫人当司机（ibid., p. 236）。

③ Ibid., t. XIII, p. 228, 1914年6月3日。

④ Ibid.，菲利浦·科尔布认为这个说法“太夸张”，并拿《失踪的阿尔贝蒂娜》的文字进行对比：“我当然认识一些比她更聪明的人。然而爱情的毫无止境，或者说爱情的自私自利，使我们对所爱之人的精神和道德面貌最难作出客观的判断，我们总是随着自己的愿望和畏惧不断地修饰我们之所爱，我们总不把所爱的人和我们自己分别开来，她们仅仅是一个广阔无垠的处所，是我们表露爱情的处所。”（*RTP*, t. IV, p. 77，参见十五人译本［六］76页；*Corr.*, t. XIII, pp. 229–230, n. 3）

⑤ C. Albaret, pp. 231–234.

吃饭。1913年春，这两对夫妇（奥迪隆·阿尔巴莱1913年3月27日与塞莱斯特·希内斯特结婚）一道前往枫丹白露森林郊游。两个男人谈起他们开出租车的往事，令塞莱斯特心烦得“要命”。安娜相貌不佳（奥迪隆把她称作“飞虱”）而且“不好相处”。按奥迪隆的说法，阿戈斯蒂耐利很看重秘书这个身份；普鲁斯特给他买了一台打字机，这台机器最终流落到拉吕餐馆的柜台旁，成为一个令人伤心的象征。时隔不久，这份工作已无法让他感到满足，他对机械的迷恋从汽车过渡到了飞机。普鲁斯特出钱让他到比克机场学飞行，并且让奥迪隆开车送他。

从我们得以见到的极少数照片上看，阿戈斯蒂耐利是个面目清秀的小伙子，肤色稍暗，栗色的眼睛透出聪慧和梦幻，两颊丰满。他的家人“与他很不相称”[①]——安娜相貌丑陋，对他的冒险经历充满妒意；有个妹妹做了迪凯纳男爵的情妇，普鲁斯特后来曾打听过这位男爵的消息[②]；弟弟埃米尔后来做了司机，另一个同母异父的兄弟是旅馆的侍应；还有他的父亲，后来普鲁斯特曾答应给他一些钱——这样的一家人，“别人很快就会发现他们很难打交道”[③]，阿尔弗雷德从主人那里得到的钱，可能有一部分给了他们。那么阿戈斯蒂耐利与马塞尔的关系如何呢？从1913年春天起，阿戈斯蒂耐利就让马塞尔感到苦恼，所以他们的情感不容怀疑：马塞尔无法自拔地爱上了自己的秘书。他后来向雷纳尔多坦承：“我的确爱上了阿尔弗雷德。用爱这个字还不够，应该说是挚爱。”[④]另一方面，相当奇特的是，如同他与卡雅维、阿

① 转引自埃米尔·施特劳斯的信。

② 特别是向戈蒂耶-维尼亚尔打听消息。

③ *Corr.*, t. XV, p. 321.

④ Ibid., t. XIII, p. 311, 1914年10月末。

尔布费拉、比贝斯科、纳米亚斯等人的关系一样，他所爱之人与女性的关系并不构成他们之间的障碍，有男子气概的人更让他喜欢。由于二人之间肉体关系很浅甚或完全没有，所以安娜在场并不比赛莉纳·科坦更碍事。普鲁斯特身处情感与性爱的孤寂甚至痛苦之中，由此成为自己所描写的某种爱情结晶的受害者。由于肉体的占有——“何况我们无法占有任何东西”——远不如精神的占有重要，所以他像一只坐镇在网中央的蜘蛛，迅速与所爱之人织成了一张相互依赖的联系网。我们不难想象，阿戈斯蒂耐利受到了没完没了的盘问，以平息在马塞尔看来与爱情如影随形的嫉妒，而反过来则有阿戈斯蒂耐利对他的讹诈：金钱、礼物、飞机驾驶课程，最终还有一架飞机。由于对住在家里的人不放心，普鲁斯特要求勒内·布鲁姆、格拉塞等人寄来的机密信件必须使用蜡封。

另外，据卡朗特在《普鲁斯特的爱情》中所述，阿戈斯蒂耐利用打字机打印了《在斯万家那边》的部分稿件，他为普鲁斯特充实奥黛特的人物形象以及关于爱情和法国南方（拉盖圣母院）的描写提供了灵感。

1913年在卡堡

7月26日，普鲁斯特正是带着阿戈斯蒂耐利连同尼古拉·科坦和安娜一同到了卡堡。旅途“极其不顺”，似乎不是个好兆头：汽车走错了路，他们一行人到达旅馆的时间是早上五点。马塞尔连续六年在此度假，一直感觉良好①。但没过多久，他就想返回巴黎待上几天。8月4日，普

① Ibid., t. XII. p. 237.

鲁斯特与阿戈斯蒂耐利一起去了乌尔加特，途中突然决定二人（阿戈斯蒂耐利看到他心事重重的样子，很可能也提出了回巴黎的建议[1]）乘火车回巴黎，“没带随身物品，也没带行李”，更没有告诉旅馆他要离开，他只在一家咖啡馆给尼古拉写了一个字条，几个小时之后，尼古拉便与安娜一起同他们会合。此次匆忙离开卡堡是由于他内心的极度焦虑，而个中缘由，我们几乎只掌握普鲁斯特向阿尔顿子爵透露的这个秘密，可他肯定是找错了倾诉对象，也让子爵吃惊不小：“关于阿戈斯蒂耐利，我记得以前曾跟您说起过，他跟一个我们俩都认识的人有很微妙的瓜葛……但既然您不知道我说的是谁，为了避免任何不必要的麻烦，我希望您不要跟任何人提起阿戈斯蒂耐利在给我当秘书。总之，请您不要跟任何人谈到他。”[2]可以看出普鲁斯特想把阿戈斯蒂耐利隐藏起来，让他远离某个人的诱惑。在《索多姆和戈摩尔》中[3]，当叙事者得知阿尔贝蒂娜认识凡德伊的女儿，特别是还认识她的女友时，立即决定带着她离开巴尔贝克返回巴黎[4]。普鲁斯特对纳米亚斯也有类似的提醒：“请不要谈论我的秘书（前机械师）。那些人都太蠢，可能会以为这里面（就像他们看待我们之间的友情那样）有某种同性恋的成分。我对此倒是无所谓，但若这个年轻人因此受到伤害，我会很痛心。”[5]马塞尔在信中把纳米亚斯称作“我亲爱的小阿尔贝”，还说很遗憾未能在卡堡见到他，不能“满怀柔情地拥抱他”，而这一切都是徒劳的，他们之间最亲密的阶段已经结束。可见普鲁斯

① Ibid., p. 250, 致洛里斯。

② Ibid., p. 243, 1913年8月4日过后不久。

③ 原文为“在《女囚》中”，误。——译者注

④ *RTP*, t. III, pp. 499–509，参见十五人译本（四）504—514页。

⑤ *Corr.*, t. XII, p. 249, 1913年8月11日。

特并不否认这种友情的“同性恋性质”，只是他希望别人不要说三道四。这样一来我们也就明了，普鲁斯特的同性恋名声已经坐实，并且波及了他的好友，而他本人对此心知肚明。在他向朋友所作的解释中，有一个始终不变的内容，就是来了一个患了“斜眼症”的人。卡朗塔认为这个人是拉齐维乌，他曾在阿戈斯蒂耐利小时候照顾过他，而拉齐维乌的习性尽人皆知。让–保罗·昂列认为此人是谢德比安，他在卡堡有一座别墅[①]。

回到巴黎，他稍稍恢复了平静。在卡堡时，他感到自己“身处远方，很不踏实”，在巴黎，他重新回到大地上。他本想再次到外地去，但由于健康状况非常糟糕，迅速消瘦[②]（他自称瘦了三十公斤，这对他而言是根本不可能的；另外，他怎么称量体重呢？但恋爱和嫉妒也让斯万的身体发生了变化），最后只好放弃。不过，他还是刮掉了络腮胡——“为了我将重逢的人，尽量改变一点我的相貌。”[③]8月11日，他独自在拉吕餐馆吃饭，见到了普瓦亲王夫人[④]的儿子夏尔·德·诺阿耶和他的两个年轻贵族同伴，其中一位是希迈亲王：小说里，圣卢与富瓦克斯亲王（他的父亲经常出入絮比安的旅馆）是好朋友。当天，普鲁斯特雇了一个私人侦探跟踪阿戈斯蒂耐利，但发现他只是去了圣洛朗街的旅馆，那是他和女友的住处。[⑤]月底，他把“不带最后修改内容的”小说校样寄给了吕西安·都德，吕西安立即回信表示“钦佩”；9月初，普鲁斯特告诉他，打算在《斯万》的结局部分加上“从很远的

① J.-M. Quaranta, *Un Amour de Proust* (Bouquins, 2021)et J.-P. Henriet, *Proust et Cabourg* (Gallimard, 2020).

② Ibid., pp. 250–251, 致洛里斯。Cf. p. 255。

③ Ibid., p. 269, 致夏尔·德·阿尔顿。

④ 在小说里，普瓦亲王夫人是盖尔芒特公爵夫人的朋友（*RTP*, t. II, p. 493, t. IV, p. 247, 参见十五人译本［三］188页、［六］248页）。普鲁斯特让虚构人物（Foix，中译本作“富瓦克斯”）和他的真实姓名（Poix）同时出现在小说中，让读者不明就里（*Corr.*, t. XII, p. 269）。

⑤ 根据最近发现的一个笔记本；该笔记本的电子版可在法国国家图书馆网站上看到（作者2021年9月补订）。

地方移来的段落”，即布洛涅森林散步的内容，但他又问吕西安是不是更喜欢《阳台上的阳光》[1]。另外，凡德伊已经被转化为一个人物：“我觉得，首先让凡德伊以一个老糊涂的面目出场，不让读者猜到他其实是个天才，然后在第二部分再谈到他高妙的奏鸣曲，这样的处理更有震撼力。”[2]同样，他对斯万小姐与罗贝尔·德·圣卢“在第三卷里结婚”也作了安排。他还利用自己新近的爱情经历“补写了若干重要的细节，使缠绕着斯万的嫉妒之结越发难以拆解”[3]；这是因为，他再次深深感到“无边无际的伤感连绵不断地袭来”[4]。他的秘书伸手要钱，迫使他以“支付租金”为名，要求经纪人“发电报”卖掉半支或至少相当于六千法郎的荷兰王家石油公司股票[5]。

阅读安德烈·博尼耶的《思想与人》，促使他思考很多重要问题，这些思考与《驳圣伯夫》的未刊章节相辅相成，预告了他1920年之后所写的多篇文章。普鲁斯特指出，“今天”的每个人对福楼拜都是“不公正的”，从而揭示出时尚的变幻不定。当他糅合博尼耶的两处表述谈到波德莱尔的“具有象征意义的濒死情境”时，我们便会联想到小说中外婆之死和贝戈特之死的“象征性”特点。他再次谈到了与梅特林克的分歧，梅特林克拿一种“我们并不惧怕的死亡，基督教产生之前就已有的死亡”来安慰我们，他摒弃了基督教，但“最终堕入了招魂术”[6]。

但种种悲伤再度向他袭来，他写给熟人的信中都流露出悲伤的情绪，仿佛让整个世界都知道他的悲伤，他就

① Ibid., p. 286.

② Ibid., p. 259. 普鲁斯特还告诉吕西安，为了描写各种花乃至（弗朗索瓦丝）杀鸡，他做了多么精心的资料准备。Cf. p. 271, 致路易·德·罗贝尔：“我只把原来在第二卷当中的五六页加了进来，让结局更加圆满。”我们从前面看到，这里指的就是在布洛涅森林里散步的情节。

③ Ibid., p. 265, 1913年9月初。Cf. D. Alden, *Marcel Proust's Grasset Proofs. Commentary and Variants*, Chapel Mill, University of North Carolina Press, 1978, p. 31–37 et 269–313。

④ *Corr.*, t. XII, p. 271, 9月初致路易·德·罗贝尔。

⑤ Ibid., p. 274. 最终他卖掉了一整只股票。1906年他谈到这只股票时曾说过，这是他第一次做了一笔好买卖（ibid., t. VI, p. 197）；1912年，他要求利奥内尔·奥塞尔再给他买上两支（ibid., t. XI, p. 282–284）。当时的6000法郎相当于1990年12万法郎。

⑥ Ibid., t. XII, p. 280–281. 他在如今已丢失的一篇论《天启之丘》的文章中为这个观点辩护。

会轻松起来。马塞尔甚至想要去国远行，到“意大利”租下一所“安静、孤单”的房舍[1]，比如卡普拉罗拉的法尔内塞宫（当时被一个美国女人租住），这么做要么是他想在此处留住阿戈斯蒂耐利，要么是他希望像《女囚》中主人公那样在阿尔贝蒂娜出走之前先独自一人逃开[2]。那么这年秋天在奥斯曼大道的家中到底发生了什么呢？我们一无所知。但在家以外的地方发生了许多重要的事情。普鲁斯特无法把他的秘书囚禁在家里，阿戈斯蒂耐利已经丢下汽车去学飞行！并且让普鲁斯特陪着他来到机场。普鲁斯特在“记事本2”中写满了有关这个题材的笔记，在《女囚》中还写了一段叙事者陪着阿尔贝蒂娜到巴黎附近的机场游玩的故事[3]。与此同时，每想到阿戈斯蒂耐利与他不在一起的时时刻刻，普鲁斯特就会痛苦不堪。11月的一个晚上，他通过尼古拉·科坦牵线，在凡尔赛的蓄水池饭店与费尔迪南·科兰见了面。从1910年起，科兰就是设在比克的布雷里奥飞机驾校的负责人。普鲁斯特为阿戈斯蒂耐利签署了一份飞行课程合同，缴纳了800法郎的课时费，外加1500法郎的保证金。然而这位天资聪颖的学员——科兰写道：“他的确很有天赋，任何东西都是一学就会，这于我、于他都是一件乐事。”——却没有在比克修完课程以获得飞行证书。后来他在“即将获得法国航空俱乐部证书”之际不幸遇难，“事故原因不明”。阿戈斯蒂耐利死后，“悲痛难支”的普鲁斯特再次来见这位科兰先生，他没有接受对方退还的保证金，“理由是他本人应对这位年

① 到了12月5日，普鲁斯特打电报给纳米亚斯，要他必须让阿戈斯蒂耐利明白，“房子的事儿已经行不通了”（ibid., p. 360）。

② Ibid., p. 314. Cf. p. 326（11月16日）：“此时此刻我非常难过……我也不知道是否还有勇气把两卷已经写完的书抄清。而……我像个疯子一样，为了离开巴黎而租了一处房产，然后又留在这里，然后又想走。”“是的，必须走；就在那会儿……让阿尔贝蒂娜离开，不要告别，给她留下一封信……然后离开。”（*RTP*, t. III, p. 1180）

③ Ibid., pp. 612–613，参见十五人译本（五）101页，周译本（五）101页；Esq. XI, pp. 1133–1136. 这些段落以及《重现的时光》中的相关章节，使一直关心现代新生活方式的普鲁斯特成为首批描写航空飞行的小说家之一。

轻飞行员之死承担责任，因此恳求（科兰）留下这笔钱，从而记住他致命的弱点——他对这位一心只做飞行梦的秘书事事顺从”①。

事情的真相远不止于此：普鲁斯特对阿戈斯蒂耐利可谓百依百顺，金钱、享乐（帮他背着安娜寻欢作乐），不一而足，这一位却逃之夭夭……是因为在巴黎水土不服？主人太过专横？还是因为妒火中烧的主人无休止的盘问？抑或是出于安娜的压力？——依靠两个性情无常又专横的男人过活让她忍无可忍，而且还要与对她没有任何好感的科坦夫妇比邻而居，因此她“在巴黎并不开心”②。或者，他已经攒够了足以让他当上飞行员的钱，于是想远离普鲁斯特？的确，在他身亡时穿的衣服里发现了一大笔钱，应当是他为防备家人而一直带在身上的。如同在圣西门的回忆录里，如同在普鲁斯特的小说里，以上种种原因都是成立的，阿戈斯蒂耐利本已表现出不安分的性格，屡次尝试改善自己的处境，但最后一次努力终是要了他的命。

① F. Collin, *Parmi les précurseurs du ciel*, Peyronnet, 1947, p. 254–257 ; *RTP*, t. III, p. 1635, notice de P. Robert. *Albertine disparue*, Folio classique, p. 349 (n. 1 de la p. 280).

② C. Albaret, p. 233：“我觉得他在这儿受到他老婆很大影响。”

1913年小说的名称与结构

回到小说创作。1913年5月月中刚过，在格拉塞出版社的初校样——即仍在修改过程中——上，书名《心的间歇》（缩略为《间歇》）被替换，首次出现了我们今天熟知的名称，同时还出现了全书（暂定三卷）第一卷和第二卷的书名：“这部书的第一卷将叫作《在斯万家那边》，第二卷或许叫作《盖尔芒特家那边》，两卷的总书名是

《追忆似水年华》。”[1]1913年2月，普鲁斯特向格拉塞建议，将一千五百页（这是估算结果，因为其中一半篇幅尚处于草稿本状态）的全书分为三卷出版；其中后两卷是原定第二卷再次拆分的结果。实际上，这样分册令作者大为苦恼，由于第一卷已经太厚，所以，第二卷将包括原定第一卷的结尾部分，并将于1914年以《盖尔芒特家那边》为题排出校样，但最终没有印行。那么普鲁斯特为什么要改动总书名呢？他在同一封信中回复格拉塞说："这一变化的原因是，在这期间我看到比内–瓦尔梅先生一本书的预告，书名是《纷乱的心》。这个书名所暗指的病态，与间歇性心跳的特征完全相同。所以我把"心的间歇"只作为第二卷中一个章节的标题。"[2]至于普鲁斯特何以选定《追忆似水年华》而不是其他书名，我们不得而知。他是否借鉴了巴尔扎克的《绝对之探求》呢？如果是这样的话，他就不会用介词À；这种罕见但奇妙的用法，赋予小说一种义无反顾的动感。

于是，《在斯万家那边》最终取代《失去的时光》成为即将出版的第一卷的书名，尽管有好几位朋友不赞成，认为这个书名"不合适，根本不知所云"[3]，但普鲁斯特搬出《红与黑》《认识东方》《地粮》《向玛丽报信》等同样"毫无诗意"的书名予以反驳[4]。他认为书名应该简洁地反映小说的题材和内容，而不应故作诗意："我不是跟您说过嘛！使用《在斯万家那边》这个书名，是因为从贡布雷出来有两条路。您也知道，在乡下都这么说：'您

① *Corr.*, t. XII, p. 176, 致贝尔纳·格拉塞。

② Ibid., p. 177, 1913年5月中旬过后不久。我们知道普鲁斯特对比内–瓦尔梅评价不高，他认为比内–瓦尔梅在小说《吕西安》当中对同性恋的刻画走在了自己的前面。可能还有另一个原因，普鲁斯特曾向科波指出（ibid., p. 245, 1913年8月），用疾病名称玩的这个"文字游戏"，与"失去的时间"联系起来，就会给人一种"矫揉造作的印象"。

③ Ibid., p. 220, 1913年7月，路易·德·罗贝尔来函；另见p. 222。路易·德·罗贝尔更喜欢用"夏尔·斯万"作为书名。

④ Ibid. , p. 218.

去罗斯当先生家那边吗？’”[1]他是把这本书“当作一个整体，同时又是一个更大整体的一部分”来设计的[2]。

紧接着的问题是书的篇幅。路易·德·罗贝尔催促他进行削删。普鲁斯特答道：“这不行，我的书是一幅画。”[3]况且它是挂毯上的画面，撕不得[4]。洛里斯劝他书要印得薄一些，他坚持不能少于五百二十页，更何况他对原先的七百页念念不忘，认为它“正合适”[5]。同样，他拒绝出于道德风化的原因进行任何删改，因为他“服从普遍的真理”[6]。当此书于1913年11月问世时，篇幅是537页；这样一来，普鲁斯特就不得不将本来作为《在斯万家那边》结局的部分，即相当于“十多张长条校样的篇幅”[7]，移到第二卷的开头，让《斯万》在空无一人的布洛涅森林戛然而止，而这个情节原本在非常靠后的位置。格拉塞的一份公告则把此书作为“三部曲”[8]的第一卷予以推介。出版社列出的目录，对这套三部曲的整体布局作出了补充说明：

1914年即将出版：

《追忆似水年华—盖尔芒特家那边》（在斯万夫人府上/地名：地方/夏吕斯男爵与罗贝尔·德·圣卢[初稿]/人名：盖尔芒特公爵夫人/德·维尔巴里西斯夫人的沙龙）

《追忆似水年华—重现的时光》（在少女们身旁/盖尔芒特亲王夫人/德·夏吕斯先生与维尔迪兰夫妇/外婆之死/心的间歇/帕多瓦与贡布雷的善恶图/德·康

① Ibid., p. 232, 1913年7月，致路易·德·罗贝尔。在这封信中，还有对全部三卷书书名的建议：“名的年代”“词的年代”“物的年代”。

② Ibid., p. 278.

③ Ibid., p. 222. 这话是说给偏爱删减版《失踪的阿尔贝蒂娜》读者听的！

④ Ibid., p. 224.

⑤ Ibid., p. 228.

⑥ Ibid., p. 230.

⑦ Ibid., p. 233, 1913年7月，致贝尔纳·格拉塞。

⑧ Ibid., p. 281. 1913年11月14日《法国书目》刊登的公告。

布尔梅夫人/罗贝尔·德·圣卢的婚姻/永久的崇拜）

在这份很快就过时的总体布局中，我们发现，最初的《在斯万家那边》中包含了第一次在海滨度假的内容，并且由于整部小说的人物全部出场，原本也可以作为全书的序幕，但实际上，从《在斯万夫人府上》到《地名：地方》，以及《夏吕斯男爵与罗贝尔·德·圣卢（初稿）》等章节，都被断了下来，放到了第二卷。后来被纳入1919年《在少女们身旁》的章节，原来是与《盖尔芒特家那边》混在一起的[1]。奇怪的是，增补的内容，与章节的拆分重组，反倒使小说的结构更加完整稳固。第三卷的某些章节，如《帕多瓦与贡布雷的善恶图》和《德·康布尔梅夫人》，不再那么重要了。另外，这种三段式结构——我们将看到它自有逻辑——以及章节标题结构，由于增加了两个分量很重的插曲，即阿尔贝蒂娜的故事以及1914—1918年的战争，而被彻底打乱。原本打算放在第三册的一章《在少女们身旁》，连同从1912年的《在斯万家那边》书稿中撤下的部分，最终变成了单独的第二卷；1913年所写的爱情，本不是以阿尔贝蒂娜为对象（这个人物当时还不存在），而是以玛丽娅为对象。普鲁斯特在1913—1914年间经历了一系列事件，同时战争使格拉塞出版社暂停了出版业务，这两个因素彻底改变了原来的写作布局，并且出人意料地使小说的篇幅翻了一倍，在八年间从一千五百页变成三千页。1913年12月，沉浸在悲伤之中的普鲁斯特

① 《在斯万家那边》出版之际，虽然有这份“目录”，普鲁斯特仍在信中对罗贝尔·德·弗莱尔说，此书的第二卷将以《盖尔芒特家那边》为题，也可能叫作《在少女们身旁》，或者叫作《心的间歇》；第三卷将是《重现的时光》或《永久的崇拜》（*Corr.*，t. XII, p. 298）。另p. 309：“最后一卷叫作《重现的时光》；第二卷叫作《在少女们身旁》（尚未最终决定）；其中一部分叫作《永久的崇拜》。”（这两封信写于1913年12月8日至12日之间）

对此已有所预感：“应出版社要求，1914年只能用来续写小说。但即便假定我的健康状况允许我把全部手稿整理抄清，在三四年之内也是难以完成的。一切都已写定，但一切都要从头再来。”[①]于是，他再一次面对这样的处境：在他认为大功告成之际，一切都化为泡影。

① Ibid., p. 367, 1913年12月8日，致安德烈·博尼耶。

格拉塞的校样与成品

4月初，普鲁斯特通过邮包收到了《在斯万家那边》的第一批校样，开始进行校改：“二十行原始文字中留下的不到一行……勾掉，然后在能找到的所有空白处进行修改，我还在上下左右都贴上了纸页。”[②]粘贴的目的不只是补写，还包括移动。他还说：“所有内容都被我改动了，印刷工已无法辨认。”[③]他常常为了确认已经写好的段落，或仅仅为了一个词，四处打听咨询，白白浪费精力，所以修改的过程占用了更多时间[④]。4月19日，他主动向格拉塞提出多付一些钱[⑤]，格拉塞则要他为第一批45张长条校样（每张长条校样相当于书的八个页面）支付595法郎。4月25日，《斯万之恋》的长条校样印出。为了使已经印成长条校样的文字都能容纳到一本书中，普鲁斯特提议取消对话的分行，他更倾向于将对话“吸收到连续排印的文字中”[⑥]。我们还看到，在这段时间里，他以健康不佳为由，婉拒了格拉塞的来访[⑦]。1913年5月底，他收到了《地名》开头部分的校样。趁着这个时机，他从已经修改过的《贡布雷》校样中裁下了四小段，寄给了谢科维奇夫人，他曾赴夫人府上的晚宴，夫人还

② Ibid., p. 132, 1912年4月12日。

③ Ibid., p. 182.

④ Ibid., pp. 201–202, 普鲁斯特向柯莱特·德·阿尔顿提了三个问题，这表明，他之所以对这个姑娘感兴趣，同样是为了搜集关于贵族的素材。因此，他每年都给她们姐妹送礼物。Ibid., pp. 204–205, 致马克斯·戴罗（向他核实《索多姆》中一个段落和《少女》中三个段落的内容，这说明这些章节在1913年6月就已经写好了）。

⑤ Ibid., p. 145.

⑥ Ibid., p. 185.

⑦ Ibid., pp. 161–162, 1913年5月初。

送给他“一束精致的丁香”。从这位夫人身上，他联想到曾考虑作为书名的“赤胸鸽”[1]，联想到阿纳托尔·法朗士的“灵感女神”[2]。6月11日，他收到最后一张长条校样，18日，他说自己看完校样，已经精疲力尽。

① 见ibid., p. 295, 1913年11月5日或7日，曾作为第二册的书名；但普鲁斯特应该知道这是Maurice Magre的一部小说的书名。

② Ibid., p. 174.

夏天，他终于让步，同意删去一些章节，否则这本书将厚达800页：“所以这本书要么是520页，要么是680页。我会希望做成520页，但也只有在您认为有很大好处的情况下我才会这么做，因为680页的书会非常漂亮……而520页就差得多。”[3]若执行第二种方案（即680页），就能把《斯万夫人周围》全部纳入；而第一种方案（520页），则是在香榭丽舍大街上的游戏之后就必须收尾。最终，普鲁斯特在后续故事中节选了斯万夫人在布洛涅森林散步的场面作为结尾，以使这本书有一个更好的“结局”。格拉塞早就在信中对他说：“一本书要有一本书的样子，也就是说，它应该是一个完整的、自足的东西。所以碎片化的问题只能由您自己来解决。”[4]同样，他恢复了对话分行的排版格式，以免版面“太过拥挤”。

③ Ibid., p. 239.

④ G. Boillat, *La librairie Grasset et les lettres françaises*, Champion, 1974, p. 178.

5月30日至9月1日，二校稿的95张长条校样陆续印出[5]。这一次修改的地方很少。但沙特尔改成了舒子爵市，更为重要的是，普鲁斯特把博物学家凡东和音乐家贝尔热融合成一个人物。从这时起，他就考虑将来为凡德伊构思一部作品。10月15日前后，他开始思考采取什么方式预告“将于1914年出版”的后两卷，博尼耶建议他采用“三部曲”的说法[6]。这一问题最终通过在《斯万》环衬页背面

⑤ 他把前面45张长条校样寄给朋友路易·德·罗贝尔并征询意见，说自己偏爱紧接着第45张的内容，即圣德费尔特夫人府上的晚会（*Corr.*, t. XII, p. 211）。路易·德·罗贝尔给另一个人写信说：“此书很精彩。”

⑥ Ibid., p. 280.

印出的“1914年即将出版”的广告得以解决。从第三校起，修改的内容便只涉及排版问题，但经过前后五次校改[①]，仍留下了大量印刷错误。1919年伽利玛重版此书时，普鲁斯特等人以一本格拉塞版为底本做了校改[②]。格拉塞原打算以800页的篇幅印刷1250册，但此时，为了保持售价不变，决定印刷1750册（“250册用于赠阅，其余1500册分三次印出，每次500册”[③]），这是他10月25日在信中的说法，其实他在18日已经通知印刷商“印数为2600册”，外加12册荷兰纸印本和5册日本纸印本。所以，如果有人告诉普鲁斯特，或有论者写道，首次印数是1750册的话，那是因为此后还有第二次（500册）和第三次（500册）印刷。在第一印次售出的数目中，应减去赠给报界的285册和交给作者普鲁斯特自用的207册[④]。1913年12月，出版方即打算着手第二次印刷。第四次和第五次共印刷1380册，在1914年4月30日之前即已交付。到战争爆发之前，此书共售出约2800册。格拉塞出版社前后售出的总量大约有3300册，与伽利玛出版社1919年的印数大体相当。战争导致销量急剧下降，到1916年9月，尚有库存500册。1917年10月，伽利玛买下了剩余的206册，换上了自己的封面。这样看来，《在斯万家那边》对格拉塞出版社而言根本说不上是商业失败。如果考虑到当时书籍印数普遍较低，根据上述数据，我们甚至可以断言，实际情况与流行的说法正好相反，此书的出版获得了成功。在新闻界，它也同样获得了成功。

① Voir la notice de *Du côté de chez Swann* dans *RTP*, t. I.

② 私人收藏。

③ G. Boillat, *op. cit.*, p. 178.

④ Ibid., p. 279, n. 47.

《在斯万家那边》的宣传和出版

格拉塞一贯擅长做广告，他想与《吉尔·布拉》杂志编辑部秘书勒内·布鲁姆——多亏布鲁姆居中牵线他才有机会出版《在斯万家那边》——当面探讨“如何宣传这部好书”①。10月29日，他就此问题来找普鲁斯特。他保证至少提供400册用于报界宣传，这还不算提前送给书评者的样书。格拉塞在信中告诉普鲁斯特：“在报界谈论一本书有三种方法，按时间先后分别是‘透露消息’‘刊登节选’和‘发表评论文章’。”②小说家谨遵出版家教诲，立即发动朋友依计行事。应普鲁斯特的要求（他向勒内·布鲁姆解释了自己小说的理念，特别是他与柏格森的不同之处③），《吉尔·布拉》于11月9日宣布了此书出版的消息，并于18日刊登了选段《一场音乐晚会》。11月8日，普鲁斯特接待了埃利–约瑟夫·布瓦，向他口授了一篇给《时报》的采访记④，但这篇采访记在12日（署13日）见报时“惨遭肢解”；20日，该报还刊登了有关希尔贝特的一个片段。11月16日，罗贝尔·德雷福斯在《费加罗报》上撰文，宣布《追忆似水年华》第一卷面世⑤。11月19日，马塞尔与安德烈·阿尔尼维尔德⑥谈了一个小时，相关报道于12月21日发表在《明镜》周刊上。11月23日，《年鉴》杂志刊登了描写外省房间的段落，以及布朗什所作普鲁斯特肖像（这幅肖像此时“尚不为外界

① Ibid., p. 290, 1913年11月4日。

② 1913年10月30日的信，G. Boillat, *op. cit.*, p. 278, n. 40。

③ *Corr.*, t. XII, p. 295；关于“透露消息”的渠道，见ibid., p. 300。

④ *CSB*, pp. 557–559. 其中所用的语汇与写给布鲁姆的信很接近，普鲁斯特拿同一篇谈话供整个报界使用，主要内容包括：作者虽非初学者，但在文学上还很稚嫩；关于书的内容结构，它首先是一种敏感的体验；两种回忆以及从睡眠中醒来的过程在小说中的作用。布瓦采访记的结尾处有几句话论及美学，后来出现在《重现的时光》当中。

⑤ 正如月初时普鲁斯特先后向罗贝尔·德·弗莱尔（*Corr.*, t. XII, p. 298）和卡尔梅特（ibid., p. 324, n. 2）请求的那样。

⑥ 安德烈·阿尔尼维尔德（1881—1942），剧作家、记者、小说家，*L'Arche*的作者，死于德国人的集中营。普鲁斯特赠过他一本《斯万》，题词见*Textes retrouvés*, p. 292–295。布瓦和阿尔尼维尔德都描绘了“那个窗户几乎完全紧闭的房间”的画面。阿尔尼维尔德描写了那盏小小的台灯，从绿色的遮光罩里透出柔和的光线；床边的那张大桌子上“堆满了书籍、纸张、书信，还有许多小药盒”；主人“充满生命力和热情的漂亮眼睛”；台灯底座边放着稿纸、笔和墨盒。

所知”[1]）的“复制品”；同日，《卓越》画报发表科克托的文章（连同一幅带基座的普鲁斯特肖像的插画[2]）。《费加罗报》27日在第一版刊出吕西安·都德的美文，令普鲁斯特深受感动；12月8日，又发表了舍瓦叙的一篇文章。普鲁斯特和格拉塞都想为《斯万》争取龚古尔奖，但评选时连大罗斯尼那一票都没有得到——此君倒是在12月3日给他写来一封信，信中对小说赞不绝口[3]。马塞尔发现，争取龚古尔奖为他结识新的思想之友提供了契机，倘若没有评委们的讨论争执，某些人根本想不到要读他的书[4]。12月9日，他收到弗朗西斯·雅姆的信，雅姆在信中说他“可与莎士比亚和巴尔扎克比肩，并称赞书中‘塔西佗式的句子’”[5]；同日，保罗·苏戴在《时报》刊登长文，此文的保留态度刺痛了普鲁斯特[6]，促使他做出激烈回应[7]。莫里斯·罗斯当在《戏剧》杂志上发表了一篇文章对普鲁斯特给予热烈赞扬。亨利·盖昂在《新法兰西评论》上撰文，既有肯定也有尖锐的批评（“与艺术品格格不入”）。1914年1月15日的《法兰西信使》上也没有好评：拉希尔德拒绝饮下这杯“安眠药水”。

普鲁斯特的赠书对象数量庞大，我们发现的有洛里斯、德·皮埃尔堡夫人、莱昂·都德、路易·德·罗贝尔[8]、贝特朗·德·费纳龙、阿纳托尔·法朗士[9]（日本纸印本）、埃尔曼、加布里埃尔·德·拉罗什富科、勒内·布鲁姆（荷兰纸印本）、罗贝尔·普鲁斯特（“给我亲爱的弟弟，回忆失去的时光、每次重逢时短暂重现

① *Corr.*, t. XII, p. 309.

② “一幅巨型细密画，充满了幻景、重叠的花园、交错的时空和马奈式的宏阔新鲜的笔触。”

③ 见普鲁斯特的感谢信（*Corr.*, t. XII, pp. 392–393）。

④ Ibid., p. 352.

⑤ Ibid., pp. 372, 373.

⑥ 在指出此书缺乏质感、“错误”随处可见、“斯万的爱情”既无益又幼稚之后，他也承认作者的才华，“一些珍贵的素材本可以被写成一本精美的小书”。

⑦ 见普鲁斯特对苏戴的回应（ibid., pp. 380–381, 12月11日），他指出苏戴文章中的错误，予以讥讽和反击。我们此前已经通过两本书（*Lectures de Proust*, *op. cit.*, et *Proust*, *op. cit.*）介绍了报刊和读者的反应，因此本书不应再深入其中的细节。普鲁斯特是《报刊行情》的订户，任何消息他都不会放过。

⑧ *Corr.*, t. XII, pp. 303, 306, n. 2, 313, 315. 普鲁斯特说他赠书的速度还不到每天一本（p. 340）！

⑨ 两次，题词分别是：“致我最深爱的人之一”（Catalogue Drouot, 4 mai 1994, Bibl. Jean Lanssade）“致我的第一导师，最伟大、最受爱戴的人”（*Corr.*, t. XII, p. 316）。

的时光”），还有科波、纪德、伽利玛、克洛岱尔[①]、卡尔梅特、吕西安·都德、安娜·德·诺阿耶[②]、奥拉斯·费纳利、埃尔维厄[③]、加布里埃尔·阿斯特吕克（香榭丽舍剧场创始人。在收到赠书之前他已自购一本，还因为读了此书而摆脱了因破产导致的精神消沉。他指出了许多印刷错误，普鲁斯特在第四次印刷时做了纠正[④]）、格雷菲勒伯爵夫人（直到四十年后她都只裁开了这本书的开头几页[⑤]）、雅克·比才[⑥]、达尼埃尔·阿莱维、雷尼耶[⑦]。这些赠书都是由一位新雇的钟点工逐家送上门去的，她的名字叫塞莱斯特·阿尔巴莱。

逃亡者

在上面这些书评、赠书和来往信件的背后，发生了一件大事。1913年12月1日早晨，趁普鲁斯特还在睡觉，阿尔弗雷德·阿戈斯蒂耐利和安娜逃走了[⑧]。马塞尔以往与好友分手决裂，都有一个漫长的渐进过程，所以我们不难想象他此时是多么焦急沮丧。这种难以忍受的焦虑唤起他童年时的记忆，让他再次陷入与母亲分别之后的那种孤独，他必须尽快走出这种状态。一筹莫展之际，他想到一个办法：立即给阿尔贝·纳米亚斯写了一封信，询问能否找到警察以“对某人进行跟踪”，并要求阿尔贝赶快过来见他。随后，他让阿尔贝前往摩纳哥，找到阿尔弗雷德的父亲，允诺每月给他一笔钱，只要他能让儿子回巴黎待到4月份。阿尔贝需要让这位父亲相信，这样做完全是为他

① Ibid., pp. 317, 318, 318–319; É. de Crauzat, p. 320, 321. 不过谈到纪德时，普鲁斯特在信中对科波写道：“假如纪德知道，对于贵刊某供稿人散布的土耳其浴室的故事、博览会上阿拉伯人的故事和加莱–多佛尔渡船船长的故事等等（这些所谓的“故事”暗示纪德的同性恋身份——译者注），我曾经有多少次在他最好的朋友面前竭力为他撇清，他也许在谈到我的时候就会有更多的尊重。”（p. 322）

② 1917年8月23日，普鲁斯特致信卡拉曼–希迈亲王夫人说，她本人、她的姐姐安娜·德·诺阿耶还有她们的哥哥康斯坦丁·德·勃兰科温，都没有就此对他表示感谢（ibid., t. XVI, p. 212）。

③ Ibid., t. XII, pp. 325, n. 4, 328, 336, 340, 347.

④ Ibid., pp. 383–390. 阿斯特吕克尤其认出了哈斯和莫奈（1900年在一次展览中看到的《睡莲》），普鲁斯特答应给他讲一些小故事（p. 387）。

⑤ 这个小花絮是迪斯巴克讲的，根据是M. de Lasteyrie提供的资料。

⑥ *Corr.*, t. XII, p. 395.

⑦ 没有算上无确切物证的赠书，如赠给施特劳斯夫人、德·舍维涅夫人等很多人的。

⑧ “阿尔弗雷德先生走了！”菲利浦·科尔布在年谱（*Corr.*, t. XII, p. 15）中引用的这句话似乎是从《失踪的阿尔贝蒂娜》中抄来的，尽管赛莉纳·科坦在11月14日做了手术后立即返回工作，也很有可能说出这样的话。但是，如果按塞莱斯特所说赛莉纳是在1月才返回，那么宣布这个消息的就应该是塞莱斯特。

儿子着想，因为他目前正面临很大危险；但阿尔贝千万不能直接把钱给阿尔弗雷德本人，这样一来就会全盘皆输。马塞尔要求阿尔贝“每天发十封电报，而不是一封电报”，他本人发电报时用的都是假名（莫里斯、马克斯·维特）。他当时以为这一切不过是钱的问题，暗示纳米亚斯进行讨价还价，或发出最后通牒，但纳米亚斯得到的回音是“一切都已结束”，无可挽回。于是，12月7日，普鲁斯特命他立即返回巴黎，并且不要给任何钱[①]。

随后，马塞尔派出了另一个使者，阿戈斯蒂耐利的朋友奥迪龙·阿尔巴莱，他领受了同样的任务。奥迪龙此行没有落空，有照片为证[②]：奥迪龙面带微笑，坐在阿尔弗雷德姐姐经营的寄宿旅馆的台阶上，身旁是阿尔弗雷德的女友。照片是阿尔弗雷德拍的，印成明信片寄给了塞莱斯特·阿尔巴莱。照片上洋溢着轻松亲切的气氛，说明他们已经谈妥，阿戈斯蒂耐利和女友将返回巴黎。

应当注意的是，两人之间的通信，除了马塞尔的最后一封信以及其中引用的对方来信（在《失踪的阿尔贝蒂娜》中可能也有引用）之外，其他我们不得而知，它们事后都被阿戈斯蒂耐利的家人销毁了。马塞尔的信我们只得到了这一封，此信表明马塞尔事无巨细都要告诉阿尔弗雷德，包括格拉塞的反应、《斯万》一书的遭遇、当时发生的事件等等，这让我们联想到与女儿分别之后的塞维尼夫人。以下就是不久后小说家普鲁斯特嵌入小说的情节：阿尔贝蒂娜逃走，圣卢外出寻找，旋即被召回巴黎；阿尔贝

① Ibid., pp. 355–366, 1913年12月1日至7日。

② 本书作者收藏（作者2021年9月补订）。

蒂娜拒绝立刻回心转意，但给人留有她将来会返回的希望[①]，而订购罗尔斯牌汽车的消息让她立即动身。普鲁斯特向科兰订购的飞机，就是为了让这个待他如此薄情而他又深深爱恋的人回心转意，同时也庆贺他的归来。

① *RTP*, t. IV, p. 36，参见十五人译本（六）33 页。

XIV

1914年的小说

写　作

1914年，《追忆似水年华》的第二卷叫作《盖尔芒特家那边》。通过前文中引述的目录和格拉塞出版社印出的校样，我们已经知道它的确切内容，它与现在以此为书名的那部分小说有很大差别。按普鲁斯特当时的写法，故事的开头仍然是《在斯万夫人府上》[①]，在巴黎，而《地名：地方》和《夏吕斯男爵与罗贝尔·德·圣卢（初稿）》两章，将成为《在少女们身旁》的第二部分。在这两章里，普鲁斯特讲述了第一次在巴尔贝克度假的经历，除了少女们之外，我们现在在书中遇到的人物都已出现。然而正是在这一时期，普鲁斯特彻底改变了巴尔贝克的故事结构，他把原打算放到第二次巴尔贝克之行的一群少女移到了第一次，并且创造了阿尔贝蒂娜这个人物。其实1913年他就在练习簿34中写下了“第二章／在少女们身旁”字样，准备放在《盖尔芒特家那边（一）》的第一

① 这是《在斯万夫人周围》一章最早的标题，普鲁斯特将在春季里提议在《费加罗报》上刊出节选。

章，即叙事者拜访德·维尔巴里西斯夫人、结识盖尔芒特公爵夫人等情节之后。最后，在巴尔贝克的第三次居停原打算放在第三卷《重现的时光》，这个想法至今还留下了一些我们常常不予留意的痕迹：在《失踪的阿尔贝蒂娜》结尾处，叙事者在巴尔贝克遇到了罗贝尔·德·圣卢和希尔贝特夫妇、布洛克、埃梅。1914年，普鲁斯特大幅扩展了头两次在巴尔贝克居住的情节，减轻了第三次的分量，这种写法一直持续到为出版《在少女们身旁》和《索多姆和戈摩尔》印制校样的时候。

回头再看原定的第二卷《盖尔芒特家那边》。1914年6月6日至11日，科林印刷厂排版印出了此书的校样[1]，但此时手稿的内容已经超出了上述范围，真正描写盖尔芒特一家的部分——《在斯万家那边》所披露的目录中，为了与《地名》形成对立关系并保持平衡，这一部分的标题是《人名》——此时已包括两章，即《盖尔芒特公爵夫人》和《德·维尔巴里西斯夫人的沙龙》。实际上，1910—1911年间，普鲁斯特已抄清了第39—43共五本练习簿，形成了第一个完整连贯的《盖尔芒特家那边》文稿[2]；1911—1912年，他在练习簿34、35、44、45上继续写作[3]；1912—1913年间，他命人将上述手写稿打出来；1914年印成校样时，篇幅相当于“七星文库”版的300页。这一稿涵盖了《盖尔芒特家那边（一）》和《盖尔芒特家那边（二）》，讲述了叙事者一家迁入新居并与盖尔芒特为邻，叙事者对名字的遐想，德·维尔巴里西斯夫人

① *RTP*, t. II, p. 1504, notice. 普鲁斯特已经在1914年2月重读了打印稿，但“没有力气改正拼写错误”（*Corr.*, t. XIII, p. 94）。

② Voir la notice du *Côté de Guermantes* I, *RTP*, t. II.

③ 手稿页码一直排到244页。

家里的下午聚会，叙事者为结识盖尔芒特公爵夫人所做的种种努力，剧场之夜，在一座驻军城市里居停。《盖尔芒特家那边（二）》的内容包括德·维尔巴里西斯夫人家里的晚会，盖尔芒特公爵夫人府上的晚宴，对盖尔芒特公爵夫人沙龙的观察思考，叙事者拜访盖尔芒特公爵和夫人，有关公爵夫人红皮鞋的插曲，以及为《索多姆和戈摩尔》第一章埋下的伏笔，即盖尔芒特亲王夫人府的晚会。

由于篇幅所限，上述完整连贯的整体无法全部纳入1914年印出的第二卷校样当中，校样的内容到德·维尔巴里西斯夫人府上的晚会结束、德·夏吕斯先生乘上马车为止。不过，其中还缺少外婆生病的情节，阿尔贝蒂娜也还没有出场。重要的是，这部《在盖尔芒特家那边》无论是作为整体还是被迫分拆，都是一部成长小说，它既讲述了叙事者从少年到青年的成长经历，以及他成功进入上层社会中最高贵、最封闭圈子的社会地位上升过程，也披露了他为此付出的代价。他需要放弃两样东西，一个是爱情，一个是艺术志向，这也是对他社会地位上升的惩罚。叙事者必须如《莱茵河黄金》里的阿尔贝里希那样弃绝爱情，才能被公爵夫人的王国所接纳；同时，由于频繁出入社交场，他不再坚持写作。但其实惩罚还要严厉得多：一旦与盖尔芒特家族相过从，他们名字中的诗意便烟消云散。人名与地名一样，事物的真相驱散了蒙在它身上的梦幻，从这个意义上说，《盖尔芒特家那边》承继了巴尔扎克的《幻灭》，《索多姆和戈摩尔》则延续了《交际花盛衰记》。正如练习簿39中一段谈及沃尔特·司各特的草稿（最终未被采用）所指出的那样，当记忆取代了梦想时，书名本身就会令人失望，“它也许更适合某位少女、晚期的希尔贝特或一本书（受《卡侬加特记事》《圣罗南的泉水》《伍德斯托克》《威弗莱》和《皮克的佩弗里尔》[1]的启发）”。对早期草稿的研究表明，增补的部分强化了幻灭感，这种幻灭感是与盖尔芒特公爵夫人相识时产生的，但普鲁斯特一直难以决定将相识的场面置于何处，因此不断地把它往后移，这种后移在技巧和心理上产生了双重效果。这段故事由最早在各练习簿中独立展开的多个单元组成，所以拼合连缀时需要下很多功夫，普鲁斯特本人也强调了这一点：“在制造了巴尔贝克地名之诗意与地方之平庸这一对冲突之后，顺理成章的做法自然是对盖尔芒特这一人名做同样的处理，否则人们会说这本书构思不佳，甚至根本没有构思。”[2]至于小说的内容，他希望通过社交野心、众多的人物、盛大的宴饮和沙龙场面，赋予它更接近巴尔扎克的色调，同时通过幻想与信仰的修正，赋予它更接近陀思妥耶夫斯基的色调[3]。这样的基调与第一册中令人联想到奈瓦尔、波德莱尔和罗斯金的诗情画意形成对立，正如童年与成年之间的对立。

1913年《在斯万家那边》出版时就预告说，此书的第三卷也就是最后一卷将是《重现的时光》。它的部分内容包含在1910—1911年间所写的几个练习簿当中（其中一

① Cahier 39, f° 10 v°. 这有助于我们了解普鲁斯特的阅读，他跟巴尔扎克一样，也读司各特。

② *Corr. gén.*, t. III, pp. 305–306, 1920年12月，致L. Martin-Chauffier.

③ *Corr. avec G. Gallimard*, p. 297：“……《盖尔芒特家那边》的结构方式——恕我所用的字眼——更具陀思妥耶夫斯基的特点。”而“如果《盖尔芒特家那边》更好，更当得起这样的题记，我就会使用波德莱尔的诗句：‘但那里生命在流淌，澎湃激荡。’”（1920年11月，致加斯东·伽利玛）

些是以更早的材料为基础的），现已集中整理，收入了“七星文库”版《追忆》。其中练习簿57和58我们前文已经谈过，其内容是最后的下午聚会和“重现的时光”。而练习簿47、48和50包含的章节，最终将出现在《盖尔芒特家那边（二）》《索多姆和戈摩尔》和《失踪的阿尔贝蒂娜》当中[①]。在普鲁斯特看来，目录就是已经分别写好但尚未完成拼接连缀的作为储备材料的许多单元的清单，这份清单尚不完整，也没有提供小说场景的细节。第一章小标题“在少女们身旁”所对应的是第二次在巴尔贝克度假。《盖尔芒特亲王夫人》本来对应的是亲王夫人府上的招待会，这个情节最初产生于《驳圣伯夫》，1910—1911年间在练习簿43当中进一步展开，最终被置于《索多姆和戈摩尔（二）》的第一章。《德·夏吕斯先生与维尔迪兰夫妇》说的是维尔迪兰的沙龙（位于马勒泽布广场）以及奥黛特的老友在维尔–达弗雷举行的晚宴（去那里要乘火车，如同前往奥贝侬夫人在卢孚仙纳的府邸）。“年轻钢琴家”的朋友古尔西，即未来的夏吕斯，也在这里出现。然而，当时的《德·夏吕斯先生与维尔迪兰夫妇》，根本没有像在草稿中那样通过夏吕斯这一人物和长篇幅的描写，来体现出同性恋主题的重要性，尽管普鲁斯特自1909年写信给瓦莱特声明“其主要人物之一是同性恋”[②]以来，一直强调这个人物和这一主题的分量。1912年10月，普鲁斯特致法斯凯尔的一封长信所描述的正是此人，包括他的人物形象和不凡经历，并强调这个人物的新颖之

① Voir K. Yoshikawa, *Études sur la genèse de « La Prisonnière » d'après des brouillons inédits*, thèse pour le doctorat de 3e cycle, université de Paris-Sorbonne, 1976, t. I, pp. 20–34 (exemplaire dactylographié).

② *Corr.*, t. IX, p. 155.

处[1]；几天以后，他又致信伽利玛："对这个人物的描写分散在截然不同的各个部分当中，因此这本书绝不会让人觉得主题过于单一……最终我们会看到这个老先生不仅勾引门房，还供养一个钢琴家。"[2]有一项内容没有出现在1913年的目录里，但在通信中有所反映，并在《索多姆和戈摩尔》的草稿中坐实，这就是夏吕斯–絮比安–莫雷尔之间的三角关系。

还有一个推动情节发展的要素，它没有出现在上述目录里，但体现在练习簿36、43和49当中，这就是另一场爱的追逐：叙事者寻找一位戴红玫瑰的年轻姑娘和普特布斯男爵夫人的贴身女仆。从1908年起，同时出于推动主干情节的目的，小说的核心部分始终有追逐女性、追求爱情的故事。但是，如果把草稿与阿尔贝蒂娜将年轻姑娘和贴身女仆排挤出局的最终稿进行比较，我们就会发现，阿尔贝蒂娜这个人物的塑造填补了一个巨大的空白，以壮烈的充满拉辛式激情的暴力和悲剧取代了有始无终的儿女私情和逢场作戏的调情。除此之外还增加了一个新的主题，它在小说的原初计划中付诸阙如，但曾在《欢乐与时日》中有所体现，这就是女同性恋：戈摩尔与索多姆真真正正达成了对称。

所以，当我们回头再看1913年年底披露的那份目录时，应该把1908—1909年间关于索多姆主题的全部练习簿都归在德·夏吕斯这个名字之下[3]。在最初的草稿中，叙事者是在歌剧院发现了古尔西–夏吕斯的真实本性，当时

① Ibid., t. XI, p. 256.

② *Corr. avec G. Gallimard*, p. 18, 1912年11月8日过后不久。

③ Voir la notice de *Sodome et Gomorrhe*, *RTP*, t. III.

正在演奏瓦格纳的音乐。这一发现引发了对同性恋问题的论述，同性恋在《驳圣伯夫》中已经出现，它由此催生出《索多姆和戈摩尔（一）》，即“同性恋一族”[1]。接着是他与门房的相识以及与钢琴家的私情，在第一稿中，他与钢琴家的关系开始于圣拉萨尔火车站。不过，就惊世骇俗的程度而言，1913年版的《德·夏吕斯与维尔迪兰夫妇》，远远不及普鲁斯特在1914—1918年战争期间为了增饰、充实人物形象而进一步修改后的版本。位列其后的《外婆之死》，现在是《盖尔芒特家那边（二）》的开篇之章。这一章的内容早在《驳圣伯夫》和《1908年记事本》当中已初现端倪，它意味着童年的终结，意味着主人公要独自面对生活、面对死亡，意味着贡布雷已不复存在，但叙事者并没有立即意识到自己到底失去了什么，他对此的醒悟恰是下一章《心的间歇》的主旨。我们在前面已经看到，普鲁斯特特别看重《心的间歇》，一度考虑把它作为整部小说的总名称。实际上在这一章里，叙事者重新开始寻求爱情，他先后追求过德·甘贝莱小姐（即后来的斯代马里亚夫人）、一个年轻姑娘（其实就是希尔贝特）和一个女仆（他一直追到意大利）。

在1912年的那一稿中，《心的间歇》描述了叙事者所做的梦，外婆在梦境中复活成为他此次意大利之行的核心内容。练习簿48中写道，前往威尼斯途中、在米兰停留期间，他在旅馆房间里梦见了外婆，而在练习簿50中，梦见外婆的地点是从威尼斯返回的火车上。在草稿里，叙事

① Ibid., Esq. I.

者做的梦一共有六段，与《1908年记事本》所写相同。但是，由于叙事者在帕多瓦与普特布斯男爵夫人女仆重逢，所以在两个女主人公之间，在征服女仆与外婆复活之间，形成了强烈的对比。《心的间歇》写的是身体的记忆，遗忘之后紧接着的是往昔的骤然复归，这是心灵可能感受到的往昔[①]，然而，与茶杯里涌现出“贡布雷”全然不同，这种复归是十分痛苦的：如同《奥德修纪》当中堕入地狱的尤利西斯，叙事者看到了母亲或外婆，却无法投入她们的怀抱。在作品的这个阶段，他与外婆重逢之际，正是他永远失去外婆之时。

同样在练习簿50中还有另一个情节：从威尼斯返回的途中，叙事者在火车上得知有两封信，一封是蒙达尔吉（后来的圣卢）与福什维尔小姐结婚的喜帖，另一封宣布了小康布尔梅与絮比安女儿的婚讯。目录中《罗贝尔·德·圣卢的婚姻》和《德·康布尔梅夫人》两个标题即由此而来。这部分内容只有七页的篇幅[②]，如同在巴尔扎克的小说中那样，普鲁斯特从这几页草稿出发，展开安排人物的命运。接下来是练习簿58和57，它们构成1911年小说稿的结局部分。在最终稿中，《心的间歇》被安排在第二次到巴尔贝克度假之时，而威尼斯之行则被移入《失踪的阿尔贝蒂娜》，对外婆的回忆变成了对死去的阿尔贝蒂娜的遗忘。无论从小说的起源还是从其结构看，这两个女性人物始终相互对应、相互召唤、相互排斥、相互平衡，因此，在《索多姆和戈摩尔（二）》当中，《心的间

① 1913年3月，普鲁斯特问沃杜瓦耶是否会喜欢《心的间歇》这个标题（*Corr.*, t. XII, p. 114）。

② 练习簿50, f° 34–40。这些内容将成为《失踪的阿尔贝蒂娜》的第四章也就是最后一章，我们可能会考虑，至少就其阐述的各个主题而言，是否应该把它算作《重现的时光》的组成部分。Voir *RTP*, t. IV。

歇》包括了两大部分，这两个人物各居其一。我们已经看到，阿尔贝蒂娜最终取代了女仆，而在《帕多瓦和贡布雷的善恶图》一章中，这位女仆一度是主要题材。

*

1914年，小说的三分之二已经出版或印出了校样，余下的三分之一在数年前就已经写定。然而突然间，小说的创作因为阿尔贝蒂娜这一人物——我们在前文中不得不常常提前谈到她——的出现而为之一变。实际上，她的名字大概在1913年5月就已经露面[1]，取代了第二次巴尔贝克度假当中的玛丽娅的名字。她将促使作者通过暗示、修改、补写等途径，进一步展开《在少女们身旁》和《盖尔芒特家那边》的故事情节。不过，跟《索多姆和戈摩尔》书名之下有四大部分——《女囚》和《失踪的阿尔贝蒂娜》是其中的后两部分——的规模相比，这些暗示、修改和补写是微不足道的。在八年时间里，也就是在普鲁斯特生命的最后八年里，小说的篇幅整整翻了一倍。我们已经看到，阿尔贝蒂娜的出现并不是篇幅扩充的唯一原因，另一个原因是第一次世界大战，它不仅逼停了格拉塞的出版业务，而且为小说家提供了新的素材。虽说《重现的时光》没有变成战争小说，但战争确实渗透到了小说之中。

此外，之所以说一份年表足以反映马塞尔的生活，之所以说作者的生活经过语言的转换和再造全部体现在作品当中，这是因为，没有任何事件打断小说的写作进程，生活与作品如两条平行线，齐头并进。然而，自从1913年

① Cahier 13, f° 28 r° ; voir, dans *À l'ombre des jeunes filles en fleurs*, *RTP*, t. II, la notice de « Noms de pays : le pays » et Esq. XVII.

5月普鲁斯特留下阿尔弗雷德·阿戈斯蒂耐利当秘书的那一天起，平行线变成垂线，生活与写作发生了交叉。对于这场热恋，对于这位在1913年12月1日逃离、1914年5月30日遇难的年轻人，对于此后一步步的遗忘，我们所知道的只限于一条干巴巴的社会新闻，以及普鲁斯特本人在书信中留下的痕迹。的确，阿尔弗雷德·阿戈斯蒂耐利不是阿尔贝蒂娜的唯一原型，这一点，练习簿57中的一处提示说得十分明确："至关重要：虽然我说过阿尔贝蒂娜等人曾为我做过模特，但实际上还有很多我已经不记得的人都做过我的模特。一本书就是一个巨大的墓园，大部分墓碑上的名字已模糊漫漶，无从辨认。有时我倒是能想起某个名字，但不记得她是否有某些东西留在小说当中。那位目光温存、话语轻柔的姑娘是在书里吗？在哪个章节呢？我不记得了。"[①]为了塑造1913年之前构思的人物玛丽娅，普鲁斯特的确可能想到过其他朋友，比如贝特朗·德·费纳龙[②]。应该指出，小说的结构先于生活，生活负责为这个结构填充内容，因为早在《1908年记事本》当中，作者即已构思了小说的后半部分，其中主人公将供养一个家道中落的姑娘，但由于"丧失了被爱的能力"，他无法"在她那里得到快乐"[③]。既然有了《斯万之恋》，那么作为它的对照和补充，就应该有"叙事者之恋"，对此，希尔贝特和盖尔芒特公爵夫人不过是勾勒了一幅草图。想弄清楚阿尔贝蒂娜是否与阿戈斯蒂耐利相像，弄清楚她是不是男扮女装，都完全是徒劳无益的，这是因为，普鲁斯特所经

① *Matinée chez la princesse de Guermantes*, p. 326.

② Voir la notice de *La Prisonnière*, *RTP*, t. III.

③ *Le Carnet de 1908*, p. 50. 把所爱的女人同某个地点、某位艺术家、某种被接受或拒绝的影响联系成一体的结构逐渐形成。

历的事件随即要经过内化、分析和重构，这些思想活动与现实生活、与个人生平之间拉开的距离，正是想象力的用武之地。现实中某个男子在普鲁斯特心中激起的波澜，可能随后被归因于某个虚构的女子。某个女子？应该称之为《追忆似水年华》的那个女子，因为阿尔贝蒂娜之名在书中出现了2360次，主要在《在少女们身旁》《索多姆和戈摩尔》《女囚》和《失踪的阿尔贝蒂娜》当中[①]。没有任何一位女性人物，包括男性人物，能与她相比。只有叙事者一人更为频繁地现身，但这是因为他既是小说中的人物也是小说的讲述者，整个小说正是通过他的眼睛看到或者重新看到的。普鲁斯特1915年11月向谢科维奇夫人赠书时，在信中阐述了阿尔贝蒂娜的作用[②]："我更愿意向您介绍您尚不认识的各个人物，尤其是这个占据最主要地位、推动情节发展的人物阿尔贝蒂娜。"随后他概述了阿尔贝蒂娜在《在少女们身旁》《女囚》和《失踪的阿尔贝蒂娜》当中扮演的角色。此时，这三本书的草稿均已成型。

① 分别为270次、444次、751次和731次；在《盖尔芒特家那边》中提及71次，《重现的时光》中93次。Voir E. Brunet, *Le Vocabulaire de Proust*, Slatkine-Champion, 1983, t. III, p. 1528。母亲和外婆加在一起也只出现了1404次。

② *Corr.*, t. XIV, p. 281.

于是，一个新的情节线索与1911年业已成型的小说脉络相互穿插交织，成为普鲁斯特所说的阿尔贝蒂娜"插曲"，即阿尔贝蒂娜的整个故事，到了1915年，它已经具备了大体轮廓。这个"插曲"之所以能完成构思和写作，应得益于另一个悲剧因素即世界大战。战争使格拉塞出版社暂停业务，只有两位员工留守[③]。普鲁斯特在伤心之余，为自己修改第二卷即《盖尔芒特家那边》的校样，找到了更加充分的理由，所以此书后来根本没有以当时的面

③ G. Boillat, *op. cit.*, p. 192.

貌问世。此外，从1914年起，新法兰西评论出版社就表示要印行此书，普鲁斯特经不起诱惑，到1916年终于答应了伽利玛的要求。正如勒内·布鲁姆所说，其理由之一就是格拉塞出版社已经关闭。1916年7月7日，布鲁姆替普鲁斯特游说《在斯万家那边》的出版人格拉塞："您的出版社已经关闭，但新法兰西评论出版社没有关门，而且能很快出版此书。所以他请求您允许他——假如您不会恼怒和为难的话——收回在您这儿出版后续小说的许诺，并且，同时收回第一卷（况且他本人仍然保留此书的所有权）出版权。"[①]其实这只是一个借口，普鲁斯特更倾向于让小说在战争结束以后才面世，同时也的确希望能够在战争结束之前印制完毕。最终，普鲁斯特如愿以偿：1916年8月29日，格拉塞同意终止合同。

阿尔贝蒂娜的"插曲"从1913年开始创作，整个故事以她在海滨的出场开局，地点是巴尔贝克，随后故事地点转移到巴黎，叙事者与她的来往在《盖尔芒特家那边（二）》当中占据大量篇幅。《索多姆和戈摩尔（二）》中所写的第二次巴尔贝克之行，扩展了最早在两个练习簿中草拟的主题。《女囚》与《女逃亡者》的故事雏形则出现在另外四本练习簿当中[②]，之后故事情节不断得到扩充，直到1915年。在记事本2当中，普鲁斯特用十多页的篇幅描写飞行[③]。《女囚》中聆听凡德伊七重奏的情节，其基础是记事本3中所作的札记[④]。

总结将阿尔贝蒂娜嵌入小说的过程，我们可以说，直

① Ibid., p. 283.

② 普鲁斯特编号的练习簿V（国家图书馆编号53），VI（编号73），VII（编号55），VIII（编号56，内容是《女逃亡者》），它们与练习簿54和"Dux"（编号71）的内容相重叠。因此阿尔贝蒂娜的片段在1914年和1915年接连出现了两稿。普鲁斯特把《女逃亡者》的书名改为《失踪的阿尔贝蒂娜》，是泰戈尔的《瞬息集》法文版1922年出版以后的事。

③ *La Prisonnière*, *RTP*, t. III, Esq. XI, p. 1133 *sq*.

④ Ibid., Esq. XIII, p. 1143 *sq*.

至《索多姆和戈摩尔》，普鲁斯特都是把这个人物植入已经写定的段落和章节当中，植入个别已经打字甚至印成校样的故事当中，它们本可能在没有这个人物的状态下呈现在读者面前。《盖尔芒特家那边（二）》中有些段落，写到她和叙事者见面、在森林中散步、亲吻，对她在巴尔贝克呈现的形象有所修正，比如此时她接受了亲吻，这与在大旅社时的拒斥态度全然不同。《索多姆和戈摩尔（二）》当中，在已经写好的盖尔芒特夫人府上晚会之后，普鲁斯特补写了她的巴黎之行，而到了此书的第二章，形势彻底改变，因为叙事者与阿尔贝蒂娜之间产生了强烈的嫉妒，这段故事又被维尔迪兰夫妇在拉斯普利埃举办的晚会打断。这场晚会的描写利用了练习簿47当中1911年的材料（维尔迪兰夫妇在巴黎近郊举行招待会）、练习簿46当中1914年的材料以及紧接其后的练习簿72（普鲁斯特编号IV）中的素材。练习簿53（编号V）中的内容是《心的间歇（二）》，与它对照的是以描写外婆为主的《心的间歇（一）》。叙事者得知阿尔贝蒂娜认识凡德伊小姐及其女友的时刻，被安排在最终定稿的《索多姆和戈摩尔（二）》的第四章，与小标题《日出时的苦恼》相对应。但是，从《女囚》开始一直到《失踪的阿尔贝蒂娜》结尾，一切都颠倒了过来，需要把原先已经写好的片段嵌入阿尔贝蒂娜的故事当中。因此，在《女囚》当中，有关清晨从梦中醒来——这个反复出现的主题是整个《追忆》的源泉——的描写，普鲁斯特重新拾起了《驳圣伯夫》的草稿，以及1910—

1911年间练习簿50中的片段；而其主要的部分，即连贯的故事脉络，则是在草稿练习簿72、53和73（普鲁斯特的编号是IV、V和VI）当中。在维尔迪兰晚会上演奏凡德伊七重奏的情节来自为《重现的时光》作准备的练习簿57，其中写于1914年的草稿原本写的是一支四重奏[①]。除此之外的其余部分都是新写的。在《失踪的阿尔贝蒂娜》当中，所有关于她逃走、死亡、被遗忘等构成故事主干的情节，最早应作于1914年，但阅读《费加罗报》的场面则可上溯到1907年的《乘汽车行路印象记》和《驳圣伯夫》。我们在前文中已经看到，1911的小说稿即构思了威尼斯之行，其中的女主角是普特布斯男爵夫人的贴身女仆。但威尼斯的主题是与翻译罗斯金的《亚眠的圣经》直接关联的："……我出发前往威尼斯，为的是能在死亡之前，透过那些虽已破败但仍屹立不倒的粉色宫殿，亲近、触摸和欣赏罗斯金关于中世纪家居建筑理念的具体体现。"[②]两场婚姻构成了1911年小说稿的两章，而在唐松维尔圣卢夫人府上小住的情节，在《在斯万家那边》的开头即已埋下伏笔。

① *Matinée chez la princesse de Guermantes*, pp. 292–298. 在普鲁斯特熟悉的作曲家当中，只有贝多芬、拉威尔和圣桑写过七重奏。

② « John Ruskin », *P et M*, p. 139，1904年首次发表，后来作为《亚眠的圣经》译者序的一部分。

1914年的日常生活

塞莱斯特·阿尔巴莱

《追忆似水年华》的特点之一是关注普通人，关注乡村生活和大众阶层。这种关注来自普鲁斯特本人，无论是与旅馆的听差，还是与电工或送货工人，他都能聊上很长时间。对家里的佣人，他同样彬彬有礼、关怀有加，他写给科坦夫妇、奥斯曼大道公寓门房安托万夫妇的书信就是明证。从老女仆费利西·费多（她与某位玛丽一道为塑造《驳圣伯夫》中的弗朗索瓦丝提供了灵感）身上，他为乡气十足的老年弗朗索瓦丝汲取了性情暴躁的特点；从赛莉纳·科坦身上，他借用了神经质和专横跋扈的性格以及好战主义[①]。但无论是在他身边还是在他的作品中，没有谁的角色能与塞莱斯特·阿尔巴莱相媲美（她与姐姐玛丽在小说中都是作为巴尔贝克旅馆的“使者”，分别以夫姓阿尔巴莱和娘家姓希内斯特出现的）。他与塞莱斯特本该难以相处，所以两人感情上的相通颇有不寻常之处。马塞尔以他一贯的直觉和善良，看穿了塞莱斯特的才智、忠诚和背井离乡的孤独。而她本人，虽然文化不高，只能勉强背下一首诗（普鲁斯特亲手给她写下了《世间的丁香终将凋零》），但她明白自己生活在一位天才身边，无论生前还是死后，他的与众不同都应受到保护、照顾和爱戴。没有哪一本传记、哪一本批评论著能像《普鲁斯特先生》那样感人至深，在这本书里，这位平凡的妇女以始终如一的清新和质朴，为另一位伟人扮演了鲍斯威尔或爱克曼的角色。让·吉东向她发问：“‘小马塞尔’是如何成为天才的呢？”她答道：“小马塞尔始终坚信自己将成为伟大的普鲁斯特。”[②]那么他们二人对对方都是怎样的感情呢？塞莱斯特对马塞尔，是爱戴、崇敬和忠诚；在塞莱斯特身上，马塞尔则既感受到了母性又觉得她是晚辈，是他的心

① *Corr.*, t. XIV, p. 174, 1915年7月初，致赛莉纳·科坦：“我一直跟您说，尽管您认为战争也有好处，但它造成的不幸实在是太大了。”

② J. Guitton, « Lettre ouverte à M. Proust », in *Lettres ouvertes*, 1995.

腹之人，但由于社会地位的藩篱始终没有打破（与其他几个同样出身的小伙子不同，塞莱斯特从未被提拔到秘书的等级，她要站在他的床边听他讲书里的故事），她只是一个随时听从吩咐的管家。

塞莱斯特当年二十一岁，身材高挑，长相漂亮，她出身于法国南方洛泽尔省的奥克西亚克村，1913年3月27日由家里安排与奥迪隆·阿尔巴莱结婚，在此以前她从未走出过自己的村子。奥迪隆当出租车司机已经有好几年了，主要是为普鲁斯特开车，每当普鲁斯特需要他时，就请人打电话找他。他和妻子住在巴黎近郊勒瓦鲁瓦–佩莱，而孤单的妻子常常想家。当丈夫把妻子引荐给马塞尔时，他正好需要一个人把新书送到各处，随后赛莉纳·科坦由于身体不好而告假，马塞尔便请她做了每天工作八小时的钟点工，于是，一种新的生活展现在她的面前。当赛莉纳回来上工时，两个女人相处得并不融洽，赛莉纳把新来的这位称作“媚人精”。时隔不久，就只剩下塞莱斯特与尼古拉搭档，从此以后，她一直负责夜里的时段（与她丈夫的工作时间相重叠），夫妻二人的生活节奏完全跟随他们奇怪的主人。1914年11月中，普鲁斯特跟人说起过他的“贴身女仆（同时又是厨娘、贴身‘男仆’，等等）”[1]。

[1] *Corr.*, t. XIII, p. 335.

新闻界的评论及其他反应

1914年年初，报刊上继续刊登对《斯万》的评论。雅克–埃米尔·布朗什写了一篇长文，1月初的时候，普鲁斯特先后尝试让此文在《日报》和《巴黎评论》上发表[①]。这篇文章确确实实让他赞叹和欣喜[②]，所以当它最终在4月15日的《巴黎回声报》上面世之后，普鲁斯特费尽心机，让《费加罗报》《吉尔·布拉》《争鸣报》等多家报刊转载文章的节选或进行报道，其中有些是花了钱的。4月30日，普鲁斯特收到格拉塞为第一印次的1250册（或者是售出的1175册）支付的版税，共有1762.60法郎。到了1918年，格拉塞承认还欠他第二、第三印次的版税没有支付[③]。

盖昂在《新法兰西评论》上的文章通篇是令人不快的矫情和讥讽，尽管在结尾部分表示了赞赏，但总的基调仍相当刻毒和荒唐。对此普鲁斯特本该不予理睬，但他像往常一样用心写了一封长信为自己辩护[④]。他特别阐明了自己进行综合的步骤和方法："过去这些年中，我有幸在圣礼拜堂、欧德迈尔桥、卡昂、埃弗勒度过了许多心醉神迷又能心领神会的时刻，我把这样获得的一个一个小印象拼接起来，重新组成了这块玻璃花窗。"他还指出想象的作用："我在未来各卷中将谈到的疾病，是出于作品的心理需要而虚构的疾病……因为我在书中自称'我'，所以读者会认为我是主观的。"更有分量的评论，是纪德那封至今仍然广为流传的信："数天以来，我一刻都没有放下您的书。唉！为什么非要让我爱它爱得这么痛苦呢？……拒绝出版此书将永远是新法兰西评论社犯下的最大错误，也是我此生最为痛心的遗憾和悔恨（我因对此负有很大责任

① Ibid., pp. 34, 67(为了能在《巴黎评论》上发表，普鲁斯特找的人是雷纳尔多，他是格雷菲勒伯爵的情妇德·拉贝娄蒂埃夫人的好友，而格雷菲勒伯爵是杂志负责人马塞尔·普雷沃的好友。如此看来，找这个关系并没有发挥作用）, 75。

② Ibid., p. 85.

③ Ibid., p. 167 et n. 2 ; p. 180.

④ Ibid., pp. 22–27, 1914年1月2日。

而深感羞愧）。”[①]他接着罗列了当初拒绝的理由，然而他当时对普鲁斯特的印象——社交名人，给《费加罗报》写稿的业余作者——只能伤害普鲁斯特的自尊，幸好“特别的爱戴、崇拜和喜欢”[②]等表述紧随其后，对此有所补救。这里有两个谜团：纪德此时为什么会喜欢普鲁斯特？普鲁斯特又为什么特别看重纪德的看法？纪德固然是大作家，但此时他的主要著作均未问世。从实而论，一部著作一旦付梓印行，其分量肯定是打印稿所不具备的，更何况它得到了批评界的好评。再说，书在彼处印行，此处人看起来不免眼红。反过来，尽管纪德在名义上不是新法兰西评论社的领导，但普鲁斯特深知他是其中的强人，并且，当时的文坛一片寂寥，埃尔维厄、布尔热、博尔多甚至巴雷斯，无一能让普鲁斯特心悦诚服，而这本杂志则代表了革新的唯一希望，代表着最高的水准，也是当时在精神思想上最为排外的俱乐部。继上述信件之后，纪德于3月20日再度致信普鲁斯特，告知新法兰西评论出版社已经准备承接小说后两卷的出版业务[③]。其间，杂志社的年轻秘书，崭露头角的批评家雅克·里维埃给普鲁斯特写了一封热情洋溢的信，得到了他那句著名的回复：“我终于找到一位读者，他推测出我的书是一部谨守法度、结构完整的著作！”[④]二人由此开始了一段纯粹“心灵上的”友情，这种友情，普鲁斯特之前未曾寻求过。此后，里维埃结合杂志社的利益和个人喜好，写了大量文章为普鲁斯特的作

① Ibid., pp. 51–53. 纪德在一份草稿中作了解释：他当时被莱奥妮姨妈“额头上的脊骨”和“一杯洋甘菊茶”倒了胃口（ibid., p. 50）。（“额头上的脊骨”这个明显不合理的说法向来是研究界的一桩公案，一般采用科尔布的解释，认为它指的是莱奥妮姨妈假发的骨架，但也有不同意见。两个中译本都径直把“脊骨”的位置从额头移到了后背，译作“脊骨”或“颈椎骨”。“洋甘菊茶”倒是纪德漫不经心犯下的错误，它本来是那杯著名的椴花茶。——译者注）

② Ibid., p. 53. 详见普鲁斯特的回信，pp. 56–58，1914年1月12日或13日。普鲁斯特在信中谈到他的书所应享有的“高贵气氛”以及拥有纪德这位读者的喜悦，此时《新法兰西评论》正好准备从1月开始发表纪德的《梵蒂冈地窖》。

③ Ibid., p. 114.

④ Ibid., p. 98, 1914年2月6日。

品辩护[1]，并索要了小说的许多选段在《新法兰西评论》上发表。他是那一代人中最优秀的批评家，凭借直觉一眼就能认出哪几位是大作家，再将直觉与细致、真诚的分析和优美的文笔融为一体，为他们写出了大量“研究”著作。他的学术兴趣极为广泛，俄国芭蕾、歌剧、音乐会、展览会、文学作品，都在他的评介之列。战争爆发前夕，他号召繁荣冒险小说创作，而他本人只写分析小说（《艾梅》《弗洛朗斯》）。他与内兄阿兰-富尔尼耶的通信至今仍是世纪之初青年知识界的第一手见证。战争过后，正是此人奉加斯东·伽利玛之命，执掌复刊的《新法兰西评论》杂志。

① Recueillis dans *Quelques progrès dans l'étude du coeur humain*, éd. de T. Laget, Gallimard, 1985. D'autres articles de Rivière ont été recueillis dans *Études*, Gallimard, 1912, et *Nouvelles Études*, Gallimard. Voir aussi son excellente biographie par J. Lacouture, *Une adolescence du siècle*, Seuil, 1994.

在两个出版社之间：法斯凯尔、纪德、《新法兰西评论》的醒悟

像童话故事里的剧情一样，情况突然逆转，当初把《斯万》拒之门外的人们，此时都要求出版此书的后续部分。3月，法斯凯尔通过莫里斯·罗斯当提出出版此书的后两卷，但普鲁斯特因为“不愿意离开格拉塞”[2]，予以婉拒。紧接着，新法兰西评论出版社也提出同样的想法。普鲁斯特于是咨询律师埃米尔·施特劳斯，他能否离开格拉塞[3]。而格拉塞在3月26日也给他写信，建议在5月或6月推出小说的第二卷[4]。3月28日，马塞尔致信格拉塞告知新法兰西评论社方面的提议，并以相当和缓的外交辞令

② *Corr.*, t. XIII, p. 115, 1914年3月21日，致纪德。

③ Ibid., p. 121, 1914年3月24日。

④ Ibid., p. 124. 普鲁斯特在3月28日回信说：“我觉得在10月之前出版是非常困难的。到目前，只有它的开头部分印成了长条校样，其余部分还都是手稿，尚未全部用打字机打印出来。”这封信让我们了解到第二卷此时处于何种状态。

请求他接受这个提议[①]。4月初，出现了戏剧性的一幕：格拉塞在回信中首先讲到他们之间签署的合同[②]，随后针对普鲁斯特关于自己仍拥有此书版权、且“有权将其交给其他出版社出版”的说法，同意“以一个朋友而非出版商的身份”给他自由[③]。但一贯按自己性格行事的普鲁斯特，虽然已得其所愿，此时却又踌躇起来，决定“放弃复归的自由”，继续留在格拉塞出版社，同时把作品的节选交给杂志发表：“我无力抵抗别人的好意。”[④]同时，普鲁斯特没有抛弃任何人，4月里，他把自己的随笔和文章整理成册，派人送给法斯凯尔，但法斯凯尔出门度假去了。后来，经格拉塞同意，普鲁斯特考虑把这部书稿交新法兰西评论社出版[⑤]。4月30日，格拉塞收到第二卷的打印稿，第二天就交给了印刷厂[⑥]，并向普鲁斯特提出由出版社承担出版费用，首印三千册。5月初，普鲁斯特从第二卷中节录了一些段落交给里维埃（而不是里维埃天真地期待的那样给他整部书稿），准备6月份在杂志上发表，段落结尾是夏吕斯的肖像描写[⑦]。6月，他又从《盖尔芒特家那边（一）》中选取一些片段，供杂志在7月刊登，包括弗朗索瓦丝、盖尔芒特公馆、剧场、叙事者对公爵夫人的爱情、东锡埃尔、圣卢和情妇、外婆患病[⑧]。直到去世，普鲁斯特一直非常看重在报刊上发表作品节选，他不是交出一些片段即万事大吉，而是要经过精心的剪裁和拼接加工，如果不理解他的加工技巧，就不可能理解《在少女们身旁》的写作过程。1914年7月之前，他以为小说的第二

① Ibid., p. 125.

② Ibid., p. 129 et n. 3. 我们没有见到格拉塞的信，只是通过Louis Brun的信和普鲁斯特的回信（ibid., p. 132）得知了他的话。

③ Ibid., p. 134.

④ Ibid., p. 140.

⑤ Ibid., pp. 175–176. 但没有交给科克托。他曾提议，由他与伊瑞布刚刚成立的出版社印行普鲁斯特的仿作。

⑥ Ibid., p. 167.

⑦ Ibid., pp. 169, 182；*Textes retrouvés*, p. 388. 在杂志上发表时占了48页，这是未来的《少女》的节选。

⑧ Ibid., p. 171, n. 6. 在杂志上发表时，占了52页。

卷（三卷中的第二卷）将在秋天面世，所以准备为订阅了《新法兰西评论》的优秀读者献上一份《盖尔芒特家那边》的文摘，即书中精华部分的综合。

音乐与自动钢琴

在1914年的头几个月当中，音乐爱好者普鲁斯特也没闲着，自从给凡德伊这个人物赋予了新的生命，就一直准备在小说第一卷的基础上，进一步展开他的音乐创作。此时，巴黎的音乐舞台上发生了一个重要事件，普鲁斯特在书信中对此屡屡提及。瓦格纳的作品已经进入公共领域，原先被瓦格纳家族禁止在拜罗伊特之外演出的《帕西法尔》，从1月1日起在巴黎歌剧院上演①。普鲁斯特于1月底前去观看，还通过剧场电话收听演出实况。他由此发现，自己小说中曲折坎坷的各个阶段和“客观但充满信仰的”结局，与这出歌剧的第一幕结尾（帕西法尔由于看不懂圣餐仪式，被古内曼兹逐出圣城）和最终结局有异曲同工之处。大概就在这个时候，他草拟了夏吕斯听到少女们说话、坦白自己是同性恋这两个场面，或者概述了他对《圣星期五的奇迹》的思考。他对瓦格纳的看法最终主要体现在《女囚》当中，而实际上整部《追忆》都深爱瓦格纳的影响，比如统一的大框架（整合了事先写定的片段）、核心主题、对艺术的崇拜、神圣蜕变为世俗，等等。

① Ibid., t. XIII, pp. 38, 87 et n. 6 (此剧在1月里上演了11场), 99, 183 (对里维埃剧评文章的关注).

1月，普鲁斯特在信中写道：“我很少起床，大多是在演出贝多芬四重奏的日子里，才会外出前往音乐学校或鲁热音乐厅。”[①]在这一时期，瓦格纳和贝多芬是《追忆》中凡德伊第二部作品，即七重奏的两个新来源。如果说瓦格纳对普鲁斯特美学思想的形成亦发挥了作用，那么贝多芬则是另一种情形。在此后三年的时间里，他反复聆听贝多芬的四重奏特别是最后几首（他将把卡佩和普莱四重奏组分别请到家中演奏），直到成功地把音乐的精髓转换为书面文字。在这几首因独特新颖而长期受到忽视的四重奏当中，他将更强烈地体会到其中深切的遗言意味，并认为贝多芬对痛苦和战胜痛苦的表现已达到完美境界。此外，普鲁斯特始终追随佳吉列夫，5月28日到歌剧院听了斯特拉文斯基作曲的歌剧《夜莺》和里姆斯基–科萨科夫的《金鸡》[②]。他还置办了一架自动钢琴，想让它奏出贝多芬的最后几首四重奏（但没有人能给他找来记录这些乐曲的穿孔纸带）；这架自动钢琴将出现在《追忆》当中。

不过，对普鲁斯特这一时期的阅读，我们所知甚少，只知道为了寻找“此时此刻最欣赏的法文句子”，他重读了米什莱的《法兰西画卷》[③]，还曾致信纪德，对《新法兰西评论》上连载的《梵蒂冈地窖》发表评论，阐述自己与纪德完全对立的美学主张。普鲁斯特虽然喜欢小说中史蒂文森式的冒险故事，喜欢每段故事最终呈现出“教堂玫瑰花窗式”的中心汇聚结构，但反对作品中“成千上万的乏味细节”：“如果某种东西无法给我带来诗意的欢欣，或者如果我认为没有抓住其中某种普遍真理，那么我就绝

① Ibid., p. 49.

② Ibid., p. 217. 见里维埃的剧评。

③ Ibid., p. 101，致哈恩。

不会写它。”[1]

① Ibid., p. 108, 1914 年3月6日，致纪德。

财产的崩溃

早在1913年，普鲁斯特就已经开始动用自己财产的本金。我们不要忘了，这份财产产生的收益是他唯一的收入来源。1914年1月，他要求利奥奈尔·奥塞尔将他持有的荷兰王家石油公司股票卖出一半[2]。同时，在阿尔布费拉的建议下，他通过专门负责高风险生意的纳米亚斯，参与了对乌拉尔石油的投机性投资[3]，但这项投资显然更不可靠。5月，由于“稍早时候卖股票已经兑现了2万多法郎”[4]，他不敢再找诺伊伯格先生或者罗斯柴尔德银行，于是再次要求奥塞尔卖出由沃伯格银行保管的债券，兑出了1万法郎。到了5月28日，正值特别困难时期的普鲁斯特，要求奥塞尔售出他在罗斯柴尔德银行的苏伊士公司股票，最终兑出了2万法郎[5]。就在当天，他去找了科兰，商量如何购买或回收一架飞机。奥塞尔对普鲁斯特大笔大笔地卖出股票表示担忧，所以马塞尔在5月29日的信中答应他，会专门写一封信告知“实情”，恳求他原谅并请他提出建议[6]。

② Ibid., p. 77；上一年10月他已经卖出了一部分。到了5月，他忘记自己已经没有这家公司的股票了，再次请奥塞尔卖出。

③ 北高加索股票和乌拉尔－里海股票各2.5万法郎，卡昂高炉股票2.5万法郎。1915年，他试图售出上述股票（ibid., n. 3）。

④ Ibid., p. 187 et n. 5, 1914年5月7日。记事本4（f° 8 r°）记载，账户入账1.6万法郎，拿到现金1.24万法郎。

⑤ Ibid., p. 213.

⑥ 可能是阿戈斯蒂耐利之死让他分心了，所以没有写这封信：总之我们没有见到。

他的花销巨大不止是因为赌博的爱好。我们注意到，一段时间以来，普鲁斯特已经不再像上一年那样，反反复复地抱怨感情上的失意。对于这个问题，菲利浦·科尔布作出了解答，他发现了现存唯一一封普鲁斯特致阿戈斯蒂耐利的信件，我们则依据这封信推测出了信中没有明言的内容。普鲁斯特定期给这位朋友汇款，满心希望他能回到自己身边，听从自己摆布。除此之外，这封信还表明，普鲁斯特瞒着阿戈斯蒂耐利订购了一架价值2.7万法郎的飞机以及另一件价值相当的物品（科尔布推测是一辆罗尔斯牌汽车，这样就与小说中的情节相同）。阿戈斯蒂耐利拒绝了这个礼物并建议他取消订货，因此，普鲁斯特在信中说，飞机也许会停放在机库里，但他要在飞机上刻写马拉美描写天鹅的十四行诗：对一架不飞行的飞机来说，没有任何东西能比这首诗更合适了。他把这封信的内容原封不动地移到了《失踪的阿尔贝蒂娜》当中，但把飞机换成了游艇："不过，既然我俩已永远不会再见面，我也就不请您收下这已变成废物的游艇和汽车了（对我来说它们已毫无用处）。因此我曾考虑……也许您可以通过退订帮我避开这些无用的东西。"[1]他又以同样的语气说道："总之，假如我留下它的话（这似乎不大可能），它就很可能被闲置在库房里，因此我会请人……刻上马拉美的诗句。"[2]这些礼物未能让年轻人回心转意，那么当普鲁斯特以退订这两份重礼相威胁时，是否还在期待一个好结果呢[3]？他在信中并没有说要与阿戈斯蒂耐利断绝关系。塞莱斯特·阿尔巴莱对阿戈斯蒂耐利冷眼相看："为了取得证书，他接着在昂蒂布学习飞行，也在那儿给普鲁斯特先生写信。他是个马屁精。我后来明白了，他的如意算盘是说服普鲁斯特先生给他买一架私人飞机，他还说过想把它

① *RTP*, t. IV, p. 38，参见十五人译本（六）36页。

② *Corr*., t. XIII. p. XV.

③ 这两样东西的总价相当于1990年的100万法郎。

命名为‘斯万’号……他就是这么大胆、鲁莽。”[1]

普鲁斯特在信中向埃米尔·施特劳斯解释道：“我先前跟您谈过的股票投资的形势惨极了，我本想等股价一上去就停手，但是交易行情不断下跌，我只好按兵不动。每个月我都要给交易员支付3万到4万法郎，这样下去，我的财产可撑不了多久。”[2]给阿戈斯蒂耐利汇钱或是为他花钱，致使普鲁斯特在5月份时自称“将近破产”。他请好友罗贝尔·德·弗莱尔[3]在《费加罗报》上为他“找个专栏，可以写写什么天气啦，轧死的狗啦，音乐、戏剧或者证券、社交通讯啦，等等”，什么都行，好让他“尚未完全丧失的财富”[4]重新增长。但是当弗莱尔答应时，普鲁斯特反倒退缩了，只拿出小说第二卷的节选供报上发表[5]。7月15日，报纸宣布将刊登“一部中篇小说：奥黛特出嫁”（让我们想象一下，如果能找到这篇东西的话，我们就有了一篇删减版的《斯万之恋》，也许是因为战争的原因，这部中篇最终没有面世。

但是，接近7月中旬的时候，奥塞尔在电话中告诉他“欧洲可能陷入大战”，普鲁斯特于是开始“减持手中的股票”[6]，而当时，因为受“奥匈帝国与塞尔维亚的冲突影响”[7]，证券行情正处于最低点。7月份结算的结果对他而言是一个噩耗，他必须结清已经到期的证券，而其价值已经大幅下跌。7月22日，继维也纳证券交易所和柏林证券交易所暴跌（“行情一路下泄，未遇任何抵抗”[8]）之后，《费加罗报》报道了巴黎证券交易所连续两天的糟

① C. Albaret, p. 233.

② Ibid., p. 229, 1914年6月3日。

③ 写给罗贝尔·德·弗莱尔而不是卡尔梅特。我们知道，由于报纸发起的针对财政部长卡约的运动，卡尔梅特被卡约夫人谋杀。卡尔梅特是《斯万》一书的题献对象，他的死让普鲁斯特非常悲痛，他失去了一个朋友和一位忠实的支持者。卡约夫人被无罪释放后，普鲁斯特在8月1日《费加罗报》上的抗议信上签名。

④ *Corr.*, t. XIII, pp. 195–196.

⑤ Ibid., p. 260, 1914年7月初。

⑥ Ibid., p. 271, 1914年7月26日。

⑦ Ibid., p. 271.

⑧ Ibid., p. 273, n. 6. Cf. p. 276, 1914年7月末。普鲁斯特向奥塞尔解释自己的处境：当时他正急急忙忙地售出股票，工业信贷银行同意给他21.8万法郎抵押贷款等等。

糕行情。奥塞尔“十分认真”地看了普鲁斯特向他交代的“实情”，建议他仔细计算一下，弄清楚凭借剩余财产带来的收益，他还有多少钱供日常用度[1]。此时，有传言说奥地利、塞尔维亚和意大利都在进行战争动员。7月25日，市场由于恐慌而关闭。对我们将在《追忆》中看到上述投机、失败直至半破产的过程。

① Ibid., p. 280.

失踪的阿戈斯蒂耐利

阿尔弗雷德·阿戈斯蒂耐利和女友1月返回巴黎，开春后再次离开，前往地中海沿岸的昂蒂布。他在昂蒂布的加尔贝罗兄弟飞行学校学习飞行，注册时用的名字是马塞尔·斯万，这不禁令人心有所动。5月30日第二次单飞时，他不顾学校的指令，飞到了地中海上空。结果飞机坠海，有人称听见了飞行员绝望的呼救后，有一只小船拼命地划向失事地点，但已经来不及了，飞机和飞行员双双沉入水底[2]。他的女友安娜给普鲁斯特发了一份电报，悲痛欲绝[3]。他的弟弟请求马塞尔出5000法郎，支付潜水员寻找尸体的费用（阿尔弗雷德怀里揣着他的全部积蓄，约6000金法郎，这说明，他和普鲁斯特一样，对他的家人极不信任）[4]。6月7日，尸体被找到，他（与阿尔贝蒂娜一样）戴着一只镌有姓名首字母“AA”字样的金戒指。葬礼于次日举行，加尔贝罗兄弟（埃克托尔和约瑟夫）、飞行员迪马和尼古拉·卡斯特里纳、飞行学校的员工、昂蒂布的名流都参加了葬礼。马塞尔送了一个价

② 这些细节最早是由菲利浦·科尔布的老师Robert Vigneron搜集整理的（*Revue de l'histoire de la philosophie*, 1937年1月15日）。

③ *Corr.*, t. XIII, p. 228.

④ Ibid., p. 224, 1914年6月2日。

值400法郎的花圈，但死者家属对花圈不是人造花颇有怨言[1]。普鲁斯特说自己已想尽一切办法阻止他学习飞行（但他妻子坚信他马上就能挣来百万法郎），实际上，他曾在“一场极为不快的交锋之后”，写信告诉这个年轻人：“万一您遭遇了飞行事故，请告诉您的太太，我既不能当她的保护人，也不是她的朋友，她从我这儿拿不到一分钱。”[2]但面对不幸，他把一切都忘了，为了这位他以为是阿戈斯蒂耐利合法妻子的女人，他托人向摩纳哥大公请求帮助，但阿戈斯蒂耐利的家人已向大公揭发他们并没有结婚，因此她不是合法继承人。几天以后，安娜来到奥斯曼大道住了一段时间，马塞尔想尽办法安慰“这位可怜的遗孀”。继最初的负罪感——假如阿尔弗雷德没有遇到他，没有得到那么多钱，那么他就不会去学习飞行——普鲁斯特对死者的哀悼还经历了其他阶段：他把阿戈斯蒂耐利理想化（而到了第三阶段，即后来再到卡堡时，他将发现阿戈斯蒂耐利过去对他很薄情），向施特劳斯和纪德夸奖他“聪明绝顶”，拥有与外表毫不相称的长处（普鲁斯特曾竭力让他发现自己的优点），还说他的书信如同“出自大作家之手”[3]。普鲁斯特表达悲痛的方式令人惊骇：“我终于挺过了病痛的折磨，也没有什么可抱怨的，但我深知那是怎么一回事，每次乘上出租车，我都满心希望对面开来的汽车把我碾死。”[4]不过，普鲁斯特在书信中所谈并不限于对亡友的悼念。他向纪德（纪德的态度此时有了异乎寻常的转变，

① Ibid., p. 137, 1915年5月27日。在阿戈斯蒂耐利去世一周年时，普鲁斯特请求卡蒂斯夫人在他墓上放一个花圈或一束花。

② Ibid., p. 228.

③ Ibid., p. 245, 1914年6月10日或11日，p. 257。这些信都不见了；从马塞尔5月30日信中引用的内容和出现在《失踪的阿尔贝蒂娜》中的内容（“黄昏”等）来看，我们可以认为阿尔贝蒂娜的信就是阿戈斯蒂耐利的信，仿佛被封存在坟墓中的信。

④ 致吕西安·都德，*Autour de soixante lettres de Marcel Proust*, *op. cit.*, p. 109 ; *Corr.*, t. XIII, p. 354, 1914年11月21日后不久。

他想请普鲁斯特在《费加罗报》上撰文评论《梵蒂冈地窖》[①]，而他本人曾声称，普鲁斯特为《费加罗报》写稿一事正是他当初对《斯万》评价不高的原因之一）解释夏吕斯这个人物，给里维埃准备小说的节选，向纳米亚斯和奥塞尔发出股票交易的指令，祝贺阿贝尔·博纳尔小说新作问世。不过，尽管科林印刷厂于1914年6月6日至11日印出了小说第二卷的校样，出版社也宣布将于11月出版，普鲁斯特却不急于修改校样。他说，“意识的场域有多个方面”，“我们可以同时想到许多不同的事情”，因为他的悲伤依然如故[②]。

由于阴魂不散的嫉妒，抑或是为了在《失踪的阿尔贝蒂娜》中详写这种心理，他先后拜访了科兰、比克，还向与尼斯地区飞行员相熟的路易·戈蒂耶–维尼亚尔打听消息：“如果您见到……先生请代我向他问好，还有卡斯特里纳、塞米绍夫这两位曾在加尔贝罗学校甚至此前在比克学校学飞行的先生，以及巴罗、德鲁瓦和比多等人。”[③]

① Ibid., p. 250.

② Ibid., p. 276.

③ Ibid., t. XV, p. 31, 1916年1月14日。见记事本3，f° 9 v°。

战争

8月2日，普鲁斯特想到，“数百万人将在类似于威尔斯星际战争的大战中惨遭杀戮”[④]。弟弟罗贝尔应征参军，被派到凡尔登的医院做中尉军医，马塞尔把弟弟送到了巴黎东站。他后来回忆，从那时起，他的心思一刻都没有离开过战争。两周以后，因为年龄原因本不愿离家的尼古拉被征召入伍；此前入伍的还有奥迪隆·阿尔巴莱，

④ *Corr.*, t. XIII, p. 283, 1914年8月2日。参见1915年3月14日致吕西安·都德的信。

他的妻子当时已经彻底搬来和普鲁斯特同住了。普鲁斯特需要一个贴身男仆，几经周折，最后通过广告雇用了一个英俊高大（身高1.9米）、金发碧眼的瑞典小伙子恩斯特·福斯格林。刚刚被奥尔洛夫亲王解雇的恩斯特“自命不凡到了极点，他准觉得自己即使当不了上帝，至少也会是瑞典的国王”①。对于德国军队向巴黎方向的猛烈进攻，马塞尔倒是没有害怕，他觉得自己必须待在弟媳和侄女身边。她们二人不久后离开巴黎前往波城，直到8月底传来她们安全的消息，马塞尔才考虑9月3日出发去往卡堡（政府于2日迁往波尔多）。离开之前，他曾出门走了走：“我还记得，就在马恩河大捷之前的两三天，当大家都以为巴黎即将被包围的时候，有天晚上我起床出了门。慈母般的月光清亮、皎洁、安详，但又好像透出了一丝责备和讥讽，眼看着我从未如此挚爱的广袤的巴黎，在它不堪一击的美丽之中等待着似乎任何力量都无法阻挡的敌人，我禁不住失声痛哭。”②这一段思绪被他移植到《重现的时光》之中，这卷小说的核心部分就是战争中的巴黎：“1914年，我看到巴黎的美几乎是毫无防御地等待着正在迫近的威胁，在这样的巴黎，现在和当时一样，当然都有月亮亘古不变的光华，这一轮平静得令人痛苦而又神秘的明月，把它脆弱的优美倾泻在仍然完好的古建筑之上。”③普鲁斯特为每一位朋友担心，为朋友们的孩子担心；同时，他还为素不相识的人们哭泣。他的心已死④。雷纳尔多当时在阿尔比，但他不愿被人视为“逃兵”，所

① C. Albaret, p. 46. 福斯格林的回忆录由J. Bersani和Michel Raimond发表，*Études proustiennes*, t. II, pp. 119–142；他的照片刊登在128页。

② *Corr.*, t. XIV, p. 71 et n. 6, 1915年3月，致阿尔布费拉。

③ *RTP*, t. IV, p. 380，参见十五人译本（七）111—112页。科尔布把这个段落的写作时间确定为1915年3月（*Corr.*, t. XIV, p. 16），但普鲁斯特也可能在散步过后立即写出这段文字。

④ Ibid., t. XIII, p. 297.

以根本不顾马塞尔千方百计的阻挠，不久后就请求调往前线。他在前线写了许多令人震惊的信件[1]，揭露了官方所谓前线将士士气高昂的宣传实际上是信口雌黄，他看到的真相是军人们受到虐待，饱受紧张焦虑气氛的折磨，军官们因健康原因被上级遣散，但没有人管士兵们的死活，有的即使有心脏病也得坚持。马塞尔关于前线的消息肯定有一部分得之于雷纳尔多，但他不敢原封不动地搬用，因为这些消息与社会上的成见大相径庭。

① 特别是他写给玛德莱娜·勒迈尔的信。

最后的卡堡之旅

福斯格林

8月3日，普鲁斯特由塞莱斯特和福斯格林陪着，前往他“熟悉的卡堡”。按照塞莱斯特的说法，他“在巴黎感觉被人抛弃了，战争几乎让他所有的朋友都离开了那座城市”[2]，一些人被征兵，其余的都躲到了外省。他们在路上花了22个钟头，8月4日抵达卡堡时，普鲁斯特已经“病得不轻”。火车上十分拥挤，无法落座，他们费了很大力气才为普鲁斯特在末等车厢找到一个座位[3]。人人恐慌已极，有人为了逃命爬上了车厢顶（他们害怕德国人，逃亡的第一步就是离开巴黎，而本来可以直取巴黎的德国人，却选择了向马恩河进攻的迂回路线），车头几乎拉不动如此沉重的列车，花了13个小时才到达换乘车站梅济东。普鲁斯特与塞莱斯特到旅馆休息，之后三人乘16点的火车继续前往卡堡。

② C. Albaret, p. 46.

③ Ibid., p. 302. 普鲁斯特的记述非常简短，但福斯格林的记述非常详细，我们采用的是福斯格林的记述。

马塞尔随身带着一只又大又旧的旅行箱，里面是他从不离身的手稿，还有一只带轮子的箱子装着毯子和衣服，其中有两件羊驼毛大衣是为了去海边而专门定做的，以及他的所有药品。他像往常一样，跟仆人们一起占了顶楼三个带浴室的房间。每当需要召唤塞莱斯特，他就敲打墙壁，就像叙事者在巴尔贝克与外婆同住时一样。他在白天工作，下午命人拉开窗帘，晚上有时下楼，与塞莱斯特在旅馆的露台上散步，但他已经无法再去当时已经关门的娱乐场。因为生病，他没有与前来看望他的格雷菲勒伯爵和孟德斯鸠见面。另外，旅馆（或至少底下的两层）已被征用，准备用于接待伤员，但是，按照塞莱斯特的说法，一个伤员都没有送来[1]，而普鲁斯特说，他“把身上剩余的钱”都花在了卡堡的伤员身上[2]，并说要把“这些从马恩河回来的伤员们带给他的灵感”诉诸文字[3]。他把几副跳棋送给了伤员中的塞内加尔人和摩洛哥人（殖民地的部队已卷入战争）[4]。福斯格林在床边陪他，每天为他读一个小时的报纸或书籍，和他玩一会儿他“非常喜欢”的跳棋，或者玩纸牌（教他如何耍魔术）、下象棋[5]。他也同样注意到，他的主人待人彬彬有礼：“无论您是仆人还是上流社会人士，在他眼中没有任何区别。”时隔不久他就晋升为普鲁斯特的“私人秘书和心腹之人”。“恩斯特，您真是令人振奋。”普鲁斯特一边说，一边伸出胳膊拥抱他[6]。福斯格林唱起《马赛曲》，马塞尔说他“跟萨沙·吉特里唱得一

① 佩因特与福斯格林的说法正好相反。

② *Corr.*, t. XIII, p. 354, 致吕西安·都德。福斯格林记下了马塞尔对他的慷慨大方，他得到的钱也都散给伤员们了。

③ *RTP*, t. IV, Esq. X du *Temps retrouvé*, p. 775.

④ *Corr.*, t. XIV, p. 45；正是在这种情形下他听到了“我是黑种，你是骚种”的说法，并把它写进了《少女》（*RTP*, t. I, p. 526，十五人译本［二］93页，周译本［二］101页）。

⑤ “他说象棋太费脑子。”（*Études proustiennes*, t. II, p. 131 *sq.*）

⑥ Ibid., p. 134.

模一样”，话语中不无调侃的成分。有这样一位来自北方的美男子在身边，有利于马塞尔摆脱另一位也曾陪他玩过跳棋的秘书留下的阴影。

卡堡有关于阿戈斯蒂耐利的回忆，所以这个地方原本会让普鲁斯特十分难过，但实际上恰恰相反，这趟旅程倒成了他“摆脱悲伤的第一步”，他已经能够连续数个小时不再想起逝者的身影。这是因为，对死者所承担的义务——它总是不由自主地引起我们的悲伤——对马塞尔而言已经不存在了。然而回到巴黎之后，他仍然间歇性地陷入痛苦[①]。他同时还惦记着弟弟罗贝尔，因为在医院遭遇轰炸时仍然坚持给伤员做手术，罗贝尔受到军队的表彰，并晋升为了上尉军医[②]。10月14日（或15日）从卡堡返回巴黎的路途只用了五六个小时，他们坐进了头等车厢，但一路上仍备受折磨，在梅济东，马塞尔发生了严重的窒息（每次归途都是如此，他对塞莱斯特说：“回来时……想到还有整个路途……”），而所有的药品都在行李车上，到了下一站，塞莱斯特费了很大力气找来药物[③]，他的病情才得到缓解。这次回到巴黎后，他再也没有离开，尽管他不时说起旅行的梦想，满心希望在作品完成之后重游意大利和布列塔尼。至于福斯格林，则为逃避回瑞典服兵役而移民去了美国。据他记载，马塞尔对他——如同对其他人一样——说过这样的话：“恩斯特，在我的一生中，从未像爱您一样爱过别人。”[④]是不是因为这个缘故，出现了下面这一幕呢？普鲁斯特抱怨说，有人终于找到了好办法，

① *Corr.*, t. XIII, p. 311，致雷纳尔多·哈恩。

② Ibid., p. 305，致玛尔特·普鲁斯特。

③ Ibid., p. 306; C. Albaret, pp. 47–54.

④ *Études proustiennes*, t. II, p. 122.

"只是还缺少素材，来制造令人难以置信的八卦"，因而普鲁斯特"对这片海滨厌恶至极"并且感到"痛苦万分"[①]。

① *Corr.*, t. XIV, p. 130, 致德·阿尔顿子爵。

免于征召

反对沙文主义

返回巴黎之后，普鲁斯特本人最关心的是必须通过免于征召的资格审核。应雷纳尔多的要求，比泽医生为他开具了"完全不能在军队做任何工作"的证明[②]。波齐医生则"以各种动听的语言和无可挑剔的手段"，拒绝出具任何书面材料[③]。于是普鲁斯特致信德雷福斯事件期间在施特劳斯夫人府上结识的老朋友约瑟夫·雷纳克，而且，为了写小说，普鲁斯特正在读他的《德雷福斯事件史》第四卷《重审》。雷纳克让普鲁斯特放心，并说自己深知普鲁斯特根本不是逃兵，在军队编制名册中除名意味着他的军事义务已经全被解除[④]。

② Ibid., t. XIII, p. 310, 1914年10月23日。

③ Ibid., p. 311.

④ Ibid., p. 351 et n. 2.

于是，普鲁斯特躺在床上追踪战况，但他随即批评新闻界及其沙文主义态度。在历史学家弗雷德里克·马松以及圣桑的笔下，在《费加罗报》愚蠢的文章中，瓦格纳已经成为要打倒的对象。普鲁斯特问道："假如不是与德国而是与俄国发生战争，那么我们要如何对待托尔斯泰和陀思妥耶夫斯基呢？"[⑤]雷纳尔多也说，甚至连前线的军官们都对圣桑在《巴黎回声报》上发表的反瓦格纳的文章深感震惊。普鲁斯特认为，绝不能"像佩拉当要求人们不再学德语那样"[⑥]，剥夺音乐家——以及作家（这是普鲁斯

⑤ Ibid., p. 333, 1914年11月16日。

⑥ Ibid., p. 334.

特加上去的，他想到了自己的例子）——“从聆听《特里斯丹和伊瑟》《四部曲》当中获得的丰富教益”。他本人则仍然是贝多芬和瓦格纳的爱好者①。即使夏尔·佩吉的死“令人钦佩”②，普鲁斯特也无法接受他“一件事情重复十遍”③的写作艺术。文学和生活终究不可相提并论。最终，在他每天阅读的各种报纸中，他唯一能接受的“还看得过去的文章”，只有《争鸣报》上亨利·比杜主持的“战况报道”。需要提醒读者的是，1914年8月5日通过的法律禁止刊登“任何涉及军事或外交行动的，可能对敌方有利并对本国军队和民众士气产生不良影响的文章或消息”④。报纸均须经新闻局审查才能付印。

上述各个主题，以及亨利·比杜的文章，都将改头换面出现在《追忆》当中，或者由圣卢和夏吕斯等反对民族主义的人物、维尔迪兰小圈子中的沙文主义人物（比如戈达尔）表现出来。

1915年的日常生活

在这一年的生活中，困扰马塞尔的是与上一年同样的烦恼。首当其冲的是战争。为了弄清战争进程，他在一张军用地图上追踪战况，阅读七份报纸以了解时局⑤。他要承受战争的后果，眼看着一些朋友（“我最亲密的朋友都上了前线”⑥）和亲戚战死沙场。由于面临免征召资格的审查，他也担心自己的命运，这并不是因为他害怕上战

① Ibid., p. 351.

② 夏尔·佩吉于1914年9月在马恩河战役中牺牲。——译者注

③ Ibid., p. 353.

④ Cité par G. Weill, *Le Journal*, Albin Michel, 1934, p. 311.

⑤ *Corr.*, t. XIV, p. 76.

⑥ Ibid., p. 23, 1915年1月3日；他补充道，“我已经有很多朋友和亲属都战死了”，其中包括让·贝纳克（他父母的朋友的儿子，他们曾在贝格－梅伊接待过他）以及远房表亲让·路易·克吕皮和维克多·拉米永。普鲁斯特希望让·贝纳克的书信能够出版，但遭到让的家人的反对，于是普鲁斯特在致卡蒂斯夫人的一封信中、在《索多姆和戈摩尔》（*RTP*, t. III, p. 489，参见十五人译本［三］494页）当中批评这种态度，指责他们碍于脸面，“不让人们怀念死者或为他歌功颂德，但可怜的死者也许更喜欢人们把他的名字挂在嘴边，而不是用花圈缅怀他，虽然人们是毕恭毕敬地将花圈安放到坟墓上的”。

场，而是因为他很清楚，他在战场上毫无用处，但对于他的作品而言，他无可替代，或者说因为他对他的作品不可或缺。“毫无疑问，我目前的生活没有任何乐趣可言，而我，尽管深知自己对军队来说毫无用处，但毕竟，在军队将我除名之后，我也许对自己还有些用处。我是多么渴望能够写完已经开始的作品，在书中阐明某些真理，这些真理，我相信它们会给很多人启迪，而倘若没有了这部作品，它们将跟我一道灰飞烟灭。”[①]

无论如何，在1915年初，他感到胜利仍然遥远，认为报刊“根本比不上它所说的伟大事业”[②]。这是因为，普鲁斯特想在小说中描写战争，而对他这样幽居斗室的病人来说，战争首先是由亲历者看到、听到和转述的，即一篇文本，他从中只看到战争的后果：轰炸、死者、伤者、吉凶难卜的休假军人，等等。然而，他想了解的是战争领导者的思想，他与戴高乐将军都认为，领袖也是艺术家，要遵循某种伟大的思想。普鲁斯特关于这个论题与安托万·比贝斯科之间的谈话，为叙事者与圣卢之间的谈话提供了灵感[③]。

① *Corr.*, t. XIV, p. 213, 1915年8月27日，致利奥内尔·奥塞尔。

② Ibid.

③ Ibid., p. 221.

幸存和死去的朋友

此时，在巴黎，可以与普鲁斯特保持来往的朋友为数不多：吕西安·都德、让·科克托、施特劳斯夫妇、洛里斯、米西娅·爱德华兹（1月底马塞尔曾登门拜访）、比贝斯科（偶尔见面）、谢科维奇夫人（她失去了弟弟）。路易·戈蒂耶-维尼亚尔去了尼斯，他刚失去了哥哥和姐夫。在卡蒂斯夫人（她也住在尼斯）跟前，马塞尔刻意与他保持距离，称路易与他的书而不是他本人关系更为亲密[①]。雨果·费纳利去世了，享年七十岁，对马塞尔来说，费纳利身上有他的“最珍贵的回忆，那是他充满温情而又令人痛心、无法挽回的往昔岁月”[②]，即在奥斯坦德和特鲁维尔度过的日子。这年年初最令人伤心的事，莫过于加斯东·德·卡雅维因尿毒症于1月13日去世。他是圣卢的原型之一，马塞尔向他的遗孀让娜·普凯——她本人是希尔贝特·斯万，即后来的希尔贝特·德·圣卢的模特之一——坦言，“要知道，早在他认识您之前我就认识他，并且深爱他！”[③]她在4月里前来看望马塞尔，以了却死者的一个心愿，她告诉马塞尔，加斯东为了妻子和女儿，与情妇断绝了关系[④]。祸不单行，就在加斯东去世的当天，马塞尔得知了贝特朗·德·费纳龙失踪的消息。2月17日，他的妹妹蒙蒂贝娄侯爵夫人写信告诉马塞尔，有一位军官亲眼看见贝特朗倒下，受了致命伤，但马塞尔不愿意相信这是事实。他给比贝斯科写信说：“我时刻想着他，只要睡着一会儿就能梦见他，我对他说以为他已经死了。可他对我非常亲切。”[⑤]3月初，比贝斯科过来看他，带来的消息让他彻底绝望：贝特朗“是在率领全班作战时牺牲的”，跟后来小说中的圣卢一样。他还有一点与圣卢相同，即他的英勇之中并没有掺杂仇恨。他对德国文学非常熟悉，他

① Ibid., p. 50：也许是害怕别人说闲话，他补充说自己不论出于何种原因都不会刻意疏远“一个在我看来特别正直、可爱、友善的人。但我想说我跟他认识的时间很短，对他很不了解。这并不妨碍我们对彼此有很大的好感”。

② Ibid., p. 27.

③ Ibid., p. 29, 1915年1月14日。

④ C. Albaret, pp. 223–224.

⑤ *Corr.*, t. XIV, p. 56, 1915年3月初，致比贝斯科。

不认为“皇帝”应为战争负责：“这种看法极有可能是错误的。可是，哪怕这个观点是错误的，它仍然能够表明，这位英雄的爱国主义精神没有任何排他的、狭隘的成分。但是，毫无疑问，他无限热爱法兰西。”[①]5月中，传来罗贝尔·德·于米埃尔阵亡的消息，他在第四佐阿夫团任中尉[②]，率领连队冲锋时心脏中弹。普鲁斯特把对费纳龙的怀念转移到这位“特别喜爱”的前助手、开普林的译者身上，多年前普鲁斯特曾亲切地把他称作“亲爱的小人儿毛克利”[③]，如今仍记得他“以火一样的热情学习一切、经历一切，这团火焰能点燃一切”[④]。到了1915年4月20日，马塞尔不得不告诉塞莱斯特，她的母亲去世了，并催促她赶紧动身回到奥克西亚克；但她在葬礼后才赶到家里。塞莱斯特不在期间，由小姑子莱昂蒂娜·阿尔巴莱代替她看顾普鲁斯特，莱昂蒂娜表现不佳，既唠唠叨叨又不会干活。塞莱斯特回来时，马塞尔哭了，轻轻地拉着她的手说道：“我每时每刻都在想着您！”[⑤]正在这时，奥迪隆的兄弟让·阿尔巴莱在沃屈瓦战死，普鲁斯特情真意切地向他家人表达慰问。接连不断的噩耗使他有机会阐明自己对宗教的看法，他在信中对里奥内尔·奥塞尔说：“虽然我没有信仰……但在我的一生中，宗教情怀不曾有一天缺席过。就在最近，我还与诺伊伯格先生谈起（当然是通过信件）这个话题，跟他说他很可能在将来的某一天与儿子重逢。但是，人越是信教，就越是不敢肯定，不敢超越他相信的东西；而我不否认任何东西，我相信一切皆有可能，

① Ibid., p. 71, 致阿尔布费拉。Cf. *RTP*, t. II, p. 92，参见十五人译本（二）283页，周译本（二）295页；t. IV, p. 425，参见十五人译本（七）157页。

② 圣卢的部队由塞内加尔人组成：“他有一种也许是纯洁无瑕的看法，即把同随时准备牺牲自己生命的塞内加尔人一起风餐露宿，看作是一种精神快感，快感中包含着对那些‘洒过麝香香水的矮小先生们’的蔑视。”（*RTP*, t. IV, p. 322，参见十五人译本［七］53页）

③ *Corr.*, XIV, p. 333, 1899年2月2日。结了婚的罗贝尔·德·于米埃尔与圣卢的另一个共同点是，他把同性恋与英雄主义结合在一起。Cf. ibid., t. XIV, p. 119：“对某些死法我同样尊敬，但它们与广泛传播的刻板形象大相径庭。”有人说，罗贝尔·德·于米埃尔被调到一个佐阿夫团，是为了避免出现丑闻。

④ Ibid., t. XIV, p. 132.

⑤ C. Albaret, pp. 142–143. *Corr.*, t. XIV, p. 109, 致玛塞勒·拉里维埃：“对于她精神上的痛苦，我们无能为力。我们所能做的，是尽量避免让她在肉体上再承受可能来临的最残酷的打击。”

以恶之存在为基础的种种反驳意见，在我看来都是荒诞无稽的，因为，似乎只有痛苦曾经使人并将继续使人比野兽稍好一些。但是从此处到达确定性，或者仅仅到达希望，仍有很长的路要走。我还没有走完这段路程。我最终会走完吗？”[1]

① Ibid., p. 218, 1915年9月初。

这一年当中，马塞尔对亨利·巴尔达克产生了特别的友情。他最早是通过雷纳尔多·哈恩认识亨利的，1906年的时候就说他是个“用粉色珊瑚做成的豚鼠”[2]。亨利应征参战后当上了步兵中士，在马恩河战斗中受了伤。7月，马塞尔对吕西安·都德称赞他：“亨利·巴尔达克聪明过人，和善至极……这是我用了很长时间才了解到的，但他的确很完美，没有什么花里胡哨的东西，性格干脆、心思缜密，属于大仲马的人物类型。而且，他让人有安全感，这种魅力在朋友关系中实在是太罕见了。”[3]伤好之后，亨利被任命为法国驻伦敦大使馆的独立专员。“可怜的小家伙”“在几个月的时间里失去了一只耳朵，面部和腿部的神经也受损而失去了知觉，他还失去了父亲，以及很多很多东西，真是令人伤心”（圣卢面部的伤疤正是参考了他脸上的伤疤），马塞尔向这位他“爱之不尽”的朋友送上了“最温柔的友情”。另外，马塞尔像过去使唤纳米亚斯一样，通过亨利进行股票买卖。此后的几年当中，他们经常见面，有时候，见面的场合非常奇特，比如1916年3月13日，马塞尔在希洛餐馆同巴尔达克和查理·汉弗莱斯共进晚餐，查理曾做过巴尔达克的贴身男仆，也是他的遗产继

② Ibid., t. VI, p. 136, 致雷纳尔多·哈恩。

③ Ibid., t. XIV, pp. 176, 220, n. 3 (erronée), 221, 296.

承人。所以莫雷尔的绰号借用了这个“查理”而没有使用“鲍比”[1]。巴尔达克后来回忆起普鲁斯特的许多往事。1918年，普鲁斯特被人带着去见一个会看手相的女人，但她却说：“先生，您指望我跟您说什么呢？应该由您说出我是个什么人才对！”巴尔达克也认为他眼力非凡，能预见未来。他还讲到战后在歌剧院举行的大型晚会，《安东尼与克娄巴特拉》演出期间，普鲁斯特在包厢里不停地与邻座交谈，但几天以后，他仍然能说出演出的每一个细枝末节[2]。1916年的8月底或9月初，在巴尔达克家中，马塞尔第一次见到了“富有魅力”，他“十分高兴”[3]结识的保罗·莫朗。至于雷纳尔多·哈恩，他不顾马塞尔的百般劝阻，坚持从法国西南部的后方调到战争前线。11月11日或12日，休假中的雷纳尔多首次演出他在沃屈瓦创作的《解开的丝带（双钢琴华尔兹舞曲）》；普鲁斯特见到了他，并在音乐中感受到里姆斯基–科萨科夫的纯净和“那位耳聋老人”的深刻，最后一曲华尔兹甚至让他联想起某人（很可能是伦茨的《贝多芬及其三种风格》[1909]）对贝多芬第七首四重奏的评语。然而，雷纳尔多的这些作品仍然没有出现在《追忆》当中；当雷纳尔多最终发现，当初的赞颂之词并没有被谱入这部不朽的著作，该有多么失望。

① Ibid., t. XVI, p. 329, 致保罗·戈德施密特，戈德施密特是一位富有的收藏家，也是这位查理·汉弗莱斯的朋友（C. Albaret, p. 229 et 286）；另见注释3，菲利浦·科尔布掌握的资料和所作的说明。

② « Marcel Proust devin », *NRF*, janvier 1923, pp. 103–105.

③ *Corr.*, t. XIV, p. 221.

与军队的搏斗

普鲁斯特一直担心重新审理免除征召一事的重审委员会将要传唤他，他还因为此事同约瑟夫·雷纳克闹僵了。他本来指望雷纳克能帮忙，结果发现雷纳克给他的信件根本没有用处：他在信中只声明了并不清楚普鲁斯特是否健康[1]（从此以后，普鲁斯特不断讥讽雷纳克和他以波利比乌斯为笔名发表的著作）。4月9日，他收到重审委员会的信件，称将于13日早上三点半对他进行传唤，比泽医生证明他因健康不佳无法到场。11日，再次收到于13日上午八点半进行传唤的信件后，他向委员会主席送去了医生的证明。4月28日以及6月底的某一天，他又两次被传唤至特别委员会。8月25日，一些军医来对他进行检查；他们打算替他申请免除征召。“他们不知道爸爸是医生，弟弟也是医生，每次都要问我：‘您是建筑师，对吧？’但我病得很重，病情无可置疑。这是一种提醒，它注定要越来越显豁，直至死亡……”[2]9月10日，巴黎军事当局一位军官来信，要求马塞尔致信塞纳省军事长官，他仿佛熟知马塞尔的文笔风格似的：“请使用简明的语汇，不要涉及您告诉我的诸多细节。”[3]我们要明白，马塞尔虽然感到自己无法参加战争，但他的思想中只有战争。他在给夏尔·德·阿尔顿的信中写道：“我们不分昼夜地一直在想着战争，而像我这样没有参加战争的人，也许想到战争时会更加痛苦。”[4]

① Ibid., p. 33 ; cf. p. 36：“当我看到自己非常珍视的梦想在眼前破灭，当我看到我所敬仰的在公共生活中充满勇气的人物……在私生活中表现得如此不近人情，我都会感到十分难过。”普鲁斯特补充说，通过这位写出了精彩的德雷福斯事件史的作者，他对人性中的令人失望之处也就感到释然了。

② Ibid., p. 228, 1915年9月，致吕西安·都德。

③ Ibid., p. 226, 1915年9月10日，萨克斯少校的来信。

④ Ibid., p. 130, 1915年5月，致夏尔·德·阿尔顿。

普鲁斯特、报刊与战争

普鲁斯特接着写道：“我每天都要把法国和日内瓦军事评论家写的东西大嚼特嚼一番。”他阅读的报刊中，就有科克托与素描画家保罗·伊利伯共同创办的《言论》周刊（1914年11月28日至1915年7月1日），这本刊物力求既爱国又幽默，既前卫又忠于民族传统，而讽刺对象则只有德国人。马塞尔很欣赏伊利伯的漫画《罗恩格林与螯虾：向巴黎进军》，同时指出“若是用在尼古拉大公身上将会显得更加可笑”（都以为俄国人会进攻普鲁士，结果他们遭遇大败而撤回到尼曼河以东）。普鲁斯特不愿批评“最高军事统帅”，于是他把矛头指向“愚蠢的记者们，说他们早就忘了自己说过多少遍俄国人10月底就能直抵柏林，如今却又为德国人未能在华沙过圣诞而暗自欣喜”①。普鲁斯特不断批评新闻界的沙文主义倾向，抨击他们把传播信息和进行宣传混为一谈，事实上，公众用了很长时间才弄清楚早期的失败有多么严重。但是，各个报纸均依赖政府和军事部门提供的消息，或者依赖经审查后没有被禁止的言论（报刊审查非常严厉，从以下事例即可见一斑：克雷孟梭凡能在《自由人报》上发表出来的文章无不遍布空白；这家报纸因为违反了某位将军的命令被停刊一周，成为“被缚人报”）。《费加罗报》负责人阿尔弗雷德·卡皮说道：“只要在写作中不谈当局，不谈政府，不谈政治，不谈国家机关，不谈信贷机构，不谈伤员，不谈德国人的残暴，不谈邮政服务，那么就可以在两个到三个审查员的监督之下随心所欲地想写什么就写什么。”②还有些文章写的是德国人有多么饥饿，比如只要递上涂了果酱的面包就能让他们走出战壕。报界乃至政府的这种态度，以及

① Ibid., p. 40, 致让·科克托。《言论》周刊发表科克托（署名“Jim”）、杜飞、巴克斯特、格莱兹等人的画作。不过他们支持在巴黎演奏德国音乐。Voir K. Silver, *Esprit de corps*, Thames and Hudson, 1989, pp. 43–49。

② 1914年9月27日。转引自J. Chastenet, *op. cit.*, t. IV, p. 225。《时报》也写道：“新闻审查凌驾于法律之上。”（1915年10月8日）霞飞则抱怨审查手段不足（*Mémoires*, t. II, p. 384）。相反，拉维斯写道：“使全国人民都保持乐观状态的意愿不言而喻，但这是一种危险的意愿。”（*La Revue de Paris*, 1er juillet 1916） Voir G. Weill, *op. cit.*, pp. 311–315。

这种新闻误导，都将在《重现的时光》中得到展现。

早在1915年3月，他就亮明了自己的观点，而德·舍维涅夫人，大概还有科克托，散布了不少关于他的闲话。他在信中说："的确，在我的语汇里没有'德国鬼子'这个词，而且我看问题也不如某些人那么清楚。"[①]同理，他认为"我们过于把德国人的罪行一概而论"，同时抨击有些法国文人用狂热的文字给兰斯大教堂"毁了容"[②]："我们确实有些滥用'文化''废纸一张''凶残的民族''极其'等词汇。"他赞赏保罗·苏戴捍卫瓦格纳和里查德·施特劳斯，并回击圣桑和扎马克伊斯的行为。他就此对施特劳斯的音乐进行了深入研究，揭露某些人"无力或懒于掌控音乐灵感的源泉"[③]，相关内容后来被移植到《盖尔芒特家那边》中。对于开战争文学风气之先河的作品，普鲁斯特并不怎么看好，认为它们出现得"有些过早"，如雅克–埃米尔·布朗什的《书信集》、莱昂·都德的《摆脱德国的桎梏》、孟德斯鸠的《受伤的祭品：战争哀歌》（"里面有188首关于战争的哀歌，他肯定是全国总动员的第二天就开始写了"[④]）。此外，他认为作家不应该只写战争，因为他有更高尚的事业[⑤]。

对于法军的军事行动，他亦持批评态度："总的来看，受人摆布的正是我军，尽管我们的说法总是相反……当我看到敌人的主要战术就是转移部队，而战场仍在无限扩大，我总是有些担心。"[⑥]他像《盖尔芒特家那边》中圣卢教导叙事者一样，给安托万·比贝斯科上了一课。德

① *Corr.*, t. XIV, p. 66, 致吕西安·都德。Cf. p. 229, 普鲁斯特引用弗朗索瓦丝的话（"应该只让那些喜欢的人去"），接着说："这种幼稚的说法（也不尽然，因为英国就是这样的体制）本可以让我们免受侵略，因为若真如此，那么真正渴望战争的德国人究竟会有多少呢？"

② Ibid., p. 71.

③ Ibid., p. 99, 1915年4月11；cf."如果一场胜利的唯一结果就是以米盖尔·扎马克伊斯的美学取代瓦格纳的美学，那它就没有什么可取之处。"

④ Ibid., p. 151, 1915年6月初。但他以另一种口吻向孟德斯鸠表示祝贺，p. 167。

⑤ Ibid., p. 158, 致布朗什。

⑥ Ibid., p. 144, 1915年6月初。

国人的战法从来不是安托万所认为的“稀奇古怪的异想天开”：“德国人恰恰是针对他们无法预见的情况进行战争准备的（他们储备了长期战争所需的弹药，而唯有他们自己认为战争是短期的，也只有他们进行了弹药储备；在他们认为没有必要撤退时却撤到了朗斯，为的是不让我们得到朗斯的物资储备，并将其为己所用；为了围堵俄国，他们占领了达达尼尔海峡，尽管他们认为俄国已被打败，等等），我们不能指望这样一个思想混乱、不切实际的民族……”[①]10月，普鲁斯特与尼古拉·科坦谈到，正在抗击保加利亚人和奥地利—德国人的“塞尔维亚人遭受了空前的苦难”[②]。与小说中一样，普鲁斯特在书信中是一个敏锐的军事评论家，他的看法超越了就事论事，上升到一般理论和思想法则的层面，乃至能够洞悉敌方行动背后的逻辑。

① Ibid., p. 221, 1915年9月9日前后。

② Ibid., p. 248. ——译者补注

投机的终结

普鲁斯特原本以为，证券交易所停止交易能使他免受严峻的金融形势的冲击。他满心希望从1914年7月31日起施行的债务延期偿付能一直延续到战争结束，但此时突然得到消息，结算工作即将开始，到1915年10月2日结束，也就是说在这一天之前，他必须支付延期偿付的利息。手足无措的普鲁斯特只好求助于那位严厉的顾问利奥内尔·奥塞尔帮他渡过难关；而他本人在幽默感十足的信中想出的办法，即便不至于使他破产，至少会让他无力清偿

债务。他的情况如此复杂（致使他理不清头绪）是有原因的：他在好几家银行（包括工业信贷银行、罗斯柴尔德银行等）有户头，通过三家证券交易所（工业信贷、莱昂、新城）进行交易，这还不算非正式的顾问和偶尔一用的中间人（在这些人身上，金钱和爱情往往掺和在一起）。此外，他发出的指令缺乏金融机构所习见的清晰性。大卫·莱昂证券交易所的职员于尔曼在七十年之后对此仍记忆犹新[①]："大卫·莱昂和他的助理每每收到四五页'普鲁斯特风格'的指令。我们弄不清他是想结转还是结清他的账户余额。"他的理财方法是，从他持有的资产中借债，以便根据他得到的信息或"内幕"对其他证券进行投机。战争使某些证券的价值化为乌有，他因而遭受巨大损失[②]。除此之外，普鲁斯特恍然意识到，由于偿债环节一再推迟，他必须支付一大笔利息：他承认，他是从来都不看账户状态的，所以此时才突然发觉一大笔钱就这么被吞掉了[③]。奥塞尔投入全部精力为他清理户头，同时，针对胆敢染指股票的人，他向普鲁斯特断言："有些人天生就是做这一行的，也有些人天生要在这里栽跟头。我可以毫不夸张地说，您就属于后一种……"[④]至于银行家，他们的利益"正好与客户背道而驰"[⑤]。10月29日，"判决书"终于出炉：普鲁斯特的负债总额高达274183.04法郎，他最好按照奥塞尔列出的清单卖掉股票，尽快偿还债务。这样的话，他将只损失5387.79法郎的利息[⑥]（即收入），而假如不偿还债务，他每年就要付出22000法郎的利息。

① 致弗兰克的信(《世界报》1986年7月6日)。

② 例如，受战争影响，里昂信贷的资产缩水了一半（*Corr.*, t. XIV, p. 288, 1915年11月10日）。

③ Ibid., p. 231, 1915年9月中，致利奥内尔·奥塞尔。

④ Ibid., p. 255；cf. p. 257："你在信里谈笑风生，对现实满不在乎的态度令人佩服。"

⑤ Ibid., p. 277.

⑥ 将这些数字乘以12.23，则大约相当于1990年的法郎数。所以马塞尔的债务相当于1990年的3353258 法郎；每年的收入相当于1990年的335000法郎。1914年至1915年，法郎贬值17%。1918年，法郎的价值只相当于1914年的0.48倍。1922年,即普鲁斯特去世的那一年，只相当于1914年的0.33倍。

如果听从奥塞尔的建议，他还能保留每年27390法郎的收入。奥塞尔于是问他，他的基本“开肢”是否高于这个数，普鲁斯特风趣地答道：“一般说来我不是靠下肢，而是靠后背撑着的。反正，我的下肢也难得抬起来一次，我真担心哪一天‘两肢一挺’就过去了。”[1]他们费了很大力气才把手头的股票卖出去；普鲁斯特还听从奥塞尔的建议，认购了利率为5%的新国债。他勇敢地战胜了一个让很多人绝望的难关，甚至表现出十足的幽默感，他把幽默称作“上帝赐予病人和穷人的天赋”[2]。

战争中的“歉收之年”[3]就这样过去了，对垒双方势均力敌。普鲁斯特愈发感到孤寂，他的财产减少了三分之一，他的著作大半还未出版。他没有去卡堡度假。旅馆关门了，他又没有另租别墅；纳米亚斯一家想把房子借给他，他出于一贯的谨慎没有接受。此后他再也没有离开过巴黎，他再次发现巴黎始终受到敌人的威胁，他们距巴黎只有七十公里。

① Ibid., p. 266, 1915年10月29日。

② Ibid., p. 298. 他本是“病人”却自认为是“穷人”。

③ J. Chastenet, *op. cit.*

1915年的写作

《少女》

比较1914年格拉塞出版社的校样与《少女》的定稿，我们能看出补写的内容占多少篇幅。小标题《在斯万夫人府上》换成了《斯万夫人周围》，内容也不仅限于奥黛特，而是扩大到她的生活圈。这一大段是在记事本3、4当中进一步展开的，普鲁斯特在其中记下了为诺布瓦和盖尔芒特公爵准备的台词；另外一些补充内容在练习簿61当中，他标注道："补入伽利玛的校样（即《在少女们身旁》的第一部分）。"这里指的是格拉塞1916年转给伽利玛的校样。马塞尔早在1915年就开始在这个练习簿上写作，有一个旁证是，这一年，他请求吕西安·都德给他描绘玛蒂尔德公主，他想把自己所写的在动物驯养园的公主与吕西安的回忆进行对比。

《少女》第二部分，即关于巴尔贝克的补写内容，比第一部分要多很多[①]。遗憾的是，由于这部分手稿散布在1920年制作的50册豪华印本当中，我们难以精确地重建补写的过程。练习簿61中有对少女们特别是阿尔贝蒂娜描写的重要补充。伽利玛1918年印出的校样，显示了上述始于1914年的种种变化[②]，但我们无法准确说出哪些内容是在1915年写的。不过，普鲁斯特很可能是在3月份得知费纳龙失踪的消息后，补充完成了圣卢的肖像描写。

① 在1913年交给格拉塞的打印稿中，巴尔贝克仍然叫作Bricquebec（继1909年的凯尔克维尔之后）。见R. Bales编辑出版的*Bricquebec*。布里绍认为"巴尔贝克"是从"达尔贝克"来的。

② 普鲁斯特有一封未刊信件装订在伽利玛的《斯万》校样当中（私人收藏），此信向印刷厂说明应如何使用格拉塞的校样、手稿练习簿和打印稿。

1915年的《索多姆》

如果说同性恋主题从小说构思伊始就存在的话，那么从1914年起，《索多姆》最主要的变化就是阿尔贝蒂娜的故事被引入小说。练习簿54当中出现了《失踪的阿尔贝蒂娜》的雏形，大概写于阿戈斯蒂耐利死后不久。随后的练习簿71中，是第二次去巴尔贝克度假时抵达之际的情形、最初的怀疑、《女囚》的大纲、逃走。练习簿46增加了《心的间歇》和在巴尔贝克的居停。有五个练习簿（普鲁斯特为其编号IV—VIII。在编号I—XX的练习簿手稿当中，《索多姆》占了I—VIII）是1915年写的[①]。从这一年起，小说的这个部分形成了一个整体。也是在这个时候，阿尔贝蒂娜彻底取代了普特布斯男爵夫人的贴身女仆，根据伊波利特·科舍里《地名的起源和形成》一书构思的有关词源的谈话也被写进小说。

① Voir *RTP*, t. III, pp. 1234–1247, notice d'A. Compagnon.

《女囚》

从《索多姆》到《重现的时光》一系列手稿当中，接续在巴尔贝克第二次居停情节之后的练习簿V、VI和VII写于1915年。其中练习簿V给《索多姆》收尾之后，讲述了叙事者与阿尔贝蒂娜的故事、阿尔贝蒂娜的谎言、特罗卡德罗广场上的日场演出。练习簿VI，在《费加罗报》送达之后，详细描写了从睡梦中醒来、交谈的情景（“若是我命中注定要死于坠马事故，那么您会怎么办呢？可是我常常有这种预感！”这句话令人联想到阿戈斯蒂耐利和飞机）以及与阿尔贝蒂娜的散步、二人关于瓦格纳音乐的谈话；随后还有维尔迪兰家的晚会、凡德伊的曲子（最早是四重奏，然后是交响乐）。练习簿VII的开头是与布里肖从晚会上回来，然后一直写到阿尔贝蒂娜离开。记事本2当中，几处涉及阿尔贝蒂娜和飞机的笔记紧挨着一则对1915年2月《时报》内容的摘录。1916年，普鲁斯特抄清了《女囚》的手稿[1]。

① Voir ibid., pp. 1657–1658, notice de P. Robert.

《失踪的阿尔贝蒂娜》

我们已经看到，阿尔贝蒂娜逃走、死亡以及随后对她哀悼和妒嫉的情节[2]，最早出现在练习簿71和54当中。实际上，练习簿54的核心部分一直写到1914年。普鲁斯特对此作过说明："我很可能是在从卡堡回来的时候把这些内容写在这个练习簿末尾的。"[3]1915—1916年，他组织安排了整个故事在练习簿VII、VIII、VIII（2）、IX中的不同片段，并把凡德伊的主题引入《女囚》。他在《少女》《盖尔芒特》和《索多姆和戈摩尔（二）》当中增加内容，为形成完整的阿尔贝蒂娜插曲作准备。另一个与阿尔贝蒂娜有关的内容是，普鲁斯特引入了《金眼女郎》[4]。有一个涉及普鲁斯特的美学思想的重要段落，即对龚古尔《日记》的仿写，本应放在《失踪的阿尔贝蒂娜》中，但最终被移入《重现的时光》，它也是在1915年完成的，这一点在他的通信中得到证实。他的通信还表明，他当时再次重读了龚古尔兄弟的《日记》。最初，希尔贝特在《日记》中看到了父亲过去的熟人，这个情节距离关于结婚喜帖（其原型是巴尔扎克的继女姆尼塞克伯爵夫人逝世的讣告[5]）的章节很近。马塞尔在1911年就已经重读《日记》，也许是为了在书中重新看到他的人物原型，如玛蒂尔德公主、格雷菲勒伯爵夫人、罗贝尔·德·孟德斯鸠、都德一家、哈恩以及很多其他人；也是为了重温他年轻时

② *RTP*, t. IV, p. 1007.

③ Ibid., p. 1008.

④ Ibid., Esq. I du *Temps retrouvé*.

⑤ *Corr.*, t. XIV, pp. 146–148, 1915年6月3日后不久，致吕西安·都德：在《斯万》的第三卷当中，仅一场出人意料的婚姻就会让所有的名字鱼贯而出；"但这里就要接近结尾了"。

流行过的服装时尚。面对社会的龚古尔兄弟，就是面对文学的圣伯夫。但到了1915年[1]，普鲁斯特更多的是通过模仿《日记》从而摆脱它，并且利用这篇仿作展现各个人物在青年时代不为人知的某个方面，这也正是比叙事者年长但视野更为狭隘的龚古尔所能做到的。

最后，普鲁斯特把已经构思很久的威尼斯之行纳入故事当中。1915年11月初，他在赠给谢科维奇夫人的荷兰纸印本《斯万》的题词中，写下了悼念和忘记阿尔贝蒂娜的整个过程；这段故事的写作开始于当年夏天，是从练习簿55、56中抽取出来的[2]。

① Ibid., p. 78；他重读的是龚古尔兄弟1885年的日记。

② Ibid., pp. 273, 280–285 ; K. Yoshikawa, *op. cit.*

《重现的时光》

关于《重现的时光》，主要是在现存结构当中，加入补写的片段。比如说1915年1月4日加斯东·德·卡雅维之死，启发普鲁斯特写了布洛克之死[3]。我们在前面已经看到，加斯东与让娜·普凯的夫妻关系，是圣卢夫妇的原型。新插入的对阿尔贝蒂娜的评说，应当是与《女逃亡者》同时写的。毫无疑问的是，普鲁斯特从这时起在练习簿74上写一些关于战争的笔记，他把这个练习簿称作“拖鞋”，一直用到1920年。因此可以说，圣卢之死的灵感直接来自贝特朗·德·费纳龙以及罗贝尔·德·于米埃尔的死亡。当他6月前往拜访格雷菲勒伯爵的情妇德·拉贝娄蒂埃伯爵夫人时，有可能是想暗暗地报复一下格雷菲勒伯

③ Cahier 57, f° 14 v°.

爵夫人，因为他感到她对自己的著作丝毫不感兴趣，但更为重要的是为了描写盖尔芒特公爵的情妇们。他觉得这位夫人“从各个方面看都充满魅力，并且性情直率、活力四射”[1]。根据塞莱斯特·阿尔巴莱的记载，拉贝娄蒂埃伯爵夫人“对普鲁斯特先生钦佩得五体投地，她简直不知道该怎么做才能引起他的注意”。当普鲁斯特满心陶醉、终于上门拜访之时，格雷菲勒伯爵正好在场，“气呼呼地坐在椅子上”，原因是马塞尔居然没有被拒之门外[2]。出于同样的目的，普鲁斯特还多次看望克拉里伯爵[3]，伯爵已经瘫痪，几乎双目失明，由一位日本仆人照料，这个情形（以及在最后的日子里坐轮椅的萨冈亲王）启发他写下了絮比安照料夏吕斯的场面[4]。

① *Corr.*, t. XIV, p. 165.

② C. Albaret, p. 194. 这样的拜访持续了两个到三个月的时间；一旦普鲁斯特的好奇心得到了满足，就不再去看她了。

③ *Corr.*, t. XIV, p. 250.

④ *RTP*, t. IV, p. 438，参见十五人译本（七）169页。关于塔列朗公爵、前萨冈亲王（1832—1910），见Boni de Castellane, *op. cit.*, p. 283。

1916年的写作

直到1916年，与新法兰西评论出版社签订合同之后，普鲁斯特才重新拾起格拉塞出版社印出的《盖尔芒特》校样，补写工作一直持续到1920年3月。1919年6月他收到此书的第一批校样，第一卷印刷完毕是在1920年8月17日。为了写好《索多姆和戈摩尔》中的第二次巴尔贝克之行，普鲁斯特向阿尔贝·纳米亚斯提了很多问题，比如“我们在卡堡的最初几年里，姑娘们在海滨外出就餐时都是什么装扮”“当地运营的小火车是怎么一回事”，都有哪些绰号。阿尔贝给出的绰号包括“扭扭车”“老爷车”“大西洋轮渡”“矿车”“索道车”等等[1]。同一年中，普鲁斯特抄清了关于阿尔贝蒂娜插曲的手稿。他之所以多次询问戈蒂耶–维尼亚尔，了解比克和昂蒂布两地飞行学员的情况，或者阿戈斯蒂耐利妹妹的情夫迪凯纳男爵的情况，就是为了积累素材，准备描写叙事者在阿尔贝蒂娜死后调查她生前人际关系的情节，并且展开对墓中人的嫉妒这一主题。顺便提一句，同样是为了让自己的小说更加完美，他向塞莱斯特的外甥女玛塞勒·拉里维埃索要了几份作文提纲，称赞这几份提纲具有很强的知识性和写作技巧：它们将成为《少女》中希塞尔的作文[2]。

他还在此展开了一个十分独特的主题，就是向福迪尼定制的睡袍[3]。1915年5月11日在施特劳斯府上，他就向施特劳斯夫人问过福迪尼睡袍的事情，夫人提出愿意借给他一件福迪尼的大衣[4]。但其中的实质性问题他最终是向雷纳尔多的姐姐玛丽娅·德·马德拉佐提出的：福迪尼制作睡袍时，是否借用了“圣马可教堂里拜占庭式柱头上十分常见的对鸟图案”[5]？玛丽娅告诉他，福迪尼的灵感来自卡帕契奥。普鲁斯特于是向她解释自己新构思的情节：在巴尔贝克，埃尔斯蒂尔当着阿尔贝蒂娜的面谈到，有一位艺术家发现了威尼斯古时织染的秘密。在“第三卷”当中，订了婚的叙事者把这样的裙衣赠给阿尔贝蒂娜，它们令人想到威尼斯，撩起前去一游的欲望。阿尔贝蒂娜死后，身处威尼斯的叙事者在卡帕契奥的油画上再次见到了“他送给她的某件睡袍”：“过去，这件睡袍让我想起威尼斯，让我急欲离开阿尔贝蒂娜；

① *Corr.*, t. XV, p. 257, 1916年8月前后。后搬移到小说中，*RTP*, t. III, p. 180，参见十五人译本（四）178—179页。

② *Corr.*, t. XV, p. 43, 1916年1月31日。*RTP*, t. II, pp. 264–265 et n. 1 et 3，参见十五人译本（二）473页，周译本（二）468页；p. 268, n. 2。

③ Ibid., p. 1012 ; *Corr.*, t. XV, p. 49. 在练习簿55中，有关福迪尼“蓝金色”睡袍的部分是补写的。

④ *Corr.*, t. XV, p. 57.

⑤ Ibid., p. 49, 1916年2月6日。

现在，我在卡帕契奥的画上见到它，又让我想起了阿尔贝蒂娜，让威尼斯成了我的痛苦之源……所以福迪尼这个虽未充分展开但十分重要的‘动机’将轮流扮演肉欲、诗意和痛苦的角色……卡帕契奥正好是我非常熟悉的画家，我曾经整天整天地待在圣乔治学院，驻足在《圣于絮尔的传说》跟前；罗斯金关于这里每幅画作的所有文字，我也都翻译过来了。”[1]和往常一样，马塞尔想查阅相关书籍，玛丽娅借给他路德维希与米尔蒙蒂关于卡帕契奥的研究著作（普鲁斯特本人也熟悉罗森塔尔的研究著作）。油画《慈悲族长为中魔者驱邪》及其与惠斯勒作品的对比，为他在《女逃亡者》中描摹威尼斯提供了灵感[2]。同一时期，他把博尔迪尼的《勒达》（此画系埃勒所藏）与莫罗的同题画作糅合在一起，写进了《失踪的阿尔贝蒂娜》[3]。

至于《重现的时光》，普鲁斯特1916年5月即在致伽利玛的信中说道：“关于战略问题的谈话[指的是他当时为《盖尔芒特家那边》补写的关于军事问题的谈话，这些谈话应该发生在战争之前]使我想到在全书结尾处做一个呼应，不是写战争本身而是它的几个小插曲，此外还有德·夏吕斯先生在这个到处可见军人、如同卡帕契奥画中城市的巴黎城里如鱼得水。我得说这些内容没有任何反军国主义的成分，而是恰恰相反。但报纸上的报道实在太蠢（并且在我的书里饱受诟病）。”[4]因此可以推断，春季里普鲁斯特至少已经写出了战时巴黎这一段的草稿，其中

① Ibid., pp. 57–58, 1916年2月17日。*RTP*, t. II, p. 252，参见十五人译本（二）459页，周译本（二）456页；t. III, pp. 43, 552, 663, 687, 715, 871–872；参见十五人译本（四）47页，（五）36—37、152、202、363—365页，周译本（五）38、155、181、210、383—385页；t. IV, p. 226，参见十五人译本（六）227页。

② *RTP*, t. IV, p. 225：“卡帕契奥差点重新燃起我对阿尔贝蒂娜的爱情。”参见十五人译本（六）226页起。

③ Ibid., t. IV, p. 108，参见十五人译本（六）108页，以及*Corr.*, t. XV, p. 58。

④ Ibid., p. 132；*RTP*, t. IV, p. 301–432，参见十五人译本（七）33—164页；另，对报纸的评论，尤其反映在pp. 355, 357, 360, 365；参见十五人译本（七）85、87—88、91、96页。

的情节恰好就是1916年发生的，并且插入了一段1914年在巴黎短暂停留的故事[1]。

这一时期的写作还涉及《化装舞会》一节。11月4日，他前往歌剧院观看夏布里埃的《布里塞伊斯》[2]。在那儿他见到了菲利克斯·福尔总统的前礼宾官菲利浦·克罗齐耶，受此启发写下了“被衰老改变容貌的人们”。“是不是髭须中出现的银丝使这个仪表堂堂的男子变成了一副老妖怪的模样呢？白色的髭须配上干瘪的嘴还真是出彩，让他活像老俾斯麦，但看起来实在不舒服，他最好把它全部剃掉……”[3]

1916年的日常生活

1916年，法国历史上的凡尔登战役之年，对普鲁斯特来说，是在战争和死亡的气氛中开始的，它夺走了普鲁斯特的贝特朗·德·费纳龙：“呜呼，1916年，还会有紫罗兰，还会有苹果花，在它们盛开之前也还会有霜花，但不会再有贝特朗了。”[4]虽然他坚信法国最终会取得胜利，但他发现官方宣传的必胜言论还有很大的改进余地。比如所谓德国已被困在城堡中的说法，即使德国占领了所有土地，她仍然是在城堡中，但这也太舒服了：“现在，在我看来，他们的城堡未免太大了点儿。”[5]他同时观察到，“在战前年代与当前剧烈的大动荡之间，已经横亘着一条鸿沟”[6]，这个想法几年之后被他

① Ibid., pp. 315–334，参见十五人译本（七）47—64页。Notice, p. 1167。

② *Corr.*, t. XIX, p. 759.——译者补注

③ *RTP*, t. IV, p. 903, Esq. XLIII.《布里塞伊斯》首演于1899年，即菲利克斯·福尔去世那年。这里所说的应该是重排，因为首演的时候，克罗齐耶不会显得如此衰老。

④ *Corr.*, t. XV, p. 23, 1916年1月1日，致安托万·比贝斯科。

⑤ Ibid.

⑥ Ibid., p.54，致夏尔·德·阿尔顿。

写入《重现的时光》[1]。他认为，孤独的生活越发使他避免对战争的判断发生偏差，因为他全部的时间都用来思考战争。这种孤独，以及他的事业，亦使他对友谊产生怀疑，他在信中写道："我这样的命使我凡事只能依靠自己……我只是孤单单的一个人，我能得益于他人的地方仅仅在于他们能让我发现和开掘自己的潜力，办法有两个：要么令我痛苦（更多的是通过爱而不是友谊），要么展现他们的可笑之处……我并不是瞧不起他们，但这些可笑之处让我明白他们是什么样的人。"[2]这几个主题同样出现在《重现的时光》当中，但多数情况下，我们不知道信和小说到底哪个在先。普鲁斯特通信集的作用在于，能把他的思想（或者理论）还原到生平或传记当中，从而表明，他的思想或理论来自亲身体验，而不是向壁虚构的。

音乐

普鲁斯特在致友人的信中说："几年来……贝多芬的最后几首四重奏与弗兰克的音乐是我的主要精神食粮。"[3]此外还应该加上福雷。4月14日，普鲁斯特出席了普莱四重奏组与福雷本人（弹奏钢琴）在奥德翁剧场举行的福雷音乐节[4]。几天之前，普莱乐队曾到家里为他演奏贝多芬的第十三首四重奏和弗兰克的四重奏[5]。此时，他打算再举行一次私人演奏会[6]，仍然由普莱四重奏组演奏弗兰克的四重奏和福雷的第一首钢琴四重奏，但他希望

① *RTP*, t. IV, p. 306，参见十五人译本（七）38页："认为把战前和战争时期相隔的时间说成是一段同地质时期一样深、一样长的时期，是最为时髦的想法之一……说实在的，战争引起的这种深刻变化，是同触及的思想的价值成反比的……内心十分丰富的人们也很少考虑那些事件的重要性。"毫无疑问，普鲁斯特在此处不仅想到了后文中要引用的夏多布里昂，而且还想到了自己。

② *Corr.*, t. XV, p. 27, 致埃马纽埃尔·贝尔。

③ Ibid., p. 61, 1916年3月7日前后，致Albert Recht夫人。

④ C. Albaret, p. 126.

⑤ *Corr.*, p. 77, 致雷蒙·贝当；cf. p. 80, 普鲁斯特提出想跟他见面。塞莱斯特则把这个角色分配给中提琴手阿马布尔·马西斯。

⑥ Ibid., pp. 81–82, 1916年5月5日，致加斯东·普莱。演奏会的日期没有明确。Voir les « Souvenirs de Gaston Poulet et Amable Massis », *BAMP*, nº 11, 1961, pp. 424–428。塞莱斯特·阿尔巴莱提供了关于这些事的第三种版本，确信只有一次这样的演奏会，地点是阿姆兰街。就最后一点来说，她肯定是搞错了。

雷蒙·贝当在第二首乐曲中担任中提琴，他还问贝当是否会弹钢琴，以便即席为他照谱弹奏几首乐曲。普鲁斯特甚至被贝当的发绺所吸引，就像夏吕斯被莫雷尔的发绺所吸引[①]。可以推测，马塞尔对这位演奏家的兴趣超出了音乐范畴，犹如夏吕斯对待莫雷尔或者孟德斯鸠对待德拉弗斯。另外，为了描写《女囚》中的街市之声，他还请贝当[②]和马西斯帮过忙。总之，凭借四重奏组中两位音乐家加斯东·普莱和阿马布尔·马西斯的回忆，我们得以了解普鲁斯特是如何听音乐的。

根据普莱的回忆，1916年的某天夜里，大约十一点钟，一个陌生人来敲门："我是马塞尔·普鲁斯特。我特别想听您演奏塞萨尔·弗兰克的四重奏，这种渴望让我寝食难安。"他提出派汽车把其他三位乐手接来（马西斯是最后一个）。凌晨一点，他们乘车回到奥斯曼大道，普鲁斯特躺在卧室的长沙发上听他们演奏。一曲四重奏演毕，他要求再听一遍。最后，四辆出租车把乐手们分别送回家。为了听莫扎特、拉威尔、舒曼，特别是为了听福雷和弗兰克，他又找过他们好几次。"他无所不知。福雷是与他的感受力最为接近的音乐家。"但他经常要求他们反复演奏弗兰克奏鸣曲的第三乐章和贝多芬的最后几首四重奏。"对我们来说，马塞尔·普鲁斯特是一个非凡的听众，简单、直接，能毫无滞碍地完全沉浸在音乐中。反过来，我们也在他身上感受到风格上的共鸣。"

据中提琴手马西斯回忆，某次音乐会幕间休息时[③]，

① *RTP*, t. III, p. 791，参见十五人译本（五）281页，周译本（五）296页。*Corr.*, t. XV, p. VI, préface de Ph. Kolb。

② I. de Casa-Fuerte, *op. cit.*, p. 361.

③ 即在奥德翁剧场演出的福雷音乐会。

有人过来找他，邀请他过几天来家中演奏。一天半夜里，普鲁斯特又上门请求他把其他同伴乐手聚齐。二人坐进奥迪隆的汽车，车里被一条巨大的鸭绒被挤得满满当当；在折叠式座席上，有一只盛着土豆泥的带盖汤碗。奥迪隆做了一个手势，意思是说“他的主顾有点怪，但没有什么危险性”；他们一起去找了另外三个人。回到卧室后，马塞尔在暗处躺下。弗兰克的四重奏响起；作家没有任何声息，一动不动。他请求他们再来一遍。最后，他付给每个演奏者150法郎。数个星期以后，福雷的钢琴四重奏响起，一切照旧。普鲁斯特并未因此忘记雷纳尔多，5月，他由亨利·巴尔达克陪着，前往凡尔赛听了他的新歌剧《瑙西卡》[①]。但是到了1918年，普鲁斯特说他渴望听到“安静一些”的音乐（这就表明他此时已经结束了《女囚》中有关音乐的写作），还抱怨马西斯不知道感恩，他为马西斯“做了很多事情”，而马西斯此后音信皆无；不过，普鲁斯特倒是一直与“年轻又非常好心的中提琴手贝当”保持来往[②]。

① *Corr.*, t. XV, p. 106, 1916年5月。

② Ibid., t. XVII, p. 393, 1918年10月中，致雅克-埃米尔·布朗什。

阅读

为了创作《女囚》，他想从比贝斯科那儿借来陀思妥耶夫斯基的《群魔》（后一年，他又向比贝斯科借了《卡拉马佐夫兄弟》[③]）。为了写作《重现的时光》，他借阅了《一千零一夜》[④]。他还问吕西安·都德，对于《水手

③ Ibid. , t. XVI, p. 144.

④ Ibid., p. 108.

辛巴德》，在马德吕斯译本和加朗译本之间他应该选择哪一个。由于英国军人4月29日在美索不达米亚的库特阿马拉被土耳其人俘虏，他为《重现的时光》写下了下面这段：“坦白地说，由于我在离罗贝尔不远的巴尔贝克住着时读过一些书，所以……在东方，关于库特阿马拉之围，当我看到巴士拉这个名字紧随巴格达出现，我的印象更为深刻……在《一千零一夜》当中有多少故事与巴士拉有关啊，远在汤森德将军和戈林格将军之前的哈里发时代，水手辛巴德每次离开巴格达以后或回到巴格达之前，都要在巴士拉登船或上岸。”[1]他还在塔勒芒·德·雷欧的回忆录中寻找贵族的姓名，他早就发现，巴尔扎克在雷欧回忆录中的发掘不亚于在圣西门回忆录中的斩获[2]。在孟德斯鸠的《卡斯蒂利奥纳》一书中，他再次见到斯当迪许夫人的事迹，并将她放到了《索多姆》一个发生在歌剧院的场面当中[3]。他还向吕西安·都德（他每个星期六都来看望马塞尔，二人似乎重新建立了更加密切的联系）打听，一个年轻姑娘会拿梳妆盒做什么用，我们在《索多姆》中将会看到这种梳妆盒[4]。我们对他读什么书所知甚少，但既然他读过关于卡帕契奥的书，那么完全可以推测，他的阅读应主要为写作服务（但朋友们送给他的书除外，对这些书，比如孟德斯鸠的《加冠戴冕》[5]，他一般只浏览一番，足够他写信表示感谢就完事了；他还读了皮埃尔·路易斯的《诗学》，他曾给路易斯寄过《斯万》但没有收到回音，而且在他看来，路易斯这本论著的短小精悍似乎是

① *RTP*, t. IV, pp. 560–561，参见十五人译本（七）285页；cf. t. II, pp. 257–258，参见十五人译本（二）466页，周译本（二）461页，其中说到克雷伊出产的瓷盘上画着同样的故事。同一天，他给科克托写信谈及《一千零一夜》，这封信我们没有找到（*Corr.*, t. XV, p. 240）。

② Ibid., t. XV, p. 150, 1916年5月或6月。他同时还在寻找*Mémoires de la comtesse de La Ferronays*, Ollendorlf, 1899。

③ *Corr.*, t. XV, p. 180, et *RTP*, t. III, p. 61，参见十五人译本（四）58页。

④ *Corr.*, t. XV, p. 111. *RTP*, t. III, p. 424，参见十五人译本（四）427页：阿尔贝蒂娜从随身携带的金盒子里取出一面小镜子照了照，这面镜子是叙事者在卡地亚店里订制送给她的（这令人想起普鲁斯特送给德·阿尔顿姐妹的梳妆盒）。

⑤ 普鲁斯特在这本书里再次见到了卡米耶·格鲁收藏的透纳作品（透纳有个绰号叫“偷阳光的人”，与格鲁是好友），见到了罗斯当、阿道尔夫·德·罗斯柴尔德男爵和男爵夫人，以及他们在日内瓦附近的普雷尼产业（*Corr.*, t. XV, pp. 176–177）。

一种指责：一本书的篇幅并不能证明它是否单薄。而普鲁斯特亦不能接受“从来不打草稿”的原则[1]）。这一类凑巧读到的，也有一些被他放在了小说里，比如加斯东·伽利玛寄来的圣莱热·莱热所著《赞歌》，他拿给塞莱斯特看，正像《索多姆》当中的叙事者所说：“这是圣莱热·莱热的诗集，诗很美妙但晦涩难懂。塞莱斯特读了几页给我听，对我说：‘您肯定这是诗吗？这不是更像谜语吗？’”[2]伽利玛还给他寄来亨利·盖昂的诗集《对法兰西的信念》，但普鲁斯特认为其中缺少“思想与必然的、瞬时的、燃烧的意象之间出人意表的组合”，它是一个“精巧胜过简洁”的文人的作品，“这位诗人和我说话但没有改变我”[3]。关于罗曼·罗兰的《超然于纷争之上》，他脱口说道，作者其实处于纷争之下，“英雄主义无疑处于更高的层次”[4]。不过，新结识的巴黎美国商会主席沃尔特·贝里赠送的一本《拉潘神甫著作集》被他束之高阁，这本书是用来观赏而不是阅读的，精装皮面上印着盖尔芒特家族的纹章，他致信贝里说：“这本小书命中注定要通过您的手，最终归属于把盖尔芒特家族从墓中发掘出来并努力让他们已湮灭的姓名重放光彩之人。”[5]这句话，就是他对自己写作宗旨的定义。

在这段时间里，利奥内尔·奥塞尔花了很大力气帮马塞尔梳理财务情况。马塞尔每年需要支付给工业信贷银行1.6万法郎的利息，奥塞尔称可以帮他把户头转到另一家银行，把利息降至每年1.1万法郎。只是，马塞尔出于“家庭原因”，不愿意离开工业信贷，对此，奥塞尔借用

① Ibid., pp. 81–82, 1916年4月26日。他读的其他书籍还有伽利玛寄来的夏尔－路易·菲利浦所著*Contes du matin*（*Corr. avec G. Gallimard*, pp. 32–33）。

② *RTP*, t. III, p. 243，参见十五人译本（四）242页；*Corr. avec G. Gallimard*, p. 25, 31, 1916年2月。

③ Ibid., pp. 46–47. 他读过的书还包括莱昂·都德的小说*La Vermine du monde, roman de l'espionnage allemand*（*Corr.*, t. XV, p. 185）。

④ Ibid., p. 290, 1916年9月，致沃尔特·贝里。

⑤ Ibid., p. 201.

莫里哀《屈打成医》的剧情（千万不要掺和丈夫打妻子产生的夫妻纠纷）反唇相讥。普鲁斯特被戳到痛处，于是提到阿尔布费拉和费纳龙一直给予他的友好和善意，反击奥塞尔对他的讽刺挖苦。但这一位更不甘示弱，毫不留情地给马塞尔画了一幅肖像："你不幸生活在理想主义的包围中，你必然要在这个环境中攫取你在真实生活中难以找到的乐趣……你虽然比儿时长高了，但你的年龄没有增长，你还是一个孩子，一个不接受大人训斥的不听话的孩子。所以，在某种程度上，那些对你的温言软语不买账、在你不听话时敢于斥责你的人，几乎都被你排除在社交圈之外了……我乐得让你得到全身心的自由，但必须在你还清所有货款之后。"至于马塞尔常向朋友们诉苦说要破产了，其实是夸大其词[1]。马塞尔在回应时，提到了神经质的人在过于突然的刺激之下可能产生的"伸缩性本能反射"。他补充道，他为死去的人、为别人的痛苦而悲哀。然而，尽管对"因自己的愚蠢"而导致的财产损失极为痛心，但他并没有以"悲哀的语调"谈论此事[2]。我们已经看到，普鲁斯特之所以在奥塞尔的帮助下仍然难以改善财产状况，是因为没有人能违拗他的意见，因而他无法卖出某些股票。他们的对话还将继续下去。

① Ibid., pp. 136–137, 1916年5月29日。

② Ibid., p. 159, 1916年6月4日。

从格拉塞到伽利玛

1916年2月24日，纪德向普鲁斯特强调格拉塞已被征召参军，建议他把《斯万》的后续部分交给新法兰西评论出版社[1]。29日，加斯东·伽利玛致信普鲁斯特："假如有机会重版您的著作或者买下版权，您可以完全放心地交给我来做，没有任何限定条件。如果您的第二本书已经完稿并且不反对由我来出版，那么我完全可以明天就付印，一个月之后就上市销售。您的所有条件我都能接受。我喜欢读一本好书，但我更愿意把它印好。我有一家很好的印刷厂……最后请允许我再次强调，我多么希望补救从前的过失，希望您跟我们在一起，希望朋友们能觉得我也有一点儿功劳。"于是，通过这一封情真意切且不乏直觉——致信的对象是一个名声尚不显赫的作者——的信，伽利玛和普鲁斯特开始了一系列复杂的谈判（马塞尔一开始就列出了实现愿望将面临的全部障碍），最终使普鲁斯特从格拉塞转到伽利玛出版。关于这件事起初外界并不知情，因为1919年之前，他没有任何著作由伽利玛出版。此外，普鲁斯特见到了伽利玛家中收藏的绘画，其中"有一幅莫奈，能与马奈最漂亮的画作媲美"[2]。

本来普鲁斯特觉得自己与格拉塞有约在先，所以无奈地婉拒了伽利玛，但同时又在回信中流露出接受的意愿[3]。5月，伽利玛重申前请，勒内·布鲁姆主动站出来做中间人说服了格拉塞。这时，"为了让他知难而退"，普鲁斯特提醒伽利玛，"一个棘手的责任问题已把我与第一位出版人拴在一起"，《索多姆和戈摩尔》当中有部分内容有伤风化，另外他担心自己在半路上被人抛弃，不过到最后，他透露出最终决定："如果我提出的上述理由没有

① *Corr. avec G. Gallimard*, p. 27："是的，纪德在1914年以及现在都跟我说过，新法兰西评论社愿意出版我的书。" Gide, *Journal*, Bibl. de la Pléiade, p. 543："昨晚最后的活动是在马塞尔·普鲁斯特家（我从1892年起就再也没有见过他）。本想详细记载这次会面，但今天早晨没有这个心思了。"

② *CSB*, p. 584.

③ *Corr. avec G. Gallimard*, pp. 27–32, 1916年5月15日前不久。

让您退缩，那么我会尝试与格拉塞解除关系。”[①]5月15日，加斯东详细地回复了马塞尔的每一条担忧：“您的书多长都没有关系。您大胆的描写也并不能阻止我……您对自己作品的责任感，我深有同感……我现在正式承诺……将按照您提出的所有条件出版您的全部作品……恰恰与您担心的相反，您提出的任何理由都没有使我气馁。”他还在最后声明，已准备向格拉塞支付一笔赔偿金。但直到8月1日，格拉塞才对勒内·布鲁姆的反复劝说作出答复。他自称得了伤寒，在瑞士一家医院治疗了六个月仍未复原，而且他禁止别人透露他的地址。在致布鲁姆的信中，格拉塞首先表达了很多保留意见，最后表示自己“生性高傲，所以不会强留一位已经不信任自己的作者”[②]。这封信得罪了普鲁斯特，他8月14日写信给格拉塞说，他早在1914年就提出过离开的要求，他们之间并没有签订过合同，格拉塞出版社还欠他钱，而且，由于出版业务暂停，他有充足的理由另找新法兰西评论社，这样格拉塞出版社一方还会得到一笔赔偿。8月29日，格拉塞声明中止出版“《追忆似水年华》第二卷”[③]。到了9月28日，马塞尔终于能向纪德宣布，他已经彻底离开格拉塞[④]。其实伽利玛早就给纪德看了格拉塞的第一封信，但普鲁斯特心里明白，假如没有纪德，他根本不可能加入新法兰西评论出版社。9月，伽利玛曾上门看望普鲁斯特，几乎待了整个晚上，他发现普鲁斯特“与他在自己作品中呈现出来的没什么两样，他的谈话与小说是同一个风格，语言活泼生动，有很

① Ibid., p. 35 *sq*.

② *Corr.*, t. XV, p. 246.

③ Ibid., p. 279. *Corr. avec G. Gallimard*, pp. 61–63.

④ *Corr.*, t. XV, p. 309.

多插入语，引人入胜，充满感情”[①]。11月5日或6日，普鲁斯特给他寄去《在少女们身旁》的第一部分（《斯万夫人周围》）；他声明此书第二部分（《地名：地方》）会更加精彩，也更符合标题的意旨。《在少女们身旁》如同一个“绣花垫子”，在它上面将摞上两层有点吓人的《索多姆和戈摩尔》[②]。

① *Corr. avec G. Gallimard*, p. 60, 伽利玛致特龙什的信。

② Ibid., p. 72; 指的是格拉塞1914年印出的校样，上面有手写的改动。

加斯东·伽利玛

加斯东·伽利玛[③]1881年生于圣拉萨尔街79号，与格拉塞同岁，比普鲁斯特小十岁，他是有“建筑家”之称的保罗·伽利玛与妻子吕西·迪谢的儿子。保罗·伽利玛其实没有正式职业，他兴趣广泛，酷爱艺术，喜藏书，像父亲居斯塔夫一样结交画家，出入画廊。他在贝纳维尔（紧邻多维尔）有一处房产，雷诺阿曾在那儿度过两个夏天，小加斯东就在那儿看着画家作画[④]。在圣拉萨尔街的家中，我们能看到一幅格雷戈、一幅戈雅、七幅德拉克鲁瓦、八幅杜米埃、多幅马奈（包括《洗衣》），以及莫奈、德加、西斯莱、塞尚、图卢兹–罗特列克等人的作品。这位收藏家对女人也很感兴趣，他的钱财都洒在剧场里，供养奥黛特·斯万式的女人，并且抛下妻子在克利希街上另外安了一个家。加斯东为此吃了不少苦头，但保留了父亲的某些爱好。他是个腼腆的少年，朴实、懒散、讨人喜欢、漫不经心，最看重的是保持自己的独立。从孔多塞中学毕业后，他没有上大学深造。他出生在一个富人不需要工作的时代，过着巴尔

③ Voir l'ouvrage essentiel de P. Assouline, *Gaston Gallimard*, Balland, 1984，中译本有［法］皮埃尔·阿苏里著，胡小跃译，《加斯东·伽利玛》，北京：人民文学出版社，2010年1月；A. Beucler, « Ma jeunesse avec Gaston Gallimard » in *De Saint-Pétersbourg à Saint-Germain-des-Prés*, Gallimard, 1980, pp. 91–105 ; J. Rivière, *Aimée*, Gallimard, 1923 (il y apparaît sous les traits de Georges Bourguignon); A. Anglès, *André Gide et le premier groupe de la NRF*, Gallimard, 3 vol, 1978–1986。

④ 伽利玛作为艺术批评家（关于博纳尔）的才能被普鲁斯特看重，他还不止一次写过严厉批评雷诺阿的文章。1912年，他出席了父亲所藏雷诺阿作品的拍卖会，但看不出他有什么伤心之情。

扎克笔下纨绔子弟的生活，后来成为罗贝尔·德·弗莱尔的秘书；他由此满足了自己对戏剧的狂热喜爱，还写过几篇戏剧报道。1909年，《新法兰西评论》杂志正式创刊，次年需要找一位富有且公正的发行人，加斯东被选中，他当时二十九岁，负责刚成立的出版部，在圣本笃街1号办公。1911年5月，他与纪德、施伦贝格尔每人出资两万法郎，合伙成立了新法兰西评论出版社，他出任出版社的发行人。1911年，出版社出版了三本书：《人质》《伊莎贝尔》《母与子》，赢得了开门红！1912年，出版社入驻玛达姆街35号。所以说，当普鲁斯特提交《在斯万家那边》书稿时，伽利玛还不是“老板”，在集体领导体制下，纪德与施伦贝格尔发挥主要作用，他们主张只出版短篇幅的书籍，因此拒绝了普鲁斯特的书稿。到了1914年1月，杂志的秘书雅克·里维埃即提醒纪德和加斯东，他们犯了一个错误。1913年10月23日，杂志社还开设了老鸽巢剧场，由科波和迪兰负责。纪德曾试图排挤伽利玛但没有成功。此后杂志社成立了审读委员会，成员包括伽利玛、特龙什、里维埃外加杂志的六名创始人①。

1914年，加斯东持反战立场：“正如您所说，我不是个英雄！”他想尽一切办法避免参战：托人在市政府的人口登记上标注“死亡”字样，还让自己生了病，体重下降了二十六公斤，最终免于被征召。但他一直因为这场他竭力逃避的战争而精神消沉，辗转于瑞士的几家疗养院之间，由贝尔特·勒马里耶处理杂志社、出版社和剧场的事

① 纪德、施伦贝格尔、科波、吕泰尔、盖昂和阿尔诺。奥古斯特·安格莱斯回顾了这场争斗的来龙去脉。

务。1916年1月，加斯东从蒙大拿的一家医院回到巴黎，这时才与普鲁斯特恢复接触。他采取了一套令人叫绝的策略，那些并非由他本人发现的成名作家，他就利用自己的声望和魅力把他们吸引过来。这位法国最伟大的出版家狂热地追求独立自主[①]，待人亲切（马克斯·雅各布说他“可爱但有点可怕”）、慷慨，但生意上不讲情面，诱人亲近而又拒人千里，而在如此复杂的性格背后，他始终隐藏着某种软弱。正是这种软弱促使他邀请安德烈·伯克雷来到圣拉萨尔街与他同住一室。同样是这种性格促使普鲁斯特向他提出就医建议：先找一位医生确认没有器质性病变，再去进行“心理治疗”。总之，先找戈达尔大夫，再去看迪·布尔邦医生[②]。

*

7月4日，普鲁斯特得知他的贴身男仆尼古拉·科坦在前线病死，留下了一个儿子。他无法让尼古拉的妻子赛莉纳再回来工作，“因为她和塞莱斯特相处得不好”[③]，而他没有任何理由把塞莱斯特打发走。他还为罗昂公爵（生于1879年）战死而悲伤，给死者的母亲[④]和遗孀写了两封长信（都没有保存下来）。罗昂是一位“反贵族阶层的贵族”[⑤]，身为众议员曾两次负伤，“他上前线不是为了监督将军而是为了战斗”。普鲁斯特设法安慰那些失去至亲的人们，宣布在未来的作品中会有一些章节写到死亡，“这些内容可能令人难过，也可能给人安慰。……世上也许存在这样一种文学，它只是对生与死更深入的探索，因

① “他既受不了情绪的激动，也受不了别人的反对意见，更受不了社交的繁文缛节”，懒得对他人费口舌、作解释。在他父亲去世三年之后，面对一个打听他父亲消息的人，他回答说：“他很好，谢谢！”（A. Beucler, *op. cit.*, p. 98）

② *Corr. avec G. Gallimard*, p. 71, 1916年1月5日或6日。

③ *Corr.*, t. XV, pp. 205, 257.

④ 关于Herminie de Verteillac，即莱昂亲王夫人，后来的第十一世罗昂公爵夫人，见É. de Gramont, *op. cit.*, t. II, p. 71 *sq*。她是普鲁斯特好友玛丽·缪拉的母亲。她的沙龙招来了各类人物，包括贵族和诗人，她本人也写诗。战争期间把自己的府邸改建为医院。她的丈夫在年轻女性面前装腔作势：“我保证你们不知道我是谁！”他对情妇们的态度为描写盖尔芒特公爵的某些特点做出了“贡献”，他的妻子说：“一个月后他感到厌倦了，就把她们抛给我们，所以我们一生都不缺少女人。”

⑤ Ibid., p. 284；与费纳龙或圣卢一样。

此适合写给经受痛苦的人们”[1]。同时，马塞尔诉苦说自己视力下降，但他认为这大概就是常见的老花，所以拒绝去看眼科医生。他打发塞莱斯特去找一家眼镜店，“任务是选一批眼镜”让他试戴；她带回了十多副，他试戴之后留下了几副合适的，但余下的也没有送回店里[2]。

① *Corr.*, t. XV, p. 320, 1916年11月初，致德·皮埃尔堡夫人。

② C. Albaret, p. 322.

保罗·莫朗

保罗·莫朗生于1888年，1912年和1913年接连通过了外交机构的两级选拔考试，随后被派往法国驻伦敦大使馆。在伦敦期间，他与上流社会往来频繁。被征召入伍后，他于1914年8月28日被调往陆军部的密码科，之后被复员委员会留在后勤部门。1913年在伦敦期间，莫朗就听费纳龙谈起过普鲁斯特[3]，1915年9月1日在亨利·巴尔达克家里二人初次见面。1916年7月31日，他成为外交部长办公室主任菲利浦·贝特洛的办公室随员。他写了一部长篇小说，但吉罗杜劝他不要发表；他写的短篇小说《克拉丽丝》，1917年8月16日发表在《法兰西信使》杂志上。他从1916年8月16日开始（当时他恋上了埃莱娜·克里索维罗尼，即苏策亲王夫人）写他的《使馆随员日记》[4]，这部日记为这一时期，特别是给普鲁斯特留下了十分珍贵的记录。

③ 费纳龙对莫朗谈到普鲁斯特时说：“他自费出版了两本书，想必将来也没法成名。他性格忧郁，很难相处。”（P. Morand, in *Hommage à M. Proust*, p. 93）

④ 1948年出版了一部分。Voir P. Morand, *Nouvelles complètes*, Bibl. de la Pléiade, chronologie (éd. de M. Collomb)。

1916年12月16日，他由亨利·巴尔达克陪着前来看望马塞尔。他最先看到的是塞莱斯特：“塞莱斯特真是个与众不同的人，她手抄了普鲁斯特的全部小说，提出自己的意见，阅读寄给普鲁斯特的书，等等。她习惯垂着眼睛，声音中透着小心翼翼，但过于装模作样。”然后是她的主人：“普鲁斯特身着礼服，外面裹着皮大衣，脚上穿灰色鹿皮拖鞋，手拿着手杖，珍珠灰色的手套裹得太紧，就像在马奈的绘画里那样，让他的手看上去像是木头做的。他的面容和蔼优雅，黑色的头发遮住了两鬓，厚厚的下巴深陷在领口里，颧骨突出，耳廓扭曲，面色发黄，病容比以前更甚，而且还驼背，胸廓凹陷。”普鲁斯特给他们展示很多已经泛黄的照片，有玛蒂尔德公主、年轻时的孟德斯鸠、莫泊桑、吕西安·都德、绰号“洛什”的拉齐维乌、施特劳斯夫人，以及波利尼亚克亲王与夏尔·哈斯的合影。“普鲁斯特的确生活在往昔之中。”[1]

那么这位注定要在法国文学中扮演重要角色、一度备受推崇而后被人遗忘如今再度时髦的保罗·莫朗，究竟是何许人也？有的作家把自己关进书房，在黎明时分奋笔疾书；有的作家走遍世界，坐在轮船舱室里、火车卧铺上、飞机座椅上写写涂涂。有的作家疾病缠身，在内心的痛苦中进行着无尽的精神旅行；有的作家生龙活虎，从不知疲倦，每天熬到深夜，令人绝想不到他起床有多么早。有的作家惟以文学为业，有的作家在风光无限的外交生涯中大放异彩。而保罗·莫朗是世上第一人，他怀揣着如同儒勒·凡尔纳要认识整个世界一般的野心遍游五洲，游历之

① P. Morand, *Journal d'un attaché d'ambassade*, La Table ronde, 1949, pp. 111–112.

广连凡尔纳都要甘拜下风。他曾夸下海口：“我游过世界上每一片湖泊。”短篇小说集径以《不过是地球》为题，言语中似有失望之意，《世界上最大的酒吧》则是其中最美的一篇。他对短篇小说情有独钟，因为这种体裁短小精悍，能为某个瞬间、某个地方、某个女人留下快照。他的长篇小说都是拉长了的短篇，其中的角色既像中国的皮影人物，又如动画人物。他追逐英伦之风（我们文学想象中的英伦），崇尚情节的迅速演变，偏爱描写社交场上突如其来却好景不长的情感波澜，文字上回归古典，因而成为1925年前后法国文学的杰出代表。文笔洗练、刻画精确，外表时有华丽的点染，如同科克托、柯莱特和吉罗杜的作品，正是当时的风格。长篇小说《莱维斯与伊莱娜》俨然出自一位发着高烧的瘦削的巴尔扎克之手，写的是有关证券市场、旅行和倾注在生意场上的激情。莱维斯是唐璜的追随者，拥有的情妇（有413位）与走过的车站一样多；伊莱娜则宁要银行不要爱情。这对儿新时代的金融界情侣在两趟列车往返之间、在两班轮船抵离之间、在两封电报来去之间相识、相爱、分手。我们不应被情节的快速推进所误导，其实莫朗在写作中备尝艰辛，时常花费很长时间写出一大段，到最后又发现了更简洁的表达手法，然后一切推倒重来。

只有经过第二次世界大战的劫难（期间他的表现几无英雄气概和绅士风度可言），到年事渐高甚或老之已至之时，到这位昔日身边美女如云的翩翩骑士与在夏尔–弗洛凯大街上环绕着他的佛像雕塑浑然一体之时，这种难能可贵、不同流俗的写作艺术才被赋予某种它未曾达到的深度。《被挤压的人》《莱维斯与伊莱娜》已大步离去，紧接而来的是《埃卡特与他的狗》。就是这个人，普鲁斯特为他的《温柔的存储》作序，引领他进入文学界的大门。

*

12月7日，马塞尔出席了都德夫人为弗朗西斯·雅姆举行的晚宴；席间聆听了米约为雅姆和克洛岱尔的诗作谱写的歌曲。来宾中有都德一家、米西娅·爱德华兹、埃莱娜·贝特洛、肖松夫人、伊尼斯达尔夫妇、克洛岱尔、埃莱娜·瓦卡莱斯科。马塞尔细心地发现，与吕西安画的肖像相比，都德夫人的容颜丝毫没有改变："在所有为'母亲'所作的肖像中，它因细腻的情感成为最令人感动的一幅。"[①]他很可能由此想到了惠斯勒、布朗什，也想到了自己。

1916这"可怕的一年"终于接近尾声。这一年中，普鲁斯特为"无处不在的苦难"[②]而悲伤，而他从未把这一年称作"凡尔登之年"。他说，只要"德国人仍在努瓦永"，我们就难有幸福可言，甚至不敢期待幸福。"就像仍在服丧的人们，我们是没有节日的。"[③]然而，他将《战争期间的德·夏吕斯先生》中最长的一段故事安排在这一年发生。

① *Corr.*, t. XVI, p. 30, n.10 (这个注释引用了都德夫人的 *Journal de famille et de guerre*).

② Ibid., t. XV, p. 346, 致利奥内尔·奥塞尔。

③ Ibid., p. 344, 1916年12月27日前后，致施特劳斯夫人。引用克雷蒙梭语。

1917年的日常生活

在利兹饭店

1917年，四十五岁的普鲁斯特重新焕发了青春，尽管仍然因视力下降、心脏不舒服而叫苦，但他外出会友和在家接待客人的频繁程度是十五年来所没有的。他的生活里出现了一些新面孔：雅克·特吕埃勒、雅克·波雷尔、雅克·德·拉克雷泰勒、皮埃尔·德·波利尼亚克、埃马纽埃尔·贝尔勒[①]、拉蒙·费尔南德兹[②]，特别是还有苏策亲王夫人和保罗·莫朗。最后这一对儿撩起他异乎寻常的激情，堪称勒内·吉拉尔三角欲望理论的具体实践：某人（马塞尔）的欲望对象（莫朗）是由一位第三者（亲王夫人）为他指示出来的，而他与第三者之间亦形成既仰慕又竞争的关系[③]。利兹饭店和克利翁饭店成为普鲁斯特的生活中心，特别是在利兹，他与饭店员工和各位领班（如著名的奥利维耶·达贝斯卡）建立了十分密切的私人关系，这些人对他照顾得体贴入微，向他提供了大量情报。达贝斯卡先后在伦敦的公主餐厅和利兹饭店担任领班，他懂得如何识人，对每位顾客提供个性化服务，因此认识了各国的名流。餐厅的一个侍应曾讲述他亲眼所见的普鲁斯特第一次就餐的情形：晚上十一点半，普鲁斯特走进空无一人的餐厅，点了一只烤鸡、一些土豆和一些新鲜蔬菜，接着又点了一盘沙拉和一份香草冰激凌。随后，他在一个小单间里叫人准备了一个大咖啡壶，上好的咖啡每次只倒半杯喝，一共喝了十六杯。就餐期间，马塞尔不停地向这个侍

① 贝尔在*Silvia*（Gallimard, 1952）一书中讲了他和普鲁斯特的争执：出于对普鲁斯特的仰慕，1917年他曾多次登门拜访，后来他们发生争吵并断绝关系；贝尔坚信自己对Silvia的爱情能获得幸福，普鲁斯特则相反，认为不可能有幸福的结合。马塞尔大概冲他吼道："您比莱昂·布鲁姆还蠢！"（布鲁姆想当爱情理论家）还把自己的拖鞋扔到了他的头上。

② 他写了一部同性恋小说*Philippe Sauveur*，并于11月4日和10日在卡斯特丽家中朗读了书中的片段（abbé Mugnier, *Journal*, Mercure de France, 1985; *Corr.*, t. XVII, p. 244）。

③ R. Girard, *Mensonge romantique et vérité romanesque*, Grasset, 1961.中译本有［法］勒内·基拉尔著，罗芃译，《浪漫的谎言与小说的真实》，北京：北京大学出版社，2012年。

应打听饭店客人的情况，当时饭店的客人有英国的上等贵族、威尔士亲王和他的兄弟们，西班牙国王阿方索十三世，葡萄牙国王，罗马尼亚的玛丽王后[1]。

就是在这个“观察所”里，普鲁斯特凝视着在炮弹轰炸之下的巴黎。另外还有多次神秘的外出访友没有反映在他的书信里，但我们将在莫朗的一首诗中，在科克托的说明中，在萨克斯、法伊、热尔曼、纪德和约翰·阿加特等人的回忆中发现它们的踪迹。

① C. Wixler, « Proust au Ritz : souvenirs d'un maître d'hôtel », *Adam lnternational Review*, n° 394, 1976, pp. 17–18.

与伽利玛的来往

1917年初，加斯东·伽利玛健康状况不佳，在瑞士休养。普鲁斯特向新法兰西评论出版社负责出书业务的贝尔特·勒马里耶解释道，他已经告诉自己的贴身女仆手稿练习簿都放在何处，如果他去世了，加斯东·伽利玛仍然能找到普鲁斯特“最紧要的东西，也就是他的书”，并能使它顺利出版，“同时他也已讲明，这只是一部草稿”[2]。他希望这种假设不要成为现实，因为“作家具有顽强的生命力”。然而，至少从这个时刻起，他的整部作品一直都有已经准备停当（也可以说从未准备停当）的一稿，使得伽利玛甚至认为马塞尔想把余下的四卷一气出齐，而得知马塞尔实际上要求各卷“按部就班”循序出版后，他才松了一口气。伽利玛面临的最大困难在于，他很难在战争期间找到一家除上前线的工人以外仍有足够人手的印刷厂。在瑞士找寻失败之后，他联系了埃当普的色默兹印刷厂。

② *Corr. avec G. Gallimard*, p. 76, 1917年1月。

3月，普鲁斯特寄去了《在少女们身旁》的全部书稿，要求立即付印，同时还有《盖尔芒特家那边》的最初二十页[①]。10月初，他收到了校样（他自称有“5000页”），并且宣布看校样是“巨大的工程”[②]。面对成书约600页的稿件，伽利玛显得有些踌躇。普鲁斯特提醒他注意，这本书将有570页，在格拉塞出的《斯万》是523页，两者的区别微不足道。在这期间，伽利玛从格拉塞手里买下了剩余的206册《斯万》，要求印刷商贝勒南换上新法兰西评论出版社设计的封面[③]。他告诉普鲁斯特，这样一来很快就能重印第一册，作者可以进行修改。但到了12月，印刷厂由于人手不足，印不出校样[④]。

普鲁斯特再次想到提前发表一部分书稿看看反响。11月12日，他向罗贝尔·德·弗莱尔提议在《费加罗报》上发表书中发生在威尼斯的——因为此时威尼斯正受到奥地利军队的威胁，成为时事焦点——“一段痛苦插曲（对遗忘的研究），其中一些描写迄今并不多见”。如果可行，普鲁斯特“会立即重写这一部分”，如果不行，他提议更换为描写斯万夫人接待客人那一段更有意思的故事[⑤]。普鲁斯特一直以破产者自居，故再次请弗莱尔帮忙，把尚未出版的五本书的节选先在报纸和杂志上发表，以便“赚一点钱”。

① Ibid., pp. 78–79, 据某拍卖目录对一封信（原件未见）的概述。

② *Corr.*, t. XVI, p. 257.

③ *Corr. avec G. Gallimard*, pp. 83–90.

④ *Corr.*, t. XVI, p. 365, 1917年12月21日，致安德烈·纪德。

⑤ Ibid., p. 292. 但任何相关文字都没有在《费加罗报》上发表。

动荡的生活

1917年1月初，普鲁斯特就定下了这一年的基调。他把自己比作威尔斯小说中的一个人物，因为他已经“五十个小时”没有睡觉了；他还是儒勒·凡尔纳笔下的人物，因为他“也没有坐下来，而且在不停地说话”[①]。这一年当中，他每个星期都有两个到三个晚上外出，这对他来说是非常可观的。2月1日，他接待了比贝斯科和莫朗二人，一边引述圣西门和巴尔扎克（他“最为看重的作品”是《幻灭》和《被遗弃的女人》），一边给他们讲了无数个奇闻轶事，其中说到俄国沙皇亚历山大三世的弟弟保罗大公为法兰西喜剧院的大明星巴尔泰热烈鼓掌，同时大叫“了不起，老太婆！”[②]2月15日，他看望了病中的科克托；其实他早就想再次见到这位行踪飘忽的诗人，他们已经多年没有见面了[③]。一些当兵的朋友也过来看他：阿尔布费拉（炮兵中尉）、莫尼、富卡尔、夏尔·德·阿尔顿，还有弟弟罗贝尔（现在已经晋升为少校军医；1916年3月9日的表彰命令充分说明了前线生活条件的艰苦：“在靠近敌人战壕的简陋设施中施行手术，并成功地挽救了众多生命。”[④]）。2月22日在拉吕餐馆就餐时，他遇到了特里斯当·贝尔纳，此君“在那张集大流士弓箭手风格与拉比什剧中小市民性格于一体的脸上，一双大象似的眼睛眨来眨去”[⑤]；当天普鲁斯特还见了莱昂·都德，那会儿普鲁斯特还未读他的《回忆录》，但他对都德说：“我希望您能在智力上佩服我。”[⑥]几天以后收到这本书时，普鲁斯特看到莱昂在书中用“令人目瞪口呆”来形容《斯万》，感觉很受伤害，反驳道：“我完全明白觉得《斯

① Ibid., p. 29. 暗指威尔斯的小说《时间机器》和凡尔纳的小说《八十天环游地球》。

② P. Morand, *op. cit.*, p. 161. 这个场面被搬移到《索多姆和戈摩尔》当中，*RTP*, t. III, p. 57，参见十五人译本（四）55页：符拉季米尔大公（1847—1909）看到德·阿巴雄夫人被淋时，用的是同样的字眼。普鲁斯特还向莫朗和比贝斯科讲过由于帽子上的姓名首字母相同而发生张冠李戴的故事，这些东西都被他吸收到作品中了。

③ *Corr.*, t. XVI, p. 51, 致莱昂·都德。

④ Ibid., p. 53, 1917年2月，致夏尔·德·阿尔顿，以及该信注释5。

⑤ Ibid., p. 60, 致保罗·莫朗。普鲁斯特在塑造布洛克的舅舅纳西姆·贝尔纳这一人物时，应该借鉴过保罗的形象。*RTP*, t. II, p. 132，参见十五人译本（二）329页，周译本（二）337页，纳西姆被比作大流士。

⑥ *Corr.*, t. XVI, p. 64.

万》令人目瞪口呆到底是什么意思，这是说这本书不够紧凑，或者是说它过于紧凑，是说我不懂得节制，说我让信马由缰的思绪牵着鼻子走。我不能接受这种判断……”[①]3月4日，在同一家餐厅里，他结识了苏策亲王夫人，这对他、对他这个时期的生活都十分重要。这天晚上，在莫朗的眼中，他的“肤色比卧床时更加苍白，面色像窖藏的蔬菜，两眼放光，透出漂亮的珍珠光泽”。他吃了一份奶油水果饼，喝了咖啡，还吞下一盘俄式沙拉，手上一直戴着灰色线手套。他向海伦·苏策提议前往利兹饭店听普莱四重奏组演奏的弗兰克，一个小时以后他们赶到了利兹饭店，结果因为大提琴手住院，“一切都搞砸了”。普鲁斯特谈了整整一个小时的福楼拜，莫朗说：“这场音乐会不亚于另一场。”[②]3月16日，比贝斯科、海伦·苏策、莫朗与普鲁斯特在希洛餐馆吃饭；晚上回家时，普鲁斯特才发觉，他穿着一件被理发师的肥皂弄脏了的衬衣和一件破背心[③]，阿尔巴莱就让他这样出门了，他还像当年母亲在世时一样，几乎不会照料自己。

① Ibid.

② P. Morand, *op. cit.*, p. 185.

③ *Corr.*, t. XVI, p.74 ; Morand, *op. cit.* , p. 199.

海伦·苏策

海伦是罗马尼亚使馆武官迪米特里·苏策亲王的妻子[④]，但二人已经分居（他们于1924年离婚，她获准继续保留前夫的姓），她直到去世都始终使用亲王夫人的头衔，莫朗谈起她时也始终用这个头衔称呼她。海伦·克里索夫

④ G. Guitard-Auviste, *Paul Morand*, Hachette, 1981, pp. 76–81, « une Minerve roumaine ». 她比莫朗大九岁。

罗尼1879年生于摩尔多瓦的加拉奇，父亲是位希腊银行家，她11岁时父母结婚，因此被认定为婚生子女。她是个小个子，漂亮[①]、聪明、风趣，非常富有，是她出钱让夏尔·德·拉莫利纳在夏尔·弗罗凯大街3号建造了公馆。朝向战神广场，她与莫朗在1927年1月3日结婚以后就居住在这里，一直到1975年她去世；莫朗逝世于1976年，他是普鲁斯特生命的最后几位见证人之一。但战争期间，苏策亲王夫人以利兹饭店为家，在那儿举行晚宴，座上名流云集，既有社交界人士，也有文学界人士[②]。苏策亲王夫人性格堪称完美，据比贝斯科亲王夫人在战后的亲身经历可以知道，待人和善都算不上她最主要的优秀品质[③]；第二次世界大战期间，大概正是她怂恿莫朗出任维希政府驻罗马尼亚大使之职，以便——这是主要目的——处理她的财产。恩斯特·荣格在《日记》中写道："这位女性最令我惊异的地方是她的政治敏锐性，这种特殊的能力既让我倾倒又让我恐惧。她身上总有某种魔力，更重要的是她有坚韧的意志力。"[④]

但是，随着普鲁斯特对这对儿男女的感情越来越深，他再次陷入让他无法自拔的三角关系。他自称是莫朗的朋友，当时的莫朗只是一位低级别的外交官、一个没有名气的作家，但凭着一贯的直觉，普鲁斯特认为他必成大器；另外，莫朗是一个气宇轩昂的美男，"集万千宠爱于一身"，正是马塞尔喜欢的类型。他还声称倾慕亲王夫人，作为小说家他需要描摹女性，作为审美家他爱美，作为社

① 人们发觉她的神情与她讨厌的两位女性，即安娜·德·诺阿耶和玛尔特·比贝斯科，非常相像。科克托说她是"吞掉了自己那只猫头鹰的米涅瓦"。

② Voir G. de Diesbach, pp.615–616.

③ 那时有很多传闻说她曾是帝国太子的情妇。

④ Cité par G. Guitard-Auviste, *op. cit.*, p. 225.

交人士他格外欣赏聪明女性的独特魅力。施特劳斯夫人、德·诺阿耶夫人、德·舍维涅夫人、格雷菲勒夫人过去在他眼中扮演过的角色，苏策亲王夫人都将一一为他扮演，一年，两年……以至于德·舍维涅夫人醋意大发，马塞尔曾对她言之凿凿地宣称自己晚上从不外出，但4月22日的晚上，德·舍维涅夫人在利兹饭店遇到了他，在场的还有科克托、莫朗、米尼耶教士、卢德尔侯爵夫人。马塞尔给她写了一封措辞严厉的信："一个我们如此喜爱之人表现出的冷酷——大半还属于愚顽——二十年之后，我们终将淡然处之……而您比从前任何时候都要漂亮……"[1]

每次外出会友都是在夜间。但普鲁斯特声明，"由于一些细节只有在白天才感受得到"，所以他的书只有"在白天外出一两次之后"[2]方可出版面世。他指的是凡尔赛吗？他曾打算与莫朗一起去一趟[3]。要么就是布洛涅森林？

① *Corr.*, t. XVI, p. 104, 1917年4月22日。

② Ibid., p. 118.

③ Ibid., p. 159, 5月或6月。

健康状况

已经有一段时间，大概是从1911年开始，普鲁斯特常诉苦说出现了一些新问题，"有几次心脏病严重发作，差点要了命"[4]。哮喘发展为肺气肿，从而进一步波及心脏，外加过量服用肾上腺素和咖啡因，导致心理和生理两个方面都出现了紊乱。"此处所描述的症状很可能是慢性肺心病引起的，它能导致呼吸困难和感觉不适。"[5]他没

④ Ibid., p. 70, 1917年3月6日。Cf. p. 339："我感到能工作的时间已屈指可数，唉，对生命来说也是一样，因为这些天来，我的心脏一直非常难受。"（1917年12月致特吕埃勒）

⑤ D. Mabin, *op. cit.*, p. 48.

有去看眼科，看书已经越来越困难。但他总要从病痛中得到一些好处，于是告诉作家朋友们，由于眼疾，他无法阅读他们寄来的书籍[①]。种种情况似乎表明，一件件乐器正在陆续就位，准备演奏一曲为葬礼准备的交响乐，马塞尔也越来越频繁地预感到死亡即将来临。他居然还给吕西安·都德出主意："您按我的疗法准没错。这一回我要成为普鲁斯特医生，第三位普鲁斯特医生。"[②]

① 如*Corr.*, t. XVI, p. 265, 致布瓦莱夫。

② Ibid., p. 280, 1917年11月3日。

新朋友

战争期间，也许是老朋友都应征上了前线或在国外任职（比如说比利在雅典任公使）的缘故，普鲁斯特身边出现了一批更年轻的新面孔，包括外交官、作家、社交人士，但总的说来都比他年轻，他仿佛要结交更年轻的几代人，以便接触一个新世界。在战争中失去一条腿的雅克·特吕埃勒就是其中之一，他从政治学院毕业后，1919年被任命为使馆随员，1943年莫朗去布加勒斯特就是接替他担任大使。马塞尔邀请雅克来家中或去大饭店，跟他讲圣西门、巴尔扎克、斯万，请他讲在战场上的经历。时隔不久，马塞尔便事无巨细地告诉他自己生活中的一切事情，又因为收到他一封很"甜美"的信而深感幸福[③]。两个人从此进入了"分享秘密"、澄清误解这种伤害友情的老套路[④]。特吕埃勒的父亲（一位股票经纪人）去世时，普鲁斯特说非常后悔认识他，因为自己与他一样痛苦[⑤]。11月，

③ Ibid., p. 80.

④ Ibid., p. 128, 1917年5月8日或9日。

⑤ Ibid., p. 136, 1917年5月15日。

普鲁斯特在信中说："您要知道，我比以前更爱您；这一点我已经写信告诉了雷纳尔多。"[①]战争期间，看到报道说要征雇城里人到乡下干活，普鲁斯特对特吕埃勒说："您能想象得到我在田里扶着犁或领人采摘葡萄吗？我，只要挨近花草，立刻就会连续不停地打上一串喷嚏。"1918年4月，他说："我的眼疾很严重，没法写作。但不幸的是，视力衰退并没有减弱眼睛流泪的功能，我整天为被占领的村庄、被破坏的教堂而哭泣，为死去的人，我哭得更甚。"[②]雅克·特吕埃勒给他找来莫拉斯的短篇小说《蒙克小姐》；为了报答莫拉斯为《欢乐与时日》所写的文章，普鲁斯特让他出现在《重现的时光》当中[③]。

高大、英俊的雅克·德·拉克雷泰勒，出身于有三位法兰西学院院士的名门。刚开始的时候，普鲁斯特曾多次想办法见他一面，但都没有成功。那时，普鲁斯特还没有读过他的任何文字，他的第一部小说写的是自己的青年时代。1918年4月20日，普鲁斯特赠给他一部《斯万》，在题词中透露了书中教堂、奏鸣曲等的原型线索，但同时强调"这本书的人物没有原型可寻，或者说一个人物有八个或十个原型"[④]。普鲁斯特还与科克托一直保持来往，大概是1917年5月21日，普鲁斯特去看了由他编写剧本的芭蕾舞《拉场戏》（所谓拉场戏是在剧院大门前为不进剧院的观众表演的滑稽短剧）。作曲者是萨蒂（乐队中的乐器包括打字机、轮船的汽笛、手枪），编舞师是马希纳，立体派风格的幕布、舞台布景和服装则出自毕加索之手。

① Ibid., p. 288.

② J. Truelle, in *Hommage à M. Proust*, pp. 98–99. Cf. *Corr.*, t. XVI, p. 272, 1917年10月底，致海伦·苏策："我为每个人的死而哭泣，甚至是那些我从未见过的人。这是在日复一日的担惊受怕中，战争为我们增加的一个新的感觉器官，它让我们为陌生人而痛苦。"

③ Ibid., p. 181 ; *RTP*, t. IV, p. 376, 参见十五人译本（七）107—108页："您曾让我看莫拉斯那篇美妙的《埃梅·德·瓜尼》。埃梅·德·瓜尼如果不从共和国进行的战争的进展中期待她在1812年从帝国进行的战争中期待得到的东西，我将会感到十分惊讶。"谢尼埃称埃梅·德·瓜尼是"年轻女俘"，莫拉斯曾对埃梅·德·瓜尼出版于1902年的回忆录发表评论，这篇文章被莫拉斯收入 *L'Avenir de l'intelligence*（1905，1917）一书。

④ *Corr.*, t. XVII, p. 193. 与他写给谢科维奇夫人的题词一样，这也是普鲁斯特最重要的赠书题词，是解释性内容最丰富的一篇。

这出舞剧引起轩然大波，在月底撤演。普鲁斯特在给科克托的信中说道“男舞者的蓝白色服装深深地引起了我的忧郁”，还提到了身着苏格兰花呢的小姑娘和淡紫色的马，接着叹道：“长着一双腿却不能常去马戏场沾染一点那里的尘土，我是多么悲哀！”[1]同时，马塞尔“白费了很大的劲”，都没有见到雅克·波雷尔。波雷尔是雷雅纳的儿子，也是特吕埃勒和莫朗的朋友，塞莱斯特很喜欢他，但又觉得他“轻浮”。他后来留下了很有价值的回忆录，其中谈到与普鲁斯特会面的情形：“我在他的床边一直待到凌晨四点。他无事不讲，无人不谈，包括我们的朋友、他最喜欢的书……文化修养一词不足以形容普鲁斯特，他的渊博体现在方方面面，他的见解看法给人知识和启迪。”[2]普鲁斯特与莫朗的关系不时出现一些波折，马塞尔想跟他“谈一件事”，本想“约一个时间”，最后却说“还是不要谈了罢”[3]。6月15日，普鲁斯特没有前往莫朗家里参加让·科克托《好望角》一书的朗读会，科克托本人倒是把朗读会称为“某种神圣之事”。普鲁斯特就此写信给谢科维奇夫人：“假如我有让的才华——这是我十分向往的——那么我似乎根本不会在乎我的作品，更不会在乎它的朗读会，以及朗读会这种形式。”[4]但奇怪的是，普鲁斯特仍然向苏策亲人夫人谈起外交官莫朗（他“无论在何地都是大使”）的与众不同之处，说他“还会用嘴巴观看”，“有时张开双唇就是最有意味的一瞥”[5]。

还有一位朋友名叫皮埃尔·德·波利尼亚克，7月5

① *Corr.*, t. XVI, p. 143.（译者补注）不过，普鲁斯特觉得其他几出芭蕾，如*Soleil de nuit*, *Petrouchka*, *Les Femmes de bonne humeur*，都“不过尔尔”。

② *Fils de Réjane*, *op. cit.*, t. I, p. 321.

③ *Corr.*, t. XVI, p. 159, 1917年5月或6月。

④ Ibid., p. 202, 1917年8月4日。莫朗说（*op. cit.*, 1917年8月12日），科克托在瓦伦蒂娜·格罗斯家举行《好望角》朗读会时，邀请了普鲁斯特。“普鲁斯特半夜才与瓦尔特·贝里和谢科（维奇）一道前来。愤怒的科克托把他们赶出门外。因此他们写了很多信，见过很多面，也吵过很多架。普鲁斯特指责科克托在年轻诗人的外表之下，是一个孟德斯鸠式的老美男。”

⑤ *Corr.*, t. XVI, p. 165.

日，普鲁斯特与他在利兹饭店共进晚餐；他曾对皮埃尔印象不佳，最后发现他“很吸引人”。皮埃尔是查利十世最后一位大臣曾孙之子，埃德蒙·德·波利尼亚克亲王的侄孙，也是一名外交官，当时正准备前往北京赴任。普鲁斯特单独与他谈了很久[①]。普鲁斯特对具有某些女性特征的男子一直念念不忘，这种心思竟然是以一种很不得体的方式暴露出来的。当路易莎·德·莫尔南在战争中失去哥哥的时候，普鲁斯特写信给她：“我当时怀着很大的好奇心与他结识，我一直想知道，把一个男性朋友或喜爱的男子的面容转变为女性面容，或者反过来，会是什么样的结果。因此，三年前，我特别想再看到小贝纳达吉，他是我少年时代倾心爱慕的一个女人的弟弟，那会儿她只有十五岁。”[②]

1916年，马塞尔与美国商会主席沃尔特·贝里成为好友。1917年7月，马塞尔送给他一盒雪茄，以“纪念”他（7月21日）“没有成功地使烟雾上升到博蒙府的上空”。马塞尔似乎对他怀有很深的友情（鉴于贝里的年龄，这种感情应该仅限于友情而没有其他成分），他在信中说：“您沃尔特这个名字完全配得上姓佩特的那位或姓司各特的那位，或者干脆说姓瓦尔特的那位，虽然他是个德国鬼子，但他在纽伦堡唱响了比1914年的炸弹更真实的‘获奖歌曲’，这首歌的确不错。”[③]1918年，普鲁斯特在信中说：“在我看来，没有任何东西比您的面容更悦目，没有任何东西比您的嗓音更悦耳……您的面容仿佛是

① Ibid., p. 181. P. Morand, *op. cit.*, p. 306.

② *Corr.*, t. XVI, p. 163, 1917年6月前后。

③ Ibid., p. 189, 1917年7月。指《纽伦堡的名歌手》中的瓦尔特。

丁托列托画出来的，您的嗓音仿佛是里姆斯基配器合成的。”[1]贝里的一次讲座向他揭示了史前石窟壁画之美。普鲁斯特去世后，贝里撰文向他致敬：“我现在仍然能看到他沿着利兹饭店长长的走廊走过来，此时约定的时间已经过了一个小时，他有些惶恐、慌乱，好像刚刚走出梦境，又仿佛在浓雾中犹犹豫豫、不敢降落的飞行员……而后，他慢慢地恢复正常，满脸欢喜地打量着社交名流济济一堂的餐厅。他常常在某个桌边停留片刻，采集几句无关痛痒的家长里短，然后眉飞色舞地向我转述，他说，这些无聊话与盖尔芒特公爵的高见不相上下。”[2]“您是我在世上最爱的人”——马塞尔在临近去世时把这句话写给了很多人，贝里是其中之一。

4月中，已经很久不曾露面的雅克–埃米尔·布朗什请求普鲁斯特为他的《画家漫谈：从大卫到德加》作序，并提出把此书献给普鲁斯特。普鲁斯特无法拒绝曾经为《斯万》鼓吹的老友，于是向他索要过去的信件以便重温当时的想法。普鲁斯特想展开论述的一个主题是，布朗什是艺术批评界的圣伯夫，他的论著就是关于绘画的《星期一丛谈》。此书的卷首献词是：“献给马塞尔·普鲁斯特，谨表崇高的敬意，本书将令他回忆起童年的奥特伊、我的青春岁月和经久不衰的友情。”[3]于是，普鲁斯特将以对奥特伊的回忆为序言开篇，也正是由于这个原因，当他以为布朗什要把此书献给沃尔特·贝里时，他宣布不再写这篇序言了[4]。普鲁斯特和布朗什都是难以相处的角色，他们

① Ibid., p. 115, 1918年2月16日。

②《新法兰西评论》1923年1月“向普鲁斯特致敬”专号，79页。

③ *Corr.*, t. XVI, p. 123. 收入通信集中的献词略有不同。

④ Ibid., t. XVII, p. 63.

之间的关系也很不简单，比如说，普鲁斯特没能阻止他在书中赞扬福兰，但其实福兰对布朗什极不友好（福兰与普鲁斯特也闹翻了，尽管二人在卡堡时颇有交情）。在这篇序言中，普鲁斯特对布朗什既有赞扬，也有保留："与圣伯夫的缺陷一样，雅克·布朗什的缺陷在于完全走向了与艺术家实现自我之路相反的道路，也就是说，他试图借助于速朽的、混同于芸芸众生的、充满谬误的艺术家本人，来解释真正的马奈或方丹，即那些只有在作品中才能得到真正体现的艺术家。"[①]

大概是4月22日，在苏策亲王夫人府上，普鲁斯特结识了米尼耶教士。他最早是圣克罗蒂尔德教堂的副本堂神甫，后来，有人指责他与一位现代主义教徒卢瓦宗神父（梅善街一家修道院的指导神甫，也是于斯曼的好友，使于斯曼改信天主教）关系密切，因此一直受到天主教教会的排挤。他的文化修养和精神气质受到上流社会人士的青睐，因此经常成为他们的座上宾，也成了他们的教引神父。他们当中很多人，比如伊丽莎白·德·格拉蒙和比贝斯科亲王夫人，一直都记得他，在他去世后写下了真挚的缅怀文字。米尼耶援引夏多布里昂时说起"夜鸣蝉"，指的就是普鲁斯特吗[②]？马塞尔则表示，将永远不会忘记在晚宴上，米尼耶教士曾让他"如沐春风"[③]。

7月28日经历的一件事，被他写到了小说里。当晚，他在利兹饭店与苏策亲王夫人、莫朗、博蒙夫妇、蒙齐、波雷尔、科克托等人共进晚餐，在场的还有约瑟夫·雷纳

① *De David à Degas*, *op. cit.*, p. xvi–xvii.

② *Corr.*, t. XVI, p. 236, 1917年10月2日。

③ Ibid.

克，普鲁斯特始终没有原谅雷纳克在免征召委员会事件中的所作所为，现在只把他当作一只具备基本人类眼光的猴子，离开动物驯养园而进了研究院。晚餐后大家都昏昏欲睡。晚上十一点半，防空警报骤然响起，到半夜一点一刻才解除。在郊区落下了几颗炸弹，但没有造成人员伤亡[①]。“普鲁斯特镇定自若，继续谈话。”[②]马塞尔给施特劳斯夫人写信说：“我在阳台上待了一个多小时，观看这幅壮丽的末日景色，上下穿梭的飞机让一个个星座都乱了套……我从未见过这样壮丽的‘全景式天空’，就像格雷戈的画一样，上面是天景、下面是地景，当时我脚下的利兹饭店……仿佛变成了‘自由交换旅馆’，夫人们身着睡衣或浴袍在‘穹顶’大厅里转来转去，把珍珠项链紧紧地捂在胸前。”[③]这幅场景在《重现的时光》中具有了史诗般的美感，格雷戈、瓦格纳、费多都被唤来描绘在阳台上看到的现代战争，这也是小说史上第一次呈现飞机夜航之美。

8月20日，马塞尔前往王家宫殿，出席女画家瓦伦蒂娜·格罗斯（1919年8月7日嫁给让·雨果）举办的晚会。晚会的装饰十分扎眼，墙壁上贴着柏油纸，上面覆盖着一层用丝线织成的叶子，桌子漆成红色，白藤椅的坐垫上覆盖着美国国旗，桌上一只带有蝴蝶装饰的盒子里放着一幅特维纳兹画的科克托肖像。当晚除了科克托外，他还遇到了莱昂·都德的儿子夏尔[④]、法尔格、莫朗、波雷尔。让·雨果回忆道：“（普鲁斯特）怨艾的嗓音一直不

① E. Hausser, *Paris au jour le jour*, Minuit, 1968, p. 644. 1916年1月29日，一艘齐伯林飞艇实施轰炸，在十九区造成26人死亡，32人受伤，此次轰炸没有受到法国防空火力的拦截。但此后肯定采取了一些措施，因为1917年7月27日有飞机成功起飞。

② P. Morand, *op. cit.*, p. 325.

③ *Corr.*, t. XVI, p. 196, 1917年7月末。*RTP*, t. IV, pp. 337–338，参见十五人译本（七）67—69页。

④ 夏尔后来在《普鲁斯特学刊》上发表了《〈追忆似水年华〉人物索引》。

停地在说话，淡青色黑眼圈上的一双漂亮眼睛似乎在哀求，蓦然间他忽然笑了起来，又连忙用戴着黑手套的手掩住。”[1]

[1] Jean Hugo, *Le Regard de la mémoire*, Actes Sud, p. 122.

埃马纽埃尔·比贝斯科之死

1917年8月22日，身患不治之症[2]的埃马纽埃尔·比贝斯科在伦敦一家旅馆的房间里上吊自杀。其实马塞尔“很早就非常准确地”预见到了这个结局。他们最后一次见面是在4月份，埃马纽埃尔死后，马塞尔语无伦次地谈起这次会面的情形。安托万来找马塞尔，当时莫朗也在场，埃马纽埃尔则待在楼下的马车里，他不愿意被别人看见。他们一道下楼送行时，埃马纽埃尔出于礼貌想换到折叠座椅上，而细心的安托万不让他移动。“这时埃马纽埃尔笑着说：‘真想让马车倒着走，让马塞尔·普鲁斯特和莫朗一直在我们面前。’这是他说的唯一一句话，但让我哭了整整一个晚上，这件事只有我的贴身女仆知道。”[3]上吊自杀的方式在普鲁斯特看来太过惨烈，他甚至想，病人“但凡有一丝理性和意志”都不会选择“这种死法，因为它痛苦得毫无价值，在他人的回忆中也过于残酷”[4]。普鲁斯特就此事给安托万写了许多信，我们能得到的最早一封是在9月中旬写的[5]，他在信中说，既然像埃马纽埃尔这样的人都已死去，既然像安托万这样的人都失去了挚爱之人，那么可以说生活已经变得不可理解，无法忍受。这时他也

[2] “自从他三年前遭受剧痛的折磨以来，这种悲剧的阴影就一直挥之不去……他是个聪明的、很好相处的人，但我在1908年认识他的时候，他已经精神失常了。他酷爱哥特艺术、酷爱建筑。”（P. Morand, *op. cit.*, 1917年8月27日）

[3] *Corr.*, p. 212, 1917年8月日，致卡拉曼－希迈亲王夫人。

[4] Ibid., p. 216, 致卡拉曼－希迈亲王夫人。

[5] Ibid., p. 225.

在想，自杀对于埃马纽埃尔来说，在肉体痛苦——它似乎正在减轻——之外是否还伴随有巨大的精神痛苦[1]。

这一年当中，我们看到普鲁斯特不止一次来到博蒙夫妇位于迪洛克街2号的府邸。博蒙夫妇在这儿举办招待会，常把贵族名流与受他们资助的前卫艺术家汇聚一堂。艾蒂安·德·博蒙伯爵还建立了一所流动医院，找来科克托（他在《伪君子托马斯》一书中回顾这个经历）等艺术家。一天晚上，他与科克托身着黑色睡衣、脚踝上戴着金镯，一起出现在一家客栈的台阶上，让道格拉斯·海格爵士以及他的僚属看傻了眼。博蒙伯爵[2]和妻子是《奥尔热尔伯爵的舞会》的主人公。战后，他们找玛丽·洛朗森、塞尔特等画家把他们化装舞会的场景画了下来。博蒙似乎对普鲁斯特表达过友情[3]；他把普鲁斯特视为"我们时代的标志性人物"，并断言"他的友情对自己非常珍贵"。马塞尔生前的最后几次外出，就包括拜访这位性格张扬的奇人的府邸。

9月17日，纪德赠给普鲁斯特一册《地粮》的限量重印本，并在信中郑重其事地写道："它很快就会变得相当稀有。"[4]马塞尔回给他的第一封感谢信寄丢了，他又写了第二封。在信中，马塞尔没有分析书的内容，倒是拿书名做文章，称这本书已经养育了一代人，将来还会哺育更多世代："伟大的作家就像一粒种子，它要用自己的营养喂养其他种子。"但这本书最美的地方不是内容，而是行文的语气。普鲁斯特向纪德透露说，塞莱斯特根本没有耐

① Ibid., p. 216.

② Sur Beaumont, voir notamment B. Faÿ, *Les Précieux*, Perrin, pp. 44–45 ; A. Gold et R. Fizdale, *op. cit.*, p. 288 *sq.* ; A. de Fouquières, *Cinquante ans de panache*, *op. cit.*, pp. 180–181. 艾蒂安·德·博蒙创建了"巴黎之夜"，为俄国难民和战争遗孀表演，比如上演了米约的*Salade*。

③ *Corr.*, t. XVII, p. 183, 1918年4月，蒂安·德·博蒙致马塞尔·普鲁斯特。

④ Ibid., t. XVI, p. 226.

心把他自己的书读上半页，那天不得不给主人读了几页《地粮》，从此以后，凡张口必要模仿此书："娜塔娜埃尔，我跟你说说先生的女友们。其中有一位多年以后又把他招了出去，他们一起搭出租车去利兹饭店，当差的，小费，劳累。"然后又补充道，《欢乐与时日》当中有与《地粮》相类似的句子[1]，这两本书都与象征主义的美学理念很接近。总之，这两位作家都表现出渴望见面的强烈愿望，都感觉到了对方作品的重要性。他们有相近的生活习性，同属于被排斥的人群；二人都与新法兰西评论社有关联。普鲁斯特后来把自己的生活习性向纪德交底，但纪德一直更为谨慎。然而，他们之间始终没有任何深厚的感情，也没有任何真正的敬佩。纪德写的东西引不起普鲁斯特的兴趣。在纪德眼中，《追忆似水年华》是一个勃朗峰似的存在，他为此感到遗憾，但又无能为力。伟大的作家是不会相互喜爱的，他们喜爱的是仰慕他们的人、他们的追随者，除此之外，他们只与伟大的古典作家对话。莫朗、科克托、拉克雷泰勒是普鲁斯特的追随者，盖昂、施伦贝格尔、马丹·杜伽尔是纪德的追随者。

这个时期，普鲁斯特不仅继续写作《重现的时光》中《战争期间的德·夏吕斯先生》一节，而且继续推敲《化装舞会》，增加了很多人物。这是他在不经意间透露出来的，他在给吕西安·都德的信中写道："我外出了一次，见到了一些非常奇异的人物，或许应该说是最微不足道的人物，但

① Ibid., pp. 239–240, et n. 8 et 9.

他们都是我从多年的遗忘中重新发掘出来的。"[1]为了避免引起吕西安的嫉妒，他隐瞒了真实的外出次数。

10月底，普鲁斯特得知莫朗被任命为法国驻罗马大使馆秘书，向他道贺的同时表示自己十分伤心："我没有那么淡然，所以，对于保罗走进我的生命又在我的生命结束之前离去，我不能不计较。"[2]在莫朗的《日记》中，有大量关于他和普鲁斯特会面的记载。8月10日，他们在利兹饭店吃晚餐，在座的还有玛丽·缪拉、谢科维奇夫人、驻法俄军司令赞科维奇将军（普鲁斯特对他说："您长着一张中尉的脸。"）。9月5日，莫朗拜访普鲁斯特，听他谈起那些除他本人以外任何人都无法辨识的手稿练习簿，谈起已经完稿但他不打算立即出版的四卷书，还听他讲了关于雨果、埃尔曼–保罗、梅纳尔–道林等几个家族的往事。9月22日，普鲁斯特应邀出席谢科维奇夫人在特里亚农宫饭店举行的晚宴，在座的有赞科维奇将军（他开汽车把普鲁斯特接来[3]）、海伦·苏策、让·德·盖涅龙、卡尔曼–莱维[4]。9月25日，莫朗去看望马塞尔，不巧遇上了马塞尔十年来第一次外出吃午饭（在利兹饭店），"他叫塞莱斯特去找一辆马车，结果长年不见日光的塞莱斯特由于强光耀眼而迷了路"。他跟普鲁斯特说起塞莱斯特读纪德作品的事，同时声称："我也能做到。"但普鲁斯特回复他说："不。"11月15日，在克利翁饭店（这家饭店不像利兹那样紧挨着司法部，所以当利兹饭店熄灯之时，这里还灯火通明[5]），普鲁斯特拿来了粘贴在大幅纸张上的校样，当

① Ibid., p. 263, 1917年10月中至11月。

② Ibid., p. 274, 致保罗·莫朗。

③ 1918年4月，这位将军开着自己的敞篷车把普鲁斯特载到凡尔赛，结果普鲁斯特着凉了。

④ *Corr.*, t. XVI, pp. 227–228（科尔布相信了孟德斯鸠的谎言，错误地否定了这次聚会的真实性；这次聚会还在谢科维奇夫人的回忆录中得到了佐证，见p. 156）。Morand, *op. cit.*, 1917年9月23日。

⑤ *Corr.*, t. XVI, p. 339.

塞莱斯特为了打扫卫生把他赶出奥斯曼大道时，他就在克里翁饭店的一个小房间里看校样[1]。他在克里翁饭店要比在利兹饭店随便些，他说，因为在利兹饭店时，他觉得自己“必须对奥利维埃（即著名的达贝斯卡领班）保持礼貌”，而且到了深夜他还要喝咖啡。一天晚上，他向来宾贝里、苏策读了诺布瓦的肖像描写。还有一次在利兹饭店的晚餐，比利、贝里也在座，“见到比利，普鲁斯特又惊又喜”。同月21日、23日，马塞尔仍旧在克里翁饭店与常来的几个人吃饭，25日在利兹饭店与苏策、莫朗、特吕埃勒、卡蒂斯夫人共进晚餐。他和他们讲到一位没有固定职业的丈夫，总是与妻子的各位情人学习同样的手艺，最终无艺不精；他还讲到，阿纳托尔·法朗士与德·卡雅维夫人的第二位贴身女仆一起生活，而德·卡雅维先生得到了第一位女仆。12月2日，“在海伦·苏策府上举办了一场有趣的晚餐”，来宾有普鲁斯特、德·舍维涅夫人、比利、巴莱奥洛格、德·波利尼亚克夫人。有人谈到保加利亚的斐迪南国王（1861—1948），说他“聪明但堕落、残忍、胆小”，手臂上的镯子一直戴到肩膀。我们将在《追忆》中再次见到此人[2]。普鲁斯特与德·舍维涅夫人在一个角落里低声交谈。有人认为他们是在调情。有人走过去，才发现：原来普鲁斯特在做笔记。有人听到：“那么您认为萨冈亲王随身带着白绸手帕喽……”[3]

11月底，马塞尔张罗卖掉一部分家具（四把扶手椅、一张沙发、几把餐厅里的皮椅、一张大地毯、一个带镜

① Cf. ibid., p. 287：“必要时我可以在那儿改校样。”（1917年11月8日或9日，致雅克·特吕埃勒）

②*RTP*, t. II, pp. 540，817，参见十五人译本（三）237—238（“‘保加利亚亲王可不会把埃斯代阿西少校搂在怀里。’‘他宁愿搂一个普通士兵。’德·盖尔芒特夫人咕哝道，她曾对亲王说嫉妒他的手镯。”也就是莫朗在《日记》中说的手镯）、520页；t. IV, pp. 350, 366, 367，参见十五人译本（七）80、97、98页。

③ 普鲁斯特11月在信中再次向德·舍维涅夫人表示诚挚的敬意（*Corr.*, t. XVI, p. 285）。

子的橱柜、几盏吊灯、一些铜器、一件路易十四式的家具，以及一些可能只是摆在桌上的“没有什么用处的”银器），他先找了沃尔特·贝里，后来又找了卡蒂斯夫人[1]和埃米尔·斯特劳斯[2]。其实他想的是把出售家具所得的一半赠予谢科维奇夫人，因为俄国的革命已经让她破了产[3]。

莫朗出发之前，马塞尔向苏策亲王夫人倾诉自己的无尽哀愁，在一年的友情中，他们“曾经过有两次愚蠢的误会”：“一想到他十天后就要出发，一想到到了明天就只剩下九天，再往后就是八天，我就只想回过头去撞墙，或者吃上一大把佛罗那（巴比妥），等他到了罗马我再醒来。这些话我都没有跟他说，但我的心实在盛不下这些话了。”[4]眼见一个细心体贴的朋友离去所感到的悲伤，没有谁能比他表达得更好，也没有谁能比他更痛切地表达自己的激情。这种感情，我们将在《盖尔芒特家那边》中再次见到[5]。应该是一种移情作用罢，马塞尔开始为苏策亲王夫人将要做的阑尾手术担心，想尽一切办法安慰她，让她放心。她是12月29日在利兹饭店的一个房间里请戈塞医生帮她做的手术[6]。在波利尼亚克亲王夫人府上待了一晚以后，莫朗12月9日出发去了罗马，他在那儿的生活很不如意。23日，普鲁斯特给他写信：“我实在不明白，为什么您的脸总是不断地浮现在我的眼前，为什么我会想起您每一个轻松的微笑、想起您那么简单直接的仁慈，还有许许多多当初近在眼前却没有察觉到的东西。”[7]12月16日，马塞尔到波利尼亚克亲王夫人府上听了一场管风琴音

① Ibid., pp. 313–314, 1917年11月23日，致卡蒂斯夫人。

② Ibid., p. 324. 此君从中赚取了1.4万法郎（ibid., p. 368）。

③ Ibid., p. 317, 1917年11月23日，致谢科维奇夫人。但她婉拒了。

④ Ibid., p. 331, 1917年12月1日，致苏策亲王夫人。

⑤ *RTP*, t. II, p. 418，参见十五人译本（三）111—112页：“有几个晚上……我苦苦思念德·盖尔芒特夫人，感觉连呼吸都很困难，仿佛胸腔被一个高明的解剖医生切开，割除了一部分，再补上了一块同样大小的无形的痛苦，补上了等量的怀念和爱情。”

⑥ 普鲁斯特发电报给莫朗，告知手术成功（*Corr.*, t. XVI, p. 374, 1917年12月29日）。

⑦ Ibid., p. 370. Cf. ibid., t. XVII, p. 143, 1918年3月中，普鲁斯特在信中说，莫朗是“菲狄亚斯手下的大理石，莫斯卡（《巴马修道院》中的人物）的年轻继承人，时机成熟后还将是玛丽的儿子……”

乐会，24日，他在利兹饭店玛丽·缪拉亲王夫人住处度过了平安夜，在场的还有一位西班牙王子。马塞尔曾说起，当晚某些自己心情不佳的时刻，这位王子的矫情做作和“夏吕斯式”的举止让他恼怒到了极点。

这是活动十分丰富的一年，其中也包括文学创作，普鲁斯特润色了《战争期间的德·夏吕斯先生》，把这一年中发生的事件以及受报纸启发而产生的想法写进了《盖尔芒特家那边（二）》中在东锡埃尔的谈话。这一年是在忧伤的情绪中结束的，此时雪从天降，连同“所有让你感到莫名伤悲的东西”，又为新年的第一天平添了许多惆怅。

XV

1918年的小说

从《索多姆和戈摩尔》到《女逃亡者》

1916年5月，普鲁斯特在信里告诉伽利玛，他决定单写一卷，定名为《索多姆和戈摩尔》[①]。于是，在这一年间，各练习簿中的素材被集中起来，重新安排在以下连成一体的手稿中：练习簿I—VII（持续到1917年前后）为《索多姆和戈摩尔》，练习簿VIII—XII为《女囚》，练习簿XIII—XV是《女逃亡者》[②]。写作的步骤与从前一样，仍然是先写出片段，然后集中起来，再打散重新进行编排。因此，《女囚》开篇时对清晨的描写出现过很多版本。对文本的切割重组，使作家能够通过重现主题、设置伏笔和重拾线索等手法推动情节，从而让作品的结构更完整稳固。比如，1915年以后对莫雷尔这个人物的进一步展开，强化了他与阿尔贝蒂娜的对称关系。正是出于这一原因，手稿抄清之后，普鲁斯特仍未停笔，在练习簿59—62以及练习簿74上，在打印稿

① *Corr. avec G. Gallimard*, p. 35. 这封保存在波扬档案中的信非常重要，信中出现了我们所知的这个书名的最早版本，而且它是早于1918年的；普鲁斯特说，想到这个书名，是受维尼一句诗的启发，他用这句诗（女人拥有戈摩尔城，男人拥有索多姆城）作为《索多姆和戈摩尔（一）》的题记。

② 当谈及此书的写作过程时，我们尽量保留普鲁斯特最初属意的书名；当谈及我们今天所见的印刷本时，我们采用出现在练习簿71第37页背面的另一个书名——《失踪的阿尔贝蒂娜》。

上，在校样上（至少在他生前能看到的校样上），他一直在进行增写补缀。在此情况下，包括在练习簿XV—XX中的《重现的时光》手稿，是所有手稿中完成度最低的，因为普鲁斯特的修订补缀工作到《女逃亡者》就中断了。关于战争的那一章在1916年就已经写了出来[①]，但补充的部分可能写于1917—1918年，从补写内容所参考的报纸来看，轰炸巴黎的内容应写于1918年。对龚古尔日记的仿写写于1917—1918年间。很多补写内容都出现在被普鲁斯特称作“拖鞋”的练习簿74当中。

塞莱斯特·阿尔巴莱说，战争期间，她曾遵照普鲁斯特的指令烧掉了32本练习簿。按罗伯特·布里奇斯的说法[②]，烧掉的练习簿很可能是继《失去的时光》1912年稿之后的第二卷的原始手稿，也就是《重现的时光》第一稿。到1914年小说的核心部分《盖尔芒特家那边》由格拉塞印出校样时，上述手稿就可能被编号I—XX、从《索多姆》到《重现的时光》手稿练习簿所取代。普鲁斯特很可能是在1916年至1917年间，随着逐步将其中的材料利用完毕，让塞莱斯特两三本一组地把这些练习簿陆续烧掉。但在这种假设中，我们难以理解的是，他为什么始终保留着写着最初草稿的练习簿，毕竟它们早已被抄清的连贯手稿、打印稿、校样或印刷的书籍所取代。同时我们也不明白有什么理由会让塞莱斯特说谎：有人可能会骗人并自夸如何抢救了文稿，但不会有人在没有烧掉文稿的情况下坚称自己这样做了。

① 1916年5月致加斯东·伽利玛的信（*Corr., avec G. Gallimard*, p. 37）。1916年是《重现的时光》叙述过程中明确给出的第二个时间，第一个是1914年；在这两年里，叙事者均有巴黎之旅。

② *Bulletin d'informations proustiennes*, n° 15, p. 28. C. Albaret, p. 325.

现在我们应回到1918年的小说目录[1]，此时小说已经接近完成，作者手上已有一份完整的抄清稿，这份目录就反映了小说在此时的全貌。《追忆似水年华》将包括五卷，其中的两卷《在斯万家那边》和《在少女们身旁》已分别出版和印出校样。第三卷《盖尔芒特家那边》（连同后续几卷"即将出版"）的内容是："人名：盖尔芒特公爵夫人。圣卢在东锡埃尔。德·维尔巴里西斯夫人的沙龙。外婆去世。阿尔贝蒂娜重新出现。在盖尔芒特公爵夫人家晚宴。盖尔芒特的风趣。德·夏吕斯先生继续折磨我。公爵夫人的红皮鞋。"[2]第四卷《索多姆和戈摩尔（一）》，内容大大超出了未来正式出版的《索多姆和戈摩尔》，后者只包含了前者第一章的内容，这一卷包括："德·夏吕斯先生突然暴露真相。盖尔芒特亲王夫人的晚会。第二次在巴尔贝克小住。心的间歇（一）。我终于感觉失去了外婆。德·夏吕斯先生在维尔迪兰府上和在小火车上。心的间歇（二）。我为什么突然离开巴尔贝克并有意娶阿尔贝蒂娜。"到1921年和1922年正式出版时，这份目录有了很大的扩充，但在此，它的价值在于突出了与外婆有关的《心的间歇（一）》和由阿尔贝蒂娜引起的《心的间歇（二）》之间的对比。另外，1922年的目录介绍了很多次要人物的姓名，以强调小说这一部分的社交特点和它的"人间喜剧"风味，其中"莫雷尔奇特性格的初步勾勒"则反映了这个人物在小说后半段才显现出来的重要性。

1918年小说布局的最后一卷是第五卷《索多姆和戈

① *À l'ombre des jeunes filles en fleurs*, Gallimard, 1918年11月30日完成印刷。这份目录是普鲁斯特手写的。亲笔手写的单页纸，由Guérin公司1985年11月6日在德鲁奥拍卖行拍卖。

② 这份目录与《盖尔芒特家那边》在1921年出版时的目录略有不同。1921年出版时"第一章"展开了"外婆之死"："我外婆的病，贝戈特的病，公爵与医生，外婆病情加重，外婆去世。"第二章把"阿尔贝蒂娜重新露面"改成了"阿尔贝蒂娜来访"；把"在盖尔芒特公爵夫人家晚宴"改成了"对圣卢几位朋友缔结富裕婚姻的展望"和"盖尔芒特在帕尔玛公主面前的风趣"。但结尾部分几乎相同。

摩尔（二）——重现的时光》，包括：“与阿尔贝蒂娜的共同生活。维尔迪兰夫妇与德·夏吕斯先生翻脸。阿尔贝蒂娜失踪。悲伤与遗忘。罗贝尔·德·圣卢的新面貌。战争期间的德·夏吕斯先生：他的看法见解、他的寻欢作乐。盖尔芒特亲王夫人府上的下午聚会。永久的崇拜。重现的时光。”[①]1920年《盖尔芒特家那边（一）》出版时宣布，小说的第四卷将包含《盖尔芒特家那边（二）》与《索多姆和戈摩尔（一）》；此时关于第五卷的计划还没有任何改变。这份目录可以证实，1913年的小说结构始终保持着原来的意义：由于夏吕斯这一人物的出现，《索多姆和戈摩尔》从《盖尔芒特家那边》分离出来。《在少女们身旁》之所以从最终未能面世的1914年稿第二卷中分离出来，是因为《少女》通过阿尔贝蒂娜和安德蕾预告了戈摩尔的存在。在1918年目录中，《索多姆和戈摩尔》把巴黎的索多姆们与巴尔贝克的戈摩尔们混合在一起了。而后我们看到，《女囚》和《女逃亡者》（或《失踪的阿尔贝蒂娜》）在当时既不是书名也不是独立的卷册，它们只是《索多姆和戈摩尔（二）》中的章节，与最前面的七个小标题相对应，直到《罗贝尔·德·圣卢的新面貌》。这一点在普鲁斯特与新法兰西评论出版社的通信中得到证实。当他意识到手稿和补写的部分将要达到某种篇幅时，便提出要有《索多姆和戈摩尔（三）：女囚》《索多姆和戈摩尔（四）：女逃亡者》[②]，随后，为使这两个部分关系更为紧密，他又提出将其改为《索多姆和戈摩尔（三）》

① 《女囚》《失踪的阿尔贝蒂娜》和《重现的时光》想必是作为遗著出版的缘故，没有包含任何目录；普鲁斯特过早离世，还没有来得及写出来。

② *Corr. avec G. Gallimard*, p. 545, 1922年6月25日。这些书名都有手稿的打印稿为证。

“之一”和“之二”。最终这三个部分之间将没有明显的中断，因此《失踪的阿尔贝蒂娜》顺理成章地将紧承《女囚》的最后一句话；而《重现的时光》从何处开头并不是由手稿决定的，而是由《失踪的阿尔贝蒂娜》的打印稿决定的（这部打印稿现藏国家图书馆），打印稿的结尾紧接着就应是全书最后一卷的开头，这也是罗贝尔·普鲁斯特1925年和1927年出版这两卷时所采纳的分割方案。1954年的“七星文库”版中，皮埃尔·克拉拉克和安德烈·费雷则错误地把这个分割点提前了七页[①]。这种连续性保留了普鲁斯特最为珍视的意图，即“只写一部书”。那么，“既然各个人物的真实面貌都是从《女囚》开始揭示出来的”，我们是否可以径直说“《重现的时光》实际上开始于《女囚》呢”[②]？不管怎么说，阿尔贝蒂娜才是最伟大的时间女神，在为《重现的时光》做准备的练习簿57当中，她在多处补写内容中出现。当叙事者总结自己的一生时，他曾经爱过又遗忘了的阿尔贝蒂娜成为他一生中很多方面的象征；她是获取某种普遍知识的工具，相当于画家的模特：“也许，我们所认识的人们以及我们通过他们所体验的感情对心理学家的作用，与模特对于画家的作用是一样的。他们为我们摆好姿势。他们为痛苦、为嫉妒、为幸福摆好姿势。”[③]所以，如同威尼斯或者社交生活一样，阿尔贝蒂娜就是普鲁斯特的一个写作素材[④]，是最后的诱惑，是他完成小说写作的最后一环，是时间而非永恒。

① 关于《女逃亡者——失踪的阿尔贝蒂娜》的书名、文本形成和卷册划分，请见*RTP*, t. IV中的说明。

② M. Bardèche, *op. cit.*, t. II, p. 258.

③ Addition du Cahier 57, *Matinée chez la princesse de Guermantes*, p. 371.

④ Ibid., p. 391.

小说里的战争

1918年，在小说最后一卷的目录里，“战争”二字只体现在标题当中，即“战争期间的德·夏吕斯先生：他的看法见解、他的寻欢作乐”。这段篇幅很长的补写内容，如同阿尔贝蒂娜的爱情一样，要归因于外在的事件。普鲁斯特一直对战争、对军事将领、对军事战略理论感兴趣，这一点在他的作品中随处可见：它不仅在《让·桑特伊》中已有所体现，还出现在东锡埃尔军营的谈话里；《盖尔芒特家那边》和《重现的时光》影射了日俄战争和巴尔干战争，《盖尔芒特家那边》和《索多姆和戈摩尔》又暗写了布尔战争；这一兴趣还反映在他本人的阅读和谈话当中，对此他的朋友们都记忆犹新[①]。小说中1914—1918年战争情节的大部分应该在1916年就写定了，这不仅是因为1914年和1916年是普鲁斯特明确指出的叙事者在战争中两次返回巴黎的时间（这种点出明确时间的做法其实不符合普鲁斯特的习惯），而且因为，如前文所说，普鲁斯特1916年春季在信中与加斯东·伽利玛讨论过这一话题[②]。像往常一样，增补的段落（主要是在练习簿57、74当中）不断地堆叠在原有叙述之上，但增补的内容都属于分析和谈话性质，没有增添新的事件。德·夏吕斯先生的“看法见解”都是针对战争宣传和沙文主义的，尺度超过了普鲁斯特本人更为温和的看法。但德·夏吕斯先生的“寻欢作乐”则来自普鲁斯特本人在勒屈齐亚的妓院的经历。

关于战争，普鲁斯特在给苏策亲王夫人的一封信中明

① R. de Billy, *op. cit.*; P. Morand, *Journal...*, *op. cit.*

② *Corr. avec G. Gallimard*, p. 37.

确地阐述了他的感觉："战争与其说是一个对象（用这个词的哲学意义），不如说是横亘在我本人与对象之间的一个实体。如同其他人全身心地信奉上帝，我也全身心地生活在战争之中……至于大炮和哥达轰炸机，我得承认，我没有一秒钟把它们放在心上。我害怕很多危险性很小的东西，比如说老鼠，但我并不害怕轰炸，甚至至今都不知道下地窖的路线（这也是楼里其他住客不能原谅我的），若是我表示很害怕，那就是装出来的。"[①]于是，普鲁斯特后来把他在信里描写过的轰炸[②]以及散步等等，都原封不动地写进了《重现的时光》。其实，他是在自己和通信对象身上测试他已经或将要写入小说的句子。他早在《1908年记事本》当中就指出，缪塞身上具有一个与他相同的特点："如同矿石中隐藏着几乎不可见的矿藏，我们在他的生活中，在他的书信中，能隐约感觉到他的作品的存在，而写作是他生活的唯一理由；我们还能感觉到他的爱情，而他的爱情仅仅是作为作品的素材而存在的，他的爱情为作品而生，作品也将是爱情唯一的栖身之所。"[③]

在战争威胁之下的巴黎改变了面貌，但为小说家普鲁斯特提供了富有诗意的背景。战争也改变了个人，改变了上流社会的境遇，并把各个国家转变为小说人物：如果小说家普鲁斯特"对个人的心理了若指掌，那么这些由个人聚集而成的巨大群体相互产生冲突时，就会在他眼里呈现出一种美，这种美是仅仅发生在两人之间的争斗所根本无法比拟的"[④]。只有在懂得了个人之后，才能懂得各个

① P. Morand, *Le Visiteur du soir*, *op. cit.*, p. 82. 可以和《重现的时光》进行比较："认为害怕的程度与引起害怕的危险程度成正比，这是完全错误的。有的人可能害怕睡不着觉，但根本不害怕真正的决斗；有的人害怕老鼠，但不怕狮子。"参见十五人译本（七）145页。

② *Choix de lettres*, Plon, 1965, p. 231, 1917年8月初；*Corr. gén.*, t. VI, p. 197, 1918年3月。

③ *Le Carnet de 1908*, p. 45；另见p. 59："夏多布里昂写给夏洛特的信被用在《纳契人》当中，而米什莱夫人的话被米什莱用在演讲当中。"

④《重现的时光》，*RTP*, t. IV, p. 350,参见十五人译本（七）81页。

国家。不过，在《重现的时光》中，我们既看不到对战场的描述，也看不到完整的战争历程。如同在小说的其他部分一样，战争的进程都被置于人物的视角之下，比如战线的僵持不变是从弗朗索瓦丝嘴里说出来的。布里肖和诺布瓦等好战分子与夏吕斯等和平主义者形成对立，圣卢则改变了他在东锡埃尔时阐述的战略观点，是没有仇恨的战争英雄。1918年的小说梗概告诉我们，战争情节的核心人物正是夏吕斯男爵，“他的看法见解”体现在激昂亢奋的长篇独白中，“他的寻欢作乐”不再局限于寻找男伴，而是达到了某种畸形的崇高，表现为在隆隆爆炸声中发生在絮比安妓院里的激烈性虐。之后逃兵莫雷尔被抓，供出了夏吕斯和阿尔让古尔，国民联盟赢得选举，外加一个没写完的关于俄国移民的小段落，战争故事就这样结束了。另外，普鲁斯特每天阅读大量报纸，从中受到启发而对军事战略问题有了很多思考，他把这些想法都分别放到小说人物特别是叙事者和圣卢的口中。手写的增补内容告诉我们，他评论的主要对象是亨利·比杜在《争鸣报》上发表的文章（持续到1918年），所用的手法与他把埃米尔·马勒的观点赋予埃尔斯蒂尔如出一辙。从烹饪到园艺，普鲁斯特把涉猎的各领域知识统统纳入了小说，有明确原创者的就直接引用，无明确原创者的就改头换面、移花接木。他通过涉猎美学与艺术史而进入了艺术世界，描写战争使他深入研究战争：他必须掀开阅读形成的知识之幕，重新面对世界，而这“仅仅是为了让自己振作起来”[①]。不是作为科学而是作为艺

① *Le Carnet de 1908*, p. 63. Voir aussi p. 99.

术的战争姗姗而来，最终与绘画、音乐和建筑为伍。在战争中，普鲁斯特感兴趣的并不是让·德·皮埃尔弗之流披露的将军们犯下的错误[1]，而是探寻偶然性背后的创造性思维。练习簿74中有一段未刊稿写道，“圣卢向我称赞贝当，说是他发明了这次战争的战术”。在东部战线，兴登堡模仿了拿破仑的战术。但事实还不止于此，将军排兵布阵与普鲁斯特驱遣文字异曲同工：“一位将军就像一位作家，想写出一部剧本或一本书，而这本书写着写着，在此处发现了出乎意料的素材，在那里又走投无路，最后大大偏离了预想的计划。”[2]每事每物皆与文学有关，每事每物皆是作品的素材。

战争还以另外一种方式使普鲁斯特进一步厘清文学、历史、政治、社会之间的关系。战争期间，爱国主义的作品、关于艺术要干涉生活的理论皆层出不穷。1919年普鲁斯特因《在少女们身旁》获得龚古尔奖时，很大一部分报刊指责评委没有把奖项颁给罗兰·多尔热莱的《木十字架》。普鲁斯特对罗曼·罗兰和莫里斯·巴雷斯持同样的保留态度，在《重现的时光》中为自己辩护：“战争一开始巴雷斯先生就曾说过，（提香型的）艺术家首先应该为祖国的荣誉服务。可是，艺术家只有在作为艺术家的时候才能为祖国的荣誉服务，也就是说，在他研究那些法则、进行那些探索和做出与科学发明同样精妙的发现的时候，除了他面前的真理他绝不能想到别的事物——即使是祖国也不行。”[3]这也是说，虽然战争能够——借用普鲁斯特

① J. de Pierrefeu, *Plutarque a menti*, Grasset, 1923.

②《重现的时光》，*RTP*, t. IV, p. 341，参见十五人译本（七）70页。

③ Ibid., p. 467. 请与*Matinée chez la princesse de Guermantes*, pp. 299–300, 307–308比较，普鲁斯特尤其参考了1916年6月的《巴黎回声报》。此处涉及为练习簿57增写的内容，它比手稿本身还要长。

喜爱的意象——像转动万花筒一样扰乱社会秩序，但它终究无法通过外在于艺术演变规律的某种干预来改变文学。当巴雷斯与邓南遮相呼应，在《巴黎回声报》上倡导一种只能“美化”法国的文学时，普鲁斯特认为，如此“昏庸”的主张只能产生《赫尔曼与窦绿苔》，假如我们想“完全避免前卫派的错误”，我们就会扼杀如俄国芭蕾那样的艺术创新[1]。无论是万花筒，还是被普鲁斯特比喻为望远镜的另一种新工具，都无法让我们看到满眼的玫瑰色。

德·夏吕斯的寻欢作乐

1911年，普鲁斯特认识了一个名叫阿尔贝·勒屈齐亚[2]的奇人。此君1881年生于特雷吉耶，先后在拉齐维乌亲王（洛什之父）、格雷菲勒伯爵夫人、奥尔洛夫亲王和罗昂公爵府上当差。马塞尔大概是在奥尔洛夫亲王（要么就是在拉齐维乌亲王）府上认识他的。勒屈齐亚酷爱研究贵族的家谱和社交礼仪，普鲁斯特为此把他请到家里问长问短。按塞莱斯特·阿尔巴莱的说法，勒屈齐亚最早是在证券交易所旁边买下了一家公共浴场，然后迁到戈多德莫鲁瓦街（“阿尔萨斯圆峰顶浴场”）[3]。这位从前当差的买下马利尼公馆时，普鲁斯特曾助他一臂之力，还送了他一些家具[4]，赠送家具的事写进了《在少女们身旁》（是战争期间增补的）。这家小公馆坐落在拱廊街11号，这条街上

① Notes du Cahier 74.

② 如罗歇·迪歇纳所述（*op. cit.*, p. 733 et 826），若要寻找各种流言的源头，有一个故事可以追溯到1929年出版的德文杂志*Querschnitt*（L. Guichard, *Introduction à la lecture de M. Proust*, Nizet, 1956, pp. 167–171）。巴黎警察局的档案中没有任何关于勒屈齐亚的记载。

③ 据科克托（他很晚才动笔，因此很可能搞混）《确指过去时》的记载，很显然应该有两个店面，一个在拱廊街，叫“加布里埃尔家”，另一个在马德里街，即勒屈齐亚住所。

④ C. Albaret, p. 236. 据塞莱斯特（p. 237），普鲁斯特应该是把特别占地方的家具给了勒屈齐亚，放在戈多德莫鲁瓦街家中的卧室，所以当普鲁斯特在拱廊街看到这些家具时，他非常生气，这与《少女》中的内容相吻合：“我的痛苦，甚于听任一位死去的女人遭人蹂躏。”（*RTP*, t. I, p. 568，参见十五人译本［二］130页，周译本［二］142页）叙事者赠送的沙发，正是他初尝爱情滋味的地方；能否从这个场景倒推出，这正是马塞尔被人撞见与雅克·比才——在书中成了“小表妹”——在一起呢？抑或是如某些人认为的那样，那是一位小表弟呢？

有不少贵族府邸，盖尔芒特亲王夫人的某些客人就来自这条街[①]。1917年，勒屈齐亚曾被判刑。两人后来闹翻了，原因是他们都喜欢一个叫安德烈的人，按塞莱斯特的说法，大概就是勒屈齐亚不在时替他看管府邸的那一位。

萨克斯曾描写勒屈齐亚的特点："近二十年来认识他的人都认为他是个十分出众的人物，身形消瘦，面庞颇有保守派贵族的气质，头顶秃了但四周有一圈白发。很难想象还能有什么人比他更热衷于管闲事。"[②]塞莱斯特说："他是个细麻杆似的高个子布列塔尼人，不怎么和善，金头发，没什么风度，一双蓝眼睛跟鱼眼睛似的——这是他灵魂的眼睛——他的脸上和眼里透着他那职业特有的不安感。他总像是在被人追捕似的，其实这毫不奇怪，因为经常有警察光顾他做生意的地方，他也时常到局子里待上一阵。"[③]普鲁斯特给他钱，是为了酬谢他提供的情报。塞莱斯特还说，只要瞧一眼勒屈齐亚，就能看出他是个无利不起早的人。利兹饭店的领班奥利维耶·达贝斯卡也同样为了钱，向普鲁斯特透露了很多的细节："谁与谁在一起吃饭了，今天晚上某位夫人穿的是什么衣服，这张或那张桌子都是怎么排的座位。"[④]关于往来于拱廊街的政客们甚至部长们，"阿尔贝把这些人的恶习一五一十他告诉了他"[⑤]。这处宅邸，普鲁斯特曾去过五六次；其实他也害怕警察的光顾。从那儿回来以后，他就把所见所闻讲给塞莱斯特，仿佛说的是博蒙或格雷菲勒府上的晚会，比如有一次他就讲自己看见一位工业大亨被绑在墙上，

① *RTP*, t. IV, p. 529, 参见十五人译本（七）255页。

② M. Sachs, « Historiette », *NRF*, 1er mai 1938, pp. 863–864.此时勒屈齐亚刚刚去世，终年五十七岁。Cf. *Le Sabbat*, Corrêa, 1946, pp. 279–280。1930年的一天，瓦尔特·本雅明由朋友D和莫里斯·萨克斯陪同，拜访了阿尔贝·勒屈齐亚（拱廊街马利尼公馆——译者注）。他曾谈到这个场所"与家庭寄宿旅馆"极为相像的气氛、阿尔贝办公室的磨砂玻璃窗。阿尔贝则具有"仆人身上把绝对顺从和极有主见完美融合的特点"。他还拥有名为"三柱舞厅"的第二家店，这里的常客——莫里斯·萨克斯也是其中一员——都到猞猁餐厅吃饭，餐厅服务员都漂亮得不可思议，此处肯定与风化警察队关系十分密切。马利尼公馆是普鲁斯特的"落脚处"，也是一个"实验室"，让他有机会了解同性恋的各种变体，其中某些场面被他用来描写被缚的夏吕斯。普鲁斯特家的一些家具出现在此处。而普鲁斯特的真实身份别人并不知晓，所以他可能得了一个"拿老鼠的人"的绰号。勒屈齐亚也说过，有一天，普鲁斯特路过屠宰场，被一个正在割肉的小伙子所吸引，于是命人停车，看那小伙子干活看了好几个小时。本雅明指出："似乎是普鲁斯特的某本著作让我认识到性虐狂的一般特点，虽然这些特点都隐藏得很深。此处我想到了普鲁斯特对极小事件的分析不厌其细的特点。"（trad. fr., *Le Promeneur*, nº XXX, juin 1984, cité par R. Kahn, *Temps du langage, Temps de l'histoire: Marcel Proust et Walter Benjamin*, thèse pour le doctorat, Paris II, 1996, pp. 225–226） Nous remercions aussi P. Mauriès de nous avoir communiqué ce texte。

③ C. Albaret, p. 235.

④ Ibid., p. 237.

⑤ 奥迪隆·阿尔巴莱甚至提到了一位法国元帅和一位政府总理。

命人用鞭子抽打[1]。“但是，先生，您怎么会去看这样的事呢？”——“就是啊，塞莱斯特，就是因为我编不出来。”[2]看起来，普鲁斯特始终遵循一个原则，他只能描写自己看到的东西。“这个可怜的诗人。他没有维吉尔做向导，却必须穿越地狱里一圈圈的硫磺与沥青，纵身跳入上天降下的烈焰，带回几个索多姆的居民。”普鲁斯特又补上更加深刻的一问：“在此之前，究竟又是哪种隐秘的性癖、哪种令人又怕又爱的诱惑，驱使他选择了这样的对象呢？”[3]可以说，多亏了勒屈齐亚和他的府邸，普鲁斯特才得以在《重现的时光》中描写被缚的夏吕斯这一宏大场面。

围绕普鲁斯特产生的种种传言，由萨克斯、法伊、茹昂多以及卡斯特拉纳等人在回忆录中记载下来，又因为佩因特的传记而广为传播。其中一则传言涉及一张被亵渎的照片[4]（但塞莱斯特否认照片会从家里流出。我们还记得蒙舒凡那一幕是受到罗班医生和丽阿娜·德·普吉的启发而写成的，丽阿娜在回忆录中讲过这件事），还有屠宰场以及老鼠的故事。阿尔贝应该讲过曾陪他到屠宰场，普鲁斯特可能还向那儿的伙计提出过要求：“给我看看怎么宰一头小牛。”或者是说，普鲁斯特让人找来一只活老鼠，再让人当着他的面用别帽子的别针戳刺它[5]。英国作家约翰·阿加特经常出入于马利尼公馆，声称自己碰见过一位脸色苍白、眼睛很大的顾客，他的后面跟着一个人，手里提着一只装着白鼠的笼子[6]。而下面这一幕不亚于陀

① 从十八世纪起，鞭笞就被视为达到性高潮的辅助方法：“没有哪家妓院里找不到荆条，因为他们随时准备把打不起精神的买春客抽上一顿。”（E.M. Benabou, *La Prostitution et la Police des moeurs au* XIII *siècle*, Perrin, 1987, p. 394）Brantôme也讲到一位绅士请女人鞭打他的故事。1930年的《大拉鲁斯辞典》仍然认为鞭笞是针对性无能的一种疗法。

② C. Albaret, p. 240.

③ *RTP*, t. III, p. 711，参见十五人译本（五）199页，周译本（五）207页。

④ 普鲁斯特对卡蒂斯夫人写道：“拉昂的大教堂让我想起一种巨大的欢愉（我必须赶紧说，这是纯洁的欢愉，因为我发觉这句话会令人想到某种莫名其妙的亵渎）。”这表明他对亵渎十分敏感。他曾在有亵渎意味的背景下引用宗教文献，认为儿子在自己的面容当中亵渎了母亲的面容，也证实了这一点（这一现象促使乔治·巴塔耶写了一篇文章，收入了他的*La Littérature et le mal*, Gallimard, 1957）。

⑤ *Le Sabbat*, *op. cit.*, p. 285.

⑥ J. Harding, *Agate*, Methuen, 1986, p. 52：颇有意味的是，我们看到，Agate所谈的是田鼠（souris），而到了他的传记作者Harding笔下，就变成了灰鼠（rat）。

思妥耶夫斯基所描写的忏悔场面。据纪德记载，普鲁斯特曾向他透露，为了达到高潮，他必须“把最不可思议的感觉和情绪集中在一起”。“如此看来，折磨老鼠等做法就有根据了。总之，普鲁斯特让我看到了他的这一面，而我从中感受尤其明显的是，它暴露了某种生理上的不满足。为了达到沸腾的顶点，他要用上多少催化剂啊！”①小说的叙事者说自己害怕白鼠和老鼠，他曾梦见一只笼子，里面关的是变成了白鼠的父母，身上长满了脓疱。对老鼠的恐惧可以追溯到马塞尔很小的时候（但这并不妨碍他把吕西安·都德称作“我的老鼠”②），而且，我们在前文中已经看到，这与普鲁斯特医生是有关联的；我们在《红百合》中也看到过对老鼠的恐惧（“每个人都有自己的老鼠”）。如果能对他进行精神分析，那么精神分析家们一定会为他找到某种与肛门期、与受虐狂相关联的解释，但实际情况是还没有人对他这么做过。弗洛伊德在其《精神分析五论》之一《鼠人：一例强迫性神经症的说明》当中已经阐明，强迫性神经症产生于低幼期对性本能特别强烈的抑制。最为复杂、最令人厌恶的性倒错行为，其实起因极为平常。关于此类行为，普鲁斯特询问过自己的某些朋友③，比如如今已被遗忘的作家西尔万·邦马利亚热：一天晚上，马塞尔见到他与热内·培德和于尔曼在一起，然后突然去到他在拉纳大街上的住所，询问他对同性恋者的观察、看法和记忆；第二天，马塞尔用出租车把他接至家中继续这番调查，还让他讲述某位意大利伯爵的不幸经

① A. Gide, *Ainsi soit-il*, in *Journal (1939–1949)-Souvenirs*, Bibl. de la Pléiade, p. 1223. 参见A. Germain, *Les Clés de Proust*, Sun, p. 71，这本书采用了贝尔纳·法伊所讲的老鼠的故事（法伊本人并没有发表这个故事）。法伊还讲了另一个故事：战争过后，普鲁斯特想认识一位军士，因为法伊曾在博蒙府的宴会上（还有格拉蒙、科克托、瓦伦蒂娜和让·雨果在场）告诉他，这位军士把自己的雪茄塞到一个德国军士长的嘴里（“抽了它，混蛋！”）。法伊说：“普鲁斯特表现出的欲望之强烈和急迫让我很困惑。”当时，一位女士走近了普鲁斯特所乘的出租车，看到了他，“但他此时既不是单独一人，也并非无所事事，女士随即走开，嘴里发出小声的尖叫”。法伊说自己出于谨慎没有让普鲁斯特认识那位军士，因为担心他会被打（*op. cit.*, p. 45）。关于快感的获得必须同时采用多种不同的办法，普鲁斯特对法伊和纪德说了同样的话（ibid., p. 98）。

② E. g., *Corr.*, t. IV, p. 291.

③ 但不是所有的朋友。

历，似乎是为了更好地刻画夏吕斯[1]。种种寻欢作乐的方式，小说家普鲁斯特都目睹过或亲耳听说过，对它们的观察研究已经深入其反常性，在小说中让它们成为凡德伊小姐和她那位无名女友的快乐，成为德·夏吕斯先生的快乐。至于他本人的快乐，由于他越来越疲惫，病情越来越重，他越来越需要借助于——无疑是很少的几次（这是他向施特劳斯夫人透露的）——更加复杂的场景；可怜的是，偷窥和手淫始终是他最主要的作乐方式。这不仅因为他没有任何用具，而且因为他不占有任何人，尽管他多次尝试过。他试图对他人实施的威权都属于精神层面，因此才有各种盘问、各种契约，每一次感情都像是一场官司。在感情方面，除了与母亲和塞莱斯特·阿尔巴莱，他从未成功过。我们能聊以自慰的是，从来还没有哪一位历史学家是按照性能力为作家排名的。

① S. Borunariage, « Document sur la personnalité de M. de Charlus », *Défense de M. Proust*, Le Rouge et le Noir, Paris, 1930.

1918年的日常生活

这一年，普鲁斯特在写作上有重要进展，即将在出版上收获硕果：《在斯万家那边》出了新版，《在少女们身旁》和《仿作与杂写》将接连面世。另外，普鲁斯特在1月20日完成了为布朗什《从大卫到德加》所作的漂亮序言，这篇序文是他一系列导论性文章的第一篇；与他为罗斯金著作写的序言相比，这些文章虽没有那么喧宾夺主，但也包含了它们的“调味汁”和下脚料。1919年1月看完了序文的校样（“改正了许多错误但没有改写”[1]）之后，普鲁斯特写信给布朗什说，他们二人的写作方式完全不同。不过《费加罗报》仍然选择了名声在外的阿贝尔·埃尔芒而不是普鲁斯特在报纸上开设文学批评专栏，并且在9月拒绝刊登《少女》的节选。在这一年当中，普鲁斯特又开始了一段新感情，同过去一样，其中有欢愉，也有悲伤和大笔的金钱支出 。

苏策亲王夫人的健康状况终于让普鲁斯特放下心来，他抑制不住自己的兴奋，给莫朗发了许多份电报，写了很多封信。但他对克里翁饭店的员工非常失望，于是又回到利兹饭店独自吃晚餐（除了1月6日，当天他请了贝里），时间是晚上九点半，此时距离熄灯还有半个小时。他这样做也许还有另外的意图：希望能偶尔看见苏策亲王夫人，并且暂时停止社交生活。尤其让他感到自在的是，此处完全没有陌生感，晚餐后能安安静静地喝完他那六杯咖啡[2]。2月4日，他到都德夫人府上吃晚餐，听拉科斯特夫人演唱为雅姆诗作谱写的歌曲，还有夏娃·弗朗西斯朗诵克洛岱尔的诗歌，在座的有女主人的两个儿子莱昂和吕西安、弗朗西斯·雅姆（普鲁斯特欣赏他的作品但和这个人处不来[3]）、弗朗索瓦·莫里亚克（在他眼中“很有魅力”）、泰蕾兹·德·伊尼斯达尔和米尼耶教士。米尼耶不停地发表奇谈怪论，普鲁斯特都高兴地记了下来：雅姆是“圣器室之兽”；夏多布里昂的《朗塞传》出自

① *Corr.*, t. XVIII, p. 61, 致布朗什。

② Ibid., t. XVII, p. 501.

③ Ibid., p. 107.

一个不知悔改的罪人之手；待到小说结束时，马塞尔将成为文学的“大善人”；“地狱的确存在，但里面没有人”；因为德·沙布里扬自诩发现了梅里美，所以“千万不要忘了她住在克里斯托夫·哥伦布街”[①]。13日，他再次与米尼耶教士（普鲁斯特告诉吕西安·都德：“我很喜欢他。”[②]）在利兹饭店苏策亲王夫人的住处晚餐，同席的还有科克托、戈蒂耶–维尼亚尔、布里蒙男爵夫人、亨利·沙农（一位美国中尉，普鲁斯特认为此人文学修养不高）。坐在米尼耶旁边，普鲁斯特只洗耳恭听[③]，欣赏他谈话中的“辛辣”和“芬芳”。

苏策亲王夫人离开了巴黎，没有给马塞尔留下新地址，这个举动不那么可爱，让他心里很不是滋味。不过他还是每两天去利兹饭店吃一次晚餐，这段时间奥迪隆因为生病从前线回来了，就住在普鲁斯特家里。4月9日，克拉利伯爵去世，他是马塞尔的老朋友，更是吕西安的老朋友。春季，普鲁斯特的健康又出了新问题，一时间他认为自己得了面瘫[④]，一直叫苦不迭，6月份时甚至担心必须要动手术，直到他找了夏古医生的弟子、神经科专家巴宾斯基，这才放了心。这位医生跟很多人一样，不知道普鲁斯特是何方神圣：“您有固定职业吗？是什么职业？”[⑤]

6月14日，马塞尔得到波齐医生（一个出类拔萃的人物，戈达尔的原型之一）的死讯，他是头天晚上被一个病人杀死的。在给施特劳斯夫人的信中，普鲁斯特谈到他“善良、聪明、才华出众、相貌英俊”，回忆起自己“一

① Ibid., p. 215.

② Ibid., p. 107 ; cf. p. 112, 1918年2月14日，致米尼耶教士。普鲁斯特给他寄去了写山楂花的文章和一些仿作。

③ Ibid., p. 113 ; cf. p. 132. 当普鲁斯特不那么滔滔不绝地说话时，他偶尔的确如此；阿热诺尔·德·格拉蒙公爵的第三任妻子Maria Ruspoli可以作证：“普鲁斯特跟您说什么了？”——“什么都没说，他就是睁大眼睛听我说。”

④ Ibid., pp. 147, 151.

⑤ Ibid., p. 279.

直”认识他，见过他到父母家吃饭。也正是在普鲁斯特家里，施特劳斯夫人第一次见到波齐医生，而马塞尔第一次在外面吃饭，就是在旺多姆广场10号波齐医生的家里；另外，罗贝尔·普鲁斯特做过他的助手，一直到1914年。如同当年卡尔梅特无辜被杀之后，普鲁斯特此时深感悲痛，但同时还有一个奇怪的预感：卡尔梅特被杀后，战争爆发；波齐被杀后，也许就是和平[①]。正是在这个时候，他在小说和通信中将巴黎和庞贝相提并论：“外出赴宴的女士们，也许就在她们跨出家门之时，也许就在她们往腮颊上涂抹最后一抹红粉之际，她们整齐的装扮就被德国鬼子一座座空中维苏威的岩浆所定格、凝固。虚浮琐屑之物从此庄严而永恒，在未来美好的日子里，还将成为学校里孩子们的教科书。”[②]6月27日，他仍然前往卢德尔侯爵夫人府上赴晚宴，这位夫人“具有最动人的魅力和最高妙的智慧”，她邀请的政治家既有左派也有右派[③]。29日，他来到罗贝尔·德·菲兹–詹姆士伯爵夫人府上，她出身低微，但妻以夫贵（虽然丈夫对他不忠，且已去世），在君士坦丁街招待文人、院士等“欧洲最高贵的人士”[④]。

7月底，塞莱斯特染上流感，回到自己家中治疗。她的小姑子来顶替她，“还得有其他人搭把手”。这正是普鲁斯特提出的这年不去卡堡的理由，尽管他最初本有去卡堡的打算（要么他就是提出旅行途中——而不是住在卡堡期间——哮喘会发作）。于是，他只好独自在利兹饭店晚餐（海伦·苏策去了比亚利兹），除此之外没有更好的选择。不过，马塞尔倒是在人群中碰到了七十岁的格拉蒙公

① Ibid., p. 285, 1918年6月15日，致施特劳斯夫人；cf. p. 286, 致让·波齐。

② Ibid., p. 289, 1918年6月24日，致艾蒂安·德·博蒙。

③ A. de Fouquières, *Mon Paris et ses Parisiens*, *op. cit.*, p. 254. 她住在布洛涅森林广场4号。

④ A. de Fouquières, *Cinquante ans de panache*, *op. cit.*, p. 75. 小说里，盖尔芒特公爵夫人有一位名叫菲兹–詹姆士的叔祖，参见十五人译本（五）28页，周译本（五）30页。

爵，小说里“化装舞会”的场景，尤其是老年盖尔芒特公爵，就是依照他塑造的；公爵“白皙的脸膛令人肃然起敬，但和他在一起的女子非常年轻（的确不是同一个人；也许是因为这个女人太年轻而显得他更老）”[①]。8月14日，为了让生病休假的奥迪隆·阿尔巴莱有机会单独与塞莱斯特在一起，普鲁斯特在利兹饭店吃晚饭，但饭店总经理亨利·埃利斯在他用餐时始终不离左右，让他很不自在。在附近的餐桌上，他看到了温斯顿·丘吉尔、美国战争部助理部长斯特蒂纽斯以及马尔伯勒公爵（他系着一条过时的宽大白领带）。

7月初，为了编辑过去的仿作，普鲁斯特开始重写模仿圣西门的那一篇，到9月底差不多已经写完。但为了把他的朋友、物理学家吉什公爵写到文章里，他需要对方提供十七世纪的物理学知识，而这一位没有回应他的请求，自尊心颇受伤害的马塞尔——据他自己说（但后来又作了修补）——把没有增补相关内容的文章径直寄给了新法兰西评论出版社[②]。但他仍然在文章中塞进了一段吉什公爵的肖像描写[③]，同时还有施特劳斯夫人的肖像，为此他曾多次向夫人发问，每一次都声称有了新的轮廓[④]。缪拉家族的张扬做派，把圣西门时代外国王公们的招摇转移到了当代，也构成了这篇仿作的结构骨架[⑤]。同时，他特别担心遭遇了严重车祸的弟弟罗贝尔，弟媳每天来信告知新消息，他则每信必复，但他的这些信件都没有被对方保留下来。11月初，罗贝尔过来看望他。

苏策亲王夫人从昂代伊返回巴黎，她没有告诉马塞

① *Corr.*, t. XVII, p. 331, 1918年7月30日。格拉蒙公爵生于1851年，当时已有67岁，他的第三任妻子Maria Ruspoli当时只有30岁。她除了和公爵育有孩子外，和让·雨果也有孩子。

② Ibid., p. 372, 1918年10月2日前不久，致吉什公爵。

③ *CSB*, pp. 43–44, 50, 55–57.

④ *Corr.*, t. XVII, p. 381, 1918年10月8日；p. 479, 1918年11月20日：“正统的公主来到您府上，而您不必进行回访……以生病——它已经转变为一种特权——为借口……”

⑤ Ibid., p. 403, 1918年10月18日。那么是不是为了这篇仿作中专门写Galliera公爵夫人Eulalie（1864—1958）之子，西班牙王子Luis Ferdinan（1888—1945）那一段，拉克雷泰勒才对马塞尔讲了这时母子的宠臣Antonio de Vasconcellos在利兹饭店生病的情况呢（ibid., p. 463）？Cf. M. Rostand, *Confession d'un demi-siècle*, *op. cit.*, pp. 167–168, 这本书把Antonio de Vasconcellos比作委拉斯开兹画中的侏儒，并暗示他出格的生活习性。他曾在巴黎红极一时，但后来被大家抛弃、忘记。*CSB*, pp. 57–59。

尔，两个星期以后，他才通过莫朗得知此事，自尊心深受伤害。从前常来利兹饭店的理由，“从此不存在了”，但他对饭店的氛围、围绕在身边的一切都习以为常，此处几乎成了他自家的餐厅。另外，奥利维耶·达贝斯卡把他介绍给塞萨尔·利兹夫人，这位夫人“梳着优雅的奥菲利娅式发型”[1]。他时而在餐桌上看到年事已高的萨拉伯爵，他是比贝斯科一家嘲笑的对象，也即将进入“化装舞会”的人物行列[2]，马塞尔断言餐厅的侍应都对他避之唯恐不及。为了安慰自己，同时也为了再次见到他的人物原型并挖掘素材，10月8日，他单独邀请德·舍维涅夫人共进晚餐，再一次看到了那两朵勿忘我，即夫人那双眼睛，也就是奥丽阿娜·德·盖尔芒特公爵夫人的那双眼睛[3]。他向夫人保证，在他小说的一些章节里，“某个眼神、某个举止、某种风度”都是来自于她，而且他希望自己能在去世之前为她一一指出[4]。相互冷落一段时间之后，普鲁斯特给海伦·苏策写了一封情真意切的信（“难道真的不再见面了吗？”）此外，他“越来越喜欢”[5]的莫朗亦杳无音信。于是，普鲁斯特与亲王夫人的关系慢慢恢复，12月28日，他出席了由她举办的一场晚宴。12月24日，他在出席巴黎和会的意大利代表祖契尼伯爵家里度过平安夜，受托张罗邀请客人的吕西安·缪拉亲王夫人还邀请了哈恩、拉克雷泰勒、马德拉佐、科克托、西蒙娜夫人、布朗什。马塞尔因为被安排在亲王夫人的右边而大喜过望，最后甚至把阿尔布费拉送给他的手杖忘在了那里[6]。

① *Corr.*, t. XVII, p. 386, 10月8日后不久。

② *Carnet* I, p.49：“衰老，拉洛兹、路易丝·贝涅尔、博尔热兹、萨拉（伯爵）、纳弗维尔。”

③ *Corr.*, t. XVII, p. 380.

④ Ibid., p. 456, 1918年11月12日，致德·舍维涅夫人。

⑤ Ibid., p. 415, 1918年10月20日前后。

⑥ Ibid., t. XVIII, pp. 34–35, 致祖契尼伯爵。

28日，普鲁斯特去看望一位名叫古兹曼·布兰科的“夏吕斯”，他是莫尔尼公爵夫人的弟弟，康斯坦丁·于尔曼的好友。29日，普鲁斯特在利兹饭店用晚餐，而后被博尼·德·卡斯特拉伯爵“逮住”[1]；30日，晚餐后前往亨利–马丁大街登门看望埃内西夫人。31日，普鲁斯特应邀出席博蒙夫妇为英国大使德比爵士举行的盛大晚宴，遇到了使馆一等秘书雷金纳德·布里奇曼（此人“越来越讨他喜欢”）和科克托；他随后来到利兹饭店，却在一间小客厅里犯了咳嗽，还发起了高烧[2]。回家之后，他致信科克托，对罗兰·加洛斯在空战中牺牲表示哀悼，这封迟来的吊唁信显得很怪，马塞尔首先说明自己对加洛斯有很深的好感，但为了避免引起科克托（他是加洛斯的好友）的不满，他从未和加洛斯见过面。他接着说：“让我感到安慰的是，我想到了您，曾经那么爱他的您，将满怀柔情地用诗句把他永远安放在天上，那里不再有坠落，人类的姓名像星辰一样永远闪耀。”[3]加洛斯认识阿戈斯蒂耐利吗？普鲁斯特在此时修改了《失踪的阿尔贝蒂娜》中描写帕多瓦乔托壁画上天使的那一段：丰克以及莱特兄弟的名字换成了加洛斯，仿佛向亡友之墓献上一朵鲜花[4]。

① Ibid., t. XVII, p. 526, 致苏策亲王夫人。

② Ibid., p. 531. 博蒙府上重开社交聚会没有逃过拉迪盖的眼睛：“可以说，是奥尔热尔一家在战争的次日重开舞会。”（*Le Bal du comte d'Orge*, Les Lettres modernes, éd. Silver et Odouard, p. 13；这句在初版中被科克托删掉了）

③ Ibid.

④ *RTP*, t. IV, p. 227 et var. *e*, 参见十五人译本（六）228页。

亨利·罗沙

7月中，马塞尔开始和一个年轻英俊的瑞士男孩密切往来，他叫亨利·罗沙，自诩有绘画才能，当时在利兹饭店当服务生以维持生活。一开始，亨利请求专门为马塞尔的餐桌服务。一个叫卡米耶·维克斯勒的领班到处宣传说，就是从那时起，亨利逐渐穿上了最高级的漂亮外套和衬衣，而这些衣服凭工钱根本买不起，无疑都是靠普鲁斯特资助置办的。维克斯勒说："我在这个年龄所受的教育使我无法想象在这中间发生了什么，但后来有一天，我从普鲁斯特先生本人的嘴里得知这到底是怎么回事。他跟我解释说，某些人生来就跟别人不一样。"[1]这个年轻人对金钱需索无度，时隔不久，马塞尔就对利奥内尔·奥塞尔实话实说，"我内心的痛楚"已经持续了两个月，"当我们不是在上流社会而是在百姓中间或类似地方寻找爱情时，一般来说，在爱的痛苦之外都会有金钱方面的大麻烦"[2]。这是第一次也是唯一一次，普鲁斯特承认这种"主仆之间的爱情"。他曾对雅克·布朗什说"内心的巨大悲伤"让他每分钟都痛不欲生[3]，最后一定会要了他的性命。他还对伽利玛谈起"无法预料的巨大花销，不过花得心甘情愿"。最终他向奥塞尔承认，当初因为担心必须逃离巴黎而取出的2万法郎，已经被他全部花掉了，另外还花了1万法郎用于吃饭（量很小）和吃药（量很大）[4]。因此，他的管账先生非常生气：如果他有这个权力的话，他很愿意向马塞尔提一个法律方面的意见。他建议马塞尔找一家保险公司，把剩下的钱换取终身年金，这样的话，他的收入会增加，他的资产"也能避免受他内心冲动的影

① C. Wixler, *op. cit.*, p. 19。普鲁斯特允诺，他的名字将出现在小说中：斯万的确有一个仆人名叫卡米耶（十五人译本作"加米尔"），*RTP*, t. I, p. 502，参见十五人译本（二）71页，周译本（二）77页。

② *Corr.*, t. XVII, p. 360, 1918年9月15日；p. 367。

③ Ibid., p. 384, 1918年10月8日或9日。Cf. p. 482, 11月末，致施特劳斯夫人："我上了感情的贼船，没有出路，没有快乐，始终让我疲惫、痛苦，花冤枉钱。"

④ Ibid., p. 405. 相当于1990年的20万法郎。实际上，为了让利兹饭店的领班达贝斯卡能够谅解亨利的"旷工"，普鲁斯特给了他二百法郎！（ibid., p. 514, 1918年12月）

响”[①]。但普鲁斯特拒绝转移资产。为了拿到现钱，他反过来催促代理此事的施特劳斯夫人尽快卖掉他的地毯、家具、银器、艺术品等等[②]。地毯最终在12月卖给了拍卖行，马塞尔拿到了3000法郎[③]。

① Ibid., p. 411, 1918年10月20日。普鲁斯特回答说，爱情，*le crudelis amor*（残酷的爱情），是一种激情，使我们忽略生命，遑论财富。

② 他11月11日跟她谈起此事，这种自私或是焦虑的表现令人感到奇怪（ibid., pp. 448–449）。

③ Ibid., p. 524.

祸不单行！就在阿尔弗雷德·阿戈斯蒂耐利在普鲁斯特心目中被他人取代之际，他的弟弟埃米尔在11月11日死于战争，年仅二十岁。先前，是普鲁斯特出面，在罗斯当父子那儿给他找了个营生，他在那儿穿的衣服都是普鲁斯特教授留下来的。马塞尔说只见过埃米尔四五次，但他始终希望能再见到他，听他谈一谈阿尔弗雷德，因为“他肯定了解哥哥的生活”[④]。不过，马塞尔从来没有想过把埃米尔（他已经结婚了）当作阿尔弗雷德的替身。

④ Ibid., p. 457, 致Vittoré夫人。她是阿戈斯蒂耐利兄弟同母异父的姐妹。

再回过头来说说罗沙。据塞莱斯特说，他是一个偏向忧郁、寡言的人，但某个方面“很出众”。搬到阿姆兰街以后，罗沙占据了公寓顶头的一个房间，马塞尔住在另一头。“罗沙只有一项技能对他有用：能写一手好字。至于其他事情，普鲁斯特先生对我说：‘他自认为有绘画才能。’”受雇做了秘书之后，他有时在傍晚由主人口授写上几页纸，“然后，就不再要他做什么了。罗沙要么待在自己房间里，画他的画，要么就出去。几乎见不到他的人”[⑤]。不过，倒是有一些朋友，包括弗朗索瓦·莫里亚克，会与他一起吃饭。他在普鲁斯特身边待了两年时间。对这个人，我们就了解这么多。普鲁斯特雇他做了全职秘书后，一开始让他住在奥斯曼大道的家里，接着让他先

⑤ C. Albaret, p. 231.

后住进两处新家。阿尔贝蒂娜对素描和油画的爱好就是从他这儿来的[1]。他在马塞尔家里居住的时间是阿戈斯蒂耐利的四倍，所以他为《女囚》做模特的时间比阿戈斯蒂耐利更长。但罗沙没有要求离开，出走的阿戈斯蒂耐利才是"失踪的阿尔贝蒂娜"，因此我们更能断定这段故事是先写的。普鲁斯特分析了出走、死亡的过程，然后才是囚禁的情节。诚然，早在《1908年记事本》中，普鲁斯特就记载了有关《女囚》的最初想法："在后半部分，破产的少女，供养她，但……由于失去爱的能力又不能在她这儿寻欢。"[2]到了1915年，普鲁斯特曾给谢科维奇夫人讲过这本书的情节主线。第一稿完成于1916年。但从1917年到1921年，增补的内容达到原始稿的一半，而在1919年至1922年的手稿练习簿60、62、59和75当中，作者标识出了为《女囚》增补的各个段落。这些段落中，有一些就是以罗沙在场的情形为蓝本的，尽管这些情形的作用是唤起更早的记忆、更早的幻景。这段关系持续了两年，相当于马塞尔与雷纳尔多密切来往的时间，它增加了作家的经验，让他把经验化为意识，给他提供了"实际操作的机会"。另外我们会认识到，罗沙还是莫雷尔的原型之一[3]（莫雷尔有多个原型：钢琴家德拉弗斯、中提琴手贝当、福斯格林）。同一个原型派生出多个人物，一个人物来自多个原型，从而逐步形成一行文字、一个段落、一篇完整的故事。

① *RTP*, t. III, p. 576，参见十五人译本（五）63页，周译本（五）64页："（她）描画镂纸"；p. 685，参见十五人译本（五）174页，周译本（五）179页；"而阿尔贝蒂娜的绘画，女囚这些令人动容的消遣，使我深受感动，我为此向她表示祝贺。"

②*Carnet de 1908*，f° 3 v°.

③ Voir A. Beretta Anguissola, « Morel: un segno dei tempi », in *Personnages proustiens*, Universita di Parma, mars 1995.

历史、战争、政治

这一年当中，普鲁斯特时刻关注着欧洲正在发生的重大变局。俄国革命爆发后，他对好友谢科维奇夫人的遭遇深表同情，因为她无奈地看到自己的两个祖国从此分道扬镳。他小心翼翼地补充道，“至于我对俄国的看法，请您不要放在心上。我们暂且撇开俄国当前局势不谈，这个问题说来话长；但您要知道，我将永远忠诚于托尔斯泰、陀思妥耶夫斯基和鲍罗丁的俄国”[①]（正如他一直忠诚于贝多芬与瓦格纳的德国）。他痛恨苏维埃俄国与德国及其盟国签订的《布列斯特–立托夫斯克和约》[②]，因为有了这项条约，奥匈–德国就能腾出手来把军队调往西线，西欧的和平将化为泡影。

1月30日，德国飞机轰炸了巴黎，马塞尔在书信和小说中都提到了这一事件：“我尽量争取在一个没有哥达轰炸机的晚上来看您……尽管每逢我在晚上出门，不是遇到齐伯林飞艇就是碰上暴风雨。”当天晚上，普鲁斯特前往加布里埃尔·德·拉罗什富科府上听鲍罗丁的第二首四重奏，但由于出租汽车抛锚而滞留在街上；一颗炸弹落在雅典街，爆炸地点离他很近[③]。这天晚上，从十一点半开始，德国飞机在巴黎和郊区共投下256枚炸弹，造成65人死亡，187人受伤，他们都是在街上或窗边中弹的，这就反映出普鲁斯特的轻率冒失，他拒绝到地窖里躲避（相反，塞莱斯特不像他那样满不在乎，她“有一半时间都待在地窖里”；马塞尔最后甚至担心她会离开他），在轰炸

① *Corr.*, t. XVII, p. 76, 1918年1月21日。普鲁斯特补充道，他把这个名单缩短了，连他最喜爱的作家和音乐家（很可能是指穆索尔斯基，普鲁斯特特别欣赏1913年1月31日在香榭丽舍剧场上演的《鲍里斯·戈东诺夫》）都没有包括进去。至于战争公债，财政部长克罗茨1918年1月31日宣布，法国政府将支付2月份的息票（但很快就停下了）。

② Ibid., p. 145.

③ Ibid., p. 104, 致施特劳斯夫人；*RTP*, t. IV, p. 356，参见十五人译本（七）87页：“那个时期，哥达式轰炸机经常来进行轰炸，所以空中一直有法国飞机警惕而响亮的嗡嗡声。但有时会听到警报声，犹如女武神——这是战争爆发以来唯一能听到的德国音乐——的刺耳呼唤，直至消防队员宣布警报解除为止。”哥达式飞机是一种能装载1000公斤炸弹的双引擎飞机。E. Hausser, *op. cit.*, p. 665 *sq*. 还有一些日子里也发生了轰炸，如2月8日（13死50伤）、11日（34死79伤）、23日（远程火炮射击，15死36伤）、24日（同前，11死34伤）。这些伤亡数据都是经过审查之后发表的，所以有可能被故意减少了。远程火炮即“大贝塔炮”，它的名字由贝塔·克虏伯而来。29日，一枚炮弹落在了正在做弥撒的Saint-Gervais教堂，造成77死80伤（*Corr.*, t. XVII, p. 160）。一般情况下，地铁可作为防空避难所，但防空场所（地窖、堑壕）的入口不易被看到。从4月9日起，被称作“香肠”的保护气球出现在巴黎上空。

期间照常外出，不知道害怕德国人的飞机和大炮[1]，因此失去了同楼住户的尊敬[2]。如《重现的时光》所写，从这天起，巴黎几乎每天晚上都会遭到轰炸，伤亡惨重。他的朋友中就有被炸死的，“想到在我们未来生活的国度里，熟悉的面孔都已无影无踪”[3]，他就不寒而栗。同时，他发现，与“普通大众不同，上流社会人士更容易做到自我安慰”[4]。另外，他给“一些士兵”“每周都寄去香烟、糕点和巧克力”[5]。4月底，在休假回国的人员当中，他高兴地见到了从意大利帕多瓦回来的弟弟；罗贝尔·普鲁斯特在十分困难的条件下仍不停地做手术，表现得极其勇敢，但非常劳累。

对巴黎的轰炸持续不断，5月29日的轰炸期间，普鲁斯特所住楼房的院子里落下了“大量弹片”；那天马塞尔如往常一样，在“一连串的射击”中勇敢地步行回家，塞莱斯特说，在马塞尔的帽檐上发现了弹片。“欸，先生，瞧瞧您身上的这些铁片！您肯定不是乘车回来的啰？您就不害怕吗？”——“不。为什么会害怕呢，塞莱斯特？那场面真是太壮观了，我根本顾不上害怕。”而真实原因是，为了描写这个场面，普鲁斯特需要先亲眼看到它。就在同一个晚上，他被一个小偷盯上了，但小偷没敢下手：“噢！我不偷您这样的人，先生！”普鲁斯特周到的礼数连小流氓都为之倾倒[6]。

同一时期，德军的攻势让普鲁斯特大为紧张。5月27日，德军集结三十个师沿贵妇小径一线发起进攻；29

① Ibid., p. 167.

② Ibid., p. 159, 1918年4月3日。

③ Ibid., p. 123, 致利奥内尔·奥塞尔。

④ Ibid., p. 178, 致克莱芒·德·莫尼。

⑤ Ibid. 我们在普鲁斯特记事本中看到的士兵地址可能除了让他完成这种善举外并没有其他用途。

⑥ Ibid., p. 281 et n. 8 ; C. Albaret, pp. 122–123.

日，敌人到达苏瓦松，31日抵沙托–蒂埃里，此处距巴黎七十五公里。普鲁斯特5月31日对施特劳斯夫人写道："我过去从未感受到我有多么热爱法兰西。您那么喜欢前往特鲁维尔的路线，您肯定明白这个拥有亚眠的国度，拥有兰斯和我常去的拉昂的国度对我到底意味着什么。我是跟埃马纽埃尔·比贝斯科一起去拉昂的……但我们还是要更爱惜人而不是物，我更要为战士们痛哭，向他们致敬。相比之下，教堂仅仅是某种英勇行为的结晶，如今这种行为每时每刻都层出不穷。"[①]法军组织了抵抗，增援部队到达后，6月4日德军暂停攻击；9日，德军在贡比涅重新发起进攻，被芒冉击退。6月5日，已经成为战略家的普鲁斯特在信中提到圣周三日在"夜里"举行的仪式："这真是黎明前的黑暗。我坚信光明一定会到来，但不清楚它将从何而来。唉，这场战斗就是'俄狄浦斯与斯芬克斯'的战斗。假如兴登堡之谜没有被猜中，也就是说如果没有把预备队用到正确的地方，我们就有被一口吞掉的危险。"[②]巴黎受到威胁，六十公里外的地方已被攻陷；议会中，一些议员要求福熙和贝当下台，对此克雷孟梭坚决反对。7月15日，敌人在马恩河一线发起最后的进攻，17日攻势受阻。此时，德军的位置在苏瓦松–兰斯一线。这段时间里，塞莱斯特忧心忡忡，想带着主人离开巴黎，但普鲁斯特此时不想走（有些上层人士已经离开了巴黎，但他与众不同。如1914年一样，某些政治人物也想离开，但克雷孟梭和普安卡雷不同意）。不过，他准备了2万法郎的现金[③]以

① *Corr.*, t. XVII, p. 270, 1918年5月31日，致施特劳斯夫人。Cf. p. 274："我和所有人一样，不知道当前这场悲剧将如何收场。"

② Ibid., p. 281.

③ Ibid., p. 401, n. 4 ; p. 405.

防万一（由于那段“在百姓中寻找”的爱情，这笔钱很快就花光了）。随之而来的是胜利大反攻，没等军队攻入德国，对方就已提出停战请求。

但无论如何，他对德国人没有仇恨，“如同唐璜一样”，他的话语中只有“人性之爱”[1]。11月11日停战那天，他只是平淡地对施特劳斯夫人写道：“战争曾是我们共同的心头大患，所以胜利之夜不能不说上一句贴心的话。因为胜利，这句话充满欢乐；因为有些人——我们所爱的人——看不到胜利，这句话又充满悲伤。”他用一句话扼要概括了战争的整个进程：“继开篇和正文无穷无尽的慢板之后，尾声的快板美妙至极。命运，或者被命运当作工具的某个人，是多么伟大的剧作家啊！”[2]第二天，他仍然妙语连珠，以艺术的眼光观察历史：“只有在莎士比亚的戏剧里，我们才能见到众多事件汇聚于一个场景，我们才能在一场戏里接连听到威廉二世说‘我退位’，巴伐利亚国王说‘我是世上最古老种族的继承人，我退位’，皇太子大哭、签字退位、被他的士兵杀死。”[3]但停战的第二天，他就感觉到：“既然我们想要彻底的胜利和坚固的和平，那么这种和平还是更巩固一些为好。在形形色色的和平当中，我倾向于选择那种在任何人心中都没有留下仇恨的和平[4]。既然现在的和平不属于这一种，既然它给未来遗留了复仇的欲望，那么阻止实现这种和平也许会更好。”他认为美国的威尔逊总统“很招人喜欢”，同时担心出现一个“德国化的奥地利”。

① Ibid., p. 299, 1918年7月6日，致瓦尔特·贝里。Cf. p. 491, 致利奥内尔·奥塞尔：瓦尔特·贝里受别人影响而表现出对日尔曼的仇恨，“这既不符合他的性情也不符合他的品味”。

② Ibid., p. 448.

③ Ibid., p. 453. 路特波德是维特尔斯巴赫家族的始祖，他是第一位巴伐利亚公爵，十世纪时在位。皇太子被杀是11月11日流传的谣言，次日即被辟谣。

④ 普鲁斯特在小说草稿中赞同波旁-帕尔马家族成员（奥匈帝国齐塔皇后的兄弟）进行调停（1916年12月和1917年3月）的努力。*RTP*, t. IV, pp. 776–777：“我跟他谈起帕尔马亲王的高尚行为，有关调停的事已经被透露出来了。”（此事是克雷孟梭为了搅黄它而透露的：他曝光了卡尔一世皇帝建议结束战争并向法国归还阿尔萨斯-洛林的那封信。）

阅读

柯莱特赠给普鲁斯特一本《漫长的时刻》，他从十几页中摘出了几句话，用于向她表示感谢。他用这种方法让人相信他确实读了某一本书[1]。对于童年伙伴莫里斯·迪普莱的《热情的华尔兹》[2]、吕西安·都德的《新维度》（他读过打印稿[3]）、莱昂·都德的《全面战争》[4]以及埃德蒙·雅卢的《犹豫不决的女人》[5]，他都如法炮制。但关于他读书的实际情况，他在别处说，“我重读了拉布吕埃尔（当代作家让我无法忍受）”[6]，并引述了对《两个女人》一章的两点看法。他向苏策亲王夫人证明，欧仁妮皇后出身于世袭的阿尔伯公爵之家[7]，再次显示出他对《哥达年鉴》（他曾借助放大镜进行摘抄）的稔熟。他应该还读过利奥内尔·奥塞尔关于“社会重建”的论著《新世界的三个杠杆》，借着向他表示感谢的机会，他以一篇关于道德、美学和哲学的宣言，一部微缩的《重现的时光》作出了回应。风格不是从外面另加的一层装饰，“它与思想或印象是不可分割的”。四平八稳和无病无灾往往导致枯燥无味，而“从缪塞或魏尔伦的醉态当中，从波德莱尔或兰波乃至瓦格纳的堕落当中，从福楼拜的癫痫当中，都迸发出了新的语言，从而揭示出他们的精神世界中尚不为人知的角落，揭示出另一种微妙的柔情”。“我相信，哪怕仅从痛苦具有的创造性价值来看，肉体的疾病……几乎就是稍具天才的智慧所必需的条件。”至于艺术家达成的善其所以为善，与他人无关：“艺术家如蜜蜂一样酿成自己

① *Corr.*, t. XVII, pp. 33–34, 1917年12月末或1918年1月初。
② Ibid., p. 94.
③ Ibid., p. 116, 1918年2月19日。
④ Ibid., p. 312, 1918年7月20日。
⑤ Ibid., pp. 231–232, 1918年5月初。
⑥ Ibid., p. 39, 致施特劳斯夫人。
⑦ Ibid., p. 100.

的蜜，同时这种蜜对他人确有好处。”最后，马塞尔对自己在社交场的举止也有一番剖白：他应属于彬彬有礼的那类人，“不停地为那些粗人做出牺牲，而这些粗人对他来说从来什么都不是”[①]。他还读了伊丽莎白·德·克莱蒙–托内尔的《萨缪尔·贝尔纳传》并暗中引用过[②]。

不同的版本，不同的出版社

普鲁斯特继续修改《少女》的校样[③]。1918年1月9日，退给勒马里耶夫人二校稿的1—172页（其中一个插曲完全重组，还有三页增补了大量的手写内容）和一校稿的184—277页[④]。4月，加斯东·伽利玛从美国返回前夕，普鲁斯特提出立即印制出完整的《在少女们身旁》，他“将不再改动”（尽管他还要“最后再看一遍”），并提出马上把他已经提交完整手稿[⑤]的《盖尔芒特家那边》印出长条校样[⑥]。

与此同时，普鲁斯特的自尊心被他的第一位出版人再次伤害。卡尔曼–莱维5月15日来信，商量如何处置剩余的《欢乐与时日》：印出的1500册中，还剩下1100册的散页和71册装订好的成品，而销售已经完全停滞。社方因此向作者提出，要么把这些书降价处理，要么由作者以每册3法郎的价格回收。马塞尔把这种提议称作“无以名状”的“下流行径”[⑦]，因此断然拒绝[⑧]。最终，卡尔曼–莱维

① Ibid., pp. 212–217. Cf. p. 228：“所有的盲目崇拜者通常都在生理上经历过某种病态。”

② Ibid., p. 294 ; *RTP*, t. II, pp. 106, 559，参见十五人译本（二）298页、（三）（258）页，周译本（二）309页。

③ 打印稿出自出版社的Marchesseau小姐之手。

④ *Corr.*, t. XVII, p. 49, 1918年1月9日。

⑤ Ibid., p. 435, 10月末，他在信中抱怨说还没有看到任何《盖尔芒特》的校样。

⑥ Ibid., pp. 220–221, 致勒马里耶夫人。Cf. p. 234, 1918年5月2日，致伽利玛出版社的Marcelle Jeanniot, 他在信中说，《盖尔芒特》手稿的开头部分是“当初格拉塞印出的校样，因为，唉呀呀，增补了很多小纸片，有时甚至是很大的纸张而显得十分杂乱”。

⑦ Ibid., pp. 262, 264, 290.

⑧ 我们是通过他1919年1月写给克莱芒·德·莫尼的信得知这一情况的：“我理所当然地拒绝赎回这数千册书，我没有地方放，况且，对于他如何处置这部与我今天所写的书格格不入的作品，我也根本不在乎。”（ibid., t. XVIII, p. 45）

还是在1921年10月28日授权伽利玛出版18开的《欢乐与时日》时，把此书的版权还给了普鲁斯特[①]。

① *Corr. avec G. Gallimard*, pp. 406, 420 n. 2.

6月14日，伽利玛建议普鲁斯特把仿作编成一册出版[②]。尽管马塞尔担心有人会把这本书"当成《重现的时光》的后续作品"，他仍然在8月决定接受这个建议，考虑再增加一些篇目，以《仿作与杂写》作为书名，并可能加上副标题"大教堂之死"或者干脆就是"勒穆瓦纳事件"[③]。对于标题，普鲁斯特一直主张简洁、醒豁，但他也总是难以做出抉择。此时，他陷入了先前为布朗什那本书作序时的处境，他当时给布朗什写信说："我苦恼的是找不到一个好标题。"[④]并向布朗什提议以"今日的大师"为题，但布朗什没有接受。尽管马塞尔持不同看法，布朗什最终仍选定了《画家漫谈：从大卫到德加》这个书名[⑤]。

② 6月23日签订合同（ibid., p. 113）。

③ *Corr.*, t. XVII, p. 343, 1918年8月14日，致吕西安·都德。

④ Ibid., p. 390.

⑤ Ibid., p. 413, 1918年10月。正是普鲁斯特修改序言校样的时候。

7月，普鲁斯特向格拉塞索要《斯万》一书过期未付的版税，孰料格拉塞反过来要他为《盖尔芒特家那边》的校样支付300法郎；马塞尔对此极为不满，特别是伽利玛此时在美国，没法给他出主意。此时格拉塞给助手路易·布兰（格拉塞1916年写信给他："当时我们似乎注定要和这个家伙有很多麻烦，再说我们对这本书不享有任何所有权。"[⑥]）的指示是，在与伽利玛谈判时，接受普鲁斯特的所有要求，并且不无善意地表示，因为不能继续出版普鲁斯特的著作而感到"苦涩和嫉妒"[⑦]。

⑥ Cité par J. Bothorel, *op. cit.*, p. 102.

⑦ *Corr.*, t. XVII, p. 315, 1918年7月22日。Cf. pp. 350, 358。

《少女》印刷结束时，普鲁斯特考虑把它题献给埃德蒙·德·波利尼亚克亲王以示纪念[1]。9月初，他征求亲王遗孀的意见，但由于他过于谨慎，过多地暗示夫人对他的反感，甚至过多地提到了夏吕斯，结果夫人的理解与他的意图完全南辕北辙，她以为马塞尔作此题献会有诸多不便；尽管马塞尔在莫朗的建议下再度试探，但她没有改变拒绝的态度。

① Ibid., p. 341, 1918年8月12日，致贝尔特·勒马里耶。见第十章。

普鲁斯特需要钱，因此考虑给《少女》印一个数量极为有限但价格极其昂贵的豪华版，每册书中附带几页他亲笔改过的校样[2]。他还提出《仿作与杂写》也出一个豪华版，每册附上一页手稿和一幅塞尔特的素描。这两个提议只有第一个付诸实施，让试图重建小说手稿的学者徒唤奈何，而让藏书家喜不自胜；普鲁斯特始终对藏书家不以为然，“他们灵魂的大门对我是关闭的”[3]。面对印刷厂的一再延迟和作者的合理催促，伽利玛把《盖尔芒特》从色默兹印刷厂撤回，交给了贝勒南。12月7日，普鲁斯特说收到了“四大本要修改的校样”[4]。

② Ibid., pp. 440, 443, 1918年11月7日。

③ Ibid., p. 444.

④ Ibid., p. 502.

至于“杂写”，普鲁斯特12月初忙着联系各个朋友或《费加罗报》社，凡是家中找不到的文章，都请他们提供复印件。他拆散了两本《亚眠的圣经》和两本《芝麻与百合》，以便修订相关的内容，编入《仿作与杂写》。

对圣西门的模仿

这是《仿作与杂写》中唯一一篇新作。在这篇仿作中，普鲁斯特集中了当时社交场上认识的所有朋友。因此，在研究他的社会交往时，这是一份珍贵的文献：青年时代的许多朋友已经不见踪影，一些新名字涌现出来，如同在《重现的时光》当中，时间与人物都已不似从前。我们仍然能看到孟德斯鸠、伊图利、施特劳斯夫人[①]，但也有苏策亲王夫人[②]、莫朗、博蒙夫妇、路易·德·塔列朗–佩里戈、吉什[③]、缪拉一家、阿尔布费拉、舍维涅伯爵夫人、娶了伊丽莎白·阿斯奎思的安托万·比贝斯科[④]、德·克莱蒙–托内尔夫人、诺阿耶伯爵夫人、斯当迪许夫人、艾默里·德·拉罗什富科、博尼·德·卡斯特拉纳、“国王的第一领班”奥利维耶·达贝斯卡、画家塞尔特、费尔斯伯爵（“他的名字是弗里希”）、一位奥尔良亲王（“以很奇怪的西班牙王子的名字在法国旅行”[⑤]），普鲁斯特则是圣西门的化身，无处不在又无迹可寻。

这篇文章他写得十分细心[⑥]。1904年那篇模仿圣西门的文章之后，最早一个有关圣西门的说明出现在记事本2当中，时间是1915年，当时做这个说明可能是为了写小说用的。文章中提到的第一个事件发生在1917年11月，所以这篇文章真正开始写作的时间应不早于这个日期。普鲁斯特从两件事出发展开叙述，一件和1904年的仿作一样，与勒穆瓦纳事件有关，另一件与缪拉事件有关（此处他引入了1904年那篇仿作《纳伊市孟德斯鸠府上的盛会》）。作者所嘲笑的是，缪拉一家要求享有王室家族专用的头衔、称号和特权。文章表明，从此以后，他不再把上流社

①“如果把她说的话和值得被我们记住的内容搜集起来的话，完全可能编成一本书。”普鲁斯特1919年1月把文章呈给施特劳斯夫人过目（ibid., t. XVIII, p. 73）。她慨然应允把她自己写进文章里。

②“她很像米涅瓦……她的优雅把我牢牢地吸引住了，我不大离开自己的房间，只是为了看她才出门。”

③他“让人想起殷勤的吉什公爵的优雅风度，路易十四在位初期，他对宫闱内情了如指掌”。

④“我们在意大利的壁画上看到的最美姿容之一。”

⑤这个段落模仿得极为到位，无论是米伊还是克拉拉克都没有认出，它写的其实是当代的故事。

⑥Voir J. Milly, *Les Pastiches de Proust*, A. Colin, 1970, pp. 225–318. 草稿都来自练习簿52（如米伊所指出的，这部分内容与《索多姆》中盖尔芒特亲王夫人的晚会相邻）和练习簿56（其中有《失踪的阿尔贝蒂娜》的段落）。手稿所用都是从练习簿上撕下来的纸。很多增补内容都写在了校样上，其中提到了普鲁斯特的同时代人。

会“放在眼里”[1]。但此篇仿作的精华，体现在他以扎实学问为根基进行模仿的才华当中，体现在他把《重现的时光》搬到摄政时期，从而向朋友和人物原型所表达的或温馨或感伤的敬意当中，体现在对圣西门文风惟妙惟肖的模仿当中。他的美学，本以“写出另一个时代的圣西门回忆录”为宗旨，此文则反其意而用之，以写出另一个时代的普鲁斯特小说为乐趣。他很享受这个游戏，所以在文末宣布“未完待续”——“鉴于近两年苏策夫人在他生活中的地位”，他打算在后文中再为她描绘一幅肖像，并且分别为德·舍维涅夫人和莫朗各描绘一幅肖像[2]。

① *Corr.*, t. XVIII, p. 440, 致勒迈尔夫人，1919年10月末。这篇仿作似乎引起缪拉一家以及路易·阿尔布费拉一家对普鲁斯特的不满。

② Ibid., pp. 82, 85.

《画家漫谈：从大卫到德加》序言

为雅克–埃米尔·布朗什这本文集所写的序言，给普鲁斯特带来了无尽的烦心，原因是布朗什性格极为敏感，两人在美学思想上存在深刻的分歧。此外，普鲁斯特并不熟悉他应命为之作序的书中的每一篇文章，比如，他声明对塞尚、德加、雷诺阿所知甚少，过去若有机会他“一定会激赏他们的作品”。反之，他执意要在序言中谈到维亚尔和德尼，他在信中对布朗什解释道：“因为我凑巧了解这两位艺术家的绘画以及他们本人，我将很高兴为他们每人写上一行。”[3]至于布朗什没有谈到的毕加索（“这位画家，我对其人其画也略知一二”[4]），普鲁斯特的定性是“伟大”和“令人崇敬”，称赞他画的科克托肖像以典

③ Ibid., p. 78.

④ Ibid., p. 79.

雅的严谨在尺幅之中集中了诗人的全部特点，堪与卡帕契奥相媲美。

这本书于1919年3月10日上市，普鲁斯特称赞它“令人爱不释手”，但那篇在某个情绪不佳的夜晚急就而成的序言除外[①]。这是他一向身体力行的贵族式礼貌，即某种自我贬损，但外人千万不要信以为真。此后他陆续听到的赞扬，将使他改变对此文质量的看法。

1919年的日常生活

1919年的新年，与过去许多年一样，普鲁斯特是在喉炎和39度的高烧中度过的。一个坏消息打乱了他的生活节奏。1月中，他得知房东（即他的舅母）已经把奥斯曼大道102号的房产卖给了银行家瓦兰–贝尼耶。舅母对马塞尔说（马塞尔没敢把此事告诉罗贝尔，他“担心脾气暴躁的罗贝尔会上门指责她”），她“更喜欢被人亲切地称作舅母而不是房东”。搬家已经不可避免，因为他之前没有签订租约。他同时还担心要补交房租（1916年政府出台政策，允许房客暂停支付房租，直到战争结束），这笔房租大约是2.5万法郎[②]，原来的房主没有向他要过；他必须找一处新住所，因为这座楼将被改造为办公楼。为了支付房租，已经没有用处的旧地毯、旧家具必须全部卖掉。马塞尔请求沃尔特·贝里把这些物品放到美国商会的房子里，未来的买主可以到那儿去看[③]。征得贝里的同意后，普鲁斯特把《仿作与杂写》一书献给了这位美国朋友[④]。

① Ibid., p. 137, 致苏策亲王夫人。Cf. p. 138, 致布朗什。

② Ibid., pp. 45, 47 (此处他引用了路加福音第九章58节，转引自罗斯金《芝麻与百合》：“狐狸都会有洞吗……”), 51–52.

③ 这些家具直到6月还在那里，这时普鲁斯特向利沃里街的古董商安贝尔求助，请他把家具取走。

④ *Corr.*, t. XVIII, pp. 104, 114. 他想以此向在战争中让法国人发起最后进攻从而取得胜利的美国人致敬：“虽然我们在凡尔登，但这样的局势难以持久。”

对普鲁斯特来说，这件事最大的冲击在于，“哮喘患者永远不知道在新地方能否正常呼吸，而几乎可以肯定的是，他一定会感到窒息。我的心脏（生理上）已经承受不起哮喘发作的负担，虽然哮喘本身不会有什么严重后果。对我这样无论如何都如此热爱生命的人来说，我深深懂得死亡是我们唯一的希望所在”，这是他向朋友倾吐的一番心里话[①]。我们绝不应该认为普鲁斯特是一个没有欲求、没有生活渴望的神经衰弱患者：只有在生病时他才是一个不幸的人[②]。但是，假如我们把上面的心里话信以为真，那么，1919年的两次搬家也许标志着这样一个重要时刻：如同蒙田、塞内克和波德莱尔[③]，他开始准备迎接死亡的到来。

尽管“身体越来越差”，他仍在1月中旬重返利兹饭店吃晚餐[④]，但1月26日未能前往博蒙夫妇家中听让·科克托再次朗读他的《好望角》。科克托在赠给普鲁斯特的那本书上写道：“马塞尔，我爱您／我钦佩您／请接受我真心献上的《好望角》／让。”[⑤]2月2日发生的一个小意外颇能反映马塞尔私人生活的面貌：“出于最基本的礼貌”，他一直拒绝 “躺在病床上”接待女性朋友。而有一天，安托万·比贝斯科“凭着阴险的计谋”成功躲过了塞莱斯特的警惕防范，挽着未婚妻伊丽莎白·阿斯奎思，尾随塞莱斯特溜进了马塞尔的房间，此时，马塞尔正穿着“烧焦的毛衣”躺在床上。“就这副样子被一个我不认识的年轻姑娘看个正着，让我深感难堪，非常痛苦。”[⑥]不过3月初，他还出席了安托万的订婚晚宴，结识了他眼中

① Ibid., p. 109, 致安德烈·纪德。

② 这是保罗·莫朗向我们透露的：普鲁斯特在他面前丝毫没有显得是一个不幸的人。

③他正是从《穷人之死》以后引用波德莱尔的诗句。

④ 他2月3日回到利兹饭店，但未能拜访恰好外出的苏策亲王夫人。3月3日以及18日，他出席了亲王夫人的晚宴。

⑤ *Corr.*, t. XVIII, p. 67, n. 4. 普鲁斯特2月11日回复科克托，既表示称赞，也不露声色地对过于生硬的表达以及重复之处提出批评。对于一个可能让他联想起阿戈斯蒂耐利的主题——飞行员——普鲁斯特奇怪地几乎没有什么反应（他没有跟科克托谈起过《追忆》中描写这一主题的章节）。

⑥ Ibid., p. 90.

“出众、聪明”的英国外交官哈罗德·尼科尔森。尼科尔森正在参加巴黎和会，他与女作家维塔·萨克维尔–韦斯特的婚姻[①]，因为两人都是同性恋、因为两人都从事文学创作、因为维塔（弗吉尼娅·伍尔夫的小说人物奥朗多的原型）与伍尔夫的亲密关系而尽人皆知。不过他对马塞尔的评价却不那么宽容：“面色苍白，没刮胡子，邋里邋遢，脸上像混凝纸浆似的”，“犹太气十足”[②]。两个人对对方的判断其实都错了。

2月20日，他未能来到米西娅·爱德华兹（她将在1920年嫁给塞尔特）家中，欣赏纪德在萨蒂的《苏格拉底》一剧中扮演朗读者的角色。但纪德的邀请让他很高兴，他已经很久没有纪德的消息了。纪德从来不属于“深夜来访者”那类朋友，普鲁斯特在信中对他说，“反正，实实在在的友情，只要有一点儿就足以让人感到欣慰了。”[③]在这两位巨人的交往中，普鲁斯特始终是索要和亏欠的一方。

3月份，曾经找巴宾斯基医生咨询过的面瘫症状再度出现，特别是伴随有言语困难、发音不清等现象。他自己倒是在信中说，尽管担心“这是严重的脑部疾病引起的”，但也可能是因为“过量服用佛罗那导致的中毒现象”[④]，也许后一种判断是正确的诊断。这些症状一直折磨着他，直到他去世，同时，他也说起担心自己“像可怜的妈妈那样”在去世时无法说话[⑤]。但这一切都不妨碍他向受失眠折磨的路易·德·罗贝尔推荐佛罗那，哪怕只把

① 他们的儿子N. Nicolson在*Portrait of a Marriage*一书中描写了一个男同性恋者与一个女异性恋者的这种结合，它验证了《索多姆》中的某些论断。

② *Corr.*, t. XVIII, p. 122 et n. 4.

③ Ibid., p. 108, 1919年2月20日前不久。普鲁斯特3月接待纪德来访（ibid., p. 147）；在已刊的当日日记中，纪德没有谈及此事。

④ Ibid., p. 135, 致瓦尔特·贝里。贝里借用里博的“记忆力消退法则”拿普鲁斯特身体上的小事故开玩笑，让普鲁斯特不太高兴。普鲁斯特把里博称作“一位二十五流的哲学家”（p. 140）。比泽医生的诊断是“中毒”。

⑤ 例如ibid., p. 188。生病使他与妈妈一模一样，因此他既欢喜、又难过。

它放到床头柜上，只要知道它在那儿即可。他还提到布里索的各种建议："他是个令人敬佩的人，聪明至极，但是个糟糕的医生，他认为（我毫不夸张）我们应该靠三乙眠砜维生。"[①]至于饮食方面的规矩，埃内西夫人的一次宴请，使我们对此有了详细的了解。"我没有任何特别的食谱，我什么都吃，什么都喝，我想我不喜欢红葡萄酒，但我喜欢世界各地的白葡萄酒、啤酒、苹果酒。我唯一的要求是，请您允许我带一瓶孔特勒克塞维尔或埃维昂的矿泉水，我用另一只杯子喝上一点儿。"[②]也许正是因为饮食上不讲究，他才保持相貌"基本未变"，没有白发，甚至还胖了一点[③]。埃内西夫人的晚会结束后，苏策亲王夫人找到博蒙夫妇而不是马塞尔陪她回家，让他很不自在，如同斯万看到奥黛特把他撇开而被维尔迪兰夫妇送走时的感受[④]。3月31日，苏策亲王夫人为罗马尼亚的玛丽王后举行晚宴，仍邀请普鲁斯特出席，但他未能前往。4月中，普鲁斯特第一次见到英国作家西德尼·希夫，他向普鲁斯特索要小说的节选，供他与弗兰克·拉特和奥斯伯特·希特维尔[⑤]共同主办的《艺术与文学》杂志刊登，为这份杂志写稿的还有凯瑟琳·曼斯菲尔德、T. S. 艾略特、埃迪斯·希特维尔[⑥]。

西德尼·希夫

西德尼·希夫（1868—1944），笔名斯特芬·哈德

① Ibid., p. 214, 1919年5月。"我已经好多年没有见到柏格森了，但我上次见到他时，他坚持服用三乙眠砜已有数年时间，而且状态良好。"路易·德·罗贝尔回应说，他服用三乙眠砜已有十七年，也服用佛罗那（即巴比妥），但后来"必须加倍剂量"。

② Ibid., p. 143, 1919年3月。

③ Ibid., p. 228.

④ Ibid., pp. 148–149；*RTP*, t. I, p. 280 *sq*，参见十五人译本（一）283页起，周译本（一）292页起。这样的事情上一年也发生过。

⑤ 应邀出席希特维尔府上的晚宴之际，希夫用他不仅正确而且令人称道的法语给普鲁斯特写信说（*Corr.*, t. XX, p. 597）："（那儿）将有二十来位差不多同样的人、同性恋者。"并提到了希特维尔兄妹和温德汉姆·刘易斯。

⑥ *Corr.*, t. XVIII, pp. 167–168. Cf. ibid., t. XIX, p. 614：除普鲁斯特外，希夫夫妇只愿意跟两个人交流思想，他们是艾略特和温德汉姆·刘易斯。关于刘易斯，见ibid., t. XXI, p. 295。刘易斯为希夫画了肖像，而且应希夫之请，准备给普鲁斯特也画一幅，问题是塞莱斯特来找他时，他恰好不在，普鲁斯特写信给他（ibid., p. 347）说："然而，您把我画下来，将是我留得身后名的唯一机会！"

逊，第二次婚姻娶瓦奥莱特·贝丁顿（1875—1962）为妻[①]。他既创作具有现代派风格的长篇巨制（由加斯东·伽利玛的秘书埃马纽埃尔·布多–拉莫特译成法文，伽利玛出版社出版，四卷本[②]），也写作短篇小说[③]，其中有一篇以塞莱斯特为主人公。他是英国文学史上最为倒霉的作家之一，如今他的名字在任何文学史教材中、在任何“牛津指南”中、在《英国传记辞典》中均不见踪影。当年，倒是普鲁斯特把他介绍给新法兰西评论出版社，因此他将著作的法译本赠给普鲁斯特时写道：“赠给马塞尔·普鲁斯特，我亲爱的朋友，感谢您播下的种子。”他的译者布多–拉莫特也证实，“马塞尔·普鲁斯特对斯特芬·哈德逊推崇备至，听了普鲁斯特的建议，新法兰西评论社出版了哈德逊的作品”[④]。普鲁斯特的英译者斯科特–蒙克里夫去世后，西德尼·希夫于1931年翻译[⑤]了《重现的时光》。

瓦勒里·拉尔博在《日记》中写道：“我（通过他的作品）感觉到，他跟我属于同一类搞文学的人，也就是说，属于‘得天独厚的爱好者’，他像我一样，从来不强迫自己。”[⑥]希夫是路易·戈蒂耶–维尼亚尔的继母埃迪斯·戈蒂耶–维尼亚尔的哥哥，他们谈起路易都没有什么好感[⑦]。希夫的神经衰弱非常严重，他的办法是喝香槟；普鲁斯特只喝啤酒，力劝希夫戒掉香槟[⑧]。此外，他十分宠爱自己的妻子，在书信中乐此不疲地描绘她的形象，普

① “离婚的时候，我把Côme湖畔别墅里的东西都给了前妻，那里面存放着我二十多年来收藏的家具、油画和一些古物。”（*Corr.*, t. XIX, p. 613）

② *Une histoire vraie* (1935), *Riclhard Kurt* (1936), *Myrte* (1938), *L'Autre Côté* (1950).

③ Cf. *War Time Silhouettes*, Londres, Allen & Unwin, 1916.

④ 普鲁斯特也向里维埃推荐过希夫的短篇小说，但里维埃没有发表。

⑤ 从1919年起，希夫就张罗把普鲁斯特的作品译成英文：“向往好文学，特别是向往好的法国文学的英国读者数量不多，而这些读者是文化水平最高的，偏爱直接阅读法语。”他坚信自己是唯一能承担翻译任务的合适人选（*Corr.*, t. XIX, p. 451），后来他还对斯科特–蒙克里夫的译本提出批评。他的《重现的时光》英译本（*Time Regained*, Chatto & Windus, 1931）当时只印了1300册。

⑥ V. Larbaud, *Œuvres complètes*, Gallimard, 1950, t. X, p. 301, 1935年1月29日。

⑦ *Corr.*, t. XIX, p. 424. 希夫还在小说*Richard Kurt*中刻画了妹妹的肖像；这部小说献给M. P.，这是马塞尔·普鲁斯特名字的首字母缩写。

⑧ Ibid., t. XXI, p. 266. 希夫听从了这个建议（p. 294）。

鲁斯特则装作更亲近妻子而不是丈夫[1]，称她为“天使维奥莱特”[2]，或者称她为“隐秘、芬芳、美妙的花儿，也许您已经在威尼斯安波罗修图书馆的那些素描中，见过莱昂纳多·达·芬奇精心描画的花茎和花瓣”[3]。马塞尔把《索多姆和戈摩尔（二）》赠给他们夫妇：“在我眼中，只有你们两位是我一直寻找的人。”[4]

1922年5月18日，斯特拉文斯基作曲的芭蕾舞剧《列那狐传奇》首演当晚，希夫和夫人在玛吉斯迪克酒店举行招待会，邀请了佳吉列夫、俄国芭蕾艺术家、乔伊斯和毕加索[5]。希夫建议普鲁斯特请毕加索画一幅肖像：“就画素描，一个小时足矣。”[6]此事最终没有做成。还是这位希夫，因为法语水平不高，对马塞尔说斯科特–蒙克里夫译的《斯万》不够好，让马塞尔白白担心了一场[7]。1922年11月14日[8]，希夫在给普鲁斯特的最后一封信中，再次批评斯科特–蒙克里夫的翻译，并说自己的新著《亨普西德亲王》已经寄出，题词写道：“亲爱的朋友马塞尔·普鲁斯特留念，1922年11月18日。”一年半以后，T. S. 艾略特主编的《标准》杂志刊登了署名斯特芬·哈德逊的短篇小说《塞莱斯特》[9]，其中，作者本人以其自传体小说主人公理查德·科特的名字露面，我们还会看到新法兰西评论出版社的杂役路易、奥利维耶·达贝斯卡、奥迪隆、利兹饭店总经理埃利斯、雷纳尔多（在小说中叫费尔南多）、里维埃（小说中的雷米，他总是让普鲁斯特“不

① Ibid., t. XIX, p. 451.

② Ibid., t. XXI, p. 239.（ange Violet,violet 在英文中意为“紫罗兰”。——译者注）

③ Ibid., p. 373. 威尼斯并没有安波罗修图书馆。这座图书馆在米兰（圣安波罗修是米兰的主保圣人）。

④ Ibid., p. 149；这句题词是由维尼“Eloa”一诗中的句子改动而来，原句是“在我眼中，只有你是我一直寻找的人”。在题词中，普鲁斯特建议他们不要住进利兹饭店，很可能是为了自己能在那儿享受清静。

⑤ 佩因特对这个晚会的描写颇多溢美之词，见Painter, pp. 824–825。

⑥ *Corr.*, t. XXI, p. 295.

⑦ Ibid., p. 499, 1922年10月9日或10日致斯科特–蒙克里夫的信，斯科特–蒙克里夫则自称法文不够好，用英文作了回复。

⑧ Ibid., p. 535.

⑨ 后来收入小说集*Celeste and Other Sketches*, The Blackamore Press, 1930。

安”，而罗贝尔让普鲁斯特“遐想”）、为《列那狐传奇》举行的招待会，以及女主人公的回忆：“突然，有一天下午，他拿起那本紫色的誊抄本说：‘你瞧，塞莱斯特！’只见上面写着：完。”[1]这个情节准是塞莱斯特讲给他的。

*

1919年4月30日，普鲁斯特再次来到利兹饭店用晚餐，同席的有缪拉亲王夫人、葛拉狄丝·迪肯、哈罗德·尼科尔森、让·德·盖涅龙（普鲁斯特向他解释《追忆》与大教堂的亲缘关系）。5月7日，他招待让-路易·沃杜瓦耶和雷纳尔多·哈恩吃晚饭，亨利·罗沙也在，但“一言不发”[2]。贝伦森16日在埃内西夫人家里见到了普鲁斯特。5月25日，普鲁斯特前往埃德蒙·德·波利尼亚克亲王夫人府上，听了哈恩指挥的演奏会。

暂住洛朗-皮沙街

4月里，普鲁斯特曾打算到尼斯向卡蒂斯夫人租一幢别墅，同时也考虑过住到利沃里街上一处位于六层楼的公寓，那条街上的噪音不大但邻居很吵[3]。月底，与奥斯曼大道那幢楼的房产代理人见面之后（吉什公爵事先见过此人，商谈搬家的条件），普鲁斯特签署协议同意搬家，对方给予1.2万法郎的赔偿并减免2万法郎的应缴房租[4]，但普鲁斯特必须在5月31日之前离开。与此同时，他预感到，并且一直不停地跟人说起，由于每搬到新住处“就会连续数月感到气闷，除了吃药之外再没有别的办法缓解病

① Ibid., p. 39. 这个小故事塞莱斯特讲过好多次（“然后，有天下午，他突然叫我：‘您看，塞莱斯特！’他递过来一个紫色的练习簿，只见上面写着‘完’字。”）。这可能是这个小故事的第一个书面语版本。

② *Corr.*, t. XVIII, p. 205, 致让-路易·沃杜瓦耶。

③ Ibid., p. 178, 致卡蒂斯夫人。

④ Ibid., p. 481, 致利奥内尔·奥塞尔。

情”[1]，他的用药量将持续加大。5月初，米西娅·爱德华兹建议他跟自己一样住到莫里斯饭店，但他因为害怕噪音而没有采纳这个建议，尽管他很想“尝试一下塞纳河对（他的）哮喘的治疗效果”[2]。更令人烦恼的是，繁重的搬家准备“使塞莱斯特脾气暴躁”[3]，普鲁斯特不知道该如何处置自己的家具，因此，他想通过一家拍卖行把家具卖掉[4]。他害怕新住处有噪音，遂向诺阿耶伯爵夫人打听软木供应商的消息，向西蒙娜夫人询问如何弄到耳塞棉球，他从这些经历中提炼出《盖尔芒特家那边》的一个情节[5]。由于实在无处可去，5月26日他同意雅克·波雷尔的建议，搬到他母亲雷雅纳在多菲纳门附近的洛朗–皮沙街乙8号住所的五层，那儿有一个带家具的单元[6]。搬家之际，普鲁斯特毁掉了一些资料，至少他曾在信中对阿贝尔·德雅尔丹说：“离开奥斯曼大道之前，我烧掉了很珍贵的手迹、没有复本的手稿和一些已经非常罕见的照片。”[7]他命人把自己的铜架床、床头柜以及给罗沙（“康复的淋病患者”）用的一张床搬到新居；母亲的衣裙都散给了女性亲属，凡是无法搬到雷雅纳那处的带家具单元里的东西都放到了储藏间。有一位电工负责给新居安装设备，因此《追忆》当中有一个奇特的说法：这些手艺人“如今已被列入真正的骑士行列”[8]。

让我们发挥想象，“被连根拔起而陷入死地的房客”普鲁斯特，在临别之际会向奥斯曼大道上的居所投上怎样的目光，他的路易外叔公在这儿辞世，这是最后一个他的

① Ibid., p. 182.

② Ibid., p. 202.

③ Ibid., p. 231.

④ 结果让他伤心：父亲的沙发只卖了40法郎，一顶吊灯只卖了38法郎（ibid., p. 278）。

⑤ Ibid., p. 238 ; *RTP*, t. II, pp. 374–376，参见十五人译本（三）67—69页。

⑥ J. Porel, *op. cit.*, t. I, p. 330.

⑦ *Corr.*, t. XVIII, p. 338, 1919年7月。塞莱斯特·阿尔巴莱反驳了佩因特（pp. 761–762）和科尔布（*Corr.*, t. XVIII, pp. 21–22）根据普鲁斯特说法所下的结论，她声明：“我不知道是谁写的，说在离开奥斯曼大道之前，普鲁斯特让我毁掉了大量的纸张、照片和其他东西。不是这么回事。”（p. 390）

⑧ *RTP*, t. II, p. 139，参见十五人译本（二）338页，周译本（二）355页。*Corr.*, t. XVIII, p. 243。

家人也熟悉的地方。他将去往布洛涅森林，此处虽说没有远离他的作品，但远离他的生活中心，森林是过敏症患者的大敌，到春天时尤甚。在这幢楼房里，六十二岁、患有心脏病的雷雅纳住在三层，波雷尔夫妇和他们的婴儿住四层，普鲁斯特住在五层，这一层是雷雅纳给当时在美国的女儿预备的。单元里相当宽敞，但“房间隔墙是纸质的，任何声响都听得清清楚楚”[①]；房租很高，他一开始认为住在这儿只是临时的，最多也就一个月时间。院子的对面，住着演员勒巴尔吉。我们看到，小说家普鲁斯特随时准备利用生活中的一切素材，比如他把单元里“红底带黑白花朵的壁纸”搬到了东锡埃尔的一个卫生间里[②]。“与我一墙之隔的邻居每天……做爱，那种疯狂劲儿让我心生嫉妒。对我来说，做爱可能还不如喝上一杯冰啤酒爽快，所以我非常眼红能发出那种喊叫声的人，第一次听到这种叫声我还以为是杀了人，但随即女人的尖叫和男人低八度的呼应让我确定到底发生了什么事儿。听到他们的叫喊声并不是我的错，因为他们就像米什莱所说的垂直立起时有巴黎圣母院钟楼那般高的两只鲸鱼一样，做爱时的叫声也能传得非常远。另外这对男女好像既享受抚爱又害怕怀上孩子，因为尖叫声刚一停下他们就急急忙忙地洗坐浴，最后在水声中恢复平静。两个环节之间没有任何过渡，直让我替他们感到疲劳，原因是，假如有什么事情让我在事后——至少在事情刚刚结束后——最为讨厌，那就是挪动身体。我才不管让那热情消退、没有任何东西可供接纳的

① Ibid., p. 279，致卡蒂斯夫人。C. Albaret, pp. 385–387。

② *RTP*, t. II p. 388，参见十五人译本（三）80页；*Corr.*, t. XVIII, p. 330，致雅克·波雷尔。

嘴唇保持不动显得多么自私！”[1]据我们所知，这是普鲁斯特唯一一次透露如此不同寻常的隐私，其中反映了他的某些习惯；令人吃惊的是，他透露这一秘密的对象是波雷尔。但最令人吃惊的是，这封信所用的某些词语和意象，与《索多姆（一）》中描写叙事者透过隔墙听到夏吕斯与絮比安嬉戏时完全相同[2]。另外，因为这段文字没有出现在小说手稿中，可以判断这是普鲁斯特在洛朗–皮沙街有了上述经历之后才增补到小说中的。

让马塞尔感到安慰的是，他生活在一位他一向敬仰的女演员身边[3]，并且对她的儿子波雷尔也很有好感，他对塞莱斯特说起波雷尔：“他就像夏夜的一缕清风，令人心旷神怡。”塞莱斯特在回忆中讲道，雷雅纳感到来日无多，于是致信马塞尔，想把儿子托付给他，这时马塞尔说道：“塞莱斯特，这太可怕了。的确，波雷尔先生很羸弱，但我也是个病人，我可担不起这个责任。”[4]但他至少从雷雅纳与儿子（他在1917年中过毒气，无业）、儿媳以及与勒巴尔吉的关系当中汲取了灵感[5]，塑造了晚年的拉贝玛：为了挣钱供养女儿和女婿，她不得不继续登台演出，还举办过一次无人光顾的茶会。

在搬家大冲击的余波和由此引起的病情起伏当中，三本书的相继面世给了他某种满足感。6月13日那天，伽利玛随时等待新版《斯万》露出真容。随后的几天里，普鲁斯特也拿到了书，打起精神给很多人题词赠书[6]，并请求罗贝尔·德·弗莱尔设法在《费加罗报》刊登评论文章；

① Ibid., t. XVIII, p. 331，致雅克·波雷尔，此信是科尔布据一份P. Bérès目录抄录的，由我们补充完整。普鲁斯特原来忘记了自己所偏爱的小说中的逼真性（叙事者是不可能在隔板上趴半个小时的），所以《索多姆》第二版出书后，他在一本书上用笔作了改动，把“又过了半个小时”字样删去了（*RTP*, t. III, p. 11, var. *b*，参见十五人译本［四］8页）。

② Ibid.：“那声音煞是可怖，若不是每次声响都伴着一声高八度的呻吟，我准会以为有人在隔壁杀人，事毕，凶手和复活的受害者协力清洗犯罪痕迹……”

③ 见他在赠给雷雅纳的《少女》上的题词：“致最美丽的生命，致戏剧界的创造家，您在戏剧界引发的革命完全能与把长篇小说和绘画引导到真理境界的革命相媲美……来自一个讨厌房客的恭谨的敬意。”（*Corr.*, t. XVIII, p. 271）

④ C. Albaret, p. 386. Cf. *Corr.*, t. XVIII, p. 317，致雷雅纳：“关于您的儿子，我与您的看法不同。我在他身上看到很多优点，但没有一处缺点，这样的人为数不多，而他是其中之一。”

⑤ *RTP*, t. IV, p. 576（参见十五人译本［七］301页）以及异文*a*和注释1：“雷雅纳、勒巴尔吉的衰老，补入练习簿XX。”

⑥ *Corr.*, t. XVIII, p. 270 et *sq*. 另见他给卡蒂斯夫人的题词中所说的体己话，其中说到了对母亲的思念：“我有时信奉这种晚近的——同时又是那么古老的——哲学，它认为灵魂是不死的，每当这个时候，我就想到了她。”（p. 397）

直到7月7日，才有忠实的老友罗贝尔·德雷福斯的一篇文章面世，因为文章署名“巴托洛”，所以普鲁斯特觉得“这种赞美显得滑稽”[①]。这段时间里，他曾有三到四次在晚上十点半左右重返他唯一的“母港”利兹饭店用餐[②]。

将近6月底，塞莱斯特因为侄女结婚而暂时不在，马塞尔因此陷入“孤立无援”的境地。他请求外交官朋友雅克·特吕埃尔帮忙弄一张通行证，以便让罗沙返回瑞士。此前，罗沙去了蓝色海岸等待颁发证件，花掉了马塞尔给他的钱，还染上了性病，回到巴黎后普鲁斯特不得不再次让他住在家里。显而易见的是，主人已经不待见他，也不想再让他到南方“盘桓”，更何况外国人在法国的居留许可已经很难弄到，许多人都被驱逐出境了[③]。普鲁斯特对罗沙极不信任，不想让他独自一人跑警察局。等特吕埃勒弄来必需的证件，7月9日马塞尔把罗沙送到了里昂站[④]。随后，他来到利兹饭店与苏策亲王夫人和莫朗共进晚餐。不幸的是，罗沙在瑞士找不到工作，所以没有事先通知马塞尔就于7月底回到巴黎，并最终让马塞尔留他住下，这件事让马塞尔的生活“一团糟”[⑤]。他本想把罗沙打发到德塞夫勒省，即他未婚妻（“很可爱，不过母亲是个看门的”）的祖母那里，“但罗沙觉得这样会连累未婚妻”（他们是秘密订婚的），马塞尔只好作罢。于是，马塞尔和这位他依然觉得“很不错”的“秘书”下国际跳棋，在棋盘上摆弄棋子而不去看他的校样[⑥]。8月14日，他到利

① Ibid., pp. 310–312.

② Ibid., p. 263, 致瓦尔特·贝里。

③ Ibid., p. 286.

④ Ibid., p. 313.

⑤ Ibid., p. 355, 1919年7月末，致雅克·特吕埃勒。

⑥ Ibid., p. 373, 1919年8月，致雅克·波雷尔。

兹饭店与缪拉亲王夫人（他模仿圣西门的那篇文章将惹恼她[1]）、贝里、尚布伦一家共进晚餐。喝了上佳的香槟，"他来到布洛涅森林醒酒，森林里万籁俱静，杳无人迹，月光如水"，直到早上五点才回到家里，因此只好推掉一位朋友约他一起乘汽车去卡堡的邀请。他就是在这样的情形下再一次见到他珍爱的布洛涅森林，他还将在《盖尔芒特》《索多姆》和《失踪的阿尔贝蒂娜》中为它泼墨敷彩。

① Ibid., p. 422.

1919年的出版

1919年1月20日前后，普鲁斯特收到了《在少女们身旁》的样书（已于1918年11月印刷完毕）。他发现文字的字号太小，难以阅读，而他本来要求的是要比《斯万》的文字大。这本新书比《斯万》少了约一百页，而如果采用同样的字号，它应比《斯万》多出约一百页[2]。另外，书中有很多印刷错误，雷纳尔多·哈恩写信告诉勒马里耶夫人，他自己费了很大劲儿进行校改[3]，但他后来去了蒙特卡罗，没有把做了校改的那本书留下来，普鲁斯特只好"在另一本新书上"[4]自行把最扎眼的错误挑出来。不过，他倒是觉得封面"引人注目"。但为了等待另外两本书，即《仿作》和新版《斯万》，《少女》此时仍未开始发行。《仿作与杂写》完成印刷的时间是3月25日，但正是在这前后，普鲁斯特把《仿作与杂写》的目录以及《在

② Ibid., pp. 48-49. 在目前的"七星文库"版中，《斯万》占420页，《少女》占515页，这样就更容易看出两者在篇幅上的差距。

③ Ibid., p. 145, 1919年3月下半月。

④ Ibid., p. 154, 1919年3月末，致加斯东·伽利玛。

少女们身旁》的勘误表寄给了伽利玛[1]。直到4月12日，伽利玛才把《斯万》退给贝勒南[2]，并告诉他作者不会对这本书进行校改，文字上不会有改动。这一情况很令人惊讶，因为我们最近发现的资料表明，一本格拉塞版的《斯万》上有普鲁斯特和新法兰西评论出版社编辑手写的修改文字[3]，肯定是伽利玛后来改了主意。

4月17日，伽利玛要求贝勒南印刷厂根据一套印好的长条校样和三本手稿练习簿（II、III、IV）[4]排印《盖尔芒特家那边》。5月13日，伽利玛向普鲁斯特保证说，为了让他的书早日出版，自己已经尽了最大的努力，但印刷厂方面的回答是“出现了工人罢工、发货延误、找不到原材料、铅字短缺等困难”。普鲁斯特对这种说法根本不相信[5]：《少女》的印刷已经搞砸了，尽管所有的错误主要都是他造成的，“但其中也有校对员的责任”。当时很多印刷厂都在正常运转，因为他仍然不断地收到别人寄来的新书。至于书稿中的大量增补，他与伽利玛早已有言在先，而且普鲁斯特作品的质量恰恰取决于他不断注入的“新养料”。还有，他已经没有力气进行进一步的修改。因此，才有了这番类似遗嘱的提醒：“但愿整部书能在我活着的时候出齐，这样当然最好；但假如出现另外一种情况，我也已经留下了有编号的练习簿，请您把它们拿走，拜托您把这整部书印出来。”[6]

4月19日，雅克·里维埃请普鲁斯特为6月1日出版的《新法兰西评论》提供稿件，作为杂志复刊第一期的首

① *Corr. avec G. Gallimard*, pp. 156–158.

② Ibid., p. 159. Pascal Fouché编印的这套通信集指出这一版没有进行修改，并且1919年的伽利玛版是根据格拉塞的初版制作的。这个说法不准确（voir *RTP*. t. I, p. 1052, introduction à *Swann*）。最重要的两处，一是东锡埃尔的出现（p. 9，参见十五人译本［一］9页，周译本［一］8页），二是斯万夫人与希尔贝特去往的附近城市是兰斯而不是沙特尔（pp. 134, 143，参见十五人译本［一］137页，周译本［一］137页；因为此处的贡布雷是以雷韦永为蓝本的，它正好位于战争前线）。克拉拉克与费雷在1954年“七星文库”版当中已经列出格拉塞版与1919年伽利玛版相异的文字（Clarac-Ferré, t. I, p. 959）。

③ 私人藏品。

④ *Corr. avec G. Gallimard*, p. 161.

⑤ Ibid., p. 163.

⑥ Ibid., pp. 165–166, 1919年5月22日前后。

篇。他打算采用已经包含在《少女》目录中的既有标题“分手引起的悲伤初露端倪，起起伏伏的遗忘进程”，内容是对希尔贝特的描写，以及主人公对她的爱情逐渐消散的过程[1]。普鲁斯特担心这些工作会耽搁书的出版进程，而且这种担心不无道理，但他最终还是看在里维埃的面子上接受了建议[2]。接着，为了选定50页篇幅的内容，他们频繁书信往来：因为相关段落经跳转、拼接之后已经盘根错节，更何况普鲁斯特在削删的同时还要进行增补[3]。5月31日，在离开奥斯曼大道的当天，他收到了《盖尔芒特》的校样。住到洛朗–皮沙街后，他开始进行校改。

尽管普鲁斯特翘首以盼，多次恳求乃至动怒，他的三本书（其中《在少女们身旁》《仿作与杂写》分别于1918年11月和1919年3月印刷完毕，还有一本是新版《斯万》）直到6月21日才上架销售。6月23日，他收到三本书最初一千册的版税共2430法郎，8月26日收到三本书的剩余版税共5490法郎[4]。12月，先前一直各以一卷本形式出版的《斯万》和《少女》分别出了两卷本[5]，重印时价格也有所提高；随后，《少女》又出了一种三卷本。

但普鲁斯特希望发表他作品的杂志不要局限于《新法兰西评论》一家。于是，他在10月把一篇“关于威尼斯的文章”，即《失踪的阿尔贝蒂娜》中威尼斯之行的一个片段（此前他曾建议罗贝尔·德·弗莱尔刊登在《费加罗报》上），交给《艺术之页》杂志以《在威尼斯》为题发表，并配以“马克西姆·德托马的精彩习作”作插

① *Corr.*, t. XVIII, p. 169.

② Ibid., p. 174, 1919年4月21日。

③ Ibid., pp. 194, 208. 这个选段让他拿到200法郎的稿费。

④ 也就是《少女》3000册的2700法郎，《斯万》1000册的900法郎，《仿作》3000册的1890法郎。总共是5490法郎，相当于1990年的6万法郎。

⑤ 普鲁斯特在赠给银行家Henri Gans的那部《少女》上写道，他并不赞成“分卷出版”（*Corr. avec G. Gallimard*, p. 213），但这也可能是为了让别人体谅他没有送上一卷本。

图[1]。他还从中节选了一个段落投给了《晨报》，12月11日以《德·维尔巴里西斯夫人在威尼斯》为题刊出。这个片段在杂志上发表时，普鲁斯特改动了原文，删除了关于阿尔贝蒂娜和外婆的内容，并且在德·诺布瓦先生与德·维尔巴里西斯夫人的谈话中，用邓南遮9月夺取阜姆（今克罗地亚的里耶卡）这一事件取代了摩洛哥事件。所以在这个片段中，关于爱情的内容要比小说中少，而政治的内容多于小说。而后，普鲁斯特又以发表在杂志上的文章为依据改写了小说的相应部分。因此，后来的各位编者难以确定到底哪一稿是《失踪的阿尔贝蒂娜》中威尼斯之行的正本。

反过来，为了把普鲁斯特拉回《新法兰西评论》，里维埃10月26日建议，已成为"当红长篇小说大师"的普鲁斯特，在杂志上以札记形式开设每月一期的长篇小说批评专栏，同时请他提供《盖尔芒特》和《索多姆》的节选[2]，并称"多多益善"。马塞尔理所当然地在信中表示此事绝无可能，同时允诺将当面向里维埃作出解释。毫无疑问，他既不愿意写文章批评他不关心的作家（但他有时会在书信中赞扬他们，比如埃尔芒，此君正是里维埃希望普鲁斯特大加挞伐的），更不愿意为了这份每个月都必须按时完成的繁重任务分心，乃至影响小说的完成。不过，为了对蒂博代作出回应[3]，他向里维埃提出想就"福楼拜的风格"写一封信[4]。一方面，普鲁斯特有现成的《驳圣伯夫》文稿，另一方面，关于福楼拜风格问题的论战让他

① *RTP*, t. IV, p. 205，参见十五人译本（六）205页。关于这个片段，请见ibid., pp. 1023–1025。

② *Corr.*, t. XVIII, p. 438.

③ A. Thibaudet, « Une querelle littéraire sur le style de Flaubert », *NRF*, novembre 1919.

④ *Corr.*, t. XVIII, p. 471, 1919年11月13日后不久。

跃跃欲试，所以文章很快就写完了，于12月8日寄出[1]，1920年1月1日发表。此文是现代文学批评的一篇奠基之作，普鲁斯特以其一如既往的风格，旁征博引又不失朴素和清新，把一种全新的眼光投向福楼拜：“这个人，凭着他对确指过去时、未完成过去时、现在分词、某些代词和介词的全新和完全个性化的用法，更新了我们对事物的看法，这个贡献几乎不亚于康德以其范畴学说对认识论和外在世界实在性理论的革新。”[2]

报刊的反响

一开始，在龚古尔奖颁布之前，报界对《少女》的反响很平淡。除了罗贝尔·德雷福斯的文章之外，旺德莱姆（布朗什在信中告诉普鲁斯特，他认出此人是布洛克的原型之一）在7月15日的《巴黎评论》上发表文章，称这部小说“有灵魂”，“感觉敏锐”，“聪明过人”（但文体风格不对并且完全缺乏小说应有的技巧）。阿贝尔·埃尔芒在《费加罗报》上撰文，认为这部忏悔录令人“惊奇而震颤”[3]。比内-瓦尔梅看出普鲁斯特是“一位痛苦的伟大诗人”（《戏剧》，10月5日[4]）。安德烈·比利在《作品》杂志（8月26日）上指责小说太“絮叨”[5]。《小钢炮》杂志10月1日刊登了一篇拙劣的戏仿之作《在花蕾小伙的身旁》[6]，普鲁斯特凭借《报刊行情》杂志对这一切都了如指掌，认为这篇东西“愚蠢透顶”。《仿作与杂

① Ibid., p. 501, 致雅克·里维埃。

② *CSB*, p. 586，《关于福楼拜的“风格”》。另见pp. 229–302，《增补到“福楼拜”》，这是1909年所写《驳圣伯夫》的一部分，上接一篇现属于私人藏品的稿子。

③ 但阿尔芒没有看懂小说的结构，并错误地认为小说是顺着作者回忆的线索发展，普鲁斯特对此很不高兴，在文章发表的当天就写信给阿尔芒表达了自己的意见（*Corr.*, t. XVIII, p. 383）。

④ 普鲁斯特随即对他表示感谢（ibid., p. 411），同时指出这篇文章一度让他难过。

⑤ 普鲁斯特在9月初对安德烈·比利作了回应（ibid., p. 389），布朗什在9月22日的《费加罗报》上也作出回应（ibid., pp. 406–407）。普鲁斯特感谢布朗什的文章为他“回击了很多谩骂”（p. 406）。

⑥ J.-Y. Tadié, *Lectures de Proust*, *op. cit.*, p. 19. 英国《泰晤士报文学增刊》8月14日发表了一篇评论《少女》的文章，伽利玛认为“很好”，但普鲁斯特不以为然（*Corr.*, t. XVIII, p. 379）。

写》受到《费加罗报》和《高卢人报》的好评，但《世界评论》认为此书太过严肃。阿拉贡在《文学杂志》9月号上写道："随后，当马塞尔·普鲁斯特模仿马塞尔·普鲁斯特时，我们会惊奇地发现，表现出如此才华的人其实天赋不过尔尔。说实话，'杂写'的部分实在不对我的胃口。"[1]其实这种判断更合适他自己。吉罗杜1919年6月在《艺术之页》上以《在马塞尔·普鲁斯特家那边》为题刊文，评论再版的《斯万》。他首先阐明，战争之后，读者需要放假、休闲，需要幸福和诗；随后他把普鲁斯特刻画一番，谈他的风格、童年、记忆、"社交"、女性；最后，吉罗杜讲了《斯万之恋》。10月15日，普鲁斯特就此对波雷尔说道："文章写得很风趣，很吸引人，但在某一点上让我失望。"[2]普鲁斯特责备莫朗向朋友吉罗杜提供了很多细节，使得吉罗杜不停地拿"奥斯曼大道、练习簿、紧闭的百叶窗"开玩笑，但"说实话，关于我，没有任何东西说到了点子上"[3]。

同时，普鲁斯特准备出版《少女》的豪华版，每一册中包含2张修改过的长条校样，打算印50册，每册售价300法郎，出版时间定在1920年5月，正在征求预订。他还让人在书里印上雅克–埃米尔·布朗什为他作的油画肖像，监督每个页面的行数，并借鉴典藏版《罗斯金全集》的做法，要求在书页上增加一个红线框[4]。

① *Littérature*, octobre 1919, pp. 24–25.

② *Corr.*, t. XVIII, p. 427. L'article est reproduit dans *Lectures de Proust*, *op. cit.*, pp. 47–53.

③ *Corr.*, t. XVIII, p. 423, 1919年10月10日后不久，致莫朗。

④ Lettre inédite du 18 mars 1920, citée dans *RTP*, t. II, p. 1296, n. 1.

阅读

1919年3月，普鲁斯特读了柯莱特的《米特苏》，他在信中告诉柯莱特，读到结尾处女主人公所写的信，他“流下了热泪”，尽管这封信“有些过于讨好”并且“有点儿做作”。每当在别人的书中见到自己也描写过的事物时，他都会感到不安，所以他特意谈到米特苏的餐馆，并说在他即将出版的书中有“无数个低档餐馆”与它不相上下[1]。4月初，阅读雅克·里维埃的《德国人：一个战俘的回忆与思考》，使他不仅同情作者的苦难遭遇，而且“推崇”作者“高贵的”精神境界和充满活力的思想方式，也正是在这种思想支配下，里维埃如实反映了德国人的某些优良品质，比如“坚强的意志和系统化的思维”。普鲁斯特随后补上了一个建议：“请不要对他的文字照单全收。”似乎对里维埃文字中的矫揉造作颇有批评之意[2]。5月，他浏览了沃杜瓦耶的小说《克雷芒·贝兰的假期》[3]和路易·德·罗贝尔的《一个女演员的传奇》[4]。6月初，还处在迁居动荡之中的普鲁斯特致信亨利·盖昂，感谢他赠书《战争中生人：一个改宗者的见证》，同时指出改信天主教使盖昂丧失了批评的判断力，并提及他1914年在《新法兰西评论》上发表的“极力诽谤”《斯万》的文章。科克托的《雄鸡与小丑》大胆地进入音乐美学领域，让普鲁斯特“大为赞叹”，他喜爱书中关于《拉场戏》的故事，也喜爱对夏尔丹、安格尔和马奈的颂扬，对尼金斯基的描写，以及通篇欢快的文笔。不过，普鲁

① *Corr.*, t. XVIII, p. 119, 致柯莱特，写于1919年3月，但六个星期以后才寄出。

② Ibid., p. 171, 1919年4月20日，致雅克·里维埃。

③ Ibid., p. 204.

④ Ibid., pp. 227–228.

斯特站出来捍卫瓦格纳、圣桑和施特劳斯，回避了科克托主张的回归古典这一核心问题[1]。吉罗杜7月1日在《新法兰西评论》上发表的《沙托鲁之夜》引起他很大兴趣，《盖尔芒特》中新作家取代贝戈特的情节就是受此启发。他还收到了吉罗杜的《厄尔皮诺》，称之为“无尽欢欣的理由”[2]。对达尼埃尔·阿莱维的《夏尔·佩吉与〈半月丛刊〉》，普鲁斯特照例表示“赞赏”，但鉴于他对书中主人公的厌恶态度，这种表态可能纯粹出于礼貌。马塞尔对波尔托–里什的友情始终如一，对他的剧本《版画商》特别是其中的序言称赞有加，作者在序言中说，青年知识界的热忱“使我成为剽窃者关注的对象”[3]。

在他读到的作品中，本该最让普鲁斯特感到愉悦的一篇，恰恰是最让他苦恼的，那就是保罗·莫朗诗集《弧光灯》（1919）中的《马塞尔·普鲁斯特颂》。他在信中对莫朗表示，其中几个诗句暗指“神秘的恐怖感使我始终面无血色，很明显我已经被窃贼偷盗一空或者置于死地”，因而让普鲁斯特感到不快。他接着以教训的口吻说，关于朋友生活中的这些方面，他是不会付诸笔墨的，“这并不是因为我胆小，但我实在不愿意去感受或者造成这样的痛苦”，尤其是“针对一个因心地柔软而无力抵抗外来伤害的朋友”。此外马塞尔还给科克托上了一堂文体课，反对“单纯的笔记文学”，观点接近《重现的时光》。莫朗其实说到了普鲁斯特的心坎上，但他不该如此冒失鲁莽，甚至达到诋毁诽谤的地步。普鲁斯特的愤慨给这封信增添了

① Ibid., pp. 267–268.

② Ibid., p. 422, 1919年10月10日后不久，致保罗·莫朗。吉罗杜写给普鲁斯特的赠书题词是：“致马塞尔·普鲁斯特，因为我喜欢您的书，爱您这个人。”（Catalogue de l'exposition BN 1965, nº 451 *bis*）

③ Ibid., p. 431.

一种辛辣、富丽的文风（“在这篇颂歌里，您把我扔到了但丁给敌人预备的地狱当中”）；莫朗在《晚间来客》中披露了许多书信，但这封信不在其中[①]。

① Ibid., pp. 421–424, 1919年10月10日后不久。保罗·莫朗还说对普鲁斯特的私生活一无所知，“因为同性恋者都遵守沉默的法则”，他也没有披露这封信。但也许是因为，到了六十年代，他已经把过去的事情忘得一干二净。

关于“智知党”的论战

7月19日，《费加罗报》在文学副刊头版刊登了一份题为《建立一个智知党》的宣言，签名者有布尔热、班维尔、博尼耶、盖昂、阿莱维、雅卢、雅姆、莫拉斯、施伦贝格尔、沃杜瓦耶，主要撰稿人是亨利·马西斯[②]。宣言主张，“在一切文明的守护者”法国的庇佑下，“成立一个欧洲的、世界的智知联盟”。普鲁斯特挺身而出，强烈反对这种知识沙文主义：一旦把一部作品“国家化”，我们就抽去了它的普遍价值。他接着告诫道：“在诸如文学的这些领域，只有通过说服的手段才能施加影响，为什么要对其他国家采取如此不容置疑的口气呢？”普鲁斯特既不赞成发表宣言这种做法，也不赞成宣言的内容。他主张，艺术和科学不能包含本身之外的目的，也就是说，它们不能为某种政治目的服务。而且，也绝不该仿照“德意志高于一切”的口号，由法国站出来说自己应该“监督整个世界的文学”。另外，教会并非总是“人类精神进步的监护者”，普鲁斯特提醒说，在德雷福斯事件期间，天主教会“没有为法国的司法提供强有力的支持”，莫拉斯也

② 他回应了1919年6月7日*L'Internationale*刊登的《共产党宣言》，以及罗曼·罗兰6月26日在《人道报》上呼吁欧洲作家重建一个精神联盟的主张。

没有[1]。阿莱维回应说，自己之所以签名，是因为他感受到“那些人关心我们共同热爱的事业”，无法回绝他们的请求。普鲁斯特则指出，“由于某些人具有美德就无条件地赞成他们所主张的错误观点，这是十分危险的，因为在赞同某种观点与授权他人以自己的名义行动之间，并没有很远的距离”[2]。他对里维埃补充道，他甚至不相信智知“对我们来说是第一位的”，他把无意识置于智知之前，“智知的任务是厘清无意识——但一部作品的真实性、独特性正是由无意识构成的”[3]。

因此，普鲁斯特在新世纪的第一场战斗与蒙田、伏尔泰引发的斗争一脉相承，其首要特征是反对宗派主义、反犹主义、军国主义、性别歧视、好战主义和沙文主义。此时此刻，他脱离了优裕的中产阶级，也脱离了重病患者的病床，不是为某个阶级而是为整个人类服务，不是为获胜的多数派而是为少数派服务。

在阿姆兰街

与此同时，普鲁斯特在继续寻找最终的栖身之地。实际上，雅克·波雷尔已经向普鲁斯特讲明，他母亲想把房子收回，普鲁斯特必须在9月10日前后搬走[4]。他曾考虑过马勒泽布大道上的一套公寓，但这套公寓很快就租出去了；随后，他找了维克多·雨果广场上的一家房产中介帮忙。结果，房产经纪人通知塞莱斯特，在阿姆兰街44号

① Ibid. , pp. 334–335, 1919年7月19日，致达尼埃尔·阿莱维。Cf. ibid., p. 352, 致罗贝尔·德雷福斯。Voir le journal de D. Halévy, in *Corr. avec D. Halévy*, pp. 136–138。Pour l'attitude de la *NRF* et de J. Rivière, voir J. Lacouture, *op. cit.*, pp. 397–400：加斯东·伽利玛和雅克·里维埃都坚决反对建立“智知党”，里维埃还于1919年秋发表了三篇文章（《自由的颓丧》《智知党》《天主教与民族主义》），以对宣言作出回应。

② *Corr. avec D. Halévy*, p. 142.

③ *Corr.*, t. XVIII, p. 388.

④ Ibid., p. 372, 1919年8月15日，致雅克·波雷尔。

有一套公寓刚刚被人买下，买主急于把它改造后带家具出租。“这个街区让他相当满意；他已经看过都有谁住在那儿。他对我说：‘您去看看，然后告诉我。’”他提出租住第六层的单元，自备家具，并签了租约[①]。楼里没有电梯[②]。经过安装电线、钉上防噪音壁毯等简单的准备之后，10月1日普鲁斯特就搬了进去。楼下一层有一家面包店，塞莱斯特就在那儿打电话。顶楼上住着阿里斯蒂德·白里安的女佣，后来普鲁斯特让塞莱斯特给她钱，请她不要弄出声响。从厨房里可以远远看见斯当迪许夫人的公馆。这套公寓并不像别人所说的那样寒俭，它是小一号的奥斯曼大道旧居。客厅的墙壁上挂着普鲁斯特教授和夫人的画像、埃勒的油画、布朗什为马塞尔画的肖像，小客厅有一只黑色的书柜，里面摆放着塞维尼夫人、罗斯金、圣西门（“华丽的精装皮面上有姓名字首MP字样”）的著作。马塞尔的卧室里，钢琴和带镜子的橱柜已经不见了，但仍有一个中国式的柜子、一架屏风、一张为客人预备的大扶手椅，靠着铜床的三张小桌是工作用的，桌上放着练习簿和药品，壁炉上方则放着书。马塞尔有一间专用的浴室，浴室后面还有一个房间（大概是给罗沙用的，马塞尔不敢把他打发走[③]）。塞莱斯特住在进门右手边的房间里[④]。普鲁斯特对雅克·波雷尔说已经把塞莱斯特解雇了：“然后理所当然地又把她找了回来。”[⑤]他还雇用了她的姐姐玛丽·希内斯特。尽管哮喘不断发作，但一安顿停当，普鲁斯特就以惊人的毅力立即投入工作，与朋友频

① 大概是在9月23日（ibid., p. 401）。他写信告诉波雷尔（p. 433）和奥塞尔（p. 453）租金是每年1.6万法郎（而奥斯曼大道上的房租是每年6500法郎）。奥塞尔说，用这样的租金完全可能租一套“非常豪华”的公寓。

② Ibid., t. XIX, p. 105, n. 5 . 塞莱斯特说这套房子在“四层”，应该是“夹层之上”的“四层”（相当于中国的“六楼”——译者注）。

③ Ibid., t. XVIII, p. 402：“亨利的命运还不确定。我不能说将来把他逼走会是像提图斯那样*invitus*（身不由己），但*dimittere*（把人赶走）的话是很难说出口的。”（此处暗指拉辛的剧作《贝蕾妮丝》。）

④ C. Albaret, pp. 387–392, 她反驳了佩因特在传记中描写的很多细节（其中一些细节在该传记的最后一版中已经删除）。

⑤ *Corr.*, t. XVIII, p. 427, 1919年10月14日或15日。

繁通信往来。他现在心里十分清楚，对生活的唯一期待就是让他继续活下去，他真正的栖身之地是他的作品。

他仍然要为钱财操心，忠诚而严厉的奥塞尔（马塞尔又在向他打探曾使自己破产的所谓“内幕消息”）提醒他，以每年2.5万法郎的收入，扣除1.6万法郎的房租和佣人的工钱，剩下的钱“只够买一盒桉树叶香烟”[①]。但马塞尔希望房东去掉家具的费用从而将房租减半，还寄希望于自己的版税收入。

《在少女们身旁》获得龚古尔奖

9月初，普鲁斯特就已得知龚古尔学院院士莱昂·都德将给他投票[②]。大罗斯尼一面向普鲁斯特说明自己“过去一度有所犹豫”，一面问普鲁斯特是否允许自己为他投上一票并进行宣传，他让普鲁斯特确信自己从他的书中得到了极大的快乐：“您为我的人性世界增添了新内容；我已经很久没有经历过如此美妙的精神之旅了。”[③]他还强调，这个奖项会有助于触动“与大众同样缺乏生气的”[④]精英阶层，因此可以说，在人们甚至设立者本人的心目中，龚古尔奖不是面向大众的，这样我们就更能理解普鲁斯特为什么要想尽办法，志在必得[⑤]。他不排斥任何荣誉，无论是荣誉军团勋章、法兰西学院院士的头衔，还是诺贝尔文学奖，他都会来者不拒。在这个一直遭受辱没的少数派人士看来，这些荣誉是多么了不起的报偿和保障，

① Ibid., pp. 457–458, 1919年11月3日。

② Ibid., p. 391. 10月里，普鲁斯特加紧拉票，因此给刚刚入选龚古尔学院的Bergerat写了信。

③ Ibid., 1919年10月29日。1913年，龚古尔奖颁给了Marc Elder的*Peuple de la mer*。Voir T. Laget, « L'attribution du prix Goncourt à Marcel Proust », *Bulletin d'informations proustiennes*, n° 14, 1983, pp. 63–71。

④ *Corr.*, t. XVIII, p. 455, 1919年11月3日。从这天起，他已确保能得到“六票”，其中有四票“不可撼动”。普鲁斯特是这一年里各大文学奖的宠儿：格雷格夫人想颁给他费米娜－幸福生活奖，雷尼耶和夫人想颁给他法兰西学院大奖。

⑤ 如ibid., pp. 466–467, 致大罗斯尼，谈学院院长的那一票。

它们保障的不是身后的不朽，而是现世的认同和尊重。

12月10日，热弗卢瓦、小罗斯尼、塞亚尔、埃雷米尔·布尔日跟随莱昂·都德和大罗斯尼，都投票支持普鲁斯特[①]，罗兰·多尔热莱的《木十字架》只获得四票。普鲁斯特对塞莱斯特解释道："这是当今唯一有价值的文学奖，因为颁发这个奖项的人懂得小说为何物，懂得一部小说价值何在。"[②]普鲁斯特家里出现了前所未有的热闹景象：莱昂·都德与几位龚古尔学院的同仁亲自登门，叫醒了还在睡觉的普鲁斯特，向他宣布了获奖的消息。随后，伽利玛、里维埃和出版社的行政主任特龙什前来道贺。一整天加一整晚的劳累，导致"极为可怕的哮喘复发"，他吃了药才勉强平静下来，能脱下衣服就寝[③]。第二天，大量的贺信接踵而至，也许是夸张或是幽默，他后来号称一共收到了870封贺信[④]。但报刊对此反应不一。让·德·皮埃尔弗在《争鸣报》上发文表示震惊，称奖项居然颁给了"一个已经埋进坟墓的才子"，并说这位作者"与歌唱战斗之美、歌唱光明的新一代潮流格格不入"，而普鲁斯特错把安德烈·肖梅当成了这家报纸的主编[⑤]，向他表示抗议。一些批评家则蠢蠢欲动，准备为《木十字架》大唱赞歌。诺埃尔·加尼耶在12月12日的《大众报》上撰文称，他们那些老兵推举的是多尔热莱；那六个人出于对马塞尔·普鲁斯特的感激而给他投票，让他获了奖，是因为他满足了那些人的胃。另有人指责获奖者年龄太大，12月11日的《人道报》惊呼："请给老年人让路！"《闪电

① Ibid., p. 505, 1919年12月10日，龚古尔学院的来信。

② C. Albaret, p. 367.

③ *Corr.*, t. XVIII, p. 507；他居然还有力气写信给里维埃，对他写福楼拜的那篇文章作了几处补充。

④ Ibid., p. 574. 他还说过有800封信，见pp. 547, 554。

⑤ Ibid., pp. 517–518.

报》《小巴黎人报》每天给普鲁斯特增加一岁，读着这些报纸，普鲁斯特发现自己“像童话故事里的人物一样”迅速衰老[1]。还有一些批评家指责普鲁斯特在评委内部有关系[2]，左派的报纸因为莱昂·都德做了普鲁斯特的保护人，而对普鲁斯特不依不饶。《作品》杂志认为普鲁斯特“令人厌烦到极点”；拉希尔德在次年1月1日的《法兰西信使》杂志上表示，“推出这样一部作品是不适宜的”。莱昂·都德在12月12日出版的《法兰西行动》杂志上撰文为自己的选择辩护。大罗斯尼向普鲁斯特提出了很多问题，普鲁斯特的答复不啻是一部名副其实的自传，他谈到自己的疾病、交游、宗教、信仰（“初领圣体之后我从未去做过弥撒”[3]）和政治观点（德雷福斯事件期间他站在莱昂·都德的对立面）、作品的写作历程（“所有各卷均已写成”；战争期间，他增补了“一些关于战争的内容，以便更好地表现德·夏吕斯先生的性格”，但没有改变小说的结局），以及提到他还有五卷书要修改，并希望它们能一次出齐，以便“读者能够理解”这部他“倾注了全部心血的”作品的“整体构思”，等等——大罗斯尼据此在12月23日的《戏剧》杂志上发表文章进行申辩[4]。雅克·里维埃则在1920年1月1日出版的《新法兰西评论》上以《龚古尔奖》为题发表文章，对各种批评意见一并作出回应，他强调普鲁斯特的作品深刻地发掘了独特的视野，革新了心理分析的全部方法。同时，保罗·苏戴在《时报》上发表文章支持普鲁斯特。

① Ibid., p. 560.给E.-J. Bois的赠书题词，他当时是《小巴黎人报》的编辑。我们还记得1913年他曾发表对普鲁斯特的访谈。Cf. ibid., p. 570：“我的年龄像塞纳河水一样迅速上升。”

② 比利在《作品》杂志上的文章。

③ 这是对《作品》杂志的回应，这家杂志指责他为“圣水盂和圣器室之友”（*Corr.*, t. XVIII, p. 550）。

④ Ibid., pp. 544–547, 稍早于12月23日。

另有一事给普鲁斯特与出版社的喜悦蒙上了阴影。阿尔班·米歇尔在《木十字架》的腰封上分别以大字和小字印上了“龚古尔奖”和“四票对六票”字样，让读者对究竟哪部作品获奖不明就里[①]。1920年5月31日，塞纳省法庭判决阿尔班·米歇尔赔偿销售损失和利息共2000法郎，并除去惹祸的腰封。

报刊的态度给普鲁斯特留下了一个不愉快的印象。“记者们乐颠颠地跑来采访，因为我在睡觉而被挡在我家门外，到了出版社也没有受到礼貌的接待（对此我深感遗憾），所以他们走的时候都是满肚子气。”[②]他认为某些报刊口出恶言与此有关。他要求加斯东·伽利玛不要“粗暴地对待记者”，伽利玛回答说：“我不明白您为什么要我善待记者，这些天我见得够多了，我一直努力让他们满意。”[③]马塞尔同时还抱怨在书店里见不到自己的书[④]，每每想到自己的龚古尔奖被“糟蹋了”就十分伤心。他还发现，他早年的作品已经被人忘记了：“在人生的每个阶段，同代人（的确，他们是由不谙世事的年轻人和健忘的老年人组成的）对我们的过去都遗忘得十分彻底，无论我们过去如何名声显赫（对我来说是龚古尔奖），都不得不面对周围人对我们的无知……假如我们坚持不允许别人出于说话的需要说出关于我们的蠢话，那么我们可能就不得不自贬身份，放下身段，自行说出我们在时间的另一侧曾经是什么人。我们走进最后的岁月，就像踏上一个陌生的国度，那里的居民从来没有听说过我们的大名。”[⑤]

① Ibid., p. 542. Cf. p. 550，致伽利玛。

② Ibid., p. 545，致大罗斯尼。他已经向塞莱斯特下达指令，不接待任何人，不回答任何问题：“任何人都不许进门。”（C. Albaret, p. 367）

③ *Corr. avec G. Gallimard*, p. 218.

④ *Corr.*, t. XVIII, p. 550. 他似乎曾经把手下的人，包括玛丽·希内斯特、奥迪隆·阿尔巴莱等，打发到特罗卡德罗广场、莫扎特大街等各处的书店找书（p. 564）。伽利玛承认，在颁奖的当天，书已经卖光了（*Corr. avec G. Gallimard*, p. 213）。

⑤ Cahier 61, f° 112 ; *RTP*, t. IV, p. 925.

至于获奖作品在商业上的成功，有这样一组数字：到12月初，即颁奖前夕，已经售出3000册[①]；继12月重印6600册之后，1920年2月和7月又有两次重印。也就是说，总印数与《斯万》持平，但没有超过《斯万》。获奖使《少女》一书被精英阶层所知，但并没有在大众阶层取得如《木十字架》那样的巨大成功。1919年秋，《木十字架》即已销售17000册，12月重印11776册，到1920年5月又印了45000册，合计起来是《少女》印数的三倍多[②]。

成功的喜悦里不无伤感、劳累和恼怒，获奖也没有使他避免诋毁和谩骂，为了安慰自己，普鲁斯特12月31日前往塞西尔·索莱尔家里吃年夜饭（只有这一餐饭与他的作息时间完全吻合），同席的有西班牙亲王、格拉蒙公爵夫人、何塞·马里亚·塞尔特、伯恩斯坦、克鲁瓦塞[③]。

① 据伽利玛1919年12月3日的信（*Corr. avec G. Gallimard*, p. 208）。他还收到了5000法郎的奖金；继莱昂·皮埃尔-甘之后，佩因特也宣称，普鲁斯特立即就把这笔钱花在答谢晚宴上了，且答谢宴不止一场，但塞莱斯特否认了这种说法（C. Albaret, p. 308）。她说的应该有道理，因为我们没有见到任何有关出席这类答谢宴的邀请，相反，普鲁斯特在12月几乎没有出门，到了1月才在利兹饭店举行了一次晚宴。

② 这些数字由各出版社告知，T. Laget, *op. cit.*, p. 70。

③ *Corr.*, t. XVIII, p. 30.

1920年的日常生活

传记本不该按年度划分章节，普鲁斯特既不遵守钟表的时间，也不遵守日历上的时间，所以他的传记尤其不该这么写。但获得龚古尔奖之后，马塞尔并没有得到很大的名气，甚至很难说取得了成功，只是在精英阶层扩大了名声。还要等到数月之后，他才稍稍得到公众的认可，这也是他一生中获得的唯一一个正式奖项。当他考虑进入法兰西学院时，雷尼耶与巴雷斯很快就让他明白这是不可能的，也许到了七十岁……1920年是《盖尔芒特家那边》出版之年，此书问世之时，他正在社交界继续结识新友、疏远故交。在这一切的背后，疾病也在毫不留情地步步紧逼，肺部发生硬化，加重了心脏的负担，迫使他使用毒性更强的药物。他日复一日期待着的病情转机始终没有到来。

雅克·里维埃

1920年1月1日，《新法兰西评论》发表了里维埃以《龚古尔奖》为题的札记，鉴于整个报界对龚古尔学院的评选结果群起攻之，他强调了两点：真正的青春寓于“最能使人焕发青春”的小说家的作品当中；普鲁斯特革新了“心理分析的全部手法”。考虑到关于这个奖项的反对意见造成的巨大影响，里维埃又在2月份的《新法兰西评论》上以《马塞尔·普鲁斯特与古典传统》为题，发表了一篇内容更为充实的文章[1]。在战前，里维埃只是杂志社里不起眼的秘书，出版社拒绝《斯万》书稿时，没有征求过他的意见。前文讲到，他与普鲁斯特的首次接触是在1914年1月，当时他致信普鲁斯特表达钦敬之意，并在信中推测普鲁斯特的作品既有完整的结构又“谨守法度”，说到了马塞尔的心坎上：的确，最让马塞尔伤心的莫过于看到批评家们都认为他的书只是童年往事的记录，既杂乱无章又漫无目的。

里维埃1914年应征参战，8月24日被德军俘虏，先后在德国和瑞士被关押、拘禁，1918年返回法国。加斯东·伽利玛一心排挤自己不怎么喜欢的纪德（伽利玛一生

① Repris dans *Nouvelles Études*, *op. cit.*, pp. 149–156, et présenté comme un fragment d'une étude plus ample, commencée plusieurs mois auparavant.

中从未请纪德吃过饭，连午饭都没请过），因此选择里维埃做了《新法兰西评论》的主编。正是借编辑这份杂志复刊第一期（1919年6月）的机会，里维埃与普鲁斯特恢复联系，并逐渐成为朋友，到了1920年8月，他们之间已经以名字相称。里维埃有时来看望马塞尔，每次都是快到半夜的时候，马塞尔派奥迪隆开出租车去接他，拿利兹饭店送来的夜宵款待他，留他待上三个小时[1]。经过了数年的关押，里维埃的神经备受摧残。他需要钱，普鲁斯特就借给他。他写了一部长篇小说，普鲁斯特就悉心为他修改，鼓励他拿去发表。一方是出于强烈的思想共鸣，另一方是出于内心的崇敬，但固执的杂志主编和挑剔的作者在争执中互不相让，时常不欢而散，我们明显感到，里维埃最看重的是杂志，杂志才真正是第一位的。在生命的最后时刻，马塞尔不禁为此发出痛苦的喟叹。

里维埃之所以能比其他人更透彻地评论普鲁斯特，主要得益于他偏重分析和内省的性格，更何况他本人就是文学批评大家。首先，他的兴趣极为广泛，评介的内容包括克洛岱尔最早的剧本、俄国的芭蕾、福雷的歌剧《潘奈洛佩》、塞尚的展览。其次，他对作家作品有深刻理解，他只评论自己喜爱的作家，或者是捍卫自己喜爱的作家。对于他评论的艺术家，他能以高超的文学技巧重建他们的精神世界，仿佛这个世界就是他自己的，同时从不丧失自己的价值观，他说："微末的真理也有许多伟大之处。"[2]所以说，他所从事的批评其实是某

① *Corr. avec J. Rivière*, préface de Ph. Kolb, p. 8 (souvenirs d'Isabelle Rivière).

② J. Rivière, *Nouvelles Études*, *op. cit.*, p. 321. Voir G. Poulet, *La Conscience critique*, Corti, 1971, chap. V, « Les critiques de la NRF », pp. 60–64. 中译本有[比利时]乔治·普莱著，郭宏安译，《批评意识》，第五章，桂林：广西师范大学出版社，2002年。

种形式的认同（critique d'identification），他曾无奈地表示："我需要与我的存在不同的另一种存在。"[1]这种无奈窒息了他的创造力，这也就是他崇拜克洛岱尔、纪德和普鲁斯特的缘由。同时，里维埃一心想成为小说家，但他只写出了两部长篇小说，其中《艾梅》讲的是他对加斯东·伽利玛夫人的柏拉图式恋情，《弗洛朗斯》在他死后才出版。这两部小说尽管分析精微细腻、格调古典优雅，但在小说的革新方面几无建树，而这正是他对普鲁斯特最为赞赏的一点。普鲁斯特本人堪称大批评家，他在放弃《驳圣伯夫》的时候已经明白，不能让批评窒息了小说的想象和虚构。

普鲁斯特对里维埃在《新法兰西评论》发表的文章心存感激，尽自己所能帮助他。当他感到疲惫、消沉时，马塞尔替他约好居斯塔夫·鲁西教授进行免费诊疗[2]。为了给里维埃争取布吕芒塔尔夫人提供的图书奖[3]，普鲁斯特到处为他鼓吹或写信为他宣传，在根本无法外出的时候外出为他奔走。里维埃的孩子是不是得了支气管肺炎？马塞尔每天都要打听他的消息。到后来，马塞尔不辞辛劳地读了《艾梅》一书的手稿，因为里维埃信心不足，一直犹犹豫豫，不肯把书稿拿去出版[4]。事实上，每当普鲁斯特感到朋友需要帮助时，不论是需要金钱、文学奖（比如波扬、布勒东、拉克雷泰勒、吉罗杜[5]）还是在报刊上进行推介，普鲁斯特都

① 转引自普莱，ibid., p. 60，参见中译本《批评意识》，46页。

② *Corr.*, t. XIX, p. 172. 雅克·里维埃回复普鲁斯特道："我相信他一定会把我从现在的消沉状态中解脱出来。"（ibid., p. 179, 1920年4月1日）4月6日又说："我对鲁西的方法真是着迷。"鲁西出于对普鲁斯特的友情，没有收取诊费。

③ 布瓦莱夫——人们曾经认为他是喜欢普鲁斯特的——描写普鲁斯特来到评委面前时的样子："像一块些微变质、半生不熟的野味，一双埃及舞女似的大眼睛……虽然长着胡须，模样仍然像一个年轻时曾经漂亮过的六十岁犹太老妪。从侧面看，他长着一双东方人的眼。"（*Feuilles tombées*, p. 266, cité par G. de Diesbach, *Proust*, p. 707）这是普鲁斯特全部负面形象的底版。

④ *Corr.*, t. XX, pp. 100–107, 1921年2月日至12日。

⑤ 如ibid., p. 606。

会不遗余力地伸出援手。例如1921年，他请求一家报纸给当时已被读者遗忘的孟德斯鸠留出一个艺术批评专栏；他还要求《新法兰西评论》大力推介吕西安·都德的新著。

《盖尔芒特家那边（一）》

格拉塞放弃印行《盖尔芒特家那边》之后，普鲁斯特就把已经印出的校样作为“手稿”，在此基础上对小说文本进行重新组织和编排，然后交给伽利玛出版。1919年6月，正值搬家的混乱当中，普鲁斯特收到了完整的一校校样。二校的校样于12月8日以后陆续送达，此时正值颁布龚古尔奖，因此他没有时间进行校改[①]。此外，当一校和二校的稿子同时压在手里时，他又要求把三校稿送来了，于是，1920年2月，他请求里维埃帮忙。后来，他请人把三校稿读给他听，并说：“我不想做任何修改了，现在就可以下达印刷通知单。”[②]这时受雇重读校样的人是安德烈·布勒东，普鲁斯特只和他见过一面，说他“根本不细心”[③]，但普鲁斯特很欣赏他的文集《磁场》[④]。混乱当中，作者亲手校改过的一些长条校样没有送到印刷厂[⑤]。另外，直到正式付印前的最后一分钟，普鲁斯特还在进行修改补充——有些改动直接写在校样上，有些是以练习簿上事先写好的段落为基础进行增补[⑥]。3月，应加斯东·伽利玛的要求，《盖尔芒特》将分成两册先后印行。此时普鲁斯特仍想让这两册书，连同《索多姆和戈摩尔（一）》

① Ibid., t. XIX, p. 125, 1920年2月18日。

② Ibid., p. 154, 1920年3月12日或13日。

③ Ibid., p. 438, 1920年9月2日，致加斯东·伽利玛：“布勒东……先生说读过了，雅克·里维埃说读过了……我从来没有如此急切地期盼过一本书，而我的失望也是从来没有过的。”Cf. p. 472，致菲利浦·苏波：“我发现，在我的下一本书里，就是布勒东先生校读过的那本，错讹太多，如果不做一张勘误表，我就太丢脸了。这件事花了我一个多星期的时间，占了23页纸，查出二百多处错误。”里维埃给普鲁斯特写了如下一段令人惊讶的话，但布勒东在任何文字中都未予证实：“安德烈·布勒东，达达主义的领军人物，曾经帮助我们校阅清样，他跟我说十分敬仰您，这种敬仰的基础是在您的大作中发现了诗的宝藏。”（1920年6月29日）

④ Ibid., pp. 446, 474，致菲利浦·苏波。

⑤ *RTP*, t. II, p. 1521，这批长条样校共24张，搞混的有3张。

⑥ 作增补之用的练习簿60当中，在很多段落前面都有“用于增补特龙什将寄还的《盖尔芒特》校样”的提示，其中就有圣卢拳打一位同性恋者的场面。同样，《盖尔芒特（二）》当中对“新作家”的仿写也来自同一本练习簿。

的两册同时面世，并且要在“几个月之后出版《索多姆和戈摩尔（二）》[1]的两册，以及《重现的时光》”[2]。但这些计划一样都没有实现。最早面世的是《盖尔芒特家那边》两册中的第一册，它最后一校的校样是普鲁斯特在7月交出的[3]。这样一来，“外婆生病”的情节被一分为二，也将出现在《盖尔芒特家那边（二）》当中。1920年6月，普鲁斯特还在考虑把《盖尔芒特家那边（二）》与《索多姆和戈摩尔（一）》合成一册出版，“这样的划分更好些”[4]。《盖尔芒特家那边（一）》的酝酿和写作持续了十二年，在等待它面世的过程中，作者直到最后一刻还在草稿练习簿（61号）上进行增补。1920年8月17日，此书印刷完毕。拿到“样书”后，普鲁斯特对排印质量之差“深感绝望”（比如“贝戈特”印成了“柏格森”），他在一个自存本上做了十多处修改，并制作了一个长达23页的勘误表[5]——看到普鲁斯特不得不花费这么多时间，耗费这么多眼力，来做这些理应由出版社的审稿或校对人员完成的工作，真是令人不胜唏嘘。除此之外，书中还有一些前后失照之处，其中大部分错误源于没有正确识读作者的手稿。此书于1920年10月22日上市销售，普鲁斯特赠给莱昂·都德一本，感谢莱昂帮助他获得龚古尔奖。他向加斯东·伽利玛宣称，他感觉自己是新法兰西评论出版社的一员，这种感觉已经无以言表，但他同时责备加斯东既不透露自己的行踪，也很少在出版社露面[6]，给他们之间的交流设置了很多障碍，沟通非常困难。7月，伽利玛以征求

① 当时这本书包含后来成为《女囚》和《失踪的阿尔贝蒂娜》的部分（*Corr.*, t. XIX, p. 348）。

② Ibid., p. 164, 致加斯东·伽利玛。

③ Ibid., p. 376.

④ Ibid., p. 323, 致加斯东·伽里玛。普鲁斯特认为这本书应在1920年11月出版，随后推迟至12月，再推迟至1921年2月15日，而最终直到1921年5月才面世。

⑤ Ibid., p. 439. 这封信于9月21日寄出。

⑥ Ibid., p. 324.

认购的方式推出了50册豪华版《在少女们身旁》，每册附上两张已经完成印刷用途的长条校样。马塞尔向他提供了一个可能认购者的名单（贝里买了5册）。

但普鲁斯特对著作一再推迟面世始终耿耿于怀。他感觉自己的病情越来越重，急于完成出版事宜，因此对出版社社长和各位助手不免恼恨，遂在《女囚》当中为自己报了一箭之仇：他写到一位“可怜的作者”，面对“某些商号、书店或出版社当中水都泼不进的帮伙”，“永远也弄不明白自己到底有没有受骗”。报社或杂志社的社长“撒谎时做出一副诚恳的模样，竖起‘诚信’的大旗”抨击某些同行，“但在许多情形下，他的所作所为恰恰跟同行们一模一样，唯利是图的行径如出一辙，而且正因为他需要隐瞒这一切，他做出的模样就更显得道貌岸然……‘诚信者’的合伙人，说起谎来另有一功，简直天真可掬。他骗作者，就跟骗自己老婆一样，用的是轻喜剧的招数。编辑部秘书是个爽快的粗人，说起谎来大言不惭，好比一个建筑师对你打包票，说你的房子在某月某日可以交付，其实那个日子根本还没开工呢。主编大人善良可爱，周旋于三位同仁之间，尽管连究竟是怎么回事还没弄清楚，也照样出于哥们义气，同仇敌忾，一致对外，以不容置疑的一句话，给予他们宝贵的支援。这四个人虽然平日里争吵不断，但一面对作者，争吵就戛然而止”[①]。读者将会认出，那个“诚信者”正是纪德，加斯东·伽利玛是他的合伙人，特龙什（其实是行政主管）或波扬是那位秘书，而

① *RTP*, t. III, pp. 684–685，参见十五人译本（五）173页，周译本（五）178页。这是在《女囚》第三份打印稿（也就是1922年打印稿）上增补的。正是在同一时期，他在《索多姆（二）》当中加入了一段对格拉塞的挖苦，*RTP*, t. III, p. 296，参见十五人译本（四）297页。

里维埃就是那位“善良可爱的主编大人”。

对《盖尔芒特家那边（一）》的反应

这部书讲的是主人公社会地位的上升和他对盖尔芒特公爵夫人的爱恋，并以外婆生病的悲剧情节告终。书甫一面世，普鲁斯特的朋友施特劳斯夫人、吕西安·都德、布朗什、科克托就纷纷来信[1]，给予热情洋溢的赞扬，博蒙夫妇也在“最忠实的崇拜者”之列。但书中人物的各个原型坐不住了：阿尔布费拉认出自己就是作为拉谢尔情人的圣卢；舍维涅伯爵夫人本该欣然接受自己被描摹为盖尔芒特公爵夫人，却与作者渐生龃龉，还让人烧掉了他的信件。科克托写信对普鲁斯特说：“您要求一个正在摆姿势的‘裸体模特’理解画的内容，而他此时看到的只是画家一些莫名其妙的动作和画布的背面。”[2]而一直与普鲁斯特保持良好关系的保罗·苏戴指责普鲁斯特攀附权贵，普鲁斯特对此反驳道：“您大概知道，我有生以来一直就非常熟悉众多的盖尔芒特公爵夫人，难道您还不明白，为了站在一个不认识她们而又向往认识她们的人物的立场上写作，需要我付出多大的努力吗？”他还解释说，盖尔芒特的风趣是他的创造，因为圣西门虽谈到莫特马尔的风趣，但没有明确定义这种风趣究竟为何物，而他以一个“非贵族出身”的女性施特劳斯夫人为基础完成了这一创造[3]。同时，普鲁斯特对苏戴认为他变得“女性化”的看法也很不满：

① *Corr.*, t. XX, p. 48.

② Ibid.

③ Ibid., t. XIX, p. 574.

“从女性化到娘娘腔只有一步之遥。那些曾见证我参加决斗的人会告诉您，在我身上是否有娘娘腔的懦弱。”更让他难过的是，《费加罗报》刊登了苏戴文章的节选[①]。总之，苏戴像其他许多人一样，“并没有接受普鲁斯特所追求的崭新形象”[②]。让·德·皮埃尔弗的做法更加过分，他在《争鸣报》上撰文说，普鲁斯特“唯一的指南就是那种社交人士的记事本，他们在上面记下每次约会，偶尔会潦潦草草地写上几笔：‘见到了某某，谈到了某某。’”[③]这位批评家还致信马塞尔：“您不知道吗？其实我有权让别人称呼我为皮埃尔弗伯爵。”相反，亨利·比杜在《政治与文学年鉴》上发表文章对普鲁斯特表示赞赏，并特别强调作品构思严谨[④]。雅克·布朗热在12月4日的《舆论》周刊上向这位“独树一帜”的真正的创造家、艺术家致敬。在1921年1月1日出版的《新法兰西评论》上，年轻人马丹–肖菲耶发表书评，文章的措辞让普鲁斯特兴奋不已[⑤]。孟德斯鸠不无好意地提醒马塞尔，最后时刻涌现出来的仰慕者其实对他很不尊敬：“这些人的神情仿佛是说，他们突然察觉到普鲁斯特居然能写出相当不错的东西。”[⑥]

12月，普鲁斯特跟许多小说家一样，不得不为自己辩白，说明他是在无意之中借用了一个真实人物的姓氏。时隔七年之后，一个名叫哈里·斯万的人来信表示抗议。普鲁斯特回复说，关于名叫斯万的那个人物，其原型是夏尔·哈斯。他说，Swann这个姓是他虚构的，原因是这个

① Ibid., p. 594 et n. 7.《费加罗报》11月28日还发表了雷尼耶为普鲁斯特说的几句好话，普鲁斯特为此向他表示感谢（ibid., p.630, 1920年11月28日）。

② Ibid., p. 594.

③ 1920年11月24日。

④ 1920年11月21日。《大众生活》杂志（1920年9月25日）还发表了埃米尔·昂里奥一篇赞扬普鲁斯特的文章，普鲁斯特向他表示感谢，对于他提的问题，普鲁斯特在《政治、文学、艺术复兴》杂志上做出了回答（ibid., p. 641 *sq.*）。另见1902年11月20日《法兰西行动》杂志上署名Orion的文章，文章的基调堪称正面。

⑤ Ibid., pp. 646–647：马塞尔向他解释了自己的初衷。关于他的回应，见ibid., t. XX, pp. 96–97。

⑥ Ibid., t. XIX, p. 636, 1920年11月29日。

词很像英文单词，并且a这个音很纯净，用两个n是为了与英文swan（天鹅）相区别（鸟的形象是与盖尔芒特公爵夫人紧密联系的）。的确，英国一位公主曾经说过，这部小说就是“从天鹅的角度看到的莱达的故事”[1]。普鲁斯特的声明尽管低估了直觉的作用，但仍有助于我们理解他的命名法。至于这位真（或假）斯万的后续反应，我们不得而知。

社交生活

在利兹饭店宴请客人已经成为时尚，但是若把马塞尔做东和做客的饭局一一罗列出来，将显得烦冗乏味。他保持前一年在利兹饭店用餐的频率，即每个星期两到三次[2]。与以往不同的是，来宾中有一些他努力讨好的批评家，如雅克·布朗热（他拒绝了邀请）、保罗·苏戴、让·德·皮埃尔弗。这样一来，他就取代伽利玛等人，承担了当时尚不存在的新闻专员角色。他这样做有三个目的：加深外界对自己的认识、加深读者对作品的理解、扩大销量。他突然间感觉到（这一点与马拉美、与昔日的圣西门全然不同），如果没有读者，写作就毫无意义；他感到自己的作品如此独特和难以理解，必须由他本人来进行解释。1920年春，他不得不放弃一直坚持的将小说其余各卷一次出齐的想法，而此时《重现的时光》尚未面世，小说真正的意义尚未揭示，因此批评家们根本无法理解他的作品。“新闻专员”马塞尔的全部意图在于

① Ibid., p. 661, 1920年12月10日或11日；这封信是M. Raimond发现并发表的，见国家印刷局于1987年刊行的《斯万之恋》，360—361页。

② “这些人宁愿推掉一场晚会，也不愿以此为借口缺席他的晚宴。我相信很多人都争先恐后地讨他欢心。”（C. Albaret, p. 298）这些晚宴包括：1月8日的一场（出席的有波利尼亚克、卡斯特拉纳、路易·德·博沃、皮埃尔弗、苏戴），4月28日的一场（雅卢、吉什、莫朗）。10月，他接到波斯外交大臣Firouz亲王的邀请。11月3日，他前往博尼·德·卡斯特拉纳府上。11月27日，他邀请德·诺阿耶夫人、贝里、苏戴到利兹饭店：这是一段“很长的独白，诺阿耶精彩的单人表演”（*Corr.*, t. XX, p. 218）。他很少看演出，5月4日在歌剧院看了《舍赫拉查德》，舞美是巴克斯特，他已全身瘫痪，让普鲁斯特非常难过。他发现芭蕾已经变了样。奥松维尔衰老得让他吃惊，面容随着年岁的增长而愈发威严：又一个《重现的时光》的形象（ibid., t. XIX, p. 257, 1920年5月4日）。

提供阅读方法，避免读者误读。另外，他向几位没有正确理解他的批评家发出一封封长信，一一批驳他们的错误观点，其耐心细致足以令人动容。有人痛惜他未能保持“冷漠以示轻蔑”，痛惜他没有把时间花在更有意义（比如说他的写作）、更轻松愉快的事情上。但直到生命的最后时刻，他始终如此：无论是为报刊供稿，还是阅读报刊的报道，他都特别重视报刊的作用。此时他更有时不我待的紧迫感，不再容许自己不被他人理解，他不能让自己死去时仍得不到理解，仿佛身后事就在今天，仿佛他正面对着十几位圣伯夫。

社交生活是为写作服务的。普鲁斯特1月底想去歌剧院，就是为了看一看“人们是如何一步步衰老的……歌剧院的大厅就是一处绝佳的观察所”[①]。1月21日，他前往香榭丽舍喜剧院观看科克托编剧、杜飞设计、米约作曲的芭蕾哑剧《屋顶之牛》。6月14日，普鲁斯特来到歌剧院观看莎士比亚的《安东尼与克娄巴特拉》彩排，此剧由纪德翻译（他邀请普鲁斯特一同看戏，但普鲁斯特更喜欢坐在苏策亲王夫人的包厢里）、伊达·鲁宾斯坦主演。幕间休息时，有人告诉他雷雅纳刚刚去世，他立即前往洛朗–皮沙街，来到昔日的拉贝玛（《重现的时光》中描写病中的拉贝玛登台为儿子赚钱的情节也是受晚年雷雅纳的启发）的床前，同时陪伴雅克·波雷尔。普鲁斯特受到沉重打击，“浑身无力，如同全身瘫痪而无法动弹的动物”[②]。普鲁斯特给雷雅纳的儿子写信说：“我见到她的时候，她

① *Corr.*, t. XIX, p. 104.

② Ibid., p. 311, 1920年6月16日，致雅克·波雷尔。

的确都是在为您活着，为您受苦，为您死去。”[①]

既然社交要为写作服务，那么他就不在乎能否与住在利兹饭店的罗马尼亚王后交往（苏策亲王夫人曾想邀请普鲁斯特与王后共进晚餐），而是更看重与迪米特里大公的往来，“因为他与一个重要的事件有牵连”。“当然，我不会跟他说一个字。但脸是会说话的。”[②]他还有许多更为怪异的经历：8月17日，他来到蒙马特的一家旅馆式公寓取一批古书，这是一个朋友要他带给“内行人”特龙什进行鉴定的。但女房东不给他开门，他就用手杖不停地敲击旅馆大门，终于让那位朋友听到，把书搬了出来。他担心女房东会控告他“深夜喧闹”，于是询问莫朗是否在巴黎警察局或蒙马特的警署有熟人，还欲盖弥彰地补上一句，说此事“与夏吕斯毫无关系”[③]。在这个普鲁斯特亲笔所写的故事中，一切都显得不同寻常：他在蒙马特的旅馆式公寓（而不是利兹饭店！）有一个朋友，这位朋友拥有一批古书，他不顾病体亲自前去而不是请人代劳，而且一个并不认识他的女房东居然能控告他。在《失踪的阿尔贝蒂娜》当中，叙事者被传唤到保安局局长面前，但原因是诱骗未成年少女[④]。上述经历至少让我们看到，马塞尔并没有完全杜绝一些出格的举动或者类似战争时期夜间外出的“壮举”，由此我们得以窥见他生活中不为人知的另一面。

我们前文讲到，普鲁斯特9月出席了布吕芒塔尔奖的评选会，并为里维埃争取到了这个奖项。他在会上遇到

① Ibid., p. 312.《戏剧》1920年1月发表了普鲁斯特对雷雅纳的评论，其中提到了在马萨侯爵府上演出活报剧时，雷雅纳女扮男装饰演萨冈亲王的照片（马萨侯爵和萨冈亲王均死于1919年）。不要忘了，这张照片是普鲁斯特住在洛朗－皮沙街时获赠的，上面写着：“一位亲王的敬意。一位艺术家的敬仰。一位朋友的友情。——龚古尔兄弟作品的饰演者雷雅纳，12月10日。”（1919年）

② Ibid., p. 321, 1920年6月23日，致苏策亲王夫人。

③ Ibid., p. 402, 1920年8月18日，致保罗·莫朗。

④ *RTP*, t. IV, p. 27，参见十五人译本（六）24页。

了柏格森，两人谈起了麻醉药和失眠症（柏格森深受其苦），失眠时注意力和精神活动的异常兴奋状态，以及失眠症的心理学疗法。埃德蒙·雅卢回忆道："我将终生难忘普鲁斯特与柏格森交谈的情景。他们站在窗前，一个尽管在病中但很壮实，挺着胸，头朝后仰，缩在外套里；另一个消瘦、纤细，几乎不具形体……两个人的神情酷似夜间出没的猛禽。"[①]正是这个时期，普鲁斯特在练习簿上记载了许多关于睡眠的说明，并表示自己反对柏格森关于"梦"的论述（1901年的讲座，1919年收入《精神力量》）[②]。随后直到1922年，他陆续把自己的看法融入《盖尔芒特家那边（二）》或《女囚》[③]当中。

他在家里接待朋友，但每次都是跟他们单独会面，有时也接待出版社的人。他一直通过忠诚的老友卡蒂斯夫人居间介绍，把寄存在古董商安贝尔那里的家具卖掉。

① E. Jaloux, *op. cit.*, p. 19.

② *RTP*, t. III, p. 370（参见十五人译本［四］372页起）n. 1 （p. 1557）; Cahier 60, f°s 6, 13, 80–83 ; Cahier 59, f°s 4–16, 21–23, 51–54.

③ Ibid., t. II, p. 384–391，参见十五人译本（三）76—83页；t. III, pp. 121–126，参见十五人译本（四）119—124页。

皮埃尔·德·波利尼亚克、博尼·德·卡斯特拉纳等人

皮埃尔·德·波利尼亚克和博尼·德·卡斯特拉纳是普鲁斯特新近经常来往的朋友，他们都出现在小说当中。从前文可以得知，普鲁斯特早在1917年就结识了皮埃尔·德·波利尼亚克，还认为他"很有魅力"。他一开始是外交官，1917年被派往中国，结婚后放弃了外交职业。他对艺术和文学有浓厚兴趣，经常出入埃德蒙·德·波

利尼亚克亲王夫人的沙龙。他风度优雅，体型健壮，长着一双蓝眼睛（与贝特朗·德·费纳龙一样），眼光迷离；同时，他对任何东西都不满意，“对外界特别是‘女性’，即便不拒之千里，也至少要保持距离”[①]。他的故事给《失踪的阿尔贝蒂娜》当中描写婚姻的章节涂上了怪异的色彩：絮比安的侄女或女儿由夏吕斯收养，成为德·奥洛龙小姐，并嫁给了小康布尔梅。这个段落写于1919年，而现实居然与虚构相吻合。夏吕斯把非贵族出身的姑娘变成贵族[②]，现实生活中这个人正是摩纳哥的路易（即路易二世大公）。1898年路易与一个洗衣女工生下女儿夏洛特（1900年得到承认）[③]，之后收养了她，这一收养关系1919年由摩纳哥大公阿尔贝一世（有些文件对此记载不确，此时路易二世尚未登基）正式确认，夏洛特因此获得瓦朗蒂努瓦女伯爵的头衔，并成为摩纳哥王位继承人。由于法国总统普安卡雷的斡旋，皮埃尔·德·波利尼亚克1920年3月19日与夏洛特结婚[④]。1920年2月，刚刚得知皮埃尔订婚的消息，普鲁斯特就给他写信说：“先见之明让我的生活毫无惊喜可言，因为真实的生活比我的书来得晚。早在一年前我就在即将出版的书中写到了您的婚事（当然没有提到您的名字或者任何生活细节）……我把那位姑娘叫作德·韦芒杜瓦小姐，这就跟瓦朗蒂努瓦的读音非常接近，读者也许会以为我说的是您和瓦朗蒂努瓦女伯爵，并且认为这种方式会让您不高兴。”[⑤]朋友结婚使马塞尔非常痛苦：“这一次，就在我们友情正浓之时，

① J. Gallois, *Les Polignac, mécènes du XXe siècle*, éd. du Rocher, 1995, p. 223. 编者Rocher谈到这场婚姻时补充道：“这对夫妻时隔不久即告解体，原因是性格不合，也许更大的原因是品味不合。”

② *RTP*, t. IV, p. 540，参见十五人译本（七）265页：并没有很多人知道年轻的康布尔梅夫人其实不属于“瓦朗蒂努瓦家族”。Cf. p. 236 et n. 2：夏吕斯收养了絮比安的女儿之后，“她就已经拥有了德·奥洛龙小姐的名号（因为皮埃尔·德·波利尼亚克的缘故，避免使用韦芒杜瓦这一名字）”（Cahier 60, 1920）。也许是为了报复吧，普鲁斯特让德·奥洛龙小姐死于伤寒（ibid., p. 250）。

③ 据塞莱斯特（p. 156），普鲁斯特对此耿耿于怀：此时的普鲁斯特大概忘记了他本人也是乡村杂货商的孙子。但也许他有更深的缘由为这场婚姻感到痛苦。

④ J. Gallois, *op. cit.*, p. 217.

⑤ *Corr.*, t. XIX, pp. 105–106, 1920年2月初，练习簿60 f° 61–62 r°,普鲁斯特向罗沙口授的信件草稿。

您却永远离开了。”[①]但他们的矛盾并不是这个时候发生的[②]，6月8日，普鲁斯特还在家里见过他，“此时的他比从前名叫波利尼亚克时还要亲切”[③]（他的正式头衔是“尊贵的瓦朗蒂努瓦伯爵殿下”[④]）。7月，普鲁斯特把波利尼亚克的地址告诉了出版社，以便向他征订豪华版《在少女们身旁》。10月，他们的友谊随着一张仅有四行字、署名“皮埃尔·格里马尔蒂·德·瓦朗蒂努瓦伯爵”的便条宣告结束：“亲爱的朋友，请您放心，最近的来信均已收悉，这些信件让我非常痛心。请您相信，我将一直珍藏对您的回忆。”[⑤]马塞尔曾想去南方看他，但此时不得不放弃这个念头。关于他们分手的情况，米尼耶教士的说法是：在皮埃尔新婚旅行期间，马塞尔给新郎寄过一些“密封的信件”，而且一直寄到埃斯特别墅[⑥]。普鲁斯特则从自己的角度透露说，他与皮埃尔·德·波利尼亚克决裂的原因是皮埃尔“脾气不好”。“……一直对他的聪颖敬佩不已，对他的好意心存感激。别人对他的种种议论（比如指责他自以为是小国王等等）都是蠢话，但不幸的是人人都这么说，还编排一些可笑的故事。他刚结婚的时候，我还没有生他的气，并且我可以作证，他一直待我很好。但最后，我生气了。”[⑦]他在《盖尔芒特家那边（二）》当中所说的，恰恰是这些“可笑的故事”：皮埃尔·德·瓦朗蒂努瓦变成卢森堡大公的法定继承人纳索公爵[⑧]。在洋洋得意地讲了上述故事之后，普鲁斯特接着说这些都是“谎言”：“因为卢森堡–纳索大公是我所遇见的最聪明、最善

① Ibid., p. 105, 1920年2月初。

② 如ibid., p. 159, 3月15日后不久：“一个可爱的人。”

③ Ibid., pp. 297, 301.

④ 地址是摩纳哥公馆，威尔逊总统大街10号。Ibid., p. 355, 1920年7月10日或11日。致特龙什。

⑤ Ibid., p. 542, 1920年10月21日。

⑥ Abbé Mugnier, *op. cit.*, pp. 509–510. 但如果那封绝交信上的日期无误，那么就应该是在旅行七个月后他们才绝交的。从信中的口吻看，普鲁斯特一定问过他是否已收到自己的信。

⑦ Ibid., p. 602, 1920年11月18日或19日。

⑧ *RTP*, t. II, p. 704, pp. 822–823, 826–828; 参见十五人译本（三）403、526、530页。

良、最机灵的人，坦率地说，也是最完美的人。”[①]他以这种方式报复了仍然念念不忘的昔日友人，此君大概也是他爱过的最后一位贵族。

如果说波利尼亚克与普鲁斯特之间有过很紧密的关系的话，那么卡斯特拉纳与普鲁斯特之间的缘分就完全属于另一种情况。他是德·维尔巴里西斯夫人的原型德·博兰古夫人的侄孙，通过此人，普鲁斯特再一次根据后代的相貌研究先人的形象，并把他作为与塞维尼夫人有亲属关系的朋友写入《温柔的存储》的序言[②]。被人们称作“博尼”的这位，对普鲁斯特来说还是一家“情报站”：他不仅对社交场及其变化了若指掌，而且他曾做过议员，所以对内外政策也非常熟悉。他证实了普鲁斯特在《索多姆》当中所写“闲话”的心理价值，它把社会现实像一块织物一样翻了一个面[③]。他是一位风采罕匹的美男子，用妻子安娜·古尔德的钱建造了玫瑰宫，在那儿举办盛大的聚会[④]。安娜1906年离开他（1908年嫁给了他的表兄埃利·德·塔列朗[⑤]）以后，他陷入朝不保夕、随时可能破产的境地。但随后他又振作起来，当了记者，后来成为古董商和室内设计师，只不过他“所拥有的地产只有祖先的墓地”。他写道：“我本将拥有华丽的屋宇，建造宫殿，修复城堡，让很多人嫉妒，依照我祖上的传统生活，但对我来说任何东西都不会长久。”[⑥]他在通信中向普鲁斯特表示钦佩[⑦]。

还有一位朋友也向普鲁斯特透露了许多社交界的情报，此人名叫安德烈·德·富吉埃尔，在他的《华丽五十

① Ibid., p. 828，参见十五人译本（三）531页。

② Cf. *Corr.*, t. XIX, p. 565. 普鲁斯特在《盖尔芒特》的草稿中曾提到过他，*RTP*, t. II, pp. 1255, 1266。

③ *RTP*, t. III, p. 435，参见十五人译本（四）438页。

④ 博尼·德·卡斯特拉纳（*op. cit.*, pp. 123–125）还讲过他如何为了妻子的21岁生日而租下了Tir aux Pigeons，搭了一个100米长的舞台，请了200名演奏家组成的乐队和80位舞蹈演员，放生了25只天鹅，还有焰火表演。请注意，虽然博尼·德·卡斯特拉纳给普鲁斯特写过很多洋溢着友情的信，但在回忆录中没有提及普鲁斯特的名字。

⑤ 普鲁斯特1908年1月3日在信中对哈恩说：“我相信对他来说，古尔德（Gould）首先就是‘金钱’（Gold）。”埃利·德·塔列朗-佩里戈是前萨冈亲王、塔列朗公爵的儿子（B. de Castellane, *op. cit.*, p. 283）。

⑥ Ibid., p. 400. 博尼·德·卡斯特拉纳1932年去世。1918年，他在里尔街71号租下了一座公馆，患上流行性脑炎后，1921年离开此处，迁往维克多-埃马纽埃尔三世大街（现在的威尔逊总统大街）。

⑦ *Corr.*, t. XIX, p. 522. Voir C. Albaret, p. 297.

载》一书中经常提到普鲁斯特。他们是在玛德莱娜·勒迈尔家里认识的[①]，曾中断来往多年，重聚之后一直保持联系。安德烈被称为"风度优雅的裁判员"，他1920年写给普鲁斯特的信中说："所以我们将重新成为朋友，成为好友，就像过去一样。"[②]

至于亨利·罗沙，他一直住在普鲁斯特家里。1920年5月12日，莫朗应邀来到普鲁斯特家中，随后他们的交谈被亨利打断，"他刚刚起床，穿着一身鲜艳得可怕的睡衣出现在我们面前"。亨利刚一离开，马塞尔便诉苦道，亨利每次外出都要"欠上万法郎的债务"。头一天，他花了三千法郎买新衣服；此外，他还进行金融投资，向莫朗征询证券交易的建议[③]。1月里，马塞尔致信爱德华兹夫人，想乘出租车带她去歌剧院，同行的有吕西安·都德和"那个瑞士小伙儿"，希望他们能在他上楼呼吸不畅时助一臂之力。他在信中说："出租车里光线很暗，所以我想您与某个'不同出身'的人一起乘车没有什么不妥，何况我所有的朋友都认识他。"[④]12月，普鲁斯特（错误地）以为已经给罗沙在日本找到了一个好去处[⑤]。另外，马塞尔与利兹饭店的其他服务员，比如埃米尔·比尔内和亨利·比尔内，都一直保持来往[⑥]。

米西娅·戈德巴斯卡嫁给了画家情人何塞·马里亚·塞尔特，普鲁斯特在给她的信中风趣地说，"这场婚姻具有了神妙无用之物的庄严之美"[⑦]，以此来表达一位画家对自己模特的感激之情。此外，他还在小说中两次提

① A. de Fouquières, *Cinquante ans de panache*, *op. cit.*, p. 71. Voir aussi les cinq volumes de *Mon Paris et ses Parisiens*, *op. cit.*, inégalable source de renseignements sur la haute société parisienne pendant un demi-siècle.

② *Corr.*, t. XIX, pp. 512–513, 1920年10月6日。

③ *Paul Morand écrivain*, textes réunis par Michel Collomb, Université Paul-Valéry, Montpellier, 1993, p. 292,

④ *Corr.*, t. XIX, p. 104.

⑤ Ibid., p. 673, 致罗贝尔·德·比利。

⑥ Ibid., pp. 204, 616.

⑦ Ibid., p. 433, 1920年9月1日。

及画家塞尔特[1]。普鲁斯特以同样的方式表达了对都德一家的感情，莱昂·都德的妻子以邦比耶为笔名写了本烹饪书，于是普鲁斯特写信告诉她，已经把她写进了《盖尔芒特（二）》中[2]。他还告诉她，过去曾在诺曼底的一座教堂外见到一枝犬蔷薇沿着门廊盛开，而门廊的墙基就刻着犬蔷薇花。在寄出这枝文学之花时，普鲁斯特还补充道，“最具法式风格的作家们首先发现了《朱莉的花环》，而后才组成那一束《幽谷百合》”[3]。他此时想到的是自己那部获得了龚古尔奖的小说，但没有挑明。

① *RTP*, t. III, p. 871，参见十五人译本（五）363页（译作塞尔）、周译本（五）384页，在谈及俄国芭蕾演出季时，与巴克斯特、伯努瓦同时提到；t. IV, p. 225，参见十五人译本（六）226页，当时正谈到施特劳斯和凯斯勒作曲、佳吉列夫导演的芭蕾舞《约瑟夫的传说》的“美妙的”舞美。

② *RTP*, t. II, p. 792，参见十五人译本（三）494页。*Corr.*, t. XIX, p. 678。

③ Ibid., p. 679.

文友

普鲁斯特与埃德蒙·雅卢成为好友；雅卢后来当选法兰西学院院士，并且写了一本关于普鲁斯特的书。雅卢1904年发表小说《水蛭》，书中一段发生在圣路易德贡扎格中学的故事，即“一位性格残暴的年长的同学失手将一位小同学杀死”的情节，让普鲁斯特深受刺激。“每天在我入睡前的某个固定时刻，我都会思考，在这个残忍而揪心的故事里，怜悯和残暴的成分到底各占多少（假定两者是混合在一起的）。”[4]阿尔贝·蒂博代是20世纪最伟大的批评家和文学史家之一，尽管二人在福楼拜风格问题上有过争论，但在他写给普鲁斯特的信中，钦敬之情仍溢于言表[5]。克莱蒙–托内尔公爵夫人的《法兰西优美风物记》于1920年问世，她对绿芦笋的描写将出现在《盖尔芒特

④ Ibid., p. 276. 这部小说是1904年出版的，所以普鲁斯特一直对它记忆犹新。

⑤ Ibid., pp. 328–332.

（二）》当中[1]。7月，弗朗索瓦·莫里亚克把自己的《宗教心理小议》寄给普鲁斯特，这本书写到了拉科代尔、阿米耶尔、波德莱尔、拜尔。吕西安·都德也寄来了新著《显而易见》，马塞尔认为“它可能是一部杰作”[2]。看到科克托的《诗》和《空白卡片》，普鲁斯特对他说“您从未有过如此丰富的才华”[3]。针对波尔托–里什的《感情的解剖》，普鲁斯特给他写信说这是“一个精彩的书名”[4]。他还与“女中豪杰”娜塔莉·克利福–巴尔奈维持了某种用文学调情的关系，甚至提议——这对普鲁斯特是绝无仅有的——与她单独共进晚餐，他这么做似乎是为了完成《戈摩尔》的写作[5]。他还得“驯养”大罗斯尼的《穴狮》，这本书展示了远古的时代和神秘的生活，“虽然那时距离现在久远得不可思议，但已经盛开着我们生活中最美好的花朵”[6]。德·诺阿耶夫人来信对普鲁斯特的作品给予好评，并寄来自己新出的诗集《永恒的力量》。马塞尔从比贝斯科嘴里得知她曾说过自己作品的坏话，因而回信说：“您是两位不同的诺阿耶夫人，一位是写了这些书的诗人……另一位，如果我假装不认识，那就是对您撒谎。”[7]

① *RTP*, t. II, p. 793，参见十五人译本（三）495—496页。

② *Corr.*, t. XIX, p. 386. 这是由A La Sirène刊行的76页的小册子。

③ Ibid., p. 398.

④ Ibid., p. 454.

⑤ Ibid., p. 618.

⑥ Ibid., pp. 627–628, 1920年11月末。

⑦ Ibid., p. 670.

报刊的问卷

青少年时期，普鲁斯特填写过许多调查问卷；如今，他要应对许多报刊的调查，不过这些调查都是通过书面形式进行的。1月24日的《舆论》周刊刊登了沃杜瓦耶关于卢浮宫的调查问卷（如同最近在特别展台上展出八幅意大利绘画那样，如要选择八幅法国绘画，会是哪八幅？），同时刊登了几个人的答案，其中就包括普鲁斯特，尽管他并不赞成如此迁就公众的懒惰。他提到的作品有："夏尔丹自画像"、"夏尔丹夫人肖像"、夏尔丹的《静物》、米勒的《春天》、马奈的《奥林匹亚》、莫奈的《埃特勒塔的高崖》、雷诺阿的《但丁之筏》或柯罗的《沙特尔大教堂》、华托的《无忧无虑的人》或《乘船前往基西拉岛》[1]。在《强硬报》上，普鲁斯特提出反对把脑力劳动和体力劳动截然分开[2]，他比任何人都更懂得作家这一职业需要付出多么繁重的体力，写作需要物质和精神的高度统一，所以他说，写作对体力的要求与爱情相差无几。这个幽默的比喻被《强硬报》删掉了，不知道是由于这家报纸过于严肃还是过于腼腆。还有一次，他声称自己支持建立图书阅览室，因为世上只有两种人不会买书：穷人不会买书，因为没有钱，而富人也不会买书，因为吝啬。当埃米尔·昂里奥问他如何区别古典主义和浪漫主义时，他回答道"但凡真正的艺术都是古典的"，但并非一开始就能被承认是古典的。只有像波德莱尔那样的大革新家才是真正的古典主义作家，他们遵从一种严格的内在戒律，并且首先是建设者，因为他们的建筑物是新颖的，所以人们要用很长时间来认识它[3]。

① Ibid., p. 108, 致沃杜瓦耶。

② Ibid., p. 290, 1920年6月。

③ *CSB*, pp. 617–618. 普鲁斯特为小说*Les Temps innocents*给昂里奥写了很长一段话表示感谢，并在风格上提出建议（*Corr.*, t. XIX, pp. 697–699, 1920年12月30日）。

序言与文章

看起来，普鲁斯特不再因为莫朗那篇不合时宜的《普鲁斯特颂》而怨恨他，并且同意为他的第一本书，即收录了三篇短篇小说的文集《温柔的存储》（但他认为这个书名“面目可憎”[1]）作序。9月9日，伽利玛把书的校样寄给马塞尔，他在10月初写好了序言，并向安德烈·肖梅自荐[2]，遂于11月15日将序言发表在《巴黎评论》上，题目是《致友人：关于风格的几点看法》。由于先前的过节和短篇小说本身的原因，普鲁斯特在序言中的赞扬是有所保留的（他对莫朗的另一个集子《体温记录表》同样持保留态度[3]）。这篇序言的部分内容重现在《盖尔芒特（二）》当中[4]，但引用的例证却是吉罗杜的《沙托鲁之夜》[5]，从而利用吉罗杜隐去了莫朗。他论述的核心问题，是有关“以新的关系把事物联系起来的”“新作家”的理论：“我们现在对雷诺阿、莫朗或吉罗杜所刻画的妇女喜爱有加，而在过去，在眼科医生进行治疗之前，我们根本不愿承认看到的是妇女……艺术家创造的世界就是这个样子，它既新鲜又容易变质，仅能保持到一个新世界到来之时。”[6]莫朗的错误在于，有时他的画面仅仅满足于“差不多”，“既然如此，还是不要这些画面为好”。

普鲁斯特与法朗士（续完）

11月5日的这篇序言也是对法朗士之前在《巴黎评论》刊登的《拜尔写得好吗？》[7]一文的回应，从而让普

① Ibid., p. 519.

② Ibid., p. 517, 1920年10月初；p. 518。这篇文章的稿酬是20法郎，他觉得少，因为这是《费加罗报》战前给他稿酬的标准（ibid., p. 609）。

③ Ibid., p. 380：“莫朗创造了与现实不同的现实”，而这个现实在普鲁斯特看来“诗意不足且很丑”。

④ *RTP*, t. II, p. 622，参见十五人译本（三）321页；voir notre « Proust et le nouvel écrivain », in *RHLF*, janvier–mars 1967, pp. 79–81. 1919年，吉罗杜被莫朗带到洛朗－皮沙街拜访普鲁斯特（这是莫朗告诉我们的），但他从来没有再去过（因为对疾病、对同性恋的恐惧，或是出于一种莫名的反感）。为了报复他，普鲁斯特在《盖尔芒特（二）》当中写了一位与布洛克很像的“新作家”，这位新作家首先就是吉罗杜和莫朗。“从此，这个作家的书页上都印着这个形象，但我不再认为应该强迫自己去努力理解他的句子了。”为了感谢普鲁斯特的序言，莫朗在1920年7月的*The American*杂志上发表了一篇写普鲁斯特的文章，见*Corr.*, t. XIX, pp. 129–130。

⑤ Ibid., 1920年8月末：普鲁斯特向莫朗表明自己对吉罗杜小说集《可爱的克里奥》的喜爱，特别是对其中《沙托鲁之夜》的欣赏。

⑥ *CSB*, p. 615.

⑦ Ibid., p. 607 et 951. 法朗士的文章发表于9月1日，普鲁斯特11月15日在同一家杂志上作出回应。（拜尔，即斯丹达尔。——译者注）

鲁斯特在1920年又一次站到了法朗士的对立面。“阿纳托尔·法朗士……宣称，风格中任何独出心裁的东西都必须摒弃……法朗士先生待我的种种善意至今犹在眼前，如果我有幸再次见到他，我将当面请教，既然每个人的感觉各不相同，那为什么他认为风格必须是唯一的呢？……在他的《西尔韦斯特·博纳尔的罪行》一书中，猫给人留下的野性和温情的双重印象不正是在一个令人激赏的句子中流传开来吗……我认为这段话令人激赏，但法朗士先生不会同意我的看法，因为（依他之见）自18世纪末以来，世上已没有好文章。”于是，普鲁斯特把基佐、梯也尔、维尔曼、库赞抛给法朗士，而把勒南留下。但普鲁斯特又拿波德莱尔和斯丹达尔与勒南进行对比。他得出结论说，与法朗士相反的判断同样成立：正如福楼拜，有才华的作家越来越把自己等同于他所表达的对象。“但法朗士先生对此持有异议。他在那篇文章中一边向我们发问标准何在”，一边拿出拉辛“想象的信”[①]（“lettres imaginaires”）作为榜样。普鲁斯特回应道：“没有比它更生硬、更贫乏、更短命的东西了。如果一种形式当中只包含了很少的思想，那么就不难让它轻巧和优雅起来，而“想象的信”的形式并非如此。”实际上，普鲁斯特拒绝任何“标准”。真实的情况是，不时会有某个“独特的新作家”出现，他通过新关系把事物统一起来，给我们展示一个重新创造的世界——直到下一个新作家的到来。风格并没有停留在拉辛时代的完美状态上，它由于存在差异而不断演化、发展和

① “想象的信”这种简称并不严谨，它实际上指的是拉辛1666年在与论敌打笔仗时发表的公开信，全名是*Lettre à l'auteur des Hérésies Imaginaires et des deux Visionnaires*。——译者注

自我完善。这种差异并不是人为的，它是以新的世界观为基础的。至此，曾经的导师终于彻底失去了这个弟子，这也正是导师本人在近期与一位秘书的谈话中感觉到的：

“然后我们谈到了马塞尔·普鲁斯特[①]。

法朗士先生：我早就认识他，并且给他写过序，我想那是他最早的一部作品。他是一位在内政部担任卫生专家的医生的儿子。不幸的是，他似乎患了很严重的神经衰弱，一直卧床不起。他的百叶窗整天都关得紧紧的，屋里一直开着电灯。对他的作品，我一点儿都不懂。他很好相处，非常风趣，具有非常敏锐的观察力。但我很快就不再与他来往，到目前已经有二十年没有见过他了。

我：都德夫人说很喜欢他。

法朗士先生：为了理解他的作品，我曾付出很多努力，但最终没有做到。这不是他的错，错在我。”

① M. Le Goff, *Anatole France à la Béchellerie*, Albin Michel, pp. 331–332.

法朗士式的句子不时出现在普鲁斯特的作品中，数量众多，我们无法在此一一列举。《在斯万家那边》当中，仅仅一页之内就有许多法朗士的句子被放在了贝戈特的名下[②]。书中平淡的语气（亦得益于皮埃尔·洛蒂的影响）标志着叙事者最早的生活体验，这是他从法朗士的《文艺生活》中发现的：“每走一步，我们都会打破某些把我们与人和物捆绑在一起的不可见的联系。”[③]《在少女们身旁》当中，未能带来任何新鲜感的新年第一天，正是典型

② *RTP*, t. I, p. 93，参见十五人译本（一）96页，周译本（一）95页：“人生空幻的梦”（《西尔韦斯特·博纳尔的罪行》）；“知心和依恋的折磨如何空泛徒劳而又甜蜜销魂”（《吾友之书》）；“震撼人心的塑像如何把教堂的外观点缀得格外崇高”（《皮埃尔·诺齐埃尔》）。

③ *La Vie littéraire*, *Œuvres complètes*, *op. cit.*, t. VI, p. 312.

的法朗士式的日子："我们知道生活从不会带来任何新东西，相反，在我们年轻时，倒是我们给生活带去新事物。宇宙与我们每个人都是同龄人。"[①]由此引出了这一具有唯我论色彩的告诫："我们被关闭在各自的自我当中，如同被关进了永久紧闭的监牢。"[②]它同时预告了普鲁斯特最终将形成的信念，他认为：人无法走出自己，谁若不同意这种看法，就是在说谎。

爱情始终与某种毁灭性的嫉妒紧密相连，这是《红百合》作者的切肤之痛。"嫉妒在我们身上产生的效果如同盐对冰的作用，它让我们整个人彻底融化，速度之快令人惊骇。而且一旦我们开始嫉妒，就会像冰一样融化在泥地里，这是一种折磨，也是一种耻辱。我们被判处的刑罚就是知晓一切，看到一切……因为想象就是目睹……甚至无法移开视线或者闭上眼睛。"[③]这是法朗士在一篇文评中说出的心里话，无论写作《斯万之恋》还是《女囚》，普鲁斯特都没有忘记这段话。阿尔贝蒂娜的故事以及1893年那篇书信小说和《盖尔芒特家那边》都提及了一个意象，即一个男子认为自己把中国公主封藏在瓶子当中[④]。普鲁斯特在法朗士论梅里美的一篇文章中看到了这个故事，这个形象仿佛是他将要经历和讲述的情景的先验原型，令他非常惊讶。他生活当中的阿戈斯蒂耐利，他作品当中的阿尔贝蒂娜，都是这位公主，她将从瓶子中逃出，让马塞尔或叙事者从妄想状态中清醒过来，但是，如同法朗士所引的梅里美，她又让他不知所措。

① Ibid., p. 251. *Le Temps*, 10 octobre 1886.

② *La Vie littéraire*, *op. cit.*, p. 6.

③ Article du 13 novembre 1887 sur *Mensonges* de P. Bourget, *La Vie littéraire*, t. I, p. 312.

④ *RTP*, t. I, p. xv ; t. II, p. 587，参见十五人译本（三）286页；t. III, p. 888 et n. 1, p. 1788，参见十五人译本（五）382页，周译本（五）402页；et l'article de France sur Mérimée, *Le Temps*, 1888年2月19日。

法朗士往灵魂的深处又前进了一步，并在普鲁斯特的心灵中产生振荡。法朗士在《罪人》一文中写到[1]："人类学认为，罪人只是一个无法治愈的病人。它以怜悯的冷眼看着各种犯罪行径，它会鹦鹉学舌一般，把伊俄卡斯忒看透目盲的俄狄浦斯王的命运之后所说的那番话告诉杀人犯：'不幸的人！……这是我能给你的唯一的名，我再也不可能给你另外一个名。'"1907年，普鲁斯特也在《一个弑母者的亲子之情》一文中提及俄狄浦斯王的悲剧，为杀害母亲后自杀的亨利·范·布拉伦贝格开脱罪责[2]。当马塞尔引用《效法基督》或《哈姆雷特》时，实际上是转引他的导师摘出的词句，比如"晚安，亲爱的王子……"[3]法朗士对巴尔扎克的一个看法被《盖尔芒特家那边》借用："因此，世纪伟人拿破仑在整部《人间喜剧》当中只出现了六次，更有甚者，这六次露面都是在无关紧要的场景。"[4]

对文学重要功用的认识也是维系他们友情的重要纽带。比如法朗士断言，文学的真理就叫作诗[5]，艺术的唯一教益就寓于艺术本身（天才"就像火一样能净化一切"[6]），文学批评家拥有一个光辉的使命："他无须走出自己即可写出人类的文化史。在所有的文学形式中，批评是最晚问世的形式，也许它最终会把其他形式都吸收进去。"[7]最后的这一点，对于想同时成为批评家的小说家普鲁斯特来说——他是《驳圣伯夫》一书和罗斯金译著长序的作者兼《新法兰西评论》的评论员——无疑是

① *O.C.*, t. VII, p. 404.

② *CSB*, pp. 156–157. Cf. *La Vie littéraire*, *op. cit.*, t. VI, p. 41："在人的身上有一些暗力量，这种力量先于他而存在，独立于他的意志而行动，人并不能始终完全支配它。"（*Le Temps*, 1887年1月16日）

③« Hamlet à la Comédie-Française », *Le Temps*, 1886年10月3日, et *CSB*, p. 469（« Le salon de la princesse de Polignac »）.

④ *La Vie littéraire*, article du 1887年5月29日, *op. cit.*, t. VI, p. 141, et *RTP*, t. II, p. 826 et n. 5，参见十五人译本（三）530页。

⑤ *La Vie littéraire*, *op. cit.*, pp. 78–79. 这篇驳埃尔芒和左拉的文章与《重现的时光》中对龚古尔的仿作相呼应。

⑥ Ibid., p. 86.

⑦ Ibid., p. 5.

巨大的鼓舞。正是阅读《红百合》才使他超越社交小说的条条框框[1]，超越它的肖像描写、心理分析、对家具和服饰的描写以及必不可少的剧院和晚餐的场景。他肯定在这本书中听到了激情爱欲终告落空的故事，看到了情人之间的隔阂、嫉妒和分手。有谁知道下面这个句子有没有扰动那个潜藏最深也最让他惊恐的顽固念头呢？“房子很小，又脏又乱，老鼠横行。她承认，到任何地方她都不自在，真实的和象征意义的老鼠，以及让人心惊肉跳的小动物大军无处不在。”[2]寥寥数语就生动描绘出——对错暂且不论——莫里斯·萨克斯在回忆录《安息日》中所说的“强迫症”。

这就是法朗士与普鲁斯特的友情，一方多少有些居高临下，另一方在开始时满怀崇敬之情。相较之下，普鲁斯特更为真诚，付出的更多，即使他已不再认为法朗士是至高无上的导师。童年、激情、讽刺、对昔日的感怀、德雷福斯事件、《文艺生活》，这些与法朗士有关的种种，在《追忆似水年华》中均有一席之地，虽往往无形无迹但确实存在。我们看不到它，因为这两位作家秉持不同的哲学，他们的句子也风格迥异。法朗士的句子富有旋律感，古典，简洁，让目光投向过去，即他挚爱的十八世纪。普鲁斯特的句子则指向无人知晓的未来，致力于他的导师不再追求的集大成，从而为我们的思维和语法赋予了新的希望。

丽塔·德·莫尼生于波兰，擅长油画和素描，战争结束后完成的素描集《手术刀王国》描绘了她在战争期间

① Voir M.-C. Bancquart, Introduction, A. France, *Œuvres complètes*, Bibl. de la Pléiade, t. II, pp. 1213–1218.

② *Le Lys rouge*, *Œuvres*, t. II, p. 394, *RTP*, t. II, p. 386，参见十五人译本（三）79页。为了写作《让·桑特伊》，普鲁斯特还从《红百合》中借用了马尔迈夫人这个名字。

的经历，她还通过丈夫找到马塞尔，希望他为这本画册作序。最后，马塞尔通过他喜欢的书信形式（那篇关于福楼拜的文章最早就是一封致里维埃的信）完成了这篇序言。在序言里，他回忆起二十年前度过的萨瓦之夜、在落日余晖里变成“玫瑰峰”的“白峰”（勃朗峰）、湖边的小火车（《索多姆》中巴尔贝克小火车的原型），还有“镶嵌在这个神奇国度的绿宝石之上的莫尼城堡”，然而就像弗拉卡斯上尉的城堡一样，莫尼城堡满目凄凉。普鲁斯特无所不知，所以他同样知道，《弗拉卡斯上尉》原本的结局是主人公独自返家，非常凄凉，最终应出版者的强烈要求才改成了幸福的结尾，变成主人公与伊莎贝尔双双还家，所以是伊莎贝尔让城堡恢复了欢乐，而这正是德·莫尼夫人本人所扮演的角色[1]。关于她的素描，普鲁斯特只写下寥寥数语，谈到“那些胖胖的女士悔过自新”而当了护士，以及“那几个贵妇人直到很晚的时候才变成圣徒”。几个月之后，普鲁斯特到处托人，为的是给经济状况不佳的克莱芒·德·莫尼找一个差事。

普鲁斯特对莱昂·都德一直心存感激，莱昂回忆录的第五卷《犹大的时代》出版后，普鲁斯特在4月写了一篇关于莱昂的文章[2]，但没有报刊愿意发表（就像他当年写文章吹捧孟德斯鸠）。在文章中，普鲁斯特先把回忆录作者莱昂（他从梦的角度写作）与圣西门及他的肖像描写作了一番比较，又把他与论辩家莱昂（这时他写作纯粹是为了造成影响）做了分割。普鲁斯特只青睐前者，但是，文

① *Corr.*, t. XIX, p. 535, vers le 20 octobre 1920, 537–539, peu après le 20 octobre 1920.

② *CSB*, pp. 601–604. 参见向莱昂赠送《盖尔芒特家那边（一）》时的手写赠言，*Corr.*, t. XIX, p. 532。

中对这位极右派记者的赞扬，在他投稿的几家报刊（包括雅克·班维尔主编的《万有评论》[①]）看来，肯定是显得太过分了。不过，在2月份，里维埃要他写一篇关于圣伯夫的文章，他反而谢绝了：这个论题在他心目中无疑太重大了，所以无法很快下笔，而他又不愿意利用1909年的笔记炒冷饭。

① Ibid., p. 262. 普鲁斯特的确赞扬过班维尔，但他的反应很低调。

健康事故

从马塞尔的各种抱怨中，我们知道他的健康情况在恶化，疲惫感不断加重，工作对他来说越来越困难。同时，还有许多特别的小事故不断干扰他的生活。要么是，他须臾不离的耳塞棉球引发了耳炎，为此他找了维卡尔医生，“此人很可爱但对我来说太过聪明了”。其实，医生的罪就在于他们想治好马塞尔的哮喘：“啊！像比泽那样的医生真是让病人安心，十年来他从来没有给我做过听诊。”[②]要么是，他把一盒佛罗那与二酫、鸦片混在一起[③]，服下之后导致药物中毒，不仅无法入睡，而且身体痛苦不堪。要么是，他为了给里维埃争取布吕芒塔尔夫人的奖项而过于劳累，结果再次出现语言障碍[④]。10月里，哮喘发作得极为严重，比泽医生第一次给他注射了吗啡，但除了让他“彻底神志不清”外[⑤]，没有其他效果，让马塞尔庆幸的是他没有成瘾。不过更为重要的是，这是一个标志性的日子，一个转折点：从前，他说自己是病人；现

② Ibid., pp. 467–468, 致罗贝尔·普鲁斯特。

③ Ibid., p. 618, 1920年11月23日。他戒了三乙眠砜，这种药在《索多姆》当中受到戈达尔的称赞，*RTP*, t. III, p. 351，参见十五人译本（四）353—354页。Cf. p. 373，参见十五人译本（四）376页，关于安眠药与记忆力的话题，普鲁斯特借柏格森之口发表了看法（另见练习簿59）。普鲁斯特还诉苦说，佛罗那使他记忆力下降（*Corr.*, t. XIV, p. 78）。

④ Ibid., t. XIX, p. 513, 1920年10月8日，致保罗·苏戴。

⑤ Ibid., p. 518, 1920年10月10日。

在，他深信自己不久就会死去。在为莫朗小说集所作的序言里，他公开写到“一个陌生的女人已经在我的头脑中住下了”[1]，而后，他把这个主题用于贝戈特逝世的情节和《重现的时光》。

① *CSB*, p. 606.

“荣誉之路”

马塞尔深知自己作品的不同凡响，且对学术机构倾心向往，他以为龚古尔奖是迈向法兰西学院的重要一步。假如能当选，对他的默默无闻和遭遇的冷嘲热讽将是有力的回击。此时，学院里正有三个位置虚席以待。于是，他不无天真地找到两个他一直熟悉但并不喜欢他的人[2]。亨利·德·雷尼耶保证为他投上一票[3]，但明确告诉他，还有其他候选人应该排在他前面，请他“等下一次出空缺吧”。当马塞尔在5月的一个深夜拜访巴雷斯时，据塔罗兄弟所说[4]，巴雷斯认为马塞尔的做法可笑至极，觉得普鲁斯特“自视过高”，而《斯万》一书在他眼中一无是处。最终，6月3日罗贝尔·德·弗莱尔[5]、约瑟夫·贝迪耶和安德烈·谢夫里永当选法兰西学院院士。里维埃早就对普鲁斯特说过：“总的说来，他们无法理解您，因为他们睡得太沉了。”[6]

② *Corr.*, t. XIX, pp. 220, 228, 232.

③ Ibid., p. 213，雷尼耶在信中说：“唯一的一票，在实际中并不能以它独一无二的质量，代替所必须的数量。”（1920年4月14日）

④ *Mes années chez Barrès* et *Corr.*, t. XIX, p. 288.

⑤ 马塞尔向弗莱尔表示祝贺，并说：“你的同仁当中如有人去世，我就会成为候选人。”

⑥ *Corr.*, t. XIX, p. 284.

至于荣誉军团的勋位，虽说最初的想法并非出自他本人，但他对此事非常在意，所以请弟弟给芒冉将军写信，结果芒冉去找了……莫努里将军的兄弟[7]。他想起德·诺

⑦ Ibid., p. 501.

阿耶伯爵夫人第一次没有获得荣誉军团勋位，因为她的作品此前引起了风波[1]。那么，一个写同性恋并且没有参加战争的人，还能得到这个荣誉吗？9月27日，他被授予荣誉军团第四级勋位，因此而收到的贺信比新书出版和获奖时收到的还要多；勒内·然佩尔赠给他一个卡地亚的镶钻十字架。11月7日，已晋升为荣誉军团第三级勋位的弟弟罗贝尔为他授勋。马塞尔对他说："我不知道你是否还记得圣西门写费纳龙之死那段精彩的文字，就在费纳龙的嘴唇触到杯子的时候，他闭上了眼睛……有生以来一直与我无缘的各种东西，现在却急匆匆地呈现在面前。"[2]接下来，他忙着回复所有的贺信，同时，还要以一贯的慷慨把新出版的《盖尔芒特家那边（一）》赠给友人[3]。新的一卷小说面世（这一卷是《追忆》的转折点，它将导致读者最严重的误解，引起读者对作者与伯爵夫人关系的臆想），文章在报刊上接连发表，文学奖和荣誉勋位接踵而至，这一切似乎都在说普鲁斯特正时来运转，只是，就在作品的出版严重滞后，出版社既不愿亦无力将那么厚的小说其余各卷一次出齐（身体虚弱的普鲁斯特同样也没有力气进行修改，但我们已经看到，他非常着急，甚至愿意接受别人的帮助）之时，他意识到——也只有他自己能做到，因为别人早已对他的诉苦习以为常——自己已经病入膏肓。

① Ibid., p. 384. Cf. p. 466.

② Ibid. Cf. p. 430, 致保罗·莫朗："死亡真是可怕的事情。一个星期以来人们给我的所有东西，若在一年之前我会十分喜爱，而现在，死亡已经来临。"

③ 包括瓦莱里："致保罗·瓦莱里先生，您在《海滨墓园》中把抽象之物固定在运动的具体之物当中，真是前无古人之举。谨表崇高的敬意。"（ibid., p. 552）而瓦莱里直到1945年，即最后一次生病时，才开始阅读并喜欢上普鲁斯特。

XVI

生死之间

1921年

健康

这一年，普鲁斯特的生活中有两件事最突出：一个是健康不断恶化，身体不仅受到疾病的摧残，还要经受为战胜疾病而不断加大剂量的药物的毒害[①]；另一个是感觉死亡在逼近，普鲁斯特在信中写道："拉马丁说死过一次以上真是烦人，这话很有道理。"（他错把"缪塞致德·拉马丁先生的信"当成拉马丁的话了[②]。）接连不断的事故扰乱了他的生活：要么是他热牛奶时烫伤了自己[③]；要么是药剂师误将药量加倍而导致他药物中毒[④]；要么是他在房间里跌倒受了点儿"伤"[⑤]；要么是风湿病复发。他问弟弟罗贝尔，有哪个学生在他夜里需要时可以过来帮忙。由于说话困难，他找到巴宾斯基医生，医生让他读出单词"constantinopolitan"和词组"artilleur de l'artillerie"，

①"我的大名医在我身上用了吗啡、阿司匹林、肾上腺素、euvalpine、金雀花碱，总之是你能想象——或者我希望你无法想象——出来的所有药物，直到今天效果都不明显，除了让我头晕迟钝以外。"（*Corr.*, t. XX, p. 163, 4月7日前后，致利奥内尔·奥塞尔）

②"在人间，必须死去不止一次。"Ibid., p. 117, 1921年3月5日（其中注释8有误）；pp. 127, 130, 131, 152。这句诗普鲁斯特在3月里多次引用，他在信里接着说，若总是重复这样的话，别人就该嘀咕了："要死了？又来了！您还是一次就死利索了罢，别再拿它说事儿了。"

③ Ibid., t. XX, p. 178, 1921年4月11日或12日。

④ Ibid., p. 491, 1921年10月14日。但不是安眠药，否则就会要了他的命，而如Mabin教授所说（*op. cit.*, p. 149），是咖啡因。据塞莱斯特·阿尔巴莱，第一次事故发生在1917年，因为安眠药过量，普鲁斯特昏迷了两天，但他在通信中没有提及（ibid., pp. 144–148）。

⑤ *Corr.*, t. XX, p. 462, 1921年9月19日；p. 466。

“大家都十分清楚这意味着什么，尽管他本人认为别人不知道”[1]。药物的副作用还包括精神不集中和健忘：他曾经把没写完的信忘在一边[2]，也曾在小说里让一个人物死过两次。另外，他变得特别怕冷：就在热浪来袭的蒸笼天气里，连7月14日的阅兵活动都被迫取消，他写作时也要“盖上七条毛毯、一件皮衣，捂着三个热水袋，一旁还要生火”[3]。尽管如此，他一直满怀着“这一切都会改变”的希望：“十五年来，我日复一日地生活在希望当中。”[4]然而，由于年底时抑郁的心情以及“可怕的健康状况”，他居然对伽利玛说，很遗憾手头没有氰化物[5]。

对我们来说，这些琐事的分量，都比不上他夜以继日地修改与增补小说，比不上他愈加优美的艺术新发现，包括贝戈特之死。

① Ibid., p. 431, 1921年9月2日或3日。

② 苏策亲王夫人曾向他指出过，他则从中看到“让自己叫苦不迭的头脑混乱的例证”。

③ *Corr.*, t. XX, p. 413.

④ Ibid., p. 502, 10月21日，致西德尼·希夫。

⑤ Ibid., p. 598.

杂志与通信

从普鲁斯特把《追忆》的节选交给《费加罗报》开始——或者上溯到《欢乐与时日》，那就要从《会饮》和《白色评论》时期算起——在报刊上发表作品片段逐渐变成一种习惯，他为此花了不少心思。对他来说，这种方法能让读者了解尚未付梓的作品的某个部分，也能让自己读到它。我们会惊讶地看到，他是多么细致地与雅克·里维埃研究哪些段落可以或哪些段落不能在《新法兰西评论》上提前发表。在普鲁斯特生前，这本杂志共有八期发表了《追忆似水年华》的选段。除此之外，他的作品选段还刊登在《每周评论》《自由作品》《意图》《自由之页》《艺术之页》等期刊上，另有两篇文章发表在《新法兰西评论》上，以及一篇发表在《巴黎评论》上。一般情况下，普鲁斯特发表的作品节选并不是从未刊手稿中直接整段截取的，而是经选择之后再连缀拼接的。通过下面这个例子，我们可以看到他如何向里维埃说明要选择《索多姆和戈摩尔（二）》中的片段，并以《开往拉斯普利埃的小火车》[1]为题发表："删去康布尔梅来访，留下挪威学者……，同样留下勒西达内的买主，这样就很容易把他们都放到小火车里。最后选取老康布尔梅夫人吞唾液的情节，但不要把她放入小火车，只是让那些忠实信徒在车上谈起年轻夫妇当晚要来拉斯普利埃吃晚饭时提到她……这样的话，您会得到一个完整连贯的故事整体，没有任何散乱的感觉，它会让我产生阅读全书的欲望，而且也不会超出您答应给我的46页篇幅。"不过，有时被里维埃主编催得太急，重病中的普鲁斯特也会爆发："亲爱的雅克，请您原谅。但是，当有人发现，他人的生命或灵魂对您来说都不存在的话，他们就会恨您，因为您只关注那十来行文字，虽说它们可能糟糕到会毁掉整体。"[2]从这些段落的截取、重组的过程中，我们得出的主要结论是，普鲁斯特极重视根据篇幅长短、读者对象以及读者对他作品的了解程度来决定节选如何构成。由于有些节选内容原来就是一个个很短的段落（比如各个练习簿中的增补部分），所以重组的

① *Corr. avec G. Gallimard*, p. 205, *NRF*, décembre 1921.

② Ibid., p. 259, 1922年10月25日信。

过程充分表明，这些可供使用的素材具有很强的“灵活性”[1]和可塑性。新的“七星文库”版《追忆》收录了大量草稿和异文，它让我们看到，面对一张不知从何开始的巨幅拼图，面对一盘有无穷多种组合的象棋，面对一个事先已经确定大小的框架、纸板或棋盘的内部，作者的思路在不断拓展，越来越自觉，越来越繁复。

1921年1月，仿佛是致敬或是预兆，《新法兰西评论》发表了《盖尔芒特（二）》当中外婆生病和去世的选段《临终之时》[2]。据里维埃记载，这篇节选受到纪德、施伦贝格尔、迪博、加斯东和其他许多人的赞赏。2月1日，《新法兰西评论》发表了《一个吻》，10月1日发表了《心的间歇》（《盖尔芒特（二）》的节选），12月1日发表《开往拉斯普利埃的小火车》。当里维埃与他谈起《新法兰西评论》的校对部门时，他反唇相讥：“您居然一直向我隐瞒有这样一个部门！在我无法利用这个部门的时候，才知道他的存在。一个多么令人尊敬的无神论机构啊，比如它根本不认识耶稣基督的名字，一定要把它写成取稣，等等。”[3]2月26日，《每周评论》刊登了《一个雾蒙蒙的夜晚》[4]，由弗朗索瓦·莫里亚克作序。11月，《自由作品》刊载了《嫉妒》，包含了《索多姆（二）》第一章中一百多页的内容[5]。这家杂志由亨利·迪韦努瓦主编，法亚出版社每一期都要刊载几部中篇小说，为了普鲁斯特的这一篇，出版社的开价是每行2法郎[6]。普鲁斯特接受了高价的诱惑，令

① J. Bersani, « Un découpage inédit de Proust », ibid., p. 323.

② 同一期上发表了瓦莱里的《致梧桐树》，普鲁斯特认为此诗“写得精彩”；还有雅姆的《隐士》，但它让普鲁斯特失望。正如普鲁斯特所说，《临终之时》与小说的文本有所不同，特别是其中没有贝戈特生病的内容。

③ *Corr.*, t. XX, p. 49, 1921年1月6日。

④ Voir ibid., pp. 108, 112, les lettres de François Le Grix.

⑤ *RTP*, t. III, p. 34 à 136 et 185 à 198，参见十五人译本（四）32—132页、183—196页。

⑥ 9月12日向他付了1万法郎。

伽利玛大为光火，他指责普鲁斯特想在“报刊亭或火车站的册子里出风头”，而且，读者有可能会满足于这些节选，而不去买将来印刷成卷的书。马塞尔向伽利玛保证，他不会再与这家出版机构打交道（此说不真），但新法兰西评论出版社还欠他6万法郎，既然原先允诺的月付款没有按时兑现，那么他完全有理由到别处去挣钱[1]。就这样，普鲁斯特以巧妙的赚钱战术和文学策略，向读者撩开了未来作品的面纱。

单单发表作品的节选，普鲁斯特并不满足，因此，他为《新法兰西评论》写了最后一篇重要文章《关于波德莱尔》，以纪念诗人的百年诞辰。1920年10月23日，特龙什应他的要求寄来一本《恶之花》（可能与他为《温柔的存储》撰写的序言有关）。1921年4月，他要伽利玛给他找一本“以文学学士为对象的评注版”《恶之花》，一本《菲德尔》，以及一本史蒂文森的《卡特丽娜》[2]。但里维埃不知道应选择哪一个版本，马塞尔要他找最好的，即克雷佩的版本。4月21日，他“凭借记忆引用了诗人的作品”，写完了这篇“令人昏昏欲睡的论述波德莱尔的长文”[3]。普鲁斯特完全进入了《恶之花》作者的内心：“唉，也许是为了在极度的痛苦中保持清醒，为了在魔鬼般的篇章里保留虔诚敬神的语气，我们必须像波德莱尔那样在自己的身上留住死神，同时遭受失语症的威胁。”[4]他（很可能是错误地）认为波德莱尔也是同性恋，因为他对女同性恋者很感兴趣。但像以往一样，普鲁斯特的出色

① *Corr.*, t. XX, p. 441, 9月10日，致加斯东·伽利玛。

② Ibid., p. 162. 普鲁斯特在3月就已表示，他有意回应瓦莱里在对话录《欧佩里诺思》中对“思想照亮的行动”的评论。普鲁斯特的文章刊于1921年3月1日的《新法兰西评论》（*CSB*, p. 622），他借这个机会赞扬了身患疾病的艺术家们。

③ *Corr.*, t XX, p. 197, 致雅克·里维埃。

④ *CSB*, p. 621.

之处是他对作品形式的分析：波德莱尔的诗作可与贝多芬的最后几首四重奏相媲美，语气和停顿变化多姿，诗句刚健有力，他熟知古典，与拉辛一脉相承。他还谈到波德莱尔心目中的爱情，谈到“被诅咒的女性”（与德·维尼的诗句“女人有戈摩尔而男人有索多姆”相差无几）和莫雷尔，因为莫雷尔与波德莱尔一样，将两“边”联系在一起。在文章的结尾，普鲁斯特大胆地抨击波德莱尔之后的诗坛，但既没有点出兰波也没有引用马拉美，在他看来，波德莱尔之后，任何人都无法与他比肩。

约瑟夫·雷纳克于4月18日去世，奇怪的是，普鲁斯特此时却想到要创造一个“滑稽的雷纳克”，因此我们将在诺布瓦或布里肖身上看到某些雷纳克的影子。普鲁斯特还接受了安德烈·朗格为《政治与文学年鉴》做的采访，他回答的问题是：当前是否还有文学流派？冒险小说和分析小说是否有区别？他提议应该用内省小说来取代分析小说的称谓，并强调冒险小说同样能让我们提炼出生活的重要法则：“只是，这样一部冒险小说，如果用另一个名字，就是内省小说。表面看来属于外在的东西，我们将在自己身上发现它。”至于“流派”，普鲁斯特给它下了一个更深刻的定义：“流派不过是时间的一个具体象征，它是使一位大艺术家能够被人理解、能够在同类中被定位，使被羞辱的“奥林匹亚”卧在安格尔身边所必需的一个象征……但一旦革新者获得理解，我们就不再需要流派且要将它摒弃。”①

① *Corr.*, t. XX, p. 497, 1921年10月，致安德烈·朗格，文章发表于1922年2月26日。

这年年初，普鲁斯特提出了一个令人惊诧的要求：所有与他通信的人都把他的信全部毁掉。“我坚决要求（我将在《斯万》的开头公开说明我的动机）我的信件不要保留下来，特别是一定不要发表。”[①]就这个话题他也咨询过伯恩斯坦、费纳利、埃米尔·施特劳斯，但他们没有给他多少希望：收信人对信件拥有物质上的所有权。普鲁斯特没有明白，他只拥有禁止书信出版的精神权利。但不论如何，正如他的书信集的编者菲利浦·科尔布所指出的，他并没有对此留下任何遗嘱，因为正是他的弟弟，从1930年起陆续在普隆出版社出版他的《书信总集》[②]。他本人也曾利用过巴尔扎克、波德莱尔、福楼拜的书信，他对待自己手稿的态度也是一样，既希望有人利用它又希望别人不要利用它。另外，他不清楚书信里包含多少私生活的内容，写给雷纳尔多·哈恩（至少有五年的遗失了）、吕西安·都德、费纳龙、阿戈斯蒂耐利（他的家人毁掉了马塞尔的信）等人的最亲密的书信一直没有露面，也许永远都没有机会再露面了。但为什么要毁掉呢？其实，普鲁斯特在作品中对自己和自我世界的揭示远远超过他的书信，谁想从他的书信中揭出丑闻将完全是徒劳的[③]。

《盖尔芒特（二）—索多姆（一）》的准备

早在1920年1月，普鲁斯特就考虑同时出版《盖尔芒特家那边》和《索多姆和戈摩尔（一）》[④]。我想提醒读

① Ibid., p. 35, Ier 1922年1月1日或2日，致克莱蒙·托内尔公爵夫人。但在《斯万》的开头没有任何这样的说明，何况此时《斯万》一书已经出版。

② Ibid., p. 1, p. 36, n. 5 ; C. Albaret, p. 245–246.

③ 菲利浦·科尔布曾告诉我们，在他所见的普鲁斯特的数千封书信中，他没有看到任何令人震惊的内容。至于那种短暂的会面，只有订约会的便条（有人说莱昂·皮埃尔－甘和马勒医生收集过这类便条；但在国家图书馆的普鲁斯特专藏中未发现任何这类东西）。很多写给德·舍维涅夫人和玛德莱娜·勒迈尔母女的信件也都不见了。

④ *Corr.*, t. XIX, p. 91.

者，现在我们看到的《索多姆和戈摩尔（二）》当时就隐藏在后一个标题之下。9月初，他多次催促《盖尔芒特（二）》的校样，因为他“着急”要进行校阅。相反，他认为《索多姆（一）》是已经校阅完成了的[①]。但为了避免这卷书太厚，他最终只交出了《索多姆》的第一章，即以《索多姆和戈摩尔（一）》为标题、写同性恋的发现与理论的那一章。1921年1月11日，普鲁斯特向伽利玛说明自己小说未刊部分的卷册安排：《盖尔芒特家那边（二）》占一卷半的篇幅，第二卷的后一半留给《索多姆和戈摩尔（一）》[②]。这时普鲁斯特意识到，校阅工作量太大，2月无法出版，他建议把出版日期推迟到5月1日，实际上出书的日期是5月2日。再往后，“如果上帝假我时日，《索多姆（二）》《索多姆（三）》《索多姆（四）》和《重现的时光》四大卷将每隔一段时间相继推出”。

就在这时，马塞尔告诉伽利玛，有些人说他把作者的钱都用到了刚刚在拉斯帕伊大道开张的伽利玛书店了，还说他战争期间戴着假胡子在诺曼底到处跑！普鲁斯特本人也受到《倾听》周刊的诽谤，说他装修了蒙马特高地上一家“色情剧场”的演出大厅[③]。利用这个机会，马塞尔向伽利玛讨要版税，他认为版税支付的太迟了。伽利玛付给他7500法郎，并提议从2月15日起，每月支付2500法郎，同时讲到了书店正在遭遇的资金危机，还补充了一句：“我很清楚，一些对我们不怀好意的朋友会暗中使

① Ibid., p. 506, 1921年10月初，致加斯东·伽利玛。

② 实际上到1921年5月出版时只是一卷本，其中留给《索多姆》的篇幅就更少了。

③ *Corr.*, t. XX, pp. 54–56. 是不是指蒙玛特高地上的画家莫里斯·普鲁斯特所画的壁画呢？

坏，您的友情能帮我提防他们，他们的不满无疑大部分是出于个人原因，比如杂志社没有约他们的稿子，拒绝了他们的投稿，发表了批评他们的文章，等等。”[①]对此，普鲁斯特深受感动，于是提出借钱给伽利玛，但伽利玛没有接受。

1921年1月20日，马塞尔把《盖尔芒特（二）》校样的最后部分和《索多姆（一）》的打印稿寄给伽利玛，并强调这份打印稿的内容不能让任何第三者知道。3月6日，马塞尔签了付印单[②]。伽利玛、里维埃和波扬负责审阅最后一校的校样，每天晚上将校完的部分交给印刷厂[③]。5月2日，一卷本的《盖尔芒特家那边（二）—索多姆和戈摩尔（一）》出版，这本284页的书“没有题献给任何人”，带有一个腰封。但因为作者对腰封不满，出版社遂令人撤去。

1月初，普鲁斯特不顾此时必然发作的支气管炎，到处搜寻格言，以便用在德·夏吕斯男爵的书上。他在信中说：“我在上一卷（尚未出版）当中已经找到了一些非常漂亮的格言。但最漂亮的还是巴尔扎克找到的那些。”[④]这一年中，普鲁斯特在词源上也花了不少心思，他利用书迟迟不能面世的机会，提高了细节的精确性，让小说中历史和文学的层次更加丰富，因此，凡是巴尔扎克做过的，他一样都没有放过，他一定要与巴尔扎克争个高下。还有一个证据可以说明，他把生活中的经历都用到了小说里：苏戴给他寄来布瓦西埃糖果店的巧克力，他就开心地让莫

① *Corr. avec G. Gallimard*, pp. 311–312, 1921年1月14日。针对这些诽谤，他又说：“有人说我养女人……还有人说我生活奢靡，而我实际上过着入不敷出的日子……”

② *Corr.*, t. XX, p. 119, 1921年3月6日。前后校对了四遍清样，但4月8日，普鲁斯特仍提出要在文笔风格上做出几处改动。

③ Ibid., t. XX, p. 346.

④ Ibid., t. XX, p. 36, 致克莱蒙-托内尔公爵夫人。*RTP*, t. III, pp. 427, 453, 456, 参见十五人译本（三）430、456、460页；t. IV, p. 384，参见十五人译本（七）115页。

雷尔把这位巧克力店店主与《西塞罗和朋友们》的作者加斯东·布瓦西埃混为一谈[①]。3月22日，发出付印单之后，他又寄出了两页补写的手稿，写的是帕尔马公主的伴妇（以玛蒂尔德公主的伴妇为原型）[②]。同样，他又以意大利的政治时事充实了《失踪的阿尔贝蒂娜》中诺瓦布与德·维尔巴里西斯夫人在威尼斯晚餐时的内容。

① *Corr.*, t. XX, p. 38 et n. 7; *RTP*, t. III, p. 444，参见十五人译本（四）447页；t. IV, p. 405，参见十五人译本（七）137页。

② *Corr.*, t. XX, p. 147. *RTP*, t. II, p. 787–789，参见十五人译本（三）490—491页。

弗朗索瓦·莫里亚克

1918年2月3日，都德夫人在家中为诗人雅姆举办晚会，莫里亚克在晚会上认识了普鲁斯特："他看起来个头较小，裹在非常贴身的衣服里，浓密的黑头发遮住了两只似乎由于服药而扩大的瞳仁……他把那双夜行动物的眼睛停在我身上，盯得我心里直发毛。"[③]1921年2月28日晚，莫里亚克来阿姆兰街吃晚饭，由亨利·罗沙作陪，第二天，莫里亚克给普鲁斯特写了一封充满感情的信："您是唯一一个我不带任何杂念和勉强而敬佩的人……您的书让我心醉神迷，就像一个孩子沉浸在儒勒·凡尔纳或费瓦尔的书里。"他希望再次与普鲁斯特见面，但二人之间似乎只有那一次倾心长谈："像您这样好心善良的人都有一个烦恼，那就是当别人让他们昏昏欲睡时，他们还要装出一副若无其事的样子。"[④]但莫里亚克在《三十岁日记》中谈及此事的口吻却令人惊诧："上个月某天晚上十点，在普鲁斯特的床边，我们吃了一顿奇怪的晚餐：脏兮兮的

③ *Du côté de chez Proust*, in *Œuvres autobiographiques*, Bibl. de la Pléiade, 1990, p. 276.

④ *Corr.*, t. XX, p. 114, 1921年3月1日。

床单、带家具出租房的怪味、犹太人的脑袋外加十天没刮的胡子，他回到了祖先的肮脏状态。谈起话来还是句句不离他的书。”[①]普鲁斯特回复了前一封信，如果我们清楚他这时的健康状况，那么他的行文就更加令人感动：“我们再见面时，就应该像两个快乐的、热爱生命的人（包括已经死了一半的那一位）见面一样……像那些既不是艺术家也不那么相互敬佩的好人一样，老老实实地享受一切应有的快乐。”[②]《盖尔芒特（二）》出版时，莫里亚克特别指出自己欣赏书中关于外婆之死、到夏吕斯家中拜访等重要场面的描写。《索多姆（一）》则引起了他多种相互矛盾的感觉，“敬佩、厌恶、恐惧、反感”，兼而有之。《基督徒的苦难》的作者接着半遮半掩地说出了心里话：面对“这个可怕的果实”，他担心“正处在危险边缘而犹豫不决”的年轻人受到它的不良影响，最终被它推向索多姆城。6月，普鲁斯特读了他的《优先权》，很欣赏其中写的“内心生活”，但没有把握自己是否真的完全理解了：“您的书是我最爱也最能让我反观自己的。你我之间应该有很大的不同。”他突然想到了自己的死，感到死亡已经离他很近。尽管他感到自己有足够的勇气面对非常惨烈的死，但他仍想通过莫里亚克斡旋，请求大诗人雅姆把他引荐给他最崇敬的圣人，让圣人赐予他平和的死[③]。莫里亚克则向普鲁斯特吐露了秘密，由于家庭的原因，他只能万分谨慎地在书中倾诉自己的内心：“我已经选择了不自由。”然而，他一面对自己的生活甘之如饴，一面倾心

① F. Mauriac, *Œuvres autobiographiques*, *op. cit.*, p. 263.

② Ibid., p.155, 1921年3月下半月。他以同样的方式与保罗·莫朗开玩笑：“您的很亲密的朋友，将一直单身，因为他担心一旦娶了个‘漂亮女人’，您立即就会给他戴上绿帽子。”（*Corr.*, t. XX, pp. 115–116）

③ Ibid., pp. 366–367, 1921年6月25日左右。

向往“那种既不平静又不简单的生活”：“但我们的心中住着多少个不同的人啊！”[①]莫里亚克的秘密与普鲁斯特的秘密没有什么不同，他享受了人间的快乐，后来还誉满天下，但他的生活并不比孤独的病人普鲁斯特更安宁，也许也谈不上更幸福。普鲁斯特对他的小说创作没有什么影响，但对《昔日一少年》乃至更为精彩的《内心回忆录》和《新内心回忆录》的作者来说，普鲁斯特始终是一个标杆，一个把手指放在嘴唇上的守护天使。

《盖尔芒特（二）》出版

像往常一样，普鲁斯特强撑病体题词赠书，并把豪华本寄给朋友们。在给塞莱斯特的书上，他写道：“赠予陪伴我八年的朋友。实际上您深深地理解我，所以应称您为永远的朋友，我无法想象假如从来没有认识您……”[②]给伽利玛的赠言中写着“我从心里爱着的朋友”[③]；给纪德的赠言是：“致安德烈·纪德，谨表爱戴与崇敬之情——与他人交谈之际，寥寥数语，书不尽意。另，对您可爱的‘致安热尔的便条’感激不尽。”[④]他把雷纳尔多称作“世上最爱的人”[⑤]。在赠言中，普鲁斯特“请求”施特劳斯夫妇阅读受他们启发而写的红皮鞋的片段，还说他“说不定要在哪天晚上去找那双红皮鞋”[⑥]。

① Ibid., pp. 391–392, 1921年7月10日。

② Ibid., p. 228.

③ 普鲁斯特给他写了两段赠言，第二段未曾发表过：“亲爱的朋友，请允许我当面向您呈上此书。但我不好意思当面向您表达我对您的深厚感情。”（私人藏品）

④ 1921年5月写在《盖尔芒特（二）—索多姆（一）》荷兰纸印本上的题词，未刊，见1995年3月11日德鲁奥拍卖行目录。给里维埃的题词，*Corr.*, t. XX, p. 234, n. 2：“我只想再次向您重申，我是多么地敬佩您，多么地爱您。”

⑤ Ibid., p. 236.

⑥ Ibid., p. 285；*RTP*, t. II, pp. 883–884，参见十五人译本（三）587—588页。施特劳斯夫人给普鲁斯特的信中说：“我对这个题材一点儿也不生气，更何况这是您过去晚上来这里的时候我们共同探讨过的题材。”（*Corr.*, t. XX, p. 286）

对《盖尔芒特（二）—索多姆（一）》的反应

5月12日的《时报》刊登了苏戴的文章，他认为此书与前面几部相比“内容不够充实”，同时认为普鲁斯特堪比“柏格森或小说心理学界的爱因斯坦”。苏戴既没有谈到《索多姆》，也没有谈及夏吕斯，因此普鲁斯特对苏戴颇有责备之意[①]。雅卢在5月21日的《每周评论》上，以及阿拉尔在9月的《新法兰西评论》上，均对此书予以好评。不过，安德烈·热尔曼在7月21日的《新作品》杂志上发表了一篇言语刻毒的书评。比内–瓦尔梅在5月22日的《戏剧》杂志上撰文，抨击“马塞尔·普鲁斯特自甘堕落”，并指出“这些卑鄙的作品”没有反映“法国人的灵魂”。但就是这个人，到了11月，却发表文章对《索多姆（二）》的节选《嫉妒》表示赞赏[②]。此外，普鲁斯特的巨大名声还让讽刺报刊发表了一些不着边际的文章，称之为“新的斯万牌钢笔，马塞尔·普鲁斯特出品”，或者，“我们收到马塞尔·普鲁斯特先生的信，请求我们说明他与被控偷窃和间谍罪的普鲁斯特上尉没有亲属关系”[③]。

普鲁斯特的朋友们分成两派。阿尔布费拉认出圣卢就是自己，因此十分恼怒。德·舍维涅夫人拒绝读这本书[④]。“（似乎她已经猜到德·盖尔芒特公爵夫人）有点像我过去当作天堂鸟的那只难以对付的母鸡，当我在加布里埃尔大街的树下想要抓住她时，她只会像鹦鹉一样不停地对我说‘菲兹–詹姆士正在等我’。一旦我把她变成凶猛的秃鹫，别人就至少不会把她当成一只老喜

① Ibid., pp. 258–260 et notes.

② Ibid., pp. 527–530.

③ *Le Merle blanc*, 1921年11月19日；*Corr.*, t. XX, pp. 537–538, 致罗贝尔·普鲁斯特。

④ 她跟邻居科克托所说的是不是这本书呢？“亲爱的让，马塞尔刚给我寄来一本书。麻烦你把说到我的段落都标出来。”还是她，看到一封普鲁斯特寄来并要她支付超重费的信，便说：“可怜的马塞尔又来信了。哪个要看它？”见A. David, *op. cit.*, pp. 11, 12。

鹊”。[1]普鲁斯特致信德·舍维涅夫人说：“对一个处在生命尽头、已放弃一切希望的男人来说，他仅存的痛苦之一便是，二十年间，他以各种不可思议的方式，始终遭到同一个人的无视。”[2]同时，普鲁斯特向格雷菲勒夫人的女婿保证，她是盖尔芒特亲王夫人的原型。柯莱特心中有数，对《索多姆和戈摩尔》大加赞赏[3]。但最吸引人的当数纪德和孟德斯鸠的反应。

与纪德的对话

普鲁斯特与纪德的对话，因为被纪德记录在《日记》里而广为人知[4]。他们始终都没有成为朋友，二人相似之处想必是共同的中产阶级出身、对文学和《新法兰西评论》的挚爱以及同为同性恋者。对于新法兰西评论社的内部矛盾，普鲁斯特站在里维埃一边。1921年4月，纪德开辟“致安热尔的便条”专栏，抨击他认为“令人厌倦”的《新法兰西评论》时，普鲁斯特出面让他删除了其中对杂志主编里维埃的“措辞最为激烈的影射攻击”[5]。相反，4月23日，当纪德另一篇以普鲁斯特为评论对象的专栏文章校样送到普鲁斯特手中时，其中的每句话都让他“惊喜赞叹”。“忠诚的使徒”纪德在文中说，普鲁斯特的风格具备各种优点，他的书是一大片令人欣悦的森林，“他拥有一座盛满了类比、比喻和等价词汇的宝库”[6]。

① *Corr.*, t. XX，p. 349,1921年6月7日，致吉什。

② Ibid., p. 474, 1921年9月前后。

③ Ibid., pp. 381–382.

④ A. Gide, *Journal*, pp. 692–694：谈到病中的普鲁斯特和他们关于性倒错的讨论。莫朗把德国著名性学家马格努斯·赫希菲尔德的著作送给马塞尔时，他非常反感地拒绝了，声称他没有什么可从中学习的，莫朗干了一件蠢事（Morand, *Discours du 15 décembre 1971 pour le prix Montyon*, in H. Bonnet, *Les Amours et la sexualité de Marcel Proust*, Nizet, 1985, p. 95, et G. de Diesbach, p. 714）。

⑤ *Corr. avec G. Gallimard*, p. 315 et n. 1., *Corr.*, t. XX, p. 79, 1921年1月20日，里维埃致普鲁斯特。

⑥ *Corr. avec G. Gallimard*, pp. 208–209, 1921年4月23日。

5月13日凌晨1点，纪德来到普鲁斯特住处，借给他一本《柯瑞东》，无疑是为了让普鲁斯特了解他对男同性恋的看法。纪德发现马塞尔“胖了，更确切地说是浮肿了”。马塞尔请他谈一谈福音书，希望从中找到“某种支撑来缓解他的病痛”。“普鲁斯特根本不否认或隐瞒自己的同性恋倾向，他把它展示给人看，我甚至可以说，他以此为骄傲。他说他从来只在精神上爱慕女性，但只与男性体验过爱情……他对我说，他本人确信波德莱尔是个男同性恋。”[①]5月17日，纪德再次上门，待了一整夜。普鲁斯特假装对自己表现出的“模糊面目”感到自责，但这种自责是为了取悦纪德。“为了丰富他小说中的异性恋部分，这种‘模糊面目’使得他把同性恋经历中所有优雅、温柔和美好的东西都转移到了‘少女们身旁’，因此，在描写索多姆时，他就只剩下了荒唐和下流。”[②]他们谈话的各个主题，已经在纪德感谢普鲁斯特寄赠《索多姆（一）》的信中有了初步轮廓[③]，纪德认为：普鲁斯特谴责这种“恶习”，而性倒错者本人读这本书就会产生“自我反感”；男同性恋是“以最令人反感的形象”表现出来的。“娈童者（用这个词在希腊语中的原意）永远都不会在您对性倒错者的描绘中对号入座。”[④]但实际上恰恰相反，普鲁斯特一直避免刻意“谴责男同性恋”，《柯瑞东》作者的责备让他十分不安（纪德本来并没有责备之意；他其实更属于古代之美的欣赏者，醉心于那种花季少年的青春之美）。后来，1922年8月，普鲁斯特明白无误地对莫拉

① A. Gide, *Journal,* p. 692, 1921年5月14日。

② Ibid. , p. 694.

③ *Corr.*, t. XX, pp. 239–241, 1921年5月3日。

④ Ibid., pp. 240–241, 1921年5月3日。

斯（莫拉斯在小说中明确点出了古希腊雕刻家菲狄亚斯的男性情人的名字）解释自己的立场：“在那个时代，这种[喜爱青年美男的]爱好往往反映出他们赶时髦、从众随俗的愿望，这是很自然的。而千百年来屡遭谴责和打击之后，这种爱好如今只残存在无力摆脱此症的病人身上。正是因此，我在书中作出指责这种行为的姿态，实际上并没有指责之意，我走进被松脂和硫磺磨蚀毒化的一条条山谷，毫无快乐可言。”①

还有一个人肯定将对普鲁斯特刻画的夏吕斯们心有所感，他就是孟德斯鸠。

向孟德斯鸠诀别

孟德斯鸠一边盘问普鲁斯特，打听小说人物的来历，一边说出自己发现的几条线索②。普鲁斯特告诉他几个答案：德·维尔巴里西斯夫人的原型是德·博兰古夫人，她会制作纸花和绢花；夏吕斯是依据奥贝侬夫人沙龙的常客多阿臧男爵进行刻画的。他似乎知道这些回答不足以打发孟德斯鸠，于是补充道：“这个人物是早就构思好了的，纯粹凭空虚构出来的（虽然您说到了伏脱冷），并且我相信，假如我把他仅仅局限在与多阿臧的相似之处，那么他就不会像现在这样具有更广泛的意义，包含更丰富的人性。”③孟德斯鸠产生怀疑了吗？他没有表现出来（他写信给普鲁斯特说：“我只是远远地看见过[多阿臧]男爵，

① Ibid., t. XXI, p. 444, 1922年8月28日。

② 比如说他在圣卢身上看到了阿尔布费拉，但更多的是看到了吉什。

③ *Corr.*, t. XX, pp. 280–282.

看到了在他浓黑头发反衬之下的黄色髭须。他根本不属于您所归类的人种”[①]），但写信给一位朋友称：“新出版的三本书搅得我心烦意乱，因此病倒在床上。”[②]他对普鲁斯特说出了真情实感：“在我的作品周围，在我的生活周围，越来越浓重的孤独正在袭来”，并表示“被称作‘当代最杰出的人’”使他深受感动[③]。普鲁斯特始终把他视作“出色的艺术批评家和随笔作家，用散文刻画他喜爱的画家和雕刻家，他的写作独一无二”[④]，因此，6月以及7月中普鲁斯特试图在《舆论》周刊上为他开设一个专栏：“我多么希望他的名字能再次出现在读者面前。”孟德斯鸠离开巴黎，住进了芒通的布列塔尼岛旅馆。他患了尿毒症，但拒绝治疗，于1921年12月11日去世。9月底，普鲁斯特收到了伯爵寄来的《选上的人与被召的人》，上面有他最后写给普鲁斯特的文字：“致马塞尔·普鲁斯特／您作为作家，我相信我作出了正确评价／您作为朋友，我知道我真心爱您。”[⑤]所以，没有任何资料可以证明这样的说法：孟德斯鸠去世是因为他读了《索多姆（一）》。对于夏吕斯这一人物的塑造，罗贝尔·德·孟德斯鸠的贡献与马塞尔·普鲁斯特的一样多[⑥]。

普鲁斯特给吉什公爵夫人埃莱娜·格雷菲勒写信表示哀悼，孟德斯鸠非常喜爱她，她的母亲是“已逝诗人永恒的灵感之源”。普鲁斯特自称能为逝者写出好几部书，“因为题材取之不竭”。他称自己非常惊讶，他从来没有跟伯爵翻过脸：“再说假如有什么不愉快，他的回忆录里

① Ibid., p. 320, 1921年6月7日。

② P. Jullian, *op. cit.*, p. 289 ; G. de Diesbach, pp. 719–720.

③ *Corr.*, t. XX, pp. 321, 327; *RTP*, t. II, p. 844，参见十五人译本（三）548页。普鲁斯特1921年6月17日在给吉什的信中谈到孟德斯鸠（*Corr.*, t. XX, p. 350）：“在这个绝妙的人身上，有多么丰富的才华，有多少可笑之处，有多少其来有自的苦涩，有多少高贵的悲伤……”

④ Ibid., p. 371, 1921年6月末，致雅克·布朗热。普鲁斯特接着说：“他是个狠心的人，因为糊涂让自己的双亲备受折磨。但到了晚年，他不仅被剥夺了自认为有权得到的荣光，而且遭到了报应，这样凄凉的晚景，让我心如刀割。”但对此，布朗热仅以一封冷冰冰的打印信作答（ibid., p. 379,致孟德斯鸠），孟德斯鸠则复以一番“疯”话。

⑤ Ibid., p. 476. Voir l'éloge de Proust, cité par Kolb, n. 2, p. 476.

⑥ “孟德斯鸠深知自己将死于中毒。”（G. de Diesbach, p. 719）让他中毒而死的是尿素。

肯定会给我记上一笔。”普鲁斯特还再次重申，伯爵的著作从此湮没无闻是极大的不公，并且预言：“他终有一天会回来。不公是有时限的。至少在精神上，在事实上，他终会重生。”[①]伯爵的葬礼于1921年12月21日在凡尔赛的圣伊丽莎白教堂举行，他生前与许多家人和贵族圈的成员断绝了往来，所以参加葬礼的亲属只有德·克莱蒙–托内尔公爵夫人和德·诺阿耶伯爵夫人。据《费加罗报》记载，参加葬礼的还有施特劳斯一家、埃勒夫妇、莱昂·巴伊比，死者的秘书兼遗嘱执行人亨利·皮纳尔，伯爵的回忆录《抹去的足迹》的编者库舒医生讲了话，吕西·德拉吕–马德吕斯朗诵了一首诗。夏吕斯的创造者因病缺席。

① *Corr.*, t. XX, pp. 586–588, 1921年12月18日。

《索多姆和戈摩尔（二）》的准备

1921年3月里，马塞尔觉得《索多姆（二）》需要推翻重写，因为他刚刚补写了很多“关于医生的趣事”[②]，涉及得知外婆死讯时的E...教授，以及戈达尔和迪·布尔邦。戈达尔已经成为研究药物毒性的专家。补写的很多想法，都是马塞尔从自身病痛得来的灵感：“药物的毒性还能给病人吃定心丸，病人若得知自己全身瘫痪只不过是中毒所致，岂不非常高兴。”[③]他还描写了“一位治疗神经疾病的名医”，可能是他从1918年起就常去看病的巴宾斯基[④]，这年春天普鲁斯特还去见过他。

② *RTP*, t. III, pp. 40–42, 192–193，参见十五人译本（四）38—40、190—191页。

③ Ibid., p. 192，参见十五人译本（四）190页。另见*Corr.*, t. XX, p. 195, 1921年4月18日或19日：“我弟弟说：‘中毒。’这是安慰患者的一个好说辞。”

④ Ibid., t. XVII, p. 280.

出版社的一位女雇员为他打印了书稿，“不过做得非常糟糕”。1921年4月8日，普鲁斯特就把这部打印稿交给了伽利玛[1]。由于阅读中发现了大量错误，马塞尔此时提出要拿到校样，以便以校样为基础进行校改。他还宣布《索多姆（三）》（即后来的《女囚》）已经“准备完毕”。关于《索多姆（二）》的出版日期，普鲁斯特犹豫不决：定在1921年10月有些仓促，推到1922年5月又有点太迟。出版社方面则表示，只要书稿“文字无误并且最终定型”即可开始排版。但普鲁斯特因为没有收到任何校样，不禁心生疑窦：“数年来，我是不是做了新法兰西评论出版社的冤大头？”[2]总之，在4月底，他“尽最大的努力工作”，争取10月可以完成。5月10日，由于对自己的健康状况非常担心，普鲁斯特告诉伽利玛，想把小说的剩余部分全都交给他[3]。6月1日或2日，他抱怨说几个月以来一直在等待《索多姆（二）》的校样：“因为手上无事可做，我白白地度过了本该有很大收获的几个星期。”[4]加斯东第二天就一本正经地回复说：“我在焦急地等待校样。”6月底，期盼已久的校样终于陆续出炉，加斯东派人随时把收到的校样送给普鲁斯特[5]。9月，马塞尔说自己一直在处理《索多姆（二）》[6]，并且只做这一项工作，他预计在1922年5月能出书。不过，尽管加斯东提议过重印《欢乐与时日》，但他并不愿意在《追忆》出齐之前再版此书[7]。10月20日，他第一次提起《索多姆（三）》，并说对此书结尾——“阿尔

① Ibid., t. XX, p. 164.

② Ibid., p. 200, 1921年4月21日，致加斯东·伽利玛。里维埃回复他说，加斯东“很沮丧”；而普鲁斯特反唇相讥：“最沮丧的人是我。”（ibid., p. 204, 1921年4月22日）

③ Ibid., t. XX, p. 254.

④ Ibid., p. 300, 致加斯东·伽利玛。

⑤ *Corr. avec G. Gallimard*, p. 377.

⑥ 10月14日，他校改至450页（*Corr.*, t. XX, p. 491）。

⑦ Ibid., t. XX, p. 478.

贝蒂娜之死、遗忘阶段”——的处理从来没有做得这么好[①]。11月30日，他对加斯东解释说[②]，《索多姆（二）》应以打印稿和他的增补部分为基础进行排版，开头部分则采用已经发表过的《嫉妒》。他还将附上描写“巴尔贝克的两个信使”的内容[③]，以此向塞莱斯特姐妹表示敬意，还有德·康布尔梅夫人来访的情节[④]。这个时候，他觉得《索多姆（三）》篇幅短小、情节紧凑，所以很快即可在1922年10月出版[⑤]。这也说明，叙事者在阿尔贝蒂娜住家期间饱受嫉妒折磨的情节，以及某些对话场景，此时还没有完全写出来。他在当时的慌促之中甚至提出，就以阅改过的打印稿当作可以签署付印单的最终定稿发排付印，并提出由他自己雇用一个打字员（1922年2月时他果然这样做了）。

① Ibid., p. 500, 1921年10月20日。

② Ibid., pp. 547–549.

③ *RTP*, t. III. pp. 240–244，参见十五人译本（四）239—243页。

④ Ibid., pp. 200–218，参见十五人译本（四）198—216页。

⑤ 也许正是由于这个缘故，他才有了把《失踪的阿尔蒂娜》（但不是《女囚》）改为短篇的尝试。

一场画展

4月21日，为资助遭战争破坏的地区，荷兰绘画展在网球场展览馆开幕。4月23日，他读了莱昂·都德关于画展的文章[⑥]。5月1日，他接到莫朗的一封信，莫朗在信中说，为了能让马塞尔看到弗美尔的《代尔夫特风景》，他曾坚决要求荷兰的画展组织者把这幅画弄来[⑦]。在此前一天，马塞尔读到让–路易·沃杜瓦耶的一篇文章，受到了前所未有的感动，写信给作者说：“自从我在海牙看过《代尔夫特风景》，我就知道我已经见到了世上最美的油画。”[⑧]但仍过了一段时间，马塞尔才最终下定决心去看展览[⑨]。沃杜瓦耶5月7日的第二篇文章无疑起到了推动作

⑥ *L'Action française*, 1921年4月23日；*Corr.*, t. XX, p. 209。

⑦ Ibid., p. 222.

⑧ Ibid., p. 226, 1921年5月1日。《神秘的弗美尔》一文发表于1921年4月30日的《舆论》周刊。普鲁斯特告诉沃杜瓦耶，过去曾给维亚尔写过一封信，让他去看保罗·贝涅尔收藏的一幅弗美尔绘画的复制品。

⑨ 他5月3日对旺德莱姆说：“唉，我要是能起一次身，挪到荷兰画展该有多好。”（*Corr.*, t. XX, p. 245）他还告诉沃杜瓦耶，他曾让斯万写一篇弗美尔研究，并再一次指责弗罗芒丹在提及弗美尔时没有给予赞扬。

用，因为《女囚》提到了这位批评家。沃杜瓦耶在文章中说："您会再次看到金色的沙子在眼前展开，成为画的前景。"他5月14日的文章中还写到，"在弗美尔的技艺中有中国式的耐心"，暗指远东的漆器工艺[1]。于是，在5月18日至24日期间的某一天，普鲁斯特请求沃杜瓦耶陪他去看展览："为了能在今天上午去看弗美尔和安格尔的展览，我没有睡觉。您愿意带着我这个死人前去，并让我靠在您的肩上吗？"[2]其实在此之前，艾蒂安·德·博蒙已经邀请普鲁斯特一同观看安格尔画展[3]，这个展览是5月7日在维尔–莱维克街的文物与美术馆开幕的。5月9日，马塞尔跟他说起自己有意将两处展览一次看完，信中所用的词——"这次画展的'花边新闻'"[4]——原封不动地用在贝戈特之死的叙述当中。虽说一个尤其在白天极少外出的病人此时不可避免地会出现晕眩，但贝戈特在画展上出现的症状却是他在前往网球场展览馆之前就写好的，他4月8日给伽利玛的信中曾说，贝戈特的病"完全是新写的"。他能一口气看两场展览，与沃杜瓦耶在利兹饭店吃午饭，然后把一天的经历详细讲给塞莱斯特，接着的两天里仍均有外出，这一事实让我们对罗贝尔·普鲁斯特的一个假设[5]产生了疑问，因为按照罗贝尔的说法，马塞尔是在弗美尔画展上发的病。1923年1月9日，沃杜瓦耶在《新法兰西评论》"向普鲁斯特致敬"专号上读到关于贝戈特之死的文章后，写信给雅克·里维埃，讲述了在网球场展览馆参观的整个过程："普鲁斯特对弗美尔了然于胸，这

① Cf. ibid., t. XXI, p. 292 ; Cahier 62, f° 57 r°, *RTP*, t. III, pp. 687–693，参见十五人译本（五）176—181页，周译本（五）181—187页；p. 691, var. 1（p. 1739：普鲁斯特去世前一天夜里口授给塞莱斯特的句子）。La rédaction du passage est décrite par P. Robert, p. 1738。

② *Corr.*, t. XX, p. 289，致让–路易·沃杜瓦耶。

③ 暗示安格尔的东方主义，还有盖尔芒特公爵夫人态度的突然转变，她一度认为安格尔先生是"搞公式化创作中最令人讨厌的一位，然而接着他一下子又成为最有情趣的新艺术大师了"。普鲁斯特从这次展览中汲取的素材，用于《重现的时光》（*RTP*, t. IV, pp. 388, 602，参见十五人译本［七］120、327页）。

④ *Corr.*, t. XX, p. 251，致艾蒂安·德·博蒙。Cf. p. 329："我出了一次门……当时的身体状况让我想到，明天的花边新闻里也许就会有我的死讯，跟被碾死的狗放在一起。"

⑤ *Corr. gén.*, préface au t. IV. Voir Ph. Kolb, *Corr.*, t. XX, p. xi-xii. 菲利浦·科尔布1948年采访过塞莱斯特。Cf. C. Albaret, p. 404："那是个年轻人，我见了他，听他讲话。"

是他始终不渝的挚爱。我可以告诉您……为了描写贝戈特之死，他是怎样利用（假如我们可以使用这个词的话）我们那次参观的。1921年5月（或6月），我们一起到网球场展览馆看了一场荷兰画展，其中就有《代尔夫特风景》。那时，好心的普鲁斯特时常告诉我一些消息，好让我有机会和他一起参观一场展览，或者一处画廊。他早以极大的善意和宽厚的友情读了我给《舆论》周刊写的文章，其中写到'那一小块黄色墙面'的一段让他很受触动……那天上午，在网球场展览馆，普鲁斯特身体非常不舒服，您可以想象出来，要在上午11点赶到杜伊勒里花园，他得付出多大的努力！他有好多次需要回到'环形沙发'上坐下（贝戈特就是从'环形沙发'上滚下来死去的）。我还听到他不停地表示歉意，殷勤亲切的态度真让人无地自容。最后他终于提出结束参观回家。但后来在汽车里（车内有一只点心店的纸盒，里面装着新鲜可口的草莓挞），他感觉好了一些，想去看在离那儿不远的维尔–莱维克街举行的安格尔画展。我得说，他对那次安格尔画展几乎没有任何兴致，大概仅仅是出于礼貌，出于好心，为了让我高兴，他才对艾克斯博物馆出借的那幅绝妙的格拉耐肖像说了句好。随后，普鲁斯特在展厅里远远地看见几个熟人，他决定离开，而且态度相当坚决。保罗·莫朗最近告诉我，就在1921年春季过后，马塞尔·普鲁斯特再也没有去看过画展。"①

关于贝戈特临终的场景，普鲁斯特早在展览之前就有想法，有构思，而后又进行了扩充。《女囚》定稿中，他

① T. Laget, « L'Hommage à Marcel Proust de la *Nouvelle Revue française* », dans « Jacques Rivière, témoin de Marcel Proust », *Bulletin des Amis de Jacques Rivière et d'Alain-Fournier*, n° 37, 2e trimestre 1985, pp. 23–81. La lettre de Vaudoyer se trouve pp. 78–80.

让贝戈特在《代尔夫特风景》画作前死去，而在去世的前夜，他又口授了一段话，为贝戈特安排了另一个结局[①]。但无论如何安排，作家贝戈特的生命与画作生命之间的对比都不会丧失任何意义，喃喃重复的“那一小块黄色墙面”的感染力也不会有丝毫减弱。

① 见后文《死亡》一节；口授的这段话没有出现在最终稿当中。（原文中，这句话的正文与注释相互矛盾，经与作者沟通，译者对正文的句子做了变通处理。——译者注）

罗沙走了

1921年1月，普鲁斯特在一封由他口授、罗沙笔录的信中还这样说起罗沙：“我感到，假如我让他相信我像爱我自己一样爱他的话，我们非打起来不可。”[②]但到了6月1日，普鲁斯特告诉伽利玛，罗沙前一天已经走了，要离开好几年时间。最近发现的通信证实[③]，巴黎–荷兰银行经理奥拉斯·费纳利想办法在南美的法国–意大利银行给罗沙找了一份工作。

于是罗沙被派往巴西的累西腓[④]，住进了德弗朗斯寄宿旅馆。他热衷骑马，“把工资挥霍一空”；他能收到从巴黎转来的钱，想必是塞莱斯特·阿尔巴莱给他寄的。几个月过后，罗沙离开了寄宿旅馆，徒步走到巴西东北部的帕拉伊巴州，然后到巴纳伊巴市落脚，被雅各布先生雇用，雅各布先生说他“酷爱音乐和诗歌，弹一手漂亮的钢琴”，这正是阿尔贝蒂娜的性格特点。1923年初，罗沙离开雅各布，前往巴西西北方，后来因病逝世，我们不知道他葬在何处。

罗沙手里有好多本普鲁斯特赠予的书，帕伊拉·怀斯

② *Corr.*, t. XX, p. 85, 1月23日，致路易·戈蒂耶–维尼亚尔。

③ M.Proust, *Lettres à Horace Finaly*, Gallimard, 2022.

④ Voir l'article de Tadeus Rocha, « Le dernier prisonnier de Marcel proust »（1964）, reproduit dans E. Sauthier, *Proust sous les tropiques*, Presses universitaires du Septentrion, 2021, pp. 334–338. Voir aussi Ruben Gallo, *Proust Latino*, Buchet-Chastel, 2019. Et l'article de Pyra Wise dans *Le Cercle de M. Proust 3*, Champion 2021, qui contient d'importants inédits. Nous leur empruntons ces divers renseignements.

找到了这些书上的题词，其中有一首诗：

不要做恋家的野鸽，
别回到旧日的鸽巢。
飞向无尽的天空吧，
你是勇往直前的鹰。

别再想那爱你的人，
蓝天才是你的归宿。
向那苍穹飞吧飞吧，
炽热又聪慧的灵魂。

还有两本书上的题词：

“给我亲爱的朋友/给亨利/我们何时/才能一起去‘追忆似水年华’/你的马塞尔”

“给亨利·罗沙先生，你前往巴西那边/但我希望在/盖尔芒特家那边/找到了/你的朋友马塞尔·普鲁斯特”

普鲁斯特给他最后一位秘书的题词很感人，但有点虚情假意。此君在一部分小说草稿上留下了手迹，他的性格特点为丰富阿尔贝蒂娜和莫雷尔的人物形象有独特的贡献。他是普鲁斯特的最后一位“囚徒”。

6月里，普鲁斯特有过几次外出。月初，他再次到利兹饭店吃晚餐。15日，他出席了埃内西夫人为马尔伯勒公爵与葛拉荻丝·迪肯订婚举行的晚宴。公爵邀请他到英国的布莱尼姆宫小住，允诺把他安置在火车北站，或是船上，或是公爵本人的宫殿里。公爵还向他解释说，只要相信自己身体很好，真的就会很好①。24日，马塞尔甚至参加了他们二人在英国领事馆举行的结婚登记仪式。

① *Corr.*, t. XX, pp. 343–344, 485.

挪威哲学家

1921年2月，柏格森请求他这位“亲爱的妻表兄”接待阿尔戈特·鲁赫的来访，此人早在1917年就写过关于《斯万》的评论②，我们将在《索多姆和戈摩尔》中见到他③。瑞典人鲁赫（1867—1944）是柏格森的译者和传记作者，他在两篇文章和一部长篇小说中记载了他与普鲁斯特数次会面的情景。他们第一次见面大概就是在1921年春天。起因是柏格森一家对马塞尔的看法，他们都认为马塞尔只是个热衷社交的庸俗之辈，鲁赫说：“我努力证明他是个出色的作家，却发现这家人都感到吃惊而又不露声色……可一旦我前往阿姆兰街，一旦见到他们这位可爱的表亲，我一定得向他转达维塔尔街上这家人的问候。”当塞莱斯特按照一贯的规矩把他带到普鲁斯特面前时，只见“普鲁斯特那双海洋一样深邃的眼睛”看着他，“满脸是近于贪婪的微笑”，伸出一只“硕大而极为柔软的手”，那天鲁赫就在马塞尔的枕边独自享用了一顿夜宵，但马塞尔没有与他共享夜宵，“连国际通用的祝愿语‘*Skål*’（祝您健康！）也没有说上一句”。这时，普鲁斯特开始

② Ibid., p. 109, 1921年2月16日。

③ *RTP*, t. III, pp. 321–322, 326, 365, 373–374；参见十五人译本（四）322—323、327、368、376—377页。

问鲁赫都写过什么作品，“他用的是某种苏格拉底式的方式，细致入微，令人钦佩”。他还建议鲁赫在《新法兰西评论》上发表中短篇小说或诗歌，11月里，他确实把这些作品转给了里维埃，但最终都没有刊出[①]。在《索多姆和戈摩尔》当中，“挪威哲学家”说话慢条斯理，所以第一次露面时颇有喜剧意味，他给人的印象是，要在“内心的词典”里寻找合适的词汇，这与他告辞时的行色匆匆相映成趣。他还向叙事者转述柏格森先生对“服用安眠药导致记忆力明显衰退”（忘记过去背诵的东西）的看法（这个情节反映了鲁赫与马塞尔谈话的内容）。叙事者则凭借自身经历对这一理论不以为然：“崇高的理念始终坚守其位，安眠药能使之失灵的，不过是区区小事中的行动能力而已。”[②]

*

即将前往美国就当代作家主题做巡回授课和讲座的贝尔纳·法伊（1893—1979）求见普鲁斯特，11月17日至18日夜间，马塞尔在家中接待了他。他在哥伦比亚大学的学生想对普鲁斯特“进行研究，并撰写论文”，他想听听小说家本人的意见。贝尔纳·法伊1932年出任法兰西公学教授，1944年法国解放时被撤职，1966年出版回忆录《宝贵之物》[③]，其基调与萨克斯、热尔曼、莫里斯·马丹·杜伽尔等人的回忆录相差无几。他向普鲁斯特讲到过一个折磨德国战俘的军士，普鲁斯特很想和这个人认识（可能是为了给絮比安的妓院里增加一个人）[④]。马塞尔向他解释说，他的每一个人物都代表了他身上的某一种倾向，对应于他必须表达的一种

① Algot Ruhe, « Quelques-uns qui n'ont pas été oubliés », *BMF* (Journal des aides-libraires de Suède), mai 1939 ; « Une visite nocturne chez Marcel Proust », *BMF*, juin et septembre 1939. Aimablement communiqué et traduit du suédois par C. G. Bjurström. *Corr.*, t. XX, pp. 534, 540 (Proust propose que Bergson ou lui-même revoie le français du Suédois）.

② *RTP*, t. III, p. 374，参见十五人译本（四）377页。另见与“挪威哲学家”就灵魂不死问题的讨论。

③ *Op. cit.*, p. 100 *sq.*

④ 普鲁斯特1922年8月22日问法伊（*Corr.*, t. XXI, p. 413）：“那位准备吃人肉的士兵现在如何？”

需要，阅改校样的过程中他会考虑每个人物一生中发生的各种变故，从而进一步强化各个人物的内在逻辑。离开时，法伊明白了，小说创作使普鲁斯特“疲惫不堪，但又是他活下去的唯一理由，是治疗他病痛的唯一良药”。

12月8日，马塞尔再次在半夜时分来到利兹饭店就餐。他喝了一瓶波尔图345，随后把这瓶酒作为安眠剂放到了康布尔梅先生名下①。他写信告诉沃尔特·贝里，一位美国女读者三年来一直读他的书但一无所获，“她来信说：‘亲爱的马塞尔·普鲁斯特……请您用两行字告诉我，您到底想说什么’……我觉得根本没必要答复她”②。在这一时期，他感觉吉什公爵有意躲着他、疏远他，因此他威胁公爵说要写一篇仿作，开头是：“吉什公爵……对科学一往情深，但科学对他毫不在意。”他还想问公爵一些关于爱因斯坦和时间相对性的问题（公爵则认为文学和科学没有什么可比性），并且邀请公爵出席25日在利兹饭店举行的舞会（但公爵这天外出旅行了）③。普鲁斯特去世之后，公爵很后悔当初没有对马塞尔表现出应有的殷勤。

① *RTP*, t. III, p. 351，参见十五人译本（四）354页。

② *Corr.*, t. XX, p. 571, 1921年12月。

③ Ibid., p. 578；réponse du duc, p. 580.

1921年12月31日除夕夜

普鲁斯特接受了博蒙伯爵除夕守夜的邀请，他执意要参加这个活动：“我吃了药，剂量非常大，所以您将看到一个丧失一半语言能力因为头晕而脚步踉跄的人。”他还请求伯爵不要把他介绍给太多既聪明又累人的女士④。让·雨果记载了博蒙伯爵和夫人举行的这次舞会：漂亮的

④ Ibid., pp. 601–602.

女舞蹈家捷米尔·阿尼克跳起异域风情的舞蹈，大家为她鼓掌喝彩，阿尼克是卡丽娅迪斯（即后来的爱丽兹·茹昂多）的朋友。“大家都在等普鲁斯特，艾蒂安·德·博蒙宣布说：‘塞莱斯特刚打来第十个电话，询问这儿是不是有过堂风，药茶是不是按她的方子准备好了。’终于，到了半夜，人群中突然一阵骚动，大家知道，是普鲁斯特到了。”让·雨果从1917年起就没有见过他，此时发现他脸色苍白，并且有浮肿。“他只跟公爵们交谈。‘您瞧他，’毕加索对我说，‘他成了核心人物’。”①

① J. Hugo, *op. cit.*, p. 201.

1922年

1922年1月初，普鲁斯特说“在身体的病痛之外，又增加了无法排遣的精神抑郁”。“医生们再聪明也是徒劳，我了不起的洞察力早已看穿了他们的自相矛盾，也断绝了我的希望。不幸的是，医生们那么有‘责任心’，我也只能跟他们说‘把我治好’而不能因为他们无法治愈你就说‘杀了我’。但我们还是把医生放在一边吧，除了在《追忆似水年华》中再与他们见面。”②但不管怎样，有几天夜里病情有所缓解③，每当这个时候，他就服些肾上腺素以外出会友。于是，1月19日，他来到雅克·波雷尔家里参加了音乐晚会。他到达时已是凌晨两点，头发很长，手指僵硬，身体消瘦得根本无法撑起宽大的衣服，说话有气无力④。他见到了法尔格，法尔格向他鼓吹科克托在《冒险》杂志上发表的诗作，并且像莫朗一样，扩散

② *Corr.*, t. XXI, p. 27.

③“我仍然（重新）拥有几个感觉良好的夜晚。”（致路易莎·德·莫尔南）

④ H. Ellis, *From Rousseau to Proust*, pp. 363–364.

《新法兰西评论》杂志社破产的传言[1]。28日，他来到弟弟罗贝尔家里——这对他来说是非常罕见的——参加侄女苏齐的十八岁生日舞会，这个场合对他而言同时具有“医学、军事和社交”的意味。“总的说来，我的出现倒没有过多地给人留下拉撒路复活的印象。我的确该回到我的坟墓里去了。”他看起来一定是很疲惫的样子，因为特雷亚尔伯爵夫人和布夫·德·圣布莱兹医生先后把自己的座位让给他，强迫他坐下[2]。这样的晚会他已经见过那么多了，他还在这里寻找什么呢？他9月份的时候对吉什公爵说：“最好玩的场合是像焰火晚会一样人数众多、各色人等混杂的那种。利兹饭店有那么一点意思，但总是老一套。”[3]2月5日，他出席了苏策亲王夫人举办的晚会。泰蕾兹·德·伊尼斯达尔为他跳了几段舞蹈，他惊讶而陶醉地“看着她以世上最自然的姿态，跳出最具有1922年风格的舞蹈，同时丝毫没有辱没她的贵族门庭”[4]。2月7日，他再次参加苏策亲王夫人的晚会，事先还曾对晚会应该邀请什么人提了一些建议。比如，他五年前曾见过一面，留下“极好印象”的布瓦热兰，此人是博蒙的表亲（博蒙也会参加晚会，并将带来叔祖母让娜·德·博蒙的照片。让娜闺名卡斯特丽，孟德斯鸠曾描写她“穿一套银色的紧身衣服，活像热尔曼·皮隆雕刻的女人”[5]），普鲁斯特早就想再见到他；另一个则是莫里斯·马丹·杜伽尔[6]。晚会上，莫朗与一位身着淡紫衣裙的女人跳舞，招来马塞尔的讥诮：“在风流帅气之外，莫朗还有略微发福的年轻人

① *Corr.*, t. XXI, p. 42，致让·科克托；p. 49, n. 8，致加斯东·伽利玛。这些闲聊换来了加斯东·伽利玛一个生硬的澄清。

② Ibid., p. 50，1922年1月28日，致保罗·莫朗。布夫·德·圣布莱士是德·康布尔梅先生口中的“权威人士”（*RTP*, t. III, pp. 349–350，参见十五人译本［四］352页）。

③ *Corr.*, t. XXI, pp. 460–461，1922年9月初。

④ Ibid., p. 58，1922年2月5日，致苏策亲王夫人。

⑤ Ibid., t. XX, p. 590，致埃德蒙·德·博蒙。这仍然出于找出文学形象背后原型的欲望：对此，普鲁斯特对孟德斯鸠的盘问并不亚于孟德斯鸠对他的盘问。

⑥ 此人在其所著*Mémorables*一书中谈到了普鲁斯特。

所特有的形体之美，他能随心所欲地‘缩小’体形。就在他一脸正经、殷勤有礼地跳舞时，他的眼睛让鼻子变小巧了，鼻子让身体变苗条了……”[①]

普鲁斯特恢复了往来利兹饭店的习惯，时常是一个人去。他认识了饭店新员工，一个名叫瓦纳里的年轻人；他通过饭店领班卡米耶·维克斯勒请瓦纳里到家里看他。维克斯勒回忆说：“用过晚餐之后，他让我答应去试探一下小瓦纳里……瓦纳里自己也来问我是否可以把他介绍给普鲁斯特先生……普鲁斯特先生于是对我说：‘……您像往常一样为我服务，但最后您让瓦纳里给我上咖啡。’我后来才知道，不仅瓦纳里给他上了咖啡，并且他还把瓦纳里带到了自己家里。从这一天起，瓦纳里就成了他的最爱。至于亨利·罗沙，普鲁斯特在南美洲给他找了个差事。”普鲁斯特喜欢与维克斯勒闲聊。“几个月以后的一天晚上，在利兹饭店，奥利维耶先生对我说：‘卡米耶，你知道吗？普鲁斯特先生刚刚去世了。’我当众就哭了起来。哦！我要是能全部回忆起普鲁斯特跟我说过的话该有多好！”[②]

普鲁斯特此时最紧迫的工作是将《索多姆和戈摩尔（二）》定稿付印，鉴于作者希望采用偏大的字号，伽利玛这时打算把此书分三册印装。至于小说的后续部分（普鲁斯特暂且称之为《索多姆（三）》），伽利玛建议他自行抄清，于是普鲁斯特表示有意雇一个打字员。这个打字员便是奥迪隆的侄女，“俊俏的洛泽尔省姑娘”伊冯娜·阿尔巴莱。她从2月初开始工作，20日前后住到了阿

① *Corr.*, t. XXI, p. 69, 致苏策亲王夫人。

② C. Wixler, *op. cit.*, p. 19–21. 维克斯勒是普鲁斯特派往四季市场记录巴黎街头叫卖声（*RTP*, t. III, pp. 623–627，参见十五人译本［五］112—116页，周译本［五］113—117页）的几个人之一，因此他还记得“卖小牛肉，卖小牛肝的叫卖声”。马塞尔还请他记录街头小贩的叫卖声。利兹饭店的其他员工，如那位来自Godberry的金发伙计，也都短暂地露过面（*Corr.*, t. XXI, pp. 162–163, 1922年5月1日）。纳西姆·贝尔纳先生喜欢的长着番茄脸的孪生兄弟，其原型也是在利兹饭店发现的（*RTP*, t. III, p. 248，参见十五人译本［四］247页，*Corr.*, t. XXI, p. 266, 1922年6月14日：“孪生兄弟之一……”）。

姆兰街，《女囚》和《女逃亡者》（或称《失踪的阿尔贝蒂娜》）都是她打印的。有了塞莱斯特和玛丽姐妹俩，加上奥迪隆和伊冯娜叔侄为他服务，马塞尔觉得阿尔巴莱一家像“一个蜂群”一样在围着他转，他因此感到“心安”[①]。

在为《索多姆（二）》所作的增补当中，有一部分内容是以孟德斯鸠和加布里埃尔[②]红衣主教之死为蓝本的，目的是让夏吕斯这个人物有“更多的变化”，在其“人物的复杂性”中再补充诸多特点，篇幅则增加了一页半。因此可以说，是当时的事件，也就是说，不是历史（1917年爆发了俄国革命）而是作者及其模特们身上发生的故事，使普鲁斯特进一步丰富了自己的著作。但外界发生的事情，他并非充耳不闻，比如他写信给外交部秘书长，吉罗杜、莫朗、克洛岱尔和莱热的保护人，刚刚被停职十年的菲利浦·贝特洛：“决定让您停职的‘法官们’，假如他们真的认定可以就此让您沉寂十年，那他们就太幼稚了。在这个时代，任何事务每经过三个月就要重新审视，难道唯有他们的决定能恒久不变吗？”[③]因此，《重现的时光》中有前总理恢复名誉的情节：“他曾是刑事追究的对象，为上流社会和平民群体所不齿。然而，幸亏组成上流社会和平民群体的个人有所更新，在继续存在的个人心中好恶甚至记忆也有所更新，所以他的这件事已经没人知道，甚至他还得到了赞誉。”[④]这一条在当时或未来的事例中得到验证的历史法则，应该是普鲁斯特从弗

① C. Albaret, p. 230.

② *RTP*, t. III, p. 472（关于这个名字的词源），参见十五人译本（四）476页。*Corr.*, t. XXI, p, 148, n. 13：Logre医生为德夏内尔治疗梦游症。

③ *Corr.*, t. XXI, p. 98. 贝特洛被指控利用外交资源，支助由他弟弟（马尔罗小说《人的状况》中Ferral的原型）领导的陷入困境的中国工业银行，实际上他三年后即官复原职。

④ *RTP*, t. IV, p. 527 et n. 1，参见十五人译本（七）253页。

莱西内、鲁维耶和克雷孟梭的案子里总结出来的。他可能还想到了，1920年被判处三年徒刑的卡约，将于1925年再次出任财政部长。1922年4月28日，前总统保罗·德夏内尔逝世，他们早在勒迈尔夫人的沙龙里就相互认识，并且有过通信。普鲁斯特曾说要为德夏内尔和他的健忘症写一篇文章，之后在《重现的时光》一个不引人注目的段落中提到了他："在这样的日子里，人们不可能向总统提出任何请求，他把所有的公务都忘了。过后，如果让他休息几天，他就会重新记起公务，偶然得如同记起一场梦。"[①]

3月，他在另一个全然不同的领域——音乐——向波利尼亚克亲王夫人紧急求助[②]，可能是出于写作《女囚》的需要。他把吉伽尔那些"很古老的格言集"寄还给克莱蒙–托内尔公爵夫人，这些书是公爵夫人借给他的，他在《索多姆（二）》当中多处加以引用[③]。他对纪德的感情总是模棱两可，其中既有欣赏（这无疑是故意对作品做出的姿态，对其本人他早已没有欣赏可言），也有指责，普鲁斯特不能接受纪德对王尔德的态度："我发现您以轻蔑的口吻与王尔德交谈。我并不欣赏他。但我不理解为什么要用迟疑和粗暴的口吻对一个不幸的人说话。"[④]

在增补的过程中，他担心有些内容重出，因此请求加斯东提供协助，以便在两三天之内通读全书，找出重复的段落，加斯东为他指派了乔治·加博里（他后来写了一篇论普鲁斯特的文章），不过普鲁斯特对他的工作表示不满[⑤]。另外，校样压在手里，普鲁斯特每次都要服了药才有足够的

① Ibid, pp. 551–552，十五人译本（七）276页。

② 他的这封求助信我们没有看到。

③ 这些格言最早被抄录在练习簿60上。

④ *Corr*. t. XXI, p. 126, 1922年4月11日，致安德烈·纪德。普鲁斯特重读了奥斯卡·王尔德。*In Memoriam,* Mercure de France, 1910。

⑤ Ibid. pp. 48, 310.

力气进行校阅，这让他受了不少罪[1]，所以他很少进行改动。当他考虑像《少女》那样再搞一次“商业运作”，把校样卖给收藏家雅克·杜塞时，加斯东让人提醒杜塞，校样上只有少量手写的内容[2]。于是杜塞既想得到校样，又想拿到原始手稿，他出价7000法郎。这让普鲁斯特颇费踌躇，倒不是因为价格低，而是想到日后他的手稿最终将进入公共图书馆，“然而这个想法让我感到不舒服——日后（假如还有人在乎我的书的话）不管什么人都会获准查阅我的手稿，拿来与最后的定稿进行比对，从而对我的工作方法、思想发展等等得出根本靠不住的种种推测。这一切都让我有些心烦……但对这个问题，我还没有一个非常清晰的想法”[3]。所有可能出现的事情，普鲁斯特都已经预见到了。

3月30日，伽利玛和里维埃来访。两天以后，伽利玛向普鲁斯特提出新的分账办法，即以每本书固定版税取代原来的百分比，这种办法对出版社方面更为有利。普鲁斯特立即回应说自己“不赞同这种改动”，并提出一种让出版方付更高价码的解决方案。这二人之间关于钱的讨论总是显得有些滑稽：一位诡计多端，另一位似乎对物质方面的琐事满不在乎，但又对每一项新提议都百倍警惕，他会不会对前者的各种计谋很佩服呢？这一次，伽利玛大度地做了让步。

看门人的女儿病了。马塞尔一直担心自己的病痛会进一步加剧，所以让人把收到的信件都在甲醛消毒箱里放上两个小时[4]，他还经常戴着手套接待访客。但这些并不妨碍他一本正经地写道：“一般来说，我不喜欢谈论我的健康状况。”[5]哮喘发作使他无法说话，所以他越来越多地

① Ibid., p. 56.

② *Corr. avec G. Gallimard*, pp. 534–535, 1922年6月10日和12日。Cf. *Corr.*, t. XXI, p. 243：“我未能修改我的校样。”

③ Ibid., 约7月21日，致西德尼·希夫。

④ Ibid., p. 117.

⑤ Ibid., p. 118, 致西德尼·希夫。

用便条与塞莱斯特交流："屋里进来很多风。请您加热一些维希矿泉水，这一瓶已经没有汽儿了。这个糟糕的馅饼让我倒胃口，所以没有跟您要我的土豆。我冻坏了。厨房比这里暖和吗？……抱歉拉了这么多次铃。"[①]

像前几部书一样，普鲁斯特把《索多姆（二）》的节选交给报纸发表，并要求伽利玛在报上刊登各种广告，对小说进行报道。由罗贝尔·德·弗莱尔担任文学版主编的《费加罗报》（阿尔弗雷德·卡皮任政治版主编，他的文章普鲁斯特并不是都喜欢，特别是他对法国和英国热那亚会议的报道）4月29日刊出了"帕尔马公爵的私生女"奥尔维里埃亲王夫人的人物特写，马塞尔向罗贝尔·德·弗莱尔解释说，这个人物是以雅克·德·瓦鲁夫人和"克罗顿"·勒格朗（她同时也是勒鲁瓦夫人的原型）为蓝本的[②]。《自由之页》杂志4—5月号上刊登了《维尔迪兰府上的晚会》；皮埃尔-安德烈·迈任主编的年轻杂志《意图》刊出了《结婚计划之奇异与痛苦的理由》。4月29日，《索多姆和戈摩尔（二）》正式上架面世，书上带着一个"荒谬的"腰封："一百二十三万五千一百六十八个字母。"马塞尔则感觉自己像复活的拉撒路[③]，有了足够的力气，为很多赠书写了题词[④]。另外，伽利玛给他寄来一份可能要赠书的百人名单，还送来100册初印本，其中20册用上等白纸印制。普鲁斯特因为担心这本书会冒犯弗朗西斯·雅姆，所以没有给他寄书，但还是说了一番让人担忧和感动的话："当您向约瑟夫祈祷时，请您求他，让

① Ibid., p. 146, 1922年4月27日前后，致塞莱斯特·阿尔巴莱。Cf. pp. 228, 504, 505, 509, 530, 534. 1992年5月20日，Catalogue Ader-Tajan, n° 92, billet du 20 avril："小蛋糕片没有了，也找不到手表。"这张便条被错误地标注为"最后的话"。美国得克萨斯大学（奥斯汀）所属Hany Ransom大学中心的Carlton Lake专藏，拥有79张普鲁斯特在最后几个月中写给塞莱斯特的便条，都是写在信封背面或熏烟纸上的（A. Borrel, « Inédits », *BAMP*, n° 40, 1990, pp. 7–8, 发表了其中3张）。Voir aussi Carlton Lake, *Chers papiers*, Seghers, 1991。

② *RTP*, t. III, pp. 118–119，参见十五人译本（四）116—117页；*Corr.*, t. XXI, p. 146, 1922年4月29日。

③ Ibid., p. 159.

④ 已发表题词的对象包括：莱昂·都德、雅卢、德·诺阿耶夫人、苏戴、旺德莱姆、Ajalbert、皮埃尔-安德烈·迈、莫里亚克、柏格森（"致莱布尼兹以来第一位也是最伟大的形而上学家，其创造体系可能继续进化但将永葆柏格森之名"，ibid., p.163）、Middleton Murry、路易·布兰、路易·德·罗贝尔（"我几乎无法命人寄书"）、勒内·然佩尔、施特劳斯夫人、Henri Gans、玛丽·德·雷尼耶（普鲁斯特提到了可怜的尼金斯基，"既是《玫瑰精》也是疯人院的幽灵"，ibid., p. 233）、让·贝罗。

我的死比我的生更温馨甜美。”[1]

① Ibid., p. 199, 1922年5月；雅姆1912年发表了*Livre de saint Joseph*。

对《索多姆和戈摩尔（二）》的反应

罗贝尔·肯普在5月8日的《自由报》上发表文章，对小说加以嘲笑，他在文中承认（他的后继者们并不总是这么坦诚）并没有读过他谈论的这本书[2]。在6月1日出版的《新法兰西评论》上有一篇罗歇·阿拉尔的评论，普鲁斯特认为“写得很漂亮”，并写信向阿拉尔进一步说明自己对同性恋的看法：这是一种“完全神经性并具有补偿性优越感的反常现象”，它与道德无关。普鲁斯特把同性恋与性倒错区别开来，因为同性恋是“性倒错虚幻的、美学和理论的一面，性倒错就在这个表面之下显现自身、审视自身”[3]。保罗·苏戴在5月12日的《时报》上发表长篇评论，普鲁斯特称之为“专门针对语法错误的起诉书”，他以苏戴的笔法写了一篇仿作，寄给苏戴作为回应[4]。亨利·德·雷尼耶因为自己“相当疲累”，阅读方面只好“浅尝辄止”[5]。但德国著名学者恩斯特–罗伯特·库尔提乌斯写了一篇出色的评论[6]，这是他引人注目的普鲁斯特系列研究著作之首篇。7月1日《高卢人报》上安德烈·肖梅的文章[7]，7月16日《费加罗报》上让·施伦贝格尔的评论，都对小说给予好评。利兹饭店的一位意大利领班告诉普鲁斯特：“昨天的《晚邮报》上说，普鲁斯特先生的书读起来很费劲，就像爬山一样必须一直往上攀登，但这样做很值得，因为最后我们可以看得很远。”[8]另外，亨利·比杜在6月1日的《巴黎评论》、雅卢在9月7日

② Ibid., p. 169 et n. 11.

③ Ibid., p. 174, 致罗歇·阿拉尔。

④ Ibid., p. 206, 致加斯东·伽利玛；pp. 188–189, 致苏戴。

⑤ Ibid., p. 228.

⑥ « Marcel Proust », *Der Neue Merkur*, février 1922, pp. 745–761.

⑦ 4日或5日普鲁斯特以他一贯的周到礼数向安德烈·肖梅表示感谢（*Corr.*, t. XXI, pp. 338–340）。他还在16日对施伦贝格尔表示感谢，同时断然否认存在“性别反串”的暗示。普鲁斯特不喜欢别人把他的“少女”说成“男扮女装”（ibid., pp. 355–357）。

⑧ Ibid., p. 344, 1922年7月5日。

的《闪电报》分别发表文章予以赞扬。《巴黎回声报》甚至报道说已经有人提出普鲁斯特会获得诺贝尔文学奖[1]。简而言之，这部书的出版没有造成任何负面效应，夏吕斯、纳西姆·贝尔纳没有让任何读者感到害怕。普鲁斯特惊叫道："我真没有想到居然几乎没有负面评价。"他发现自己受到了广泛赞誉，仿佛他像"塞居尔伯爵夫人那样天真纯洁"。他还说："读者一头扎进《索多姆和戈摩尔》，如同扑向一件圣物。"[2]一直到最后时刻，他都是亲自处理报刊的各种反馈，设法让其他报刊报道或者转载对小说给予好评的文章，为此他花费了很大精力，似乎小说的未来完全取决于此。这时，他的心思完全放在已经出版的书上，常常把书拿在手中摩挲，但无力再阅读，他唯一要操心的是，"透过精神世界，为我的书，打开原本向我阻塞的传播之路"[3]。

他的朋友中，施特劳斯夫人与西德尼·希夫一样，完全被书迷住了，她手不释卷，夜以继日地读着小说。科克托寄来一封轻描淡写的短信，但没有涉及小说的题材。莫里亚克则表示惋惜，在这个地狱当中，正直的好人还不到十个，更谈不上有出凡入圣之人。莫朗是个务实的人，他看到的是此书摆在各家书店的货架上，并成为所有人的话题。劳拉·海曼在奥黛特身上发现了自己的影子，愤怒地写信给普鲁斯特说他"是个魔鬼"[4]。普鲁斯特回信予以澄清，并努力证明她跟奥黛特全然不同[5]。卡米耶·巴雷尔在罗马任法国驻意大利大使二十余年，觉得在诺布瓦身上看到了自己，普鲁斯特就此写道："这仅仅是因为，在

① Ibid., p. 298, et n. 16.

② Ibid., p. 353, 1922年7月16日，致罗贝尔·德·弗莱尔；p. 357, 致让·施伦贝格尔。

③ Ibid., p. 494, 1922年10月3日。

④ Ibid., p. 206, 致加斯东·伽利玛。

⑤ Ibid., pp. 208–209, 1922年5月18日。

我小时候，他每个星期都要来我家里吃饭。”[1]凡遇到类似情况，马塞尔都只在很微末的地方透露一点实情：盖尔芒特公爵与迪洛侯爵（他本人也出现在《追忆》当中）相像，但仅限于刮胡子的方式；施特劳斯夫人的沙龙与奥黛特沙龙的相似之处则是雪球花[2]。

① Ibid., p. 402, 1922年8月5日或6日，致邦雅曼·克雷米厄。

② Ibid., pp. 210–211.

《索多姆和戈摩尔》（二）（三）（四）

至于《索多姆（三）》，他早在1月份就考虑把它分成两个部分，同时打算把它印成一册不太厚的书，篇幅与《盖尔芒特（一）》相当。而《女囚》和《失踪的阿尔贝蒂娜》后来成书的篇幅让我们看到，普鲁斯特在1922年到底增写了多少内容[3]。5月15日前后，我们看到前一个书名首次露面[4]，这时他正在加紧工作，以完成这部书稿。为了进一步充实描写贝戈特之死时对弗美尔的评论，他不再满足于自己的记忆和沃杜瓦耶的文章，而是找来居斯塔夫·范兹普的专著《代尔夫特的扬·弗美尔》，其中“众多画作的复制品”使他在“不同的画作中发现了相同的陪衬部分”[5]。7月2日，普鲁斯特告诉伽利玛，小说的上述两个部分一个都“没有准备好”，“还有很多工作要做”，预计到1923年才能出版。他一方面很想让读者“喘口气”，一方面又担心读者会忘记《索多姆（二）》的结尾——“我要离开这里，与阿尔贝蒂娜一起生活。”他找到了两个对称的书名《女囚》和《女逃亡者》。但我们看到，泰戈尔诗集《瞬息集》法文版（这个书名与

③ Ibid., pp. 38–39, 1922年1月8日，致加斯东·伽利玛。

④ Ibid., p. 197, 致雅克·布朗热。

⑤ Ibid., p. 292, 6月17日后不久，致让–路易·沃杜瓦耶。

“女逃亡者”是同一个法文单词）的出版使普鲁斯特放弃了原来的计划[①]。8月初，他又回到当初的设想：把《索多姆（三）：女囚》寄给伽利玛，然后在校样上“进一步大规模修改”。这时他刚刚重新雇用了6月份离开的伊冯娜·阿尔巴莱，于是《女囚》将接连出现三份打印稿[②]。普鲁斯特一开始不知道这本书的篇幅是否短到可以与后续的《女逃亡者》同时出版，他说：“我们不能为了避免作品过长而让别人说‘他的写作能力有很大的下降’。”[③]篇幅到底是要短一些还是长一些，这个问题一直到最后都纠缠着他，也让他为《失踪的阿尔贝蒂娜》这个书名反复犹豫。10月3日，他又恢复了《女逃亡者》的书名，因为这个书名一旦弃去，就会使标题之间失去对称性[④]。

普鲁斯特去世时，他已修改到《女囚》第三份打印稿的136页。这些非常具体的阶段性工作能让我们看到，在手稿之外，他在打印稿和每批校样上进行的修改、增补工作仍然相当可观，他不仅要随着自己的灵感在文稿上边读边改，而且还要在练习簿或者散页纸上进行增补，以便将来插入正文。最著名的例子就是对贝戈特之死的增补，1921年5月在网球场展览馆参观荷兰画展之后，他先在练习簿62上写了一个片段，而后插入《女囚》的第三份打印稿[⑤]。这充分显示了他所作增补的篇幅和分量，并使我们对增补的彻底中断感到无比惋惜。不过，我们千万不要犯这样的错误，即认为普鲁斯特要写一部像马拉美的“书”一样无法收尾、信笔挥洒、有多种可能组合的书。普鲁斯

① Ibid., pp. 331–332, 1922年7月2日或3日。

② Ibid., pp. 379, 401 (1922年8月5日前不久)。他说将于9月初第三次重新开始。

③ Ibid., p. 380.

④ Ibid., p. 492, 致加斯东·伽利玛。

⑤ *La Prisonnière*, éd. Milly, Flammarion, 1984, p. 40.

特与罗歇·马丹·杜伽尔对《穆莫中校》的态度完全相反，他希望小说在生前全部出版。这就是说，随着作品的一部部出版，对小说情节和内容进行移动、改写和增补的可能性越来越小，到了1922年，只有《女囚》《失踪的阿尔贝蒂娜》和《重现的时光》还有可能进行改动。也就是说，是由于普鲁斯特的英年早逝，才使他的未刊手稿（而不是全部作品）处于变幻不定的状态。正是因为这个缘故，我们不同意下面这个说法——“正是这种对小说内容无休止的重组编排，这位作家直到死亡的那一刻才真正停止写作，从而也证明了《追忆》始终是一部未完成的且无法完成的小说。”[①]如果是这样的话，普鲁斯特就任何东西都不会发表，《追忆似水年华》也就会成为另一部《让·桑特伊》。而实际上，1922年11月初，普鲁斯特在给加斯东·伽利玛的信——他生前最后的书信之一——中提到“《女囚》（已经完稿但还要重读一遍）”[②]，似乎他知道自己已经无法再把它重读一遍了，但他清楚，他的作品并不能因此而被视为未完成之作，最后一卷《重现的时光》手稿的最后一行，早在1922年春天就已经写上了“完”字。

增补

在这一时期，也就是在手稿的主体部分完成之后，普鲁斯特把大部分时间都用来进行增补。以《索多姆和戈摩尔》为例，我们认为，虽然早在1916年就已经完成初稿并确定书名为《索多姆和戈摩尔》[③]，但实际上《索多姆和

① K. Yoshikawa, *op. cit.*, t. III, p. 312.

② *Corr. avec G. Gallimard*, p. 636；最后一句是“如果能行的话我会继续写”。这封信告诉伽利玛他寄出了《女囚》的一份打印稿，可以此为基础印出校样，供作者修改。加斯东·伽利玛1922年11月7日答复：“我已收到您的手稿，立即寄出付排，收到校样就会马上寄给您。”（ibid., p. 637）

③ Voir la notice de *Sodome et Gomorrhe*, *RTP*, t. III, et A. Winton, *Proust's Additions*, Cambridge University Press, 1977.

戈摩尔（一）》的开头部分后来经过了改写，结尾的部分也是后加的。盖尔芒特亲王夫人府上晚会的第一部分经过了彻底的重新编排，特别是在它以《嫉妒》为题在《自由作品》上发表的时候。第二次在巴尔贝克度假的部分，普鲁斯特在手稿上增加了纳西姆·贝尔纳的经历。在打印稿上，第三章中关于睡眠的种种思考取代了与外婆有关的一场梦。布里肖与斯万之间的对比作为残存的部分保留了下来。在第四章中，对日出的描写来自他们在巴尔贝克的第一次居停，这也是普鲁斯特把情节和场景不停地移来移去的一个例证。当涉及人物时，增补部分给小说面貌带来的变化，使我们联想到巴尔扎克的《人间喜剧》。比如，他为亲王夫人府上的晚会引入了几个新人物：德·西特里夫人、土耳其大使夫人、“三位迷人的夫人”，这些人物都来自专门用于增补的练习簿62、60，它们是在1919—1921年间写的。人物的语言、特点、口头禅，都是在打印稿上进一步展开的。性倒错的主题，在多次引用拉辛来描写福古贝、纳西姆·贝尔纳和夏吕斯的过程中，经历了很多种变化。盖尔芒特亲王与莫雷尔的亲密关系最初是写在一张粘贴的纸卷上的。我们在前文中已经看到，在维尔迪兰府上遇到的挪威哲学家，是到很晚才构思创作出来的[1]。莫雷尔最终成为小说中具有重要地位的人物，普鲁斯特在《关于波德莱尔》（1921年6月发表于《新法兰西评论》）一文中明确了这个人物的功能：“索多姆和戈摩尔之间的这种‘联系’，我在最后几卷中把它赋予一个粗人

① Voir *Corr. avec J. Rivière*, p. 213：实际上是瑞典人阿尔戈特·鲁赫：“我希望这位出色的瑞典人在《索多姆（二）》中的挪威哲学家身上没有看出任何自己的影子，但我怕得发抖。”（1921年11月29日或30日信）

夏尔·莫雷尔（况且这种角色一般都是分配给粗人），而且看起来似乎波德莱尔是特意给自己‘分配’了这个角色。若是能知道波德莱尔为什么选择这一角色，他又如何扮演了这个角色，那该多有意思啊！但在夏尔·莫雷尔身上易于理解的东西，在《恶之花》作者身上一直神秘莫测。”[1]这一切似乎在说，正如德·维尔巴里西斯夫人代表了圣伯夫和德·布瓦涅夫人，本身也是艺术家的莫雷尔最终与普鲁斯特心目中的波德莱尔十分相像，也就是说，身为一个性倒错者，却与《欢乐与时日》的作者一样，被女同性恋所吸引[2]。经过对后期增补内容的整体研究，我们可以从中梳理出若干个主要的主题，厘清这些增补在戏剧性（悲剧或喜剧）、思想和感官等方面达成的效果，并且能够证明，这些增补不仅涉及人物特点和社会生活，而且包括诗的形象[3]。于是，在他最后几卷作品里，出现了真正的散文诗（这是普鲁斯特在通信中谈及他交给《新法兰西评论》的节选时所用的词），比如《女囚》中阿尔贝蒂娜熟睡场面的描写，再比如《失踪的阿尔贝蒂娜》当中阿尔贝蒂娜死后的段落。“在这漫长得无以复加的夏日黄昏里，阳光消逝得多么缓慢啊！”一直到小说的结尾，机智、幽默与诗并驾齐驱；一直到小说的结尾，增补的内容达成了预设伏线和重拾伏线、回头倒叙等种种效果，从而强化了小说的整体结构。写着增补内容的练习簿还有另外一种意义或者说重要性，它们包含了许多普鲁斯特不愿抑或不能插入正文的附注说明，比如，莫雷尔对夏吕斯的冷

① *CSB*, p. 633.

② 这是纪德转述的。Gide, *Journal*, 14 mai 1921, Gallimard, 1939, p. 692。

③ A. Winton, *op. cit*., pp. 67–123.

酷残忍唤起叙事者近似于陀思妥耶夫斯基的怜悯之心，附注的最后写道："有时，毫无怜悯之心的并非莫雷尔这种人，而是诚实、正直的人们，他们惩治恶人时，如果判定他缺乏正直和诚实，那么对于自己给他造成的各种痛苦，他们就毫无恻隐之心。但是，一旦一个人遭受精神痛苦，怜悯之心就不应再考虑他过去是否曾经作恶。假如法官明知将加剧被告的心脏病而无动于衷，那么怜悯之心就会对他嗤之以鼻，但面对一个脸色苍白、神情惊恐的渎职者，怜悯之心将长跪在地，热泪长流。"[①]

*

在这一时期增补的内容当中，讲到了蒂索的油画《王家街俱乐部的阳台》，画上表现的是在俱乐部阳台上的夏尔·哈斯、迪洛侯爵、埃德蒙·德·波利尼亚克亲王、加利费侯爵和圣莫里斯等人，这幅画在《画报》上发表时保罗·布拉克复印了一份寄给了普鲁斯特，他很喜欢这幅画，经常拿出来欣赏[②]。他曾考虑润色关于陀思妥耶夫斯基的段落，为此向莫朗借来了《群魔》[③]。到了8月初，他写完了描写巴黎的"叫卖声"的那一段，在信中说他独自建成了"一座相当丰富甚至华丽的声音库"[④]。

在《女囚》当中，叙事者独自演奏凡德伊以及瓦格纳的作品，发现了"十九世纪所有伟大作品的特征"，那就是"它们都是不完整的"。这个世纪最伟大的作家"都没有把作品写完"，但是他们仍然居功甚伟，因为他们借助回顾的眼光赋予作品一种完整性，使它们具有新颖的美。

① Cahier 59, f° 92–94 r° ; voir la lettre à J. Rivière d'avril 1919, *Corr. Avec J. Rivière*, p. 43.

② 7月3日吕西安·都德同他谈起这幅画（*Corr.*, t. XXI, p. 335）；这幅画刊登在6月10日的《画报》上，并在马尔桑展厅展出。*RTP*, t. III, p. 705，参见十五人译本（五）193页，周译本（五）195页。*Corr.*, t. XXI, p. 409, 1922年8月9日，致保罗·布拉克。

③ Ibid., p. 360, 1922年7月17日。*RTP*, t. III, pp. 879–882，参见十五人译本（五）372—376页，周译本（五）392—396页。

④ *Corr.*, t. XXI, p. 404, 5 ou 6 août 1922。N. Mauriac a publié dans le *BAMP*, n° 44, 1994, pp. 10–13, une première version（collection privée）de ces « cris » sur lesquels Léo Spitzer a écrit une superbe étude（*Études de style*, Tel, Gallimard, pp. 474–481）.

这种后起的完整性成就了《人间喜剧》《历代传说》《人类圣经》和《尼伯龙根的指环》；这种完整性是通过生活本身的发展自然而然形成的，不应混同于“众多平庸作家所热衷的大部头，他们往往在书名和卷名上用足功夫，让人觉得作者自有一种一以贯之、卓然超群的构思”[①]。于是，作家完全可以把“单独创作的一个片段”与“其他部分有机地整合到一起”，因为这个片段是“围绕某个主题的自然展开”。这一段论述对普鲁斯特文学理论的界定，丝毫不亚于《重现的时光》进行的阐释。实际上，他始终保留着某种循环体的独特之美，随着时间的推移，在生活阅历、文化修养和深刻思考的三重作用之下，这个循环体顺其自然地不断成长，这部一以贯之的书，就叫作《欢乐与时日》，或者《让·桑特伊》，或者《驳圣伯夫》，或者《心的间歇》，或者《追忆似水年华》。从构思《驳圣伯夫》之时起，他就刻意写一部首尾相衔的闭合式作品，以阅读一篇文章起始，以关于批评和文学的对话结束。但这部作品并不是刻板僵化和一成不变的，它不停地增长扩大，吸纳了“对大自然的沉思”、曲折的故事以及“一些不仅仅是人名的鲜活个体”[②]。从一开始，普鲁斯特就想到开篇第一章与最后一章要遥相呼应，从而克服他所批评的十九世纪伟大作家们“作品不完整”的缺陷；但同时，他遵从灵感的指引——这种灵感，对他来说，就是不断深入到不为人知的内心世界，深入某种观点的特殊性之中，深入言语的差异之中——从而避免了左拉或罗曼·罗兰

① 普鲁斯特此处矛头所指是罗曼·罗兰的《约翰 - 克利斯朵夫》（参见十五人译本［五］161页，周译本［五］159页——译者补注）。

② *La Prisonnière*, *RTP*, t. III, p. 666，参见十五人译本（五）155页，周译本（五）158页。

的死板僵化和单纯追求体系的弊端。因此，这种循环结构完全可以把《驳圣伯夫》结尾处的对话替换为盖尔芒特亲王夫人的午后聚会，而丝毫不改变作品的本质。它甚至适合于描写一个人实现自己志向的过程，适合于描写最终成为作家的主要人物。无论是与阿戈斯蒂耐利相识，还是第一次世界大战爆发，任何外在的东西都不会影响这种结构。普鲁斯特创作思想的这种一贯性，与他1905年在罗斯金身上指出的一贯性十分相像："他从一种思想过渡到另一种思想，其中并没有任何显而易见的秩序。但实际上，引导他这样做的奇思妙想所追随的是自身更深层的契合，进而不由分说地强加给他一种更高级的逻辑。"[①]《芝麻与百合》的结尾预示了《重现的时光》的结尾："因此到最后我们发现，它遵循了一个隐形的方案，当这个方案最终被揭开，我们回头再看时，它就为整体赋予了某种秩序，并让这个整体一层一层地向上升腾，终于达到辉煌的顶点。"[②]我们回顾普鲁斯特不断更新的写作计划、反复增删而数易其稿的繁重工作，目的无他，就是为了揭示这个秩序，揭示这个层递上升达到"辉煌顶点"的历程，1905年那位默默无闻的译者所向往的光辉顶点，终于在1911年由一位找不到出版者的小说家在小学生练习簿上变成现实。

但普鲁斯特下笔十分谨慎，在故事中散布穿插了种种暗记、警语和不动声色的内心剖白，它们对普鲁斯特写作方式的阐发并不亚于一篇真正的导论。他曾为自己翻译的罗斯金著作写过长序，但没有为《追忆似水年华》作序，这无疑是因为，为这部小说作序将破坏它最主要的独

① *Sésame et les lys*, *op. cit.*, pp. 62–63.

② Ibid., p. 62. 普鲁斯特还指出，这本书的最后一个句子重新拾起了第一个句子的主题，从而在"最后一个和弦中呼应了开头的音调"。《重现的时光》的最后一个词是"时间"，它就包含在《在斯万家那边》开头的第一个字"很长时间"当中。Voir Ph. Kolb, «Proust et Ruskin», *Cahiers de l'Association internationale des études françaises*, Les Belles Lettres, 1960, pp. 267–273。

创性，即一步步地揭示他的哲学和美学理论，并把发现意义、往昔和艺术的过程转化为一次次历险。之所以要强调这一点，是因为普鲁斯特所阐发的原则也是我们编辑他的作品时要遵循的原则。首先是他在《让·桑特伊》中所表露的对未刊手稿的迷恋："今天，假如能在手稿或报纸的连载里发现乔治·艾略特或者爱默生的新作，我们会多么欣喜啊！"[①]对一个爱好者来说，任何出自普鲁斯特笔下的东西，尤其是有关小说的文字，都是不可忽略的。那么未刊的手稿能给我们带来什么呢？这一点，贝戈特之死已经非常形象地告诉了我们。在贝戈特临终时凝视的那幅弗美尔画作里，最吸引他目光的是"那一小块黄色墙面的珍贵质地"[②]。"质地"一词，正是《在少女们身旁》当中描写里夫贝尔夜晚景色时常用的词。这种"质地"的秘密就在于，它是由"好几层色彩"重重叠加而成。《追忆》的珍贵之处同样在于，它是由不同状态的书稿重重叠加而成，这一点无论怎么强调都不过分。从上一稿到下一稿，从这一次修改到下一次修改，这部书便获得了仅仅一次涂抹所无法达到的厚重、通透和光泽。应该说，这位伟大的艺术家主动承担起一时风光但昙花一现的平庸作家们无由体会的诸般义务，他感到自己"非得把一篇文章重写二十次不可，尽管它日后赢得的赞美对于他已被蛆虫啮噬的躯体而言几乎毫无意义，可是就像一位艺术家，虽凭借精湛绝伦的技巧，反复推敲打磨，画成这块黄色墙面，但他本人，除了能与弗美尔这个名字勉强对上号之外，永远都不为人知"[③]。

① *JS*, p. 368. 另见普鲁斯特1919年7月10日致瓦尔特·贝里的信（*Corr.*, t. XVIII, p. 320）："如果某位先生把伏尔泰或爱默生的书信当作手迹珍藏起来，我们会怎么说呢？私人收藏也应该成为博物馆的一部分，否则就是对集体的剥夺。"

② *La prisonnière*, *RTP*, t. III, p. 692，参见十五人译本（五）180页，周译本（五）186页。（"质地"一词，原文是matière，一般译作"材料"。——译者补注）

③ Ibid.，写于1921年的这段文字是练习簿62中的最后一段；普鲁斯特几乎原封不动地把它插入《女囚》的第三份打印稿。

与贝戈特一样，凡德伊也是普鲁斯特笔下一个富有寓意的人物。在《女囚》当中，凡德伊盖住了贝戈特的光芒；叙事者聆听他的七重奏，一部超越了奏鸣曲的音乐杰作。假如没有它的编者，即凡德伊小姐那位女友的辛劳付出，这部作品将永远被埋没。凡德伊去世时，只留下一些“无法辨识的”记号，“比写着楔形文字的莎草纸文稿还要难懂”。这位年轻女子“花费这么多年来辨认凡德伊留下的……记号，逐一解读这些天书般的谱纸”，终于发现了“未知但永恒而丰赡的欢乐形式，发现了黎明天使般鲜红的神秘希望”[1]。所以，“多亏了她的努力，我们才真正了解了凡德伊，了解了他的全部作品”[2]。随着普鲁斯特逐渐接近作品的尾声，他也在愈来愈快地走近死亡，他此时在小说中插入的这个寓言，好像一个委婉的嘱托，不仅道出他的写作方式，暗示如何处置必定要留在身后的手稿，而且提醒我们应该如何编辑他的作品。他要求编者释读未刊的手迹，还原重叠在一起的各个层次，它们一旦得以展开，就会让我们看到作品的构成，理解其质地的厚重。艺术家普鲁斯特向作品乃至每个句子、每个词语慢慢“注入”的东西，正是他的生命[3]。

①*La prisonnière*, *RTP*, t. III, p. 767，参见十五人译本（五）255页，周译本（五）266—267页。

② Ibid.，参见十五人译本（五）255页，周译本（五）268页。

③ *Sodome et Gomorrhe II*, *RTP*, t. III, Esq. V, « Réception chez la princesse de Guermantes ».

《重现的时光》收尾

据塞莱斯特回忆，那是1922年春季的一天，疲惫的普鲁斯特微笑着召唤她：“告诉您一个特大新闻。昨天晚上，我终于写上了‘完’字……现在，我可以死了。”[4]

④ C. Albaret, p. 402.

最后一句话

在最后一个练习簿（编号XX）上，最后一句话经过了反复的删改。仔细研究这个句子就会发现，其中只有最后几个字可以认为是一开始就写定了的，这是个极具象征意义的情形。开头部分已被划去。最后收尾的词——“时间之中”（dans le temps）——是一开始就确定下来的；这几个字对这部小说而言极为重要，它们既重现了小说开头的“很长时间”（longtemps），又总括了整部作品。我们注意到，随着句子的开头和中间部分逐步展开，这几个字也一直在逐渐往后退。第一稿：“至少，我肯定会抛开其他，首先描写那些人／哪怕会赋予他们怪物的形状，让他们占据着比实际有限的空间大无数倍的空间，就像把他们无限拉长——在时间之中。”第二稿：“如此一来，就会使他们活像那些怪物／像怪物那样占据无限广大的地方，如同占据无限延长的地方——在时间之中。”第三稿：“留给他们的空间极为有限，而在它的旁边，有一个不可思议的场所，他们占据着无限延长的地方——在时间之中。”第四稿：“因为他们像潜入似水年华的巨人，同时触及自己经历过的各个时代，这些时代间隔甚远，而在时代与时代之间，那么多的日子翩然而至，置身于——时间之中。”

随之而来的还有另一个问题，即“完”字的问题。这个字是在哪一稿之后写上去的呢？肯定是在第四稿之前，但应在第三稿之后。也就是说，在普鲁斯特最终引入巨人的形象，并以它取代“怪物”之后，他决定停笔；这是因为，他此时已经达成了节奏的圆满，并且达到了类似于休止符的效果，即只在“在时间之中”这几个字之前使用唯一一个（而不是克拉拉克–费雷版的两个）连字符[①]。

最终体现在《重现的时光》当中的种种观点，普鲁斯特有时也直接透露一二。比如他说，他的整部作品全都来自一种“特别的感觉”，它是“一架望向时间的望远镜”，“让无意识的现象显现在意识之中”。他之所以采用这样的风格，是为了表达他“深刻而真实的印象”，并遵从“思想的自然进程”[②]。再如，他给库尔提乌斯的信中说：“坏的文学令人泄气。但真正的文学让我们认识灵魂中尚不为人知的部分。”[③]

*

5月1日，马塞尔误服了肾上腺素又没有喝水，引起胃部烧灼，让他遭了三个小时的罪，任何东西都无法入口，他还说应该给消化道“敷上石膏”。对外寄信寄书已经完全停止[④]。他自称，烧胃事故过后，他只能吃冰块，要派人日夜不停地从利兹饭店取来[⑤]；另外吃过一次芦笋。5月18日，他坚持出门，前往歌剧院观看尼金斯卡的芭蕾舞《列那狐传奇》（斯特拉文斯基作曲，拉里奥诺夫舞美）的首演[⑥]，随后出席了希夫和夫人在玛吉斯迪克酒店举行的招待会。他们还请来了佳吉列夫、剧团里的多位成员以及斯特拉文斯基、毕加索、乔伊斯。普鲁斯特向斯特拉文斯基谈起贝多芬的最后几首四重奏，结果对方马上

① Voir J.-Y. Tadié, « Proust et l'inachèvement », *Le Manuscrit inachevé,* Éditions du CNRS, 1986.

② *Corr.*, t. XXI, p. 77, 1922年3月前后，致卡米耶·韦塔尔。韦塔尔在1922年8月的《新法兰西评论》上发表了一篇题为《普鲁斯特与爱因斯坦》的文章。

③ Ibid., p. 479, 1922年9月中。

④ Ibid., p. 177, 致勒内·布瓦莱夫。

⑤ Ibid., p. 221, 1922年5月23日之后不久；p. 229, 1922年5月27日。

⑥ 当天演出的其他剧目还有Petipas的《睡美人的婚礼》和《伊戈尔王》中的《波罗维茨人之舞》选段。

就认为他是个附庸风雅之辈。至于乔伊斯与普鲁斯特之间的交谈，见证者众说纷纭，但不管怎么说，本世纪最伟大的两位小说家最终没有能够相互理解。这位爱尔兰人同样对自己的健康状况叫苦不迭，在奥迪隆·阿尔巴莱的出租车上，他曾想打开车窗抽烟。乔伊斯在自己的记事本上写道："普鲁斯特，善于分析，静止的人生。读者在句子结束前就已经读完了。"在给希尔维娅·比奇的信中，乔伊斯说自己读了"À la recherche des Ombrelles perdues par plusieurs Jeunes Filles en Fleurs du côté de chez Swann et Gomorrhée et Cie, par Marcelle Proyst et James Joust"[①]。普鲁斯特去世一周后，乔伊斯写道："他的名字常常与我的名字联系在一起。在巴黎，人们似乎对他的去世并不感到意外，但我5月见到他时，他并没有生病的样子，反而还显得比实际年龄年轻十岁。"[②]这个值得纪念的夜晚，无论是在普鲁斯特的书信中还是在小说中，都不见任何痕迹；他常说：对于与同侪、同行、艺术家、知识分子的结识会面，他早已漠然处之。

5月份还发生了一件滑稽的事。普鲁斯特与一个叫雅克·伯努瓦–梅尚的年轻人有往来，他说自己记得雅克的母亲"身材高大，气度不凡"，遂要来一张雅克的照片，并说："一个令人欣赏的人物如何在另一个性别中转世再生，对此我一直非常感兴趣。"[③]而当伯努瓦–梅尚纠正说那位女士并非他的生母，而是他父亲的前妻时，普鲁斯特泰然自若地说道："您的照片已经证明了我关于爱情的理

① R. Ellman, *James Joyce*, trad. fr., Gallimard, Tel, pp. 140–141，这部《乔伊斯传》搜集了大部分的见闻实录；佩因特的《普鲁斯特传》（p. 825）将形形色色的回忆材料一视同仁地捉置一处。我们则倾向于仅采用乔伊斯本人留下的文字，他在吞吞吐吐当中不乏讥讽和敬意。（乔伊斯戏仿的书名可勉强译作：马塞勒·普罗伊斯特和詹姆斯·茹斯特所著《追寻几位如花少女在斯万家和戈摩尔公司那边失去的小阳伞》）

② Lettre du 25 novembre à H. Shaw Weaver, trad. de Marie Tadié, in J. Joyce, *Œuvres*, Bibl. de la Pléiade, t. II, 1995, p. 971.

③ *Corr.*, t. XXI, p. 203. 这使我们想到对希尔贝特·斯万和她父母之间容貌相似问题的研究。

论完全站得住脚……我认为，男人所爱的并不是这个或那个个别的女人，而是他永远不离不弃的某一类女人……令尊之所以在二婚时娶了令堂，正是因为令堂体现了他真心挚爱的这个特殊类型。她一定是在某一方面与他的第一位妻子非常相像。所以，我能在您的照片上看出某个并不属于令堂而属于某位可能您从未谋面的女性的特征，就毫不奇怪了。”[1]

《高卢人报》就“晚辈眼中的龚古尔兄弟”进行调查，5月24日，普鲁斯特把他熬了一个通宵写成的文章寄给了报社[2]。他在文中回忆起与龚古尔兄弟在都德府上经常见面的情景，讲到了埃德蒙因为拿笔作记录而引起玛蒂尔德公主的警觉。然而，记日记“不是一个大艺术家或创造家之所为”。他在文中还宣布《重现的时光》会有与龚古尔兄弟有关的内容。在这部小说里，他表达了同样的看法，并以仿作的方式写了一大段“假托的龚古尔日记未刊稿，小说中的许多人物都在其中得到好评”。一句话可以概括普鲁斯特对埃德蒙·德·龚古尔的评价：“这位高尚的艺术家，这位最高贵、最具原创性的史学家，这位被埋没了的真正的印象派小说家，是一个天真的人，一个容易轻信的人，温煦的和善之中带有不安。”7月22日和8月14日，他还参加了两次调查。7月份那次，他回答了《政治与文学复兴》杂志提出的关于风格的两个问题：“我们唯一需要操心的是所要表达的印象或思想……只有尽全部力量遵从现实，我们才有可能把看起来最简单的印象从无形

① Ibid., p. 239, 1922年5月底。

② *Textes retrouvés*, pp. 332–335. 这种体裁直到晚近还盛行，但如今在报刊上已经见不到了。

的世界转移到全然不同的具体的世界，不可言喻的东西才将在这个世界里化为清晰的表述。”[①]

① Ibid., p. 336.

似乎从6月开始，普鲁斯特就频繁出入“屋顶之牛”餐馆。正如他写给《舆论》周刊主编塞尔日·安德烈的《回忆那一夜》一诗中所说，这家酒吧“看名字是乡野田园，但根本不像村舍客栈”。这处巴黎夜生活的圣地，名称来自科克托与达律斯·米约的同名芭蕾哑剧[②]，最早是姆伊塞斯在迪福街上开办的伽雅酒吧，纪德与阿莱格雷、佳吉列夫、毕加索、米西娅·塞尔特、米斯坦盖是常客，它很快就显得过于狭小，于是迁往布瓦西–当格拉街，1922年1月10日再开业时改为现用名称。“新酒吧，比伽雅酒吧大得多，大厅为方形，在内部深处设有一个嵌入式吧台，旁边摆着钢琴。墙上挂着大幅油画《卡可基酸盐之眼》，这是皮卡比亚邀请朋友们一道完成的，他们人手一罐‘立泼淋’牌颜料站在画布前，把脑海中的东西写出来、画出来，于是，画面上让·科克托的肖像周围环绕着‘悲伤之冠’字样。瓦伦蒂娜拿着画笔说道：‘我的心在跳。’皮卡比亚说：‘那就把这句话写下来！’”[③]

② 这出哑剧的首演是1920年2月21日在香榭丽舍喜剧院。这个剧名本来是巴西一首流行歌曲的名称，似乎是跟米约一道从巴西归来的克洛岱尔提供给他们的。

③ J. Hugo, *op. cit.*, p. 203. Cf. J. Wiener, *Allegro Appassionato* (Belfond)：“我和米约、科克托等几个朋友开了这家‘屋顶之牛’酒吧，是因为有一天我们突然想有一个自己的酒吧，有一个可以把艺术家以及所有想来的人都聚集在一起的地方。” Voir *Wiener & Doucet à l'époque du « Boeuf sur le toit »*, disques Adès COF-7088。

普鲁斯特很高兴知道了这么一个时髦的地方，在这里，维纳和杜塞在两架钢琴上弹奏爵士乐或戏仿肖邦的曲目，科克托偶尔玩一场打击乐，还有先锋派艺术家们来来往往；但普鲁斯特没有把“屋顶之牛”写入小说，仿佛金屋餐厅、利兹饭店和先前的许多餐馆已经把地方占满了。

在布吕芒塔尔奖评选中，普鲁斯特支持波扬，但他被认为年龄过高，结果原来排名第二的《新法兰西评论》另一位批评家邦雅曼·克雷米厄获得了这个奖项[2]。另一项评比中，普鲁斯特支持加博里，认为他是“一个非常可爱的人，聪明且充满好奇心”[3]，但他最终落败。6月12日，马塞尔出席了埃内西夫人在费尚迪尔街85号——“巴黎最漂亮的府邸”——举行的盛大招待会，他遇到了吉什（吉什说马塞尔今天被请进了一个不上档次的“圈子”，其实马塞尔在进门时就已经看出来了[4]）、迪尔福伯爵夫人（夏多布里昂的侄孙女）、伽奈侯爵夫人、波利尼亚克亲王夫人（她长得像但丁）、美国大使、泰蕾兹·缪拉、居斯塔夫·施伦贝格尔和博尼·德·卡斯特拉纳。招待会上，一位女歌手演唱了古诺的作品。普鲁斯特把自己写进了一出“小型滑稽戏”，即两位来宾的对话，他后来把这出对话整理出来寄给了当天的女主人：“一个头发纷乱的黑皮肤男子，面带病容。‘从他的神色我马上看出他不属于我们这个圈子。’——‘快闭嘴，这是个天才。他患有干草热……他就是著名的马塞尔·普雷沃，《女唐璜》的作者。’”[4]

6月16日，尽管在发烧，马塞尔仍然在午前就穿戴停当，先后去到弟弟家里和利兹饭店；此次发烧持续了好几个星期。这时，普鲁斯特与另一位英国朋友菲利普·沙逊（1888—1939）爵士有很多来往，他的母亲爱德华·沙逊夫人，闺名阿丽娜·德·罗斯柴尔德（1865—1909），是罗贝尔·德·罗斯柴尔德（1880—1946）的姐姐。菲利普

① *Corr.*, t. XXI, pp. 257, 271–274.

② Ibid., p. 265, 纪德1922年6月14日，致普鲁斯特的信。

③ Ibid., p. 460.

④ Ibid., p. 262, 致埃内西夫人。

爵士是比贝斯科和普鲁斯特共同的朋友[①]，22岁当选英国下院议员，战争期间是道格拉斯·海格爵士的秘书，巴黎和会期间是劳合·乔治的秘书，后来又在鲍德温内阁中担任空军副大臣[②]。在空军部，他与T. E. 劳伦斯友好，所以1929年选举时，劳伦斯仅对丘吉尔和他的离开表示惋惜[③]。希夫在致普鲁斯特的信中为这个"聪明又非常神经质的人"留下这样一幅肖像："我不清楚他是否有很高的志向，但他极为富有，所以假如他很有才华（就他的血统和父母来讲我认为这很有可能），他应该能在社交之外取得更加显赫的地位，因为他与劳合·乔治以及其他政治家关系非常密切……我想他已经感觉到你独一无二的特质，并想让你这个大名人加入那个显赫的——我想也是令人厌倦的——社交圈，他作为主人肯定已经累得筋疲力尽了。"[④]普鲁斯特似乎在1921年为沙逊作了一篇仿作，后来又撕掉了[⑤]，再后来以在君士坦丁堡的费纳龙为例，劝沙逊不要来看他：因为"离别有那么多苦楚"[⑥]，还是不要爱他罢。不过，他仍然非常开心地提起他们在利兹饭店住在相邻房间时的趣事："关于您，在很长时间里我只听到您房间里潺潺的水声……身边突然响声大作，我意识到要命的大洪水已到眼前；我毫不怀疑，为了惩罚我……朱庇特会放出雷电。但不是这么回事，有人告诉我这是菲利普·沙逊爵士在沐浴。"[⑦]

7月间，病情出人意料地得到缓解，他利用这个机会，"几乎每天晚上"都到利兹饭店吃晚餐，而且每次都是一个

① Ibid., p. 599.

② Princesse Bibesco, *Au bal avec Marcel Proust, op. cit.*, p. 173.

③ *The Letters of T.E. Lawrence*, J. Cape, 1938, pp. 661, 667, 668.

④ *Corr.*, t. XXI, p. 449.

⑤ Ibid., p. 323.

⑥ Ibid., p. 326.

⑦ Ibid., p. 323. Philip Sassoon a publié en 1929 *The Third Route*, « Aeronautics, Orient, G.B. Colonies », Heinemann éd.

人去[1]。他熟悉饭店的每一个角落，包括各处厨房、冷库，还在饭店里放走蟑螂，摆弄洗浴设备[2]。他“渴望得到新鲜空气”，甚至考虑去外地度假[3]。但由于在7号着了凉，错过了由英国著名小说家兼画家温德汉姆·刘易斯给他画素描肖像的机会[4]。他差点与一个对他出言不逊的醉汉雅克·德尔加多打一架。7月15日，雅卢和保罗·布拉克（年轻诗人、小说家，这一年的“夜间访客”之一，在与罗贝尔·普鲁斯特一起编辑《书信总集》之后于1939年英年早逝[5]）把他带到“屋顶之牛”酒吧，马塞尔在信中写道，“所有的人（不包括我）都喝了酒”，因此和那些“不三不四的皮条客”打了起来，更令人恼火的是“老板和伙计都跟那些吃软饭的、长软蛋的是一伙”。“我还以为当年意气风发上决斗场的时代又回来了，但是看起来，我们还真不是那些无赖的对手。”[6]他的脑袋接连躲过了一只“滚烫的鸡”和一只砸过来的冰桶。

临近7月20日，《强硬报》向普鲁斯特发问：“假如世界末日来临……您会做些什么？”他回答说：“……假如我们如您所说受到死的威胁，那么生的甜美就会向我们显现……啊！万一这一次大难没有发生，我们一定要去看卢浮宫的新展厅，拜倒在某位小姐的脚下，去看一看印度。但既然大难没有发生，这些事情我们一件都不会去做，因为我们要重新回到正常生活的原处，在浑浑噩噩之中，欲望被消磨一空。”[7]此时距他离世还有四个月的时间。伽利玛认为自己的生活“荒唐无趣”，于是普鲁斯特还把上

① *Corr.*, t. XXI, p. 329.

② Ibid., p. 409.

③ Ibid., p. 346, 1922年7月7日，到月底他仍未放弃这个念头。

④ Ibid. , p. 347.

⑤ 布拉克生于1893年，经普鲁斯特推荐（ibid., t. XX, p. 593, 致伽利玛），1922年10月在《新法兰西评论》发表小说*Gérard et son témoin*。

⑥ Ibid., t. XXI, p. 351, 1922年7月15日，致埃德蒙·雅卢，雅卢在晚会结束之前就走了。Ibid., pp. 358–359, 致保罗·布拉克，是布拉克邀请普鲁斯特去的。

⑦ *Textes retrouvés*, pp. 337–338.

述道理讲给了伽利玛：“对于不追求幸福圆满或将其置于自身之外而为某种信念生活的人们，幸福反倒将源源而来。”[1]

8月初，马塞尔读了儒勒·罗曼的《吕西安娜》，他错误地认为在此书中发现了与自己作品的相似之处，这是他深恶痛绝的。他写信给罗曼：“我发现我的句子几乎原封不动地出现在《吕西安娜》当中。”（同时对他的风格持保留意见。）这一点让他感到伤心，因为它表明罗曼根本没有读过他的书，也让他“感到振奋”，因为他的形象与思想的真理性由此得到了某种印证[2]。然而，罗曼回信说他读过普鲁斯特的书，最早是普鲁斯特寄给他的《盖尔芒特（二）》，之后，他慢慢地读阿德里埃娜·莫尼耶送给他的《斯万》，但他否认受到了任何影响：“在我眼中您是一个光辉的离经叛道者。”[3]在同一时期，普鲁斯特向保罗·布拉克透露了一个奇怪的事情：“我开始不那么经常说‘要把你淹死在大粪的海洋里’了。”[4]这种表达证明他回归到婴幼儿的肛门期，而这正是他性活动的特征。

8月20日，壁炉里的火让他感到窒息，促使他在凌晨三点钟离家外出[5]。在此前后，他仿照莫朗的做法，希望把《女囚》的节选交给《自由作品》杂志刊登，并开诚布公地向伽利玛和迪韦努瓦直言，这样做“唯一的原因是《自由作品》的稿酬高于其他杂志”[6]。由于伽利玛要替换掉“女囚”这个书名[7]，所以这篇节选在1923年是以《无用的审慎》为题发表的。雅克·里维埃也提及马塞尔

① *Corr.*, t. XXI, p. 369, 1922年7月20日。

② Ibid., pp. 393, 401.

③ Ibid., p. 416, 1922年8月16日。

④ Ibid., p. 409, 1922年8月9日。

⑤ Ibid., p. 427, 1922年8月20日，致苏策亲王夫人。

⑥ Ibid., p. 430, 1922年8月21日之后不久，致亨利·迪韦努瓦。

⑦ Ibid., p. 457, 如同《索多姆》的节选用“嫉妒”作标题；由于这个原因，“失踪的阿尔贝蒂娜”取代了“女逃亡者”作书名。Cf. p. 466。

在《自由作品》上刊登《女逃亡者》的计划，同时为《新法兰西评论》争取机会[①]发表《熟睡的阿尔贝蒂娜》（准备11月刊出，普鲁斯特建议了新标题《看着她熟睡》[②]）和有关巴黎叫卖声的片段。《自由作品》事件遂使普鲁斯特与伽利玛之间发生了一场剧烈的冲突，最后以伽利玛让步而告终。普鲁斯特本想给《自由作品》足有“六千行”的内容，伽利玛让他“尽量短一些”[③]。

但此时出现了一些令人担忧的信号，仿佛命运的重击已经来临：9月4日这一天，马塞尔“因为晕眩”跌倒了五次[④]。8日，他说自己头昏眼花：“每次一从床上站起来，就会不由自主地转圈，然后倒在地上……生活并不是每天都那么舒服的。”[⑤]希夫告诉他，《追忆》的英国译者斯科特–蒙克里夫把总标题译作*Remembrances of Things Past*（《往事的回忆》），把第一卷的书名译作*Swann's Way*（《斯万之路》），希夫认为均属于误译，普鲁斯特对此非常担心。他在给伽利玛的信里说：“这种译法把书名全毁了。”[⑥]他还写信向译者指出，照这种译法，“‘失去的时间’在作品末尾刻意设计的多意性，即重现的时光，就不见了”[⑦]。9月18日，从前的仆人福斯格林约他在旅馆见面，他去了但没有见到人[⑧]。随后的几天里，哮喘剧烈发作[⑨]。比泽医生给他注射了一针抗哮喘药让他振作起来，却发现他正在“以生命为代价”处理他给《新法兰西评论》的小说节选，因此责备他不该“在这种状态下”还继续工作[⑩]。比泽28日又来看望，他离开时，马塞尔精疲力尽，根本无法接待

① Ibid., p. 439, 1922年8月22日。普鲁斯特于29日、30日或31日作出肯定的答复，p. 445。

② Ibid., p. 464；最后留用的就是这个标题。

③ Ibid., 1922年9月6日过后不久，致亨利·迪韦努瓦。

④ Ibid., p. 460.

⑤ Ibid., p. 466, 致加斯东·伽利玛。

⑥ Ibid., 1922年9月14日。这个书名借自莎士比亚的一首十四行诗，大部分分卷书名也是如此。

⑦ Ibid,. p. 499, 1922年10月9日或10日，致查尔斯·斯科特–蒙克里夫。

⑧ Ibid., p. 480.

⑨ Ibid., p. 483, 1922年9月21日，致加斯东·伽利玛。

⑩ Ibid., p. 485, 1922年9月23日，致雅克·里维埃。

来访的里维埃。据塞莱斯特回忆（但通信中没有谈及），10月初，普鲁斯特最后一次出席晚会，地点是博蒙伯爵府上。正是在那儿，已经患了流感的普鲁斯特可能又着了凉[1]。

此后，一系列病理症状慢慢出现。10月11日，马塞尔说他还在发烧，体温又“明显上升”。他不停地给塞莱斯特写便条，其中表现的情感令人动容：“我刚刚咳嗽了三千次”“我心烦到难以忍受的程度”[2]。在诉苦之外，还有暖心的柔情：“我烧得这么厉害……我作了一首温馨漂亮的诗，是写您的。”[3]10月21日，他收到弟弟写来的便条。此前罗贝尔已经来过，“普鲁斯特觉得和罗贝尔聊天太像和一个医生说话了”，说的都是诊所、护士之类，“让普鲁斯特感到烦躁”[4]。便条里说，比泽医生已经做过化验，结果是肺炎球菌感染，罗贝尔建议他允许自己的医生来看他[5]。普鲁斯特则希望向雅克・里维埃当医生的哥哥咨询医学知识，仿佛要在小说里写到相关内容，其实他是想知道肺炎球菌一词的确切含义。25日，他得到了一个严谨的科学定义[6]。紧接着，雷纳尔多代罗贝尔写了一封措辞体贴的信，恳求他接受治疗，他的弟弟将留在他身边，给他当护士。但哈恩说，塞莱斯特（显然是按照马塞尔的吩咐）不让罗贝尔进门，而普鲁斯特此时已经吃不下任何东西了，连一点点土豆泥都不行[7]。这是亲人们劝说病人的最后尝试。

雅克・里维埃一心只想着《新法兰西评论》，根本没有意识到马塞尔的病已经如此严重。10月25日，普鲁斯特

① C. Albaret, p. 409.

② *Corr.*, t. XXI, p. 503, 10月10日之后不久；p. 504。

③ Ibid., p. 505；诗在同页上。

④ Ibid., p. 513 .

⑤ Ibid., p. 511 .

⑥ Ibid., p. 521.

⑦ Ibid., p. 514.

写信告诉他，头天晚上已经为《女囚》定稿："然后，雅克，请您放过这个不幸的人，他再也挺不住了。昨天感觉稍好，他已经为加斯东改写完整部书稿。"[①]10月30日或11月1日他致信加斯东说："此时此刻，我认为最紧要的事情就是把我的书全部交给您。像我为《女囚》（已经完成但还需要请人看一遍）这样拼命……尤其是在我当前这种可怕的状态下如此拼命，已经让我无法再碰以后的各卷了。但只要休息三天就足够了，就写到这儿吧，亲爱的加斯东，能写的话再写下一封。"[②]这些令人心碎的话语当中，标点和句法已经开始出现混乱，这是普鲁斯特写给自己的出版人和朋友的最后一封信。11月7日，伽利玛收到了《女囚》的书稿。

① Ibid., p. 519.

② Ibid., p. 529.

《失踪的阿尔贝蒂娜》

这个标题第一次"公开"露面，是1922年12月1日在在《新法兰西评论》的出版广告上[③]（普鲁斯特去世之前印刷），所以说杂志编辑部和出版社都清楚，这个书名是普鲁斯特本人选定的。

普鲁斯特并没有如他事先说明的那样，向伽利玛交出全部书稿，他交出的只是《女囚》（为了在1923年出版，这部书稿在他去世后，由罗贝尔·普鲁斯特和雅克·里维埃重新审阅）。之后，普鲁斯特重新拾起剩余书稿的打印稿（打印时即用复写纸打成一式两份[④]，他用的是上层的

③ 广告宣布《索多姆和戈摩尔（三）：女囚，失踪的阿尔贝蒂娜》即将出版。这是Alberto Beretta Anguissola在《追忆》意大利译本（Mondadori, 1993）第四卷中指出的，他随后考察了各版本的差异，并提出了自己的理论。

④ 普鲁斯特1922年6月致信伽利玛谈《索多姆（三）》时说："对这份到处增补、到处修改的打印稿的整理工作尚未开始。的确，打印时复写了一份。"（*Corr.*, t. XXI, pp. 544–545）这就是说：凭借这份复写稿，改动的部分都可以分辨出来。这份复写稿是完整的，现存国家图书馆，上面有罗贝尔和1925年的编者所作的标记。上层打印稿被克洛德·莫里亚克先生发现，他给我们看过，并在*L'Oncle Marcel*（Grasset, 1988, pp. 330–385）一书中谈及我们与娜塔莉·莫里亚克之间的交流。娜塔莉围绕这一文献完成了可观的编辑和阐释工作，并以此为基础形成了两个版本（第二个版本收入阿歇特出版社的"袖珍书"丛书）。

那一份，留下复写稿原封未动），从527页起继续进行加工。在这页的天头，他用笔写上："注意：此处是小说上一卷《女囚》的续篇《失踪的阿尔贝蒂娜》的开头。"他划去了开头的几行，留下"必须立即想办法终止"，在后面加上"我的痛苦"，并在页边补写："失踪的阿尔贝蒂娜第一章。这样一来，我原以为对我根本无所谓的东西，其实正是我的全部生命！人对自己是多么无知啊。"[①]直到此处，除了确认书名之外，还没有任何特别的地方：为了避免抄袭之嫌，普鲁斯特放弃了"女逃亡者"的书名，但保留了《女囚》，同时为《失踪的阿尔贝蒂娜》划分章节。现在我们跳转到打印稿的第648页[②]。在第一段的下方，普鲁斯特先写了一个"完"字，然后划去，代之以"失踪的阿尔贝蒂娜第一章完"字样（在这页的页脚有相同的字样）。同时在页边有如下说明："注意。绝对不行。《女囚》是一个整体，而且阿尔贝蒂娜"。但这句话被划去（我们认为可理解为：阿尔贝蒂娜也是）。下面还有一个说明："失踪的阿尔贝蒂娜完。或者，如果伽利玛先生倾向于一本更厚的书，则改为：失踪的阿尔贝蒂娜第一部分完，"这句话也被划去。在这一页页眉，普鲁斯特写道："注意。到此页页脚《失踪的阿尔贝蒂娜》第一章结束。从648页到898页空白我全部移除。也就是从648页跳到《失踪的阿尔贝蒂娜》第二章。直接跳到第二章898页。"[③]最后，第936页上，在"前提"一词之后有一个记号，页边上写着"失踪的阿尔贝蒂娜完"[④]。上述过程

① 这一页的影印件见M. Proust, *Albertine disparue*, éd. de N. Mauriac et E. Wolff, Grasset, 1987, pp. 32–33。我们照录了普鲁斯特的拼法。

② Ibid., pp. 128–129. La page 648 de la dactylographie correspond à la page 67, fin du premier paragraphe, de *RTP*, t. IV (voir var. *b*). La page 898 correspond à la page 202 de l'édition de la Pléiade. Voir la notice, p. 1026 *sq*., et le tableau comparatif des deux versions, p. 1031.

③ Cf. *Corr.*, t. XXI, p. 515, 致塞莱斯特·阿尔巴莱："您看到我的阵咳又开始了，因为我跟您说话了。这些内容全部划掉（除了我们在《失踪的阿尔贝蒂娜》中留下的部分——一直到我的母亲抵达威尼斯。"（影印件见*BAMP*, n° 40, 1990, pp. 100–101）科尔布在"失踪的阿尔贝蒂娜"后面补上了括号，这对原文的含义不无影响。

④ *RTP*, t. IV, p. 235 et var. *b, c, d*. 参见十五人译本（六）236页分段处。

中最重要的是他提到了伽利玛。由于死亡的迫近，普鲁斯特可能急欲做成一部完整而（相对）短一些的书，就是他曾经向伽利玛谈到的：《女囚》，加上一章《失踪的阿尔贝蒂娜》，暂时在写到“失踪的阿尔贝蒂娜完”的地方结尾。但这本书仍然可以加长，“如果伽利玛先生倾向于一本更厚的书”，所以才有了“失踪的阿尔贝蒂娜第一部分完”字样。然后，普鲁斯特又反悔称：“注意。绝对不行。《女囚》是一个整体，而且《阿尔贝蒂娜》”（“也是”——我们认为可以作此解读）。普鲁斯特此时放弃了将《阿尔贝蒂娜》作为前一部小说附属部分的想法，因此再次把写好的说明划去，改为：到此处正是第一章的结尾。至于被“移除”的二百多页，最终没有找到，只能通过打印时的复写稿了解其内容，而复写稿本来是普鲁斯特来作备份或证据的。那么，为何在最后时刻进行大幅删减并作重要补充（阿尔贝蒂娜不是死于图赖讷而是蒙舒凡[①]）的这个谜，谜底到底在哪里呢？我们认为，这是一个实验，一个惨遭中断的实验，而且这个实验是11月初的时候由一个已处于半清醒状态的创作家实施的。就像某些人在临终之际剥夺了家人的继承权而把财产留给护士一样，普鲁斯特把《阿尔贝蒂娜》最美的篇章抽出并交给还在设想中的“索多姆（四）或（五）”。

乔万尼·马基亚提出了另一种假设：普鲁斯特之所以把书缩短，会不会并非是为了伽利玛，而是为了《自由作品》呢？在此前已经抽出了一个《索多姆》的浓缩版《嫉

① 读了删减版的读者马上就会明白，阿尔贝蒂娜来到蒙舒凡是为了与凡德伊小姐或她的女友相会。我们再提醒一下，普鲁斯特对于图赖讷的了解只限于都德家的城堡。

妒》，和一个《女囚》的浓缩版《无用的审慎》（发表于1923年2月），他完全有可能设想一个三部曲，把一个删减版的《失踪的阿尔贝蒂娜》留给迪韦努瓦的《自由作品》杂志。这样的话，广大读者就会得到一部篇幅不长的小说，描写阿尔贝蒂娜从恋爱到死亡再到被遗忘的整个过程[①]。若要证明这个假设成立，我们只缺少一封信（也许此时的普鲁斯特已经没有力气写出这封信了）。另外，提及“伽利玛先生”似乎表明这个删减版的《阿尔贝蒂娜》是准备交给新法兰西评论社的[②]。

根据当前我们掌握的文献资料和对它们的解读，概括说来，我们认为应该更重视他的意图而不是那封信，应该更重视《失踪的阿尔贝蒂娜》打印稿的完整复写件而不是被移除了250多页的那一稿。即使普鲁斯特曾有过把移除部分放入续篇的意图，但他已经没有时间构思这个假设的续篇了。态度最坚决的编者们也绝不会认为，一个从来只增写而不进行删减的大作家会把这么多页彻底删除。他本人也很快就会发觉，如果把第一章的后半部分和第二章都放到威尼斯之行以后，那么已经得知了全部情节的读者恐怕难以对体量如此庞大的剩余内容感兴趣，因为它们对应的是在意大利之行以前已经经历的阶段。还有一种假定，即大幅删除的工作并非出于美学的意图——我们必须强调，被移除的章节在美学上完美无瑕，并且“属于普鲁斯特最美、最深刻的文字之列”[③]——而是出于一种令人惋惜的愿望，他想看到自认为是书中最美情节的“阿尔贝蒂

① *Corriere della Sera*, 13 et 14 octobre 1991; *L'ange de la nuit*, Gallimard, 1993, pp. 237–258.另见让·米伊编，Honoré Champion出版社1992版《失踪的阿尔贝蒂娜》，此书将长短两个版本合二为一，并将删减版的形成时间确定在11月7日至17日之间（在这段时间里，塞莱斯特为了感谢里维埃寄来的《艾梅》，给他写信说：“先生什么都没有意识到。”）见Alberto Beretta Anguissola翻译的意大利文版，*op. cit.*, pp. 782–797, 816–819, 882– 883（他在此处说明，意大利之行在删减版中被砍掉了），我们认为这是对整个问题最全面、最深入的研究。还需注意，Alberto Beretta Anguissola认为，一卷本的《索多姆（四）》可能会从威尼斯之行结束处开始，至《重现的时光》中“战争期间的德·夏吕斯先生”之后收尾，而《重现的时光》将从叙事者最后一次返回巴黎、参加盖尔芒特下午聚会（p. 919）开始。这仅仅是一个假设。此外，《追忆》意大利文版（四卷本）的翻译、说明和注释质量都备受推崇。

② 除非它想说：假如伽利玛先生更希望《自由作品》杂志只要这一章。

③ Beretta Anguissola, *op. cit.*, pp. 785–786. 这位批评家认为，深陷罪恶感的深渊又回归正常生活（对有基督受洗像的圣马可洗礼堂的不自主回忆），与弗洛伊德对神经官能症产生与痊愈的透彻分析有异曲同工之妙。

娜之死亡和被遗忘”[1]尽快面世，而篇幅越短就越容易修改和印刷，也就能越快出版。但他肯定不会有这样的想法。

① *Corr.*, t. XX, p. 500.

死亡

然而，就在普鲁斯特与《阿尔贝蒂娜》的书稿搏斗之时，他还在进行另一场战斗，这场战斗似乎没有进入那些冷漠的文献学家们的视野。他先是感染了病毒，引发了肺炎，但他不愿意进行治疗，拒绝比泽医生给他注射樟脑油，只是打发人按处方买来药品，却一粒也没有服用。之后，肺炎发展成支气管的反复感染。肺部也形成脓肿，继而引发败血症。病情的发展持续了好几个星期，而在这期间，马塞尔拼尽了最后的力气修改书稿，10月底修改完毕，11月主要修改《失踪的阿尔贝蒂娜》《女囚》，此时他已经处于半休克状态。这就可以提出一个问题：假如进行治疗的话，普鲁斯特能痊愈吗？如果我们考虑到，在抗生素发现之前，医生是用洋地黄甙和拔火罐[2]治疗肺炎（这种病持续不断地造成死亡），而普鲁斯特的身体机能已经全面衰退，他的肺部因为哮喘（时至今日哮喘仍能导致死亡）而长期受损，心脏也出现衰竭，那么，回答就应是否定的，他仍无法痊愈[3]。一年以来，他一直感觉身体状况在下降，他不再谈他的病，而常常说起死亡的话题。他在医学上的修养足以使他明白，他的病几乎不会有什么希望。相反，我们应该钦佩他，他竟然与疾病搏斗了这么

② 在他生前的最后一天，医生仍尝试用这种办法给他治疗，但以樟脑油、强心针替代了洋地黄甙。

③ 他似曾推心置腹地对塞莱斯特说过这样的话：“从童年开始，哮喘就彻彻底底地毁了我的健康……我的支气管不是别的，只是老化的橡胶；这么多年以来，我的心脏必须竭尽全力才能获得它急需的空气，如今已经被磨损得无法呼吸了。我已经是个十分衰老的人，塞莱斯特，像我的老支气管、老心脏一样衰老。我活不了多久了。”(p. 401)

多年，凭着一定要完成自己作品的顽强意志，他跟巴尔扎克一样活到了五十一岁。

从这以后发生的事情，都出自塞莱斯特一人之口，这几件事情她也讲了无数次。她独自一人面对历史，正如在普鲁斯特跟前，也只有她一个人——有时奥迪隆搭一把手，这对夫妇是这出悲剧仅有的知情人。普鲁斯特在一本《少女》上为他们写下了这么一段鲜为人知的文字："献给如花（唉，世上没有不带刺的花！）的少妇，然而，在我们带血的衣服上，有一位圣女贞德–雷卡米耶–波提切利，她如天之镜的眼眸在平静地微笑，似乎是在冲着我们微笑，不，大错特错！她的丈夫，亲爱的奥迪隆，低着头，如提香俯身看着画中的劳拉·迪安蒂那般。但是，那如镜的双眼在望着镜子，她既不是向着奥迪隆，也不是向着我们，她是在对自己微笑呐。"[1]他们二人紧盯着那扇关着的门。雷纳尔多每天都去看普鲁斯特，把自己的问话写在纸上，塞莱斯特再把病人的答语写下来。大约是11月15日，比泽医生看到病人的状态，慌了手脚，跑去找罗贝尔·普鲁斯特。此时的马塞尔跟外公纳特·韦伊一样，只喝一点冰啤酒、药茶或者加奶的咖啡。这时，罗贝尔做了最后一次努力，想把哥哥送到皮契尼诊所，但马塞尔把他打发走了。17日，他对塞莱斯特说："明天就是我发病的第九天了。如果能挺过去，我倒要让医生们看看我是谁。啊！塞莱斯特，我知道您是好人，但我从来没有想过您会这么好。"

①« Céleste servante au grand coeur nous raconte les derniers jours de Proust », *Les Nouvelles littéraires*, n° 1316, 20 novembre 1952. 至于那本书，塞莱斯特说作为礼物送给了雷纳尔多·哈恩（p. 435）。

当天夜里，他口授了一段有关贝戈特之死的内容，这段有些不够连贯但经他亲手改过的文字，写的是医生在临死的病人跟前忙作一团的场景："他们逐渐显现出来，自觉在布景中找了一个绝佳的位置，但这是一个漆黑的地方……他们来到病人身边，开始没完没了地会诊，但至于跟他谈谈病情……不，医学不是病人的事。真是荒谬，贝戈特说。他想知道还有多长时间……"[①]还有另一段："然后有一天，一切都变了。过去最招人厌恶的东西，一直禁止我们享用的东西，都对我们解禁了。'但是，比如说，我不能喝一点香槟吗？'——'如果能让您好受一点，完全可以啊。'我们简直以为听错了。有人拿来原先被严厉禁止的各种香槟，也正是这一点，给临终病人这种令人难以置信的渺小增添了一点卑劣的成分。"[②]普鲁斯特在去世前夜念念不忘的这种说法，是他在很久以前翻译《亚眠的圣经》时摘出的："爱默生曾说，'没有比临死之人更渺小的了'。"[③]1912年，他在给孟德斯鸠的信里引用了这句话，但没有明说此话系引用他人："正是不久前一次可怕的哮喘发作过后的渺小之感，让我产生了这样的想法（没有比临死之人更渺小的了）。"[④]此时这句话又从他的脑海里涌现出来，仿佛是为了让渴求香槟的垂死之人轻松起来。在口授以及亲自动笔修改这段文字之后，已是凌晨三点左右，精疲力尽的普鲁斯特重新把头歪在枕头上，他让人把带有绿色遮光罩的灯打开。到了11月18日（星期六）黎明时分，他说自己看到了一个穿黑衣服

① *RTP*, t. III, p. 1667, n. 6.——译者补注

② Ibid., p. 1739 (variante *a* de la page 691). Cf. ibid., p. 1667,n.6. 在《追忆》中（ibid., t. IV, p. 203，参见十五人译本［六］203页），普鲁斯特也谈到，一旦确认垂死的病人无法痊愈，就不再对他们限制先前禁止的食物。

③ *CSB*, p. 91.

④ *Corr.*, t. XI, p. 63.

的胖女人，但没有人能触摸到她，可怜的塞莱斯特答应把她赶走。下午，比泽医生给他注射了一针樟脑油，马塞尔为塞莱斯特的失职而用手掐了她，因为他早就吩咐塞莱斯特要特别当心，一针都不要给他打。罗贝尔·普鲁斯特教授随后赶去，给他拔火罐，但毫无起色："'我让你累着了，我的小马塞尔……'——'噢，是的，我亲爱的罗贝尔。'"接着，教授让人拿来氧气袋。巴宾斯基医生赶去，看过后认为任何办法都无济于事了。罗贝尔和塞莱斯特回到普鲁斯特的房间里："普鲁斯特先生目不转睛地看着我们。真是让人难过。"[1]五分钟之后，时间在17点和18点之间，一切都结束了。雷纳尔多·哈恩主动提出负责通知普鲁斯特的朋友，并在那儿过了一夜，为他守灵。米尼耶教士前去做了祷告，这似乎是马塞尔生前的愿望。埃勒、迪努瓦耶·德·塞贡扎克画下了死者的遗容，曼·雷拍了遗容的照片。葬礼于11月21日在本地堂区的圣皮埃尔–德–夏优教堂举行，普鲁斯特被安葬在拉雪兹神父公墓，时至今日，他的墓上，鲜花和感人的留言字条长年不断。为了与罗贝尔·普鲁斯特一起分类清理纸张文稿，阿尔巴莱夫妇一直在阿姆兰街待到1923年4月。但塞莱斯特并没有离开马塞尔："他从来没有抛下我不管。在生活中，每当我需要找人办什么事儿的时候，我总会遇到普鲁斯特先生的崇拜者帮我克服困难，就像是他在死后，仍然继续保护着我。"[2]

① C. Albaret, p. 430. 据塞莱斯特说，18日上午，普鲁斯特谈到卖出去的一些股票，他本想把其中的收益馈赠给她，并想给她一张支票，但他担心别人可能无法辨认一个将死之人的签字："上帝，塞莱斯特，多么遗憾……多么遗憾！"

② Ibid., p. 437.

他宣布了无数次的最后一天，终于到来。这一天，“光明在隐退之时，把它全部的微光混在一起，随即抹去。而映着天光的水已经与忘川之水毫无二致”[①]。早在1910年7月的某一天，马塞尔·普鲁斯特就给雷纳尔多·哈恩画了一幅玻璃花窗的示意图，幽默地谈到了自己的死（以下的说明当中，本赫特就是马塞尔，本赫特尼布尔斯是雷纳尔多）：“戴眼镜的医生告诉本赫特他就要死了”“本赫特死了（这块玻璃吃了不少苦头）”“有人在本赫特的灵床上放了鲜花”“本赫特的墓，上面有花有树，有英国山楂，还有太阳，但太阳不会再伤着他了。他的本赫特尼布尔斯戴着高筒帽，来到小小的墓地向本赫特作最后的诀别。”[②]我们也来了，向这位历尽辛苦只为让作品像太阳一样光芒四射的作家诀别，如今，他再也不会受这份苦了。

① *Corr.*, t. X, p. 270, 1911年3月25日。

② Ibid., t. X, p. 122–124.

缩略语表

注释中沿用原著中著作名称和一些术语的缩略语，释义如下

RTP *À la recherche du temps perdu*, Gallimard, « Bibliothèque de la Pléiade », 1987–1989, 4 vol.
《追忆似水年华》，普鲁斯特著，伽利玛出版社，七星文库，1987—1989 年，I—IV 卷。

Esq Esquisse-dans *RTP*.
在 *RTP* 中刊印的小说草稿。

CSB *Contre Sainte-Beuve*, précédé de *Pastiches et Mélanges et suivi de Nouveaux Mélanges*, éd. de P. Clarac et Y. Sandre, Bibl. de la Pléiade, 1971.
《驳圣伯夫（附〈仿作与杂写〉〈新杂写〉）》，普鲁斯特著，克拉拉克、桑德尔编，伽利玛出版社，七星文库，1971 年。

CSB éd. de Fallois *Contre Sainte-Beuve*, éd. B. de Fallois, Gallimard, 1954.
《驳圣伯夫》，普鲁斯特著，法卢瓦编，伽利玛出版社，1954 年。

JS *Jean Santeuil,* précédé de *Les Plasirs et les Jours,* éd. de P. Clarac et Y. Sandre, Bibl. de la Pléiade, 1971.
《让・桑特伊》（附〈欢乐与时日〉）》，普鲁斯特著，克拉拉克、桑德尔编，伽利玛出版社，七星文库，1971 年。

P et J.	dans *JS.* *JS* 所附《欢乐与时日》。
P et J Folio	*Les Plaisirs et les Jours*, éd. de T. Laget, Folio Classique 1993. 《欢乐与时日》,普鲁斯特著,拉热编,伽利玛出版社,Folio Classique丛书,1993 年。
P et M	dans *CSB*. *CSB* 所附《仿作与杂写》。
Écrits de jeunesse	*Écrits de jeunesse 1887–1895*, éd. par A. Borrel, Institut Marcel Proust International, 1991. 《青年时期作品(1887—1895)》，普鲁斯特著，鲍莱尔编，马塞尔・普鲁斯特国际研究所，1991 年。
Bible	*La Bible d'Amiens,* de John Ruskin, traduction, notes et préface par M. Proust, Mercure de France, 1904. 《亚眠的圣经》，约翰・罗斯金著，马塞尔・普鲁斯特译注并序，法兰西信使出版社，1904 年。
Chroniques	*Chroniques*, Gallimard, 1927. 《专栏文集》，普鲁斯特著，伽利玛出版社，1927 年。
Textes retrouvés	*Textes retrouvés*, éd. de Ph. Kolb et Price, Gallimard, 1971. 《重现的文章》，普鲁斯特著，科尔布等编，伽利玛出版社，1971 年。
BAMP	*Bulletin de la Société des amis de Marcel Proust.* 《马塞尔・普鲁斯特之友协会通讯》。
Hommage à M. Proust	*Hommage à Marcel Proust, Nouvelle Revue française*, janvier 1923. 《新法兰西评论》，《向马塞尔・普鲁斯特致敬专号》，1923 年 1 月。

Corr.	*Correspondance*, 21 vol., éd. de Ph. Kolb, Plon, 1970–1993. 《通信集》，普鲁斯特著，菲·科尔布编，普隆出版社，21 卷，1970—1993 年。
Corr. gén.	*Correspondance générale*, 6 vol., éd. de R. Proust, P. Brach et S. Mante-Proust, Plon. 1930–1936. 《通信总集》，普鲁斯特著，罗贝尔·普鲁斯特、布拉克、芒特-普鲁斯特编，普隆出版社，6 卷，1930—1936 年。
Corr. avec sa mère	*Correspondance avec sa mère (1887–1905)*, Plon, 1953. 《与母亲的通信（1887—1905）》，普鲁斯特著，普隆出版社，1953 年。
Corr. avec D. Halévy	Marcel Proust et Daniel Halévy, *Correspondance*, Fallois, 1992. 马塞尔·普鲁斯特与达尼埃尔·阿莱维，《通信集》，法卢瓦出版社，1992 年。
Corr. avec G. Gallimard	Marcel Proust et Gaston Gallimard, *Correspondance*, Gallimard, 1989. 马塞尔·普鲁斯特与加斯东·伽里玛，《通信集》，伽利玛出版社，1989 年。
Corr. avec J. Rivière	Marcel Proust et Jacques Rivière, *Correspondance*, Gallimard, 1976. 马塞尔·普鲁斯特与雅克·里维埃，《通信集》，伽利玛出版社，1976 年。
Lettres à R. Hahn	*Lettres à Reynaldo Hahn*, Gallimard, 1956. 《致雷纳尔多·哈恩的信》，普鲁斯特著，伽利玛出版社，1956 年。
Notes	Reynaldo Hahn, *Notes. Journal d'un musicien*, Plon, 1933. 雷纳尔多《笔记——一个音乐家的日记》，普隆出版社，1933 年。
C. Albaret	*Monsieur Proust*, Laffont, 1973. 《普鲁斯特先生》，塞莱斯特·阿尔巴莱著，拉封出版社，1973 年。简称“阿尔巴莱”。

G. de Diesbach *Proust*, Perrin, 1991.

《普鲁斯特传》，迪斯巴克著，佩林出版社，1991 年。

G. Painter *Marcel Proust (1871–1922),* Mercure de France, 1992.

《普鲁斯特传（1871—1922）》，G. 佩因特著，法兰西信使出版社，1992 年。

cf. 参见

ibid. 同上

n. 注释

op. cit. （同一位作者的）前引书

p. 页

sq. 从某页起

t. 卷

var. 异文

参考书目

普鲁斯特的作品

1. John Ruskin, *La Bible d'Amiens*, traduction, notes et préface par M. Proust, Mercure de France, 1904.

—— *Sésame et les lys*, traduction, notes et préface par M. Proust, Mercure de France, 1906.

2. *Chroniques*, Gallimard, 1927.
3. *Jean Santeuil*, précédé de *Les Plaisirs et les Jours*, éd. de P. Clarac et Y. Sandre, Bibl. de la Pléiade, 1971.
4. *Contre Sainte-Beuve*, éd. de B. de Fallois, Gallimard, 1954.
5. *Contre Sainte-Beuve*, précédé de *Pastiches et mélanges* et suivi des *Essais et articles*, éd. de P. Clarac et Y. Sandre, Bibl. de la Pléiade, 1971.
6. *À la recherche du temps perdu,* éd. de P. Clarac et A. Ferré, Bibl. de la Pléiade, 3 vol., 1954.
7. *À la recherche du temps perdu,* éd. de J.-Y. Tadié, Bibl. de la Pléiade, 4 vol., 1987–1989.
8. *Alla ricerca del tempo perduto*, Milan, Mondadori, 4 vol., 1983–1993.
9. *Textes retrouvés*, éd. de Ph. Kolb, Gallimard, 1971.
10. *Le Carnet de* 1908, éd. de Ph. Kolb, Gallimard, 1976.
11. *L'Indifférent,* éd. de Ph. Kolb, Gallimard, 1978.
12. *Matinée chez la princesse de Guermantes, Cahiers du Temps retrouvé,* éd. d'H.

Bonnet et B. Brun, Gallimard, 1982.
13. *Albertine disparue,* éd. de N. Mauriac et E. Wolff, Grasset, 1987.
14. *Écrits de jeunesse 1887–1895*, éd. d'A. Borrel, Institut Marcel Proust International, 1991.
15. *Correspondance avec sa mère*, Plon, 1953.
16. *Lettres à Reynaldo Hahn*, éd. de Ph. Kolb, Gallimard, 1956.
17. M. Proust et J. Rivière, *Correspondance (1914–1922),* éd. de Ph. Kolb, Gallimard, 1976.
18. M. Proust et G. Gallimard, *Correspondance (1912–1922)*, éd. de P. Fouché, Gallimard, 1989.
19. *Mon cher petit*, lettres à Lucien Daudet, Gallimard, 1991.
20. M. Proust et D. Halévy, *Correspondance*, Fallois, 1992.
21. *Correspondance générale*, éd. de R. Proust, P. Brach et S. Mante-Proust, 6 vol., Plon, 1930–1936.
22. *Correspondance*, éd. de Ph. Kolb, 21 vol., Plon, 1970–1993.
23. *Les soixante-quinze feuillets et autres manuscrits inédits,* éd. de Nathalie Maurice Dyer, Gallimard, 2021.

传记

1. L. Pierre-Quint, *Marcel Proust, sa vie, son oeuvre,* éd. complétée, Le Sagittaire, 1935.
中译本：[法] 皮埃尔–甘著，蒋一民译，《普鲁斯特传》，重庆：重庆大学出版社，2011年。
2. Maurois, *À la recherche de Marcel Proust*, Hachette, 1949.
中译本：[法] 莫洛亚著，徐和瑾译，《普鲁斯特传》，杭州：浙江文艺出版社，1998年；《追寻普鲁斯特》，上海：上海译文出版社，2014年。
3. G. Cattaui, *Marcel Proust. Documents iconographiques*, Genève, P. Cailler, 1956.
4. A. Ferré, *Les Années de collège de Marcel Proust*, GalJimard, 1959.
5. G.D. Painter, *Marcel Proust (1871–1922)*, trad. fr. G. Cattaui et R.-P. Vial, Mercure de France, 1963 et 1966 ; éd. revue et corrigée, 1992.

6. P. Clarac et A. Ferré, *Album Proust*, albums de la Pléiade, 1965.

7. H. Bonnet, *Marcel Proust de 1907 à 1914,* Nizet, 1971.

8. C. Albaret, *Monsieur Proust,* souvenirs recueillis par G. Belmont, Laffont, 1973.

9. M.L. Miller, *Psychanalyse de Proust*, trad. fr. Fayard, 1977.

10. C. Francis et F. Gontier, *Marcel Proust et les siens*, suivi des Souvenirs de S. Mante-Proust, Plon, 1981.

11. H. Bonnet, *Les Amours et la sexualité de Proust*, Nizet, 1985.

12. G. de Diesbach, *Proust*, Perrin, 1991.

13. D. Mabin, *Le Sommeil de Proust*, PUF, 1992.

14. C. Pechenard, *Proust à Cabourg*, Quai Voltaire, 1992.

——*Proust et son père*, Quai Voltaire, 1993.

15. R. Duchêne, *L'Impossible Marcel Proust*, Laffont, 1994.

回忆录作品

1. Barrès (M.), *Mes cahiers*, Plon, 1994.

2. Benoist-Mêchin (J.), *Avec Marcel Proust,* Albin Michel, 1977.

——*À l'épreuve du temps (1905–1940)*, Julliard, 1989.

3. Bernard (S.), *À l'ombre de Marcel Proust*, Nizet, 1979.

4. Bibesco (princesse), *Au bal avec Marcel Proust*, Gallimard, 1 928.

5. Billy (R. de), *Marcel Proust. Lettres et conversations*, Les Portiques, 1930.

6. Blanche (J.-E.), *Mes modèles*, Stock, 1928, rééd. 1984.

——*La Pêche aux souvenirs*, Flammarion, 1949.

7. Casa-Fuerte (I. de), *Le Dernier des Guermantes*. Mémoires, Julliard, 1994.

8. Castellane (B. de), *Mémoires*, Perrin, 1986.

9. Clermont-Tonnerre (E. de), *Robert de Montesquiou et Marcel Proust*, Flammarion, 1925.

10. Cocteau (J.), *Portraits-souvenirs 1900–1914*, Grasset, 1935.

——*Opium*, Stock, 1930.

——*Le Passé défini*, Gallimard, 1983.

11. Daudet (Léon), *Souvenirs et polémiques*, Laffont, coll. Bouquins, 1992.

12. Daudet (Lucien), *Autour de soixante lettres de Marcel Proust*, Gallimard, 1929.

13. David (A.), *Soixante-quinze années de jeunesse*, A. Bonne, 1974.

14. Dreyfus (R.), *Souvenirs sur Marcel Proust*, Grasset, 1926.

15. Duplay (M.), *Mon ami Marcel Proust*, Gallimard, 1972.

16. Faÿ (B.), *Les Précieux*, Perrin, 1966.

17. Fouquières (A. de), *Cinquante ans de panache*, P. Horay, 1951.

——*Mon Paris et ses Parisiens*, 5 vol., P. Horay, 1953–1959.

18. Gautier-Vignal (L.), *Proust connu et inconnu*, Laffont, 1976.

19. Germain (A.), *Les Clés de Proust*, Sun, 1953.

——*Les Fous de 1900*, Genève, La Palatine, 1954.

——*La Bourgeoisie qui brûle*, 1890–1940, Sun, 1951.

20. Gimpel (R.), *Journal d'un collectionneur marchand de tableaux*, Calmann-Lévy, 1963.

21. Goncourt (E. et J. de), *Journal*, 3 vol., Laffont, coll. Bouquins, 1989.

22. Gramont (E. de), *Les Marronniers en fleur, Mémoires II*, Grasset, 1929.

23. Gregh (F.), *Mon amitié avec Marcel Proust, Souvenirs et lettres inédits*, Grasset, 1958.

——*L'Âge d'or, Souvenirs d'enfance et de jeunesse*, Grasset, 1947.

24. Guilbert (Y.), *La Chanson de ma vie*, Grasset, 1927.

25. Hahn (R.), *Notes. Journal d'un musicien*, Plon, 1933.

——*L'Oreille au guet*, Gallimard, 1937.

26. Halévy (D.), *Pays parisiens*, Grasset, 1932.

27. Hugo (J.), *Le Regard de la mémoire*, Actes Sud, 1983.

28. Jaloux (E.), *Avec Marcel Proust*, Genève, La Palatine, 1953.

29. Mauriac (F.), *Du côté de chez Proust*, La Table ronde, 1947.

30. Maurois (M.), *L'Encre dans le sang*, Flammarion, 1982.

——*Les Cendres brûlantes*, Flammarion, 1986.

31. Montesquiou (R. de), *Les Pas effacés*, 3 vol., Émile-Paul, 1923.

32. Morand (P.), *Le Visiteur du soir*, Genève, La Palatine, 1949.

——*Journal d'un attaché d'ambassade (1916–1917),* La Table ronde, 1949 ; Gallimard, 1963.

33. Mugnier (abbé), *Journal,* Mercure de France, 1985.

34. Pascal (A.) (Henri de Rothschild), *Croisière autour de mes souvenirs*, Émile-Paul, 1933.

35. Plantevignes (M.), *Avec Marcel Proust*, Nizet, 1966.

36. Porel (J.), *Fils de Réjane*, 2 vol., Plon, 1951–1952.

37. Pougy (L. de), *Mes cahiers bleus*, Plon, 1977.

38. Robert (L. de), *Comment débuta Marcel Proust*, Gallimard, 1925.

——*De Loti à Proust*, Flammarion, 1928.

39. Rostand (M.), *Confession d'un demi-siècle*, La Jeune Parque, 1948.

40. Sachs (M.), *Le Sabbat*, Corrêa, 1946.

41. Saint-Aulaire (comte de), *Confession d'un vieux diplomate*, Flammarion, 1953.

42. Scheikévitch (Mme), *Souvenirs d'un temps disparu*, Plon, 1935.

见证者作品

1. Assouline (P.), *Gaston Gallimard*, Balland, 1984.

2. Bancquart (M.-C.), *Anatole France, un sceptique passionné*, Calmann-Lévy, 1984.

3. Bernstein Gruber (G.) et Maurin (G.), *Bernstein le magnifique*, Lattès, 1988.

4. Bibesco (princesse), *La Duchesse de Guermantes — Laure de Sade, comtesse de Chevigné*, Plon, 1950.

5. Boillat (G.), *La Librairie Bernard Grasset et les lettres françaises*, Champion, 1974.

6. Bischoff (C.), *Geneviève Straus (1849–1926)*, Balland, 1992.

7. Bothorel (J.), *Bernard Grasset*, Grasset, 1989.

8. Buckle (R.), *Diaghilev*, Londres, Weidenfeld and Nicolson, 1979.

9. Cossé-Brissac (A. de), *La Comtesse Greffulhe*, Perrin, 1991.

10. Gallois (J.), *Les Polignac, mécènes du* xxe *siècle*, Le Rocher, 1995.

11. Gavoty (B.), *Reynaldo Hahn*, Buchet-Chastel, 1976.

12. Gold (A.) et Fizdale (R.), *Misia. La vie de Misia Sert*, Gallimard, 1981.

13. Gitard-Auviste (G.), *Paul Morand*, Hachette, 1981.

14. Jullian (Ph.), *Robert de Montesquiou, un prince 1900*, Perrin, 1965.

15. Vanderpooten (C.), *Samuel Pozzi, chirurgien et ami des femmes*, In Fine, V & O éditions, 1992.

期刊

1. *Bulletin de la Société des amis de Marcel Proust*, 1950–1995, 45.

2. *Bulletin d'informations proustiennes*, 1971–1987.

3. *Cahiers Marcel Proust*, Gallimard, nouvelle série, 18 vol. — comprenant Études proustiennes, t. I à VI.

4. *Nouvelle Revue Française*, janvier 1923, *Hommage à Marcel Proust* (repris dans *Cahier Marcel Proust*, n°1, 1927).

* 引用的其他书籍、文章或手稿均在注释中予以说明。

作品、报刊名称译名对照表及索引

此表收入文学、艺术作品标题和报刊名称（法文为斜体）以及单篇文章、《追忆》章节的标题（法文为正体），按中文译名音序排列

A

《阿达利》，让·拉辛 *Athalie,* de Jean Racine 130

《阿尔布雷希特·丢勒》，夏尔·埃弗吕斯 *Albrecht Dürer*, de Charles Ephrusse 468

《阿尔及利亚组曲》，卡米耶·圣桑 *Suite algérienne*, de Camille Saint-Saëns 342

《阿尔芒·德·卡雅维夫人的沙龙》，让娜·莫里斯·普凯 *Le Salon de Mme Arman de Caillavet*, de Jeanne Maurice Pouquet 151—152

《阿尔米德》，克里斯托夫·维利巴尔德·格鲁克 *Armide,* de Christoph Willibald Gluck 328

《阿尔诺谷》，约翰·罗斯金 *Le Val d'Arno,* de John Ruskin 507，512

《阿尔切斯特》，克里斯托夫·维利巴尔德·格鲁克 *Alceste,* de Christoph Willibald Gluck 328

《阿尔让特伊的塞纳河畔》，莫奈 *Les Bords de la Seine à Argenteuil*, de Monet 807

《阿尔让特伊冬景》，莫奈 *Effet d'hiver à Argenteuil*, de Monet 807

《阿尔西的议员》，巴尔扎克 *Le Député d'Arcis,* d'Honoré de Balzac 409，544

《阿芙罗狄特》，路易斯 *Aphrodite*, de Louÿs 89

《阿莱城的姑娘》，阿尔丰斯·都德 *L'Arlésienne,* d'Alphonse Daudet 309

《阿芒得骑士》，大仲马 *Le Chevalier d'Harmental,* de Dumas 661

《阿瑟·戈登·皮姆历险记》，埃德加·爱伦·坡 *Aventures d' Arthur Gordon Pym,* d'Edgar Allan Poe 80

《阿斯卡尼奥》，卡米耶·圣桑 *Ascanio,* de Camille Saint-Saëns 342

《埃阿斯》，索福克勒斯 *Ajax*, de Sophocle 673

《埃德蒙·德·波利尼亚克亲王夫人的沙龙》 Le salon de la princesse Edmond de Polignac 100，575，576

《埃尔贝兰夫人：第二帝国的细密画家》 Une miniaturiste du second Empire: Madame Herbelin 618
《埃菲尔铁塔上的新婚夫妇》，让·科克托 *Les Mariés de la tour Eiffel*, de Jean Cocteau 769
《埃卡特与他的狗》，保罗·莫朗 *Hécate et ses chiens,* de Paul Morand 904
《埃涅阿斯纪》，维吉尔 *Enéide,* de Virgile 76，97
《埃特勒塔的高崖》，莫奈 *Les Falaises d'Etretat*, de Monet 1007
《艾梅》，雅克·里维埃 *Aimée,* de Jacques Rivière 855，991
《艾米埃娜》，让·德·蒂南 *Aimienne,* de Jean de Tinan 458
《安德烈·瓦尔特笔记》，安德烈·纪德 *Les Cahiers d'André Walter,* d'André Gide 364
《安东尼与克娄巴特拉》，威廉·莎士比亚 *Antoine et Cléopâtre,* de William Shakespeare 396，875，998
《安戈小姐》，玛德莱娜·勒迈尔 *Mlle Angot,* de Madeleine Lemaire 230
《安魂曲》 *Requiem* 766
《安娜·卡列尼娜》，列夫·托尔斯泰 *Anna karénene,* de Léon Tolstoï 267，279
《安托万·比贝斯科亲王》 Le prince Antoine Bibesco 620
《安息日》，莫里斯·萨克斯 *Le Sabbat* , de Maurice Sachs 106，1013
《奥德修纪》，荷马 *Odyssée,* d'Homère 76，395，844
《奥尔加斯伯爵的葬礼》，格雷戈 *L'Enterrement du comte d'Orgaz,* du Greco 700
《奥尔热尔伯爵的舞会》，雷蒙·拉迪盖 *Le Bal du comte d'Orgel,* de Raymond Radiguet 920
《奥菲利娅》，玛德莱娜·勒迈尔 *Ophélie,* de Madeleine Lemaire 230
《奥菲欧与尤丽荻茜》，格鲁克 *Orphée et Eurydice*, de Gluck 328
《奥林匹亚》，马奈 *L'Olympia* , de Manet 1007
《奥赛罗》，威尔第 *Othello*, de Verdi 298
《奥松维尔伯爵夫人的沙龙》 Le salon de la comtesse d'Haussonville 575

B

《八十天环游地球记》，儒勒·凡尔纳，德内里 *Le Tour du mond en 80 jours,* de Jules Verne et Dennery 544
《巴茨男爵》，勒诺特 *Le Baron de Batz,* de Lenotre 597
《巴尔达萨尔·西尔旺德之死》 La mort de Baldassare Silvande 279，290，293，306，371—372，398
《巴黎的忧郁》，夏尔·波德莱尔 *Le Spleen de Paris*, de Charles Baudelaire 178
《巴黎回声报》 *L'Echo de Paris* 186，612，801，853，869，938，1056
《巴黎名流》年鉴 *Tout-Paris* 167，654
《巴黎评论》杂志 *La Revue de Paris* 190，200，261，387，426，477，506，723，

725，809，853，977，1008，1023，1055
《巴黎人物——卡米耶·圣桑》 Figures Parisienne: Camille Saint-Saëns 342
《巴黎生活》杂志 *La Vie parisienne* 216
《巴马修道院》，斯丹达尔 *La Chartreuse de Parme,* de Stendhal 402，403，429，619，757
《白荆棘花，粉荆棘花》 Épines blanches, épines roses 794
《白色评论》杂志 *La Revue blanche* 111，169，180，195，205，242，245，246，249，251，254，256，258，261，264，265，295，361，362，363，366—368，375，397，440，441，463，504，690，1200
《白乌鸦的故事》，阿尔弗雷德·德·缪塞 *Histoire d'un merle blanc,* d'Alfred de Musset 80
《百科评论》杂志 *La Revue encyclopédique* 375
《摆布》，安娜·德·诺阿耶 *La Domination,* d'Anna de Noailles 633
《摆脱德国的桎梏》，莱昂·都德 *Hors du joug allemand,* de Léon Daudet 878
《拜罗伊特之旅》，拉维尼亚克 *Voyage à Bayreuth,* de Lavignac 284
《班杜西亚泉》，雷纳尔多·哈恩 *La Fontaine de Bandusie,* de Reynaldo Hahn 682
《版画商》，波尔托－里什 *Le Marchand d'estampes,* de Porto-Riche 980
《半上流社会》，小仲马 *Le Demi-Monde,* d'Alexandre Dumas fils 70
《傍晚》，罗伯特·舒曼 *Au Soir,* de Robert Schumann 684
《宝贵之物》，贝尔纳·法伊 *Les Précieux,* de Bernard Faÿ 1046
《报刊行情》杂志 *Argus de la presse* 977
《鲍里斯·戈东诺夫》，穆索尔斯基 *Boris Godounov,* de Moussorgski 815
《悲哀的圣母》，勒布伦 *Pietà,* de Lebrun 335
《悲情之短暂效果》 Éphémère efficacité du chagrin 255
《贝阿特丽克丝》，巴尔扎克 *Beatrix,* d'Honoré de Balzac 429
《贝多芬及其三种风格》，伦茨 *Beethoven et ses trois styles,* de Lenz 875
《贝尔尼的十字架》，泰奥菲尔·戈蒂耶、德尔菲娜·德·吉拉尔丹、儒勒·桑多、约瑟夫·梅里 *La Croix de Berny,* de Théophile Gautier, Delphine de Girardin, Jules Sandeau et Joseph Méry 252
《贝加摩的爱之夜》，雷纳尔多·哈恩 *Nuit d'amour bergamasque,* de Reynaldo Hahn 435
《贝拉》，让·吉罗杜 *Bella,* de Jean Giraudoux 136
《贝雷尼斯的花园》，莫里斯·巴雷斯 *Le Jardin de Bérénice,* de Maurice Barrès 315
《贝热雷先生在巴黎》，阿纳托尔·法朗士 *M. Bergeret à Paris,* d'Anatole France 433
《贝姨》，巴尔扎克 *La Cousine Bette,* d'Honoré de Balzac 389，426
《被挤压的人》，保罗·莫朗 *L'Homme pressé,* de Paul Morand 904
《被遗弃的女人》，巴尔扎克 *La Femme*

abandonnée, d'Honoré de Balzac　710，908
《被诅咒的族类》　La race maudite　583
《崩溃》，埃米尔·左拉　*La Débâcle*, d'Emile Zola　144
《比乔拉》，克萨维埃·森蒂纳　*Picciola*, de Xavier Saintine　81，88
《笔记》，雷纳尔多·哈恩　*Notes*, de Reynaldo Hahn　277，285，287
《笔记》，莫里斯·巴雷斯　*Cahiers*, de Maurice Barrès　392
《碧玉手杖》，亨利·德·雷尼耶　*La Canne de Jaspe*, d'Henri de Régnier　384
《蝙蝠》，罗贝尔·德·孟德斯鸠　*Les Chauves-souris*, de Robert de Montesquiou　233，237，238，240，269，579
《标准》杂志　*The Criterion*　967
《病人传奇》，路易·德·罗贝尔　*Le Roman du malade*, de Louis de Robert　760，773
《波利尼亚克亲王夫人的沙龙》　Salon de la princesse de Polignac　100
《波斯等地来信》　Lettres de Perse et d'ailleurs　412，448，485
《波斯歌者》，居斯塔夫·莫罗　*Le Chanteur persan*, de Gustave Moreau　653
《波斯诗人》，居斯塔夫·莫罗　*Le Poéte persan*, de Gustave Moreau　653
《波斯信札》　Lettres de Perse　见《波斯等地来信》
《波托卡伯爵夫人的沙龙》　Le salon de la Comtesse Potocka　619
《伯灵顿杂志》　*Burlington Magazine*　570，573
《驳圣伯夫》，马塞尔·普鲁斯特　*Contre Sainte-Beuve*, de Marcel Proust　前言 4，8，58，72，177，187，219，311，403，406，416，431，528，570，583，612，638，654，673，696，702，709，714，715，725—728，730，731，734—736，738，748，765，787，788，791，821，841，843，849—851，976，991，1021，1063，1064
《博维萨日一家》，夏尔·拉布　*La Famille Beauvisage*, de Charles Rabou　544
《不过是地球》，保罗·莫朗　*Rien que la terre*, de Paul Morand　903
《不朽者》，阿尔丰斯·都德　*L'Immortel*, d'Alphonse Daudet　309
《布里塞伊斯》，夏布里埃　*Briséis*, de Chabrier　889
《布瓦尔与贝居榭的社交生活》　Mondanité de Bouvard et Pécuchet　254，256，329
《布瓦尔与贝居榭的音乐爱好》　Mélomanie de Bouvard et Pécuchet　256，281，286，329
《布瓦涅伯爵夫人回忆录》　*Récits d'une tante. Mémoires de la comtesse de Boigne, née d'Osmond (1781—1866)*　676—677

C

《C小调交响曲》，卡米耶·圣桑　*Symphonie en ut mineur*, de Camille Saint-Saëns　341
《彩画集》，保罗·布尔热　*Pastels*, de Paul Bourget　26，27
《参孙与大利拉》，圣桑　*Samson et Dalila*, de Camille Saint-Saëns　341，342

《侧耳倾听》，雷纳尔多·哈恩 *L'Oreille au guet,* de Reynaldo Hahn 287
《茶花女》（歌剧），威尔第 *La Traviata,* de Verdi 25
《茶花女》，小仲马 *La Dame aux Camélias,* d'Alexandre Dumas fils 4，423
《忏悔录》，让–雅克·卢梭 *Les Confession,* de Jean-Jacques Rousseau 383
《超然于纷争之上》，罗曼·罗兰 *Au-dessus de la mêlée,* de Romain Rolland 894
《晨报》 *Le Matin* 689，976
《乘船前往基西拉岛》，安托万·华托 *L'Embarquement pour Cythère,* d'Antoine Watteau 206，224，1004
《乘汽车行路印象记》 Impressions de route en automobile 484，696，697，702，715，775，850
《初次落泪》 Vierge de pleurs 580
《厨具》，夏尔丹 *Ustensiles varies,* de Chardin 338
《船工的午餐》，雷诺阿 *Déjeuner des canotiers,* de Renoir 572
《垂死的角斗士》 Le gradiateur mourant 89
《春天》，米勒 *Le Printemps,* de Millet 1007
《春之祭》，斯特拉文斯基 *Sacre du printemps,* de Stravinski 815
《慈悲族长为中魔者驱邪》，卡帕契奥 *Patriarche di Grado exorcisant un possédé,* de Carpaccio 888
《磁场》，安德烈·布勒东、菲利浦·苏波 *Les Champs magnétiques,* d'André Breton et Philippe Soupault 992
《此处》 Ici-bas 310
《从大卫到德加》，（或《画家漫谈：从大卫到德加》）雅克–埃米尔·布朗什 *De David à Degas,* de Jacques-Emile Blanche 前言8。733，916，942，958，961
《从十字架上卸下圣体》，居斯塔夫·莫罗 *Descente de Croix,* de Gustave Moreau 332

D

《达尔达诺斯》，拉摩 *Dardanus,* de Rameau 313
《达拉斯贡的达达兰》，阿尔丰斯·都德 *Tartarin de Tarascon,* d'Alphonse Daudet 307
《大不列颠岛与帝国：英国、埃及、印度》，罗贝尔·德·于米埃尔 *Ile et l'Empire de Grande-Bretagne: Angleterre, Egypte, Inde,* de Robert d'Humière 531
《大规模传染病的新传播路线》 Les nouvelles routes des grandes épidémies 44
《大海》 La mer 199，215
《大教堂》，若利斯–卡尔·于斯曼 *La Cathédrala,* de Joris-Karl Huysmans 518
《大教堂之死：白里安政教分离方案的一个后果》 La mort des cathédrales: une conséquence du projet Briand sur la séparation 621
《大弥撒中的布道》，玛德莱娜·勒迈尔 *Le Sermon pendant la grand-messe,* de Madeleine Lemaire 230
《大评论》 *La Grande Revue* 762

《大卫在方舟前起舞》，居斯塔夫·莫罗 *David dansant devant l'arche,* de Gustave Moreau 653
《大洋中的基督》 Le Christ de l'Océan 487
《大众报》 *Le Populaire* 985
《代表人物》，爱默生 *Représentative Men,* d'Emerson 497
《代尔夫特的扬·弗美尔》，居斯塔夫·范兹普 *Jan Vermeer de Delft,* de Gustave Vanzype 1057
《代尔夫特风景》，弗美尔 *Vue de Delft,* de Vermeer 561，1040，1042，1043
《戴锁链的孩子》，弗朗索瓦·莫里亚克 *L'Enfant chargé de chaînes,* de François Mauriac 811
《黛依丝》，阿纳托尔·法朗士 *Thaïs,* d'Anatole France 89，376
《但丁之筏》 *La Barque de Dante* 1007
《但丁作品中的女性》，吕西 *Les Femme dans l'oeuvre de Dante,* de Lucie 68
《当代生活》 *La Vie contemporaine* 257
《当代史话》，阿纳托尔·法朗士 *Histoire contemporaine,* d'Anatole France 443，792
《当代心理学论集》，保罗·布尔热 *Essais de psychologie contemporaine,* de Paul Bourget 398
《当下的责任》，保罗·德雅尔丹 *Le Devoir présent,* de Paul Desjardins 204，303
《道德行动联盟通讯》 *Le Bulletin de l'union pour l'action morale* 511
《道林·格雷的画像》，奥斯卡·王尔德 *The Picture of Dorian Gray,* d'Oscar Wilde 186
《德·布莱弗夫人忧郁的乡间度假》 Mélangcolique villégiature de Mme de Breyves 246，251，253，258—259，334，372，431
《德·弗卡斯先生》，让·罗兰 *Monsieur de Phocas,* de Jean Lorrain 236，271
《德·路尔蒂纳先生》，阿尔丰斯·德·沙托布里昂 *Monsieur des Lourdines,* d'Alphonse de Châteaubriant 811
《德·维尔巴里西斯夫人在威尼斯》 Mme de Villeparisis à Venise 976
《德国人：一个战俘的回忆与思考》，雅克·里维埃 *L'Allemand. Souvenirs et réflexion d'un prisonneir de guerre,* de Jacques Rivière 979
《德雷福斯事件史》，约瑟夫·雷纳克 *Histoire de l'affaire Dreyfus,* de Joseph Reinach 869
《地粮》，安德烈·纪德 *Les Nourritures terrestres,* d'André Gide 824，920，921
《地名》 Noms de pays 783，793，794，814，826，827，837，838，883，898
《地名的起源和形成》，伊波利特·科舍里 *Origine et formation des noms de lieu,* d'Hippolyte Cocheris 883
《灯塔》 Phares 206，315
《迪巴里》，龚古尔兄弟 *La Du Barry,* des frères Goncourt 396
《第十三支小夜曲》 Treizième nocturne 237
《丁香评论》杂志 *Revue lilas* 104，128
《丁香庭院与玫瑰画室：玛德莱娜·勒迈尔夫人的沙龙》 La cour des lilas et l'atelier

aux roses : Le salon de Mme Madeleine Lemaire 575
《丢勒传》，马尔吉耶 *Dürer,* de Marguillier 670
《东方的怪影》，皮埃尔·洛蒂 *Fantôme d'Orient,* de Pierre Loti 580
《东方事物》 Choses d'Orient 203
《东方事物》，肖莱伯爵 *Choses d'Orient,* du comte de Cholet 149
《斗争》，安托万·比贝斯科 *La Lutte,* d'Antoine Bibesco 545，549
《独眼巨人》 *Le Cyclope* 334
《对法兰西的信念》，亨利·盖昂 *Foi en la France,* d'Henri Ghéon 894
《对一位朋友自杀的沉思》 Méditation sur le suicide d'un de mes amis 196
《对月亮说》 Paroles à la lune 538

E

《俄底浦斯王》，索福克勒斯 *Oedipe roi,* de Sophocle 673
《俄罗斯之旅》，戈蒂耶 *Voyage en Russie,* de Gautier 35
《俄瑞斯忒斯》 *Orestie* 807
《厄尔河的源头》，约翰·罗斯金 *Les Sources de l'Eure,* de John Ruskin 556
《厄尔皮诺》，让·吉罗杜 *Elpénor,* de Jean Giraudoux 980
《恶之花》，夏尔·波德莱尔 *Les Fleurs du mal,* de Charles Baudelaire 260，1025，1061

F

《发现俄罗斯》，尼古拉·德·贝纳达吉 *A la découverte de Russie,* de Nicolas de Benardaky 68
《法布里斯的情妇们》 Les maîtresses de Fabrice 197
《法德战争的外交史》，阿尔贝·索莱尔 *Histoire diplomatique de la guerre franco-allemande,* d'Albert Sorel 160
《法国河流》，透纳 *Rivers of France,* de Turner 694
《法国十三世纪宗教艺术》，埃米尔·马勒 *L'Art religieux du XIIIe siècle en France,* d'Emile Mâle 411，711
《法国书目》杂志 *Bibliographie de la France* 654
《法兰西画卷》，米什莱 *Tableau de la France,* de Michelet 858
《法兰西通讯》杂志 *La Gazette de France* 655
《法兰西信使》杂志 *Le Mercure de France* 195，265，514，729，736，770，831，901，986
《法兰西行动》杂志 *L'Action française* 771，986
《法兰西优美风物记》，克莱蒙–托内尔公爵夫人 *Almanach des bonnes choses de France,* de la duchesse de Clermont-Tonnerre 1005
《法兰西友谊》，莫里斯·巴雷斯 *Les Amitiés françaises,* de Maurice Barrès 596
《凡尔赛》 Versailles 277

《凡尔赛的文学盛会》 Une fête littéraire à Versailles 273，275
《凡尔赛颂歌》 Ode à Versailles 274
《繁殖》，埃米尔·左拉 *Fécondité*, d'Emile Zola 761
《反对晦涩》 Contre l'obscurité 261，265，361，362，366，368，369，399
《反对一个女攀附者》 Contre une snob 265
《反对直率》 Contre la franchise 254，256
《梵蒂冈地窖》，安德烈·纪德 *Les Caves du Vatican*, d'André Gide 864
《防止霍乱传入欧洲》，阿德里安·普鲁斯特 *La Défense de l'Europe contre le choléra,* d'Adrien Proust 43
《仿丁托列托、德加风格的天堂四人舞》，吕西安·都德 *Le Paradis pas de quatre de Tintoret Degas,* de Lucien Daudet 356
《仿佛在月光下》 Comme à la lumière de la lune 289，290
《仿作集》，勒布，缪勒合著 *A la manière de,* pastiches de Reboux et Muller 811
《仿作与杂写》，马塞尔·普鲁斯特 *Pastiches et mélanges,* de Marcel Proust 115，621，643，681，696，942，958，959，962，973，975，977—978
《菲德尔》，让·拉辛 *Phèdre,* de Jean Racine 70，298，341，1025
《费德里奥》，贝多芬 *Fidelio,* de Beethoven 772
《费尔瓦尔》，樊尚·德·安迪 *Fervaal,* de Vincent d'Indy 813，814
《费加罗报》 *Le Figaro* 13，139，189，190，208，332，361，370，373，394，449，470，514，540，575，576，588，590，602，612，614，619，621，636，637，647，654，672，673，676，677，678，679，682，684，686，687，695，696，701，702，707，713，714，715，727，730，733，736—738，743，764，770，771，778，794，797，801，802，808，814，830，831，850，853，854，861，864，869，877，883，907，943，959，971，975，977，978，981，996，1022，1038，1054，1055
《费加罗的婚礼》，莫扎特 *Les Noces de Figaro,* de Mozart 127，329
《纷乱的心》，比内－瓦尔梅 *Le Coeur en désordre*, de Binet-Valmer 824
《粉色评论》 *La Revue rose* 264
《封斋期间》 Pendant le Carême 171
《弗拉卡斯上尉》，泰奥菲勒·戈蒂耶 *Le Capitaine Fracasse*, de Théophile Gautier 31，80，97，103—104，1014
《弗雷德贡德》，吉罗 *Frédégonde,* de Guiraud 341，342，405
《弗里德里希·尼采》 Frederich Nietzsche 197
《弗罗斯河上的磨坊》，乔治·艾略特 *Le Moulin sur la Floss,* de George Eliot 756
《弗洛朗斯》，雅克·里维埃 *Florence*, de Jacques Riviére 855，991
《弗努亚尔一家》，克里斯托夫 *La Famille Fenouillard*, de Christophe 88
《佛罗伦萨半月行》，安德烈·莫莱尔 *Quinze jours à Florence,* d'André Maurel

814
《佛罗伦萨的早晨》，约翰·罗斯金 *Mornings in Florence*, de John Ruskin 651
《佛罗伦萨的早晨》约翰·罗斯金 *Les Matins à Florence,* de John Ruskin 512
《浮士德》，歌德 *Faust*, de Goethe 33
《福尔图尼奥》，罗贝尔·德·弗莱尔 *Fortunio,* de Robert de Flers 449
《福斯蒂娜皇后》，斯坦尼斯拉斯·勒采夫斯基 *L'Impératrice Faustine*, de Stanislas Rzewuski 166
《父亲曾经告诉我们》，约翰·罗斯金 *Our father have told us*, de John Ruskin 507
《妇女群像》，保罗·德夏内尔 *Figures de femmes,* de Paul Deschanel 483
《复活节假日》 Vacances de Pâques 814

G

《伽拉忒亚》，居斯塔夫·莫罗 *Galatée,* de Gustave Moreau 572
《盖尔芒特家那边（二）》，马塞尔·普鲁斯特 *Le Côté de Guermantes II,* de Marcel Proust 838，839，841，843，848，849，925，932，993，1000，1002，1005—1006，1008，1024，1027，1028，1029，1031，1032，1033，1075
《盖尔芒特家那边（一）》，马塞尔·普鲁斯特 *Le Côté de Guermantes I,* de Marcel Proust 791，837，838，856，932，992，993，995，1017，1057
《盖尔芒特家那边》，马塞尔·普鲁斯特 *Le Côté de Guermantes,* de Marcel Proust 30，31，44，46，115，145，146，149，150，161，198，200，216，238，239，241，266，275，321，347，373，379，392，394，415，416，450，460，466，552，563，572，574，601，614，632，673，677，678，709，740，746，753，766，776，783，795，823，824，826，837，838，839，845，847，857，878，884，886，888，907，924，930，931，932，934，957—959，969，973—976，980，988，992，993，1011，1012，1027
《盖尔纳伯爵夫人》 La Comtesse de Guerne 636
《感情的解剖》，波尔托—里什 *Anatomie sentimentale,* de Porto-Riche 1006
《钢琴小提琴奏鸣曲》，福雷 *Sonate pour piano et violon* ,de Fauré 683
《高布赛克》，巴尔扎克 *Gobseck,* d'Honoré de Balzac 425
《高老头》,巴尔扎克 *Le Père Goriot,* d'Honoré de Balzac 426
《高龙巴》，普罗斯普·梅里美 *Colomba,* de Prosper Mérimée 81
《高卢人报》 *Le Gaulois* 240，273，300，314，315，342，361，373，375，405，423，438，470，613，629，638，655，978，1055，1070
《高山之上》，爱德华·罗德 *Là-haut,* d'Edouard Rod 423
《哥达年鉴》 *Gotha* 322，586，956
《哥伦比娜》，玛德莱娜·勒迈尔 *Colombine,* de Madeleine Lemaire 230

《哥特艺术的本质》，约翰·罗斯金 *La Nature du gothique* , de John Ruskin 512
《格雷菲勒伯爵夫人的沙龙》 Le salon de la comtesse Greffulhe 575，588
《格雷戈或托雷多的秘密》，莫里斯·巴雷斯 *Greco ou le secret de Tolède,* de Maurice Barrés 239，700
《葛拉荻丝·哈维》，保罗·布尔热 *Gladys Harvey,* de Paul Bourget 127
《给那最后来的》，约翰·拉斯金 *Unto this Last,* de John Ruskin 511，557
《庚斯博罗传》，加布里埃尔·穆莱 *Gainsborough*, de Gabriel Mourey 666
《梗概》 Scénario 254，255
《工兵卡芒贝尔》，克里斯托夫 *Le Sapeur Camember*, de Christophe 88
《工作与时日》，赫西俄德 *Les Travaux et les Jours,* d'Hésiode 264，334
《贡布雷》 Combray 3，10，16，17，26，30，31，62—64，71—73，89，93，129，146，165，201，266，278，280，290，292，296，334，338，377，422，623，629，642，655，662，696，702，731，736，737，741，744，746，748，776，783，789，793，827
《孤独与心理治疗》，加缪、帕尼耶 *Isolement et psychothérapie,* de Camus et Pagniez 635，649
《古特拉家的小儿子》，阿贝尔·埃尔芒 *Le Cadet de Coutras,* d'Abel Hermant 770
《古物陈列室》，巴尔扎克 *Le Cabinet des antiques,* d'Honoré de Balzac 426
《关于波德莱尔》 À propos de Baudelaire 733，1025，1060
《关于法国史的通信》，奥古斯丁·梯叶里 *Lettres sur l'histoire de France,* d'Augustin Thierry 596
《关于福楼拜的"风格"》 À propos du "style" de Flaubert 733
《关于英国的笔记》，泰纳 *Notes sur l'Angleterre,* de Taine 508
《归纳法原理》，拉什里耶 *Le Fondement de l'inducation,* de Lachelier 302
《国王》，弗莱尔、卡雅维 *Le Roi*, de Flers et Caillavet 449，722
《国王的金库》 Les trésors des rois 611，616，617

H

《哈勒姆附近的郁金香花田》 Un champ de tulipes près de Haarlem 542
《哈姆雷特》，威廉·莎士比亚 *Hamlet,* de William Shakespeare 541，548，1012
《海港》 Le port 178
《海关与安康圣母大教堂》，透纳 *The Dogana and Santa Maria della salute,* de Turner 527
《好歌集》 *La Bonne chanson* 288，289
《好人海伦》，儒勒·勒迈特 *La Bonne Héléne,* de Jules Lemaitre 359
《好望角》，让·科克托 *Le Cap de Bonne-Espérance,* de Jean Cocteau 769，914，963
《和声表》 Table d'harmonie 269
《贺拉斯》，高乃依 *Horace*, de Corneille 103

《赫尔曼与窦绿苔》，歌德 *Hermann et Dorothée*, de Goethe　938
《赫拉克利斯的功绩》，罗贝尔·德·弗莱尔 *Les Travaux d'Hercule,* de Robert de Flers　449
《黑多米诺》 *Le Domino noir*　281
《黑色或金色：罗贝尔·德·孟德斯鸠—费臧萨克伯爵肖像》，惠斯勒 *Noir et or. Portrait du comte Robert de Montesquiou-Fezensac,* de Whistler　573
《恨世者》，莫里哀 *Le Misanthrope*, de Molière　394
《亨利八世》，卡米耶·圣桑 *Henri VIII*, de Camille Saint-Saëns　341，342
《亨普西德亲王》，希夫 *Prince Hempseed,* de Schiff　967
《红百合》，阿纳托尔·法朗士 *Le Lys rouge,* d'Anatole France　140，299，361，362，364，400，443，469，941，1011，1013
《红与黑》，斯丹达尔 *Le Rouge et le Noir*, de Stendhal　402，403，824
《红珍珠》，罗贝尔·德·孟德斯鸠 *Les Perles rouges,* de Robert de Montesquiou　277，470，471，503，614—615
《呼啸山庄》，艾米莉·勃朗特 *Un amant,* d'Emily Brontë (*Wuthering Heights*)　661
《呼啸山庄》，艾米莉·勃朗特 *Wuthering Heights,* d'Emily Brontë　661
《弧光灯》，保罗·莫朗 *Lampes à arc,* de Paul Morand　980
《花的智慧》，梅特林克 *L'Intelligence des fleurs*, de Maeterlinck　611，680，778
《花样年华》，阿纳托尔·法朗士 *La Vie en fleur,* d'Anatole France　141
《华丽五十载》，安德烈·德·富基埃尔 *Cinquante ans de panache*, d'André de Fouquières　1003—1004
《华托的肖像》 Portrait d'Antoine Watteau　275
《华宴集》，保罗·魏尔伦 *Les Fêtes galantes,* de Paul Verlaine　206
《画报》杂志 *L'Illustration*　1062
《画家漫谈，从大卫到德加……》，雅克—埃米尔·布朗什 *Propos de peintre. De David à Degas...,* de Jacques-Emile Blanche 见《从大卫到德加》
《画家肖像》 Portraits de peintres　224，314，328，374，423
《画刊》 *Revue illustrée*　775
《画展印象》 Impressions of the Salons　169
《怀疑者》，阿贝尔·埃尔芒 *Le Sceptre,* d'Abel Hermant　477
《坏音乐赞》 Éloge de la mauvaise musique　171
《欢乐与时日》，马塞尔·普鲁斯特 *Les Plaisirs et les Jours,* de Marcel Proust　6，60，78，97，115，125，131，132，138，146，150，170，172，177，179，180，201，215，225，226，228，230，232，237，244，251，254，256，264，275，276，277，279，290，299，302，303，315，328，334，345，347，349，350，361，362，365，366，370，371，373，380，397，398，402，409，412，418—420，423，424，426，431，434，

440，441，448，477，482，485，486，493，498，547，548，655，666，674，721，760，792，842，913，921，957，958，1022，1039，1061，1063
《环球行纪：新旅行日记》画刊 *Le Tour du monde, Nouveau Journal des voyages* 80
《幻灭》，巴尔扎克 *Les Illusion perdues,* d'Honoré de Balzac 429，452，839，908
《幻想的天际》,加布里埃尔·福雷 *L'Horizon chimérique,* de Gabriel Fauré 7
《幻想曲》，亨利·德·索希纳 *Fantaisie,* d'Henry de Saussine 269
《幻想曲》，罗伯特·舒曼 *Fantasiestücke,* de Robert Schumann 684
《皇帝与加利利人》，亨利克·易卜生 *Empereur et Galiléen*, d'Henrik Iben 195
《谎言》 Mensonges 270，275，315
《谎言》，保罗·布尔热 *Mensonges*, de Paul Bourget 345，346
《灰姑娘》（夏特莱剧场上演的幻梦剧） *Cendrillon* (féerie du Châtelet) 130，298
《灰与黑的改编曲》，惠斯勒 *Arrangement en gris et noir,* de Whistler 496
《回忆的风俗画》 Tableaux de genre du souvenir 146
《回忆录》，莱昂·都德 *Souvenirs*, de Léon Daudet 908
《回忆录》，圣西门 *Les Mémoires,* de Saint-Simon 614，615
《回忆马塞尔·普鲁斯特》，罗贝尔·德雷福斯 *Souvenirs sur Marcel Proust*, de Robert Dreyfus 105
《悔罪集》 Confiteor 169
《会饮》杂志 *Le Banquet* 142，183，194，196，200，201—203，205—206，207，215，217，220，222，235，249，252，264，265，361，440，449，1022
《绘画爱好者》 Un amateur de peinture 572
《火鸟》 *L'Oiseau de feu* 795
《霍夫曼的故事》，奥芬巴赫 *Les Contes d'Hoffmann,* d'Offenbach 659

J

《J.E. 圣坦先生肖像》，玛德莱娜·勒迈尔 *Portrait de M. J. E. Saintin,* de Madeleine Lemaire 230
《基督的情人》, 达尔赞 *L'Amante du Christ,* de Darzens 298
《基督教的起源》，埃内斯特·勒南 *Les Origines du christianisme,* d'Ernest Renan 218，219
《基督教精神与爱国主义》，列夫·托尔斯泰 *L'Esprit chrétien et le patriotisme ,* de Léon Tolstoï 279
《基督徒的苦难》，弗朗索瓦·莫里亚克 *Souffrances du chrétien,* de François Mauriac 1031
《吉尔·布拉》 *Gil Blas* 625，830，853
《吉赛尔》，阿道尔夫·亚当作曲 *Giselle,* d'Adolphe Adam 770
《集市的场地》，莫奈 *Le Champ de foire,* de Monet 807
《集市归来》，夏尔丹 *La Pourvoyeuse,* de Chardin 338
《嫉妒的终结》 La fin de la jalousie 344，

345，348，352，372
《嫉妒者》，安托万·比贝斯科 *Un Jaloux,* d'Antoine Bibesco 545，620
《加尔默罗会修女》，雷纳尔多·哈恩 *La Carmélite,* de Reynaldo Hahn 287
《加冠戴冕》，罗贝尔·德·孟德斯鸠 *Têtes couronnées,* de Rorbert de Montesquiou 893
《家庭剧场》，尼古拉·德·贝纳达吉 *Théâtre de famille,* de Nicolas de Benardaky 68
《假如我的诗句生出翅膀》，雷纳尔多·哈恩 *Si mes vers avaient des ailes,* de Reynaldo Hahn 285
《建立一个智知党》 Pour un parti de l'intelligence 981
《建筑七灯》，约翰·罗斯金 *Sept lampes de l'architecture*, de John Ruskin *(Seven Lamps of Architecture)* 503，507，511，512，530，694
《建筑之诗》，约翰·罗斯金 *Poésie de l'architecture,* de John Ruskin 516
《交际花盛衰记》，巴尔扎克 *Splendeurs et misères des courtisanes*, d'Honoré de Balzac 35，187，328，426，452，839—840
《郊区》，阿贝尔·埃尔芒 *Le Faubourg,* d'Abel Hermant 477
《搅水女人》，巴尔扎克 *La Rabouilleuse,* d'Honoré de Balzac 396，426
《教堂大典》，玛德莱娜·勒迈尔 *Sacre de l'Eglise*, de Madeleine Lemaire 229
《教堂的侧影》 Silhouette d'église 569
《解开的丝带（双钢琴华尔兹舞曲》，雷纳尔多·哈恩 *Le Ruban dénoué, valses pour deux pianos,* de Reynaldo Hahn 875
《今年的笑料》（活报剧） *Les Joyeusetés de l'année* (revue) 130
《金鸡》，里姆斯基－科萨科夫 *Le Coq d'or,* de Rimski-Korsakov 858
《金色的卢瓦尔河》，吕西安·都德 *Loire blonde*, de Lucien Daudet 355—356
《金眼姑娘》，巴尔扎克 *La Fille aux yeux d'or,* d'Honoré de Balzac 179
《精神的女探索者》，法瓦尔 *La Chercheuse d'esprit,* de Favart 101
《精神分析五论》，西格蒙德·弗洛伊德 *Cinq psychanalyses,* de Sigmund Freud 941
《精神力量》，亨利·柏格森 *L'Energie spirituelle,* d'Henri Bergson 1000
《精神生活导论》，莱昂·布伦施维格 *Introduction à la vie de l'esprit*, de Léon Brunschvicg 611
《静物》，夏尔丹 *Nature morte*, de Chardin 1007
《旧诗稿》，保罗·瓦莱里 *Album de vers anciens,* de Paul Valéry 364
《舅父与外甥》，席勒 *Oncle et neveu*, de Schiller 26
《绝对之探求》，巴尔扎克 *La Recherche de l'absolu,* d'Honoré de Balzac 427，824

K

《卡迪尼昂王妃的隐私》，巴尔扎克 *Les Secrets de la princesse de Cadignan,* de Balzac 619

《卡可基酸盐之眼》，皮卡比亚 *L' Oeil cacodytale*, de Picabia 1071
《卡拉马佐夫兄弟》，费道尔·陀思妥耶夫斯基 *Les Frères Karamazov,* de Fédor Dostoïevski 425，779，892
《卡莱尔》，惠斯勒 *Carlyle,* de Whistler 496
《卡门》，乔治·比才 *Carmen,* de Georges Bizet 105，106，114，257
《卡侬加特记事》,瓦尔特·司各特 *Chronique de la Canongate,* de Walter Scott 840
《卡帕契奥传》，G. 罗森塔尔、L. 罗森塔尔 *Carpaccio*, de G. et L. Rosenthal 670
《卡斯蒂利奥纳》，罗贝尔·德·孟德斯鸠 *La Castiglione,* de Robert de montesquiou 893
《卡特丽娜》，史蒂文森 *Catriona*, de Stevenson 1025
《卡优斯·塔拉尼乌斯之死》 Mort de Caïus Taranius 91
《看着她熟睡》 La regarder dormir 1076
《柯琳娜》，斯达尔夫人 *Corinne,* de Mme de Staël 484
《柯瑞东》，安德烈·纪德 *Corydon*, d'André Gide 335，1035
《科琳娜》，玛德莱娜·勒迈尔 *Corinne,* de Madeleine Lemaire 230
《科扎马科夫大公》，尼古拉·德·贝纳达吉 *Le Prince de Kozamakoff,* de Nicolas de Benardaky 68
《克拉丽丝》 Clarisse 901
《克莱芙王妃》，德·拉法耶特夫人 *La Princesse de Clèves,* de Mme de La Fayette 450
《克兰克比尔、皮图瓦、里凯》，阿纳托尔·法朗士 *Crainquebille, Putois, Riquet,* d'Anatole France 487
《克雷芒·贝兰的假期》，沃杜瓦耶 *Les Permissions de Clément Bellin,* de Vaudoyer 979
《克娄巴特拉》，里姆斯基－科萨科夫、格林卡、格拉祖诺夫、穆索尔斯基 *Cléopâtre,* de Rimski-Korsakov, Glinka, Glazounov, Moussorgski 758
《克娄巴特拉的鼻子》，索希纳伯爵 *Le Nez de Cléopâtre,* par le comte de Saussine 245
《克罗蒂娜出走》，柯莱特 *Claudine s'en va,* de Colette 421
《克罗蒂娜的家庭生活》，柯莱特 *Claudine en ménage,* de Colette 421
《克罗蒂娜在巴黎》，柯莱特 *Claudine à Paris,* de Colette 421
《克洛里斯沐浴》，玛德莱娜·勒迈尔 *Les Bains de Chloris,* de Madeleine Lemaire 230
《空白卡片》，让·科克托 *Carte blanche,* de Jean Cocteau 1006
《空气的女王》，约翰·罗斯金 *The Queen of the Air,* de John Ruskin 503，506
《孔雀舞曲》，加布里埃尔·福雷 *Pavane,* de Gabriel Fauré 270
《库宗在众议院》 Couzon à la Chambre 408
《狂迷的夜莺》，雷纳尔多·哈恩 *Rossignol éperdu*, de Reynaldo Hahn 277

L

《拉博松先生》，阿贝尔·埃尔芒 *Monsieur Rabosson,* d'Abel Hermant 476
《拉场戏》，让·科克托 *Parade*, de Jean Cocteau 769，913，979
《拉丁复兴》 *La Renaissance latine* 80，452，474，557，567，569，581，596，610，616，618，636，641
《拉丁没落》 *La Décadence latine* 474
《拉潘神甫著作集》，拉潘 *Oeuvres*, du P. Rapin 895
《来吧，宝贝儿》 *Viens poupoule* 765
《莱昂纳多·达芬奇》，塞阿耶 *Léonard de Vinci*, de Séailles 305，306
《莱维斯与伊莱娜》，保罗·莫朗 *Lewis et Irène,* de Paul Morand 903，904
《莱茵河黄金》 *L'Or du Rhin* 839
《蓝胡子城堡》 *Le Château de Barbe-bleue* 359
《蓝色评论》 *La Revue bleue* 23，100，103，264
《蓝神》，雷纳尔多·哈恩、让·科克托 *Le Dieu bleu,* de Reynaldo Hahn et Jean Cocteau 757，770，795
《蓝绣球花》，罗贝尔·德·孟德斯鸠 *Les Hortensias bleus,* de Robert de Montesquiou 315，360
《朗热公爵夫人》，巴尔扎克 *La Duchesse de Langeais,* d'Honoré de Balzac 426
《朗塞传》，夏多布里昂 *Vie de Rancé,* de Chateaubriand 943
《浪荡子费尔南迪》，冈迪约 *Ferdinand le Noceur,* de Gandillot 168
《老房子，老档案》，勒诺特 *Vieilles maisons, vieux papiers,* de Lenotre 597
《老姑娘》，巴尔扎克 *La Vieille Fille,* d'Honoré de Balzac 396，426
《老人》（康斯坦丁·居伊肖像），马奈 *Le Vieillard*, Constantin Guy, de Manet 571
《勒达》，博尔迪尼 *Léda*, de Boldini 886
《勒穆瓦纳事件》 L'Affaire Lemoine 614
《雷韦永城堡》（普鲁斯特《让·桑特伊》暂用名）） *Le Château de Réveillon* (titre provisoire pour *Jean Santeuil*, de Marcel Proust) 357
《冷漠的人》 L'indifférent 77，251，257，291
《冷漠者的学校》，让·吉罗杜 *L'Ecole des indifférents,* de Jean Giraudoux 811
《黎恩济》，里查德·瓦格纳 *Rienzi*, de Richard Wagner 282
《礼物》，加布里埃尔·福雷与奥古斯特·维利耶·德·里勒–亚当 *Les Présents,* de Gabriel Fauré et Auguste Villiers de L'Isle-Adam 285，757
《里士满公爵》，凡戴克 *Le Duc de Richmond,* de Van Dyck 206，224
《历代传说》，维克多·雨果 *La Légendes des siècles,* de Victor Hugo 1063
《立宪报》 *Le Constitutionnel* 733
《利西翠妲》 *Lysistrata* 202
《栗树》 Les marronniers 335
《两世界评论》 *La Revue des Deux Mondes* 31，44，160，162，391，410，463，613
《列那狐传奇》，伊戈尔·斯特拉文斯基

Renard, d'Igor Stravinski 967，968，1068
《灵与肉》，罗贝尔·德·弗莱尔 *Entre coeur et chair,* de Robert de Flers
《铃铛》 La sonnette 638，640
《领带王子》，吕西安·都德 *Le Prince des cravates,* de Lucien Daudet 354，764
《流放的国王》，阿尔丰斯·都德 *Les Rois en exil*, d'Alphonse Daudet 309
《卢孚仙纳的玫瑰》 La Rose de Louveciennes 199
《卢贡—马卡家族》，左拉 *Les Rougon-Macquart*, d'Emole Zola 172
《芦笋》，马奈 *Les Asperges,* de Manet 572
《炉边》，塔里德、韦奈尔 *Le Coin du feu,* de Tarride et Vernaire 581
《路旁榆树》，阿纳托尔·法朗士 *L'Orme du Mail*, d'Anatole France 443
《德·吕齐夫人》 Madame de Luzy 217，361
《变童》 Pédérastie 123
《论唇－舌－咽瘫痪》，阿德里安·普鲁斯特 *De la paralysie labio-glosso-pharyngée,* d'Adrien Proust 44
《论法的精神》，孟德斯鸠 *L'Esprit des lois,* de Montesquieu 159
《论歌唱》，雷纳尔多·哈恩 *Du chant,* de Reynaldo Hahn 287
《论国际卫生学及其在防治鼠疫、黄热病和亚洲霍乱中的应用》，阿德里安·普鲁斯特 *Essai sur l'hygiène internationale, ses application contre la peste, la fièvre jaune et le choléra asiatique,* d'Adrien Proust 43
《论孟德斯鸠先生的简朴》 De la simplicité de M. de Montesquiou 271
《论孟德斯鸠先生的简朴》 La simplicité de M. de Montesquiou 259，271
《论明晰》 Sur la Clarté 366
《论欧洲的鼠疫防治》，阿德里安·普鲁斯特 *La Défense de l'Europe contre la peste,* d'Adrien Proust 52
《论普遍兵役制中军官之社会角色》 Le rôle social de l'officier dans le service militaire universel 144
《论圣伯夫》，莱昂·塞谢 *Sainte-Beuve*, de Léon Séché 701
《论失语症》，阿德里安·普鲁斯特 *De l'aphasie,* d'Adrien Proust 44
《论手淫》，蒂索医生 *L'Onanisme. Dissertations produites par la masturbation*, du docteur Tissot 73
《论无穿孔的特发性气胸》 Du pneumothorax essentiel sans perforation 42—43
《论学者的本质》，费希特 *Sur la nature de l'homme de lettres,* de Fichte 494
《论艺术天赋》，塞阿伊 *Essai sur le génie de l'art*, de Séailles 305，306
《论意识的直接材料》，亨利·柏格森 *Essai sur les données immédiates de la consience,* d'Henri Bergson 398
《论英雄、英雄崇拜和历史上的英雄业绩》，卡莱尔 *On Heros, Hero-Worship and the Heroic in History,* de Carlyle 493，497
《论语言》，勒内·吉尔 *Traité du Verde,* de René Ghil 363
《论阅读》 Sur la lecture 80，403，618，

635，636，638，642，643，702
《罗贝尔与小山羊、妈妈出发旅行》 Robert et le chevreau, Maman part en voyage 707
《罗贝尔之歌》 Chanson sur Robert 226
《罗恩格林》，里查德·瓦格纳 *Lohengrin*, de Richard Wagner 282，294
《罗恩格林与螯虾：向巴黎进军》 Lohengrin et l'écrevisse: la marche sur Paris 877
《罗兰的女儿》，亨利·德·伯尔尼耶 *La Fille de Roland,* d'Henri de Bornier 86
《罗斯金与美的宗教》，罗贝尔·德·拉希泽拉纳 *Ruskin et la religion de la beauté,* de Robert de la Sizeranne 410，417，486，501，509，570
《罗斯金与圣经》，布吕纳夫妇 *Ruskin et la Bible,* de Brunhes 570
《罗斯金在亚眠圣母院》 Ruskin à Notre-Dame d'Amiens 511，514
《洛蒂的婚姻》，皮埃尔·洛蒂 *Le Mariage de Loti*, de Pierre Loti 110，111，155，285，349
《吕西安》，比内－瓦尔梅 *Lucien*, de Binet-Valmer 758
《吕西安娜》，儒勒·罗曼 *Lucienne*, de Jules Romains 1075
《旅行》 Voyage 203
《绿》，保罗·魏尔伦 *Green,* de Paul Verlaine 283
《绿色评论》 *La Revue verte* 104，127，128
《绿衣裳》，弗莱尔、卡雅维 *L'Habit vert,* de Flers et Caillavet 449，806
《绿鹦鹉》，玛尔特·比贝斯科亲王夫人 *Le Perroquet vert,* de la princesse Marthe Bibesco 774

M

《马路之花》 *Une Fleur du pavé* 765
《马塞尔·普鲁斯特颂》，保罗·莫朗 *Ode à Marcel Proust,* de Paul Morand 980
《马赛曲》 *La Marseillaise* 867
《玛蒂尔德公主的沙龙》 Le salon de la princess Mathilde 391，582
《玛蒂尔德公主殿下的沙龙》 Le salon de S.A.I. la princesse Mathilde 575，576
《玛丽·德·本森对约翰·罗斯金生平与著作的研究》 John Ruskin, sa vie et son œuvre, étude critique par Marie de Bunsen 593
《玛农》，玛德莱娜·勒迈尔 *Manon*, de Madeleine Lemaire 115，230
《埋没的寺院》，梅特林克 *Le Temple enseveli,* de Maeterlinck 551
《麦加朝觐》 Le pèlerinage de La Mecque 44
《漫长的时刻》，柯莱特 *Les Heures longues,* de Colette 956
《冒险》 *Aventure* 1048
《玫瑰通讯》 *Gazette rose* 96
《每周评论》 *La Revue hebdomadaire* 328，1023，1024，1033
《美国哲学随笔》，爱默生 *Essais de philosophie américaine*, d'Emerson 499
《美丽的海伦》 *La Belle Hélène,* d'Offenbach 218

《美术通讯》 *La Gazette des Beaux-Arts* 190，468，469，519，523，524，526，556，571，573，601
《美学导师》 Un professeur de beauté 638
《门徒》，保罗·布尔热 *Le Disciple* , de Paul Bourget 119，204
《蒙克小姐》 Mademoiselle Monk 913
《蒙梭罗夫人》，大仲马 *La Dame de Monsoreau* 381，383
《梦》 Rêve 265，266
《梦幻岛》，雷纳尔多·哈恩 *L'Ile du rêve,* de Reynaldo Hahn 285，287，349，411
《咪咪》（滑稽歌舞剧） *Mimi* (vaudeville) 130，298
《迷娘》 *Mignon, d'Ambroise Thomas* 130，298
《米德尔马契》，乔治·艾略特 *Middlemarch,* de George Eliot 396
《米尔托伯爵夫人的女友们》 Les amies de la Comtesse Myrto 197
《米盖特与母亲》，罗贝尔·德·弗莱尔 *Miquette et sa mère,* de Robert de Flers 449
《米特苏》，柯莱特 *Mitsou*, de Colette 979
《蜜蜂的生活》，梅特林克 *La Vie des abeilles,* de Maeterlinck 611，634
《免费小报》 *Gratis Journal* 245
《明镜》（周刊） *Le Miroir* 830
《命运》，诺布洛克 *Kismet*, de Knoblauch 806
《磨坊书简》，阿尔丰斯·都德 *Lettres de mon moulin,* d'Alphonse Daudet 307
《魔笛》，莫扎特 *La Flûte enchantée,* de Mozart 329
《魔女记》，儒勒·巴尔贝·多尔维利 *Les Diaboliques,* de Jules Barbey d'Aurevilly 632
《抹去的足迹》，罗贝尔·德·孟德斯鸠 *Les Pas effacés,* de Robert de Montesquiou 235，1038
《莫普拉特》，乔治桑 *Mauprat*, de George Sand 35
《莫扎特》，雷纳尔多·哈恩 *Mozart,* de Reynaldo Hahn 287，328，329
《墨洛温王朝年代记》，奥古斯丁·梯叶里 *Récits des temps mérovingiens,* d'Augustin Thierry 11，93
《母与子》，夏尔—路易·菲利浦 *La Mère et l'enfant*, de Charles-Louis Philippe 899
《木十字架》，罗兰·多尔热莱 *Les Croix de bois,* de Roland Dorgelès 937，985，987，988
《牧歌》，忒奥克里托斯 *Les Idylles* , de Théocrite 334
《牧歌》，忒奥克里托斯 *Les Thalysies,* de Théocrite 334
《牧歌》，夏布里埃 *Idylle*, de Chabrier 684
《牧神的午后》 *L'Après-midi d'un faune* 795
《牧羊人之家》，阿尔弗雷德·德·维尼 *La Maison du berger,* d'Alfred de Vigny 481
《墓中回忆录》，夏多布里昂 *Les Mémoires d'outre-tombe,* de François-René de Chateaubriand 760

《穆莫中校》，罗杰·马丁·杜伽尔 *Maumort,* de Roger Martin du Gard 1059
《穆奈特》，亨利·里加尔 *Mounette*, d'Henri Rigal 810

N

《纳伊市孟德斯鸠府上的盛会》 Fête chez Montesquiou à Neuilly 613，708，960
《脑软化的不同形式》 Les différentes formes de ramollissement du cerveau 43
《瑙西卡》，雷纳尔多·哈恩 *Nausicaa*, de Reynaldo Hahn 892
《内心回忆录》，弗朗索瓦·莫里亚克 *Mémoires intérieurs,* de François Mauriac 1032
《尼伯龙根的指环》 *L'Anneau du Nibelung* 1063
《尼古拉·列文之死》 La mort de Nicolas Levine
《逆流》，若利斯—卡尔·于斯曼 *À rebours,* de Joris-Karl Huysmans 186，236，237，260，364
《年鉴》 *Les Annales* 830
《您是谁？——法国与外国当代名人录》 *Qui êtes-vous ? Annuaire des contemporains français et étrangers* 233
《纽伦堡的名歌手》，里查德·瓦格纳 *Les Maîtres chanteurs,* de Richard Wagner 252，372，684，771
《纽曼》，吕西·福尔 *Newmann*, de Lucie Faure 68
《纽约先驱报》 *New York Herald* 638
《农事诗》，维吉尔 *Les Géorgiques,* de Virgile 76
《努玛·鲁麦斯坦》，阿尔丰斯·都德 *Numa Roumestan*, d'Alphonse Daudet 309
《诺曼底纪事》 Choses normandes 169，176，177，178，179
《诺曼底年鉴》 *Annales de Normandie* 702
《女地主》，朱迪特·戈蒂耶 *La Barynia,* de Judyth Gautier 298
《女囚》，马塞尔·普鲁斯特 *La Prisonnière,* de Marcel Proust 61，179，181，187，253，281，311，335，351，369，434，639，673，674，693，696，697，712，766，779，787，789，798，802，814，815，822，845，847，848，849，857，883，884，891，892，929，932，933，951，994，1000，1011，1039，1041，1042，1051，1052，1057，1058，1059，1061，1062，1066，1075，1078，1079，1080，1081，1082
《女人的苦难》，小仲马 *Le Supplice d'une femme,* d'Alexandre Dumas fils 175
《女唐璜》，马塞尔·普雷沃 *Les Don Juanes,* de Marcel Prévost 1072
《女逃亡者》，马塞尔·普鲁斯特 *La Fugitive*, de Marcel Proust 165，180，696，848，885，888，929，930，932，1051，1057，1058，1076
《女武神》，里查德·瓦格纳 *La Walkyrie ,* de Richard Wagner 246，182

O

《哦，我的陌生美男》，雷纳尔多·哈恩 *O mon bel inconnu*, de Reynaldo Hahn 287

《欧那尼》，维克多·雨果 *Hernani*, de Victor Hugo 313

《欧也妮·葛朗台》，巴尔扎克 *Eugénie Grandet*, d'Honoré de Balzac 97，426

《欧洲与法国大革命》，阿尔贝·索莱尔 *L'Europe et la Révolution française*, d'Albert Sorel 160

P

《帕吕德》，安德烈·纪德 *Paludes*, d'André Gide 125

《帕西法尔》，里查德·瓦格纳 *Parsifal*, de Richard Wagner 272，433，622，788，789，857

《潘奈洛佩》，加布里埃尔·福雷 *Pénélope*, de Gabriel Fauré 990

《佩利亚斯与梅丽桑德》，德彪西 *Pelléas et Mélisande*, de Debussy 772

《喷泉》，于贝尔·罗贝尔 *Jet d'eau*, d'Hubert Robert 214，485

《皮克的佩弗里尔》，瓦尔特·司各特 *Peveril du Pic*, de Walter Scott 840

《皮索被控告到罗马元老院》 Procès de Pison devant le Sénat romain 89

《普鲁斯特的爱情》，卡朗特 *Amour de Proust*, de J.-M. Quaranta 818

《普鲁斯特和小说》，让－伊夫·塔迪耶 *Proust et le roman*, de Jean-Yves Tadié 前言2

《普鲁斯特先生》，塞莱斯特·阿尔巴莱 *Monsieur Proust*, de Céleste Albaret 488，851

《普桑传》，保罗·德雅尔丹 *Poussin*, de Paul Desjardins 670

Q

《七十五页手稿，及其他未刊草稿》，普鲁斯特 *Les soixante-quinze feuillets et autres manuscrits inédits*, de Marcel Proust 702，714，715，716

《奇妙的旅行》，儒勒·凡尔纳 *Voyage extraordinaires*, de Jules Verne 79—80

《骑兵米泽雷》，阿贝尔·埃尔芒 *Le Cavalier Miserey*, d'Abel Hermant 144，476

《启航》，马奈 *Le Départ du bateau*, de Manet 572

《弃儿弗朗沙》，乔治·桑 *François le Champi*, de Georges Sand 642，742，789

《弃儿汤姆·琼斯的历史》，菲尔丁 *Tom Jones*, de Fielding 608

《强硬报》 *L'Intransigeant* 764，773，1007，1074

《亲吻》 Baisers 269

《青蛙塘》，莫奈 *La Grenouillère*, de Monet 571

《轻浮王子》，让·科克托 *Prince frivole*, de Jean Cocteau 764

《倾听》 *Aux écoutes* 1028

《清醒的爱情》，阿贝尔·埃尔芒 *Amour de tête*, d'Abel Hermant 477

《情爱论》，斯丹达尔 *De l'amour*, de Stendhal 402
《情感教育》，福楼拜 *L'Education sentimentale,* de Gustave Flaubert 408，418，449，517，647，723，772
《情人与医生》，加布里埃尔·德·拉罗什富科 *L'Amant et le Médecin,* de Gabriel de La Rochefoucauld 590，591
《秋歌》 Chant d'automne 178
《秋歌》，加布里埃尔·福雷、保罗·魏尔伦 *Chant d'automne*, de Gabriel Fauré et Paul Verlaine 310
《屈打成医》，莫里哀 *Le Médecin malgré liu*, de Molière 894
《全面战争》，莱昂·都德 *La Guerre totale,* de Léon Daudet 956
《劝告》，安娜·德·诺阿耶 *L'Exhortation,* d'Anna de Noailles 610
《确指过去时》，让·科克托 *Le Passé défini,* de Jean Cocteau 769
《群魔》，费道尔·陀思妥耶夫斯基 *Les Possédés, de Fédor Dostoïevski* 892，1062

R

《让·拉辛的圣歌》，加布里埃尔·福雷 *Le Cantique de Jean Racine,* de Gabriel Fauré 311
《让·桑特伊》，马塞尔·普鲁斯特 *Jean Santeuil,* de Marcel Proust 前言4，3，5，6，10，12，15，16，28，49，50，53，57，61，64，65，67，68，71，72，75，80，92，96，106，119，128，131，137，146，149，150，157，158，161，162，163，177，180，211，226，232，251，257，264，280，304，316，328，329，330，333，335，342，343，345，349，351，358，359，364，370，371，380，385，388，389，390，391，392，394，395，396，400，401，402，404，405，406，408，410，412，413，414，415，417，418，419，420，422，426，427，428，431，432，440，441，443，445，446，447，450，457，464，465，469，472，475，477，485，486，493，498，529，552，572，577，623，642，643，677，730，739，752，934，1059，1063，1065
《让在贝格–梅伊（一）：给母亲打电话》 Jean à Beg-Meil. I. Le téléphonage à sa mère 393
《热米尼·拉塞尔多》，埃德蒙·德·龚古尔 *Germinie Lacerteux,* d'Edmond de Goncourt 164—165
《热情的华尔兹》，莫里斯·迪普莱 *La Valse Ardente* , de Maurice Duplay 956
《人道报》 *L'Humanité* 985
《〈人间喜剧〉梗概》，塞尔夫贝尔、克里斯托夫 *Répertoire de la Comédie humaine,* de Cerfberr et Christophe 427，429
《人间喜剧》，巴尔扎克 *La Comédie humaine,* d'Honoré de Balzac 399，428，430—432，434，1012，1060，1063
《人类圣经》 *La Bible de l'humanité* 1063
《人群》，阿贝尔·埃尔芒 *La Meute*, d'Abel Hermant 477

S

《人物群像》，拉希尔德 *Portraits d'hommes, de Rachilde* 271

《人质》，保罗·克洛岱尔 *L'Otage*, de Paul Claudel 899

《认识东方》，保罗·克洛岱尔 *Connaissance de l'Est*, de Paul Claudel 824

《任性的玛丽安娜》，阿尔弗雷德·德·缪塞 *Les Caprices de Marianne*, d'Alfred de Musset 70

《日报》 *Le Journal* 376, 420, 853

《日记》，埃德蒙·德·龚古尔 *Journal*, d'Edmond de Goncourt 188, 337, 378, 460, 508, 778—779, 884, 885, 1034

《日记》，安德烈·纪德 *Journal*, d'André Gide 73, 210

《日记》，保罗·莫朗 *Journal*, de Paul Morand 922

《日记》，恩斯特·荣格 *Journal*, d'Ernst Jünger 910

《日记》，儒勒·勒纳尔 *Journal*, de Jules Renard 186

《日记》，瓦勒里·拉尔博 *Journal*, de Valery Larbaud 966

《如此说来》，加斯东·阿尔芒·德·卡雅维、保罗·格鲁内鲍姆 *Ce que ça dit*, de Gaston Arman de Caillavet et Paul Grunebaum 168

《儒贝书信集》，保罗·德·雷纳尔编印 *Correspondants de Joubert*, de Paul de Reynal 483, 485

《乳白色的海》，惠斯勒 *Mer d'opale*, de Whistler 641

《乳白色的海滩》，惠斯勒 *Plage d'opale*, de Whistler 641

《撒哈拉的夏天，萨赫勒的一年》，弗罗芒丹 *Un Eté dans le Sahara. Une année dans le Sahel*, de Fromentin 634

《萨福》，阿尔丰斯·都德 *Sapho*, d'Alphonse Daudet 309

《萨朗波》，福楼拜 *Salammbô*, de Gustave Flaubert 89

《萨勒纳夫伯爵》，夏尔·拉布 *Le Comte de Sallenauve*, de Charles Rabou 544

《萨缪尔·贝尔纳传》，伊丽莎白·德·克莱蒙–托奈尔 *Histoire de Samuel Bernard*, d'Elisabeth d'Clermont-Tonnerre 957

《萨缪尔·约翰逊传》，詹姆斯·鲍斯威尔 *La Vie de Samuel Johnson*, de James Boswell 425

《塞尔邦特街的议会》 *La Conférence parlementaire de rue Serpente* 205

《塞莱斯特》，斯特芬·哈德逊 *Céleste*, de Stephen Hudson 967

《塞弥拉弥斯》，雷纳尔多·哈恩 *Sémiramis*, de Reynaldo Hahn 637

《塞纳河上的流凌》，克洛德·莫奈 *Débâcle sur la Seine*, de Claude Monet 572

《赛道》，费多、克鲁瓦塞 *Le Circuit*, de Feydeau et Croisset 595, 737

《三个火枪手》，大仲马 *Les Trois Mousquetaires*, d'Alexandre Dumas 233

《三十岁日记》，弗朗索瓦·莫里亚克 *Journal d'un homme de trente ans*, de

François Mauriac　1030
《散步》　La promenade　226
《沙皇帝国》，安纳托尔·勒鲁瓦–博里厄　*L'Empire des tsars,* d'Anatole Leroy-Beaulieu　163
《沙特尔大教堂》，卡米耶·柯罗　*La Cathédrala de Chartres,* de Camille Corot　1007
《沙托鲁之夜》，让·吉罗杜　*Nuit à Châteauroux,* de Jean Giraudoux　980，1008
《莎乐美》，奥斯卡·王尔德　*Salomé,* d'Oscar Wilde　186
《莎乐美》，施特劳斯　*Salomé,* de Strauss　802
《莎士比亚》，列夫·托尔斯泰　*Shakespeare,* de Léon Tolstoï　674
《莎士比亚之旅》，莱昂·都德　*Le Voyage de Shakespeare,* de Léon Daudet　393
《闪电报》　*L'Eclair*　985—986，1056
《扇子》　Éventail　245，254
《善与恶的彼岸》　Beyond Good and Evil　197
《善与恶的彼岸》，尼采　*Au-delà du bien et du mal*　197
《上马去兜风》，克伊普　*Le Départ pour la promenade,* de Cuyp　224
《舍赫拉查德》，里姆斯基–科萨科夫、福金　*Schéhérazade,* de Rimski-Korsakov et Fokine　758
《舍赫拉查德》杂志　*Schéhérazade* (revue)　767
《社交年鉴》　*Bottin mondain*　404，686
《摄政的女儿》，大仲马　*Une Fille du Régent,* de Dumas　661
《神经衰弱患者的保健》，阿德里安·普鲁斯特　*L'Hygiène du neurasthénique,* d'Adrien Proust　44
《神经学评论》　*La Revue neurologique*　379
《神秘》　Mystères　397
《神秘的街垒》，库普兰　*Barricades mystérieuses,* de Couperin　684
《神秘花园》，吕西安·都德　*Le Mystèrieux Jardin,* de Lucien Daudet　356
《生活艺术》　*Les Arts de la vie*　609，617，624，638，666
《圣诞故事》　Un conte de Noël　200
《圣家庭》　*La Sainte Famille,* du Greco　700
《圣罗南的泉水》，瓦尔特·司各特　*Les Eaux de Saint-Ronan,* de Walter Scott　840
《圣马可安息》，罗斯金　*Le Repos de Saint Marc,* de John Ruskin　511，512，525，618，717，742
《圣人的形象》　Figures de saints　569
《圣塞巴斯蒂安》，曼坦那　*Saint-Sébastien,* de Mantegna　768
《圣塞巴斯蒂安殉教》，邓南遮　*Martyre de saint Sébastien,* de D'Annunzio　298，772，774
《圣星期五的奇迹》，里查德·瓦格纳　*L'Enchantement du vendredi saint,* de Richard Wagner　433，789，857
《圣于絮尔的传说》，卡帕契奥　*Légende de sainte Ursule,* de Carpaccio　888
《胜利的纪念》，若泽·马利亚·德·埃雷迪亚　*Les Trophées,* de José Maria de Heredia

340，576
《失乐园》，弥尔顿 *Le Paradis perdu,* de Milton 608
《失去根的人们》，莫里斯·巴雷斯 *Les Déracinés,* de Maurice Barrès 118，409
《失踪的阿尔贝蒂娜》，马塞尔·普鲁斯特 *Albertine disparue,* de Marcel Proust 25，61，75，76，198，255，278，429—430，527，534，535，537，591，640，647，655，670，673，696，733，750，769，796，833，838，841，844，845，847，849，850，860，864，882，884，888，932，933，948，973，975，976，999，1001，1030，1051，1057—1059，1061，1078—1082
《诗》，让·科克托 *Poésies,* de Jean Cocteau 1006
《诗歌》 Poésie 175
《诗学》，皮埃尔·路易 *Poétique,* de Pierre Louÿs 893
《诗与真》，歌德 *Vérité et poésie,* de Goethe 507
《施特劳斯夫人的真面目》 La Verité de Mme Straus 164
《施洗者圣约翰》，列奥纳多·达·芬奇 *Saint Jean-Baptiste,* de Léonard de Vinci 226
《十八世纪的东方问题》，阿尔贝尔·索莱尔 *La Question d'Orient au XVIIIe siècle ,* d'Albert Sorel 160
《十点钟》，惠斯勒 *Ten O'clock,* de Whistler 573
《十六世纪米兰公爵夫人贝阿特丽丝·德·埃斯特的舞会》，雷纳尔多·哈恩 *Le Bal de Béatrice d'Este, duchesse de Milan (XVIe siècle),* de Reynaldo Hahn 682
《十一世纪至十六世纪法国建筑辞典》，维奥莱–勒–杜克 *Dictionnaire raisonné de l'architecture française du XIe au XVIe siècle,* de Viollet-le-duc 529
《时报》 *Le Temps* 141，143，194，204，362，597，613，830，831，883，986，1033，1055
《实践理性批判》，康德 *Critique de la raison pratique,* d'Emmanuel Kant 121
《使馆随员日记》，保罗·莫朗 *Journal d'un attaché d'ambassade,* de Paul Morand 901
《士官》，吕西安·德卡夫 *Sous-offs,* de Lucien Descaves 144
《世界评论》 *La Revue mondiale* 978
《世界上最大的酒吧》 Le plus grand bar du monde 903
《手术刀王国》，丽塔·德·莫尼 *Au royaume du bistouri,* de Rita de Maugny 1013
《受伤的祭品：战争哀歌》，罗贝尔·德·孟德斯鸠 *Les Offrandes blesses: élégies guerrières,* de Robert de Montesquiou 878
《书信集》，雅克–埃米尔·布朗什 *Les Lettres,* de Jacques-Emile Blanche 878
《书信总集》，马塞尔·普鲁斯特 *Correspondance générale,* de Marcel Proust 1027，1074
《舒昂党人》，巴尔扎克 *Les Chouans,* d'Honoré de Balzac 396，426
《舒曼》 Schumann 294，328
《熟睡的阿尔贝蒂娜》 Le sommeil d'Albertine

1076
《熟睡的玛农》，玛德莱娜·勒迈尔 *Le Sommeil de Manon* de Madeleine Lemaire 230
《鼠人：一例强迫性神经症的说明》，西格蒙德·弗洛伊德 *L'Homme aux rats: Remarques sur un cas de névrose obsessionnelle,* de Sigmund Freud 941
《鼠疫》，阿尔贝·加缪 *La Peste,* d'Albert Camus 52
《双情妇》，亨利·德·雷尼耶 *La Double maîtresse,* d'Henri de Régnier 340，729
《水果与动物》，夏尔丹 *Fruits et animaux,* de Chardin 338
《水手辛巴德》 *Simbad le Marin* 892—893
《水蛭》，埃德蒙·雅卢 *Les Sangsues,* d'Edmond Jaloux 1005
《睡莲》，克洛德·莫奈 *Les Nymphéas,* de Claude Monet 734
《瞬息集》，泰戈尔 *La Fugitive,* de Tagore 1057
《思考的芦苇》，莱昂·德拉福斯 *Roseaux pensants*, de Léon Delafosse 269，424
《思想与人》，安德烈·博尼耶 *Les Idées et les hommes*, d'André Beaunier 821
《斯巴达之旅》，莫里斯·巴雷斯 *Le Voyage de Sparte, de Maurice Barrès* 650
《斯万夫人周围》 Autour de Mme Swann 61，777，828，881，898
《斯万之恋》，马塞尔·普鲁斯特 *Un Amour de Swann,* de Marcel Proust 198，232，257，266，287，343，349，361，552，591，741，745，783，793，800，827，846，861，978，1011
《斯万之路》，斯科特—蒙克里夫英译 *Swann's Way*, traduction de Scott-Moncrieff 1076
《死路》，吕西安·都德 *Le Chemin mort,* de Lucien Daudet 354
《死亡》，阿尔佩里纳编 *La Mort,* texes réunis par Halpérine 346
《死屋手记》，费道尔·陀思妥耶夫斯基 *Souvenirs de la maison des morts,* de Fédor Dostoïevski 181
《四部曲》，里查德·瓦格纳 *La Tétralogie,* de Richard Wagner 870
《四福音书》，埃米尔·左拉 *Les Quatre Evangiles,* d'Emile Zola 761
《苏格拉底》，埃里克·萨蒂 *Socrate,* d'Erik Satie 964
《苏姆伦王妃》（哑剧） *Sumurun* (pantomime) 796
《苏珊》，莱昂·都德 *Suzanne,* de Léon Daudet 393
《随笔》，爱默生 *Essais*, d'Emerson 498
《所思》，亨利·德·雷尼耶 *Tel qu'en songe,* d'Henri de Régnier 204，215
《索多姆和戈摩尔（二）》，马塞尔·普鲁斯特 *Sodome et Gomorrhe II,* de Marcel Proust 177，696，841，844，848，849，884，931—932，967，993，1023，1024，1028，1038—1040，1050—1052，1054，1055，1057
《索多姆和戈摩尔（三）》，马塞尔·普鲁斯特 *Sodome et Gomorrhe III,* de Marcel Proust 696，932，1028，1039，1040，

1050，1057

《索多姆和戈摩尔（四）》，马塞尔·普鲁斯特 *Sodome et Gomorrhe IV,* de Marcel Proust 696，932，1028

《索多姆和戈摩尔（一）》，马塞尔·普鲁斯特 *Sodome et Gomorrhe I,* de Marcel Proust 336，583，611，680，843，931，932，971，992，993，1027—1029，1031，1033，1035，1037，1059—1060

《索多姆和戈摩尔》，马塞尔·普鲁斯特 *Sodome et Gomorrhe,* de Marcel Proust 前言4，7。17，79，101，156，179，188，236，249，271，272，415，472—473，485，551，565，579，648，674，680，694，723，737，752，758，772，778，789，793，799，811，819，838，839，841，842，845，847，849，882—884，893，894，896，898，929，930，931，932，934，973，1003，1006，1014，1028，1033，1034，1045，1046，1056，1057，1059，1080

《索福克勒斯之舞》，让·科克托 *La Danse de Sophocle,* de Jean Cocteau 769

T

《他们的自画像》，保罗·埃尔维厄 *Peints par eux-mêmes,* de Paul Hervieu 253

《他们的嘴脸》，莫里斯·巴雷斯 *Leurs figures*, de Maurice Barrès 409

《台风》，约瑟夫·康拉德 *Typhon,* de Joseph Conrad 608

《泰蕾兹的节日》，雷纳尔多·哈恩、卡蒂勒·孟戴斯 *La Fête chez Thérèse,* de Reynaldo Hahn et Catulle Mendès 756

《泰蕾兹家的节日》 La Fête chez Thérèse 275

《贪欲》，左拉 *La Curée,* d'Emmile Zola 532

《汤豪森》，里查德·瓦格纳 *Tannhaüser,* de Richard Wagner 282

《堂·乔万尼》，莫扎特 *Don Giovanni,* de Mozart 329，650，795

《特里斯丹和伊瑟》，理查德·瓦格纳 *Tristan et Isolde,* de Richard Wagner 313，368，463，552，697，772，870

《特鲁维尔以及卡尔瓦多斯的海水浴场》，若阿纳指南 *Trouville et les bains de mer du Calvados* (Guide Joanne) 176

《体温记录表》，保罗·莫朗 *Feuilles de température*, de Paul Morand 1008

《天启之丘》，莫里斯·巴雷斯 *La Colline inspirée,* de Maurice Barrès 809

《天使的反抗》，法朗士 *La Révolte des anges*, d'Anatole France 141

《天堂之路》，夏尔·莫拉斯 *Le Chemin du Paradis,* de Charles Maurras 375

《田野的海风》 Vent de mer à la campagne 333

《田园交响曲》，贝多芬 *Symphonie pastorale,* de Beethoven 813—814

《童年故事》，皮埃尔·洛蒂 *Le Roman d'un enfant*, de Pierre Loti 57，132，155，251，401

《童年即景》，罗伯特·舒曼 *Scènes d'enfant,* de Robert Schumann 329

《童年与青年的回忆》，埃内斯特·勒南 *Souvenirs d'enfance et de jeunesse,* d'Ernest Renan 219
《童年之家》，费尔南·格雷格 *La Maison de l'enfance,* de Fernand Gregh 398
《痛苦》，阿尔丰斯·都德 *La Doulou,* d'Alphonse Daudet 436
《托拉斯》，保罗·亚当 *Le Trust,* de Paul Adam 735

W

《瓦尔登湖》，梭罗 *Walden,* de Thoreau 610
《外省的诗神》，巴尔扎克 *La Muse du département,* d'Honoré de Balzac 425，426
《外省女人》，让·吉罗杜 *Provinciales,* de Jean Giraudoux 811
《晚会上的音乐》 Musique dans le monde 808
《晚间来客》，保罗·莫朗 *Le Visiteur du soir,* de Paul Morand 981
《万象画报》 *L'Univers illustré* 487
《万有评论》 *La Revue universelle* 1015
《王后的花园》 Des jardins des reines 616，617，644
《王家街俱乐部的阳台》，詹姆斯·蒂索 *Le Balcon du Cercle de la rue Royale,* de Tissot 1063
《往事》，约翰·罗斯金 *Les Praeterita,* de John Ruskin 507，512
《往事的回忆》，斯科特－蒙克里夫译 *Remembrances of Things Past,* traduction de Scott-Moncrieff 1076
《威弗莱》，瓦尔特·司各特 *Waverley,* de Walter Scott 840
《威廉·迈斯特》，歌德 *Wilhelm Meister,* de Goethe 35，390，396
《威廉·退尔》，罗西尼 *Guillaume Tell,* de Rossini 543
《威尼斯之石》，约翰·罗斯金 *Les Pierres de Venise,* de John Ruskin 505，511，512，524—526，529，652
《围绕马塞尔·普鲁斯特的六十封信》，吕西安·都德 *Autour de soixante lettres de Marcel Proust,* de Lucien Daudet 355
《维奥朗特或社交生活》 Violante ou la mondanité 200，215，361，372
《维尔迪兰府上的晚会》 Une soirée chez les Verdurin 1054
《维尔迪兰家的晚餐》 Un dîner chez Mme Verdurin 808
《维尔吉的大老爷》，罗贝尔·德·弗莱尔、加斯东·德·卡雅维 *Le Sire de Vergy ,* de Robert de Flers et de Gaston de Caillavet 208，449
《维克多·雨果研究，兼论魏尔伦、人道主义、舒曼、马斯奈、德彪西、梅特林克等》，费尔南·格雷格 *Etudes sur Victor Hugo suivies de pages sur Verlaine, l'humanisme, Schumann, Massenet, Debussy, Maeterlinck, etc.,* de Fernand Gregh 625—626
《维特》，马斯奈 *Werther,* de Massenet 721，736
《维也纳狂欢节》，罗伯特·舒曼 *Carnaval de Vienne,* de Robert Schumann 328，683

《维也纳之夜》，弗朗茨·李斯特 *Soirées de Vienne,* de Franz Liszt 683
《伟大的萨拉》，雷纳尔多·哈恩 *La Grande Sarah,* de Reynaldo Hahn 467
《伪君子托马斯》，让·科克托 *Thomas l'imposteur,* de Jean Cocteau 920
《卫生学》，阿德里安·普鲁斯特 *Traité d'hygiène,* d'Adrien Proust 44
《卫生学》，米歇尔·莱维 *Traité d'hygiène,* de Michel Lévy 21
《为丁香杂志作》 Pour la revue Lilas 124
《温柔的存储》，保罗·莫朗 *Tendres Stocks,* de Paul Morand 219，733，904，1003，1008，1025
《温柔的树敌艺术》，惠斯勒 *Le Gentil art de se faire des ennemis,* de Whistler 574
《文选》，约翰·罗斯金 *Pages choisies,* de John Ruskin 512，557
《文学》杂志 (1906—1907) *Les Lettres* 655，674
《文学理想国》杂志 *La République des lettres* 86
《文学评论》杂志 *La Revue littéraire* 100
《文学现状》 La situation en littérature 196
《文学演变调查》，儒勒·于雷 *Enquête sur l'évolution littéraire,* de Jules Huret 400
《文学与绘画讲演录》，约翰·拉斯金 *Conférences de littérature et de peinture,* de John Ruskin 507
《文学与批评》杂志 *Littérature et Critique* 203
《文学杂志》(1919—1921) [1ère série] *Littérature* (1919—1921) [1ère série] 978
《文学中的神秘》 Le Mystère dans les lettres 367
《文艺生活》，阿纳托尔·法朗士 *La Vie littéraire,* d'Anatole France 141，143，362—364，427，1010，1013
《我不会背叛我的丈夫》，富基埃尔、费多 *Je ne trompe pas mon mari,* de Fouquières et Feydeau 659
《我的回忆》，约翰·斯图亚特·穆勒 *Mes Mémoires,* de John Stuart Mill 634
《我们的青春》，夏尔·佩吉 *Notre jeunesse,* de Charles Péguy 622
《我们的心》，居伊·德·莫泊桑 *Notre coeur,* de Guy de Maupassant 115，116，220，347，400
《屋顶之牛》，让·科克托 *Le Boeuf sur le toit,* de Jean Cocteau 768，998
《无词浪漫曲》，加布里埃尔·福雷 *Romances sans parole,* de Gabriel Fauré 311，794
《无辜者》，加布里埃尔·邓南遮 *L'Intrus,* de Gabriele D'Annunzio 253
《无花果》，托马斯·莫尔 *Le Sycomore ,* de Thomas Moore 298
《无名的裘德》，托马斯·哈代 *Jude l'obscur,* de Thomas Hardy 661
《无数颗心》，安娜·德·诺阿耶 *Le Coeur innombrable,* d'Anna de Noailles 538
《无用的审慎》 Précaution inutile 1075，1081
《无忧无虑的人》，华托 *L'Indifférent,* de Watteau 1007
《吾友之书》，阿纳托尔·法朗士 *Le Livre*

de mon am, d'Anatole France　57，132，364，401，487，634，753

《午夜婚礼》，亨利·德·雷尼耶　*Le Mariage de minuit,* de Henri de Régnier　236

《伍德斯托克》，瓦尔特·司各特　*Woodstock,* de Walter Scott　840

《物质与记忆》，亨利·柏格森　*Matière et mémoire,* d'Henri Bergson　192

《误认的幻觉》，贝尔纳 – 勒鲁瓦　*L'Illusion de fausse reconnaissance ,* de Bernard-Leroy　397

X

《X夫人画像草稿》　Esquisse d'après Madame***　197

《X夫人肖像》　Portrait de Madame***　199，215

《西庇阿·埃米利安努在迦太基》　Scipion Émilien à Carthage　91

《西布莱特》，雷纳尔多·哈恩　*Ciboulette,* de Reynaldo Hahn　287

《西达利兹》　Cydalise　197

《西尔薇》，热拉尔·德·奈瓦尔　*Sylvie,* de Gérard de Nerval　111，587，729，730

《西尔韦斯特·博纳尔的罪行》，阿纳托尔·法朗士　*Le Crime de Sylvestre Bonnard,* d'Anatole France　1009

《西塞罗和朋友们》，加斯东·布瓦西埃　*Cicéron et ses amis,* de Gaston Boissier　1030

《希丰》，培德、丹瑟尼　*Chiffon,* de Peter et Danceny　659

《希腊怀疑派哲学家》，布罗沙尔　*Sceptiques grecs,* de Brochard　140

《希罗狄亚德》，斯特芳·马拉美　*Hérodiade,* de Stéphane Mallarmé　186

《希罗荻亚德》，马斯内　*Hérodiade,* de Massenet　802

《昔日的大师》，弗罗芒丹　*Le Maîtres d'autrefois,* de Fromentin　315，453，558

《昔日一少年》，弗朗索瓦·莫里亚克　*Un Adolescent d'autrefois,* de François Mauriac　1032

《洗衣》，爱德华·马奈　*Le Linge,* d'Edouard Manet　898

《戏剧》杂志　*Comoedia*　831，977，986，1033

《戏剧文学教程》，圣马克·吉拉尔丹　*Cours de littérature dramatique,* de Saint-Marc Girardin　673

《戏剧艺术评论》　*La Revue d'art dramatique*　421，448

《夏多布里昂及其集团》，圣伯夫　*Chateaubriand et son groupe,* de Sainte-Beuve　485

《夏尔·德·斯普尔贝什·德·洛文朱尔》　Charles de Spoelberch de Lovenjoul　701，727

《夏尔·佩吉与<半月丛刊>》，达尼埃尔·阿莱维　*Charles Péguy et les Cahiers de la Quinzaine,* de Daniel Halévy　980

《夏尔丹与伦勃朗》　Chardin et Rembrandt　306

《夏吕斯男爵与罗贝尔·德·圣卢（初稿）》　Premiers crayons du baron de Charlus et de Robert de Saint-Loup　826，837

《仙女们》，福金、肖邦　*Les Sylphides* , de Fokine et Chopin　758
《鲜花与肖像》，吕西安·都德　*Fleurs et Portraits,* de Lucien Daudet　355
《鲜花宰相》　*Le Chancelier de fleurs*　276
《显而易见》，吕西安·都德　*Evidences,* de Lucien Daudet　1006
《现代爱情生理学》，保罗·布尔热　*Physiologie de l'amour moderne,* de Paul Bourget　347，348
《现代画家》，约翰·罗斯金　*Modern painters,* de John Ruskin　512，525，527，671，694
《现代史拾遗》，巴尔扎克　*L'Envers de l'histoire contemporaine,* de Balzac　427，613
《乡村教堂》　L'église de village　13，332，797，801
《乡村神父》，巴尔扎克　*Le Curé de village,* d'Honoré de Balzac　418，426，431
《乡村医生》，巴尔扎克　*Le Médecin de campagne,* d'Honoré de Balzac　428
《香料师傅》，罗贝尔·德·孟德斯鸠　*Chef des odeurs suaves*, de Robert de Montesquiou　241，259
《想象的旅行》　*Les Voyages imaginaires*　80
《想象的信》　*Lettres imaginaires*　1009
《向马塞尔·普鲁斯特致敬》　*Hommage à Marcel Proust*　60，210，436，1041
《向玛丽报信》，保罗·克洛岱尔　*L'Annonce faite à Marie,* de Paul Claudel　814，824
《小巴黎人报》　*Le Petit Parisien*　986
《小东西》，阿方斯·都德　*Le Petit Chose,* d'Alphonse Daudet　57，132，307
《小钢炮》　*Le Crapouillot*　977
《小酒店》，左拉　*L'Assommoir,* d'émile Zola　86
《小可爱》，亨利·伯恩斯坦　*Joujou,* de Henry Bernstein　563
《小皮埃尔》，法朗士　*Le Petit Pierre,* d'Anatole France　141
《肖邦》　Chopin　328
《肖像》　Portraits　340
《肖像—回忆》，让·科克托　*Portraits–souvenirs,* de Jean Cocteau　768
《哮喘患者的保健》，布里索　*Hygiène des asthmatiques,* du docteur Brissaud　379，631
《效法基督》　*Imitation de Jésus-Christ*　225，302，304，348，1012
《写在古书的边上》，儒勒·勒迈特　*En marge des vieux livres,* de Jules Lemaitre　645
《谢吕班》，弗朗西斯·德·克鲁瓦塞　*Chérubin,* de Francis de Croisset　594
《心的间歇》　Les Intermittences du coeur　156，780，793，823，843—845，849，883，931，1024，1063
《心理性神经官能症》，迪布瓦　*Les Psychonévroses,* de Dubois　635
《心有心的道理》，罗贝尔·德·弗莱尔　*Le Coeur a ses raisons,* de Robert de Flers　449
《辛劳的母亲》，夏尔丹　*La Mère laborieuse,* de Chardin　338

《新法兰西评论》 *La Nouvelle Revue française* 60，210，370—371，435，589，591，771，778，803—805，808，814，831，853，855，857—859，974—976，979，986，989—992，996，1013，1022—1025，1033，1034，1041，1046，1049，1055，1060，1061，1072，1076—1078
《新内心回忆录》，弗朗索瓦·莫里亚克 *Nouveaux Mémoires intérieurs,* de François Mauriac 1032
《新评论》 *La Nouvelle Revue* 155，328，353
《新世界的三个杠杆》，利奥内尔·奥塞尔 *Les Trois leviers du monde nouveau,* de Lionel 956
《新闻报》 *La Presse* 269，273，411，412，437，448，471，485
《新作品》杂志 *Les Ecrits nouveaux* 1033
《星期一》周刊 *Lundi* 103
《星期一丛谈》，圣伯夫 *Causeries du lundi* de Sainte-Beuve 733，916
《形而上学与道德评论》 *La Revue de mêtaphysique et de morale* 118，302，303，306
《雄鸡》，埃德蒙·罗斯当 *Chantecler,* d'Edmond Rostand 236
《雄鸡与小丑》，让·科克托 *Le Coq et l'arlequin,* de Jean Cocteau 979
《叙事曲》，加布里埃尔·福雷 *Ballade,* de Gabriel Fauré 311
《选上的人与被召的人》，罗贝尔·德·孟德斯鸠 *Elus et appelés,* de Robert de Montesquiou 1037
《炫目集》，诺阿耶伯爵夫人 *Les Eblouissements,* de la comtesse de Noailles 500，678
《穴狮》，大罗尼 *Le Félin géant,* de Rosny aîné 1006
《学者科尼努斯的顽固观念》，克里斯托夫 *L'Idée fixe du savant Cosinus,* de Christophe 88

Y

《1908年记事本》，马塞尔·普鲁斯特 *Carnet de 1908,* de Marcel Proust 330，544，546，677，715，716，720，726，731，739，798，843，844，846，935，951
《鸦片》，让·科克托 *Opium,* de Jean Cocteau 737
《雅歌》 *Le Cantique des cantiques* 679
《雅克》，阿尔丰斯·都德 *Jack,* d'Alphonse Daudet 307
《雅克·阿布朗》，安东尼·比贝斯科 *Jacques Abran,* d'Antonie Bibesco 545
《亚当·贝德》，乔治·艾略特 *Adam Bede,* de Geroge Eliot 634
《亚眠的圣经》，约翰·罗斯金 *La Bible d'Amiens* , de John Ruskin 412，427，436，495，501，505，507，511，512，514，516，519，525，531，535—537，544，549，550，557，562，566—570，597，607，610—612，616，623，644，653—655，720，798，850，959，1063，1084

《亚森·罗平》，勒布朗、克鲁瓦塞 *Arsène Lupin,* de Leblanc et Croisset 595，736
《亚洲的亚力山大》，玛尔特·比贝斯科亲王夫人 *Alexandre asiatique*, de la princesse Marthe Bibesco 774
《亚洲土耳其之旅》，肖莱伯爵 *Voyage en Turquie d'Asie,* du comte de Cholet 203
《言论》（周刊） *Le Mot* 877
《羊蹄》，（圣马丁剧场的幻梦剧） *Le Pied de mouton*, (féerie de la Porte-Saint-Martin) 130，298
《阳台上的阳光》 Rayon de soleil sur le balcon 676，797，821
《摇篮曲》，加布里埃尔·福雷 *Berceuse,* de Gabriel Fauré 683
《鳐》，夏尔丹 *La Raie* , de Chardin 338
《耶稣传》，埃内斯内·勒南 *Vie de Jésus,* d'Ernest Renan 218
《野橄榄枝花冠》，约翰·罗斯金 *Couronne d'olivier sauvage,* de John Ruskin 511
《野兔传奇》，弗朗西斯·雅姆 *Roman du lièvre,* de Francis Jammes 680
《野猪的祝福》 La bénédiction du sanglier 735
《夜晚来临之前》 Avant la nuit 169，180，265，266，295，348，372
《夜莺》，斯特拉文斯基 *Le Rossignol,* de Stravinski 858
《夜与痛》，居斯塔夫·莫罗 *Le Soir et la Douleur,* de Gustave Moreau 653
《一本扼杀优雅的书》 Un livre contre l'élégance 202
《一场音乐晚会》 Une soirée de musique 830
《一个卑鄙的家伙》，柯莱特 *Un Vilain monsieur,* de Colette 421
《一个单身汉的生活》，巴尔扎克 *Un Ménage de garçon,* d'Honoré de Balzac 426
《一个教士的青年时代》，朱利安·本达 *La Jeunesse d'un clerc,* de Julien Benda 147
《一个女演员的传奇》，路易·德·罗贝尔 *Le Roman d'une comédienne*, de Louis de Robert 979
《一个情人的忏悔》，马塞尔·普雷沃 *Confession d'un amant,* de Marcel Prévost 169
《一个少女的忏悔》 Confession d'une jeune fille 266，294，295，297，372，373，398，660
《一个弑母者的亲子之情》 Sentiments filiaux d'un parricide 654，671，1012
《一个星期天》 Un dimanche 58
《一家历史性的沙龙——玛蒂尔德公主殿下沙龙纪实》 Un salon historique. Le salon de S.A.I. la princesse Mathilde 189
《一千零一夜》 *Les Mille et Une Nuits* 81，892，893，
《意中人》，托马斯·哈代 *La Bien-aimée,* de Thomas Hardy 113，756，796
《一桩神秘案件》，巴尔扎克 *Une Ténébreuse affaire,* d'Honoré de Balzac 191，409，426，427，613
《伊凡·伊里奇之死》，列夫·托尔斯泰 *La Mort d'Ivan Ilitch,* de Léon Tolstoï 292，546

《伊菲姬尼》，格鲁克 *Iphigénie,* de Gluck 328
《伊利亚特》，荷马 *Iliade,* d'Homère 645
《伊利耶》 *Illiers,* de l'abbé Marquis 17
《伊莎贝尔》,安德烈·纪德 *Isabelle*, d'André Gide 899
《医学辞典》，尼斯坦 *Dictionnaire de médecine*, de Nysten 347
《医学论》，布里索 *Traité de médecine,* du docteur Brissaud 379
《遗物》 Reliques 255
《已逝爱情中的泪水之源》 Source des larmes qui sont dans les amours passes 255
《以爱情为参照的对希望的批判》 Critique de l'espérance à la lumière de l'amour 316
《以美为业》，罗贝尔·德·孟德斯鸠 *Professionnelles Beautés*, de Robert de Montesquiou 638
《以斯帖》，雷纳尔多·哈恩 *Esther*, de Reynaldo Hahn 637
《以斯帖与阿曼》，小弗兰肯 *Esther et Aman*, de Franken le Jeune 665
《蚁巢》，吕西安·都德 *La Fourmilière,* de Lucien Daudet 354
《倚栏杆的孩子》,勒内·布瓦莱夫 *L'Enfant à la balustrade,* de René Boylesve 596
《艺术家的府邸》，埃德蒙·德·龚古尔 *La Maison de l'artiste,* d'Edmond de Goncourt 9
《艺术家剪影》 Silhouette d'artiste 421
《艺术家母亲的肖像》，惠斯勒 *Portrait de la mère de l'artiste,* de Whistler 496
《艺术日本》，宾 *Le Japon artistique*, de Bing 505
《艺术与幻觉》，贡布里希 *L'Art et illusion,* de Combrich 513
《艺术与文学》 *Arts and Letters* 965
《艺术与珍玩纪事》 *La Chronique des arts et de la curiosité* 469，507，514，569，570，571，618，620，652，670
《艺术之页》 *Feuillets d'art* 975，978，1023
《意识》 La conscience 538
《意图》 *Intentions* 1023，1054
《翼鼠》，穆扎莱特伯爵 *Les Rats ailés,* du comte de Muzarett 236，271
《音乐家群像》 Portraits de msiciens 316，328
《英国传记辞典》 *Dictionary of English Biographies* 966
《英国拉斐尔前派》，爱德华·罗德 *Les Préraphaélites anglais,* d'Edouard Rod 508
《英国美学》，米尔桑 *Esthétique anglaise,* de Milsand 508
《庸见辞典》，居斯塔夫·福楼拜 *Dictionnaire des idées reçues,* de Gustave Flaubert 256
《庸医》，莱昂·都德 *Les Morticoles,* de Léon Daudet 392
《永恒的芬芳》，加布里埃尔·福雷 *Parfum impérissable,* de Gabriel Fauré 310
《永恒的力量》，安娜·德·诺阿耶 *Les Forces éternelles,* d'Anna de Noailles 1006
《永久的崇拜》 L'Adoration perpétuelle 793
《优先权》，弗朗索瓦·莫里亚克 *Préséances,* de François Mauriac 1031

《幽谷百合》，巴尔扎克 *Le Lys dans la vallée,* d'Honoré de Balzac 1005
《尤利乌斯·恺撒》，莎士比亚 *Jules César,* de William Shakespeare 396
《犹大的时代》，莱昂·都德 *Au temps de Judas,* de Léon Daudet 1014
《犹太女》，弗罗芒塔尔·阿莱维 *La Juive,* de Fromental Halèvy 20，113
《犹豫不决的女人》，埃德蒙·雅卢 *L'Incertaine*, d'Edmond Jaloux 956
《友情》 Amitié 255
《舆论》周刊 *L'Opinion* 996，1007，1037，1042，1071
《与安德蕾最后的对话》 Dernière conversation avec Andrée 751
《与马塞尔·普鲁斯特在舞会上》，玛尔特·比贝斯科亲王夫人 *Au bal avec Marcel Proust,* de la princesse Marthe Bibesco 773
《浴女》，塞尚 *Baigneuses,* de Cézanne 807
《约翰·罗斯金》 John Ruskin 511，519，536
《约翰·罗斯金》，巴尔杜 *John Ruskin*, de Bardoux 564，570
《约翰·罗斯金及其著作》，夏洛特·布鲁瓦歇 *John Ruskin und sein Werk,* de Charlotte Broicher 570
《约翰-克利斯朵夫》，罗曼·罗兰 *Jean-Christophe,* de Romain Rolland 734
《月光奏鸣曲》 Sonate clair de lune 289
《月刊》 *Le Mensuel* 166—168，174，177，179，180，194，202，256，266，274，295，345，721
《月食》 L'éclipse 92
《阅读的日子》 Journées de lecture 582，642，643，676
《阅读普鲁斯特》 Lectures de Proust 前言 2

Z

《在布洛涅森林》，雷诺阿 *Au bois de Boulogne*, de Renoir 807
《在德国军队服役》，莫里斯·巴雷斯 *Au service de l'Allemagne,* de Maurice Barrès 650
《在法国朝圣罗斯金》 Pèlerinages ruskiniens en France 507，514
《在花蕾小伙的身旁》 À l'ombre d'un jeune homme en boutons 977
《在少女们身旁》，马塞尔·普鲁斯特 *A l'ombre des jeunes fleurs,* de Marcel Proust 12，31，43，57，87，130，163，171，175，177，179，189，190，194，199，214，233，250，253，272，273，315，321，330，333，351，391，415，481，542，553，574，576，600，658，693，703，709，740，758，769，790，793，826，837，838，845，847，856，881，882，884，887，898，907，931，932，937，938，942，943，957—959，973—975，977，978，984，988，994，1002，1010—1011，1053，1065，1083
《在树下》 Sous-bois 324
《在斯万家那边》，马塞尔·普鲁斯特 *Du côté de chez Swann,* de Marcel Proust 3，6，12，13，17—18，57，79，87，99，115，

130，157，162，168，180，192—194，201，250，336，345，405，415，468，471，482—483，514，557，582，596，617，642，658，660，673，696，710，742，749，755，764，783，789，790，797，800—802，808，809，814，818，820，823—827，828—831，833，838，840，848，850，852，855，864，885，893，895，899，907—909，913，916，931，942，958，967，971，973—975，978，979，988，989，1010，1016，1027，1045，1075

《在外晚餐》 Un dîner en ville 314

《在威尼斯》 À Venise 975

《在我以后》，亨利·伯恩斯坦 *Après moi,* d'Henry Bernstein 771

《赞歌》，圣莱热·莱热 *Eloges,* de Saint-Léger Léger 894

《遭诽谤的自我》，加布里埃尔·德·拉罗什富科 *Le Moi calomnié,* de Gabriel de la Rochefoucauld 590

《战争期间的德·夏吕斯先生》 M. de Charlus pendant la guerre 904，921，925，979

《战争中生人：一个改宗者的见证》，亨利·盖昂 *L'Homme né de la guerre : Témoignage d'un converti,* d'Henri Ghéon 979

《障碍》，阿尔丰斯·都德 *L'Obstacle,* d'Alphonse Daudet 168

《哲学教程》，拉比耶 *Leçons de philosophie,* de Rabier 267

《哲学剧》，埃内斯特·勒南 *Drames philosophiques,* d'Ernest Renan 219

《珍珠盒》，阿纳托尔·法朗士 *L'Etui de nacre,* d'Anatole France 217，361

《真实的呈现》 Présence réelle 249，250，265

《震旦报》 *L'Aurore* 411，439

《争鸣报》 *Le Journal des débats* 103，129，172，612，655，736，853，870，936，985，986

《征服英格兰史》，奥古斯丁·梯叶里 *Histoire de la conquête de l'Angleterre,* d'Augustin Thierry 93

《政治与文学复兴》 *La Renaissance politique et littéraire* 1070

《政治与文学年鉴》 *Les Annales politiques et littéraires* 996，1026

《芝麻与百合》，约翰·罗斯金 *Sésame et les lys,* de John Ruskin 14，110，487，496，511，512，531，605，611，615，617，618，631，634，636，641，643，644，653—655，708，753，804，959，1064

《知心话》，阿尔丰斯·德·拉马丁 *Les Confidences,* d'Alphonse de Lamartine 353

《职业生涯》，阿贝尔·埃尔芒 *La Carrière,* d'Abel Hermant 477

《植物志》，加斯东·博尼埃 *Flore,* de Gaston Bonnier 88

《致女攀附者》 À une snob 265

《致外国女人的信》，巴尔扎克 *Lettres à l'étrangère,* d'Honoré de Balzac 426

《致友人：关于风格的几点看法》 Pour un ami: remarques sur le style 1008

《智慧与命运》，莫里斯·梅特林克

La Sagesse et la Destinée, de Maurice Maeterlinck　634
《众缪斯哭悼罗斯金》，雷纳尔多·哈恩 *Les Muses pleurant la mort de Ruskin*, de Reynaldo Hahn　289
《重审》　La révision　869
《重现的时光》，马塞尔·普鲁斯特 *Le Temps retrouvé,* de Marcel Proust　9，48，81，90，120，128，141，161，163，167，170，179，180，190，196，251，253，272，275，279，290，299，337，390，406，416，434，454，456，470，478，484，494，513，541，555，574，602，618，619，625，631，642，643，649，666，675，682，696，710，718，723，734，741，742，761，766，775，782，783，788，789，790，793，807，809，813，838，840，845，850，865，878，883—885，888，890，892，893，913，918，921，930，933，934，935，936，937，940，953，956，958，960，961，966，980，993，997，998，1016，1028，1051，1052，1059，1063，1064，1066，1068，1070
《朱庇特与勒达》，居斯塔夫·莫罗 *Jupiter et Léda*, de Gustave Moreau　653
《朱莉的花环》　*La Guirlande de Julie*　1005
《诸神渴了》，阿纳托尔·法朗士 *Les Dieux ont soif,* d'Anatole France　141
《诸圣人之性格》　*Caractéristiques des saints*　702
《主日弥撒选段》，加布里埃尔·福雷 *Tantum ergo,* de Gabriel Fauré　630
《主题与变奏》，雷纳尔多·哈恩 *Thèmes et variations,* de Reynaldo Hahn　287
《转弯抹角》，阿尔弗雷德·爱德华兹 *Par ricochet,* d'Alfred Edwards　690
《追寻普鲁斯特》　*A la recherche de Marcel Proust,* d'André Maurois　前言 4
《追忆似水年华》，马塞尔·普鲁斯特 *A la recherche du temps perdu,* de Marcel Proust　前言 2，6，7，13，20，22，23，30，34，50，51，53，61，72，81，90，92，96，97，101，120，122，131，150，157，158，159，163，165，172，186，193，200，201，203，207，218，223，225，231，151，168，277，278，281，287，290，298—300，306，309，310，316，324，328，329，330，332，335，343，349，370，371，373，378，390，391，406，414—418，420，428，433，437，443，445，450，460，464，470，474，475，499，500，503，515，520，527，533，538，552，560，564，576，577，581，595，597，601，604，610，615，619，621，623，635，639，641，642，643—645，657，662，664，666，670，672，677，684—686，696，700，702，709，710，713，717，723，728，731—733，747，769，787，792，811，824，825，830，837，841，847，849，850，857，858，862，870，875，897，921，923，931，968，969，1013，1017，1022，1024，1039，1048，1057，1059，1063，1064，1065，1076
《卓越》　*Excelsior*　831

《紫晶指环》，阿纳托尔·法朗士 *L'Anneau d'améthyste,* d'Anatole France 443，446
《自白书》，安托瓦奈特·福尔的问卷册 *Confession*, album d'Antoinette Faure 70
《自深深处》，奥斯卡·王尔德 *De profundis* 395
《自我崇拜》 *Le Culte du Moi* 400
《自由报》 *La Liberté* 375，1055
《自由人报》 *L'Homme libre* 877
《自由言论报》 *La Libre Parole* 483
《自由之页》 *Les Feuilles libres* 1023，1054
《自由作品》 *Les Oeuvres libres* 1023，1024，1060，1075，1076，1080，1081
《宗教大法官》，格雷戈 *Le Grand Inquisiteur,* du Greco 700
《宗教心理小议》，弗朗索瓦·莫里亚克 *Petits essais de psychologie religieuse,* de François Mauriac 1006
《综合评论》 *Revue générale* 503
《走过田野，走过海滩》，居斯塔夫·福楼拜 *Par les champs et par les grèves*, de Gustave Flaubert 389
《走向东方》，罗贝尔·德·弗莱尔 *Vers l'Orient*, de Robert de Flers 449
《最后的华尔兹》，雷纳尔多·哈恩 *La Dernière Valse,* de Reynaldo Hahn 382
《最新时装》 *La Dernière Mode* 174
《罪人》 Les criminels 1012
《罪与罚》，费道尔·陀思妥耶夫斯基 *Crime et châtiment,* de Fédor Dostoïevski 181
《作品》 *L'Oeuvre* 977，986
《作为艺术品的阿尔丰斯·都德其人》 La personne d'Alphonse Daudet œuvre d'art 437

人名译名对照表及索引

此表收入历史人物和文学作品中的人物，按姓氏中文译名音序排列

A

阿波利奈尔，纪尧姆（原名威廉·阿波利埃里斯·德·科斯特罗维茨基） APOLLINAIRE (Wilhelm Apolliairis de Kostrowitsky, *dit* Guillaume) 679，767

阿卜杜勒－哈米德 ABDUL-HAMID 163

阿丹，雅内 HADING, Jane 166

阿道夫（外叔公） ADOLPHE(oncle) 23，25—28

阿尔，乔治 ART, Georges 550

阿尔巴莱，奥迪隆 ALBARET, Odilon 692，765，768，796，816，817，852，864，873，892，944，946，967，990，1050，1051，1069，1083

阿尔巴莱，莱昂蒂纳 ALBARET, Léontine 873

阿尔巴莱，让 ALBARET, Jean 873

阿尔巴莱，伊冯娜 ALBARET, Yvonne 1050，1058

阿尔巴莱夫人（奥迪隆之妻，闺名塞莱斯特·希内斯特） ALBARET (Mme Odilon, née Céleste Gineste) 487，563，585，589，654，698，710，727，745，760，816，817，832，833，850—852，860，866—868，873，886，887，894，900，901，909，914，920，922，923，930，938—940，942，945，946，950，952—954，963，966—969，971，972，982，983，985，1032，1040，1041，1043，1045，1048，1051，1054，1066，1077，1083，1085

阿尔巴莱一家 ALBARET (famille) 33，1051，1085

阿尔贝蒂娜 ALBERTINE 前言6。4，38，99，101，109，159，174，179，180，207，214，277，281，291，359，369，370，372，406，407，411，430，481，485，506，520，530，534，556，561，603，626，628，652，664，674，697，742，749—753，763，775，779，781，790，800，802，819，822，826，833—834，837，839，842，844—849，862，882—885，887，888，929，931—934，951，976，1011，1039—1040，1043，1044，1057，1061，1081

阿尔贝一世亲王　ALBERT Ier (prince)　1001
阿尔伯公爵，德，（历代）　ALBE (ducs d')　956
阿尔布费拉公爵，（路易·加布里埃尔·叙歇·德）　ALBUFERA (Louis Gabriel Suchet, duc d')　582，630
阿尔布费拉侯爵，（路易·德）　ALBUFERA (Louis, marquis d')　149，154，564，582，583，585，586，594，595，597，600，628—630，655，713，714，718，722，723，817—818，859，895，908，947，960，995，1033
阿尔布费拉一家　ALBUFERA (famille d')　657
阿尔蒂尔（男仆）　ARTHUR [valet de chambre]　533
阿尔顿，艾梅·德　ALTON, Aimée d'　720，763
阿尔顿，科莱特·德　ALTON, Colette d'　763
阿尔顿，夏尔·德　ALTON, Charles d'　876，908
阿尔顿小姐们　ALTON (demoiselles d')　762，779
阿尔顿－谢　ALTON-SHÉE　763
阿尔顿一家　ALTON (famille d')　762
阿尔顿子爵　ALTON (vicomte d')　720，763，777，802，819
阿尔古夫尔，贝尔纳·德　ALGOUVRES, Bernard d'　485
阿尔曼（作家）　HARMANN [auteur]　349
阿尔芒·德·卡雅维，阿尔贝　ARMAN DE CAILLAVET, Albert　139，421，923
阿尔芒·德·卡雅维，加斯东　ARMAN DE CAILLAVET, Gaston　140，143，151，168，194，208，231，423，440，449，469，583，594，620，722，771，806，817，872，885
阿尔芒·德·卡雅维，让娜　ARMAN DE CAILLAVET, Jeanne　69，208，796
阿尔芒·德·卡雅维，西蒙娜　ARMAN DE CAILLAVET, Simone　151，152，546，756，796
阿尔芒·德·卡雅维夫人（阿尔贝之妻，闺名莱昂蒂娜·李普曼）　ARMAN DE CAILLAVET (Mme Albert, née Léontine Lippmann)　139，140，141—143，151，152，299，300，361，366，420，421，441，469，470，753，754，923
阿尔芒·德·卡雅维一家　ARMAN DE CAILLAVET (famille)　421，546，683
阿尔尼维尔德，安德烈　ARNYVELDE, André　830
阿尔努夫人（《情感教育》）　ARNOUX (Mme)　408,723
阿尔努公爵夫人　ARNOUX (comtesse d')　666
阿尔佩里纳（翻译家）　HALPÉRINE [traducteur]　346
阿尔让古尔　ARGENCOURT　936
阿尔让松侯爵，德　ARGENSON (marquis d')　226
阿方索十三世　ALPHONSE XIII　906
阿戈斯蒂耐利，阿尔弗雷德　AGOSTINELLI, Alfred　前言1，6。79，126，370，388，561，595，692，694，697，721，722，737，742，745，781，816—820，822，823，832，833，846，859—860，861—863，868，882，883，887，948，950，

951，1011，1027，1064
阿戈斯蒂耐利，埃米尔　AGOSTINELLI, Émile　817
阿戈斯蒂耐利，安娜　AGOSTINELLI, Anna　816—818，862
阿戈斯蒂耐利先生，（阿尔弗雷德之父）　AGOSTINELLI (M.)(père d'Alfred)　832
阿格里皮娜　AGRIPPINE　89
阿基米德　ARCHIMÈDE　91
阿加特，约翰　AGATE, John　906，940
阿拉尔（夫人）　ALLARD (Mme)　355
阿拉尔，罗歇　ALLARD, Roger　1033，1055
阿拉贡，路易　ARAGON, Louis　102，978
阿莱格雷，马克　ALLÉGRET, Marc　126，1071
阿莱维，达尼埃尔　HALÉVY, Daniel　74，94，102—105，108，112，116，123—125，127，130，131，170，194—196，252，346，440，462，549，611，702，736，832，980—982
阿莱维，弗罗芒塔尔　HALÉVY, Fromental　20，22，113，188
阿莱维，路德维克　HALÉVY, Ludovic　104，113，114，116，449，462
阿莱维，热纳维耶芙　HALÉVY, Geneviève　85，105，113—117，188
阿莱维一家　HALÉVY (famille)　113，115，462
阿兰（本名埃米尔–奥古斯特·沙尔捷）　ALAIN (Émile-Auguste Chartier, *dit*)　181
阿兰–富尔尼耶　ALAIN-FOURNIER　855
阿兰热（诸领主）　ALLINGES (seigneurs d')　481
阿朗松，艾米利安·德　ALENÇON, Emilienne d'　767
阿伦贝格亲王，奥古斯特·德　ARENBERG (prince Auguste d')　213，688
阿蒙古夫人，德（蒂蒙莱昂之妻）　AMONCOURT (Mme Timoléon d')　799
阿米奥，儒勒　AMIOT, Jules　14，16，41
阿米奥 [普鲁斯特的表亲]　AMIOT [cousins de Marcel Proust]　15，16
阿米奥夫人（儒勒之妻，闺名伊丽莎白·普鲁斯特）　AMIOT (Mme Jules, née Elisabeth Proust)　14，41，77，93
阿米耶尔　AMIEL　170，1006
阿纳克萨格拉　ANAXAGORE　541
阿尼克，捷米尔　ANIK, Djemil　1048
阿诺托，加布里埃尔　HANOTAUX, Gabriel　318，339，341，391
阿佩尔少校　APPERT (commandant)　148
阿森塔　ASSUNTA　290
阿斯奎思，伊丽莎白　ASQUITH, Elizabeth. *Voir*: BIBESCO (princesse Antoine, née Elizabeth Asquith)　见：比贝斯科亲王夫人（安托万之妻，闺名伊丽莎白·阿斯奎思）
阿斯特尔子爵（安托万·德·奥尔·德）　ASTER (Antoine d'Aure, vicomte de)　586
阿斯特吕克，加布里埃尔　ASTRUC, Gabriel　832
阿提库斯　ATTICUS　91
阿韦尔（上校）　ARVERS (colonel)　148
阿韦尔（诗人）　ARVERS　99
埃贝尔，厄内斯特　HÉBERT, Ernest　413
埃贝尔夫人（厄内斯特之妻）　HÉBERT (Mme Ernest)　412，550

埃贝尔教士 Hébert (abbé) 225
埃尔贝兰夫人 Herbelin (Mme) 229，618，619
埃尔布龙，玛丽 Heilbron, Marie 25
埃尔德蒙娜 Heldémone 197
埃尔曼，E. Hermann, E. 831
埃尔曼－保罗 Hermann-Paul 922
埃尔芒，阿贝尔 Hermant, Abel 400，452，470，476，539，555，612，613，620，712，770，943，976，977
埃尔芒，阿尔贝 Hermant, Albert 144
埃尔舍尔，厄内斯塔·德 Herschel, Ernesta de. *Voir* : Stern (Mme Louis, née Ernesta de Herschel) 见：斯特恩夫人（路易之妻，闺名厄内斯塔·德·埃尔舍尔）
埃尔斯蒂尔 Elstir 47，171，177，230，315，330，338，339，406，457，501，502，510，520，526，530，537，571，572，574，575，625，627，641，691，694，710，721，735，739，740，757，783，797，807，813，887，936
埃尔斯蒂尔夫人 Elstir (Mme) 412，413，550，571
埃尔韦 Hervé 96
埃尔维厄，保罗 Hervieu, Paul 114，116，208，253，254，400，420，562，621，688，832，854
埃尔维厄一家 Hervieu (famille) 719
埃弗吕西，夏尔 Ephrussi, Charles 190，274，468—470，556，571—573，601
埃弗吕西，伊尼亚斯 Ephrussi, Ignace 251
埃弗吕西兄弟 Ephrussi (Les) 251
埃拉格侯爵，夏尔·德 Eyragues (marquis Charles d') 539，694
埃拉格侯爵夫人，德（夏尔之妻，闺名亨利埃特·德·孟德斯鸠） Eyragues (marquise Charles d', née Henriette de Montesquiou) 470，539，694
埃拉格一家，德 Eyragues (famille d') 688
埃朗热男爵夫人，德 Erlanger (baronne d') 689
埃勒，保罗·塞萨尔 Helleu, Paul César 211，238，335，460，571，574，580，688，697，732，739—740，800，888，983，1038，1085
埃勒夫人（保罗·塞萨尔之妻） Helleu (Mme Paul César) 1038
埃雷迪亚，玛丽·德 Heredia, Marie de 340
埃雷迪亚，若泽·马利亚·德 Heredia, José Maria de 140，190，274，294，315，339，340，576
埃雷迪亚一家 Heredia (famille) 311，313，340
埃利斯，亨利 Ellis, Henry 946，967
埃梅 Aimé 79，838
埃内斯库 Enesco 473，542，814
埃内西夫人（让之妻） Hennessy (Mme Jean) 948，965，968，1044，1072
埃热，维克多 Egger, Victor 301，302
埃什纳瓜西亚，埃莱娜·玛丽娅 Echeneguacia, Elena Maria. *Voir*: Hahn (Mme Carlos, née Elena Maria Echeneguacia) 见：哈恩夫人（卡洛斯之妻，闺名埃莱娜·玛丽娅·埃什纳瓜西亚）
埃斯特公主，德 Este (princesse d') 639

埃斯特哈齐，克里斯蒂安 ESTERHAZY, Christian 444，446，447，452
埃万（医生） EVANS [docteur] 369
艾夫斯，夏洛特 IVES, Charlotte 723
艾略特，T.S. ELIOT, T.S. 965，967
艾略特，乔治 ELIOT, George 396，408，499，515，634，756，1065
艾斯林（安娜·马塞纳·德） ESSLING (Anna Masséna d') 585
艾斯林亲王（维克多·德） ESSLING (prince Victor d') 190
爱德华，朱利安 EDOUARD, Julien 516
爱德华七世 EDOUARD VII 468
爱德华兹，阿尔弗雷德 EDWARDS, Alfred 689，690，737
爱德华兹夫人（阿尔弗雷德之妻，闺名米西娅·戈德巴斯卡） EDWARDS (Mme Alfred, née Misia Godebska) 719，737，768，871，904，964，969，1004
爱尔维修夫人 HELVÉTIUS (Mme) 8
爱克曼 ECKERMANN 851
爱默生，拉尔夫·瓦尔多 EMERSON, Ralph Waldo 131，302，472，492，493，495—502，515，548，756，1065
爱因斯坦，阿尔伯特 EINSTEIN, Albert 589，1033，1047
安贝尔（古董商） IMBERT [antiquaire] 1000
安布洛 HUMBLOT 808，809
安德蕾 ANDRÉE 109，281，751，752，932
安德烈，塞尔日 ANDRÉ, Serge 1071
安格尔，让·奥古斯特·多米尼克 INGRES, Jean Auguste Dominique 28，979，1026，1041，1042
安格莱斯，奥古斯特 ANGLÈS, Auguste 805
安培 AMPÈRE 8，675
安斯利，道格拉斯 AINSLIE, Douglas 435，436，457，507，516，534
安托万（看门人） ANTOINE [concierge] 666，759
安托万夫妇（看门人） ANTOINE (famille) [concierges] 851
昂里奥，埃米尔 HENRIOT, Emile 340，1007
昂罗，吕西安 HENRAUX, Lucien 568，782
昂罗兄弟 HENRAUX (frères) 225
奥贝尔 AUBER 22
奥贝尔，埃德加 AUBERT, Edgar 207，223
奥贝侬夫人 AUBERNON (Mme) 119，176，213，323，423，638，766，841，1036
奥本海默，埃米丽 OPPENHEIM, Emilie 25
奥比涅 AUBIGNÉ 720
奥伯康普夫小姐 OBERKAMPF (Mlle) 628
奥黛特 ODETTE 27，28，38，47—49，79，109，112，113，126，151，164，169，172，175，179，180，228，232，255，257，347，350，352，369，373，402，418，435，455，463，468，559，574，584，619，735，739，749，782，800，818，841，861，881—882，898，965，1056，1057
奥德朗，克洛德 AUDRAN, Claude 335
奥地利皇后 AUTRICHE (impératrice d') 579
奥迪弗莱特侯爵夫人，德（阿德拉伊德·德·阿雷雅诺之妻） AUDIFFRET (Adélaïd de Arellano, marquise d') 467
奥尔，安托万·德 AURE, Antoine d'. *Voir* : ASTER (Antoine d'Aure, vicomte d') 见：

阿斯特尔子爵，德（安托万·德·奥尔）
奥尔，桑什－加尔西·德　AURE, Sanche-Garcie d'　586
奥尔良，皮埃尔·德　ORLÉANS (Pierre d')　148
奥尔良公爵，德　ORLÉANS (duc de)　26，299
奥尔良亲王，德　ORLÉANS (prince d')　960
奥尔洛夫亲王　ORLOFF (prince)　865，938
奥尔麦斯，奥古斯塔　HOLMÈS, Augusta　225，244，313
奥尔维里埃亲王夫人，德　ORVILLERS (princesse d')　1054
奥芬巴赫，雅克　OFFENBACH, Jacques　96，116，184，659
奥古斯丁　AUGUSTIN　63
奥克斯贝比（安托万·比贝斯克的绰号）OCSEBIB (Antoine Bibesco, *dit*)　546
奥克塔夫　OCTAVE　137，719，769
奥克塔夫（外叔公家的用人）　OCTAVE (oncle)　28
奥拉修（普鲁斯特的笔名）　HORATIO (Marcel Proust, *dit*)　575，614
奥伦道夫，保罗　OLLENDORFF, Paul　245，531，550，808，809
奥罗斯迪男爵夫人　OROSDI (baronne)　691
奥洛龙小姐，德　OLORON (Mlle d')　1001
奥马尔公爵，德　AUMALE (duc d')　92，190
奥诺雷　HONORÉ　314，345，346，352，372
奥塞尔，利奥奈尔　HAUSER, Lionel　724，743，780，859，861，862，864，873，879—881，894，895，949，956，984
奥士维尔小姐，德　ORGEVILLE (Mlle d')　711
奥斯曼　HAUSSMANN　9
奥松维尔伯爵，德　HAUSSONVILLE (comte d')　213，257，443，465，475，483—484，577
奥松维尔伯爵夫人，德　HAUSSONVILLE (comtesse d')　483—484，575，577，633
奥托（摄影师）　OTTO [photographe]　182，356，375，419
奥伊伦伯格（亲王）　EULENBOURG (prince von)　699

B

巴比塞，亨利　BARBUSSE, Henri　194
巴宾斯基医生　BABINSKI [docteur]　944，964，1021，1038，1058
巴尔贝·多尔维利，儒勒　BARBEY D'AUREVILLY, Jules　253，632，716，798
巴尔达克，亨利　BARDAC, Henri　874，875，892，901
巴尔达克，西吉斯蒙　BARDAC, Sigismond　688
巴尔杜，儒勒　BARDOUX, Jules　166
巴尔杜，雅克　BARDOUX, Jacques　530，570
巴尔泰小姐　BARTET (Mlle)　231，240，273，274，313，908
巴尔图，路易　BARTHOU, Louis　140
巴尔扎克，奥诺雷·德　BALZAC, Honoré de　前言 8。21，24，35，38，42，50，79，130，159，179，186，187，201，239，251，254，263，275，313，328，382，389，396，398，399，409，413，425—434，452，462，497，522，

544，576，591，613，619，632，639，661，673—674，709，710，716，731，732，734，748，750，751，757，764，824，831，839，840，844，884，893，898—899，903，908，912，1012，1027，1029，1060，1083
巴赫，约翰·塞巴斯蒂安 BACH, Johann Sebastian 196，274，281，342，541
巴克斯特，莱昂 BAKST, Léon 758，774，795，815
巴莱，希尔贝 BALLET, Gilbert 44
巴莱奥洛格，莫里斯 PALÉOLOGUE, Maurice 447，923
巴勒鲁瓦侯爵，德 BALLEROY (marquis de) 693
巴雷尔，卡米耶 BARRÈRE, Camille 43，161，162，1056
巴雷斯，莫里斯 BARRÈS, Maurice 65，87，118，119，140，195，196，204，205，209，239，265，277，315，323，348，391—392，398，399—401，409，474，526，593，596，598，612，619，629，633，639，650，653，683，700，755，774，778，801，809，854，937，938，988，1016
巴雷斯一家 BARRÈS (famille) 274
巴罗 BARRAUT 864
巴热（歌唱家） BAGÈS [chanteur] 274，288
巴什拉，加斯东 BACHELARD, Gaston 324
巴斯德，路易 PASTEUR, Louis 659
巴斯德，路易 PASTEUR, Louis 659
巴斯蒂安–勒帕热 BASTIEN-LEPAGE 329
巴塔伊，亨利 BATAILLE, Henri 755
巴特，罗兰 BARTHES, Roland 前言 6
巴特勒，萨缪尔 BUTLER, Samuel 529
巴托洛尼，吉吉 BARTHOLONI, Kiki 481
巴托洛尼夫人 BARTHOLONI, (Mme) 423，481
巴伊比，莱昂 BAILBY, Léon 485，1038
巴赞，让 BAZAINE, Jean 302
巴泽莱尔，保罗 BAZELAIRE, Paul 762
白里安，阿里斯蒂德 BRIAND, Aristide 621，661，983
柏格森，亨利 BERGSON, Henri 20，191—194，209，263，302，305，306，398，535，548，612，647，649，830，993，1000，1033，1046
柏格森一家 BERGSON (famille) 1045
柏拉图 PLATON 104，131，194，294，335，502
拜伦（爵士） BYRON (lord) 475
班维尔，雅克 BAINVILLE, Jacques 655，981，1015
邦比耶（莱昂·都德夫人的笔名） PAMPILLE (Mme Léon Daudet, *dit*) 1005
邦当夫人 BONTEMPS (Mme) 750—752
邦马利亚热，西尔万 BONMARIAGE, Sylvain 941
保加利亚的斐迪南 FERDINAND DE BULGARIE 923
保罗大公 PAUL (grand-duc) 908
保吕斯 PAULUS 172，174，698
鲍比（夏尔·莫雷尔的绰号） BOBBY (Charles Morel, *dit*) 875
鲍伯（马塞尔·普鲁斯特的绰号） Bob

(Marcel Proust, *dit*) 169，173

鲍德温（内阁） BALDWIN [cabinet] 1073

鲍罗丁，亚历山大 BORODINE, Alexandre 952

鲍罗季诺亲王，德 BORODINO, prince de 149，150，157，191

鲍斯威尔 BOSWELL 851

贝阿恩公爵夫人，德（玛尔特·德·贝阿格） BÉARN (Marthe de Béhague, comtesse de) 424，425，637

贝达里德，居斯塔夫 BEDARRIDESE, Gustave 21

贝当，菲利浦 PÉTAIN, Philippe 937，954

贝当，雷蒙（艺术家） PÉTAIN, Raymond [artiste] 891，892，951

贝迪耶，约瑟夫 BÉDIER, Joseph 1016

贝丁顿，瓦奥莱特 BEDDINGTON, Violet 966

贝多芬，路德维希·冯 BEETHOVEN, Ludwig van 196，281，289，300，341，342，541，683，698，807，813，814，858，870，875，890，891，952，1026，1068

贝尔夫人（纪尧姆之妻，闺名埃莱娜·戈德施密特—弗朗切蒂） BEER (Mme Guillaume, née Elena Goldschmidt-Franchetti) 199

贝尔勒，埃马纽埃尔 BERL, Emmanuel 685，905

贝尔纳（罗西娜，又名萨拉） BERNHARDT (Rosine, *dite* Sarah) 69，172，174，268，273，274，287，326，435，467，549，584，776

贝尔纳，克洛德 BERNARD, Claude 42

贝尔纳，纳西姆 BERNARD, Nissim 136，710，1056，1060

贝尔纳，特里斯当 BERNARD, Tristan 265，620，908

贝尔纳丹·德·圣皮埃尔，雅克·亨利 BERNARDIN DE SAINT-PIERRE, Jacques Henri 362

贝尔纳—勒鲁瓦 BERNARD-LEROY 397

贝尔热 BERGET 741，752，828

贝戈特 BERGOTTE 51，90，100，101，120，126，140—142，218，293，309，362，364，406，415，417，437，454，477，520，530，537，541，561，685，710，741，753，754，783，789，821，980，993，1010，1016，1022，1041—1043，1057，1058，1065，1066，1084

贝拉尔先生 BÉRARD (M.) 553

贝勒南，路易（印刷厂主） BELLENAND, Louis [imprimeur] 907，959，974

贝里，沃尔特 BERRY, Walter 186，894，915，916，923，924，943，962，973，994，1047

贝里戈，约瑟夫 PÉRIGOT, Joseph 662

贝伦森，伯纳德 BERENSON, Bernard 468，782，968

贝罗，让 BÉRAUD, Jean 231，420，423，470，701

贝罗一家 BÉRAUD (famille) 274

贝纳达吉，德（玛丽的弟弟） BENARDAKY 915

贝纳达吉，玛丽·德 BENARDAKY, Marie de 67，68，94，98，99，151，532，600

贝纳达吉，奈莉·德 BENARDAKY, Nelly de 67

贝纳达吉，尼古拉·德 BENARDAKY, Nicolas de 67，68

贝纳达吉夫人，德（尼古拉之妻，闺名玛丽·德·勒布罗克） BENARDAKY (Mme Nicolas de, née Marie de Lebrock) 68

贝纳尔，阿尔贝 BESNARD, Albert 354

贝纳克一家 BÉNAC (famille) 326，329，331

贝内代蒂伯爵 BENEDETTI (comte) 190

贝涅尔，阿尔蒂尔 BAIGNÈRES, Arthur 137，217

贝涅尔，保罗 BAIGNÈRES, Paul 107，213，223，255

贝涅尔，雅克 BAIGNÈRES, Jacques 107，164，185，223

贝涅尔夫人（阿尔蒂尔之妻，闺名夏洛特·德·福尔莫维尔） BAIGNÈRES (Mme Arthur, née Charlotte de Formeville) 112，176，181，187，217，289

贝涅尔夫人（亨利之妻，闺名洛尔·布瓦莱） BAIGNÈRES (Mme Henri, née Laure Boillay) 112，257

贝涅尔一家 BAIGNÈRES (famille) 176，177，179，213，217，307

贝努阿尔，弗朗索瓦 BERNOUARD, François 767

贝特朗，夏尔 BERTRAND, Charles 687

贝特洛，埃莱娜 BERTHELOT, Hélène 904

贝特洛，菲利浦 BERTHELOT, Philippe 901，1051

本达，朱利安 BENDA, Julien 147

本赫特（马塞尔·普鲁斯特的绰号） BUNCHT (Marcel Proust,*dit*) 651，795，1086

本赫特尼布尔斯（雷纳尔多·哈恩的绰号） BUNCHTINBULS (Reynaldo Hahn ,*dit*) 1086

本森，玛丽·德 BUNSEN, Marie de 569，570

比昂雄，奥拉斯 BIANCHON, Horace 42

比贝斯科亲王，埃马纽埃尔 BIBESCO (prince Emmanuel) 225，546，568，692，735，774，808，919，920，954

比贝斯科亲王，安托万 BIBESCO (prince Antoine) 38，67，154，228，311，358，393，428，437，448，530，542，543—552，554，555，559，562，564，566，569，577，578，589，620，621，626，632，643，644，690，722，743，757，771，774，803，804，818，871—872，878，892，908，909，919，960，963，1006，1073

比贝斯科亲王，亚历山大 BIBESCO (prince Alexandre) 542，543

比贝斯科亲王夫人（安托万之妻，闺名伊丽莎白·阿斯奎思） BIBESCO (princesse Antoine, née Elizabeth Asquith) 960，963

比贝斯科亲王夫人（亚历山大之妻，闺名埃莱娜·埃普拉诺） BIBESCO (princesse Alexandre, née Hélène Epourano) 274，542

比贝斯科亲王夫人，玛尔特 BIBESCO (princesse Marthe) 773，910，917

比贝斯科兄弟 BIBESCO (frères) 546，568

比贝斯科一家 BIBESCO (famille) 947

比才，乔治 BIZET, Georges 85,，105，113，114，116，188

比才，雅克 BIZET, Jacques 74，85，104，

105—109，113，124，125，128，129，131，164，169，194，213，223，440，549，692，806，816，832
比才夫人（乔治之妻） BIZET (Mme Georges) 85，105，113，188
比才一家 BIZET (famille) 405
比达什（历代领主） BIDACHE (princes de) 586
比杜，亨利 BIDOU, Henry 870，936，996，1055
比多 BIDAUT 864
比尔博-沃什莱，朱丽叶 BILBAULT-VAUCHELET, Juliette 25
比尔多（哲学教师） BURDEAU [professeur de philosophie] 118
比尔内，埃米尔 BURNET, Emile 1004
比尔内，亨利 BURNET, Henri 1004
比尔努夫（翻译家） BURNOUF [traducteur] 89
比卡尔上校 PICQUART (colonel) 441，442，444—446，452
比克 BUC 864
比利，安德烈 BILLY, André 977
比利，罗贝尔·德 BILLY, Robert de 136，145，156，159，164，206—208，212，213，215，221—224，116，227，254，256，258，298，315，339，411，435，530，543，627，628，649，650，662，699，713，719，912，923
比利夫人，德（罗贝尔之妻） BILLY (Mme Robert de) 628
比内-瓦尔梅先生 BINET-VALMER (M.) 758，824，977，1033
比奇，希尔维娅 BEACH, Sylvia 1069
比沙 BICHAT 42
比施先生 BICHE (M) 230
比亚兹莱 BEARDSLEY 209
比约（内阁） BILLOT (ministre) 442
比泽医生 BIZE docteur 554，630，651，869，876，1015，1076，1077，1082，1083，1085
彼特拉克 PÉTRARQUE 221
俾斯麦（奥托·爱德华·列奥波德） BISMARCK (Otto Eduard Léopold) 298，889
毕加索，巴勃罗 PICASSO, Pablo 767，768，913，961，967，1048，1068，1071
毕沃纳公爵，德 BIVONA (duc de) 579
庇护十世 PIE X 661
宾，马塞尔 BING, Marcel 505
宾，西格里德 BING, Siegried 505，506
波德莱尔，夏尔 BAUDELAIRE, Charles 前言 8，9。69，93，100，101，112，131，138，170，175，178，199，203，206，214，238，243，251，260，261，289，308，315，334，348，360，370，397，399，436，497，529，539，575，597，598，623，658，674，679，720，732—734，748，821，840，956，963，1006，1007，1009，1025—1027，1035，1060，1061
波尔托-里什，乔治·德 PORTO-RICHE, Georges de 114，136，190，197，214，289，423，554，620，980，1006
波雷尔，雅克 POREL, Jacques 165，905，914，917，918，969—971，978，982，983，998，1048

波利比乌斯（约瑟夫·雷纳克的笔名） POLYBE (Joseph Reinach, *dit*) 876
波利尼亚克，皮埃尔·德 POLIGNAC, Pierre de 905，914，915，1000—1003
波利尼亚克亲王，埃德蒙·德 POLIGNAC (prince Edmond de) 96，464，465，476，540—542，902，915，959，1062
波利尼亚克亲王夫人，德（埃德蒙之妻） POLIGNAC (princesse Edmond de) 66，100，313，350，476，575—577，610，681，923，924，968，1000—1001，1052，1072
波利尼亚克一家 POLIGNAC (famille) 311，476，541
波拿巴，热罗姆 BONAPARTE, Jérôme 188
波拿巴，约瑟夫 BONAPARTE, Joseph 587
波尼·德·卡斯特拉纳伯爵 BONI DE CASTELLANE (comte) 464，466，940，948，960，1000，1003，1072
波涅 BOEGNER 145
波齐（医生） POZZI [docteur] 42，46，47，140，638，869，944，945
波齐，卡特琳娜 POZZI, Catherine 581
波坦 POTAIN 42
波特 POTTER 315，374
波提切利 BOTTICELLI（Sandro de Mariano Filipepi *dit* Sandro） 171，228，347，372，373，617，1083
波托卡伯爵夫人，埃马纽埃拉 POTOCKA (comtesse Emmanuela) 116，313，400，432，470，619
波扬，让 PAULHAN, Jean 991，994，1029，1071
伯恩海姆－热纳（画廊） BERNHEIM-JEUNE [galerie] 355，757，796
伯恩卡斯特尔，阿代勒 BERNCASTEL, Adèle. *Voir*: WEIL (Mme Nathé, née Adèle Berncastel) 见：韦伊夫人（纳特之妻，闺名阿代勒·伯恩卡斯特尔）
伯恩－琼斯 BURNE-JONES 513，570
伯恩斯坦，亨利 BERNSTEIN, Henry 340，547，554，563，620，719，755，769，771，988，1027
伯尔尼耶 BORNIER 86
伯克雷，安德烈 BEUCLER, André 900
伯里耶先生 BEULIER (M) 119，121. 304，365，365
伯努瓦，亚历山大 BENOIS, Alexandre 758，770
伯努瓦—梅尚，雅克 BENOIST-MÉCHIN, Jacques 1069
勃艮第，玛格丽特·德 BOURGOGNE, Marguerite de 222
勃拉姆斯，约翰内斯 BRAHMS, Johannes 541，577，692
勃兰科温，埃莱娜·德 BRANCOVAN, Hélène de 473
勃兰科温，安娜·德 BRANCOVAN, Anna de. *Voir*: NOAILLES (Anna de Brancovan, comtesse de) 见：诺阿耶伯爵夫人，德（安娜·德·勃兰科温）
勃兰科温亲王，格雷瓜尔·德 BRANCOVAN (prince Grégoire de) 473
勃兰科温亲王，康斯坦丁·德 BRANCOVAN (prince Constantin de) 452，472，474，476，477，484，528，535，536，539，

554，557，567，581，610，616，618
勃兰科温亲王夫人　BRANCOVAN (princesse de)　257，274，473，476
勃兰科温一家　BRANCOVAN (famille de)　411，473，474，480，543
勃朗特，艾米莉　BRONTË, Emily　661
勃鲁盖尔　BREUGHEL　653
博德里，保罗　BAUDRY, Paul　572
博尔达，居斯塔夫·德　BORDA, Gustave de　420，423，701
博尔迪尼，让　BOLDINI, Jean　171，209，238，274，423，573，587，888
博尔迪尼一家　BOLDINI (famille)　274
博尔多，亨利　BORDEAUX, Henry　481，611，612，683，854
博尔尼什　BORNICHE　732
博尔热兹亲王，乔万尼　BORGHÈSE, (prince Giovanni)　190，470
博弗勒蒙一家　BAUFFREMONT (famille de)　777
博兰古夫人，德　BEAULAINCOURT (Mme de)　465，1003，1036
博蒙，波莉娜·德　BEAUMONT, Pauline de　481，485
博蒙伯爵，艾蒂安·德　BEAUMONT (comte Etienne de)　920，1041，1047
博蒙伯爵夫人，德（艾蒂安之妻，闺名埃迪特·德·泰纳）　BEAUMONT (comtesse Etienne de, née Edith de Taisne)　1047，1048，1049
博蒙夫人（让娜，闺名卡斯特丽）　BEAUMONT (Mme Jeanne, née Castries)　1049
博蒙一家　BEAUMONT (famille de)　462，768，915，917，920，939，948，960，963，965，995，1047，1077
博纳（画家）　BONNAT(peintre)　171，231，542
博纳尔，阿贝尔　BONNARD, Abel　846
博纳尔，皮埃尔　BONNARD, Pierre　265，542
博尼耶，安德烈　BEAUNIER, André　654，738，821，828，981
博尼耶，加斯东　BONNIER, Gaston　88
博诺　BONNOT　795
博塞昂夫人，德　BEAUSÉANT (Mme de)　429
博韦夫人　BEAUVAIS (Mme)　664
博沃，伊莎贝尔·德　BEAUVAU, Isabelle de　587
博谢纳（出版家）　BEAUCHESNE [éditeur]　557
博絮埃，雅克-贝尼涅　BOSSUET, Jacques-Bénigne　131
博泽让夫人，德　BEAUSERGENT (Mme de)　35，678
布丹，欧仁　BOUDIN, Eugène　807
布德尔，安托万　BOURDELLE, Antoine　142，209
布多-拉莫特，埃马纽埃尔　BOUDOT-LAMOTTE, Emmanuel　966
布尔热，保罗　BOURGET, Paul　26，114，116，119，126，186，198，204，215，254—256，298，345—348，398—400，468，477，619，701，727，779，845，981
布尔日，埃雷米尔　BOURGES, Elémir　985
布夫·德·圣布莱兹（医生）　BOUFFE DE

SAINT-BLAIZE [docteur] 1049
布格罗，阿道尔夫·威廉 BOUGUEREAU, Adolphe William 625
布拉克，保罗 BRACH, Paul 1062，1074，1075
布拉克蒙 BRACQUEMOND 309
布拉瑟尔，阿尔贝 BRASSEUR, Albert 737
布莱夫子爵，德 BRÈVES (vicomte de) 347
布莱弗夫人，弗郎索瓦兹·德， BREYVES (Mme Françoise de) 246，251，253，258，334，372，431，485
布莱里奥（飞行驾校） BLÉRIOT [école d'aviation] 822
布莱特维尔先生，德 BRETTEVILLE (M. de) 716
布兰（交易员） BLIN [agent de change] 958
布兰，路易 BRUN, Louis 810，958
布兰科，古兹曼 BLANCO, Guzman 948
布朗，路易丝 BLANC, Louise 592
布朗，让 BLANC, Jean 676
布朗热，雅克 BOULENGER, Jacques 996，997
布朗日将军，乔治 BOULANGER (Général Georges) 24，94，95
布朗什，埃斯普里 BLANCHE, Esprit 209
布朗什，安托万 BLANCHE, Antoine 113，209
布朗什，雅克—埃米尔 BLANCHE, Jacques-Emile 前言 8。4，86，96，116，171，181，182，187，208，209—212，464，574，664，733，830，852，878，904，916，917，942，943，947，949，958，961，977，978，983，995
布朗什一家 BLANCHE(famille) 311
布朗特夫人，德 BRANTES (Mme de) 325，361，424，425，470，539，556，612，615
布勒德伊侯爵，德 BRETEUIL (marquis de) 221，464
布勒东，安德烈 BRETON, André 399，679，991，992
布勒托诺 BRETONNEAU 42
布雷奥代—贡萨维侯爵，德 BRÉAUTÉ-CONSALVI (marquis de) 464
布雷维尔 BRÉVILLE 288
布雷亚尔，米歇尔 BRÉAL, Michel 439，757
布里蒙男爵夫人，德 BRIMONT (baronne de) 944
布里奇曼，雷金纳德 BRIDGEMANN, Reginald 946
布里奇斯，罗伯特 BRYDGES, Robert 930
布里索（医学教授） BRISSAUD [professeur de médecine] 78，379，380，538，544，631，633，965
布里肖 BRICHOT 94，140，218，289，712，771，883，936，1026，1060
布里歇先生 BRICHET (M) 94
布里耶伯爵，德 BRIEY (comte de) 539
布里耶伯爵夫人，德 BRIEY (comtesse de) 470
布鲁阿代尔（医生） BROUARDEL [docteur] 46，664
布鲁姆，莱昂 BLUM, Léon 20，194，196，265，375，439，440，441
布鲁姆，勒内 BLUM, René 809，810，

818，830，831，848，896，897，20
布鲁热尔曼（医生）　BRUGELMANN [docteur]　635
布鲁图斯　BRUTUS　243
布鲁瓦，莱昂　BLOY, Léon　117
布鲁瓦歇，夏洛特　BROICHER, Charlotte　564，570
布伦施维格，莱昂　BRUNSCHVICG, Léon　98，263，530，519
布罗沙尔（希腊学家）　BROCHARD [helléniste]　140，638
布洛克　BLOCH　29，100，136，137，594，645，732，838，885，977
布洛克–达诺，艾芙琳　BLOCH-DANO, Évelyne　98
布洛克一家　BLOCH (famille)　137，480，599
布洛伊先生，德　BROGLIE (M. de)　408
布吕昂，阿里斯蒂德　BRUANT, Aristide　288
布吕库尔，居伊·德　BRUCOURT, Guy de　149，407
布吕莱，安德烈　BRULÉ, André　595，736
布吕芒塔尔夫人　BLUMENTHAL(Mme)　991，999，1015，1071
布吕纳夫妇　BRUNHES（le couple）　570
布吕内蒂埃，费尔迪南　BRUNETIÈRE, Ferdinand　103，104，303
布儒瓦，莱昂　BOURGEOIS, Léon　231
布特鲁　BOUTROUX　121，191，301，302，304—306，446
布特米，埃米尔　BOUTMY, Emile　160，163
布瓦，埃利–约瑟夫　BOIS, Elie-Joseph　830
布瓦代弗尔将军，德　BOISDEFFRE (général de)　444，445
布瓦莱，洛尔　BOILLAY, Laure, *Voir* : BAIGNÈRES (Mme Henry, née Laure Boillay)　见：贝涅尔夫人（亨利之妻，闺名洛尔·布瓦莱）
布瓦莱夫，勒内　BOYLESVE, René　596，779，798
布瓦洛，尼古拉　BOILEAU, Nicolas　3，8
布瓦涅夫人，德　BOIGNE (Mme de)　676—678，733，1061
布瓦热兰　BOISGELIN　1049
布瓦索纳，让　BOISSONNAS, Jean　206
布瓦西埃（商人）　BOISSIER [commerçant]　232，1029
布瓦西埃，加斯东　BOISSIER, Gaston　1030
布文斯·范德尔鲍伊金，奥托　BOUWENS VAN DER BOIJIN, Otto　166—169，175，185
布歇，弗朗索瓦　BOUCHER, François　693

C

查理（国王）　CHARLES (roi)　206
查理（夏尔·莫雷尔，又名）　CHARLIE (Charles Morel, *dit*)　874
查理九世　CHARLES IX　658
查理六世　CHARLES VI　23
查理十世　CHARLES X　540
查理一世　CHARLES Ier　228

D

达贝斯卡，奥利维耶　DABESCAT, Olivier　905，923，939，947，960，967

达达尼昂（火枪手） ARTAGNAN, d' [mousquetaire] 233
达尔托齐（阿尔弗雷德·德雷福斯在《让·桑特伊》中的化名） DALTOZZI (Alfred Dreyfus, *dit*) 444
达尔赞 DARZENS 298
达盖索（大法官） AGUESSEAU(chancelier d') 8
达里安 DARIEN 144
达吕，阿尔丰斯 DARLU, Alphonse 118—122，127，141，192，267，284，301—305，347，363，365，511，624
达瓦尔先生（公共工程企业家） DAVAL (M.) (entrepreneur de travaux publics) 422
大仲马 DUMAS, Alexandre 22，190，382，289，419，530，598，661，701，714，874
戴奥迪勒 THÉODULE 748
戴奥多尔 THÉODORE 748
戴比尔斯（银行） DE BEERS [banque] 708，713，724
戴高乐将军，夏尔 GAULLE (général Charles de) 871
戴罗，马克斯 DAIREAUX, Max 720，722
丹第，樊尚 INDY, Vincent d' 245，813
丹纳，伊波利特 TAINE, Hippolyte 121，160，189，218，348，468，508，559，576，726
丹瑟尼（作家） DANCENY [auteur] 659
但丁·阿利吉耶里 DANTE ALIGHIERI 644，648，981，1072
当斯泰特 DARMSTETER 757
德·霍赫 DE HOOCH 561
德比爵士（爱德华·斯坦利） DERBY (lord Edward Stanley) 948
德彪西，克洛德 DEBUSSY, Claude 33，286，288，438，542，626，659，755，772—774，799
德博尔德－瓦尔莫尔，马塞利娜 DESBORDES-VALMORE, Marceline 268，274
德布罗意，路易 BROGLIE, Louis de 586
德布罗意，莫里斯 BROGLIE, Maurice de 586
德尔巴纳，雅克 DERBANNE, Jacques 156
德尔巴纳夫人 DERBANNE (Mme) 156
德尔巴纳一家 DERBANNE (famille) 156
德尔加多，雅克 DELGADO, Jacques 421，1074
德尔卡塞，泰奥菲尔 DELCASSÉ, Théophile 463
德方夫人，迪 DEFFAND (Mme du) 35
德福孔普雷（儿子） DEFAUCOMPRET Fils 608
德福孔普雷（父亲） DEFAUCOMPRET Pére 608
德加，埃德加 DEGAS, Edgar 116，209，211，438，465，466，468，572，624，807，898，961
德卡夫，吕西安 DESCAVES, Lucien 124
德卡兹公爵 DECAZES (Duc) 540
德拉巴尔（音乐家） DELABARRE [musician] 271
德拉弗斯，莱昂 DELAFOSSE, Léon 234，245，268—274，286，315，360，410，476，481，891，951
德拉克鲁瓦，欧仁 DELACROIX, Eugène 807，898

德拉吕—马德吕斯，吕西 DELARUE-MARDRUS, Lucie 214，1083
德拉维涅，卡西米尔 DELAVIGNE, Casimir 33
德莱塞尔，爱德华 DELESERT, Edouard 202
德朗德男爵夫人 DESLANDES (baronne) 412，470，550
德劳耐，埃利 DELAUNAY, Elie 114，171，572
德雷福斯，阿尔弗雷德 DREYFUS, Alfred 60，95，144，159，163，193，216，256，280，298，336，358，358，279，400，410，414—417，438—444，446，447，449，450，452，464，469，475，476，479，480，539，551，597，621，622，632，633，653，655，725，732，810，869，981，986，1013
德雷福斯，罗贝尔 DREYFUS, Robert 67，69，86，92，98，99，102—105，109，111，112，124，125，128，131，169，194—196，202，204，208，549，611，656，683，702，735，766，830，972，977
德里昂 DRIAN 26
德里尼（浴场） DELIGNY (bains) 75
德立布 DELIBES 542，795
德鲁安，马塞尔 DROUIN, Marcel 805
德鲁莱德，保罗 DÉROULÈDE, Paul 81，485
德鲁瓦 DEROY 864
德罗什夫人 DESROCHES (Mme) 432
德米多夫亲王 DEMIDOFF (prince) 189
德内里 DENNERY 544
德尼，莫里斯 DENIS, Maurice 961
德普兰 DESPLEIN 42
德热里纳，儒勒 DÉJERINE, Jules 631，635，648，649
德塔耶，爱德华 DETAILLE, Edouard 231，438
德托马，马克西姆 DETHOMAS, Maxime 975
德万（律师公会会长） DEVIN (bâtonnier) 532
德夏内尔，保罗 DESCHANEL, Paul 231，483，1052
德雅尔丹，阿贝尔 DESJARDINS, Abel 110，125，969
德雅尔丹，保罗 DESJARDINS, Paul 35，117，204，303，304，511，670
德意志皇后 ALLEMAGNE (impératrice d') 231
邓南遮，加布里埃尔 D'ANNUNZIO, Gabriele 253，579，581，774，938，976
狄奥多西二世 THÉODOSE II 163，391
狄德罗，德尼 DIDEROT, Denis 101，131
狄更斯，查尔斯 DICKENS, Charles 425
迪·布尔邦 DU BOULBON 30，49，51，78，379，631，742，900，1038
迪安蒂，劳拉 DIANTI, Laura 1083
迪博，夏尔 DU BOS, Charles 1024
迪布瓦–阿米奥，玛尔特 DUBOIS-AMIOT, Marthe 577
迪布瓦医生 DUBOIS [docteur] 30，629—631，635
迪厄拉富瓦（医学教授） DIEULAFOY [professeur de médecine] 40，46，274，313，742
迪厄拉富瓦一家 DIEULAFOY (famille) 647
迪尔福公爵夫人，德 DURFORT (comtesse de)

1072
迪夫，格兰特　DUFF, Grant　435
迪凯纳男爵　DUQUESNE (baron)　817，887
迪肯，葛拉荻丝　DEACON, Gladys, *Voir*: MALBOROUGH (Gladys Deacon, duchesse de) 见：马尔伯勒（葛拉荻丝·迪肯公爵夫人，德）
迪兰，夏尔　DULLIN, Charles　899
迪朗（餐馆）　DURAND [restaurant]　555
迪朗–吕埃尔　DURAND-RUEL　504，734，782
迪雷　DURET　571
迪鲁，波莉娜　DUROUX, Pauline. *Voir* : MONTESQUIOU (Mme Thierry de, née Pauline Duroux) 见：孟德斯鸠夫人，德（蒂埃里之妻，闺名波莉娜·迪鲁）
迪罗克　DUROC　391，415
迪洛侯爵　LAU (marquis du)　274，464，1057
迪马（飞行员）　DUMAS [aviateur]　862
迪米特里大公　DIMITRI (grand-duc)　909，999
迪努瓦耶·德·塞贡扎克　DUNOYER DE SEGONZAC　1085
迪皮伊（总理）　DUPUY (président du Conseil)　532
迪普莱，莫里斯　DUPLAY, Maurice　26—27，76，956
迪普莱，西蒙（医学教授）　DUPLAY, Simon (professeur de médecine)　46
迪普莱一家　DUPLAY (famille)　59，76，532
迪普雷先生　DUPRÉ (M.)　102
迪斯巴克，吉斯兰·德　DIESBACH, Gislain de　前言 7
迪韦努瓦，亨利　DUVERNOIS, Henri　1024，1075，1081
迪翁伯爵，德　DION (comte de)　274
迪谢，吕西　DUCHÉ, Lucie　898
迪谢纳，罗歇　DUCHÈNE, Roger　53，656
迪耶茨–莫南小姐　DIETZ-MONIN (Mlle)　594
迪耶克斯　DIERX　102
迪耶利，马克斯　DEARLY, Max　737
笛卡儿，勒内　DESCARTES, René　131，301，685
蒂博（小提琴家）　THIBAUD [violoniste]　725
蒂博代，阿尔贝　THIBAUDET, Albert　976，1005
蒂雷纳，玛格丽特·德　TURENNE, Marguerite de. *Voir* : MEYER (Mme Arthur, née Marguerite de Turenne) 见：梅耶尔夫人（阿尔蒂尔之妻，闺名玛格丽特·德·蒂雷纳）
蒂雷纳伯爵，路易·德　TURENNE (comte Louis de)　423
蒂南，让·德　TINAN, Jean de　67，98，458
蒂南夫人，德　TINAN, Mme de, née Geneviève de Riquet de Caraman-Chimay　463
蒂索（医生）　TISSOT [docteur]　73
蒂索，詹姆斯　TISSOT, James　26，274，465，1062
丁尼生　TENNYSON　195
丁托列托　TINTORET　513，916
丢勒，阿尔布雷希特　Dürer, Albrecht　468，572，670，695
都德，阿尔丰斯　DAUDET, Alphonse　33，48，112，165，168，285，307，308，309，337，355，376，378，387，399，417，420，436，437，438，655，779，

810
都德，莱昂　DAUDET, Léon　168，186，188，210，232，234，307，353—355，392，393，396，407，427，457，526，539，546，611，613，655，831，878，908，918，943，956，984—986，993，1005，1014，1040
都德，吕西安　DAUDET, Lucien　126，140，208，234，285，307，341，353—358，360，378—380，387，388，393，407，410，419，420，425，426，435，437，438，448，539，553，556，574，580，611，632，649，654，656，675，725，743，764，768，777，781，820，821，831，832，871，874，882，892，893，902，912，921，922，941，943，944，956，992，995，1004，1006，1027
都德，夏尔　DAUDET, Charles　918
都德夫人（阿尔丰斯之妻，闺名朱丽娅·阿拉尔）　DAUDET (Mme Alphonse, née Julia Allard)　33，165，307，308，353，355，437，556，611，904，943，1010，1030，1070
都德一家　DAUDET (famille)　48，79，226，274，307，313，337，350，353，355，357，556，884，904，1005
杜多维尔公爵，德　DOUDEAUVILLE (duc de)　410
杜凡　DUVEEN　776，807
杜飞，拉乌尔　DUFY, Raoul　998
杜米埃，奥诺雷　DAUMIER, Honoré　807，898
杜米克　DOUMIC　542
杜帕蒂·德·克朗　DU PATY DE CLAM　452
杜塞　DOUCET　1071
杜塞　DOUCET, Jacques　1053
杜瓦扬医生　DOYEN [docteur]　686
杜泽　DUSE　423
多阿臧男爵　DOAZAN (baron)　233，638，1036
多尔尼夫人（纪尧姆·贝尔之妻，又名）　DORNIS (Mme Guillaume Beer, *dite* Jean) *Voir aussi*：BEER (Mme Guillaume, née Elena Goldschmidt-Franchetti）　200。另见：贝尔夫人（纪尧姆之妻，闺名埃莱娜·戈德施密特—弗朗切蒂）
多尔热莱，罗兰　DORGELÈS, Roland　937，985
多尔瓦，玛丽　DORVAL, Marie　前言 9
多米尼克（普鲁斯特的笔名）　DOMINIQUE (Marcel Proust, *dit*)　575
多纳泰洛　DONATELLO　527
多奈，莫里斯　DONNAY, Maurice　771
多什，欧仁尼　DOCHE, Eugénie　4，5

E

厄伯爵，德　EU (comte d')　480
厄热尔　HEUGEL　374

F

法布里斯（格雷格为普鲁斯特所作人物特写）　FABRICE　217
法布里斯（普鲁斯特习作中的人物）　FABRICE　197，198

法布里斯（小说《巴马修道院》人物） FABRICE 402，403，482
法尔格，莱昂—保罗 FARGUE, Léon-Paul 476，800，918，1048
法芬海姆-蒙斯特堡-魏尼根 FAFFENHEIM-MUNSTERBURG-WEININGEN 46，158，163，321
法盖，埃米尔 FAGUETM Emile 35，104，709
法拉，格拉汀 FARRAR, Geraldine 651
法朗士，阿纳托尔 FRANCE, Anatole 35，80，89，90，104，109，116，128，131，139—144，178，200，217，218，225，231，242，256，275，276，294，299，311，313，315，317，340，342，361—366，373，374，376，397—400，417，423，427，431，439，441—447，452，469，470，486，487，511，539，541，542，614，622，624，633，634，710，736，753—755，767，792，828，831，923，1008—1013
法朗士，苏珊娜 FRANCE, Suzanne 486
法卢瓦，贝尔纳·德 FALLOIS, Bernard de 715，728
法斯凯尔（出版家） FASQUELLE [éditeur] 708，787，793，802—804，809，841，855，856
法瓦 FAVART 101
法伊，贝尔纳 FAŸ, Bernard 906，940，1046，1047
凡·戴尔·默伦 VAN DER MEULEN 277，561
凡戴克 VAN DYCK 206，224，228，277，278，315，316，374，485，552，561
凡戴克，厄内斯特 VAN DYCK, Ernest 552
凡德伊先生 VINTEUIL (M.) 39，91，180，252，311，312，328，343，389，406，455，493，520，541，683，741，752，789，808，813，821，828，848，850，857，858，883，884，1062，1066
凡德伊小姐 VINTEUIL (Mlle) 39，89，91，121，198，291，660，819，849，942，1066
凡东先生 VINGTON (M.) 741，752，828
凡东小姐 VINGTON (Mlle) 741
凡尔纳，儒勒 VERNE, Jules 79，80，543，902，903，908，1030
范·布拉伦贝格，亨利 VAN BLARENBERGHE, Henri 671—672，1012
范·布拉伦贝格一家 VAN BLARENBERGHE (famille) 672
范·海以森 VAN HUYSUM 561
范桑特，玛丽 VAN ZANDT, Marie 25，47
范兹普，居斯塔夫 VANZYPE, Gustave 1057
方丹—拉图尔 FANTIN-LATOUR 624，917
菲尔丁，亨利 FIELDING, Henry 408，608
菲兹-詹姆士，罗贝尔·德 FITZ-JAMES, Robert de 945，1033
腓特烈大帝 FRÉDÉRIC 35
斐迪南一世 FERDINAND Ier 163
费多，费利西 FITEAU, Félicie 533，659，676，851
费多，乔治 FEYDEAU, Georges 595，659，737，918
费尔南德兹，拉蒙 FERNANDEZ, Ramon 905
费尔南多（雷纳尔多·哈恩的绰号）

FERNANDO (Reynaldo Hahn, *dit*)　967
费尔斯伯爵，德　FELS (comte de)　960
费拉里（社交专栏作者）　FERRARI (chroniqueur mondain)　714
费拉里，弗朗索瓦　FERRARI, François　479
费雷，安德烈　FERRÉ, André　101，933，1067
费里，儒勒　FERRY, Jules　18，409
费纳利，奥拉斯　FINALY, Harace　136，136—137，194，214，298，801，832，1027，1043
费纳利，玛丽　FINALY, Marie　214，244，506
费纳利，雨果　FINALY, Hugo　136，217，872
费纳利夫人（雨果之妻）　FINALY (Mme Hugo)　136—138，217，801
费纳利一家　FINALY (famille)　135，136，177，213，459，719
费纳龙（十七世纪作家）　FÉNELON　1017
费纳龙，贝特朗·德　FÉNELON, Bertrand de　126，154，225，228，412，450，531，543，546，547，550—556，558—567，585，588，592，595，597—598，611，633，666，710，765，769，831，846，872，873，882，885，889，895，901，1001，1027，1073
费纳龙一家　FÉNELON (famille de)　546
费内翁，菲利克斯　FÉNÉON, Félix　265
费桑，莱昂　FAISANS, Léon　536
费瓦尔　FÉVAL　1030
费希特，约翰·戈特利布　FICHTE, Johann Gottlieb　493，494
丰克　FONCK　948
弗拉·安杰利科　FRA ANGELICO　374
弗拉戈纳尔，让·奥诺雷　FRAGONARD, Jean Honoré　807
弗拉格森　FRAGSON　633，698
弗拉迈尔，尼古拉　FLAMEL, Nicolas　813
弗拉芒，阿尔贝　FLAMENT, Albert　470，471，612，632
弗莱尔侯爵，德，（罗贝尔·佩尔维·德拉莫特-安热）　FLERS, (Robert Pellevé de la Motte-Ange, marquis de)　140，194，207—208，223，225，231，254，358，388，397，419，437，440，447—449，485，553，594，620，684，685，722，754，755，771，806，861，899，907，971，975，1016，1054
弗莱西内　FREYCINET　1051—1052
弗兰克，塞萨尔　FRANCK, César　245，281，311，542，634，683，698，813，814，890—892，909
弗兰克林，阿尔弗雷德　FRANKLIN, Alfred　317
弗朗索瓦丝（《追忆》人物）　FRANÇOISE　15，64，165，219，442，676，730，731，735，760，761，851，856，936
弗朗索瓦丝（普鲁斯特早期作品中人物）　FRANÇOISE　180，251，266，343，345，347，352，380，388，407，412，422，448，485，486
弗朗索瓦一世　FRANÇOIS Ier　590
弗朗西斯，夏娃　FRANCIS, Eve　943
弗勒里，莫里斯·德　FLEURY, Maurice de　602

弗勒里伯爵，德　FLEURY (comte de)　465
弗雷德里克（《情感教育》人物）　FRÉDÉRIC　408，449，723
弗雷克萨　FREKSA　796
弗里尔（收藏家）　FREER [collectionneur]　506，617，641
弗罗芒丹，欧仁　FROMENTIN, Eugène　315，453，668，559，634，639
弗洛里安先生，德　FLORIAN (M.de)　223
弗洛伊德，西格蒙　FREUD, Sigmund　39，296，419，635，673，941
弗美尔·德·代尔夫特，扬　VERMEER DE DELFT, Jan　112，454，468，469，500，559，561，565，691，700，762，1040，1041，1057，1065
弗歇尔男爵夫人，德　FEUCHÈRES (baronne de)　587
弗臧萨克先生，德（"孟德斯鸠－费臧萨克"的错误写法）　FEZENSAC (M. de)　376
伏尔泰　VOLTAIRE　196，499，598，736，982
符拉季米尔大公，俄罗斯的　VLADIMIR DE RUSSIE (grand-duc)　221，464
福迪尼　FORTUNY　460，887，888
福尔，安托瓦奈特　FAURE, Antoinette　68，70，95，98，339
福尔，保罗　FORT, Paul　535
福尔，菲利克斯　FAURE, Félix　68，95，339，391，439，469，889
福尔，吕西　FAURE, Lucie　68，339
福尔，雅克　FAURE, Jacques　628
福尔夫人（雅克之妻）　FAURE (Mme Jacques)　628
福尔莫维尔，夏洛特·德　FORMEVILLE, Charlotte de. *Voir*: BAIGNÈRES (Mme Arthur, née Charlotte de Formeville)　见：贝涅尔夫人（阿尔蒂尔之妻，闺名夏洛特·德·福尔莫维尔）
福古贝先生，德　VAUGOUBERT (M. de)　1060
福金　FOKINE　758，774，795
福兰，让－路易　FORAIN, Jean-Louis　116，232，438，619，719，917
福雷，加布里埃尔　FAURÉ, Gabriel　7，96，214，225，270，285，288，310—312，463，540—542，577，580，619，630，634，683，757，772，794，813，890—892，990
福楼拜，居斯塔夫　FLAUBERT, Gustave　89，90，102，128，131，165，189，190，201，256，281，342，389，399，401，408，428，429，436，448，449，576，591，623，674，709，718，733，772，821，909，956，976，977，1005，1009，1014，1027
福什维尔小姐，德　FORCHEVILLE (Mlle de)　844
福斯格林，恩斯特　FORSSGREN, Ernst　745，865—868，951，1076
福图尔夫人　FORTOUL (Mme)　628
福熙元帅　FOCH (maréchal)　954
富尔德，莱昂　FOULD, Léon　29，724
富尔德，欧仁　FOULD, Eugène　29，630，766
富尔德，伊丽莎白　FOULD, Elisabeth　250，251
富尔德夫人（莱昂之妻）　FOULD (Mme Léon)　29，250，251，469，470，571，766

富尔德一家　Fould (famille)　29，136，251
富尔尼耶夫人　FOURNIER (Mme)　48，855
富基埃尔，安德烈·德　FOUQUIÈRES, André de　468，592，659，713，1003
富卡尔，安德烈　FOUCART, André　720，908
富瓦克斯亲王，德　FOIX (prince de)　592，594，820
富耶（哲学家）　FOUILLÉE [philosophe]　121

G

伽利玛，保罗　GALLIMARD, Paul　898
伽利玛，加斯东　GALLIMARD, Gaston　104，431，449，586，610，688，793，800，803，805，806，811，829，832，842，848，855，882，888，894—900，906，907，929，934，949，957—959，966，971，974，985，987，989，991—934，997，1008，1022，1025，1028，1029，1032，1039—1041，1043，1050，1052—1054，1057—1059，1074—1076，1078—1081
伽利玛，居斯塔夫　GALLIMARD, Gustave　898
伽奈侯爵夫人，德　GANAY (marquise de)　1072
伽热医生　GAGEY [docteur]　666
伽瓦尼　GAVARNI　8
盖昂（亨利·旺容，又名亨利）　GHÉON (Henri Vangeon, *dit* Henri)　804，831，853，894，921，979，981
盖尔芒特公爵，巴赞·德　GUERMANTES (Basin, duc de)　116，454，462，463，572，577，588，632，710，839，882，886，916，946，1057
盖尔芒特公爵夫人，奥丽阿娜·德　GUERMANTES (Oriane, duchesse de)　115，116，137，164，175，197，220，222，241，242，251，355，372，373，450，460—462，522，553，576，577，595，619，711，730—731，743，752，756，775，791，796，802，825，838—840，846，849，931，947，995，997，1033
盖尔芒特亲王，德　GUERMANTES (prince de)　140，434，485，590，592，732，737
盖尔芒特亲王夫人，德　GUERMANTES (princesse de)　277，372，752，788，789，791，796，825，839，931，932，939，1034，1060，1064
盖尔芒特一家　GUERMANTES (famille)　88，163，200，202，219，389，410，430，459，464，484，540，561，567，577，619，693，694，710，731，747，777，782，788，791，838—840，856，894，931，947，995
盖尔纳伯爵夫人　GUERNE (comtesse de)　313，33，637
盖尔西侯爵，德　GUERCY (marquis de)　732，790
盖涅龙，让·德　GAIGNERON, Jean de　922，968
甘贝莱小姐，德　QUIMPERLÉ (Mlle de)　732，747，843
甘必大，莱昂　GAMBETTA, Léon　160
冈德拉，路易　GANDERAX, Louis　190，200，201，238，506

冈德拉兄弟　GANDERAX (fréres)　116
冈迪约　GANDILLOT　168
冈尼亚，罗贝尔　GANGNAT, Robert　585，586，649，688，766
高乃依，皮埃尔　CORNEILLE, Pierre　60，89，101，103，216
戈比诺　GOBINEAU　105，164，702
戈达尔医生　COTTARD [docteur]　27，40，43，48，49，51，287，631，686，742，749，762，870，900，944，1038
戈德施密特　GOLDSCHMIDT, Paul　814
戈德施密特－弗朗切蒂，埃莱娜　GOLDSCHMIDT-FRANCHETTI, Elena. *Voir* : BEER (Mme Guillaume, née Elena Goldschmidt-Franchetti)　见：贝尔夫人（纪尧姆之妻，闺名埃莱娜·戈德施密特－弗朗切蒂）
戈蒂耶，泰奥菲尔　GAUTIER, Théophile　35，80，81，103，104，237，252，260，315，360，575
戈蒂耶，朱迪特　GAUTIER, Judith　298
戈蒂耶－维尼亚尔，埃迪斯　GAUTIER-VIGNAL, Edith　966
戈蒂耶－维尼亚尔，路易　GAUTIER-VIGNAL, Louis　225，545，864，872，887，944，966
戈林格将军　GORRINGE (général)　893
戈塞（医学教授）　GOSSET [professeur de édecine]　646，924
戈斯兰，泰奥多尔　GOSSELIN, Théodore　597
戈塔尔医生　COTARD [docteur]　43
戈泰医生　COTTET [docteur]　37，480，532
戈谢，马克西姆　GAUCHER, Maxime　100，102
戈雅　GOYA　700，807，898
戈永小姐，德　GOYON (Mlle de)　711，713，749
戈约，乔治　GOYAU, Georges　69，609，612，613
哥伦布，克里斯托夫　COLOMB, Christophe　92
哥伦布，乔治　COLOMB, Georges. *Voir* : CHRISTOPHE (Georges Colomb, *dit*)　见：克里斯托夫（又名乔治·哥伦布）
歌德　GOETHE　34，39，131，321，389，390，401，413，427，493，494，498，500，507，564，565，675
格拉蒙，克洛德·德　GRAMONT, Claude de　593
格拉蒙，伊丽莎白·德　GRAMONT, Elisabeth de. *Voir* : CLERMONT-TONNERRE, duchesse de. 见：克莱蒙－托内尔公爵夫人，德
格拉蒙公爵，阿尔芒·德　Gramont (duc Armand de) *Voir aussi* : GUICHE (duc Armand de)　462，586，587，589。另见：吉什公爵，阿尔芒·德
格拉蒙公爵，阿热诺尔·德　GRAMONT (duc Agénor de)　190，587，588，945
格拉蒙公爵夫人，德（阿尔芒之妻）　GRAMONT (duchesse Armand de)　988
格拉蒙公爵夫人，德（阿热诺尔之妻，闺名玛格丽特·德·罗斯柴尔德）　GRAMONT (duchesse Agénor de, née Marguerite de Rothschild)　190，587，588，632
格拉奈，索朗索瓦－马利乌斯　GRANET, François-Marius　1042

格拉尼耶，让娜 GRANIER, Jeanne 25
格拉塞（出版家） GRASSET [éditeur] 104，780，809，810—812，818，823—831，837，845，847，848，853，855，856，881，882，886，895—898，907，930，958，974，992
格拉祖诺夫 GLAZOUNOV 758
格朗让，夏尔 GRANDJEAN, Charles 262，317
格雷（女士） GREY (lady de) 116
格雷菲勒 GREFFULHE, Cordelia 463
格雷菲勒，埃莱娜 GREFFULHE, Elaine 462，587，588，630，1037
格雷菲勒伯爵，亨利 GREFFULHE (comte Henri) 462—464，588，867，885
格雷菲勒伯爵夫人（亨利之妻，闺名伊丽莎白·德·卡拉曼-希迈） GREFFULHE (comtesse Henri, née Elisabeth de Caraman-Chimay) 71，95，126，211，237，238，241，242，268，273，313，459，460，462—464，487，488，573，576，615，630，659，756，758，796，832，884，885，911，938
格雷菲勒一家 GREFFULHE (famille) 459，460，939，1034
格雷戈 GRECO 238，239，700，807，898，918
格雷格，费尔南 GREGH, Fernand 8，30，66，136，137，139，142，194—197，212，213，215，217，223，252，257，265，299，300，397，398，440，598，525，626，631，655
格林卡 GLINKA 758
格鲁，卡米耶 GROULT, Camille 671，741
格鲁克，克里斯托夫·维利巴尔德 GLUCK, Christoph Willibald 328
格鲁内鲍姆，保罗 GRUNEBAUM, Paul 167，168
格鲁内鲍姆－巴兰 GRUNEBAUM-BALIN : *Voir :* GRUNEBAUM, Paul 见：格鲁内鲍姆，保罗
格罗斯，瓦伦蒂娜 GROSS, Valentine. *Voir :* HUGO (Mme Jean, née Valentine Gross) 见：雨果夫人（让之妻，闺名瓦伦蒂娜·格罗斯）
庚斯勃罗 GAINSBOROUGH 670，671
龚古尔，埃德蒙·德 GONCOURT, Edmond de 9，115，165，188，189，190，232，236，262，268，307，308，309，313，337，378，387，393，401，460，461，885，1070
龚古尔，儒勒·德 GONCOURT, Jules de 436，
龚古尔奖 GONCOURT (prix) 182，193，272，720，811，831，937，977，984，987，988，992，993，1005，1016
龚古尔兄弟 GONCOURT (frères) 8，9，114，130，166，189，190，238，240，243，308，337，378，396，398—401，508，576，709，710，772，778，782，798，884，885，930，1070
龚古尔学院 GONCOURT (académie) 984，985，989
贡布里希 GOMBRICH 513
贡托－庇隆伯爵，德 GONTAUT-BIRON (comte de) 470
古尔德，安娜 GOULD, Anna 1003
古尔蒙，勒米·德 GOURMONT, Remy de

144，186，187，265
古尔西　GURCY　763，841，842
古弗尔－蒂弗，波莉娜·德　GOUVRES-DIVES, Pauline de　252
古　诺　GOUNOD, Charles　97，115，218，225，281，288，316，542，772，1072
古皮（画廊）　GOUPIL [galerie]　574
古容，弗朗索瓦　GOUGEON, François　480
古斯廷伯爵，德　CUSTINE (comte de)　19

H

哈代，托马斯　HARDY, Thomas　前言 8。661，756，796
哈德逊，斯蒂芬　HUDSON, Stephen　965—966
哈登（德国记者）　HARDEN [journaliste allemande]　699
哈恩，卡洛斯　HAHN, Carlos　284，424
哈恩，克拉丽塔　HAHN, Clarita. *Voir*: SEMINARIO (Mme Miguel, née Clarita Hahn)　见：塞米纳里奥夫人（米盖尔之妻，闺名克拉丽塔·哈恩）
哈恩，雷纳尔多　HAHN, Reynaldo　前言 1，6。38，67，126，168，206，225，226，232，254，270，272，277，280—291，293，294，297，298，300，307，308，310，312—317，322，323—329，331，333，335，337，338，342，343，345，348—354，356—358，368—370，374，376，377，380—383，387—389，405，407，410，411，417，420，423，424，435，437，450，464，467，496，504—506，518，525—527，530，540，547，549，555，576，577，588，589，591，611，619，632，633，636，637，644，650，653，655，658—662，671，678，682，683，686，692，694，695，698，714，724，735—737，744，755—758，762，763，765，769，770，772，773，776，777，779，795，802，804，808，817，865，866，869，874，875，884，892，913，947，951，967，968，973，1027，1032，1077，1083，1085，1086
哈恩，玛丽娅　HAHN, Maria. *Voir*: MADRAZO (Mme Raymond de, née Maria Hahn)　见：马德拉佐夫人，德（雷蒙之妻，闺名玛丽娅·哈恩）
哈恩夫人（卡洛斯之妻，闺名埃莱娜·玛丽娅·埃什纳瓜西亚）　HAHN (Mme Carlos, née Elena Maria Echeneguacia)　504
哈恩一家　HAHN (famille)　284
哈尔斯，弗兰斯　HALS, Frans　491，559，561，619，675，777
哈里森，亚历山大　HARRISON, Alexander　329，330，721，739
哈斯，安托万　HAAS, Antoine　467
哈斯，露易希塔　HAAS, Luisita　468
哈斯，夏尔　HAAS, Charles　313，465，466—468，552，573，632，735，902，996，1062
哈斯夫人（安托万之妻，闺名索菲·朗）　HAAS (Mme Antoine, née Sophie Lan)　467
哈斯克尔，弗朗西斯　HASKELL, Francis　513
哈维，葛拉荻丝　HARVEY, Gladys　126，127，255

海顿　HAYDN　345
海格爵士，道格拉斯　HAIG (sir Douglas)　920，1073
海曼，劳拉　HAYMAN, Laure　25—28，48，79，112，123，125，126，164，197，220，222，255，285，350，359，360，418，1056
海沃德，塞西丽娅　HAYWARD, Cecilia　776，780，794，798
韩斯卡，安娜　HANSKA, Anna. *Voir* : MNISZECH (comtesse, née Anna Hanska)　见：姆尼塞克伯爵夫人（闺名安娜·韩斯卡）
汉伯格（居斯塔夫·施伦贝格尔，又名）　HUMBERGER (Gustave Schlumberger, *dit*)　713
汉弗莱斯，查理（夏尔·莫雷尔，又名）　HUMPHREYS, Charlie (Charles Morel, *dit*)　874
汉尼拔　HANNIBAL　464
豪兰夫人（奥尔唐斯之妻）　HOWLAND (Mme Hortense)　766
豪兰夫人（梅雷迪思之妻）　HOWLAND (Mme Meredith)　251
荷马　HOMÈRE　90，131，137，321，501，645，648
贺拉斯　HORACE　597
赫拉克利特　HÉRACLITE　304
赫西俄德　Hésiode　264，334，362
黑泽尔（出版家）　HETZEL [éditeur]　79
亨茨曼（商号）　HUNTSMANN (B.) (maison de commerce)　24
亨德尔　HAENDEL　196，245
亨利（普鲁斯特早期作品中的人物）　HENRI　412，448，436
亨利，于贝尔·约瑟夫　HENRY, Hubert Joseph　452
亨利二世　HENRI II　175
亨特　HUNT　513，
华勒夫斯基，夏尔　WALEWSKI, Charles　148，149，150，157，191，215
华勒夫斯基伯爵，亚历山大　WALEWSKI (Alexandre, comte)　149
华勒夫斯基上尉　WALEWSKI (capitaine). *Voir* : WALEWSKI, Charles　见：华勒夫斯基，夏尔
华勒夫斯卡，玛丽　WALEWSKA, Marie　149
华托，安托万　WATTEAU, Antoine　238，275，374，587，1007
惠斯勒，詹姆斯·麦克奈尔　WHISTLER, James McNeill　169，171，186，209，211，238，309，313，356，496，504—506，573—575，580，617，640，641，653，732，740，764，796，888，904
霍贝玛　HOBBEMA　777
霍亨索伦　HOHENZOLLERN　473

J

基督山伯爵，德　MONTE-CRISTO (comte de)　6
基顿，巴斯特　KEATON, Buster　627
基尔兰达约　GHIRLANDAJO　347
基佐，弗朗索瓦　GUIZOT, François　8，160，1009
吉东，让　GUITTON, Jean　851
吉尔，勒内　GHIL, René　363

吉尔贝，伊薇特 Guilbert, Yvette 171，172，174，288

吉伽尔 Guigard 1052

吉拉尔，勒内 Girard, René 905

吉拉尔丹，德尔菲娜·德 Girardin, Delphine de 210

吉拉尔丹，圣马克 Girardin, Saint-Marc 575

吉里 Giry 446

吉罗 Guiraud 341，404，405

吉罗杜，让 Giraudoux, Jean 136，164，209，810，811，901，903，978，980，991，1008，1051

吉罗多，热尔曼娜 Giraudeau, Germaine 244

吉什公爵，阿尔芒·德 Guiche (duc Armand de). *Voir aussi*: Gramont (duc Armand de) 462，546，585，586—589，592，593，63，632，651，683，688，689，694，800，946，960，968，1047，1049，1072。另见：格拉蒙公爵，阿尔芒·德

吉什公爵夫人，德（阿尔芒之妻） Guiche (duchesse Armand de). *Voir aussi*: Gramont (duchesse Armand de) 632，688，1037。另见：格拉蒙公爵夫人，德（阿尔芒之妻）

吉什一家 Guiche (famille de) 632，688

吉特里，吕西安 Guitry, Lucien 806

吉特里，萨沙 Guitry, Sacha 867

吉耶莫先生 Guillemot (M.) 89

纪德，安德烈 Gide, André 73，87，125，126，186，209，210，222，335，363，364，371，399，492，525，529，608，771，803—805，832，853—855，858，863，895，897，899，906，920—922，941，964，989—991，994，998，1024，1032，1034，1035，1052，1071

加博里，乔治 Gabory, Georges 745，1052，1072

加布里埃尔（红衣主教，德） Cabrières (cardinal de) 1051

加尔贝罗，埃克托尔 Garbero, Hector 862

加尔贝罗，约瑟夫 Garbero, Joseph 862

加尔贝罗兄弟 Garbero (frères) 862，864

加莱，埃米尔 Gallé, Emile 169，171，238，374，505，518，610，613

加朗 Galland 81，893

加雷伯爵夫人，德 Garets (comtesse des) 590

加利费 Galliffet 464，465，1062

加利费侯爵夫人，德 Galliffet (marquise de) 96，176，289

加利－马利耶 Galli-Marié 114

加鲁，埃内斯蒂娜 Gallou, Ernestine 15

加罗，埃尔姆 Caro, Elme 473，619

加洛斯，罗兰 Garros, Roland 527，769，948

加缪，阿尔贝 Camus, Albert 52，218

加缪医生 Camus[docteur] 636，649

加尼耶，诺埃尔 Garnier, Noël 985

加斯蒂纳先生，德 Gastine, (M. de) 176

加雄，让·德 Gassion, Jean de 233

加佐先生 Gazeau (M.) 94

佳吉列夫，谢尔盖 Diaghilev, Serge 758，770，815，858，967，1068，1071

居伊，康斯坦丁 Guys, Constantin 571—572

居永教授　GUYON (professeur)　46
居约　GUYAU　204

K

卡昂·当维尔夫人　CAHEN D'ANVERS (Mme)　313，470
卡巴尼　CABANIS　8
卡博内尔　CARBONNEL　223
卡查德，爱德华　CACHARD, Edward　185
卡地亚　CARTIER　1017
卡迪尼昂王妃，德　CADIGNAN(princesse de)　432，433，522，710
卡蒂斯夫人（阿纳托尔之妻）　CATUSSE (Mme Anatole)　288，289，645，651，664，872，923，924，968，1000
卡恩　KAHN　265
卡恩，罗道尔夫　KAHN, Rodolphe　776
卡恩，玛丽　KANN, Marie　347，619
卡尔博　CARPEAUX, Jean-Baptiste　8
卡尔达纳　CARDANNE　672，679
卡尔曼－莱维（出版家）　CALMANN-LÉVY [éditeur]　299，344，357，361，365，406，409，441，447，708，736，922，957
卡尔梅特，加斯东　CALMETTE, Gaston　576，636，654，672，682—683，736，738，794，800，802—804，808，814，832，945
卡尔维，爱玛　CALVÉ, Emma　116
卡拉曼－希迈女伯爵，伊丽莎白·德　CARAMAN-CHIMAY (comtesse Élisabeth de)　460
卡拉曼－希迈亲王夫人（亚历山大之妻，闺名埃莱娜·德·勃兰科温）　CARAMAN-CHIMAY (princesse Alexandre de, née Hélène de Brancovan)　17，452，473，539，644，711
卡莱尔，托马斯　CARLYLE, Thomas　302，472，491—500，502，509，515
卡朗·德·阿什　CARAN D'ACHE　68
卡里埃（艺术家）　CARRIÈRE [artiste]　505
卡丽娅迪斯　CARYATHIS　1048
卡罗吕斯－迪朗　CAROLUS-DURAN　171
卡穆洛热纳　CAMULOGÈNE　7
卡帕契奥，维多尔　CARPACCIO, Vittore　525，617，652，887，888，893，962
卡皮，阿尔弗雷德　CAPUS, Alfred　877，1054
卡普莱　CAPLET　774
卡萨－菲尔特，伊兰·德　CASA-FUERTE, Illan de　579—582，595，683
卡萨－菲尔特夫人（皮埃尔·阿尔瓦莱兹·德·托雷多之妻，闺名弗拉维·勒费弗尔·德·克吕尼埃尔·德·巴尔索拉诺，女侯爵）　CASA-FUERTE (Mme Pierre Alvarez de Toledo, née Flavie Lefebvre de Clunières de Balsorano, marquise de)　271，579，581，582
卡萨－菲尔特侯爵（皮埃尔·阿尔瓦莱兹·德·特雷多）　CASA-FUERTE (Pierre Alvarez de Toledo, marquis de)　579，582
卡萨特，玛丽　CASSAT, Mary　571
卡萨文娜　KARSAVINA　758，795，815
卡斯蒂利奥纳伯爵夫人，德　CASTIGLIONE (comtesse de)　237，238

卡斯特拉纳侯爵，德　CASTELLANE (marquis de)　423，470，719，
卡斯特拉纳一家　CASTELLANE (famille)　378，716
卡斯特里纳，尼古拉　KASTÉRINE, Nicolas　862，864
卡索本　CASAUBON　396
卡维　CAVÉ　116
卡维尼亚克，让－巴蒂斯特　CAVAIGNAC, Jean-Baptiste　452
卡优斯·塔拉尼乌斯　CAIUS TARANIUS　91
卡约　CAILLAUX　1052
开普林　KIPLING, Rudyard　531，569，620，873
恺撒　CÉSAR　7
康巴奈拉斯，居斯塔夫　CAMBANELLAS, Gustave　40
康巴奈拉斯，夏尔　CAMBANELLAS, Charles　40
康巴塞雷斯一家　CAMBACÉRÈS(famille)　582
康邦，保罗　CAMBON, Paul　666
康布尔梅，莱奥诺尔　CAMBREMER, Léonor　430，844，1001
康布尔梅侯爵　CAMBREMER(MARQUIS DE)　594，1047
康布尔梅侯爵夫人，德　CAMBREMER(Mme Marquise de)　17，328，772，783，825—826，844，1023，1040
康布尔梅侯爵夫人，德（闺名勒格朗丹）　CAMBREMER (Mme Marquise de, née Legrandin)　772
康布尔梅一家　CAMBREMER(famille)　177，473，474
康德，埃马纽埃尔　KANT, Emmanuel　119，121，131，302，977
康拉德，约瑟夫　CONRAD, Joseph　529，531，608
柯莱特　COLETTE　312，313，421，777，903，956，979，1034
柯林伍德　COLLINGWOOD　530
柯罗，卡米耶　COROT, Camille　572，587，675，807，1007
科波，雅克　COPEAU, Jacques　429，803，805，808，814，832，899
科代朗小姐，德　CAUDÉRAN (Mlle de)　732，747
科尔布，菲利浦　KOLB, Philip　715，726，859，860，1027
科尔托　CORTOT　284，552
科克，保罗·德　KOCK, Paul de　661
科克兰　COQUELIN　231
科克托，让　COCTEAU, Jean　209，463，527，539，737，757，758，764，767—769，782，795，800，804，810，815，831，871，877，878，903，906，908，911，913，914，917，918，920，921，944，947，948，961，963，979，980，995，998，1006，1048，1056，1071
科兰，费尔迪南　COLLIN, Ferdinand　822，823，834，859，864
科林，夏尔　COLIN, Charles　838，864
科佩，弗朗索瓦　COPPÉE, François　257，274，307
科普夫（少校军医）　KOPFF (médecin-major)　148，259
科尚，德尼　COCHIN, Denys　257

科舍里，伊波利特　COCHERIS, Hippolyte　883
科坦（公证人）　COTTIN (notaire)　480
科坦，尼古拉　COTTIN, Nicolas　676，686，722，735，745，759，760—762，799，818，819，822，852，864，879，900
科坦，赛莉纳　COTTIN, Céline　676，735，759—762，818，851，852，900
科坦一家　COTTIN (famille)　760，823，851
科特，里查德　KURT, Richard　967
科特，儒勒·罗贝尔·德　COTTE, Jules Robert de　335
科西舍夫，玛丽　KOSSICHEF, Marie　67
科西舍夫，奈　KOSSICHEF, Nelly　67
克拉克，肯尼斯　CLARK, Kenneth　512
克拉拉克，皮埃尔　Clarac, Pierre　728
克拉拉克－费雷（版本）　CLARAC-FERRÉ [édition]　933，1068
克拉勒蒂　CLARETIE　400
克拉里伯爵，若阿基姆　CLARY (comte Joachim)　813，886
克莱兰（画家）　CLAIRIN [peintre]　231
克莱蒙－托内尔公爵夫人，德　CLERMONT-TONNERRE Elisabeth, (duchesse de, née Elisabeth de Gramont)　587，694，695，917，957，960，1005，1038，1052
克莱蒙－托内尔一家　CLERMONT-TONNERRE (famille)　79，632，695
克雷孟梭，乔治　CLEMENCEAU, Georges　40，140，440，442，877，954，1052
克雷米厄，阿道尔夫　CRÉMIEUX, Adolphe　20，22，439
克雷米厄，阿梅丽　CRÉMIEUX, Amélie　22
克雷米厄，邦雅曼　CRÉMIEUX, Benjamin　1072
克雷米厄，路易丝　CRÉMIEUX, Louise　33
克雷米厄，玛蒂尔德　CRÉMIEUX, Mathilde　529，652
克雷佩　CRÉPET　1025
克里塞特，夏洛特　CLISSETTE, Charlotte　407，410，411，472
克里什娜　KRISHNA　795
克里斯托夫　CHRISTOPHE　427，429
克里斯托夫（乔治·哥伦布，又名）　CHRISTOPHE (Georges Colomb, *dit*)　88，748
克里索夫罗尼，埃莱娜　CHRISOVELONI, Hélène. *Voir*: SOUTZO (Hélène Chrisoveloni, princesse)　见：苏策亲王夫人
克利福－巴尔奈，娜塔莉　CLIFFORD-BARNEY, Nathalie　1006
克鲁瓦塞（弗朗茨·维纳，又名弗朗西斯·德·克鲁瓦塞　CROISSET (Frantz Wiener, *dit* Francis de)　581，592，594，595，636，690，736，737，775，988
克伦威尔　CROMWELL　206
克罗梅尼尔　CLOMÉSNIL　782，
克罗齐耶　CROZIER　889
克罗维先生（小丑）　CLOVIS (M.)　173
克洛岱尔，保罗　CLAUDEL, Paul　363，399，492，298，529，778，782，832，904，943，990，991，1051
克吕皮，让　CRUPPI, Jean　532
克律韦利埃　CRUVEILHIER　42
克什兰，雷蒙　KOECHLIN, Raymond　167
克伊普，阿尔伯特　CUYP, Aalbert　206，

224，315，374
肯普，罗贝尔　KEMP, Robert　1055
孔布，埃米尔　COMBES, Emile　409，547，598，621
孔代（家族）　CONDÉ (famille)　587
孔德，奥古斯特　COMTE, Auguste　42
孔狄亚克　CONDILLAC　305
孔蒂亲王，德　CONTI (prince de)　615
孔塔德子爵，德　CONTADES (vicomte de)　68
库尔贝，居斯塔夫　COURBET, Gustave　807
库尔提乌斯，恩斯特－罗伯特　CURTIUS, Ernst-Robert　1055，1068
库普兰，弗朗索瓦　COUPERIN, Francois　684
库舒医生　COUCHOUD[docteur]　1038
库赞　COUSIN　1009
库宗　COUZON　408，623

L

拉贝娄蒂埃夫人，德　LA BÉRAUDIÈRE (Mme de)　463，885，886
拉贝玛　LA BERMA　前言3。101，165，298，341，549，584，621，971，998
拉比努斯　LABIENUS　7
拉比什，欧仁　LABICHE, Eugène　35，908
拉比耶　RABIER　267，268
拉伯雷，弗朗索瓦　RABELAIS, François　327
拉博，亨利　RABAUD, Henri　194
拉博利（德雷福斯的律师）　LABORI [avocat de Dreyfus]　452，480，633
拉布，夏尔　RABOU, Charles　544
拉布尔贝纳医生　LABOULBÈNE [docteur]　42，46
拉布吕埃尔　LA BRUYÈRE　131，162，197，256，266，371，413，548，965
拉多林亲王，雨果·冯　RADOLIN (prince Hugo von)　163
拉尔博，瓦勒里　LARBAUD, Valery　529，966
拉尔谢，克洛德　LARCHER, Claude　347
拉法埃利　RAFFAËLLI　172
拉斐尔　RAPHAEL　513，700
拉封丹，让·德　LA FONTAINE, Jean de　3，131，675
拉夫当　LAVEDAN　26，231
拉弗斯（点心店主）　LAFOSSE [pâtissier]　96
拉福格，儒勒　LAFORGUE, Jules　117，539，573
拉冈达拉　LA GANDARA　211，238，423，460，583
拉科代尔　LACORDAIRE　1006
拉科斯特夫人　LACOSTE (Mme)　943
拉克雷泰勒，雅克·德　LACRETELLE, Jacques de　545，905，913，921，947，991
拉里奥诺夫　LARIONOV　1068
拉里维埃，玛塞勒　LARIVIÈRE, Marcelle　887
拉罗什（富科一世）　LA ROCHE (Foucault Ier, seigneur de)　590
拉罗什，弗朗索瓦·德　LA ROCHE, François de　371，590，614
拉罗什富科，艾默里·德　LA ROCHEFOUCAULD, Aimery de　425，439，515，590，614，632，960
拉罗什富科，加布里埃尔·德　LA ROCHEFOUCAULD, Gabriel de　427，539，590，592，614，619，632，722，831，

952
拉罗什富科夫人，德（艾默里之妻） La Rochefoucauld, (Mme Aimery de) 439，632
拉吕（餐馆） Larue [restaurant] 552—555，580，583，815，817，820，908
拉马丁，阿尔丰斯·德 Lamartine, Alphonse de 12，33，69，91，353，539，679，1012
拉梅尔（交易员） Ramel [agent de change] 23
拉摩，让-菲利浦 Rameau, Jean-Philippe 313，577
拉莫利纳，夏尔 La Morine, Charles 910
拉姆勒（乐团） Lamoureux (concerts) 312，313
拉纽（哲学教授） Lagneau [professeur de philosophie] 118
拉帕蒂 La Patti 637
拉帕尔瑟里，考拉 Laparcerie, Cora 470，538
拉潘 Rapin 894
拉普拉斯（翻译家） La Place [traducteur] 608
拉齐维乌，康斯坦丁 Radziwill, Constantin 592，777，938
拉齐维乌亲王，莱昂 Radziwill (prince Léon) 592，595，632，633，719，722，820，902，938
拉齐维乌亲王，米歇尔 Radziwill (prince Michel) 67
拉齐维乌一家 Radziwill (famille) 592
拉热内斯，厄内斯特 La Jeunesse, Ernest 535
拉萨勒，路易·德 La Salle, Louis de 69，98，131，194，213，223，249，252，254，446，765
拉舍里耶（哲学教授） Lachelier [professeur de philosophie] 118，120，191，302，305—306
拉特，弗兰克 Rutter, Frank 965
拉特雷穆瓦耶公爵夫人，德 La Trémoille (duchesse de) 221，467
拉图尔 La Tour 8，700
拉瓦莱，皮埃尔 Lavallée, Pierre 224—226，228，244，253，269，288，298，302，333，387，440，546，612
拉瓦莱一家 Lavallée (famille) 226，244
拉威尔，莫里斯 Ravel, Maurice 384，891
拉韦松（哲学家） Ravaisson [philosophe] 121，305
拉维尼亚克 Lavignac 284，622
拉维斯 Lavisse 35
拉希尔德 Rachilde 271，831，986
拉希泽拉纳，罗贝尔·德 La Sizeranne, Robert de 410，417，486，501，503，508，509，511，512，519，569
拉谢尔 Rachel 389，470，561，583—586，690，995
拉谢尔（伊丽莎白·费利克斯，艺名拉谢尔） Rachel (Élisabeth Rachel Félix, *dite*) 165
拉辛，让 Racine, Jean 前言8。3，8，35，69，79，101，102，114，130，131，170，201，251，261，311，612，637，842，1009，1026，1060
拉兹罗 Laszlo 209，460，587

莱昂，大卫　Léon, David　880
莱昂纳多·达芬奇　Léonard de Vinci　228，241，304—306，424，504，967
莱昂亲王夫人，德　Léon (princesse de)　242
莱奥妮姨妈　Léonie (tante)　14，93，685
莱赫曼，莉莉　Lehmann, Lilli　650
莱塞普，费尔迪南·德　Lesseps, Ferdinand de　177
莱斯克夫人，德　Reszké (Mme de)　197
莱特兄弟　Wright (frères)　948
莱维，米歇尔　Lévy, Michel　21
莱维，乔治　Lévy, Georges　724
莱辛伯格　Reichenberg　274
莱娅（女演员）　Léa [actrice]　690
兰波，阿尔蒂尔　Rimbaud, Arthur　363，956，1026
兰多夫斯基，拉迪斯拉斯　Landowski, Ladislas　646
朗，索菲　Lan, Sophie. *Voir* : Haas (Mme Antoine, née Sophie Lan)　见：哈斯夫人（安托万之妻，闺名索菲·朗）
朗巴勒亲王夫人，德　Lamballe (princesse de)　209
朗贝尔（银行家）　Lambert [banquier]　724
朗贝尔，阿尔贝　Lambert, Albert　130
朗多，奥拉斯·德　Landau, Horace de　137，217，218
朗伏瓦泽夫人　Renvoyzé (Mme)　145
朗格，安德烈　Lang, André　1026
朗泰尔姆，希奈特（女演员）　Lantelme, Ginette [actrice]　690，737
浪荡子费尔迪南（罗贝尔·普鲁斯特的绰号）　Ferdinand le Noceur (Robert Proust, *dit*)　33
劳伦斯，T.E.　Lawrence, T.E.　1073
勒巴尔吉　Le Bargy　360，970，971
勒巴尔吉（又名西蒙娜夫人）　Le Bargy (Simone, *dite* Mme)　563，947，969
勒博迪夫人　Lebaudy (Mme)　735
勒布（作家）　Reboux [auteur]　811
勒布朗，莫里斯　Leblanc, Maurice　685，736
勒布雷　Lepré　291
勒布隆，莫里斯　Le Blond, Maurice　624
勒布伦　Lebrun　335
勒布罗克，玛丽·德　Lebrock, Marie de. *Voir* : Benardaky (Mme Nicolas de, née Marie de Lebrock)　见：贝纳达吉夫人，德（尼古拉之妻，闺名玛丽·德·勒布罗克）
勒采夫斯基，斯坦尼斯拉斯　Rzewski, Stanislas　166
勒费弗尔·德·克吕尼埃尔·德·巴尔索拉诺女侯爵，弗拉维　Lefebvre de Clunières de Balsorano, Flavie. *Voir* : Casa-Fuerte (Mme Pierre Alvarez de Taledo, née Flavie Lefebvre de Clunières de Balsorano, Marquise de)　见：卡萨–菲尔特夫人（皮埃尔·阿尔瓦莱兹·德·托雷多之妻，闺名弗拉维·勒费弗尔·德·克吕尼埃尔·德·巴尔索拉诺，女侯爵）
勒弗朗，阿贝尔　Lefranc, Abel　757
勒格朗（“克罗顿”）　Legrand (“Cloton”)　1054
勒格朗丹　Legrandin　411，415，782
勒贡特·德·利尔（夏尔·马丽·勒贡特，又名）　Leconte de Lisle (Charles Marie Leconte,

dit) 69, 97, 99, 100, 102, 111, 119, 122, 140, 199, 201, 256, 268, 274, 310, 317, 334, 340, 398, 400, 542, 597, 645
勒克拉姆（普鲁斯特的绰号） LECRAM (Marcel Proust, *dit*) 546
勒孔特·迪·努伊，儒勒 LECOMTE DU NOUŸ, Jules 44, 664
勒鲁瓦—博里厄，阿纳托尔 LEROY-BEAULIEU, Anatole 158, 162, 163
勒鲁瓦夫人 LEROI (Mme) 1054
勒马乐医生 LE MASLE [docteur] 43—44, 47
勒马里耶，贝尔特 LEMARIÉ, Berthe 899, 906, 957, 973
勒迈尔，玛德莱娜 LEMAIRE, Madelaine 156, 169, 224, 229—233, 261, 269, 272, 274, 280, 281, 284—300, 313, 314, 322, 324, 325, 333, 336, 344, 353, 357, 374, 388, 406, 413, 423, 464, 470, 571, 576, 618, 619, 735, 782, 1004, 1052
勒迈尔，叙泽特 LEMAIRE, Suzette 231, 280—282, 286, 287, 299, 300, 336, 348, 501, 619, 644
勒迈特，儒勒 LEMAITRE, Jules 103, 116, 129, 172, 173, 216, 231, 268, 359, 399, 400, 438, 542, 645, 806, 807
勒穆瓦纳 LEMOINE 597, 707—709, 958, 960
勒纳尔，儒勒 RENARD, Jules 186, 265
勒南，阿利 RENAN, Ary 573
勒南，埃内斯特 RENAN, Ernest 42, 119, 120, 131, 140, 190, 218, 219, 398, 400, 542, 548, 576, 623, 709, 907, 959, 974, 1009
勒内弗（作曲家） LENEPVEU [compositeur] 532
勒努维耶（哲学家） RENOUVIER [philosophe] 121
勒诺特（泰奥多尔·戈斯兰的笔名） LENOTRE (Théodore Gosselin, *dit*) 597
勒皮克夫人 LEPIC (Mme) 404
勒屈齐亚，阿尔贝 LE CUZIAT, Albert 592, 934, 938—940
勒伊斯达尔 RUYSDAEL 561, 777
雷，曼 RAY, Man 1085
雷东，奥迪隆 REDON, Odilon 542
雷卡米耶夫人 RÉCAMIER (Mme) 8, 1083
雷米（雅克·里维埃尔，又名） RÉMY (Jacques Rivière, *dit*) 967
雷米萨夫人，德 RÉMUSAT (Mme de) 35, 677
雷纳尔，马克斯 REINHARDT, Max 796
雷纳克，泰奥多尔 REINACH, Théodore 573
雷纳克，雅克 REINACH, Jacques 409
雷纳克，约瑟夫 REINACH, Joseph 114, 438, 441, 442, 480, 869, 875, 876, 917—918, 1026
雷尼耶，亨利·德 RÉGNIER, Henri de 204, 214, 215, 236, 265, 268, 274, 277, 311, 339, 340, 363, 402, 423, 526, 639, 653, 680, 709, 730, 832, 988, 1016, 1055
雷尼耶，玛丽·德 RÉGNIER, Marie de 311, 339, 340, 760

雷诺阿，皮埃尔·奥古斯特 RENOIR, Pierre Auguste 504，572，741，807，898，961，1007，1008
雷韦永，贝特朗·德 RÉVEILLON, Bertrand de 412，415，450
雷韦永，亨利·德 RÉVEILLON, Henri de 280，380，404，405
雷韦永夫人，雅克·德 RÉVEILLON (Mme Jacques de) 412，550
雷韦永公爵，德 RÉVEILLON (duc de) 410，425
雷韦永公爵夫人，德 RÉVEILLON (duchesse de) 410，465，577
雷韦永侯爵，德 RÉVEILLON (marquis de) 410
雷韦永一家 RÉVEILLON (famille) 410,415，464
雷韦永子爵夫人（加斯帕尔之妻，德，闺名克丽丝皮奈莉） RÉVEILLON (vicomtesse Gaspard de, née Crispinelli) 411，477，479
雷雅纳 RÉJANE 116，165，166，172，174，231，359，469，585，914，969，970，971，998
雷耶，埃莱娜 REYÉ, Hélène 543
黎塞留，奥迪尔·德 RICHELIEU, Odile de 590
黎塞留公爵夫人，德 RICHELIEU (duchesse de) 116
李普曼，莱昂蒂娜 LIPPMANN, Léontine. *Voir* : ARMAN DE CAILLAVET (Mme Albert, née Léontine Lippmann) 见：阿尔芒·德·卡雅维夫人（阿尔贝之妻，闺名莱昂蒂娜·李普曼）
李斯特，弗朗茨 LISZT, Franz 274，463，683
里博，特奥迪勒 RIBOT, Théodule 158，261，348，535
里加尔，亨利 RIGAL, Henri 810
里姆斯基–科萨科夫 RIMSKI-KORSAKOV 758，858，875，916
里奇，安娜·德 RICCI, Anne de 149
里什潘 RICHEPIN 400
里士满公爵，德 RICHMOND (duc de) 228，278
里斯勒，爱德华 RISLER, Edouard 283，284，314，322，328，683
里维埃，雅克 RIVIÈRE, Jacques 758—759，803，854，856，864，887，899，967，974—976，979，982，985，986，989—992，995，999，1014—1016，1022—1025，1029，1034，1041，1046，1053，1075，1077，1078
利奥泰（路易·于贝尔·贡萨尔维） LYAUTEY (Louis Hubert Gonzalve) 144，628
利顿爵士 LYTTON (lord) 116
利诺西耶（医生） LINOSSIER [docteur] 630
利特雷 LITTRÉ 42
利特维纳，菲丽娅 LITVINNE, Félia 552，762
利翁–卡昂 LYON-CAEN 596
利兹夫人（塞萨尔之妻） RITZ (Mme César) 947
列奥巴迪，贾科莫 LEOPARDI, Giacomo 436
林莱，伊丽莎白 LINLEY, Elisabeth 671
刘易斯，温德汉姆 LEWIS, Wyndham 1074

卢德尔侯爵夫人，德　LUDRE (marquise de)　911，945
卢德尔一家　LUDRE (famille)　482
卢克莱修　LUCRÈCE　131，304
卢森堡亲王夫人，德　LUXEMBOURG (princesse de）　289
卢梭（亨利，又名）　ROUSSEAU (Henri, *dit* le Douanier)　807
卢梭，让－雅克　ROUSSEAU, Jean-Jacques　125，131，383，428，475
卢瓦泽尔（钢琴家）　LOISEL [pianist]　410
卢瓦宗（神父）　LOISON (père)　917
鲁阿尔，阿列克斯　ROUART, Alexis　807
鲁阿尔，亨利　ROUART, Henri　807
鲁本斯，皮埃尔·保罗　RUBENS, Pierre Paul　487，558，561
鲁宾斯坦，伊达　RUBINSTEIN, Ida　274，758，774，998
鲁赫，阿尔戈特　RUHE, Algot　1045，1046
鲁凯特书店　ROUQUETTE (Librairie)　194，203
鲁维耶　ROUVIER　409，633，1052
鲁西，居斯塔夫　ROUSSY, Gustave　762，991
路德维希　LUDWIG　888
路易，摩纳哥的　LOUIS DE MONACO　1001
路易二世　LOUIS II　1001
路易二世，巴伐利亚的　LOUIS II DE BAVIÈRE　237，460
路易－菲利普　LOUIS-PHILIPPE　5，480，716
路易十八　LOUIS XVIII　233
路易十六　LOUIS XVI　19，687
路易十三　LOUIS XIII　176，237，335，586
路易十四　LOUIS XIV　8，274，276，586，587，614，629，924
路易十五　LOUIS XV　175，226
路易斯，皮埃尔　LOUŸS, Pierre　89，128，186，340，399，535，893
伦勃朗　REMBRANDT　304，306，337，339，411，453，454，558，559，561，619，752，777
伦茨　LENZ　875
罗昂，玛丽·德　ROHAN, Marie de. *Voir* : MURAT (princesse Lucien, née Marie de Rohan), et : Chambrun (comtesse Charles de , née Marie de Rohan)　见：缪拉亲王夫人（吕西安之妻，闺名玛丽·德·罗昂），又：尚布伦公爵夫人
罗昂公爵　ROHAN (duc de)　767，900，938
罗昂公爵夫人　ROHAN (duchesse de)　767
罗班　ROBIN [docteur]　47，378，940
罗贝尔　ROBERT　707，716
罗贝尔，莱奥波德　ROBERT, Léopold　597
罗贝尔，路易·德　ROBERT, Louis de　380，441，611，760，773，803，806，808，809，825，831，964，979
罗贝尔，于贝尔　ROBERT, Hubert　8，73，214，485
罗伯茨，大卫　ROBERTS, David　514
罗丹，奥古斯特　RODIN, Auguste　266，329，624，636
罗德，爱德华　ROD, Édouard　400，42，508，633，683
罗德里格斯，莱奥妮　RODRIGUES, Leonie　113
罗迪耶，乔治　RODIER, Georges　782
罗兰，罗曼　ROLLAND, Romain　734，771，

894，937，1063
罗曼，儒勒 ROMAINS, Jules 1075
罗齐埃夫人，德 ROZIÈRES (Mme de) 684
罗塞蒂，但丁·加布里埃尔 ROSSETTI, Dante Gabriel 136，195，513，570
罗森（出版商） ROSEN [éditeur] 618
罗森塔尔，加布里埃尔 ROSENTHAL, Gabrelle 670，888
罗森塔尔，莱昂 ROSENTHAL, Léon. 670，888
罗沙，亨利 ROCHAT, Henri 745，948—951，968，969，972，983，1004，1030，1043，1050
罗莎-约瑟法小姐 ROSA-JOSEPHA (Mlle) 174
罗斯柴尔德（家族） ROTHSCHILD (famille de) 19，29，114，136，137，221，691，752
罗斯柴尔德（银行） ROTHSCHILD [banque] 467，651，724，859，880
罗斯柴尔德，阿丽娜·德 ROTHSCHILD, Aline de. *Voir* : SASSOON (Mme Edward, née Aline de Rothschild) 见：沙逊夫人（爱德华之妻，闺名阿丽娜·德·罗斯柴尔德）
罗斯柴尔德，埃德蒙·德 ROTHSCHILD, Edmond de 470，653
罗斯柴尔德，亨利·德 ROTHSCHILD, Henri de 29，203，223，724
罗斯柴尔德，罗贝尔·德 ROTHSCHILD, Robert de 29，651，1072
罗斯柴尔德，玛格丽特·德 ROTHSCHILD, Marguerite de. *Voir* : GRAMONT (duchesse Agénor, née Marguerite de Rothschild) 见：格拉蒙公爵夫人（阿热诺尔之妻，闺名玛格丽特·德·罗斯柴尔德）
罗斯柴尔德，莫里斯·德 ROTHSCHILD, Maurice de 777
罗斯柴尔德男爵夫人，德（阿尔丰斯之妻） ROTHSCHILD (baronne Alphonse de) 116
罗斯柴尔德兄弟 ROTHSCHILD (frères) 467
罗斯当（一家） ROSTAND (famille) 825，950
罗斯当，埃德蒙 ROSTAND, Edmond 236，435，767，804
罗斯当，莫里斯 ROSTAND, Maurice 767，796，804，831，855
罗斯金，约翰 RUSKIN, John 前言1，8。14，101，193，219，239，240，289，311，359，365，371，410，412，413，417，427，433，436，453—455，457，472，486，495，496，499，500—503，505—527，529，530，532，536—538，543，549，550，556—558，564，566—570，573—575，589，600，603，604，607—609，612，613，616，620，622，624，634，636，638，639，642—644，651—653，655，670—671，673，675，680，694，708，717，732，735，741，742，757，789，797，840，850，888，942，978，983，1012，1064
罗斯尼（大罗斯尼） ROSNY Aîné 400，831，984—986
罗斯尼（小罗斯尼） ROSNY Jeune 985
罗特列克 LAUTREC 504
罗西埃，雅克·迪 ROZIER, Jacques du 594
罗西尼 ROSSINI 31，543

洛蒂，皮埃尔　Loti, Pierre　35，110，111，155，173，285，349，350，399，539，542，580，779，1010
洛兰，克洛德　Lorrain, Claudez　206
洛兰，让　Lorrain, Jean　186，231，236，271，376，410，419，423，701
洛朗（巴黎的餐馆）　Laurent [restaurant parisien]　27，79
洛朗，亨利　Laurens, Henri　652
洛朗，梅莉　Laurent, Méry　369
洛朗森，玛丽　Laurencin, Marie　920
洛朗斯·德·瓦鲁，居斯塔夫　Laurens de Waru, Gustave　175，176，223
洛里斯（伯爵夫人，德）　Lauris (comtesse de)　765，798，831
洛里斯（侯爵夫人，德）　Lauris (marquise de)　684
洛里斯，乔治·德　Lauris, Georges de　451，547，563，564，568，592，598—600，621，634，662—663，669，688，721，722，726，727，737，738，744，765，777，791，792，798，807，825，871
洛文朱尔，夏尔·德·斯普尔贝什·德　Lovenjoul, Charles de Spoelberch de　701，727
吕内公爵，德　Luynes (duc de)　231
吕内公爵夫人，德　Luynes (Duchesse de)　231
吕涅－坡　Lugné-Poe　620
吕斯坦洛尔　Rustinlor　415
吕泰尔，安德烈　Ruyters, André　803，805，806

M

马丹·杜伽尔，罗歇　Martin du Gard, Roger　921，1059
马丹·杜伽尔，莫里斯　Martin du Gard, Maurice　1046，1049
马丹－肖菲耶，路易　Martin-Chauffier, Louis　996
马德拉佐（可可·德）　Madrazo (Coco de)　486，555，588，698，947
马德拉佐，雷蒙·德　Madrazo, Raymond de　26，284，504，700
马德拉佐夫人，德（雷蒙之妻，闺名玛丽娅·哈恩）　Madrazo (Mme Raymond de, née Maria Hahn)　284，323，504，506，763，887，888
马德莱纳，雅克　Madeleine, Jacques　804
马德吕斯　Mardrus　893
马尔伯勒公爵　Malborough (Duc de)　946，1044
马尔伯勒公爵　Marlborough (duc de)　946，1044
马尔伯勒公爵夫人（葛拉狄丝·迪肯）　Malborough (Gladys Deacon, duchesse de)　666，968，1045
马尔伯勒公爵夫人（葛拉荻丝·迪肯）　Marlborough (Gladys Deacon, duchesse de)　666，1045
马尔罗　Malraux, André　104，150，497，498，511，625，810
马尔梅夫人　Marmet (Mme)　342，469
马尔梅先生　Marmet (M.)　342
马古斯　Magus　46

马基教士，约瑟夫　MARQUIS (abbé Joseph) 17
马基亚，乔万尼　MACCHIA, Giovanni　1080
马吉里耶，奥古斯特　MARGUILLIER, Auguste 573，652，670
马凯　MAQUET　530
马凯蒂（乐队）　MARCHETTI [orchestra]　692
马拉美，斯特凡纳　MALLARMÉ, Stéphane 86，117，150，174，186，209，234，235，237，256，265，283，284，307，360，363，366，367，368—370，376，399，400，455，498，529，539，575，626，679，710—711，860，997，1026，1058
马勒，埃米尔　MÂLE, Emile　14，225，304，306，411，518，529，530，537，556，568，622，623，692，711，812，813，936
马勒布　MALHERBE　597
马勒布朗什　MALEBRANCHE　685
马里沃　MARIVAUX　553
马利（事件）　MARIE [affaire]　389，408，409，414
马奈　MANET, Edouard　209，211，468，504，571，572，896，898，902，917，979，1007
马努埃尔，欧仁　MANUEL, Eugène　100
马萨侯爵　MASSA (marquis de)　466
马塞纳，安德烈　MASSÉNA, André　582
马桑特夫人，德　MARSANTES (Mme de)　137，547
马斯奈，儒勒　MASSENET, Jules　97，231，281，282，284，287，288，316，349，542，626，795，799，802
马斯佩罗　MASPERO　218，678
马松（出版家）　MASSON [éditeur]　44
马松，弗雷德里克　MASSON, Frédéric　869
马西斯，阿马布尔　MASSIS, Amable　891，892
马西斯，亨利　MASSIS, Henri　981
马西斯，昆丁　METSYS, Quentin　382
马希纳　MASSINE　913
马夏尔夫人　MARTIAL (Mme)　412，550
马耶尔一家　MAYER (famille)　532
马约勒，菲利克斯　MAYOL, Félix　172，288，698，759，765，772
玛蒂尔德公主　MATHILDE (princesse)　116，149，165，181，188—191，197，231，262，284，313，391，413，571，575，576，580，582，598，673，882，884，902，1030，1070
玛丽（女仆）　MARIE [femme de chamber] 533，543
玛丽—安托瓦奈特　MARIE-ANTOINETTE 33，507，723
玛丽王后，罗马尼亚的　ROUMANIE (reine Marie de)　906，965
玛丽娅　MARIA　506，561，742，743，752，826，845，846
玛利—奈勒夫人，德　MAILLY-NESLE (Mme de)　197
迈，皮埃尔–安德烈　MAY, Pierre-André　1054
迈斯特，约瑟夫·德　MAISTRE, Joseph de 810
麦克—马洪（元帅）　MAC-MAHON (maréchal) 20，92，796

曼斯菲尔德，凯瑟琳　MANSFIELD, Katherine　965
曼坦那，埃尔米塔尼的　MANTEGNA DES EREMITANI　527，534，768
芒冉　MANGIN (général)　954，1016
芒萨尔，弗朗索瓦　MANSART, François　693
芒特－普鲁斯特夫人　MANTE-PROUST (Mme)　91
毛奇将军，库诺·冯　MOLTKE (général Cuno von)　699
梅第奇侯爵，德　MEDICI (marquis de)　420
梅尔，吉尔贝　MAIRE, Gilbert　193
梅克朗医生　MERKLEN [docteur]　626
梅拉克，亨利　MEILHAC, Henry　114，116，449，462
梅里，约瑟夫　MÉRY, Joseph　252
梅里美，普罗斯佩　MÉRIMÉE, Prosper　22，189，466，576，675，944，1011，1012
梅罗德，克雷奥·德　MÉRODE, Cléo de　285，325，349—350，698
梅姆林　MEMLING　561
梅纳尔－多里安　MÉNARD-DORIAN　156
梅萨热（作曲家）　MESSAGER [compositeur]　449
梅特林克，莫里斯　MAETERLINCK, Maurice　197，542，551，611，612，626，634，639，680，773，778，821
梅西耶将军　MERCIER (général)　655
梅耶贝尔　MEYERBEER　23，33
梅耶尔（笔迹鉴定专家）　MEYER　446
梅耶尔，阿尔蒂尔　MEYER, Arthur　438，629
梅耶尔夫人（阿尔蒂尔之妻，闺名玛格丽特·德·蒂雷纳）　MEYER (Mme Arthur, née Marguerite de Turenne)　629
美第奇　Médicis　175
美男子菲利贝　BEAU, Philibert le　222
蒙邦西埃小姐，德　MONTPENSIER (Mlle de)　30
蒙达尔吉　MONTARGIS　732，844
蒙蒂贝娄伯爵夫人，德　MONTEBELLO (comtesse de)　176
蒙蒂贝娄侯爵夫人，德　MONTEBELLO (marquise de)　872
蒙蒂切利　MONTICELLI　636
蒙卡奇　MUNKACZY [peintre]　140
蒙吕克，布莱兹·德　MONTLUC, Blaise de　233
蒙莫朗西夫人，德　MONTMORENCY (Mme de)　723
蒙莫朗西公爵夫人，德　MONTMORENCY (duchesse de)　9
蒙齐　MONZIE　917
蒙泰朗　MONTHERLANT, Henry de　810
蒙泰纳尔夫人，德　MONTEYNARD (Mme de)　476
蒙特威尔第　MONTEVERDI　634
蒙田　MONTAIGNE (Michel Eyquem de)　124，497，500，610，963，982
蒙托，路易丝　MONTAUD, Louise　584
孟戴斯，卡蒂勒　MENDÈS, Catulle　756
孟德斯鸠（伯爵将军）　MONTESQUIOU (général comte A. de)　233
孟德斯鸠，阿纳托尔·德　MONTESQUIOU, Anatole de　233
孟德斯鸠，安娜－皮埃尔　MONTESQUIOU,

Anne-Pierre 233

孟德斯鸠，蒂埃里·德 MONTESQUIOU, Thierry de 233

孟德斯鸠，罗贝尔·德 MONTESQUIOU, Robert de 40，49，96，187，211，229，232，233—243，249，254，257，259—261，268—277，282，291，294，309，311，313—316，323，328，338，339，354，356，360，361，376，378，399，410，418，423，424，426，432，459，460，463，466，468—471，503，521—522，531，539，573，574，579—581，611，613—615，619，624，633，637—639，653，708，768，774，794，795，867，878，884，891，893，902，960，996，1014，1034，1036，1037，1049，1051，1084

孟德斯鸠，皮埃尔·德 MONTESQUIOU, Pierre de 233

孟德斯鸠伯爵夫人，德（奥东之妻，闺名玛丽·比贝斯科公主）MONTESQUIOU (comtesse Odon de, née princesse Marie Bibesco) 543

孟德斯鸠-费臧萨克，玛丽·德 MONTESQUIOU-FEZENSAC, Marie de 460

孟德斯鸠夫人，德（蒂埃里之妻，闺名波莉娜·迪鲁）MONTESQUIOU (Mme Thierry de, née Pauline Duroux) 233

孟德斯鸠教士，德 MONTESQUIOU (abbé de) 233

孟德斯鸠男爵，德（夏尔·德·塞贡达）MONTESQUIEU (Charles de Secondat, baron de) 131，161

弥尔顿 MILTON 608

米奥芒德，弗朗西斯·德 MIOMANDRE, Francis de 612

米尔博，奥克塔夫 MIRBEAU, Octave 165，400

米尔蒙蒂 MILMENTI 888

米尔桑 MILSAND, J.-A. 503，508，511

米尔托伯爵夫人 MYRTO (comtesse) 197

米尔托克莱娅 MYRTOCLÉIA 312

米拉博，保罗 MIRABAUD, Paul 627

米莱斯 MILLAIS 513

米勒 MILLET 807，1007

米利贝尔（将军）MIRIBEL (général) 144

米尼亚尔 MIGNARD 693

米尼耶教士 MUGNIER (abbé) 774，911，917，943，944，1002，1085

米什莱，儒勒 MICHELET, Jules 35，104，238，509，518，600，639，709，766，858，970

米斯坦盖 MISTINGUETT 1071

米歇尔 MICHEL, André 655

米约，达律斯 MILHAUD, Darius 904，998，1071

米泽尔（费尔南·格雷格，又名 F. 米泽尔）MISER (Fernand Gregh, dit F.) 196

摩纳哥王妃 MONACO (princesse de) 289

莫杜亚尔夫人 MAUDOUILLARD (Mme) 748

莫尔，乔治 MOORE, George 116，209

莫尔，托马斯 MOORE, Thomas 298

莫尔南，路易莎·德 MORNAND, Louisa de 123，154，546，564，581—586，594，600，611，630，649，719，766，915

莫尔尼，米西·德 MORNY, Missy de 777

莫尔尼公爵，德　MORNY (duc de)　777
莫尔尼公爵夫人，德　MORNY (duchesse de)　948
莫加多尔，塞莱斯特　MOGADOR, Céleste　735
莫克莱，卡米耶　MAUCLAIR, Camille　636
莫拉斯，夏尔　MAURRAS, Charles　140，366，375，399，810，913，981，1036
莫莱尔，安德烈　MAUREL, André　814
莫朗，保罗　MORAND, Paul　126，154，164，545，546，583，733，800，810，875，901—903，905，906，908—912，914，917—919，921—924，943，947，959—961，972，978，980，981，999，1004，1008，1016，1040，1042，1048，1049—1051，1056，1062，1075
莫雷尔，夏尔　MOREL, Charles　179，389，477，737，762，8942，875，891，929，931，936，951，1026，1029—1030，1044，1060—1062
莫雷诺，玛格丽特　MORENO, Marguerite　382，360，423
莫雷亚斯，让　MORÉAS, Jean　401
莫里哀　MOLIÈRE　8，31，35，327，771，895
莫里斯，威廉　MORRIS, William　635
莫里斯，夏尔　MORICE, Charles　362
莫里索，贝尔特　MORISOT, Berthe　571
莫里亚克，弗朗索瓦　MAURIAC, François　104，715，768，810，811，943，950，1006，1024，1030—1032，1056
莫利尼耶　MOLINIER　446
莫罗　MAUREAU, A.J.　747
莫罗，居斯塔夫　MOREAU, Gustave　186，197，238，300，311，332，399，411，453，455，457，463，522，572，624，653，679，680，730，732，739，888
莫洛亚，安德烈　MAUROIS, André　前言4。101
莫洛亚，米歇尔　MAUROIS, Michelle　151
莫洛亚夫人，（安德烈之妻）　MAUROIS (Mme André)　796
莫奈，克洛德　MONET, Claude　329，399，410，457，467，468，504，518，542，571，572，624，625，680，691，697，734，741，796，807，896，898，1007
莫尼（政府总理）　MONIS (président du Conseil)　771
莫尼，克莱芒·德　MAUGNY, Clément de　482，539，553，908，1014
莫尼夫人，德（克莱芒之妻）　MAUGNY (Mme Clément de)　482，1013，1014
莫尼耶，阿德里埃娜　MONNIER, Adrienne　1075
莫努里　MAUNOURY (général)　1016
莫诺（教授）　MONNOT (professeur)　188
莫泊桑，居伊·德　MAUPASSANT, Guy de　86，88，114，115，209，220，263，347，398，400，590，619，810，902
莫普伯爵夫人，德　MAUPEOU (comtesse de)　692
莫斯卡伯爵　MOSCA (comte)　710
莫特马尔（家族）　MORTEMART (famille)　606，837
莫扎特，沃尔夫冈·阿马迪乌斯　MOZART, Wolfgang Amadeus　33，288，318，341，

422，504，650，671，891
缪拉（元帅，若阿尚） MURAT Joachim 190
缪拉，泰蕾兹 MURAT, Thérèse 1072
缪拉亲王夫人（吕西安之妻，闺名玛丽·德·罗昂） MURAT (princesse Lucien, née Marie de Rohan). *Voir aussi*: CHAMBRUN (comtesse Charles de , née Marie de Rohan) 719，922，925，947，968，973。另见：尚布伦伯爵夫人，德（夏尔之妻，闺名玛丽·德·罗昂）
缪拉（事件） MURAT (affaire) 960
缪拉一家 MURAT (famille) 221，713，946，960
缪勒（作家） MULLER [auteur] 811
缪勒弗尔德，吕西安 MÜHLFELd, Lucien 265，366
缪齐奥，欧仁 MUTIAUX, Eugène 57
缪塞，阿尔弗雷德·德 MUSSET, Alfred de 前言 8。22，35，69，71，80，97，99，154，170，195，289，308，539，576，720，760，763，935，956，1021
姆尼塞克伯爵夫人（闺名安娜·韩斯卡） MNISZECH (comtesse, née Anna Hanska) 430，884
姆伊塞斯 MOYSÈS 1071
穆杰，亨利 MURGER, Henri 263
穆莱，加布里埃尔 MOUREY, Gabriel 609，611，617，625，666，670，671
穆勒，约翰·斯图亚特 MILL, John Stuart 634
穆奈–叙利 MOUNET-SULLY 69，129，174
穆苏吕斯，拉谢尔 MUSURUS, Rachel 473
穆苏吕斯一家 MUSURUS (famille) 473
穆索尔斯基 MOUSSORGSKI 758
穆扎莱特伯爵 MUZARETT (comte de) 236，271

N

拿破仑三世 NAPOLÉON III 5，22，149，188，190
拿破仑一世 NAPOLÉON Ier 19，149，150，162，189，191，233，937，1012
那不勒斯国王 NAPLES (roi de) 580
那不勒斯王后，索菲–玛丽·德·巴伐利亚 NAPLES (Sophie-Marie de Bavière, reine de) 191，579，580，597
纳达尔，保罗 NADAR, Paul 68，227，463
纳米亚斯，阿尔贝 NAHMIAS, Albert 565，745，776，779—781，793—794，798—800，815，818，819，832，833，859，864，874，881，886
纳索伯爵（卢森堡大公储） NASSAU (grand-duc héritier de Luxembourg, comte de) 1002
纳坦，萨拉 NATHAN, Sarah. *Voir* : WEIL (Mme Baruch, née Sarah Nathan) 见：韦伊夫人（巴鲁赫之妻，闺名萨拉·纳坦）
纳坦松，塔代 NATANSON, Thadée 258，265，690
纳坦松兄弟 NATANSON (frères) 264
纳坦一家 NATHAN (famille) 544
纳瓦尔，玛格丽特·德 NAVARRE, Marguerite de 50
纳维尔 NEUVILLE 140

奈瓦尔，热拉尔·德 NERVAL, Gérard de 111，209，222，282，397，587，716，732，734，840
奈伊 NEY, Michel 190
内拉东 NÉLATON 42
尼采，弗里德里希 NIETZSCHE, Friedrich 104，195—197，205，508，736
尼古拉二世 NICOLAS II 163，391，576
尼古拉一世沙皇 NICOLAS Ier (tsar) 189
尼金斯基，瓦茨拉夫 NIJINSKI, Vatslav 758，770，795，815，979
尼金斯卡 NIJINSKA 1068
尼科尔森，哈罗德 NICOLSON, Harold 964，968
尼斯坦 NYSTEN 347
尼扎尔大使 NISARD (ambassadeur) 68，391，532，600，622
诺阿耶，夏尔·德 NOAILLES, Charles de 820
诺阿耶伯爵夫人，德（闺名安娜·德·勃兰科温） NOAILLES (Anna de Brancovan, comtesse de) 49，311，313，323，346，355，411，441，452，470，473，477，478，480，500，526，538，555，562，610，615，633，644，653，665，678—681，683，710，726，736，768，774，832，911，960，969，1006，1016—1017，1038
诺阿耶一家 NOAILLES (famille de) 441，539，550，555，586，614，647，777
诺阿耶子爵，马蒂厄·德 NOAILLES (vicomte Mathieu de) 477，630
诺布洛克，爱德华 KNOBLAUCH, Edouard 806
诺布瓦先生，德 NORPOIS (M. de) 40，43，158，161—164，223，282，391，415，443，465，532，600，710，732，882，923，936，976，1026，1056
诺德林格，玛丽 NORDLINGER, Marie 412，417，450，496，503，504—506，516，525，526，530，569，573—574，604，611，615—617，626，641，644，776
诺纳莱夫（贝特朗·德·费纳龙的绰号） NONELEF (Bertrand de Fénelon, *dit)* 546
诺伊伯格，波莉娜 NEUBURGER, Pauline 85
诺伊伯格，居斯塔夫 NEUBURGER, Gustave 724，859，873
诺伊伯格，莱昂 NEUBURGER, Léon 724
诺伊伯格，路易丝 NEUBURGER, Louise 191

O

欧里庇得斯 EURIPIDÈS 129
欧仁妮皇后 EUGÉNIE (impératrice) 237，244，354，481，579，580，956

P

帕德雷夫斯基，伊格纳奇 PADEREWSKI, Ignace 257，473，540，542
帕尔马公主，德 PARME (princesse de) 1030
帕夫罗夫娜女大公，玛丽娅 PAVLOVNA de Russie (grande-duchesse Maria) 221，231，464
帕莱斯特里纳 PALESTRINA 245
帕朗，皮埃尔 PARENT, Pierre 720
帕里斯，索朗索瓦·德 PÂRIS, François de

568，777
帕尼耶　PAGNIEZ [docteur]　635，649
帕普 - 卡尔庞捷（学校）　PAPE-CARPENTIER [cours]　85，105，113
帕斯卡尔（亨利·德·罗斯柴尔德，又名安德烈）　PASCAL (Henri de Rothschild, *dit* André)　203。另见亨利·德·罗斯柴尔德
帕斯卡尔，布莱兹　PASCAL, Blaise　348，548，612
帕特默，考文垂　PATMORE, Coventry　529
帕西，弗雷德里克　PASSY, Frédéric　257
庞霍埃　PENHOËT　747
培德，热内　PETER, René　254，555，632，659—662，941
佩吉，夏尔　PÉGUY, Charles　104，408，439，598，622，702，810，870，980
佩拉当，约瑟芬　PÉLADAN, Joséphin　32，144，400，474，869
佩雷，保罗　PERRET, Paul　375
佩雷尔　PEREIRE　9
佩雷尔一家　PEREIRE (famille)　29
佩里耶　PÉRIER　772
佩罗坦子爵　PERROTIN (vicomte)　465
佩特，沃尔特　PATER, Walter　436，530，915
佩特罗尼乌斯　PÉTRONE　362
佩因特，乔治·D.　PAINTER, George D.　前言4，6—7。506，940
蓬帕杜尔夫人，德·　POMPADOUR (Mme de)　658
蓬萨尔　PONSARD　559
皮埃尔堡夫人，德　PIERREBOURG (Mme de)　562，765，831
皮埃尔东先生，德　PIERREDON (M.de)　806
皮埃尔弗，让·德　PIERREFEU, Jean de　421，937，985，996，997
皮卡比亚，弗朗西斯　PICABIA, Francis　1071
皮科　PICOT　757
皮克皮斯男爵夫人，德　PICPUS (baronne de)　732，748
皮隆，热尔曼　PILON, Germain　504，1049
皮纳尔，亨利　PINARD, Henri　1038
皮内尔　PINEL　42
皮萨罗　PISSARRO, Camille　572
皮萨内罗　PISANELLO　504，639
皮绍（《大不列颠评论》主任）　PICHOT [directeur de la *Revue britannique*]　190
皮绍，阿梅代　PICHOT, Amédée　608
皮索　PISON　89
皮维·德·沙瓦纳，皮埃尔　PUVIS DE CHAVANNES, Pierre　169，171，231，468，572，624
皮亚　PIA　290
坡，埃德加·爱伦　POE, Edgar Allan　80，529
珀蒂，乔治　PETIT, Georges　168，572，653
珀蒂·德·儒勒维尔　PETIT DE JULLEVILLE　757
葡萄牙国王　PORTUGAL (roi du)　906
普安卡雷，雷蒙　POINCARÉ, Raymond　140，313，318，651，713，954，1001
普波吉埃尔，皮埃尔　POUPETIÈRE, Pierre　38，483
普吉，丽阿娜·德　POUGY, Liane de　47，378，940
普凯，让娜　POUQUET, Jeanne　69，151—

154，168，208，244，421，449，538，583，756，872，885
普凯先生　POUQUET (M.)　151
普莱，加斯东　POULET, Gaston　311，774，858，890，891，909
普朗特维涅，马塞尔　PLANTEVIGNES, Marcel　720，722，764，769
普朗特维涅先生，（马塞尔·普朗特维涅之父）　PLANTEVIGNES (M.) [père de Marcel Plantevignes]　720
普朗特维涅一家　PLANTEVIGNES (famille)　762，777
普劳特，萨缪尔　PROUT, Samuel　514
普雷沃，马塞尔　PRÉVOST, Marcel　169，346，809，1072
普里莫利伯爵，约瑟夫　PRIMOLI (comte Joseph)　140，189，797
普隆（出版家）　PLON [éditeur]　1027
普卢瓦耶（律师公会会长）　PLOYER [bâtonnier]　532
普鲁斯特，阿德里安　PROUST, Adrien　7，12，14，18，19，27，34，40—53，59，74，263，289，318，331，391，397，439，451，475，532，578，597，601，602，604，617，648，656，659，950，983
普鲁斯特，弗吉尼　PROUST, Virginie　41
普鲁斯特，吉尔　PROUST, Gilles　41
普鲁斯特，路易·弗朗索瓦·瓦伦丁　PROUST, Louis François Valentin　41
普鲁斯特，罗贝尔（十七世纪的收税员）　PROUST, Robert (receveur au XVIIe siècle)　41
普鲁斯特，罗贝尔·西吉斯蒙·莱昂　PROUST, Robert Sigismond Léon　33，34，39，43，46，47，48，58—62，76，77，97，107，110，135，179，224—225，254，264，289，532—534，554，577，578，596，601，602，646，664，707，716，738，831，864，868，908，933，945，946，953，962，1017，1021，1041，1049，1074，1077，1078，1083，1085
普鲁斯特，米歇尔　PROUST, Michel　41
普鲁斯特，苏齐　PROUST, Suzy　578，1049
普鲁斯特，伊丽莎白　PROUST, Elisabeth. *Voir*: AMIOT (Mme Jules, née Elisabeth Proust) 见：阿米奥夫人（儒勒之妻，闺名伊利莎白·普鲁斯特）
普鲁斯特夫人（阿德里安之妻，闺名让娜·韦伊）　PROUST (Mme Adrien, née Jeanne Weil)　前言 4。5，9，19，21，28—39，41，47，51，53，65，94，97，104，106—107，138，155，156，208，213，278，289，293，295，360，376，383，387，388，393—395，413，419，425，426，439，451，474，483，505，526，528，530—532，559，560578，601，615，618，626，629，640，644，645—647，656，662，664，685
普鲁斯托维奇（罗贝尔·普鲁斯特的绰号）　PROUSTOVITCH (Robert Proust, *dit*)　33
普鲁塔克　PLUTARQUE　90
普吕东　PRUD'HON　312
普契尼　PUCCINI　263
普桑　POUSSIN　206
普斯洛夫斯卡（伯爵夫人）　PUSLOWSKA

(comtesse) 430
普塔莱斯，居伊·德 POURTALÈS, Guy de 190
普特布斯男爵夫人 PUTBUS (baronne) 527，534，711，747，842，844，850，883
普瓦捷侯爵，德 POITIERS (marquis de) 380，405
普瓦亲王夫人，德 POIX (princesse de) 820

Q

乔托 GIOTTO 514，527，534，617，653，691，730，749，769，948
乔伊斯，詹姆斯 JOYCE, James 209，967，1068
乔治（劳合） GEORGE (Lloyd) 1073
丘吉尔，温斯顿 CHURCHILI, Winston 846，1073
屈什瓦尔先生 CUCHEVAL (M.) 100

R

然佩尔，勒内 GIMPEL, René 684，690，691，776，807，1017
让－奥布里 JEAN-AUBRY 608
饶勒斯，让 JAURÈS, Jean 140，408，623
热尔曼，安德烈 GERMAIN, André 48，905，1033，1046
热尔曼一家 GERMAIN (famille) 48
热尔韦，亨利 GERVEX, Henri 209
热弗卢瓦，居斯塔夫 GEFFROY, Gustave 468，985
热拉尔，弗朗索瓦 GÉRARD, François 8
热拉尔，吕西 GÉRARD, Lucy 720
热罗姆 GÉRÔME 211，329
日尔曼尼库斯 GERMAINICUS 89
荣格，恩斯特 JÜNGER, Ernst 910
容西埃，莱昂斯·德 JONCIÈRES, Léonce de 688
茹昂多，爱丽兹 JOUHANDEAU, Elise 1048
茹昂多，马塞尔 JOUHANDEAU, Marcel 前言7。940
茹瓦扬（马塞尔·普鲁斯特的同班同学） JOYANT (camarade de classe de Marcel Proust) 110
儒贝 JOUBERT 121，304，552，679，685
瑞典国王 SUÈDE (roi de) 231
若西安 JOSSIEN 692

S

S 夫人 S. (Mme) 402
萨蒂，埃里克 SATIE, Erik 281，913，964
萨尔杜，维克多利安 SARDOU, Victorien 449
萨尔塞，弗朗西斯克 SARCEY, Francisque 173—174
萨冈亲王，德 SAGAN (prince de) 40，96，274，464，481，886，923
萨冈亲王夫人，德 SAGAN (princesse de) 169，176
萨金特，约翰 SARGENT, John 209
萨克雷，威廉·梅克皮斯 THACKERAY, William Makepeace 608
萨克斯，阿丽斯 SACHS, Alice 106
萨克斯，莫里斯 SACHS, Maurice 106，906，939，940，1013，1046

萨克维尔－韦斯特，维塔　SACKEVILLE-WEST, Vita　964
萨拉伯爵　SALA (comte)　548，947
萨里斯伯里爵士　SALISBURY (Lord)　96
萨特，让—保罗　SARTRE, Jean-Paul　87，102，218，511
萨瓦公爵，德　SAVOIE (duc de)　473
萨维，拉尔夫　SAVAIE, Ralph　161
塞，热尔曼　Sée, Germain　78
塞阿伊（索邦大学教授）　Séailles [professeur à la Sorbonne]　305，306，424
塞尔夫贝尔　CERFBERR　427，429
塞尔佩伊　SERPEILLE　702
塞尔特·伊·巴迪亚，何塞·马里亚　SERT Y BADIA, José Maria　719，920，959，960，964，988，1004，1005
塞尔特夫人（何塞·马里亚之妻，闺名米西娅·戈德巴斯卡　SERT (Mme José Maria, née Misia Godebska)　689，690，719，758，768，871，904，969，1004，1071
塞尔维亚国王亚历山大　SERBIE, Alexandre de　313
塞贡扎克，迪努瓦耶·德　SEGONZAC, Dunoyer de　1085
塞贡扎克，皮埃尔·德　SEGONZAC, Pierre de　215，223
塞居尔伯爵夫人，德　SÉGUR (comtesse de)　79，1056
塞米纳里奥夫人（米盖尔之妻，闺名克拉丽塔·哈恩）　SEMINARIO (Mme Miguel, née Clarita Hahn)　322，323
塞米绍夫先生　SEMICHOFF (M.)　864
塞姆（漫画家）　SEM [caricaturist]　234，236，688
塞内克　SÉNÈQUE　963
塞尼埃特先生　SEIGNETTE (M.)　94
塞萨里，儒勒　CESARI, Jules　687
塞尚，保罗　CÉZANNE, Paul　807，898，961，990
塞维尼夫人，德　SÉVIGNÉ (Mme de)　28，30，34，35，155，328，383，610，615，659，693，833，983，1003
塞谢，莱昂　SÉCHÉ, Léon　636，701，763
塞亚尔，亨利　CÉARD, Henry　985
赛努齐　CERNUSCHI　571
桑，乔治　SAND, George　71，429，675，741，742
桑德海尔上校　SANDHERR (colonel)　447
桑德雷　SANDRÉ (M.)　28
桑德斯父子纽扣公司　SAUNDERS ET SONS (B.) (maison de commerce)　24
桑多，儒勒　SANDEAU, Jules　252
桑特伊，让　SANTEUIL, Jean　64，67，121，138，211，213，223，332，336，343，364，365，382，388，402，404，407，408，410，411，413，414—416，419，444—446，466，476
桑特伊夫人　SANTEUIL (Mme)　50，67，75，416，422
桑特伊先生　SANTEUIL (M.)　49，50，51，158，416，422
桑特伊一家　SANTEUIL (famille)　14，416，422
森蒂纳，克萨维埃　SAINTINE, Xavier　81
沙布里扬伯爵夫人，德　CHABRILLAN (comtesse de)　944

沙尔格兰　CHALGRAIN　252

沙尔捷，埃米尔　CHARTIER, Emile　118

沙尔姆，弗朗西斯　CHARMES, Francis　162，391

沙尔庞捷（出版商）　CHARPENTIER [éditeur]　441，477，572

沙尔韦　CHARVET　767

沙农，亨利　CHANNON, Henry　944

沙普兰（画家）　CHAPLIN [peintre]　171，229

沙托布里昂，阿尔丰斯·德　CHÂTEAUBRIANT, Alphonse de　811

沙瓦纳，皮维·德　CHAVANNES, Puvis de　169，171，231，572，624

沙逊夫人（爱德华之妻，闺名阿丽娜·德·罗斯柴尔德）　Sassoon (Mme Edward, née Aline de Rothschild)　1072

沙逊爵士，爱德华　SASSOON (sir Edward)　1072

沙逊爵士，菲利浦　SASSOON (sir Philip)　1072，1073

莎士比亚，威廉　SHAKESPEARE, William　131，136，137，187，396，427，452，497，529，530，608，614，674，675，831，955，998

尚布伦伯爵夫人，德（夏尔之妻，闺名玛丽·德·罗昂）　CHAMBRUN (comtesse Charles de, née Marie de Rohan)　719。另见缪拉亲王夫人（吕西安之妻，闺名玛丽·德·罗昂

尚布伦一家　CHAMBRUN (famille)　973

尚福，安德烈　CHAMFORT, André　633

尚梅斯莱小姐，德　CHAMPMESLÉ (Mlle de)　8

舍勒－凯斯特纳一家　SCHEURER-KESTNER (famille)　446

舍瓦叙（记者）　CHEVASSU [journaliste]　809，831

舍维涅伯爵夫人，德（阿德奥姆之妻，闺名洛尔·德·萨德）　CHEVIGNÉ (comtesse Adhéaume de, née Laure de Sade)　71，116，123，126，175，197，199，221，222，231，242，274，462，594，595，768，775，878，911，923，947，960，961，995，1033，1034

舍维涅一家　CHEVIGNÉ (famille)　647

舍维伊，玛丽·德　CHEVILLY, Marie de　481

舍维伊，皮埃尔·德　CHEVILLY, Pierre de　482，483

舍维伊一家，德　CHEVILLY (famille de)　503

圣奥莱尔伯爵，德　SAINT-AULAIRE (comte de)　161

圣保罗侯爵夫人，德　SAINT-PAUL (marquise de)　350

圣伯夫，夏尔·奥古斯丁　SAINTE-BEUVE, Charles Augustin　90，103，131，173，189，190，308，317，348，376，403，424，428，433，485，576，636，673，675，678，679，701，702，709，714—716，718，726，727，729，730，732—735，738，741，742，745，754，789，885，916，917，998，1015，1061

圣德费尔特夫人，德　SAINT-EUVERTE (Mme de)　300

圣德费尔特一家，德　SAINT-EUVERTE (famille de)　347

圣方济各·沙雷氏　FRANÇOIS DE SALES (saint)

473
圣卢夫人，德 SAINT-LOUP (Mme de). *Voir*: GILBERTE 见：希尔贝特
圣卢侯爵，罗贝尔·德 SAINT-LOUP (marquis Robert de) 25，149—151，207，208，223，241，279，415，420，450，470，520，531，541，546，547，548，552，553，566—568，576，583，585，592，593，731，752，783，791，806，820，821，825，826，833，837，838，844，856，870—872，874，878，882，885，931，932，936，937，995，1033
圣卢小姐 SAINT-LOUP (Mlle de) 151，619，796
圣卢一家 SAINT-LOUP (famille) 885
圣马丁 MARTIN (saint) 515
圣马尔索夫人，德 SAINT-MARCEAUX (Mme de) 350
圣马尔索先生，德 SAINT-MARCEAUX (M. de) 325
圣莫里斯，加斯东·德 SAINT-MAURICE, Gaston de 465，1062
圣琼·佩斯（阿莱克西斯·莱热，又名圣莱热） SAINT-JOHN PERSE (Alexis Léger, *dit* Saint-Léger) 782，894，1051
圣热罗姆 JÉRÔME (saint) 525
圣塞西尔 CÉCILE (sainte) 697
圣桑，卡米耶 SAINT-SAËNS, Camille 231，281，282，285，287，316，25，341—343，404，405，407，416，542，683，741，869，878，980
圣索维尔小姐，德 SAINT-SAUVEUR (Mlle de) 689
圣托马斯·阿奎纳 THOMAS D'AQUIN (saint) 388
圣西门（空想社会主义者） SAINT-SIMON (duc Henri de) 23
圣西门公爵，路易·德 SAINT-SIMON (duc Louis de) 44，160，275，417，419，428，473，586，593，613—615，619，677，678，691，707，708，710，727，799，823，893，908，912，946，959，960，961，973，983，995，997，1014，1017
圣约翰 JEAN (saint) 726
施莱辛格，汉斯 SCHLESINGER, Hans 659
施伦贝格尔，居斯塔夫 SCHLUMBERGER, Gustave 190，289，438，713，1072
施伦贝格尔，让 SCHLUMBERGER, Jean 803，805，899，921，981，1024，1055
施特劳斯（收藏） STRAUS (collection) 653
施特劳斯，埃米尔 STRAUS, Emile 114，116，816，855，861，863，871，1027，1032
施特劳斯，里查德 STRAUSS, Richard 802，878，980
施特劳斯夫人（埃米尔之妻，闺名热纳维耶芙·阿莱维） STRAUS (Mme Emile), née Geneviève Halévy 71，112—117，123，126，158，164，177，181，185，188，197，199，213，220—212，231，259，400，405，410，438，441，450，452，462，465，470，563，571，631，653，725，767，792，801，803，806，808，869，871，887，902，911，918，942，944—946，950，954，955，960，995，

1032，1056，1057
施特劳斯一家　STRAUS (famille)　117，213，289，293，342，438，467，688，719，1032，1038
施瓦茨，加布里埃尔　SCHWARTZ, Gabrielle　69
施沃布，马塞尔　SCHWOB, Marcel　140，186，375，399
史蒂文森，罗伯特·路易斯　STEVENSON, Robert Louis　85，408，591，858，1025
史蒂文斯（画家）　STEVENS [peintre]　171
史威登堡，伊曼纽　SWEDENBORG, Emmanuel　497，500
叔本华　SCHOPENHAUER　302，494
舒伯特，弗朗茨　SCHUBERT, Franz　683
舒曼，罗伯特　SCHUMANN, Robert　294，328，626，683，684，692，813，891
舒瓦西，让·德　CHOISY, Jean de　693
司各特，沃尔特　SCOTT, Walter　608，840，915
斯达尔夫人，德　STAËL (Mme de)　475，483，484
斯代马里亚夫人，德　STERMARIA (Mme de)　4，771，843
斯代马里亚小姐，德　STERMARIA (Mlle de)　747，748，753
斯丹达尔（亨利·拜尔的笔名）　STENDHAL (Henri Beyle, *dit*)　164，168，348，398，401—403，482，513，675，701，757，1009
斯当迪许夫人（亨利之妻，闺名埃莱娜·德·卡尔斯）　STANDISH (Mme Henry, née Hélène des Cars)　796，893，960，983
斯蒂尔，菲利浦·威尔逊　STEER, Philip Wilson　574
斯卡尔，安娜　SQUARE, Anna　775
斯科特，查尔斯·牛顿　SCOTT, Charles Newton　507，511，617
斯科特－蒙克里夫，查尔斯·K.　SCOTT-MONCRIEFF, Charles K.　966，967，1076
斯奈德斯　SNYDERS　665
斯普林格，玛丽－卡西莉娅·德　SPRINGER, Marie-Caecilia de　630
斯塔（路易·斯特恩之妻，又名玛丽亚·斯塔夫人）　STAR (Mme Louis Stein, *dite* Maria). *Voir aussi* : STERN (Mme Louis, née Ernesta de Herschel)　297。另见：斯特恩夫人（路易之妻，闺名厄内斯塔·德·埃尔舍乐）
斯塔尔（儒勒·雷泽尔，又名 P.-J·黑泽尔）　STAHL (Jules Hetzel, *dit* P.-J). *Voir* : Hetzel, Jules　见：黑泽尔，儒勒
斯坦海尔夫人　STEINHEIL (Mme)　469
斯特蒂纽斯（美国助理战争部长）　STETTINIUS [Ministre américain]　946
斯特恩，路易　STERN, Louis　298
斯特恩夫人（路易之妻，闺名厄内斯塔·德·埃尔舍乐）　STERN (Mme Louis, née Ernesta de Herschel)　297，310，350
斯特拉文斯基，伊戈尔　STRAVINSKY, Igor　209，758，768，815，858，967，1068
斯特瓦特　STEWART　26
斯万，哈里　SWANN, Harry　996，997
斯万，马塞尔（阿戈斯蒂耐利化名）　SWANN (Alfred Agostinelli, *dit* Marcel)　862
斯万，希尔贝特　SWANN, Gilberte. *Voir* :

GILBERTE　见：希尔贝特
斯万，夏尔　SWANN, Charles　10，13，38，64，67，68，109，113，116，128，140，186，190，200，201，207，228，232，239，251，252，257，266，287，291，309，343，349—353，361，372，377，402，416，423，437，450，465，468，469，504，533，552，559，561，573，583，591，632，731，732，739，741，745，756，777，782，783，793，800，820，821，825，826，828，837，846，861，881，898，907，912，965，978，996，1011，1033，1060
斯万夫人（夏尔之妻）　SWANN (Mme Charles). *Voir* : ODETTE　见：奥黛特
斯万小姐　SWANN (Mlle)　821
斯万一家　SWANN (famille)　151，201，437，468，533
斯温伯尔尼，阿尔杰农·查尔斯　SWINBURNE, Algernon Charles　195
苏波，菲利浦　SOUPAULT, Philippe　800
苏波，罗贝尔　SOUPAULT, Robert　40，47
苏策亲王，迪米特里　SOUTZO (prince Dimitri)　909
苏策亲王夫人，海伦·克里索夫罗尼　SOUTZO (Hélène Chrisoveloni, princesse)　71，123，126，154，462，538，583，901，905，909—911，914，917，922—924，934，943—947，956，960，961，965，972，998，999，1049
苏戴，保罗　SOUDAY, Paul　831，878，986，995—997，1029，1033，1055
苏格拉底　SOCRATE　124，234，301
苏利，莫里斯·德　SULLY, Maurice de　8
梭罗，亨利·大卫　THOREAU, Henry David　610
索福克勒斯　SOPHOCLE　362
索莱尔，阿尔贝　SOREL, Albert　158，160—162，402，427，428，612，634
索莱尔，塞西尔　SOREL, Cécile　988
索利耶医生　SOLLIER [docteur]　538，633，634，648，649，656
索尼娅　SONIA　732
索瓦尔格一家　SAUVALGUE (famille)　331
索西埃将军　SAUSSIER (général)　144
索希纳（家）　SAUSSINE (famille)　269，288
索希纳伯爵，德　SAUSSINE (comte de)　244，245，254，269，288

T

塔尔德　TARDE　159，530
塔勒芒·德·雷欧　TALLEMANT DES RÉAUX　893
塔里德　TARRIDE　581
塔列朗—佩里戈，埃利·德　TALLEYRAND-PÉRIGORD, Hélie de　1003
塔列朗—佩里戈，路易·德　TALLEYRAND-PÉRIGORD, Louis de　960
塔列朗—佩里戈伯爵夫人，维拉　TALLEYRAND-PÉRIGORD (comtesse Vera de)　68
塔隆德布瓦（雅克·博纳米，又名）　TALONDEBOIS (Jacques Bonami, *dit*)　411
塔罗兄弟　THARAUD (fréres)　778，1016
塔西佗　TACITE　71，89，91，131，503
泰奥，路易丝　THÉO, Louise　25

泰戈尔，拉宾德拉纳特　TAGORE, Rabindranath　529，1057
泰拉斯，克洛德　TERRASSE, Claude　208
泰里耶（医学教授）　TERRIER (professeur de médecine)　451
泰特，玛姬　TEYTE, Maggie　719，772，777
汤姆逊，瓦伦蒂娜　THOMSON, Valentine　578，657，762
汤普森　THOMPSON　156
汤森德将军　TOWNSHEND (général)　893
陶普赛尔，吉普（阿尔贝·阿尔芒·德·卡雅维，又名）　TOPSAIL (Albert Arman de Caillavet, *dit* Jip). *Voir* : ARMAN DE CAILLAVET, Albert　见：阿尔芒·德·卡雅维，阿尔贝
忒奥克里托斯　THÉOCRITE　202，334，335
特拉，J. 德　TRAZ, J. de　223
特拉夫先生，德　TRAVES (M. de)　364，365，415
特拉里厄，加布里埃尔　TRARIEUX, Gabriel　167，169，170，194，206，440
特雷龙、韦冬和韦伊（商号）　TRÉLON, WEIDON ET WEIL (maison de commerce)　24
特雷亚尔伯爵夫人　TREILHARD (comtesse)　1049
特龙什　TRONCHE　24
特鲁莱　TROULAY, M.　166
特鲁瑟　TROUSSEAU　42
特吕埃勒，雅克　TRUELLE, Jacques　905，912—914，923，972
特维纳兹　THÉVENAZ　918
梯也尔，路易·阿道尔夫　THIERS, Louis Adolphe　8，1009
梯叶里，奥古斯丁　THIERRY, Augustin　11，70，71，93，94，530，596
提埃波罗　TIEPOLO　700
提贝里乌斯　TIBÈRE　89，91
提　香　TITIEN (Le)　504，691，700，750，937，1083
透纳　TURNER　508，510，513，514，520，527，653，671，694，741
图拉真　TRAJAN　71
图卢兹—罗特列克，亨利·德　TOULOUSE-LAUTREC, Henri de　172，265，504，898
图什，皮埃尔·德（马塞尔·普鲁斯特，又名）　TOUCHE (Marcel Proust, *dit* Pierre de)　169，179
吐温，马克　TWAIN, Mark　66
托尔舍，维尔日妮　TORCHEUX, Virginie　41
托尔斯泰，列夫　TOLSTOÏ, Léon　121，181，267，279，292，295，296，346，352，381，508，612，674，675，755，771，869，952
托克维尔，亚历克西·德　TOCQUEVILLE, Alexis de　161
托兰斯，阿代拉伊德　TORRANCE, Adélaïde　251
陀思妥耶夫斯基，费道尔　DOSTOÏEVSKI, Fédor　181，674，840，869，892，940—941，952，1062

W

瓦达先生　WADA (M.)　961
瓦尔代克–卢梭，勒内　WALDECK-ROUSSEAU, René　464，621

瓦尔多涅侯爵，德　VALTOGNES (Marquis de)　465
瓦尔耐　VOLNEY　8
瓦格拉姆夫妇　WAGRAM　439
瓦格拉姆亲王夫人　WAGRAM (princesse de)　242，459
瓦格纳，里查德　WAGNER, Richard　196，218，225，241，245，250，281，282，286，288，367，372，433，494，501，504，627，634，639，684，697，736，771，772，778，789，799，843，857，858，869，970，878，883，918，952，956，980，1062
瓦卡莱斯科，埃莱娜　VACARESCO, Hélène　904
瓦凯医生　VAQUEZ [docteur]　554
瓦莱里，保罗　VALÉRY, Paul　5，122，144，150，158，209，363，364，399，461，492，498，511，529，679
瓦莱特，阿尔弗雷德　VALLETTE, Alfred　557，609，729，730—732，735，810，841
瓦兰－贝尼耶（银行家）　VARIN-BARNIER [banquier]　5，962
瓦朗蒂努瓦公爵，德（皮埃尔·格里马尔蒂）　VALENTINOIS (Pierre Grimaldi, duc de). *Voir aussi:* POLIGNAC, Pierre de　1002。另见：波利尼亚克，皮埃尔·德
瓦朗蒂努瓦女公爵，德，（摩纳哥的夏洛特）　VALENTINOIS (Charlotte de Monaco, duchesse de)　1001
瓦鲁，居斯塔夫·洛朗斯·德　WARU, Gustave Laurens de　175，176，223
瓦鲁夫人，德（雅克之妻）　WARU (Mme Jacques de)　1054
瓦伦丁（马塞尔·普鲁斯特的绰号）　VALENTIN (Marcel Proust, *dit*)　759
瓦纳里　VANELLI　745，1050
王尔德，奥斯卡　WILDE, Oscar　186—188，228，239，395，418，429，435，461，535，699，1052
旺达尔，阿尔贝　VANDAL, Albert　158，162，167，203
旺德莱姆　VANDÉREM　977
威尔第　VERDI　281，282，298
威尔士亲王，德　GALLÉS (prince de)　96，186，221，231，464，468，906
威尔斯，赫伯特·乔治　WELLS, Herbert George　864
威尔逊　WILSON　955
威廉二世　GUILLAUME II　464，699，955
薇薇安　VIVIANE　747
韦贝尔，皮埃尔　VÉBER, Pierre　265
韦伯（餐馆）　WEBER [restautant]　224，436，457，458，531，555
韦伯小姐　WEBER (Mlle)　130
韦尔波　VELPEAU　47
韦尔希尼，拉乌尔　VERSINI, Raoul　124
韦里埃尔小姐，德　VERRIÈRES (demoiselles de)　8
韦芒杜瓦小姐　VERMANDOIS (Mlle)　1001
韦奈尔　VERNAIRE　581
韦斯韦勒　WEISWEILLER　38
韦特，埃莱娜－路易丝　HOUETTE, Hélène-Louise　57
韦伊（拉萨尔，又名路易）　WEIL (Lazard,

dit Louis) 19
韦伊，巴鲁赫 WEIL, Baruch 19，20，22—23
韦伊，路易 WEIL, Louis 4，5，24—27，47，79，110，255，359，663
韦伊，莫里斯 WEIL, Maurice 447
韦伊，纳特 WEIL, Nathé 19，22，23，28，30，376，467，1083
韦伊，乔治 WEIL, Georges 5，21，29，30，425，657—658，662，698
韦伊，让娜 WEIL, Jeanne. *Voir* : PROUST (Mme Adrien, née Jeanne Weil) 见：普鲁斯特夫人（阿德里安之妻，闺名让娜·韦伊）
韦伊，亚伯拉罕·阿尔丰斯 WEIL, Abrahan Alphonse 26
韦伊、特雷龙和朗格卢瓦－索耶（商号）WEIL, TRÉLON ET LANGLOIS-SAUER (maison de commerce) 24
韦伊夫人（巴鲁赫之妻，闺名萨拉·纳坦）WEIL (Mme Baruch, née Sarah Nathan) 19
韦伊夫人（纳特之妻，闺名阿代勒·伯恩卡斯特尔） WEIL (Mme Nathé , née Adèle Berncastel) 28—30，32，34，85，155
韦伊一家 WEIL (famille) 19—21，23，28，29，33，71，422，467
维奥莱－勒－杜克 VIOLLET-LE-DUC 529
维贝尔 VIBERT 625
维德梅尔医生 WIDMER [docteur] 631，776
维多尔 WIDOR 619
维多利亚女王 VICTORIA (reine) 572
维尔巴里西斯夫人，德 VILLEPARISIS (Mme de) 前言8。22，403，443，463，465，618，678，731，732，825，838，839，931，976，1003，1030，1036，1061
维尔迪兰夫妇 VERDURIN (famille) 177，178，459，732，748，783，808，825，841，843，849，850，870，883，931，932，965，1054，1060
维尔迪兰夫人 VERDURIN (Mme) 112，140，156，169，220，231，2321，298，300，323，325，638，673，782
维尔迪兰沙龙 VERDURIN (salon) 33，162，231，298，353，841
维尔迪兰先生 VERDURIN (M.) 574，748
维尔曼 VILLEMAIN 1009
维尔纳爵士，朱利乌斯 WERNER (sir Julius) 708
维吉尔 VIRGILE 131，335，529，644，648，940
维卡尔医生 WICART [docteur] 1015
维克斯勒，卡米耶 WIXLER, Camille 949，1050
维拉古特（客栈） VERAGUTH [pension] 251
维莱特 WILLETTE 172
维利（亨利·戈蒂耶－维拉尔的笔名） WILLY (Henri Gauthiers-Villars, *dit*) 312，412，435，611
维利耶·德·里勒－亚当，奥古斯特 VILLIERS DE L'ISLE-ADAM, Auguste 285，7757
维罗，吕西安 VIRAUT, Lucien 687
维纳 WIENER 1071
维尼，阿尔弗雷德·德 VIGNY, Alfred de 前言9。327，481，1026
维尼奥教士，皮埃尔 VIGNOT (abbé Pierre) 225，227，612

维斯特里斯　VESTRIS　770
维塔尔，卡米耶　VETTARD, Camille　589
维亚尔，爱德华·让　VUILLARD, Edouard Jean　265，542，624，625，688，690，691，732，741，774，746
维庸，弗朗索瓦　VILLON, François　131
维泽瓦　WYZEWA　661
委拉斯开兹　Vélasquez　58
魏尔伦，保罗　VERLAINE, Paul　103，117，170，166，186，195，206，226，234，237，240，241，256，268，274，275，283，308，310，360，518，626，956
翁西厄，弗朗索瓦·德　ONCIEU, François d'　503，530，688
沃杜瓦耶，让－路易　VAUDOYER, Jean-Louis　340，758，762，791，968，979，981，1007，1040，1041，1057
沃尔夫，弗雷德里希·奥古斯特　WOLF, Friedrich August　645
沃居埃，亨利·德　VOGÜÉ, Henry de　420，594
沃居埃，欧仁·梅尔基奥尔·德　VOGÜÉ, Eugène Melchior de　204
沃思　WORTH　237，347，460
沃伊祖德　WOJSZUND　592
乌德里，让－巴蒂斯特　OUDRY, Jean-Baptiste　335
乌维尔，热拉尔·德　HOUVILLE, Gérard d'　760
伍尔夫，弗吉尼娅　WOOLF, Virginia　964

X

西庇阿，埃米里安努　SCIPION, Emilien　91
西德尔，伊丽莎白　SIDDAL, Elizabeth　570
西尔旺德，巴尔达萨尔　SILVANDE, Baldassare　279，289—293，295，306，344，346，398
西尔韦斯特，阿尔芒　SILVESTRE, Armand　310
西格弗里德，安德烈　SIEGFRIED, André　161
西克特，瓦尔特　SIECKERT, Walter　209
西洛尔（议员）　SILHOL [parlementaire]　532
西蒙娜夫人　SIMONE (Mme). *Voir* : LE BARGY (Simone, *dite* Mme)　见：勒巴尔吉（又名西蒙娜夫人）
西塞罗　CICÉRON　91
西斯莱，阿尔弗雷德　SISLEY, Alfred　572，630，898
西特里夫人，德　CITRI (Mme de)　1060
希尔贝特　GILBERTE　67，79，89，113，151，154，199，222，358，438，468，530，546—547，619，714，723，739，743，749—751，753，756，796，830，838，840，843，846，850，872，884，975
希夫，西德尼　SCHIFF, Sydney　186，965，966，967，1056，1068，1073，1076
希夫夫妇　SCHIFF (famille)　967，1056，1068
希腊国王　GRÈCE (roi de)　26
希罗多德　HÉRODOTE　520

希洛（餐馆） CIRO [restaurant] 874，909
希迈亲王，约瑟夫·德 CHIMAY (prince Joseph de) 460，614，820
希迈一家 CHIMAY (famille) 562
希内斯特，玛丽 GINESTE, Marie 851，983
希内斯特，塞莱斯特 GINESTE, Céleste. *Voir*: ALBARET (Mme Odilon, née Céleste Gineste) 见：阿尔巴莱夫人（奥迪隆之妻，闺名塞莱斯特·希内斯特）
希塞尔 GISÈLE 887
希思，威利 HEATH, Willie 186，226—228，261，277，315，373
希特维尔，埃迪斯 SITWELL, Edith 965
希特维尔，奥斯伯特 SITWELL, Osbert 965
席勒，弗里德里希·冯 SCHILLER, Friedrich von 389
夏波奈夫人，德 CHAPONAY (Mme de) 274
夏布里埃，埃马纽埃尔 CHABRIER, Emmanuel 684，889
夏多布里昂，弗朗索瓦－勒内·德 CHATEAUBRIAND, François-René de 8，91，92，164，178，185，289，456，463，481，485，552，608，685，716，718，723，734，747，917，943，1072
夏尔丹，让 CHARDIN, Jean 306，337，338，500，625，807，979，1007
夏尔丹夫人（让之妻） CHARDIN (Mme Jean) 1007
夏古，让－巴蒂斯特 CHARCOT, Jean-Baptiste 42，436，690，944
夏里亚宾 CHALIAPINE 815
夏吕斯男爵，帕拉墨德·德 CHARLUS (baron Palamède de) 25，92，93，94，109，137，157，179，187，199—201，228，233，239，242，253，270—273，311，323，356，373，388，389，418，458，548，552，574，580，614，615，638—640，700，712，732，737，763，764，783，790，791，795，813，825，826，837，839，841—843，856，857，864，870，886，888，891，904，921，925，931，932，934，936，938，940，942，948，959，971，986，999，1001，1029，1031，1033，1036—1038，1051，1056，1060，1061
小弗兰肯 FRANKEN LE JEUNE 665
小普林尼 PLINE LE JEUNE 71
小仲马 DUMAS FILS, Alexandre 70，175，190，229，232
肖邦，弗雷德里克 CHOPIN, Frédéric 254，274，328，351，540，684，758，1071
肖莱伯爵，阿尔芒－皮埃尔·德 CHOLET (Armand-Pierre, comte de) 148—150，203，407
肖莱中尉，德 CHOLET (lieutenant de). *Voir*: CHOLET (Armand-Pierre, comte de) 见：肖莱伯爵，阿尔芒－皮埃尔·德
肖梅，安德烈 CHAUMEIX, André 612，985，1008，1055
肖松 CHAUSSON 281
肖松夫人 CHAUSSON (Mme) 904
肖沃（议员） CHAUVEAU [parlementaire] 532
谢德比安，雅克·杜布瓦·德 CHEFDEBIEN, Jacques Dubois de 483，820
谢夫里永，安德烈 CHEVRILLON, André 1016

谢阁兰　SEGALEN, Victor　782
谢科维奇夫人，玛丽　SCHEIKÉVITCH (Mme Marie)　754，799，827，847，872，885，914，922，924，951，952
谢雷特　CHÉRET　172
谢林　SCHELLING　302
谢吕埃尔　CHÉRUEL　614
谢尼埃，M.-J.　CHÉNIER, M .-J.　8
谢尼埃，安德烈　CHÉNIER, André　274，539
辛格，温娜莱塔　SINGER, Winnaretta　540
新城（证券经纪所）　NEUSTADT　880
兴登堡　HINDENBURG　937，954
叙尔朗德医生　SURLANDE [docteur]　64
叙利·普吕多姆　SULLY PRUD'HOMME, 170，195—196，310，597，720
叙歇，路易·加布里埃尔　SUCHET, Louis Gabriel. *Voir* : ALBUFERA (Louis Gabriel Suchet, duc d')　见：阿尔布费拉（路易·加布里埃尔·叙歇，阿尔布费拉公爵）
絮比安　JUPIEN　389，430，640，820，842，844，886，936，971，1046
絮希夫人，德　SURGIS, Mme de　38

Y

雪莱，玛丽　SHELLEY, Mary　131，195，515
雅各布，马克斯　JACOB, Max　209，900
雅各布先生　JACOB　1043
雅科尼耶　JACONNIER　92
雅克蒙　JACQUEMONT　675
雅库（一部医学辞典的作者）　JACCOUD [auteur d'un dictionnaire de médecine]　78
雅利菲耶先生　JALLIFIER (M.)　92，102
雅卢，埃德蒙　JALOUX, Edmond　340，956，981，1000，1005，1033，1055，1074
雅姆，弗朗西斯　JAMMES, Francis　680，757，771，814，831，904，943，981，1030，1031，1054
雅南　JANIN, J.　8
雅内，保罗　JANET, Paul　301，306
亚伯拉罕　ABRAHAM　377
亚当，保罗　ADAM, Paul　144，735
亚当，朱丽叶　ADAM, Juliette　328
亚里士多德　ARISTOTE　121，129，388
亚历山大（作家）　ALEXANDRE [auteur]　349
亚历山大，米歇尔　ALEXANDRE, Michel　118
亚历山大三世　ALEXANDRE III　464，908
亚历山大小姐，塞西莉，　ALEXANDER (miss Cecily)　574
亚历山大，塞尔维亚的　ALEXANDRE DE SERBIE,　313
亚历山德拉皇后　ALEXANDRA (impératrice)　391
耶稣基督　JÉSUS-CHRIST　219，812，1024
伊波莉塔　HIPPOLYTA　373
伊拉斯谟　ERASME　473
伊莱雷，雅克　HILLAIRET, Jacques　7
伊丽莎白，奥地利的　AUTRICHE, Elisabeth d'　460
伊丽莎白，俄罗斯的　ELISABETH DE RUSSIE　162
伊利伯，保罗　IRIBE, Paul　877
伊尼斯达尔，泰蕾兹·德　HINNISDAEL, Thérèse d'　943，1049
伊尼斯达尔一家　HINNISDAEL (famille)　904
伊普希朗蒂斯　YPSILANTI　162

伊特曼，莱昂　YEATMAN, Léon　298，301，302，333，440，514，525，544，558
伊图利，加布里埃尔·德　YTURRI, Gabriel d'　234，238，239，243，275，276，614，615，639，640，960
伊祖莱　IZOULET　493
以色列爵士，鲁弗斯　ISRAEL (sir Rufus)　29，136
易卜生，亨利克　IBSEN, Henrik　195，508
尤贝尔季也夫亲王夫人　YOURBELETIEFF (princesse)　690
于贝尔　HUBERT, J.　344，357，365
于尔里克　ULRICH, Robert　662，672，676，736，762
于尔曼，康斯坦丁　ULLMANN, Constantin　555，659，745，880，941，958
于雷，儒勒　HURET, Jules　400
于米埃尔，罗贝尔·德　HUMIÈRES, Robert d'　516，531，568，569，607，608，620，873，885
于斯曼，若利斯－卡尔　HUYSMANS, Joris-Karl　186，235，236，238，400，455，518，530，917
于泽公爵夫人，德　UZÈS (duchesse d')　231
于泽斯公爵，德　UZÈS (duc d')　231
雨果，让　HUGO, Jean　800，918，922，1047，1048
雨果，让娜　HUGO, Jeanne　168
雨果，维克多　HUGO, Victor　前言9。8，22，69，97，195，237，241，275，315，398，511，516，597，626，634，679，756，922
雨果夫人（让之妻，闺名瓦伦蒂娜·格罗斯）HUGO (Mme Jean, née Valentine Gross)　800，918，1071

Z

赞科维奇将军　ZANKÉVITCH (général)　922
扎马克伊斯，米盖尔　ZAMACOÏS, Miguel　878
詹姆士一世（英格兰和爱尔兰国王）JACQUES Ier　529
詹姆斯，亨利　JAMES, Henry　209，435
贞德　ARC, Jeanne d'　1083
朱迪克　JUDIC　172
朱利安（学院）　JULIAN (Académie)　353
祖契尼伯爵　ZUCCHINI (comte)　947
左拉，埃米尔　ZOLA, Emile　42，45，86，117，130，144，165，193，263，308，378，399—401，409，410，439，441，444，446，452，532，624，761，810，1063
佐·达克萨　ZO D'AXA　144
作家B　B. [écrivain]　431，636
作家C　C. [écrivain]　330，331，405，415

其他专有名称译名对照表

按中文译名音序排列，不含已列入人物表的专有名称

A

阿巴雄　Arpajon

阿贝维尔　Abbeville

阿德莱　Adrets

阿尔卑·格吕姆　Alp Grüm

阿尔比　Albi

阿尔赫西拉斯　Algésiras

阿尔卡扎　Alcazar

阿尔萨斯　Alsace

阿尔图瓦街　rue d'Artois

阿加迪尔　Agadir

阿雷纳礼拜堂　chapalle de l'Arena

阿姆兰街　rue Hamelin

阿瑟纳尔图书馆　Bibliothèque de l'Arsenal

阿斯托尔格街　rue d'Astorg

阿瓦隆　Avallon

阿歇特（出版社）　Hachette

埃当普　Etampes

埃夫勒　Evreux

埃拉尔音乐厅　la salle Érard

埃纳凯尔　Hennequelle

埃斯库弗莱尔（药粉）　poudre Escouflaire

埃斯皮克（烟卷）　cigarette Espic

埃特勒塔　Étretat

埃维昂　Evian

艾尔默侬维尔　Hermenonville

艾格泽尔曼大道　boulevard Exelmans

艾克斯博物馆　le musée d'Aix

安加维尔　Incarville

昂布瓦兹　Amboise

昂代伊　Hendaye

昂蒂布　Antibes

昂热　Angers

敖德萨　Odessa

奥布（省）　Aube

奥德翁剧场　théâtre de l'Odéon

奥克西亚克村　village d'Auxillac

奥莱　Auray

奥什大街　avenue Hoche

奥斯曼大道　boulevard Haussmann

奥斯坦德　Ostende

奥通　Authon

奥特伊　Auteuil

B

巴德-克罗伊茨纳赫　Bad Kreuznach
巴尔贝克　Balbec
巴格达　Bagdad
巴勒鲁瓦　Balleroy
巴纳伊巴　Parnaiba
巴尼耶城关街　rue du Faubourg-Bannier
巴萨拉巴　Bassaraba
巴士拉　Bassorah
巴约纳　Bayonne
百家乐（牌戏）　baccara
拜罗伊特　Bayreuth
贝尔格拉诺港　Puerto Belgrano
贝尔里夫　Bellerive
贝尔希–圣安东尼街　rue Bercy-Saint-Antoine
贝格–梅伊　Beg-Meil
贝里街　rue Berri
贝纳维尔　Bénerville
贝叶　Bayeux
比达什　Bidache
比诺大道　boulevard Bineau
比斯克腊　Biskra
比亚利兹　Biarritz
波城　Pau
伯顿街　rue Berton
伯尔尼　Berne
伯尔尼纳（客栈）　Bernina
伯内尔维尔　Benerville
勃朗峰　Mont-Blanc
博恩　Beaune
博容街　rue Beaujon
博斯　Beauce
博斯凯大街　avenue Bosquet
博韦　Beauvais
博镇　Baux
布昂布莱斯　Bourg-en-Bresse
布尔日　Bourges
布莱特维尔–洛尔格耶兹　Bretteville-l'Orgueilleuse
布兰（公司）　Blin
布兰维利耶村　Boulainvilliers
布劳赛良德森林　forêt Brocéliande
布利克维尔–洛尔格耶兹　Bricqueville-l'Orgueilleuse
布列塔尼　Bretagne
布龙涅　Boullongne
布鲁　Brou
布鲁日　Bruges
布莱尼姆（宫）　Blenheim
布洛涅（森林）　Boulogne
布洛涅苏尔塞纳　Boulogne-sur-Seine
布瓦–布德朗城堡　château de Bois-Boudran
布瓦西–当格拉街　rue Boissy-d'Anglas
珀蒂–阿贝维尔　Petit-Appeville

C

采尔马特　Zermatt
策勒日纳　Celerina
城堡山　Schlossberg
刺槐大街　avenue des Acacias
刺槐小道　allée des Acacias

D

达达尼尔（海峡） Dardanelles
达尔古尔音乐厅 concerts d'Harcourt
达尔古尔度假屋 chalet d'Harcourt
大旅社 Grand Hôtel
大品脱（酒馆） la Grand'Pinte
大钟（音乐厅） Horloge
代尔夫特 Delft
戴比尔斯公司 la De Beers
道德行动联盟 the Union pour l'Action Morale
德弗朗斯（旅馆） Defrance
德加兹维尔 Decazeville
德里尼（浴场） Deligny
德鲁奥（拍卖行） Drouot
德洛伊教 Druid
德塞夫勒（省） Deux-Sèvres
迪弗 Dives
迪福街 rue Duphot
迪兰（餐厅） Durand
迪洛克街 rue Duroc
迪纳尔 Dinard
迪南 Dinan
迪耶普 Dieppe
第戎 Dijon
东锡埃尔 Doncières
都市旅馆 Hôtel Métropole
杜埃街 rue de Douai
杜尔当 Dourdan
杜瓦讷内 Douarnenez
杜伊勒里 Tuileries
多德雷赫特 Dordrecht
多菲纳（门、广场） Dauphine
多维尔 Deauville

E

厄尔－卢瓦（省） Eure-et-Loir
恩嘎丁 Engadine

F

法尔内塞（宫） Farnèse
法莱兹 Falaise
法兰西剧院 Théâtre-Français
法兰西喜剧院 la Comédie-Française
法瓦尔街 rue Favart
法亚（出版社） Fayard
菲尼斯泰尔 Finistère
费纳龙中学 l'école Fénelon
费尚迪尔街 rue de la Faisanderie
丰蒂街 rue des Fontis
佛罗里安（咖啡馆） Florian
弗莱纳城堡 château du Fresne
弗雷蒙（别墅） Frémonts
贝尔热游乐场 Folies-Bergère
符腾堡 Wurtemberg
福伦丹 Volendam
阜姆 Fiume

G

伽雅（酒吧） Gaya
盖－吕萨克街 rue Gay-Lussac
高城街 rue Hauteville
戈多德莫鲁瓦街 rue Godot-de-Mauroy

格恩西岛　Guernesey
格拉斯海滨　Côte de Grâce
格勒奈尔（平原）　Grenelle
格勒奈尔街　rue de Grenelle
格勒内塔　Greneta
格勒诺布尔　Grenoble
格利索莱　Glisolles
根特　Gand
拱廊街　rue de l’Arcade
贡比涅宫　le palais de Compiègne
贡布尔　Combres
古尔－布吕雷庄园　le manoir de la Cour-Brûlée
贵妇小径　le Chemin des Dames

H

哈里发　Khalifes
海上美丽岛　Belle-Île-en-Mer
海啸角　la pointe du Raz
好孩子街　rue des Bons-Enfants
和平街　rue de la Paix
赫库兰尼姆　Herculanum
黑岩（饭店）　Roches Noires
亨利－马丁大街　avenue Henri-Martin
滑稽歌舞剧场　Vaudeville

J

基伯龙　Quiberon
吉维尼　Giverny
加埃塔　Gaète
加拉加斯　Caracas
加拉奇　Galatz
加罗班医生街　rue du Docteur-Galopin
居尔街　rue Cure

K

卡昂　Caen
卡堡　Cabourg
卡道尔兹（别墅）　Quatorze
卡蒂纳（城堡）　Catina
卡尔顿（酒店）　Carlton
卡尔克迪伊特　Carquethuit
卡尔曼－莱维（出版社）　Calmann-Lévy
卡尔瓦多斯　Calvados
卡吕普索岛　l'île de Calypso
卡普拉罗拉　Caprarola
开心（剧场）　la Gaîté
凯尔克维尔　Querqueville
坎佩尔　Quimper
康邦街　rue Cambon
康布尔　Combourg
康布雷　Cambrai
柯尔－沃朗（庄园）　les Coeur-Volant
科林斯　Corinthe
科罗纳乐团　Concerts de Colonne
科佩　Coppet
克莱蒙－费朗　Clermont-Ferrand
克莱斯塔尔塔　Crestalta
克勒尼耶度假屋　chalet des Creuniers
克雷西城堡　château de Crécy
克雷伊　Creil
克里克勃夫　Criqueboeuf
克利翁（饭店）　le Crillon

克利希街　rue Clichy
克伦格里曼　Kerengrimen
克吕尼博物馆　musée de Cluny
孔蒂河岸　quai de Conti
孔多塞中学　lycée Condorcet
孔卡诺　Concarneau
孔什　Conches
库楚克－凯纳吉和约　le traité de Koutschouk-Kaïnardji
库塞尔街　rue de Courcelles
库特阿马拉　Kout-el-Amara
库瓦尔　Coire

L

拉昂　Laon
拉贝鲁兹街　rue La Pérouse
拉布勒托纳利街　rue de la Bretonnerie
拉菲特街　rue Laffitte
拉弗斯（点心店）　Lafosse
拉卡兹（别墅）　La Case
拉里布瓦西埃（医院）　Lariboisière
拉吕（餐馆）　Larue
拉纳大道　boulevard Lannes
拉奈克医院　hôpital Laennec
拉什普利埃　Rachepelière
拉斯帕伊大道　boulevard Raspail
拉斯普利埃　Raspelière
拉图尔－莫堡大道　boulevard de la Tour-Maubourg
拉瓦莱城堡　château des Ravalet
拉伊俄斯　Laïos
莱蒙（湖）　Léman
莱斯沃斯岛　Lesbos
兰斯　Reims
蓝街　rue Bleue
朗斯　Lens
老鸽巢（剧场）　Vieux Colombier
勒阿弗尔　Le Havre
勒贝克－埃卢安（修道院）　Le Bec-Hellouin
勒布雷　Lepré
勒格拉药粉　poudre Legras
勒芒　Le Mans
勒蒙多尔　Le Mont-Dore
勒特雷堡　Le Tréport
勒瓦鲁瓦－佩莱　Levallois-Perret
雷恩　Rennes
雷穆萨特街　Rémusat
雷韦永　Réveillon
累西腓　Récife
里昂信贷银行　Credit Lyonnais
里勒－亚当　l'Isle-Adam
里什庞斯街　rue Richepanse
里瓦－贝拉　Riva-Bella
的里雅斯特　Trieste
立波淋（漆）　Ripolin
利布尔纳　Libourne
利沃里街　rue de Rivoli
利雪　Lisieux
卢孚仙纳　Louveciennes
卢克索　Luxor
卢泰斯　Lutèce
卢瓦河　Loir
卢瓦广场　place Louvois
卢瓦莱（省）　Loiret
鲁昂　Rouen

鲁凯特　Rouquette
鲁瓦　Roy
路尔德　Lourdes
罗尔斯（汽车品牌）　Rolls
罗林（中学）　Rollin
罗什庄园　le manoir des Roches
罗斯柴尔德银行　la banque Rothschild
洛朗 – 皮沙街　rue Laurent-Pichat
洛朗（出版社）　Laurens
洛泽尔（省）　Lozère
吕埃尔　Rueil

M

马丹维尔　Martinville
马蒂兰（歌剧院）　Mathurins
马古维尔　Marcouville
马古维尔 – 洛尔格耶兹　Marcouville-l'Orgueilleuse
马焦雷湖　le lac Majeur
马拉科夫楼　Tour Malakoff
马勒泽布大道　boulevard Malesherbes
马利尼（大街、公馆、剧场）　Marigny
马林斯基剧场　théâtre Marinski
马戏团街　rue du Cirque
马扎林图书馆　la bibliothèque Mazarine
玛格丽特街　rue Margueritte
玛格丽特小道　les allées Marguerite
玛吉斯迪克（酒店）　Majestic
芒特　Mantes
芒通　Menton
梅恩维尔　Maineville
梅济东　Mézidon
梅塞格里丝　Méséglise
梅善街　rue Méchain
美岸（饭店）　Beaurivage
美因茨　Mayence
蒙彼里埃　Montpellier
蒙大拿　Montana
蒙坦威尔　Montanvert
蒙马特　Montmartre
蒙莫朗西大道　boulevard de Montmorency
蒙舒凡　Montjouvain
蒙梭　Monceau
蒙特勒　Montreux
梦特芳丹　Mortefontaine
米拉波桥　le pont Mirabeau
米鲁格兰（村）　Mirougrain
米洛梅尼尔街　rue de Miromesnil
明斯特尔阿姆斯泰因　Münster-am-Stein
莫尔特马尔　Mortemart
莫伽道尔　Mogador
莫莱教堂　église de Moret
莫里斯（饭店）　Meurice
莫特马尔公馆　hôtel de Mortemart
墨林　Merlin
墨洛温王朝　dynastie mérovingienne
墨西拿大街　avenue de Messine
默东森林　bois de Meudon
穆西城堡　château de Mouchy

N

纳比派（画家）　les nabis
纳厄河　Nahe
奈岩峰　Rochers de Naye

耐克尔医院 l’hôpital Necker
尼德维勒（陶瓷厂） Niederwiller
尼曼河 Niémen
鸟儿街 rue de l’Oiseau
努瓦永 Noyon
诺莱 Norray

O

欧德迈尔桥 Pont-Audemer
欧迪耶纳 Audierne
欧塞尔 Auxerre

P

帕多瓦 Padoue
帕拉伊巴（州） Paraiba
帕普－卡尔庞捷 Pape-Carpentier
帕西镇 Passy
潘松维尔 Pinsonville
庞贝 Pompéi
庞马尔角 Penmarch
佩尔尚街 rue Perchamps
佩尔什 Perche
蓬莱未克 Pont-l’Évêque
蓬图瓦兹 Pontoise
皮埃尔－沙隆街 rue Pierre-Charron
皮卡第 Picardie
普莱耶尔（音乐厅） Pleyel
普雷城堡 château de Pray
普雷－加特朗 Pré-Catelan
普雷尼 Prégny
普罗尼街 rue de Prony
普罗万 Provins
普桑街 rue Poussin

Q

峭岩街 rue du Rocher
青蛙塘 La Grenouillère
犬鼠角斗场 Ratodrome
泉水街 rue la Fontaine

R

仁爱医院 Hopital de la Charité
日索尔 Gisors

S

萨尔拉博（庄园） Sarlabot
萨克斯 Saxe
萨利德贝阿恩 Salies-de-Béarn
萨梅丹 Samaden
萨瓦 Savoie
塞孚尔 Sèvres
塞文（山区） les Cévennes
赛因（岛） Sein
三街区（商店） Les Trois Quartiers
散步大道
桑塞尔 Sancerre
柳树街 rue des Saussaies
色格雷城堡 Segrez
瑟堡 Cherbourg
瑟穆尔 Semur
沙慕尼 Chamonix

沙普塔尔街　rue Chaptal
沙特尔　Chartres
沙托丹　Châteaudun
沙托－蒂埃里　Château-Thierry
上帝之家　Hôtel-Dieu
上萨瓦（省）　la Haute-Savoie
尚贝里　Chambéry
尚蒂伊　Chantilly
尚佩莱门　la porte Champerret
尚皮尼奥尔　Champignol
尚普罗塞　Champrosay
绅士运河　Herengracht
圣安德烈（教堂）　Saint-André-des-Champs
圣奥诺雷城关　Faubourg-Saint-Honoré
圣本笃街　rue Saint-Benoît
圣波尔德莱昂（教堂）　Saint-Pol-de-Léon
圣德尼街　rue Saint-Denis
圣菲利浦迪鲁莱（教堂）　Saint-Philippe-du-Roule
圣格拉蒂安　Saint-Gratien
圣吉约姆街　rue Saint-Guillaume
圣克鲁　Saint-Cloud
圣克罗蒂尔德（教堂）　Sainte-Clotilde
圣拉斐尔　Saint-Raphaël
圣拉萨尔（车站、街）　Saint-Lazare
圣礼拜堂　Sainte-Chapelle
圣灵街　rue du Saint-Esprit
圣卢德诺（教堂）　Saint-Loup-de-Naud
圣路易·德·昂坦教堂　Eglise Saint-Louis d’Antin
圣路易德贡扎格（中学）　Saint-Louis-de-Gonzague
圣洛　Saint-Lô
圣马丁门剧场　théâtre de la Porte-Saint-Martin
圣马洛　Saint-Malo
圣玛丽迪伊布修道院　abbaye de Sainte-Marie-du-Hibou
圣莫里茨　Saint-Moritz
圣皮埃尔德夏优教堂　l’église Saint Pierre de Chaillot
圣乔治德博什维尔（修道院）　Saint-Georges-de-Boscherville
圣乔治学院　San Giorgio degli Schiavoni
圣让德布莱　Saint-Jean-de-Braye
圣热尔维教堂　l’église de Saint-Gervais
圣－热纳维耶芙修道院　l’abbaye de Sainte-Geneviève
圣日耳曼公园　parc Saint-Germain
圣日曼昂莱　Saint-Germain-en-Laye
圣特拉伊街　rue de Saintrailles
圣托兰教堂　l’église Saint-Taurin
圣旺德里伊　Saint-Wandrille
圣乌尔弗朗教堂（教堂）　Saint-Wulfram
圣叙尔皮塞德法维埃　Saint-Sulpice-de-Favieres
圣雅克（教堂）　Saint-Jacques
圣伊莱尔　Saint-Hilaire
史密森学会　Smithsonian Institution
世界犹太人联盟　l’Alliance Israélite Universelle
舒瓦塞尔（胡同）　Choiseul
舒子爵　Jouy-le-Vicomte
水塔（剧场）　Château d’Eau
斯卡拉　Scala
苏瓦松　Soissons

索邦大学　Université Sorbonne
索姆河谷　vallée de la Somme

T

泰奥迪勒–里博街　rue Théodule-Ribot
唐松维尔　Tansonville
特雷吉耶　Tréguier
特雷帕塞（海湾）　Trépassés
特里尔　Trèves
特鲁维尔　Trouville
特罗卡德罗　Trocadéro
特吕代纳大街　avenue Trudaine
图尔　Tour
图赖讷　Touraine
托尔切洛　Torcello
托莱多　Tolède
托莫利城堡　château de Thomery
托农　Thonon
托斯卡纳　Toscane

V

维埃维克　Vieuvicq
维奥拉　Viola
维多利亚–尼昂萨（湖）　Victoria-Nyanza
维尔邦　Villebon
维尔–达弗雷　Ville-d'Avray
维尔弗朗什–德–鲁埃格　Villefranche-de-Rouergue
维尔–莱维克街　rue de la Ville-l'Evêque
维拉古特（客栈）　Veraguth
维莱尔　Villers
维利耶大街　avenue de Villiers
维勒维尔　Villerville
维罗纳　Vérone
维塔尔街　rue Vital
维希　Vichy
维兹莱　Vézelay
维兹奈　Vésinet
翁弗勒尔　Honfleur
沃尔姆斯　Worms
沃屈瓦　Vauquois
沃思　Worth
乌尔加特　Houlgate
乌特勒支　Utrecht

W

瓦尔蒙　Valmont
瓦拉几亚　Valachie
瓦兰–贝尼耶（银行）　Varin-Bernier
瓦利埃尔城堡　château de Vallières
王宫（剧场）　Palais-Royal
王家街　rue Royale

X

希洛（餐馆）　Ciro
锡尔斯–玛丽亚　Sils-Maria
席尔瓦·普拉纳　Silva Plana
喜歌剧院　l'Opéra-Comique
喜剧大杂烩（剧场）　l'Ambigu
下诺曼底　Basse-Normandie
夏尔–弗罗凯大街　avenue Charles-Floquet
夏季马戏场　Cirque d'été

夏特莱剧场　théâtre du Châtelet
夏优高地　Chaillot
先贤祠　le Panthéon
香堡　Chambord
硝石库学校　Ecole de la Salpêtrière
小宫　Petit Palais
协和桥　pont de la Concorde
辛迪加　Syndicat
新剧（剧场）　Nouveautés
新马戏场　Nouveau Cirque

Y

耶拿大街　avenue d'Iéna
伊甸园剧场　Eden-Théâtre
依维特街　rue Yvette
隐修士教堂　Chiesa degli Eremitani
涌泉街　rue Source
优尼克　Unic
于迪迈尼尔　Hudimesnil
于米埃热　Jumièges
鱼市街　rue Faubourg-Poissonnière

Z

政治科学自由学院　École Libre des Sciences Politiques
朱利耶　Juliers
朱斯蒂尼安宫　Palazzo Giustinian
装饰艺术博物馆　Musée des Arts décoratifs
紫杉圣皮埃尔　Saint-Pierre-des-Ifs
自由剧场　Théâtre-Libre
综艺（剧场）Variétés
作品（剧团）l'Œuvre

译后记

这是一部写给《追忆似水年华》读者的传记。

作者让-伊夫·塔迪耶是普鲁斯特研究大家和文学史家，在传记写作上尤另具手眼。他在普鲁斯特研究上倾注了多年心血，1971年出版专著《普鲁斯特和小说》，主编《阅读普鲁斯特》一书。1973年至1988年间主编《普鲁斯特学刊》的“普鲁斯特研究”专辑一至四卷。他主编的“七星文库”新版四卷本《追忆似水年华》（1987—1989年），在重新编定小说正文之外，辑印了创作过程中产生的大量草稿，并详加解说与注释[①]。在上述工作的基础上，作者着手普鲁斯特传记的创作，他明确提出：“一部真正的作家传记……，就应该是其作品的传记。”这正是本书的突出特色。作者从传主的家世、求学、阅读、交游入手，从他的课堂习作、报刊文章、翻译注疏、往来书信中，从他接触和喜爱的文学、美术和音乐作品中，爬梳整理他的思想谱系；作者力图向读者说明，小说中的各个主题如何逐步形成，现实中的人物如何进入构思中的小说，普鲁斯特羸弱敏感的身心、波澜起伏的爱情友情等“渺小”之处，又如何成就了小说的伟大。作者从总计七千多

① 以上仅就这部传记写作的学术背景而言。此书出版后，塔迪耶先生在文学史和文学批评著述、主编多部丛书之外，继续从事普鲁斯特研究，主编有《普鲁斯特与朋友们》(伽利玛出版社，2010年)、《普鲁斯特的朋友圈》(奥诺雷·尚皮翁出版社，第一册，2013年；第二册，2015年；第三册，2021年)，2012年出版专著《未知的湖——普鲁斯特与弗洛伊德之间》（伽利玛出版社）。2019年11月，将多年关于普鲁斯特的著述结集为《马塞尔·普鲁斯特——一部史诗的草稿》，由伽利玛出版社出版。2021年11月，出版专著《普鲁斯特与社会》（伽利玛出版社）。

页的笔记、手稿、打印稿、印刷校样中，梳理重建了《追忆似水年华》的创作历程。所以说，这部传记既是小说家普鲁斯特的心灵史、成长史，也是巨著《追忆似水年华》的生成史、创作史。

本书既然是“作品”的传记，必然与《追忆似水年华》有很强的互文性。为方便读者，书中涉及的著作名、人名、地名的译法，尽量向译林出版社李恒基等十五人译本（第一版，1989—1991年）靠拢，毕竟这个译本行销多年，且是迄今为止唯一一部完整的中译本。凡涉及小说引文，均在注释中标引这个中文版的卷数和页码，以及我服膺的周克希先生译本的对应卷数和页码。小说引文按我自己的行文习惯有所改动，没有完全照抄上述译本。作者追求“言必有据”，所以书中有大量注释，以指示资料出处，交代相关背景。因为援引的资料中，除通行的《追忆似水年华》正文之外，绝大多数——包括普鲁斯特的通信集、青少年时期作品、译著，同代人的实录或后人的研究论著——都没有中译本，所以关于资料来源的注释基本保持原貌；背景信息则尽量译出，对正文进行补充。书中资料丰富，征引浩繁，甚至有些段落径由引文连缀而成，往往给理解和翻译造成很大困难，迫使译者核对引文，还原语境。在此过程中，也发现了原著中的一些讹误和前后失照之处，在有确切书证的情况下，译者对此类讹误做了订正，未一一说明。此外，补充了少量必要的译者注。书末根据原书索引编制了译名对照及索引表。

本书的翻译屡拾屡弃，总共经历了十多年的时间。2003年前后曾试译三万余字，因为“看着不像”而搁置一边。2012年与周克希先生通信请教翻译问题时，偶然言及此事，蒙周先生垂问，壮着胆子把部分试译稿电邮给周先生过目。颇感意外的是，周先生对译稿基本给予肯定，并说此书很有价值，鼓励我继续译下去，还就如何改进翻译质量、把握译本文体予以具体指导。此后几年中，与周先生时有电邮往还，先生多次垂询译事的进展。完全可以说，没有周先生的亲切关怀、悉心指导和热情鼓励，我是没有勇气翻译这部传记的；感激之情，无以言表！

出版家徐忠良先生和北京大学出版社张凤珠女士、马辛民先生等领导，看重本书的学术价值，热心洽购版权并慨允出版事宜；作为业余译者，吾何幸哉！

北京王眉、翁雯婧、方哲君女士，上海王小琳先生、贺寅女士，都在不同方面为此书翻译出版给予很多帮助，在此一并表示衷心感谢。

此书的绝大部分译事，是在妻子郑晨迎数年如一日的催促声中，利用业余时间铢积锱累地进行的。她不辞辛苦地帮我复制了很多资料，承担了不少本应由我承担的家务事，更断了我偷懒和拖延的后路；拙译能最终完成，也有她很大的功劳。

本书1996年出版，作者在“前言”中说，写作这本传记，也是想把自己的研究心得分享给全世界——“包括美洲、日本和中国”——喜爱普鲁斯特的读者。的确，本书甫一问世，即受到各国读书界的重视和欢迎，到目前至少已有英、日、意、乌（克兰）、德语等译本。2000年出版的尤安·卡梅伦的英译本[①]，在英语世界颇有影响，也是我做翻译时不可或缺的参考书，给了我很多启发和教益。日译本出自普鲁斯特研究专家吉川一义教授之手，2001年由筑摩书房出版[②]，女儿默存利用这个译本帮我核校了一些翻译难点。有多种本子可以参照，这是后起译本的便宜之处；沾溉之泽，不敢或忘。

这样一部传记的翻译，本是一个业余译者难以胜任的工作，其中的疏漏错误、以“臆”为译之处难以避免，肯请读者方家批评指正！

李鸿飞

2016年9月记于拉巴特

2018年9月修改于北京

2019年12月再改于巴黎

承蒙塔迪耶先生慨允为本书中文版赐序，并把准备纳入2022年修订版的部分重要内容交我译出，让中国读者先睹为快，谨向先生表示衷心的感谢！

2021年12月于巴黎

① Euan Cameron(translator), *Marcel Proust, A Life*, Pinguin Books, 2000.

② [日]吉川一义译，《马塞尔·普鲁斯特评传》上下卷，筑摩书房，2001年。吉川一义(Kazuyoshi Yoshikawa)，1948年生，日本京都大学教授。1976年以《女囚》手稿研究获得巴黎四大博士学位，已出版多部日文和法文普鲁斯特研究专著，目前从事普鲁斯特手稿研究，并独立翻译第五个日文全本《追忆似水年华》。